Herrn Prof. Höpken
mit Dank für die
Zusammenarbeit am GW 60.

Leipzig, den 11.4.2000

Gerhard Seewann und Norbert Spannenberger (Hrsg.)
Akten des Volksgerichtsprozesses
gegen Franz A. Basch

Buchreihe der Südostdeutschen Historischen Kommission

Herausgegeben

von

Friedrich Gottas

Schriftleitung:

Hugo Weczerka

1999

R. Oldenbourg Verlag München

Buchreihe der Südostdeutschen Historischen Kommission

Band 37

Akten des Volksgerichtsprozesses gegen Franz A. Basch Volksgruppenführer der Deutschen in Ungarn Budapest 1945/46

Unter Berücksichtigung der Arbeiten
von Friedrich Spiegel-Schmidt und Loránt Tilkovszky

herausgegeben
von Gerhard Seewann und Norbert Spannenberger

1999

R. Oldenbourg Verlag München

Die Deutsche Bibliothek – CIP-Einheitsaufnahme

Akten des Volksgerichtsprozesses gegen **Franz A. Basch, Volksgruppenführer der Deutschen in Ungarn, Budapest 1945/46** / unter Berücksichtigung der Arbeiten von Friedrich Spiegel-Schmidt und Loránt Tilkovszky hrsg. von Gerhard Seewann und Norbert Spannenberger. – München: Oldenbourg, 1999
(Buchreihe der Südostdeutschen Historischen Kommission; Bd. 37)
ISBN 3-486-56485-4

Gedruckt mit Unterstützung
des Beauftragten der Bundesregierung
für Angelegenheiten der Kultur und der Medien, Bonn

ISBN 3-486-56485-4
Gesamtherstellung: Ebner, Deggendorf

Inhalt

VORWORT DER HERAUSGEBER

Die Initiative zur Edition der Akten des Volksgerichtsprozesses gegen Franz Basch ging dankenswerterweise von Herrn Prodekan Friedrich Spiegel-Schmidt aus. Er hat das Historische Institut der Ungarischen Akademie der Wissenschaften von der Wichtigkeit des Vorhabens überzeugt und 1994/95 hat dessen Direktor Prof. Dr. Zoltán Szász die Freigabe einer Abschrift der Akten des Basch-Prozesses mit dem Ziel ihrer Publikation erreicht; Prof. Tilkovszky übernahm die Bearbeitung der Akten, Prodekan Spiegel-Schmidt deren Übersetzung ins Deutsche. Die so entstandene Fassung wurde dem Vorstand der Südostdeutschen Historischen Kommission vorgelegt mit der Bitte, sie zu veröffentlichen. Das daraufhin eingeholte Gutachten unterstrich den Wert des Unternehmens, stellte jedoch zugleich die Notwendigkeit heraus, die vorgelegte Fassung im Sinne einer wissenschaftlich-kritischen Quellenedition umzuarbeiten und zu ergänzen. Deshalb hat der Vorstand der Kommission Gerhard Seewann mit der Quellenausgabe betraut und gebeten, auch die Texte der ungarischen Originalakten einzubeziehen.

Für die Finanzierung der Bearbeitung und der Druckkosten hat Gerhard Seewann zusammen mit Professor Dr. Edgar Hösch vom Institut für Geschichte Osteuropas und Südosteuropas der Universität München beim Bundesministerium des Innern in Bonn Mittel für ein entsprechendes Projekt beantragt, die im April 1998 für den Zeitraum vom 1. Juni 1998 bis zum 30. Juni 1999 bewilligt wurden. Als Mitarbeiter konnte Norbert Spannenberger gewonnen werden, der sich mit seiner Dissertation über die Geschichte des Volksbundes der Deutschen in Ungarn einschlägig ausgewiesen hat. In enger Zusammenarbeit mit ihm hat der Herausgeber die Einleitung, den wissenschaftlichen Apparat und eine neue Textfassung der deutschen Übersetzung erarbeitet. Als Lektoren für diese Übersetzung haben Frau Dr. Kathrin Sitzler und Herr Dr. Adalbert Toth einen entscheidenden Beitrag geleistet. Fachliche Beratung zu Problemen der Rechtsterminologie leisteten Ass. iur. Wolfgang Oepen und Dr. Erika Váradi.

Die beiden Bearbeiter wurden im Verlauf ihrer Tätigkeit mit zahlreichen Problemen konfrontiert. Hier soll nur soviel hervorgehoben werden, daß die von Herrn Spiegel-Schmidt eingebrachte ungarische Abschrift der Prozeßakten Fehler und Lücken aufwies. Dasselbe galt auch für den Text der Verordnungen zur Volksgerichtsbarkeit. Die Bearbeiter mußten daher auf die Kopie der Originalakten, die Herr Spannenberger sich für die Arbeit an seiner Dissertation hatte anfertigen lassen, zurückgreifen. Im Rahmen umfangreicher Recherchen, die für die Erstellung des wissenschaftlichen Apparates nötig waren, konnten weitere Quellenstücke entdeckt und in die Edition einbezogen werden. Hier sei insbesondere auf das Basch-Dossier aus dem Archiv des Eötvös-Kollegiums in Budapest und auf das Weyregger Memorandum vom 23. April 1945 aus dem Nachlaß von Josef Schmidt in Stuttgart verwiesen. Zahlreiche Personendaten konnten insbesondere aus dem Nachlaß von Adam Schlitt in Sinsheim ermittelt werden.

Der Beitrag von Loránt Tilkovszky über die ungarische Volksgerichtsbarkeit, der für die ursprüngliche, nur die deutsche Übersetzung berücksichtigende Fassung vorgesehen war, wurde ebenso aufgenommen wie der Kommentar von Friedrich Spiegel-Schmidt, der hier als Stellungnahme eines Zeitzeugen gewürdigt werden soll.

Zum Abschluß möchten die Herausgeber allen, die an der Entstehung dieser Edition beteiligt waren, und allen, die ihre Herausgabe finanziell möglich machten, hier insbesondere dem Bundesministerium des Innern und der Ungarischen Akademie der Wissenschaften, ihren Dank aussprechen.

München, im Oktober 1999 Gerhard Seewann und Norbert Spannenberger

EINLEITUNG

von Gerhard Seewann und Norbert Spannenberger

1. Kriegsschuld und Sühne, Abrechnung und Gerechtigkeit

Die Ausgangslage in Europa

Am Ende des Zweiten Weltkriegs erreichte die politische Säuberung als ein von außen, den Siegermächten aufgezwungener, oder zum Zeitpunkt der Befreiung von den faschistischen Regimen spontan von innen heraus, gleichsam explosiv wirkender Prozeß eine in der europäischen Geschichte völlig neue Dimension. Denn mit der weit gespannten politischen Massenmobilisierung dieser Regime war ein viel größerer Kreis von Menschen in die Politik eingebunden als bisher. Die Abrechnung mit Faschismus und Kollaboration erreichte deshalb ein gigantisches Ausmaß mit Hunderttausenden von Erschossenen und Gelynchten, von Verurteilten und in anderer Weise zur Rechenschaft gezogenen Personen. "Bei ihren inneren Feinden weckte die schockierende Machtentfaltung der faschistischen Staaten und der auf den Bajonetten der Wehrmacht errichteten Kollaborationsregime ein elementares Bedürfnis nach Abrechnung. Die äußeren Feinde der 'Achse' standen vor der Erkenntnis, daß die herkömmlichen Zähmungsmittel nicht ausreichen würden, um solchen aggressiven Expansionsdrang auf immer unschädlich zu machen. Auf die neue Qualität der Herausforderung mußte innenpolitisch wie außenpolitisch eine neue Art von Generalabrechnung und Generalprävention gefunden werden. Konnte unter dem Faschismus, unter totalen Staat und totalen Krieg anders ein Schlußstrich gezogen werden als in einer totalen Abrechnung?"[1]

Mit einer solchen Fragestellung wird bereits angedeutet, daß das elementare Verlangen der Gegner und Opfer des Faschismus nach politischer Sicherheit, historischer Gerechtigkeit und das daraus abgeleitete Bedürfnis nach Säuberung und Abrechnung sich häufig dabei Mittel und Methoden bedienten, die der vorausgehenden Epoche entlehnt wurden (etwa wenn beispielsweise ganze Gesellschaftsgruppen mit einer Kollektivschuld belegt und damit ausgegrenzt

---

[1] HENKE, KLAUS DIETMAR; HANS WOLLER: Einleitung, in: Dies. (Hrsg.): Politische Säuberung in Europa. Die Abrechnung mit Faschismus und Kollaboration nach dem Zweiten Weltkrieg. München 1991, S. 7f.

wurden) und nur zu einem, in einigen Ländern sogar geringeren Teil der anbrechenden Epoche eines demokratischen Zeitalters zu entsprechen vermochten. In besonderem Maße gilt das gerade in den Ländern Ostmitteleuropas, die nach einer kurzen, halbdemokratisch strukturierten Übergangsphase einen neuen Totalitarismus aufgezwungen bekamen, der sich schon in seiner Entstehungszeit, in den Jahren 1945-1948, gerade solcher Säuberungsprozesse bediente und sie zu diesem Zweck instrumentalisierte, um seinen politischen Gegner auszuschalten.

Von Norwegen über Dänemark und Holland, Frankreich, Österreich, Polen, Tschechoslowakei, Ungarn, Rumänien bis Bulgarien und Griechenland wurde die zum Zeitpunkt der Befreiung hochschlagende Welle der wilden Abrechnung von einer von der neuen Ordnungsmacht gelenkten und systematisierten Säuberung von den Faschisten und Kollaborateuren abgelöst. Dabei stellte sich in all diesen Ländern rasch heraus, daß der Massencharakter der damit ausgelösten Vorgänge besondere Maßnahmen erforderlich machte, zu denen vor allem Sondergerichte und neu eingeführte, rückwirkende Straftatbestände gehörten, da die komplizierten Verhältnisse unter den Besatzungsregimen nach den herkömmlichen Strafgesetzen rechtlich meist nicht angemessen zu erfassen waren. In Ländern wie Norwegen oder Holland wurden noch im Jahre 1945 an die 100.000 Personen als der Kriegsverbrechen oder der Kollaboration bzw. des Landes- oder Hochverrats verdächtigt, verhaftet oder interniert. In Norwegen wurden 93.000, in Holland über 200.000 Ermittlungsverfahren angestrengt und in Norwegen rund ein Fünftel, in Holland über ein Viertel der Verdächtigen verurteilt.[2] Die Strenge der Abrechnung in einer so demokratischen und auch bei diesen Abrechnungsverfahren sehr kühl und rational vorgehenden Gesellschaft wie der norwegischen wird noch dadurch unterstrichen, daß selbst Rotkreuz-Schwestern, die in einem deutschen Militärspital Dienst taten, als schuldig angesehen und bestraft wurden.[3]

Zu einem Zeitpunkt, in dem das ganze Ausmaß der NS-Verbrechen der breiten Weltöffentlichkeit noch gar nicht bekannt war, verabschiedeten die drei alliierten Mächte Großbritannien, die Sowjetunion und die USA in der sogenannten Moskauer Erklärung vom 31. Oktober 1943 eine bereits am Vortag unterzeichnete Übereinkunft, daß Deutsche, die Kriegsverbrechen in den besetzten Ländern begangen hätten, an diese ausgeliefert und nach dem jeweiligen Landesrecht abgeurteilt werden sollten. Den Vorschlag der United Nations War Crimes Commission vom September 1944, die Auslieferung von Kriegsverbrechern zwischen den Alliierten vertraglich zu regeln, wurde von

---

[2] Vgl. LARSEN, STEIN U.: Die Ausschaltung der Quislinge in Norwegen, und ROMIJN, PETER, GERHARD HIRSCHFELD: Die Ahndung der Kollaboration in den Niederlanden; beide Aufsätze in: ebenda, S. 241-280 und 281-310.

[3] DEÁK, ISTVÁN: Civil Wars and Retribution in Europe 1939-1948, in: *Zeitgeschichte* 25 (1998), S. 244-252, hier S. 245.

diesen – von den USA beispielsweise als Eingriff in ihre Souveränitätsrechte – abgelehnt.[4] Erst mit dem Gesetz Nr. 10 des Alliierten Kontrollrates vom 20. Dezember 1945 wurde zumindest theoretisch eine einheitliche Rechtsgrundlage für die Auslieferung aus den vier alliierten Besatzungszonen Deutschlands geschaffen.[5] Verfahrensregelungen wurden jedoch nicht festgelegt, und die eigentlichen Entscheidungen blieben den jeweiligen Zonenbefehlshabern überlassen, die in der Tat ihre eigene Auslieferungspolitik betrieben und irgendwelche internationale Regelungen kaum beachteten. Außerdem war der größte Teil der von Ungarn angeforderten, der Kriegsverbrechen beschuldigten Personen bereits im Oktober 1945 nach Ungarn überstellt worden. Sie kamen fast alle aus der amerikanischen Besatzungszone.[6] Für diese waren die am 11. August 1945 von der US-Regierung an General Eisenhower übermittelten Anweisungen maßgeblich, denen zufolge alle Deutsche wegen der von ihnen begangenen Verbrechen an den sie suchenden Staat auszuliefern waren. Als Grundlage für eine Auslieferung sollte die Vorlage eines Berichts über die begangenen Taten ausreichen, ohne Prima-facie-Beweise zu verlangen. Diese wenigen Direktiven wurden jedoch durch Vorbehaltsklauseln eingeschränkt. So durften keine Deutschen ausgeliefert werden, deren Auslieferung von mehr als einem Staat verlangt wurde oder deren Fall außergewöhnliche politische oder andere Überlegungen (oft sicherheitspolitischer Natur) aufgeworfen hatte. Ab Frühjahr 1947 mußte der antragstellende Staat (ausdrücklich genannt wurden Österreich und Ungarn) Prima-facie-Beweise für begangene Verbrechen liefern, die auch unter normalen Umständen als ausreichend für die Einleitung eines Gerichtsverfahrens betrachtet werden konnten. Nach dem 31. Dezember 1947 durfte der amerikanische Militärgouverneur nur in Ausnahmefällen Auslieferungen zulassen.[7] Diese die Auslieferung zunächst erschwerenden, sodann völlig unterbindenden Schritte sind bereits im Zusammenhang mit dem Kalten Krieg zu sehen, als die amerikanische Regierung es offenbar bereits für wichtiger erachtete, in dem sich verschärfenden West-Ost-Konflikt neue Verbündete aus den konservativen Kreisen Westdeutschlands zu gewinnen, als Kriegsverbrecher zur Verantwortung zu ziehen.

---

[4] Vgl. dazu KOCHAVI, ARIEH J.: Britain and the Establishment of the United Nations War Crimes Commission, in: *The English Historical Review* 107 (1992), S. 323-349.

[5] *Amtsblatt des Kontrollrats in Deutschland.* Nr. 3, Berlin 1946, S. 50-55.

[6] So traf am 3. Oktober der erste Transport der von Ungarn angeforderten und von den Amerikanern ausgelieferten, der Kriegsverbrechen beschuldigten Personen in Budapest ein; unter ihnen FERENC SZÁLASI, BÉLA IMRÉDY, LÁSZLÓ BÁRDOSSY. Insgesamt wurden in diesem Monat 390 von Ungarn auf die Liste der Kriegsverbrecher gesetzte Personen aus der amerikanischen Besatzungszone an Ungarn ausgeliefert, darunter auch FRANZ BASCH.

[7] Vgl. dazu MUSIAL, BOGDAN: NS-Kriegsverbrecher vor polnischen Gerichten, in: *Vierteljahrshefte für Zeitgeschichte* 47 (1999), S. 25-56, hier S. 30.

Die Ausgangslage in Ungarn

Es sind nur 30 Jahre von 1918 bis 1948, die Zeitspanne einer Generation, in der Ungarn nach zwei verlorenen Kriegen seinen militärischen Zusammenbruch und daran anschließende revolutionäre Umbrüche seines Herrschafts- und Gesellschaftssystems erlebt hat, aber auch die damit verbundene, für eine lange Reihe seiner Bürger tödlich wirksame Spirale von Abrechnung und Vergeltung, genährt noch dazu von einem Erinnerungsvermögen, das infolge der Kurzfristigkeit dieser Periode viel von seinen Inhalten zu bewahren vermochte, auch wenn die traumatisch wirkenden Brüche im öffentlichen wie privaten Leben solche Inhalte vielfach verzerrt und in nuce zu einer Schreckensbilanz komprimiert überliefert haben. Die Spirale der Gewalt wurde vom roten Terror der Räterepublik 1919 in Gang gesetzt, ihr fielen 300 bis 600 Menschen zum Opfer. Dem Weißen Terror, der nach dem Sturz der Räterepublik 1919 bis etwa 1922 im Lande wütete, fielen mindestens ebenso viele Menschen zum Opfer.[8]

Als am 4. April 1945 die letzten deutschen Soldaten das Land verlassen hatten und dieses nun vollkommen von der Roten Armee besetzt war, waren die Säuberungs- und Vergeltungsaktionen bereits in vollem Gange. Diese Aktionen dienten nicht nur dem legitimen Ziel der Bestrafung derjenigen, die für während der Kriegszeit begangene Verbrechen und das durch den Krieg verursachte Leid des Volkes verantwortlich gemacht werden konnten. Sie hatten darüber hinaus drei Ziele: "Die neuen Machthaber zu legitimieren, jene Gruppen zu stärken, die den Neuaufbau des Landes und die Reorganisierung der Gesellschaft übernehmen sollten und die Redistribution des Reichstums zu beschleunigen."[9] Hinzu kam jedoch noch ein viertes Ziel, nämlich das nationalistisch-rassistische der ethnischen Homogenisierung des Landes, dem man durch Deportation und Vertreibung der landesgrößten Minderheit, der einheimischen Deutschen, ein gewaltiges Stück näher zu kommen trachtete. Indem man diese Minderheit als ganze Gruppe und damit kollektiv bezichtigte, faschistisch und eine "fünfte Kolonne Hitlers" gewesen und somit am Krieg schuld zu sein, wurden sie voll und ganz in die Abrechnungs- und Vergeltungsmaßnahmen einbezogen und ihre Vertreibung unmittelbar mit diesen verbunden.

Dieses vierte Ziel ist vor allem durch die Entstehung eines rassistischen Nationalismus bzw. dessen spätestens in den 1940er Jahren einsetzenden Radikalisierung (in Ungarn repräsentiert von den Pfeilkreuzlern, SZÁLASI und seiner Hungarismus-Ideologie) zu erklären. Darauf hat jüngst der amerikanische Historiker NORMAN NAIMARK hingewiesen. Ihm zufolge suchte dieser in ganz Osteuropa verbreitete Nationalismus in Nacheiferung der nationalistisch-rassistischen Ideologie des Hitler-Krieges diese noch zu überbieten, so daß 1945

---

[8] DEÁK, ISTVÁN: Revolutionäre oder Verräter? Politische Prozesse in Ungarn zwischen 1919 und 1958, in: *Transit* 15 (Herbst 1998), S. 60-72, hier S. 63ff.

[9] Ebenda, S. 65.

und danach der von Angst und Haß erfüllte Nationalismus viel ausgeprägter war als in den zwanziger und dreißiger Jahren.[10] Im Inferno von Deportationen, Verhaftungen, Vertreibungen, Liquidierungen, Beschlagnahmungen und wilden, d.h. gesetzlosen Abrechnungs- und Vergeltungsmaßnahmen ging die alte Ordnung unter, und im Übergang zur neuen, im Aufbau befindlichen Ordnung wurde dieser rassistische Nationalismus instrumentalisiert. Vordergründig ging es zunächst darum, die nationalistisch-rassistischen Ziele (etwa nach einer ethnischen Homogenisierung der Bevölkerung des Landes durch Vertreibung aller einheimischen "Schwaben") zu verwirklichen, grundsätzlich aber darum, sich die nationalistischen Bestrebungen für die revolutionären Ziele eines grundlegenden Umbaus von Staat, Wirtschaft und Gesellschaft in Richtung der kommunistischen Transformation sowjetischen Typs zunutze zu machen.

In Ungarn hat man zunächst versucht, den militärischen Zusammenbruch des Landes zum Aufbau eines demokratischen Staatswesens zu nutzen. Die damit verbundene Generalabrechnung mit dem Faschismus und der Kollaboration mit Hitler-Deutschland verlief zunächst "parallel zur schrittweisen kommunistischen Machtübernahme, wurde aber bald von ihr verdrängt und umfunktioniert", ein Vorgang, der 1949 mit dem Rajk-Prozeß seinen Abschluß gefunden hat, für den übrigens derselbe Richter als Vorsitzender fungierte wie im Kriegsverbrecherprozeß gegen FERENC SZÁLASI 1945.[11]

Die Form der justitiellen Säuberung, also der gerichtlichen Ahndung auf der Grundlage des Strafrechts, wurde von den politischen Akteuren – allen voran den Kommunisten – immer intensiver mit Maßnahmen einer instrumentalisierten politischen Säuberung verknüpft. Die eigene deutsche Minderheit war nur die erste in einer langen Reihe weiterer Gesellschaftsgruppen, die man kollektiv unter den Faschismus-Verdacht stellte, um sie politisch zu marginalisieren, sodann aus dem öffentlichen Leben auszuschalten und schließlich als Gruppe zu vernichten. Am Beispiel der ungarischen "Schwaben" und deren Schicksal der kollektiven Entrechtung und Vertreibung läßt sich allerdings geradezu idealtypisch demonstrieren, wie hier die radikale Variante eines rassistisch motivierten Nationalismus mit seinem unstillbaren Verlangen nach einer ethnischen Säuberung eine politische Koalition und Kooperation mit den Kräften eingegangen ist, die in ihren radikalen Umsturzplänen die Protagonisten dieses Nationalismus bereits auf die schwarze Liste ihrer spezifischen politischen Säuberung gesetzt hatten.

Die Geschichte der Volksgerichtsbarkeit ist selbst ein Beispiel für den schrittweisen Funktionswandel von der ursprünglich intendierten General-

---

[10] NAIMARK, NORMAN M.: Der Nationalismus und die osteuropäische Revolution 1944-1947, in: *Transit* 15 (Herbst 1998), S. 40-59.

[11] SZÖLÖSSI-JANZE, MARGIT: "Pfeilkreuzler, Landesverräter und andere Volksfeinde". Generalabrechnung in Ungarn, in: HENKE, KLAUS DIETMAR; HANS WOLLER (Hrsg.): Politische Säuberung in Europa (wie Anm. 1), S. 311-357, hier S. 312.

abrechnung mit Anhängern des Faschismus, Kriegsverbrechern und Kollaborateuren des Hitler-Regimes zur Abrechnung mit den innenpolitischen – jetzt zu diesem Zweck unter Faschismus-Verdacht gestellten – Gegnern auf dem Weg zur kommunistischen Machtergreifung.

Die Volksgerichtsbarkeit

Die Initiative zur Generalabrechnung ging von der Kommunistischen Partei aus, die bereits in ihrem Aktionsprogramm vom 30. November 1944 die Abrechnung "mit den deutschen Unterdrückern und ihren ungarischen Helfershelfern" forderte und diese Aufgabe den lokal zu bildenden Nationalkomitees übertrug. Mit dem Wirken dieser, an Zahl über 3000 Komitees im ganzen Land ist die wilde, ungesetzliche Phase der Generalsäuberung in den ersten Monaten des Jahres 1945 verbunden. Das am 3. Dezember veröffentlichte Programm der am selben Tag gegründeten "Unabhängigkeitsfront" machte sich diese Forderung zu eigen, übertrug jedoch die Aburteilung der "Landesverräter und verantwortlichen Kriegsverbrecher" eigens zu errichtenden Volksgerichten, eine Institution, die auf Druck der Kommunisten in das Programm aufgenommen wurde. In dem am 20. Januar in Moskau unterzeichneten Waffenstillstandsvertrag verpflichtete sich Ungarn, das seine Souveränität verloren hatte, im Paragraphen 14 dazu, Kriegsverbrecher zu verfolgen und abzuurteilen sowie "hitlerfreundliche oder andere faschistische politische, militärische und paramilitärische Organisationen aufzulösen". Bereits am 25. Januar 1945 erließ die Regierung die erste Verordnung zur Einrichtung der Volksgerichte, denen drei weitere, durch die Praxis notwendig gewordene Ergänzungsverordnungen folgten, die schließlich zusammengefaßt und am 16. September 1945 von der Provisorischen Nationalversammlung als Gesetz VII/1945 verabschiedet wurden.[12]

Die Volksgerichte stellten eine die traditionelle Rechtskultur bewußt übergehende Neuerung im ungarischen Rechtswesen dar und dienten als revolutionäre Alternative zu den personell noch weitgehend unangetasteten ordentlichen Gerichten, deren Prozeßordnungen und Verfahrensregeln mit dem Ziel außer Kraft gesetzt wurden, den "politischen Willen des Volkes" möglichst ungehindert und rasch in Gestalt des a priori intendierten oder sogar festgelegten Urteils durchzusetzen. Dafür zu sorgen, oblag den fünf Laienrichtern, die die fünf in der Unabhängigkeitsfront vereinten politischen Parteien (Bürgerlich-Demokratische Partei, Kleinlandwirtepartei, Kommunistische

---

[12] Der Text der ersten beiden Verordnungen wird im Quellenanhang dokumentiert. Zur Geschichte der Volksgerichtsbarkeit vgl. die beiden in Anm. 8 und 11 zitierten Aufsätze von DEÁK und SZÖLÖSSI-JANZE sowie die Ausführungen von TILKOVSZKY zur Volksgerichtsbarkeit in diesem Band.

Partei, Nationale Bauernpartei, Sozialdemokratische Partei) repräsentierten und die Weisungen ihrer Parteien in ein dementsprechendes Urteil umzusetzen hatten. Solche Weisungen sind vor allem seitens der Linksparteien nachzuweisen. Ab Mai 1945 entsandten auch die Gewerkschaften einen Laienrichter.

Bereits im Juli 1945 sah der britische Historiker C. A. MACARTNEY in seiner Stellungnahme für das Foreign Office wenig Chancen für ein faires Gerichtsverfahren und hob hervor, daß die Auslieferung der Kriegsverbrechen beschuldiger Personen an die Volksgerichtsbarkeit häufig ihrem Todesurteil gleichkomme: "There is, under the prevailing conditions, small prospect that any of the political trials will be fair ones; and to grant the extradition of any person so demanded as a war criminal is probably tantamount in the great majority of cases to signing his death warrant, even in the case of persons against whom the charges are exclusivelely political, no criminal activities (in the ordinary sense of term) being alleged."[13] Und der zweite Sekretär der Politischen Mission Großbritanniens in Ungarn, F. G. REDWARD betonte in seiner für den Außenminister ERNEST BEVIN angefertigten Analyse der ungarischen Volksgerichtsbarkeit vom 22. September 1945, daß nach den ihm vorliegenden Informationen der Prozeßausgang nicht von der Schuld oder Unschuld der Angeklagten, sondern von den direkten Instruktionen des Kommunistenführers RÁKÓSIS abhängig sei, eine Einschätzung, die von der Historiographie mittlerweile geteilt wird: ""Information has been furnished to the effect that the Court does not sit to endeavour to determine wether the accused is guilty or innocent, but acts on the direct instruction of Rakosi, the Communist leader, who informs the Court what sentence the prisoner shall receive."[14]

Als Kriegsverbrechen wurden alle politischen und propagandistischen Aktivitäten geahndet, die zum Eintritt Ungarns in den Zweiten Weltkrieg geführt und zur Fortsetzung des Krieges an der Seite der Achsenmächte und zu deren Unterstützung beigetragen hatten. Das Strafmaß sah die Todesstrafe für Schuldige in verantwortlichen Positionen und Zuchthaus- und Gefängnisstrafen für Personen in nichtleitenden Stellungen vor. Bei ihrer Verurteilung wurde – wie übrigens auch in allen übrigen europäischen Ländern – das Prinzip: *nullum crimen et nulla poena sine lege* = kein Verbrechen und folglich keine Strafe ohne ein vorher existierendes Gesetz, außer Geltung gesetzt. Unabhängig davon wurden alle Gesetze annulliert, die im Zeitraum vom 15. März 1944 bis zum Sturz SZÁLASIs erlassen worden waren. Dabei wurde unterschieden zwischen

---

[13] Public Record Office, FO 371/17653, R 12420/7435/21 vom 26. Juli 1945.

[14] Ebenda, FO 371/17653, R 16973/7435/21; die Analyse REDWARDs wurde mit Schreiben des Missionsleiters A. GASCOIGNE an BEVIN übersandt, der sie am 5. Oktober 1945 erhalten hat. Zum Sachverhalt vgl. auch den anschließenden Beitrag von LORÁNT TILKOVSZKY auf S. LVIIff.

der Zeit der deutschen Besetzung vom März bis Oktober 1944, aus der gesetzliche Regelungen nur formell, aber nicht materiell anerkannt wurden, während die Gesetze und Verordnungen des Szálasi-Regimes sowohl formell wie auch materiell als ungültig betrachtet wurden. Im Zeitraum vom November 1945 bis März 1946 fanden vor dem Budapester Volksgericht (das in mehreren Kammern aufgeteilt die Fälle verhandelte) die Prozesse gegen die Hauptkriegsverbrecher statt. Dabei wurden nach einer Prozeßdauer von nur wenigen Tagen bis zu drei Wochen vier ehemalige Ministerpräsidenten (LÁSZLÓ BÁRDOSSY, BÉLA IMRÉDY, DÖME SZTÓJAY, FERENC SZÁLASI), zehn Minister, zwei Staatssekretäre und zwei führende Funktionäre der Pfeilkreuzler zum Tod, ein Minister zu lebenslänglicher Haft verurteilt.

Der zweite, den Volksgerichten überantwortete Komplex des Straftatbestandes der "Volksfeindlichkeit" ahndete "faschistenfreundliche" bzw. "demokratiefeindliche" Aktivitäten und Verhaltensweisen und wurde infolge seiner absichtlich gering gehaltenen Präzision zum Einfallstor der instrumentalisierten politischen Säuberung, die sich bereits mit der Verordnung 6750 vom 16. August 1945 explizit gegen Personen richten konnte, die "den demokratischen Neuaufbau des Landes wesentlich behinderten". Die rechtliche Grundlage für eine Ausweitung der Straftatbestände auf alle politischen Gegner einer sozialistischen Umgestaltung bot das Gesetz VII/1946 "zum strafrechtlichen Schutz der demokratischen Staatsordnung und Republik" vom 26. März 1946. Auch wurden rechtsstaatliche Bestimmungen sukzessiv beseitigt, so bereits im Februar 1946 die zeitliche Begrenzung der Untersuchungshaft, und im Juli desselben Jahres wurde die Institution des Verteidigers, nämlich des Rechtsanwalts, von allen Volksgerichten ausgeschlossen. "Im Frühjahr 1947 funktionierten die Volksgerichte bereits als gefügige Werkzeuge zur Aburteilung der republikfeindlichen 'Verschwörer' unter den Konservativen und Kleinlandwirten."[15] Nach 1949 hatte die Volksgerichtsbarkeit ihr Ziel so weit erreicht, daß sie stufenweise abgebaut und mit dem 1. Januar 1952 endgültig aufgehoben werden konnte.

Ein Vergleich der ungarischen Volksgerichtsbarkeit mit dem zeitgleichen Wirken polnischer Gerichte zur Aburteilung der NS-Kriegsverbrecher kann dazu dienen, durch Hervorhebung von Gemeinsamkeit wie Unterschieden die spezifische ungarische Variante noch zutreffender zu charakterisieren. Die neuere Forschung hat Polen in seiner Vorgehensweise gegen die insgesamt 1817 von den Alliierten aus den deutschen Besatzungszonen ausgelieferten NS-Kriegsverbrecher (unter denen übrigens 132 Rumänien-, 123 Jugoslawien- und 24 Ungarndeutsche registriert wurden) ein genauso faires Justizverfahren "wie im Westen" bescheinigt, ferner daß in diesem Land im allgemeinen die Prinzipien der Rechtsstaatlichkeit eingehalten wurden.[16] Aus der Urteilsstatistik

[15] SZÖLÖSSI-JANZE (wie Anm. 11), S. 330.
[16] MUSIAL (wie Anm. 7), S. 47.

läßt sich erschließen, daß die Angeklagten keinesfalls pauschal, sondern sehr differenziert verurteilt wurden, und daß verhältnismäßig milde Urteile überwogen: bei knapp 50 % der Angeklagten wurden Gefängnisstrafen bis zu fünf Jahren verhängt, die Todesstrafe gegen 11,5% der Angeklagten, wobei diese entweder aus gesundheitlichen Gründen oder infolge Begnadigung nicht immer vollstreckt wurde.[17] Aus der überdurchschnittlichen Länge des Ermittlungsverfahrens (in vielen Fällen ein bis zwei Jahre) werden das Bemühen um eine genaue Beweisaufnahme wie auch die Schwierigkeiten, die sich einer solchen infolge des Mangels an Überlebenden entgegenstellten, ersichtlich. Insgesamt kann festgestellt werden, daß die Gerichtsverfahren "gewissenhaft und konsequent durchgeführt wurden".[18] Die Richter und Staatsanwälte der damit befaßten Gerichte waren "Juristen mit oft langjähriger Berufserfahrung im Vorkriegspolen und genossen nicht selten internationales Ansehen".[19]

Der entscheidende Unterschied zu Ungarn ist darin zu sehen, daß in Polen von einer "Dichotomie in der Behandlung der innerpolnischen Opposition und den ausgelieferten NS-Tätern"[20] auszugehen ist und eine solche dadurch entstand, daß man in Polen die Ahndung der NS-Verbrechen den politisch als unzuverlässig angesehenen, beruflich aber bewährten Juristen überließ, die Aufgabe jedoch, die politische Opposition im Nachkriegspolen "mit gerichtlichen Mitteln zu bekämpfen", den Militärgerichten anvertraute, die durch keinerlei rechtsstaatliche Regelungen behindert im Zeitraum von 1944 bis 1955 an die 4400 Todesurteile fällten, von denen ca. 70% tatsächlich vollstreckt wurden.[21]

Das ist erheblich mehr als die Zahl der durch ungarische Volksgerichte gefällten Todesurteile, die für den Zeitraum von Februar 1945 bis 1. April 1950 mit insgesamt 476 zu beziffern ist, von denen 189 vollstreckt wurden.[22] Andererseits bleibt im Falle Ungarns auch festzuhalten, daß sämtliche Regierungsmitglieder und Spitzenpolitiker der Sztójay- und Szálasi-Regierung zum Tode verurteilt wurden. Die hier bereits deutlich werdende Pauschalität in der Verurteilung, die geringe Dauer des Ermittlungsverfahrens, die schlampige und überaus oberflächliche Beweisaufnahme, die mangelnde Beweiskraft vieler, für eine Anklage kaum ausreichender Dokumente, die kurze Prozeßdauer von nur wenigen Tagen bis zu einigen Wochen und schließlich die Tatsache, daß das Volksgericht im Zweifel (mangels Beweisen) nicht für die Angeklagten,

---

17 Ebenda.
18 Ebenda, S. 52.
19 Ebenda, S. 54.
20 Ebenda, S. 53.
21 Ebenda, S. 54.
22 DEÁK (wie Anm. 8), S. 65. Seinen Angaben zufolge wurden insgesamt 90.000 Verfahren abgewickelt, 60.000 Personen (den Memoiren von Ákos Major auf S. 158 – siehe Anm. 24 – zufolge 42.000) angeklagt, 26.000 verurteilt und 40.000 in Lagern meist ohne Anklage festgehalten.

sondern – natürlich auf politischen Druck hin – gegen sie entschied, machen ausreichend deutlich, daß zum Unterschied zu Polen ordnungsgemäße und rechtsstaatliche Verfahren innerhalb der ungarischen Volksgerichtsbarkeit gar nicht angestrebt wurden. Letztlich ist ihr die Vermengung zweier sehr unterschiedlicher Funktionen, nämlich der Abrechnung mit den Kriegsverbrechern einerseits und den innenpolitischen Gegnern andererseits, sehr übel bekommen. Dieser im Gegensatz zu Polen ganz offensichtliche Funktionsdualismus ein und derselben Gerichtsbarkeit hat sicherlich dazu beigetragen, daß die Volksgerichte mit immer geringeren Skrupeln und Widerständen die althergebrachten Schranken und Regelungen ungarischer Rechtskultur überschritten und mit immer größerem Eifer ihrem revolutionären Auftrag nachkamen. Schließlich fielen ihrem Elan neben den "Kriegsverbrechern" eine immer längere Reihe nicht nur der innenpolitischen Gegner und somit Angehörige der alten, sondern auch führende Vertreter der neuen, kommunistischen Elite zum Opfer, so daß es im nachhinein immer schwieriger wurde, zwischen Kriegsverbrechern und Opfern des Stalinismus zu unterscheiden. Somit hat die Volksgerichtsbarkeit kaum dazu beigetragen, der prinzipiellen Aufgabe jeglicher Justiz, nämlich der Wahrheitsfindung und der Gerechtigkeit zu dienen. Die Tatsache, daß sie personell vor allem von Opfern des vorausgehenden Regimes getragen wurden – der überdurchschnittliche jüdische Anteil an ihrem Personal wird von der Historiographie mehrmals hervorgehoben[23] –, hat ihren Verfahren im zunehmenden Maß den Beigeschmack von Rache und Vergeltung verliehen, sekundiert darin vom Publikum der Hauptverhandlungen, das Presseberichten zufolge regelmäßig lautstark die Todesstrafe forderte und ungehindert entsprechende Gefühle artikulieren konnte und offenbar auch sollte.[24] "Das Verhalten des Gerichtspublikums wurde noch überboten durch die Vorverurteilungen und die Vulgarität der damaligen Presse. Viele Blätter verwendeten dieselbe bombastische und hysterische Sprache, die ihre antisemitischen, rechten Vorgänger auszeichnete. So wurde regelmäßig auf die deutsche Abstammung der Angeklagten verwiesen; sie wurden als 'Ungeziefer', 'Abschaum', 'Schakale' bezeichnet. ... Allerdings sollte man festhalten, daß dieser Stil keine ungarische Besonderheit war – er war ebenso in der französischen oder dänischen Presse jener Zeit anzutreffen."[25]

---

[23] Vgl. dazu DEÁK (wie Anm. 8), S. 70, und TILKOVSZKY, LORÁNT: Vád, védelem, valóság. Basch Ferenc a Népbíróság előtt [Anklage, Verteidigung, Wirklichkeit. Franz Basch vor dem Volksgericht], in: *Századok* 130 (1996), S. 1393-1450, hier S. 1405.

[24] Wie einer der bekanntesten und zugleich berüchtigtsten Volksrichter in seinen Memoiren feststellt, hat das Publikum in seiner großen Mehrheit die Kriegsverbrecherprozesse "als Vergeltung für das an den Juden begangene Unrecht" angesehen. – MAJOR, ÁKOS: Népbiráskodás, forradalmi törvényesség. Egy népbiró visszaemlékezései [Volksgerichtsbarkeit, revolutionäre Gesetzlichkeit. Die Erinnerungen eines Volksrichters]. Budapest 1988, S. 186.

[25] DEÁK (wie Anm. 8), S. 69.

2. Die Quelle

Die den Basch-Prozeß betreffenden Archivakten sind in zwei Faszikeln enthalten: das eine befindet sich unter der Signatur V-128418/a seit 1951 im Historischen Archiv des Innenministeriums, das andere unter der Signatur Nb. V. 4806/1945 im Archiv der Hauptstadt Budapest, wobei das zweite bis vor kurzem noch unter der Signatur V-128418/b gleichfalls im Archiv des Innenministeriums aufbewahrt wurde. Ein Exemplar des Urteils wird auch im Ungarischen Staatsarchiv unter der Signatur XX-4-6-1748/946 aufbewahrt. Unter dem Aktenzeichen Nb. V. 4806/1945 lief der Basch-Prozeß in erster Instanz, unter NOT I. 1748/1946 in zweiter Instanz. Der Edition liegt der erste Faszikel (V-128418/a) zugrunde, der die Verhörprotokolle des Ermittlungsverfahrens, die Anklageschrift, die von den Verhandlungen der ersten und zweiten Instanz angefertigten Protokolle mit den gefällten Urteilen sowie die Akten betreffend Berufung, Begnadigungsgesuch und Urteilsvollzug enthält. Von den Texten dieses Faszikels wurden alle in die Edition aufgenommen und keinerlei Auslassungen oder Kürzungen vorgenommen. Dem besseren Verständnis dienende Ergänzungen meist begrifflicher Natur wurden vom Bearbeiter in eckige Klammern gesetzt. Unleserlich gewordene Stellen im Originaltext (entstanden meist durch Abreibungen oder Einrisse an den Seitenrändern) wurden mit in eckigen Klammern gesetzten drei Punkten [...] deutlich gemacht. Kursivdruck innerhalb des Quellentextes wurde nur im "Protokoll der speziellen Vernehmung ... zu wirtschaftlichen Fragen" (Seite 72-94) zur Kennzeichnung und Hervorhebung der an BASCH gerichteten Fragen des Ermittlungsbeamten BÉLA NEMES verwendet, ferner auch zur Kennzeichnung der im Text genannten Zeitschriften- und Zeitungstitel.

Im zweiten Faszikel sind die zur Anklageerhebung gesammelten und damit zum Beweisaufnahmeverfahren gehörigen Materialien enthalten, überwiegend gedruckte Materialien aus den Publikationen des Volksbundes, Berichte seitens der politischen Polizei und der mit dem Volksbund befaßten Behörden aus den Jahren 1938-1943 sowie schematische Übersichten über die Organisation, die Immobilien und die wichtigsten Mitglieder (insgesamt 349 Personen) des Volksbundes. Da hier keine Dokumentation zur Geschichte des Volksbundes angestrebt wird – die sicherlich über die in diesem Faszikel gesammelten Dokumente weit hinausgreifen müßte –, sondern nur eine solche des Basch-Prozesses, bleiben diese Materialien unberücksichtigt. Die Beweiskraft dieser Dokumente, die übereilt und unsystematisch gesammelt und deren Auswahl offenbar ein Zufallsprodukt darstellt, hat der ungarische Historiker LORÁNT TILKOVSZKY in seiner Studie zum Basch-Prozeß – auf die hier wiederholt zurückzukommen sein wird – übrigens als "sehr schwach" eingestuft.[26]

Für beide Faszikel ist eine unsystematische Anordnung der einzelnen

---

[26] TILKOVSZKY, LORÁNT: Vád, védelem, valóság (wie in Anm. 23), S. 1398.

Aktenstücke charakteristisch. Diese sind zwar fest eingebunden, aber in völliger Unordnung aneinandergereiht, und es sind auf dem ersten Blick weder zeitliche noch sachliche Gesichtspunkte für ihre Reihenfolge auszumachen. Dennoch gibt es einen sachlich ganz wesentlichen, die Reihenfolge bestimmenden Gesichtspunkt. Näheres dazu im nachfolgenden Abschnitt.

Das der Edition zugrunde liegende Aktenbündel umfaßt insgesamt 293 Seiten, die mit einigen wenigen Ausnahmen maschinenschriftlich abgefaßt sind. Die einzelnen Aktenstücke wurden für die Edition sachlich, dem Prozeßverlauf entsprechend angeordnet. Es handelt sich um keine stenografischen Protokolle der Verhöre bzw. der Verhandlungstage, die offenbar nicht erhalten geblieben sind (auch sind keine Tonbandaufnahmen bekannt), sondern um maschinenschriftliche Abschriften derselben, die in den Akten als "amtliche Protokolle" (hivatalos jegyzőkönyv) figurieren. Die im Verlauf des Ermittlungsverfahrens angefertigten Verhörprotokolle von BASCH wurden von diesem Seite für Seite abgezeichnet. Allen Verhörprotokollen (mit Ausnahme des Verhörprotokolls von BASCH über die Wirtschaftsangelegenheiten des Volksbundes) wie auch den Protokollen der Gerichtsverhandlungen ist gemeinsam, daß die an ihn bzw. an die Zeugen gestellten Fragen nicht mit protokolliert wurden und daher aus den Antworten erschlossen werden müssen, was natürlich nur mehr mit Einschränkungen möglich ist. So ist beispielsweise nicht erkennbar, inwieweit Suggestivfragen eine Rolle gespielt haben. Auch darin unterscheiden sich die Akten des Basch-Prozesses beispielsweise von denen des Szálasi-Prozesses, daß im letzteren nicht nur die Fragen, sondern auch etliche Gefühlsäußerungen seitens der am Prozeß Beteiligten wie auch des anwesenden Publikums mit protokolliert wurden und somit auch die Atmosphäre des Prozesses nachempfunden werden kann.[27] Dies ist beim Basch-Prozeß nur auf dem Umweg über die tendenziösen Presseberichte möglich. Eine die Authentizität der Quelle einschränkender Tatbestand ist schließlich die sowohl von BASCH wie auch von seinem Pflichtverteidiger zur Sprache gebrachte Tatsache, daß die Protokolle der Gerichtssitzungen nur in gekürzter Form angefertigt wurden. Solchen Kürzungen sind vor allem die von Basch gemachten Ausführungen und Einwendungen sowie die Ausführungen des Anklagevertreters Dr. ACZÉL zum Opfer gefallen. Dennoch werden die Akten des Basch-Prozesses von TILKOVSZKY als das am vollständigsten erhalten gebliebene Material der in Ungarn geführten Kriegsverbrecherprozesse bewertet.[28]

Der dem Quellentext zugeordnete wissenschaftliche Apparat hat die Funktion, die genannten Personen zu identifizieren und Erläuterungen zu historischen Ereignissen zu bieten, die ein besseres Verständnis der Aussagen ermöglichen sollen. Die in den Fußnoten gemachten biographischen Angaben

---

[27] Siehe dazu die Aktenedition von KARSAI, ELEK; LÁSZLÓ KARSAI: A Szálasi per [Der Szálasi-Prozeß]. Budapest 1988.

[28] Siehe dazu den Beitrag von TILKOVSZKY in diesem Band.

stützen sich vor allem auf zeitgenössische Nachschlagewerke (Parlamentsalmanache, Lexika, Amtshandbücher und dgl.) sowie die historische Fachliteratur. Für den Kreis der Volksbundangehörigen waren vor allem die im Nachlaß ADAM SCHLITT (in Sinsheim, im Privatbesitz) gesammelten Personalangaben sehr nützlich. Die Übersetzung bemüht sich vor allem um eine möglichst sinngenaue, aber keineswegs wortwörtliche Wiedergabe des ungarischen Textes. Dieser wiederum wird unverändert ediert, nur bei ortographisch bedingten Unklarheiten wird der modernen Schreibweise der Vorzug gegeben.

Im Anhang werden die Prozeßakten ergänzt durch vier weitere Quellenstücke. Vorangestellt werden Auszüge aus dem Basch-Dossier aus dem Archiv des Eötvös-Kollegs (Budapest) in Faksimile und daher im ungarischen Original, die deutsche Übersetzung der wichtigeren Textstellen wurde in den biographischen Abschnitt (S. XXXIXff.) eingearbeitet. Den Abschluß bilden die im ungarischen Original und in deutscher Übersetzung dargebotenen Texte der zwei umfangreicheren Verordnungen zur Volksgerichtsbarkeit, die inhaltlich im wesentlichen identisch sind mit dem Gesetz Nr. VII/1945.

Ein besonderer Wert kommt dem bislang unveröffentlichten "Memorandum an die Hohen Regierungen der Alliierten Mächte" zu, das nach seinem Entstehungsort benannte "Weyregger Memorandum" vom 23. April 1945, verfaßt und unterzeichnet von FRANZ BASCH, GEORG GOLDSCHMIDT, EDUARD KEINTZEL, HANS SCHNITZER und ADAM SCHLITT. Dieses denkwürdige Dokument stammt aus der Sammlung des 1998 verstorbenen JOSEF SCHMIDT und wird hier nur in seiner deutschen Originalausfertigung ediert. Es handelt sich hier um eine Quelle, die einerseits den tiefgehenden Schock über den Kriegsausgang artikuliert, andererseits den ersten Versuch der Volksgruppenführung der Ungarndeutschen dokumentiert, Antworten auf die Frage nach den möglichen Folgen dieses Zusammenbruchs für die von ihnen repräsentierte Volksgruppe und für sich selbst zu finden. Abgesehen davon, daß dieses Memorandum seine Adressaten und damit seinen intendierten Zweck niemals erreicht hat,[29] ist sein Grundzug eine überraschend realistische Einsicht in die Ausweglosigkeit der eingetretenen Lage und darüber hinaus der ganzen seit 1940 eingeschlagenen Entwicklung, für die die Unterzeichneten sich ausdrücklich bereit erklärten, sich ihrer Verantwortung und damit einem Gericht der Alliierten zu stellen. Zugleich suchten sie sich durch die Rechtfertigung ihrer ethnopolitischen Motivation (unter Berufung auf das Menschenrecht der Bewahrung ethnischer Identität) und defensive Erklärungsmuster ihres Handelns apologetisch von derselben Entwicklung zu distanzieren. Einer solchen Apologetik sollte insbesondere die ausdrückliche Distanzierung von der NSDAP und ihrer Weltanschauung als einem vom Dritten Reich 1940

[29] Es war jedenfalls nicht im Archiv des britischen Außenministeriums, im Public Record Office in London, aufzufinden. – G. S.

aufgezwungenen "nominellen Bekenntnis" dienen sowie die Zurückweisung einer Komplizenschaft oder Mitbeteiligung an "den Untaten, die ... durch das nationalsozialistische Regime veranlaßt und begangen wurden". Die prononcierte Hervorhebung der Objektrolle "der Volksdeutschen" im Zuge der aggressiv-expansiven Machtausübung des Dritten Reiches möchte diesen Distanzierungsversuch ebenso untermauern wie die Berufung auf den britischen Historiker CARLILE AYLMER MACARTNEY als Kronzeugen für die Richtigkeit der von den Unterzeichnern aufgeführten Argumente. Auf MACARTNEY und seine in diesem Zusammenhang relevanten Aussagen wird noch weiter unten zurückzukommen sein.

Bemerkenswert an dieser Quelle ist die Dichotomie von Schuldbewußtsein (verbunden mit der Erkenntnis der für die ganze Volksgruppe eingetretenen Sackgassen-Situation) einerseits und vom Bewußtsein einer Unschuld andererseits. Im Plädoyer für eine partielle Schuldentlastung wird die Täter- in eine Opferrolle umgekehrt, das heißt die Volksgruppe und insbesondere ihre Führung wird hier als Opfer der expansiven Machtpolitik Hitler-Deutschlands angesehen. Damit haben wir hier in nuce den Leitfaden der Verteidigungsstrategie vor uns, die FRANZ BASCH in seinem Prozeß mit teilweisem, freilich nur kurzfristigem Erfolg anzuwenden suchte.

Der verklausulierte Offenbarungseid einer zugegebenen Verstrickung in Schuld unter gleichzeitiger Hervorhebung von Entlastungsargumenten und -zeugen gipfelt in dem nur teilweise realistischen, gleich eingangs vorgelegten Vorschlag, mit dem man gleichsam eine Flucht nach vorne anzutreten suchte: nämlich die aus Ungarn nach dem Westen geflüchteten Ungarndeutschen nach Amerika oder in ein Land des britischen Empire umzusiedeln. Dieser Vorschlag war insofern realistisch, weil er von der Einsicht getragen war, daß die Möglichkeit einer Rückkehr derselben in ihre alte, ungarische Heimat offensichtlich bereits als ausgeschlossen bewertet wurde. Im Memorandum wird nur der 150.000 Evakuierten ausdrücklich gedacht. Seine Verfasser haben es offenbar nur als eine Frage der Zeit betrachtet, bis die in Ungarn noch verbliebenen Ungarndeutschen entweder durch Flucht oder Vertreibung sich dieser Gruppe hinzugesellen würden.

Was nun die Brauchbarkeit der Zeugenschaft des britischen Historikers MACARTNEY im Sinne einer Entlastung betrifft, so möchten wir hier auf zwei Äußerungen von ihm zurückkommen, wobei die eine 1956 in seinem zweibändigen Werk zur Geschichte Ungarns in der Periode 1929-1945 publiziert wurde, die andere in einer für das Research Department des britischen Außenministeriums angefertigten Lageanalyse unveröffentlicht geblieben, wegen ihrer Entstehungszeit – fünf Monate vor der Abfassung des Weyregger Memorandums – aber von besonderem Interesse ist. In diesem Memorandum mit dem Titel "The Minorities of Hungary" vom 14. November 1944 skizziert MACARTNEY die Lage wie folgt: "Hungary was forced by Germany to allow the formation of a Volksbund of an aggressive Nazi character, and many half-

Magyarised Germans reverted spiritually to Germanism. The influence of these elements on Hungarian policy has been strong, but they have also evoked a reaction of fear and anti-German feeling among other Hungarians. ... The Volksgruppe soon [after April 1941] came to command the adherence of almost the whole younger German-speaking generation in Hungary. Its members were completely Nazi and constituted in many respects a State within a State. The loyalty to Hungary of many of them was more than dubious. ... The Magyars responded with a vivid-dislike, and in fact systematically sabotaged the concessions which they had been forced to grant the Volksgruppe."[30]

Dieses Dokument mag stellvertretend für viele andere aus der Kriegs- und unmittelbaren Nachkriegszeit stehen, in denen unter dem Eindruck der Kriegsgreuel und -verbrechen eine scharfe, schonungslose wie undifferenzierte Verurteilung all dessen, was mit Nazi-Deutschland in direkte Verbindung gebracht werden konnte, sich durchgesetzt hat. In seiner zwölf Jahre später veröffentlichten Monographie bevorzugt MACARTNEY bereits eine subtilere und differenziertere Bewertung der gleichen Vorgänge. So schreibt er über das Volksgruppenabkommen vom November 1940:

"The Volksgruppe, it is true, could record a little positive progress, for on 28th November agreement which Hungary had accepted in Vienna.... Thereafter the Swabian Youth was also allowed to enter its own paramilitary and pseudo-nationalist organisations, instead of the official Levente, to speak German and to use the Nazi salute. But if the German minority was thus now largely withdrawn from the control of the Hungarian authorities, coming, in effect, under HIMMLER's direct orders, it was firmly excluded from influence in Hungarian affairs."[31] Und noch deutlicher wird seine Differenzierung im Zusammenhang mit dem Anschluß der Batschka-Deutschen im Frühjahr 1941: "Finally, the Volksbund had been reinforced numerically and radicalised by the addition of some 175.000 Germans of the Bácska and Baranya, vigorously deutschbewusst to a man and lacking any trace of attachement to the Hungarian State. As a matter of form, the newcomers entered the Volksbund and accepted BASCH as 'Führer', but the new tail wagged the old dog, and BASCH found himself pushed, not entirely to his own pleasure, into a new extreme position."[32]

Die noch 1944 akzentuierte Gleichsetzung von Volksbund mit NSDAP und SS wird hier ausdrücklich vermieden, sein Jugendverband als "pseudo-nationalistisch" charakterisiert, was der Argumentation von FRANZ BASCH entgegenkommt, daß dieser nur äußerlich sich den braunen Parteiformationen angeglichen habe. Die Kommandogewalt HIMMLERs über die neu geschaffene Volksgruppenorganisation wird ebenso hervorgehoben wie die Tatsache, daß

---

[30] Public Record Office, FO 371/30974, C 7233/7233/21/1942, S. 1 und 5.

[31] MACARTNEY, C. A.: October fifteenth. A history of modern Hungary 1929-1945. Vol. I, Edinburgh 1956, S. 457.

[32] Ebenda, Vol. II, Edinburgh 1957, S. 41.

der ungarische Staat genauso wenig Einfluß auf den Volksbund wie dieser auf den Staat und die ungarische Innenpolitik auszuüben vermochte. Schließlich wird auch explizit auf die Radikalisierung des Volksbundes als Folge des Anschlusses der Batschka an Ungarn und der Batschka-Deutschen an den Volksbund hingewiesen, unterstrichen durch das drastische Bild, daß der neue Schwanz (der Batschka-Deutschen) den "alten Hund wedelte", das heißt den Volksbund, wodurch BASCH gezwungenermaßen in eine Position gedrängt wurde, die ihm keine Freude bereitete. Mit solchen Feststellungen hat MACARTNEY bereits vor 40 Jahren Differenzierungen vorgenommen und eine Reihe von kritischen Fragen aufgeworfen, die bis heute von der ungarischen Geschichtsschreibung anscheinend weder zur Kenntnis genommen noch beantwortet wurden. Andererseits ist MACARTNEY als einer der herausragenden ausländischen Experten der ungarischen Geschichte seiner Epoche selbst ein gutes Beispiel für die Notwendigkeit der Distanz zum historischen Geschehen, aus der heraus eine differenziertere Betrachtungsweise desselben erarbeitet werden kann und muß. Wäre er persönlich als Zeuge zum Basch-Prozeß geladen worden und hätte in diesem seine Aussage gemacht, so wäre seine Bewertung des Volksbundes und der Tätigkeit von FRANZ BASCH wahrscheinlich kaum weniger drastisch ausgefallen als in seinem Memorandum vom November 1944. Die damit vorgenommene Demonstration unterschiedlicher Interpretationen ein und derselben Fakten einmal unter dem Eindruck unmittelbaren Erlebens, das andere Mal aus einer bereits gewonnenen Distanz von zehn Jahren soll hier nur dazu dienen, die Frage nach den offenbar variablen Grenzen in der Fähigkeit der Beurteilung historischen Geschehens aufzuwerfen, zumal wenn ein solches Geschehen mit der Frage nach dem schuldhaftem Handeln eines daran Beteiligten wie im Fall von FRANZ BASCH verbunden ist.

3. Der Prozeß

Vorgeschichte und Verlauf

Am 16. Februar 1945 unterzeichnete der Ministerpräsident General MIKLÓS BÉLA VON DÁLNOKI in Debrecen eine an die Alliierte Kontrollkommission adressierte Namensliste mit insgesamt 105 Personen, die als Kriegsverbrecher angesehen wurden, unter ihnen auch FRANZ BASCH.[33] Am 11. Juli 1945 wurde

[33] Von den in den Prozeßakten genannten Personen sind folgende in dieser Liste

der Volksanwalt MIKLÓS KÁTAI von der Budapester Volksanwaltschaft aufgefordert, das Untersuchungsverfahren gegen FRANZ BASCH einzuleiten und so rasch wie möglich eine Anklageschrift zusammenzustellen. Um die Auslieferungsmodalitäten zu klären, reisten der Staatssekretär des Innenministeriums, MIHÁLY FARKAS, der Generalmajor der Polizei, GÁBOR PÉTER, und der Leiter der Militärpolitischen Abteilung des Verteidigungsministeriums, GYÖRGY PÁLFFY, im September 1945 nach Salzburg. In Zusammenarbeit mit dem dort wirkenden amerikanischen Offizier ungarischer Abstammung, MARTIN HIMLER, der in Salzburg die für Ungarn zuständige Abteilung des Intelligence-Service leitete, gelangte der Name FRANZ BASCH in den am 18. September ausgefertigten Auslieferungsantrag. BASCH, der bereits am 17. Mai 1945 in Weyregg am Attersee (Oberösterreich) von den Amerikanern verhaftet worden war, wurde von diesen am 9. Oktober nach Budapest überstellt und an Ungarn ausgeliefert.[34]

Für die Kriegsverbrecherprozesse war das Budapester Volksgericht [Budapesti Népbíróság] zuständig, dessen Präsident, Dr. ÁKOS MAJOR, Kontakte zur Ungarischen Kommunistischen Partei [Magyar Kommunista Párt, MKP] geknüpft und dieser seine Dienste angeboten hatte. Obwohl er formell parteilos blieb, befolgte er weitgehend die Anweisungen der MKP.

Das Untersuchungsverfahren in Sachen BASCH wurde am 12. Oktober 1945 mit den ersten Zeugenverhören aufgenommen – insgesamt waren es im Oktober 14 Zeugen –, vom 16. bis 26. Oktober wurde BASCH selbst eingehend verhört. Zur Vorbereitung seiner Anklageschrift hat der Volksanwalt in der Funktion des Untersuchungsrichters, Dr. KÁTAI, im November BASCH, zwei weitere Zeugen (nämlich KECK und KLÁRA SPIELER) verhört sowie die Zeugen FERENC

---

enthalten: LÁSZLÓ ENDRE, HENRIK (HEINRICH) MÜHL, FERENC SZÁLASI, ANDRÁS TASNÁDY NAGY, ANTAL KECK, MIKLÓS MESTER, GÁBOR TAUFFER und MÁTYÁS MATOLCSY. Ferner in einer zweiten, auf den 29. März 1945 datierten Liste noch die Namen von JAKAB BRANDT, EDE (=EDUARD) KEINTZEL, RAJMOND KRANCZ, JENŐ PADÁNYI GULYÁS, TAMÁS MATOLCSY und FÉJA GÉZA. – Public Record Office, FO 371/48511, R 9422/7435/21 vom 14. Mai 1945. Zur Frage, warum MIKLÓS HORTHY nicht auf die Liste der Kriegsverbrecher gesetzt wurde, berichtet der Leiter der Britischen Politischen Mission aus Budapest, A. GASCOIGNE, am 17. Mai 1945 an Mr. HOWARD vom Foreign Office: "States that while the Hungarian Government was at Debrecen, Dr. Gyöngyössy, Hungarian Minister for Foreign Affairs, asked Pushkin (Political Adviser to the Russian Military Mission) wether the Regent Horthy's name should figure in the liste of Hungarian War Criminals. Pushkin's reaction was definitely negative greatly to Gyöngössy's disappointment." – Ibidem. R 9583/7435/21.

[34] TILKOVSZKY, LORÁNT: Vad, védelem, válóság (wie in Anm. 23), S. 1394-1397. Am 21.11. 1945 wurden nochmals 105 Personen von den US-Behörden aus Salzburg nach Budapest als war criminals überstellt, darunter BÁLINT HÓMAN, VIKTOR FELBER, HUGO BINDER, DR. HENRIK (HEINRICH) NEUN. – Public Record Office, FO 371/59001, R 251/251/21, Bericht vom 17.12.1945.

SZÁLASI, EDMUND VEESENMAYER und OTTO WINKELMANN verhören lassen. Die beiden letzteren waren von den Amerikanern am 2. November 1945 von Nürnberg nach Budapest überstellt worden, um als Zeugen in mehreren in Ungarn angelaufenen Kriegsverbrecherprozessen auszusagen. Am 29. November hat RÓBERT MAJOR, der Leiter der Presseabteilung am Budapester Volksgericht, die von ihm gewünschten belastenden Materialien aus seinem Pressearchiv dem Volksanwalt KÁTAI übergeben und die Einvernahme zweier weiterer Zeugen, nämlich der beiden Ministerialbeamten LÁSZLÓ OTTLIK und PÁL BALLA, im Rahmen der Hauptverhandlung vorgeschlagen. Am 5. Dezember hat KÁTAI sodann seine Anklageschrift in Sachen BASCH dem Budapester Volksgericht vorgelegt. Danach wurde der Rechtsanwalt Dr. ÁRPÁD WENCZEL zum Pflichtverteidiger von FRANZ BASCH bestellt. Dem Angeklagten wurde die Anklageschrift am 5. Januar in sein Gefängnis in der Markó utca überstellt, worauf er am 9. Januar vor dem Volksanwalt Dr. ENDRE ACZÉL seine Einwendungen zu Protokoll gab. BASCH beantragte folgende Personen als Zeugen vorzuladen: Die Ministerpräsidenten BÁRDOSSY, KÁLLAY und SZTÓJAY, die Minister ISTVÁN ANTAL, BÁLINT HÓMAN und ANDOR JAROSS, die Staatssekretäre TIBOR PATAKY und MIKLÓS MESTER, die leitenden Beamten LÁSZLÓ OTTLIK und PÁL BALLA, ferner die Abgeordneten MÁTYÁS und TAMÁS MATOLCSY und JENŐ PADÁNYI GULYÁS und schließlich die Volksbundführer HEINRICH NEUN, ANDREAS SCHELL, HUGO BINDER, zuletzt noch die beiden Journalisten JOHANN FAUL-FARKAS (der dem Führungsgremium des Volksbildungsvereins angehört hatte) und LAJOS SZIKRA-NONNENMACHER. Aus diesem Personenkreis wurden vom Volksgericht nur die Minister HÓMAN und ANTAL als zusätzliche Zeugen vorgeladen; OTTLIK, BALLA, PATAKY und BÁRDOSSY waren vom Gericht bereits als Zeugen vorgesehen, letzterer war allerdings bereits fünf Tage vor der ersten öffentlichen Gerichtssitzung des Basch-Prozesses, nämlich am 10. Januar, aufgrund eines über ihn verhängten Todesurteils hingerichtet worden.

Bereits am 2. Januar 1946 wurde die fünfte Kammer des Budapester Volksgerichts unter der Leitung von Dr. ISTVÁN GÁLFALVY (MKP-Mitglied) beauftragt, den Basch-Prozeß zu führen. Als erster Verhandlungstag wurde der 15. Januar, festgelegt. Am vierten öffentlichen Verhandlungstag, nämlich am 18. Januar wurde das Urteil verkündet, der Angeklagte in allen Anklagepunkten für schuldig befunden und zum Tode verurteilt. In einer nach der Urteilsverkündung unmittelbar anschließenden, nichtöffentlichen Sitzung des Gerichts wurde der Antrag des Verurteilten auf Begnadigung beraten und diesem mit einem Votum von vier gegen zwei Stimmen stattgegeben. Da außerdem BASCH und sein Verteidiger gegen das Urteil Berufung eingelegt hatten, war das Urteil noch nicht rechtskräftig. Dennoch hat am gleichen Tag der Justizminister Dr. RIES an den Leiter der amerikanischen Militärmission, General KEY, ein Schreiben abgesandt, in dem dieser ersucht wird, seine Zustimmung zur Vollstreckung der Todesstrafe an den dazu Verurteilten zu geben, ohne die ursprünglich vereinbarte Zustimmung des Alliierten Nürnberger Kriegsgerichtstribunals abwarten zu müssen. In diesem Schreiben wird auch FRANZ BASCH namentlich aufgeführt.[35] Das ist der Beweis dafür, daß zu diesem Zeitpunkt sein Schicksal bereits als besiegelt angesehen wurde und man an dem erwünschten Ausgang seines Prozesses keine Zweifel hegte. Am 21. Januar hat der Pflichtverteidiger von BASCH, Dr. WENCZEL, seine Berufung an den dafür zuständigen Landesrat der Volksgerichte [Népbíróságok Országos Tanács] eingereicht, worauf dieser am 18. März unter der Leitung seines Vorsitzenden Dr. ERNŐ BÉLA BOJTA zu der Berufungsverhandlung zusammentrat. Der Antrag des Verteidigers auf Strafermäßigung wurde verworfen und das Todesurteil in leicht abgeänderter Form bestätigt. In der anschließenden nichtöffentlichen Sitzung wurde dem von BASCH und seinem Verteidiger gestellten Antrag auf Begnadigung bei Stimmengleichheit der Beisitzer mit der Stimme des Vorsitzenden, Dr. BOJTA, stattgegeben. Dieser Begnadigungsantrag wurde mit der am 27. März fertiggestellten Urteilsbegründung am 1. April an das Justizministerium weitergeleitet. Der damalige Staatspräsident, der reformierte Geistliche ZOLTÁN TILDY, hat am 18. April 1946 das Gnadengesuch zurückgewiesen, worauf am 23. April das Justizministerium dem Budapester Volksgericht die Weisung erteilte, das Gerichtsverfahren zu Ende zu führen. In einer nichtöffentlichen Sitzung am 25. April hat das Gericht in Anwesenheit des Verurteilten das Urteil für rechtskräftig erklärt. Am darauffolgenden Tag wurde FRANZ BASCH im Hof des Gefängnisses in der Markó-Gasse durch Erschießen hingerichtet.

Zielsetzung und Aussagen des Prozesses

Im Mittelpunkt des Volksgerichtsprozesses gegen den der Kriegsverbrechen beschuldigten FRANZ BASCH stand weniger seine Person als die von ihm repräsentierte Organisation, der Volksbund, und hinter diesem wiederum die vom Volksbund repräsentierte Minderheit der Ungarndeutschen. Es handelt sich hier um eine Minderheit, die zur gleichen Zeit der Kollektivschuld an den Nazi-Kriegsverbrechen bezichtigt wurde. Die damit legitimierten politischen und organisatorischen Vorbereitungen für ihre Vertreibung aus ihrer ungarischen Heimat liefen parallel zum Basch-Prozeß auf Hochtouren. Den führenden politischen Kräften Ungarns konnte es also nur darum gehen, die in der damals

[35] TILKOVSZKY (wie in Anm. 23), S. 1411. In einem zweiten Schreiben des Justizministers vom 2. März 1946 wird das Gesuch wiederholt und werden insgesamt 15 Namen aufgeführt, unter ihnen wiederum FRANZ BASCH. Der stellvertretende Leiter der amerikanischen Militärmission, Oberst D. S. TOWNSEND, antwortet am 8. März, daß von seiten der USA gegen eine Vollstreckung der Urteile keine Einwände erhoben werden. – Ebenda, S. 1412.

veröffentlichten Meinung stereotyp propagierte Gleichsetzung von:
Ungarndeutscher = Nazi, Kriegsverbrecher und Vaterlandsverräter = Volksbund = BASCH
vor und von einem Gericht in Gestalt eines entsprechend ausgerichteten Verfahrens und Urteils bestätigt zu bekommen. Eine solche und damit primär politische Zielsetzung demonstrieren sowohl die Anklage als auch das Urteil und insbesondere die Urteilsbegründung des Basch-Prozesses. Hinzuweisen ist hier vor allem auf die vom Ankläger und vom Urteil gesetzten Akzente auf Vaterlandsverrat, Auslieferung Ungarns an das Dritte Reich, im besonderen die Werbung und Rekrutierung zur Waffen-SS und die damit geleistete Beihilfe zu einem Angriffskrieg und der mit seinem Ausgang verknüpfte Zusammenbruch des Landes.

Doch einige Abschnitte des Gerichtsverfahrens und zahlreiche Einzelmomente innerhalb seines Verlaufs haben sich gegenläufig zu seiner politischen Ausrichtung gestaltet. So ist beispielsweise der Ermittlungsbeamte in seinem abschließenden Bericht über die Verhöre von FRANZ BASCH zu dem – für den Ankläger sicherlich überraschenden – Urteil gekommen: "Im Zuge der Ermittlungen fand sich kein Beweis dafür, daß BASCH Mitglied der ungarischen oder der deutschen nationalsozialistischen Partei gewesen wäre, und auch nicht dafür, daß er sich die nationalsozialistische Idee zu eigen gemacht hätte ...."[36]

Und eine erstaunlich lange Reihe von Zeugenaussagen erfüllten ebensowenig ihren Zweck, nämlich BASCH und seine Organisation im Sinne der Anklage zu belasten. Der Untersuchungsrichter Dr. KÁTAI versuchte daher am Ende des zum Teil unergiebigen Ermittlungsverfahrens noch durch eine Notmaßnahme, nämlich durch Einbeziehung von Material, das die Presseabteilung unter der Leitung von RÓBERT MAJOR überstürzt herbeizuschaffen hatte, der Anklage eine ausreichende Basis zu verschaffen. Solche erheblichen Spannungsmomente deuten darauf hin, daß man den Prozeß nicht immer in die gewünschte Richtung zu lenken vermochte, daß sein Ausgang – zumindest das Todesurteil bzw. seine Vollstreckung – zeitweise, freilich nur innerhalb des Gerichtssaals, offen erschien und daß es sich um ein Verfahren handelte, das in einigen Momenten dazu tendierte, mehr seiner juristischen Logik zu folgen, als seine ihm anvertraute politische Funktion zu erfüllen. Und wie darüber hinaus trotz aller politisch gesetzten Schranken dieser Prozeß zu einem Forum sehr vielfältiger, einander entgegengesetzter, widersprechender oder manchmal auch in Einzelpunkten sich ergänzender Auffassungen und Meinungen werden konnte, die seine Akten zu der erstaunlichen historischen Quelle machen, die sie nun einmal ist.

Solche, der gewünschten Finalität des Prozesses sich entgegenstellende Abweichungen, ja Hindernisse stellen eine Reihe von Zeugenaussagen dar, die in einem ordentlichen Gerichtsverfahren wahrscheinlich zu einem differen-

---

[36] Siehe Seite 96 der Edition.

zierteren Urteil bzw. einer solchen Urteilsbegründung beigetragen hätten. Demgegenüber gibt es eine Reihe von Aussagen, die der Anklage und damit dem Ziel des Prozesses schon durch die Pauschalität der in ihnen erhobenen Beschuldigungen direkt dienlich war. Darüber hinaus gibt es eine dritte Gruppe von Zeugenaussagen, die zu sehr den Angeklagten entlasteten und damit den Prozeßführern mehr oder weniger unbrauchbar erscheinen mußte, für den Historiker jedoch nichtsdestoweniger von Interesse sind. Die Akten selbst bieten ein Indiz für ihre Bewertung seitens der Prozeßführer. In den eingebundenen Prozeßakten ist mit der Anordnung der Reihenfolge ihrer Aktenstücke ein wertvoller Hinweis darauf zu finden, wie das Gericht selbst die einzelnen Zeugenaussagen bewertet hat. Denn die Zeugenaussagen sind – soweit es das Ermittlungsverfahren bis zur Anklageerhebung betrifft – in ihrer Reihenfolge unserer Meinung nach keinesfalls willkürlich (wie das TILKOVSZKY angenommen hat[37]), sondern nach ihrer Brauchbarkeit im Sinne der Anklage angeordnet, d.h. das Ausmaß der Belastung ist das entscheidende Kriterium für die Reihenfolge, in der uns die Zeugenaussagen des Ermittlungsverfahrens überliefert werden. Die Aussagen, die BASCH nach damaliger Auffassung am meisten belastet haben, sind von den Anklägern an die erste Stelle bzw. nach vorne gerückt und offenbar auch dort belassen worden. Hier eine Übersicht über die Reihenfolge der Zeugenaussagen in den Akten einerseits und in der von uns für die Edition gewählten sachlich-chronologischen Anordnung andererseits:

Zeugenaussage	Reihenfolge in den Akten	Reihenfolge in der Edition
Winkelmann, Otto	1	17
Bárdossy, László	2	15
Zombor, József	3	5
Szegedy-Maszák, Aladár	4	4
Pataky, Tibor	5	8
Kußbach, Franz	6	2
Krump, Josef	7	7
Gratz, Gustav	8	6
Incze, Péter	9	3
Endre, László	10	9
Beczkóy, Frau József	11	12
Veesenmayer, Edmund	12	16
Spieler, Klara	13	14
Tartsányi, Dániel	14	10
Birkás, Géza	15	11
Mester, Miklós	16	13
Keck, Anton	17	19
Szálasi, Ferenc	18	18
Spieler, Klára (2. Verhör)	19	20

[37] TILKOVSZKY (wie in Am. 23), S. 1440.

Der ersten Gruppe der eindeutig belastenden, die Pauschalität der Anklagepunkte wesentlich unterstützenden Zeugenaussagen gehören die unter eins bis sieben gereihten Zeugen an.

Die zweite Gruppe mit Aussagen, die sowohl be- wie entlasteten und damit differenziert ausfielen, bilden die Zeugen 8-15.

Der Rest der Aussagen war offenbar im Sinne der Anklage wenig brauchbar. Die Aussagen des Beschuldigten, später Angeklagten BASCH sind in dieses Raster naturgemäß nicht einzubeziehen, da sie einerseits für das Gericht wichtige Informationen beinhalteten, andererseits freilich von vornherein auf Verteidigung und damit auf Entlastung ausgerichtet waren.

So stellte der Zeuge FRANZ KUSSBACH die Kooperation von BASCH und seiner Gruppe bereits ab 1933 mit dem Dritten Reich, später mit der SS und die Übernahme der NS-Ideologie mit ihren Konsequenzen in Richtung "Magyaren- und Judenhaß" heraus. Diese Einschätzung wurde von SZEGEDY-MASZÁK nachdrücklich unterstrichen, der das Programm von BASCH als "nationalsozialistisch" bewertete und den Volksbund terroristischer Aktivitäten gegenüber den "staatstreuen Deutschen" und den Magyaren bezichtigte, wobei BASCH nicht davor zurückgeschreckt haben soll, die Existenz Ungarns als Staat in Frage zu stellen, sollte das Wiener Volksgruppenabkommen nicht eingehalten werden. Der Zeuge JÓZSEF ZOMBOR bestätigte die Fähigkeit von BASCH, insbesondere auf die junge Generation mobilisierend gewirkt zu haben, allerdings "im Dienst der großdeutschen völkischen Idee". Seiner Meinung nach sei dessen Macht nach 1941 so stark angewachsen, daß die Regierung BASCH gegenüber bereits ohnmächtig gewesen sei. BASCH wird von ihm als Magyarenhasser gebrandmarkt, der den Plan verfolgt habe, "Ungarn zu einer deutschen Kolonie zu degradieren". BÁRDOSSYs Aussage ist verhältnismäßig nichtssagend, doch stellte er immerhin das Zeugnis aus, daß "die überwiegende Mehrheit der Volksbund-Mitglieder sich zur nationalsozialistischen Ideologie bekannt haben". Wesentlich brauchbarer hingegen war die Aussage von TIBOR PATAKY, daß "die Wirksamkeit des Volksbundes als für die Interessen des Landes schädlich einzustufen ist" und daß der Volksbund sich völlig "nach Nazi-Muster" organisiert habe. Allerdings räumte er ein, daß BASCH mit einem radikaleren Flügel innerhalb des Volksbundes zu kämpfen hatte. WINKELMANN wiederum hat "BASCH vom deutschen Gesichtspunkt aus als zuverlässig beurteilt, der den Befehlen Folge leistete". Diese schlichte Feststellung aus dem Munde des in Ungarn kommandierenden SS-Befehlshabers hat mit einem Schlag die ganze Verteidigungsstrategie von BASCH, daß er stets im Sinne einer patriotischen, ungarntreuen Gesinnung gewirkt habe, zerstört.

An die Spitze der Aussagen, die sich um Differenzierungen, um eine Abwägung von Pro- und Kontra-Argumenten bemühten, ist die von GÉZA BIRKÁS zu stellen. Allerdings gilt das vor allem für seine Aussage am ersten Verhandlungstag. Nach BIRKÁS war BASCH weder ein Nazi bzw. ein Radikaler noch ein Antisemit, die Regierung habe sich stets auf ihn stützen können, doch die von BASCH nicht mehr kontrollierbaren Kräfte hätten den Volksbund schließlich doch in eine für die Regierung unerwünschte Richtung gelenkt. BASCH habe die Rekrutierung zur Waffen-SS nicht befürwortet, sich gegen übertriebene Forderungen aus dem Reich zur Wehr gesetzt und die Möglichkeiten, die ihm das Wiener Volksgruppenabkommen geboten habe, nicht ausgenützt. Schließlich habe er die von der Regierung beanstandeten Führungspersonen aus dem Volksbund entfernt und seinen Posten nur auf Wunsch der Regierung behalten. Der Volksgruppenführer habe aber gegen die Assimilation Stellung bezogen. Als Zäsur der guten Zusammenarbeit zwischen BASCH und der Regierung gab BIRKÁS das Jahr 1943 an, als die Berliner Reichsstellen erste Vorbereitungen trafen, um im Falle eines Kriegsaustritts Ungarns das Land zu besetzen. Solche Maßnahmen hätten den Volksgruppenführer wie das Ministerpräsidium zur Verzweiflung gebracht, und BIRKÁS äußerte die Vermutung, ab dieser Zeit habe BASCH die Zügel überhaupt nicht mehr in der Hand gehabt.

Ganz konträr gegen die Prozeßführung argumentierte MIKLÓS MESTER, der zentrale Punkte der Anklage überhaupt in Frage stellte, wenn er feststellte, daß für die Übertreibungen in der Nationalitätenpolitik nicht BASCH bzw. seine Organisation zur Rechenschaft gezogen werden könne. Er stellte auch die Frage, wer die Verantwortung für das Wiener Volksgruppenabkommen zu tragen habe. Seiner Meinung nach galt BASCH in Ungarn deshalb als zu radikal und in Deutschland zu gemäßigt, weil die ungarische Regierung einerseits eine Politik der weitgehenden Anlehnung an das Dritte Reich befolgt, andererseits jedoch jede ethnopolitische Aktivität weiterhin diskriminiert habe. Seine Aussage gipfelte in der Forderung nach einer differenzierenden Untersuchung der Fehler, die seitens Ungarns, Deutschlands und des Volksbundes gemacht worden seien. Zur Person von FRANZ BASCH stellte er übrigens noch fest, daß dieser weitgehend unpolitisch, zu Ungarn loyal und in seiner ethnopolitischen Konzeption keineswegs radikal gewesen sei. Der langjährige Kultusminister BÁLINT HÓMAN bestätigte gleichfalls die Loyalität von BASCH und sein "konziliantes und höfliches Verhalten" und hob in seiner Aussage hervor, daß dieser nur das verlangt habe, "wozu sich die Regierung bereits im Trianoner Friedensvertrag verpflichtet hatte".

Die meisten Aussagen aus der ersten Zeugen-Gruppe der pauschalen Belastung von Basch im Sinne der Anklage wurden am dritten Tag der öffentlichen Verhandlung noch einmal wortwörtlich verlesen, so die von KUSSBACH, SZEGEDY-MASZÁK, PATAKY, ZOMBOR und BÁRDOSSY. Abgesehen davon, daß BÁRDOSSY bereits hingerichtet worden war, wollte man mit diesem Schritt offenbar eine erneute Zeugeneinvernahme vermeiden, da sich an den beiden ersten Verhandlungstagen herausgestellt hatte, daß im Vergleich zum Ermittlungsverfahren mehrere Zeugen dazu neigten, ihre ursprünglichen Aussagen in Richtung einer stärkeren Entlastung von BASCH zu verändern, wie das bei MESTER, BIRKÁS, ENDRE und selbst noch bei WINKELMANN (auf dessen öffentlichen Auftritt aus propagandistischen Gründen man nicht verzichten wollte) zu beobachten war. Mit diesem Kunstgriff hat die Prozeßführung jede Möglichkeit einer Abweichung vom vorgegebenen Ziel ausgeschlossen und bestätigt, daß sie bereits auf ein ganz bestimmtes Prozeßergebnis vorab festgelegt worden war.

Die Begründungen sowohl der Anklage wie auch der Urteile in erster und zweiter Instanz belegen, daß es Anklägern wie Richtern nicht in erster Linie um den Nachweis irgendeiner individuellen Schuld des Angeklagten ging, sondern darum, ihm eine Beteiligung an möglichst vielen der bekanntgewordenen NS-Verbrechen nachzuweisen und ihn dafür zu verurteilen. Als ausreichende Belege für seine Tatbeteiligung reichten in der Anklageerhebung, in der Verhandlung und in den Urteilsbegründungen formaljuristisch abgeleitete Beweise oder die objektive Möglichkeit zur Tat. Ob es sich hierbei um die Herausgeberschaft der *Deutschen Zeitung*, die Funktion der Volksgruppenführung handelte oder um die Aufgabenstellung, die der Volksbund laut Bestimmungen der zwischen Ungarn und dem Dritten Reich abgeschlossenen SS-Rekrutierungsverträge zu übernehmen hatte, diese bloßen Gegebenheiten genügten schon, in Verein mit Indizien wie dem Erscheinen bestimmter, im Prozeß akribisch aufgeführter Zeitungsartikel, der Abhaltung von Versammlungen, der Vorlage von Redetexten – oder von bestellten Spitzelberichten über solche Reden - und anderer öffentlicher Verlautbarungen, BASCH der Begehung von Kriegsverbrechen überführt zu sehen und zu verurteilen. Die von einer Mehrheit von Zeugen in verschiedenster Weise angesprochene Frage nach dem Handlungsspielraum des Angeklagten, nach seiner persönlichen Überzeugung, die Frage nach der Absehbarkeit der Folgen bestimmter Entscheidungen, kurz die Frage nach der Verantwortlichkeit, über solche Fragen ging das Gericht hinweg, denn es war keineswegs an der Klärung solcher Fragen und damit von Straftatbeständen interessiert, die individuell und nicht bloß formal zu beurteilen gewesen wären. BASCH selbst hat sich niemals im Sinne der Anklage für schuldig bekannt, andererseits im Verlauf des Prozesses, aber auch im Weyregger Memorandum deutlich gemacht, daß er sich in gewissen Punkten schuldig fühlte. Das Gericht selbst ist niemals auf die Idee gekommen, den Angeklagten genau danach zu fragen, wie er sich selbst zur Frage seiner Schuld stellte. Weil das Gericht die Frage nach einer persönlichen, individuellen Schuld und Verantwortlichkeit des Angeklagten im Prinzip stets überging, spielten auch die Zeugen und ihre Vernehmung eine tendenziell untergeordnete Rollen und die Anklage stützte sich weniger auf deren Aussagen als vielmehr auf das Beweismaterial, das der Leiter der Presseabteilung, RÓBERT MAJOR, beibrachte und das mit der Person des Angeklagten nur formal und abstrakt in Beziehung zu setzen war. Dem Gericht ging es letztlich darum, dem Publikum Kriegsverbrechen und volksfeindliche Aktivitäten exemplarisch vorzuführen und für eine Politik propagandistisch verwertbar zu machen, die daraufhin angelegt war, eine ganze, ethnisch definierte Minderheitengruppe nicht nur zu diskriminieren, sondern zu kriminalisieren, zu enteignen und aus dem Land zu jagen. Daß die Person des Angeklagten freilich in vieler Hinsicht als kein sehr geeignetes Demonstrationsobjekt eines "typischen Kriegsverbrechers" angesehen werden konnte – im Gegensatz etwa zu den Volksgruppenführern in den Nachbarländern –, das interessierte die Auftraggeber des Prozesses überhaupt nicht, und damit mußte das Gericht mit den Methoden, die das Instrument der Volksgerichtsbarkeit geboten hat, zurecht zu kommen suchen. Seine Methode war die Ignoranz, mit der zwar "mildernde Umstände" festgestellt werden, jedoch im Urteil keineswegs berücksichtigt werden durften, und es war die Larmoyanz, mit der zwar der Verurteilte eines Gnadenerweises für würdig erachtet wurde, jedoch in Kenntnis davon, daß ein solcher letztendlich aus politischen Gründen nicht gewährt werden konnte.

Wenn hier abschließend die Frage aufgeworfen werden soll, inwieweit es sich bei dem Basch-Prozeß bereits um einen Schauprozeß[38] handelte, dann ist zunächst darauf hinzuweisen, daß es Elemente gibt, die in eine solche Richtung weisen, andererseits einige wesentliche Unterschiede nicht übersehen werden dürfen. Die ersten, historisch untrennbar mit dem Stalinismus verknüpften Schauprozesse ihrer Art, die Moskauer Schauprozesse in den Jahren 1936-1938, weisen insgesamt fünf charakteristische Merkmale auf: Geständnisse und Schuldbekenntnisse der Angeklagten bilden die Voraussetzung für die öffentliche Durchführung des Prozesses und die Grundlage für den Schuldspruch. Zweitens werden die Angeklagten vor dem Prozeß und in den Prozeßpausen inhaltlich programmiert, so daß man von einer Inszenierung sprechen kann, deren Stilmittel, "Choreographie", durchaus dem Theater entlehnt sind. Damit korrespondiert das dritte Merkmal, die Öffentlichkeit des Prozesses und seine intensive propagandistische Auswertung. Viertens werden im Prozeßverlauf pedantisch genau die Formalien der Strafprozeßordnung gewahrt und eingehalten, und fünftens stützt sich die Anklage auf deduzierte Indizien und den Grundsatz der "maximalen Wahrscheinlichkeit" oder der "objektiven Möglichkeit" der Tat.[39]

Zwei Grundmerkmale, nämlich aufgenötigtes Schuldbekenntnis und inhaltliche Programmierung unter Anwendung von Gewalt und psychischem Druck, treffen auf den Basch-Prozeß sicherlich nicht zu. Das Merkmal der formalen Einhaltung der Strafprozeßordnung wird durch die Besonderheiten der Volksgerichtsbarkeit hinfällig. Allerdings bleibt in diesem Zusammenhang

---

[38] In der ungarischen Fachliteratur wird Schauprozeß mit koncepciós pér übersetzt, womit die von vornherein festgelegte Finalität eines wortwörtlich "konzipierten Prozesses" hervorgehoben wird. In diesem Sinne kann man den Basch-Prozeß tatsächlich als einen solchen bezeichnen. In der westlichen Fachliteratur geht man allerdings bei einer solchen Bezeichnung von den Schauprozessen des Stalinismus aus, wie sie in den 1930er Jahren erstmals inszeniert worden sind.

[39] PIRKER, THEO (Hrsg.): Die Moskauer Schauprozesse 1936-1938. München 1963, S. 18ff.

anzumerken, daß die Rechte und Möglichkeiten der Verteidigung weit hinter dem Standard zurückfallen, den die in Nürnberg durchgeführten Kriegsverbrecherprozesse gesetzt haben. Ähnliches gilt übrigens auch für die Dauer, Intensität und Qualität von Ermittlungs- und Beweisaufnahmeverfahren, wofür in Nürnberg das Fünf- bis Zehnfache an Zeit aufgewendet wurde wie im Basch-Prozeß.[40] Es verbleiben Merkmal drei und fünf. Die Öffentlichkeit war gegeben und sie versah auch die Rolle eines "Einpeitschers", mit der das Gericht und sein Verfahren offenbar unter Druck gesetzt werden sollten. In Abweichung vom Moskauer Modell ist die propagandistische Auswertung des Prozesses allerdings eher bescheiden oder besser gesagt sehr wenig routiniert ausgefallen. Noch schwerer ins Gewicht fällt allerdings das fünfte Merkmal: die deduzierten Indizien – im Basch-Prozeß müssen diese Rolle vor allem die von der Anklage aufgezählten Zeitungsartikel übernehmen – und die Wahrscheinlichkeit oder "objektive Möglichkeit" der Tat. Hier wiederum geht das Gericht davon aus, daß man die Täterschaft von BASCH vor allem in puncto SS-Rekrutierung und Deutsche Mannschaft (als Organ, das mit den ungarischen Sicherheitsorganen in Konkurrenz trat und damit die Souveränität des ungarischen Staates in Frage stellte) als gegeben vorauszusetzen hat, ohne sich die Mühe zu machen, einen konkreten Beweis für seine tatsächliche Mittäterschaft bzw. für die tatsächliche Rolle der Deutschen Mannschaft zu liefern.

Im Versuch einer Bilanz bleibt festzuhalten, daß der Basch-Prozeß nur zu einem geringeren Teil als ein Schauprozeß bewertet werden kann, allerdings sind gerade die Elemente, auf die eine solche Wertung zutrifft, für den – für BASCH tödlichen – Ausgang des Prozesses von entscheidender Bedeutung gewesen.

4. Der Basch-Prozeß in der zeitgenössischen Presse

Während die Fünfkirchner Tageszeitung *Új Dunántúl* am 16. Januar 1946 über die Eröffnung des Volksgerichtsprozesses gegen FRANZ BASCH lediglich eine wortkarge Agenturmeldung[41] brachte, gingen die in Budapest herausgegebenen Zeitungen *Népszava* und *Magyar Nemzet* ausführlicher darauf ein. Beide ließen ihrer Antipathie gegenüber dem Angeklagten freien Lauf. *Népszava* beanstandete, daß BASCH sich mit "äußerst auffälliger schwäbischer Aussprache äußerte". *Magyar Nemzet* schloß sich diesem Urteil an, bescheinigte

[40] Siehe Näheres dazu bei JUNG, SUSANNE: Die Rechtsprobleme der Nürnberger Prozesse, dargestellt am Verfahren gegen Friedrich Flick. Tübingen 1992. Hier insbesondere Kapitel III: Der Prozeß, S. 23-88.

[41] *Új Dunántúl* vom 16. Januar 1946.

BASCH "polternde und soldatische Worte" und ging so weit, dem Angeklagten mangelnde Sprachkenntnisse zu unterstellen, da diesem "bei schwierigeren Begriffen sein Gedächtnis in Stich ließ und er in sein Geständnis deutsche Ausdrücke mischte". Dazu schickte *Magyar Nemzet* noch voraus: "wie allgemein bekannt, organisierte BASCH den Volksbund auf nationalsozialistischer Grundlage". Zugleich übertrumpfte diese Zeitung alle ihre Konkurrenten, indem sie ihre Leser wissen ließ, daß der mittellose Lehrer im Rahmen seiner Volksbundtätigkeit "ein Vermögen, ein Mietshaus, eine Villa und ein Grundstück" erworben habe.[42]

Im Gegensatz zu den hier vorliegenden Prozeßakten schildern die Berichte beider Zeitungen bruchstückhaft die Atmosphäre der Verhandlungstage. So wird jeweils ein Dialog zwischen Richter und Angeklagten über dessen Vereinstätigkeit wiedergegeben: "Das Schwabentum benötigte damals kaum Ihre Hilfe", stellte Präsident GÁLFALVI fest. "Die Deutschen erfuhren in keinem Bereich ihres öffentlichen Wirkens irgendwelche Nachteile aufgrund ihrer Abstammung. Die deutschen Dörfer um Budapest verdienten mit Reibsand mehr als die magyarischen Bauern in Kleinkumanien mit reinem Weizen. Wieso war es also nötig, diese Dinge zu forcieren?" BASCH erwiderte: "Aber die Muttersprache ..." Doch GÁLFALVI ließ BASCH nicht zu Ende reden: "Viele Schwaben lebten in diesem Land unbehelligt, obwohl sie kein Wort ungarisch konnten!"[43] Mit spürbarer Abneigung stellte der politische Anwalt GYÖNGYÖSI die Frage: "Woher nahmen sie das Geld ..., von dem sie besonders um Fünfkirchen herum Felder und Häuser kauften und somit ganze ungarische Dörfer in deutsche Hände überspielten?"[44] Als besondere "Sünde" wurde vom Gericht herausgestellt, daß die Basch-Gruppe für die deutsche Minderheit eine von der ungarischen Regierung unabhängige Führung gefordert habe. "Gab es wirtschaftliche oder politische Unzufriedenheit?" warf der Gerichtspräsident plötzlich ein. "Politische Unzufriedenheit", antwortete [BASCH] überstürzt, doch schnell besann er sich eines Besseren und fügte hinzu: "und kulturelle Unzufriedenheit..."[45] Die Unglaubwürdigkeit des Angeklagten sollte offenbar auch dadurch herausgestrichen werden, daß GÁLFALVI ihn mit Quittungen konfrontierte, die die Finanzierung des Volksbundes durch die ungarische Regierung belegten. Es fiel niemandem auf, daß dies auch für BASCH sprechen könnte, der ja wiederholt seine guten Beziehungen zur Regierung hervorgehoben hat.

Über den zweiten Verhandlungstag berichtete *Népszava* etwas knapper. Der Bericht faßte die wichtigsten Aussagen der Zeugen zusammen. Interessant ist die kurze Schilderung der Zeugenaussage von MIKLÓS MESTER, der "unter

---

[42] *Magyar Nemzet* vom 16. Januar 1946.
[43] *Népszava* vom 16. Januar 1946.
[44] *Magyar Nemzet* vom 16. Januar 1946.
[45] *Népszava* vom 16. Januar 1946.

ständiger Empörung des Publikums FRANZ BASCH verteidigte". Aus den Reihen des Auditoriums hört man Zwischenrufe wie: "Wie kann dieser Mensch noch frei herumlaufen? Wie konnte er freigesprochen werden?" Nicht in den vorliegenden Prozeßakten ist die Aussage des Zeugen TARTSÁNYI enthalten, der gesagt haben soll, daß in der "Agitatorenschule" des Volksbundes die Mischehen untersagt worden wären und daß 95% der Waffen-SS-Rekruten ungarische Namen und ungarische Vorfahren gehabt haben sollen.[46] Unter dem Titel "Die Zeugenaussagen der Kriegsverbrecher zugunsten von FRANZ BASCH" interpretierte *Magyar Nemzet* den zweiten Verhandlungstag besonders tendenziös. Wie aus dem Titel hervorgeht, wurden die Zeugen schon vorweg kriminalisiert. MESTER beispielsweise wurde seine Beurteilung vorgeworfen, wonach die Basch-Richtung beispielhafter gewesen sei als die Bewegung von GRATZ und der "ungarntreuen Schwaben". Auch diese Zeitung meldete, daß TARTSÁNYI zufolge Volksbündlern eine Eheschließung mit Magyaren verboten gewesen wäre. Die Aussage von LÁSZLÓ ENDRE wurde dahingehend verdreht, daß dieser nichts gegen Hakenkreuzfahnen auf Volksbundveranstaltungen einzuwenden gehabt habe. Und ISTVÁN ANTAL soll ausgesagt haben, daß BASCH ein "sehr sympathischer" Mensch gewesen sei.[47]

Über den weiteren Verlauf des Prozesses hat die Presse so gut wie nicht mehr berichtet. Ohnehin war das steretoype Meinungsbild über den Volksbund und seinen "Führer" der Leserschaft bereits tief eingeprägt. So wurde die Zeugenaussage von BASCH im Imrédy-Prozeß mit dem Kommentar ergänzt, daß BASCH seine Befehle aus dem Reich erhalten und einen deutschen Staat im ungarischen Staatskörper errichtet haben soll.[48] Diese Ansicht wurde vom Berichterstatter über die Verurteilung von BASCH im *Új Dunántúl* geteilt.[49] Laut Mitteilung von *Szabad Nép* wurde aber BASCH zum Tod durch den Strang verurteilt.[50] Wie *Magyar Nemzet* ging aber auch diese Zeitung nur mit wenigen Zeilen auf diese Meldung ein. Erst die Nachricht über die Hinrichtung von BASCH wurde erneut von der Presse aufgegriffen. *Új Dunántúl* widmete dieser Information lediglich fünfeinhalb Zeilen, gedachte aber am darauffolgenden Tag des Todes des "Gauleiters der Baranya" mit einem zynischen Kommentar. Aussiedlung und Vertreibung der Deutschen aus Ungarn wurden dabei als Frucht der Tätigkeit von BASCH hingestellt, der dieses Spectaculum nunmehr vom "Elysium" aus betrachten könne.[51] Eine eher nüchterne Berichterstattung bot *Szabad Nép*. Demnach stellte sich am Freitag, dem 26. April, um 8.00 Uhr

[46] *Népszava* vom 17. Januar 1946. Dabei wurde nicht einmal der Name des Zeugen richtig geschrieben, denn TARTSÁNYI hieß in diesem Bericht TURCSÁNYI.
[47] *Magyar Nemzet* vom 17. Januar 1946.
[48] *Népszava* und *Magyar Nemzet* vom 20. November 1945.
[49] *Új Dunántúl* vom 19. Januar 1946.
[50] *Szabad Nép* vom 19. Januar 1946.
[51] *Új Dunántúl* vom 27. und 28. April 1946.

im Hof des Markó-Gefängnisses ein Polizeikordon auf, kurz darauf erschien Ratspräsident LÁSZLÓ HORVÁTH mit Mitgliedern des Volksgerichtes. Nach einigen Minuten wurde FRANZ ANTON BASCH vorgeführt und nach Abwicklung der Formalitäten befahl Volksanwalt LAJOS KÉRY: "Das Vollzugskommando möge seine Pflicht erfüllen!" Durch die Gewehrsalve wurde der Verurteilte von vier Kugeln in sein Herz getroffen. Der Arzt stellte nach wenigen Minuten den Tod von BASCH fest. Das Publikum soll "für das Volksgericht und die Demokratie" demonstriert und sich ohne Zwischenfall aufgelöst haben.[52]

5. Angeklagt und verurteilt: Ein Beitrag zur politischen Biographie von Franz Anton Basch

Die nachfolgenden Ausführungen sollen in erster Linie dazu dienen, die Persönlichkeit von BASCH vorzustellen, bisher unbekanntes Quellenmaterial dazu einzubringen und einige wichtige Stationen, oder besser noch: Zäsuren seines Lebens zu verdeutlichen.

FRANZ ANTON BASCH wurde am 13. Juli 1901 in Zürich geboren. Sein Vater, ANTON BASCH (geb. 1876), stammte aus der Gemeinde Hatzfeld (ungar. Zsombolya; rumän. Jimbolia) im damals ungarischen Banat und arbeitete als Spenglermeister in der Schweiz. Nach dem "Bürgerregister der Gemeinde Neudorff/Lutzen" in der Schweiz kam er am 8. Oktober 1900 direkt aus Rußland in die Eidgenossenschaft.[53] Hier lernte er seine künftige Frau, KATHARINA AMREIN, kennen, die er am 25. Februar 1901 ehelichte. FRANZ ANTON BASCH war mit seinen Eltern von seiner Geburt an in der Stadt Zürich, Bürglistraße 16, wohnhaft. Nach den offiziellen Eintragungen in Zürich verließ die Familie am 19. März 1904 die Schweiz und ging nach Budapest.[54] Diese Eintragung steht im Widerspruch zu bisherigen Annahmen bzw. zur Aussage von BASCH in seinem Prozeß, wonach die Familie 1904 direkt nach Hatzfeld zurückgekehrt sei.[55]

Der junge BASCH besuchte 1911-13 in seiner Heimatgemeinde die ersten zwei Klassen der Knaben-Bürgerschule. In dieser vierklassigen Bürgerschule

[52] *Szabad Nép* vom 27. April 1946.
[53] Mitteilung des Personenmeldeamtes der Stadt Zürich an NORBERT SPANNENBERGER vom 17. Juli 1998.
[54] Ebenda.
[55] Falsch sind einige Angaben über BASCH in der Neuen Deutschen Biographie, in der unter anderem als Geburtsort Hatzfeld angegeben wird. BUZÁS, LADISLAUS: Basch, Franz Anton, in: Neue Deutsche Biographie. Berlin 1971 (1. Aufl. 1953), Bd. 1, S. 617. Vgl. dazu FLACH, PAUL: Richtigstellung des Aufsatzes von Ladislaus Buzás über Franz Anton Basch. München 1954.

der Gemeinde Hatzfeld war ausgerechnet im Geburtsjahr von BASCH die ungarische Unterrichtssprache eingeführt worden.[56] Er genoß damit in seiner Schulzeit eine national-ungarische Erziehung. Die dritte bis achte Klasse absolvierte BASCH in der staatlichen Hauptrealschule in Temeschwar. Sein Abiturzeugnis vom 14. Juni 1919 verzeichnet folgendes Ergebnis:

Ungarische Literatur und Grammatik	sehr gut
Deutsche Literatur und Grammatik	sehr gut
Geschichte	sehr gut
Mathematik	sehr gut
Physik	sehr gut
Religion	sehr gut
Französische Literatur und Grammatik	sehr gut
Philosophisches Propädeutikum	sehr gut
Geographie	sehr gut
Biologie	gut
Chemie	sehr gut
Geometrie	sehr gut
Freies Zeichnen	sehr gut

Seine Lehrer bescheinigten ihm darüber hinaus ein gutes Betragen.[57]

Nach seiner Prozeß-Aussage lebte er nach dem Abitur noch ein Jahr lang bei seinen Eltern, weil er unbedingt in Ungarn studieren und Schriftsteller werden wollte. Für einen solchen Zweck stellten ihm allerdings die "jugoslawischen Behörden" (so BASCH wortwörtlich) keinen Paß aus.[58] Erst nachdem er eine Ausreisegenehmigung in die Schweiz beantragt hatte, konnte er den SHS-Staat verlassen, ging aber direkt nach Budapest. Daraus ergibt sich ein offensichtlicher Widerspruch im Vergleich zu seiner Schilderung in seinem Aufnahmeantrag für das Eötvös-Kolleg, dem zufolge er nur nach zahlreichen "vergeblichen Versuchen und unter großer Gefahr die Demarkationslinie der von den Serben besetzten Gebiete überschreiten" konnte.[59] Zweifelsohne wollte er aber aus einem gesteigerten Patriotismus Lehrer werden, weshalb er sich in Germanistik und Hungarologie immatrikulieren ließ und sogar ins Eötvös-

[56] NEIDENBACH, HILDEGARD: Das Schulwesen, in: KRUTSCH, HANS WERNER, HILDEGARD NEIDENBACH, ROBERT KAISER: Hatzfeld in Wort und Bild. Nürnberg 1990, S. 108f., hier S. 108.

[57] Eötvös József Collegium Könyvtára és Levéltára. Doboz 1, Dosszié 2. Basch Ferenc. [Bibliothek und Archiv des József Eötvös-Kollegs. Im weiteren zitiert als EJCKL]. Abiturzeugnis von Basch.

[58] Die endgültige Grenzziehung zwischen Rumänien und dem Königreich der Serben, Kroaten und Slowenen erfolgte erst mit dem bilateralen Vertrag vom 24. November 1923. Teile des Bezirks Hatzfeld und die Gemeinde selbst wurden an Rumänien angegliedert, wofür der SHS-Staat Pardan und Modosch erhielt. Die Grenzkorrektur wurde am 9. April 1924 ausgeführt.

[59] EJCKL, Aufnahmeantrag von BASCH ins Eötvös-Kolleg vom 10. Januar 1921.

Kolleg aufgenommen wurde.[60] In dieser elitären Ausbildungsinstitution herrschte nicht nur ein "glühender magyarisch-nationaler Geist", wie die zeitgenössische Atmosphäre vom damaligen Kollegsdirektor beschrieben wurde,[61] sondern BASCH genoß auch eine besondere Erziehung. Diese erste Station in Ungarn war für einen angehenden Schriftsteller eine denkbar ideale, denn BASCH wurde hier von der damaligen für die zukünftige gesellschaftliche Elite erzogen. Auf die Erziehung wurde im Eötvös-Kolleg besonders Wert gelegt: BASCH war als junger "Storch" (Universitätsanfänger in der ungarischen Studentensprache) Zimmergenosse von GÉZA FÉJA,[62] dessen Aufgabe es war, den Zögling "einzureiten". BASCH war damit also auf dem besten Weg, Aufnahme in die ungarische gesellschaftliche Elite zu finden. Doch ausgerechnet in diesem Kolleg sollte er zwei Konfrontationen erleben, die eine radikale Wende in seiner Laufbahn bewirkten.

BASCH konnte im Wintersemester 1920/21 als Stipendiat ins Eötvös-Kolleg einziehen, wurde aber Anfang 1922 lungenkrank und daher in die III. Klinik für interne Krankheiten des János-Krankenhauses eingewiesen. Am 24. Mai 1922 ging ein Beschwerdebrief eines Ministerialrats aus dem Landwirtschaftsministerium im Kultusministerium ein. Ministerialrat JÁNOS RÁDULY lag nämlich mit BASCH im gleichen Zimmer und glaubte nach einer heftigen Diskussion über die Minderheitenfrage bei dem jungen Studenten "eine unpatriotische Haltung" beobachten zu können. Seiner Beschwerde zufolge soll BASCH "unser Vaterland, unsere Nation und unsere Regierung beschimpft" und sich erniedrigend über "unsere Wissenschaft, Literatur und Kunst" geäußert

---

[60] Das Eötvös-Kolleg wurde am 22. September 1895 in Budapest gegründet. Nach 1918 wurden planmäßig Studenten "ungarischer Muttersprache" aus den "abgetretenen Gebieten" gefördert, so daß deren Anteil während der Zwischenkriegszeit 25% ausmachte. Aus Rumänien, und BASCH wurde zu dieser Gruppe gerechnet, besuchten insgesamt elf Stipendiaten diese Einrichtung. Vgl. KOVÁCS, TÍMEA, TIBOR SZABÓ-PÁL: Az Eötvös Collegiumba felvett hallgatók vallási, földrajzi és társadalmi hovatartozása a két világháború között [Die konfessionelle, geographische und soziale Zugehörigkeit der ins Eötvös-Kolleg aufgenommenen Studenten in der Zwischenkriegszeit], in: KÓSA, LÁSZLÓ (Hrsg.): "Szabadon szolgál a szellem". Tanulmányok és dokumentumok a száz esztendeje alapított Eötvös József Collegium történetéből ["Frei dient der Geist". Studien und Dokumente aus der Geschichte des vor hundert Jahren gegründeten József Eötvös-Kollegs]. Budapest 1995, S. 59-68, hier S. 59f.

[61] NAGY, ZSOMBOR: Külföldi diákok az Eötvös Collegiumban (1895-1949) [Ausländische Studenten im Eötvös-Kolleg 1895-1949], in: Ebenda, S. 83-97, hier S. 86.

[62] FÉJA, GÉZA (1900-1978); Schriftsteller, Publizist, Literaturkritiker und Soziograph. Er gehörte zur Gruppe der sog. Dorfforscher (Populisten) und war Theoretiker ihrer Zeitschrift *Válasz*. Wegen seiner gesellschaftskritischen Veröffentlichung mit dem Titel "Viharsarok" (Wetterwinkel), die als Schmähung der ungarischen Nation eingestuft wurde, wurde er 1937 gerichtlich verfolgt und seiner Lehrerstelle enthoben. Im Geiste seines großen Vorbildes DEZSŐ SZABÓ übte er nicht nur Gesellschaftskritik, sondern entwickelte auch einen national orientierten Bauernmythos.

haben.[63]

Dieser Brief wurde am 19. Juni an den Direktor des Kollegs zwecks Klärung des Sachverhaltes weitergeleitet. In seiner ersten Stellungnahme beschrieb GÉZA BARTONIEK (1854-1930, Direktor des Kollegs von 1895 bis 1927) BASCH als einen "besonders fleißigen und in jeder Hinsicht tadellosen Zögling" und leitete unverzüglich eine Untersuchung ein. Er schrieb am 31. Juli den Direktor der Klinik, Baron Dr. SÁNDOR KORÁNYI, an und bat um die Möglichkeit, den Zimmergenossen von BASCH zu befragen und dessen Aussagen schriftlich niederlegen zu können. Er wies ausdrücklich darauf hin, daß es sich "um die Zukunft eines braven und anständigen jungen Menschen handelt".[64] Außer dem erwähnten Zimmergenossen bestätigten zwei weitere Personen, daß die Anschuldigungen von RÁDULY nicht der Wahrheit entsprachen, BASCH Ungarn nicht beschimpft und als ein "dreckiges Land" bezeichnet habe.[65] Obwohl BASCH damit entlastet schien, wandte sich der Direkter des Kollegs, Dr. GÉZA BARTONIEK, am 27. August diesmal direkt an den Beschuldigten, der sich zu einem Kuraufenthalt in Sankt Gallen befand, und bat ihn um eine "ganz ehrliche Stellungnahme". BASCH antwortete am 22. September aus seiner Heimatgemeinde Hatzfeld, in der er gerade bei seinen Eltern zu Besuch weilte. Sehr emotional beteuerte er darin seine Unschuld und stellte die Gegenfrage: "Wenn manche Ansichten sich von der angeblich offiziellen unterscheiden, so weiß ich kaum, wer heutzutage in unserem Vaterland noch patriotisch ist?" Er verwies auf sein bitteres Schicksal, seine lange Krankheit und führte seine explosive Meinungsäußerung eben darauf zurück, daß ein "älterer" und in der sozialen Hierarchie "höher gestellter" Mann ihn aufgehetzt und die Nationalitäten "ungerecht" angegriffen hätte. Nach eigenen Angaben fühlte sich BASCH zwischen zwei Stühlen, da er während seines Aufenthaltes in der Schweiz ständig Ungarn habe verteidigen müssen, und nun werde er selbst angeklagt. In seiner Stellungnahme stritt er ab, jemals mit RÁDULY über Wissenschaft überhaupt gesprochen zu haben, und betonte, daß ausgerechnet diese "die wirksamste Waffe ist, mit der wir unsere irredentistischen Ziele verwirklichen können!" Auch die anderen Beschuldigungen bezeichnete BASCH als unwahr und behauptete, alle seine Zimmergenossen könnten dies bestätigen. Schließlich verabschiedete er sich in seinem Schreiben an den Kollegsdirektor mit dem Hinweis, daß er wegen seiner schweren Krankheit nicht länger schreiben könne und den Winter in einem Sanatorium verbringen müsse.[66]

Wie patriotisch der junge BASCH damals noch gedacht haben muß, geht auch aus einem jüngst veröffentlichtem Briefwechsel mit einem seiner Schulkollegen

---

[63] EJCKL, Brief RÁDULYs vom 24. Mai 1922. Siehe auch das Faksimile im Anhang.
[64] Ebenda, Korrespondenz des Kollegdirektors.
[65] Ebenda. Bestätigung von GYULA HAVALDA vom 1. August 1922.
[66] Ebenda, Antwortschreiben von BASCH vom 22. September 1922.

namens MICHAEL HORVÁTH hervor, mit dem er offenbar sehr eng befreundet war. Auf dessen Nachricht, daß er die jugoslawische Staatsbürgerschaft angenommen habe, schreibt BASCH ihm am 3. September 1922 offenbar maßlos enttäuscht: "Dein niedriges Schicksal tut mir leid, aber wenn ich die Ereignisse und die Schicksale ganz ruhig betrachte, dann kann ich noch ruhiger sagen: etwas Besseres habt Ihr nicht verdient, und da gibt es keine Ausnahme. Für 5 Dinar habt Ihr Eure Haut verkauft, und das war noch das Einzige, das auch wir Ungarn von Euch gekauft hätten ... warum seid Ihr alle Verräter?"[67] Und eine Woche später ergänzt er seine Aussage noch etwas belehrend: "Staaten tauschen wir nicht und auch unsere Mütter nicht, auch wenn dafür woanders mehr geboten wird."[68]

BASCH kam später niemals mehr auf seine Affäre im Krankenhaus zurück, sie muß aber tiefe Spuren in ihm hinterlassen haben, da eine weitere Konfrontation eine entscheidende Wende in seinem Leben herbeiführte. Das Eötvös-Kolleg bot Vorlesungen für seine Studenten an, die im allgemeinen als reguläre Vorlesungen innerhalb der Universität anerkannt wurden.[69] Wahrscheinlich im Rahmen einer solchen Veranstaltung äußerte der ehemalige Kolleg-Student und damals schon sehr bekannte ungarische Schriftsteller DEZSŐ SZABÓ seine Meinung, wonach aus assimilierten bzw. fremdstämmigen Literaten niemals vollwertige ungarische Schriftsteller werden könnten. Diese Ansicht von SZABÓ rüttelte an den Fundamenten der bisherigen Wertvorstellungen von BASCH und verunsicherte den angehenden Akademiker zutiefst.

Zur gleichen Zeit erhielt BASCH auch von anderer Seite entscheidende Anregungen. Er studierte außer ungarischer Literatur auch Germanistik, ein Fach, das an der Budapester "Péter-Pázmány-Universität" von Professor JAKOB BLEYER vertreten wurde. BLEYER stammte aus der Gemeinde Tscheb in der Süd-Batschka, die nach dem Ersten Weltkrieg gleichfalls an den SHS-Staat angegliedert wurde. Gemeinsamkeit der Herkunft und der Interessen für Geschichte und Kultur der deutschen Minderheit in Südosteuropa dürften Lehrer und Schüler einander näher gebracht haben. Der gescheiterte Nationalitätenminister BLEYER[70] war zu jener Zeit mit seinem Plan befaßt, einen

---

[67] HORWATH, PETER: Der Student Franz Anton Basch im Spiegel seiner Korrespondenz. München 1999, S. 10.

[68] Ebenda, S. 11: Brief vom 13. September 1922 an MICHAEL HORVÁTH.

[69] DÉNESI, TAMÁS: Diákélet a régi Collegiumban [Studentenleben im alten Kolleg], in: KÓSA, LÁSZLÓ (Hrsg.): "Szabadon szolgál a szellem" (wie in Anm. 60), S. 99-108, hier S. 100.

[70] JAKOB BLEYER, der am Sturz der Peidl-Regierung aktiv beteiligt war, übernahm am 15. August 1919 auf eigenen Wunsch statt des ihm angebotenen Kultusministeriums die Leitung des Nationalitätenministeriums. Nach der Vorstellung der ungarischen Regierung bestand seine Aufgabe allerdings nicht in der Etablierung einer nationalitätenpolitischen Konzeption für die Nationalitäten innerhalb Ungarns, sondern in

deutschen Kulturverein zu gründen. Doch genau damit beschwor er den Haß und die Abneigung der Öffentlichkeit gegen sich herauf, und seine Mitarbeiter wurden auf unterschiedliche Weise schikaniert.[71] Dies betraf in erster Linie die Studenten der BLEYER nahestehenden akademischen Verbindung *Gothia*. Die Mitglieder dieser Verbindung standen nämlich in der nationalitätenpolitischen Arbeit BLEYER zur Seite. Einschüchterung ungarndeutscher Studenten auf der einen Seite, Isolierung BLEYERs auf der anderen führten 1921 dazu, daß der Universitätsprofessor von der nationalitätenpolitischen Zusammenarbeit dieser Studenten Abstand nahm, woraufhin diese Studentenverbindung aufgelöst wurde.[72] Dennoch akzeptierte BLEYER 1923 eine zweite Initiative ungarndeutscher Studenten, wieder eine Verbindung zu gründen, wobei die Organisationsarbeit von den Studenten selbst besorgt wurde. Zu diesem Zweck wurde auch BASCH von seinen jungen Landsleuten angesprochen.

Aus Andeutungen seiner damaligen Weggefährten kann man darauf schließen, daß BASCH Anfang 1923 noch keinesfalls sehr deutschbewußt war. So äußerte sich der aus der Banater Gemeinde Elek stammende und gleichfalls dem Eötvös-Kolleg angehörende Jurastudent GEORG STUMPF gegenüber dem Hauptorganisator der künftigen *Suevia Budapestina*, STEFAN STEYER, folgendermaßen: "Steffi, du schaffst es, geh zu Bleyer, teile ihm mit! Ich bringe mehr meiner Landsleute mit nächstemal. Jetzt mußt Du, Steffi, noch ins Eötvös-Kolleg gehen, dort ist FRANZ BASCH aus Hatzfeld und JOSEF WÖLFL aus Güns. Bei BASCH wirst du kein Glück haben aber versuche es einmal als sein Landsmann, als Banater!"[73] Tatsächlich endete das erste Gespräch zwischen STEFAN STEYER und BASCH ohne Erfolg. Der Vortrag von SZABÓ muß demnach spätestens im Mai 1923 stattgefunden haben, da Ende des Sommersemesters STEYER erneut auf BASCH zurückkam. "Diesmal endete unsere Diskussion positiv. BASCH sagte zu, zu Beginn des Wintersemesters [1923/24] die zu gründende Vereinigung zu besuchen."[74] Tatsächlich hielt BASCH in diesem Kreis bald darauf einen Vortrag über den Banater Dichter NIKOLAUS

---

einer erfolgreichen Propagandatätigkeit für die Behauptung des umstrittenen Burgenlands (damals noch Westungarn) und in der verdeckten Unterstützung der magyarischen Volksgruppen in den "abgetretenen Gebieten". Nach BLEYERs Erkenntnis wurde seine Person mißbraucht, die Abtretung des Burgenlandes wurde als sein persönliches Versagen interpretiert, und deshalb trat er am 16. Dezember 1920 von seinem Amt zurück.

[71] Ein damals Aufsehen erregender Fall war der Gerichtsprozeß gegen den Gemeindearzt MARTIN STEER. Um diesen nicht weiter zu gefährden, verbot BLEYER, den Namen STEER jemals in seinem Kreis zu erwähnen. "So bewirkte der Prozeß, daß noch mehr Leute ängstlich, vorsichtiger wurden." - STEYER, STEFAN: Treue Bewahrung, tapfere Bewährung. Erinnerungen, in: *Suevia Pannonica* 6 (16) (1988), S. 3-21, hier S. 5.

[72] STEYER, ebenda.

[73] Ebenda, S.8.

[74] Ebenda, S.9.

LENAU "aus der Sicht der Deutschen in Ungarn".

Der Sommer 1923 war für BASCH also jene Phase, die seinem Leben eine andere Richtung gab. So soll er viel über die Minderheitenproblematik nachgedacht haben, und "mit dem Herzen mehr als dem Verstand fühlte er sich von dieser angezogen und [ihr] verpflichtet".[75] Die Gründung der ungarndeutschen Studentenverbindung *Suevia* war eine brisante nationalitätenpolitische Angelegenheit. Der erste Sprecher der Verbindung, STEFAN STEYER, machte seinen Bundesbrüdern die Notwendigkeit eines Zusammenschlusses der ungarndeutschen Intelligenz deutlich, indem er auf diesbezügliche bestehende Mängel hinwies: "Wir Deutsche in Ungarn artikulieren uns nicht als Volksgemeinschaft, wir sind für die Deutschen in Deutschland und Österreich sowie in allen Volksgruppen in Europa eine amorphe Masse ohne gebührende Willensäußerung."[76] Parallel zur Gründung der *Suevia* war BLEYER mit der Organisation des späteren Volksbildungsvereins beschäftigt, der sich der kulturellen Betreuung der Ungarndeutschen widmen sollte. Dabei blieb die *Suevia* eine wichtige Stütze für BLEYER, der sich in seinem minderheitenpolitischen Kampf einsam fühlte und nun in den jungen Akademikern seine wichtigste Stütze fand.

BASCH schloß sich diesem Studentenkreis an und zog daraus die Konsequenzen. Studenten des Eötvös-Kollegs hatten ihre Mitgliedschaft in allen Vereinen der Kollegsleitung mitzuteilen, wovon nur die konfessionellen Vereinigungen ausgenommen waren.[77] Das Eötvös-Kolleg verstand sich als weltanschaulich tolerante und liberale Einrichtung, lediglich "extremistische Ansichten" waren unerwünscht.[78] Als eine solche wurde aber zu jener Zeit in Ungarn eine ethnopolitische Aktivität bewertet. Deshalb zog BASCH am 27. August 1923 aus dem Eötvös-Kolleg aus[79] und war bereits bei der Gründungsfestkneipe der *Suevia* im Herbst 1923 dabei. Wie aus zeitgenössischen Fotos hervorgeht, nahm BASCH an den Festkneipen der Verbindung aktiv teil.[80] Der 22jährige fand offensichtlich bei der *Suevia* und bei seinem Lehrer JAKOB BLEYER eine neue Heimstätte und eine neue Lebensorientierung.

Obwohl BLEYER in seiner Nationalitätenpolitik von Anfang an mit der Hilfe der Suevianer gerechnet hatte, bestand er darauf, daß die Studenten zunächst ihr

---

[75] Ebenda, S.11.

[76] Ebenda, S.12.

[77] Diese Bestimmung war kein Zufall. Die Betreuung der katholischen studentischen Jugend übernahm der Orden der Zisterzienser, der hinter der katholischen Studentenverbindung Emericana stand. Deshalb unterhielt das Eötvös-Kolleg besonders enge Beziehungen zu diesem Orden.

[78] KÓSA, LÁSZLÓ (Hrsg.): "Szabadon szolgál a szellem" (wie Anm. 60), S. 101.

[79] Országos Levéltár. Miniszterelnökségi Iratok. (OL. ME) [Staatsarchiv Budapest, Akten des Ministerpräsidiums] K 28. Cs 99, T. 206. Notiz des Ministerpräsidiums vom 30. September 1926.

[80] Nachlaß ADAM SCHLITT, Sinsheim. Fotosammlung.

Studium erfolgreich zu Ende brachten. Dank guter Beziehungen zu reichsdeutschen Volkstumsverbänden, wie etwa dem *Verein für das Deutschtum im Ausland (VDA),* konnte BLEYER für seine Studenten jeweils einen zweisemestrigen Studienaufenthalt in Deutschland vermitteln. Auch FRANZ BASCH machte von dieser Möglichkeit Gebrauch und ließ sich am 5. November 1925 unter der Nummer 1393 für das Wintersemester 1925/26 an der Ludwig-Maximilians-Universität in München immatrikulieren.[81] Es war sein zehntes Fachsemester in deutscher Philologie. Seine Unterkunft bezog er in der Nähe des Hauptbahnhofs, im dritten Stock der Hirtenstraße 21. Im Sommersemester 1926 besuchte er die Albert-Ludwigs-Universität in Freiburg, an der er vom 1. Mai bis zum 13. Juli 1926 immatrikuliert war. Hier belegte er folgende Lehrveranstaltungen:

- Geschichte der Erziehung und Bildungsideale (Prof. J. COHN)
- Geschichte der neueren Philosophie (Prof. HUSSERL)
- Ciceros Leben und Schriften (Prof. IMMISCH)
- Probleme des modernen Zeitungswesens (Prof. KAPP)
- Grenzdeutschtumsprobleme (Prof. KAPP)
- Einführung in die Sprachpsychologie (Prof. SÜTTERLIN)
- Lessing und Schiller nebst Rückblick auf die Anfänge des deutschen Dramas (Prof. WITKOP)
- Der europäische Roman der Gegenwart (Prof. WITKOP)
- Leibesübungen (nicht teilgenommen).[82]

Diese Auslandserfahrung sowie der Studienabschluß in Budapest standen im Zeichen seiner zukünftigen Tätigkeit an der Seite BLEYERs im *Ungarländischen Deutschen Volksbildungsverein.* Nichts verdeutlicht dies besser als der Vortrag des Auslandsstipendiaten BASCH an der Universität München. Am 22. Februar 1926 hielt er im Kreis der akademischen Ortsgruppe des *Vereins für das Deutschtum im Ausland* einen Vortrag über die deutsche Bewegung in Ungarn, der noch im gleichen Jahr in der Schriftenreihe "Das Grenz- und Auslandsdeutschtum" erschien.[83] Der Text konzentriert sich auf zwei wichtige Fragenkomplexe: erstens die anderthalbjährige Geschichte des Volksbildungs-

---

[81] Schriftliche Mitteilung des Universitätsarchivs der Ludwig-Maximilians-Universität München vom 8. und 20. August 1996. Leider waren keine Angaben über seinen Vorlesungsbesuch zu ermitteln.

[82] Schriftliche Mitteilung des Universitätsarchivs der Albert-Ludwigs-Universität Freiburg vom 22. August 1996.

[83] BASCH, FRANZ ANTON: Das Deutschtum in Ungarn. München 1926 (Das Grenz- und Auslandsdeutschtum. Vorträge der akademischen Ortsgruppe München des Vereins für das Deutschtum im Auslande, Heft 7). Es fällt auf, daß die übrigen sechs Veröffentlichungen von bereits bekannten Persönlichkeiten der Volkstumsliteratur verfaßt wurden. Offensichtlich wurde das Referat von BASCH besonders hoch bewertet, da nach Bekanntgabe der Schriftleitung nicht alle Vorträge gedruckt werden sollten.

vereins, der nach der offiziellen Genehmigung der ungarischen Regierung am 24. August 1924 gegründet werden durfte, und zweitens - was für uns hier wichtiger ist - die nationalitätenpolitischen Ansichten des jungen BASCH. Merkwürdigerweise fand diese Quelle in der bisherigen Forschung keine Berücksichtigung mit Ausnahme der BLEYER-Biographie von HEDWIG SCHWIND, die naturgemäß auf BASCH nur am Rande eingeht.[84]

Der Vortrag hat drei Schwerpunkte, die trotz mangelnder Konturen als strukturelle Einheiten klar zu erkennen sind: Nach einem "geographisch-historischen Überblick" streifte BASCH die engstirnige Minderheitenpolitik früherer Zeiten, um schließlich immer wieder auf sein "ceterum censeo" zurückzukommen, wonach trotz sichtbarer Probleme der Anfang einer neuen Epoche in der ungarischen Nationalitätenpolitik angebrochen sei. Dabei ging er davon aus, daß die Konsolidierungspolitik des Ministerpräsidenten ISTVÁN BETHLEN als ein Meilenstein auch in der ungarischen Nationalitätenpolitik betrachtet werden könne. BASCH beschwor die konzeptionelle Übereinstimmung der Vereinsführung mit der Politik des Ministerpräsidenten und führte noch offene Probleme auf die oppositionelle Einstellung der unteren Behörden zurück: Die Regierung "hat leider ebenso mit einer starrköpfig an das Alte sich klammernden Auffassung und mit einem öffentlichen Verhalten zu kämpfen, wie wir selbst". Demnach waren die Gegner der deutschen Bewegung zugleich Gegner der offiziellen Politik der ungarischen Regierung und rekrutierten sich aus den Reihen der "Wetterhähne" und aus den "Klumpen unserer Abtrünnigen", also aus den Assimilanten.[85]

Deutlich ist in diesem Vortrag von BASCH die Absicht zu erkennen, daß er seinen Zuhörern eine positive Beurteilung der damaligen Lage und eine optimistisch gefärbte Sicht der Zukunft vermitteln wollte. Der Volksbildungsverein könne sich nach seinen Aussagen "im besten Laufe befinden" und

---

[84] SCHWIND, HEDWIG: Jakob Bleyer. Ein Vorkämpfer und Erwecker des ungarländischen Deutschtums. München 1960.

[85] BASCH, Das Deutschtum (wie Anm. 83), S. 11. In diesem Zusammenhang erklärte GRATZ in der Jahresversammlung des Volksbildungsvereins im August 1926 die Haltung der Regierung wie folgt: "Das ungarische Interesse in der Nationalitätenfrage ist heute offenbar ein anderes, als es in den Augen mancher Ungar vor dem Kriege sein mochte. Diese weise Erkenntnis zeigt sich in der Stellungnahme der Regierung zu den die deutsche Minderheit betreffenden Fragen. ... Wenn die Regierung ... in der Behandlung der nationalen Minderheiten einen neuen Geist einzuführen scheint ... vielleicht auch nicht ausschließlich darum, weil sie zu einer besseren inneren Erkenntnis gelangt ist, sondern sie tut es, weil eine duldsame, zuvorkommende Behandlung der nationalen Minderheiten seit jenen Ereignissen, durch die starke ungarische Minderheiten unter fremde Staatshoheit gelangt sind, eines der obersten nationalen Interessen geworden ist; sie tut es, um ein Exempel dafür zu statuieren, wie man die nationalen Minderheiten befriedigen kann." GRATZ, Gustav: Deutschungarische Probleme. Budapest 1938, S. 93f.

"stellenweise fast unerwartete Erfolge" aufzeigen. Damit übertrieb er, denn eine solch positive Entwicklung war nur in der Zeit vom Ende 1924 bis Anfang 1925 auszumachen .[86] Er gab die Anzahl der Mitglieder mit 15.000 an, 20-35% der Mitglieder konnten nach seiner Schilderung erst vor einem halben Jahr "gewonnen" werden. "Der Zuwachs der Anhänger zeigt von Woche zu Woche eine stabil steigende Linie, so daß keine Abflauung, nicht einmal eine Stockung zu befürchten ist".[87]

Die geistige Verbundenheit des Ungarndeutschtums mit dem Ungarntum war laut BASCH auch der Tatsache zuzuschreiben, daß im Gegensatz zu Jugoslawien und Siebenbürgen, wo alles "durch bloß politische Kniffe" errungen werde, in Ungarn zunächst viel bescheidenere Erfolge zu verzeichnen seien. Dennoch bewertete er diese Konzessionen der ungarischen Regierung im Vergleich mit den Nachbarländern als wertvoller, da sie "auf fester Basis" stünden.[88] Er ging sogar noch weiter und behauptete mit vollem Ernst: "Denn eben das zukünftige Ungarn - sofern es vernünftig ist darüber zu sprechen - wird politische Probleme, Konflikte, Interessenverschiedenheiten im Rahmen der Nationalitätenfrage zu lösen haben, die wir vielleicht heute in Theoria oder in Utopia in ihrer wahren Wichtigkeit und Bedeutung gar nicht ermessen können."[89]

Drei Punkte sollen aus der Argumentation von BASCH hervorgehoben werden: Er beschwor die Taktik der kleinen Schritte in der Nationalitätenpolitik ("Unser Losungswort lautet: langsam aber sicher") und bezeichnete den Volksbildungsverein als eine ausschließlich kulturelle Bewegung. In diesem Zusammenhang identifizierte er sich nicht nur mit der Minderheiten-, sondern auch mit der Außenpolitik der ungarischen Regierung. BASCH bekannte sich zum "irredentistischen Gedanken", also zur Revision der Grenzen von Trianon, um einst mit "unsern so kräftig sich entwickelnden deutschen Brüdern ... eine

---

[86] Wesentlich nüchterner fiel das Urteil von GRATZ aus. Auch er konstatierte in seiner Rede auf der Jahresversammlung "abermals Fortschritte", gab aber zu, daß "nicht überall alles erreicht wurde, was auf unserer Wunschliste stand". Deshalb bat er "um Geduld, zweitens wieder um Geduld und drittens noch einmal um Geduld". - Ebenda, S. 88.

[87] BASCH, Das Deutschtum (wie Anm. 83), S. 10f. Vereinssekretär FAUL-FARKAS gab auf der ersten Generalversammlung am 20. August 1925 die Mitgliederzahl mit 8.000 Personen an. Innerhalb eines halben Jahres mußte sich also die Mitgliederzahl, falls sich hier BASCH auf tatsächliche Angaben stützte, verdoppelt haben. Dies wäre allerdings ein unglaublicher Aufschwung, wenn man die Anfangsschwierigkeiten der Organisationstätigkeit berücksichtigt. Nach Mitteilung des Vereinssekretärs besuchten nämlich die Vereinsfunktionäre insgesamt 150 Gemeinden, von denen aber nur in 46 Ortsausschüsse gegründet werden konnten.

[88] BASCH (wie Anm. 83), S. 11.

[89] Ebenda, S. 15 sowie S. 18.

deutsche Volksgemeinschaft" zu bilden.[90] Wenn auch von BASCH zweifelsohne der Loyalität zur ungarischen Regierung Priorität eingeräumt wurde und seine Aussagen mit der offiziellen Linie der Vereinsführung übereinstimmten, sind in seinem Aufsatz drei Punkte zu entdecken, die Keime der späteren Auseinandersetzung in den dreißiger Jahren enthielten. BASCH übte nämlich gelegentlich heftige Kritik an der früheren ungarischen Minderheitenpolitik sowie an ihren "Überresten". "Denn wir und unsere Väter waren es, die unter einer Unterdrückung zu leiden hatten. Wieviel Qual, Scham, Schande hat es uns gekostet, bis wir junge Intelligenz es soweit auf (und nur auf) autodidaktischem Wege gebracht haben, unsere eigene Muttersprache bildungs- und gesellschaftsgemäß zu beherrschen...". Genau diesen Kurs wollten aber "die Klumpen unserer Abtrünnigen" fortsetzen, die auch die Arbeit des Volksbildungsvereins behinderten.

Zweitens glaubte BASCH, daß die kulturelle Bewegung der Deutschen einst in "politisch-parlamentarischem Sinne" ein Faktor werde, d.h. der Verein ein politisches Subjekt an der Seite der Regierungspolitik werden könnte. In jugendlicher Naivität glaubte er daran, daß die ehrlich geäußerte Loyalität und die weitgehende Identifizierung mit der Regierungspolitik dafür eine ausreichende Grundlage böten. Jedwede politische Betätigung innerhalb des Volksbildungsvereins stand jedoch im Gegensatz zur Regierungspolitik. GUSTAV GRATZ, der schon 1924 gegen jede politische Betätigung Stellung bezog, wollte die Zielsetzung des Vereins in einem ganz anderen Zusammenhang, nämlich in einem außenpolitischen sehen: "Die deutschsprachige Bevölkerung Ungarns hat keine andere Pflicht, als durch eine getreue Bewahrung der von ihren Vätern ererbten patriotischen Gesinnung der ungarischen Regierung eine solche Lösung der Frage der nationalen Minderheiten zu erleichtern, und sie wird diese Pflicht gewiß niemals vergessen."[91] GRATZ lehnte daher den Gedanken an eine Parteigründung eindeutig ab und befürwortete keine politische Betätigung, weder für noch gegen die Regierung.[92] Eine solche Möglichkeit wollte sich BASCH jedoch offen halten. Er hob zwar des öfteren hervor, "wir fassen die Nationalitätenfrage vor allem als Kulturproblem auf", aber gleichzeitig erwähnte er auch, daß die parlamentarische Vertretung der deutschen Minderheit noch nicht gelöst sei.[93] Im Gegensatz zu GRATZ hielt

---

[90] Ebenda, S. 18.

[91] GRATZ, Deutschungarische Probleme (wie in Am. 84), S. 95.

[92] "Die Bildung einer deutschen nationalen politischen Partei, der sich Anhänger verschiedener politischen Weltanschauungen anschließen würden, würde besagen, daß der ungarländische Deutsche tatsächlich nur für eigene Bestrebungen Interesse hat, den großen staatlichen Problemen aber fremd, kalt und gleichgültig gegenübersteht." GRATZ, Deutschungarische Probleme (wie in Anm. 85), S. 92.

[93] BASCH (wie Anm. 83), S. 16f. Die Deutschen stellten in 13 Wahlkreisen die absolute Mehrheit, in sieben anderen eine große Minderheit. Bereits in der damaligen Fachliteratur wurde darauf hingewiesen, daß die Ungarndeutschen in 10 bis 15 Wahlkreisen

BASCH offenbar zumindest langfristig eine politische Mobilisierung der Ungarndeutschen für nötig und nützlich. Eine solche jedoch war für den vorsichtigen JAKOB BLEYER nur als ein letzter Ausweg vorgesehen, wie er ihn 1926 im *Sonntagsblatt* andeutete: "Die Bestrebungen des Deutschtums in Rumpfungarn sind rein sprachlicher und kultureller Natur, und dieses Deutschtum wird sich niemals auf die gefährlichen Gewässer einer eigenen Parteipolitik begeben. Niemals - es sei denn, daß Unverstand und Engherzigkeit es gegen seinen eigenen Willen und seine bessere Einsicht dazu zwingen, es sei denn, daß ihm jeder andere Ausweg versperrt wird."[94]

Im Gegensatz zu seinem geistigen Vater, JAKOB BLEYER, bediente sich FRANZ BASCH nur ein einziges Mal des Ausdrucks "Deutschungar", sonst sprach er konsequent von "Deutschen in Ungarn" oder "ungarländischen Deutschen". Auch die Verwurzelung in Ungarn war seiner Meinung nach nicht in einer "deutschungarischen Identität", sondern in "einer urdeutschen Heimatliebe" zu suchen.[95] Wenn sich BASCH auch auf keine Analyse der Begriffe einließ, spricht doch seine leidenschaftliche Bitte an seine Zuhörer für sich: er plädierte für Solidarität und Verständnis mit der deutschen Bewegung aus der Selbstverständlichkeit heraus, die alle Deutschen verbinden würde! Er wetterte gegen "diese höchst undeutsche, infame Auffassung", daß man zugunsten der Sympathie Ungarns die deutsche Minderheit beiseite schob, und beteuerte, das Deutsche Reich und Ungarn "standen sich vielleicht nie näher als jetzt".[96] Innerhalb dieser Schicksalsgemeinschaft, in der für ihn die Deutschen in Ungarn keine bettelnde Minderheit, sondern eine gleichberechtigte Gemeinschaft mit allen Deutschen bildeten, wies er dem Ungarndeutschtum die Rolle eines Brückenschlägers zu. "Es ist die anerkannte Bedeutung unserer Rolle als

---

die Chance hätten, eigene Kandidaten ins Parlament zu schicken. Vgl. WERTHEIMER, FR.: Von deutschen Parteien und Parteiführern im Ausland. Berlin 1927, S. 151. Tatsächlich gelangten 1926 LADISLAUS PINTÉR, GUSTAV GRATZ und JAKOB BLEYER mit Hilfe der Regierungspartei ins Parlament. JOHANN FAUL-FARKAS und GUIDO GÜNDISCH mußten allerdings auf eine Kandidatur verzichten.

94 *Sonntagsblatt* vom 7. November 1926.

95 BASCH (wie Anm. 83), S. 17.

96 Der Referent besaß soviel Feingefühl, daß er keinen Namen nannte. Was er allerdings meinte, ist aus anderen Quellen bekannt. BERKA nämlich berichtete über den Besuch des preußischen Kultusministers BECKER in Budapest, wobei BLEYER zu den offiziellen Empfängen gar nicht eingeladen wurde. Er kommentierte: "Wenn derselbe Minister in der Baranya auf Grund einer eingelernten Rede eines Schulkindes dem madjarischen Gastgeber versichert, daß es mit der Kenntnis der deutschen Sprache unter den deutschen Schulkindern der Baranya glänzend bestellt sei, und auf diese Weise sich dazu hergibt, im ungarischen Minderheitentheater eine Hauptfigur zu spielen, dann versteht man bei solch nationaler Würdelosigkeit den Stoßseufzer eines Deutsch-Ungarn, der nach dem Deutschen Reiche schrieb, man fürchte sich geradezu vor dem Besuch reichsdeutscher Politiker." BERKA, GÜNTHER: Der Daseinskampf der deutschen Minderheit in Ungarn. Graz 1927, S. 15.

Vermittler des deutschen Wesens, der deutschen Kultur, deren Vorposten die Auslandsdeutschen in allen Erdteilen der Welt sind. Wir sind aber auch die Vermittler des ungarischen Heimatgedankens."[97] BASCH bat nicht nur um Hilfe, wenn er abermals betonte, "nie brauchten wir das Händereichen der Urheimat so, wie wir es heute brauchen", sondern unterstrich mit spürbarem Stolz die Rolle der Ungarndeutschen, die in der "Kulturgemeinschaft aller Deutschen" zwar noch ihr "Plätzchen" suchten, doch letzten Endes ihre gleichberechtigten Mitglieder seien.

In einem dritten Schritt plädierte BASCH damit für eine Solidarität Deutschlands mit den Ungarndeutschen, was allerdings mit den Ansichten von GRATZ nicht vereinbar war. Denn GRATZ wiederum beteuerte, der Volksbildungsverein sei "nur in seiner sprachlichen Form und vielleicht auch in seiner Gemütsrichtung" deutsch, in seinem "Wesensinhalt" aber ungarisch. Er lehnte die Berechtigung auf Wortmeldungen "ausländischer Kreise" zugunsten der Ungarndeutschen ab und führte das Mißtrauen der ungarischen Behörden genau auf solche Stimmen zurück.[98]

Daß er damit die Stimmung in seinem Land wohl richtig einschätzte, zeigt eine Mitteilung des ungarischen Außenministeriums an das Innenministerium, in der die "Ungarische Studentische Außenkommission" (Magyar Diákkülügyi Bizottság) über den Vortrag von BASCH einen Bericht erstattete. Diesem zufolge wurde die ungarische Nationalitätenpolitik vom Referenten "aufs Schärfste kritisiert", der Ton seines Vortrags soll dem "extremsten Pangermanismus" entsprochen haben. Als besonders unverschämt brandmarkte der Mitarbeiter des Außenministeriums, daß BASCH alle Kulturleistungen in Ungarn den Deutschen zugeschrieben haben soll.[99] Um in Zukunft solche Vorträge zu verhindern, bat das Außenministerium das Innenministerium, Auslandsreisen von BASCH künftig zu unterbinden.[100] Ab dieser Zeit stand BASCH deshalb unter ständiger Beobachtung der politischen Polizei.[101]

Der ursprünglich im national-magyarischen Geist erzogene BASCH wurde von diesem Studienaufenthalt entscheidend geprägt. Zu dieser Zeit verbrachten unter anderem MAX ALBERT und HEINRICH NEUN ihre Auslandssemester im

---

[97] BASCH (wie Anm. 83), S. 17f.

[98] GRATZ (wie in Anm. 85), S. 82, 86 und 99f.

[99] BASCH zitierte tatsächlich MATTHIAS BÉL aus dem Jahre 1730 und PULSZKY aus dem Jahre 1884, die in ihren Schriften die deutschen Kulturleistungen in den ungarischen Städten gewürdigt hatten, zählte bekannte Persönlichkeiten deutscher Abstammung in Ungarn auf und stellte daraufhin die Frage: "Sind das nun nicht alle handgreifliche und unleugbare Beweise dafür, daß das Deutschtum in Ungarn dem Heimatlande nur zum Nutzen sein kann?" Die Grundthese dieser Ausführung wiederum lautete: "Magyaren und Deutsche haben bis zum heutigen Tage in Ungarn eine gemeinsame Zivilisation. Sie war in mancher Beziehung ihr gemeinsames Werk." BASCH (wie Anm. 83), S.14f..

[100] OL. ME. K 28. Cs. 99. T. 206. Schreiben des Außenministeriums vom 17. Juli 1926.

[101] Ebenda, Schreiben des Innenministeriums vom 30. September 1926.

Deutschen Reich. Die meisten beteiligten sich an der Arbeit der Volkstumsverbände, manche, wie SEBASTIAN LAKNER, schlossen sich reichsdeutschen Studentenverbindungen an, die sich intensiv mit den Auslandsdeutschen beschäftigt hatten.[102] Diese Impulse aus dem Reich brachten einen frischen Wind in die Führung des Volksbildungsvereins. Die für die politische Mobilisierung geeignet erscheinende Idee der Volksgemeinschaft, die sich die im Reich ausgebildeten jungen Ungarndeutschen zu eigen gemacht hatten, begann sich damit gerade in der Zeit auszubreiten, als BLEYER aufgrund seiner ethnopolitischen Erfolglosigkeit intensiv darüber nachdachte, welche neuen Wege er als Anführer seiner Minderheit in Zukunft einschlagen sollte.

BASCH wurde nach Abschluß seiner Studien auf der Jahreshauptversammlung am 20. August 1928 zum Kultursekretär des Volksbildungsvereins gewählt. Als solcher besuchte er die Ortsgruppen des Vereins und lernte die Lage in den ungarndeutschen Dörfern erst richtig kennen. Das Bild, das er von den "Neuanfängen der ungarischen Nationalitätenpolitik" in seinem Münchner Vortrag noch sehr optimistisch und positiv gezeichnet hatte, erwies sich als mit der Realität vor Ort kaum oder gar nicht vereinbar. Die Assimilation nahm zu,[103] der Vereinstätigkeit wurden überall Hindernisse in den Weg gelegt, in einigen Komitaten war sie überhaupt verboten, viele Anhänger des Vereins wurden durch polizeiliche Maßnahmen terrorisiert und eingeschüchtert, die Schulfrage erwies sich als unlösbar und selbst im kirchlichen Bereich wurde die Muttersprache systematisch diskriminiert.

Im selben Jahr, als BASCH seine Vereinstätigkeit aufnahm, proklamierte Graf PÁL TELEKI, einer der führenden Repräsentanten des Horthy-Regimes, seine These der dreierlei Minderheiten: Da er als anerkannter Experte für Minderheitenfragen in Ungarn angesehen wurde, erhielt seine Argumentation besonderes Gewicht. Er unterschied nämlich zwischen freiwilliger Minderheit aufgrund von Migration, traditioneller Minderheit (die seit altersher mit einer Mehrheit zusammenlebte und autochthon war) und der Zwangsminderheit, die aufgrund politischer Grenzziehung zu einer Minderheit geworden war. Nach Ansicht TELEKIs hatte nur die Zwangsminderheit (und damit alle magyarischen Minderheiten in den Nachbarländern Ungarns) Anspruch auf einen Minderheitenschutz, während er allen übrigen keinen solchen zubilligen wollte.[104] Die Nationalitätenpolitik der Bethlen-Regierung neigte immer mehr dazu, solche Ansichten zu ihrer Grundlage zu machen, und der Volksbildungsverein

---

[102] Nachlaß ADAM SCHLITT. Lebenslauf von Sebastian Lakner.

[103] Rückblickend stellte BLEYER in seinem an GUSTAV GRATZ gerichteten Brief vom 6. August 1932 fest: "Die Magyarisierung war nie so rücksichtslos, so zielbewußt und so durchgreifend wie heute." – GRATZ (wie in Anm. 85), S. 17.

[104] Die Parlamentsrede aus dem Jahre 1928 wurde später zu einer Studie ausgeweitet. – TELEKI, PÁL: Magyar nemzetiségi politika. Budapest 1940. Dt. Ausg.: Ungarische Nationalitätenpolitik. Ebenda.

verkümmerte zu einer Statistenrolle. Nachdem die politisch Verantwortlichen des Ministerpräsidiums im Herbst 1930 noch zudem feststellten, daß dieser zu einem Instrument der reichsdeutschen, offensiv angelegten Volkstumspolitik geworden war[105], über die eine von Budapest angestrebte Verständigung mit der Reichsregierung in Richtung einer Zusammenarbeit deutscher und magyarischer Minderheiten in den Nachbarländern scheiterte, verlor die Regierung jegliches Interesse, einen solchen Verein weiterhin zu unterstützen, der fortan als "unpatriotisch" auch gesellschaftlich ausgegrenzt wurde. Damit war die ursprüngliche Konzeption des Vereins, nämlich in ständiger Zusammenarbeit mit der Regierung ungarndeutsches Identitätsmanagement zu betreiben, endgültig gescheitert. BLEYER selbst kommentierte 1932 die Lage realistisch mit folgenden Worten: "Der von mir seit 15 Jahren befolgte Weg hat sich als eine Sackgasse erwiesen."[106] Und der Vereinsvorsitzende GUSTAV GRATZ bezeichnete das Jahr 1932 als die "Zeit der absoluten Hoffnungslosigkeit" und stellte 1938 rückblickend fest: "Zu den tiefsten Gründen der Spaltung, welche sich später im Verein vollzogen hat, gehören die Nachwirkungen jener seelischen Depression, die sich des ungarländischen Deutschtums im Jahre 1932 bemächtigt hatte."[107]

1931 gründete BLEYER die *Deutsche Arbeitsgemeinschaft*, die frei von den Fesseln, die dem Verein von der Regierung angelegt waren, die Aufgabe erhielt, einen Ausweg aus der Sackgasse zu suchen und als solchen "eine parallele Volkstumsarbeit" zum Verein zu entfalten, worunter die in ihr versammelten Jungakademiker nicht zuletzt eine politische Mobilisierung der Ungarndeutschen verstanden. Auf der im August 1932 abgehaltenen Sitzung der Arbeitsgemeinschaft trat FRANZ BASCH für die Etablierung der *deutschen Volksgemeinschaft* im Bewußtsein aller Deutschen in Ungarn ein und plädierte dafür, sich wirtschaftlich und politisch als Interessenverband zu organisieren und bei der Wahl der Dorfrichter, -notare und -geistlichen stets die Bedürfnisse der deutschen Bevölkerung zu berücksichtigen.[108] Während der pragmatische FRANZ ROTHEN sich um die Organisation bemühte, konzentrierte sich BASCH auf die programmatische Grundlegung der in eine neue Richtung weisenden Aktivitäten.

Was war die neue Richtung? Da der bisherige Weg, mit der Regierung eine Lösung der Minderheitenprobleme zu erreichen, sich als ungangbar und aussichtslos erwiesen hatte, mußte ein neues Konzept eine Antwort darauf

[105] OL. ME. K 28. Cs. 13. T. 57. Memorandum vom 18. November 1930: Die Lage der Sprachminderheiten in Rumpf-Ungarn.
[106] GRATZ (wie in Anm. 85), S. 17.
[107] Ebenda, S. 23.
[108] Bundesarchiv Koblen (weiterhin zitiert: BA) R 57neu, 1155, Heft 17. Verhandlungsbericht über die am 20.-21. August 1932 abgehaltene Sitzung der Deutschen Arbeitsgemeinschaft.

geben, wie eine solche Lösung gegen die Regierung durchgesetzt werden konnte. Eine solche Kontraposition zur Regierung bedeutete von vornherein eine Radikalisierung sowohl der Forderungen als auch der Methoden. Der von BLEYER selbst noch vor seinem Tod eingeschlagene Weg setzte sich daher zum Ziel: mit Hilfe der deutschen Reichsregierung und ihrer Intervention in Budapest auf der einen Seite und mit materieller wie ideologischer Unterstützung der um die Förderung der Auslandsdeutschen bemühten Verbände im Reich auf der anderen Seite die Minderheit ethnopolitisch zu mobilisieren und ihre Forderungen im Rahmen eines politischen Machtkampfes und im Zusammenspiel außen- und innenpolitischer Faktoren endgültig durchzusetzen. Es sollten noch sechs bzw. acht Jahre vergehen, bis dieses Ziel mit BASCH an der Spitze erreicht schien.

Betrachten wir noch einmal die Ausgangslage dieser neuen Richtung:

- auf der einen Seite die ungarische Regierung: zu keinerlei Konzessionen bereit und jedem Kompromißvorschlag gegenüber von vornherein ablehnend eingestellt und damit gerade das heraufbeschwörend, was sie prinzipiell verhindern wollte, nämlich eine Politisierung der nach wie vor sehr unpolitisch eingestellten ungarndeutschen Bevölkerung;
- auf der anderen Seite die ungarndeutsche Minderheit unter der Führung einiger Akademiker, denen – ob jung oder alt (konkret: BLEYER und BASCH) – angesichts der unduldsamen Haltung des Regimes nichts anderes übrig bleibt – wollen sie tatsächlich einen Teil ihrer Ziele verwirklichen -, als den Weg der Radikalisierung einzuschlagen; für die nunmehr unumgänglich gewordene Mobilisierung der von ihnen vertretenen Gruppe ist sie angesichts des Mangels eigener Ressourcen auf Hilfe von außen angewiesen;
- in Berlin eine Regierung, die noch immer das System der Weimarer Republik repräsentiert und sich in auslanddeutschen Belangen den Grundlinien der von STRESEMANN konzipierten Politik der Hilfeleistung verpflichtet fühlt, auch wenn sie infolge der Weltwirtschaftskrise nur über sehr geringe Ressourcen verfügt;
- über das Deutsche Reich verstreut ein buntes Netz von auslanddeutschen Hilfsorganisationen mit einer weitgehend einheitlichen ideologischen, konkret "völkischen" Programmatik als Legitimationsgrundlage ihrer Tätigkeit. Da die deutschen "Volksgruppen" außerhalb des Reiches als Teile einer über die Staatsgrenzen hinauswachsenden "Volksgemeinschaft" verstanden werden, so ist es nur mehr ein kleiner Schritt, diese Teile auch als "Vorposten des Reiches" zu interpretieren und im Interesse dieses Reiches langfristig zu instrumentalisieren. Dieser Weg wird unter Zustimmung eines Großteils der betreffenden, allmählich gleichgeschalteten Verbände vom Dritten Reich, freilich nicht ab dem Zeitpunkt seiner Konstituierung (1933), sondern erst Jahre später, nach seiner Konsolidierung, in der zweiten Hälfte der 1930er Jahre eingeschlagen und zu Ende

gegangen, eine Entwicklung freilich, die so 1932 noch nicht vorauszusehen war. Die Rückkoppelung dieser Verbände mit Teilen des Staatsapparats des Dritten Reiches blieb selbst der ungarischen Regierung noch 1938 verborgen.

Nun, die Anfänge dieser neuen Richtung waren zunächst sehr bescheiden, vom Tod JAKOB BLEYERs überschattet, vom Richtungsstreit innerhalb des Volksbildungsvereins bis zum Jahre 1935 überdeckt und durch schwierige Kontaktnahmen mit reichsdeutschen Verbänden und Regierungsstellen zum Teil abgesichert, zum Teil auch in Frage gestellt, wenn man bedenkt, daß die NS-Reichsregierung aus außenpolitischen Gründen der regierungstreuen Gratz-Fraktion bis 1936 demonstrativ den Vorzug gab. Die wichtigsten Stationen waren die folgenden:

– Nach dem Tod BLEYERs im Dezember 1933 die Wahl eines "Rates der Sieben" als Spitze der Arbeitgemeinschaft, der die Arbeit des Vereins lenkt und in diesem die Macht übernimmt, auch wenn nach außen der Verein weiterhin von GUSTAV GRATZ repräsentiert wird.[109] Diesem Rat gehören an: FRANZ BASCH, JOHANN FAUL-FARKAS, ÄGIDIUS FAULSTICH, ANTON KÖNIG, FRANZ KUSSBACH, HEINRICH MÜHL und FRANZ ROTHEN. Aufgrund einiger organisatorischen Erfolge greift ein Stimmungsumschwung um sich, den der am 6. Mai 1934 zum Generalsekretär des Vereins gewählte BASCH auf der Jahreshauptversammlung im August 1934 in seiner Rede wie folgt artikuliert: "Etwas weit über menschliches Tun und Wollen Hinausragendes ist hier am Werk: Die Idee vom heiligen Recht der Volksgruppen, die zu den gewaltigsten des 20. Jahrhunderts gehört und die ungarischen Volksgruppen mit derselben magischen Kraft leitet, treibt und wachsen läßt wie die deutschen und alle anderen... Dieser Idee von Volksrecht und kulturellem Selbstschutz der Volksgruppen können weder Berge noch Bollwerke entgegenstehen."[110]

– Die Rede von FRANZ BASCH am 19. November 1933 in der Gemeinde Bátaapáti (Komitat Tolna), in der er erklärt: "Ein jeder, der zu uns gehört und der ohne Zwang seinen ehrlichen deutschen Namen hergibt, hat es auch nicht verdient, daß er ihn bisher in Ehren getragen hat." Die anwesenden Dorfhonoratioren erstatten gegen BASCH eine Anzeige.[111]

– Der daraufhin eröffnete Prozeß gegen FRANZ BASCH wegen "Schmähung der ungarischen Nation". Er wird in erster Instanz am 28. September 1934 zu drei Monaten Gefängnis und zum einjährigen Verlust seiner politischen Rechte

---

[109] BELLÉR, BÉLA: A Volksbildungsvereintól a Volksbundig [Vom Volksbildungsverein bis zum Volksbund]. Manuskript [derzeit in Heidelberg im Druck]. S. 46f.
[110] *Sonntagsblatt* vom 26. August 1934.
[111] BELLÉR (wie Anm. 109), S. 99.

verurteilt.[112] Auf direkte Weisung des ungarischen Ministerpräsidenten GÖMBÖS geht der Prozeß in die nächste Instanz und BASCH wird vom Königlichen Tafelgericht in Fünfkirchen am 17. April 1935 zu fünf Monaten Gefängnis und zum Verlust seiner politischen Rechte auf drei Jahre verurteilt. Durch Berufung des Angeklagten gelangt sein Fall vor die höchste Instanz, die am 24. Juni 1936 das Urteil in vollem Umfang bestätigt. Als Begründung wird BASCH vorgeworfen, daß er mit seiner Äußerung das Ungarntum "in den Augen der deutschen Minderheit als minderwertige Rasse hingestellt" habe, "an die sich zu assimilieren mit einem Wertverlust für den Betreffenden verbunden sei".[113] Selbst GUSTAV GRATZ bezeichnet gegenüber dem Gesandten MACKENSEN das Urteil als "zu hart" und erklärt sich bereit, für die Rehabilitierung von BASCH die Initiative zu ergreifen. Er schlägt dem Verurteilten vor, ein Gnadengesuch beim Reichsverweser HORTHY einzureichen, was dieser allerdings entschieden ablehnt.[114]

– BASCH geht am 9. September 1936 ins Gefängnis. Er wird im Reich und in den Kreisen des Auslandsdeutschtums als Märtyrer und Opfer ungarischer Unterdrückung gefeiert. Der Basch-Mythos ist geboren. Er steht im Mittelpunkt gehässiger Angriffe seitens der ungarischen Öffentlichkeit und großer Beifalls- und Solidaritätskundgebungen innerhalb seiner Minderheit, im Auslanddeutschtum und im Reich. Der verurteilte BASCH steigt in die erste Reihe der ethnopolitisch Aktiven innerhalb des Ungarndeutschtums auf. BASCH wirkt polarisierend einerseits und mobilisierend andererseits.

– Das zeigt bereits seine vergebliche Kandidatur bei den Parlamentswahlen im März 1935 im Wahlkreis Bonyhád. Ein Augenzeugenbericht vermag dies gut zu verdeutlichen: "Ich war gerade 16 Jahre alt als die sogenannte 'Dr. Basch-Wahl' stattfand. Zu dieser Zeit war ich schon sehr aktiv im Einsatz [...] Gegenkandidat zu Dr. Basch war Dr. Becar [Gyula Pekár]. Unsere Schule

---

[112] Aus der mündlichen Urteilsbegründung wird folgendes überliefert: "Die Namensmagyarisierungsaktion ist eine spontane Ausgestaltung der ungarischen nationalen Seele und liegt im Interesse der nationalen Einheit Ungarns, die unbedingt angestrebt werden muß. Höchstes Ziel ist das Einswerden der Nation in Sprache und Namen. Da dieser Ausdruck der ungarischen nationalen Seele von einem jeden ehrlich-patriotisch denkenden Staatsbürger selbstverständlich hochgeschätzt werden muß, so ist eine Stellungnahme dagegen unbedingt als eine Schmähung und Geringschätzung der ungarischen Ehre und der ungarischen nationalen Seele zu werten." Strafverschärfend wirkte sich aus, daß BASCH führendes Mitglied des Volksbildungsvereins war, da nach Ansicht des Gerichtes der Verein "eine antipatriotische [und] ungünstige Atmosphäre" verbreite, "in der patriotisch fühlende und denkende Staatsbürger in ihrem Bestreben, sich der ungarisch-patriotischen Einheit anzuschließen und zu diesem Zwecke auch ihre Namen abzuändern und ungarische Namen aufzunehmen, mit verschiedenen seelischen Mitteln behindert werden."- *Sonntagsblatt* vom 7. Oktober 1934.

[113] *Nation und Staat* 9 (1935/36), S. 707.

[114] BA R 18/3329. Bericht der deutschen Gesandtschaft vom 30. Juni 1936.

diente als Wahllokal. Die Vertrauensleute ließen jedoch zunächst nur diejenigen zur Wahlurne, von denen sie wußten, daß sie Dr. Becar wählten. Gelegentlich, um den Anschein der demokratischen Wahl zu wahren, ließ man auch eine Gegenstimme, also eine Stimme für Basch, zu. Allmählich entstand Empörung über dieses Verhalten der Vertrauensleute. Die Bevölkerung war von dieser Machenschaft - Schwindelei entsetzt [...]. Eine ziemliche Anzahl von Menschen alt und jung sammelten sich vor dem Wahllokal auf der Straße an und es wurde über das Verhalten Kritik geübt. Dann kam die Gendarmerie mit aufgepflanzten Bajonetten. Das Wahllokal wurde geschlossen, die Menschen auseinandergetrieben, so als wären sie Verbrecher. Wir jungen Burschen kletterten auf die Hofställ, eine Erhöhung, von welcher aus wir die Schule sehen konnten und schrien aus voller Kehle: 'Hoch lebe Dr. Franz Basch!'"[115]

– Der seit 1932 schwelende Richtungsstreit im Volksbildungsverein kommt 1935 voll zum Ausbruch. Empört über die Parlamentskandidatur von BASCH und KUSSBACH, verlangt die Regierung durch ihren Vertrauensmann, Dr. MÁRTON RICHTER: "Es genügt nicht ..., daß die Regierung im Interesse der Sicherung der ungarischen patriotischen Interessen eine Anzahl Delegierter in die Vereinsleitung entsendet, es dürfen vielmehr nur solche in dieser Leitung sitzen, die bezüglich ihrer ungarischen Gesinnung eine vollkommene Gewähr bieten."[116] GRATZ verpflichtet sich, den "Fall Basch" im Rahmen der Vereinsführung zu "erledigen", wofür die Regierung die Existenz des Volksbildungsvereins unangetastet läßt.[117] Auf der Vollzugsausschußsitzung vom 14. Juni 1935 prangert GRATZ die volksdeutsche Richtung in der Vereinsführung an und betont, daß Führungsmitglieder ohne Genehmigung des Vorstands keine politische Aktivität entfalten dürfen. Während aber KUSSBACH als Schwiegersohn BLEYERs trotz seiner Kandidatur von GRATZ in Schutz genommen wird, soll BASCH aus der Vereinsführung entfernt werden. GRATZ spricht sich für eine "Beurlaubung" des Generalsekretärs BASCH aus, bis das endgültige Gerichtsurteil in seiner Sache vorliegt. Doch Professor HUSS verliest im Namen von Gleichgesinnten eine Protestnote und kündigt den demonstrativen Auszug aller volksdeutschen Aktivisten aus dem Verein an.

– Diese vereinigen sich in der darauf hin gegründeten *Volksdeutschen Kameradschaft* unter der Führung von Professor RICHARD HUSS, FRANZ BASCH und ÄGIDIUS FAULSTICH. Die im November 1935 gegründete Zeitschrift *Deutscher Volksbote* wird zum Forum recht heftiger Auseinandersetzungen mit dem Volksbildungsverein unter GUSTAV GRATZ. Beide Gruppen versuchen, in gegenseitiger Konkurrenz Unterstützung für sich im Reich zu gewinnen, doch zunächst für keine mit ausschlaggebendem Erfolg.

– Im Dezember 1936 erscheint die Basch-Briefmarke. Es ist eine Aktion des

[115] Nachlaß ADAM SCHLITT: Lebenslauf von MARTIN KOLB aus Möcsény.
[116] Zitiert nach *Nation und Staat* 8 (1934/35), S. 400.
[117] GRATZ, Deutsch-ungarische Probleme (wie in Anm. 85), S. 29ff.

Bundesführers des *Vereins für das Deutschtum im Ausland*, HANS STEINACHER, der die Initiative ergreift und eine von ihm entworfene Briefmarke in Umlauf bringt: In der Mitte befindet sich ein Bild von BASCH, umrahmt von der Umschrift: "Ungarische Nationalitätenpolitik: Wer seines Vaters Namen nicht ehrt, ist seiner Ahnen nicht wert. Dr. Franz Basch, fünf Monate Kerker". Die Wirkung der Briefmarke ist nach STEINACHERS Einschätzung "verblüffend".[118] Er selbst gerät ihretwegen in einen Gegensatz zu Außenminister NEURATH. [119]

– BASCH wird aufgrund einer diplomatischen Intervention Berlins am 9. Januar 1937 vom Reichsverweser HORTHY amnestiert und freigelassen. Er nimmt seine Tätigkeit "im Gelände", wie er seine Einsätze in den ungarischen Dörfern nennt, wieder auf. Der Volksbildungsverein verliert deutlich an Boden und die Volksdeutsche Kameradschaft wird nun eindeutig sowohl vom Auswärtigen Amt als auch von der Volksdeutschen Mittelstelle favorisiert.

– In einer Unterredung am 24. November 1937 in der Wilhelmstraße zwischen Staatssekretär MACKENSEN[120] vom Auswärtigen Amt und Staatssekretär TIBOR PATAKY vom Ungarischen Ministerpräsidium schlägt ersterer vor, die nationalitätenpolitische Lage in Ungarn zu "entgiften" und die oppositionelle Haltung der volksdeutschen Kameraden in eine Zusammenarbeit "zu verwandeln". PATAKY verurteilt Professor HUSS "wegen politischer Unfähigkeit". MACKENSEN stimmte dem ungarischen Staatssekretär hierin zu und schlägt FRANZ BASCH als zukünftigen Leiter einer volksdeutschen Gruppenorganisation vor, den er "für eine solche Zusammenarbeit für durchaus geeignet hält und auch glaubt, daß diese - allerdings bei einem gewissen Mindestmaß von Zugeständnissen - erreichbar sei". GRATZ und den Volksbildungsverein lehnt MACKENSEN entschieden ab, da dieser ein Katholik, Legitimist und "wie bezeichnenderweise Herr von Pataky selbst hinzufügte, Freimaurer" sei.[121] BASCH wird also von deutschen und ungarischen Politikern zu seiner Führungsrolle auserkoren, weil er im Gegensatz zu seinen Kameraden einen "gemäßigteren" ethnopolitischen Standpunkt vertritt. Auch vom Ministerpräsidium wurde im entscheidenden Moment nicht HUSS, sondern BASCH als Verhandlungspartner bevorzugt, denn dieser sei "viel klüger als Huss, der als hysterischer Typ mit niemandem zurechtkam, während Dr. Basch ein Mann mit vorzüglichen Manieren war, der mit Menschen umzugehen wußte."[122]

– Auf Intervention des Deutschen Reiches und im Gefolge des Ersten

---

[118] JACOBSEN, HANS: Hans Steinacher. Bundesleiter des VDA 1933-1937. Erinnerungen und Dokumente. Boppard am Rhein 1970, S. 392 und 552.

[119] Ebenda.

[120] MACKENSEN, HANS GEORG von (1883-1947); vom Dezember 1933 bis April 1937 deutscher Gesandter in Budapest.

[121] Politisches Archiv des Auswärtigen Amtes, R 29960. Aufzeichnung MACKENSENS vom 24. November 1937. GRATZ kam allerdings aus einem protestantischen Pfarrhaus, doch offenbar war es ein größeres Übel, Katholik zu sein.

[122] Zeugenaussage von Ministerialrat Dr. BIRKÁS vom 16. Januar 1946.

Wiener Schiedsspruchs wird die Kameradschaft unter dem Namen *Volksbund der Deutschen in Ungarn* legalisiert. Die Gründungsversammlung des Volksbundes findet am 26. November 1938 im Budapester Eisenbahner- und Schiffahrtsklub statt, die Festansprache wird von FRANZ BASCH gehalten, der akklamatorisch zum Vorsitzenden gewählt und eingesetzt wird.

– Nachdem die ungarische Regierung es erfolgreich zu verhindern vermocht hat, dem Volksbund die erwarteten Rechte zu gewähren, nämlich sich wie die Deutschen in der Slowakei als Volksgruppe zu organisieren, wird sie nach Unterzeichnung des Zweiten Wiener Schiedsspruch am 30. August 1940 vom Deutschen Reich dazu gezwungen, eine bilaterale Vereinbarung abzuschließen, die sämtliche Rechte auf Organisation des Volksbundes als ausschließliche Volksgruppenorganisation aller Ungarndeutschen gewährleistet.[123] BASCH wird de facto als Vorsitzender der Volksgruppe bestätigt.

Der 26. November 1938 (und später auch der 30. August 1940) wurde von der Volksbundführung als großer Sieg gefeiert. FRANZ BASCH kommentierte ihn tags darauf wie folgt: "Im Laufe des letzten Jahres hatte ich des öfteren Gelegenheit, mit ungarischen Politikern im In- und Ausland zu sprechen. Im Banne der stets aufrichtig geführten Aussprachen fand ich unter diesen Männern keinen einzigen, der schließlich nicht zugegeben hätte, daß in der praktischen Behandlung der deutschen Volksgruppenfrage in Ungarn endlich grundsätzlicher Wandel geschaffen werden müsse."[124]

Vielleicht ist er selbst zumindest einen Augenblick lang der Suggestion erlegen, die ungarische Regierung habe in Revision ihres bisherigen nationalitätenpolitischen Kurses ihr Placet zur Gründung gegeben. Der Kampf in den anschließenden Monaten um die Bewilligung der Volksbund-Satzung sollte ihn schnell eines Besseren belehren. Es gab keinen Wandel in der Nationalitätenpolitik der ungarischen Regierung, sondern nur eine durch äußeren Druck herbeigeführte Anpassung, die alle Zeichen des Widerstrebens und der fortgesetzten Hinhaltetaktik trug. Der Volksbund unter BASCH wurde nicht als Subjekt ethnopolitischer Interessen akzeptiert, sondern als unliebsames Instrument fremder Machtinteressen angesehen und als Repräsentant der deutschen Minderheit nicht zuletzt auch deshalb weiterhin systematisch diskriminiert. Dabei hat sein sicherlich undemokratischer, auf das Führerprinzip festgelegter Charakter noch die geringste Rolle gespielt. Bis die Satzung im

---

[123] Die Geschichte des Zweiten Wiener Schiedsspruchs ist das Thema der Dissertation von CHRISTOF, FRIEDRICH: Befriedung im Donauraum. Der Zweite Wiener Schiedsspruch und die deutsch-ungarischen diplomatischen Beziehungen 1939-1942. Frankfurt/M. 1999. Das Volksgruppenabkommen wird nur in einem einzigen Satz auf S. 108 erwähnt und dieser Darstellung zufolge war die deutsche Minderheit in Ungarn kein Thema der bilateralen Beziehungen.

[124] *Günser Zeitung* vom 27. November 1938.

April 1939 tatsächlich ihre endgültige, gebilligte Form angenommen hatte, war aus ihr von der Regierung so gut wie alles herausgestrichen worden, was den Volksbund vom Ungarländischen Volksbildungsverein unterschieden hätte. Das Ergebnis war wieder nur ein Kulturverein, und die ungarische Regierung tat bis zum Spätsommer 1940 alles, um es dabei zu belassen. Ihre grundsätzliche Inkonsequenz lag darin, daß sie aus Gründen ihrer kontinuierlich irrationalen, ganz einseitig auf die magyarischen Minderheiten festgelegten Sicht der Minderheitenproblematik im allgemeinen und in Verkennung der tatsächlichen Machtverhältnisse im besonderen noch immer nicht zur folgenden Einsicht gelangt war: Will sie ihren revisionspolitischen Kurs weiter fortsetzen, dann ist sie auch weiterhin auf die außenpolitische Hilfe des Dritten Reiches angewiesen. Benötigt sie aber diese Hilfe, dann wäre es klüger, von sich aus die deutsche Minderheit mit deren Forderungen zufrieden zu stellen, als sich in Form eines weiteren Diktats (nämlich des vom 30. August 1940) ihren nationalitätenpolitischen Kurs vorschreiben zu lassen. Eine rechtzeitige, eine solche Richtung einschlagende Initiative seitens der ungarischen Regierung hätte ihr – aber nicht nur ihr, sondern auch der deutschen Minderheit – mehr politischen Spielraum belassen. Der am 30. August 1940 vollzogene Akt der weitgehenden Auslieferung dieser Minderheit an das Deutsche Reich war für beide Seiten: für den Staat Ungarn wie für die deutsche Minderheit, ein überaus verhängnisvoller Schritt. Denn 1940 waren die Ungarndeutschen das politische Opfer für die Annexion Nordsiebenbürgens, das 1945 bereits wieder verloren gegangen war. Die Annexion erwies sich als ein sehr kurzfristiger Gewinn, die Vertreibung des Ungarndeutschtums (mit dem Argument, daß sie spätestens 1940 zu Nazis geworden wären) jedoch als ein endgültiger Verlust.

Ausgerechnet über den entscheidenden Zeitabschnitt der Jahre 1932-1938 wissen wir über die politischen Ansichten von BASCH selbst noch zu wenig, so daß es derzeit nicht möglich ist, eine quellengestützte und damit gesicherte Beurteilung dieser Frage vorzunehmen. Wie bei mancher historischen Quelle werfen die vorliegenden Prozeßakten mehr Fragen auch zu diesem Komplex auf, als durch sie beantwortet werden können. Eine befriedigende Klärung kann nur von einem Vergleich mit zahlreichen anderen Quellen erwartet werden.

Dessenungeachtet soll nun zum Abschluß dieses Kapitels der Versuch gemacht werden, ein - wenn auch nur skizzenhaftes - Vollständigkeit keineswegs anstrebendes Bild der Persönlichkeit von FRANZ BASCH zu zeichnen und einige Grundzüge hervorzuheben, die wir in diesem Zusammenhang für wichtig halten.

Gleich zu Beginn seines Lebensweges als Erwachsener fällt auf, daß dieser von Anfang an von Konfrontationen gekennzeichnet war, die schon sehr früh in ihm eine Sensibilität für Situationen geweckt haben muß, die ein Mensch im Fall von Anklage und Verurteilung durchzustehen hat. In der ersten Konfrontation am Beginn seiner Studentenzeit vermochte er einer drohenden Verurteilung zu entgehen, in der zweiten mit dem ungarischen Schriftsteller

DEZSŐ SZABÓ sprach er noch über sich selbst das Urteil, nämlich sein ursprüngliches Lebensziel, ungarischer Schriftsteller zu werden, aufzugeben. Seine dritte Konfrontation, diesmal bereits mit der ungarischen Staatsgewalt, endete mit einer Verurteilung und die vierte kostete ihm das Leben. Eine fünfte Konfrontation, die ihn sein ganzes Leben begleitet hat und ihrer Natur nach außerhalb dieser Reihe steht, war eine psychische, nämlich die Konfrontation mit einem schweren Mangel seiner Gesundheit, seinem Lungenleiden, das seinem Aktionsradius, seiner Vitalität, seiner Contenance und seiner Leistungs- und Aufnahmefähigkeit enge Grenzen gesetzt hat.

Der aus einem solch reduzierten Befund naheliegende Schluß, wir hätten es hier mit einem Querulanten zu tun, der alles getan haben mag, um sich und seiner Umgebung das Leben zu erschweren, geht dennoch völlig daneben. Vielmehr haben wir es hier mit einem eher introvertierten und dennoch charismatischen, führungsbegabten Menschen zu tun, mit vielseitigen, konkret musisch-ästhetischen, philosophischen, historischen und literarischen Interessen. Er scheute sich nicht, Verantwortung zu übernehmen und Macht auszuüben, auch wenn er letzteres sowohl seinen eigenen als auch fremden Aussagen zufolge nicht immer freiwillig tat. Dies alles geschah aus Pflichtgefühl und aus einer Berufung, die ihm auch ganz deutliche Grenzen für seine Fähigkeit zur Anpassung an Situationen wie an Konstellationen gesetzt hat. Sein Sendungsbewußtsein muß bereits schon sehr früh einen ganz wesentlichen Teil seiner Identität ausgemacht haben, auch wenn es erst im Lauf der Zeit, spätestens nach seinem Studienaufenthalt in Deutschland, eine deutlichere Orientierung erhalten hat. Zweifellos vermochte er in seinem Auftreten gewinnend und anziehend und damit integrierend wirken, das bezeugen beinahe alle Aussagen der Personen, die ihn näher gekannt haben. Sein offenbar angeborener Stolz (vielleicht aus mütterlicher, Schweizer Wurzel) war sicherlich der auslösende Faktor für seine erste Konfrontation im Budapester Krankenhaus und der Inhalt derselben: Ethnopolitik und Minderheitenidentität sollte zum Leitmotiv seines Lebens werden, nachdem er durch die Konfrontation mit DEZSŐ SZABÓ sich zur Einsicht durchgerungen hatte, daß aus ihm aus "rassisch-ethnischen Gründen" kein ungarischer Schriftsteller mehr werden könne. Doch diese stillschweigende Aneignung einer solchen rassistischen Argumentation machte ihn dennoch nicht zum Rassisten. Ein solcher "weltanschaulicher Mangel" sollte ihm in Verein mit seiner knapp anderthalb Jahrzehnte währenden Lebensgemeinschaft, die er mit der Jüdin KLÁRA SPIELER eingegangen war, in der nationalsozialistischen Ära noch schwer zu schaffen machen. Sein privater und angesichts der Erwartungen und Wertvorstellungen seines Umfeldes sehr abweichender Lebenswandel zeigt, daß BASCH kein Opportunist war und er an seinen einmal gewonnenen Überzeugungen festhielt, auch wenn ihn dies oft in ausweglose Situationen führte und schließlich neuerliche Konfrontationen heraufbeschwor, die in der Regel in Niederlagen endeten. Lageanalyse und Kräfteeinschätzung waren offenbar nicht seine Stärke. Dazu waren sein Handeln und sein Denken zu gefühlsbestimmt.

Damit in Zusammenhang steht auch: Er hat sich stets an ziemlich unklaren Zielvorstellungen orientiert, und es genügte ihm offenbar, die Wegrichtung eindeutig zu bestimmen, nämlich die politische und soziale Emanzipation der von ihm vertretenen Minderheit. Da er darüber hinaus im einzelnen nicht wußte, was er eigentlich konkret wollte, war er sich auch sehr unsicher in der Frage, mit welchen Mitteln und Methoden er sein selbstgesetztes Ziel erreichen wollte. Diese Unsicherheit verrät auch sein, in solchen Fragen sehr wolkiges "Generationsprogramm". Gerade im Bereich der Methoden neigte er daher dazu, seinen Mitstreitern Konzessionen zu machen und Dinge zuzulassen, die ihm als bloße Äußerlichkeiten und damit unbedeutend erschienen, ohne deren Folgen richtig einzuschätzen oder zur Kenntnis nehmen zu wollen. Es entsteht der Eindruck, daß er den Nationalsozialismus und die hinter ihm stehenden Kräfte als Instrument, als Vehikel der von ihm betriebenen Mobilisierung seiner Volksgruppe einstufte und anfänglich vielleicht tatsächlich daran glaubte, Nationalsozialismus und Drittes Reich in einer solchen Richtung nützen, ja benützen zu können. Als er infolge dieser katastrophalen Fehleinschätzung bereits selbst zum Instrument der von ihm gerufenen Kräfte geworden war, dachte er, seinen politischen Spielraum auszuweiten, wenn er versuchte, Budapest und Berlin gegeneinander auszuspielen. An diesem Punkt wird wieder deutlich, daß er von Politik und ihren Spielregeln insbesondere in einer Diktatur wenig verstanden oder so gut wie gar nichts begriffen hatte. Denn solche Versuche bewirkten nur, daß die Schlinge, in der sein Kopf bereits steckte, immer enger gezogen wurde. Eine totale Kontrolle seitens der SS und eine zunehmende Isolierung seiner Person auch innerhalb der Volksgruppenführung waren die Folge seiner, auch im Sinne seiner selbst gesetzten Ziele sehr kontraproduktiven Tätigkeit in den Kriegsjahren. Konsequenzen daraus zu ziehen und von seinem Amt zurückzutreten, dazu erwies er sich als körperlich zu schwach und seelisch zu feige, wie das auch KLÁRA SPIELER bestätigt hat. Doch nicht nur die Angst vor dem Tag nach dem Rücktritt fiel hier ins Gewicht, sondern auch sein ausgeprägtes Ehrgefühl, das ihn daran hinderte, die Gruppe und ihre Organisation, die er als sein Lebenswerk aufgebaut hatte, in der schwersten Zeit im Stich zu lassen.

BASCH hat keinerlei Probleme gehabt, Macht auszuüben, auch wenn zahlreiche seiner Aussagen dies suggerieren möchten. Sein Problem lag vielmehr darin, mit den von außen gesetzten Grenzen seiner Macht zurecht zu kommen. Seine häufigen Rücktrittsdrohungen hatten den Zweck, diese Grenzen zu erproben und nach Möglichkeit ein wenig zu erweitern. Eine solche plumpe Methode zeigt aber auch, daß ihm das politische Geschäft mit seinen Tricks, Finten und Raffinessen nicht lag und er dieses wahrscheinlich aufgrund seiner ästhetisch-musischen Orientierung sogar ablehnte. Seine zahlreichen Gegner innerhalb des Volksbunds, die dieses Geschäft besser beherrschten, konnten ihn in diesem Bereich rasch übertrumpfen, vermochten jedoch nicht, ihn gänzlich auszuschalten. Sie scheiterten an seiner Popularität und seiner Fähigkeit, Massen zu mobilisieren, Menschen für sich zu begeistern und einzunehmen. Im Gegensatz zu seinen "innerparteilichen Gegnern" bevorzugte BASCH die Diplomatie und deren stille Methode, die Kunst der Vermittlung, des Ausgleichs und des Dialogs. Zu seinem Unglück waren gerade in der Epoche, die ihm eine politische Spitzenstellung bescherte, solche Fähigkeiten immer weniger gefragt.

Die Rolle, die BASCH spätestens seit 1940 zugewiesen war, nämlich sein Emanzipationsziel unter Rahmenbedingungen und mit Methoden anzustreben, die schließlich dieses Ziel zunichte machten, indem sie die Existenzgrundlagen dieser Minderheit zerstörten, diese Rolle war selbstverschuldet, auch wenn er aus der Perspektive seiner Berliner Befehlsgeber bereits zu einem kleinen Rädchen innerhalb der Befehlskette herabgesunken war und sich damit die Frage stellt, welchen Entscheidungsfreiraum und damit welche Eigenverantwortlichkeit er in dieser Periode tatsächlich noch besessen hat. Die emotionale Faszination der "Volksgemeinschaft", die er noch in ihrer völkischen Variante kennengelernt hatte, war zu groß und seine Fähigkeiten als Politiker waren zu gering, um die nach 1937/38 eingetretene, jetzt bereits nazistische Instrumentalisierung seiner ethnischen Emanzipationsbewegung, der er charismatisch beträchtlichen Schwung verliehen hatte, rechtzeitig zu durchschauen und abzuwehren. Die eigentliche Tragik seines Lebens ist darin zu sehen, daß es für das falsche, manipulierte und manipulierbare Konzept der "Volksgruppenorganisation" weit und breit keine Alternative zu geben schien, womit sein legitimes Ziel der Gruppenemanzipation hätte verwirklicht werden können. Sein grundsätzlicher Fehler, von der Rechtmäßigkeit seines Zieles eine Legitimität der Methoden zur Erreichung dieses Zieles abzuleiten, wird aus einer solchen Alternativlosigkeit heraus verständlich, wobei die wachsende Unduldsamkeit des Horthy-Regimes allen Minderheiten gegenüber seine Grundüberzeugung, daß die Ethnopolitik dieser Epoche über keinen anderen Ausweg verfügte, noch entscheidend verstärkt hat.

6. Probleme der Forschung

Die Biographie von FRANZ BASCH und die Prozeßakten werfen eine Vielzahl von Fragen auf. Überblickt man die bislang vorliegenden historiographischen Beiträge[125] zu dem angesprochenen Themenkreis, so verbleibt nur

---

[125] Für eine Übersicht über die ältere Literatur vgl. SEEWANN, GERHARD: Das Ungarndeutschtum der Zwischenkriegszeit im Spiegel der internationalen Nachkriegsliteratur, in: *Südostdeutsches Archiv* 22/23 (1979/80), S. 128-151. Danach ist u. a. erschienen: BELLÉR, BÉLA: Az ellenforradalmi rendszer német nemzetiségi politikájának valsága 1931-1932-ben [Die Krise in der Politik des konterrevolutionären Regimes gegenüber der deutschen Nationalität], in: Történelmi Szemle 23 (1980), S. 478-496; SZITA, LÁSZLÓ (Hrsg.): Tanulmányok és dokumentumok Baranya megye nemzetiségeinek történetéből [Studien und Dokumente zur Geschichte der Nationalitäten im Komitat Baranya], in: *Baranyai helytörténetírás* 1980, S. 425-580; TILKOVSZKY, LORÁNT: Die Entfaltung der Krise der deutschen Bewegung in Ungarn (1930-1932), in: *Acta historica Academiae Scientiarum Hungaricae* 26 (1980), S. 105-165; Ders.: Ungarn und die deutsche Volksgruppenpolitik 1938-1945. Köln, Wien 1981; KOMJATHY, ANTHONY, REBECCA STOCKWELL: German minorities and the Third Reich. Ethnic Germans of East Central Europe between the wars. New York, London 1980; PAPP, N. G.: The German minority in Hungary between the two world wars: Loyal subjects or suppresed citizens?, in: *East European Quarterly* 22 (1988), S. 495-514; TILKOVSZKY, LORÁNT: Teufelskreis. Die Minderheitenfrage in den deutsch-ungarischen Beziehungen 1933-1938. Budapest 1989; Ders.: Hét évtized a magyarországi németek történetéből [Sieben Jahrzehnte aus der Geschichte der Ungarndeutschen]. Budapest 1989; BÖHM, JOHANN: Die Ungarndeutschen in der Waffen-SS. Ippesheim 1990; SPIRA, THOMAS: The German-Hungarian-Swabian triangle 1936-1939. The road to the discord. New York 1990; SPIEGEL-SCHMIDT, FRIEDRICH: Die Volksgruppenpolitik des Deutschen Reiches 1920-1945, in: *Suevia Pannonica* 9 (1991), S. 33-52; SEEWANN, GERHARD: Das Ungarndeutschtum 1918-1988, in: HÖSCH, EDGAR, GERHARD SEEWANN (Hrsg.): Aspekte ethnischer Identität. München 1991, S. 299-323; ASCHAUER, WOLFGANG: Zur Produktion und Reproduktion einer Nationalität. Die Ungarndeutschen. Stuttgart 1992; LUMANS, VALDIS O.: Himmler's auxiliaries. The Volksdeutsche Mittelstelle and the German national minorities of Europe, 1933-1945. Chapel Hill, London 1993; SENZ, INGOMAR: Die Donauschwaben. München 1994; SPIEGEL-SCHMIDT, FRIEDRICH: Die westungarischen Deutschen, in: HOCHBERGER, ERNST, ANTON SCHERER, FRIEDRICH SPIEGEL-SCHMIDT: Die Deutschen zwischen Karpaten und Krain. München 1994, S. 79-110; SCHÖDL, GÜNTER (Hrsg): Land an der Donau. Berlin 1995 (Deutsche Geschichte im Osten Europas); Ders.: Erinnerung und Analyse. Methodologische Bemerkungen zur südostdeutschen Geschichtsschreibung, in: GRIMM, GERHARD, KRISTA ZACH (Hrsg.): Die Deutschen in Ostmittel- und Südosteuropa. Bd. 1. München 1995, S. 101-114; DONÁTH, PÉTER: Iskola és politika. Az állami német nemzetiségi tanítóképzés magyarországi történetéhez 1919-1944 [Schule und Politik. Zur Geschichte der staatlichen Lehrerbildung der deutschen Nationalität in Ungarn 1919-1944]. Budapest 1996; SPANNENBERGER, NORBERT: Die "Treuebewegung". Mythos und Wirklichkeit

die nüchterne Feststellung, daß eine Reihe ganz wichtiger Fragen noch weitgehend ungeklärt geblieben ist.

1. Dazu gehört gleich an erster Stelle die Frage, wer innerhalb des Ungarndeutschtums zu welcher Zeit und in welcher Form tatsächlich Nationalsozialist gewesen war und welche Variante des Nationalsozialismus in welcher Region und in welcher Proportion innerhalb der Bevölkerung bzw. in welcher Bevölkerungsschicht feste, greifbare Formen angenommen hat. Sie bleibt nach wie vor ein Forschungsdesiderat. Versucht man, den NS-Fragenkomplex aufzubrechen und differenzierter zu betrachten, so stellen sich zwei weitere Fragen:

2. Inwieweit haben die "volksdeutschen Kameraden", die sich generell und schon sehr früh zu einer amorphen "völkischen Weltanschauung" bekannten, im Verlauf ihrer ethnopolitischen Tätigkeit eine Affinität in Richtung Nationalsozialismus gezeigt und sind tatsächlich von der "völkischen" zur "NS-Weltanschauung" übergelaufen, ob sie es aus Opportunismus oder aus Überzeugung getan haben, ist eine sekundäre Frage. Welche Rolle spielte dabei ihr Studienaufenthalt an deutschen Universitäten? Es war dies sicherlich nicht nur ein Generationenproblem oder ein Problem der unterschiedlichen Strukturen des Deutschtums in Trianon-Ungarn einerseits und in den 1940 neu hinzugekommenen Gebieten der Batschka und Nordsiebenbürgens andererseits, worauf es BASCH in seinem Prozeß tendenziell zu reduzieren suchte, obgleich auch diese Strukturunterschiede eine eingehendere Untersuchung verdienen.

3. Welche Formen und welches Ausmaß (z.B. im Sinne einer "Nazifizierung") hat die Kontrolle seitens der Reichsstellen (SS, Volksdeutsche Mittelstelle, Auswärtiges Amt) über die deutsche Volksgruppe in Ungarn ab 1940 tatsächlich angenommen, welche Maßnahmen von reichsdeutscher Seite wurden in den Jahren 1940-1945 im einzelnen angeordnet und wie wurden sie vor Ort tatsächlich umgesetzt? Welchen Freiraum hat der Volksbund von 1940-1944 tatsächlich gehabt und wie und zu welchem Zweck hat er ihn genutzt? Erst nach genauer Analyse dieses Komplexes läßt sich klären, inwieweit BASCH tatsächlich eine Strategie der Verhinderung oder der Mäßigung betrieb, worauf er sich ja wiederholt in seinem Prozeß berufen hat.

Läßt man einmal all die Versuche beiseite, diese Fragen zu tabuisieren oder ausschließlich apologetisch zu behandeln,[126] so ist als erstes darauf hinzuweisen, daß es auf die Einseitigkeit der bislang zur Anwendung gekommenen historiographischen Konzepte und Methoden zurückzuführen ist, daß die drei

---

einer "ungarndeutschen" Untergrundbewegung, in: *Südostdeutsches Archiv* 40/41 (1997/98), S. 107-132; TILKOVSZKY, LORÁNT: Nemzetiségi politika Magyarországon a 20. században [Nationalitätenpolitik in Ungarn im 20. Jahrhundert]. Debrecen 1998.

[126] Im Sinne einer solchen Apologetik hat sich vor allem JOHANN WEIDLEIN mit zahlreichen Beiträgen zu Wort gemeldet. Als Sammelband seiner unselbständigen Werke ist zuletzt erschienen: Ders.: Untersuchungen zur Minderheitenpolitik Ungarns von den Anfängen bis zur Gegenwart. Schorndorf 1990. Mit Bibliographie seiner monographischen Veröffentlichungen auf S. 338.

vorgestellten Fragekomplexe bis heute nicht geklärt werden konnten. Es fehlen sowohl die nötigen sozial-, struktur- und ideengeschichtlichen Untersuchungen,[127] ferner Arbeiten zur Mentalität, Denkweise, Wertordnung, sozialen Schichtung und Sozialisation der donauschwäbischen Bevölkerung, damit im Zusammenhang aber auch zur Geschichte ihrer Agrarstruktur und Agrarentwicklung (einschließlich des Dorfhandwerks), zur Geschichte ihrer außerordentlich ausgeprägten vertikalen und horizontalen Mobilität, zur Geschichte ihrer Arbeitsteilung im Zusammenleben mit anderen ethnischen Gruppen, um hier nur eine Reihe wichtiger Themenbereiche hervorzuheben.

Was bislang an Konzepten und Methoden zur Anwendung gekommen ist, hat sich fast ausschließlich auf politische, insbesondere Diplomatiegeschichte beschränkt. Wir wissen sehr viel darüber, was zwischen Budapest und Berlin an Korrespondenz, Überlegungen, Anordnungen, Bemühungen etc. hin und her gegangen ist und zu welchen Resultaten auf der Ebene der bilateralen Beziehungen diese Interaktionen geführt haben. Wir wissen aber schon bedeutend weniger, in welchem Maße solche Resultate das Leben, Denken und Handeln der Führungselite (worunter nicht nur die politischen Funktionäre zu verstehen sind, sondern mehr noch die Pfarrer, die Lehrer, die Schicht der Dorfhonoratioren etc.) der Ungarndeutschen beeinflußt haben, und wir wissen so gut wie gar nichts darüber, was die Gruppe der von irgendwelchen Entscheidungen direkt oder indirekt Betroffenen, die ungarndeutsche Bevölkerung selbst gedacht, gefühlt hat und in welche Richtung sie sich tatsächlich mobilisieren ließ.[128] Um es kurz zu fassen: Wir wissen verhältnismäßig viel über die Zentren der Entscheidung[129], viel zu wenig aber über die Peripherie, das "flache Land", und es reicht nicht aus, Makrostudien zu verfassen und darüber die Mikroebene, das Dorf, den Bauernhof, die Familie, die Gesellschaft auf lokaler und

---

[127] Für die Fragestellung, Systematik und Methodik könnte vergleichsweise das soeben erschienene Werk als Beispiel dienen: GEBEL, RALF: "Heim ins Reich!" Konrad Henlein und der Reichsgau Sudetenland 1938-1945. München 1999.

[128] Als ein sehr positives Beispiel einer Regionalstudie, die zeigt, wie sich die von GÖMBÖS organisierte Regierungspartei erfolglos um eine Mobilisierung der Ungarndeutschen bemüht hat, ist hervorzuheben: VONYÓ, JÓZSEF: Kulturelles Leben und politische Stellungnahme der Deutschen im Komitat Baranya in der ersten Hälfte der Dreißiger Jahre, in: *Specimina nova Dissertationum ex Instituto Historico Universitatis Quinqueecclesiensis de Iano Pannonio nominatae* (1986) 2, S. 45-54. Vgl. dazu auch Ders.: A Nemzeti Egység Partjának megszervezése és taglétszámának alakulása Baranya megyében 1932-1936 [Die Entwicklung von Organisation und Mitgliedszahl der Nationalen Einheitspartei im Komitat Baranya 1932-1936]. Pécs 1982.

[129] Darüber unterrichten vor allem die in Anm. 125 genannten Werke von SPIRA und TILKOVSZKY. Neuerdings auch die Dissertation von SPANNENBERGER, NORBERT: Der Volksbund der Deutschen in Ungarn 1938-1944 unter Horthy und Hitler. München 1999 (im Druck).

regionaler Ebene zu vergessen.[130]

Neben der einseitigen Konzentration auf die in ihrer Blickrichtung bislang auf die Entscheidungszentren eingeengte "Scheuklappen"-Politik- und Diplomatiegeschichte gibt es einen zweiten Grund, warum selbst die Politik- und Diplomatiegeschichte zumindest auf ungarischer Seite ihren eigentlichen Gegenstand, nämlich die betroffene Gruppe der Ungarndeutschen und ihre spezifische Geschichte, weitgehend verfehlt hat: Es war der Basch-Prozeß und der von ihm ausgegangene, systembedingt bis in die 1980er Jahre sich auswirkende Zwang, die Verurteilung von BASCH durch entsprechende Forschungsergebnisse im Nachhinein zu legitimieren und zu rechtfertigen. Anklageschrift und Urteilsbegründung dieses Prozesses wurden direkt, häufig wortwörtlich in eine Anleitung für die Forschung, in ihre Hypothesenbildung, in ihre Exposition wie in ihre Schlußfolgerungen umgesetzt. Das Stereotyp der "fünften Kolonne" und die damit erfolgte Zuschreibung einer landesverräterischen Rolle – es war bis 1983 unumstößliches Dogma, gegen das in keiner Veröffentlichung verstoßen werden durfte. Der pauschale Faschismusvorwurf – es war die Ausgangsthese, die jede weiterführende Forschung zu bestätigen hatte. Die Kollektivschuld – sie trug bis 1983 zur Diskriminierung des Ungarndeutschtums bei und wirkt bis heute traumatisch nach.[131]

Der ungarische Historiker LORÁNT TILKOVSZKY, der in den letzten drei Jahrzehnten mit seinen zahlreichen Beiträgen zur Geschichte und Vorgeschichte des Volksbundes und FRANZ BASCH diesen Themenbereich (zumindest in Ungarn) dominierend besetzte, hat in seinem 1995 erschienenen und hier bereits mehrmals zitierten Aufsatz zum Basch-Prozeß selbst zugegeben, daß "die Anklageschriften, die Prozeßreden der Volksanwälte und der politischen Anwälte und die Urteilsbegründungen (der Volksgerichte) – wie das auch im Fall des Basch-Prozesses ersichtlich ist – nicht geeignet sind zu einem solchen Ziel (der nötigen Umerziehung des Geschichtsbildes im Rahmen des großen Systemwechsels [von 1945/48! – die Verf.]) und diese Akten dennoch und in

---

[130] Entscheidend dafür sind auch die Quellengruppen, die für die Forschung herangezogen werden. Es fällt auf, daß bislang mit einer geradezu bornierten Ausschließlichkeit in der Regel nur die Akten der zentralen Staatsarchive berücksichtigt wurden. Darüber hat bislang die Forschung die Akten, die über die Siedlungsgebiete der deutschen Minderheit und damit auch über diese selbst Aufschluß geben können und die in den regionalen, Komitats-, Stadt- und Kirchenarchiven aufbewahrt werden, so gut wie noch nicht zur Kenntnis genommen.

[131] Die am 3. Dezember 1983 am VI. Kongreß des Demokratischen Verbandes der Ungarndeutschen gehaltene Rede des damaligen führenden Kulturpolitikers, Politbüro-Mitglied GYÖRGY ACZÉL, machte den Weg frei für eine grundlegende Revision des parteiamtlichen Geschichtsbildes, das fortan solche Thesen nicht mehr als bindend bzw. zutreffend erachtete. Vgl. dazu SITZLER, KATHRIN, GERHARD SEEWANN: Nationalitätenpolitik und Geschichte der deutschen Minderheit Ungarns in den Jahren 1938-1948, in: *Südosteuropa* 37 (1988), S. 142-170.

großem Ausmaß einen fühlbaren Einfluß auf die Geschichtsschreibung, auf den Geschichtsunterricht und auf die populären Geschichtsbücher mehr zu ihrem Schaden als zu ihrem Nutzen genommen haben."[132] Das Problem ist, daß er selbst daraus bis heute nur gelegentlich und halbherzig Konsequenzen gezogen hat[133] und keineswegs daran gegangen ist, seine vorliegenden Forschungsergebnisse dieser Einsicht folgend zu revidieren.[134]

Die hier vorgestellten Prozeßakten bieten eine – wenn man den Zeitpunkt ihrer Entstehung bedenkt – überraschende Meinungsvielfalt. Diese erschließt sich dem Leser freilich erst dann, wenn er die Frage nach der Schuld des in diesem Prozeß Angeklagten zunächst einmal beiseite läßt und an ihrer Stelle die historisch gesehen doch wichtigere Frage stellt, wie der pauschal inkriminierte Volksbund der Deutschen in Ungarn entstanden ist, von welchen Motiven sich seine Anführer leiten ließen, was sie – mit welchen Kosten - mit ihm und durch ihn tatsächlich realisiert, welche Rolle dabei die staatlichen und halbstaatlichen Behörden der beiden Länder Deutschland und Ungarn gespielt und welche Vorbildfunktion die sogenannten "Erneuerungsbewegungen" der deutschen Minderheiten in den Nachbarländern übernommen haben.

Die Meinungsvielfalt vieler Aussagen widerspiegelt die vielfache Heterogenität des Volksbundes, politisch, sozial und regional. Denn es handelt sich hier um eine Organisation, die noch dazu keineswegs und zu keiner Zeit mit FRANZ BASCH gleichgesetzt werden kann, auch wenn das genau der Prozeß beabsichtigt hat. Von der bisherigen, die ungarische Geschichtsschreibung dominierenden Fixierung auf seine Person muß sich die zukünftige Forschung befreien. Anklageschrift, Urteilsbegründung, ja die gesamte Vorgangsweise des Prozesses sind als Zeugnisse ihrer Zeit, das heißt der unmittelbaren Nachkriegszeit zu bewerten, und sie vermögen mehr über die Grundbefindlichkeit dieser Periode, über die in ihr vorherrschenden politischen Meinungen und Zielsetzungen auszusagen als über den Volksbund und FRANZ BASCH selbst.

Rücken wir hingegen mehr als bisher die Zeugenaussagen in den Mittel-

---

[132] TILKOVSZKY (wie in Anm. 23), S. 1440.

[133] So z. B. in einem Zeitungsartikel aus dem Jahre 1985: "Die Mehrheit des ungarländischen Deutschtums hatte sich ... nicht mit der zum Instrument Hitler-Deutschlands gewordenen ungarländischen deutschen Volksgruppenorganisation identifiziert; zum Großteil wurde sie durch die schuldhafte Politik der Regierungen des konterrevolutionären Systems der Willkür des Volksbundes und dem Zwang der SS ausgeliefert." – *Neue Zeitung,* 7. September 1985.

[134] Selbst in seinem hier bereits mehrmals zitierten *Századok*-Artikel (wie in Anm. 23) kann sich TILKOVSZKY von seiner negativen Basch-Fixierung nicht befreien, wenn er seitenlang die Frage erörtert, was BASCH in seinen Prozeßaussagen verschwiegen hat und damit jegliche, die Prozeßsituation beherrschende Logik ignoriert, warum BASCH als intelligenter Mensch sich in seinem Prozeß selbst hätte belasten sollen. Auch das gehört zu den Irrwegen einer Forschung, die offenbar aus ihrer selbstgewählten Sackgasse nicht mehr herauszufinden vermag.

punkt, vor allem diejenigen, die um eine differenziertere Sicht bemüht waren, dann wird sehr schnell deutlich: Wie man Ende 1945/Anfang 1946 aus welchen Gründen auch immer den Volksbund sehen und die Person von FRANZ BASCH be- und verurteilen wollte, das läßt sich keineswegs mit einer Interpretation in Übereinstimmung bringen, wie sie einem Historiker heute, aufgrund einer wesentlich umfangreicheren Quellenkenntnis und aus dem zeitlichen Abstand geboten erscheinen mag. Im Unterschied zu damals kann es heute auch nicht mehr um eine Verurteilung gehen, denn eine solche ist nicht Aufgabe der Geschichtswissenschaft, auch nicht darum, eine über 50 Jahre zurückliegende Verurteilung zu widerrufen oder gar als ungesetzlich zu erklären. Es kann daher nur um eine Neubewertung der im Prozeß gemachten Aussagen der Zeugen und des Angeklagten gehen, um auf einer solchen, durch Heranziehung auch anderer Quellen wesentlich erweiterten Grundlage ein zutreffenderes Bild von BASCH, dem Volksbund und der deutschen Minderheit in Ungarn in der betreffenden Epoche zu zeichnen, als es 1945/46 aus emotionalen Gründen und unter der Wirkung des Kriegstraumas überhaupt möglich war.

DIE VOLKSGERICHTSPROZESSE

Von Loránt Tilkovszky

Vom Prozeßmaterial der als Hauptkriegsverbrecher eingestuften Personen der ungarischen Geschichte des Zweiten Weltkrieges entstanden seinerzeit drei - wissenschaftlich unbrauchbare - Propagandaveröffentlichungen.[1] Von den Basch-Prozeßakten wurde damals nichts herausgegeben. In neuerer Zeit sind umfangreiche Publikationen erschienen, die reichlich aus dem Originalmaterial des Szálasi-, Bárdossy-, Endre-, Baky- und Jaross-Prozesses schöpfen.[2] Zu diesen Publikationen, die den Anspruch auf Wissenschaftlichkeit erheben können, gehört auch das in einer Zeitschrift neuerdings erschienene Material des Hóman-Prozesses.[3] Nunmehr ist die Zeit auch für die Publikation des Materials des Basch-Prozesses reif.

Im Vergleich zu den erwähnten, in wissenschaftlichen Publikationen bisher veröffentlichten Prozeßmaterialien ist das Material des Basch-Prozesses am vollständigsten, vor allem darum, weil es auch die Verhöre bei den Ermittlungen durch die Staatspolizei enthält, nicht nur die Geständnisse bzw. die Zeugenaussagen vor dem Volksgericht, das Material der öffentlichen Verhandlungen vor der ersten und der zweiten Instanz, die Anklageschrift und das Urteil, sondern auch alles von den ersten Bemerkungen zur Anklageschrift bis zur Berufung gegen das Urteil, über das Protokoll der geschlossenen Verhandlung über eine eventuelle Begnadigung bis zum Protokoll über die Urteilsvollstreckung.[4] Eine Besonderheit des Basch-Prozesses besteht allerdings

---

[1] A Bárdossy-per [Der Bárdossy-Prozeß]. Budapest 1945; Az Imrédy-per [Der Imrédy-Prozeß]. Budapest 1945; A Szálasi-per [Der Szálasi-Prozeß]. Budapest 1946. Alle drei Veröffentlichungen sind in der Reihe "Ítél a történelem" [Die Geschichte urteilt], redigiert von FERENC ÁBRAHÁM und ENDRE KUSSINSZKY, erschienen.

[2] KARSAI ELEK, LÁSZLÓ KARSAI: A Szálasi-per [Der Szálasi-Prozeß]. Budapest 1988; PRITZ, PÁL: Bárdossy László a népbíróság elött [Bárdossy László vor dem Volksgericht]. Budapest 1991; KARSAI, LÁSZLÓ, JUDIT MOLNÁR: Az Endre-Baky-Jaross-per [Der Endre-Baky-Jaross-Prozeß]. Budapest 1994.

[3] HORVÁTH, LÁSZLÓ BÉLA: Hóman Bálint utolsó évei [Bálint Hómans letzte Jahre], in: *Sic itur ad astra* 1993, Nr. 2-4, S. 120-226.

[4] Das Material des Volksgerichtsprozesses gegen BASCH befindet sich im historischen Archiv des ungarischen Innenministeriums, Bündel V-128418. Im Faszikel sind die darin offenkundig hastig eingebundenen Akten völlig ungeordnet zu finden. Die hier vorliegende Ausgabe bringt die Akten entsprechend ihrer Reihenfolge im Verfahrensverlauf. Der Prozeß gegen BASCH lief in erster Instanz beim Budapester Volksgericht unter dem Aktenzeichen Nb. V. 4806/1945, in zweiter Instanz beim Landesrat der Volksgerichte unter dem Aktenzeichen NOT I. 1748/1946.

darin, daß das Material nicht auf der stenographischen Niederschrift beruht, sondern auf den auf deren Grundlage sofort angefertigten offiziellen Verhandlungsprotokollen, die das Gesagte im allgemeinen nicht wortwörtlich wiedergeben, sondern das Wesentliche in einer - fraglich authentischen - Zusammenfassung. Auf die an den Angeklagten gerichteten Fragen kann man im allgemeinen nur aus den darauf gegebenen knapp zusammengefaßten Antworten schließen. Auch vermitteln die Protokolle keinen Eindruck von der Atmosphäre während der Verhandlung.[5] Die - vermutlich absichtliche - protokollarische Knappheit war besonders in bezug auf die Reflexionen des Angeklagten auf die einzelnen Zeugenaussagen, die Rede des Verteidigers, und darauf, was BASCH, das Recht des letzten Wortes nutzend, sagte, für den Beklagten von Nachteil, und BASCH bemängelte diesbezügliche Kürzungen. Bezeichnend und ins Auge fallend war weiterhin, daß die bei der mündlichen Begründung des Urteils noch erwähnten mildernden Umstände in der - viel später - nachträglich schriftlich formulierten Begründung bereits fortgefallen waren. Selbst der Gerichtssaal wird in den Protokollen nicht festgehalten.[6]

Denken wir jedoch nicht, daß der Ausgang einer Volksgerichtssache von verhandlungstechnischen Tricks, protokollarischen Kniffen etc. abhängig gewesen wäre. Wen die ungarische Regierung unter der Anklage des Kriegsverbrechens und der Volksfeindlichkeit vor das Volksgericht stellen wollte und wen sie von den amerikanischen Militärbehörden, in deren Gewahrsam sich derjenige befand, ausgeliefert haben wollten und auch bekamen, dessen Schicksal war von vornherein besiegelt. Der, den sie als Hauptschuldigen betrachteten - und BASCH wurde zu diesen gezählt -, konnte von vornherein mit der Todesstrafe rechnen, mit der Hinrichtung durch den Strang oder - weniger entwürdigend - durch Erschießen, im Falle der Begnadigung aber - abhängig vom Alter - mit Zwangsarbeit, lebenslänglichem Zuchthaus.

Die ungarischen Bestimmungen für das Volksgerichtsverfahren kamen - was sehr stolz betont wurde - der Ausarbeitung der im Nürnberger Prozeß angewandten Prinzipien und Verfahren lange zuvor und ermöglichten eine Gerichtsbarkeit, die mit den klassischen Prinzipien des Rechts und der Praxis der Rechtssprechung brach. Der ungarische Justizminister erklärte offen, die Angeklagten "könnten keine Gerechtigkeit erwarten, nur Vergeltung", und sehr bald konnte er auch befriedigt feststellen, daß die ungarische Volksgerichtsbarkeit "in ihrem Umfang und in ihrer Strenge auf der ganzen Welt einzigartig"

[5] Aus einem Pressebericht erfahren wir nur, daß das Publikum des Gerichtssaals z.B. die Zeugenaussage von MIKLÓS MESTER, der für BASCH sprach, mit gereizten Zwischenrufen begleitete.

[6] Die viertägige öffentliche Hauptverhandlung von 15.-18. Januar 1946 fand im Gebäude des Budapester Strafgerichtshofs Markó utca 27 im II. Stock im Saal Nr. 27 statt. Die Verhandlung in zweiter Instanz wurde im Saal Nr.8 im II. Stock der früheren königlichen Kurie, Kossuth Lajos tér 12, geführt.

sei. Das als letzter Vasall verurteilte Ungarn müsse - so dachte man - noch vor Beginn der Friedensverhandlungen schnellstens seine Erbarmungslosigkeit gegenüber jenen unter Beweis stellen, die es zu hauptschuldigen Kriegsverbrechern erklärt hatte.[7]

Nur ein von Amts wegen bestellter und kein gewählter Verteidiger konnte die Angeklagten verteidigen, und nur gegen das Urteil der ersten Instanz konnte Berufung eingelegt werden, wenn dieses nicht einstimmig gewesen war. Die dritte Instanz war bei der Volksgerichtsbarkeit von vornherein ausgeschlossen. Der Leiter der Abteilung Volksgerichtsbarkeit im Justizministerium hielt sogar die zweite Instanz, die Berufung an den Landesrat der Volksgerichte (Népbíróságok Országos Tanácsa), für unnötig.

Beim Gericht der ersten Instanz war nur der vorsitzende Richter ein Fachmann, ein Berufsrichter. Bei BASCH war dieser ein 1945 schnell in die Kommunistische Partei eingetretener Richter aus dem Justizwesen des untergegangenen Systems. Die sechs Beisitzer waren Laien (Elektriker, Textilarbeiter und andere), je ein Delegierter der fünf Koalitionsparteien und ein Delegierter des Landesrats der Gewerkschaften, die von politischer und weltanschaulicher Voreingenommenheit geleitet wurden. Die Anklage wurde zwar - in der Person des Volksanwalts - von einem fachlich ausgebildeten Juristen vertreten, aber das war nicht unbedingt der sogenannte Politanwalt, diese eigenartige Kreatur der Volksgerichtsbarkeit, die im allgemeinen anhand des behandelten Gegenstandes ein mächtiges historisches Tableau malte, "um die falsche Anschauung zu entlarven und zu zermalmen" und eine neue zu pflanzen. Dabei enthielt er sich nicht der Demagogie und spielte manchmal in dem dramatischen Bühnenstück die Rolle einer beifallsuchenden Primadonna.

Der Landesrat der Volksgerichte, der in der zweiten Instanz das Urteil fällte, bestand zwar ausschließlich aus Berufsrichtern, aber auch sie waren Delegierte der Koalitionsparteien, ihre Tätigkeit wurde entscheidend vom kommunistischen Einfluß geprägt, und fast immer verschärften sie das Urteil der ersten Instanz. Zeugen wurden nicht mehr verhört, Publikum war nicht anwesend. Der Landesrat duldete keinerlei juristische oder richterliche Umständlichkeiten, die Verhandlung mußte zielbewußt ablaufen und mit einer klaren Verurteilung abgeschlossen werden. Subjektive Motive und menschliche Erwägungen wurden aus Prinzip zurückgewiesen und konsequent aus jedem Volksgerichtsverfahren ausgeschieden.[8]

Das Volksgericht informierte das Zentralkomitee der Ungarischen Kommunistischen Partei fortlaufend über seine Tätigkeit, ebenso auch die von der Sowjetunion präsidierte Alliierte Kontrollkommission in Ungarn. Bei

---

[7] SZALAI, SÁNDOR: Ítél a magyar nép. A magyar háborús bünperek tanulságai [Das ungarische Volk urteilt. Die Lehren der ungarischen Kriegsverbrecherprozesse]. Budapest 1946.

[8] BEREND, GYÖRGY: A népbíráskodás [Die Volksgerichtsbarkeit]. Szeged 1948.

letzterer stand es in enger Verbindung auch mit dem Leiter der amerikanischen Mission. Für die Durchführung der Hinrichtungen ersuchte es in Nürnberg um Genehmigung und erhielt sie von dort auch.[9] Eine wichtige Aufgabe ist die, Geist und Mechanismus der Volksgerichtsbarkeit aufzudecken und den Zuständigkeitsbereich, die Auffassung und die Tätigkeit der wichtigeren Personen aus Staatspolizei, Volksanwaltschaft und Volksgericht kennenzulernen, die im Zusammenhang mit dem Prozeß eine bedeutende Rolle gespielt haben. In der vom Polizeigeneral GÁBOR PÉTER (MKP) geleiteten politischen Abteilung der Budapester Hauptmannschaft der ungarischen Staatspolizei (Andrássy út 60) leitete Polizeioberst Dr. ISTVÁN TÍMÁR (MKP) die Untersuchung. BASCH wurde vom Polizeimajor Dr. PÉTER PÁL TAKÁCS verhört, in wirtschaftlichen Fragen aber vom Detektiv BÉLA NEMES aus der von LÁSZLÓ LICHTIG geleiteten Gruppe. Mit den Zeugenverhören befaßten sich neben Dr. TAKÁCS hauptsächlich der Detektiv MIKLÓS GYOPÁR und in einem Falle TIBOR PHILIPP.

Auf der Budapester Volksanwaltschaft (Markó utca 27), die der leitende Staatsanwalt Dr. SÁNDOR MOLNÁR (MKP) lenkte, bekam von den dort arbeitenden 36 Volksanwälten Dr. MIKLÓS KÁTAI den Auftrag, im Fall BASCH die Anklageschrift anzufertigen. Auf der Volksanwaltschaft hat er BASCH und noch zwei Zeugen verhört.

Der Präsident des für die Verhandlung der Fälle der Kriegsverbrecher allein für zuständig erklärten Budapester Volksgerichts (Markó utca 27) war der der Ungarischen Kommunistischen Partei (MKP) verpflichtete Dr. ÁKOS MAJOR, der den Fall BASCH der von ISTVÁN GÁLFALVI geleiteten Fünften Kammer übertrug.

Den Verteidiger schlug die Budapester Anwaltskammer (Präsident Dr. ÁRMIN LADÁNYI) vor. Der bestellte Verteidiger von BASCH wurde Dr. ÁRPÁD WENCZEL, der seit 1930 den auszeichnenden Titel Oberregierungsrat trug. Präsident des Landesrats der Volksgerichte (Kossuth Lajos tér 12) war Dr. TAMÁS SIMÁNDI (MKP). Die Berufung von BASCH hat die von Dr. ERNŐ BOJTA Béla (Sozialdemokrat) geleitete Erste Kammer verhandelt.

Zur Zeit des Basch-Prozesses war Dr. ISTVÁN RIES (Sozialdemokrat) der Justizminister. An der Spitze der Volksgerichtsabteilung des Ministeriums stand Dr. LÁSZLÓ BAJOR (MKP).

Das Gnadengesuch von BASCH hat der Staatspräsident ZOLTÁN TILDY (Unabhängige Kleinlandwirtepartei) abgelehnt .

Ein großer Teil der Personen, die in den Volksgerichten eine Rolle spielten, waren früher als Juden verfolgte Anwälte. Gegenüber den im Zusammenhang damit sich wieder meldenden antisemitischen Stimmen verwies man darauf, daß MAJOR, SIMÁNDI und GÁLFALVI keine Juden waren.

---

[9] MAJOR, ÁKOS: Népbíráskodás - forradalmi törvényesség. Egy népbíró visszaemlékezései [Volksgerichtsbarkeit - revolutionäre Gesetzlichkeit. Erinnerungen eines Volksrichters]. Budapest 1988.

Durch die Edition kann JOHANN WEIDLEINs bahnbrechende Studie über den Basch-Prozeß, die sich gezwungenermaßen auf die damaligen wortkargen Pressemitteilungen stützte und so von Irrtümern nicht frei war, wesentlich erweitert werden.[10]

Nach einer unlängst erschienenen Arbeit ist die Volksgerichtsbarkeit eines der traurigsten Kapitel der ungarischen Rechtsgeschichte.[11] Die steht im Gegensatz zur früheren Fachliteratur, die diesen Abschnitt als ruhmreiche Zeit der ungarischen Rechtsgeschichte und Rechtssprechung bezeichnete und an einem ihrer Produkte, gerade am Basch-Prozeß, veranschaulichen zu können glaubte, daß die Volksgerichtsbarkeit wenn auch nicht ohne Fehler, so doch korrekt durchgeführt wurde.[12] Zahlreiche Publikationen erinnern an die eigenartige, ihrer Meinung nach aber leider unverwirklicht gebliebene Idee, das Material der Volksgerichtsprozesse der Hauptkriegsverbrecher obligatorisch in der Schule zu unterrichten, damit die Schüler die "Wahrheit" über die ungarische Geschichte der Jahre des Zweiten Weltkriegs, ja der gesamten Zwischenkriegszeit kennenlernten und ihre Geschichtsbetrachtung in die "richtige" Richtung gelenkt werde. In Wirklichkeit aber müssen wir es als ein Glück betrachten, daß es in dieser Form nicht dazu gekommen ist. Durch gewisse "populäre" Veröffentlichungen konnte die Öffentlichkeit zur Genüge beeinflußt werden, ja selbst in der Geschichtsschreibung haben diese oberflächlichen Anklageschriften und demagogischen Anklagereden unzweifelhaft Spuren hinterlassen. Wie falsch es aber war, sich restlos mit der Anklage zu identifizieren - und das ist im wesentlichen geschehen - , so falsch wäre es jetzt, uns die Behauptungen der Verteidigung, ihre Argumentation, ihre Beweisführung ebenso kritiklos zueigen zu machen. Meiner Meinung nach ist es für den Leser, der sich in jeder Hinsicht unvoreingenommen dem Prozeßmaterial nähern will und kann, nützlich und notwendig, auch die Dokumente kennenzulernen, die zur Zeit des Prozesses noch nicht bekannt waren und erst

---

[10] WEIDLEIN, JOHANN: Der Prozeß gegen Dr. Franz Anton Basch. Schorndorf 1956. Er behauptet z.B. irrtümlich vom Volksanwalt Dr. ENDRE ACZÉL, daß dieser im Auftrag HORTHYs zur Vorbereitung des Waffenstillstands, die Front überschreitend, nach Moskau gefahren wäre. Offenkundig verwechselt er ihn mit Baron EDE ACZÉL, der, begleitet von JÓZSEF DUDÁS und IMRE FAUSZT, durch die Front des 6. Armeekorps, das unter dem Kommando von FML FERENC FARKAS stand, sich nach Moskau begeben hat. - Weidlein irrte auch darin, daß der politische Anwalt Dr. ISTVÁN GYÖNGYÖSI Sektionschef im Außenministerium und ein Verwandter des ungarischen Außenministers JÁNOS GYÖNGYÖSI gewesen sei, der am 20. Januar 1945 das Waffenstillstandsabkommen in Moskau unterschrieben hat.

[11] BERNÁTH, ZOLTÁN: Justitia tudathasadása - Népbiróság nép nélkül, nép ellen [Mit sich zerfallene Justitia. - Volksgericht ohne Volk, gegen das Volk]. Budapest 1993.

[12] LUKÁCS, TIBOR: A Magyar népbírósági jog és a népbíróságok 1945-1950 [Das ungarische Volksgerichtsrecht und die Volksgerichte 1945-1950]. Budapest 1979. - Über den Basch-Prozeß S. 334-349.

im Verlauf der Forschungsarbeit der seitdem vergangenen 50 Jahre ans Tageslicht gekommen sind.[13] So läßt sich aus dem auf beiden Seiten, bei der ehemaligen Anklage und der Verteidigung feststellbaren Dickicht des Verschweigens, Verdrehens und des Lügens die historische Wirklichkeit aufdecken und an sie herankommen.[14]

Kommentar zu den Prozeßakten

Der so oft erwähnte "Richterstuhl der Geschichte" arbeitet nicht wie ein Gericht. Er klagt nicht an, er verurteilt und rehabilitiert nicht. Die Geschichte versucht, die Wirklichkeit aufzudecken, mit dem Berufsernst des Faches und der zur Verfügung stehenden Mitteln - auch im Fall von Basch. Sie betrachtet das Material des ehemaligen Basch-Prozesses in seiner Gänze als ein von jedem Standpunkt mit unvoreingenommener Kritik zu behandelndes Zeitdokument wie jede andere historische Quelle. Es ließe sich lange aufzählen, zu wie vielen und sehr wichtigen Fragen es bei kritischer Benutzung zum besseren Verständnis beitragen kann: so zur Problematik des Staats- und Volksgedankens, zu den damaligen Bestrebungen der nationalen Minderheiten in Europa und zu den Zielen der ungarndeutschen Minderheit, zur Frage der deutschen Volksgemeinschaft, zu den Bindungen an das Gesamtdeutschtum und zum Zusammenleben mit dem Ungarntum und mit anderen Völkern des Landes, zur Problematik der Treue zum ungarischen Vaterland und zum deutschen Volkstum, zur Frage von Assimilation und Dissimilation, zum vielseitigen Vergleich zwischen der Lage des Unrgarndeutschtums und anderer deutscher

---

[13] Zur historischen Kontrolle der Behauptungen von Anklage und Verteidigung sind hauptsächlich solche gleichzeitigen authentischen Aufzeichnungen geeignet, die von Organen und Institutionen im Deutschen Reich stammen, die sich mit BASCH, dem von ihm geführten Volksbund bzw. der deutschen Volksgruppe in Ungarn befaßten. (Volksdeutsche Mittelstelle, Deutsches Auslandsinstitut usw). Ihr Fundort ist hauptsächlich das Politische Archiv des Auswärtigen Amtes Bonn und das Bundesarchiv Koblenz. Sie wurden in den folgenden Werken ausgewertet:
TILKOVSZKY, LÓRÁNT: Teufelskreis. Die Minderheitenfrage in den deutsch-ungarischen Beziehungen 1933-1938. Budapest 1989; Ders.: Ungarn und die deutsche Volksgruppenpolitik 1938-1945. Köln-Wien 1981.
Eine der wichtigsten Akten (Volksgruppenführer Dr. FRANZ BASCH: Bericht über die II. Waffen-SS-Aktion. Budapest 8.6.1943) veröffentlichte mit dem vollständigen deutschen Text WALPER, FRANZ: Gott schreibt auch auf krummen Zeilen gerade... Dokumentation der Vertreibung der Deutschen aus Csobánka, Ungarn. Budapest 1996; dort als Anlage 8 auf S. 17-19 des Dokumentationsteils. Ferner als Anlage 6a auf S. 20: Aufruf des Volksgruppenführers, Budapest im Mai 1944.

[14] TILKOVSZKY, LORÁNT: Basch und der ungarndeutsche Volksbund. Geständnis des Volksgruppenführers und Anmerkungen des Historikers, in: *Halbjahresschrift für südosteuropäische Geschichte, Literatur und Politik* 1993/2, S. 37-53.

Volksgruppen, sei es in der Schweiz oder den Ungarn benachbarten Ländern, zur Entwicklung der ungarndeutschen Bewegung, zur Problematik der ungarischen Nationalitätenpolitik, zur Parteipolitik und zur Haltung der Gesellschaft gegenüber den Ungarndeutschen, zu den Unterschieden innerhalb der Volksgruppen nach Lebensalter oder sozialer Schichtung, zur Haltung der Deutschen in den rückgegliederten Gebieten, in Siebenbürgen oder in Südungarn, zum Gewicht äußerer Einflüsse auf die ungarndeutsche Volksgruppe, zur Frage, inwieweit die Ungarndeutschen der Machtpolitik Nazideutschlands dienten und inwieweit sie derselben ausgeliefert waren, zur Frage nach dem Verhältnis Horthy-Ungarns zu Hitler-Deutschland als Bundesgenossen und Waffenbrüder, zur Bedeutung der erdrückenden Kraft der Kriegsverhältnisse, zur Frage der bedrohlichen Umsiedlungspläne HITLERS, zu den Rekrutierungsaktionen der Waffen-SS bei den Ungarndeutschen, anfangs im Zeichen der Freiwilligkeit, dann durch Zwangsaushebung, zum Problem, wie weit innerhalb der ungarndeutschen Volksgruppe weltanschauliche Gesichtspunkte eine Rolle gespielt haben, wie sie zu den Juden standen, sich ihnen gegenüber verhielten usw.

Während der Historiker die Rolle des Volksgruppenführers untersucht, seine Tätigkeit und seine Verantwortung, kann er nicht ohne jedes Mitgefühl an dem Schicksal von FRANZ BASCH, seiner persönlichen Tragödie vorbeigehen. Im Material des Basch-Prozesses sieht er nicht nur eine historische Quelle, sondern auch ein tragisches menschliches Dokument: daß nämlich ein begabter junger Ungarndeutscher, der ein besseres Los verdient hätte, zum guten Teil durch die Schuld des ungarischen Nationalismus, der Demagogie des Volkstumsschutzes, der Hitlerschen Politik Glauben schenkte und nach den öffentlichen Demütigungen der Dreißigerjahre dankbar für die erfahrene Parteinahme aus Deutschland das Vertrauen der deutschen Volkstumpolitik genoß. So konnte aus dem Vorsitzenden des mit dem Anspruch einer Volksgruppenorganisation auftretenden, vorerst aber nur als Kulturverein genehmigten Volksbundes der Deutschen in Ungarn nach dem sog. deutschen Volksgruppenabkomens im Sommer 1940 der allein anerkannte Volksgruppenführer werden, der immer mehr gezwungen war, im seelischen Zwiespalt die ungeduldigen und gewalttätigen reichsdeutschen Einmischungen in das Leben der Volksgruppe zu ertragen, zu sehen, wie der Ausbau und die Leitung seiner Organisation immer mehr nach dem Schema der SS erfolgte.

Obwohl BASCH die Chancen für den deutschen Sieg immer mehr schwinden sah, konnte er die auch von der Volksgruppe erwartete Beteiligung an den Kriegsanstrengungen, an Menschen und Material, nicht ablehnen, außerdem bestand auch die Zustimmung der ungarischen Regierung, die mit der deutschen Regierung entsprechende Abkommen geschlossen hatte. Er versuchte lediglich, gegen die übertriebenen und aggressiven Forderungen aufzutreten und dies mit wenig Erfolg. Seine Rivalen innerhalb der Volksgruppe, die seinen Posten übernehmen wollten, versuchten ihn bei den mit ihm unzufriedenen deutschen

"Zuständigen" im Reich zu kompromittieren, und zwar damit, daß er seit Jahren eine ständige Beziehung zu einer Jüdin unterhalte, was für einen deutschen Volksgruppenführer besonders empörend und unerträglich sei. Diese Beziehung hat ihn, was das Volksgericht auch schließlich anerkennen mußte, für seine Person von antisemitischen Handlungen und Propagandaäußerungen abgehalten. Sein Verhältnis zu einer Jüdin, die sich nach der Besatzung Ungarns verstecken mußte, hat er auf humane Weise beendet und im November 1944 so "geklärt", daß er seine ungarndeutsche Seketärin heiratete.

Das Volksgericht hat immer wieder versucht, herauszubekommen, warum er von der Volksgruppenführung nicht zurückgetreten war, wenn er die Lage als dermaßen bedenklich und mißlich empfand, wie er es in seiner Verteidigung unterstrich. Tatsache ist, daß er den einander ablösenden ungarischen Regierungen wiederholt seinen Rücktritt angeboten hat. Aber er konnte auch wissen, daß sie dieses Rücktrittsangebot unter den gegebenen Umständen - aus Furcht vor schlimmeren Nachfolgern - nicht annehmen würden und auch die deutsche Politik wollte bis Kriegsende an der Spitze der ungarndeutschen Volksgruppe keine Veränderung. So mußte er - wenn auch von Ängsten geplagt - die Rolle des Volksgruppenführers bis zu Ende spielen, bei der er - wenn auch als Gefangener und Opfer seiner Situation - objektiv gesehen schwere Verantwortung auf sich geladen hat. Eine solche besaß er nicht nur in den Augen der nach dem Krieg einen Sündenbock suchenden ungarischen Öffentlichkeit, sondern auch nach Ansicht eines großen Teils der Ungarndeutschen, seines eigenen Volkes, die in Überzeugung und Haltung bei weitem nicht einheitlich waren.

Was aber das tragische Schicksal des Ungarndeutschtums betrifft, so war, bis es zum Basch-Prozeß kam - in erster Instanz im Januar 1946, in zweiter Instanz im März 1946 - bereits alles entschieden. Auf das Drängen der ungarischen Regierung hatte die Potsdamer Konferenz der Siegermächte schon Anfang August 1945 ihre Zustimmung zur Aussiedlung der Ungarndeutschen gegeben, im Dezember kam die entsprechende Verordnung heraus und Mitte Januar 1946 begann die Aktion. Die schon Monate vorher einsetzende schimpfliche Propaganda hatte das Ihre getan, die Anklagen im Basch-Prozeß und das schließlich gefällte Urteil konnten, daran gemessen, nichts neues mehr bringen. Dessen Rolle bestand eher darin, die der ganzen Volksgruppe zugeschriebene Schuld – personifiziert im Volksguppenführer - als gerichtlich sanktioniert ausgeben zu können und auf diese Weise die Enteignungen und die Vertreibung aus der Heimat, die Aussiedlung aus dem Vaterland zu rechtfertigen. Auf diese Weise aber wurde die ungarische Kriegsschuld einseitig nicht nur auf die deutsche Volkgruppenführung abgewälzt, sondern auf das Ungarndeutschtum insgesamt als Kollektiv. Und während das System, das sich Volksdemokratie nannte, das Ungarndeutschtum der Schuld der Volksfeindlichkeit zieh, beging es selbst eine volksfeindliche Handlung.

Das sensible Interesse, das bei dem Ungarndeutschtum - den Ausgewiesenen wie den Hiergebliebenen - für den Basch-Prozeß zu beobachten ist, ist also durchaus verständlich. Wenn wir diesem Umstand Rechnung tragen und das Prozeßmaterial in der richtigen Beleuchtung veröffentlichen, können wir der so notwendigen Gerechtigkeit, der Rechtfertigung und der Befriedung einen redlichen und guten Dienst erweisen.

KOMMENTAR ZU DEN PROZESSAKTEN

von Friedrich Spiegel-Schmidt

Es ist zweierlei, ob wir an die Akten unter juristischen bzw. rechtsgeschichtlichen oder historischen Vorzeichen herangehen. Was das erste betrifft, muß man bei den beiden Verordnungen über die Volksgerichtsbarkeit einsetzen. Schon der erste Paragraph schlägt anerkannten Grundsätzen der Rechtspflege ins Gesicht, wenn er sich darüber hinwegsetzt, ob eine Handlung schon, als sie begangen wurde, strafbar war oder nicht. Nur unter dieser Voraussetzung ist dann schon in den Verordnungstexten eine Reihe von angeblichen Kriegs- oder volksfeindlichen Verbrechen aufgenommen, wie ganz allgemein der Einsatz für den Krieg (§ 11 und 13) und in diesem Zusammenhang der - durch internationale Verträge legitimierte - Eintritt in deutsche Formationen, unabhängig davon, ob der Betreffende in diesen tatsächlich Kriegsverbrechen beging. Erst in der zweiten Verordnung wurde auch das als volksfeindliches Verbrechen gewertet, wenn jemand, ohne gezwungen zu sein, als Mitglied in den Volksbund - einen damals genehmigten Verein - eingetreten ist (§ 12).

Man könnte sich freilich darauf berufen, daß auch die Nürnberger Prozesse solche Grundsätze anwandten. Aber einmal sind die ungarischen Verordnungen lange vor diesen noch vor dem Ende des Krieges erlassen worden, und zum anderen berufen sie sich nicht wie die Nürnberger Richter auf ein höheres Recht. Es ist bezeichnend, daß ihr Begriff der Kriegsverbrechen weit über das hinausgeht, was das Völkerrecht als solche bezeichnet, gewissermaßen diesen Krieg als solchen zum Verbrechen erklärt, sowie daß in ihnen mit keinem Wort von Menschenrechten die Rede ist, sondern an deren Stelle der vage Begriff des "Volksfeindlichen" tritt. Nur wo sich die aufgezählten Straftaten, ohne daß der Begriff vorkommt, mit Menschenrechtsverletzungen decken, wie beim gesamten Komplex der Behandlung der Juden, läßt sich eine Parallelität zu den Nürnberger Prozessen herstellen. Versuchen wir dahinterzukommen, wie es zu diesen Formulierungen gekommen ist. Die erste Verordnung kam im Januar 1945 heraus, als die Kämpfe um Budapest noch tobten. Noch saß die geflüchtete Pfeilkreuzlerregierung in Westungarn, und die in Debrecen gegründete Gegenregierung mußte sich vor den Alliierten, besonders den Sowjets, legitimieren. Daher die Bestrebung, alles, was mit dem Krieg gegen diese zusammenhängt, der ja deutscherseits tatsächlich mit einem völkerrechtswidrigen Überfall begann, an sich als Verbrechen zu brandmarken, so daß selbst zwei damals amtierende Ministerpräsidenten - IMRÉDY und BÁRDOSSY - zum Tod verurteilt werden konnten. Dieser größere Zusammenhang - in den der Basch-Prozeß gehört - darf nicht übersehen werden.

Problematischer ist die Vorverurteilung des gesamten Volksbunds, die diesen schwerer belastet als alle ungarischen Nazi-Gruppen und erst im April 1945 in den Text hineinkam. Dies hat eine längere Vorgeschichte. Im September 1944 befaßte sich die Moskauer ungarische kommunistische Emigration mit einer durchzuführenden Bodenreform in Ungarn und nahm einen von IMRE NAGY (dem nach 1956 selbst hingerichteten Politiker) ausgearbeiteten Entwurf an, in dem nach dessen eigenem Zeugnis als zu enteignen aufgezählt waren: "Vaterlandsverräter, Kriegsverbrecher, Mitglieder des Volksbunds und Personen, die in der deutschen Wehrmacht dienten".[1] So kam es dann auch in die Bodenreformverordnung vom 17. März 1945. Konnte man die in die Waffen-SS Eingerückten aufgrund der getroffenen Abmachungen, wenn man die letzte von 1944 für ungültig erklärte, als deutsche Staatsbürger, also Ausländer, betrachten, so setzte die Enteignung aller Mitglieder des Volksbunds stillschweigend voraus, daß dieser als ganzer eine verbrecherische Organisation gewesen sein mußte, und dieses "volksfeindliche Verbrechen" mußte daher in die Novelle der Volksgerichtsverordnung aufgenommen werden, ohne daß es je zu einer juristisch einwandfreien Untersuchung dieser Unterstellung gekommen wäre. Das ließ sich umso leichter durchsetzen, als in diesen Monaten die Tendenz zunahm, vor den Siegern einen möglichst großen Teil der Verantwortung für Ungarns Teilnahme am Krieg auf die Deutschen, insbesondere auch die Deutschen Ungarns, abzuwälzen, auch wenn es aus der Luft gegriffen war und die gesamtpolitische Einflußmöglichkeit dieser nationalen Minderheit maßlos überschätzte. Wie diese Tendenz gerade die jetzt maßgebenden Parteien durchzog, läßt sich deutlich aus der nur wenige Wochen später - am 14. Mai - abgehaltenen Parteienkonferenz ablesen, die sich damit befaßte, wie man die "Aussiedlung der faschistischen Deutschen" bewerkstelligen könne.[2]

Wer die Prozeßakten aufmerksam durchliest, wird immer wieder auf die Spuren dieser Tendenz stoßen. Wir dürfen auch nicht übersehen, daß dieselben Parteien die Volksrichter delegierten. So ist einerseits festzustellen, daß die Vorverurteilung schon im Gesetz den Richtern im einzelnen Prozeß nur sehr eingeschränkt freie Hand ließ, worauf das Urteil der Zweitinstanzen sich ausdrücklich berief, anderseits die die Richter entsendenden Parteien dieselben waren, die diese Vorverurteilung ausgesprochen hatten und weiter deckten.

Wenden wir uns nun der Bedeutung der Akten für die historische Erhellung der Ereignisse zu. Man kann natürlich gegenüber den ausführlichen Aussagen

---

[1] TOBIAS, ÁRON (Hrsg.): In memoriam Nagy Imre. Budapest 1989, S. 89.

[2] TÓTH, ÁGNES: Bibó István memoranduma a magyarországi német kisebbség helyzetéről, a lehetséges megoldási alternatívákról. A miniszterelnökségen tartott pártközi értekezlet jegyzőkönyve. 1945. május 14. [Das Memorandum von István Bibó über die Lage der deutschen Minderheit in Ungarn und die Alternativen ihrer möglichen Lösung. Protokoll der Parteienkonferenz im Ministerpräsidium am 14. Mai 1945], in: *Bács-Kiskun megye multjából*, XI (1992), S. 330-382; Text auszugsweise übersetzt ins Deutsche in: *Suevia Pannonica* XIII (1995), S. 19-43.

von BASCH selbst zurückhaltend sein, schließlich ging es um seine Verteidigung. Anders ist es dort, wo Aussagen gewichtiger Zeugen diese bestätigen, wie die von HÓMAN, VEESENMAYER, BIRKÁS, ANTAL. Nehmen wir dazu noch die sehr persönlichen Aussagen der liebenswerten KLARA SPIELER und der Hauswirtin Frau BECZKÓI, so läßt sich das vorschnelle Urteil mancher Stimmen nicht halten, BASCH sei ein fanatischer Nazi gewesen. HÓMAN schildert ihn als immer loyal, konziliant und höflich. VEESENMAYER bestätigt das schlechte Verhältnis HIMMLERs zu ihm. Sein Eindruck war, daß BASCH sich um eine Synthese zwischen dem Ungarn und dem Deutschen in ihm abquälte. BIRKÁS konzediert ihm, daß er sich nicht den dogmatischen und übertriebenen deutschen Forderungen hingab, viel loyaler und staatstreuer war als andere sogenannte Volksgruppenführer. Er sagt aus: "Dr. Basch hat bei mehreren Anlässen betont, daß er kein Nazi sei; dennoch stand er an der Spitze einer Bewegung, die - sagen wir - ohne sein Zutun entstandene, aber wirkungsvolle Faktoren immer mehr in eine Nazi-Bewegung ummodelten.“ Er bestätigt, daß die Regierung BASCH davon abhielt, zurückzutreten. Er hält ihn für einen mit sich zerfallenen Menschen, der sich aber bemühte, seine Rolle mit Anstand auszufüllen, einen Gefangenen seiner Lage. Dennoch bestätigt er, daß er das Wiener Abkommen bei weitem nicht ausschöpfte, in seinen Wünschen sehr bescheiden war, daß er nie antisemitische Äußerungen machte, Beschwerden der Regierung nachkam, über manches im Volksbund "ebenso verzweifelt war wie ich", daß er Nazi-Auswüchse, besonders in den zurückgekehrten Gebieten, beseitigte. Härter hat er sich in seiner ersten Aussage ausgedrückt. Auch hier sagt er viel Positives, wirft aber BASCH vor, daß er sich durch die Ereignisse treiben ließ, daß ihm der Mut zu offenem Widerstand gegenüber Berlin fehlte, er die Dinge stattdessen vor sich herschob, daß er eine zwielichtige Haltung gegenüber Berlin bzw. Budapest einnahm, daß er sich nach den Mustern aus Deutschland verhielt. ANTAL hatte den Eindruck, daß BASCH sich nicht vollständig mit Weisungen aus dem Reich identifizierte, ja dagegen kämpfte. Er nennt ihn außerordentlich loyal, ja vom ungarischen Gesichtspunkt einen Glücksfall, verständnisvoll für die ungarischen Anliegen, der hinsichtlich sämtlicher Probleme Mäßigung und große Konzilianz an den Tag legte.

Um der Objektivität willen und um ein umfassendes Urteil zu gewinnen, müssen wir auch die diesen entgegenstehenden Aussagen berücksichtigen. So WINKELMANN: BASCH verhielt sich ihm, dem SS-Offizier, gegenüber wie ein Nationalsozialist und stellte sich als solcher hin. Das sagt er, obwohl er zugibt, daß er die deutschen Wünsche nur so weit erfüllte, als er sie für richtig hielt, "weil der Volksbund in Ungarn ist und nicht in Deutschland", daß ein radikaler Flügel ihm Schwierigkeiten machte.

PATAKYs Aussage bezieht sich weniger auf BASCH persönlich als auf den Volksbund allgemein. Ihn beschuldigt er "einer der ungarischen Seele fremden ideologischen Propaganda", ein juristisch schwer faßbarer Ausdruck. Konkreter wird er, wenn er sagt, daß Methoden und Aufbau des Volksbunds Nazi-

Vorschriften entsprachen. Bei der Präzisierung dieses Satzes geht er allerdings darauf nicht ein, daß die damaligen Regierungen all das von ihm Beanstandete zumindest geduldet haben oder direkt mit Berlin aushandelten, so daß ein den historischen Tatsachen nicht entsprechender Eindruck entsteht.

Aufschlußreich ist ein Vergleich mit der Aussage BÁRDOSSYs, zumal dieser sich auf PATAKYs Informationen beruft. Nach ihm achtete BASCH bei seinem Einsatz für das Deutschtum darauf, daß dessen Forderungen nicht zu weit gingen. Die überwiegende Mehrheit der Mitglieder des Volksbundes bekannte sich nach ihm zur nationalsozialistischen Ideologie.

In vielem decken sich diese Aussagen mit der subjektiven Sicht des Angeklagten, der immer wieder betonte, daß er durch die Übernahme von Äußerlichkeiten den Radikalen den Wind aus den Segeln zu nehmen versuchte.

So in seinem ersten Verhör, in dem er auch eingesteht: "Der einen Seite erschienen wir als Nazis, der andern als halb in der Entwicklung stehengebliebene Völkische", und diese Situation mit einer Kahnfahrt zwischen Felsklippen vergleicht.

Tiefer als die andern Zeugen schürft MESTER, einer der engsten magyarischen Freunde von BASCH. Er ist der Einzige, der auf die komplexe Situation eingeht und es wagt, die ungarische Einstellung zu den Nationalitäten zu kritisieren. Er gibt das positivste Urteil ab: "Ich kann gegen seine Arbeit keinen Einspruch erheben.“

In die persönliche Tragik dieses Mannes lassen die Aussagen von KLARA SPIELER und Frau BECZKÓI blicken. Letztere bezeugt, daß er ständig in Angst lebte, daß ihn deutsche Geheimagenten umbringen, "wenn er die Idee verläßt"; daß er, wenn er nach Deutschland fuhr, mit der Möglichkeit rechnete, daß er nicht wiederkommt. Sie ist der Meinung., daß er sein Leben verfehlt hat, für einen Politiker nicht taugte, aber seinen Weg nicht mehr zurücknehmen konnte. Seine Angst bestätigt auch KLÁRA SPIELER, die auch auf seine Argumente eingeht, warum er glaubte, nicht zurücktreten zu können. In ihrer ersten Zeugenaussage nennt sie ihn darum feig. Das hat sie in der öffentlichen Verhandlung nicht mehr gesagt, in der sie, wohl angesichts der sich zusammenbrauenden Gefahr, stärker das Positive herausstreicht: seine Treue zu ihr trotz der Gefahr; er sei kein Nationalsozialist, absolut gegen den Krieg, Idealist, keine aktive Natur mit politischem Ehrgeiz.

Es bleiben die ausgesprochenen Belastungszeugen. Daß der aus Dachau heimgekehrte KUSSBACH so aussagte, mag psychologisch verständlich sein, doch für den historischen Forscher ist es kaum brauchbar, da er seine frühere Rolle völlig verwischt, worauf er prompt vom Zeugen KRUMP bloßgestellt wird. Dasselbe gilt vom selbst wegen seiner Rolle bei den Deportationen der Juden schwer belasteten Zeugen ENDRE, der zwar über BASCH selbst positiv aussagt, sich gegenüber dem Volksbund aber als Schützer der nationalen Interessen ausgibt, wogegen der Zeuge TARTSÁNYI schon vorher aussagte, daß ENDRE bei einer großen Volksbundversammlung "die Reden mit großer

Begeisterung anhörte".

Historisch aufschlußreich ist die Aussage von GRATZ, daß IMRÉDY, als seine Stellung als Ministerpräsident im Herbst 1938 ins Schleudern kam, sich um deutsche Unterstützung bemühte und dazu DARÁNYI nach München schickte, dem man nahelegte, IMRÉDY solle die Organisation der deutschen Minderheit genehmigen, worauf er zur Gründung des Volksbunds grünes Licht gab.

Wenn wir uns nun von den Zeugenaussagen der Anklageschrift und dem auf ihr beruhenden Urteil zuwenden, müssen wir uns noch einmal auf die juristische Ebene begeben. Es fällt auf, daß der Volksanwalt in seiner Anklageschrift so gut wie gar nicht auf die polizeilichen Zeugenvernehmungen eingeht. Liegt das daran, daß er sich auf das Gewirr der Widersprüche nicht einlassen wollte, statt dessen andere Begründungen für seine Anklage suchte? Als solche benützt er Artikel der Deutschen Zeitung, besonders vor und nach dem 19.März 1944, für die er - formal zu Recht - BASCH als Herausgeber in die Verantwortung nimmt, ungeachtet dessen, daß nach den Aussagen des Angeklagten seit Ende 1943 ein reichsdeutscher Aufpasser ihm praktisch jede Einflußmöglichkeit auf die Zeitung genommen hat, ja nach der Besetzung Ungarns die Volksdeutsche Mittelstelle (VOMI) direkt einen Redakteur schickte, er aber nicht wagte, als Herausgeber zurückzutreten, weil damit die auf ihn lautende Lizenz für das Blatt fragwürdig geworden wäre. Die Anklage beruft sich weiter auf die Rede, die BASCH am 20. April 1944 auf der berüchtigten Bonyháder Versammlung hielt, von der dieser allerdings behauptete, der Text sei ihm von der Gesandtschaft vorgelegt worden, er habe aber doch einiges ausgelassen.

Bemerkenswert ist, besonders in der Begründung der Anklage, die Rolle, die der Gesichtspunkt der wirtschaftlichen Expansion spielt. Im Blick auf die Grundsätze der deutschen Volksgruppenpolitik stützt sie sich nicht auf amtliche Dokumente, sondern auf ein 1933 erschienenes Buch eines Juristen. Am schwersten wird dem Volksbund die Unterstützung des Kriegs angekreidet. Die Behauptung, daß die Mehrheit des ungarischen Volkes nur unter Zwang am Krieg teilnahm, ist so allgemein nicht haltbar. Zunächst hat sich Ungarn geradezu zur Teilnahme am "antikommunistischen Krieg" gedrängt, bis die Niederlage unübersehbar wurde. Weiter ist bezeichnend, daß SS und Waffen-SS nicht unterschieden werden. Nur so kann die die Freiwilligen schwer verleumdende, wiederholte Behauptung aufgestellt werden, sie wären "der Anziehungskraft freien Raubens und Mordens“ gefolgt. Die deutsche Einflußnahme auf die Deutsche Zeitung und die Reden, die BASCH hielt, wird zugegeben, aber nicht zu dessen Entlastung, sondern im Gegenteil zu seiner Belastung gezählt. Unbewiesen wird behauptet, daß auch die dem Volksbund nicht angehörenden Deutschen "den Sieg der Deutschen wünschten“, ja das wird - in getreuer Nachfolge DEZSŐ SZABÓs - auch auf die "deutschstämmigen Elemente in der ungarischen Mittelklasse" ausgedehnt. Alles, was Zeugen positiv ausgesagt haben, wird als geschickte Diplomatie abgetan.

Es ist unübersehbar, daß sich der Ankläger weitgehend mit Pauschalurteilen zufriedengibt und - von den genannten Beispielen abgesehen - wenig Interesse zeigt, konkrete Tatbestände zu nennen, deren Aufhellung auch das ganze Verfahren vernachlässigt hat. Dazu gehört die Frage der illegalen deutschen Gelder[3] sowie eine genauere Untersuchung sämtlicher Verhandlungen, die BASCH in Berlin geführt hat; man gab sich bei diesem Punkt mit seinen Geständnissen zufrieden, ohne nachzuforschen, ob diese wirklich umfassend waren, was wir nach den vorhandenen Aktenvermerken bezweifeln müssen. So hat BASCH von den Weisungen, die er nach dem Wiener Protokoll bekam, nur die von ihm verhinderte Einführung volksdeutscher Ausweise erwähnt.[4]

Es kann wohl stimmen, daß er mit HIMMLER selbst dann nur noch 1942 zusammenkam. Zweideutig bleibt seine Aussage, daß er von der VOMI "nie geheime Anweisungen bekam..., obwohl sie nach dem Wiener Vertrag in dieser Richtung Versuche machte". Daß das Gericht die vertraulichen Beziehungen zu den Regierungschefs nicht berücksichtigt hat, ist wohl darauf zurückzuführen, daß diese selbst zu den Angeklagten und Verurteilten gehörten (vgl. im Urteil der zweiten Instanz). Die beiden, die anerkannt worden wären, konnten nicht befragt werden. TELEKI war tot und KÁLLAY kehrte aus dem Ausland nicht zurück. Gerade auf ihn hat sich BASCH wiederholt berufen. War das nur Taktik oder stand ihm KÁLLAY in der gemeinsamen Ablehnung der deutschen Politik tatsächlich besonders nahe?

---

[3] Der Kronzeuge dafür wäre KUSSBACH gewesen, aber wenn er diese Frage angeschnitten hätte, hätte er gestehen müssen, daß zunächst er der mit der Verteilung dieser Gelder Betraute war und nur darum diese Sache, ob an GRATZ oder direkt an die Regierung, ist nicht ganz geklärt - verraten konnte. GRATZ, der auf diese Enthüllung höchst empört reagiert hatte, bringt die Frage nicht vor. Dazu ist freilich auch anzumerken, daß die Frage, die nach einer Äußerung von RICHARD HUSS in der folgenden Auseinandersetzung mit GRATZ "ein schon seit zwanzig Jahren geduldeter Usus war", mehr BLEYER belastete als BASCH. Da das Reich zunächst die jetzt an die Kameradschaft gehenden Zahlungen einstellte, kam diese in arge Schwierigkeiten. Es handelte sich dabei aber nicht nur um Stipendien, wie BASCH angab, sondern teils um zweckgebundene Zuschüsse zu kulturellen Unternehmungen wie das Sonntagsblatt, die Heimatblätter u.a., doch muß es auch Geldüberweisungen für einzelne Personen gegeben haben, sonst hätte der deutsche Gesandte nicht verlangt, daß diese aufhören müßten, "da sie die Adressaten sicher ins Gefängnis brächten". Daß die Angelegenheit schließlich stillschweigend unter den Tisch gekehrt wurde, hat damit zu tun, daß Ungarn fürchten mußte, daß seine geheimen Zahlungen an die magyarischen Minderheiten sonst auch aufgerollt würden. Vgl. meinen Beitrag in: *Suevia Pannonica* 6 (1988), S. 59-61.

[4] Diese Weisungen sind detailliert in einem Bericht aufgezählt, den ich in einer besonderen Aktenmappe im Bundesarchiv, der "Sammlung Schumacher", gefunden und in der *Suevia Pannonica* 7 (1989), S. 91f., veröffentlicht habe. Dazu gehörte: Ausbau des Volksbunds zur Führungsorganisation der gesamten Volksgruppe, Schulung von Mitarbeitern im Reich, Aufbau einer Jugend-, einer Sport- und einer Frauenorganisation, einer Volkshilfe und erst zuletzt die Frage der Ausweise.

Besonders fällt auf, daß die sogenannte "Sportaktion"[5] nicht berücksichtigt worden ist. BASCH selbst hat diese immer aus seinem Bewußtsein verdrängt, und es ist bis heute nicht einwandfrei nachweisbar, wer die zweifellos erfolgten Wünsche der VOMI damals durchgeführt hat. War es der später entlassene KIRSCH? Aber daß BASCH davon gewußt haben muß, läßt sich beweisen. Dennoch behauptete er kühn, "daß kein einziges Mitglied der deutschen Volksgruppe zur SS eingerückt ist", bevor die Regierungen den Vertrag darüber geschlossen haben. Und weder geht ein Zeuge – abgesehen von einer Andeutung ZOMBORs – auf diese heikle Frage ein, noch ordnet der Volksanwalt ihre Nachprüfung an, obwohl er sich einmal auf sie bezieht.

Auch daß BASCH nie einen Artikel in einem ausländischen Blatt veröffentlicht habe, läßt sich nicht halten.

Wir können aus alledem nur die Folgerung ziehen, daß dem Ankläger diese belastenden Fakten darum nicht wichtig waren, weil die Vorverurteilung des Volksbunds und damit seines Führers bereits feststand. Ihm ist offenbar viel

---

[5] Im November 1940 tauchte der Geheimplan HIMMLERs auf, eine größere Zahl volksdeutscher "Freiwilliger" in die Waffen-SS einzustellen. Am 12. November berichtet ihm dazu der Leiter des SS-Hauptamts, BERGER, er werde Ende des Monats die Ausmusterung mit BASCH besprechen und möchte das Kontingent auf 500 gut ausgesuchte Jungen festlegen. "Wie Basch das mit der Regierung ausmacht, ist seine Angelegenheit. Er soll nun auch etwas für uns tun." Damit ist allerdings nicht bewiesen, daß dieses Gespräch tatsächlich so zustande kam. Nach TILKOVSZKY (SS-toborzás Magyarországon. Budapest 1974, S. 21f.) hat BASCH sich darauf berufen, daß der Volksbund eine illegale Werbung solchen Ausmaßes nicht abwickeln kann. HIMMLER und BERGER waren über seine Unfähigkeit verärgert. Tatsächlich wurde die Aktion 1941 durchgeführt, nach TILKOVSZKY durch HEINRICH BERTHOLD von der Deutschen Jugend, und drei dem Volksbund angehörige Ärzte nahmen die Untersuchungen vor. Etwa 100 gelang es, mit einem Paß nach Deutschland zu fahren, die übrigen sammelten sich gruppenweise im Deutschen Haus in Budapest, von wo sie nachts in SS-Lastautos nach Deutschland geschmuggelt wurden. Als Quellen gibt TILKOVSZKY in einem sich mit demselben Thema befassenden Artikel (Die Werbeaktionen der Waffen-SS in Ungarn, in: *Acta historica* 20 (1974)) einerseits das Buch von K. G. KLIETMANN: Die Waffen-SS. Osnabrück 1965, anderseits Akten, die er im Ungarischen Staatsarchiv und im Deutschen Zentralarchiv Potsdam fand, an. Sportaktion wurde sie darum genannt, weil den Teilnehmern gesagt wurde, daß sie zu einem Sportkurs nach Deutschland fahren dürfen und sie erst draußen erfuhren, wovon in Wahrheit die Rede war. Was geschah zwischen den ausgesprochenen Bedenken von BASCH und der dann doch erfolgten Durchführung? War man dabei über BASCH hinweggegangen? Hat BASCH, als er sich gegen den Druck nicht wehren konnte, die Sache einem Mitarbeiter der Jugend überlassen und davon weggesehen, was der tat? (Vgl. *Suevia Pannonica* 7 (1989), S. 43.) Nachher haben viele Eltern sich über diesen Betrug - wurden nur die Jungen oder auch der Volksbund selbst betrogen? - bei allen möglichen Instanzen beschwert, auch der Polizei blieb das Verschwinden so vieler wehrpflichtiger junger Männer nicht verborgen (ebenda, S. 93). Darum ist es umso auffallender, daß diese doch damals durchaus bekannte Angelegenheit im Prozeß nicht weiter verfolgt wurde.

mehr daran gelegen, den negativen Einfluß des Volksbunds auf die ganze Nation herauszustellen, wobei er sich allerdings nicht darum kümmert, daß dies ein reines Phantasieprodukt war.

Im Prozeß selbst hat der Verteidiger auf ein Plädoyer, zu dem er eigentlich verpflichtet gewesen wäre, verzichtet - zumindest enthält das Protokoll ein solches nicht - und seine Argumente erst in seiner Berufungsschrift niedergelegt. Das Urteil stützt sich völlig auf die Anklage. Seine Begründung enthält Behauptungen, die im Verfahren nicht bewiesen worden sind, so über die Lehrbücher der deutschen Schulen, die seien "vollkommen im Geist der deutschen nationalsozialistischen Weltanschauung hergestellt" gewesen, oder daß BASCH "regelmäßig mit Hitler verhandelt habe“. Es geht dann zwar auf die Argumente ein, mit denen BASCH sich verteidigte, stellt aber dazu fest, daß das "in der Verhandlung zutagegetretene Beweismaterial diese in allem widerlegt". Das konnte allerdings nur niedergeschrieben werden, weil sämtliche entlastenden Zeugenaussagen verworfen wurden.

Die historische Wahrheit in ihrer tragischen Komplexität kommt in dieser Urteilsbegründung nicht zum Zuge. Ich sehe daher bei der kritischen Wertung dieser Akten das Urteil bestätigt, mit dem ich meine Darstellung der "kritischen Endphase“ schloß: "Die Fakten mögen die Volksgruppe teils ent-, teils belasten. Sie geben weder denen recht, die alle Schuld bei den Andern, noch denen, die alle Schuld nur beim Volksbund suchen. Im Schatten auswegloser Tragik mußten alle Beteiligten irgendwann schuldig werden."[6]

Was aber den Volksbund betrifft, kann der Historiker nicht daran vorbeigehen, daß man das, was nach dem Wiener Protokoll und der starken Einflußnahme der neu hinzugekommenen Deutschen aus dem Volksbund geworden ist, nicht einfach auf die anderthalb Jahre vorher erfolgte Gründung zurückprojizieren darf, wie es schon die Verordnung, dann aber auch die ganze Prozeßführung getan hat: Hier gilt, was ich zum Abschluß meiner in alle Einzelheiten eingehenden Arbeit über die Vorgeschichte des Volksbunds geschrieben habe: "Gerade als für uns die so lang verspätete rechtliche Sicherheit im fremden Staat, die Volkstreue und Staatstreue Raum gab, erreicht war, war die von Berlin bestimmte große Politik daran nicht mehr interessiert. So wurde der Volksbund, ehe er den Kinderschuhen entwachsen war, in ein fremdbestimmtes Prokrustesbett gezwungen."[7] Die Prozeßakten machen deutlich, wie gerade BASCH versucht hat, dies abzuwehren, sich aber gegenüber der Überlegenheit der Kräfte dazu als zu schwach erwiesen hat. Möge der ihn verurteilen, der selbst glaubt, auf diesem glatten politischen Parkett ohne Sünde zu sein. Wir können uns nur vor der Tragik seines Schicksals beugen.

---

[6] SPIEGEL-SCHMIDT, FRIEDRICH: Die kritische Endphase unserer Geschichte, in: *Suevia Pannonica* 7 (1989), S. 104.

[7] SPIEGEL-SCHMIDT, FRIEDRICH: Vor 50 Jahren. Zur Vorgeschichte des Volksbunds, in: *Suevia Pannonica* 6 (1988), S. 71 .

AKTEN DES VOLKSGERICHTSPROZESSES
GEGEN FRANZ A. BASCH

INHALTSVERZEICHNIS

I. UNGARISCHE STAATSPOLIZEI

POLIZEIPRÄSIDIUM BUDAPEST

ABTEILUNG POLITISCHE POLIZEI

A. Fortlaufend aufgenommenes Protokoll der Vernehmung von Dr. Franz Anton Basch, der Kriegsverbrechen beschuldigt

16. Oktober 1945

19231/1945. Protokoll über die Vernehmung eines Beschuldigten. Aufgenommen am 16. Oktober 1945 in Budapest über die Vernehmung des Beschuldigten FRANZ BASCH.
Befragt nach seinen persönlichen Verhältnissen, gibt der der vorgeführte Beschuldigte an:

Name: Dr. FRANZ ANTON BASCH
Name des Vaters: ANTON BASCH
Name der Mutter: KATHARINA AMREIN
Geburtsdatum: 13. Juli 1901
Geburtsort: Zürich
Familienstand: Verheiratet; Name der Ehefrau: EVA SCHMIDT
Heimatgemeinde: Budapest
Staatsbürgerschaft: Ungarisch
Wohnadresse: Jagello út 24 und Lepke u. 35
Religion: Römisch-katholisch
Alter: 44 [Jahre]
Beruf: Vorsitzender des Volksbunds der Deutschen in Ungarn
Vermögensverhältnisse: Ein Grundstück in der Fillér utca auf der Seite der geraden Hausnummern ungefähr zwischen Nr. 90 und Nr. 100 und ein Haus mit einem Zimmer, ein Grundstück in Csillebérc
Militärdienst: Nie gedient
Höhere Schulbildung: Reifeprüfung an der Oberrealschule, Lehramtsprüfung, Promotion zum Dr. phil.
Muttersprache: Deutsch
Vorstrafen: 1936 fünf Monate [Haft] wegen Schmähung der Nation.

Der mit dem Verfahren betraute Polizeioffizier hat den Beschuldigten über den Inhalt der Verordnung 81/1945. M.E. in Kenntnis gesetzt; der Beschuldigte hat die Anklage verstanden, er fühlt sich nicht in jedem Punkt schuldig: – in den Punkten, in denen ich mich schuldig fühle, tue ich es nach dem Buchstaben der betreffenden Verordnung. Gemäß ihrer Formulierung beziehen sich die Paragraphen der Verordnung nicht auf mich. – Nach der richterlichen Belehrung erklärt der Angeklagte, eine Aussage machen zu wollen, und trägt Folgendes vor:

Ich bin 1901 in Zürich geboren, wo mein Vater, der die ungarische Staatsbürgerschaft besaß, als Arbeiter tätig war und wo er meine Mutter kennengelernt hatte. Ich mag zwei Jahre alt gewesen sein, als mein Vater nach Zsombolya (Hatzfeld)[1] ins Banat zurückkehrte, um dort für seine Familie eine selbständige Existenz aufzubauen. Die Volksschulklassen in Zsombolya habe ich ausschließlich in ungarischer Sprache absolviert. In Temeschwar besuchte ich die dortige Oberrealschule, wo ich 1919 die Reifeprüfung ablegte. Nach dem Abitur brachte ich mehr als ein Jahr im Elternhaus zu, da ich nicht wie die meisten Studenten von Zsombolya nach Österreich oder Deutschland auf die Hochschule gehen wollte. Für den Besuch der Budapester Universität wiederum stellten die jugoslawischen Behörden keinen Paß aus. Ich wollte deshalb nach Ungarn gehen und dort an die Universität gelangen, weil mir im Hinblick auf meine Bildung und meine Absicht, Schriftsteller zu werden, die ungarische Lehramtsprüfung am meisten entsprochen hätte. Schließlich bekam ich einen jugoslawischen Paß für die Schweiz. Mit diesem Paß blieb ich aber in Pest, wo ich ins Eötvös-Kolleg[2] aufgenommen wurde. Man hat mich ins Kolleg aufgenommen, weil mein Reifezeugnis ausschließlich die Note "sehr gut" aufwies. Im Eötvös-Kolleg lernte ich GÉZA FÉJA[3], ENDRE MORAVEK[4] und andere ken-

---

[1] Hatzfeld (rumän. Jimbolia; ungar. Zsombolya) wurde aufgrund des Friedensvertrags von Trianon 1920 zunächst Jugoslawien zugeschlagen. Aufgrund einer am 24. November 1923 vertraglich geregelten Grenzkorrektur zwischen Jugoslawien und Rumänien wurde der Bezirk Hatzfeld an Rumänien angeschlossen, wofür Jugoslawien zum Ausgleich die Gemeinden Pardan und Modosch erhielt.

[2] Das József Eötvös-Kolleg wurde am 22. September 1895 in Budapest auf Vorschlag von LORÁND EÖTVÖS gegründet und nach dem Muster der Pariser École Normale Supérieure als führende Elite-Ausbildungsstätte ungarischer Studenten aufgebaut. Nach 1918 wurden bewußt Studenten ungarischer Muttersprache aus den "abgetretenen Gebieten“ gefördert, so machte deren Anteil während der Zwischenkriegszeit 25% aus. - Vgl. KOVÁCS, TÍMEA; TIBOR SZABÓ-PÁL: Az Eötvös Collegiumba felvett hallgatók vallási, földrajzi és társadalmi hovatartozása a két világháború között [Die konfessionelle, geographische und soziale Zugehörigkeit der ins Eötvös-Kolleg aufgenommenen Studenten in der Zwischenkriegszeit]. In: KÓSA, LÁSZLÓ (Hrsg.): "Szabadon szolgál a szellem“. Tanulmányok és dokumentumok a száz esztendeje alapított Eötvös József Collegium történetéből ["Frei dient der Geist“. Studien und Dokumente zur Geschichte des vor hundert Jahren gegründeten József-Eötvös-Kollegs]. Budapest 1995, S. 59-68, hier S. 59f.

[3] FÉJA, GÉZA (1900-1978); Schriftsteller und Journalist. 1929-1933 gehörte er politisch

nen, die mittlerweile im ungarischen öffentlichen Leben eine Rolle spielen. Als ich nach Pest kam, bekannte ich mich noch zur ungarischen Nationalität, weil ich in Temeschwar so erzogen worden war, und natürlich auch, weil ich ungarischer Schriftsteller werden wollte; bis jetzt bewahre ich in meinem Besitz das handschriftliche Manuskript eines ungarischen Romans auf sowie mehrere Erzählungen und Gedichte, die alle in ungarischer Sprache geschrieben sind. Zusammen mit GÉZA FÉJA und anderen sogenannten modern denkenden Eötvös-Kollegiaten war auch ich ständiger Hörer von DEZSŐ SZABÓ[5], dessen Ungarisch mich bis heute begeistert. In einer Vorlesung kam SZABÓ jedoch auf die Charakterisierung der nicht ungarischstämmigen, nur ungarisch schreibenden Schriftsteller zu sprechen und qualifizierte sie – FERENC HERCZEG[6], CECIL

---

zum engeren Kreis um ENDRE BAJCSY-ZSILINSZKY und war 1931 einer der Mitbegründer der Nemzeti Radikális Párt [Radikalen Nationalpartei]. 1937 trat er der Márciusi Front [März-Front] bei, einer Sammelbewegung der linksgerichteten populistischen Schriftsteller. Im selben Jahr erschien seine Aufsehen erregende Soziographie "Viharsarok" [Wetterwinkel], die beschlagnahmt wurde, ihn seine Lehrerstellung kostete und seine Verurteilung zu zwei Monaten Gefängnis nach sich zog.

[4] MORAVEK, ENDRE (1902-1971); Dr., Bibliothekar und Publizist. Er veröffentlichte in der Zeitschrift *Magyar Szemle* Artikel gegen den zunehmenden Einfluß des Deutschen Reiches im Karpatenbecken. 1936 wurde er als Experte in die Nationalitätenschulabteilung des Kultusministeriums aufgenommen, in der er 1939 zum Ministerialrat, 1941 zum Stellvertretenden und 1942 zum Leiter der Abteilung avancierte. Von 1943 bis Frühjahr 1944 war er auch als persönlicher Referent des Kultusministers BÁLINT HÓMAN tätig.

[5] SZABÓ, DEZSŐ (1879-1945); Schriftsteller, Literaturkritiker, Publizist. Sohn einer protestantischen Beamtenfamilie aus Klausenburg [ungar. Kolozsvár; rumän. Cluj-Napoca], gehörte als Student dem Eötvös-Kollegium an. Seine publizistische Karriere begann mit einer antisemitischen Kampagne 1907/08. 1919 veröffentlichte er seinen Erfolgsroman "Az elsodort falu" [Das fortgeschwemmte Dorf]. Nach Ungarns Verlusten im Ersten Weltkrieges stießen seine in diesem Roman vorgetragenen antisemitischen und antideutschen Anklagen insbesondere unter der Beamtenschaft und der Universitätsjugend auf begeisterte Zustimmung. Die Rettung der Nation erwartete er sich von dem von ihm romantisch verklärten Bauerntum, das allein die wahren Werte der Magyaren bewahrt hätte. Sz. war sowohl von der Räterepublik als auch vom Horthy-System enttäuscht und wurde zu einem seiner schärfsten Kritiker. Isoliert und ignoriert von der Gesellschaft starb er während der Belagerung der ungarischen Hauptstadt.

[6] HERCZEG, FERENC (1863-1954); Schriftsteller, Journalist, Mitglied der Ungarischen Akademie der Wissenschaften. Sohn einer Banater schwäbischen Familie namens HERZOG aus Werschetz. Die ungarische Sprache eignete er sich erst im Szegediner Gymnasium der Piaristen an, führte aber als Student in Budapest bereits das Leben der zeitgenössischen Gentry, die er auch zum Gegenstand seines literarischen Schaffens machte. In der ungarischen Hauptstadt schloß er sich der Redaktion des *Budapesti Hírlap* an, die vom nationalistischen und gleichfalls deutschstämmigen JENŐ RÁKOSI geleitet wurde. Ab 1919 beteiligte sich H. aktiv an den revisionistischen Bewegungen und

TORMAY[7] und andere – ausnahmslos als unterdurchschnittlich und mittelmäßig, mit ihrem Wirken höchstens dazu geeignet, dem urmagyarischen Genie zu dienen. Dieser Gedankengang DEZSŐ SZABÓs und die nachfolgenden Diskussionen mit Studenten machten mir bewußt, daß auch ich – quasi schicksalsbestimmt – nur ein derartiger, höchstens mittelmäßiger Schriftsteller werden könnte, weil ich nicht magyarischer Abstammung bin. Das mochte im Winter 1921-22 gewesen sein. 1922 meldeten sich bei mir zum ersten Mal die Anzeichen einer Lungenblutung, ich sollte daher auf ärztliche Anordnung den Sommer im Gebirge verbringen. Nach Jugoslawien ließen mich die jugoslawischen Behörden schon den zweiten Sommer nicht zurück. So kam ich auf den Gedanken, den Sommer des Jahres 1922 bei meinen Schweizer Verwandten zu verbringen, um das beginnende Lungenleiden auszuheilen. Hier in der Schweiz, wo ich eine der urwüchsigsten europäischen völkischen Demokratien kennenlernte, hatte ich das zweite für meine spätere Entwicklung bestimmende Erlebnis. Dort konnte ich beobachten, wie vier verschiedene Völker auf allen Ebenen des Lebens völlig reibungslos mit einander auskamen und dennoch ein jedes sein eigenes völkisches Leben lebte. Gewahr wurde ich dessen vor allem auf zwei großen Schweizer Volkstreffen, dem eidgenossenschaftlichen Sängerfest in Luzern und dem eidgenossenschaftlichen Turnerfest in St. Gallen, wo ich bei meinen Verwandten wohnte. Da in mir schon ein Nationalitätenbewußtsein aufzukeimen begonnen hatte, besann ich mich darauf, daß auch das heimische Deutschtum sein Volkstum bewahren könnte, wenn es ihm vergönnt wäre, in Verhältnissen zu leben wie z.B. die Rätoromanen in der Schweiz, deren Volkstum wiederzuerwecken, die Schweizer Regierung gerade damals staatlicher Unterstützung für würdig hielt. So haben die Vorlesungen von DEZSŐ SZABÓ und das Schweizer Erlebnis in mir den Glauben geweckt, daß das heimische Deutschtum ein Stützpfeiler des Vaterlands bleiben kann, wenn es vermag, sein Volkstum zu bewahren. So kam ich 1922 mit neuen Erlebnissen und Einsichten ins Vaterland zurück. Im Eötvös-Kolleg erörterte ich meine Gedanken mehrfach in freundschaftlichen Gesprächen. Damals meinte ich noch, neben meinem Bekenntnis zum deutschen Volkstum doch ungarischer Schriftsteller bleiben zu können, und so schrieb ich 1923-24 meinen ersten ungarischen Roman, der noch heute im meinem Besitz ist. 1924 lernte ich zum ersten Mal Studenten kennen, die zum Kreis JAKOB BLEYERs gehörten. Auf ihre Bitte

---

übernahm 1929 die Leitung der Revisionsliga. Vom Horthy-Regime wurde H. als einer der führenden ungarischen Schriftsteller seiner Zeit gefeiert. Aus diesem Grund durften 1945-1980 seine Werke nicht erscheinen.

[7] TORMAY, CECIL (1876-1937); Schriftstellerin und Redakteurin. Ihre Karriere begann in der Redaktion der *Virágfakadás* [Blütezeit]. Als Schriftstellerin machte sie die Öffentlichkeit mit ihrem Roman "A régi ház" [Das alte Haus] auf sich aufmerksam. Als Gegenpol zur renommierten literarischen Zeitschrift *Nyugat* [Westen] gründete sie 1922 *Napkelet* [Morgenland].

hin besuchte ich ihren Studentenzirkel, die sog. *Suevia*,[8] und hielt dort Vorträge über das Banat und LENAU[9], den größten deutschsprachigen Dichter unseres Vaterlandes. 1925 fragte mich BLEYER[10], ob ich nicht bereit wäre, als Sekretär in den Ungarländischen Deutschen Volksbildungsverein einzutreten. Die Regierung bzw. der Teil der Vereinsleitung, der das Vertrauen der Regierung ge-

---

[8] Die Studentenverbindung "Suevia" wurde im Wintersemester 1923/24 in Budapest unter der Führung von STEFAN STEYER gegründet. Bereits 1918 wurde zum ersten Mal eine Etablierung deutscher Hochschulverbindungen in Budapest erwogen. Ein burschenschaftlich ausgerichteter Kreis sammelte sich in der "Langobardia", die sich um 1925 wegen Nachwuchsmangel auflöste. In der daraufhin gegründeten "Gothia" engagierten sich vor allem deutschbewußte Studenten. Aufgrund persönlicher Rivalitäten löste sich aber diese Korporation bald auf. Mit dem gleichen Mitgliederstamm wurde sie von STEFAN STEYER nunmehr unter dem Namen Suevia aktiviert. Als zukünftige Intelligenzschicht der deutschen Minderheit wurden ihre Mitglieder ethnopolitisch geschult und in die Arbeit des Volksbildungsvereins eingebunden. So konnte sich BLEYER einen Stab gebildeter Mitarbeitern aufbauen. Von besonderer Bedeutung war das Novum, daß der soziale Aufstieg der Suevianer, die überwiegend Handwerker- und Bauernsöhne waren, nicht mit der damals üblichen Assimilation verbunden war. Die Verbindung wurde von der ungarischen Regierung zwar niemals offiziell genehmigt, jedoch geduldet.

[9] LENAU, NIKOLAUS, eigentlich NIEMBSCH EDLER VON STREHLENAU (1802-1850); Dichter. Bekannter durch seine stimmungshafte, melancholische Naturlyrik als durch seine, gegen das Metternichsche System gerichtete, engagiert-kritische Dichtung, die der Spätromantik zugeordnet werden kann. Infolge seines Banater Geburtsorts (Csatád, heute Lenauheim) irrtümlich oft mit einer donauschwäbischen Lebenswelt in Verbindung gebracht, mit der er jedoch im Rahmen seines unsteten Lebenswandels so gut wie nichts gemein hatte.

[10] BLEYER, JAKOB (1874-1933); Germanist, Universitätsprofessor und Minderheitenpolitiker. B. stammte aus der Gemeinde Tscheb in der Batschka und absolvierte sein Studium in Budapest als Angehöriger des Eötvös-Kollegs. Nach seiner Promotion 1897 unterrichtete er als Gymnasiallehrer in Budapest und Ödenburg (Sopron). Die Jahre 1903-1904 verbrachte B. als Stipendiat in München und Leipzig. 1905 wurde er Privatdozent der Universität Budapest und 1908 als Professor an die Universität Klausenburg, schließlich 1911 an die Universität Budapest berufen. 1917/18 profilierte er sich erstmals als Repräsentant des Ungarndeutschtums in Opposition zum Siebenbürger Sachsen RUDOLF BRANDSCH. Am Sturz der Peidl-Regierung im Sommer 1919 war B. entscheidend beteiligt. Vom 15.8.1919 bis zum 16.12.1920 leitete er das Nationalitätenministerium. 1923 initiierte er die Gründung des Ungarländischen Deutschen Volksbildungsvereins, dem er nach der 1924 erfolgten Genehmigung seitens der Regierung nominell als zweiter Vorsitzender und Geschäftsführer vorstand. Parallel dazu gab er das *Sonntagsblatt* und ab 1929 auch die *Deutsch-ungarischen Heimatsblätter* heraus. 1926 wurde er als Kandidat der Regierungspartei ins ungarische Parlament gewählt und im selben Jahr zum Ehrensenator und -doktor der Universität Tübingen ernannt. Bis zu seinem Tod wurde er weithin als der führende Repräsentant des Ungarndeutschtums respektiert.

nieße, habe keine Einwände gegen meine Berufung. Ich antwortete mit Ja, aber BLEYER bestand darauf, daß ich zuerst mein Lehrerexamen machen und promovieren sollte. In angespannter Arbeit gelang es mir, das verbummelte Semester aufzuholen, und so erwarb ich im Semester 1926/27 sowohl das Lehrerdiplom als auch den Doktortitel. Danach begann ich meine Arbeit als Kultursekretär in dem von GUSTAV GRATZ[11] und JAKOB BLEYER geleiteten Verein. Damals wies eine neue Erfahrung meinem Leben noch kraftvoller die Richtung: Beim Besuch der Ortsgruppen auf dem flachen Lande kam ich darauf, daß das heimische Deutschtum in sehr vielen Gegenden nicht einmal mehr die Mundart rein spricht, sein Gefühl für Kultur völlig versiegt ist, es keine Ahnung hat, wer GOETHE war, und ebenso wenig weiß, wer JÁNOS ARANY[12] war. Halbmenschen lernte ich kennen, für die kulturell zu arbeiten und ein schweres Leben auf mich zu nehmen, mir der Mühe wert erschien. Damals eigentlich habe ich meine kleine heimische deutsche Nationalität von Herzen lieb gewonnen. Ich hielt ihnen Vorträge über die deutsche Kultur, über das spezifische, besondere Mixtum der deutsch-ungarischen Kultur und war bestrebt, dies noch

---

[11] GRATZ, GUSTAV (1875-1946); Journalist, Historiker, Politiker, ungarischer Außenminister 1921. Der aus Preßburg stammende und in der Zips aufgewachsene G. war nach dem Studium der Rechtswissenschaft vor allem als Journalist tätig. 1899 war er Mitbegründer der renommierten, bürgerlich-radikalen Zeitschrift *Huszadik Század* [Zwanzigstes Jahrhundert]. Von 1906 bis 1918 vertrat er den Wahlkreis Leschkirch bei Hermannstadt im ungarischen Parlament. 1912 übernahm G. das Amt des geschäftsführenden Direktors des Landesverbandes Ungarischer Fabrikanten (GYOSZ) und wurde 1917 Sektionschef für Wirtschaftsfragen im k.u.k. Außenministerium in Wien. Vom 15.6.-16.9.1917 amtierte er als ungar. Finanzminister und war 1917/18 Mitglied der österr.-ungar. Delegation bei den Friedensverhandlungen mit Rußland in Brest-Litovsk und mit Rumänien in Bukarest. Im November 1919 ging er als Gesandter Ungarns nach Wien und übernahm in der Teleki-Regierung vom 18.1. bis zum 12.4.1921 das Außenministerium und vom 26.2. bis zum 12.4.1921 das Nationalitätenministerium. Da er als Legitimist an beiden Rückkehrversuchen König Karls IV. beteiligt war, wurde er im Oktober 1921 verhaftet, 1922 aber wieder freigelassen. An der aktiven Politik nahm er nur mehr als Parlamentsabgeordneter 1926-1935 des Wahlkreises Bonyhád und 1939-1945 des Wahlkreises Budapest-Nord teil. Ansonsten profilierte er sich als Historiker, Wirtschaftsfachmann und Chefredakteur der jüdisch-liberalen, 1940 eingestellten Zeitung *Pesti Napló*. Auf Wunsch des Ministerpräsidenten BETHLEN übernahm er 1924 den Vorsitz des Ungarländischen Deutschen Volksbildungsvereins. So konnte der Initiator des Vereins, JAKOB BLEYER, lediglich das Amt des geschäftsführenden Vizepräsidenten übernehmen. G. hatte den Vorsitz bis Ende 1938 inne und trat erst im Zusammenhang mit der Gründung des Volksbundes zurück. Am 19.3.1944 wurde G. von der Gestapo verhaftet und in ein KZ verschleppt und ist 1945 nach seiner Befreiung nach Budapest zurückgekehrt.

[12] ARANY, JÁNOS (1817-1882); führender ungarischer Dichter des 19. Jahrhunderts, der vor allem durch seine Epen, Balladen und seine Shakespeare-Übersetzungen bekannt wurde.

mit religiösen Themen zu vertiefen. In einem einzigen Fall verwies ich auf die Schweiz als mögliches Vorbild, wogegen jedoch der damalige Ministerpräsident, dem der Vorfall gemeldet worden war, Einwände erhob, so daß mir BLEYER persönlich jede weitere Bezugnahme auf die Schweiz verbot. Zu dieser Zeit kannte ich bereits die Bestimmungen des Völkerrechts, die sich auf die Lösung der Minderheitenfrage bezogen und deren Kernpunkte die prinzipielle Auffassung des Völkerbunds zu dieser Frage darstellten. Damals erfuhr ich, daß die deutsche Nationalität in den besetzten Gebieten (Rumänien und Jugoslawien) über deutsche Schulen in bereits steigender Zahl verfügte, während in unserem Land diese Frage noch keine Lösung gefunden hatte. Ich leugne nicht, daß ich im Laufe der Jahre einen recht ungeduldigen Standpunkt in dieser Frage einnahm, da ich die Haltung der damaligen Regierungen überhaupt nicht verstehen konnte. Ich habe mehrfach gehört, daß der Vorsitzende des Vereins, der bekanntlich demokratisch eingestellte GUSTAV GRATZ, BLEYERs Ungeduld ebenfalls teilte, nur eben seine Zweifel hatte am Erfolg einer drängenden Haltung. In mehreren Fällen versuchten GRATZ und BLEYER gemeinsam, sozusagen Arm in Arm und dabei auch vor einem gewissen taktischen Vorgehen nicht zurückschreckend, die Lösung der Frage, die zusehends in eine Sackgasse geriet, voranzutreiben.

BLEYERs plötzlicher Tod Ende 1933 und GYULA GÖMBÖS'[13] Aufstieg in der ungarischen Politik warfen die Lösung der deutschen Nationalitätenfrage noch stärker zurück. Nach BLEYERs Tod wurde auch mir die Leitung des Vereins angeboten, ich nahm sie aber nicht an, war vielmehr selbst dafür, daß Dr. FRANZ KUSSBACH[14] BLEYERs Erbe antreten sollte, und begnügte mich mit dem

---

[13] GÖMBÖS, GYULA (1886-1936); Offizier, Politiker, ungarischer Ministerpräsident 1932-1936. Sohn einer aus Murga stammenden Schwäbin im Komitat Tolna. Als Offizier spielte er in der gegenrevolutionären Szegediner Regierung eine herausragende Rolle. Seine frühen Kontakte mit rechtsradikalen Kreisen in München datieren aus dieser Zeit. Enttäuscht vom politischen Kurs eines PÁL TELEKI und ISTVÁN BETHLEN, gründete er die Fajvedő Párt [Partei der Rassenschützer], von der er sich wieder trennte, als BETHLEN ihn 1928 zunächst als Staatssekretär, 1929 dann als Minister das Honvédministerium anvertraute. Als Regierungschef bemühte sich GÖMBÖS, seine Revisionspolitik mit Hilfe Italiens und des Deutschen Reiches durchzusetzen.

[14] KUSSBACH, FRANZ (1897-1972); Rechtsanwalt und Minderheitenpolitiker. Der aus einer sudetendeutschen Familie stammende K. studierte und promovierte in Budapest. Sein Mentor, Bischof Graf JÁNOS MIKES von Steinamanger (Szombathely), führte ihn in zahlreiche katholische Organisationen ein, in denen er wichtige Ämter übernahm: so u.a. in der Szent István Társulat [St. Stephans-Gesellschaft] und in der Studentenvereinigung Emericana. Kardinal-Fürstprimas JUSTINIAN SERÉDI ernannte K. zum Konsistorialanwalt. Zu seiner Klientel als Rechtsanwalt zählten deutsche und österreichische Aristokraten, die ihre Ländereien in Ungarn hatten. Ab 1926 fungierte er im Volksbildungsverein als Rechtsberater. Ein Jahr später heiratete er die Tochter von JAKOB BLEYER, CÄCILIA. Nach BLEYERs Tod übernahm er im Volksbildungsverein das Amt

Amt des Generalsekretärs. In dem Monat, als BLEYER starb, hielt ich in der Gemeinde Bátaapáti eine Rede, in der ich darauf einging, daß, wer sich als Deutscher bekennt, seinen deutschen Namen nicht hergeben soll, weil er mit dem deutschen Namen – wie das WEKERLE[15], ECKHARDT[16], HÓMAN[17] und andere beweisen – ein ebenso guter ungarischer Patriot sein kann, auch wenn er am Namen seiner Vorfahren festhält.[18] Auf Grund einer Anzeige wurde deshalb ein

---

des geschäftsführenden Vorsitzenden. Nach seiner mißglückten Kandidatur bei den Parlamentswahlen 1935 schied er aus der Vereinsführung aus und bekämpfte die Volksdeutsche Kameradschaft und später den Volksbund. 1944 wurde er ins KZ Dachau deportiert. Nach seiner Rückkehr nach Budapest trat er als Advokat in den Dienst der österreichischen Gesandtschaft. 1960 erlaubte man ihm seine Auswanderung in die Bundesrepublik Deutschland, wo er eine Zeitlang auf dem Gut der Wittelsbacher in Kaltenberg bei Landsberg am Lech lebte und danach seine letzten Lebensjahre in Wien verbrachte.

15 WEKERLE, SÁNDOR (1848-1921); Finanzfachmann, Politiker, ungarischer Ministerpräsident 1892-1895, 1906-1910 und 1917-1918. Er stammte aus einer ungarndeutschen Bürgerfamilie in Mór.

16 ECKHARDT, TIBOR (1888-1972); Rechtsanwalt, Politiker. Seine politische Karriere begann er 1919 als Pressechef der Szegediner Regierung, danach engagierte er sich in diversen rassenschützerischen Vereinigungen. Ab 1930 Mitglied der neugegründeten Független Kisgazda, Földmunkás és Polgári Párt [Unabhängigen Kleinlandwirte-, Bauern- und Bürgerpartei], deren Vorsitz er 1932-1940 innehatte. Im April 1940 bereitete er im Auftrag des Reichsverwesers HORTHY und des Ministerpräsidenten TELEKI in den USA die Gründung einer Emigrantenregierung vor. Nach dem Zweiten Weltkrieg blieb er ein führender Politiker der ungarischen Emigration.

17 HÓMAN, BÁLINT (1885-1951); Historiker, Politiker. Als Universitätsprofessor und seit 1918 Mitglied der Ungarischen Akademie der Wissenschaften schrieb er mit dem renommierten Historiker GYULA SZEKFŰ eine mehrbändige Geschichte Ungarns (Magyar Történet, Budapest 1929-1934), die bis heute etwas unkritisch als Standardwerk verehrt wird. 1932-1942 war H. in insgesamt fünf Regierungen Kultusminister. Seine politische Karriere verdankte er seiner Sympathie mit dem Kurs von GYULA GÖMBÖS, seit 1932 vertrat er im Parlament die Regierungspartei. Ab Mitte der dreißiger Jahre verschrieb er sich der unbedingten Anlehnung an das Dritte Reich und bezog daher unter Ministerpräsident KÁLLAY Stellung gegen dessen Schaukelpolitik. Nach dem Zweiten Weltkrieg wurde er in einem Volksgerichtsprozeß zu lebenslanger Haft verurteilt

18 Als junger Sekretär des Volksbildungsvereines bereiste BASCH die deutschen Ortschaften. In seiner Ansprache in der Gemeinde Bátaapáti im Komitat Tolna am 19. November 1933 sagte er folgendes: "Ein jeder der zu uns gehört - und der ohne Zwang seinen ehrlichen deutschen Namen hergibt, hat es auch nicht verdient, daß er ihn bisher in Ehren getragen hat. " Die örtlichen Dorfhonoratioren erstatteten daraufhin Anzeige gegen ihn. Im September 1934 wurde er zu drei Monaten Gefängnis und zum einjährigen Verlust seiner politischen Rechte verurteilt. Auf direkte Weisung von Gömbös ging der Prozeß in die nächste Instanz, in der er im April 1935 zu fünf Monaten Gefängnis und zum Verlust seiner politischen Rechte auf drei Jahre verurteilt wurde. Das Enga-

Verfahren gegen mich eingeleitet, infolge dessen ich erst zu drei Monaten, dann 1936 (drei Jahre später) in der letzten Instanz wegen Schmähung der Nation zu fünf Monaten Gefängnis verurteilt wurde. Im Gefängnis zu Fünfkirchen (Pécs) arbeitete ich als Sträfling im Büro der Staatsanwaltschaft an der Schreibmaschine, wo mir unmittelbar vor Weihnachten ein von mir zu kopierendes amtliches Schriftstück in die Hand kam, in dem das Justizministerium die Staatsanwaltschaft aufforderte, ihm die Namen aller Staatsanwälte mitzuteilen, die der Verfügung des Ministerpräsidenten nicht nachgekommen sind, gemäß der jedermann verpflichtet ist, seinen nicht ungarisch lautenden Namen zu magyarisieren und, falls nicht geschehen, eine entsprechende Begründung einzureichen. Damit war mir ein Dokument in die Hände gelangt, aufgrund dessen ich es als erwiesen betrachten mußte, daß meine Rede, die ich in Bátaapáti gehalten hatte, zeitgemäß und gerechtfertigt gewesen war.

17. Oktober 1945

Während der Monate meines Gefängnisaufenthalts in Fünfkirchen reifte in mir ein Plan, der fortan die Grundlage meiner gesamten weiteren Tätigkeit auf dem Gebiet des Minderheiten-Rechtsschutzes bilden sollte. Im Gegensatz zu meiner bisherigen – gleichwohl berechtigten – Ungeduld gelangte ich zu der Überzeugung, daß es in Anpassung an die historische Geisteshaltung der ungarischen Nation und den Grundcharakter des staatstragenden magyarischen Volkes nur mit einer Politik der Geduld möglich sein würde, beim Fortgang der heimischen deutschen Minderheitenbewegung Ergebnisse zu erzielen. Nachdem in Kreisen des Ungarntums, insbesondere jenen der Regierung und der ländlichen Intelligenz, die Zeichen des Zweifels und des Mißtrauens auch infolge des Vordringens der nationalsozialistischen Politik des [Deutschen] Reichs immer augenfälliger wurden, schien mir die Frage nur im Rahmen eines Langzeitprogramms von der Dauer einer Generation lösbar. Im Verlauf von etwa 30 Jahren würden das magyarische Volk und seine Führungsschicht zwangsläufig einsehen, daß man der deutschen Nationalität die postulierten Rechte würde gewähren können, ohne deshalb mit Nachteilen bzw. Gefahren für die Zukunft der Nation rechnen zu müssen. Aufgrund dieses Generationsprogramms entschloß ich mich, in zusammengefaßter Form all unsere Nationalitätenanliegen offen und ehrlich der öffentlichen Meinung der Nation vorzustellen, vor den zuständigen Regierungskreisen und auch in meinen öffentlichen Vorträgen jedoch darauf hinzuweisen, daß ich diese Wunschliste nur im Zeitrahmen von etwa ei-

---

gement von BASCH im Volksbildungsverein wirkte sich strafverschärfend aus. Auf Intervention des Auswärtigen Amtes wurde BASCH allerdings ein Monat Gefängnis erlassen, und schließlich wurde er von Ministerpräsidenten TELEKI rehabilitiert.

ner Generation für realisierbar hielte. Sollten bestimmte Fragen in dem Jahr, in dem sie aufgeworfen würden, noch auf Widerstand stoßen, würden wir so lange warten, bis sich die führenden Kreise und die öffentliche Meinung im Laufe der Zeit mit dem Gedanken einer Erfüllbarkeit dieser Wünsche angefreundet haben würden. Ich kam zu dem Entschluß, nach meiner Entlassung aus dem Gefängnis mit Hilfe meiner ungarischen Freunde vermehrt den Kontakt zur ungarischen Öffentlichkeit zu suchen und zu vertiefen, und zwar dergestalt, daß ich jedes Jahr in mehreren Vereinigungen, Tischgesellschaften oder auf Zusammenkünften Vorträge zu halten gedachte und im Zuge dieser ungarischen Vorträge ein Bekenntnis, oder anders gesagt, ein Gelübde ablegen wollte, das dort Geäußerte auch einzuhalten.

Bevor ich dazu übergehe darzulegen, warum sich meine Freunde und ich entschlossen haben, möglicherweise einen neuen vaterländischen deutschen Verein zu gründen, muß ich zum Jahr 1935 zurückkehren:

1935 hat mich GUSTAV GRATZ, der damalige Vorsitzende des Ungarländischen Deutschen Volksbildungsvereins, unter Berufung darauf, daß mich der königliche ungarische Gerichtshof zu drei Monaten Gefängnis verurteilt hatte, aufgefordert, von meinem Posten als Generalsekretär des Vereins zurückzutreten. In der darauf folgenden Abstimmung wurde dem Antrag des Vorsitzenden stattgegeben und entschieden, sich den Plan meiner Abdankung zu eigen zu machen. Ich gebe zu, daß GRATZ mich schriftlich aufgefordert hatte abzudanken, ich diesem Ansinnen aber nicht nachgekommen war. Dann stellte GUSTAV GRATZ die Frage zur Abstimmung und in deren Ergebnis wurde ich von meinem Amt als Generalsekretär suspendiert.

Als ich aus dem Gefängnis freikam, meldete ich mich nicht im Verein von GUSTAV GRATZ auf meinen alten Platz zurück, und auch meine Anhänger traten aus dem Verein aus und verließen ihre dortigen Stellungen. Dann begannen wir uns selbst zu organisieren. Ich bezeichnete dies seinerzeit selbst als illegale Bewegung, bin aber inzwischen daraufgekommen, daß wir uns damals doch nicht in der Illegalität bewegten, da wir außerhalb [unseres Kreises] keinerlei Organisation betrieben und auch nicht in die Gemeinden hinausgingen.

Zu dieser Zeit führte Universitätsprofessor Dr. RICHARD HUSS[19] den Vorsitz

---

[19] HUSS, RICHARD (1885-1941); Germanist, Universitätsprofessor und Minderheitenpolitiker. Der aus dem nordsiebenbürgischen Bistritz stammende H. studierte in Klausenburg, Wien und Straßburg, wo er sich auch der Burschenschaft "Alemannia" anschloß. In Wien lernte er die Alldeutsche Bewegung GEORG VON SCHÖNERERS kennen, die sein Weltbild entscheidend geprägt hat. Nach seiner Promotion 1907 arbeitete er zunächst als Gymnasiallehrer. 1913 wurde er Privatdozent in Klausenburg, 1916 als Professor an die Universität Debrecen berufen. 1918 schloß er sich der Brandsch-Richtung an, die ihn als Vertreter für die Friedenskonferenz vorsah. Deshalb erarbeitete er nicht nur ein Friedensprogramm im Namen der Deutschen in Ungarn, sondern auch eine Nationalitätenkarte des Donaubeckens. Seine ersten Meinungverschiedenheiten mit BLEYER gin-

jener kleinen Gesellschaft, die damals einerseits mit dem Vereinsvorsitzenden GUSTAV GRATZ in ständigen Verhandlungen stand, um wieder irgendeine Zusammenarbeit zustande zu bringen, andererseits mit der Regierung zu verhandeln suchte, wie die Regelung der Schulfrage des Deutschtums im Sinne eines von RICHARD HUSS verfaßten und eingereichten Memorandums voran zu bringen sei.

Es ist mir bekannt, daß zum Gedächtnis an meine Inhaftierung eine Gedenkmarke herausgegeben wurde, die mich als Märtyrer präsentiert. Auf der Marke ist mein Portrait zu sehen, darunter ist in deutscher Sprache folgender Text zu lesen: "Dr. Franz Basch – fünf Monate Gefängnis". Am oberen Rand der Marke steht in auffallenden blauen Lettern auf deutsch: "Ungarische Nationalitätenpolitik", ringsherum an den anderen Rändern folgende Aufschrift in deutscher Sprache: "Wer seines Vaters Namen nicht ehrt, ist seiner Ahnen nicht wert." Diese Marke wurde meines Wissens entweder in Deutschland oder in Österreich herausgegeben, laut einigen anderen in Rumänien.[20] Von ihrer Edition war mir im voraus nichts bekannt. So wie sie aufgemacht ist, stellt mich die Marke als deutschen Nationalhelden, als Gegner und Märtyrer der ungarischen Nationalitätenpolitik hin. Meines Wissens sind die Marken erschienen, als ich im Gefängnis saß. Während meiner Haftzeit ließ mich der Stellvertretende Oberstaatsanwalt einmal zu sich rufen und fragte mich, ob diese Marken mit meiner Kenntnis erschienen seien. Meine Antwort war Nein, hatte ich doch, so lange ich frei gewesen war, nicht einmal gewußt, ob ich meine Gefängnisstrafe würde absitzen müssen. Auf seine Frage, ob es mir Anlaß zur Beschwerde böte,

---

gen auf dieses Engagement zurück. Das Revolutionserlebnis und der Zerfall Groß-Ungarns verstärkten in H. seine "sächsische" Gesinnung, die gleichfalls nicht der Bleyerschen Konzeption entsprach. H. zog sich in die Wissenschaft zurück und beschäftigte sich nur "theoretisch" mit der Politik. In den rassenschützlerischen Zeitungen *Fehér Újság* und *Michel* in Graz ergriff er das Wort "zu aufklärenden Aufsätzen über Judentum, Freimaurerei, Rassenschutz und Fragen ähnlicher Art". Bis zu seiner Aussöhnung mit BLEYER im Jahr 1929 blieb er ein Einzelgänger innerhalb der Minderheit. Nach BLEYERs Tod 1933 wurde er zum Anführer der Deutschen Arbeitsgemeinschaft und somit der "jungen Generation" im Volksbildungsverein gewählt. Nach Gründung der Volksdeutschen Kameradschaft amtierte er als dessen Sprecher bis zur Gründung des Volksbundes, in dem er bis zu seinem Tod Ehrenvorsitzender war, ohne freilich irgendwelchen Einfluß auszuüben.

[20] HANS STEINACHER ergriff als Reichsleiter des VDA selbständig die Initiative und gab in Wien den Auftrag zum Druck einer Basch-Briefmarke, deren Motiv er selbst entworfen hatte. In der Mitte befand sich ein Bild von BASCH, umrahmt von der Umschrift: "Ungarische Nationalitätenpolitik: Wer seines Vaters Namen nicht ehrt, ist seiner Ahnen nicht wert. Dr. Franz Basch, fünf Monate Kerker". Die Briefmarke kam zwar mit Verspätung, erst im Dezember 1936 in Umlauf, ihre Wirkung war aber nach STEINACHERs Einschätzung "verblüffend" und er selbst führte die Begnadigung von BASCH 1937 auf diesen "Husarenstreich in Notwehr" zurück.

wenn gegen die Hersteller und Verbreiter der Marke ein Verfahren eingeleitet würde, antwortete ich, ich bäte selbst um diesen Schritt, weil die Verbreitung dieser Marke unserer Sache und meiner Person eher schade und die Klärung dieser Angelegenheit mir nur zum Vorteil gereichen könne. Gegen die Hersteller der Marke ist dann das Verfahren eröffnet worden.

Nachdem die Verhandlungen zwischen RICHARD HUSS und GUSTAV GRATZ zu keinem Ergebnis geführt hatten, reifte nach Besprechungen mit HUSS und unserem Freundeskreis in uns der Entschluß, nach einer gewissen Zeit den Versuch zu machen, einen neuen Volksbildungsverein zu gründen. Die wiederholt neu aufgenommenen Verhandlungen jedoch weckten in uns stets aufs Neue wieder den Glauben, es könne doch noch gelingen, mit dem von GUSTAV GRATZ geführten Verein eine Übereinkunft zustande zu bringen. Daß unser Freundeskreis noch fast anderthalb Jahre zuwartete, nämlich bis Ende November 1938, war – wage ich hier zu behaupten – wesentlich meiner Geduld zuzuschreiben.

Zwischenzeitlich begann ich mit meinen ungarischen Vorträgen. In ungarischen Kreisen suchte ich zunächst Verbindung zu der von TIBOR PATAKY geleiteten Sektion im Ministerpräsidium.[21] Zu jener Zeit formulierte ich erstmals die Grundvoraussetzungen, unter deren konsequenter Beachtung ich die Gründung eines neuen Vereins allein für zielführend hielt:

Festlegung eines Generationsprogramms, von dem sich die Gründer des Vereins unter keinen Umständen abbringen lassen werden. Nur eine solch langfristige, Jahrzehnte vorausschauende und mit Geduld zu verfolgende Konzeption kann, wenn sie Abschnitt für Abschnitt auch von der ungarischen Regierung akzeptiert wird, zu Ergebnissen führen. Nur wenn es uns gelingt, Schritt für Schritt das Vertrauen der ungarischen Regierung und der Öffentlichkeit zu gewinnen, können wir hoffen, daß die Regierung weitere Zielsetzungen, wie sie aus unserem Programm resultieren, bewilligen wird, bzw. dazu beitragen wird, diese zu verwirklichen.

Sollte die Regierung bei der Gründung des Vereins auch nur zehn Prozent der von uns vorgeschlagenen Satzungsspunkte genehmigen, müßten wir dies

---

[21] PATAKY, TIBOR (geb. 1889), Dr., Beamter, von 1939 bis zu seiner Pensionierung im Dezember 1944 Staatssekretär im Ministerpräsidium. Nach Abschluß seiner Jura-Studien in Kaschau, Klausenburg und Wien trat P. in den Dienst des Statistischen Zentralamts, ab 1916 des Ministerpräsidiums, in dem er 1937 zum Leiter der Politischen Abteilung aufstieg. Als solcher unterstand ihm auch das Referat II/a., das für die nationalen Minderheiten zuständig war. Ursprünglich wurde es errichtet, um die politischen Angelegenheiten der magyarischen Minderheiten in den Nachfolgestaaten zu betreuen. Im Mai 1921 beschloß jedoch der Ministerrat, die Frage der ungarländischen Minderheiten aus dem Kompetenzbereich des Außenministers herauszulösen und dem Ministerpräsidium zu überantworten, um eine bessere Kontrolle der Minderheitenpolitik durch den Ministerpräsidenten zu ermöglichen.

akzeptieren, weil die Regierung damit letztlich, hegte sie auch noch so starke Zweifel, ihr Wohlwollen uns gegenüber doch nicht verleugnen könnte.

Nachdem der geplante Verein die Absicht hat, das gesamte ungarländische Deutschtum ungeachtet seiner Religionszugehörigkeit, seiner jeweiligen Kulturstufe und seiner Siedlungsorte zu umfassen, darf die Tätigkeit des Vereins weder zur Zeit der Gründung noch später an eine Weltanschauung gebunden werden. Parteipolitik zu betreiben, ist dem Verein untersagt, und ebenso hat er von Bestrebungen, eine eigene Partei zu gründen, für alle Zeit Abstand zu nehmen. Sollte der Verein einen Vorteil darin sehen, einzelne Mitglieder aus seiner Mitte zu Abgeordneten wählen zu lassen, kann er dies eingedenk einer alten Nationalitätenerfahrung nur im Rahmen der jeweiligen Regierungspartei versuchen zu verwirklichen.

Mitte 1938 habe ich es dann schon selbst unternommen, mit dem Abgeordneten LÁSZLÓ PINTÉR[22] als dem geschäftsführenden Vorsitzenden des Volksbildungsvereins ein persönliches Gespräch zu führen, ob es nicht möglich wäre, ein beide Teile gleichermaßen befriedigendes Konzept im Rahmen entweder des Volksbildungsvereins oder des zu gründenden Volksbundes zu verwirklichen. Nach wochenlangen Bemühungen, die zweifelsohne den guten Willen auf beiden Seiten erkennen ließen, kam es im Endergebnis doch zu keiner Übereinkunft. Darauf kündigte ich im Amt des Ministerpräsidenten an, daß ich mit meinem Freundeskreis Ende November 1938 versuchen würde, unter dem Namen "Volksbund der Deutschen in Ungarn" einen neuen Verein zu gründen.

Im Geiste unserer prinzipiellen Überlegungen arbeiteten unsere Mitarbeiter Vereinsstatuten aus, die auf dem Schutz des Volkstums basierende sämtliche Erscheinungsformen der Nationalitätenexistenz im Rahmen des Vereins um-

---

[22] PINTÉR, LÁSZLÓ (1884-1958); Dechantpfarrer von Ragendorf und (ab 1930) Domherr von Ödenburg. Der in Ödenburg als Ladislaus Binder geborene P. absolvierte Gymnasium und Priesterseminar in Raab (Győr). Nach seiner Priesterweihe 1907 wurde er 1913 Pfarrer in Ragendorf. Nach dem Ersten Weltkrieg trat er als Redakteur des deutschsprachigen Wochenblattes *Der Heideboden* für den Verbleib des Burgenlandes bei Ungarn ein. Von 1922 bis 1931 und 1935-1939 vertrat er den Wahlkreis Ragendorf (1931-1935 den Wahlkreis Ungarisch Altenburg) als Abgeordneter der Regierungspartei. Nach BLEYERs Tod übernahm P. die Redaktion des *Neuen Sonntagsblattes*, 1934 auch des *Pfarrboten* und 1936 (als Nachfolger von KUSSBACH) die Funktion des geschäftsführenden Vorsitzenden des Volksbildungsvereines, schließlich 1938 als Nachfolger von GUSTAV GRATZ den Vorsitz. Als Vorsitzender mußte er zwei Jahre später aufgrund des Wiener Volksgruppenabkommens am 18.10.1940 die Tätigkeit des Vereines und seiner Publikationsorgane einstellen. Nach seiner Niederlage bei den Parlamentswahlen 1939 in seinem westungarischen Wahlkreis Ungarisch Altenburg war er 1940-1945 Mitglied des Oberhauses. P. war ein profilierter Vertreter einer gegen den Volksbund gerichteten, starken katholischen Gegenpropaganda und unterstützte deshalb auch die Treuebewegung. Seine kirchliche Karriere gipfelte in seiner nach 1945 erfolgten Ernennung zum Apostolischen Administrator der Rumpfdiözese Großwardein.

faßten. Unserem Grundsatz entsprechend enthielten wir uns selbstverständlich jeglichen politischen Programms und weltanschaulichen Bekenntnisses. Wir beachteten die Normen des internationalen Nationalitätenrechts, die allgemeine Anerkennung fanden, auf das genaueste und integrierten sie in das ungarische Rechtssystem.

Nach der Gründung des Vereins reichten wir zusammen mit den Statuten unser Genehmigungsgesuch beim Innenministerium ein. Ungefähr zu Weihnachten 1938 erteilte [uns] die Regierung IMRÉDY[23] die Genehmigung, das bislang alle fünf Wochen erscheinende Blatt "Deutscher Volksbote" fortan als Wochenblatt erscheinen zu lassen.

Die Genehmigung des Volksbunds hat nicht die Imrédy-Regierung verfügt, diese bekamen wir erst vom neuen Ministerpräsidenten Graf PÁL TELEKI[24]. Noch vor den damals anstehenden Wahlen hatten wir in Cikó die feierliche Gründung des Volksbunds abgehalten.[25] Mit dem Ministerpräsidenten selbst

---

[23] IMRÉDY, BÉLA (1891-1946); Finanzfachmann, Politiker, ungarischer Ministerpräsident 1938-1939. Zunächst Mitarbeiter des Vereins der Sparkassen und Banken sowie der Ungarischen Nationalbank, von der aus er seine Kontakte zu internationalen Finanzkreisen ausbauen konnte. 1932 arbeitete er für Ministerpräsident GÖMBÖS die wirtschaftlichen Aspekte des Nationalen Arbeitsplanes aus. Zugleich übernahm er bis 1935 das Amt des Finanzministers, danach wurde er zum Präsident der Ungarischen Nationalbank gewählt. Als Ministerpräsident ab Mai 1938 band er sich außenpolitisch immer mehr an das Deutsche Reich. Da er sich zunehmend diktatorischer Mittel bedienen wollte, zwang ihn Reichsverweser HORTHY am 15. Februar 1939 zum Rücktritt. Als rechtsoppositioneller Politiker vermochte er keine dominierende Rolle mehr zu spielen. Lediglich 1944 wurde er in der Regierung SZTÓJAY zum Wirtschaftsminister ohne Portefeuille ernannt und genoß in dieser Zeit das Vertrauen VEESENMAYERs, nicht aber WINKELMANNs. 1946 wurde er als Kriegsverbrecher hingerichtet.

[24] TELEKI, PÁL Graf (1879-1941); Geograph, ungarischer Ministerpräsident 1920-1921 und 1939-1941. Schon als junger Wissenschaftler korrespondierendes Mitglied der Ungarischen Akademie der Wissenschaften. Sein Weltbild war von neokonservativen, antiliberalen und antisemitischen Ansichten geprägt. Nach dem Zerfall Österreich-Ungarns erarbeitete er die Unterlagen für die Friedenvorbereitungskommission. In der Szegediner Regierung übernahm er das Amt des Außenministeriums. Als enger Vertrauter des Reichsverwesers amtierte er 1920-1921 als Ministerpräsident. Nach seinem Rücktritt beteiligte T. sich aktiv an der Revisionspropaganda und wirkte als Drahtzieher der gegen Frankreich gerichteten Frankenfälschungsaffäre. 1938 wurde er zum Kultusminister ernannt und übernahm nach dem Rücktritt IMRÉDYs zum zweiten Mal das Amt des Ministerpräsidenten. Unter seiner Regierungszeit wurde die Karpato-Ukraine an Ungarn angegliedert, ein Jahr später auch Nord-Siebenbürgen durch den Zweiten Wiener Schiedsspruch. Er versuchte, den Kriegseintritt Ungarns auf jeden Fall zu vermeiden und deshalb seine Kontakte zu den Westmächten zu intensivieren. Als HITLER die ungarische Regierung zwang, zusammen mit Deutschland Jugoslawien zu überfallen und als Staat aufzulösen, beging T. am Vorabend des Feldzuges Selbstmord.

[25] Der Volksbund der Deutschen in Ungarn (Magyarországi Németek Népi Szövetsége)

war es mir noch nicht gelungen, Verbindung aufzunehmen, doch Herr Innenminister KERESZTES-FISCHER[26] wiederum hatte meinen Vorschlag akzeptiert, daß es drei Mitgliedern des Volksbunds möglich sein sollte, mit dem Programm der Regierungspartei bei den Wahlen zu kandidieren, und so erhielten zwei dieser drei Volksbund-Mitglieder ein Mandat als Abgeordnete der Regierungspartei.[27]

Diese Vereinbarung mit dem Herrn Innenminister war aufgrund jener drei Beschlußpunkte erfolgt, die ich vorhin dargelegt habe.

Mein ganzes Bestreben richtete sich nun darauf, mit Ministerpräsident Graf PÁL TELEKI über den Volksbund ein Gespräch im Geiste der drei Punkte zu führen. Als es mir erstmals gelang, mit dem damaligen ungarischen Ministerpräsidenten über diese Frage zu sprechen, habe ich ehrlich und offen auf diese drei Punkte verwiesen, die ich für mich in jeder Hinsicht als verpflichtend ansah. Besonders machte ich den Ministerpräsidenten auf den Punkt bezüglich des sich über eine ganze Generation erstreckenden Programms aufmerksam. Der Herr Ministerpräsident stellte damals nur die eine Frage, ob auch meine Mitarbeiter so dächten. Ich wies damals darauf hin, daß wir darauf auch ein Gelöbnis abgelegt hatten, und es in diesem Geiste auch gelungen war, gelegentlich der Wahlen mit dem Herrn Innenminister übereinzukommen, daß die Abgeordneten [des Volksbunds] der Regierung gegenüber stets die größte Loyalität bezeugen werden, im Parlament wahrscheinlich nur sehr selten oder überhaupt nicht um das Wort bitten sowie immer bestrebt sein werden, die Beziehung zwischen dem staatstragenden ungarischen Volk und der deutschen Nationalität auch durch ihr Verhalten zu vertiefen. Dann gab der Herr Ministerpräsident dem Gespräch plötzlich eine Wendung und fragte mich, was ich denn dazu gesagt habe, als ich erfuhr, daß der Innenminister die Statuten nicht

---

wurde am 26. November 1938 in Budapest gegründet. Nachdem seine stark veränderten Statuten von Ministerpräsident TELEKI bzw. dessen Kultusminister HÓMAN am 13. April 1939 genehmigt worden war, fand der erste Fahnenaufzug des Volksbundes am 30. April in der Gemeinde Cikó (Komitat Tolna) statt.

[26] KERESZTES-FISCHER, FERENC (1881-1948); Jurist, Politiker, ungarischer Innenminister 1931-1935 und Mai 1938 bis März 1944. 1921-1931 war er Obergespan des Komitates Baranya, ab 1925 auch von Somogy. Als Innenminister ging er hart sowohl gegen Rechts- wie Linksradikale, gegen Pfeilkreuzler wie Kommunisten vor, die er oft in die selbe Gefängniszelle sperren ließ. Als Obergespan versuchte er die Tätigkeit des Volksbildungsvereins zu unterdrücken. In den Kriegsjahren war K. enger Vertrauter des Reichsverwesers Admiral HORTHY und des Ministerpräsidenten KÁLLAY. Mit seinem Namen ist auch die heimliche Unterstützung der Treuebewegung verbunden. Nach der Besetzung Ungarns gehörte er zu den ersten, die von der Gestapo verhaftet und in ein KZ eingeliefert wurden. Er starb in Vöcklabruck im österreichischen Exil.

[27] Zu Abgeordneten gewählt wurden Dr. HEINRICH MÜHL in Bonyhád und JAKOB BRANDT auf der Komitatsliste Bács-Bodrog. Der dritte Kandidat, Rechtsanwalt Dr. KONRAD MISCHUNG, konnte sich in Mohács nicht durchsetzen.

in der Form billigte, wie wir sie entworfen hatten, sondern nur auf eben der Grundlage, auf der die seinerzeitige Regierung die Satzung des Ungarländischen Deutschen Volksbildungsvereins genehmigt hatte. Ich legte dem Herrn Ministerpräsidenten dar, daß durch die Streichungen ungefähr 90 Prozent der vorgesehenen Aktivitäten wegfielen, wir aber auch mit den 10 Prozent zurechtkämen und hofften, es werde im Laufe der Jahre gelingen, das Vertrauen der Regierung zu gewinnen und dank ihres Wohlwollens zu erreichen, daß auch die jetzt noch gestrichenen Teile der Statuten allmählich und sukzessive genehmigt werden. Der Ministerpräsident schloß das Gespräch ungefähr mit den Worten: eine Generation ist eine lange Zeit, werden die Herren das durchhalten? Ich versicherte dem Ministerpräsidenten, wenn ich von jeder unserer Begegnungen ein – sei es auch noch so kleines – Ergebnis in der Tasche mit nach Hause nehmen könne, wir gar nicht bemerken werden, wie im Zeichen wachsenden Vertrauens langsam die Jahre einer Generation vergangen seien. Ich versicherte dem Ministerpräsidenten erneut, daß wir an unseren drei Grundsatzbeschlüssen unter allen Umständen festhalten werden.

Nach den Wahlen erschöpfte sich die Tätigkeit des neu entstandenen Volksbundes in der Gründung von Ortsgruppen. Bis zum Ausbruch des neuerlichen Weltkrieges konnten wir ungefähr 25 Ortsgruppen gründen. Der Beginn des Weltkriegs bedeutete für sämtliche Vereine des Landes das Ende jeder weiteren Organisationstätigkeit. Bis zum Sommer 1940 erteilte uns der königlich ungarische Innenminister dank des Wohlwollens des in der II. Sektion des Ministerpräsidenten tätigen Sektionsrats Dr. LÁSZLÓ OTTLIK[28] die Sondererlaubnis, in etwa zehn verschiedenen Gemeinden Kurse in Tanz und Gesang abzuhalten. Wir führten diese im Geiste unseres Programms zur Wahrung des Volkstums durch, das ich für wichtiger hielt als jede Politik oder Weltanschauung.

Schon jetzt möchte ich auf den Sachverhalt hinweisen, daß wir die ursprünglich geplanten Statuten des Volksbunds bis Frühjahr 1945 nicht genehmigt bekamen, obwohl wir in dieser Sache nur zweimal monierend vorsprachen und die Angelegenheit nicht zum Anlaß zu Beschwerden nahmen. Auch hier hielten wir uns während unserer gesamten Tätigkeit an die in den drei Punkten enthaltenen Grundsätze. Wenn später die Regierung, insbesondere die Regie-

---

[28] OTTLIK, LÁSZLÓ, enger Vertrauter des Ministerpräsidenten ISTVÁN BETHLEN, der ab 1928 durch O. seine revisionspolitischen Vorstellungen über ein "neues Ungarn" und ein "Ungarn des Heiligen Stephan" in der von ihm initiierten Zeitschrift *Magyar Szemle* artikulieren und verbreiten ließ. O. war auch Mitglied der 1930 von Grafen FERENC HUNYADY gegründeten Magyar Nemzetpolitika Társaság [Ungarischen Nationalpolitische Gesellschaft] an, die zum Umfeld der Christlich-sozialen Partei gehörte. 1938-1939 war O. Sektionsrat in der Nationalitätenabteilung des Ministerpräsidiums, zu deren Leiter er Anfang 1940 ernannt wurde. 1941 wechselte er in die Rechtsabteilung des Ministeriums für Unterricht und Kultus und wurde 1942 als Professor für Politikwissenschaft an die Universität Kolozsvár (Klausenburg) berufen.

rung MIKLÓS KÁLLAY[29], eine Ausweitung unseres Tätigkeitsfeldes erlaubte, ohne uns dies in [entsprechenden] Statuten zu garantieren, haben wir auch das im oben angedeuteten Geist unseres Programms hingenommen, immer im Vertrauen darauf, daß es uns zu einem späteren Zeitpunkt gelingen werde, die ordnungsgemäße, gesetzlich vorgeschriebene Genehmigung zu erlangen. Als ich mich bei einer Gelegenheit, um das vorauszuschicken, bei Herrn Ministerpräsident KÁLLAY beklagte, daß unser Tätigkeitsfeld nach den Statuten noch immer sehr begrenzt sei und ich manchmal gezwungen sei, auf einer Versammlung heftiger zu sprechen, als ich eigentlich wolle, um dadurch unsere Nachgiebigkeit, die letztlich doch eher Geduld sei, zu verschleiern, merkte Ministerpräsident KÁLLAY an: Eher soll die Sprache laut und die Tat geduldig sein als umgekehrt. Das ist die Erklärung dafür, daß manche lautstarke Rede nicht ein Zeichen meiner inneren Ungeduld und Unzufriedenheit war, sondern eine Rechtfertigung vor der uns immer mehr entwachsenden Jugend und ein Nachweis dafür, daß die ältere Generation, die – wie immer – stärker auf dem Boden der Realität stand, nicht mit Blindheit geschlagen war. Das war die Politik, die ich vor Ministerpräsident KÁLLAY einmal mit dem Sprichwort zu charakterisieren versuchte: die Ziege wird satt und das Kraut bleibt auch erhalten.

18. Oktober 1945

Anfang des Sommers begann aufs neue die Gründung von Ortsgruppen, wozu wir vom Innenministerium die Genehmigung erhalten hatten. In den letzten Augusttagen teilte uns das Kultusministerium überraschenderweise mit, daß der Kultusminister einem früheren Ansuchen stattgegeben hatte, indem er uns – ohne daß wir mit Rücksicht auf den Krieg diese Angelegenheit weiter betrieben hätten – die Erlaubnis erteilte, in Budapest ein Gymnasium und in der Gemeinde Hidas eine Bürgerschule zu errichten. Die Gewährung dieser Bitte erfüllte uns mit grenzenloser Freude, nicht nur, weil damit einer unserer sehnlichsten Wünsche in Erfüllung ging, sondern auch deshalb, weil mit der Errichtung die-

---

[29] KÁLLAY, MIKLÓS (1887-1967); Großgrundbesitzer, Politiker, ungarischer Ministerpräsident 1942-1944. 1922-1929 Obergespan des Komitates Szabolcs und Ung, danach Staatssekretär im Handelsministerium. In der Regierung GÖMBÖS zunächst Landwirtschaftsminister, doch trat er als Anhänger BETHLENs 1935 wegen der faschistoiden Regierungspläne des Ministerpräsidenten von seinem Amt zurück. Mit seiner Regierung sind die Vorbereitungen für einen Kriegsaustritt Ungarns verbunden. Nach der Besetzung Ungarns durch deutsche Truppen flüchtete K. am 22. März 1944 in die türkische Botschaft, wurde nach der Machtübernahme der Pfeilkreuzler im Oktober gefangen genommen und nach Mauthausen bzw. Dachau und schließlich nach Norditalien deportiert. Nach seiner Befreiung durch amerikanische Truppen lebte er zunächst in Italien, ab 1953 in den USA. 1995 wurden seine sterblichen Überreste nach Ungarn überführt.

ser zwei Schulen die Führer der deutschen Organisationen in den Nachbarländern genötigt waren, ihre Vorwürfe, das Deutschtum verfüge in unserem Land über keine einzige selbständige Schule, endgültig einzustellen.

Eines Morgens im September – an den Tag erinnere ich mich nicht mehr – erfuhren wir aus der Zeitung, daß beim Vertragsabschluß des Wiener Schiedsspruchs[30] von seiten der ungarischen wie der deutschen Regierung ein Zusatz aufgenommen worden war, der sich auf das ungarländische Deutschtum bezog. Solange dessen Text nicht in den Morgenblättern erschienen war, hatte die Führung des Volksbunds keine Ahnung, daß ein solcher Vertrag in Vorbereitung gewesen und unterzeichnet worden war.[31] Nach seiner Veröffentlichung suchte ich noch am selben Vormittag Sektionsrat Dr. LÁSZLÓ OTTLIK von der Sektion II des Ministerpräsidiums auf , um ihn davon zu unterrichten, daß in meinem persönlichen Verhalten und meinem Denken sowie in meinem Verhältnis zum Amt des Ministerpräsidenten trotz dieses sog. Zusatzvertrags keinerlei Verän-

---

[30] Aufgrund des geheimen Zusatzprotokolls zum deutsch-sowjetischen Nichtangriffspakt vom August 1939 stellte die Sowjetunion am 26.6.1940 ein Ultimatum an Rumänien, in dem sie die Abtretung Bessarabiens und der Nord-Bukowina verlangte. Am 27. Juni 1940 beschloß der ungarische Ministerrat, sollte Rumänien dem Ultimatum nachkommen, würde Ungarn seine eigenen territorialen Forderungen mit Waffengewalt erzwingen. Am gleichen Tag ließ der Oberste Kriegsrat die ungarische Armee mobilisieren. Die von HITLER empfohlenen bilateralen Verhandlungen in Turnu Severin blieben ergebnislos. Deshalb bat Rumänien ausdrücklich um einen deutsch-italienischen Schiedsspruch, der am 30. August 1940 unter dem Vorsitz der beiden Außenminister RIBBENTROP und CIANO gefällt wurde und als Zweiter Wiener Schiedsspruch in die Geschichte einging. Danach erhielt Ungarn Nord-Siebenbürgen, das Szeklerland sowie das Partium mit Großwardein (rumän. Oradea, ungar. Nagyvárad), insgesamt 43.104 qkm mit 2,633.000 Einwohnern. Als Gegenleistung für den Schiedsspruch verlangte RIBBENTROP von der ungarischen Regierung die Unterzeichnung des von der VOMI und dem Auswärtigen Amt entworfenen Deutsch-Ungarischen Protokolls, das als bilaterale Vereinbarung "die Stellung der deutschen Volksgruppe in Ungarn" regelte und auch als Wiener Volksgruppenabkommen bezeichnet wird.

[31] Im Wiener Volksgruppenabkommen wurde das ausschließliche Recht des Volksbundes auf die organisatorische Erfassung und politische Vertretung des Ungarndeutschtums festgelegt. Aufgrund des vom Auswärtigen Amt und von der Volksdeutschen Mittelstelle ausgearbeiteten Vertrages konnte nicht nur die bereits bestehende Volksgruppen-Organisation der Sachsen in dem an Ungarn angegliederten Nord-Siebenbürgen bewahrt, sondern in ganz Ungarn eine entsprechende Organisation aufgebaut werden. Dementsprechend wurde dieser, hier in den Akten häufig als "Wiener Abkommen" genannte oder irrtümlich mit dem Wiener Schiedsspruch gleichgesetzte Vertrag seitens der deutschen Diplomatie sowie des Volksbundes als die "magna charta" der deutschen Minderheit angesehen, während die ungarische Seite ihn lediglich als ein "Ergänzungsprotokoll" zum Zweiten Wiener Schiedsspruch betrachtete. Tatsächlich wurde das Abkommen niemals in vollem Umfang verwirklicht und bot häufig Anlaß zu Meinungsverschiedenheiten zwischen Ungarn und dem Dritten Reich.

derung eintreten werde. Ich legte ihm dar, daß es der deutschen Regierung mit diesem Vertrag gelungen war, und zwar mit Kenntnis der ungarischen Regierung, in eine Rolle zu schlüpfen, die es ihr erlaube, sich von jetzt an – eben unter Berufung auf den Vertrag – ständig in die Belange des ungarländischen Deutschtums einzumischen. Bislang hatte sich im Volksbund auch die zu einer weltanschaulichen Einstellung tendierende Jugend noch davor zurückgehalten, sich weltanschauliche Dogmen zu eigen zu machen und zu verbreiten. Von nun an würden jene, die von ihrer Gesinnung her dazu neigten und die Entwicklung des Volksbunds mittelbar oder unmittelbar in eine solche Richtung drängen wollten, dies ohne jede Hemmung und Einschränkung tun. Ich selbst war durch diesen Vertrag in eine höchst peinliche Lage gekommen und das Grauen vor einer Scheidung der Geister erfüllte mein Gemüt. Dr. LÁSZLÓ OTTLIK erachtete, gleichwohl er sich sehr zurückhielt, die Lage, wie sie infolge des Vertrags entstanden war, ebenfalls für besorgniserregend.

Ich machte auch vor meinen Mitarbeitern kein Geheimnis daraus, daß ich das sog. Wiener Abkommen für einen in Geist wie Buchstaben recht unglückseligen Vertrag hielt, und der größere Teil meiner älteren Mitarbeiter teilte meine Ansichten.

Dieser meiner Auffassung gab ich auch im September 1940 in einem Vortrag, den ich im Volksdeutschen Club in Berlin über den Wiener Vertrag hielt, offen und mit ausführlicher Begründung Ausdruck, was dort nur von einem sehr kleinen Teil der Zuhörer verstanden wurde, besonders von den älteren Diplomaten, die von seiten des deutschen Außenministeriums teilnahmen.

In den ersten Monaten nach dem Wiener Abkommen blieben die von mir befürchteten Einmischungen noch aus. Die Leitung des Volksbunds ihrerseits war mit der Übernahme des Deutschtums in den wieder an Ungarn gelangten Gebieten beschäftigt und stieß dabei anfänglich mehrfach auf Schwierigkeiten. Die Führer der Deutschen aus den wiedererlangten Gebieten erschienen, wenn sie nach Budapest kamen, mit Hakenkreuzabzeichen und Armbinden und fühlten sich bemüßigt, ihre Gedanken, Vorstellungen und Auffassungen bei uns einzuführen und auf den Volksbund zu übertragen. Erst nach langen Gesprächen leuchtete es ihnen ein, daß es die Pflicht der frisch nach Ungarn zurückgelangten Deutschen war, sich den ungarischen Verhältnissen und dem Volksbund anzupassen, und nicht umgekehrt. Die meisten haben dies ebenso verstanden wie meine Anfang Oktober erlassene schriftliche Anweisung, nach der in Siebenbürgen und im Gebiet von Sathmar der Gebrauch von Hakenkreuzarmbinden und -fahnen sowie von entsprechenden Abzeichen verboten war und als Armbinde oder Abzeichen nur das vom Volksbund eingeführte Sonnenrad-Emblem bzw. die Armbinde benutzt werden durfte. Es spricht für das politische Gefühl der Siebenbürger Sachsen, daß sie diese Anweisung zur Kenntnis nahmen und befolgten, während ein Jahr später, um dies vorwegzunehmen, die Batschka-Deutschen schon unter keinen Umständen mehr bereit waren, das zu tun. Desgleichen habe ich im Herbst 1940 schriftlich wie mündlich verboten, daß der mancherorts eingeführte "Heil Hitler"-Gruß weiter gebraucht wurde, was jedoch - zumindest anfänglich - auf größeren Widerstand stieß als die Anordnung über das Hakenkreuz. Aber die Gemüter beruhigten sich auch in diesem Punkt wieder und der Hitler-Gruß unterblieb. 1943 allerdings gelang es nicht mehr, diesen Gruß mit einer Weisung abzuschaffen, und das habe ich seinerzeit Sektionsrat Dr. PÁL BALLA[32] getreulich mitgeteilt, damit er es auch dem Ministerpräsidenten übermittle.

Anfang November 1940 erfuhr ich, daß man deutscherseits – die slowakischen Verhältnisse vor Augen – an der Durchführung eines Plans arbeitete, der darauf abzielte, die deutsche Minderheit in Ungarn als Instrument dafür zu benutzen, daß von reichsdeutscher Seite mit der Entsendung von drei Wirtschaftsexperten (für Landwirtschaft, Industrie und Finanzwesen) nach Ungarn eine gewisse Aufsicht über die gesamte Wirtschaftsproduktion des Landes und die Verwendung der Produkte ausgeübt werden konnte. Bei meiner zweiten Audienz bei Ministerpräsident PÁL TELEKI habe ich ihn von diesem Plan in Kenntnis gesetzt. Der Ministerpräsident sagte in seiner kurzen Antwort nur so viel: Ich werde die Herren nicht empfangen, und ihre Tätigkeit wird so nicht das gewünschte Resultat erbringen. Die drei Wirtschaftsfachleute kamen in den letzten Monaten des Jahres tatsächlich in Ungarn an, wo sie, wie ich meine, sehr bald mit Dr. GOLDSCHMIDT[33] in Streit gerieten, was eine ständige Einmi-

---

[32] BALLA, PÁL, Dr., 1938-1939 Sektionsrat in der II., der Nationalitätenabteilung des Ministerpräsidiums, von 1940 bis 1944 Leiter der Abteilung IIb, die für die Ungarn in den Nachbarländern zuständig war.

[33] GOLDSCHMIDT, GEORG (1903-1989); Jurist und Minderheitenpolitiker. Er stammt aus der Gemeinde Vértestolna im nördlichen Schildgebirge. Nach seinem Abitur bei den Piaristen in Tata trat er diesem Orden als Novize bei, Mitte der zwanziger Jahre jedoch wieder aus ihm aus. Als Sekretär des Ungarländischen Volksbildungsvereins finanzierte er sein Jurastudium, danach praktizierte er in der Budapester Anwaltskanzlei des Siebenbürger Sachsen GUIDO GÜNDISCH. 1935 schied er aus dieser Anwaltskanzlei aus. Bis zum gleichen Jahr redigierte er den katholischen *Pfarrboten* unter der Leitung von Monsignore LÁSZLÓ PINTÉR. Mit GEORG STUMPF arbeitete er aktiv in der deutschen Sektion des Katholischen Volksvereins mit. Von hier aus schloß sich G. der Volksdeutschen Kameradschaft an und war zunächst in der Redaktion des *Deutschen Volksboten* tätig. Als stellvertretender Volksgruppenführer im Volksbund behielt er seine Funktion als Pressechef und wurde als solcher erst Mitte 1944 abgelöst. G. kontrollierte nicht nur die Wirtschaftsaktionen des Volksbundes, sondern führte auch die Verhandlungen über die Werbungen zur Waffen-SS. Im Gegensatz zu BASCH wurde er nach dem Zweiten Weltkrieg nicht verhaftet und ausgeliefert, sondern gelangte nach Westdeutschland. 1951-1952 hielt er sich in Südamerika auf, wollte 1953 bei den Bundestagswahlen für den Bund der Heimatvertriebenen und Entrechteten kandidieren, erfüllte aber wegen seines Südamerikaaufenthaltes nicht die Voraussetzung einer zweijährigen deutschen Staatsangehörigkeit. Es gelang ihm jedoch, als Abteilungsleiter im Bundesministerium für Vertriebene, Flüchtlinge und Kriegsgeschädigte unterzukommen.

schung der zuständigen Kreise aus dem Reich nach sich zog. Von da an waren diese Art Einmischungen an der Tagesordnung und hörten nicht mehr auf. Die Zusammenstöße zwischen den im Volksbund Zuständigen und den drei [reichs]deutschen Fachleuten, hauptsächlich denen für Landwirtschaft und Industrie, die sich permanent in unsere inneren Angelegenheiten einmischten, wurden derart erbittert, daß es selbst die Kreise im Reich für gut hielten, diese Herren, damit sie ihrer Aufgabe entsprechen konnten, an einer anderen Stelle in Budapest unterzubringen. Wenn es z.B. dem heimischen Deutschtum gelungen war, mit Zustimmung der Regierung im Komitat Tolna eine Molkereigenossenschaft zu gründen, stellten es die Fachleute aus dem Reich landauf-landab so hin, als sei dies das Ergebnis ihrer Tätigkeit. Eine ständige Eigenheit ihres Wirkens war es, die Fähigkeiten und die Arbeit der Leute, die zum Volksbund gehörten und sich mit Wirtschaftsfragen befaßten, in jeder Hinsicht herabzusetzen und die Nationalitätendeutschen als zweitrangig und häufig [auch] als degeneriert hinzustellen. Erst mit der Zeit gelang es der Leitung des Volksbunds, sich von diesen Wirtschaftsexperten unabhängig zu machen.

Daß die Verwirklichung ihrer Pläne nicht gelang, ist hauptsächlich darauf zurückzuführen, daß der Ministerpräsident die vorgesehene Audienz verweigerte; und auch über die zuständigen Fachministerien gelang es diesen Herren nicht, soweit sie sich in ungarndeutsche Angelegenheiten einmischen wollten, sich Legitimation zu verschaffen.

Anfang 1941 aber tauchten immer häufiger weitere Abgesandte aus dem Reich auf, die sich bevorzugt auf ihr Wirken in der Slowakei beriefen und kein Mittel scheuten, um ihre Vorhaben durchzuführen und der Volksgruppenführung gegenüber Zwang auszuüben. So meldete sich z.B. ein Beauftragter der Reichsarbeitsfront, der unter Berufung auf den Wiener Vertrag die ungarländische deutsche Arbeiterschaft im Rahmen des Volksbunds organisieren wollte, obwohl sich von der Arbeiterschaft nur ungefähr 5-10 Prozent zur deutschen Muttersprache bekannten und auch von diesen nur ein Bruchteil Mitglieder des Volksbunds waren. Indem sie gerade dies sehr häufig als Vorwurf gegen uns verwendeten, versuchten sie ihr Vorhaben durchzudrücken.

Bei anderer Gelegenheit erschien ein Vertreter des Berliner Rassenamts mit der Forderung, wie bei der Volksgruppe in Rumänien auch bei uns ein Rassenamt im Rahmen des Volksbunds einzurichten. Auch der Vertreter des sog. Reichsnährstands blieb nicht aus, der ebenfalls mit eigenen, für das Ungarndeutschtum "zuständigen" Plänen bei uns erschien. Letzterer drängte besonders auf die Errichtung von Erbhöfen. Mehrfach und unter ständigem Drängen versuchte man auch, uns zur Gründung einer nationalsozialistischen Partei zu überreden, und berief sich dabei auf die rumäniendeutschen Organisationen sowie die einschlägige Tätigkeit und den fortgeschrittenen organisatorischen Entwicklungsstand der deutschen Volksgruppe in der Slowakei.

Die engere Führung der Volksgruppe durchschaute diese Pläne, erkannte, daß ein Nachgeben die völlige Auslieferung des heimischen Deutschtums zur

Folge gehabt und zur Etablierung einer "Weltanschauungsordnung" geführt hätte, und nutzte jede Gelegenheit und jedes Mittel, um sich diesen Einmischungsversuchen und der Verwirklichung solcher Pläne zu widersetzten. Die bis Ende 1944 andauernden Versuche dieser Art konnten wir durchgehend abwehren und haben so weder eine nationalsozialistische Partei organisiert, noch ein Rassenamt, noch eine Erbhof-Dienststelle oder eine Arbeitsfront errichtet.

Zur Verwirklichung sozialer Vorhaben hat die Führung des Volksbundes eine Organisation unter dem Namen "Deutsche Volkshilfe" gegründet, deren Satzung man, wie mir vom Amt des Ministerpräsidenten mitgeteilt wurde, zwar nicht guthieß, es aber zuließ, daß sie ihre Tätigkeit im Sinne dieser Satzung aufnahm.

Die organisatorische Regelung der Fragen und Angelegenheiten der heimischen volksdeutschen Jugend hat die Regierung durch die Genehmigung der Statuten einer "Deutsche Jugend" genannten Organisation ermöglicht. Die Gründung dieses Jugendbundes fiel in den Mai oder Juni 1941, die Genehmigung seiner Statuten erfolgte erst später.

Eine politische Partei dagegen haben wir – trotz allen reichsdeutschen Ansporns, ja Drucks – nicht ins Leben gerufen, und zwar weder eine mit nationalsozialistischem Programm noch eine ohne.

Der plötzliche tragische Tod von Graf PÁL TELEKI wirkte erschütternd auf mich. Gefühlsmäßig und gedanklich zugleich hat sich mir damals erschlossen, daß hinter diesem aus unbekannten Gründen eingetretenen Tod geschichtliche Kräfte am Werke waren, die meine Zweifel an der Richtigkeit der deutschen Politik noch vertieften. Obwohl der größere Teil der führenden Leute im Volksbund den politischen Kurs von Graf PÁL TELEKI für deutschfeindlich hielt, habe ich am Tag nach seinem Tod eine Gedenkfeier abgehalten, an der die Führung wie die Mitarbeiter des Volksbunds verpflichtet waren teilzunehmen, was bei diesen auf ziemliches Mißfallen stieß.

Als LÁSZLÓ BÁRDOSSY[34] zum Ministerpräsidenten ernannt wurde, habe ich auch ihn um eine Audienz gebeten und ihm bei dieser Gelegenheit, ähnlich wie seinerzeit Graf PÁL TELEKI, das für eine Generation geplante Arbeitsprogramm erläutert. Im Hinblick auf das im Herbst beginnende Schuljahr ersuchte ich da-

---

[34] BÁRDOSSY, LÁSZLÓ (1890-1946); Diplomat, ungarischer Ministerpräsident 1941-1942. Seine politische Karriere begann im Kultusministerium, später leitete er das Pressereferat des Außenministeriums. In seiner politischen Einstellung stand er seinem Schwager GYULA GÖMBÖS nahe, befaßte sich jedoch vor allem mit der Außenpolitik. Bevor er im Februar 1941 das Amt des Außenministers übernahm, war er Gesandter in Bukarest gewesen. Nach dem Selbstmord TELEKIs wurde er 1941 zum Ministerpräsident ernannt, mußte aber im März 1942 abdanken. In seine Regierungszeit fiel die Kriegserklärung Ungarns an die Sowjetunion, Großbritannien und die USA. Ende des Weltkrieges floh er in die Schweiz, von wo er nach Ungarn abgeschoben wurde. In einem Volksgerichtsprozeß wurde er zum Tode verurteilt und hingerichtet.

bei den neuen Ministerpräsidenten besonders um Unterstützung für unsere bescheidenen Wünsche auf dem Gebiet des Schulwesens.

Bei einer anderen Gelegenheit trug ich BÁRDOSSY im Beisein von Sektionsrat Dr. PAUL BALLA vor, daß die deutschen Einmischungsversuche erneut an Intensität gewännen und als Folge davon sich die ältere Generation der Führer des Volksbunds geschlossen, geradezu wie eine Phalanx gegen diese Einmischung wehre, daß bestimmte deutsche Kreise ihrem Mißtrauen mir gegenüber bereits offen Ausdruck verliehen und zu befürchten sei – ich zumindest für meine Person befürchte –, daß deutsche Agenten, die in immer größerer Zahl meine Wege verfolgten, mich vielleicht eines Tages festnähmen und verschleppten. Ich hatte gedacht, LÁSZLÓ BÁRDOSSY könne mir mit einem Rat beistehen, er gab aber nur zur Antwort, in einem solchen Fall könne er mir nicht behilflich sein.

Die sich bereits auftürmenden Schwierigkeiten wurden noch gravierender, als die von Jugoslawien besetzte Batschka wieder an Ungarn gelangte und damit ein bis in den letzten Winkel national organisiertes Deutschtum zu uns kam, das sich seine Zukunft nicht innerhalb der Staatsgrenzen des ungarischen Vaterlandes vorstellte, sondern jahrelang von einer Art Reichsgau träumte. Die Eingliederung der zurückgelangten Deutschen in das Leben der ungarischen Nation erschwerte zudem der Umstand, daß die jüngere Generation während der jugoslawischen Ära dem ungarischen Gedanken völlig entfremdet worden war und großenteils auch die ungarische Sprache nicht beherrschte. Selbstbewußt ließen die Batschka-Deutschen jedoch ständig ihre wirtschaftliche und organisatorische Überlegenheit spüren, und so ist verständlich, daß die alteingesessenen Ungarndeutschen auch aus dem Motiv der Selbstbehauptung heraus bestrebt waren, sich vom Übergewicht der Batschka-Deutschen zu befreien. Wie durchgehend organisiert und weltanschaulich einheitlich die Batschka-Deutschen waren, beweist nichts besser als die Tatsache, daß sich bei den Anwerbungsaktionen der Waffen-SS von unseren Ungarndeutschen nur 15 Prozent freiwillig meldeten, während in der Batschka ihre Zahl 1942 die 80 Prozent überschritt und 1943 noch zunahm. An politischer Nüchternheit und Fähigkeit zur Weitsicht blieben die Batschka-Deutschen weit hinter den Siebenbürger Sachsen zurück, besonders was die jüngere Generation betrifft. Bei der Gründungsversammlung der "Deutschen Jugend" im Frühsommer 1941 in Mágocs, an der zum ersten Mal auch die Batschka-Deutschen in Massen teilnahmen, ließ eine kleine Gruppe ihrer Jugend den Ruf "ein Volk, ein Reich, ein Führer" ertönen. Dies brachte uns, auch wenn es nur ganz kurz dauerte, in eine höchst peinliche Lage. Ministerpräsident BÁRDOSSY forderte mich denn auch am folgenden Tag über Staatssekretär PATAKY zu einer Erklärung und zu Genugtuung auf. Ich bot meinen sofortigen Rücktritt als Genugtuung an, überzeugt davon, daß dieser, mein nun schon dritter Rücktrittsvorschlag endlich Zustimmung finden würde. Der Ministerpräsident nahm meinen Rücktritt nicht an und akzeptierte meinen guten Willen als Genugtuung.

Die Batschka-Deutschen trugen schon zum Zeitpunkt, als ihre Siedlungsgebiete wieder an Ungarn gelangten, die Hakenkreuzarmbinde und beflaggten ihre Häuser mit ebensolchen Fahnen. Hierauf wollten sie keinesfalls verzichten und entsandten selbsttätig Delegationen zu den zuständigen Budapester Behörden, um ihr "früher erworbenes Recht" zu wahren. Schon damals fiel der tiefgreifende Unterschied zwischen den beiden Gruppen des heimischen Deutschtums auf, den zu überbrücken ich dem Ministerpräsidenten und dem Staatssekretär nicht nur versprach, sondern dabei wirklich überzeugt war, mit entsprechendem Taktgefühl und angemessener Geduld auch diese Deutschen in dem Sinne 'heimführen' zu können, daß sie sich völlig in unsere Verhältnisse einleben würden. Im Laufe der Zeit wurde mein Glaube hieran mehr und mehr erschüttert, doch setzte ich meine Bemühungen bis zum letzten Tag fort. Manchmal hatte es den Anschein, als würden meine Bemühungen von Erfolg gekrönt, doch dieser erwies sich nie als dauerhaft. Auch in der Batschka selbst entstanden zwei volksdeutsche Richtungen, eine, die sich langsam mit ihrem neuen Los zufrieden gab, und eine andere, die es im Geiste niemals akzeptierte und sich unter dem Einfluß der Budapester oppositionellen Radikalen aus der Batschka insgeheim darauf vorbereitete, zu gegebener Zeit die Führung des Volksbunds zu übernehmen.

So war ich in zahllosen begründeten Fällen gezwungen, diesbezügliche Klagen und Beschwerden in der Sektion II des Ministerpräsidiums zur Kenntnis zu nehmen und hatte wegen der Batschkaer weit mehr Sorgen als wegen aller einheimischen Volksbund-Mitglieder zusammengenommen. Die finanziellen Leistungen der Batschka-Deutschen für den Volksbund waren jedoch so außergewöhnlich hoch, daß sämtliche übrigen Volksbund-Mitglieder im ganzen Land nicht diesen Leistungsgrad erreichten, was das Selbstbewußtsein der Batschkaer nur noch steigerte. Dies mußte ich auf den Jahresversammlungen mit nüchterner Sachlichkeit anerkennen. Die Batschkaer Abgeordneten, die durch Berufung ins Parlament gekommen waren, haben mir aber mit zunehmendem Verständnis geholfen, ihre eigenen Landsleute zu Geduld und Bescheidenheit zu erziehen. Der Umstand, daß die Batschka-Deutschen über die meisten volksdeutschen Schulen, zahllose selbständige Wirtschaftsorganisationen und die größten Einzelbetriebe verfügten, trug in hohem Maße dazu bei, daß sich der Anpassungsprozeß verzögerte. Ich bin aber davon überzeugt, daß die Batschkaer, wären sie von reichsdeutscher Seite nicht völlig zur Unzeit favorisiert worden, den Zeitgenossen bzw. der Regierung weit weniger Sorgen bereitet hätten.

Folgenschweres "Ereignis" des Jahres 1942 war der erste Vertrag, den die ungarische Regierung mit der deutschen über die Rekrutierung der ungarländischen Volksdeutschen zur Waffen-SS geschlossen hat.[35] Diesen Vertrag lehnte

[35] Das Abkommen über die Aufstellung von Verbänden der Waffen-SS in Ungarn wurde am 19.2.1942 in Budapest vereinbart und trat am 24.2.1942 in Kraft. Es bestimmt in

die ungarische öffentliche Meinung fast zu 99 Prozent ab und übertrug den mit seiner Durchführung verbundenen Widerwillen auf den Volksbund, was psychologisch zwar verständlich war, nicht aber den Tatsachen entsprach. Kein einziges Mal war die Führung des Volksbunds nämlich vorab von der Reichsregierung bezüglich dieses Vertrags befragt worden. Nichts hat so viel böses Blut gemacht, wie dieses jegliche Umsicht entbehrende Verlangen, welches das Vertrauen der ungarischen Öffentlichkeit, die Deutschen würden die Souveränität der ungarischen Nation und des ungarischen Staats respektieren, von Grund auf erschüttert hat. Die Volksgruppenführung nahm diesen Vertrag weder mit Freude noch mit Begeisterung auf. Wir wußten sehr wohl, daß der größere Teil der Freiwilligen [für die Waffen-SS] aus den Reihen der Volksbundmitglieder gestellt werden mußte. Nachdem die freiwillige Meldung zur Waffen-SS mit dem Verzicht auf die ungarische Staatsbürgerschaft verbunden war, ist es verständlich, daß 80 Prozent der Freiwilligen aus den Reihen der Volksdeutschen kamen, deren Siedlungsgebiete nach 1939 wieder an Ungarn zurückgelangt waren. Und so geschah es denn auch: Von den nach Trianon auf dem Staatsgebiet Ungarns verbliebenen Deutschen meldeten sich kaum mehr als etwa 12-15 Prozent, dagegen in der Batschka nach Ablauf einer Woche etwa 80 Prozent und in Nordsiebenbürgen 95 Prozent der Volksdeutschen der entsprechenden, vertraglich festgelegten Altersgruppe. Nachdem die Beauftragten der deutschen Regierung mit den ungarischen Regierungsbeauftragten übereingekommen waren, daß die Mitglieder bzw. Mitarbeiter des Volksbunds die Anwerbungsarbeit übernehmen sollten, mußte sich der Volksbund diese heikle Aufgabe oft mit unglaublich schwer zu ertragenden Folgen aufhalsen. Ich habe sowohl BÁRDOSSY als auch dem späteren Ministerpräsidenten KÁLLAY aus eigenem Entschluß versprochen, an keiner einzigen Werbung mitzuwirken. So nahm ich nur an einige Male an der Verabschiedung [von Rekrutentransporten] teil, aber auch das erst 1943. Schon an dieser Stelle merke ich an, daß auf Wunsch des deutschen Gesandten die kurzen Ansprachen zu diesen Gelegenheiten die Gesandtschaft selbst konzipierte und ich jeweils nur soviel bzw. das verändern konnte, was den örtlichen Verhältnissen nicht entsprach. Als für die zweite bzw. dritte SS-Werbung auch etwa 300 Plakate gedruckt wurden, hat deren Text der Beauftragte der Waffen-SS für Ungarn der Volksbundführung fertig übergeben.

Als MIKLÓS KÁLLAY die Führung der ungarischen Regierung übernahm, habe ich dem neuen Ministerpräsidenten wieder, und zwar mehrmals, vorgetra-

---

Absatz 5: "Die Freiwilligen werden durch den Ortsleiter des VDU oder seine Beauftragten angeworben und erfaßt." – Ungar. Text des Abkommens in der Edition von RÁNKI, GYÖRGY [u.a.] (Hrsg.): A Wilhelmstrasse és Magyarország. Német diplomáciai iratok Magyarországról 1933-1944 [Die Wilhelmstraße und Ungarn. Deutsche diplomatische Akten über Ungarn 1933-1944]. Budapest 1968, S. 650f. - Für das Jahr 1943 wurde eine neuerliche bilaterale Vereinbarung am 22.5.1943 abgeschlossen.

gen, was meine Ansichten über das heimische Deutschtum waren und wie mein Bekenntnis lautete, was den Volksbund betraf. Ich wies darauf hin, daß ich, obwohl der schon von Ministerpräsident TELEKI gestrichene größere Teil der ursprünglichen Statuten des Volksbunds noch immer nicht genehmigt worden war, diese Genehmigung geduldig abwarten wolle, und sollte dies noch Jahre dauern. Meiner Grundauffassung getreu, gedächte ich weder mit prinzipiellen Fragen noch mit Bitten von größerem Gewicht, die eine gründliche längere Überlegung erforderten, vor die Regierung zu treten, damit die noch immer bestehende Atmosphäre des Mißtrauens zwischen der ungarischen öffentlichen Meinung und dem Volksbund nicht noch mehr vergiftet werde. Aus freien Stücken gab ich das Versprechen, daß die Abgeordneten, die zum Volksbund gehörten, sich als Mitglieder der Regierungspartei im Parlament diszipliniert und meist schweigend verhalten würden. Allfällige Gravamina würden entweder von den Abgeordneten in den einzelnen Ministerien oder von mir selbst dem Ministerpräsidenten vorgetragen. Auch habe ich Ministerpräsidenten KÁLLAY gebeten, meine ohnehin schwierige Lage dadurch zu erleichtern, daß er dann und wann die eine oder andere unserer Bitten erfülle, sofern dies seiner Meinung nach nicht das Selbstbewußtsein der Nation beeinträchtige und an deren Empfindlichkeiten rühre. Ich wies darauf hin, daß der Druck aus dem Deutschen Reich, insbesondere von seiten der Nationalsozialistischen Partei, unentwegt auf dem Volksbund lastete, dessen spärliche Ergebnisse zeitigende Wirksamkeit gewöhnlich mit den erstaunliche Resultate erzielenden Aktivitäten der deutschen Organisationen in Rumänien bzw. in der Slowakei verglichen werde. Wenn auch ich mit der Gründung einiger Volksschulen, alle zwei Jahre einer Bürgerschule und weiterer Kindergärten einige Erfolge aufweisen könnte, wäre es möglich, diesen Druck abzumildern. Im übrigen hielte ich mich ganz an die Erfahrung, daß der Ungar nie zurücknimmt, was er von sich aus gibt und offen dafür eintritt, auch wenn die Öffentlichkeit die Richtigkeit dessen zunächst nicht einsieht. Wie auch bisher werde sich der Volksbund strikt davor zurückhalten, sich mit außenpolitischen Fragen zu befassen, und ebenso werde er sich auch innenpolitischer Stellungnahmen enthalten. Soweit die Erfolge einer solchen Politik der Geduld naturgemäß spärlich seien, wolle ich diese Tatsache jedoch dadurch bemänteln, daß ich manchmal in Reden einen heftigeren Ton anschlüge, dem er aber, darum wolle ich den Herrn Ministerpräsidenten bitten, keinerlei Bedeutung beimessen möge. Um dem ewigen Dreinreden von reichsdeutscher Seite wenigstens – ehe es ganz unerträglich werde – für eine gewisse Zeit ein Ende zu machen, beabsichtigte ich, in der Tätigkeit des Volksbunds äußerlich kleine Änderungen vorzunehmen, das Wesentliche daran aber beizubehalten, die Praxis nämlich, sich weltanschaulich völlig zurückzuhalten und von der Gründung neuer Organisationen abzusehen.

Um eine alte Mission des ungarländischen Deutschtums, nämlich ungarische Kultur und ungarisches Denken im Ausland bekannt zu machen, wirkungsvoll fördern zu können, erbäte ich seine Zustimmung zu meinem Vorhaben, unter dem Namen "Südostdeutsche Rundschau" eine Monatszeitschrift ins Leben zu rufen, die sich in jeder Nummer auch erschöpfend mit Fragen der ungarischen Kultur befassen werde.[36] Mit dieser Zeitschrift wolle ich zugleich die Absicht ANDREAS SCHMIDTs[37], die Siebenbürger Sachsen zum Wortführer aller südosteuropäischen Volksdeutschen zu machen, wirksam neutralisieren und die sich hinter SCHMIDTs Plänen verbergenden politischen Vorhaben, hinter denen wiederum die Konzeption von SS-Obergruppenführer BERGER[38] stecke, soweit es an mir liege, vereiteln. Auch darauf lenkte ich die Aufmerksamkeit des Ministerpräsidenten, daß zu unserem großen Kummer die Öffentlichkeit im Zusammenhang mit der Waffen-SS dem Volksbund eine Verantwortung zuweise,

---

[36] Die erste Nummer der *Südostdeutschen Rundschau. Zeitschrift der deutschen Volksgruppe in Ungarn* erschien im März 1942. Als Herausgeber wurde BASCH, als verantwortlicher Schriftleiter PHILIPP BÖSS angegeben. Tatsächlich wurde als erster Beitrag ein "Geleitwort" von Ministerpräsident BÁRDOSSY veröffentlicht, der die Eintracht zwischen dem ungarischen Volk und der deutschen Volksgruppe in Ungarn hervorhob: "Mit Freude eröffne ich die Reihe der Mitteilungen der Südostdeutschen Rundschau, die einen neuen Beweis für die kulturellen Leistungen liefern soll, durch welche sich das ungarländische Deutschtum unter die wertvollsten Söhne des Vaterlandes eingereiht hat."

[37] SCHMIDT, ANDREAS (1912-1948); Volksgruppenführer der Deutschen in Rumänien. Nach einem nicht abgeschlossenen Jurastudium in Klausenburg und freiwilligem Militärdienst in der rumänischen Armee besuchte er 1938-1939 die Landwirtschaftliche Hochschule in Berlin, an der er durch die Leitung des Reichsnährstandes mit der Schutzstaffel (SS) in engerem Kontakt kam. Er heiratete die Tochter GOTTLOB BERGERs, der als Chef des SS-Hauptamtes eine Schlüsselposition innehatte. Als SS-Untersturmführer wurde S. im Oktober 1939 von der Volksdeutschen Mittelstelle (VOMI) in die rumäniendeutsche Volksgruppenführung eingesetzt, in der er eine Oppositionsrolle zum Volksgruppenleiter WOLFRAM BRUCKNER übernahm. Am 9. November 1940 wurde er zu dessen Nachfolger ernannt. Nach dem mißglückten Versuch, 1944 in Siebenbürgen eine Untergrundorganisation gegen die sowjetische Besatzungsmacht aufzubauen, geriet er in sowjetische Gefangenschaft und verstarb im sowjetischen Lager Workuta.

[38] BERGER, GOTTLOB (1896-1975); SS-Obergruppenführer und Leiter des SS-Hauptamtes. Als Turnlehrer und Sportler trat er der SS bei und avancierte zu einem der wichtigsten Mitarbeiter HIMMLERs. Wahrscheinlich ist die Idee, auch die Volksdeutschen Südosteuropas für die Waffen-SS zu rekrutieren, auf B. zurückzuführen. Mit der von ihm bekannten Verbissenheit setzte er dieses Ziel auch durch. Ab Juli 1942 war er als Staatssekretär HIMMLERs Vertreter in ROSENBERGs Reichsministerium für die besetzten Ostgebiete. Er leitete die Deutsch-Kroatische Gesellschaft sowie die Deutsch-Flämische Studiengruppe. Ende August 1944 beauftragte HIMMLER B. mit der Niederschlagung des Aufstands in der Slowakei, am 1. Oktober 1944 wurde er zum Generalinspekteur des Kriegsgefangenenwesens ernannt. 1949 wurde er im Rahmen der alliierten Kriegsverbrecherprozesse in Nürnberg zu 25 Jahren Haft verurteilt, 1951 wurde seine Strafe auf 10 Jahre heruntergesetzt. Insgesamt verbrachte er sechseinhalb Jahre im Gefängnis.

die ihm nicht angelastet werden könne, und bat ihn, uns durch Aufklärung der Öffentlichkeit bzw. entsprechende Information des Verwaltungsapparats zu helfen.

19. Oktober 1945

Um die Organisationsform des Volksbunds wenigstens teilweise den Forderungen des Deutschtums in den wiedererlangten Gebieten anzupassen, die jene ständig auch reichsdeutschen Stellen übermittelten, richteten wir im Volksbund, d.h. in der Leitung bestimmte Abteilungen bzw. Ämter ein. Unter anderem z.B. das Kulturamt, das Frauenamt, das Amt für Rechtsschutz, das Gesundheitsamt, das Amt für Wissenschaft und Forschung, das Kassaamt. Von diesen waren aber nur sieben besetzt und konnten arbeiten. 1943 mußten wir auch deren Zahl einschränken, d.h. Ämter schließen, weil die Zahl der männlichen Mitarbeiter wegen der Einberufungen und freiwilligen Meldungen zum Kriegsdienst stark zurückging.

Mangels einer zur Amtsführung geeigneten Person hat z.B. die wichtigste dieser Abteilungen, das sog. Organisationsamt, seine Tätigkeit überhaupt nie aufgenommen, und so versah die Stabsleitung – mehr schlecht als recht – seine Aufgaben.

Bei meinem ersten Besuch bei Ministerpräsident KÁLLAY bat ich ihn, er möge mir gestatten, seine Aufmerksamkeit wenigstens einmal im Monat für kurze Zeit in Anspruch zu nehmen, was er mir auch versprach. So hatte ich häufig Gelegenheit, die Fragen des heimischen Deutschtums und des Volksbunds mit Ministerpräsident KÁLLAY zu erörtern. Im folgenden werde ich versuchen, die wesentlichsten Punkte der Gespräche mit ihm zusammenzufassen:

In der Schulfrage bat ich um Erfüllung unserer bescheidensten Wünsche, denen Ministerpräsident KÁLLAY volles Verständnis entgegenbrachte, so daß wir während seiner Regierungszeit die Genehmigung zur Errichtung eines Gymnasiums, einer Handelsschule, einer Bürgerschule und mehrerer Volksschulen erhielten. Für das Jahr 1944 planten wir keine Errichtung neuer Schulen. Was die Mittel zur Deckung der Ausgaben für die Schulen sowie für soziale Zwecke betraf, kam der Ministerpräsident unserer diesbezüglichen Bitte dergestalt nach, daß er einwilligte, die benötigte Summe auch weiterhin auf der Basis bilateraler Regierungsvereinbarungen direkt dem Volksbund zukommen zu lassen. Verständnis zeigte KÁLLAY auch für meine Bemühungen, den Kostenaufwand soweit nur irgend möglich durch Sammlungen bei den Volksbund-Mitgliedern und erhöhte Mitgliedsbeiträge zu beschaffen. Im weiteren lenkte ich die Aufmerksamkeit des Ministerpräsidenten auf meine Absicht, in meinen Reden auf den Jahresversammlungen mit einiger Übertreibung von der Tätigkeit noch auf dem Papier bestehenden Ämter und Unterabteilungen unter Anführung gleichfalls nur papierener Fakten zu berichten, um den Vorwurf der deutschen Nationalitätenführer in den Nachbarstaaten gegen den Volksbund zu unterlaufen, wonach dieser infolge der weltanschaulichen Nachlässigkeit und Uneinheitlichkeit noch immer in den Kinderschuhen steckte und unfähig sei, reife Leistungen zu erbringen. Darauf sagte KÁLLAY zu mir: "Nicht die Worte wäge ich bei Dir, sondern die Taten."

Die dogmatische Verbohrtheit der aus der Batschka stammenden Mitarbeiter, die den Alten im Volksbund soviel Sorge und Schwierigkeiten bereitete, war dem Ministerpräsidenten nicht unbekannt, machte ich ihn doch ständig darauf aufmerksam. Als sich ein paar von ihnen freiwillig zur Waffen-SS meldeten, hörten der oppositionelle Druck und die Aktivitäten geheimer, gegen mich gerichteter Organisationen für eine Weile auf. Angesichts der Tätigkeit der Volksbund-internen Opposition begann ich von neuem, mich eingehend mit der Frage des – für beide Seiten nutzbringenden – Zusammenlebens unserer national selbstbewußten Deutschen [mit dem staatstragenden ungarischen Volk] zu beschäftigen und unterbreitete dem Ministerpräsidenten KÁLLAY (wie z. T. auch schon BÁRDOSSY) hierzu einige der folgenden Vorschläge: Erstens gelte es auch den Volksbund, besonders aber sein Führungspersonal in die tägliche Arbeit der ungarischen Nation einzuspannen, und zwar in der Hauptstadt wie in der Provinz. Zweitens gelte es, um der weltanschaulichen Einseitigkeit der Deutschen Jugend gegenzusteuern, zunehmend engere Verbindungen mit der "Levente"[39] und anderen Jugendorganisationen herzustellen; eine Zeit lang ist diese Zusammenarbeit auch angelaufen und begann sich schön zu entwikkeln. Für das Wichtigste hielt ich jedoch – unter drittens – den weitgespannten Ausbau gesellschaftlicher Verbindungen zwischen der Intelligenz des staatstragenden Volkes und der Volksbund-Intelligenz, konnte ich doch an mir selbst am besten beobachten, in welch hohem Maße es mir förderlich war, außer von ungarischer Kultur durchdrungen zu sein, auch an ungarischem Familienleben teilzunehmen, wozu mir besonders KÁLLAY verhalf. Nach meiner Meinung konnte der Aufbau familiärer Beziehungen zwischen dem großen ungarischen und dem kleinen deutschen Lager weit eher zu Ergebnissen führen als auf Gemeinschaftlichkeit zielende Programmschriften, Vorträge und Zeitungsartikel.

---

[39] Nach einem Sohn des ungarischen Fürsten Árpád benannte, 1921 gegründete staatliche Organisation zum Zweck der vormilitärischen Ausbildung und Leibeserziehung der männlichen, schulisch nicht mehr erfaßten Jugendlichen im Alter von 12-21 Jahren, in Kriegsjahren von 12 bis 18 Jahren. Die mit dem Gesetz Nr. 53/1921 geschaffene Verpflichtung zur L. stieß in Arbeiter- und Bauernkreisen auf großen Widerstand. Mit dem Gesetz Nr. 2/1939 wurde die paramilitärische Ausbildung in der L. auf alle männliche Jugendliche im Umfang von jährlich 10 Monaten und wöchentlich vier Stunden verpflichtend ausgedehnt. Die in den letzten Kriegsmonaten auch zu Kriegseinsätzen herangezogene L.-Organisation wurde 1945 als faschistisch aufgelöst, ihr Landeskommandant Generaloberst ALAJOS BÉLDY (1889-1946) als Kriegsverbrecher zum Tode verurteilt und sodann zur lebenslänglichen Zwangsarbeit begnadigt.

Die ungarische Familie, die gemeinsam mit einer Volksbund-Familie an einem Ausflug teilgenommen hat, oder Familien, die wenn auch nur einmal zusammen im Theater waren und anschließend gemeinsam zu Abend gegessen haben, sind dabei einander sehr viel näher gekommen als auf jede andere Art. Ich schlug noch manch anderes in dieser Richtung vor, darunter gemeinsame ungarisch-deutsche Volksfeste, Autobustouren usw. Viertens dürfe keine Mühe gescheut werden, um spürbare Differenzen im einzelnen zu beheben, weil der Ingrimm und die Verbitterung sehr leicht von der individuell-persönlichen Ebene übergreife auf die von den Einzelpersonen vertretenen Kollektive. Ich bat den Ministerpräsidenten, so wie wir uns mit der *Südostdeutschen Rundschau* bemühten, dieser Sache von ganzem Herzen zu dienen, möge auch von ungarischer Seite ein ähnlicher Rahmen geschaffen werden, um für unsere Annäherung an das staatstragende Volk Sympathien zu werben, und ich ersuchte ihn, alles zu tun, damit das Programm des Zusammenlebens möglichst erfolgreich verwirklicht werde.

Daß Ministerpräsident KÁLLAY mich schon 1943 mit seinem Vertrauen auszeichnete, belegt am besten der Inhalt jener Gespräche, auf die ich jetzt kurz eingehen möchte. Diese Unterredungen fanden so gut wie immer in Gegenwart von Sektionsrat PÁL BALLA statt. Als ich einmal in einer recht verzweifelten Lage den Ministerpräsidenten bat, mir den Rücktritt zu ermöglichen, weil mir die Kraft fehle, weiter durchzuhalten im Kampf gegen die Opposition im Volksbund, die sich immer stärker organisierte und auf breiter Front gegen mich agierte, erwiderte mir Ministerpräsident KÁLLAY ungefähr folgendes: "Diesen Gefallen kann ich Dir nicht tun, auch ich muß mich meiner Opposition erwehren; und was die Reichsdeutschen angeht, so verwenden deren Agenten reichlich Sorgfalt auch auf mich. Ich rate Dir, mache Dich noch unabhängiger." Ich antwortete, ich wolle mir, nachdem mich weltanschaulich nichts an den Nationalsozialismus binde, meine geistige und politische Unabhängigkeit soweit ich nur könne bewahren, wohl wissend, daß dies das einzige sei, was mir das Vertrauen der ungarischen Regierung sichere. Und ich wies noch darauf hin, erst unlängst gehört zu haben, daß inzwischen auch Innenminister KERESZTES-FISCHER meiner Person mehr Verständnis entgegenbringe.

Bei einer anderen Gelegenheit weihte mich Ministerpräsident KÁLLAY darin ein, daß er mit Vorbedacht allwöchentlich mit den angelsächsischen Mächten kokettiere, gelte es doch, auf alle Eventualitäten vorbereitet zu sein. Im Zusammenhang mit dieser Äußerung wies er darauf hin, es sei noch vor Friedensschluß sehr leicht möglich, daß im Komitat Baranya, möglicherweise ganz bis Fünfkirchen hinunter, eine Volksabstimmung darüber entscheiden werde, wohin das Gebiet gehören solle, und er fragte mich, wie ich die Haltung unserer Schwaben einschätzte, die in diesem Gebiet siedelten. Ich versicherte dem Ministerpräsidenten, bei einer solchen Abstimmung werde das dortige ungarländische Deutschtum zweifellos für das alte Vaterland votieren. Ich versprach aber auch noch, demnächst mehrere Gemeinden zu besuchen, um mich persönlich davon zu überzeugen, ob ich diese Meinung uneingeschränkt würde aufrechterhalten können. An den folgenden Wochenenden bin ich zweimal durch die deutschen Gemeinden der Südbaranya gefahren und konnte danach dem Ministerpräsidenten melden, daß mich die konkreten Erfahrungen, die ich unterwegs gewonnen hatte, nur in meiner Überzeugung bestärkten.

Ein anderes Mal bat ich auf den Rat von Dr. BALLA und Dr. BIRKÁS[40] den Ministerpräsidenten, ob es ihm nicht möglich wäre, durch sein Eingreifen die Hetze zu beenden, die in den Komitaten Tolna und Baranya wegen der sog. "Jüdin-Affaire"[41] gegen mich geführt wurde, eine Angelegenheit, die die Opposition im Volksbund natürlich bei gegebener Gelegenheit gegen mich verwenden werde. Einmal fühlte ich mich sogar genötigt, so weit zu gehen, beim Ministerpräsidenten anzufragen, auf welchen staatlichen Schutz ich rechnen könne, wenn reichsdeutscherseits meines Verhaltens und meines Privatlebens wegen bestimmte Schritte zur Anwendung kämen. Keine zwei Tage später war meine Frage an den Ministerpräsidenten auch schon der Gestapo bekannt, und zwar über einen – hier von mir noch nicht genannten – Ministerialbeamten, der sie dem reichsdeutschen Journalisten KORNHUBER (ich will nicht behaupten aus Böswilligkeit, aber zweifellos aus gewissenloser Schwatzhaftigkeit) weitererzählt hatte, so daß die Gestapo eine Untersuchung gegen mich einleitete. Dr. GOLDSCHMIDT rettete mich aus der heiklen Lage, indem er aufzeigte, daß die von KORNHUBER übermittelten Angaben zu Ort und Zeit offenkundig falsch waren. Zudem ist es mir mit Leichtigkeit gelungen zu beweisen, daß der betreffende Beamte, der die Nachricht weitergegeben hatte, entgegen seiner Behauptung nicht an dem Gespräch mit Ministerpräsident KÁLLAY teilgenommen hatte. Ich habe Ministerialrat Dr. PÁL BALLA hiervon unterrichtet, ihm

---

40 BIRKÁS, GÉZA, Dr., war Referent der II. Abteilung des Ministerpräsidiums und somit hauptsächlich mit den Minderheitenfragen beschäftigt. Im August 1945 wurde er zum Ministerialrat befördert. B. hielt in Ödenburg/Sopron am 29. und 30. März 1935 im Auftrag der Evangelischen Theologischen Fakultät der Universität Fünfkirchen/Pécs eine Vortragsreihe, die später unter folgendem Titel erschienen ist: A magyarság francia barátai régen és most [Die französischen Freunde des Ungartums einst und jetzt]. Pécs 1936. (Pannonia könyvtár. 19). Seine Ausführungen schloß er auf S. 45 mit der folgenden Feststellung, die offenbar seine damalige politische Grundüberzeugung artikulierte: "Ungeachtet dessen, wie sich die Kräfteverhältnisse in naher Zukunft in den europäischen Ländern gestalten, und in Anbetracht der wirtschaftlichen, militärischen, diplomatischen und kulturellen Bedeutung dieses Landes, dürfen wir Frankreich um so weniger vernachlässigen, als es zweifelsohne in der Gestaltung des europäischen Schicksals eine führende Rolle spielen wird, und über die Zukunft des Magyarentums wird weder London, noch Rom oder Berlin alleine, sondern nur gemeinsam mit Paris entschieden."

41 Angesprochen wird hier die intime Beziehung, die BASCH über anderthalb Jahrzehnte mit der Jüdin KLÁRA SPIELER eingegangen war. Vgl. dazu auch die beiden Zeugenaussagen von KLÁRA SPIELER im Basch-Prozeß.

auch den Namen des betreffenden Herrn genannt, und ihm bedeutet, daß ich künftig der bewußten Person gegenüber äußerste Zurückhaltung üben würde, um nicht wieder in eine solch ungute, bedrohliche Situation zu geraten.

Den Ministerpräsidenten wies ich bei einer Gelegenheit Ende 1943 auch darauf hin, daß die *Deutsche Zeitung* einen aus dem Reich geschickten Aufpasser bekommen hatte, der in redaktionellen Angelegenheiten sozusagen alle Vollmacht besaß. Zweimal haben wir vergeblich versucht, den betreffenden Herrn unter dem einen oder anderen Vorwand nach Berlin zurückzuschicken, beide Male ist es der Volksdeutschen Mittelstelle gelungen, ihn uns wieder auf den Hals zu hetzen. Obwohl ich schon wegen anderer Fälle ständiger Einmischung seit 1942 keinen Artikel mehr für die *Deutsche Zeitung* geschrieben hatte, war ich nun doch genötigt, den Ministerpräsidenten darauf hinzuweisen, daß diese Zeitung völlig meiner Verfügung entglitten war. (Die Verfügungsgewalt übte der genannte Aufpasser aus, und zwar geradezu diktatorisch, so daß ich die tatsächlich verantwortlichen Redakteure der Reihe nach ablösen mußte, weil sie diesen leidigen Zustand nicht länger ertragen konnten.)

Es hat die Bedenken der Reichsdeutschen uns alten Volksbundführern gegenüber nur noch gesteigert, daß die alteingesessenen ungarländischen Deutschen in der Volksbundführung die Reichsdeutschen ständig "Piefke" und "Mogsikaner" (es mag sie keiner) nannten und daß bei den Essen sehr häufig ungarisch gesprochen wurde.

Den Vorstoß der Opposition versuchte ich auf der Jahresversammlung 1943 neuerlich damit abzuwehren, daß ich mit Zahlen operierte, die offenkundig überhöht waren.

Von den Ereignissen im März 1944 hatte kein einziger der Volksbundführung im voraus Kenntnis. Ich verbrachte die folgenden zehn Tage und auch die Nächte im sog. Deutschen Haus, um zur Hand zu sein, sollte von irgendwoher ein Bericht einlaufen über irgendwelche – und seien es auch noch so geringfügige – Übergriffe von seiten von Volksbundmitgliedern. Der deutsche Gesandte hat sich [damals] drei Wochen in keiner Weise, d.h. weder schriftlich noch mündlich, um die Angelegenheiten des Volksbunds gekümmert. Nach Ablauf der ersten zehn Tage suchte ich Dr. PÁL BALLA auf und ließ ihn wissen, daß es mir gelungen war, zu erwirken, daß keinem meiner alten Gegner deutscher Nationalität, und hätte er selbst den erbittertsten Kampf gegen mich geführt, ein Leid geschehe. Von diesen Männern ist auch kein Einziger verhaftet oder verhört worden. Als ich später, ungefähr im August erfuhr, daß die Gestapo den Abgeordneten ADAM RIESZ[42] verhaftet hatte, habe ich dagegen aus politischer

[42] RIESZ, ADAM (1901-1973); Landwirt und Politiker. Er stammte aus einer Großbauernfamilie in Szajk (Komitat Baranya) und engagierte sich in der örtlichen Kirchengemeinde. 1931 schaltete er sich als Mitglied der Unabhängigen Partei der Kleinlandwirte in die Politik ein und baute deren Organisation im Komitat Baranya auf. Ab 1935 vertrat R. seine Partei im ungarischen Parlament, trat 1939 jedoch zur Regierungspartei

Überzeugung Einspruch erhoben, und es gelang mir auch, bei der zuständigen deutschen Stelle seine sofortige Freilassung zu erreichen, indem ich für ihn eine Bürgschaft übernahm. Auch hiervon habe ich Sektionschef Dr. PÁL BALLA informiert.

Bei meinem ersten Besuch bei Ministerpräsident SZTÓJAY[43] habe ich dargelegt, daß ich die entstandene mißliche Lage niemals auch nicht im geringsten ausnützen würde, keinerlei Neuerungen einführen wolle und mich mit keinerlei Bitten oder Wünschen an die Regierung zu wenden gedächte. Der Ministerpräsident nahm dies dankbar zur Kenntnis. In die erneuten Verhandlungen um die Waffen-SS, die alsbald zwischen den Beauftragten der beiden Regierungen begannen, hat sich der Volksbund nicht eingemischt. Diese dritte Vereinbarung, die die Verpflichtung zum Militärdienst im Rahmen der Waffen-SS auf sämtliche Volksdeutsche in Ungarn ausdehnte und die sogar kaum Siebzehnjährige – halbe Kinder noch – miteinbezog und nach oben überhaupt keine Altersgrenze kannte, ist zustande gekommen, ohne daß die Volksbundführung dazu befragt worden wäre.[44] Als ich ein, zwei Monate später erfuhr, daß sich einige unserer Mitglieder auf dem Lande aktiv in die Durchführung der Zwangsrekrutierung zur Waffen-SS einschalten wollten, habe ich dies sofort untersagt. Meinen Vorschlag, den Volksbund völlig aus der Durchführung der Rekrutierungsvereinbarung herauszuhalten, machten sich die ungarischen wie die deutschen Zuständigen zu eigen. Ich selbst habe nur gebeten, die Vereinbarung gerecht durchzuführen, damit sich – wie ich offen dargelegt habe – die Gegensätze zwischen denen, die dem Volksbund angehörten, und jenen, die sich von ihm fernhielten,

---

über und war 1939-1945 deren Abgeordneter auf der Komitatsliste. Im Volksbildungsverein gehörte er zur Gruppe der regierungstreuen Magyarophilen, die einen Teil seiner Forderungen als "übertrieben" ablehnten. 1938 schlug er vergeblich eine Fusion des Vereins mit dem Volksbund vor. Danach profilierte er sich als prominenter volksdeutscher Gegner des Volksbundes und wurde zum Mitbegründer der Treuebewegung, woraufhin er im Januar 1941 ausdrücklich aus der deutschen Volksgemeinschaft ausgeschlossen wurde. Am 19. März 1944 wurde er von der Gestapo verhaftet und interniert. Nach Kriegsende enteignet, durfte R. nicht einmal in sein Heimatdorf zurückkehren, zog mit seiner Familie nach Fünfkirchen und erlernte das Zimmermannshandwerk, das er bis zu seinem Ruhestand ausübte.

[43] SZTÓJAY, DÖME (1883-1946); Offizier, Diplomat, ungarischer Ministerpräsident 1944. 1917-1920 leitete er die Abwehrabteilung der Armee, 1927 wurde er zum Militärattaché an der Berliner Gesandtschaft ernannt. Nach einer Offizierskarriere in Budapest kehrte er 1935 nach Berlin als Gesandter zurück. Im gleichen Jahr legt er auch seinen serbischen Namen STOJAKOVICS ab. Nach der Besetzung Ungarns übernahm er das Amt des Ministerpräsidenten, nachdem der eigentliche Favorit VEESENMAYERs, nämlich IMRÉDY, vom Reichsverweser HORTHY nicht akzeptiert worden war. Das Budapester Volksgericht verurteilte ihn 1946 zum Tode.

[44] Das Abkommen wurde am 14.4.1944 von VEESENMAYER und LAJOS CSATAY, dem damaligen ungarischen Kriegsminister, unterzeichnet.

nicht noch mehr vertieften. Manchmal wurden in einer Woche Zehntausende aus unseren Gemeinden eingezogen und in einer Weise ausgebildet, die alle Zeichen von Gewissenlosigkeit an sich trug. Zu Tausenden erreichten uns die Klagen, und Tausende gingen mit ihren Klagen zu den amtlichen ungarischen Stellen, aber Abhilfe schaffen konnte keiner. Diese Situation der Ohnmacht nutzte die Opposition im Volksbund, die sich schon seit mehr als zwei Jahren gegen mich gesammelt hatte und vorwiegend aus Batschka-Deutschen und jüngeren Mitgliedern bestand, um endlich offen gegen mich aufzutreten, nachdem sie reichlich Material gesammelt und insgeheim ihre Verbindungen zu den reichsdeutschen Kreisen ausgebaut hatten. Kurz zusammengefaßt ist folgendes geschehen: Die Hauptakteure der Opposition machten einem Gestapo-Mann Mitteilung davon, daß ich mehr als 14 Jahre lang in einer gleichsam familiären Lebensgemeinschaft mit einer "jüdischen Dame" lebte und auch in der Familie aus und eingegangen sei, daß Folgen dieses meines Verhaltens einstweilen noch keine bekannt seien; daß ich mich in keiner einzigen meiner Reden oder keinem meiner Artikel jemals als Nationalsozialist bekannt habe; nie auch nur eine antisemitische Erklärung abgegeben habe; mich bei den sog. Stabsbesprechungen mehrfach defätistisch geäußert habe, indem ich meinem im Rahmen des Volksbunds eingeschlagenen Kurs und meine Grundprinzipien mit dem Hinweis zu rechtfertigen suchte, es gelte auch an die Möglichkeit eines Kriegsendes zu denken, das der Romantik der nicht in Ungarn Aufgewachsenen mit ihrer dogmatischen Weltanschauung widerspreche. Die Angelegenheit gelangte schließlich an SS-Obergruppenführer WINKELMANN[45], der dann auch das Verfahren gegen mich eingeleitet hat. In meinem Verhör bekannte ich offen und ehrlich, aufgrund meiner Erziehung und meiner Erfahrungen auch Reichsdeutsche nie im Zweifel darüber gelassen zu haben, daß ich nur eine deutsch-

---

[45] WINKELMANN, OTTO (1896-?); Polizeioffizier, 1930-1937 Direktor der Stadtpolizei von Görlitz, danach Major im Hauptamt der Ordnungspolizei im Reichsinnenministerium, seit 1932 Mitglied der NSDAP, seit 1938 Mitglied der SS. Nach der von ihm mit geplanten Besetzung des Landes im März 1944 leitender SS- und Polizeiführer in Ungarn im Rang eines SS-Obergruppenführers. Ihm unterstand nicht nur die Gestapo, sondern auch der Sicherheitsdienst (SD) der SS. Die Rivalität zwischen W. und VEESENMAYER führte zu zahlreichen Auseinandersetzungen innerhalb der reichsdeutschen Besatzungskräfte. Er fiel am 1. Mai 1945 in amerikanische Kriegsgefangenschaft und wurde am 27. Oktober 1945 nach Ungarn überstellt, um dort in den Volksgerichtsprozessen gegen FERENC SZÁLASI, EMIL KOVARCZ, BÉLA IMRÉDY und FRANZ BASCH auszusagen. Dem vom ungarischen Justizminister am 10. April 1946 an Generalmajor WILLIAM S. KEY (Leiter der USA-Mission bei der Alliierten Militärkommission) gestellten Antrag, W. zusammen mit VEESENMAYER als Kriegsverbrecher an Ungarn auszuliefern, wurde nicht stattgegeben, vielmehr setzten die amerikanischen Behörden seine Rücküberstellung nach Deutschland durch, die am 1. September 1948 erfolgte. Danach wurde er in Westdeutschland freigelassen und ging 1961 als Polizeioberst in Bordesholm in den Ruhestand.

völkische Auffassung vertrat und nicht eine nationalsozialistische Weltanschauung. Nach meinem Ermessen schüre die nationalsozialistische Auffassung und Weltanschauung bei den sog. Volksgruppen nur Gegensätze, führe zu keinen Lösungen und vertiefe die Zweifel des staatstragenden [Mehrheits]volks in höchstem Maße. Äußerlichkeiten hätten wir uns wohl teilweise zu eigen gemacht, aber auch das habe schon zu einem gesteigerten Mißtrauen der ungarischen Öffentlichkeit gegen uns geführt. Meine Freundschaft zu der sog. "jüdischen Dame" habe ich nicht geleugnet und erklärt, daß ich nicht von der Ausrede rein sexueller Befriedigung Gebrauch zu machen gedächte, weil diese Freundschaft eine viel tiefere war, und die Opfer, die diese Frau für mich brachte, viel zu groß waren, als daß es nicht meine Pflicht wäre, dies ehrlich einzugestehen. Ich erklärte, ihr und ihrer Familie gegenüber auch heute noch das Gefühl der Verehrung zu empfinden, und sollte ich je gegen jemanden einen Fehler begangen haben, dann ihr gegenüber. Diese Freundschaft habe es mir verwehrt, auch nur in Äußerlichkeiten Antisemit zu sein, nie habe ich daher eine derartige Rede gehalten und hätte auch nicht die psychische Robustheit besessen, eine solche zu halten. Die einzige Ausnahme bilde eine Rede in Bonyhád, in der das Wort "Kampf des Judentums" vorgekommen sei, das die deutsche Gesandtschaft eingefügt habe, als sie meinen Redetext überprüfte. In den Stabsbesprechungen seien keine defätistischen Äußerungen von meiner Seite gefallen, da es nach meiner Ansicht nicht Defätismus sei, wenn sich jemand im Blick auf die Zukunft so verhalte, daß man ihm später nicht vorwerfen könne, es habe ihm an Voraussicht gefehlt. Nach meiner Auffassung seien, so legte ich dar, Überlegung, Vorausschau, Umsicht und Geduld die Grundvoraussetzungen jedes konstruktiven Minderheitenverhaltens, müsse man sich doch stets vor Augen halten, daß eine Nationalität für immer und ewig mit dem Staatsvolk in guter Nachbarschaft zusammenleben muß.

WINKELMANN nahm die Ausführungen zu meiner Verteidigung zur Kenntnis und erklärte, er selbst sei für die endgültige Entscheidung nicht zuständig, werde sie mir aber – wenn schon gefällt – zu einem späteren Zeitpunkt mitteilen. Solange eine solche nicht erfolge, solle ich an meinem Platz bleiben, nachdem er jetzt auch von mir persönlich zu hören bekommen hatte, daß ich – von inneren Ängsten getrieben – siebenmal gebeten hatte, meinen Rücktritt zu bewilligen, und daß ich – wie ich auch vor ihm erklärte – nach Ende des Krieges unter keinen Umständen gewillt war, an der Spitze des Volksbunds zu bleiben.

Ende August 1944 teilte mir WINKELMANN mit, daß ich bis Ende des Krieges an meinem Posten bleiben könne, erst dann bekäme ich die Entscheidung übermittelt; er selbst sei bemüht, mich menschlich zu verstehen. Im Vorzimmer erfuhr ich von Major KRUMMHOLZ, der WINKELMANNs Adjutant war, daß nach Kriegsende ein Reichsgericht in meiner Angelegenheit ein Urteil sprechen werde, er für seine Person jedoch glaube – wie er tröstend sagte –, daß ich mit ein-zwei Jahren Konzentrationslager davonkäme. In welchem Seelenzustand ich mich danach befand und meine Arbeit machte, kann man sich leicht vorstellen.

Des öfteren habe ich mir selbst und drei-vier Freunden die Frage gestellt, warum es meinen Opponenten nicht gelungen ist, mich zu erledigen. Ich konnte mich nur der Auffassung Dr. KEINTZELs[46] anschließen, nach der dies nur deshalb nicht passiert ist, weil ich im Gegensatz zu den übrigen sogenannten Volksgruppenführern nicht versucht habe, mich in die große Politik einzumischen, insofern also kein Wässerchen trübte, mich hinter keine der Führungsfiguren im Reich einreihte, die ständig ihre eigene Politik machten, und zwar gegeneinander, um ihren Einfluß auf Kosten der anderen möglichst breit zur Geltung zu bringen. So stand ich niemandem im Weg, und die Tatsache, daß ich siebenmal den Antrag stellte, zurücktreten zu können, war allgemein bekannt, so daß meine Demission aus welchem Anlaß auch immer stets mit Leichtigkeit zu erreichen gewesen wäre.

Die Tätigkeit des Volksbunds bestand von September 1944 an gewissermaßen nur noch darin, den zahlreichen Beschwerden und Klagen anläßlich der Evakuierung, die von Leuten der Volksdeutschen Mittelstelle durchgeführt wurde, abzuhelfen, soweit ich mit meinen geringen Kräften hier überhaupt noch Abhilfe schaffen konnte. Nach dem Regierungswechsel machte ich bei Ministerpräsident LAKATOS[47] meine Aufwartung, der nur die eine Frage an

---

[46] KEINTZEL, EDUARD (1897-1973); Jurist, Offizier und Minderheitenpolitiker. Nach der Teilnahme am Ersten Weltkrieg und am rumänischen Feldzug gegen Ungarn promovierte er und praktizierte ab 1926 als Rechtsanwalt in Sächsisch-Regen. Als Redakteur schrieb er für die *Sächsisch-Regener Nachrichten* und als Minderheitenpolitiker organisierte er das Deutschtum in Neumarkt, später in Sächsisch-Regen, das er bis 1941 im Deutschen Volksrat für Siebenbürgen bzw. ab 1935 der Deutschen Volksgemeinschaft in Rumänien als Obmann des Kreisausschusses repräsentierte. Unmittelbar nach der Unterzeichnung des Wiener Volksgruppenabkommens führte K. mit Ministerpräsidenten TELEKI Gespräche über die Stellung der an Ungarn angegliederten Siebenbürger Sachsen aus Nordsiebenbürgen, die sein Verhältnis mit der Volksgruppenführung belasteten. Im April 1941 wurde er als Kreisleiter abgesetzt, vertrat aber weiterhin als Abgeordneter die Sachsen im ungarischen Parlament. Im Herbst 1944 floh er nach Österreich. Dort plante er zunächst die Übersiedlung der nach Österreich geflüchteten Siebenbürger Sachsen nach Südamerika, doch in Zusammenarbeit mit dem Generaldechanten CARL MOLITORIS ließen sich diese sodann im Ruhr-Gebiet nieder. Auf Initiative von K. übernahm das Land Nordrhein-Westfalen 1957 die Patenschaft über die Siebenbürger Sachsen. In Ungarn wurde er am 29. März 1945 auf die Liste der Kriegsverbrecher gesetzt, weil er mit seiner parlamentarischen Tätigkeit den Kriegseintritt Ungarns ermöglicht und gefördert haben soll.

[47] LAKATOS, GÉZA (1890-1967); Offizier, ungarischer Ministerpräsident 1944. 1919 war L. Militärberater der ungarischen Roten Armee, danach trat er zur Honvédarmee über. Im März 1940 wurde er zum Stabschef der 2. Ungarischen Armee, im Mai 1943 zum Befehlshaber der Ungarischen Besatzungsstreitkräfte und 1944 (vom März bis Mai) zum Befehlshaber der 1. Ungarischen Armee ernannt. Am 29. August 1944 übertrug ihm HORTHY das Amt des Ministerpräsidenten mit dem Auftrag, den - schließlich

mich richtete, ob ich an den Endsieg glaube. Meine Antwort lautete, höchstens an einen Vergleichsfrieden. Darauf der knappe Kommentar des Ministerpräsidenten: Du machst also Realpolitik, ich kann Dich verstehen.

Als die Ereignisse des Oktobers 1944 eintraten, hielt ich mich in der Batschka auf und erfuhr dort davon über das Radio. Als ich FERENC SZÁLASI[48] Anfang November aufsuchte, bat ich ihn, die Partei nicht mit Befugnissen der Staatsmacht auszustatten, für den Volksbund aber wiederholte ich die Erklärung, daß wir unter den obwaltenden Umständen keinerlei Wünsche hätten, da uns zu deren Verwirklichung sowohl der entsprechende Mitarbeiterstab als auch die Finanzmittel fehlten.

Hier muß ich anmerken, daß uns von seiten der Pfeilkreuzlerpartei vor den Oktoberereignissen einzig und allein EMIL KOVARCZ[49], den ich bis dahin nicht gekannt hatte, aufsuchte, ohne sein Kommen angemeldet zu haben, und im

---

mißlungenen - Kriegsaustritt vorzubereiten. Nach dem Weltkrieg kam er in ein sowjetisches Internierungslager in Ungarn, 1965 emigrierte er zu seinen Kindern nach Australien.

[48] SZÁLASI, FERENC (1897-1946); Offizier und Politiker. Im Ersten Weltkrieg kämpfte er an der italienischen Front und war bis 1930 aktiver Offizier. 1932 ließ er sich pensionieren, um sich ganz der Politik widmen zu können. Aus der von ihm gegründeten Partei des Nationalen Willens ging die Pfeilkreuzlerpartei - Hungaristische Bewegung hervor. Seine hungaristische Ideologie sympathisierte mit dem italienischen Faschismus, lehnte aber die Rassenideologie ab und betonte die christliche Tradition Ungarns. 1938 wurde er zu einer Gefängnisstrafe verurteilt, was allerdings zu einem Aufschwung seiner Partei unter dem als Parteiführer begabteren KÁLMÁN HUBAY führte. Nach dem Zweiten Wiener Schiedsspruch wurde er amnestiert. Vom Dritten Reich erhielt Sz. nur eine beschränkte Unterstützung, die Pfeilkreuzlerpartei wurde vor allem von der SS favorisiert. Im besetzten Ungarn hat das Dritte Reich als allerletzte Alternative erst im Oktober 1944 auf Sz. gesetzt. Der daraufhin zum "Führer der Nation" beförderte Sz. vereinigte das Amt des Ministerpräsidenten und des Reichsverwesers in einer Person, mußte aber schon bald Budapest verlassen und den Regierungssitz nach Ödenburg (Sopron) verlegen. Ende März 1945 floh er von hier aus nach Österreich, von wo er nach Ungarn ausgeliefert und in einem Volksgerichtsprozeß zum Tode verurteilt wurde.

[49] KOVARCZ, EMIL (1899-1946); Offizier und Politiker. K. beteiligte sich aktiv am Weißen Terror nach der Räterepublik. Zunächst diente er bei der Gendarmerie, danach unterrichtete er an der Budapester Offiziersakademie Ludovika. Nach seiner Pensionierung schloß er sich 1938 der Pfeilkreuzlerpartei an, die er 1939-1940 auch im Parlament vertrat. Als Mitglied des Parteivorstandes war er einer der Drahtzieher des Bombenattentates auf die Budapester Synagoge in der Dohány-Gasse, weshalb er 1941 rechtskräftig zum Gefängnis verurteilt wurde. Der Verhaftung entzog er sich durch seine Flucht nach Deutschland und kehrte erst 1944 wieder zurück. K. spielte eine maßgebliche Rolle bei der Schaffung bewaffneter Parteiformationen und bei der Machtübernahme der Pfeilkreuzler. Als Minister ohne Portfeuille wurde er mit der "totalen Mobilisierung und Kriegsbeteiligung der Nation" beauftragt. Vom Budapester Volksgericht wurde er als Kriegsverbrecher zum Tode verurteilt.

Haus der Volksbundführung in Gegenwart von Dr. GOLDSCHMIDT die Frage stellte, ob wir bereit seien, gegen die damalige Regierung in Opposition zu gehen, dieser oppositionellen Gesinnung ohne Zögern auch Ausdruck zu verleihen und aus den Reihen der Regierungspartei auszutreten. Meine Antwort war: Eine nationale Minderheit könne keine Parteipolitik treiben, der ihr zustehende Platz sei in den Bänken der jeweiligen Regierung, von Machtpolitik solle sie sich fernhalten und sich in Geduld fassen, da sie als Minderheit ohnehin nichts am Geschehen ändern könne. KOVARCZ stand auf, sagte: Das ist also noch immer die Auffassung der Herren, und verließ, ohne zu grüßen oder uns die Hand zu geben, das Haus der Volksbundführung.

Anfang Dezember verließen die wenigen Führungskräfte des Volksbunds – die übrigen Mitarbeiter und Angestellten des Vorstands waren schon früher nach Ödenburg gegangen – Budapest und verlegten ihre Tätigkeit ebenfalls nach Ödenburg, in das Haus der dortigen Gebietsführung. Von den zum Volksbund gehörigen Abgeordneten kam auch nicht einer der Aufforderung der Pfeilkreuzler nach, in ihre Partei einzutreten. Das Verhältnis zur neuen führenden Partei war zunächst kühl-korrekt, verschlechterte sich dann aber zusehends, als wir erfahren mußten, daß die Pfeilkreuzlerpartei sukzessive mit Befugnissen der Staatsmacht ausgestattet wurde, was sich in den Gemeinden, wo noch Volksdeutsche wohnten oder der Volksbund eine Ortsgruppe hatte, sehr nachteilig für diese auswirkte. Unsere Abgeordneten brachten dies bei der neuen Regierung des öfteren zur Sprache, allerdings ohne jeglichen Erfolg.

Die Volksbundführung hat zwischen dem 22. und 29. März [1945] Ödenburg verlassen. Sie wich nach Österreich aus, wo sich ihr größter Teil in verschiedene Richtungen zerstreute. Die meisten schlossen sich ihren evakuierten Familien an, soweit sie diese auffinden konnten. Am 22. April haben fünf – wie sie von den Oppositionellen genannt wurden – konservative Mitglieder des Volksbunds ein Memorandum[50] verfaßt und unterzeichnet, in dem sie sich an die drei demokratischen Großmächte mit der Bitte wandten, ihnen zu ermöglichen, sich in Amerika oder Südafrika niederzulassen, falls sie nach Kriegsende keine Verbindung zur neuen ungarischen Regierung herstellen könnten, oder die neue ungarische Regierung die Heimkehr der Evakuierten nicht billigen sollte. In diesem Memorandum haben die Unterzeichner – auf vier Seiten zusammengefaßt – Tätigkeit und Wesen des Volksbunds skizziert. Nachdem sie dieses Memorandum den Besatzungsmächten nicht überreichen konnten, bat ich den vormaligen Abgeordneten Dr. EDUARD KEINTZEL, er möge es Graf GYÖRGY APPONYI[51], einem führenden Mann der ungarischen demokratischen

---

[50] Dieses am 23. April 1945 in Weyregg am Attersee (Oberösterreich) verfaßte Memorandum wird im Quellenanhang ediert.

[51] APPONYI, GYÖRGY (1898-1970), Großgrundbesitzer und Publizist, der als Politiker stets eine bürgerlich-liberale Richtung verfolgte. Er gelangte 1931 als Abgeordneter der Keresztenypárt [Christlichen Partei] ins Parlament und schloß sich 1935 der Nemzeti

Partei, übergeben, der sich in Kammer am Attersee aufhielt. Ich hoffte dabei einerseits auf dessen Ratschläge, anderseits auf Weitergabe.

Am 17. Mai 1945 verhafteten mich die amerikanischen Behörden. Von da an bis zu dem Zeitpunkt, als ich Ungarn überstellt wurde, war ich in verschiedenen österreichischen und bayerischen Internierungslagern bzw. im Gefängnis.

Das Wesentliche meiner bisherigen Aussagen kann ich wie folgt zusammenfassen:

1. Wir haben den Volksbund gegründet, weil wir dem heimischen Deutschtum auf diese Weise helfen wollten, in seiner Treue zum Vaterland niemals schwankend zu werden. Wie jede andere europäische Minderheit waren auch wir bestrebt, mittels einer Organisation, nämlich dem Volksbund, also einer demokratischen Institution, dem heimischen Deutschtum Minderheitenrechte zu erwirken und diese auch zu wahren. Minoritäres Nationalbewußtsein kennzeichnete nicht nur das ungarländische Deutschtum, sondern gleicherweise alle europäischen Minderheiten, nicht zuletzt und besonders auch die ungarischen Minderheiten in den besetzten Gebieten. Dieses minoritäre Rechtsempfinden und das Verlangen nach einem Nationalitätenrecht ist eine der Geistesströmungen, die sich seit Anfang des 19. Jahrhunderts offen und über ganz Europa hinweg manifestieren. Als wir den Volksbund gründeten, waren weltanschauliche Grundsätze weder für mich bestimmend, noch fanden sie in den Statuten Ausdruck.
2. Daß sich mit dem Vordringen der Weltanschauung des Nationalsozialismus die jüngere Generation dafür empfänglich zeigte, ist nicht zu bestreiten. Als Angehörige der älteren Generation haben sich die Gründer des Volksbundes, solange es möglich war, unter allen Umständen darum bemüht, die Sache des Bundes unabhängig von jeder Weltanschauung voranzubringen. Der Weg, den wir dabei einschlugen, war schwer, umgab uns doch innerhalb wie außerhalb des Vaterlandes eine Welt voller Zweifel. Der einen Seite mochten wir als Nazis erscheinen, der übrigen Welt als halb in der Entwicklung stehen gebliebene "Völkische". So mußten wir unser Schiffchen langsam zwischen Klippen hindurch vorwärts steuern, wobei uns die drei oben skizzierten Prinzipien die grundsätzliche Richtung wiesen. Ich bestreite nicht, daß die ältere Generation, um ihr Werk selbst in der Hand zu behalten und es nicht einer Radikalisierung preiszugeben oder Uneingeweihten in die Hände fallen zu lassen, versuchte, wenn sie schon nicht anders konnte, sich dadurch am Ruder zu halten, daß sie bei gewissen Äußerlichkeiten formale Konzessionen machte. Daß die Reichsdeutschen die älteren Volksbundführer bis zuletzt nicht als Nazis betrachteten, beweisen fol-

---

Szabadelvű Párt [Nationalliberale Partei] von KÁROLY RASSAY an. 1944 ins KZ Mauthausen verschleppt, kehrte er nach seiner Befreiung nicht mehr nach Ungarn zurück.

gende Sachverhalte: Während die führenden Leute der übrigen deutschen Volksgruppen in die NSDAP aufgenommen wurden, ist das von uns keinem widerfahren. Wurden wir dazu aufgefordert, haben wir den Parteibeitritt von uns aus abgewehrt. Alle anderen Führer deutscher Volksgruppen z.B. in Rumänien, der Slowakei oder Kroatien wurden zu höheren SS- oder SA-Chargen ernannt, so KARMASIN[52], der Führer der Slowakeideutschen, zum SA-Gruppenführer, SCHMIDT, der frühere Führer der Rumäniendeutschen, zum SS-Standartenführer usw. Mir hingegen wurde eine solche Ernennung nicht zuteil und auch keinem einzigen von meinen Mitarbeitern. Die Führer der anderen deutschen Volksgruppen erhielten alle hohe militärische Auszeichnungen (meist das Kriegsverdienstkreuz), nicht so jedoch ich oder auch nur einer meiner Mitarbeiter. Alle anderen deutschen Volksgruppenführer haben sich in die sogenannte große Politik eingeschaltet, pausenlos verschiedene Vorschläge zur Lösung großer politischer Fragen ausgearbeitet, während ich mich selbst mit innenpolitischen Fragen nur dann abgab, wenn es die wichtigsten internen Angelegenheiten des Volksbunds unumgänglich machten. In allen anderen deutschen Volksgruppen sind nationalsozialistische Parteien entstanden, mittels derer die jeweiligen Volksgruppenführer dann ihre weltanschaulich begründete Parteipolitik zum Ausdruck brachten. Aus prinzipiellen Gründen und mit Rücksicht auf die Zukunft haben sich meine Freunde und ich der Gründung einer solchen Partei selbst dann noch versagt, als der diesbezüglich auf uns ausgeübte Druck eine Gründung nahezu unvermeidlich machte. In solch kritischen Zeiten flüchteten wir aufs Neue zu der alten Methode, uns Äußerlichkeiten zu eigen zu machen, wie z.B. das Erheben der rechten Hand, das Tragen von Armbinden und Uniformen; von Ende April bis Anfang September, zu einer Zeit, als wir viele andere Forderungen zurückwiesen, trugen wir vorübergehend auch die Hakenkreuzarmbinde, bis wir von September 1944 an einen Weg fan-

---

[52] KARMASIN, FRANZ (1901-1970), Staatssekretär und deutscher Volksgruppenführer in der Slowakei. Nach seinem 1923 abgeschlossenem Studium an der Landwirtschaftlichen Hochschule in Tetschen-Liebwerd ab 1926 im Deutschen Kulturverband in der Slowakei tätig, gründete er dort 1928 zusammen mit R. STEINACKER und K. MANOUSCHEK die Karpatendeutsche Partei und amtierte nach deren Zusammenschluß mit der Sudetendeutschen Partei 1935 als Stellvertreter KONRAD HENLEINs für die Slowakei und die Karpato-Ukraine. 1938 gründete er die Deutsche Partei als nationalsozialistische Sammelbewegung der deutschen Minderheit in der Slowakei und wurde im Oktober 1938 von TISO zum Staatssekretär für die Angelegenheiten der deutschen Volksgruppe in der slowakischen Regierung ernannt und im März 1940 zum "Führer" der deutschen Volksgruppe in der Slowakei gewählt. 1945 flüchtete K. nach Österreich, wo er bis zu seiner 1952 erfolgten Übersiedlung nach Westdeutschland unter falschem Namen (FRANZ DIBAK) lebte. 1947 wurde er in der Tschechoslowakei als Kriegsverbrecher in absentia zum Tod verurteilt.

den, die Armbinden ganz abzulegen. Den Angehörigen der höheren Führung war gestattet, soweit sie einen Waffenschein besaßen, auch einen Revolver zu tragen, was ich wiederum erst erlaubt habe, nachdem zwei Männer bei der Durchführung von Evakuierungsmaßnahmen tätlich angegriffen worden waren. Diese Äußerlichkeiten einzuführen, bedeutete eigentlich, zwischen zwei Übeln zu wählen. Wir konnten wählen, ob wir die Substanz oder die äußere Form übernehmen. Ich habe die äußere Form gewählt, wenn sich die Entscheidung weder umgehen, noch weiter hinauszögern ließ. Jenen, die die interne Entwicklung des Volksbunds gekannt und mit wohlwollender Objektivität beobachtet haben, konnte das alles nicht verborgen geblieben sein. Ich bestreite nicht, daß uns davor bangte, die Leitung des Volksbunds in die Hand weltanschaulich völlig festgelegter Personen zu legen, besonders als wir wahrnahmen, daß der Generationswechsel langsam begann, die Mitglieder des Volksbunds in zwei Lager zu teilen. Wenn der Schmerz bitterer Ohnmacht in mir seinen Höhepunkt erreichte, habe ich meinen Rücktritt angeboten oder angekündigt. Ihn zu erlangen, war mir nicht vergönnt, wohl auch deshalb nicht, weil es mir – davon bin ich zutiefst überzeugt – gelungen war, mit der Methode der Geduld, des Brückenschlags und der Mäßigung das Verhältnis zu den ungarischen Regierungen so zu verbessern, wie ich es immer für meine vornehmste Pflicht erachtet hatte. Seit 1940 gab es keinen Regierungschef, dem ich nicht – manchmal flehentlich – die Bitte unterbreitet hätte, man möge mir gestatten, mich rasch und ehrenhaft von der Spitze des Volksbunds zu entfernen und zu meinen Büchern zurückzukehren. Ich kann es hier offen kundtun, daß mir kein einziger ungarischer Ministerpräsident diese Bitte gewährt hat, was doch der einzige Weg gewesen wäre, meinen Rücktritt zu bewerkstelligen.

3. Aufgrund meiner Überzeugung wie infolge meiner Bildung und nicht zuletzt auch meines Privatlebens war ich nie Nationalsozialist, und ich glaube auch, daß die, die mich näher kannten, Ungarn wie Deutsche, das von mir wußten. Soweit ich konnte, habe ich es – von den oben genannten Äußerlichkeiten abgesehen – nicht zugelassen, daß sich im Volksbund der Geist des Nationalsozialismus einnistete.
4. Aus den in Punkt 3 zusammengefaßten Gründen war ich auch nie Antisemit, habe ein Wirken in diesem Geist verhindert, wenn ich nur einen Weg dazu finden konnte, ja habe in mehreren Fällen auch Mitarbeiter, die in dieser Richtung tätig zu werden versuchten, abgelöst oder gezwungen, in die Waffen-SS einzurücken. Z. B. den Landespropagandaleiter HENRIK REISTER, meinen persönlichen Sekretär JANKOVITS, den früheren Sathmarer Gebietsführer JUSTLI[53], den Landesbauernführer FRIEDRICH METZGER[54], die

[53] Richtiger Jüßli bzw. JÜSSLI, MARTIN (geb. 1914).

Hauptabteilungsleiter GEORG PILLMAYER und GERHARD GUTWIRD, den stellvertretenden Landesjugendführer MATTHIAS KIRSCH, den Landessportleiter der Jugend PAUL LOTZ. Solange ich noch Einfluß auf unsere Presse hatte, habe ich nie zugelassen, daß sie eine antisemitische Kampagne startete. Dasselbe gilt vom Einkaufsverbot bei jüdischen Kaufleuten.

5. Ich war davon überzeugt, daß mein taktisches Vorgehen notwendig war und dem Guten diente und daß ich im Wesentlichen meiner ehrenhaften Überzeugung treu geblieben war und an ihr festhielt. Der Schein sprach sehr oft gegen mich, aber ich war davon überzeugt, daß später einmal die höheren Führungskreise berufen sein würden, das endgültige Urteil über meinen Weg und meine Arbeit zu sprechen, und sie nicht nach dem Schein, sondern nach dem Wesentlichen, das ich stets vor Augen hatte, urteilen würden. Von daher war ich überzeugt, es werde die Zeit kommen, da die Eingeweihten, sollte ich überhaupt an der Spitze des Volksbunds bleiben, ihr Werturteil abgäben, es werde also auch für mich jener Tag kommen, den nicht nur Graf PÁL TELEKI, sondern auch KÁLLAY in Aussicht gestellt hatte, an dem die ungarische Öffentlichkeit aus ungarischem Munde erführe, in welcher Zwangslage ich handeln mußte, ohne daß ich in meiner Treue zum Vaterland auch nur für einen Augenblick schwankend geworden wäre oder dessen fundamentale Interessen aus den Augen verloren hätte. Ich habe an das Kommen dieses Tages geglaubt, und diejenigen, die Einsicht gewonnen haben in das Wesentliche meiner Arbeit, können auch heute noch nicht in Abrede stellen, daß ich immer bestrebt war, den geraden Weg zu gehen, die Sache meiner kleinen Nationalität im Einklang zu halten mit der des ungarischen Vaterlands und beide gemeinsam voranzubringen.

20. Oktober 1945

Auf Aufforderung des vernehmenden Polizeibeamten kehre ich nach den obigen Ausführungen an den Anfang meiner Aussage zurück, wo ich erklärt habe, daß ich mich nicht nach den Paragraphen der Volksgerichtsbarkeits-Verordnung schuldig fühle, sondern dies anders formulieren müßte. Nach dem Vorgetragenen kann ich dies nunmehr wie folgt präzisieren: Ich fühle mich insofern schuldig, als ich dem Druck der beiden radikaleren Gruppen bei uns -

---

[54] METZGER, FRITZ. Der im serbischen Banat geborene M. schloß sich 1934/35 der Erneuerungsbewegung an und avancierte zum Stellvertreter von JAKOB AWENDER (1896-1975). Später leitete er das Bauernamt im Banat, 1938 wurde er zum Gauleiter der Erneuerungsbewegung für die Batschka ernannt. Kurz vor der Zerschlagung Jugoslawiens, Anfang 1941, wurde M. stellvertretender Volksgruppenführer. Nach dem Anschluß der Batschka an Ungarn übernahm er im Volksbund das Amt des Landesbauernführers. Er zählte zu den heftigsten Kritikern von FRANZ BASCH.

darunter verstehe ich die schon von der nationalsozialistischen Weltanschauung infizierte Jugend und die aus der Batschka sowie Nordsiebenbürgen in unser Vaterland zurückgekehrten, bereits im Nazi-Geist geschulten und organisierten Volksgruppenteile – nachgegeben habe und nach außen hin, um die konservative Rolle der alten Führungsgruppe wahren zu können, nicht umhin konnte, Äußerlichkeiten einzuführen, die in der ungarischen öffentlichen Meinung ganz allgemein und zum Teil auch bei den heimischen Deutschen den Eindruck erwecken konnten, seit 1941 habe der Nazi-Geist begonnen, den Volksbund mehr und mehr zu durchdringen. Ich erwähne 1941 deshalb, weil mit der Unterzeichnung des Zusatzes zum Wiener Schiedsspruch die Reichsdeutschen ihre Einmischung sozusagen schon auf rechtlicher Grundlage betrieben.[55] Ich weise die Behauptung des Untersuchungsbeamten zurück, daß der von mir erwähnte äußere Schein, worunter ich verschiedene Nazi-Äußerlichkeiten verstehe, zu denen ich, wie gesagt, gezwungen war, eine Schicht des heimischen Deutschtums ebenso angesteckt oder schlechterdings infiziert hat, als wenn diese Nazi-Äußerlichkeiten nicht nur äußerer Schein gewesen wären, sondern dahinter wirklich die entsprechende Überzeugung gestanden hätte. Und zwar aus folgendem Grund: Die Gruppen und Schichten, die wesentlich radikaler waren als wir, traten gelegentlich einer entsprechenden Feier oder einer Rede unter dem selben äußeren Schein wie wir dem Volk gegenüber mit den gravierenden Forderungen auf und verlangten Opfer, und so spürte das heimische Deutschtum sofort, ja mußte es spüren, ob hinter dem äußeren Schein jene, Forderungen und Opfer forcierende Gruppe stand oder wir selbst, die wir uns hinter dem äußeren Schein verbargen, aber unter Bewahrung des Volkstums der heimischen Deutschen die friedliche Zusammenarbeit mit dem Ungarntum wollten. Diese Schicht, deren Gesinnung schon völlig vom nationalsozialistischen Geist durchdrungen war, bezeichnete sich selbst – zur Unterscheidung von uns – als "weltanschaulich", während sie uns die "Völkischen" oder die "Alten" nannten.

Zu den Abschiedsreden, die ich beim Abmarsch der aus dem hiesigen Deutschtum ungarischer Staatsbürgerschaft kommenden SS-Soldaten an die Front hielt und die mir vom vernehmenden Polizeibeamten zur Last gelegt wurden, gebe ich folgende Erläuterung: ich habe von den insgesamt anfallenden – jährlich 40-50 – Abschiedsansprachen fünf bis sechs gehalten, im Jahre 1943. (1942 hielt ich keine einzige solche Rede, während die übrigen Volksbundführer noch bis 1944 solche Verabschiedungsreden hielten, die dann in diesem Jahr auf mein Betreiben hin völlig eingestellt wurden.) Wenn ich eine solche Rede hielt, sprach ich ausschließlich von soldatischer Opfer-[bereitschaft] und von der Treue zum Vaterland. Diese Opfer haben weder ich noch die sog. "älteren" Redner jemals als Opfer für den Nationalsozialismus bezeichnet, wie es die "Weltanschaulichen" taten. Ich habe ausgeführt, daß ich

[55] Allerdings wurde das betreffende Abkommen bereits am 30.8.1940 geschlossen.

unerschütterlich daran glaube, daß unsere Anhänger trotz des Vertrags, der den Verlust ihrer ungarischen Staatsbürgerschaft mitbeinhaltete, nach Beendigung des Krieges auf die heimatliche Scholle würden zurückkehren können, während die "Weltanschaulichen" in dieser Frage ganz anderer Auffassung waren, nämlich der, daß sich die Situation nach dem Sieg ohnedies so gestalten werde, daß das entscheidende Wort ausschließlich beim Militär liege bzw. eine neue Weltordnung entstehe. Ich gebe zu, daß der Tenor meiner Reden damals ein anfeuernder war, konnte ich doch beim Abmarsch an die Front anderes nicht sagen als anzufeuern und Mut zuzusprechen, wie der Inhalt einer Trauerrede auch nur der sein kann, Trost zu geben. Dafür übernehme ich auch die Verantwortung.

In einem von mir namentlich gezeichneten Text auf S. 30 des Volksbundkalenders für das Jahr 1943, den ich persönlich an die Leser des Kalenders richtete, stellte ich den Lesern den Krieg tatsächlich als Ideal vor Augen und rühme die Soldaten, die Helden unseres Volkes und unseres Vaterlandes. Zu meiner Entlastung muß ich darauf verweisen, daß bei anderen Volksgruppen ähnliche Aufrufe seitens der Volksgruppenführer erschienen, die in deutlich hetzerischem Ton und Geist gehalten waren. Ich habe mich in meinem Text nicht auf den Nationalsozialismus berufen, während es in anderen Aufrufen von nationalsozialistischen Phrasen nur so wimmelte.

Zur Frage der Einziehung der ungarländischen Volksdeutschen zur deutschen Wehrmacht war mein Standpunkt allezeit der, daß es eine der unseligsten Bestrebungen ist, in einem Land Soldaten für die Armee eines anderen Landes zu rekrutieren und diese ihrer Staatsbürgerschaft zu berauben, was bis 1944 Grundlage und inhaltliche Substanz der beiden Waffen-SS-Verträge darstellte. Die Volksbundführung war nicht einmal zu Informationsgesprächen eingeladen worden, als die beiden Regierungen diese Verträge schlossen. Vor den Ministerpräsidenten habe ich in eigener Person die Verträge als unglückselig bezeichnet. Schmerzlich berührt, konnte ich nur zur Kenntnis nehmen, daß diese Verträge auch vom streng ungarisch-nationalen Gesichtspunkt aus betrachtet einen Vorzug hatten, nämlich den, daß sich im Wege der freiwilligen Meldung am ehesten diejenigen stellten, bei denen die weltanschauliche Überzeugung oder zumindest Neigung schon in ausgeprägtem Maße vorhanden war. Gemäß den beiden Verträgen sollten nach Kriegsende eben diese weltanschaulich gewissermaßen schon Nazis Gewordenen nicht mehr als ungarische Bürger auf den Boden des Vaterlandes zurückkehren können. Ich konnte, obwohl es mir wehtat, den ungarischen Standpunkt verstehen.

Zum Volksbundkalender und dessen Inhalt nehme ich im folgenden Stellung: Der Volksbund gab, wie es seine Statuten erlaubten, jedes Jahr einen Kalender heraus, für den die meisten der Führer Artikel schrieben. Diese Artikel bezeugen den selben Geist bzw. Unterschied in der Geisteshaltung, den ich schon oben dargelegt habe. Noch 1943 gelang es, auf dem Umschlag des Kalenders statt des eigentlich vorgeschriebenen schwarzen Sonnenrads ein rotes

Sonnenrad (Goldfarbe konnten wir nicht auftreiben) zu verwenden und so die alte – seit 1939 bestehende – Tradition zu bewahren.

So wie ich mich selbst für gemäßigter halte als die Vertreter der sächsischen oder der Batschkaer Volksgruppe, erkenne ich auch an, daß mein Vorgänger, der Verein von GUSTAV GRATZ, der Ungarländische Deutsche Volksbildungsverein, gemäßigter war als ich, der ihm gegenüber der radikalere war. Auch gebe ich zu, daß meine Vorgänger zur selben Zeit, als sie ihren Verein liberaler (nicht im politischen Sinne des Wortes) führten und weniger den Interessen des heimischen Deutschtums und der Entwicklung seines Volkstums dienten, gleichwohl aber damit dem ungarischen Vaterland mehr zu Diensten waren als ich, der im Gegensatz zu ihnen das Volkstum und völkische Selbstbewußtsein der deutschen Minderheit entwickelte und stärkte; ich bestreite jedoch, daß ich mit meiner Tätigkeit die deutsche Volksgruppe dissimiliert hätte, zumal die wenigen, schon halb magyarisierten Deutschen, die nur vorübergehend zum Volksbund gekommen waren und auch bald wieder ausschieden, keinen ernstlichen Verlust und noch weniger eine Gefahr bedeuteten. Neben der obigen Feststellung muß ich hier aber klarlegen, daß mich vom Vorsitzenden GUSTAV GRATZ und seinen Mitarbeitern in der volksdeutschen Frage nicht weltanschauliche Differenzen schieden, sondern allein die Tatsache, daß der genannte Volksbildungsverein bis 1935 unter dem Aspekt des Volkstumsschutzes nur sehr magere Ergebnisse zu erzielen vermochte, obwohl es ihm am Herzen lag und er durchaus bestrebt war, Ergebnisse zu erreichen. Das belegt auch die Tatsache, daß ich nicht selbst aus den Reihen dieses Vereins auszuscheiden trachtete, sondern dazu gezwungen wurde. Ich zeigte auch noch 1938 Bereitschaft, mit dem Verein zusammenzuarbeiten, und wenn dies nicht gelang, war es nicht auf weltanschauliche Differenzen zurückzuführen.

Auf die Frage des vernehmenden Polizeioffiziers, woher wir nach meiner Trennung von GUSTAV GRATZ und seinem Verein, als ich mit meiner Gruppe in die Illegalität ging, die materielle Basis für unsere Bewegung und für HUSS das Auto nahmen, gebe ich hiermit an, daß das Kraftfahrzeug im Jahre 1934, als noch GUSTAV GRATZ und Dr. FRANZ KUSSBACH den Verein leiteten, als Geschenk aus Deutschland in den Besitz des Vereins gelangte, und zwar so, daß es auf den Namen des ältesten Sohnes von JAKOB BLEYER, FRANZ, eingetragen wurde. Als sich FRANZ BLEYER unserer Gruppe anschloß, übergab er ihr das Auto, die es ihrerseits dem damaligen Leiter RICHARD HUSS überließ. Ebenso ließ man uns 1935 die Hilfsgelder zukommen, die in der zweiten Jahreshälfte 1935 eigentlich der Volksbildungsverein hätte übernehmen sollen, wie er sie 1934 und im ersten Halbjahr 1935 auch übernommen hatte. Das Deutsche Reich ließ uns von da an überhaupt keine Gelder mehr zukommen, es bestellte nur in größerer Zahl unsere Veröffentlichungen, deren Mark-Wert wir auf das Doppelte des ungarischen Pengő-Werts anhoben.

In den Jahren 1935 und 36 hat der damalige Abgeordnete SAUERBORN[56] monatlich 1000 Pengő Unterstützung angewiesen. Wir führten auch andere Sammelaktionen bei einzelnen Spendern durch, von denen wir hier und da, von manchen auch regelmäßig, Hilfszahlungen und Unterstützung bekamen. Nachdem bei uns nur fünf Leute Bezahlung erhielten und wir diese aufs Lebensnotwendigste, eine Summe unter 100 Pengő monatlich, herunterschraubten, konnten wir noch unser bescheidenes Zwei-Zimmer-Quartier in der Badacsonyi-Gasse bezahlen. Der alle fünf Wochen erscheinende *Deutsche Volksbote* konnte in solchem Ausmaß Abonnenten gewinnen, daß wir schon nach einigen Monaten die Ausgaben decken konnten. Und der von uns herausgegebene Kalender brachte zwar keinen großen, aber doch merklichen Gewinn. Unsere von Kultura herausgegebene wissenschaftliche Zeitschrift[57] bedurfte nach einem Aufruf, der unsere bedrängte Lage schilderte, kaum mehr der Zuzahlungen. Da wir nicht zu Besuchsreisen aufs Land gehen, weitere Propaganda nicht entfalten konnten, hatte wir auch keine weiteren Ausgaben.

Im Verlauf des Verhörs wurde festgestellt, daß auf dem Umschlag des von der deutschen Volksgruppe in Ungarn herausgegebenen Jahrbuchs für 1945 ein Hakenkreuz abgebildet ist. Des weiteren ist im Buchinneren im Verein mit ganzseitigen Bildern von HITLER und SZÁLASI auf S. 33 auch ein seitengroßes Bild von Dr. FRANZ BASCH in Uniform zu sehen. Auf S. 35 ist eine Aufnahme von der Großkundgebung des Volksbunds in Bonyhád am 20. April 1944 abgedruckt. Im Hintergrund des Bildes, d.h. hinter der deutschen Volksgruppe, die an der Versammlung teilnimmt, sind ein riesiges HITLER-Porträt und Hakenkreuzfahnen auszumachen. Auf S. 37 ist das Brustbild eines Volksbundmitglieds in Uniform zu sehen, mit dem Sonnenradabzeichen auf seinem Halstuch und dem Hakenkreuz an seiner Mütze. Auf S. 49 ist eine Gruppe der politischen Soldaten der deutschen Volksgruppe abgebildet, die Hakenkreuzarmbinden tragen.

---

[56] SAUERBORN, KARL (1891-1937); Jurist und Großgrundbesitzer. Nach der Abtretung der Batschka an Jugoslawien übersiedelte er nach Ungarn, wo er in Bácsborsod als Rechtsanwalt tätig war und seine Güter bewirtschaftete. Als Vorstandsmitglied wirtschaftlicher und gesellschaftlicher Vereine und stiftendes Mitglied des Volksbildungsvereins engagierte er sich auch gesellschaftspolitisch. 1931 gelangte er mit einem Mandat der Kleinlandwirtepartei ins Parlament, unterlag aber 1935 seinem Konkurrenten. Nachdem er vom Volksbildungsverein als dessen stellvertretender Vorsitzender ausgeschlossen worden war, schloß er sich der Volksdeutschen Kameradschaft an und finanzierte nicht nur deren Verlagsgesellschaft Kultura, sondern auch die Zeitschrift *Deutscher Volksbote*.

[57] Angesprochen wird hier die Zeitschrift *Neue Heimatblätter. Vierteljahrschrift zur Erforschung des Deutschtums in Ungarn.* Herausgegeben von RICHARD HUSS. Geleitet von FRANZ BASCH. Jahrgang 1-3, Budapest 1935/36-1938. Fortgesetzt unter dem Titel: *Deutsche Forschungen in Ungarn.* Herausgegeben von FRANZ BASCH. Schriftleiter: ANTON TAFFERNER. Jahrgang 4-8, Budapest 1939-1943.

Was die politischen Soldaten betrifft, kann ich folgendes angeben: diese Formulierung gebrauchten wahrscheinlich Leute als Selbstbezeichnung, die nach eigener Auffassung Soldaten hätten sein müssen, es aber nicht waren und sich deshalb in ihrem Zivildasein an der Heimatfront selbst als "politische Soldaten" bezeichneten. Ein Mann diesen Typs war auch der Schriftleiter des Jahrbuchs, der Siebenbürger Sachse FRANZ HERBERT.[58] Was den Kalender als Ganzes angeht, möchte ich folgendes festhalten: Der Kalender wurde zu einer Zeit redigiert, als ich schon keinerlei Möglichkeit mehr hatte, dessen Inhalt auch nur im geringsten einer internen Zensur zu unterziehen, sonst wäre er nämlich in ganz anderer Gestalt und zweifellos mit anderem Inhalt erschienen. Meines Wissens war dieser Kalender gar nicht mehr fertiggestellt worden, ich zumindest habe kein einziges Exemplar in die Hand bekommen. Ich möchte darüber hinaus auch noch folgendes vorbringen: Infolge der im Sommer 1944 in Gang gesetzten Anzeige und Hetze gegen mich wurde ich dazu verpflichtet, einige der Älteren im Redaktionsstab durch führende Leute der jüngeren Generation zu ersetzen. So gelangte auf den Posten des sog. Stabsleiters ein neuer Mann, und auch der oben genannte FRANZ HERBERT, der ebenfalls eine Rolle in der Oppositionsgruppe spielte, verfügte nach dem vorläufigen Urteil gegen mich über ein erweitertes Ressort. HERBERT nützte die Ende 1944 entstandene Lage aus und machte schließlich deutlich, in welchem Geiste jene jüngere Generation wirkte, die von verantwortlicher Arbeit fernzuhalten bzw. strengerer Aufsicht zu unterstellen, uns bis dahin größtenteils gelungen war. Ich bekam nicht einmal mehr die Bürstenabzüge des Kalenders in die Hand. Das Vorwort hatte ich, soweit ich mich erinnere, im September 1944 der Schriftleitung des Kalenders übergeben.

Ich gebe zu, daß der Text, der – von mir unterzeichnet und auf September 1944 datiert – auf dem rückwärtigen Deckblatt des Kalenders erschienen ist, im Widerspruch steht zu der gesamten Verteidigung, die ich im Zuge meiner Aussage hier vorgebracht habe. Dies ist jedoch nur ein scheinbarer Widerspruch: bringt doch der Text dieselbe Geisteshaltung zum Ausdruck wie die Vorworte der übrigen Kalender und hebt doch auch er die Gemeinschaft des ungarländischen Deutschtums auf dem Heimatboden hervor und nicht eine allgemeine große [deutsche Volks-]Gemeinschaft. Daß in diesem Vorwort ein zum Durchhalten anfeuernder Ton ebenso anklingt wie in den übrigen, dafür will ich die Verantwortung weder leugnen noch von mir abwälzen. Hätte ich zu dieser Zeit nicht manchmal Worte gebraucht, wie sie damals bei den Deutschen allgemein üblich waren, hätte ich mich keinen Tag länger halten können, aber selbst noch

---

[58] HERBERT, FRANZ (geb. 1912); Landespropagandaleiter des Volksbundes. Er organisierte die berüchtigte Großkundgebung in Bonyhád 1944 zu "Führers Geburtstag". Gemeinsam mit seinem Landsmann, dem Rumäniendeutschen HANS KRAUSS, spielte H. eine entscheidende Rolle bei der Umgestaltung des *Deutschen Volksboten* in ein "nationalsozialistisches Kampf"- und Hetzblatt.

in dieser Lage, und das möchte ich hier besonders betonen, spreche ich mit keinem Wort von Nationalsozialismus, entsprechender Weltanschauung oder ähnlichem, wie ich denn auch in meiner bisherigen Aussage wiederholt und konsequent verneint habe, selbst jemals Nationalsozialist gewesen zu sein.

Auf Ihre Zwischenfrage erkläre ich hiermit, auch nicht Demokrat gewesen zu sein. Wie ich bereits dargelegt habe, schwebte meinem politischen Weltbild eine Lösung vor, die die ungarländischen Deutschen im Hinblick auf ihr Volkstum zufrieden stellen sollte, während mich die Frage, auf welcher Grundlage sich das [magyarische] Staatsvolk organisiert, im Tiefen meines Inneren nur selten beschäftigt hat. Hätte ich beantworten sollen, die Staatsform welchen Landes mir am meisten zugesagt hätte, so hätte ich die Volksdemokratie der Schweiz gewählt, von der ich allerdings weiß, daß sie sich organisch entwickelt hat und in ihrer organisierten Form vermutlich nicht auf den ungarischen Staat übertragen werden könnte.

Auf Ihre Frage gebe ich an, daß ich ALBERT ILG[59] zwischen 1935 und 1937 kennengelernt habe, der sich damals ständig bei meinem Mitarbeiter als jemand präsentierte, der auf unserer Seite stehe und im Bedarfsfall jederzeit bereit sei, zwischen Dr. LUDWIG LEBER, dem Generalsekretär des Volksbildungsvereins, und uns zu vermitteln. In dieser Zeit, wahrscheinlich Anfang 1937, kam er mit dem Plan, zu heiraten und uns über diese Eheschließung 5000 Pengő zukommen zu lassen, die wir erst nach Jahren zurückzahlen müßten. ILG ist dann für längere Zeit aus unserem Gesichtskreis verschwunden, da er seinen Lebensunterhalt mit Messeverkäufen bestritt. Von meinen Wiener Bekannten erfuhr ich. daß seine Behauptung, er stamme aus der berühmten Wiener Familie ILG, der Wahrheit entsprach. Vor der Gründung des Volksbunds, als verschiedentlich Versuche in der Richtung unternommen wurden, mit dem Volksbildungsverein zu einer Vereinbarung zu kommen, hat uns ILG ständig darüber informiert, welche Auffassung im Volksbildungsverein herrschte und wie die Stimmung dort war. Das tat er bis 1941, solange der Volksbildungsverein bestand bzw. wenigstens in seinen Amtsräumen noch eine Tätigkeit entfaltete. Später hat ILG ständig Dr. SCHNITZER[60] und zum Teil auch mich darüber informiert, wie die Lage in den Ortsgruppen in der Budapester Umgebung war, wer unsere Gegner in den dortigen Gemeinden waren, mit welchen Methoden sie arbeiteten usw. Manchmal legte er mir oder SCHNITZER die Gründe für die feindselige Haltung dar, die in der Pfeilkreuzlerpartei gegen uns herrschte, und berichtete von der

---

[59] ALBERT ILG war Vertrauensmann der Volksdeutschen Kameradschaft im Ungarländischen Deutschen Volksbildungsverein bis zu dessen Auflösung 1940/41.

[60] SCHNITZER, JOHANN (1894-1954); Dr., Minderheitenpolitiker. Der in Katymár in der Batschka geborene S. studierte in Budapest und war Mitglied der Studentenverbindung Suevia. Hier schloß er sich BLEYER an und wurde Leiter der Verwaltung im Volksbildungsverein und später Kassenwart im Volksbund. Nach dem Zweiten Weltkrieg ließ er sich in in Mehringen bei Augsburg nieder.

dort geplanten, gegen uns gerichteten Arbeit. Auf Vorschlag von Dr. SCHNITZER, der ILG sehr förderte, habe ich mich bereit erklärt, ILGs Monatseinkommen ausnahmsweise auch unsererseits zu ergänzen. Diese Summe machte 1942 oder 1943 ungefähr 200 Pengő aus.

In Beantwortung Ihrer Frage gebe ich zu Protokoll, daß ich weder in früheren Jahren zu meiner Studienzeit noch später, in der nationalsozialistischen Ära, einen Propagandalehrgang besucht habe. Auf den Wunsch JAKOB BLEYERs habe ich schon als Sekretär des Volksbildungsvereins an einem Volkskundekurs in St. Martin bei Graz teilgenommen, den der Pfarrer einer Abtei und der Direktor des Grazer Volkskunde-Museums, VICTOR VON GERAMB[61], leiteten. BLEYER schickte mich dort hin, damit ich die katholische Richtung der Volkskundeforschung kennenlerne und als zukünftiger Redakteur der von ihm schon damals geplanten Zeitschrift, den späteren "Deutsch-Ungarischen Heimatblättern", entsprechend gerüstet sei.

Auf den Vorhalt des vernehmenden Polizeibeamten, ich selbst, der Volksbund als solcher oder einzelne seiner Mitglieder hätten mit meinem Wissen den am 19. März einmarschierenden Truppen, der Gestapo oder einem anderen Sicherheitsdienst eine Liste der deutsch- oder nazifeindlichen ungarischen Politiker oder prominenter Persönlichkeiten aus Wirtschaft, Kultur oder Gesellschaft übergeben, erkläre ich, daß man von reichsdeutscher Seite weder von der Volksbundführung noch von mir eine solche Liste verlangt und auch nicht erhalten hat. Tatsache ist vielmehr, daß die deutschen Truppen in den Stunden nach ihrem Einmarsch einen Teil unserer Schulen (in zwei Fällen) als Quartier beschlagnahmten, ohne uns vorher gefragt zu haben, am nächsten Tag zu den Essenszeiten das Deutsche Haus überfluteten und dort solange auftauchten, wie sie noch etwas zu essen fanden. Auch hier gingen einzelne Gruppen unerlaubterweise in die Speisekammer und holten die Lebensmittel heraus. Tatsache ist weiter, daß deutsche Polizeibeamte am Morgen nach der Besetzung in einigen Büros der Volksbundführung erschienen und dort sechs oder acht (nicht leitende) Mitarbeiter und ebenso viele Sekretärinnen mit dem Versprechen besserer Bezahlung aufforderten, als Dolmetscher oder als Schreibkräfte auszuhelfen. FRIEDRICH METZGER konnte in meinem Auftrag erst am 5. oder 6. Tag erreichen, daß die Dolmetscher an ihren Arbeitsplatz zurückkehrten. Von den Schreibkräften ist nur eine zurückgekommen, die übrigen hielt die bessere Bezahlung (sie bekamen mehr als das Doppelte) davon ab, zu ihrer Arbeit zurückzukehren. Von den männlichen Angestellten sind zur zwei nicht wiedergekommen, die ich nach Ablauf der Frist aus ihrem Angestelltenverhältnis entließ.

---

[61] GERAMB, VIKTOR VON (1884-1958); Volkskundler, Universitätsprofessor. Von 1913-1948 Leiter der volkskundlichen Abteilung des Grazer Joanneums, 1924 Habilitation, ab 1931 a.o. Prof., ab 1949 o. Prof. an der Grazer Universität; wegweisender Erforscher der bäuerlichen materiellen und geistigen Volkskultur in der Steiermark.

Die Deutschen konnten – um Ihre Frage zu beantworten – die Adressen meines Erachtens erfahren haben a) von der Gesandtschaft, b) vom Budapester Büro der NSDAP, an dessen Spitze HENRY ESP[62] stand, und die Wirtschaftsadressen c) von den Wirtschaftssachverständigen, die reichsdeutsche Kreise 1940 versucht hatten, in den Volksbund einzuschleusen, die wir aber wieder hinausdrängten und die sich dann bereits 1942 bei der Ungarisch-Deutschen Handelskammer (OTTO GRÖNDAHL[63]) angesiedelt hatten, oder auch von Dr. WAGENER, von dem ich nicht weiß, wo er untergeschlüpft war, um seine Aufenthaltserlaubnis in Ungarn behalten zu können.

Ihre diesbezügliche Frage betreffend, möchte ich klarstellen, daß der Volksbund oder seine Mitglieder im Zusammenhang mit der Annexion Österreichs keinerlei Rolle spielten, zumal der Volksbund damals noch gar nicht existierte. Auch ich selbst und meine Umgebung spielten dabei keine Rolle, und wir ließen auch in Westungarn keine Presseprodukte drucken, wessen mich der vernehmende Polizeibeamte hier verdächtigt. In Westungarn gibt es nur eine größere Druckerei, die geeignet gewesen wäre, solche Presseerzeugnisse herzustellen, und das ist die Ödenburger Druckerei Romwalter, deren Pächter ebenso wie die Arbeiter Mitglieder der lokalen sozialdemokratischen Partei waren und demnach einen solchen Auftrag gar nicht übernommen hätten. Es ist mir bekannt, daß nach der Annexion Österreichs vorwiegend im Komitat Wieselburg (Moson) eine Anschluß-Bewegung aufkam, die von der damaligen Regierung aufgedeckt und vor den Strafrichter zitiert wurde. Die Untersuchung seinerzeit bestätigte voll und ganz unsere Aussage, daß wir mit dieser Bewegung nichts zu tun hatten. Daß man uns dessen verdächtigt, höre ich jetzt zum ersten Mal. Tatsache ist demgegenüber vielmehr, daß ich jederzeit bereit war, solcher

---

[62] ESP, HENRY (HEINRICH), Leiter der Landesgruppe der Auslandsorganisation der NSDAP in Ungarn.

[63] OTTO GRÖNDAHL und HERMANN WAGENER waren von der Volksdeutschen Mittelstelle entsandte reichsdeutsche Wirtschaftsberater. Nach dem Wiener Volksgruppenabkommen drängten Reichsstellen verstärkt auf die Zustimmung der ungarischen Regierung, solche Fachkräfte nach Ungarn schicken zu können, um die Voraussetzungen dafür zu schaffen, das Ungarndeutschtum als eine gesonderte wirtschaftliche Einheit zu erfassen. Nachdem am 29. März 1941 eine diesbezügliche Note noch immer nicht beantwortet worden war, nahmen diese Fachkräfte ihre Arbeit in Budapest ohne Genehmigung auf. WAGENER übernahm im Wirtschaftsamt des Volksbundes die Abteilung Landwirtschaft und GRÖNDAHL die Abteilung Gewerbe. Da der Volksbund selbst über keine Fachkräfte verfügte, brachten sie ein zwanzigköpfiges Hilfspersonal mit. Die Bedeutung dieser reichsdeutschen Vertrauensmänner wuchs nach der Wiederangliederung der Batschka an Ungarn Mitte 1941, da Ungarn sich vertraglich für die Ablieferung der landwirtschaftlichen Überschüsse aus dieser Region an Deutschland und Italien verpflichtet hatte (Batschka-Klausel). Zwecks Sicherstellung dieser Überschüsse verlagerten die beiden ihre Tätigkeit in die Batschka und sorgten für eine verhältnismäßig reibungslose Abwicklung dieser Lieferungen.

Stimmung im Volk entgegenzutreten, und versprochen habe, die Tendenzen zum Anschluß durch die Arbeit des Volksbunds abzubauen, was ich auf einer ganzen Reihe von Versammlungen auch getan habe, und daß es noch 1939 gelungen ist, die letzten Reste dieser Stimmung in Westungarn auszumerzen. Meines Wissens haben die zuständigen Regierungskreise dieses unser Verdienst auch nie in Zweifel gezogen.

Danach befragt, gebe ich hiermit an, mehrmals in Deutschland bei der Führung des Volksbunds für das Deutschtum im Ausland (VDA) gewesen zu sein. Diese Organisation unterstand jedoch nicht der Führung von Gauleiter BOHLE[64] (Auslandsorganisation). Letztere war die Zentrale der Parteiorganisation der im Ausland lebenden Staatsbürger des Deutschen Reichs[65], während der VDA ein alter, seit Jahrzehnten bestehender Verein war, der sich aus dem Schulverein entwickelt hat und sich die kulturelle und schulische Unterstützung der Volksdeutschen zum Ziel setzte. An seiner Spitze stand Dr. STEINACHER[66], der

---

[64] BOHLE, ERNST WILHELM (1903-1960); Funktionär der NSDAP, Sohn eines nach Kapstadt (Südafrika) ausgewanderten Lehrers. Seit 1931 arbeitete B. ehrenamtlich in der Auslandsorganisation der NSDAP mit, 1932 trat er in die Partei ein und übernahm am 8. Mai 1933 die Leitung der Auslandsorganisation der NSDAP, zunächst im Stab von RUDOLF HESS. 1937 wurde er als Staatssekretär ins Auswärtige Amt übernommen und auch von HIMMLER gefördert, von RIBBENTROP und ROSENBERG aber bekämpft. Seine Karriere endete 1941 mit dem Englandflug von HESS. 1945 in Nürnberg vor Gericht gestellt, blieb Bohle der einzige Angeklagte, der sich zur Schuld des Dritten Reiches und seiner Führer gegenüber den ausländischen Opfern, aber auch gegenüber dem irregeleiteten deutschen Volk bekannte. Im April 1949 zu fünf Jahren Gefängnis verurteilt, die mit der Untersuchungshaft fast verbüßt war, wurde er im Dezember gleichen Jahres entlassen.

[65] Die Auslandsorganisation (AO) der NSDAP wurde am 1. Mai 1931 als Auslandsabteilung der NSDAP zur Betreuung der Parteigenossen im Ausland mit Sitz in Hamburg gegründet. Nach ungelösten Kompetenzschwierigkeiten übernahm RUDOLF HESS die Schirmherrschaft über diese Einrichtung und ließ im April 1933 Gauinspekteur ERNST WILHELM BOHLE mit der Leitung betrauen. Der ehrgeizige BOHLE legte HESS einen offensiven Plan vor, der vorsah, die Auslandsdeutschen nach totalitären Prinzipien zu erfassen und diese der Befehlsgewalt des "Mutterlandes" zu unterstellen. Im Gegensatz zur ursprünglichen Zielsetzung der im Februar 1934 umbenannten Auslandsorganisation nahm sich BOHLE auch die Ausschaltung der Volkstumsverbände und die Ausdehnung seines Einflusses auf die Volksdeutschen vor. Dieser Plan sollte ihm zum Verhängnis werden, da er damit sich nicht nur RIBBENTROP, sondern auch HIMMLER und dessen Volksdeutsche Mittelstelle zum Feind machte. Ein Schiedsspruch von HESS untersagte ihm die Einmischung in volksdeutsche Angelegenheiten. Mit der Einsetzung von WERNER LORENZ an die Spitze der Volksdeutschen Mittelstelle wurde die Auseinandersetzung endgültig zugunsten der SS entschieden, da BOHLE nunmehr tatsächlich keinen Einfluß mehr auf die Volksdeutschen ausüben konnte.

[66] STEINACHER, HANS (1892-1971); Lehrer, Offizier, Funktionär der Auslandsdeutschen. Ein Stipendium vom Deutschen Schulverein Südmark ermöglichte ihm 1906-

BOHLEs erbittertster Gegner war und den die Partei eigentlich erst nach Jahren von der Spitze des VDAs entfernen konnte.

Der Volksbund stand nicht mit dem deutschen Sicherheitsdienst in Verbindung.

Ich bestreite, jemals eine Rede gehalten zu haben, in der ich von zwei Vaterländern gesprochen oder die im Folgenden zitierte Passage verwendet hätte: "Wir sind Deutsche, die zwei Heimatländer haben. Das eine ist das Vaterland und das ist Ungarn, das andere das Mutterland, das ist das Reich. Wir haben eine doppelte Verpflichtung: Treue und Achtung der Gesetze gegenüber dem Vaterland, und eine Verpflichtung, die aus der blutsmäßigen und geistigen Identität folgt, gegenüber dem Mutterland, weil wir Deutsche und Nationalso-

---

1911 das Studium an der Lehrerbildungsanstalt in Bielitz, wo S. unter den Einfluß der alldeutsch ausgerichteten Burschenschaft Gothia geriet, die ihre Ideen aus den politischen Ansichten des Antisemiten GEORG RITTER VON SCHÖNERER schöpfte. Als Junglehrer begann er zwischen 1911 und 1914 den "volklichen" Kampf gegen die drohende Überfremdung ("Verwelschung") in Meran, meldete sich nach Kriegsausbruch freiwillig zum Militär und avancierte 1917 zum Oberleutnant. Vom Dezember 1918 bis zur Volksabstimmung am 10. Oktober 1920 profilierte er sich als einer der Anführer des Kärntner Abwehrkampfes gegen die von Jugoslawien erhobenen Gebietsansprüche, eines Kampfes, den er als Einsatz für das Deutschtum und das Deutsche Reich interpretierte. Danach tauchte er überall dort auf, wo Grenzlandabstimmungen stattfanden: 1921 in Oberschlesien, dann in Tirol und im Burgenland, 1923 im Ruhrgebiet. Nach seiner Promotion an der Universität Frankfurt (mit einem Thema zur Wirtschaft deutscher Grenzgebiete) übernahm S. 1925 die Geschäftsführung des Deutschen Schulvereins Südmark und beriet seit 1926 im Rang eines Ministerialrates des Preußischen Innenministeriums in Frankfurt die deutschen Volksgruppen über Wirtschaftsfragen. Auf zahlreichen Auslandsreisen lernte er die Repräsentanten der auslandsdeutschen Minderheiten kennen. 1930 übernahm er die Leitung der Zentralstelle für deutsche Auslandsbüchereien in Berlin, Ende April 1933 usurpatorisch das Amt des Reichsführers (ab 1934 des Bundesleiters) des Volksbundes für das Deutschtum im Ausland (VDA). Gegen verschiedene Gleichschaltungsversuche bemühte er sich darum, den VDA als unpolitischen und autonomen Verein zu erhalten, arbeitete aber mit der NSDAP (und bis 1935 insbesondere mit RUDOLF HESS) eng zusammen und übernahm in seinem ersten Erlaß als Reichsführer auch deren Rassenprinzip. Im Rahmen der allgemeinen Radikalisierung der NS-Außenpolitik war S.s Stellung im Verlauf des Jahres 1937 unhaltbar geworden. Als unmittelbarer Anlaß für seinen Sturz diente sein Engagement in Südtirol, das der nationalsozialistischen Außenpolitik widersprach. Der VDA wurde danach schrittweise der von der SS geleiteten Volksdeutschen Mittelstelle unterstellt. In der österreichischen NSDAP und insbesondere in Kärnten hat S. ab 1933 führende Aufgaben im Kampf gegen den österreichischen Staat und seine Unabhängigkeit übernommen, ohne jedoch nominell Mitglied zu sein, was erst 1940 durch seine Aufnahme in die Ortsgruppe Berlin-Zehlendorf nachgeholt wurde. Nach dem Krieg diente er der Kärntner ÖVP 1952/53 als Protagonist ihres deutschnationalen Flügels und beendete seine Karriere als österreichischer Generalkonsul in Mailand von 1953-1958.

zialisten sind, die unter dem Schutz ADOLF HITLERs, des prädestinierten Führers des deutschen Volkes stehen, der versprochen hat, sich in gleicher Weise um das Los jedes Deutschen zu kümmern." Hätte ich eine derartige Rede gehalten, wäre dies offener Vaterlandsverrat gewesen, für den mich die ungarischen Behörden verhaftet hätten. Ich protestiere gegen die Annahme, eine solch dumme Rede gehalten zu haben. Eine solche Rede wäre Schwachsinn gewesen und in Widerspruch gestanden zu allen meinen anderen Reden.

23. Oktober 1945

1940 oder 41 – an den Zeitpunkt erinnere ich mich nicht mehr genau – hielt ich zwei- oder dreimal in Villány und anderen Orten eine Rede, die sich gegen jene der ungarländischen Deutschen wandte, welche die Angehörigen des Volksbunds mit einer nur ihnen drohenden Aussiedlung nach dem Krieg ängstigten. Sollte es zu deren Aussiedlung kommen, so führte ich sinngemäß aus, würden mit diesen zusammen auch jene, die jetzt damit drohten, aus Ungarn auswandern, ihr Bündel in der Hand, Reiche und Arme zusammen. Zur Vorgeschichte dieser Reden gehört, daß bei mir laufend Klagen darüber eingingen, daß die nicht zum Volksbund gehörenden Schwaben die Volksbundmitglieder damit schreckten, der "Führer" beabsichtige, sie nach dem Krieg nach Afrika aussiedeln zu lassen. Ich berief mich in meinen Reden von damals auf den historischen Umstand, daß die Schwaben beider Kategorien, d.h. die einen wie die anderen, seinerzeit gemeinsam ins Land gekommen waren und sich gemeinsam Verdienste erworben hatten durch die Kultivierung der von den Türken verwüsteten Landstriche.
Deutschfeindlichen Amts- und Privatpersonen habe ich nicht gedroht, wohl aber volksbundfeindlichen Privatpersonen in Fällen, in denen ich von schreiender Diskriminierung bzw. Verfolgung von Volksbundmitgliedern erfuhr, beispielsweise, als ein Lehrer ein Kind deshalb schlug, weil die Familie Mitglied des Volksbunds war. Daß die Schwaben, die sich dem Volksbund nicht angeschlossen hatten, als Menschen zweiter Klasse gälten, habe ich nicht gesagt, sondern daß sich die zum Volksbund Gehörigen als die der Führung – nämlich des Volksbunds – würdigeren erweisen werden. Gegen die Magyarisierung der Familiennamen bin ich einmal aufgetreten, was mir fünf Monate Gefängnis eingebracht hat, danach wagte ich es nicht mehr, in solchem Sinne zu reden. Die Zeit im Gefängnis war im übrigen dazu gut, in mich zu gehen, nachzudenken und die wohlmeinende Gesinnung der Magyaren kennenzulernen, wie sie mir von seiten des Gefängnispersonals, der Staatsanwälte, Richter usw. entgegengebracht wurde. Gegen die Assimilation habe ich meine Stimme nicht erhoben, was um so leichter fiel, als mir nach dem Tod von GYULA GÖMBÖS kein Fall von Namensmagyarisierung mehr begegnete; und auch auf Versammlungen erklärte ich mit aller Entschiedenheit, daß mir die [nachfolgenden] Mini-

sterpräsidenten zugesichert hatten, nicht im Geiste von GÖMBÖS fortzufahren, womit ich meiner Meinung nach die Zuhörerschaft stets am wirksamsten beruhigen könnte. Von gewaltsamer Assimilation habe ich denn auch nichts mehr vernommen.

In meinen Reden sprach ich von der Heimatfront, von der Einheit, von der Notwendigkeit der Produktion, letztere überließ ich jedoch eher den Wirtschaftsführern. Ich sprach von der Heimatfront, aber ohne Programmatik und ohne namentliche Nennung von Feinden, also in demselben Geist, der auch in meinen Reden im Kalender dieses Jahres zum Ausdruck kommt. Gegen die Juden habe ich mich aus den schon genannten Gründen nie geäußert. An SS-Rekrutierungsveranstaltungen nahm ich nicht teil und hielt auch keine Reden zur Rekrutenanwerbung. Das hätte meiner ganzen Mentalität widersprochen. Ansprachen hielt ich nur bei der Verabschiedung derer, die an die Front abrückten. In Sachen Waffen-SS führte ich keinerlei Vorbereitungsgespräche in Deutschland, vielmehr wurde ich selbst von der Ankunft einer einschlägigen Kommission in Ungarn überrascht. Ich bestreite, daß mich HITLER jemals in irgendeiner Angelegenheit empfangen hätte, ich habe ihn nie gesehen, genauer gesagt, nie mit ihm gesprochen. Alle anderen Volksgruppenführer waren jährlich einmal bei HITLER und hatten irgendeinen militärischen Rang sowie verschiedentliche Auszeichnungen erworben; ich war nie bei HITLER, bin nie Soldat gewesen und hatte so auch weder Rang noch Auszeichnungen. Mit der Angelegenheit der Facharbeiter, die aus Ungarn nach Deutschland geschickt werden sollten, habe ich mich selbst persönlich nie befaßt. Ich weiß, daß in einem Fall 10.000 ungarische Arbeiter für das Sudetenland angefordert wurden und Dr. GEORG GOLDSCHMIDT in dieser Sache mit Staatssekretär PATAKY in Briefwechsel stand, doch kam die Angelegenheit von unserer Seite nie zur Ausführung. Die Facharbeiter gelangten meines Wissens über die Deutsch-Ungarische Handelskammer außer Landes oder setzten sich einzeln über die Grenze ab, doch wurde in dieser Sache auch seitens der deutschen Gesandtschaft verhandelt. Ich bestreite, daß die deutschen Unternehmen ihre Beschäftigten gezwungen hätten, in den Volksbund einzutreten, und kann beteuern, daß Leute wie die Angestellten von DDSG, I.G. Farben, Bosch, Steyr überhaupt nicht – und schon gar nicht gezwungenermaßen – Mitglieder beim Volksbund waren, und sollte es unter ihnen freiwillige Mitglieder gegeben haben, es nur ganz wenige gewesen sein konnten.

Sogenannter "Landesgruppenführer" des Volksbunds bin ich nicht gewesen. Ich war das Oberhaupt des Volksbunds in Ungarn mit dem Titel eines Vorsitzenden. Mein Stellvertreter war Dr. GOLDSCHMIDT, dementsprechend lautete seine Amtsbezeichnung "Stellvertreter des Vorsitzenden". Ihm folgte [in der

Führungshierarchie] Stabsführer JOSEF SCHÖNBORN[67], später MATTHIAS HUBER, Generalsekretär war MAX ALBERT. HEINRICH REISTER war Amtsleiter der Landespropagandaabteilung, Dr. ADAM SCHLITT[68] der Leiter der Landessektion für Volkswohlfahrt, FRIEDRICH METZGER leitete das Büro der Landwirtschaftsabteilung, JOHANN SCHNITZER das der Finanz- und Kassaabteilung, der Abgeordnete FRANZ HAMM[69] das der Rechtsabteilung. Dr. FRANZ SCHAG war einfacher Funktionär des Volksbunds, während GUIDO GÜNDISCH[70] Mit-

---

[67] SCHÖNBORN, SEPP (1905-1945); der gebürtige Sathmarer studierte in Leipzig, wo er vom Nationalsozialismus entscheidend geprägt wurde. Nach Rumänien zurückgekehrt, schloß er sich der Erneuerungsbewegung an und wurde Gebietsgeschäftsführer, danach Gebietsorganisationsleiter der Deutschen Volkspartei in Rumänien. Ab 1939 war er Leiter der Nationalen Arbeitsfront (NAF) für das Gebiet Sathmar. 1939-1940 vertrat er den Wahlkreis Temesch (Banat) im rumänischen Parlament. 1940-1941 übernahm er die Gebietsführung des Volksbundes in Sathmar. Im August 1941 wurde er zum Stabsführer, 1942 zum Beauftragten für die Waffen-SS-Werbung ernannt. Im gleichen Jahr wurde er auch als Vertreter der Sathmarer Schwaben ins ungarische Parlament berufen. Er verschwand im Februar 1945 unter mysteriösen Umständen in Budapest.

[68] SCHLITT, ADAM (1913-1990); Minderheitenpolitiker. Nach seinem Abitur in Fünfkirchen (Pécs) studierte er in Budapest bei BLEYER und in Debrecen bei HUSS Philologie und Germanistik und trat der Suevia bei. Nach seiner Promotion wurde er im Volksbund Leiter des Landesamtes für Kultur und 1941 der neugegründeten Deutschen Volkshilfe, die 1944 in NS-Volkswohlfahrt umbenannt wurde. 1946-1948 studierte er an der Universität Heidelberg Deutsch, Englisch und Geschichte und wirkte anschließend als Gymnasiallehrer in Sinsheim. In der Landsmannschaft profilierte er sich als Gründer der Akademischen Vereinigung Suevia Pannonica, deren Vorsitz er bis 1986 innehatte und dessen Zeitschrift *Suevia Pannonica* er herausgab.

[69] HAMM, FRANZ (1900-1988); Journalist und Minderheitenpolitiker. Der aus Neuwerbaß (Novi Vrbas) in der Batschka gebürtige H. studierte Wirtschaftswissenschaften in Wien, Heidelberg und Mannheim. In Wien wurde er stark von der Gedankenwelt des Schriftstellers ADAM MÜLLER-GUTTENBRUNN geprägt. Nach seiner Rückkehr in die Batschka engagierte er sich als Vizeinspektor, Inspektor und Präses der evangelischen Kirchengemeinde Neusatz (Novi Sad) und im landwirtschaftlichen Genossenschaftswesen. 1924 übernahm er die Schriftleitung des Neusatzer *Deutschen Volksblattes*, später der Zeitschrift *Volkswart* und ab 1938 von *Volk und Heimat*. 1928-1929 arbeitete H. als Generalsekretär der Partei der Deutschen in Jugoslawien. Als Präsidiumsmitglied des jugoslawischen Presseverbandes pflegte er enge Beziehungen auch zur Matica Srpska. Im Bundesausschuß des Schwäbisch-Deutschen Kulturbundes war er für die Leitung der Arbeitsgemeinschaft "Volkskunde und Heimatforschung" zuständig. 1938 wurde er bei den jugoslawischen Parlamentswahlen als Erneuerer in die Skupština gewählt. Nach der Angliederung der Batschka an Ungarn 1941 vertrat H. als ein von der Regierung delegierter Abgeordneter 1942-1945 die Interessen der Volksdeutschen im ungarischen Parlament. Nach seiner Flucht nach Deutschland wurde er Ehrenvorsitzender der Landsmannschaft der Deutschen aus Jugoslawien und arbeitete im Bundesministerium für Vertriebene, Flüchtlinge und Kriegsgeschädigte.

[70] GÜNDISCH, GUIDO (geb. 1884), aus Hermannstadt gebürtiger Rechtsanwalt, von

glied der zentralen Gebietsleitung war. Unsere Parlamentsabgeordneten waren: Dr. HEINRICH MÜHL[71], JAKOB BRANDT[72], Dr. EDUARD KEINTZEL, JOSEF SCHÖNBORN, FRANZ HAMM, Dr. JOSEF TRISCHLER[73], JOSEF SPREITZER[74]. Es

---

1910-1918 Abgeordneter der Regierungspartei, seit ca. 1916 in Budapest tätig, bekleidete viele Ehrenämter, u. a. Direktionsmitglied der Budapester Stadtsparkasse.

[71] MÜHL, HEINRICH (1901-1963); Arzt und Minderheitenpolitiker. Nach seinem Studium in Budapest, wo er der Studentenverbindung Suevia beitrat, in Fünfkirchen (Pécs) und Hamburg praktizierte er ab 1929 in seiner Heimatstadt Bonyhád. 1930 wurde er in den Großen Ausschuß des Volksbildungsvereins gewählt, später schloß er sich der Volksdeutschen Kameradschaft an. 1939 gelang es ihm, seinen Konkurrenten ANTAL KLEIN im Wahlkreis Bonyhád zu besiegen, und er zog als Vertreter der Regierungspartei ins Parlament ein. 1940-1942 bekleidete er das Amt des Gebietsführers im Komitat Tolna. Ab Januar 1941 übernahm er auch die Wirtschaftsabteilung im Volksbund, im März gleichen Jahres wurde er Direktoriumsmitglied der Pécsvárader Sparkasse und Bank AG. Außedem ist sein Name aufs engste mit der Molkereigenossenschaft MILAG verbunden, die 1942 gegründet und ihm unterstellt wurde. 1943 geriet er mit der Volksgruppenführung in Konflikt, da er der zunehmenden Einflußnahme der Siebenbürger Sachsen und der Batschka-Deutschen mißtrauisch begegnete und angeblich Geschäfte mit jüdischen Kaufleuten betrieb. Nach 1945 betreute M. die volksdeutschen Flüchtlinge in Salzburg und in Linz. 1948 ließ er sich im Kreis Heidelberg nieder und praktizierte als Kassenarzt. Als stellvertretender Landesvorsitzender des Bundes der Vertriebenen wurde er auch in der Vertriebenenpolitik aktiv. In Ungarn wurde er 1945 auf die Liste der Kriegsverbrecher gesetzt, jedoch nicht ausgeliefert.

[72] BRANDT, JAKOB (1895-1977); Landwirt und Komitatsbeamter. B. wurde 1924 zum stiftenden Mitglied des Ungarländischen Deutschen Volksbildungsvereins, in dessen Vorstand er 1929 gewählt wurde. 1938 schloß er sich dem Volksbund an und wurde 1939 als Kandidat der Regierungspartei in das Parlament gewählt. Vom Oktober 1940 bis 30.4.1942 amtierte er als Gebietsführer der Nord-Batschka und nach dem Zusammenschluß dieses Gebietes mit dem Ofener Bergland ab Mitte Mai 1942 (Gebietsführer: HUGO BINDER) als Leiter des Kreises Nord-Batschka. B. flüchtete 1944 nach Österreich und ließ sich in Württemberg nieder.

[73] TRISCHLER, JOSEF (1903-1975); Diplom-Landwirt und Minderheitenpolitiker. Von 1939-1941 jugoslawischer und ab 1942 ungarischer Parlamentsabgeordneter, war T. 1941-1945 Leiter des Deutschen Schulgutes und Direktor der privaten Deutschen Landwirtschaftsschule in Futog sowie des Dachverbands der deutschen Genossenschaften in der Batschka und der deutschen Genossenschaftszentrale in Neusatz. Gemeinsam mit den Abgeordneten HAMM, KEINTZEL und SZEGEDI wandte er sich 1944 mit der Forderung an die ungarische Regierung, die deutsche Volksgruppe am jüdischen Vermögen zu beteiligen. Nach der Vertreibung ließ er sich in München nieder und wurde in der landsmannschaftlichen Politik aktiv: Er war Mitglied des bayerischen Flüchtlings-Notparlaments, Vertrauensmann der Vertriebenen aus Südosteuropa und Sprecher der Landsmannschaft der Deutschen aus Jugoslawien. In den fünfziger Jahren vertrat er diese als FDP-Abgeordneter im Bundestag. Auch im Bund der Vertriebenen spielte er eine wichtige Rolle. Seine guten Beziehungen zu seinem ehemaligen Hochschulprofessor THEODOR HEUSS spielten dabei eine nützliche Rolle.

gab vier Mitglieder des Oberhauses: ERICH SZEGEDI[75], den Großhändler RESSELY[76] aus der Batschka, einen führenden Geistlichen der Siebenbürger Sachsen[77] und schließlich einen Batschkaer Großgrundbesitzer,[78] an deren Na-

---

[74] SPREITZER, JOSEF (1906-1991); Maschinenbau- und Elektroingenieur, Minderheitenpolitiker. Nach seinem Studium an der Technischen Universität München war er 1930-1932 beruflich im Raum München tätig. 1935 wurde er Funktionär des Schwäbisch-Deutschen Kulturbundes. Dabei zeichnete er sich insbesondere bei der Erfassung der Deutschen in der Süd-Baranya aus und schloß sich der Erneuererbewegung an. 1939 übernahm er die Gebietsleitung der Batschka und der Süd-Baranya, ein Amt, das er auch nach der Angliederung an Ungarn 1941 behielt. Als Kurator und stellvertretender Präsident der Schulstiftung der deutschen Volksgruppe in Ungarn ab dem 15. Juli 1941 konnte er seine Position innerhalb der Volksgruppe weiter festigen. Am 6. Februar 1942 wurde er auch ins ungarische Parlament berufen. S. stand stets in radikaler Opposition zu FRANZ BASCH. Nach dem Zweiten Weltkrieg ließ er sich 1949 in Unterschleißheim bei München nieder und lehnte jede landsmannschaftliche bzw. politische Tätigkeit ab.

[75] SZEGEDI, ERICH (1900-1965); Pädagoge und Agrarfachmann. S. war von 1924-1938 als Professor an der Ackerbauschule in Marienburg und danach im Landesbauernamt der Volksgruppenführung in Hermannstadt tätig. 1940-1944 leitete er die Ackerbauschule in Bistritz in Nordsiebenbürgen, zeitweise die einzige ihrer Art in Ungarn. Im Volksbund fungierte er als Gebietsbauernführer Nordsiebenbürgens und wurde 1942 mit der kommissarischen Leitung des Landesbauernamtes betraut, im Herbst 1943 zum Landesbauernführer ernannt. Von diesem Amt trat er im Sommer 1944 zurück, unter Hinweis auf seine Inanspruchnahme als Schuldirektor und (ab 1942) als Abgeordneter im Oberhaus des ungarischen Parlaments. Als Agrarpädagoge machte S. nach 1945 auch in der DDR Karriere.

[76] RESSELY, OTHMAR (1893-1962); Großkaufmann. War 1932/33 Abgeordneter des jugoslawischen Parlaments für seinen Heimatort Palanka in der Batschka und von 1942-1945 des ungarischen Parlaments im Oberhaus. Nach der Angliederung der Batschka an Ungarn war R. ab 1.4.1942 kurze Zeit Hauptamtsleiter für Gewerbliche Wirtschaft im Volksbund, dem er seit 1941 angehörte. Nach seiner Flucht 1944 wanderte er nach England aus.

[77] Die Rede ist hier von MOLITORIS, CARL (1887-1972); Generaldechant. Nach dem Studium der Theologie, Geschichte und Geographie an den Universitäten in Marburg, Berlin und Klausenburg wurde M. 1925 Stadtpfarrer von Bistritz, als der er bis 1944 tätig war. Anfang der 1930er Jahre schloß sich M. der Erneuerungsbewegung an und war seit 1933 Mitglied seiner führenden Gremien. Nach dem Anschluß Nordsiebenbürgens an Ungarn wurde er am 3.9.1940 zum Generaldechant mit der Vollmacht eines Bischofs ernannt. Seine Bemühungen, die deutschen Lutheraner in Ungarn in gesonderten Senioraten organisatorisch zusammenzufassen, scheiterten. M. war Gebietsschulführer des VDU in Nordsiebenbürgen und erklärte im Herbst 1941 öffentlich, daß sich seine Kirche dem Befehl des Volksgruppenführers unterstelle. 1940 wurde er zum lebenslänglichen Mitglied des ungarischen Parlaments im Oberhaus ernannt. Im September 1944 veranlaßte M. die Evakuierung der Deutschen Nordsiebenbürgens nach Oberösterreich, verhinderte im Juli 1945 durch seine Intervention bei General EISENHOWER die bereits

men ich mich nicht mehr erinnere. Der Leiter der Landesjugendorganisation war MATTHIAS HUBER, später ROBERT KOHLER. Bis MATTHIAS HUBER kam, hatte MATTHIAS KIRSCH die Jugendorganisation geführt. Leiterin der Landesfrauenorganisation war FRIGGA FORFOTA, verheiratete SALZER, später BARBARA DORNER. Die Leitung der Landesorganisation der Mädchen hatte GIZELLA VOGEL inne. In der Kassenführung fungierte JOHANN SCHILLING als SCHNITZERs Stellvertreter. Die Presseabteilung leitete GOLDSCHMIDT, sein Stellvertreter und Nachfolger in dieser Funktion war PHILIPP BÖSS[79].

Dr. FRANZ OLTVÁNYI OBELS war Hungarist gewesen, dann ins Gefängnis und später wieder frei gekommen und wurde von uns in den Volksbund aufgenommen. Dem war vorausgegangen, daß seine Frau mich aufgesucht hatte und mir mitteilte, ihr Mann habe sich mit der hungaristischen Partei zerstritten bzw. mit SZÁLASI überworfen. Eigentlich ein sehr tüchtiger, bescheidener Mensch, der sich in Zukunft nicht mehr politisch betätigen mochte. Sie bat mich also, ihrem Mann, der doch auch ein Banater sei, zu irgendeiner Anstellung zu verhelfen. Wir brachten FRANZ OLTVÁNYI OBELS im Verwaltungsbüro der zentralen Gebietsleitung unter. 1944 gab mir OBELS einigemale zu verstehen, daß er zusammen mit MÁLNÁSI[80] gewisse Kontakte zu den Kommunisten im Land

---

geplante Rückführung derselben nach Rumänien und bemühte sich um ihre Eingliederung in Österreich und Nordrhein-Westfalen.

[78] WELKER, CHRISTIAN (1892-1979); Großgrundbesitzer und Müller, Vorsitzender der 1931 gegründeten Selector-Genossenschaft, die sich mit Viehzucht und der Verwertung von Viehprodukten beschäftigte. Der in Feketitsch geborene W. erwarb einen großen Gutshof in Mili-Idoš, den er bis zu seiner Flucht nach Österreich und Deutschland im Jahre 1944 selber leitete. Nach dem Anschluß der Batschka an Ungarn wurde W. Volksbund-Mitglied und auf Vorschlag von BASCH als Repräsentant des deutschen Bauerntums der Batschka vom Reichsverweser HORTHY 1942 auf Lebenszeit ins Ungarische Oberhaus berufen.

[79] BÖSS, PHILIPP (1913-1944?, verschollen); Journalist. Nach seinem Austritt aus dem Priesterseminar in Fünfkirchen studierte er zunächst Jura in Budapest, brach aber bald sein Studium ab und war als Journalist tätig. Nachdem sich GEORG GOLDSCHMIDT mit den reichsdeutschen Mitarbeitern in der Redaktion der *Deutschen Zeitung* in eine schwere Auseinandersetzung verwickelt hatte, wurde B. im Sommer 1944 zum Landespressechef des Volksbundes ernannt.

[80] MÁLNÁSI, ÖDÖN (1898-1970); Publizist, Historiker und Politiker. Als geborener Edmund Metzner war M. siebenbürgisch-sächsischer Abstammung. Innerhalb der Hungaristischen Bewegung war M. ab 1937 einer ihrer führenden Ideologen, trennte sich aber 1942 wegen eines Streites von FERENC SZÁLASI, den er aus seinem deutschen Exil aus angriff. Durch seine reichsdeutsche Gattin, die "blonde Grete", bewerkstelligte er die Finanzierung einer Reihe rechtsradikaler Gruppierungen durch Reichsstellen. Nach seinem Bruch mit SZÁLASI schloß er sich der nationalsozialistischen Partei von FIDÉL PÁLFFY an. Nach der Besetzung Ungarns wurde er Mitglied des Volksbundes und schloß sich nach dem Pfeilkreuzlerputsch wieder SZÁLASI an. Das Budapester Volksge-

unterhielt. Meines Wissens hat er auch nicht an der Evakuierung teilgenommen, sondern ist auf Grund dieser seiner Einstellung zusammen mit seiner Familie hier geblieben.

Einmal nahm ich im Hotel Palatinus in Begleitung von Dr. GOLDSCHMIDT an einem gemeinsamen Abendessen mit Dr. FERENC ULAIN[81], Graf GYULA KÁROLYI[82] und Graf IMRE KÁROLYI[83] teil. Dr. FERENC ULAIN hing der Vorstellung an, der Volksbund sei aufgrund des Wiener Abkommens zu mehr berufen als sich nur mit Volkstumsangelegenheiten zu befassen, er solle vielmehr Wirtschaftsorganisationen gründen und sich aktiv in die Politik sowie den Wirtschaftskreislauf des Landes einschalten, damit das ungarländische Deutschtum den Platz einnehme, der ihm zustehe. In Entgegnung hierauf erläuterte ich FERENC ULAIN meine Ansicht, nach der der Volksbund weiterhin das bleiben sollte, was er war, nämlich Verteidiger und Pfleger des ungarländischen deutschen Volkstums, der sich in seinem eigenen Interesse keinesfalls in die Politik auf Landesebene einschalten solle und unter meiner Führung auch nicht werde. Seitdem bin ich FERENC ULAIN nicht mehr begegnet.

Auf Ihre Frage gebe ich zu Protokoll, daß Dr. IRMA STEINSCH[84] bei uns die Ahnenforschung der Mitglieder durchführte. Sie war Angehörige des deutschen

---

richt verurteilte ihn 1946 zu 10 Jahren Gefängnis. 1956 ging er über Österreich in die USA, wurde von dort ausgewiesen und verbrachte seinen Lebensabend in Wien.

[81] ULAIN, FERENC (geb. 1881), Dr., aus Hermannstadt stammender Rechtsanwalt und Publizist, der 1919 die christlich-nationale Zeitung *Szózat* [Proklamation] begründete, 1922 als Abgeordneter der Regierungspartei ins Parlament gelangte und 1923 zusammen mit GÖMBÖS die Fajvedők Politikai Pártja [Politische Partei der Rassenschützler] gründete. Nach der Gründung der Kleinlandwirtepartei schloß er sich dieser an und strebte danach, diese unbedingt mit der Nemzeti Egység Párt [Partei der Nationalen Einheit] von GÖMBÖS zu fusionieren. Nachdem ihm das mißlungen war, trat er aus der Kleinlandwirtepartei aus und gehörte ab 1939 nicht mehr dem Parlament an.

[82] KÁROLYI, GYULA (1871-1947); Politiker, ungarischer Ministerpräsident 1931-1932. Am 5. Mai 1919 gründete er in Arad eine Gegenregierung zur Räterepublik und verlegte deren Sitz am 29. Mai nach Szeged. Am 12. Juli 1919 trat er zurück. 1930-1931 wurde er Außenminister der Bethlen-Regierung, 1931-1932 als Vertrauensmann des Reichsverwesers BETHLENs Nachfolger im Amt des Ministerpräsidenten. Im Zweiten Weltkrieg unterstützte er die Politik der Kállay-Regierung.

[83] KÁROLYI, IMRE (1873-1943); Großgrundbesitzer, Betriebswirt und politischer Publizist. Nach seiner Ausbildung in Deutschland leitete er in Ungarn diverse Banken. 1927-1932 war er Mitglied des Oberhauses. Seine wichtigste Veröffentlichung war "Die Krise der kapitalistischen Weltordnung", die 1931 erschien.

[84] STEINSCH, IRMA (1910-1983); Historikerin und Volkskundlerin. Schon während ihres Studiums in Wittenberg-Halle nahm sie – nach eigenen Angaben - im Sommer 1934 Kontakt zu den Deutschen in Ungarn auf. Auf Vermittlung von FRITZ VALJAVEC (laut dessen an SZEKFŰ gerichteten Brief vom 22.3.1936) studierte S. auch bei GYULA SZEKFŰ. Sie hielt die erste Schulung im Heim der Deutschen Lehrerinnen und Erzieherinnen ab, organisierte ab 1936 einen "Landdienst" reichsdeutscher Studentinnen in un-

wissenschaftlichen Instituts, bekam von dort ihre Bezahlung, während sie bei uns halbtags arbeitete. Sie war deutsche Staatsbürgerin. Wir mußten sie, die deutsche Staatsangehörige engagieren, weil wir für diesen Posten keinen geeigneten ungarischen Bürger gefunden hatten.

Auf Ihre Frage gebe ich an, daß MAX HALFART, deutscher Staatsbürger und führendes Mitglied der NSDAP und der SA, manchmal an unseren Zusammenkünften teilgenommen hat, nachdem wir uns auf den Versammlungen der NSDAP vertreten ließen und umgekehrt. Es kam auch vor, daß die NSDAP jemand anderer vertrat. In welcher Verbindung HALFART während der Besetzung zur Gestapo stand, weiß ich nicht; daß er mit Hilfe des Volksbunds jüdisches Wohnungseigentum ermittelt hätte, muß ich verneinen.

Auf den Mackensen-Sportplatz gingen die Mitglieder der Volksbundführung, um Sport zu treiben. HALFART kann insofern Einfluß auf den Sport der Volksbundmitglieder ausgeübt haben, als er von seiten der NSDAP aus Verwalter des Sportplatzes war. Für gewisse Zeit war auch eine im Rahmen des Volksbunds errichtete Unterabteilung für Sport aktiv, solange jedenfalls bis ich nicht – wie bereits oben erwähnt – deren Leiter seiner überbetont nationalsozialistischen Haltung wegen gezwungen habe, seiner weltanschaulichen Passion woanders zu frönen.

Solange diese Sport-Unterabteilung unter seiner Leitung stand, konnte die jüngere Generation des Volksbunds – Kinder, Jugendliche, Erwachsene – bei entsprechendem Leistungsnachweis nach allgemein bekannten Vorschriften drei Stufen des Sportabzeichens erwerben. Der Ehrgeiz, diese Auszeichnung zu erlangen, war vor allem bei der Jugend sehr groß. Daß ihr Besitz Bedingung gewesen sein soll, in die SA aufgenommen zu werden, ist mir nicht bekannt, und glaube ich auch nicht. So ist denn auch aus dem heimischen Deutschtum kein Einziger Mitglied der SA gewesen. Draußen in Deutschland, das weiß ich, kam man auf allen amtlichen Posten um so schneller voran, je mehr solcher Auszeichnungen man vorweisen konnte.

---

garndeutschen Dörfern, vermittelte den Kontakt zwischen Kameradschaft und STEFAN STEYER in Berlin und versorgte das Budapester Büro mit Geldzuwendungen aus dem Reich. 1939 promovierte S., ihre Dissertation "Die Ansiedlung der privaten Grundherrschaften der Schwäbischen Türkei in Ungarn im 18. Jahrhundert" erschien 1942 in Budapest als Band 9 der Schriftenreihe der Deutschen Forschungen in Ungarn. Um sich in die Statistik einzuarbeiten, verbrachte sie einige Wochen in der Geschäftsstelle der Südostdeutschen Forschungsgemeinschaft in Wien, die von Dr. WILFRIED KRALLERT (1912-1969) geleitet wurde, der seit 1933 der NSDAP, seit 1934 der SS angehörte. Danach wurde S. in Budapest ansässig, leitete im Volksbund die Abteilung Volksforschung und organisierte 1942 eine "volksdeutsche Volkszählung". Der Fragebogen wurde in Zusammenarbeit mit der genannten Wiener Institution erstellt, die wahrscheinlich S. auch finanziert hat. Die Daten erhoben etwa 30 Mitarbeiter und diese werteten auch die – niemals publizierten - Ergebnisse aus.

Die Waffen-SS kam, wie ich Verlauf meiner Aussage bereits ausgeführt habe, in Ungarn nicht auf meine Initiative zustande. Das Wesentliche war dabei folgendes: Nachdem die ungarische und die deutsche Regierung in dieser Angelegenheit den Vertrag bereits abgeschlossen hatten, ohne sich dabei unserer Ansichten zu vergewissern, d.h. ohne uns gefragt zu haben, und die Beauftragten der Waffen-SS in Ungarn ihre Tätigkeit aufnahmen, habe ich zur Wahrung der Interessen der ungarländischen deutschen Nationalität JOSEF SCHÖNBORN beauftragt, sich dieser Aufgabe anzunehmen. Die Beauftragten der Waffen-SS in Ungarn verhandelten also mit JOSEF SCHÖNBORN, in einigen Fällen auch mit mir, und es ist allgemein bekannt, daß das Verhältnis infolge der Aggressivität der Beauftragten, die unsere Interessen rein gar nichts kümmerten, sondern nur, wie wir es nannten, um "die Beschaffung und den Abtransport von Menschen", bereits in den ersten Tagen zerrüttet wurde. Derselbe unhaltbare Zustand herrschte bis zuletzt im Verhältnis zwischen den bevollmächtigten Agenten und den örtlichen Organen des Volksbunds. Daß die Interessen hier offensichtlich konträre waren, war jedermann bekannt, der mit der Lage auch nur einigermaßen vertraut war.

Von ZIRKELBACH weiß ich, daß er Mitglied des Volksbunds und – wie später herauskam – auch Mitglied der Pfeilkreuzlerpartei war. Er wohnte in Solymár und hat dort, wie man mir im Ministerpräsidium mitteilte, mehrmals Streit und einmal auch eine Schlägerei unter der Solymárer Einwohnerschaft angezettelt. Ich habe, als ich von diesen Vorfällen erfuhr, ZIRKELBACH aus dem Volksbund ausgeschlossen; soweit ich informiert bin, hat er im Rahmen der ersten Waffen-SS-Aktion als Freiwilliger das Vaterland verlassen.

Im Zusammenhang mit GABRIEL PILLMAYER ist mir folgendes bekannt. Er war aufgrund seiner Bekanntschaft mit GEORG GOLDSCHMIDT zum Volksbund gekommen, wo er in Anbetracht seiner abgeschlossenen Handelsschulfachausbildung eine Anstellung fand. Seine radikale Wesensart und Heimtücke wurden erst durch den Umstand ruchbar, daß seine Vorgesetzten (Dr. SCHLITT, Dr. SCHNITZER) einer nach dem anderen versuchten, ihn loszuwerden. Vermutlich im Jahr 1943 schloß er sich den Weltanschaulichen, also der Nazigruppe, an und war als solcher einer der Wortführer der gegen mich und die anderen Nicht-Weltanschaulichen gestarteten Hetzkampagne. FRIEDRICH METZGER und GABRIEL PILLMAYER waren die Hauptakteure und Informationslieferanten der 1944 bei der Gestapo angezettelten Intrige gegen mich. Ende des Sommers 1944 verließ PILLMAYER seine Stellung beim Volksbund und ging zur SS, wo er sofort den Rang eines Leutnants erhielt, ohne vorher an einer Ausbildung teilgenommen zu haben. Als Beauftragter der SS entfaltete er dann unentwegt seine Aktivitäten gegen mich und meine Freunde. Zuletzt war er Mitglied der vom Reich mit der Evakuierung betrauten Sondereinheit.

Das Winterhilfswerk war eine landesweite Sammlung, die unser Verein mit Genehmigung der ungarischen Regierung in den von Deutschen bewohnten Gemeinden unseres Landes durchführte. Was dabei an Geldern, Kleidung, Lebensmitteln, Heizmaterialien einging, verteilte die 'Deutsche Volkshilfe' genannte Landesorganisation unter den Bedürftigen nach vorab festgesetzten Regeln. An die durchmarschierenden Soldaten kam meines Wissens nur das zur Verteilung, was die Ortsgruppen in der Hauptstadt und auf dem Land selbst nicht verteilen wollten und als Überschuß unter den Soldaten ausgaben. Mit meiner Kenntnis veranstaltete die Frauenschaft hauptsächlich in Budapest ständig Sammlungen, um die Spenden auf den Bahnhöfen an durchfahrende oder zum Heimaturlaub zurückkommende Soldaten auszuhändigen, die in der Waffen-SS oder auch in der Honvéd dienten. Geplant war auch, Ausgebombten in Deutschland oder Österreich, insbesondere Kindern, die beide Eltern verloren hatten, Spenden zukommen zu lassen, aber nur ein Bruchteil davon gelangte nach Wien, weil der größte Teil unter den Flüchtlingen verteilt wurde oder wegen Transportschwierigkeiten bei den Ortsgruppen bzw. Sammelstellen zurückblieb.

Die Zeitungen des Volksbunds waren das Wochenblatt *Deutscher Volksbote*, die Monatsschrift *Deutsche Jugend,* die täglich erscheinende *Deutsche Zeitung* und der *Deutsche Volkskalender*, unter denen der *Volksbote* für die Soldaten unserer Volksgruppe geschrieben wurde. Es ist mir bekannt, daß die Blätter Propaganda für die Fortsetzung des Krieges machten, die wahrscheinlich auch ihre Wirkung tat.

Nach dem Einmarsch der deutschen Besatzungstruppen war der Druck, den die Deutschen auf uns ausübten, so stark, daß die Interessen des heimischen Deutschtums häufig überhaupt nicht in Betracht gezogen wurden. Als es z.B. gelungen war, der ungarischen Regierung 1944 den dritten Waffen-SS-Vertrag von solcher Reichweite abzuringen, daß dementsprechend jeder heimische Deutsche bereits ab dem 17. Lebensjahr und ohne Altersbegrenzung nach oben verpflichtet war, zur Waffen-SS einzurücken, wurden unsere Männer und Jungen erbarmungslos eingezogen und so fast 100.000 Mann zusammengebracht. Alle unsere Abwehrversuche waren vergeblich. Umsonst wiesen wir darauf hin, daß in verschiedenen Gemeinden die Zahl der Gefallenen schon ein erschrekkendes Ausmaß erreicht hatte, daß ganze Kreise ohne Arbeitskräfte waren, die allein gebliebenen Frauen die Arbeit nicht schafften und eine Hungersnot drohte. Die beauftragten Kommandogruppen nützten den für sie günstigen Vertrag rücksichtslos aus und zogen in vielen Fällen sogar auch noch die Kranken ein, obwohl sie genau wußten, daß es zur Ausbildung sogar an Waffen fehlte. So wurden Massen unseres Volkes zur Schlachtbank geschleppt, als schon keinerlei Kriegsbegeisterung mehr bestand. Von der Führung des Volksbunds in der Zentrale wie in den ländlichen Gebieten wurden an einem einzigen Tag 720 Mann eingezogen, so daß viele Ortsgruppen ohne jede Leitung blieben. Bei der Evakuierung hat die damit betraute reichsdeutsche Gruppe unbarmherzig alles Vieh, hauptsächlich Pferde und Rinder, weggetrieben, und in vielen Fällen war ihnen der Mensch nicht so viel wert wie das vertriebene Vieh. Unsere Zeitungen konnten nur erscheinen, wenn sie ihrem Gusto entsprachen.

Da sich mehrere Stellen, oft mit entgegengesetzten Absichten, in unsere Angelegenheiten einmischten, herrschte größte Unordnung und ein heilloses Durcheinander.

26. Oktober 1945

Meines Wissens hat sich FRANZ ROTHEN,[85] der jahrelang Sekretär des von GRATZ und BLEYER geführten Volksbildungsvereins gewesen war, der hungaristischen Bewegung angeschlossen, wo er rasch aktiv zu werden begann. Einmal hat er uns gebeten, die Hauptvertreter der zu BLEYERs Zeiten aufgewachsenen jungen Intelligenz zu einem Orientierungsgespräch mit ihm zusammenzubringen. Das ist auch geschehen, entweder Ende 1937 oder Anfang 1938. ROTHEN legte den Versammelten dar, unser Bestreben, uns mit dem Volksbildungsverein unter GRATZens Führung wiederzuvereinigen oder, sollte dies nicht gelingen, einen neuen Verein zu gründen, werde für alle Zeiten vergeblich bleiben und keinerlei Erfolge zeitigen, denn nur in der Parteipolitik könne der Weg gefunden werden, den selbstbewußte Volksgruppen zu gehen hätten. In Ungarn – so ROTHENs Meinung – könne nur der Anschluß an die Hungaristische Partei der heimischen deutschen Volksgruppe nachhaltige und zufriedenstellende Ergebnisse bringen. Er unterstrich, SZÁLASI gehöre die Zukunft; und wenn wir beim Plan einer Vereinsgründung blieben, werde die hungaristische Partei die Lösung der deutschen Minderheitenfrage selbst in die Hand nehmen. SZÁLASIs Vorstellungen in dieser Richtung seien großzügig und ließen nichts zu wünschen übrig. Wir blieben bei unserer Auffassung, war es doch bis zuletzt einer meiner Grundgedanken, unsererseits keine Parteipolitik zu treiben und uns auch keiner Partei anzuschließen. Monate später erfuhren wir anhand von Beweisen, daß FRANZ ROTHEN mit Hilfe deutsch verfaßter Flugblätter begonnen hatte, das ungarländische Deutschtum innerhalb der Hungari-

---

[85] ROTHEN, FRANZ (1899-1965). Der in der Banater Gemeinde Pardan geborene R. besuchte das Piaristengymnasium in Temeschwar (Timişoara) und kämpfte 1917/18 am Isonzo. Nach dem Weltkrieg ließ er sich in Budapest für Medizin immatrikulieren. Früh trat er in die Gothia ein, war Vertrauensmann BLEYERs in der Suevia und fungierte bis Mitte der 30er Jahre als Sekretär im Volksbildungsverein. Zeitgleich mit BASCH 1936 wegen Schmähung der ungarischen Nation verurteilt, schied er bald darauf aus der Kameradschaft aus und schloß sich der Hungarismus-Bewegung SZÁLASIs an, in der er als deren außenpolitischer Berater und zugleich als deutscher Agent wirkte. Nach seiner 1939 erfolgten Flucht nach Deutschland wurde er in der Osteuropa-Abteilung des Auswärtigen Amtes als Ungarn-Experte angestellt und verfügte weiterhin über enge Kontakte zum Sicherheitsdienst (SD) der SS. Nach der Besetzung Ungarns im März 1944 kehrte er mit den deutschen Truppen zurück. Nach dem Zweiten Weltkrieg arbeitete er bis zu seinem Tod in der Rundfunk- und Filmabteilung des Bundesministeriums für Vertriebene und Flüchtlinge.

stischen Partei zu organisieren. Da wir erkannten, welche Gefahr diese Aktion in sich barg, wandten wir uns gegen ROTHEN, so daß FRANZ ROTHEN nach einer gewissen Zeit seine diesbezüglichen Aktivitäten einstellte, entweder weil er keine Erfolge erzielen konnte, oder weil unser Vorgehen ihn eingeschüchtert hatte. Nach meiner Kenntnis war ROTHEN die ganze Zeit über, bis zu seiner Flucht aus dem Internierungslager nach Deutschland, SZÁLASI-Anhänger. Erst draußen in Deutschland trat eine Änderung in seiner Einstellung und seinem Verhalten ein.

Wenn in die schwäbischen Dörfer Geld aus Deutschland gelangte, so meiner Meinung nach auf dem Wege, daß die Familien ein Mitglied hatten, das in Deutschland arbeitete und das entweder mit einem Paß nach Deutschland gekommen war oder dem es über Beziehungen auch ohne amtliche Papiere gelang, einen Teil seines Monatseinkommens über die Nationalbank seinen Angehörigen daheim zukommen zu lassen.

Auf einem zweiten Weg – aber hierbei handelte es sich schon nicht mehr um offizielle Geldüberweisungen – ließ die Deutsche Volkshilfe im Rahmen des Winterhilfswerks den Bedürftigen Kleidung, Lebensmittel oder Geld aus den hier in Ungarn genehmigten Sammlungen zukommen. Ein dritter Weg war der, daß das Waffen-SS-Fürsorgeamt, das auf der Grundlage der Waffen-SS-Verträge mit Genehmigung der Regierung hier errichtet worden war und von reichsdeutschen Militärs geführt wurde, die monatlichen Unterstützungsleistungen wie die bei Verwundung oder Tod im Felde zustehenden festgesetzten Geldbeträge über die Postsparkasse oder eine Bank den Angehörigen der Soldaten anwies.

Dr. HEINRICH KÖHLER[86] hat 1935, als ich gezwungen wurde, aus dem Volksbildungsverein auszuscheiden, noch eine Zeit lang zwischen mir und Dr. LEBER, der zum Volksbildungsverein gehörte, vermittelt und in diesem Jahr den Zuschuß für 1935 zwischen dem Volksbildungsverein und uns aufgeteilt.

[86] KÖHLER, HEINRICH, arbeitete bereits 1924-1928 in den Semesterferien als Praktikant in den deutschen Siedlungsgebieten Ungarns und Jugoslawiens. Nach seiner 1928 erfolgten Promotion an der Universität Leipzig arbeitete er ab 1.4.1930 im Auftrag des Auswärtigen Amtes als landwirtschaftlicher Fachberater der Ungarndeutschen und Treuhänder der Firma Excelsior. Durch ihn ließ die deutsche Gesandtschaft in Budapest die Unterstützungsgelder vom Verein für das Deutschtum im Ausland dem Volksbildungsverein übermitteln. Seine dominante Stellung belegt die Feststellung des Auswärtigen Amtes, wonach er der einzige Reichsdeutsche gewesen sei, der über das Ungarndeutschtum Bescheid wisse. Vgl. dazu Politisches Archiv des Auswärtigen Amtes, Inl.II.D. R 100562. Obwohl seine Funktion als Verbindungsmann des VDA zum Volksbildungsverein und zur Volksdeutschen Kameradschaft durch das Geständnis von KUSSBACH aufgedeckt worden war, konnte er im Rahmen der Abwicklung der deutsch-ungarischen Wirtschaftsbeziehungen trotzdem in Ungarn verbleiben und seine Bemühungen, die ungarndeutsche Bauernschaft am Export nach Deutschland zu beteiligen, fortsetzen.

Nach 1936 hat er sich überhaupt nicht mehr um uns gekümmert, sondern die von mir oben dargestellte Rolle gespielt.

Nicht zutreffend ist die Annahme, der Volksbund habe die Aussiedlung des ungarländischen Deutschtums nach Deutschland betrieben. Richtig ist vielmehr, daß wir stets auch nur den Gedanken an einen solchen Plan abgelehnt haben. Wir lagen schon damals im Kampf mit den Fürsprechern dieses Gedankens oder Plans im Reich und mit seinen Verkündigern bei uns. Aus dem Reich machte sich ein in Berlin lebender siebenbürgischer Schriftsteller namens REIMESCH[87] diese Vorstellung zu eigen und schickte 194[?] – wenn ich mich recht erinnere – zu Tausenden Drucksachen entsprechenden Inhalts in die auch von Ungarndeutschen bewohnten Gemeinden. Hier wiederum hat ein Teil der nicht zum Volksbund gehörenden Deutschen diese Idee gegen uns verwendet. Es war auf unser Betreiben hin, daß REIMESCH genötigt war, von weiteren Aktivitäten abzusehen, so daß von seiten des Deutschen Reichs dieser Plan erst 1942 wieder virulent wurde, als, wie ich schon ausgeführt habe, auch HEINRICH HIMMLER[88] erklärte, nach seinem Dafürhalten sollten die hiesigen Deutschen nach Kriegsende in den Warthegau umgesiedelt werden. Nachdem ich HIMMLER gegenüber meine hierzu völlig gegensätzliche Ansicht geäußert hatte, war er bis Ende des Krieges auf meine Meinung nicht mehr neugierig, während er die anderen Volksgruppenführer halbjährlich einmal zu sich beorderte.

Es stimmt durchaus, daß die Angst der Volksbund-Mitglieder bzw. der registrierten Volksdeutschen vor einer Zwangsumsiedlung zurück ins Mutterland die Reihen des Volksbunds stark gelichtet hat. Gerade im Hinblick hierauf waren wir gegen die Remigration, aber auch aus Überzeugung.

Die sog. Deutsche Mannschaft kam mit der Wiederangliederung der Batschka bzw. Nordsiebenbürgens [an Ungarn] zum Volksbund. Ihre Aufgabe war es, bei Versammlungen und Feiern die Ordnung aufrechtzuerhalten, bei Sammlungen deren korrekte Durchführung und die besonnene Verteilung des Spendenmaterials sicherzustellen. Mit Waffen war sie nicht bewehrt und wurde nur in einem einzigen Fall mit solchen ausgestattet, als sie dem Vorschlag SPREITZERs entsprechend auf Verfügung der Polizeibehörden von Neusatz

---

[87] REIMESCH, FRITZ HEINZ (1892-1958); Schriftsteller und Publizist. War im Berlin der Zwischenkriegszeit Chefredakteur der *Täglichen Rundschau* und Vorstandsmitglied des Vereins für das Deutschtum im Ausland, als der er u.a. die auslandsdeutschen Theater betreute.

[88] HIMMLER, HEINRICH (1900-1945); Reichsführer SS und Reichsinnenminister. H. trat 1925 in die NSDAP ein und wurde im Januar 1929 zum Reichsführer SS ernannt. Ab 17.6. 1936 war die gesamte Polizei unter H. als Staatssekretär im Reichsinnenministerium zentralisiert und mit der SS verflochten; vom 25.8.1943 bis April 1945 Reichsinnenminister. Mit seiner Ernennung zum Reichskommissar für die Festigung deutschen Volkstums oblagen ihm ab 7.10.1939 auch die Umsiedlungsmaßnahmen und die Germanisierungspolitik in den annektierten und besetzten Gebieten.

(Újvidék) zusammen mit den Polizeikräften ausrückte; als sich der Obergespan der Batschka gegen diese Lösung wandte, wurde die [organisatorische] Trennung sofort wieder in Kraft gesetzt. Ab Mai-Juni 1944 war die VOMI, insbesondere LORENZ[89], um jeden Preis bemüht, auch in Ungarn einen Volkssturm aufzustellen, und zwar in der Stärke von 15.000 Mann. Diese Forderung war völlig abwegig, weil im Rahmen der damaligen Waffen-SS-Rekrutierung schon jeder Gesunde gemustert und eingezogen wurde, so daß die meisten unserer Gemeinden bereits völlig entvölkert waren von Männern im Alter zwischen 17 und 50 Jahren und darüber. Die zum Volkssturm Rekrutierten wurden dann in Divisionen eingeteilt, wo sie bei dürftiger Verpflegung meist nicht einmal eine Uniform erhielten (daher der Name Schlapphut-Division, weil sie mit dem eigenen Hut auf dem Kopf und unpassendem Schuhwerk ausgebildet wurden). Der Wunsch von LORENZ war unmöglich zu erfüllen, so daß statt der geforderten 15.000 Mann zunächst in Futak, dann in Hidas und schließlich in Ödenburg erst 120 Jungen unter 17 Jahren, später annähernd 280 zur Ausbildung kamen, die von diesem Moment an Obergruppenführer WINKELMANN unterstanden. Auch diese riß nämlich die Waffen-SS an sich, indem sie ihnen Offiziere der Waffen-SS als Ausbilder vorsetzte, ihnen einen reichsdeutschen Inspektor zur Seite stellte und ihnen auch Sold nach den Bestimmungen der Waffen-SS auszahlten. Ursprünglich war ihr Auftrag, den Flüchtlingen bei der Evakuierung zu helfen, die Ordnung zu bewahren und den Viehbestand vor Räubern zu schützen. Nach der Evakuierung der Volksgruppe wurde der Heimatschutz auf österreichisches Gebiet verlegt. Dort sind seine Leute – obwohl man versucht hat, die Offiziere in gegenteiliger Richtung zu beeinflussen – ihrer eigenen Wege gegangen und haben sich auch noch von WINKELMANN unabhängig gemacht. Damals traten sie bereits unter dem Namen SS-Heimatschutz auf.

Als die Regierung IMRÉDY gebildet wurde, ist von uns ein Artikel erschienen, der unsere großen Erwartungen gegenüber der neuen Regierung zum Ausdruck brachte. Die Regierung IMRÉDY legte uns gegenüber zunächst eine Haltung schroffster Verschlossenheit an den Tag. In der von ihr genehmigten Zeitung *Magyar Nemzet*[90] standen die Angriffe auf unsere Ziele an der Tagesord-

---

[89] LORENZ, WERNER (1891-1974); Offizier, Industrieller und Grundbesitzer. L. trat bereits 1929 der NSDAP und 1931 der SS bei. Zwei Jahre später wurde er zum SS-Gruppenführer befördert und in den Preußischen Landtag gewählt. Ende 1936 zum SS-Obergruppenführer avanciert, wurde ihm im Januar 1937 die Leitung der Volksdeutschen Mittelstelle anvertraut, die für die Betreuung der deutschen Volksgruppen im Ausland und die Organisation der Umsiedlungsaktionen zuständig war. Die VOMI wurde im Oktober 1939 direkt HEINRICH HIMMLER als Reichskommisssar für die Festigung deutschen Volkstums unterstellt. 1948 wurde Lorenz zu 29 Jahren Gefängnis verurteilt, 1955 jedoch aus der Haft entlassen.

[90] *Magyar Nemzet* [Ungarische Nation]. Konservative und regierungsnahe Tageszeitung, die sich deutlich vom Dritten Reich distanzierte. Auch in der Nationalitätenpolitik

nung. In dem erwähnten Artikel unsererseits, den wahrscheinlich GOLDSCHMIDT verfaßt hat, dürfte einem meiner Grundgedanken entsprechend gestanden haben: Geduld bewahren, sich der Politik der neuen Regierung anpassen, unseren guten Willen und unser Vertrauen deutlich machen und so um Verständnis werben! Zu jener Zeit machten wir auch der Regierung das Angebot, die Anschluß-Bewegung, die in Westungarn aufgekommen war, binnen Jahresfrist zum Verschwinden zu bringen. IMRÉDY begann erst Ende 1938, uns ein wenig Wohlwollen zu zeigen, indem er uns Anfang 1939 die Genehmigung erteilte, ein Wochenblatt herauszugeben. Den Volksbund hingegen, den wir schon gegründet hatten, hat er uns nicht bewilligt. Dessen Genehmigung erfolgte erst unter Ministerpräsident PÁL TELEKI im Mai 1939.

Am 13. Oktober 1940 hat MATTHIAS KIRSCH, damals stellvertretender Leiter der Jugend-Untergruppe, beim Erntedankfest ein Verhalten bekundet und Äußerungen getan, die in krassem Gegensatz zur Auffassung der Führung standen. Ausgehend von diesem Fall wurde gegen KIRSCH eine Untersuchung eingeleitet, deren Ergebnis war, daß KIRSCH sofort nach dem Abgang HUBERs, der als Jugendführer damals bei den Cegléder Husaren Dienst tat, entlassen werden sollte, was auch geschah. KIRSCH ist zum Militär eingerückt, hat sich aber – wie ich später hörte – bald unter Berufung auf seinen Gesundheitszustand an der Wiener Handelsakademie als Hörer immatrikulieren lassen und war seither völlig aus unserem Gesichtskreis verschwunden. Verbindung mit der Volksgruppe hielt er nicht aufrecht. Bezüglich KIRSCH kann ich noch anführen, daß seine Äußerungen bei der Feier ausgesprochen nazistisch waren. Äußerungen solchen Geistes waren nach meinen damals und zuvor herausgegebenen Anordnungen in Wort und Schrift zu vermeiden, damit die in der öffentlichen Meinung verbreiteten Befürchtungen endgültig zerstreut wurden.

Ich bestreite, die vom vernehmenden Polizeibeamten vorgelesene und mir zugeschriebene Rede, die ich auf der Gründungsversammlung des Volksbunds in Elek am 20. Oktober 1940 gehalten haben soll und deren Text den Protokollen beigelegt ist, gehalten zu haben.

Ich räume ein, daß ich am 10. November 1940 in Deutschboly (Németbóly) auf der Gründungsversammlung der Volksbund-Ortsgruppe in meiner Rede folgendes zum Ausdruck brachte: Die ländliche Intelligenz kämpfe auch jetzt in Deutschboly gegen uns, sie verbreite das Gerücht, wer dem Volksbund beitrete, der müsse von hier weggehen. Darin stimmte ich mit ihnen überein, daß jemand weggehen bzw. zurücktreten müsse, aber nicht wir, sondern sie würden diejenigen sein, die ganz rasch von hier abträten. Ich habe außerdem zum Ausdruck gebracht, daß ich im Interesse des notwendigen Friedens – sollten von unserer Seite Fehler gemacht oder Unfrieden gesät werden – die eigenen, sol-

---

war sie regierungskonform und bediente sich eines scharfen Tones gegenüber dem Volksbund.

cher Verfehlungen schuldigen Leute ablösen würde. So habe ich ÄGIDIUS FAULSTICH[91] denn auch von seiner Arbeit in der Ortsgruppenführung abgelöst, als sich herausstellte, daß er ständig gegen einzelne Persönlichkeiten der Deutschbolyer Intelligenz hetzte, und wir besetzten seinen Posten mit einem friedfertigen und toleranten Menschen.

In Beantwortung Ihrer Frage gebe ich an, daß meiner Meinung insgesamt 40% der Volksbund-Mitglieder nationalsozialistisch gesinnt waren.

Ich möchte anmerken, daß kein einziges Exemplar des Kalenders für 1945, von dem im Zuge meiner Vernehmung die Rede war und den FRANZ HERBERT redigiert hat, an die Öffentlichkeit gelangte, weil das Lastauto, das die ersten 100 Stück nach Ödenburg hätte bringen sollen, am 24. Dezember 1944 in der Nähe des Lagers Piliscsaba von den vordringenden und die Hauptstadt Budapest einschließenden russischen Truppen beschlagnahmt wurde und nur der Fahrer allein nach Ödenburg kam.

Des weiteren möchte ich anführen, daß mich der Königliche Gerichtshof Fünfkirchen im Jahre 1934 wegen Schmähung der Nation zu drei Monaten Gefängnis verurteilt hat, die Königliche Kurie diese Strafe im August 1936 auf fünf Monate erhöht hat, wovon ich in Fünfkirchen auch vier Monate abgesessen habe, während ich für einen Monat Amnestie erhielt, und daß mich später, 1940, der Königliche Gerichtshof in dieser Sache rehabilitiert hat.

Mehr zur Sache kann und möchte ich nicht vortragen. Meine Aussage habe ich freiwillig, ohne jeden Zwang abgegeben. Sie wurde korrekt aufgenommen und wird nach Verlesung von mir mit meiner Unterschrift als richtig anerkannt.

Aufgenommen
Dr. TAKÁCS[92], Polizeikonzipient   FRANZ BASCH, Beschuldigter

---

[91] FAULSTICH, ÄGIDIUS (1899-1951); Arzt und Minderheitenpolitiker. Der in der Gemeinde Nyomja im Komitat Baranya geborene F. besuchte das evangelische Gymnasium in Herrmannstadt. Nach seinem Medizinstudium in Zagreb, Graz und Budapest famulierte er in Marburg/Lahn und Berlin. Nach seiner Rückkehr nach Ungarn praktizierte er als Arzt in Németbóly und engagierte sich sowohl in der Studentenverbindung Suevia als auch im Volksbildungsverein. In der Volksdeutschen Kameradschaft neigte er zu einem radikalen Kurs. Diese Einstellung vertrat er auch nach der Gründung des Volksbundes und geriet deshalb in Opposition zu BASCH. Im Volksbund spielte er nur auf regionaler Ebene eine Rolle. Lokal verstrickte er sich öfters in Auseinandersetzungen mit den Honoratioren seines Dorfes, weil diese die Assimilation begrüßten und die Regierungspolitik unterstützten. Nach 1945 ließ er sich in Weil in Schönbuch (Baden-Württemberg) nieder und arbeitete bis zu seinem Tod als Gemeindearzt.

[92] TAKÁCS, PÉTER PÁL (1906-1958); Dr., Polizeimajor, vom 8.2.1945 bis 15.11.1947 im Dienst der politischen Polizei.

B) Protokoll der speziellen Vernehmung des Beschuldigten Dr. Franz Basch zu wirtschaftlichen Belangen

[in beschädigtem Zustand erhalten]

25. Oktober 1945

[Frage betreffend das Deutsche Haus in der Lendvay-Gasse]

Im Zusammenhang mit dem Kauf des Hauses tauchte die Frage auf, in welcher Form wir es in Besitz nehmen sollten, und so studierten wir aufs neue, welche Lösungen die Slowakei-Magyaren in Wirtschaftsfragen anwandten. Später stieß Herr GOLDSCHMIDT zu uns und wir gründeten die Aktiengesellschaft Deutsches Haus. Gründer waren die Führer des Volksbunds, von denen jeder eine Verpflichtungserklärung unterzeichnete, in der er sowohl im eigenen wie im Namen seiner Rechtsnachfolger zugunsten des Volksbunds auf das faktische Eigentumsrecht an den Aktien verzichtete. Dieser Verzicht war auch jedem späteren Rechtsnachfolger gegenüber gültig.

Lagen, was die wirtschaftlichen Organisationen des Ungarndeutschtums betrifft, 1941 schon organisatorisch-institutionelle Ergebnisse vor?

Vor dem Wiener Schiedsspruch konnte von solchen Ergebnissen nicht die Rede sein, nach Abschluß des Vertrags begann im November 1940 theoretisch die Organisationsarbeit auf wirtschaftlichem Gebiet. Bis 1945 gelang es, eine aus 30-35 Genossenschaften bestehende Milchgenossenschaft und in Ödenburg eine Weinvermarktungsgesellschaft aufzubauen. Natürlich haben sich nach der Rückkehr der Batschka in den ungarischen Staatsverband auch die Genossenschaften des dortigen Deutschtums uns angeschlossen.

Haben Sie die Jugo Landwirtschaftsmaschinen AG in Neusatz (Ujvidék) gekannt?

In diese Gesellschaft hat meines Wissens SPREITZER seine eigenen Leute eingeschleust, nachdem sich die Vorgänger an den Weisungen der VOMI orientierten, die mit den Gedankengängen des Volksbunds meist nicht übereinstimmten, also Vertrauenspersonen gebraucht wurden.

Haben Sie von MAX GLÖCKNER[93] Geld bekommen, das von der deutschen Gesandtschaft stammte?

---

[93] GLÖCKNER, MAX, Berater für Kreditwesen bei der Volksgruppenführung. Die SS legte nach dem Wiener Volksgruppenabkommen höchsten Wert darauf, ihre Wirtschaftspläne in Ungarn auch finanziell abzusichern. Die Firma Vereinigte Finanzkontore (VF) erwarb von der Länderbank Wien die Mercur-Bank (MB) in Budapest. Die VF wiederum war ein gemeinsames Institut des Auswärtigen Amtes, des Reichsfinanzministeriums und der VOMI, die "in sachlicher und personeller Hinsicht" auch von diesen

Ungarisch-deutsche Wirtschaftsverträge setzten die monatlich für den Volksbund flüssigzumachenden Summen fest. Wenn diese Gelder nicht regelmäßig und rechtzeitig beim Wiener Bankverein eintrafen, bekamen wir von GLÖCKNER Kredit. Aber solche Kredite machte auch der Wiener Bankverein flüssig. Nach Eingang des Geldes wurden zuerst diese Vorschüsse zurückgezahlt, bzw. hat GLÖCKNER die einlaufende Summe dann immer bis zur Höhe seiner Forderungen gesperrt. Diese Form der Geldaufnahme haben wir so lange beibehalten, bis wir darauf gekommen sind, daß wir die Befriedigung unseres Finanzbedarfs auch mit einer inneren Anleihe bewerkstelligen könnten. Eine solche zustande zu bringen, ist uns in der Batschka gelungen. Es kam auch vor, daß ein Millionenbetrag einging, über dieser Summe liegende Gelder sind meiner Erinnerung aber kaum gekommen. Unabhängig davon haben wir aber auch den oben erwähnten Kredit weiterhin in Anspruch genommen, wenn wir für größere Schulbauten Geld brauchten.

Welche Art von Unterredungen haben Sie im Oktober 1941 in Berlin über den Transport volksdeutscher Arbeiter aus Ungarn in das Reich geführt?

Ich habe an einer solchen Verhandlung nicht teilgenommen. Ich habe Berliner Kreise nur darauf aufmerksam gemacht, daß aus der Batschka, besonders aus der Nordbatschka und der Tolna, sehr viele illegal über die Grenze gingen, die dann kein Geld nach Hause überweisen konnten und sich an uns gewandt haben, damit wir einen Weg finden, ihnen solche Überweisungen zu ermöglichen. Der Volksbund hat über die Verhinderung derartiger illegaler Grenzübertritte dem Ministerpräsidium Bericht erstattet. Meines Wissens gab es eine amtliche Aktion des Reichs zum jährlichen Transport einer bestimmten Zahl von Arbeitern. Wenn Arbeiter aus der Südbatschka ins Reich gehen wollten, bekamen sie ohne weiteres einen Paß, und die ungarische Regierung machte keine Schwierigkeiten. Wer gehen will, soll gehen – hieß es. In einem Fall, als nämlich Reichskommissar FRANK[94] aus der Tschechoslowakei [um Arbeiter aus

---

drei Behörden gelenkt wurde. Um die finanziellen Mittel für die geplanten Wirtschaftsaktionen sicherzustellen, erwarb der Volksbund im März 1941 die Pécsvárader Sparkasse und Bank AG und etwas später die Eleker Sparkasse. Dieses Projekt unterstand der SS und blieb von der offiziellen Wirtschaftskooperation zwischen Deutschem Reich und Ungarn "unabhängig".

[94] FRANK, KARL HERMANN (1898-1946); sudetendeutscher Minderheitenpolitiker. Seit 1933 Propagandachef der Sudetendeutschen Partei wurde er 1935 ins tschechoslowakischen Parlament berufen und fungierte seit 1937 als Stellvertreter KONRAD HENLEINS. Nach dem Münchner Abkommen trat F. der SS bei und wurde zum stellvertretenden Gauleiter der NSDAP, im März 1939 zum Polizeichef mit dem Titel eines Staatssekretärs beim Reichsprotektor ernannt. Gleichzeitig erhielt er auch den Titel eines SS-Gruppenführers. Ab August 1943 war er im Ministerrang unter dem Reichsprotektor FRICK der tatsächliche Machthaber im Protektorat und für die repressiven Maßnahmen gegenüber den Tschechen verantwortlich. Nach dem Ende des Zweiten Weltkriegs

Ungarn] nachsuchte, ist GOLDSCHMIDT in dieser Sache mit Staatssekretär TIBOR PATAKY in Verbindung getreten. Dieser gab keine so richtige Antwort, und die Angelegenheit war bis 1944 in Form von [...] ständig auf der Tagesordnung. [Zwischen] FRANK und GOLDSCHMIDT kam kein Ergebnis zustande.

Kamen illegale Grenzübertritte häufig vor?

Wie auch die Zeitungen seinerzeit offen berichteten, erreichten die Grenzübertritte aus der Nordbatschka ein nicht unbeträchtliches Ausmaß; es kam vor, daß die Schlepper die Leute mit Autobussen zur Grenze brachten, und hieraus erwuchsen JAKOB BRANDT, der seit 1939 Abgeordneter war, viele Unannehmlichkeiten.

Was für amtliche Transfer-Möglichkeiten hat es gegeben?

Der bereits erwähnte deutsch-ungarische Vertrag erlaubte die Überweisung bestimmter monatlicher Summen, daneben meldeten sich auch aus dem Reich in bedeutender Zahl Abonnenten für die Presseerzeugnisse des Volksbunds. Im wesentlichen waren es die Südostdeutsche Rundschau und der Volksbund-Kalender, deren Abonnementgebühren nach Anmeldung bei der Nationalbank amtlich überwiesen wurden.

Wußten Sie davon, daß GLÖCKNER direkt von der Gesandtschaft Gelder bekommen hat?

Von diesen Summen ist mir nichts bekannt, aber ich halte es für möglich, daß diese Beträge für die Leiter der Wirtschaftsorganisation (Berater) überwiesen wurden, zumal diese auch hochbezahltes Hilfspersonal beschäftigten. Ich weiß nicht – nachdem Goldschmidt damit befaßt war – , ob das Geld für den Kauf des Deutschen Hauses (Lendvay utca) nicht auf diese Weise aufgebracht worden ist.

Haben Sie den volksdeutschen Eiergroßhändler FELBER aus Tab gekannt?

Die FELBERs waren die einzige deutsche Familie in Tab. Der Genannte, Mitglied des Volksbunds, führte Eier ins Reich aus, wofür meines Erachtens GLÖCKNER den Kredit bereitstellte. Worauf sich die 1000 Pengő Strafe des Besagten bezog, und warum sie ihm zurückerstattet wurde, weiß ich nicht. Der Genannte unterstützte den Volksbund im Rahmen der Winterhilfe-Aktion mit ziemlich großen Beträgen.

Kannten Sie Peter [...]ner aus Apatin?

Persönlich kenne ich ihn nicht, aber ich weiß, daß der Volksbund sein dorti-

---

wurde er von den Amerikanern an die Tschechoslowakei ausgeliefert und am 22. Mai 1946 in Prag als Kriegsverbrecher hingerichtet.

ges Grundstück kaufen wollte und der Genannte gewünscht hätte, dafür im Reich gebundenen Grundbesitz zu erwerben. Nach meiner Erinnerung hat das Finanzministerium eine solche Möglichkeit ausgeschlossen. Davon weiß ich nichts, daß der Genannte in diesem Zusammenhang dem Volksbund einen Betrag von 400.000 Pengő als innere Anleihe angeboten hätte.

Wissen Sie, aus welchem Finanzfonds die Wirtschaftsberater bezahlt wurden und wie die Volksdeutsche Mittelstelle (VOMI) diese Frage geregelt hat?

Wie ich schon am Anfang meiner Aussage erwähnt habe, teilte ich meinen Verdacht, daß diese Berater eigentlich nach Ungarn gekommen waren, um eine Organisation des Reiches aufzubauen, GOLDSCHMIDT mit. GOLDSCHMIDT, Leiter der Wirtschaftsabteilung des Volksbunds, teilte meine Ansicht. Ende 1940 oder Anfang 1941 machte ich dem Ministerpräsidenten Graf PÁL TELEKI einen Besuch und teilte ihm meine Befürchtungen sowie den Plan dieser Herren mit, sich von TELEKI und den Fachministern empfangen und damit legalisieren zu lassen. Worauf TELEKI erklärte, er werde die Herren nicht empfangen und darauf hinwirken, daß auch andere sie nicht empfingen. Zweifellos verfügten diese Herren ständig über viel Geld, hielten sich mehrere (2) Autos, hatten Hilfspersonal, und mein Verdacht ihnen gegenüber hat sich auch als richtig erwiesen. Dem Volksbund bzw. mir und anderen Führungskräften gegenüber traten sie recht aggressiv auf und erklärten, ohne sie könne der Volksbund keinerlei wirtschaftliche Organisation zuwege bringen. Diese schroffe Haltung von ihrer Seite führte dazu, daß ich mich im Sommer und Herbst 1941 sowohl mit WAGENER wie mit GRÖNDAHL zerstritt und – wie ich erfahren habe – WAGENER dann der Gesandtschaft zugeteilt wurde, während GRÖNDAHL sich in der Deutsch-Ungarischen Handelskammer niederließ, wo er herausfinden wollte, in welchem Maße Ungarn seine vertraglichen wirtschaftlichen Verpflichtungen einhielt oder nicht, und über die Kammer dem Reich die entsprechenden Verbindungen besorgen bzw. ausbauen wollte. Daß das, was in Verbindung mit der Wirtschaftsorganisation des Volksbunds stand, nicht die einzige Zielsetzung der Genannten war, beweist der Umstand, daß sie von da an gar nicht mehr in den Volksbund kamen und die ihrem eigentlichen Ziel entsprechende Organisation außerhalb desselben aufbauten. Während die amtlichen Geldüberweisungen für den Volksbund häufig ausblieben oder sich verspäteten, verfügten die Wirtschaftsberater ständig über ausreichende Geldbeträge. Es ist sehr oft vorgekommen, daß auch die Beihilfen für die Angehörigen der zur Waffen-SS Eingerückten nicht eingetroffen sind und ich persönlich bei der Gesandtschaft vorgesprochen habe, um zu versuchen, die Überweisungen zu urgieren. Ich halte es für wahrscheinlich, daß die Berater ihre Finanzausstattung über die Gesandtschaft regelten.

Was wissen Sie über die Südosteuropäische Getreidehandelsgesellschaft in Wien?

Die Firma kenne ich nicht einmal vom Hörensagen und ich weiß nicht, zu welchem Zweck GOLDSCHMIDT und GRÖNDAHL 500.000 hätten aufnehmen sollen. Ich versichere, wenn GOLDSCHMIDT Mitglied der NSDAP war – was ich definitiv nicht glaube –, dann konnte das nur gegen mein strengstes Verbot geschehen sein.

Kennen Sie die Bestimmung der bei der Mercur Bank aufbewahrten, auf den Namen der Kreditbank lautenden Depositenbücher mit den gleichen Beträgen?

Wenn es sich um Depositenbücher über 50.000 Pengő oder eine ähnliche Summe handelt, kann es sein, daß wir die Beträge der inneren Anleihe auf diese Weise bei der Mercur Bank deponierten, bis wir sie brauchten; ich halte es aber nicht für wahrscheinlich, daß vom Volksbund Summen bis zu 10.000 Pengő in dieser Form deponiert wurden, und insbesondere nicht, daß die Einzahlung in ein Einlagebuch erfolgt ist, das auf eine andere Bank lautete.

Wie viele Immobilien besaß die Deutsches Haus AG in Pest, wie viele auf dem Land, und woher bekam sie das Geld zu deren Ankauf?

Das mir vorgelegte Verzeichnis der Liegenschaften entspricht – soweit ich mich erinnere – in etwa dem tatsächlichen Bestand. Auf dem Land sind sehr viele der Immobilien von den Ortsgruppen erworbene Heime, die wir der Einfachheit halber alle auf den Namen der Deutsches Haus AG überschrieben haben, wenn die Mitglieder der Gruppe mit dieser Lösung einverstanden waren. Die zum Ankauf nötigen Summen wurden gemäß der deutsch-ungarischen zwischenstaatlichen Vereinbarung – für die dort Fall für Fall genannten Ankäufe – häufig nachträglich aufgenommen und durch amtliche Überweisungen gedeckt.

Hier muß ich anmerken, daß die Wirtschaftsberater von 1941 an, kaum waren sie angekommen, die Aktien der Deutsches Haus AG übernommen haben und bei der Mercur solange verwahrten, bis der Volksbund nicht die ausgezahlten Beträge zurückerstattete. Da dies nicht geschehen ist, gelangten die Aktien auch nicht in das Eigentum des Volksbunds zurück, und wir haben nie mehr über sie verfügt. Auch das war ein Grund dafür, daß ich gegen die Wirtschaftsberater bzw. ihre Absichten Vorurteile hegte. Und mein Verdacht hat sich erhärtet.

Welche Tätigkeit haben die verschiedenen Ämter des Volksbunds ausgeübt?

Die Hälfte dieser Ämter verrichtete darüber hinaus, daß sie in Gang gesetzt wurden, eigentlich keine Tätigkeit. Auch die Wirtschaftsämter funktionierten nur in der Theorie, dienten aber den Volksdeutschen auf landwirtschaftlichem oder anderen Gebieten mit Auskünften und Information. Wie im Vorherigen bereits erwähnt, ist es nur gelungen, die Milag und die Winzergesellschaft zu errichten. Die schon vor Ankunft der Berater tätigen Unternehmen Agraria und Agricola vermochten wir nicht aufrechtzuerhalten.

Wann wurden die Geldinstitute in der Provinz organisiert?

Das war ausschließliches Recht der Mercur Bank, in das niemand vom Volksbund Einblick gewonnen hat. Der Ankauf der Pécsvárader Bank und Sparkasse und später die Einbeziehung der Sparkasse von Etyek hat nach meiner Ansicht die Hoffnungen nicht erfüllt, die sich daran geknüpft hatten und die von den Wirtschaftsberatern geweckt worden waren. Ihre Lebensunfähigkeit beweist, daß sie auch selbständig keine ernsthaften Resultate erzielen konnten. AURÉL DORNER[95], der Direktor des Pécsvárader Instituts, war Volksbundmitglied von Amts wegen und hat sich – wie ich von GLÖCKNER 1944 erfahren habe - aus irgendeinem Grund nach Dresden abgesetzt.

Welche Anordnungen haben sie im Zusammenhang mit der Inanspruchnahme der Kredite getroffen?

Ich habe das mit GOLDSCHMIDT besprochen und war mit ihm übereingekommen, daß für die Inanspruchnahme die Befürwortung der Ortsgruppenführer des Volksbunds notwendig sei, nach meiner Kenntnis wurde dies aber nicht eingehalten. Tatsache ist, daß GLÖCKNER jede einzelne Inanspruchnahme von seiner persönlichen Zustimmung abhängig gemacht hat.

Wie sollten die Erzeugnisse der Volksdeutschen aus der Batschka, dem Banat und der Baranya ins Reich geliefert werden?

Bei der Wiederangliederung der Batschka und des Baranya-Dreiecks wollte man den Export der drei Gebiete ins Reich vereinheitlichen. Dies scheiterte jedoch am Widerstand der ungarischen Regierung sowie daran, daß das Banat unter deutscher Militärverwaltung stand und die Firmen in diesen Gebieten die Ausfuhren selbständig abwickelten. Mit dieser Frage hat sich der Volksbund insofern nicht wirklich befaßt, als die Wirtschaftsberater besonders im Banat und in der Batschka den Export leiteten und sich dabei nicht hineinreden ließen. Wenn es in dieser Angelegenheit Verhandlungen in Berlin gegeben hat, könnte GOLDSCHMIDT mit einer gewissen Wahrscheinlichkeit daran beteiligt gewesen sein. Der Vertrauensmann der Deutschen war Dr. TRISCHLER, der in bezug auf seine Futaker Musterwirtschaft einen besonderen Vertrag mit dem Reich hatte und wahrscheinlich ebenfalls an diesen Konferenzen teilgenommen hat.

Wie haben Sie sich die Einführung der Ehestandsdarlehen vorgestellt?

---

[95] DORNER, AURÉL (geb. 1888), aus Győr stammender Finanzfachmann, ab 1928 als Ministerialrat im Finanz-, Wirtschafts- und Handelsministerium tätig, ab 1938 Staatssekretär im Finanzministerium.

Von LOTHAR HELLER[96] stammte die Idee, 10 Millionen Mark als Ehestandsdarlehen aus dem Reich nach Ungarn zu transferieren. Aus dieser Summe sollten an frisch Verheiratete 10-15.000 Pengő pro Paar als Darlehen mit der Zusatzbestimmung gegeben werden, daß die Eheleute nach der Geburt einer bestimmten Zahl von Kindern immer weniger hätten zurückzahlen müssen. HELLER konnte die genannte Summe aber im Reich nicht auftreiben. Mit diesem Plan wollte HELLER besonders die Jugend gewinnen und hätte damit auch großen Erfolg gehabt, wäre er ausgeführt worden. Von seiten des Deutschen Reichs wurden mir jährlich 20.000 Pengő als Repräsentationsaufwand überwiesen, die von 1941 an GLÖCKNER ausbezahlt hat. Von dieser Summe habe ich aber nie auch nur einen einzigen Heller in Anspruch genommen. Sie stand vielmehr Schatzmeister SCHNITZER zur Verfügung, der davon jungverheirateten volksdeutschen Angestellten des Volksbunds, die darauf angewiesen waren, ein paar hundert Pengő zum Geschenk machte.

Nach welchem Lehrplan wurde in den Schulen des Volksbunds unterrichtet?

Ich habe sorgfältig darauf geachtet, daß in den Schulen nach dem vom Kultusministerium genehmigten Lehrplan unterrichtet wurde. Nur in Fünfkirchen unterlief mir ein Fehler: dort habe ich TEPFENHARDT[97] an die Spitze der Schule berufen, der sich von da an als zum radikalsten Nazi-Flügel gehörig entpuppte.

Ist Ihnen die Rolle des Bankhauses Nikolai bekannt, und worin bestand diese?

Der Name des Bankhauses Nikolai ist mir im April 1945 begegnet, als LOTHAR HELLER am Attersee erschien und den dort einquartierten Führern der Volksdeutschen Anweisungen für das aus Berlin nach Salzburg evakuierte Bankhaus Nikolai überbrachte, mit denen sie einen ihrem Gehalt für zwei bis drei Monate entsprechenden Pengő-Betrag in Mark aufnehmen konnten. Die Pengő-Summe – in welcher Höhe, weiß ich nicht – lag bei SCHNITZER, und nachdem wir dort die Namensliste der auffindbaren Amtsträger des Volksbunds zusammengestellt hatten, fuhr jemand nach Salzburg, um die Pengő-Summe einzuwechseln bzw. in Mark aufzunehmen. Ich weiß, daß die Anweisung für Dezember 1944 im März 1945 in Ödenburg über die dortige Filiale der Nationalbank im Gesamtwert von 800.000 Pengő zu Händen von SCHNITZER ausgezahlt worden ist. Unterwegs hat SCHNITZER auf drei-vier Zwischenstationen von diesem Geld einzelnen Angestellten ihre Bezahlung in Pengő übergeben, und auch Gruppen bekamen verschiedentlich Zahlungen in Pengő. So konnte meiner Meinung nach bei SCHNITZER nur mehr eine ganz bescheidene Summe

---

[96] HELLER, LOTHAR, war Leiter des Amtes X in der Volksdeutschen Mittelstelle, die für die Wirtschaftsführung der deutschen Volksgruppen zuständig war.

[97] TEPFENHARDT, JOSEF, Direktor des Volksbundgymnasiums in Fünfkirchen (Pécs).

vorhanden gewesen sein, als ich am 17. Mai 1945 verhaftet wurde. Nach meiner Kenntnis war das Bankhaus Nikolai das Finanzinstitut, zu dem LOTHAR HELLER enge Verbindungen aufrechterhalten hatte.

Was wissen Sie von der Baumschule in Großkároly?

Nach meiner Erinnerung wollten wir dort eine Wirtschaftsschule der Unterstufe einrichten. Der Kauf [der hierfür vorgesehenen Immobilie] ist auch erfolgt, aber die ungarische Regierung – wahrscheinlich das zuständige Ministerium – stimmte dem nicht zu, worauf die Überschreibung für ungültig erklärt wurde und wir den Kaufpreis zurückerstattet bekamen, – nach ungefähr zwei Jahren, vielleicht aber auch schon früher. Jedenfalls zu einem Zeitpunkt, als man für einen solchen Betrag ein derartiges Grundstück schon gar nicht mehr kaufen konnte. Ich halte es für möglich und durchaus für wahrscheinlich, daß die Deutsches Haus AG die nötige Summe vorgestreckt hatte.

Kannten Sie das Neusatzer Finanzinstitut 'Zentraldarlehenskasse'?

Dieses Institut hatte schon seit Jahren in Jugoslawien gearbeitet, als es im Zuge der Gebietsrevisionen zu Ungarn kam, und war auch dort nicht bereit, seine Selbständigkeit aufzugeben. Dabei war ihm auch LOTHAR HELLER eine große Hilfe. Infolgedessen unterstützte das Institut eigentlich nicht den Volksbund, sondern ging seine eigenen Wege und war eine der stärksten Stützen der VOMI in Ungarn.

Haben sie BÉLA TORMAY[98] gekannt?

Persönlich kenne ich ihn nicht, GLÖCKNER hat über ihn bemerkt, daß er in der Mercur Bank eigentlich die Funktion eines Hüters der ungarischen Interessen wahrnahm und ihm daraus oft Schwierigkeiten erwuchsen. GLÖCKNER erzählte mir auch, daß man im Reich das Verbleiben TORMAYs in der Bank wünschte, damit der volksdeutsche Anstrich der Bank nach außen hin verschwinde und das ungarische Interesse auch den ungarischen Regierungskreisen gesichert erscheine.

Haben Sie JÓZSEF MORENTH gekannt?

Persönlich habe ich auch ihn nicht gekannt, aber MORENTH war der, von dem GLÖCKNER gesagt hatte, ohne ihn könne er das Institut zusperren. Er machte es von meiner Einwilligung abhängig, ob er MORENTH trotz dessen Ehe mit einer Halbjüdin in der Bank behielt. Ich erklärte, ich würde meinen Rücken hinhalten, wenn ihm daraus Unannehmlichkeiten erwüchsen.

---

[98] TORMAY, BÉLA (geb. 1881); Bankier, von 1926 bis zu seiner Pensionierung 1939 Generaldirektor der Postsparkasse.

Wer besaß nach Ihrer Kenntnis die Aktienmehrheit der Mercur Bank?

Soviel ich weiß, lag die Aktienmehrheit in der Hand der Dresdner Bank. Bei GLÖCKNER war des öfteren davon die Rede, daß er, sobald der Volksbund einen entsprechenden Fachmann habe, seinen Posten abgebe und aus der Bank ein volksdeutsches Finanzinstitut werden solle. Das habe ich auch amtlichen ungarischen Kreisen, so BIRKÁS und Sektionsrat BALLA, nicht verschwiegen. Die Aktien der Deutschen Sparkasse und Bank AG waren voll und ganz in der Hand der Mercur Bank und ebenso die Aktien der Sparkasse von Etyek. Diese beiden Geldinstitute hat die Mercur Bank aus eigenen Mitteln erworben und dabei hatte der Volksbund nichts dreinzureden.

Wie gestaltete sich der Eingang der Mitgliedsbeiträge des Volksbunds?

Nach meiner Kenntnis wurden die Beiträge von den Ortsgruppenführern erhoben; davon blieb eine vorab festgesetzte Teilsumme bei der Ortsgruppe, einen anderen fixen Teil bekam die Gebietsführung, der Rest ging an die Zentrale. Es kann auch sein, daß die gesamten Mitgliedsbeiträge an die Zentrale eingezahlt wurden und diese die festgesetzten Summen zurücküberwies. Ich habe nicht erfahren, ob die Einzahlungen bar oder über Postanweisung erfolgten, aber ich weiß, daß die Gebietsführer aus der Batschka SCHNITZER immer große Summen übergaben, wenn sie in Pest zu tun hatten.

Haben Sie BÉLA LISZNYAI gekannt?

1939 ist LISZNYAI zum erstenmal bei mir aufgetaucht, verwies auf seine Herkunft aus Szekler Adel und bot seine Dienste als Sachverständiger bei Immobilienkäufen an. Ich verwies ihn an GOLDSCHMIDT, und tatsächlich kauften wir einen Teil der deutschen Häuser über seine Vermittlung. Sicher weiß ich, daß der Ankauf des Anwesens Lendvay utca 2-4 Resultat seiner Bemühungen war.

Wann trat der vierte Berater auf, und was war seine Aufgabe?

Als MAUSS[99] in Erscheinung trat, erklärte MÜHL, er brauche beim Aufbau der Milag keinen Berater und MAUSS solle erst für zwei Jahre das ungarische Genossenschaftswesen studieren, bevor er ihm überhaupt eine Hilfe sein könne. MAUSS betätigte sich denn auch eher als Genossenschaftssachverständiger.

---

[99] MAUSS, HANS GEORG, gehörte zu den "Wirtschaftsberatern" aus dem Reich und verlegte seine Haupttätigkeit in die Batschka, wo er u.a. mit TRISCHLER besonders eng zusammengearbeitet hatte. M. unterhielt gute Beziehungen zu den ungarischen Behörden und verdankte seinen Bestechungsaktionen den Erfolg, daß die in der Batschka-Klausel vorgeschriebenen Überschüsse an Deutschland abgeliefert wurden. M. errichtete in Budapest ein Büro bei der Tarnfirma Donau-Concordia und behielt es auch später, obwohl die ungarische politische Polizei davon Wind bekam, woraufhin GRÖNDAHL und WAGENER mit ihrer Kanzlei umziehen mußten.

Gleichwohl war er derjenige, der neben GLÖCKNER am wenigsten Staub aufwirbelte.

Haben Sie Dr. KONRAD MISCHUNG gekannt?

Der Genannte sollte Gebietsführer des südöstlichen Teils der volksdeutschen Region in Transdanubien werden. Als GLÖCKNER nach Pest kam, erkundigte er sich, wo man in der Provinz eine Bank kaufen könne. Darauf erhielt er von Rechtsanwalt Dr. GUSSMANN die Ausschreibung zum Kauf der Pécsvárader Bank und von Dr. MISCHUNG[100] die der Mohácser Bank. Daß das Pécsvárader Institut gekauft wurde, war GLÖCKNERs persönliche Entscheidung.

Haben Sie JÁNOS SERÉNYI (STANGL) gekannt?

Ich kenne ihn persönlich nicht, aber es ist SERÉNYI gewesen, über dessen Vermittlung die Deutsches Haus AG das eine Grundstück in Fünfkirchen erworben hat. Ich weiß, daß SERÉNYI, nachdem die Überschreibung nicht glatt ging, als Käufer auftrat und die Deutsches Haus AG dann von ihm das Grundstück erwarb, weil wir es sonst gar nicht hätten kaufen können, da niemand in dieser Gegend bereit war, eine Immobilie an einen Deutschen oder deutsche Hände zu veräußern.

Wo wirkte die Leitung der Umsiedlungsstelle?

Diese Institution war in Berlin der Volksmittelstelle (VOMI), in Budapest Obergruppenführer WINKELMANN unterstellt und in Aussiedlungsfragen weisungsbefugt. Das Amt fungierte ausschließlich in Verbindung mit kriegsbedingten Aussiedlungen. In der ersten Zeit vertraute ihm die Reichsbehörde nur die Evakuierung von Volksdeutschen, später dann auch von Magyaren an.

Für die vom Volksbund aufgewendeten oder vorgeschossenen Evakuierungskosten wurden dem Volksbund 800.000 Pengő erstattet. Von Geldern, die auf dem Luftwege transferiert worden wären, weiß ich nichts. Als die Umsiedlungsstelle rund 280 Leute aus dem Reich nach Ungarn brachte, die sich in Pest niederließen, und dann auch auf dem Lande Umsiedlungsämter errichtet wur-

---

[100] MISCHUNG, KONRAD (1904-1942); Dr., Rechtsanwalt und Minderheitenpolitiker. Der im Banater Oravica geborene M. besuchte ein Gymnasium zunächst in Siebenbürgen und machte nach dem Friedensvertrag von Trianon sein Abitur in Szeged. Hier begann er auch sein Jurastudium und setzte es in Budapest fort, wo er sich BLEYER und der Studentenverbindung Suevia anschloß. Mit einem durch BLEYER vermittelten Stipendium verbrachte er ein Semester in Heidelberg und in Tübingen. Ab 1929 war er beruflich als Anwalt in Mohács tätig und eröffnete dort 1933 seine eigene Kanzlei. M. engagierte sich von Beginn an in der Volksdeutschen Kameradschaft. Im Volksbund wurde er Gebietsführer der Schwäbischen Türkei (Süd-Transdanubien). Am 20. April 1942 wurde er zum ungarischen Militär einberufen und fiel in der Sowjetunion im August gleichen Jahres.

den, konnte es vorkommen, daß diese Stellen nicht ausreichend mit Geld versorgt waren und sich an den Volksbund wandten, bei dem sie ihrem Bedarf entsprechende Summen aufnahmen. Diese Darlehen zahlte die Umsiedlungsstelle in Budapest immer bar in die Kasse des Volksbunds zurück. Auf welchem Wege und wie sie zu Geld kamen, weiß ich nicht; Tatsache ist, daß sie die Regierung dauernd drängten, ihnen die Möglichkeit zu Überweisungen zu geben, aber infolge des raschen russischen Vormarsches brauchten sie mehr und mehr Geld, und ich halte es für wahrscheinlich, daß diese Beträge über Vertrauenspersonen oder auf anderen Wegen hergelangt sind.

Wie viele landwirtschaftliche Fachschulen hatte der Volksbund?

Die Lehrbetriebe in Bistritz und Futak wurden vom Volksbund geführt, in Villány und Großkarol wollten wir zwei weitere einrichten, aber das ist nicht gelungen. In Bistritz gab es eine Raiffeisengenossenschaft, in der GOLDSCHMIDT vermutlich als Berater wirkte, aber die Eigenständigkeit des Unternehmens war voll gewahrt.

Wie kamen die Unternehmen Agraria, Agricola und Milag zustande?

Meines Wissens war die Agraria schon 1932/33, in der Zeit JAKOB BLEYERs, zur Vermarktung der Pfirsichernte aus der Umgebung von Budapest gegründet worden, hatte aber nicht gewinnbringend zu arbeiten vermocht. Die Wirtschaftsberater erweckten sie zu neuem Leben bzw. erwarben sie aus privater Hand. Der Volksbund spielte dabei bzw. bei ihrer Tätigkeit keine Rolle.

Die Agricola war 1936 von MAX ALBERT im Auftrag der Führungsgruppe, die sich um das Verlagsunternehmen Kultura geschart hatte (BASCH, GOLDSCHMIDT, SCHNITZER), mit der Zielsetzung gegründet worden, die günstigen Möglichkeiten des Weinexports zu nutzen und der Gruppe so zu den zur Dekkung ihrer Ausgaben notwendigen Einnahmen zu verhelfen. Die Agricola hat bis zum Weinkrach 1939 sehr gut funktioniert und kam im Verlauf des Späteren ebenfalls unter die Leitung der Wirtschaftsberater, die bereit waren, das Unternehmen, das keinen Gewinn mehr abwarf, zu revitalisieren. Was meines Wissens auch ihnen nicht gelungen ist.

Die Milag haben wir 1940/41 unter der Leitung des Abgeordneten Dr. HEINRICH MÜHL gegründet. Es gelang, in Transdanubien in 30-35 Orten jeweils kleine Einzelgenossenschaften zum Aufkauf der Milch zu gründen, die dann gut funktioniert haben. Die Milag war ausschließliches Eigentum der ihr angehörenden Landwirte, der Gewinn wurde unter ihnen aufgeteilt. Die Budapester Zentrale hatte die Aufgabe, die Gesamtgenossenschaft durch Anschaffung von Maschinen, Modernisierung und Einbeziehung neuer Genossenschaften voranzubringen. Die Zentrale in Budapest bestand eigentlich nur nominell, weil sie Dr. MÜHL als alleiniger Rechtsbevollmächtigter von Bonyhád aus hervorragend leitete. Dabei achtete Dr. MÜHL nicht darauf, ob die Mitglieder der Genossenschaft dem Volksbund angehörten oder nicht, und diese Methode hat sich im Hinblick auf die Entwicklung hervorragend bewährt. Die Zentrale sowohl der Agraria wie der Agricola und der Milag in Budapest war im Gebäude der Mercur Bank untergebracht. Wir hatten diese Lösung gewählt, weil diese Unternehmen hauptsächlich mit Krediten der Mercur Bank arbeiteten und so, nahe beieinander gelegen, leicht Verbindung aufnehmen konnten. Meines Wissens unterhielt die Agricola einen gepachteten Weinkeller in Budapest, solange sie unter der Leitung ALBERTs stand.

Wie kam der Verlag Kultura zustande?

Als ich 1935 zum Ausscheiden aus dem Volksbildungsverein gezwungen wurde, riefen wir zu zehnt (GOLDSCHMIDT, SCHNITZER, MÜHL, MISCHUNG, HORNUNG[101], BASCH u.a.) die Verlagsgesellschaft Kultura in Leben, um in deren Rahmen die "Deutsch-Ungarischen Heimatblätter" und den alle fünf Wochen erscheinenden "Volksboten" herauszugeben, des weiteren um Büchereien errichten und Noten an die Musikkapellen auf dem Land verleihen zu können. Bis zum Ende voll in Funktion, hat Kultura auch mehrere wissenschaftliche Werke verlegt. Dr. GÉZA PÖHM arbeitete bei Kultura als Sachverständiger für die Buchedition.

Haben Sie den Mühlenbesitzer BAUER aus Pécsvárad gekannt?

Er arbeitete neben Herrn [...], und seine Aufgabe wäre es gewesen, die wirtschaftlichen und finanziellen Angelegenheiten zu erledigen. Später spielte er auch in der Agraria eine Rolle. Welche, oder eine wie wichtige, weiß ich allerdings nicht genau. Wir beabsichtigten, den Genannten als den einen deutschen Revisor auch in den Volksbund einzubeziehen, aber er stellte sehr hohe Gehaltsforderungen. Mitglied des Volksbunds war er.

Wozu benötigte der Volksbund im Januar 1942 die Baracken des Franzstädter (Ferencvároser) Bahnhofs?

Nach meiner Erinnerung hat die Wehrmacht diese Baracken errichtet, um den aus der Bukowina nach Deutschland Umzusiedelnden hier eine Unterkunft bieten zu können. Zur genannten Zeit brauchte der Volksbund diese Baracken zu Zwecken des Schulbaus.

Wie kamen Sie im Januar 1942, als die Finanzlage der Deutsches Haus AG schlecht war, zu Geld?

---

[101] HORNUNG, GEORG (geb. 1904), Dr., Rechtsanwalt, derzeit wohnhaft in Toronto. Verteidigte FRANZ BASCH im Prozeß, in dem es um dessen Rede in Bátaapáti ging, 1935 in zweiter Instanz, nachdem sich der Verteidiger in erster Instanz, FRANZ KUSSBACH, mit seiner Enthüllung über die Finanzierung des Volksbildungsvereins durch reichsdeutsche Stellen kompromittiert hatte.

Nach meiner Erinnerung ist damals der Gedanke einer inneren Anleihe aufgekommen. Es dürfte vermutlich zu diesem Zeitpunkt gewesen sein, daß die Summe die [...] erreichte. Die Zeichnung der Anleihe zog sich über Monate hin, und [... ...] haben Batschkaer gezeichnet. Die mir vorgelegten Durchschläge von Schriftstücken sind zweifellos echt. WILLIAM DAMSON, der in diesen Schreiben genannt ist, war der Finanzchef der VOMI [...]. Ich gebe zu, daß [...] die Darlehen, die ohne Wissen der Ungarischen Nationalbank an die Parteien ausgezahlt wurden, nach dem Krieg innerhalb eines Jahres in Mark zurückerstattet werden sollten. Über die als innere Anleihe von ihnen gezeichneten Beträge bekamen die Zeichner einen von mir und Dr. Schnitzer verfaßtes persönliches Schreiben, in dem [...] sich verpflichtete, den gezeichneten Betrag zusammen mit den Zinsen nach dem Krieg in Pengő, entsprechend dem gültigen Kurswert der Mark, auszuzahlen. Wenn die Parteien es so gesehen hätten, daß es sich nicht auszahlt, wenn sie den Darlehensbetrag in Mark bekommen, [...] daß die Auszahlung in Mark erst nach [...] erfolgen kann, [... ...].

Welche Art Verhandlungen haben Sie [darüber] in Berlin geführt?

Es mag Anfang 1942 gewesen sein, daß ich in dieser Sache [wirklich Verhandlungen] in Berlin geführt habe. CLODIUS[102] teilte mir damals mit, er wolle die Frage im Zuge der Vorbesprechung zu den beginnenden neuen deutsch-ungarischen Verhandlungen regeln. Der bisherige Transferweg [war nämlich der, daß] von der ins Clearing eingehenden Exportvaluta dem Volksbund Beträge angewiesen wurden. Obwohl der Volksbund in diesem Fall mit dem Umrechnungskurs wesentlich besser wegkam, hat sich die Auszahlung doch [sehr verzögert], weil vor dem Volksbund ständig viele Firmen mit ihren Forderungen in der Reihe standen [...] In Zukunft sollten [Über]weisungen ausschließlich zu diesem Zweck, also [an den] Volksbund getätigt werden, und der Volks[bund] sollte die Beträge in Raten erhalten. Nachdem die Berliner Verhandlung[en abgeschlossen waren], verging noch eine ganze Weile, bis die erste Summe für den Volksbund eintraf. Ich machte bei Ministerpräsident

---

[102] CLODIUS, CARL (1897-1952); deutscher Diplomat. C. begann seine diplomatische Laufbahn 1921 und wirkte in den 1930er Jahren an den Botschaften in Wien und Sofia. Im November 1938 wurde er zum Gesandten I. Klasse als Ministerialdirigent in der Handelspolitischen Abteilung des Auswärtigen Amtes ernannt. Er war Sonderbeauftragter für die Führung handelspolitischer Verhandlungen und als Wirtschaftsexperte am Abschluß bedeutender Wirtschaftsverträge mit den südosteuropäischen Ländern beteiligt und in diesem Zusammenhang auch mit der Abwicklung der Clearingverrechnungen mit Ungarn beschäftigt. Auch die VOMI mußte auf ihn ab 1939 nolens volens zurückgreifen, um bei der ungarischen Regierung zwecks Zustimmung für Überweisungen an den Volksbund zu intervenieren. Im August 1944 weilte er zu Wirtschaftsverhandlungen in Bukarest und fiel nach dem Kriegseintritt Rumäniens auf Seiten der Alliierten in sowjetische Gefangenschaft, aus der er nicht mehr zurückkehrte.

KÁLLAY einen Besuch, [um zu danken], daß er die Anweisung möglich gemacht hatte und um [weitere] Transfers zu bitten. KÁLLAY sagte damals Folgendes zu mir: Eigentlich [...] schon nicht mehr das Reich, sondern Ungarn, ich weiß, wir werden das ohnehin nie [zurückbekommen], und wie durchaus möglich, zahlt der deutsche [...], Deutschland wahrscheinlich mit Blut zurück.

[Der Ahnenpaß, mit einem Streifen in den ungarischen Nationalfarben versehen], sollte von den Bestimmungen des Wiener Vertrags auch diejenigen enthalten, wonach der jeweilige Inhaber des Papiers sich als Deutscher bekennen und auf der anderen Seite der Volksbund diese Erklärung bestätigen mußte. HIMMLER wollte diesen Ahnenpaß in einer Million Exemplaren in Ungarn verteilen. Ich ließ HIMMLER wissen, mehr als 140.000 Stück könne ich nicht an den Mann bringen. Das Gespräch mit HIMMLER endete damit, daß er die Notwendigkeit dieser Aktion betonte und erklärte, er werde dies selbst mit der ungarischen Regierung besprechen. Wieder in Ungarn zurück, suchte ich den deutschen Gesandten ERDMANNSDORFF[103] auf, machte ihm hiervon Mitteilung und gab meiner Meinung Ausdruck, daß es sich hier um eine außenpolitische, was die Lage des Deutschtums in Ungarn angehe, doch sehr schwerwiegende Maßnahme handle, worauf ERDMANNSDORFF – soviel ich weiß – sich sofort einschaltete und die damals bereits per Auto angelieferten Ahnenpässe nach Jugoslawien weiterverfrachtet wurden, wo man sie in überarbeiteter Fassung verwenden wollte. Meines Wissens kam es aufgrund dieser Angelegenheit zum Streit zwischen RIBBENTROP und HIMMLER und zur strikten Abgrenzung ihrer beider Zuständigkeitsbereiche. Von da an konnte sich HIMMLER in Volksgruppenangelegenheiten nur mehr mit Billigung des Außenministers einmischen.

Ein zweites Mal traf ich im November oder Dezember 1942 mit HIMMLER zusammen, der damals darlegte, er beabsichtige nach dem Krieg die deutsche Volksgruppe in Ungarn in ihrer Gesamtheit, so wie die Deutschen aus der Bukowina und Bessarabien, in den Warthegau umzusiedeln, ein Gebiet, das sich in der Nähe der damaligen deutsch-polnischen Grenze auf der deutschen Seite erstreckte. Er ließ einfließen, daß er, sollte es sich als notwendig erweisen, die Umsiedler auch noch weiter im Osten ansässig zu machen gedächte. Hierauf wandte ich ein, daß das Batschkaer und nordsiebenbürgische Deutschtum wohl in der Hoffnung, zu mehr Grundbesitz zu kommen, und in Auswirkung der vorangegangenen 20 Jahre Mobilisierung und Organisation in größerer Zahl bereit sein werde umzusiedeln, aus dem ungarländischen Deutschtum aber, das durchgehend innerhalb der Grenzen von Trianon gelebt hatte, nur die abzuwan-

---

[103] ERDMANNSDORFF, OTTO VON (1888-1978); deutscher Diplomat. Nach seinem Studium der Rechts- und Staatswissenschaften in Grenoble, München, Kiel und Leipzig trat er 1919 in den diplomatischen Dienst des Deutschen Reiches ein. Am 10. Mai 1937 trat er das Amt des Gesandten in Budapest an. Nach eigener Schilderung wurde er am 23. Juli 1941 von Ribbentrop brüsk abgelöst. 1949 wurde er im Nürnberger "Wilhelmstraßen-Prozeß" freigesprochen.

dern gewillt seien, die mit ihrem Eintritt in die Waffen-SS die ungarische Staatsbürgerschaft auch für ihre Familien verloren hatten und meiner Schätzung nach nicht mehr als 10-12 Prozent der Volksgruppe ausmachten. HIMMLER erklärte rund heraus und nicht ohne Erregung, es müsse die Totalaussiedlung durchgeführt werden und es sei sein entschiedener Wille, eine solche durchzusetzen. Von da an bin ich HIMMLER nicht mehr begegnet.

Was wissen Sie von dem Kredit von 100.000 Pengő, den das Deutsche Haus der Raiffeisengenossenschaft gewährt hat?

Von dieser Angelegenheit hatte ich keine nähere Kenntnis. Ich erinnere mich daran, daß ich, als zur Unterstützung eines kleineren stagnierenden Batschkaer Unternehmens die Deutsches Haus AG eine Rolle anstelle der VOMI übernehmen sollte, die getarnt bleiben wollte, GLÖCKNER gegenüber meine Befürchtungen äußerte, man könne uns bei der Revision daraufkommen, und ich wolle die Deutsches Haus AG nicht in eine solch heikle Lage bringen. Das Ganze kam dann auch gar nicht zustande. Ich glaube nicht, daß im Falle der Raiffeisen die Deutsches Haus AG auf eine solche Tarnaktion eingegangen wäre.

Welche Verbindung bestand zur DAF (Deutsche Arbeitsfront)[104]?

Nach dem Wiener Schiedsspruch meldete sich eine ganze Reihe der in Ungarn tätigen Reichsorganisationen beim Volksbund, um die Kontakte auszubauen, aber ich habe sie alle abgewiesen, darunter auch die Vertreter der DAF, und wir standen auch im späteren Verlauf mit der Arbeitsfront nicht in Verbindung.

Kennen sie Dr. MECKEL[105], den Volkstumsreferenten der Deutschen Gesandtschaft, und warum hat dieser vom Volksbund monatlich Pengőbeträge im Wert von 500.-- Mark erhalten?

---

[104] Die Deutsche Arbeitsfront (DAF) wurde auf dem ersten Kongreß der deutschen Arbeit nach der Auflösung der Gewerkschaften am 10. Mai 1933 gegründet und mit HITLERs Verordnung vom 24. Oktober 1934 dem Reichsorganisationsleiter ROBERT LEY unterstellt. Ziel dieser Einrichtung war es, den Klassenkampfgedanken durch die Idee der Volksgemeinschaft sowie die einer solchen entgegenstehende Trennung von Arbeitgeber- und Arbeitnehmerverbänden zu überwinden. Die verschiedenen Wirtschaftszweige wurden als Reichsbetriebsgemeinschaften eingegliedert. Die Sonderdienststelle Kraft durch Freude koordinierte die Urlaubs- und Freizeitgestaltung. Die Mitgliedschaft war zwar formell freiwillig, doch man übte einen großen Druck aus. So verzeichnete die DAF 1936 rund 20 Millionen Mitglieder.

[105] MECKEL, RUDOLF (geb. 1910), Dr., ab 8. Februar 1941 im Dienst des Auswärtigen Amtes, vom 3. Mai 1941 bis Ende 1944 Referent für Volkstumsfragen bei der Gesandtschaft Budapest.

Der Genannte war mir auch persönlich bekannt, und zwar als hundertprozentiger Nazi, der immer zu den radikalen, pronazistischen jungen Deutschen hielt. Daß er vom Volksbund monatlich einen Pengőbetrag im Wert von 500.- Mark erhalten hätte, davon weiß ich nichts und glaube es nicht, weil SCHNITZER mich unbedingt davon informiert hätte. Dr. MECKEL war derjenige, der das Material der Anzeigen gegen mich ans Reich weiterleitete.

Ist Ihnen die Absicht der Mercur Bank, am Szabadság-Platz ein Haus zu kaufen, bekannt?

Mir ist bekannt, daß die Wirtschaftsberater und die Mercur Bank, als sie einsehen mußten, daß mit dem Volksbund auf keinen grünen Zweig zu kommen war und die Mercur Bank keine volksdeutsche Bank werden würde, um diese in eine reichsdeutsche Bank umzuwandeln, am Szabadság-Platz hinter den Denkmälern ein Anwesen erwerben wollten, in welchem auch die Kanzlei aller Wirtschaftsberater untergebracht worden wäre. Warum der Kauf nicht zustande kam, weiß ich nicht, halte es aber für wahrscheinlich, daß er amtlicherseits nicht genehmigt wurde.

Welche Rolle spielte Dr. JOHANN HOFFMANN im Volksbund?

Der Genannte war Rechtsanwalt in Budaörs und stand nach meiner Erinnerung seit 1943 als Mitarbeiter Dr. SCHNITZERs im Finanzbereich in den Diensten des Volksbunds. Später wurde er auch der Anwalt des Volksbunds.

Was wissen Sie über die Liquidierung mehrerer kleiner Batschkaer Geldinstitute im Jahre 1943?

Es war LOTHAR HELLERs Plan, mehrere kleinere Zeitungen, die in der Batschka tätig waren, einzustellen bzw. durch die Druckerei- und Verlagsgesellschaft in Neusatz (Újvidék), die der VOMI gehörte, aufkaufen zu lassen. Er wollte die kleineren Unternehmen der Hanfverwertung zu einer Interessengemeinschaft zusammenfassen und vermutlich in ähnlicher Weise auch den kleineren Geldinstituten dort auf die Beine helfen. SPREITZER war immer gegen HELLERs Vorstellungen, weil er die dortigen Wirtschaftsorganisationen mit seinen eigenen Leuten aus der Batschka umbauen wollte.

Welche Vergünstigung wurden den ungarländischen Deutschen, die in die Verbände der Waffen-SS eingetreten waren, von seiten des Reichs zuteil?

Vor allen wurden sie samt ihren Familien deutsche Staatsbürger. Sie erhielten vom Reich für ihre Angehörigen finanzielle Beihilfen und konnten diese überweisen, bei Verwundung und Tod wurden weitere Versorgungsleistungen ausgezahlt. Die Abwicklung dieser Überweisungen war Sache der Fürsorgeoffiziere der Waffen-SS, und der Mercur Bank ist es – soweit ich weiß – gelungen, diese Transfergeschäfte vom Wiener Bankverein an sich zu ziehen, weshalb es dann große Streitigkeiten zwischen diesen beiden Banken gab. Die

Verordnung bezüglich der Staatsbürgerschaft wurde nach langwierigen Bemühungen von der Regierung des Ministerpräsidenten SZTÓJAY im Laufe des Sommers dahingehend modifiziert, daß die Volksdeutschen, die ihre ungarische Staatsbürgerschaft auf die oben genannte Weise verloren hatten, nach dem Krieg um ihre Wiedereinbürgerung sollten ansuchen können.

Welche Rolle spielte Dr. GUIDO GÜNDISCH im Volksbund?

Er war Mitglied des Volksbunds, seine Söhne dienten in der Waffen-SS, [er selbst] war bei der Gebietsführung Mitte als Sachverständiger für Wirtschaftsfragen tätig.

[Was wissen Sie] über die Revisions- und Wirtschafts-GMBH Treuhand?

Von GOLDSCHMIDT habe ich gehört, daß vom Reich aus die Absicht bestand, [jeman]den nach Ungarn zu schicken, der hier die gesamten – eindeutig als selbständig [fest]stellbaren – Interessen in seiner Hand zusammenfassen sollte. Damit sollten diese für das Reich [...] sichergestellt werden. GOLDSCHMIDT machte mich damals darauf aufmerksam, daß wir die Milag, die [Genossenschaft]en, den Verlag Kultura, unsere Zeitschrift[en ...] aus der Hand [... ...], damit man uns nicht auch diese wegnehme. Lei[der] konnten wir [...] Verfügungen treffen, weil [... ...].

Wieviel Geld hat der Volksbund von der Deutschen Gesandtschaft bekommen?

Nach meiner Erinnerung hat die Gesandtschaft nach dem Ankauf des Hauses in der Lendvay-Gasse zum Kaufpreis dieses Anwesens 30-40.000 Pengő zugeschossen. Diesen Betrag konnten wir erst nach einem längerem Hin und Her von fast eineinhalb Jahren bekommen. Außerdem trug die Gesandtschaft mit einer jährlichen Summe zur Deckung des Schulgelds für bedürftige Schüler des Jakob Bleyer Gymnasiums bei. Wie lange und mit welchem Betrag sie das tat, weiß ich nicht.

Haben Sie die Neusatzer Firma "Avis" gekannt?

Dieses Unternehmen kam im Zuge der Gebietsrevisionen zu Ungarn, es war der beliebteste Maschinenvertrieb der Batschka, die zur Interessensphäre der VOMI gehörte. Die Firma errichtete in Mágocs zwei Auslieferungslager, konnte aber in Schwabenkreisen nicht prosperieren.

Kennen Sie Oberstleutnant ALOIS TEUTSCH?

Der Genannte war noch zu Zeiten JAKOB BLEYERs der administrative Leiter des Sonntagsblatts. Soviel mir bekannt ist, war er von Anfang an Mitglied des Volksbunds und hatte auch irgendeine Leitungsfunktion inne. Nach meiner Kenntnis wurde er nach Deutschland evakuiert.

Haben Sie nach der Aussiedlung GLÖCKNER getroffen?

Ich traf ihn einmal im Januar oder Februar 1945 in Ödenburg (Sopron). Zu diesem Zeitpunkt war er SCHNITZER behilflich, die Auszahlung der Bezüge für Dezember 1944 abzuwickeln. Bei einer anderen Gelegenheit trafen wir uns in Wien, als er dort für NEUN[106] und HUBER sowie für mich eine Unterkunft [...].

Wann haben Sie Dr. JOHANN HERP kennengelernt?

Ich lernte ihn 1937 über GEORG GOLDSCHMIDT kennen, der ihn bei der Gründung der Agricola zu Rate zog, die tatsächlich durch seine Mitwirkung als Anwalt zustande kam. Danach nahm er an der Gründung der Deutsches Haus AG teil, deren rasche Durchführung ebenfalls seiner Hilfe als Anwalt zu verdanken war.

Welche Rolle spielte Dr. HERP im Volksbund?

Soviel ich weiß, war er nicht Mitglied des Volksbunds, denn wenn er es gewesen wäre, hätte er spätestens 1944 zur Waffen-SS einrücken müssen.

Welche Rolle spielte [Dr. HERP] bei den Firmen Milag, Kultura, Agricola?

Bei Kultura spielte er keine Rolle, bei den beiden anderen nutzte er seine Fähigkeiten als Anwalt in vollem Maße zu Vermittlerdiensten. Bei der DAF (Deutsche Arbeitsfront), bei der als reichsdeutscher Unternehmung der Volksbund keine Rolle spielte, ist Dr. HERP tätig geworden, hat aber, soviel ich weiß, bei diesem Geschäft aus eigener Tasche draufgezahlt. Im Zusammenhang mit der DAF muß ich noch sagen, daß GLÖCKNER die Vorstellung nährte, der Volksbund solle diese reichsdeutsche Organisation übernehmen, und die deutsche Arbeiterschaft in Ungarn könne via Volksbund, über die Gründung einer großen Buchhandlung und Bibliothek gewonnen werden. Die DAF war ständig darauf [aus, mit dem] Volksbund eine solch engere Verbindung einzugehen, das [kann ich] bezeugen. Folglich redete Dr. GLÖCKNER Herrn Dr. HERP zu, in der Geschäftsführung der DAF eine Beteiligung zu übernehmen, was dieser auch getan hat. [Ich kann bezeugen, daß] während HERPs Tätigkeit bei der DAF keine politische Agitation in der Richtung [stattfand], daß, sollte sich der

---

[106] NEUN, HEINRICH (1903-1974); Dr., Arzt und Minderheitenpolitiker. Nach seinem Abitur am humanistischen Gymnasium in Bonyhád studierte der aus der Gemeinde Ág stammende N. Medizin an der Universität Budapest. 1925/1926 verbrachte er mit einem Stipendium der Suevia je ein Semester in Freiburg sowie in Kiel. Er ließ sich 1934 im westungarischen Ragendorf (Rajka) als praktizierender Arzt nieder, übersiedelte aber im Dezember 1941 nach Ödenburg (Sopron), um dort seinen Verpflichtungen als Gebietsführer für Westungarn nachzukommen. 1942-1943 diente er bei der ungarischen Honvéd. 1945 wurde er von den Amerikanern an die ungarischen Behörden ausgeliefert und in Budapest zu 15 Jahren Zwangsarbeit verurteilt. 1947 gelang ihm die Flucht aus dem Gefängnis und er wurde in Westdeutschland ansässig.

Volksbund anschließen, das Reich die Arbeiterschaft vom politischen Aspekt her [... ...]

Welche Dinge regelte Dr. HERP für die Mercur Bank AG?

Meines Wissens war er der Anwalt der Mercur Bank oder bezog für Mitwirkung in Einzelfällen ein Honorar.

Wen kannten Sie aus dem Kreis von Dr. HERP?

Ich kannte HERPs Sekretärin ICA LLOYDL, die eine Zeit lang auch mit ihm verlobt war. Auch der Pianist GYULA KÁROLYI, den ich persönlich nicht gekannt habe, war mit ihm befreundet. Es ist mir bekannt, daß HERP ein sehr gutes Verhältnis zu dem Grundbesitzer LÁSZLÓ VISZONTAY KOVÁCS hatte, auf dessen Gut er öfter hinausfuhr. Das Haus Üllői-Straße 19 gehörte VISZONTAY, und in diesem Haus hatte Dr. HERP auch seine Wohnung und die Kanzlei. Hier waren für einige Zeit auch die Büros der Agricola sowie der Verlagsanstalt Kultura untergebracht. Dr. HERP betreute das Viszontay-Haus anwaltlich. VISZONTAY wollte das Anwesen mit Hilfe Dr. HERPs veräußern und dafür Grundbesitz erwerben, aber der Verkauf kam nicht zustande. Dr. Herp hätte 15.000 Pengő an dem Geschäft verdient

Woher kannten Sie Dr. ERNST WÜSTER?

1940/41 suchte mich Dr. WÜSTER im Deutschen Haus auf und stellte mir die Frage, ob der Volksbund nicht bereit sei, mit der Donau Concordia Versicherung einen Vertrag einzugehen, wie er mit der deutschen Volksgruppe in Jugoslawien geschlossen worden war. Ich bedeutete ihm, er solle das mit GOLDSCHMIDT als dem Leiter der Wirtschaftsabteilung besprechen und der solle mir dann einen Vorschlag unterbreiten. GOLDSCHMIDT hat den Vertragsabschluß mit der Donau Concordia Versicherung befürwortet, weil er der Ansicht war, daß die Versicherung auf unsere Empfehlung zuverlässige Leute in den deutschen Gegenden einstellen werde. Außerdem schalteten wir damit die Victoria Versicherung aus, die vom Reich aus ihr Interesse angemeldet hatte und mit dem ganzen Gewicht der NSDAP Druck auf uns ausübte. Die Anstellung unserer Leute schloß aus, daß die Volksdeutschen hintergangen wurden. Darüber hinaus spielte beim Abschluß des Vertrages auch die Überlegung eine Rolle, daß der Volksbund bzw. die Deutsches Haus AG, sollte sich die Notwendigkeit ergeben, von der Donau Versicherung einen Kredit in Anspruch nehmen könnte. Die Vereinbarung zwischen dem Volksbund und der Donau Concordia Versicherung kam dann, soweit ich mich erinnere, 1940 auch tatsächlich zustande, was die VOMI mit größtem Mißfallen zur Kenntnis nahm, vor allem, weil damit die Victoria ausgeschieden war.

In welchem Ausmaß stellte der Volksbund seine eigene Organisation in den Dienst der Donau [Concordia]?

Es war ausbedungen, daß die Versicherung die Ortsgruppenführungen auf dem Lande nicht in Anspruch nehmen durfte, sondern der Volksbund Personen benannte, die von der Versicherung zu Agenten ausgebildet und in den entsprechenden Gebieten als Vertreter angestellt wurden.

Hat der Volksbund von der Donau [Concordia] auf die abgeschlossenen Verträge eine Subprovision bekommen?

Nach meiner Kenntnis nein. Dr. GOLDSCHMIDT wurde nach Abschluß des Vertrages Vertreter der Donau Concordia und erhielt in dieser Eigenschaft von der Versicherung monatlich 400.- Pengő, deren volle Summe er jedesmal in die Kasse des Volksbunds einzahlte. Es war mir nicht bekannt, daß nach dem Ausscheiden GOLDSCHMIDTs Dr. TRISCHLER an seine Stelle getreten ist. Ergänzend sage ich in diesem Zusammenhang noch aus, daß die Vereinbarung [mit der Donau Concordia] von mir und Dr. GOLDSCHMIDT unterzeichnet worden ist.

Wie war das Verhältnis zwischen Dr. HERP und GLÖCKNER?

Zwischen Dr. HERP und GLÖCKNER bestand die innigste freundschaftliche Beziehung. Sie verbrachten ihre ganze Freizeit zusammen, speisten im allgemeinen zusammen und gingen gemeinsam ihren Unterhaltungen nach. Wie die Verbindung zwischen ihnen materiell aussah, weiß ich nicht. Dr. HERP fuhr ein eigenes Auto, [... ...] weggenommen wurde und vor der Evakuierung [kauf]te er ein [...] und [verließ] damit das Land.

Es ist mir bekannt, daß er noch in der Zeit seines Budapester Aufenthalts GLÖCKNER 440.000 Pengő mit der Bestimmung übergeben hat, GLÖCKNER solle sie bei einem geeigneten Industrieunternehmen anlegen. Dr. HERP versah seit 1943 im Honvédministerium Dienst, und GLÖCKNER hat mir im Februar 1945, als wir uns in Wien oder Ödenburg trafen, mitgeteilt, daß er es nicht vermocht hatte, dieses Geld anzulegen, weil es nicht angenommen worden sei, und daß er HERP schon seit Monaten nicht habe treffen können, um es ihm zurückzugeben. Er bat mich um Rat, aber ich konnte ihm auch nichts Näheres sagen. Ob er das Geld bei sich behalten oder anderswo hinterlegt hat, weiß ich nicht. Tatsache ist, daß ICA LLOYDL damals mit GLÖCKNER zusammen dort gewesen ist und [zu der Zeit] als Krankenpflegerin gearbeitet hat.

Wie erfolgte die Aufnahme des Hypothekendarlehens von der Donau Concordia?

Diese Sache hat GOLDSCHMIDT ausgehandelt und gemeinsam mit Dr. SCHNITZER abgewickelt. An der Grundsatzbesprechung habe auch ich teilgenommen. Nach meiner Kenntnis wurden die Beträge in Raten ausgezahlt. Ich halte es für wahrscheinlich, daß damals Geld für Schulbauten oder Hauskäufe benötigt wurde. Es war mir bekannt, daß das Darlehen als Hypothek auf die Immobilien der Deutsches Haus AG eingetragen worden ist.

Haben Sie EMIL SCHERZINGER gekannt?

Obwohl ich ihn persönlich nicht gekannt habe, weiß ich, daß die Deutsches Haus AG bei seiner Firma die Wäsche eingekauft hat, die sie für den eigenen Bedarf sowie für die Internate und Lehranstalten benötigte. SCHERZINGER selbst war Mitglied des Volksbunds, hat sich aber, wenn z.B. von einer Spende für Flüchtlinge oder die Volkshilfe die Rede war, einem derartigen Ansinnen stur verschlossen.

Welche Geldbeträge haben Sie oder andere vom Volksbund von KÁLMÁN KÁNYA[107] aufgenommen?

KÁLMÁN KÁNYA habe ich persönlich nie gekannt und habe von ihm nie Geld erhalten. Nachdem der Volksbund eigentlich 1939 gegründet worden ist, hat meines Wissens auch niemand vom Volksbund solche Gelder in Empfang genommen. Ich halte es für möglich, daß der Volksbildungsverein von GUSTAV GRATZ auf solche Weise staatliche Unterstützung erhalten hat.

Hat der Volksbund dem Reich Wirtschaftsinformationen über Ungarn geliefert?

Als offizielle Dienststelle des Reichs hat Dr. KÖHLER solche Informationen geliefert. KÖHLER, der 1937/38 in Ungarn als Mitarbeiter von Wirtschaftszeitungen tätig war, tauchte meiner Erinnerung nach 1942 an der Deutschen Gesandtschaft auf, wo er zuletzt als Kulturattaché gearbeitet hat. Und natürlich haben GRÖNDAHL und Dr. WAGENER und wahrscheinlich auch GLÖCKNER das Reich mit Wirtschaftsinformationen versorgt.

Welchem Zweck diente die Volksdeutsche Mittelstelle?

Nach Abschluß des Wiener Schiedsspruchs war die VOMI die Stelle, die das Reich dazu benützte, sich kraft der vertraglich zugesicherten Rechte ständig in die Vereins- und Wirtschaftstätigkeit der Volksdeutschen in Ungarn einzumischen. Meines Wissens waren die Vereinigten Finanzkontore nur das Finanzorgan, dessen sich die VOMI bediente, um ihre finanziellen Pläne und wirtschaftlichen Vorstellungen durchzusetzen.

---

[107] KÁNYA, KÁLMÁN (1869-1945); Diplomat, ungarischer Außenminister 1933-1938. Seine diplomatische Karriere begann er 1905 im k.u.k. Außenministerium, 1920-1925 fungierte er als Stellvertretender Außenminister. Von 1925 bis zum 10. Januar 1933 war er Gesandter in Berlin. Als Außenminister in der GÖMBÖS-, DARÁNYI- und IMRÉDY-Regierung führte er die Politik BETHLENs fort. Da er nach dem Münchner Abkommen eine engere deutsch-ungarische Kooperation nicht befürwortete, mußte er von seinem Amt zurücktreten. Während des Zweiten Weltkrieges leitete er den Außenausschuß des Oberhauses. Nach der Machtübernahme der Pfeilkreuzler wurde er verhaftet und ins Gefängnis in Sopronkőhida eingeliefert. Angesichts seiner schweren Krankheit wurde er freigelassen, überlebte aber die Belagerung der ungarischen Hauptstadt nicht mehr.

* * *

In Zusammenfassung meiner Aussage muß ich als Tatsache feststellen:

Als Ende 1940 oder Anfang 1941 das Deutsche Reich bzw. die VOMI zum Ausbau der wirtschaftlichen Organisation des Volksbunds die bereits erwähnten drei Wirtschaftsberater nach Budapest sandte, war deren eigentliches Ziel nicht, die deutsche Volksgruppe in Ungarn wirtschaftlich zu organisieren und zu unterstützen, sondern – damals von mir nur geahnt – die ökonomischen Interessen und Ziele des Reichs zu organisieren und zu realisieren.

Zweifellos haben die Genannten im Interesse der Realisierung dieser Ziele des Reichs eine viel energischere Tätigkeit entfaltet als im Interesse des Volksbunds, und das führte auch zum Bruch zwischen mir und ihnen, in dessen Folge sie jedoch nicht ins Reich zurückkehrten, sondern im Rahmen der Deutschen Gesandtschaft und der Deutsch-Ungarischen Handelskammer mit ihren eigenen Organisationen und Mitarbeitern den Ausbau des deutschen Wirtschaftsnetzes weiterverfolgten. Ich behaupte, daß diese Herren eigentlich, wie ein reichsdeutscher Professor, der in Pest unterrichtete, über GRÖNDAHL fallen ließ – seine Bemerkung gilt aber auch für die Anderen – die Wirtschaftsbeobachter des Deutschen Reiches in Ungarn waren.

Das unterstreicht auch die Tatsache, daß diese Wirtschaftsbeauftragten ständig über beachtliche Summen Geldes verfügten, dauernd größere Reisen unternahmen, und das zu einer Zeit, als der Volksbund selbst seine amtlich genehmigten Transfer-Aktionen nur unter Schwierigkeiten ausführen konnte. In welcher Richtung die Tätigkeit dieser Herren ging, stand für mich im Verlauf des Späteren dann schon völlig außer Zweifel.

Zur Sache habe ich mehr nicht zu sagen. Meine Aussage wurde richtig aufgenommen, sie enthält das von mir Vorgetragene. Ich habe sie freiwillig, ohne jeden Zwang abgegeben, und das darin Enthaltene entspricht in allem der Wahrheit.

BÉLA NEMES	Frau GÁBOR MIKLÓSSY	FRANZ BASCH
Ermittlungsbeamter	Protokollführerin	Beschuldigter

C. Berichte über die Vernehmung von Dr. Franz Basch

1.

25. Oktober 1945

Ungarische Staatspolizei, Polizeipräsidium Budapest, Abteilung Politische Polizei. 19231/1945. Gegenstand: Vernehmung von Dr. FRANZ BASCH. Bericht.

Ich berichte, daß ich Dr. FRANZ BASCH in der Sache Mercur Bank AG vernommen habe. Im Zuge der Vernehmung wurde laut beigelegtem 15-seitigen

Protokoll der Nachweis erbracht, daß nach Abschluß des Wiener Volksgruppenabkommens 1940 die Volksdeutsche Mittelstelle drei Wirtschaftsberater nach Budapest entsandte, um den Volksbund in den Bereichen Landwirtschaft, Gewerbe und Kreditwesen organisatorisch zu unterstützen.

Dementgegen waren diese Wirtschaftsberater jedoch aus dem Reich nach Ungarn geschickte Wirtschaftsspione, die von ihren Kanzleien in der Mercur Bank in Budapest aus ihr landesweites Netz organisierten und die Zentrale im Reich laufend über das ungarische Wirtschaftsleben informierten.

Die Vernehmung hat erwiesen, daß unter Umgehung der Nationalbank durch die Vermittlung von Privatpersonen und der Deutschen Gesandtschaft laufend illegale Gelder nach Ungarn flossen, deren Verwendung zweifellos den Zielsetzungen dieser Organisation dienten.

Dr. Basch gestand ein, in zwei Fällen mit SS-Führer HIMMLER verhandelt zu haben, einmal wegen der Ausstattung der deutschen Volksgruppe in Ungarn mit Ausweisen, das zweite Mal wegen ihrer Totalaussiedlung.

Er bekannte ferner, daß der Volksbund zur Deckung seines Finanzbedarfs innerhalb der Volksgruppe von den Mitgliedern des Volksbunds eine "innere Anleihe" aufnahm, deren Gegenwert in Mark im Reich den Zeichnern der Anleihe – ohne Wissen der Nationalbank und der Regierung – gutgeschrieben wurde, mit der Absicht, diese für sie später in Mark zurückzuzahlen.

Er räumte ein, daß es nicht möglich war, im Interesse der Ausfuhr der Produkte der Deutschen Volksgruppe ins Reich die Volksgruppe organisatorisch in einer Hand zusammenzufassen, der Export aber unter Leitung der Wirtschaftsberater über Privatunternehmen lief.

Er gab zu, daß die Deutsche Haus AG in Budapest 17-18 Immobilien hatte, wovon 4-5 gepachtet, die übrigen als ihr Eigentum im Grundbuch eingetragen waren; in der Provinz verfügte sie über 60-65 Immobilien, deren Großteil den Zwecken eines von den jeweiligen Ortsgruppen gekauften bzw. eingerichteten Volksbund-Heimes diente, ein Teil wiederum zur Unterbringung verschiedener Schulen verwendet wurde.

Er gestand ein, daß nach vorausgegangener Besprechung mit Dr. GOLDSCHMITT die Verfügung erlassen wurde, daß die Kunden der – von der Mercur-Bank aufgekauften – Pécsvárader Sparkasse und Bank (später Deutsche Sparkasse und Bank) nur dann einen Kredit bekommen konnten, wenn der Ortsgruppenführer des Volksbunds dies befürwortete bzw. wenn auch MAX GLÖCKNER, der Direktor der Mercur Bank, zustimmte. Dasselbe traf auch für die Eleker Sparkasse zu.

Er bestätigte, daß der Volksbund mit der Donau Concordia Versicherung einen Vertrag schloß, aufgrund dessen die Donau Concordia zur Haus-Versicherung des Volksbunds avancierte, und daß mittels dieser Verbindung die Deutsches Haus AG von der Versicherung ein Darlehen von 1,200.000 Pengő aufnahm, das als Hypothek auf die Budapester Immobilien eingetragen wurde.

Aus seiner Aussage ist offenkundig geworden, daß die Verbindung zwischen dem Volksbund und den aus dem Reich geschickten Wirtschaftsspionen durchaus eine enge war und die Deutsches Haus AG zur Tarnung verschiedener Finanztransaktionen benutzt wurde. Des weiteren unterliegt keinem Zweifel, daß auch zwischen den Führern des Volksbunds und den Wirtschaftsberatern lebhafter Kontakt bestand.

LÁSZLÓ LICHTIG
Abteilungsleiter

BÉLA NEMES
Ermittlungsbeamter

2.

19231/1945. Gegenstand: Vernehmung von Dr. FRANZ BASCH. Bericht. Budapest, 26. Oktober 1945.

Für Dr. FRANZ BASCH war – wie er angibt – eine Äußerung von DEZSŐ SZABÓ der Anlaß dafür, im Interesse des deutschen Volkstums ungarischer Staatsbürgerschaft aktiv zu werden. Im Laufe seiner Vernehmung hat er ständig betont, daß er stets ein treuer Bürger seines Vaterlandes Ungarn war, sich aber – da deutscher Abstammung – berufen fühlte, das Volkstum und das völkische Selbstbewußtsein der ebenso ungarntreuen deutschen Minderheit auf – wie er ständig betont – kultureller Ebene zu stärken und zu fördern.

Mit der Entfaltung seiner Tätigkeit geriet er gewissermaßen zwischen zwei Mühlsteine. Auf der einen Seite forderte die deutsche Minderheit Rechte für sich, auf der anderen Seite war die jeweilige ungarische Regierung bestrebt, diese Rechte einzuschränken. Vor den Volksdeutschen stellte sich BASCH als Streiter dar für ihre Rechte, vor den ungarischen Regierungen als treuer Untertan. Jetzt, im Verlauf seiner Vernehmung, war er bestrebt, seine Verteidigung dahingehend aufzubauen, daß er als treuer ungarischer Untertan mäßigend auf die Forderungen der Deutschen eingewirkt habe. Ohne Zweifel gab es Radikalere als ihn, aber es gab auch Gemäßigtere.

Im Zuge der Ermittlung fand sich kein Beweis dafür, daß BASCH Mitglied der ungarischen oder der deutschen nationalsozialistischen Partei gewesen wäre, und auch nicht dafür, daß er sich die nationalsozialistische Idee zu eigen gemacht hätte; festgestellt wurde aber, daß er in Äußerlichkeiten den nationalsozialistischen Forderungen des nationalsozialistischen Deutschland entsprochen hat.

Obwohl er – wie er ständig betont – nicht an den deutschen Sieg glaubte, nur an einen eventuellen Kompromißfrieden, hat er doch als Führer der deutschen Minderheit in Wort und Schrift zur Fortsetzung des Kampfes bis zum Sieg angefeuert und die Hiesigen ermutigt, um des Sieges willen durchzuhalten.

Wenn dies auch nicht BASCHs Überzeugung war, so war doch die anstekkende Wirkung seines Auftretens auf die deutsche Minderheit so, als hätte er in Äußerlichkeiten wie in seinen Schriften und Reden aus Überzeugung gehandelt.

Mit seiner Tätigkeit und dem Appell an das völkische Selbstbewußtsein der deutschen Minderheit hat er diese zweifellos dissimiliert.
Dr. TAKÁCS, Polizeikonzipist

D. Protokolle der Zeugenaussagen im Ermittlungsverfahren

1. FRANZ KUSSBACH

12. Oktober 1945

Name: Dr. FRANZ KUSSBACH
Geboren am: 16. August 1887
Geburtsort: Sárospatak
Wohnort: [Budapest] II. Gyorskocsis u. 42
Familienstand: verheiratet
Religion: römisch-katholisch
Beruf: Rechtsanwalt, Gerichtsdolmetscher
Verhältnis zum Beschuldigten sowie den sonstigen an der Sache Beteiligten: politischer Gegner
Hat er infolge der Straftat, die den Gegenstand des Verfahrens bildet, Schaden erlitten? Ja.

Dr. FRANZ BASCH habe ich Anfang der dreißiger Jahre näher kennengelernt, als er Angestellter des Ungarländischen Deutschen Volksbildungsvereins war, der unter der Leitung von Dr. GUSTAV GRATZ und dem Abgeordneten LÁSZLÓ PINTÉR stand und mit Einverständnis des ungarischen Ministerpräsidiums tätig war. Im Volksbildungsverein hatte ich seinerzeit in Übereinstimmung mit den Genannten als einer der Vizepräsidenten ebenfalls ein Amt übernommen, nachdem ich vorausgehend erwirkt hatte, daß auch die ungarischen Abgeordneten der Wahlkreise, die von Schwaben bewohnt waren, zur Leitung dieses Vereins gehörten, damit auch die ungarischen Belange und Standpunkte gewahrt blieben. Damals gab es gegen Dr. BASCH noch keine ernsteren Einwände, als aber in Deutschland Hitler an die Macht kam, wurde BASCH mit einem Mal radikal, pflegte seine Verbindungen zur SS im Ausland und nutzte diese, um sich zum Wortführer der Jugend und Sprachrohr radikaler Forderungen aufzuschwingen. Die Leitung des Vereins versuchte gemeinsam mit mir, seinen übersteigerten Bestrebungen Einhalt zu gebieten, aber als ich sah, daß er immer mehr unter den Einfluß der erwähnten ausländischen Verbindungen geriet, sich von der Leitung des Vereins unabhängig machte und das heimische Deutschtum in eine nationalsozialistische und judenfeindliche politische Organisation hitleristischer Provenienz zu führen suchte, wollte ich – nachdem meine mündlichen Proteste und Warnungen vergeblich geblieben waren – die Aufmerksamkeit dadurch auf die schon damals von mir vorhergesehenen mißlichen Folgen lenken, daß ich von meinem Amt im Verein zurücktrat, jede Verbindung mit Dr. Basch und seiner Gefolgschaft abbrach und in Rundbriefen die Ortsgruppen ermahnte, nicht Dr. BASCH zu folgen, sondern unter der Leitung der ungarisch gesinnten legalen Vereinsführung zu bleiben.

Als darauf die BASCH-Gruppe einsah, daß sie mit ihren Bestrebungen innerhalb des erwähnten Vereins nicht vorankommen konnte, hat sie sich von diesem getrennt und begonnen, sich unter dem Namen Kameradschaft illegal zu organisieren, hat mich als Volksverräter gebrandmarkt und ihren Anhängern wie den Einwohnern der schwäbischen Dörfer verboten, mit mir Verbindung zu halten. Infolge des gegen mich initiierten Boykotts konnte ich mir über die Tätigkeit der BASCH-Gruppe keine direkten Informationen mehr beschaffen, um so weniger, als ich meinem Beruf als Anwalt nachgehen mußte, um den Lebensunterhalt für mich und meine Familie zu bestreiten. Vom weiteren Wirken der BASCH-Gruppe habe ich nur mehr aus ungarischen Zeitungen, von meinen ungarischen politischen Freunden bzw. aus Presseerzeugnissen der BASCH-Zunft erfahren, die mir gelegentlich in die Hand fielen. So erfuhr ich, daß sie parallel zu Hitlers innen- und außenpolitischen Scheinerfolgen immer kühner und radikaler auftrat und eine großangelegte Agitation zur Schaffung der Volksgemeinschaft startete. Sie verkündete die Notwendigkeit einer vollständigen Wahrung der Nationalitäten- und Volksrechte, propagierte rein deutsche Schulen, politische Organisationsfreiheit, forderte die gesellschaftliche Absonderung der Schwaben von den Ungarn, pries das Rassenprinzip und brandmarkte alle, die wie ich, entgegen diesen Wahnideen die Wahrung der ungarischen Gesinnung, die absolute Treue zum ungarischen Staat, die Verwerfung des Rassenprinzips und die enge brüderliche Zusammenarbeit mit dem Ungarntum für nötig hielten.

Die Ausbreitung der Pfeilkreuzlerbewegung lenkte Wasser auf die Mühlen der BASCH-Gruppe und der Ausbruch des Krieges brachte ihr die große Konjunktur. Mich haben der Boykott und die Diffamierung seitens der BASCH-Gruppe in echtes materielles Elend gestürzt, wodurch es mir schwer wurde, ihr schändliches Treiben zu kontrollieren und zu beobachten. Dennoch versuchte ich, wo ich nur konnte, die öffentliche Meinung über die ungarische Presse (*Magyar Nemzet*, *8 órai Ujság*) auf ihre verderblichen Bestrebungen aufmerksam zu machen. In Soroksár hielt ich auch eine Gegenversammlung ab, wie ich auch mehrmals gegen das während des Kriegs entstandene Programm des Volksbund protestierte und mich, so weit es nur ging, bemühte, den Leuten den Eintritt in den Volksbund und später in die Waffen-SS auszureden. Vom stürmischen Lauf der Ereignisse begünstigt, gelang es ihnen im Zusammenhang mit der siebenbürgischen Frage das Wiener [Volksgruppen-]Abkommen durchzusetzen, bei dem sich die ungarische Regierung in einer außenpolitisch schwierigen Zwangslage genötigt sah, die für das ungarländische Deutschtum ertrotzten Sonderrechte zu bewilligen. In der Folge wurde das heimische Deutschtum unter der Führung von Dr. BASCH quasi zur selbständigen Rechtspersönlichkeit im ungarischen Staatskörper, und BASCH übte in dieser Eigenschaft wirklich Rechte wie ein Staatsoberhaupt aus, richtete Ämter ein, und zwar Landesämter mit Sitz in Budapest, Gebietsämter in Westungarn, Tolna-Baranya und dem Umland von Pest sowie Kreisämter in den Hauptorten der Kreise mit deutschen Gemeinden. Er nahm Ernennungen vor, verteilte Auszeichnungen und disponierte über Abgeordnetenmandate, dann führte er in der deutschen Frage sukzessive ein Regime ein, bei dem er sich immer stärker unabhängig machte von den zuständigen ungarischen Machtfaktoren und die Berliner Weisungen für richtunggebend ansah. In dieser Atmosphäre haben BASCH und seine Umgebung, nicht zuletzt auch seine Amtsleiter auf dem Land, das gute Verhältnis zwischen dem Ungarntum und dem heimischen Deutschtum mehr und mehr vergiftet, die gefühlsmäßige Einheit der Bevölkerung des ungarischen Staates zerstört, die ungarischen Behörden heruntergemacht und die gewissenlos irregeleitete schwäbische Dorfbevölkerung mit ihrem großen Presseapparat in die Hitlerbegeisterung und den Magyaren- und Judenhaß getrieben. Vielerorts kauften bzw. errichteten sie Deutsche Häuser, in Budapest führten sie eine ministerienartige Zentralverwaltung mit großer Personalbesetzung ein. Den Berliner Wünschen entsprechend propagierten sie den Krieg und die Notwendigkeit einer möglichst starken Beteiligung Ungarns, uniformierten sich und die Jugend nach dem Muster der SS bzw. der Hitlerjugend und wendeten, um ihre Ziele zu erreichen, zunehmend die in Deutschland bewährten terroristischen Methoden der Gestapo an. Die Erziehung der Jugend behielten sie sich strikt selbst vor und arbeiteten Schritt für Schritt auf allen Gebieten auf Selbständigkeit hin. Auf Befehl aus Berlin fingen sie an, die ungarländischen Schwaben für die Einheiten der Waffen-SS zu rekrutieren, erzwangen Musterungen und machten für deren Erfolg von den verschiedensten Drohungen und Gewaltmitteln Gebrauch; sie erwogen die ungarischen Verhältnisse nicht aus dem Blickwinkel Budapests und unter dem Aspekt der ungarischen Interessen, sondern betrachteten sie durch die Brille Berlins und unter hitleristischen Gesichtspunkten, und hierin liegt die Erklärung dafür, daß die von ihnen rekrutierten SS-Soldaten ungarischer Staatsbürgerschaft von den Deutschen gegen Ungarn verwendet werden konnten, zu Ungarns Besetzung, zur Verfolgung, Verhaftung und Peinigung von patriotischen Magyaren und Juden. Ihre Söldlinge haben mich und meine Familie wiederholt am Telephon bedroht, um so mehr, als sie wußten, daß ich in freundschaftlichen Beziehungen zum verfolgten Judentum stand, Direktionsmitglied des Leopoldstädter Geselligkeitskreises war und für mehrere meiner honorigen jüdischen Bekannten um deren Freistellung und Sonderbehandlung interveniert hatte. 1944, nach der deutschen Besetzung und dem SZÁLASI- Putsch, erreichte die BASCH-Gruppe das Maximum ihrer Macht; so konnte eine unmittelbare Verbindung zwischen BASCH und VEESENMAYER[108] entstehen. Diesbezüglich konnte ich natürlich nichts mehr Näheres in Erfahrung bringen und ebenso wenig über die Verbindung BASCHs und des Volksbunds zu den deutschen Militärkommandanturen oder den ungarischen Pfeilkreuzler-Regierungen, weil ich – in den Augen der Pfeilkreuzler und Volksbundleute ein unzuverlässiges und feindliches Subjekt – zu entsprechenden Quellen keinen Zugang hatte. Im übrigen haben mich die SS-Schergen der Gestapo am 5. Dezember 1944 wegen meiner Hitler-feindlichen und judenfreundlichen Aktivitäten verhaftet, in das SS-Gefängnis der Staatsanwaltschaft des Pester Umlands gesperrt und dann zusammen mit ungarischen Politikern als politischen Gefangenen in das berüchtigte Dachauer Konzentrationslager deportiert, wo sie mich all meiner Habe beraubten, wiederholt folterten, schlugen, hungern ließen und schließlich auf HIMMLERs Befehl zum Tode verurteilten. Meine Hinrichtung verhinderten die amerikanischen Befreiungstruppen, die mich aus dem bereits in Marsch gesetzten Todeszug retteten – Ende April dieses Jahres. Ab da bis Ende August war ich mit meinen Dachauer Mitgefangenen in Deutschland, dann kam ich nach Hause. Das ist der Grund, weshalb ich nicht weiß, was Dr. BASCH und der Volksbund in dieser Zeit getrieben haben, denn während unserer Gefangenschaft erhielten wir keine Nachrichten über die Verhältnisse in Ungarn.

Mehr habe ich nicht zu sagen, meine Aussage habe ich der Wahrheit gemäß und aus freiem Willen abgegeben und nach Verlesung mit meiner Unterschrift bestätigt.

MIKLÓS GYOPÁR, Fahndungsbeamter Dr. FRANZ KUSSBACH, Zeuge

---

[108] VEESENMAYER, EDMUND (1904-1977); Wirtschaftswissenschaftler, Diplomat und Mitglied der SS. Nach seiner Tätigkeit als Dozent für Wirtschaftsfragen an der Technischen Universität München und der Wirtschaftshochschule in Berlin trat er in den Dienst des Auswärtigen Amtes. Er galt als Protegé WILHELM KEPPLERs und Vertrauensmann des Reichsaußenministers für besondere Aufgaben u.a. in Österreich, in der Slowakei und in Kroatien. Am 15. März 1944 zum SS-Brigadeführer avanciert, wurde V. zum Außerordentlichen Gesandten und Generalbevollmächtigten des Reiches in Ungarn ernannt. V.s Berichte Ende 1943 spielten bei der Ausarbeitung der Pläne für die Besetzung Ungarns eine entscheidende Rolle. Obwohl er nominell der erste Vertreter der Reichsregierung in Ungarn war, kam es zu häufigen Kompetenzstreitigkeiten mit dem Höheren SS- und Polizeiführer WINKELMANN bzw. dem diesem untergeordneten Sicherheitsdienst (SD) der SS. V. wurde 1949 vom Internationalen Militärtribunal zu 20 Jahren Gefängnis verurteilt, kam aber auf Intervention des US-Hochkommissars bereits 1951 frei.

2. PETER INCZE

12. Oktober 1945

Name: PÉTER INCZE
Geboren am: 9. Dezember 1896
Geburtsort: Marosludas (Komitat Torda-Aranyos)
Wohnort: [Budapest] I., Karácsony utca 3 (gegenwärtig interniert, Mosonyi u.)
Familienstand: verheiratet
Religion: römisch-katholisch
Beruf: Ministerialrat im Ministerpräsidium
Verhältnis zum Beschuldigten sowie den sonstigen in der Sache Beteiligten: unbeteiligt.

Vom Amtsantritt des Ministerpräsidenten Graf PÁL TELEKI im Februar 1939 bis zu dessen Tod im April 1941 tat ich bei ihm als persönlicher Sekretär Dienst. Ministerpräsident PÁL TELEKI mochte weder den Volksbund noch dessen Führer Dr. BASCH, und zwar deshalb nicht, weil er in BASCH den Exponenten von Nazi-Deutschland sah, den Volksbund aber als eine uns von den Deutschen aufgezwungene Einrichtung betrachtete.

Nach meiner Erinnerung war Dr. BASCH mehrmals zur Audienz bei Ministerpräsident TELEKI. Audienz gewährte der Ministerpräsident nur in grundsätzlichen oder interministeriellen Fragen und auch in diesen Fällen nur auf Empfehlung von Staatssekretär PATAKY oder Ministerialrat PÁL BALLA.

Das Wiener Protokoll, das die Anerkennung des Volksbunds durch die Regierung enthielt, kam am Vorabend des Wiener Schiedsspruchs in Wien zustande, und zwar auf die Weise, daß der deutsche Gesandte ERDMANSDORFF in der Hotelsuite Graf TELEKIs erschien und die Unterzeichnung des Abkommens forderte.

Die Geschäfte des persönlichen Sekretärs habe ich nach dem Tod von Ministerpräsident TELEKI auch bei den nachfolgenden Ministerpräsidenten bis hin zu SZŐLLŐSI[109] versehen. So ist mir auch aus späteren Zeiten nicht bekannt, daß das Verhältnis zwischen BASCH und irgendeinem ungarischen Ministerpräsidenten jemals wärmer geworden wäre.

Mehr habe ich nicht zu sagen, meine Aussage habe ich nach Verlesung mit

---

[109] SZŐLLŐSI, JENŐ (1893-1946); Apotheker und Politiker. S. (mit dem ursprünglichen Geburtsnamen NASZLUHÁCZ) gelangte 1939 ins Parlament und schloß sich erst danach den Pfeilkreuzlern an, deren Fraktion er bis 1942 anführte. Vom 16. Oktober 1944 bis zum 28. März 1945 war er als Minister ohne Portefeuille Stellvertreter von SZÁLASI und Verbindungsmann zwischen dem Nationsführer und dem Parlament. In einem Volksgerichtsprozeß wurde er als Kriegsverbrecher verurteilt und am 19. März 1946 hingerichtet.

meiner Unterschrift bekräftigt.
MIKLÓS GYOPÁR, Fahndungsbeamter PÉTER INCZE, Zeuge

3. ALADÁR SZEGEDY-MASZÁK

13. Oktober 1945

Name: ALADÁR SZEGEDY-MASZÁK[110]
Geboren am: 19. November 1903
Geburtsort: Budapest
Wohnort: [Budapest] VIII., Mária utca 7
Familienstand: ledig
Religion: reformiert
Beruf: Gesandtschaftsrat
Verhältnis zum Beschuldigten sowie sonstigen an der Sache Beteiligten: unbeteiligt.
Hat der Zeuge infolge der Straftat, die den Gegenstand des Verfahrens bildet, Schaden erlitten ? Ja, Verhaftung und Deportation.

Am 1. Dezember 1932 kam ich als Gesandtschaftssekretär an die Berliner Ungarische Gesandtschaft. Hier habe ich bis Ende 1937 Dienst getan. Nachdem der Nationalsozialismus an die Macht gekommen war, war es ein Hauptprogrammpunkt der deutschen Politik, Verbindung mit dem Auslandsdeutschtum aufzunehmen und sodann das Auslandsdeutschtum in den Dienst der nationalsozialistischen Ziele zu stellen. Die Einrichtungen, die sich mit dem Auslandsdeutschtum befaßten, hatten schon vor der Machtergreifung des Nationalsozialismus bestanden und stellten sich nach dieser bereitwillig in den Dienst des neuen Systems. In Ungarn war zu dieser Zeit der offizielle Verein des heimischen Deutschtums der Ungarländische Deutsche Volksbildungsverein, dessen Vorsitzender erst JAKOB BLEYER, dann – nach dessen Tod – GUSTAV GRATZ

---

[110] SZEGEDY-MASZÁK, ALADÁR (1903-1988); Diplomat. Nach Studien in Budapest, Heidelberg und Paris tat S. von 1928-1932 zunächst im Außenministerium Dienst, 1932-1937 als Sekretär der Ungarischen Gesandtschaft in Berlin und danach als Deutschland-Referent im Außenministerium. 1943-1944 amtierte er als Leiter der Politischen Abteilung im Außenministerium. In dieser Position spielte er eine herausragende Rolle bei den Verhandlungen mit den Westmächten mit dem Ziel, einen Sonderfrieden zu erreichen. Nach der deutschen Besetzung des Landes wurde S. von der Gestapo verhaftet und in das KZ-Lager Dachau deportiert, von wo er 1945 zurückkehrte. Er wurde am 15. Oktober 1945 zum Botschafter Ungarns in Washington ernannt, ein Amt, das er am 6. Januar 1946 dort antrat. Nach der Flucht von FERENC NAGY aus Ungarn trat er am 6. Juni 1947 als Botschafter zurück, um als Emigrant in den USA zu verbleiben.

war. BLEYERs Zusammenstöße mit ENDRE BAJCSY-ZSILINSZKY[111], sein Zweikampf mit diesem im Parlament, wirbelten in der deutschen Presse ziemlichen Staub auf und lösten auch in der nationalsozialistischen Partei gewisse ungarnfeindliche Stimmung aus. Ungarn war in volksdeutschen Kreisen auch sonst unbeliebt, denn man hielt es nach einer oft gebrauchten Phrase für den großen Friedhof des Deutschtums, wo die Assimilation die Herausbildung einer deutschen nationalbewußten Intelligenz verhinderte. Gegen die Person von GUSTAV GRATZ hegte man wegen seiner Mitgliedschaft in der liberalen Partei ohnedies Mißtrauen, so daß FRANZ BASCH, der sich mit einem ausgesprochen nationalsozialistischen Programm zu Wort meldete, von vornherein mit Sympathie aufgenommen wurde. Als der Prozeß gegen BASCH wegen Schmähung der Nation anlief, wurde er als Märtyrer des Deutschtums hingestellt, und der Volksbund für das Deutschtum im Ausland gab Propagandamarken mit dem Portrait von BASCH heraus und bezeichnete seine Verurteilung in der Presse als deutsches nationales Gravamen. Die Frage des Ungarndeutschtums rückte in den offiziellen Gesprächen wie in anderen Bekundungen mehr und mehr als die grundlegende Bedingung der ungarisch-deutschen politischen Beziehungen in den Vordergrund.

Der ehemalige Gesandte MASIREVICH[112] legte noch 1934 HITLER persönlich

---

[111] BAJCSY-ZSILINSZKY, ENDRE (1886-1944); Publizistik und Politiker. Begann seine politische Karriere mit einem Attentat auf den Bauernführer ANDRÁS ÁCHIM im Jahr 1911. Nach dem Ersten Weltkrieg wurde er als Angehöriger der GÖMBÖS-Gruppe Chefredakteur der nationalistischen und rassenschützlerischen Zeitung *Szózat* und war 1923 Mitbegründer der Fajvedő Párt [Rassenschützler-Partei]. Anfang der 1930er Jahre schloß er sich der linksgerichteten demokratischen Opposition an und gründete die Nemzeti Rádikális Párt [Nationalradikale Partei] mit ihrem Wochenblatt *Szabadság* [Freiheit], das zum deutsch- und nazifeindlichen Meinungsforum wurde. 1936 fusionierte er seine Partei mit der Kisgazdapárt [Kleine Landwirtepartei] und zog 1939 als deren Abgeordneter ins Parlament ein, in dem er während des Zweiten Weltkrieges für einen Austritt Ungarns aus dem Krieg und eine Vereinigung aller antifaschistischen Kräfte eintrat. – Die Aussage hier bezieht sich auf die Rede, die JAKOB BLEYER am 9. Mai 1933 im ungarischen Parlament gehalten und mit der er einen öffentlichen Skandal ausgelöst hat. Seine Rede war ein scharfer Angriff auf die Regierung, der BLEYER eine bewußte Förderung der Assimilationsbestrebungen insbesondere im Schulwesen vorgeworfen hat. Auf das beleidigende Auftreten von B.-Zs. hin forderte BLEYER diesen zum Duell, das mit einer Verletzung BLEYERS endete.

[112] MASIREVICH, SZILÁRD (1879-?); Diplomat. In den zwanziger Jahren war er ungarischer Botschafter in Prag, 1933-1935 ungarischer Gesandter in Berlin. Er war mit einer Reichsdeutschen verheiratet und vertrat eine ausgesprochen deutschfreundliche Politik. Verärgert war er lediglich über die Haltung Berlins hinsichtlich der ungarischen Minderheitenpolitik, da seiner Meinung nach Deutschland sich zu sehr für die deutsche Minderheit in Ungarn engagierte. Deshalb stellte er ein Junktim zwischen den guten Beziehungen beider Staaten und der Zurückhaltung der Reichsregierung in Fragen der deutschen Minderheit in Ungarn her.

dar, die Sympathie des Gesamtungarntums für Deutschland sei wohl wichtiger als daß übereifrige Agitatoren nach Berlin melden könnten, es sei gelungen, bei Tobias Kraxelhuber[113] das deutsche Nationalgefühl zu wecken. Hitler tat damals so, als ob er dem ungarischen Gesandten recht gäbe, praktisch wurde es aber immer mehr zur offiziellen Haltung, erst die kulturellen, dann die politischen und wirtschaftlichen "Rechte" der Ungarndeutschen geltend zu machen. In bezeichnender Weise verschloß man sich [in Berlin] jedoch auf das sprödeste davor, die schon damals spürbare ungarnfeindliche Haltung des Deutschtums in den Nachbarstaaten zu beeinflussen. In der Frage des Ungarndeutschtums wurde der Standpunkt im Laufe des Jahres 1936 noch entschiedener, als deutscherseits immer fordernder davon gesprochen wurde, daß in der Schulfrage und der Frage der Verwaltungsübergriffe von ungarischer Seite eine amtliche Erklärung erfolgen müsse. Demgegenüber zeigte man sich bereit, gleichzeitig mit der ungarischen Deklaration in einer offiziellen deutschen Erklärung die Loyalitätspflicht der Ungarndeutschen gegenüber dem ungarischen Staat zu betonen. Nach meiner Erinnerung ist diese Erklärung nach langem Hin und Her und Formulierungsschwierigkeiten dann ungarischerseits vom damaligen Innenminister JÓZSEF SZÉLL[114], deutscherseits von Innenminister FRICK[115] abgegeben worden. Zur zentralen Frage entwickelte sich aber zusehends die Genehmigung von BASCH's Volksbund und dessen ausschließlicher Organisationstätigkeit. Daneben sind während meiner Berliner Zeit häufig auch offizielle und inoffizielle Beschwerden laut geworden gegen die ungarische Verwaltung und insbesondere die Organe der Sicherheit, die nach deutscher Darstellung die ungarländischen Schwaben wie auch reichsdeutsche "Studenten" und "Studentinnen", die die deutschbesiedelten Gebiete bereisten, auf verschiedenste Weise "terrorisierten".

Als die ungarischen Revisionsansprüche in den Vordergrund traten, wiederholte HITLER immer häufiger vor SZTÓJAY und anderen ungarischen Persönlichkeiten, die Deutschen in den Nachbarstaaten "flehten ihn an", sie nicht wieder Ungarn anzugliedern, weil dies den Verlust ihrer sämtlichen Rechte be-

---

[113] "Tobias Krakszhuber" war ein geläufiger Spottname für die Deutschen in Preßburg (Bratislava/Pozsony).

[114] SZÉLL, JÓZSEF (1880-1956); ungarischer Innenminister 1937-1938 in der Regierung DARÁNYI.

[115] FRICK, WILHELM (1877-1946); Jurist, Reichsinnenminister 1933-1943. 1943 wurde er zum Reichsprotektor von Böhmen und Mähren ernannt, wobei die eigentliche Macht Reichsminister FRANK innehatte. - Der hier angesprochene Notenaustausch der Innenminister erfolgte im Juli 1937 und wurde auf deutscher Seite von RUDOLF HESS in seiner Eigenschaft als Stellvertreter des Führers und Lenker der Volkstumspolitik unterzeichnet. Die ungarische Seite feierte diesen Notenaustausch als einen diplomatischen Sieg, weil sie weder die Zielsetzung noch die Organisationsstruktur der nationalsozialistischen Volksgruppenpolitik durchschaute.

deute. Auf diese Weise wurde von deutscher Seite bereits ein klares Junktim zwischen der Behandlung der ungarischen Gebietsansprüche und dem Los des Ungarndeutschtums hergestellt. Praktisch kam dies darin zum Ausdruck, daß der Volksbund erst das alleinige Recht zur Organisation erhielt, als der Zweite Wiener Schiedsspruch den ungarisch-deutschen Minderheitenvertrag brachte, für das Gebiet der Batschka aber auch schon bei den wirtschaftlichen Rechten Zugeständnisse gemacht werden mußten. Charakteristisch war in dieser Hinsicht das Zustandekommen des Minderheitenvertrags. Ohne jede Vorbereitung oder vorherige Ankündigung legten sie in Wien den zu unterzeichnenden Text vor, aus dem es nach langer Anstrengung nur gelang, den Teil herauszunehmen, der sich auf die öffentlich-rechtliche Stellung der Volksgruppe bezog. Die deutschen Wünsche trug der Volksbund teils unmittelbar bei den betreffenden ungarischen Behörden vor, teils in der Sektion II des Ministerpräsidiums. Die deutsche Gesandtschaft hat sich mit diesen Dingen ebenfalls sehr intensiv befaßt und die wichtigeren Fragen direkt mit den jeweiligen Regierungsmitgliedern besprochen. Eine schriftliche Intervention erfolgte nur in Angelegenheiten von vergleichsweise geringerer Bedeutung, offenbar aufgrund von Meldungen des Volksbunds. Solche waren: Beschwerden über die Verwaltung oder die Polizei, deutschfeindliche Äußerungen oder Verhaltensweisen einzelner ungarischer Personen, schließlich sehr selten auch Angelegenheiten des Schul- und Unterrichtswesens. Diese Beschwerden wurden von der politischen Abteilung, deren deutscher Referent ich seit 1937 war, an das Ministerpräsidium und das Innenministerium weitergereicht. Persönlich ist BASCH nicht im Außenministerium vorstellig geworden, er war lediglich einigemale bei den jeweiligen Außenministern. Die offizielle deutsche Haltung in Verbindung mit dem Volksbund ging so weit, daß 1943-44 in den ungarisch-deutschen Vereinbarungen über den Zahlungsverkehr auch die für den Volksbund aus Deutschland angewiesenen Summen definitiv eine Rolle spielten. Diese deutsche Parteinahme zeigte auch im Verhalten des Ungarndeutschtums ihre Wirkung, immer häufiger wurden Klagen über das anmaßende und willkürliche Auftreten der Schwaben laut, in immer mehr Gemeinden kam es vor, daß der Volksbund die staatstreuen Deutschen terrorisierte und ihnen wie auch den Magyaren im Falle des deutschen Sieges mit schweren Sanktionen drohte. Eine frühe und typische Manifestation dieses Verhaltens ist eine Äußerung von FRANZ BASCH, die er im Herbst 1940 vor mir und meinem Kollegen Gesandtschaftsrat THIERRY beim Besuch des Stuttgarter Oberbürgermeisters[116] in der deutschen Gesandtschaft fallen ließ. Er brachte das Gespräch auf seinen kurz zuvor erfolgten Be-

---

116 THIERRY, HERIBERT, ungarischer Diplomat. Der Oberbürgermeister von Stuttgart, der Stadt der Auslandsdeutschen, KARL STRÖLIN (1890-1963), hatte 1933 sein Amt übernommen und spielte als Präsident des in dieser Stadt beheimateten Deutschen Auslandsinstituts (10.3.1933-1945) in der Volksgruppenpolitik des Reiches eine wichtige Rolle.

such bei HIMMLER, in dessen Verlauf HIMMLER ihm nachdrücklich erklärt habe, es werde für Ungarn außergewöhnlich schwere Konsequenzen haben, wenn es den Minderheitenvertrag nicht einhielte. Im Verlauf des polemischen Gesprächs hat BASCH diese Drohung so oft wiederholt, daß wir ihn fragten, worin diese schwere Konsequenz denn bestünde? Darauf antwortete BASCH: "Sie können es erleben, daß Ihr Staat zerschlagen wird." Auf diese Worte erwiderte ich, ich vermöge nicht einzusehen, daß Drohen der zweckmäßigste Weg sein sollte, die anstehenden Fragen zu klären. Gemeinsam mit meinem Kollegen meldete ich das Ganze in schriftlicher Form dem damaligen Außenminister CSÁKY[117], der es zur Kenntnis nahm, aber keinerlei Schritte unternommen hat. Nach der Ernennung BÁRDOSSYs zum Außenminister mußte ich einen zusammenfassenden Lagebericht über das ungarisch-deutsche Verhältnis abgeben, in dem ich zur Kennzeichnung des aggressiven Verhaltens des Ungarndeutschtums diesen Fall anführte. BÁRDOSSY brachte die Sache beim deutschen Gesandten zur Sprache, der ihm wenige Tage später mitteilte, BASCH bestreite, die Äußerung gemacht zu haben und behaupte, wir hätten im Verlauf unseres Gesprächs das Ungarndeutschtum scharf angegriffen. Damit war die Sache abgeschlossen.

Ab 19. März 1944 habe ich aufgehört, mich mit deutschen Fragen zu befassen, weil ich meinen Amtsposten verlassen mußte. Am 14. April hat mich die Gestapo verhaftet und im November nach Dachau deportiert.

Mehr habe ich nicht zu sagen. Meine Aussage habe ich der Wahrheit gemäß und aus freiem Willen gemacht und nach Verlesung mit meiner Unterschrift bekräftigt.

MIKLÓS GYOPÁR, Fahndungsbeamter ALADÁR SZEGEDY-MASZÁK, Zeuge

4. JÓZSEF ZOMBOR

13. Oktober 1945

Name: JÓZSEF ZOMBOR
Geboren am: 25. August 1889

---

[117] CSÁKY, ISTVÁN (1894-1941); Diplomat, ungarischer Außenminister vom 10. Dezember 1938 bis zu seinem Tod am 27. Januar 1941. Cs. war 1919-1926 Mitarbeiter im Außenministerium bzw. an verschiedenen Auslandsvertretungen. 1926-1929 war er stellvertretender Pressechef, 1929-1933 Pressechef des Außenministeriums, von 1935-1938 als Kabinettschef die rechte Hand des Außenministers KÁNYA. Mit seiner Amtszeit ist der Anschluß der Karpato-Ukraine und Nord-Siebenbürgens an Ungarn verbunden. Cs. befürwortete eine Politik der engen Anlehnung an Deutschland und Italien und galt als besonderer Freund MUSSOLINIs, während TELEKI eine englandfreundliche Politik bevorzugte.

Geburtsort: Szilberek
Wohnort: [Budapest] VIII., Bethlen Gábor tér 3.III.12
Familienstand: verheiratet
Religion: römisch-katholisch
Beruf: Oberstleutnant und Ermittlungsbeamter der Polizei
Beziehung zu dem Schuldigen sowie sonstigen an der Sache Beteiligten: unbeteiligt
Hat der Zeuge infolge der den Gegenstand des Verfahrens bildenden Straftat Schaden erlitten? Nein.

Während meines Diensts in Ödenburg (Sopron) (1924-1932) habe ich Dr. BASCH kennengelernt. Er hat dort einmal bei den Ponzichtern[118] einen Kulturvortrag gehalten, den er vorher angekündigt hatte. Damals erfuhr ich über ihn, daß er in Deutschland einen Lehrgang als pangermanischer Agitator absolviert hatte, entsprechend ausgebildet worden war und sich in dieser Eigenschaft nun anschickte, die ungarländischen schwäbischen Gemeinden zu bereisen und dort seine Wühlarbeit zu beginnen. Ab 1932 habe ich in Budapest in der politischen Abteilung Dienst getan und bekam von meinen Vorgesetzten ständig Fälle zugewiesen, die mit der Observierung von BASCH und dem Volksbund verbunden waren. Im Zuge meiner Beobachtungen bin ich draufgekommen, daß BASCH unter dem Titel Kulturvorträge bei solchen Veranstaltungen – ungeachtet dessen, daß er auf Versammlungen und Zusammenkünften die Notwendigkeit der Pflege deutscher Traditionen, deutschen Brauchtums und der deutschen Muttersprache herausstrich – das Schwergewicht doch immer darauf legte, das ungarländische Schwabentum in den Dienst der großdeutschen völkischen Idee zu stellen. Nach deutschem Muster wandte auch er sich hauptsächlich an die Jugend, die er regelrecht zu elektrisieren verstand. Er hat fast jede schwäbische Gemeinde in Ungarn besucht, Versammlungen abgehalten und die Ortsgruppen des Volksbunds organisiert. Außerdem hatte er in jeder Gemeinde seine besonderen Vertrauensleute sitzen, die er bei Besprechungen im engeren Kreis immer mit geheimen Weisungen versah. Nach derartigen Versammlungen und Geheimbesprechungen konnte man in den jeweiligen Gemeinden immer einen gesteigerten Ungarnhaß spüren und beobachten, wie das Bekenntnis zum großdeutschen Gedanken zunahm.

Auf die Organisierung der schwäbischen Jugend folgte die der Alten, was zunächst keineswegs glatt verlief. Die Alten waren nämlich vorsichtiger, besonders die wohlhabenderen Schwaben begeisterten sich nicht so recht für BASCH. Indem er sie mit Hilfe der Jungen terrorisierte, fand BASCH aber auch hier den Weg, die Alten einzuschüchtern. Mit dieser Methode erreichte er, daß auch die Schichten, die sich aus den oben erwähnten Gründen nicht offen in die

---

[118] "Ponzichter", Spottname der Ödenburg-Deutschen wegen ihrer Vorliebe für Bohnen.

Mitgliedschaft des Volksbunds einreihten, die Bewegung materiell aus vollen Kräften unterstützten.

Vor 1940 wirkte in Ungarn eine Vereinigung mit dem Namen Ungarländische Deutsche.[119] Ihr Vorsitzender war der Ungarisch-Altenburger Kanonikus PINTÉR. Diesem Verein gehörten die wohlhabenderen, angesehenen schwäbischen Landwirte an, die immer als ungarisch gesinnt galten. BASCH hat so lange intrigiert und sie draußen in Deutschland angeschwärzt, bis er die Einheit hier zerschlagen hatte. Er ging auf diesem Gebiet so weit, daß sich 1940 gelegentlich des sogenannten Wiener Schiedsspruchs die ungarische Regierung verpflichten mußte, den Bund der Ungarländischen Deutschen aufzulösen. Von da an war Dr. BASCH der alleinige Führer des heimischen Deutschtums.

Da von 1932 an, insbesondere aber in den späteren Jahren, alle mit seiner Person, dem Volksbund und der deutschen Minderheit zusammenhängenden Untersuchungsfälle, vertraulichen Schriften etc. durch meine Hände gingen, konnte ich schon damals erkennen, daß BASCH einzig und allein das Ziel verfolgte, das ungarländische Deutschtum ganz der großdeutschen Idee zu verpflichten (Deutschland über alles). Das ist in der Zeit nach Ausbruch des deutschen Krieges auch geschehen. Unter dem Einfluß seiner Agitation in den vorangegangenen Jahren gingen die Schwaben ohne jeden Skrupel nach Deutschland, teils als Arbeitskräfte, später mehr und mehr als SS-Soldaten. Ab 1941 hatte BASCH schon so viel Macht in Ungarn, daß die Meldungen über seine zersetzende Tätigkeit umsonst von den Provinzbehörden und anderen zuständigen Stellen einliefen, die ungarische Regierung selbst war zu dieser Zeit ihm gegenüber schon ohnmächtig. Damals verkündeten die örtlichen Vertrauensleute von BASCH bereits überall, Ungarn werde zu einer deutschen Kolonie degradiert werden. In den Jahren 1941-43 wurden in Ungarn immer häufiger SS-Soldaten gemustert, und BASCH hat mehr als einmal, wenn ein solcher Zug mit SS-Rekruten vom Ferencvároser Bahnhof abgefahren ist, die Soldaten mit begeisternden Worten verabschiedet und sie beschworen, bis zum äußersten zu kämpfen, sei doch der deutsche Sieg bereits gewiß. Infolge seiner jahrelang vorgetragenen Hetzreden wurde der Judenhaß immer stärker; auch die Magyaren mit linker und demokratischer Gesinnung und diejenigen, die nüchtern dachten und sich human gegenüber den Verfolgten verhielten, hat BASCH in seinen Reden angegriffen und bedroht. Er war voll des Hasses gegen alles Magyarische, und besonders haßte er die, die ihren Namen magyarisiert hatten, die sog. "Magyaronen". Diese erklärte er zu Volksverrätern.

Mit dem 19. März 1944 endete meine Tätigkeit in der politischen Abteilung, und ich habe mich im weiteren amtshalber nicht mehr mit der Sache BASCH be-

---

[119] Gemeint ist hier der Ungarländische Deutsche Volksbildungsverein. Den Vorsitz hatte Dechant PINTÉR erst nach dem Rücktritt von GUSTAV GRATZ Ende 1938 übernommen.

faßt. Mehr habe ich nicht vorzutragen; meine Aussage habe ich wahrheitsgemäß und aus freiem Willen abgegeben und nach Verlesung mit meiner Unterschrift bekräftigt.
MIKLÓS GYOPÁR, Fahndungsbeamter JÓZSEF ZOMBOR, Zeuge

5. Dr. GUSTAV GRATZ

14. Oktober 1945

Name: Dr. GUSTAV GRATZ
Geboren am: 30. März 1875
Geburtsort: Göllnitz (Zips) [ungar. Gölnicbánya, slowak. Gelnica]
Wohnort: [Budapest] II., Marcibányi tér 12
Familienstand: verheiratet
Religion: evangelisch A[ugsburger] B[ekenntnis]
Beruf: Minister a. D.
Verhältnis zum Beschuldigten sowie sonstigen an der Sache Beteiligten: unbeteiligt.

FRANZ BASCH habe ich im Deutschen Volksbildungsverein kennengelernt, mit dessen Vorsitz mich die Regierung BETHLEN betraut hatte. In näheren persönlichen Kontakt kam ich mit ihm, als ich nach dem Tod des geschäftsführenden stellvertretenden Vorsitzenden JAKOB BLEYER auch die Geschäftsführung des Vereins übernehmen mußte. Gegen BASCH gingen viele Beschwerden von den Provinzbehörden teils beim Innenministerium, teils bei mir ein, weil BASCH beim Besuch einzelner Ortsgruppen Ansichten verbreitete, die geeignet waren, die Harmonie zwischen dem Ungarntum und dem ungarländischen Deutschtum zu stören. Trotz wiederholter Warnung hat BASCH den Tenor seiner Reden nicht geändert, so daß schließlich ein Verfahren wegen Schmähung der Nation gegen ihn eröffnet wurde. Zu dieser Zeit kam mir zufällig eine Liste der Amtsträger des Vereins in die Hände, die ein regelrechtes Monatsgehalt von jener Organisation bezogen, die unter dem Namen Verein für das Deutschtum im Ausland in Berlin ihren Sitz hatte und deren Ziel die Förderung auslandsdeutscher Interessen war. Ich meinerseits verlangte mit allem Nachdruck von den Amtsträgern des Vereins wie von dem deutschen Gesandten MACKENSEN[120], daß dieser Zustand beendet werde. Ganz erfolgreich war ich

[120] MACKENSEN, HANS GEORG von (1883-1947); Diplomat, deutscher Gesandter in Budapest 1933-1937. Als Sohn des Generalfeldmarschalls August von M. machte er diplomatische Karriere, die 1919 im Auswärtigen Amt begann. 1926 heiratete er die Tochter des späteren Reichsaußenministers KONSTANTIN von NEURATH. Bereits im Mai 1933 trat er in die NSDAP ein und im Dezember gleichen Jahres wurde er zum Gesandten in Budapest ernannt. Als Nachfolger des verstorbenen Staatssekretärs im Aus-

damit nicht. Nach den Abgeordnetenwahlen 1935 [gab] das Auftreten von BASCH und seinen Anhängern im Bonyháder Wahlkreis, wo gegen GYULA PEKÁR[121] der dortige Arzt HEINRICH MÜHL mit einem reinen deutschen Minderheitenprogramm antrat, [Anlaß zu weiteren Beschwerden]. BASCH und seine Anhänger waren ebenfalls durch den Wahlkreis gezogen, und wegen ihres dortigen Benehmens drängten sowohl die örtlichen Behörden wie die Budapester Zeitungen darauf, in irgendeiner Weise gegen die Baschgruppe vorzugehen. Zeitgleich mit diesen Angriffen wurde BASCH auch in zweiter Instanz zu einer Zuchthausstrafe verurteilt. Nach einer Besprechung mit Außenminister KÁLMÁN KÁNYA kam man übereinstimmend zu der Meinung, von der zunächst geplanten Auflösung des Vereins abzusehen, weil die Regierung befürchtete, dies könnte in Deutschland eine übermäßige Reaktion auslösen und die außenpolitischen Pläne der Regierung durchkreuzen. Im Gegenzug übernahm ich es wiederum, FRANZ BASCH und die übrigen Radikalen aus dem Verein zu entfernen. Ich habe BASCH – im Hinblick auf das Urteil des Fünfkirchener Gerichtshofs – schriftlich aufgefordert, sich bis zum Abschluß des Verfahrens vom Posten des Generalsekretärs zurückzuziehen. Nachdem BASCH sich weigerte, habe ich ihn von seiner Stellung als Generalsekretär suspendiert. Von dieser Zeit an kamen BASCH und seine Gefolgschaft nicht mehr in den Verein, sondern gründeten einen gesonderten Ausschuß, in dem sie sich – im Gegensatz zu den kulturellen Zielsetzungen des deutschen Bildungsvereins – auch mit der politischen Organisation des heimischen Deutschtums befaßten. Diese illegale Bewegung führte zur Gründung des späteren Volksbunds. Die Baschgruppe gründete ein Verlagsunternehmen unter dem Namen "Kultura", ein Wochenblatt unter dem Titel "Volksbote", ferner ein Internat. Die erheblichen Geldsummen, die für den Unterhalt dieser Einrichtungen benötigt wurden, erhielt sie aller Wahrscheinlichkeit nach aus Deutschland. Ich habe diese Aktion im Auftrag der Regierung mit Aufmerksamkeit verfolgt, der Regierung regelmäßig Berichte über meine Beobachtungen gesandt und sie gewarnt, daß, "wenn wir diese Bewegung nicht aufzuhalten imstande sind, das heimische Deutschtum in einigen wenigen Jahren schlicht zum Werkzeug der deutschen Reichspolitik werden wird". Im Kreise des ungarländischen Deutschtums ging der Kampf zwischen den Gemäßigten und den Radikalen unverändert weiter und trat erst

---

wärtigen Amt BERNHARD WILHELM von BÜLOW ging M. 1937 wieder nach Berlin. Im April 1938 trat er die Stelle des abgelösten Botschafters in Rom ULRICH VON HASSEL an und war als solcher dort bis 1943 tätig.

[121] PEKÁR, GYULA (1867-1937); Jurist, Journalist und Schriftsteller. 1891 wurde P. Mitarbeiter der Zeitung *Magyar Hírlap*. Ab 1920 leitete er die renommierte Petőfi-Gesellschaft. Von August 1919 bis Juni 1921 war er Staatssekretär im Kultusministerium und Minister ohne Portefeuille. Von 1901 bis 1935 war P. mit kurzer Unterbrechung Parlamentsabgeordneter und zeitweilig Vorsitzender des außenpolitischen Parlamentsausschusses.

im Herbst 1938 in ein neues Stadium, als die Regierung IMRÉDY eines Tages im Abgeordnetenhaus in der Minderheit blieb und gezwungen war zurückzutreten. IMRÉDY bemühte sich mit allen Mitteln darum, neuerlich den Auftrag zur Regierungsbildung zu erhalten. Dafür suchte er auch die Unterstützung der deutschen Regierung zu gewinnen. Wie ich weiß, schickte er KÁLMÁN DARÁNYI[122] nach München, der ihm die Zusage der deutschen Regierung, ihn zu unterstützen, brachte, ihm aber zugleich mitteilte, daß diese deutscherseits an bestimmte Bedingungen geknüpft werde, darunter die, daß IMRÉDY im Zuge der Neubildung der Regierung die Organisation der deutschen Minderheit auf rassischer[123] Grundlage, [d. h.] als volksdeutsche Partei genehmige. IMRÉDY stimmte dem zu. Aufgrund der von ihm erteilten Genehmigung gründete die Baschgruppe dann den Volksbund, während ich meinerseits der Regierung mitteilte, daß ich gedachte, mich von nun an nicht mehr mit den Fragen der deutschen Minderheit zu befassen.

Mehr habe ich nicht zu sagen, ich habe meine Aussage der Wahrheit entsprechend und aus freiem Willen gemacht und nach Verlesung mit meiner Unterschrift bekräftigt.

MIKLÓS GYOPÁR, Fahndungsbeamter — Dr. GUSTAV GRATZ, Zeuge

6. Dr. JÓZSEF KRUMP

15. Oktober 1945

Name: Dr. JÓZSEF KRUMP
Geboren am: 18. Januar 1896
Geburtsort: Pöszöny (Komitat Vas)
Wohnort: [Budapest] VII. Damjanich u. 12, gegenwärtig Gefängnis der Staatsanwaltschaft Pest/ Umland
Familienstand: verheiratet
Religion: römisch-katholisch

---

[122] DARÁNYI, KÁLMÁN (1886-1939); Beamter, Politiker, ungarischer Ministerpräsident 1936-1938. 1920-1927 war D. Obergespan des Komitates Győr-Moson-Pozsony, danach Parlamentsabgeordneter. Unter BETHLEN und GÖMBÖS war er 1928-1935 als Staatssekretär im Ministerpräsidium tätig. 1935-1936 übernahm er das Amt des Landwirtschaftsministers. In der Hoffnung, daß er die Reste des diktatorischen Regierungsstils von GÖMBÖS eliminieren und den Umbau der Regierungspartei in eine totalitäre Staatspartei umkehren würde, ernannte ihn der Reichsverweser 1936 zum Ministerpräsidenten. D. vermochte den Zerfallserscheinungen der Regierungspartei und der Verstärkung der Pfeilkreuzlerpartei keinen Einhalt zu gebieten, weshalb er 1938 zum Rücktritt gezwungen wurde. Bis zu seinem Tod blieb er aber Präsident des Abgeordnetenhauses.

[123] Gemeint ist hier wahrscheinlich "auf völkischer Grundlage".

Beruf: Handelsschullehrer, Arzt
Verhältnis zum Beschuldigten sowie zu sonst an der Sache Beteiligten: unbeteiligt
Hat der Zeuge infolge der Straftat, die den Gegenstand des Verfahrens bildet, Schaden erlitten? Nein.

Ich wurde 1920 beim deutschen Sekretariat des Katholischen Volksbunds angestellt und kam in dieser Eigenschaft mit Universitätsprofessor JAKOB BLEYER, dem damaligen Nationalitätenminister, in engere Berührung. Dank meiner Stellung gewann ich Einblick in die Minderheitenangelegenheiten der ungarländischen Deutschen, mit denen ich mich von da an eingehender befaßte bzw. die ich aufmerksam verfolgte.

In den Jahren 1920 bis 1923 befaßte sich BLEYER im Rahmen der Christlichen Wirtschafts- und Sozialpartei unter der Leitung von ERNSZT SÁNDOR[124] mit den Fragen der ungarländischen deutschen Minderheit. Sein Wirken ließ auch nicht die leiseste Tendenz erkennen, von der Politik des Landes abzuweichen. Immer und überall hat BLEYER vielmehr daran gearbeitet, die Harmonie zwischen Ungarntum und heimischem Deutschtum zu bewahren und zu vertiefen.

Nach meiner Kenntnis war FRANZ BASCH zu dieser Zeit Student, gehörte einem heimischen deutschen Studentenbund an und nahm an dessen Aktivitäten teil. 1923 trennte sich BLEYER von ERNSZT SÁNDOR und der christlichen Wirtschaftspartei und schloß sich der Partei ISTVÁN BETHLENs an. Von BETHLEN erhielt er die Genehmigung zur Gründung des Deutschen Volksbildungsvereins. Im Rahmen dieses Vereins fungierte FRANZ BASCH als Sekretär, später als Generalsekretär. Mit der Vereinsgründung hat die deutsche Minderheitenbewegung auch offiziell ihren Anfang genommen. Die Entfaltung der Bewegung stieß anfänglich auf Schwierigkeiten, nahm aber später einen geradezu stürmischen Verlauf. Ihr Ziel war der Zusammenschluß und die Organisation des ungarländischen Deutschtums. Dazu gehörte die Regelung der Schulfrage, die Einführung des Deutschen als Unterrichtssprache mit gewissen Einschränkungen. Ihre kulturellen Ziele suchte die Bewegung mittels Presse, Volksbüchereien und Konferenzen zu verwirklichen.

Als Sekretär des Vereins besuchte BASCH die deutsch besiedelten Gebiete [Ungarns]. Auch in der Zentrale rückte seine Person mehr und mehr in den

[124] ERNSZT, SÁNDOR (1870-1938); Prälat, christlich-sozialer Politiker, ab 1901 Parlamentsabgeordneter. 1918 gründete E. die Keresztény Szociális Gazdasági Párt [Christlich-Soziale Wirtschaftspartei]. Vor der Räterepublik floh er nach Wien, schloß sich aber 1922 der Keresztény Nemzeti Egység Párt [Christlich-Nationale Einheitspartei] an. 1930-1931 übernahm er das Amt des Volkswohlfahrts- und Arbeitsministers, 1931 auch das des Kultusministers. Mit seinem Namen ist auch die Gründung des *Preßburger Tagblattes* verbunden.

Vordergrund. Das war ungefähr um das Jahr 1924. In die interne Arbeit des Volksbildungsvereins gewann ich keinen Einblick, da ich aber als Sekretär des Katholischen Volksbunds meinerseits das Land bereiste, mußte ich mit Bedauern feststellen, daß die Harmonie, die bisher zwischen Ungarntum und heimischem Deutschtum geherrscht hatte, sich an vielen Orten aufzulösen begann, ja in scharfe Gegensätze umschlug. Das war am ehesten in den Gegenden der Fall, die BASCH und seine Sekretariatskollegen im Zuge ihrer Agitationstätigkeit besuchten. Es gelang ihnen, den Katholischen Volksbund immer stärker zurückzudrängen und einen beträchtlichen Teil des ungarländischen Deutschtums in ihre Reihen zu ziehen. BLEYER war um Mäßigung bemüht, obwohl auch er in der Hitze des parlamentarischen Gefechts manchmal einen schärferen Ton anschlug. Um ihn und gewissermaßen in Opposition zu ihm bildete sich jedoch langsam eine Gruppe vorwiegend jüngerer Leute, die – unzufrieden mit seiner gemäßigten Haltung – darauf aus war, ihn bei der Lösung der deutschen Minderheitenfragen zu einer immer schärferen Gangart zu drängen. FRANZ BASCH gehörte zu dieser Gruppe und wurde im Lauf der Jahre deren geistiger Führer.

Bei den Wahlen 1935 trat ich im Wahlkreis Soroksár als Kandidat der Christlichen Wirtschafts- und Sozialpartei gegen den Schwiegersohn JAKOB BLEYERs, Rechtsanwalt Dr. KUSSBACH, an. Die besagte junge Garde des Volksbildungsvereins unterstützte Dr. KUSSBACH nachhaltig in seinem Wahlkampf. Weit und breit war damals im Wahlkreis die Rede davon, KUSSBACHs Wahlkampfkosten würden aus deutschen Geldern gedeckt. Nach meiner Kenntnis bewegte sich damals auch BASCH unter diesen Leuten.

BLEYER ist ungefähr um das Jahr 1937 gestorben.[125] Die Regierung hielt es seinerzeit für notwendig, dem Wirken des Volksbildungsvereins ein Gegengewicht entgegenzusetzen. Zu diesem Zweck wurde u.a. auch ich – als ein vom ungarischen nationalen Standpunkt aus betrachtet "Zuverlässiger" – in den zentralen Exekutivausschuß des Vereins entsandt. Auf einer Sitzung des Exekutivausschusses, an der auch ich teilnahm, bemerkte ich, daß unter seinen Mitgliedern bzw. den Leitern des Volksbildungsvereins scharfe Gegensätze bestanden. In dieser Sitzung führte GUSTAV GRATZ den Vorsitz, FRANZ BASCH war in seiner Eigenschaft als Generalsekretär anwesend. GUSTAV GRATZ forderte BASCH auf, mit Rücksicht auf seinen noch anhängigen Prozeß wegen Schmähung der Nation aus eigenen Stücken um Beurlaubung bis zur Beendigung des Prozesses nachzusuchen. Darauf kam es zum offenen Streit, der damit endete, daß BASCH der Aufforderung von GUSTAV GRATZ nicht nachkam, sondern mit seiner engeren Anhängerschaft den Sitzungssaal verließ. Von da an trennten sich die Wege der Baschgruppe und des Volksbildungsvereins. Zu Leitern des Volksbildungsvereins wurden Dr. KUSSBACH, Kanonikus LÁSZLÓ

[125] Todesdatum von JAKOB BLEYER: 5.12.1933.

PINTÉR und Rechtsanwalt Dr. LUDWIG LEBER bestimmt. KUSSBACH ist später endgültig aus dem Volksbildungsverein ausgeschieden, und ich trat ebenfalls von meiner Mitgliedschaft im Exekutivausschuß zurück.

BASCH ging von da an seinen eigenen Weg, den er die Zeit der Illegalität nannte. Er versuchte Organisationen zu gründen und ein entsprechendes Presseorgan bereitzustellen. Woher er die dafür nötigen materiellen Voraussetzungen beschaffte, kann ich nicht sagen. Jedenfalls erwarben BASCH und seine Leute die Günser Zeitung. Einen Helfer fand BASCH besonders in Dr. GEORG GOLDSCHMIDT, der später sein Stellvertreter und tonangebend für die Presse wurde. Zwischenzeitlich war ich mit Dr. ARTHUR FITZ[126] zusammen darum bemüht, auf die heimische deutsche Minderheitenbewegung über Dr. GOLDSCHMIDT einen Einfluß auszuüben, der die immer radikaleren Tendenzen hätte stoppen bzw. dieser Richtung wirksam gegensteuern sollen. Im Zuge dieser Bemühungen gelang es uns zu erreichen, daß Ministerpräsident Graf PÁL TELEKI ARTHUR FITZ in Aussicht stellte, ihn im Bereich der ungarländischen deutschen Minderheitenfragen mit landesweiten Kompetenzen zu betrauen. Auf einer Informationsrundreise suchte ARTHUR FITZ die Hauptsitze der von Deutschen bewohnten Komitate auf und kam dabei auch nach Steinamanger (Szombathely). Dort erreichte ihn die Rückbeorderung seitens Graf PÁL TELEKIs. Allem Anschein nach wurde TELEKI unter irgendeinem massiven Druck dazu gezwungen, seinen ursprünglichen Plan zu ändern. Nun erhielt BASCH schrittweise die verschiedensten Zugeständnisse, so erhielt er die Genehmigung zur Herausgabe einer Tageszeitung, zur Gründung des Volksbunds, zur Errichtung des sog. Deutschen Hauses, ferner von Schulen, Wirtschaftsorganisationen (Mercur Bank), usw.

Nach Ausbruch des Krieges rief die Volksbundführung die Mitglieder des Volksbunds auf, sich freiwillig zur SS zu melden. Wie ich weiß, war BASCH zwar anfänglich dagegen, daß das heimische Deutschtum in den Dienst der deutschen Wehrmacht trat, ist aber später von dieser Linie abgewichen, ja hat sich 1944 sogar darauf eingelassen, daß das gesamte ungarländische Deutschtum – manchmal auch mit Gewalt – in den Dienst der deutschen Wehrmacht gestellt werden sollte.

Weitere Ausführungen habe ich nicht zu machen. Ich habe meine Aussage wahrheitsgemäß [und] aus freiem Willen abgegeben und nach Verlesung mit meiner Unterschrift bestätigt.

MIKLÓS GYOPÁR, Fahndungsbeamter Dr. JÓZSEF KRUMP, Zeuge

---

[126] FITZ, ARTHUR (geb. 1889), Gymnasiallehrer und Publizist. Spielte nach 1918 eine führende Rolle in der christlich-sozialen Bewegung und war von 1926-1935 Abgeordneter der Keresztény Gazdasági és Szociális Párt [Christliche Wirtschafts- und Soziale Partei] des Wahlbezirks Soroksár, gehörte auch ab 1930 zum Führungsausschuß des Volksbildungsvereins.

7. DR. TIBOR PATAKY

17. Oktober 1945

Name: Dr. TIBOR PATAKY
Geboren am: 30. August 1888
Geburtsort: Alsóverecke
Wohnort: [Budapest] I., Dísztér 15
Familienstand: verheiratet
Religion: reformiert
Beruf: Staatssekretär im Ruhestand
Verhältnis zum Beschuldigten sowie zu sonst in der Sache Beteiligten: unbeteiligt.
Hat der Zeuge infolge der den Gegenstand des Verfahrens bildenden Straftat Schaden erlitten? Nein.

Zur Tätigkeit des Volksbunds und seines Führers FRANZ BASCH habe ich folgendes auszusagen:

Das Wirken des Volksbunds ist als ein den Interessen des Landes höchst abträgliches einzustufen. Gründe [für eine solche Beurteilung]: Mittels einer der ungarischen Mentalität fremden ideologischen Propaganda suchte der Volksbund das ungarländische Deutschtum dem heimischen Deutschen Volksbildungsverein mit dem Ziel abspenstig zu machen, es zu einer Volksgruppe umzuformen. Ein Erfolg seiner Bestrebungen hätte einen Staat im Staate bedeutet. In ihren Methoden, im Aufbau ihrer Organisationen folgten die Leute vom Volksbund gänzlich Nazi-Mustern und -Vorschriften. Darüber hinaus verwiesen das äußere Erscheinungsbild ihrer Versammlungen und deren Ablauf, ferner die Einführung und ständige Betonung des Schlagworts "Kampf" auf das nationalsozialistische Vorbild. Denselben Geist strahlte auch ihre Presse aus, die noch dazu die Lage des ungarländischen Deutschtums in Farben malte, als wäre sein Los ein ganz und gar erbärmliches und ließe sich an diesem Zustand nur durch Kampf etwas ändern. Darstellungen solcher Art konnten in außenpolitischer Hinsicht zweifellos schädigend wirken und zu negativen Beurteilungen führen.

Beim Aufbau seiner Organisation schuf der Volksbund Einrichtungen und Organisationsebenen (Gebiet, Gau), die in den Statuten nicht genehmigt waren und die der Sache nach etwas ganz anderes bedeuteten als kulturelle Aktivitäten. Der Volksbund stützte sich nicht nur auf die materiellen Ressourcen seiner Mitglieder, sondern erhielt gewaltige Summen von reichsdeutschen Nazikreisen. Zunächst insgeheim, später schon ganz offen. Kennzeichnend dafür ist, daß sich der deutsche Gesandte CLODIUS einmal, als wir uns im Vorzimmer einer Amtsstelle begegneten, bei mir beklagte, der Volksbund habe von der Nationalbank noch immer nicht die aus Deutschland überwiesenen Gelder erhalten. Des weiteren muß die Tätigkeit des Volksbunds auch deshalb für schädlich erachtet werden, weil er Einrichtungen (Schulamt, Soziales Hilfswerk) schuf, die satzungsgemäß nicht genehmigt und ihrer Natur nach geeignet waren, die staatliche Einheit zu sprengen. Das Wirken des Volksbunds führte in den bis dahin friedlichen schwäbischen Dörfern zu höchst mißlichen Verhältnissen. Es brachte Familien und Sippen, Väter und Söhne gegeneinander auf. Besonders provozierend war die Aktivität des Volksbunds, als er die Zwangsrekrutierung der deutschen Jugend in die Verbände der SS nach Kräften unterstützte.

BASCH hatte mit mir persönlich nicht viel Kontakt; des öfteren führte er gesprächsweise an, er könne es Berlin nicht begreiflich machen, daß sich in Ungarn nicht dieselben Methoden anwenden ließen wie in den Nachbarstaaten. Er ließ auch einfließen, daß er zahlreiche Weisungen sabotiere. Es ist mir bekannt, daß BASCH mit dem radikalen Flügel des Volksbunds, an dessen Spitze neben anderen Gebietsführer SPREITZER, ein Batschkaer Schwabe, stand, ernsthafte Differenzen erwachsen sind.

Ich habe nichts weiteres auszuführen; meine Aussage habe ich nach Verlesung mit meiner Unterschrift bestätigt.

MIKLÓS GYOPÁR, Fahndungsbeamter — Dr. TIBOR PATAKY, Zeuge

8. LÁSZLÓ ENDRE

17. Oktober 1945

Name: LÁSZLÓ ENDRE[127]
Geboren am: 1. Januar 1895
Geburtsort: Abony
Wohnort: Budapest, Székács u. 4
Familienstand: verheiratet
Religion: römisch-katholisch
Beruf: Staatssekretär a. D.

---

[127] ENDRE, LÁSZLÓ (1895-1946); Beamter und Politiker. Er war ab 1938 Vizegespan des Komitates Pest-Pilis und nahm in verschiedenen rassenschützlerischen Vereinigungen, wie etwa im Magyar Országos Véderő Egyesület [Ungarischer Landeswehrverein], im Ébredő Magyarok Egyesülete [Verband Erwachender Ungarn] und im Kettőskereszt Vérszövetség [Doppelkreuz Blutsbund] führende Positionen ein. E. gründete mit anderen die Fajvédő Szocialista Párt [Rassenschützlerische Sozialistische Partei] und 1937 mit SZÁLASI die Magyar Nemzetszocialista Párt [Ungarische Nationalsozialistische Partei]. In der SZTÓJAY-Regierung war er 1944 als Staatssekretär im Innenministerium einer der führenden Organisatoren der Judendeportation. 1946 wurde er vom Budapester Volksgericht zum Tode verurteilt und am 29. März hingerichtet.

Ich kenne die Organisation des Volksbunds, der ein Sammelverband des ungarländischen Deutschtums war. Früher hatte es auch zwei-drei Konkurrenzvereine zum Volksbund gegeben. Einer davon war der Ungarländische Deutsche Volksbildungsverein, der unter der Leitung JÓZSEF PINTÉRs – eines katholischen Geistlichen – stand, und dann war da noch ein Verein unter der Leitung von Dr. KUSSBACH.[128] Alle diese Vereine waren weniger radikal und ungarnfeindlich als der Volksbund, von dem ich wiederum durchaus sagen kann, daß sein Wirken radikal und ungarnfeindlich, korrekter ausgedrückt, gegen die Nation gerichtet war und darauf abzielte, die ungarländische deutsche Minderheit zu dissimilieren. Ich erinnere mich nicht, daß ich an einer Sitzung des Volksbunds teilgenommen hätte; was seine Tätigkeit auf dem Terrain meines Komitats angeht, so kann ich die Aussage machen, daß der Volksbund völlig vom nationalsozialistischen Geist durchdrungen und in diesem Geist geführt war. Nach meinem Urteil dürfte die Volksbundführung die Direktiven aus Berlin, richtiger aus Stuttgart, erhalten haben, und ich weiß auch, daß der Volksbund Verbindung hielt zur ungarischen Regierung. Ich selbst war bemüht, in den schwäbischen Gemeinden Verwaltungsbeamte einzusetzen, die ungarisch dachten und empfanden, aber meine Versuche in diese Richtung sind gescheitert. So bestellte ich z.B. in Budaörs Dr. ISTVÁN GHÉCZI zum Obernotar, der nach eineinhalb Jahren voll der Klagen zu mir kam, daß er es unter den Schwaben nicht mehr aushalte, weil der Volksbund in einem Maße gegen ihn arbeite, daß seine Lage schlicht unhaltbar sei. Ähnlich ging es mir in Soroksár mit ARTUR BORI, einem Angehörigen des Vitéz-Ordens.[129]

Der Volksbund versuchte Einfluß darauf zu nehmen, wen ich ernennen bzw. an die Spitze einer Gemeinde stellen sollte. Nach Budaörs z.B. versetzte ich als Nachfolger von GHÉCZI einen Obernotar namens HAGENTURM[130], der wohl einen deutschen Namen trug und so den Schwaben kein Dorn im Auge sein konnte, trotz seines deutschen Namens aber ungarisch gesinnt war. In einigen Orten klagten die katholischen Geistlichen, die Mitglieder der Hitlerjugend gingen seltener zur Kirche.

---

[128] Diese Aussage von E. ist nicht zutreffend, da es sich um den gleichen Verein, nämlich den Volksbildungsverein handelt. KUSSBACH übernahm den Posten des geschäftsführenden Vizevorsitzenden nach BLEYERs Tod und LÁSZLÓ PINTÉR wurde Ende 1938 zu seinem Vorsitzenden anstelle des zurückgetretenen GUSTAV GRATZ ernannt.

[129] Der Titel "vitéz" [Held] wurde Angehörigen des vom Reichsverweser HORTHY 1920 gegründeten Ordens verliehen, in Anerkennung ihrer Tapferkeit im Ersten Weltkriegs sowie von Verdiensten "für die Verteidung des ungarischen Staates". Die Mitglieder dieses Ordens erhielten Grundstücke und andere Zuwendungen und bildeten - regional gegliedert - eine politisch ausgerichtete, regimetreue Organisation.

[130] Richtiger: HAGENTHURN, EDE, 1940 Obernotär der Gemeinde Veresegyház, von 1941 bis Dezember 1944 Obernotär der Gemeinde Budaörs.

Mehr möchte ich nicht vortragen; meine Aussage habe ich wahrheitsgemäß und ohne jeden Zwang abgegeben.

Dr. TAKÁCS, Polizeikonzipient — LÁSZLÓ ENDRE, Zeuge

9. Dr. DÁNIEL TARTSÁNYI

17. Oktober 1945

Name: Dr. DÁNIEL TARTSÁNYI
Geboren: 1894
Geburtsort: Tolna
Wohnort: [Budapest] XII., Márvány utca 24/a
Familienstand: verheiratet
Religion: römisch-katholisch
Beruf: Polizeioffizier im Rang eines Oberstleutnants.

In den ersten Monaten nach der Gründung des Volksbunds schickte mich der Leiter der Staatspolizei-Abteilung des Budapester Hauptkommissariats als amtlichen Inspektor zum Sitz der Zentrale des Volksbunds in der Lendvay utca, um den zweiwöchigen deutsche Agitatorenlehrgang zu beaufsichtigen, den der Volksbund für einige Delegierte aus der Provinz abhielt.

Ich erschien dort am Morgen des ersten Schulungstages mit zwei Fahndern, einem Polizisten und einem Parlamentsstenographen. BASCH stellte den Schulungsleiter und eine Figur namens MATTHIAS KIRSCH vor und zeigte uns auch die Räumlichkeiten. Da ich über das Notwendige hinaus keine weiteren Erörterungen wünschte, sagte ich, ich ginge im Hof auf und ab und man möge uns rufen, bevor man mit dem Vortrag beginne, wir kämen dann herein. Als wir nach ungefähr einer Viertelstunde von außen in die Säle im Erdgeschoß blickten, sahen wir, daß in einem Saal der Vortrag bereits lief, den ich sofort von einem der Fahndungsbeamten unterbrechen ließ, während ich mit dem Ermittlungsbeamten SZÓKA zu BASCH hinaufging, um dort im Beisein seines Sekretärs MAX ALBERT dagegen zu protestieren, daß hier Vorträge begonnen wurden ohne Anwesenheit des amtlichen Inspektors. BASCH telephonierte darauf mit KIRSCH und wies ihn an, sich an die polizeilichen Vorschriften zu halten. MATTHIAS KIRSCH wollte sich auch daraufhin nicht melden bzw. war nicht bereit, seinen Namen und den Gegenstand zu nennen, über den er in der Stunde zu sprechen gedachte. Als ich ihn dazu energisch anwies, wollte er auf deutsch Meldung geben, ich aber zwang ihn, dies auf ungarisch zu tun und mir als dem Vertreter ungarischer Behörden in ungarischer Sprache mitzuteilen, worüber er vortragen werde.

Hiernach erfuhr ich in jedem einzelnen Fall, wer worüber zu sprechen gedachte, und in meinen damals verfaßten Berichten habe ich zusammen mit den in Maschinenschrift übertragenen Notizen des Parlamentsstenographen auch den Sachverhalt gemeldet, daß der größte Teil der Redner bzw. Vortragenden deutsche Staatsbürger oder solche Volksbund-Aktivisten waren, die in Deutschland einen Agitatorenlehrgang absolviert hatten und von dort zur weiteren Agitation nach Ungarn geschickt worden waren.

MATTHIAS KIRSCH hat vor den Hörern die markigste Agitation im Sinne der nationalsozialistischen Staatsidee betrieben; mehrmals betonte er, für sie gebe es nur einen Führer, HITLER; ständig wurde mit "Heil Hitler" gegrüßt, und das ganze Volksbundhaus war mit Hakenkreuzemblemen geschmückt, die scheinbar zu einem Sonnenrad umgeformt waren, innerhalb dieses Sonnenrads jedoch war das komplette Hakenkreuz eingezeichnet. Er unterwies die Hörer gesondert darin, wie sie sich zu verhalten hatten, wenn irgendeine höhere Charge oder ein Vorgesetzter den Saal betrat, – und tatsächlich, als ein SS-Wachtmeister in den Saal trat, kommandierte MATTHIAS KIRSCH ein schmetterndes "Habt Acht!", und die Hörer standen alle in strammer Haltung auf. Ich war neugierig, ob die Hörer bzw. MATTHIAS KIRSCH auch Vertreter der ungarischen Behörden als Vorgesetzte betrachteten, waren sie doch damals noch alle ungarische Staatsbürger. Am nächsten Tag kam ich absichtlich später in den Saal und obwohl ich Uniform mit Koppel trug, scherte sich MATTHIAS KIRSCH keinen Deut um meinen Eintritt, und die Hörer rührten sich nicht von ihren Plätzen. Als ich dies BASCH gegenüber besonders erwähnte, tat er die Sache damit ab, MATTHIAS KIRSCH sei kein intelligenter Mensch, vielmehr nur ein Subalterner. Als ich fragte, wie es denn möglich sei, daß man die Leitung des Agitatorenlehrgangs einem solchen unintelligenten Menschen, einem Subalternen anvertraue, wußte BASCH nichts zu antworten. Darauf erklärte ich, der Staatspolizei Meldung zu erstatten, wenn hier nicht Ordnung und Disziplin eintrete, und im weiteren hier auch keinen Dienst mehr zu übernehmen. Ich habe die Geschehnisse tatsächlich gemeldet, und in der zweiten Woche des Lehrgangs war schon jemand anderer zu den Versammlungen des Volksbunds beordert.

Auf dem am Wochenende bzw. am Sonntag veranstalteten Ball des Volksbunds mußte ich noch als Aufsicht dabei sein.

Nachdem ich BASCH bei obiger Gelegenheit wiederholt vorgehalten hatte, daß MATTHIAS KIRSCH die Geschäfte unter völliger Nichtachtung der ungarischen Behörden besorgte, hielt er den Hörern einen gesonderten Vortrag, in dem er sie scheinbar zu Disziplin ermahnte, zugleich aber hervorhob, sie seien Nationalsozialisten, deren Aufgabe in diesem Lande es allerdings nicht sei, mit der Waffe zu kämpfen, sondern sie würden vielmehr wesentlich wichtigere Aufgaben zu erfüllen haben. Welche Aufgaben dies sein sollten, sagte BASCH nicht, vermutlich spielte er jedoch darauf an, daß sie die wirtschaftlichen Ressourcen des Landes in die Hand nehmen, nützen und die politische Macht erlangen sollten. Das meinte auch der Parlamentsstenograph, der mich begleitete, dessen Namen ich aber nicht mehr weiß.

Bei der Versammlung in der Redoute waren die Säle und Eingänge mit deutschen und mit Volksbundfahnen geschmückt, an ungarischen Fahnen gab es nicht eine. Man sang die deutsche Hymne, das Horst-Wessel-Lied, es war weder eine ungarische Flagge gehißt, noch wurde die ungarische Hymne intoniert, während auf den Zusammenkünften der Schwaben vor der Gründung des Volksbunds immer eine ungarische Fahne aufgezogen war und immer die ungarische Hymne gesungen wurde. In den Lokalitäten der Redoute mußte ich die Polizisten auf höhere Weisung in einer entfernteren Räumlichkeit postieren, die Ordnung hielten ausschließlich Aktivisten des Volksbunds aufrecht und auch der Verkehr wurde von ihnen dirigiert, und zwar in einer Weise, wie es den damaligen ungarischen Verkehrsregeln keineswegs entsprach. Seinerzeit war nämlich in Ungarn der Rechtsverkehr noch nicht eingeführt. Vor und im Gebäude der Redoute, in der Eingangshalle und im Treppenhaus wurde strikter Rechtsverkehr eingehalten, und auch ich wurde mehrmals aufgefordert, nicht auf der linken Seite zu gehen. Damit wollte man offenbar demonstrieren, daß man nichts mit dem ungarischen Staatssystem gemein hatte.

Für mich war MATTHIAS KIRSCH einer der Infamsten von BASCHs Leuten.

Mit BASCHs Sekretär, MAX ALBERT, wohnte ich jahrelang – in der Horthy Miklós-Straße 88 – im selben Haus. Obwohl er vorher keinerlei Anstellung gehabt hatte, trieb die Familie den größten Aufwand, und es kamen ständig in Gruppen Besucher aus Deutschland in ihre Wohnung. Einen Bewohner des Hauses, der zum Militärdienst eingerückt war und in Uniform nach Hause kam, fragte ALBERT, wozu er diese Lumpen trage, wozu es überhaupt die ungarische Armee gebe, kleine Nationen hätten keine Existenzberechtigung.

Um zum obigen Fall in der Redoute zurückzukommen: Unter den dort Erschienenen drängte sich auch LÁSZLÓ ENDRE, der sich dann neben mich setzte, und als er sich gar so für die imposante Veranstaltung begeisterte und ich ihm die große Deutschen-Bewunderung ansah, sagte ich ihm, im Gegensatz hierzu habe BASCH von ihm keine so gute Meinung. Auf den Versammlungen des Volksbunds wurden nämlich ständig Angriffe laut gegen jeden Vizegespan und jeden Oberstuhlrichter, weil diese dem Volksbund – nach dessen Ansicht – überall Hindernisse in den Weg legten.

1942 wurde ich in Vertretung des Innenministeriums zur deutsch-ungarischen Militärmusterungskommission beordert und nahm in der Benczúr-Gasse 17 auch an einer Musterung teil, bei der alle in die SS eingereiht wurden, die man haufenweise dorthin gebracht hatte, ohne zu beachten, ob von ihren Vorfahren überhaupt einer deutscher Herkunft war. 90 Prozent der hier Gemusterten waren rein magyarischer Abstammung. Einer der Organisatoren dieser Zwangsrekrutierung war der pensionierte Honvéd Oberstleutnant HUGO BINDER, dessen Sohn[131] ebenfalls so vor mir zur Musterung antrat, daß er kein

---

[131] BINDER, HUGO (+1978), leitete das Gebiet Mitte des Volksbundes. Er galt als ein "Radikaler" und stand in Opposition zu BASCH.

Ungar, sondern Deutscher sei, wie er denn auch deutsch sprach und auf die ungarisch gestellten Fragen nur deutsch antwortete. Auch HUGO BINDER selbst ist einmal mit mehreren Volksbundführern bei mir erschienen und wollte auf deutsch etwas fragen, nachdem er sich als "Hugo von Binder, Oberstleutnant a.D." vorgestellt hatte. Ich dachte, er sei Oberstleutnant der deutschen Wehrmacht, fragte ihn aber doch, in welcher Armee er diene, und als er mir erwiderte, er sei Oberstleutnant der Honvéd, fragte ich ihn, warum er dann nicht ungarisch rede. Er könne doch sehen, daß ich ungarischer Polizeioffizier sei, und wisse wohl, daß ich das ungarische Innenministerium vertrete. BINDER trug darauf seine Bitte ungarisch vor, die ich nicht erfüllte, vielmehr in entschiedenem Ton begründete, warum nicht: wenn ein Offizier der ungarischen Armee einen ungarischen Polizeioffizier um einen Gefallen bitte, habe er dies gefälligst nicht in einer fremden Sprache zu tun.

Mehr habe ich nicht anzugeben. Meine Aussage wurde richtig aufgenommen.

Dr. TAKÁCS, Polizeikonzipist — Dr. DÁNIEL TARTSÁNYI, Zeuge

10. Dr. GÉZA BIRKÁS

17. Oktober 1945

Name: Dr. GÉZA BIRKÁS
Geboren am: 15. März 1909
Geburtsort: Budapest
Wohnort: [Budapest] VIII., Eszterházy utca 26
Familienstand: verheiratet
Religion: römisch-katholisch
Beruf: Sektionsrat
Verhältnis zum Beschuldigten bzw. zu sonstigen an der Sache Beteiligten: unbeteiligt.

Ich befasse mich seit 1932 mit der deutschen Minderheitenfrage in unserer Heimat und war ab August 1939 in der Sektion II des Ministerpräsidiums einer der Referenten für die deutschen Minderheitenangelegenheiten. In dieser Eigenschaft kam ich mit BASCH bei zahlreichen Gelegenheiten in Berührung; von seiner Person und seiner Tätigkeit kann ich folgende Schilderung geben:

FRANZ BASCH stammt aus einer Banater Familie, die dabei war, sich zu magyararisieren. Sein Vater schickte ihn aus dem rumänisch besetzten Gebiet zum Studium an die Budapester Universität. Von seinen hiesigen Professoren gefördert, wurde er Mitglied des Eötvös-Kollegiums. In dieser Zeit suchte er häufig die Gesellschaft des Schriftstellers DEZSŐ SZABÓ, schrieb in ungarischer Sprache Novellen und wollte ungarischer Schrifsteller werden. DEZSŐ SZABÓ fauchte ihn einmal an: "wer Schwabe ist, soll Schwabe bleiben!" BASCH zog sich aus diesem Kreis zurück und nahm wahrscheinlich in dieser Zeit Fühlung mit der damaligen Organisation JAKOB BLEYERs auf. BASCH wurde bald BLEYERs Vertrauter, dann sein Sekretär. Er verbrachte längere Studienaufenthalte in Deutschland und war Anfang der dreißiger Jahre einer von denen, die BLEYERs Kurs für kraftlos und übertrieben loyal hielten. Aus dieser Gruppe entwickelte sich die "Kameradschaft", der Kern des späteren Volksbunds. Zentrales Anliegen der deutschen Bewegung war zu dieser Zeit die Schulfrage. BASCH sprach auf vielen Agitationsveranstaltungen. In einer solchen Rede machte er die Äußerung, derentwegen er 1936 der Schmähung der Nation beschuldigt und verurteilt wurde. Nachdem er seine Strafe verbüßt hatte, trat BASCH eine Zeitlang seltener in der Öffentlichkeit auf; zu jener Zeit wurde – in illegalem Rahmen – der Volksbund aufgebaut. Der Volksbund wurde 1938 genehmigt, und BASCH wurde sein Führer. In den ersten Jahren setzte der Volksbund den Schwerpunkt auf Mitgliederwerbung und Organisation, dem Staat trat er nur mit schulischen Forderungen gegenüber. In ihrem Tenor wurde die Agitation aber immer aggressiver, und das im Volksbund zusammengeschlossene Deutschtum entfernte sich immer mehr vom Ungartum.

Gelegentlich des ersten Wiener Schiedsspruchs unterzeichnet, gab das Minderheitenprotokoll dem Volksbund neuen Auftrieb. Damals wurde bereits offenkundig, daß der Volksbund nicht nur eine Minderheitenorganisation war, sondern auch Werkzeug des nationalsozialistischen Deutschland. BASCH hätte damals handeln und angesichts der neuen Lage seine Position einem anderen überlassen können. Er ließ sich jedoch von den Ereignissen und seinen radikalen Mitarbeitern mitziehen. Er fügte sich in das System ein, das die Hitler'sche Außenpolitik mittels der deutschen Minderheiten in den Donaustaaten ausbaute. BASCH war nicht so radikal wie der slowakische KARMASIN oder der rumänische ANDREAS SCHMIDT. Nach meinem Eindruck hat er niemals blind auf den deutschen Sieg vertraut und war bemüht, zur ungarischen Politik gewisse Verbindung zu halten, aber es fehlte ihm der Mut, seinen zu Extremen neigenden Mitarbeitern gegenüber wie den aus Berlin erhaltenen Weisungen gegenüber offenen Widerstand zu leisten, sondern er versuchte die Dinge zu vertuschen und [Entscheidungen] hinauszuschieben. Er spielte eine Doppelrolle: vor uns klagte er ständig, unter welch schrecklichem Druck er seitens seiner radikalen Mitarbeiter und Berlins stehe, und wir sollten ihm doch irgendein Zugeständnis machen, weil er sonst völlig in Mißkredit gerate. Vor seinen Mitarbeitern und den Organen des Reichs wiederum klagte er darüber, wie starr abweisend die ungarische Regierung und öffentliche Meinung jedem deutschen Minderheitenwunsch begegne, so daß unter solchen Umständen auch das vergleichsweise geringe Entgegenkommen, das er von Zeit zu Zeit bei der ungarischen Regierung erwirken könne, als große Errungenschaft angesehen werden müsse. Ein solch taktierend-passives Verhalten konnte es nicht verhindern, daß seine Mitarbeiter im Volksbund illegale und den ungarischen Staatsinteressen diametral entgegengesetzte Aktionen starteten. Und wenn BASCH von ungarischer Seite für dergleichen zur Verantwortung gezogen wurde, war seine Antwort immer die, daß er von all dem nichts wisse und es zudem nicht glauben könne. Was freilich nicht der Wahrheit entsprach. Auch erwähnte er mir gegenüber des öfteren, daß er kein Nationalsozialist sei. Andererseits trug er die von Berlin angeordnete Uniform, hielt angetan mit Hakenkreuzarmbinde und unter HITLERs Bild stehend Reden, entbot am Anfang und am Ende jeder Rede dem Führer seinen Gruß, ließ zu, daß sich verschiedene Organe des Volksbunds nach aus Deutschland importiertem Muster bildeten, und deckte schließlich die hinterhältige Wühlarbeit einiger seiner Mitarbeiter gegen die außenpolitischen Interessen Ungarns und duldete Leute neben sich, von denen er wußte, daß sie Feinde unseres Volkes waren. Nach meiner Auffassung ist die Frage, ob BASCH Nationalsozialist war oder nicht, eine interne Angelegenheit des Deutschtums. Für das Ungarntum war die Bewegung, an deren Spitze er stand, so oder so von schwerem Schaden, ob ihr Führer nun aus Überzeugung sprach oder nicht. Dafür, daß er mit seinem Verhalten Hundertausende des ungarländischen Deutschtums, die in ihm ein Nazi-Vorbild sahen, möglicherweise getäuscht hat, schuldet BASCH dem heimischen Deutschtum Verantwortung.

Weiteres habe ich nicht vorzutragen; meine Aussage habe ich nach Verlesung mit meiner Unterschrift bestätigt.

MIKLÓS GYOPÁR, Fahndungsbeamter — Dr. GÉZA BIRKÁS, Zeuge

11. Frau JÓZSEFNÉ BECZKÓY, geborene ÁGNES RÉVÉSZ

17. Oktober 1945

Name: Frau JÓZSEFNÉ BECZKÓY, geborene ÁGNES RÉVÉSZ
Geboren am: 7. Juli 1898
Geburtsort: Biharnagybajom (Komitat Bihar)
Wohnort: Budapest XII., Jagelló út 26
Familienstand: verheiratet
Religion: evangelisch-reformiert
Beruf: Kunsthistorikerin.
Verhältnis zum Beschuldigten bzw. zu sonstigen an der Sache Beteiligten: unbeteiligt
Schaden erlitten infolge der zum Gegenstand des Verfahrens gemachten Straftat: Keinen.

FRANZ ANTON BASCH ist 1930, ungefähr im September, bei uns eingezogen. Wir besaßen im Haus eine Dreizimmer-Wohnung. Außerdem gab es im Haus noch eine völlig abgeschlossene, mit eigenem Flur und Bad ausgestattete Einzimmer-Wohnung, die meiner Mutter vorbehalten war, die wir aber nach ihrer

Auswanderung nach Amerika vermieteten. Auch die Miete stand meiner Mutter zu. BASCH machte bei seinem Einzug den Eindruck eines ganz gewöhnlichen Lehrers. Damals wußten wir noch nicht, daß er sich mit Politik beschäftigte, das erfuhren wir erst, als er wegen Schmähung der Nation eingesperrt wurde. Damals bot er an, das Mietverhältnis zu beenden, falls es uns peinlich sei, daß er im Gefängnis sitze und weiterhin Mieter bleibe. Wir haben das Mietverhältnis aufrecht erhalten, wichtig war nur, daß er die Miete bezahlte. Das war ungefähr 1937. Wie ich von KLARA SPIELER erfuhr, die es mir erzählt hat, wurden ihm von den sieben Monaten Gefängnisstrafe zwei erlassen. Nach seiner Heimkehr begann er eine literarische Laufbahn und redigierte ein Wochenblatt, ich glaube den "Volksboten".

Ich erinnere mich, daß ihn einmal RICHARD HUSS und dessen Frau besuchten. Eine besondere Sympathie dürfte allerdings nicht zwischen ihnen bestanden haben, denn als ich die Todesanzeige von HUSS in der Zeitung las und BASCH davon berichtete, zeigte er keinerlei Reaktion.

Auch daran erinnere ich mich im Zusammenhang mit ihm, daß er – es mag ungefähr 1942/43 gewesen sein – von sich selbst sagte, die ungarische Regierung sei ihm zugetan, weil er recht kräftig für die ungarischen Interessen eintrete, im Gegensatz zu seinem Siebenbürger Kollegen in ähnlicher Position, der sich ganz energisch gegen das Magyarentum behaupte.

Ein Auto stand ihm etwa seit 1943 unmittelbar zur Verfügung. Das schließe ich daraus, daß der Wagen jeden Morgen vorfuhr um ihn abzuholen und ihn abends zurückbrachte. Vor 1943 kam er selten im Auto. Ansonsten führte er ein ganz bescheidenes Leben, wurden ihm doch zahllose bessere Wohnungen angeboten, die er immer mit der Begründung ablehnte, dieses stille Plätzchen genüge ihm sehr wohl. Anfänglich lehnte er die Übersiedlung an einen anderen Ort wohl deshalb ab, weil er mit KLARA SPIELER zusammenbleiben und unbeobachtet leben wollte. Soviel ich weiß – das habe ich von ihm gehört – hat ihn acht Jahre lang ständig derselbe bärtige Dektektiv beschattet. BASCH war ungemein wütend auf diesen Mann, hat ihn des öfteren beschimpft, er solle doch Zeitung lesen gehen oder nicht gerade hier seine Zeitung lesen usw.

Näheren Kontakt hatten wir nur im Luftschutzkeller und gelegentlich der Mietzahlung. Dann wechselten wir ein paar Worte miteinander. Ich verhehlte meine Empfindungen nicht und ließ mich auch auf scharfe Diskussionen mit ihm ein. Bei einer solchen Gelegenheit merkte er scherzhaft an, ich solle mich in acht nehmen, wenn ich so redete, werde man mich noch internieren. Im März hat er mich aber schon ganz ernsthaft darauf hingewiesen, daß ich in große Schwierigkeiten geraten könne, wenn ich weiter so redete. Aber auch das war eher eine freundschaftliche Warnung. Einmal habe ich ihn im Luftschutzkeller gefragt, warum werfen der Herr Doktor und seine Leute nicht einen Blick auf die Landkarte? Wie wollen Sie diesen Krieg gewinnen? Er glaubte an Wunder. Er sagte ungefähr, es könne noch so viel geschehen, was den Krieg entscheide. "Es können noch Wunder geschehen", so ungefähr drückte er sich aus. Er hoffte auf einen deutsch-russischen Sonderfrieden und vertraute auch darauf. Bei einer anderen Gelegenheit wollte ich Aufklärung darüber, was es für einen Sinn habe, die ganzen Milimaries[132] als "Herrenvolk" hinzustellen. Warum behaupteten sie, die Deutschen seien ein wertvolleres Element als die Magyaren? Darauf erwiderte er – wenn auch nicht wörtlich – , ich verstünde nichts von Minderheitenfragen, ich sollte erst mal sehen, was in Siebenbürgen los sei, und auch die Magyaren hielten dort zusammen, wo sie die Minderheit bildeten.

Meiner Meinung nach war er sich über sich über die Idee des Nationalsozialismus völlig im klaren und akzeptierte sie, gleichwohl wäre er andererseits auch gerne von der ganzen Sache abgesprungen, denn er hatte Angst. Angst um die eigene Person, Angst, man werde ihn vielleicht umbringen, wenn er die Idee verrate. Wenn er nach Deutschland fuhr, vertraute er seine Privatbriefe immer uns an, mit dem Auftrag, sie – sollte er nicht wiederkommen – an KLARI[133] SPIELER zurückzugeben, damit sie nicht in die Hände der Deutschen oder Anderer fielen.

Sein Verhältnis mit KLARI SPIELER bestand schon seit langem, denn als er zu uns kam, waren sie schon alte Bekannte. In den ersten Zeiten, 1930-43, war sie jede Woche zwei-drei Nächte bei ihm. Zum Beispiel kam sie Samstag abends und ging am Montag oder Dienstag wieder. 1943 scheint es zwischen ihnen irgendeinen Bruch gegeben zu haben, nichtsdestotrotz hielt das Verhältnis aber noch an. 1944 kam KLARA SPIELER nur noch selten. Von da an ließ er ihr – über mich – nur mehr materielle Unterstützung zukommen, und zwar bis Ende September, als BASCH nach Ödenburg (Sopron) ging.[134] Davon, daß er ihr eine Freistellung beschafft hätte, weiß ich nichts. Zu dieser Zeit hatte er schon ein Verhältnis mit einer seiner Angestellten im Deutschen Haus namens EVA[135], die er in Ödenburg auch geheiratet hat. Ob das ein ernstes oder nur ein Verhältnis zum Schein war, um KLARA SPIELER zu decken, weiß ich nicht.

Uniform legte er nur für Auftritte bei Versammlungen oder zu anderen offiziellen Anlässen an. Ein Abzeichen trug er höchsten an seinem dunklen Anzug, wenn er irgendwohin ausging, aber genau erinnere ich mich nicht daran.

Am 19. März 1944 war er nachts nicht Zuhause gewesen, es war ohnedies ein Samstagabend. Meines Erachtens war er damals bei EVA. Gegen sieben Uhr früh wurde er in deutscher Sprache am Telephon verlangt, was auffallend war, denn im allgemeinen wurde er nicht angerufen. Das Telephon war übrigens

---

[132] Als "Millimaries" wurden in Budapest die schwäbische Bäuerinnen bezeichnet, die ihre Milch in der Stadt verkauften.

[133] Klari, eigentlich Klári, ist die ungarische Koseform für Klara bzw. Klára.

[134] Angesichts der vorrückenden Roten Armee verlegte die Pfeilkreuzlerregierung ihren Sitz von Budapest nach Ödenburg (Sopron). Auch die Volksgruppenführung zog dorthin um, lediglich ihr Funktionär SCHÖNBORN verblieb in der ungarischen Hauptstadt.

[135] Die hier erwähnte EVA SCHMIDT war Sekretärin in der Volksgruppenführung und wesentlich jünger als BASCH.

auch nicht das seine, sondern auf unseren Namen eingetragen. Auch seine Post bekam er nicht in die Wohnung, sondern ließ sie an seine Dienstadresse schikken. Was sein persönliches Verhalten betrifft, war er ein jähzorniger Mensch, bemühte sich aber, Zurückhaltung zu wahren. Er machte den Eindruck eines belesenen, gebildeten Menschen. Er las viel, bekam ständig aus Deutschland Bücher bzw. nicht aus Deutschland, sondern aus der deutschen Buchhandlung neben dem innerstädtischen Kaffeehaus, wo er sich – glaube ich – diese Bücher besorgte. Vor allem interessierten ihn historische Bücher. Er besaß sehr viele Werke über NAPOLEON.

Meines Erachtens hat BASCH sein Leben verfehlt. Für einen Politiker fehlten ihm die Konzeptionen großen Zuschnitts, aber als Gymnasiallehrer wäre er sehr gut gewesen. Ich kannte ihn als gutherzigen Menschen, unfähig dazu, [seine Liebe zu] KLARI SPIELER seinen Prinzipien zu opfern. Irgendwie habe ich das Gefühl, daß er in der letzten Zeit vieles von dem, wie er sein Leben eingerichtet hatte, gerne wieder rückgängig gemacht hätte, aber das war nicht mehr möglich, und so ging er den eingeschlagenen Weg weiter.

PHILIPP TIBOR   Frau JÓZSEFNÉ BECZKÓY

12. MIKLÓS MESTER

19. Oktober 1945

Name: MIKLÓS MESTER[136]
Geboren am: 8. März 1906
Geburtsort: Rugonfalva [Rugendorf, Rugăneşti] (Komitat Udvarhely),
Wohnort: [Budapest] VI., Bajcsy Zsilinszky út 55. I/15
Familienstand: verheiratet
Religion: reformiert
Beruf: Leiter eines Studentenheimes.
Verhältnis zum Beschuldigten bzw. zu sonstigen an der Sache Beteiligten: un-

---

[136] MESTER, MIKLÓS (1906-1989); Dr., Historiker und Staatsekretär im Kultus- und Unterrichtsministerium. Der aus Siebenbürgen stammende M. studierte in Budapest und promovierte 1925 über ein Thema aus der Geschichte Osteuropas. Danach übernahm er als Mitarbeiter der Népies Irodalmi Társaság (Literaturgesellschaft der Populisten) mehrere Funktionen: Pressereferent für Rumänien, Bibliotheksdirektor, Leiter des dazugehörigen Studentenheimes. 1939 wurde er zum Parlamentsabgeordneten gewählt und 1944 in der Regierung SZTÓJAY zum Kultusminister ernannt. Nach der Machtübernahme der Pfeilkreuzler tauchte er unter. Dennoch wurde er 1945 als Kriegsverbrecher angeklagt, die Pfeilkreuzlerbewegung geistig unterstützt zu haben, doch in seinem Prozeß von diesen Vorwürfen freigesprochen. 1951 wurde er als "Klassenfremder" aus Budapest ausgesiedelt und mußte mit Hilfsarbeiten sein Brot verdienen. Erst 1956 durfte er in die Hauptstadt zurückkehren.

beteiligt.

Ich kenne Dr. FRANZ BASCH seit mehr als zehn Jahren. Um mich mit ihm bekannt zu machen, nahm mich der Minderheitenstatistiker ENDRE MOLNÁR in BASCHs Wohnung in der Némethvölgyi út mit. Ich beschäftigte mich wissenschaftlich mit der Nationalitätenfrage, es interessierte mich, welche Auffassung das ungarländische Deutschtum zu seiner eigenen Frage vertrat. Zu dieser Zeit lebte FRANZ BASCH unter sehr bescheidenen Umständen. Diese bescheidene Lebensführung eines Nationalitätenführers imponierte mir als idealistischem jungen Mann. Ich hatte damals den Eindruck, im Bereich der Organisation des Deutschtums bestehe für BASCH nicht viel Bewegungsfreiheit, und so bewegte sich unser Gespräch hauptsächlich auf der theoretischen Ebene. Ich machte mir von Anfang an das Prinzip der Gleichberechtigung der Nationalitäten zu eigen, denn mir als siebenbürgischem Ungarn gab dieses Prinzip die Hoffnung, daß sich die Lage des Magyarentums in Rumänien entsprechend gestalten werde. Ich bekenne mich auch heute dazu, daß das Los des in den Nachbarstaaten verbliebenen Magyarentums in erster Linie von der Lösung der Nationalitätenfrage in Ungarn abhängt. In der ungarländischen deutschen Bewegung meinte ich damals, eine große gesellschaftliche Evolution zu erkennen. Andererseits war mir bewußt, daß die Herren des damaligen ungarischen Systems in den Führern der ungarndeutschen völkischen Bewegung nicht so sehr die Deutschen haßten als vielmehr die emporgekommenen Kinder bäuerlicher Eltern. Diese Gesichtspunkte bestimmten meine Einstellung in der ungarndeutschen Frage. In der Frage des Ungarndeutschtums und auch der übrigen Nationalitäten war mein Standpunkt der, daß wir ehrlich und offen das Verhältnis zwischen Ungarndeutschtum und Magyarentum sowie den übrigen Nationalitäten klären sollten. Die sich als Deutsche oder als Angehörige einer anderen Nationalität bekennen, sollen die Nationalitätenrechte erhalten, umgekehrt sollen die, die sich dem Magyarentum anschließen, daraus alle Konsequenzen ziehen. Darum bin ich später als Abgeordneter im Parlament für die ehrenhafte Namensmagyarisierung eingetreten, was zu jener Zeit in der deutschen Presse deutliches Mißfallen hervorrief.

Während der vergangen Jahre hat FRANZ BASCH einmal mir gegenüber geäußert, in seinen Reden verwende er den Ausdruck nationalsozialistisch nicht. Nach der Einnahme der Batschka sagte er, daß die Führer des dortigen Deutschtums dem Magyarentum gegenüber aggressiv aufgetreten seien und er hinuntergefahren sei, um die Leute in Volksversammlungen zu beruhigen. Er führte auch an, sämtliche deutschen Volksgruppenführer seien von Berlin aus ernannt worden, er sei der Einzige, der seine Ernennung nicht aus Berlin erhalten habe. Nach der Besetzung der Batschka hörte ich reden, BASCH sei erledigt, und man werde statt seiner einen Deutschen aus der Batschka oder dem Banat als Volksbundführer nach Ungarn bringen. Vieles davon hörte ich von BASCH selbst, wie weit es der Wirklichkeit entsprach, konnte ich nicht beurteilen. Im übrigen kenne ich [außer BASCH] überhaupt niemanden vom inneren Führungskreis des Volksbunds.

Weiteres habe ich nicht zu sagen, meine Aussage habe ich nach Verlesung mit meiner Unterschrift bestätigt.

MIKLÓS GYOPÁR, Fahndungsbeamter MIKLÓS MESTER, Zeuge

13. KLÁRA SPIELER

19. Oktober 1945

Name: KLÁRA SPIELER
Geboren am: 1. Dezember 1906
Geburtsort: Budapest
Wohnort: [Budapest] VII., Erzsébet körút 17
Familienstand: geschieden
Religion: römisch-katholisch
Beruf: Photographin
Verhältnis zum Beschuldigten bzw. zu sonstigen an der Sache Beteiligten: unbeteiligt.

Ende August des Jahres 1928 saß Dr. FRANZ BASCH im Décsi-Kino bei einer Vorstellung neben mir. In der Vorstellung am selben Tag der folgenden Woche kamen wir wieder nebeneinander zu sitzen. Das wiederholte sich auch in der dritten Woche, am 6. September. Die beiden ersten Begegnungen waren reiner Zufall, während bei der dritten Begegnung von meiner Seite schon ein wenig Absicht mit im Spiel war. Bei dieser dritten Begegnung lernten wir uns kennen.

Von da an haben wir uns regelmäßig getroffen, zu voraus vereinbarten Zeitpunkten. Als wir uns ungefähr vier bis fünf Wochen kannten, habe ich BASCH mit meinen Lebensumständen bekannt gemacht. Meine jüdische Abstammung hatte ich ihm schon bei unserem ersten Gespräch mitgeteilt; ich hatte nämlich an seiner Aussprache einen fremdländischen Akzent wahrgenommen, und auf meine diesbezügliche Frage erklärte mir BASCH, er sei Sekretär des Deutschen Volksbildungsvereins und gebrauche mehr die deutsche Sprache, infolge dessen ein gewisser Akzent wohl spürbar sei. Ich habe ihm darauf angeboten, uns auf deutsch zu unterhalten, da ich die Sprache beherrsche. Auf BASCHs Frage habe ich ihm dann erzählt, daß ich meine Deutschkenntnisse meiner jüdischen Herkunft und dem Studium der Sprache verdanke.

Unsere Bekanntschaft war eine rein emotionale Beziehung, aus der wir uns bemühten, die Politik – angesichts der Kluft, die zwischen unseren jeweiligen Extrempositionen lag – herauszuhalten. Über Ereignisse mit politischem Hintergrund habe ich nur aus Episoden und beiläufigen Bemerkungen etwas erfahren.

FRANZ BASCH lebte ständig in Angst. Unentwegt betonte er, jeder seiner Schritte werde überwacht. Als Grund dafür gab er an, die Deutschen seien mit ihm nicht zufrieden. Er erklärte, den deutschen Anweisungen nicht einmal zu einem Viertel nachzukommen, weil sie seiner Anschauung zuwider liefen. Wenn er sich so äußerte, suchte ich ihn zu beeinflussen, doch mit seiner politischen Rolle zu brechen. Ich wies ihn darauf hin, daß er nicht mit hundertprozentiger Überzeugung an seinem Platz stehe, berief mich auf seine Verbindung mit mir, auf seine Krankheit. BASCH berief sich in seiner Antwort wiederum darauf, aus Anhänglichkeit und Treue zu den Schwaben und zu seinen Mitarbeitern nicht zurücktreten zu können. Er hatte auch deshalb Angst vor einem Rücktritt, weil er überzeugt war, daß die Deutschen dem nicht so einfach zustimmen würden und sich folglich daraus für ihn schwere Konsequenzen ergäben. BASCH wollte – meiner Meinung nach – mit der Bewegung kulturellen und völkischen Zielen dienen und entsprechendes verwirklichen. Die Kriegsereignisse brachten ihn von der Verwirklichung seines Ziels ab und trieben ihn zu Extremen. Er, für seine Person, enthielt sich wohl der Förmlichkeiten, des Tragens von Uniform und Hakenkreuz, der Grußform der Nazis, den Einwirkungen seiner Umgebung jedoch konnte er sich nicht entziehen. Des öfteren erzählte er, daß er gezwungen war, den Gruß auf Versammlungen erschienener nazideutscher Offiziere mit erhobenem Arm zu erwidern.

Meiner Meinung nach war BASCH feige und brachte die nötige Entschiedenheit nicht auf, und das hat ihn daran gehindert, von seiner politischen Funktion zurückzutreten. Was ich ausgesagt habe, bezieht sich auf BASCH als Menschen. Der Politiker BASCH und sein Verhalten blieben mir unbekannt.

Mehr habe ich nicht vorzutragen, meine Aussage habe ich nach Verlesung mit meiner Unterschrift bestätigt.

MIKLÓS GYOPÁR, Fahndungsbeamter KLÁRA SPIELER, Zeugin

14. Dr. LÁSZLÓ BÁRDOSSY

22. Oktober 1945

Name: Dr. LÁSZLÓ BÁRDOSSY
Geboren am: 10. Dezember 1890
Geburtsort: Szombathely [Steinamanger]
Aufenthaltsort: Gefängnis der Volksanwaltschaft
Familienstand: verheiratet
Religion: römisch-katholisch
Beruf: Ministerpräsident a.D.

Verhältnis zum Beschuldigten sowie zu sonstigen an der Sache Beteiligten: unbeteiligt.

Als ich Ministerpräsident geworden war, kam Dr. BASCH in Begleitung von Staatssekretär PATAKY zu mir. In der Folgezeit dürfte er meiner Erinnerung nach noch zwei-dreimal bei mir gewesen sein. Immer amtlich, in der Gesellschaft von Staatssekretär PATAKY oder dessen Stellvertreter. Nach meiner Erinnerung brachte er Beschwerden über die Behandlung der deutschen Minderheit (Atrozitäten seitens der Gendarmerie) vor. Die Beschwerden waren in den meisten Fällen begründet, und darum habe ich die mit ihm erschienenen Beamten aufgefordert, [entsprechende] Maßnahmen zu veranlassen. Aufgrund der amtlichen Informationen, die mir zugingen (von PATAKY oder seiner Dienststelle), ist mein Eindruck der, daß BASCH sich einerseits bemühte, die Wünsche des ungarländischen Deutschtums, die auf dem sog. Wiener Abkommen basierten, zur Geltung zu bringen, andererseits darauf achtete, daß das ungarländische Deutschtum in seinen Forderungen nicht zu weit gehe. BASCH hat im amtlichen Verkehr bei jedem Anlaß die Form gewahrt.

Zur Zeit meiner Ministerpräsidentschaft hat sich – so mein Eindruck – die überwiegende Mehrheit der Mitglieder des Volksbunds zur nationalsozialistischen Ideologie bekannt und beim Einfordern ihrer völkischen Rechte oft Ungeduld gezeigt. Vor meiner Ernennung zum Minister hatte ich mich zehn Jahre lang ununterbrochen im Ausland aufgehalten und kannte daher die Vorstufen der Organisation des ungarländischen Deutschtums, die Entfaltung der Bewegung nicht. Vom sogenannten Wiener Abkommen wußte ich, und ich wußte, daß der Volksbund seine Existenz und seine Zielsetzung auf dieses Abkommen gründete. Was die Vorgeschichte des Wiener Abkommens betrifft, neige ich zu der Ansicht, daß die deutsche Regierung dieses Abkommen von Ungarn und Rumänien forderte, weil sie bereit war, in der Siebenbürgen-Frage die Rolle des Schiedsrichters zu übernehmen. Die Initiative zu dem Abkommen ging zweifellos von deutscher Seite aus.

Mehr habe ich nicht vorzutragen, meine Aussage habe ich nach Verlesung mit meiner Unterschrift bestätigt.

MIKLÓS GYOPÁR, Fahndungsbeamter LÁSZLÓ BÁRDOSSY, Zeuge

15. EDMUND VEESENMAYER

12. November 1945

Name: EDMUND VEESENMAYER
Geboren am: 12. November 1904
Geburtsort: Bad Kissingen
Letzter Wohnort: Budapest [I.], Úri utca, Deutsche Gesandtschaft
Familienstand: verheiratet
Religion: römisch-katholisch
Beruf: Diplomat.

Dr. FRANZ BASCH habe ich im Zusammenhang mit einer dienstlichen Angelegenheit – wenn ich mich gut erinnere – 1942 oder 43 in Berlin kennengelernt.

Während ich in Budapest deutscher Gesandter war, hatte ich mit BASCH insgesamt drei-viermal zu tun. Das eine Mal nahm ich in Bonyhád am deutschen Minderheitenfest teil, wo BASCH eine Rede hielt. Ein anderes Mal hätte ich BASCH eine Auszeichnung überreichen sollen, die er für [Verdienste um] die volksdeutsche Erziehung erhielt, und es wurden für die Überreichung der Auszeichnung auch Vorbereitungen getroffen, aber BASCH ist nicht erschienen und hat sich mit Krankheit entschuldigt, dann aber am folgenden Tag dieselbe Auszeichnung von WINKELMANN in Empfang genommen. Wie es scheint, hielt er mich nicht für zuständig, sie ihm zu überreichen. Die deutsche und die ungarische Regierung unter SZTÓJAY schlossen im April oder Mai 1944 ein Abkommen über die Rekrutierung der Mitglieder des Volksbunds zur deutschen Waffen-SS. Deshalb stand ich damals mit BASCH amtlich in Verbindung. Das Abkommen zwischen den beiden Regierungen erfolgte im Rahmen einer im Interesse der Stärkung und des Zusammenhalts der deutschen Volksgruppen im Ausland von HIMMLER erlassenen Verfügung. Auf die Frage, ob BASCH dieser Weisung HIMMLERs bereitwillig Folge leistete, muß ich antworten, daß er sich einerseits zweifellos den Deutschen gegenüber gefügig zeigte, er aber andererseits nach innen hin, so konnte ich wahrnehmen, keineswegs erfreut war über diese Anweisung, weil sie die deutsche Volksgruppe dadurch schwächte, daß die Wehrpflichtigen zur SS gingen, womit sie ihre ungarische Staatsbürgerschaft verloren und BASCH somit als Volksbundmitglieder abhanden kamen. Ich glaube nicht, daß er Mitglied der NSDAP war, halte das sogar für fast unmöglich, und so wie ich ihn kennengelernt habe, war er für mein Gefühl auch nicht der Typ des Nationalsozialisten. Er war nicht der Mensch, der Befehle blindlings ausführt, sondern nachdenklich und kritisch. Ich halte es für wahrscheinlich, daß ihm einzelne Elemente des nationalsozialistischen Gedanken[gut]s durchaus einen Einsatz wert schienen, während er bei anderen Teilen – wohl im Hinblick auf seine ungarische Staatsbürgerschaft und seine teils

magyarische Identität – jeden Kompromiß verweigerte. Ich lernte ihn als einen Menschen mit sehr bewegtem Innenleben kennen. Von deutscher Seite hatte er amtlich nahezu ausschließlich mit WINKELMANN zu tun.
Ich habe meine Aussage in deutscher Sprache abgegeben, der vernehmende Polizeibeamte hat sie ins Ungarische übersetzt in die Maschine diktiert, und nachdem sie der vereidigte Dolmetscher in Deutsche rückübersetzt und mir ihren Inhalt wiedergegeben hat, bestätige ich sie hiermit mit meiner Unterschrift als richtig.
Aufgenommen von:

Dr. TAKÁCS	Dr. ERIK BALASSA	VEESENMAYER
Polizeimajor	Polizeimajor, vereid. Dolmetscher	Zeuge

16. OTTO WINKELMANN

12. November 1945

Name: OTTO WINKELMANN
Geboren am: 4. September 1894
Geburtsort: Bordesholm
Wohnort: Berlin-Charlottenburg
Religion: Protestantisch
Beruf: Polizeioffizier im Rang eines Generals.

Dr. FRANZ BASCH lernte ich im April 1944 kennen. Ich selbst wies ihn auf seine Pflichten als ungarischer Staatsbürger hin. General BERGER, dem die deutschen Minderheitenführer unterstellt waren, war mit BASCH unzufrieden, während er den volksdeutschen Führer in Rumänien, seinen eigenen Schwiegersohn ANDREAS SCHMIDT, als Vorbild hinstellte. Ich selbst habe vom Standpunkt der Deutschen her betrachtet BASCH als zuverlässig beurteilt, der den Befehlen Folge leistete. Wenn er zögerte, den Weisungen nachzukommen, so führte ich das darauf zurück, daß er sich um die Volksbund-Mitglieder sorgte, weil er sie mit deren Eintritt in die SS verlor und dadurch auch seine Position schwächer wurde. Einmal ist die Frage aufgetaucht, ob er der Staatssekretär für Minderheiten werden sollte, was er auch gerne geworden wäre, ich habe ihm aber abgeraten, weil ich ihn dafür nicht geeignet hielt. Generell bin ich der Meinung, daß BASCH ein Aufschneider war, der sich gern als großer Führer aufspielte, was er in Wirklichkeit nicht war. Davon ist mir nichts bekannt, daß er Mitglied der NSDAP gewesen wäre, und auf Ihre Frage, ob er Nationalsozialist war, antworte ich, daß ich ihm nicht ins Herz blicken konnte, aber annehmen muß, daß er es war, weil er entsprechend handelte und sich als solcher bekannte.

Ich bestreite, daß BASCH mir untergeordnet war, er bekam zwar Anweisungen von HIMMLER, aber nicht über mich, sondern über General LORENZ.

Weitere wesentliche Momente vermag ich BASCH betreffend nicht anzugeben.

Ich habe meine Aussage in deutscher Sprache abgegeben, sie wurde vom vernehmenden Polizeioffizier auf Ungarisch in die Maschine diktiert, vom vereidigten Dolmetscher ins Deutsche rückübersetzt. Das Protokoll wurde von mir als inhaltlich richtig und mit meiner Aussage übereinstimmend mit meiner Unterschrift bestätigt.

Dr. TAKÁCS	Dr. ERIK BALASSA	OTTO WINKELMANN
Polizeimajor	Polizeimajor, vereid. Dolmetscher	Zeuge

17. FERENC SZÁLASI

28. November 1945

Protokoll, aufgenommen am 28. November 1945, im Budapester Hauptkommissariat der ungarischen Staatspolizei, Abteilung Politische Polizei.

Anwesend sind Untenstehende:
Dr. ENDRE ACZÉL, Volksanwalt
ILONA IPOLYVÖLGYI, Protokollführerin.
Der Zeuge FERENC SZÁLASI gibt folgendes an:

In der Sache FRANZ BASCH sage ich aus, daß der Genannte meines Wissens HIMMLER unterstand und nicht RIBBENTROP. HIMMLER war meiner Ansicht nach das Rückgrat des deutschen Systems. Sein Beauftragter für Ungarn war nach meiner Kenntnis WINKELMANN. In welchem Verhältnis WINKELMANN zu BASCH stand, entzieht sich meiner Kenntnis. Im Oktober 1940 richtete BASCH unter Berufung auf HIMMLER das Ansuchen an mich, ihm schriftlich eine Parteiverfügung zukommen zu lassen, wonach Deutschsprachige nicht Mitglied bei der Pfeilkreuzlerpartei sein können sollten.[137] Zugleich sollte ich den Betrof-

[137] Das Gespräch fand zwischen dem 16. und 19. Oktober 1940 statt. Die Streitfragen, die sich um die unterschiedliche Interpretation des Deutsch-ungarischen Protokolls vom 30.8.1940 sowie des Begriffs "Nationalsozialismus" drehten, erwiesen sich als unlösbar. Vgl. dazu TILKOVSZKY, LORÁNT: Ungarn und die deutsche "Volksgruppenpolitik" 1938-1945. Köln 1981, S. 112. SZÁLASI betonte, er hätte diesen Vertrag niemals unterschrieben, da er ihn als eine Verletzung der staatlichen Souveränität Ungarns ansehe. Die in Abschnitt 2 zugesicherte Loyalität der deutschen Volksgruppe gegenüber dem ungarischen Staat könne er nur mit folgendem vulgären Sprichwort umschreiben: "Wie wenn man einem Scheißhaufen eine Krawatte umbindet." – Hier zit. nach SZÖLÖSSI-

fenen empfehlen, in den Volksbund einzutreten und als Bürger deutscher Muttersprache sich überhaupt nicht parteimäßig zu organisieren. Ich kam seiner Bitte nicht nach, weswegen sich das Verhältnis zwischen uns abgekühlt hat. Danach trafen wir erst 1943 wieder zusammen. Ende 1944 wollte mich BASCH bei einer Gelegenheit dazu bewegen, mein Einverständnis zu geben, daß jeder Deutschsprachige, auch ohne sich freiwillig zu melden, automatisch Mitglied des Volksbunds werden sollte. Auch dieser Bitte habe ich nicht entsprochen.

Mein Gefühl ist, daß BASCH in einer Zwangslage steckte und nicht aus Überzeugung handelte.

Im Sommer 1944 kam GOLDSCHMIDT (meines Wissens der Stellvertreter von BASCH) aus Deutschland und berichtete, HITLER habe bei der Vereidigung deutscher Offiziere eine Rede gehalten, in der er ausführte, er werde, obwohl er dies bedauere, gezwungen sein, eine Waffe einzusetzen, die den Krieg innerhalb von vierzehn Tagen mit einem deutschen Sieg beende, es aber dabei unausweichlich sei, daß ihr auch unschuldige Menschen zum Opfer fielen. An dieser Zusammenkunft nahmen wir zu dritt teil, außer mir war auch BASCH anwesend. Wir waren zusammengekommen, um die allgemeine Lage zu besprechen und die Situation der Regierung SZTÓJAY zu erörtern. Details im Tagebuch.[138]

Das Protokoll ist richtig aufgenommen.

Dr. ACZÉL	FERENC SZÁLASI
Volksanwalt	Zeuge

JANZE, MARGIT: Die Pfeilkreuzlerbewegung in Ungarn. Historischer Kontext, Entwicklung und Herrschaft. München 1989, S. 265.

[138] SZÁLASI war in der Endphase seiner Herrschaft vor allem mit der Abfassung bzw. Zusammenstellung seines vierbändigen Werkes über seine Hungarismus-Bewegung beschäftigt. Der dritte, hier angesprochene Band dieses Werkes trägt den Titel: Napló. Szálasi harcának története [Tagebuch. Geschichte des Kampfes von Szálasi]. Er besteht aus Tagebuchaufzeichungen, Briefen, Dokumenten, Protokollen etc. mit einem hohen Quellenwert. Das Original, das dem Budapester Volksgericht für den Szálasi-Prozeß als Beweismittel vorgelegen hat, ist seitdem verschwunden. Der britische Historiker C. A. MACARTNEY, der zur Zeit des Szálasi-Prozesses in Budapest weilte, hatte sich vom Justizminister RIES eine Abschrift dieses Bandes besorgt, die als Grundlage für spätere Publikationen diente. Vgl. dazu die auszugsweise Publikation dieses Bandes von KARSAI, ELEK: "Szálasi naplója". A nyilasmozgalom a II. világháború idején [Das "Szálasi-Tagebuch". Die Pfeilkreuzlerbewegung in der Zeit des Zweiten Weltkrieges]. Budapest 1978, S. 13ff.; zur Überlieferungsgeschichte ferner SZÖLLÖSI-JANZE, MARGIT (wie in Anm. 137), S. 22ff.

II. VOLKSANWALTSCHAFT BUDAPEST

A. Protokolle der Zeugenvernehmungen

1. ANTAL NAGYSZÉKELYI-KECK[139]

Protokoll, aufgenommen in der Volksanwaltschaft Budapest am 7. November 1945 in der gegen Franz BASCH wegen Kriegsverbrechen eingeleiteten Strafsache.

Anwesend sind: Dr. MIKLÓS KÁTAI, Volksanwalt,
RÓZSA SZENYÁN, Protokollführerin,
Dr. ANTAL NAGYSZÉKELYI-KECK, geboren in Gyönk am 4. August 1906, verheiratet, Rechtsanwalt, Name der Mutter: KAROLA GROSCH, wohnhaft in Budapest (Vas u. 7), unbeteiligter Zeuge:

Mit FRANZ BASCH bzw. dem Volksbund hatte ich nur insoweit zu tun, als ich zur Zeit meiner Kandidatur im Wahlkreis Mohács[140] Gelegenheit hatte, den Terror kennenzulernen, den die Leute vom Volksbund gegenüber der schwäbischen Bevölkerung, die dem Bund nicht angehörte, ausübten. Ich möchte erwähnen, daß im Winter 1940/41 ÖDÖN MÁLNÁSI die deutschsprachigen Abgeordneten der Pfeilkreuzler telegraphisch zusammenrufen ließ. Anwesend waren: JANDL, TAUFFER, ÁKOS EITNER, ZIMMER, RAIMUND KRANCZ, JÁNOS

---

[139] KECK, ANTAL NAGYSZÉKELYI (geb. 1906), bis 1940 nur KECK, stammt aus einer reformierten Pfarrersfamilie, war nach seinem Studium beruflich als Anwalt in Siklós tätig, profilierte sich politisch zunächst als Anhänger der Gömbös-Partei im Komitat Baranya, bis er sich 1938 der Hungaristischen Bewegung anschloß, 1940 jedoch unter Protest gegen den "unzeitgemäßen" Nationalitätengesetzentwurf von HUBAY und VÁGÓ zur Nationalsozialistischen Partei von PÁLFFY überwechselte, in der er zur Parteiführung gehörte.

[140] Ministerpräsident TELEKI erhoffte sich von den Wahlen im Mai 1939 eine Stärkung der Regierungspartei, doch erzielten die rechtsradikalen Parteien den größten Zugewinn. Auf Intervention Berlins ermöglichte TELEKI dem Volksbund drei Kandidaturen innerhalb der Regierungpartei. Ins Parlament kamen dadurch JAKOB BRANDT auf der Komitatsliste von Bács-Bodrog und HEINRICH MÜHL im Wahlkreis Bonyhád. Im Wahlkreis Mohács kandidierte ANTAL KECK für die Pfeilkreuzlerpartei, sein Gegenspieler war der einheimische Rechtsanwalt KONRAD MISCHUNG, der als Kandidat des Volksbundes von der Regierungspartei hätte unterstützt werden sollen. Doch die lokale Gentry stellte sich demonstrativ hinter Keck und bekämpfte MISCHUNG als "Pangermanen", der deshalb in der Stichwahl unterlag.

LILL[141] und meine Person. MÁLNÁSI trug uns vor, er beabsichtige eine [Ergebenheits-] Adresse an HITLER zu richten, in der die Unterzeichner offerieren sollten, sich unter der Leitung des Führers in den Dienst der nationalsozialistischen Neuordnung des Donaubeckens zu stellen und ihre Tätigkeit zum Wohl des ungarischen Volkes und zum Ruhm des Deutschtums auszuüben. Die Mehrheit der Anwesenden verwarf den Plan, worauf MÁLNÁSI seinen Entwurf zerriß und erklärte, wir sollten ihn als gegenstandslos betrachten. Das ganze sei, versicherte er, eine persönliche Aktion von ihm, und SZÁLASI wisse nichts davon. Meiner Meinung nach konnte das kaum stimmen, ja ich halte es sogar für ausgeschlossen, daß SZÁLASI nichts davon gewußt haben soll. FERENC SZÁLASI hegte zu dieser Zeit noch freundliche Gefühle für die Deutschen, später 1942-43, als sie ihm bzw. der Pfeilkreuzlerpartei, die sie nicht für gewichtig genug hielten, IMRÉDY und die BAKY-PÁLFFY-Gruppe[142] vorzogen, wurde er

---

[141] JANDL, LAJOS (geb. 1897); Dr., Arzt, schloß sich 1932 der von ZOLTÁN MESKÓ gegründeten Ungarischen Nationalsozialistischen Partei der Landarbeiter und Arbeiter an, kandidierte 1935 erfolglos im Wahlkreis Gyönk und zog 1939 als Abgeordneter des Wahlkreises Tamási des Komitats Tolna ins Parlament ein; TAUFFER, GÁBOR (geb. 1884), Advokat und Apotheker, stammte aus Siebenbürgen und war ab 1931 Abgeordneter der christlichen Opposition, ab 1939 der Nationalsozialistischen Partei für das Komitat Zala; EITNER, ÁKOS (geb. 1906), geboren in Salomvár, Grundbesitzer und Agrarfachmann, ab 1939 Abgeordneter der Pálffy-Partei für den Wahlkreis Alsólendva; ZIMMER, FERENC (geb. 1891), stammt aus einer deutschen Budapester Familie, die im 18. Jahrhundert eingewandert war, im Kreis mehrerer rassenschützlerischer Vereinigungen in führender Stellung tätig, ab 1939 Abgeordneter des 3. Bezirks Budapest; KRANCZ, RAIMUND (geb. 1901), Dr., in Szombathely, später in Budapest wirkender Arzt aus einer deutschen Familie im Komitat Vas, seit 1939 Abgeordneter der Pfeilkreuzlerpartei für das Komitat Vas; LILL, JÁNOS (geb. 1899), aus Tolnatamási gebürtig, im Schiffbau tätiger Maschinist, ab 1939 Abgeordneter der Pfeilkreuzlerpartei für den ersten Bezirk von Budapest.

[142] Gemeint ist die von LÁSZLÓ BAKY und FIDÉL PÁLFFY am 18.9.1941 gegründete Magyar Nemzetiszocialista Párt (Ungarische Nationalsozialistische Partei).

BAKY, LÁSZLÓ (1898-1946); Gendarmerieoffizier und Politiker. B. war Offizier im Ersten Weltkrieg sowie in der Nationalarmee der Szegediner Regierung und spielte in den westungarischen "Aufständen" um Ödenburg eine wichtige Rolle. Bis 1938 blieb er Gendarmerieoffizier und ließ sich sodann pensionieren, um sich der Politik widmen zu können. B. trat der Egyesült Magyar Nemzetiszocialista Párt [Vereinigten Ungarischen Nationalsozialistischen Partei] unter der Führung von Graf FIDÉL PÁLFFY bei und knüpfte enge Kontakte zum SD. Als politischer Staatssekretär der SZTÓJAY-Regierung war er maßgeblich an den Judendeportationen beteiligt. 1946 wurde er vom Budapester Volksgericht zum Tode verurteilt und am 29. März hingerichtet.

PÁLFFY, FIDÉL Graf (1895-1946); Politiker. P. organisierte und lenkte ab 1933 die nationalsozialistischen Parteien in Ungarn. 1939 gelangte er an der Spitze der Egyesült Nemzeti Szocialista Párt [Vereinigten Ungarischen Nationalsozialistischen Partei] ins Parlament. Seine Partei fusionierte 940 mit SZÁLASIs Pfeilkreuzlerpartei, trennte sich

antideutsch, und dann schließlich, als sich die Deutschen doch wieder auf ihn einließen, von neuem ein leidenschaftlicher Deutschenfreund.
Mehr weiß ich nicht anzugeben. Meine Aussage ist richtig aufgenommen.

Dr. MIKLÓS KÁTAI
Volksanwalt

ANTAL NAGYSZÉKELYI-KECK
Zeuge

2. KLÁRA SPIELER

Protokoll, aufgenommen in der Volksanwaltschaft Budapest am 21. November 1945 in der Strafsache FRANZ BASCH
Anwesend sind: Dr. MIKLÓS KÁTAI, Volksanwalt, RÓZSA SZENYÁN, Protokollführerin,
[als Zeugin] erscheint: KLÁRA SPIELER, geboren am 1. Dezember 1906 in Budapest, Photographin, wohnhaft in Budapest (Erzsébet körút 17), römisch-katholischen Glaubensbekenntisses, geschieden, unbeteiligte Zeugin.
Zeugin gibt nach richterlicher Belehrung folgendes an:

Ich kenne FRANZ BASCH seit September 1928. Diese seriöse, von tiefem Gefühl getragene Beziehung währte 15 Jahre, und diese ganze Zeit hindurch hielt FRANZ BASCH treu und redlich zu mir, obwohl dies – angesichts meiner jüdischen Abstammung – in den letzten Jahren für ihn eine immer größere Gefahr bedeutete.

Während dieser langen Zeit habe ich BASCH als einen guten Menschen und großen Idealisten kennengelernt, der ein mitfühlendes Herz hatte und ehrenhaft dachte, von seiner Umgebung sehr geschätzt wurde und für den sich jeder seiner Angestellten seines sozialen und gerechten Denkens wegen begeisterte.

Seine Lebensweise war denkbar einfach. Fünfzehn Jahre behielt er sein Zimmer als Untermieter; am wohlsten fühlte er sich zu Hause zwischen seinen Büchern und davon hielt er jede Politik fern. Er war nicht ehrgeizig, eher bescheiden, aufrichtig und überhaupt keine Politikernatur. Er fühlte sich mehr zu einer literarischen Beschäftigung hingezogen, hatte die Umrisse eines großen Romans im Kopf, versuchte es auch mit kleineren Novellen, wenn ich mich recht erinnere bei der Zeitschrift Nyugat[143], aber leider ohne Erfolg.

1941 wieder von dieser und gründete die Magyar Nemzetszocialista Párt [Ungarische Nationalsozialistische Partei]. Diese ging mit der Partei der Ungarischen Erneuerung unter BÉLA IMRÉDY ein Wahlbündnis ein. KECKs Andeutung bezieht sich auf diese Zusammenarbeit. In der SZÁLASI-Regierung wurde P. Landwirtschaftsminister. 1946 wurde er in einem Volksgerichtsprozeß zum Tode verurteilt und am 2. März hingerichtet.

[143] *Nyugat* [Westen] (1908-1941); die wichtigste ungarische literarische Zeitschrift ihrer Zeit. In ihrem Redaktionsstab waren die renommiertesten Schriftsteller und Kritiker zu finden, wie PÁL IGNOTUS, MIKSA FENYŐ, ERNŐ OSVÁT, ENDRE ADY, MIHÁLY BABITS,

Das Volk, und darunter sind nicht die Deutschen, sondern seine heimischen Schwaben zu verstehen, liebte er über alles. Es war ihm Familie, ersetzte ihm in seiner Einsamkeit Eltern, Kinder, das traute Heim einer verzweigten Sippe. Für das sogenannte großdeutsche Reich hegte er keine besonderen Sympathien. An die Spitze des Volksbund gelangte er meines Wissens deshalb, weil ihn die Zuständigen aus einem triftigen Grund für den dafür am besten Geeigneten hielten. Der Grund war der, daß sich seine Gefängnisstrafe gut dazu nutzen ließ, ihn mit dem Glorienschein des Märtyrertums zu umgeben. Andererseits konnte man sich seine blinde Liebe zu seinem Volk nutzbar und ihn selbst glauben machen, an der Spitze könne er mehr ausrichten als im Hintergrund. Man wußte, daß das Volk auch ihn liebte und auf ihn hörte, und das war ein wichtiges Moment.

Von da an wurde sein Leben zur Hölle. Er lebte ständig in Furcht und Schrecken und hatte dazu auch durchaus Grund.

Er schob die deutschen Wünsche auf die lange Bank, um sie dann nach Möglichkeit nicht zu erfüllen – so nahm er z.B. nicht Stellung zur Judenfrage, obwohl er dazu ziemlich häufig von mehreren Seiten aufgefordert wurde.

Seine Reisen nach Deutschland zögerte er so lange wie möglich hinaus, verschob sie. Davor pflegte er in einen – im wahrsten Sinne des Wortes – pflegereifen Nervenzustand zu geraten. Von mir und seiner Hauswirtin verabschiedete er sich dann immer wie einer, der vielleicht nie mehr zurückkommt. Mehrmals hinterließ er uns mündlich seinen letzten Willen. Er wußte, wie die Deutschen mit Leuten verfuhren, von denen herauskam, daß sie keine Hundertrprozentigen waren, und in seinem Fall trat das Verhältnis mit mir noch erschwerend hinzu. Seine Angst verließ ihn auch zu Hause [in Ungarn] nicht, er war ständig in Furcht vor Gestapo-Spionen, die ihn seiner Unzuverlässigkeit wegen beschatteten. Mich bat er um größte Vorsicht, zumal er befürchtete, man könnte mich möglicherweise verschleppen.

Mehrmals versuchte er zurückzutreten, immer erfolglos. Auf was er sich auch immer berief, man nahm es ihm nicht ab und zwang ihn, die Rolle beizubehalten, die ihm so gar nicht entsprach.

Sein Glaube an einen deutschen Sieg war eher gering und nahm immer mehr ab. Nach der Landung in Italien wiederum erklärte er ganz offen, nun hätten die Deutschen mit Sicherheit den Krieg bereits verloren.

Warum er dennoch auf dem sinkenden Schiff geblieben ist, verstehe ich selbst nicht. Vielleicht wollte er seine Mitarbeiter nicht im Stich lassen – und vielleicht befürchtete er, der Arm der Gestapo könne ihn noch immer erreichen.

Im letzten, kritischen Jahr hörten unsere Treffen auf. Seine Sekretärin, eine

---

ALADÁR SCHÖPFLIN oder GYULA ILLYÉS. In ihren ersten Jahrzehnten war sie von der Lebensphilosopie NIETZSCHEs, der Intuitionstheorie BERGSONs und den Lehren von FREUD geprägt.

Neunzehnjährige, hatte sich in ihn verliebt, und BASCH, ein Mann von damals 44 Jahren, stürzte sich, Betäubung suchend, in diesen Rausch neuer Gefühle. Von mir getrennt, blieb er mit sich allein, was seine weiteren Entschlüsse motivierte, weiß ich nicht.

Er unterstützte mich bis ganz zuletzt, ließ mir beachtliche Lebensmittelpakete zukommen bis zu dem Augenblick, als ich der Umstände halber verschwand und niemanden wissen ließ, wo ich mich aufhielt.

Mehr möchte ich in der Sache nicht angeben; meine Aussage ist korrekt aufgenommen.

Dr. MIKLÓS KÁTAI — KLÁRA SPIELER
Volksanwalt — Zeugin

B. Protokoll der Vernehmung von Franz Basch

Protokoll, aufgenommen in der Volksanwaltschaft Budapest am 22. November 1945.
Anwesend sind: Dr. MIKLÓS KÁTAI, Volksanwalt, RÓZSA SZENYÁN, Protokollführerin, Dr. FRANZ BASCH, geboren am 13. Juli 1901 in Zürich.

Meine vor der Polizei abgegebene Aussage halte ich aufrecht. Ergänzend gebe ich Nachfolgendes an:

Im Jahr 1943 haben wir uns dem Wunsch des deutschen Gesandten JAGOW[144] versagt und es abgelehnt, das Buch des Moskauer Militärattachés FARAGHO[145] über Rußland ins Deutsche zu übersetzen und im Verlag der Kultura herauszubringen, und zwar deshalb, weil ich Ende 1943, zum Zeitpunkt des

---

[144] JAGOW, DIETRICH von (1892-1945); Polizist und Diplomat. J. schloß sich früh der NSDAP und der Sturmabteilung (SA) an. 1933 war er zunächst Polizeikommissar in Stuttgart, danach Leiter der SA in Berlin. Am 29.6.1941 ernannte ihn RIBBENTROP zum Gesandten in Budapest, was seinem politischen Programm entsprach, in den südosteuropäischen Staaten hohe SA-Führer als leitende Diplomaten einzusetzen, um so dem wachsenden Einfluß der SS in dieser Region zu begegnen. J. wurde als Gesandter am 19.3.1944 von EDMUND VEESENMAYER abgelöst.

[145] FARAGHO, GÁBOR (1890-1953); Honvédoffizier. 1938-1940 hatte er führende Posten im Honvédministerium inne. Vom Juli 1940 bis Juni 1941 weilte er als Militärattaché in Moskau und leitete danach das Präsidium des Verteidigungsministeriums. 1942-1944 übte er die Oberaufsicht über die Gendarmerie und 1944 auch über die Polizei aus. Unter seiner Leitung verhandelte eine ungarische Delegation im September 1944 über einen Waffenstillstand mit der Sowjetunion. Nach dem mißlungenen Kriegsaustritt wurde er Mitglied der Moskauer Ungarischen Kommission. Vom Dezember 1944 bis Juli 1945 war er Minister für die Volkswohlfahrt. Nach der kommunistischen Machtübernahme wurde er aus Budapest ausgesiedelt und degradiert.

Geschehens, schon der Ansicht war, es werde eines deutsch-russischen Sonderfriedens bedürfen und wir die Chance eines solchen nicht schmälern wollten. Ein anderes Mal, im Januar 1944, wollte das Propagandaministerium in größeren ungarischen Städten eine antibolschewistische Ausstellung zeigen. Auch dies schoben wir auf die lange Bank, weil wir es in Anbetracht des geplanten deutsch-russischen Sonderfriedens nicht für wünschenswert hielten. Wir haben das Material des Propagandaministeriums auch gar nicht bekommen, vielmehr wurde es später, nach dem Einmarsch der Deutschen, an die ungarischen Behörden geschickt, und diese haben dann die Ausstellung veranstaltet. 1939 gab Kultura in 5000 Exemplaren eine deutsche Ausgabe des Buchs von LAJOS NÉMEDI "Das Deutschtum mit ungarischen Augen gesehen" heraus, das ich ins Deutsche übersetzt habe; 1942 folgte eine zweite Auflage von 7000 Exemplaren. Meine Zielsetzung dabei war, den Reichsdeutschen nahezubringen, worin die gerechtfertigten ungarischen Ansprüche bestanden, wo und wie diese über 1000 Jahre hindurch mißachtet worden waren, historisch, wirtschaftlich und geistig.[146] Was ich also fördern wollte, war eine breitere Kenntnis bzw. Kenntnisnahme der ungarischen Gesichtspunkte bei den Deutschen.

Mit KÁLLAY hatte ich nach den Unterredungen, die ich schon angeführt habe, noch zwei längere Gespräche. Bei dem einen machte ich Vorschläge zum ungarisch-deutschen Zusammenleben, bei dem anderen hat mich KÁLLAY aufgefordert, mich nach Möglichkeit noch unabhängiger von den Einflüssen des Reichs zu machen. Das habe ich ihm auch versprochen, fügte aber hinzu, wenn ich es zu weit triebe, könnten mir die Deutschen auf die Schliche kommen, worauf KÁLLAY erwiderte: Mach Dich so unabhängig, daß sie Dir nicht draufkommen! Für diesen Sachverhalt bzw. Vorgänge dieser Art benenne ich als Zeugen: BÁLINT HÓMAN, ISTVÁN ANTAL[147], Dr. MIKLÓS MESTER und MÁTYÁS MATOLCSY[148]. Mit ihrer Hilfe möchte ich den Nachweis darüber erbringen, wie mein Verhältnis zu den Magyaren bzw. zu Ungarn war und mit welcher Taktik

---

[146] NÉMEDI, LAJOS: A németség magyar szemmel. Debrecen 1935. Deutsche Ausgabe: Das Gesamtdeutschtum im ungarischen Blickfeld. Budapest 1938 (Schriftenreihe der Neuen Heimatblätter. 6). Die Arbeit war eine von RICHARD HUSS betreute Dissertation an der Universität Debrecen.

[147] ANTAL, ISTVÁN (1896-1974); Jurist und Politiker. Seit den 1920er Jahren war A. ein enger Vertrauter und Mitarbeiter von GYULA GÖMBÖS, für den er publizistisch tätig war. 1935-1936 und 1938-1942 amtierte er als Staatssekretär im Justizministerium, danach als Minister für Nationsschutz und Propaganda. In der Sztójay-Regierung wurde er Justizminister und vorübergehend Kultusminister. 1946 wurde er zunächst zum Tode, dann zu lebenslänglich verurteilt, 1960 jedoch amnestiert.

[148] MATOLCSY, MÁTYÁS (1905-1953); Dr., Ingenieur, Ökonom, Agrarpolitiker. 1935-1944 Parlamentsabgeordneter, zuerst der Regierungspartei, dann der Kleinlandwirtepartei und schließlich – ab 1939 – der Pfeilkreuzlerpartei, der er 1942 den Rücken kehrte, um sich von neuem der Regierungspartei anzuschließen. 1946 vom Volksgericht zu 10 Jahren Gefängnis verurteilt.

allein ich radikalere Mitarbeiter in der Zeit der Krise beschwichtigen konnte.

Über die vier zwischen Ungarn und Deutschland geschlossenen Abkommen ist mir das Folgende bekannt:

1940 wurde parallel zum Wiener Schiedsspruch das Abkommen geschlossen, in dem sich die ungarische Regierung verpflichtete, die Tätigkeit des Volksbunds zu fördern, und zugleich dem Deutschen Reich freistellte, auf kulturellem Gebiet zu den Angehörigen der [deutschen]Volksgruppe offiziell und ungehindert Verbindungen zu unterhalten. Damit hatte die nationalsozialistische Weltanschauung sozusagen Existenzberechtigung [in Ungarn] erhalten, und von da an bekannten sich die Volksbundangehörigen, die zu dieser Weltanschauung tendierten, als Nationalsozialisten. Aber keineswegs alle. Besonnener und vorsichtiger, oder weil sie ihre eigene Weltanschauung hatte, bekannte sich die ältere Generation, und zwar sowohl in der Führung wie im Volk, bis zuletzt nicht zum Nationalsozialismus. Auch ich nicht, und das wurde mir auch zum Vorwurf gemacht, besonders nach der Wiedereingliederung der Batschka.

Das zweite Abkommen, in dem Deutschland das Recht erhielt, Freiwillige für die Waffen-SS zu rekrutieren, wurde 1942 abgeschlossen. An der Rekrutierung war auch der Volksbund partiell beteiligt, der Volksbund übermittelte die Rekrutierungsbedingungen. Das dritte Abkommen von 1943 beinhaltete die Verlängerung des zweiten. Das vierte Abkommen wurde im April 1944 oder etwas später geschlossen; laut diesem wurden die Rekruten für die SS nicht mehr wie in den vorangegangenen Abkommen auf der Basis freiwilliger Meldung angeworben, sondern die ungarische Regierung stellte die gesamte Volksgruppe der deutschen Armee zur Disposition. Dabei war nach den Rekrutierungsvorschriften des deutschen Heeres zu verfahren. Die ungarische Regierung hat sich allerdings ausbedungen, in der Praxis selbst zu entscheiden, wer als Deutscher anzusehen sei. Die SS verschaffte sich die Wählerlisten und forderte beim Volksbund die Mitgliederverzeichnisse an, die ihr vom Volksbund auch ausgehändigt wurden. Aus diesen Verzeichnissen und den Wählerlisten notierte die SS die Personen mit deutschem Namen und legte diese Liste der Regierung vor. Die Regierung ihrerseits ließ sie den Gemeindenotaren zustellen, und erlaubte nur die Musterung derer, die von den Notaren als Deutsche bestätigt wurden. Dabei haben die Gemeindenotare als Deutsche anerkannt, wen sie wollten, und wie die Entscheidung ausfiel, hing auch vom Mut, von der Weltanschauung, vom magyarisch-patriotischen Empfinden des jeweiligen Notars ab. Es gab auch Fälle, wo die Notare einfach Personen als Deutsche bezeichneten, die deutscher Muttersprache, aber nicht Volksbundmitglied waren und dann mit Widerstand auf diese Entscheidung reagierten. Bei der Abwicklung dieser [letzten] Rekrutierungsaktion spielte der Volksbund schon keine Rolle mehr. Von da an hielten wir auch keine feierlichen Verabschiedungen mehr ab.

Die VOMI war eine Organisation mit Sitz in Berlin und der Bestimmung, zwischen sämtlichen deutschen Volksgruppen und den Organen der Reichsregierung zu vermitteln und darüber hinaus mit den für die Volksgruppen zuständigen Regierungen in bestimmten Angelegenheiten zu verhandeln. Ihr Vorsitzender war LORENZ, der mehrfach auch mit der ungarischen Regierung bzw. deren Mitgliedern Verhandlungen führte. LORENZ bzw. die VOMI bereitet en die Verhandlungsmaterie vor. Soweit wir Anweisungen bekamen, erhielten wir diese von der VOMI. Auch der deutsche Gesandte hat uns, nach Abschluß des Wiener Vertrags, mehrmals Weisungen erteilt. Seit JAGOW hatte ich auch meine Reden vorab dem deutschen Gesandten vorzulegen, der sich auch in die Redaktion der Deutschen Zeitung einmischte und die Veröffentlichung bestimmter Artikel vorschrieb.

In der Zeit der Illegalität erhielten wir die Unterstützung aus Deutschland vom VDA, meist in Form von Büchern, Noten und Musikstücken, die wir hier verkauften. Nach dem Wiener Schiedsspruch erhielten wir diese ganz offen. Der VDA war seinerzeit bereits mit der VOMI verschmolzen bzw. derselben Führung unterstellt. Auf welche Summe sich die Finanzhilfe belief, kann ich nicht angeben, darüber wüßte Dr. GÉZA BIRKÁS oder das Finanzministerium Bescheid, das diese über die Nationalbank erfolgten Überweisungen genehmigt hat. Die Summen weiß ich aber auch deshalb nicht zu nennen, weil die wirtschaftlichen Angelegenheiten von GOLDSCHMIDT erledigt wurden. Daran erinnere ich mich, daß wir in den letzten Monaten des Jahres 1944 800.000 Pengő monatlich bekamen, weil wir damals bereits viele Schulen unterhielten.

Vom ungarländischen Deutschtum gehörten in der Südbatschka dem Volksbund als Mitglieder 80% an, in Sathmar vielleicht 10%, in Transdanubien 25%, im Schildgebirge 15-20%, in der Umgebung von Pest die wenigsten, in Westungarn ungefähr 50%. In der Umgebung von Pest waren die Deutschen eher in der Pfeilkreuzlerpartei. Höhere Mitgliedszahlen wies der Volksbund unmittelbar nach dem Wiener Vertrag auf, als jedoch die SS-Rekrutierung begann, gab es massenweise Austritte, und 1943, nach der Verschlechterung der Lage an der Front, traten die Ungarndeutschen in noch größeren Massen aus dem Volksbund aus, unter anderem auch deshalb, weil der Volksbund nicht umhin konnte, von seinen Mitgliedern große materielle Opfer zu fordern. In Siebenbürgen und der Südbatschka war die Zahl der Mitgliederaustritte sehr gering. Die Auslagen des Volksbunds, Organisationskosten, Gehälter, ferner die Ausgaben für die Presse konnten wir aus den Mitgliedsbeiträgen des Volksbunds decken; die Batschka vermochte aus ihren eigenen Beiträgen sogar drei Gebiete zu unterhalten. Die Verwendung der reichsdeutschen Zuschüsse war strengstens festgelegt und für Schulen, soziale Ausgaben und Immobilienerwerb bestimmt. Rechnet man die Batschka dazu, war von der deutschen Gesamtbevölkerung des vergrößerten Staatsterritoriums höchstens ein Drittel im Volksbund. 200.000 Volksbundmitglieder waren das Maximum; zählt man noch sämtliche Familienmitglieder und Angehörigen hinzu, kann für die Zeit unmittelbar nach dem Wiener Schiedsspruch von 300.000 Mitgliedern gesprochen werden, also von einem Drittel aller Deutschen. Grund für die niedrige

Zahl war, daß wir von seiten des Volksbunds keine oppositionelle Innenpolitik betrieben. Zur SS meldeten sich meiner Erinnerung nach im Jahr 1942 17.000 Freiwillige, davon 12.000 aus der Batschka. 1943 waren es, soweit ich mich erinnere, etwas weniger; auch damals meldeten sich unter den Batschka-Deutschen mehr Freiwillige als anderswo. Für 1944 kenne ich die Zahl der Einberufenen nicht, nach Meinung einiger waren es 50.000, nach der anderer betrug ihre Zahl 80.000.

1942 hat mir HIMMLER im Verlauf unseres Gesprächs, bei dem ich ihm die ungarischen Befürchtungen vortrug, versichert, Deutschland werde auch nach siegreicher Beendigung des Krieges nicht die Souveränität Ungarns verletzen, und führte als Argument an, wenn die Deutschen erst einmal von hier ausgesiedelt würden, werde sich das Ungarntum [schon] beruhigen. Nach Obergruppenführer BERGER, der HIMMLERs Stellvertreter war und die ausländische Waffen-SS organisierte, war sein Plan der, nach dem Krieg das südosteuropäische Deutschtum geschlossen in Ungarn oder in Rumänien anzusiedeln und an die Spitze der Volksgruppe BERGERs Schwiegersohn, Volksgruppenführer ANDREAS SCHMIDT aus Rumänien zu stellen.

Nach einem anderen Plan sollte – hauptsächlich im Banat – für die Banater und eventuell die Batschka-Deutschen ein geschlossenes Siedlungsgebiet in Form eines separaten Gaus errichtet werden, wo sie konzentriert siedeln und Selbstverwaltung erhalten sollten. Angeblich beschäftigte sich der frühere Wiener Bürgermeister NEUBACHER[149] mit diesem Plan. Vom Plan eines Prinz-Eugen-Lands habe ich nie gehört, ich glaube nicht, daß es einen solchen Plan gab, aber es ist nicht ausgeschlossen, daß man den Banat-Batschka-Plan so nannte.[150] Auch WINKELMANN hat mir beteuert, Deutschland werde den Ungarn

---

[149] NEUBACHER, HERMANN (1893-1960); Sonderbeauftragter für Wirtschaftsfragen in Südosteuropa. Von März 1938 bis Ende 1940 war N. Bürgermeister von Wien. Danach wechselte er ins Auswärtige Amt und war als Sonderbeauftragter, ab 1943 als Sonderbevollmächtigter des Auswärtigen Amtes für den Südosten tätig und beschäftigte sich mit Rohstoffsicherung und der Reorganisation der Wirtschaft in den verbündeten und besetzten Ländern Südosteuropas. Vgl. dazu sein Buch: Sonderauftrag Südost 1940-1945. Bericht eines fliegenden Diplomaten. Göttingen 1956. Im Mai 1945 von den Amerikanern verhaftet, wurde er von diesen 1946 nach Jugoslawien ausgeliefert und in Belgrad zu 20 Jahren Zwangsarbeit verurteilt, 1952 jedoch wegen Krankheit freigelassen.

[150] Angaben dazu bei WEHLER, HANS-ULRICH: Reichsfestung Belgrad. Nationalsozialistische "Raumordnung" in Südosteuropa, in: *Vierteljahreshefte für Zeitgeschichte* 11 (1963), S. 72-84; ferner VÖLKL, EKKEHARD: Der Westbanat 1941-1944. Die deutsche, die ungarische und andere Volksgruppen. München 1991, S. 71-73; hier über den Plan, das deutsche Besatzungsgebiet des Westbanats in einen "Prinz-Eugen-Gau", "Reichsgau Banat" oder "Reichsfestung Belgrad" in Anbindung an das Deutsche Reich umzuwandeln, der vor allem von Kreisen der dort heimischen deutschen Volksgruppe verfolgt, von RIBBENTROP oder HIMMLER jedoch verboten wurde.

nicht den geringsten Grund dazu geben, daß sie um ihre staatliche Unabhängigkeit bangen müßten. Was uns allen aber doch als natürlich erschien, war, daß Ungarn sich in die europäischen Pläne Deutschlands einfügen würde, was meines Erachtens eine wirtschaftliche und außenpolitische Zusammenarbeit mit dem Reich bedeutet hätte.

Dafür, daß die sogenannte deutsche Weltanschauung, das heißt der Nationalsozialismus im Volksbund keineswegs obligatorisch war, gibt es mehrfach Beweise, wie z.B. den, daß bei uns in der Führung auch Freimaurer saßen, die niemals Nationalsozialisten waren. Ich habe nie zugelassen, daß irgendjemandes Weltanschauung ausgeforscht wurde, und habe letztlich stets den Angehörigen der Religionsgemeinschaften den Vorzug gegeben. Zudem haben wir viele der Einrichtungen, die die Volksgruppen in anderen südosteuropäischen Staaten schon in den ersten Jahren einführten, nicht übernommen; so haben wir z.B. keine nationalsozialistische Partei organisiert, sondern sind in der Regierungspartei geblieben. Wir haben kein Rassenamt errichtet, die Arbeiterschaft nicht in einer Deutschen Arbeitsfront organisiert. Wir erließen keinerlei Weisung bezüglich des Erbhofrechts. Wir publizierten keine weltanschaulichen Schriften wie die übrigen deutschen Volksgruppen in den Oststaaten. Das wurde von den Deutschen geduldet, weil sie der Ansicht waren, von den südosteuropäischen Staaten halte Ungarn am hartnäckigsten an seiner Souveränität fest, und sie den Magyaren nicht zu nahe treten wollten. Und wenn ich mit dem Argument kam, die ungarische Regierung oder die öffentliche Meinung des Landes könne dieses oder jenes übelnehmen und folglich deutschfeindlich werden, nahmen sie meist von ihren Wünschen Abstand.

Die Schulungsbriefe boten der Jugend tatsächlich nationalsozialistische Unterweisung, gleichwohl hielt ich diese nicht für bedeutsam und tiefgehend. Fest steht aber – und das habe ich auch vor der Regierung nicht verheimlicht –, daß wir bei der Jugend die Verbreitung der nationalsozialistischen Idee nicht aufhalten konnten. Die Jugend geriet weltanschaulich unzweifelhaft in den Sog der nationalsozialistischen Strömung, wie die deutsche Jugend in ganz Europa und gemeinhin jener Teil der Jugend, der anfällig war für die Versprechungen und Privilegien, die der Nationalsozialismus bot.

Die Geschichte der *Südostdeutschen Rundschau* ist die, daß wir damit ein Gegengewicht zur Politik ANDREAS SCHMIDTs schaffen wollten, weil wir dessen osteuropäischen deutsch-imperialen Plänen, die die Sachsen zum Zentrum der deutschen Osteuropa-Politik machen wollten, die Tatsache entgegenstellen wollten, daß Ungarn der Mittelpunkt Südosteuropas war.[151] Ich habe die Sache im Ministerpräsidium und auch mit KÁLLAY persönlich besprochen, mit dem Ergebnis, daß er zur ersten Nummer der Rundschau selbst einen Artikel beitrug. Unsere zweite Zielsetzung war, mit der Zeitschrift zugleich auch die un-

---

[151] Näheres siehe dazu in der Anm. 36.

garische Kultur in deutscher Sprache vorzustellen und bekannt zu machen.

Mit den Pfeilkreuzlern bin ich nie in Verbindung gestanden. Mit SZÁLASI habe ich insgesamt dreimal gesprochen, diese Begegnungen dem Ministerpräsidium aber jeweils zur Kenntnis gebracht. Unsere erste Begegnung fand 1937 statt, die späteren 1941 und dann 1944, wobei die Anregung zu diesen Gesprächen immer von SZÁLASI kam.

1941 haben wir uns getroffen, um zu besprechen, wie wir dem Kampf ein Einhalt gebieten könnten, der zwischen dem Volksbund und den örtlichen Pfeilkreuzlerorganisationen tobte. Das ist uns allerdings nicht gelungen. 1944 breitete SZÁLASI seinen Glauben an die deutschen Geheimwaffen vor uns aus und ließ uns wissen, er habe mit dem Reichsverweser konferiert. Daran erinnere ich mich aber schon nicht mehr, worüber er mit dem Reichsverweser gesprochen haben will.

Den politischen Kurs der Deutschen Zeitung bestimmte Dr. GOLDSCHMIDT und war dabei, soweit möglich, bemüht, den Einfluß der Gesandtschaft zurückzudämmen. Nach der deutschen Besetzung, als die VOMI einen Redakteur aus Berlin schickte, unter dem das Blatt völlig unter Reichseinfluß geriet, wollten GOLDSCHMIDT und ich eigentlich unsere Namen aus dem Impressum streichen, aber wir wagten es nicht, weil wir wußten, daß die Lizenz auf unsere Namen ausgestellt war, und für den Fall, wir wären weggegangen, eine neue Lizenz hätte beantragt werden müssen. Und vor diesen Konsequenzen scheuten wir zurück.

Es entspricht nicht der Realität, daß die ungarische oder gar die deutsche Regierung um meine Zustimmung zum Waffen-SS-Vertrag gebeten hätte, denn dazu bestand keine Notwendigkeit, sie schloß diese Verträge mit der ungarischen Regierung [direkt] ab.

In Liptód hielt ich am 7. November 1940 wirklich eine Rede, aber ich habe nicht gesagt, ich würde jedem an die Kehle springen, der sich gegen uns wendet, ich habe nichts von deutscher finanzieller Unterstützung verlauten lassen und auch nichts in der Richtung, daß die Leute, die kein Deutsch sprechen, von hier weg müßten. Ebenso wenig habe ich auf der Volksbundversammlung in Elek gesagt, wir beantworteten Terror mit Gegenterror, habe nichts von jüdischen Banken gesagt und mich überhaupt nie judenfeindlich geäußert. In den Text meiner Bonyháder Rede von 1943[152] hatte die deutsche Gesandtschaft den Satz vom "Kampf des Weltjudentums gegen uns" eingefügt, den ich aber nicht ausgesprochen bzw. in meiner Rede nicht vorgelesen habe. Auch in dem Text, der an die Deutsche Zeitung ging, habe ich den Satz gestrichen, nur dessen bin ich mir nicht gewiß, ob die Streichung auch im Wochenblatt Deutscher Volksbote erfolgte, oder ob ich nicht vergessen hatte, sie auch in dessen Text vorzu-

[152] Die hier erwähnte Rede in Bonyhád wurde am 20. April 1944 zum "Führers Geburtstag" gehalten.

nehmen. Im übrigen dürfte ohnehin allgemein bekannt sein, daß ich nie eine antisemitische Rede gehalten oder einen antisemitischen Artikel geschrieben habe.

Nach der deutschen Besetzung hat sich die Rolle des Volksbunds nicht geändert; ich sprach bei SZTÓJAY vor und erklärte, daß ich die neue Lage nicht auszunutzen gedächte, und forderte auf keinem Gebiet mehr Rechte als wir unter den vorangegangenen Regierungen hatten. Den Innenminister bat ich nur um eines: um eine Apotheke für das Volksbundmitglied SYBILLE KRIESS, aber JAROSS[153] gewährte mir nicht einmal diese Bitte. Es entspricht nicht den Tatsachen, daß der Volksbund den deutschen Besatzern irgendwelche bewaffneten Kräfte zur Verfügung gestellt hätte. Sollte derartiges etwa in der Batschka geschehen sein, dann ohne mein Wissen. Ich bezweifle aber, daß so etwas überhaupt geschah. Auch die Regierung SZTÓJAY hat sich keine Hilfe dieser Art erbeten. Während des Pfeilkreuzlerputsches spielten wir keinerlei Rolle, gab es damals doch kaum mehr schwäbische Männer in Ungarn, da alle zur SS eingezogen waren. Auch SZÁLASI habe ich als neuem Ministerpräsidenten meine Aufwartung gemacht. Das war mein viertes Gespräch mit ihm; und auch ihm erklärte ich, daß er in Anbetracht der schwierigen Lage von mir keinerlei Bitte für den Volksbund zu gewärtigen habe. Zugleich bemängelte ich bzw. beklagte ich mich bei einer späteren Gelegenheit darüber, daß die Ausstattung der Partei mit Kompetenzen der Staatsgewalt den Volksbundmitgliedern in den Gemeinden zum Nachteil gereichte, weil die Behörden bestimmte Güter des öffentlichen Bedarfs nur an Mitglieder der Pfeilkreuzlerpartei abgaben.

SZÁLASI versprach mir, die Dinge in Ordnung zu bringen; dieses letzte Gespräch mit SZALÁSI, mein fünftes mit ihm seit 1937, fand im Februar 1945 in Sopronbányfalva bzw. Brennberg statt.

Ich möchte [noch] erwähnen, daß FERENC SZÁLASI voll auf die deutschen Geheimwaffen vertraute, insbesondere die Atombombe. So legte er uns im Sommer 1944 bei unserem Gespräch, das in Dr. GOLDSCHMIDTs Wohnung stattfand, dar, wir hätten sicher auch schon wahrgenommen, daß manchmal Bilder von der Wand fielen. Dieses Phänomen könne auch Zeichen einer Kern-

---

[153] JAROSS, ANDOR (1896-1946); Politiker. J. war ab 1936 zusammen mit dem Grafen JÁNOS ESTERHÁZY Vorsitzender der Egyesült Magyar Párt [Vereinigten Ungarischen Partei], der Partei der ungarischen Minderheit in der Slowakei. 1938-1940 war er Minister ohne Porteufille für Angelegeheiten des Felvidék, d.h. für die Gebiete, die von der Slowakei an Ungarn abgetreten worden waren. Seine Partei verschmolz er mit der Magyar Élet Pártja [Partei des Ungarischen Lebens]. Innerhalb der Regierungspartei schloß sich J. der IMRÉDY-Richtung an und gründete mit diesem im Oktober 1940 die Magyar Megújulás Pártja [Partei der Ungarischen Erneuerung]. Vom März bis August 1944 war er Innenminister und spielte so eine maßgebliche Rolle bei der Deportation der Juden. Vom Budapester Volksgericht wurde er zum Tode verurteilt und am 11. April 1946 hingerichtet.

spaltung sein, die so zustandekomme, daß aus der Kehle bestimmter Menschen Tonschwingungen kommen könnten, die, wenn sie den Nagel erreichten, der das Bild halte, diesen zertrümmerten. Nach seiner Überzeugung würden die deutschen Kernspaltungsversuche auf ähnlicher Grundlage und mit Aussicht auf Erfolg durchgeführt. Er erläuterte uns, diese Tonschwingungen seien so etwas wie der ultraviolette Strahl. Und daran glaubte er, der Offizier, unerschütterlich. GOLDSCHMIDT und ich hatten den Eindruck von SZÁLASI, daß er schon ein recht exaltierter Mensch sein mußte, um in solchem Maße an derartige Geheimwaffen glauben zu können.

Mehr zur Sache kann ich nicht angeben, meine Aussage ist korrekt aufgenommen und wurde von mir – als richtig anerkannt – unterzeichnet.

Dr. MIKLÓS KÁTAI, Volksanwalt Dr. FRANZ BASCH
RÓZSA SZENYÁN, Protokollführerin

C. Bericht des Leiters der Presseabteilung, Róbert Major

An Herrn Volksanwalt Dr. KÁTAI!
Der Fall FRANZ BASCH

Die Aussage von BASCH bagatellisiert die Rolle des Volksbundes. Unter den Akten befindet sich eine Satzung zur Organisationsstruktur des Volksbundes, doch sind auch andere Beweise dafür vorhanden, daß im Volksbund die nationalsozialistische Weltanschauung sehr wohl verbindlich war und die Mitglieder, insbesondere die Jugend, in dieser erzogen wurden.

Er behauptet, daß kein Rassenamt geschaffen wurde, doch auf der Ämterliste wird ein solches aufgeführt. Doch selbst wenn der Volksbund keine solche Institutionen etabliert hatte, über die die deutschen Nationalitäten in den anderen Ländern verfügten, so ist das darauf zurückzuführen, daß diese Länder unter deutscher Besatzung standen, während Ungarn bis 1944 immerhin ein souveräner Staat geblieben war und sich der Volksbund insbesondere unter der KÁLLAY-Regierung und KERESZTES-FISCHER nicht nach eigenen Wünschen entfalten konnten. Das beweist keine Mäßigung von BASCH.

Es ist absurd, damit zu argumentieren, daß das Erbhofrecht nicht verwirklicht wurde, denn in einem solchen Ausmaß konnten sie [die Mitglieder des Volksbundes] doch nicht zu einem Staat im Staate werden. Die *Südostdeutsche Rundschau* gehörte tatsächlich nicht zu den größten Hetzblättern. Doch schon ihr Titel weist darauf hin, daß sie nicht auf der Grundlage der souveränen ungarischen Staatlichkeit stand, sondern das Deutschtum in ganz Südosteuropa als Einheit betrachtete.

Tatsache ist, daß BASCH mit SZÁLASI häufig in Gegensatz geriet, wie ich das auch noch darlegen werde. Der Grund dieser Konfrontation ist aber darin zu sehen, daß SZÁLASI die von BASCH gestellten, die ungarische Souveränität allzu sehr verletzenden Forderungen nicht akzeptieren wollte.

Darüber weiß ich nichts, daß BASCH über die Juden hergezogen wäre; dafür jedoch standen die Blätter des Volksbundes in der ersten Reihe einer solchen Judenhetze.

[Unleserlicher Satz.] Es ist unwahrscheinlich, daß BASCH hier eine östliche Schweiz schaffen wollte, weil HITLER keinerlei solche Ambitionen hatte. Er wollte keine Gleichberechtigung, sondern Sonderrechte für das Deutschtum. Die Idee, daß die zu gründende Organisation alle Deutschen erfassen sollte, ist übrigens auf das Prinzip des Totalitarismus zurückzuführen und steht ganz im Gegensatz zu einer demokratischen Nationalitätenpolitik.

Damit in Zusammenhang ist auch das Problem zu sehen, daß seiner Ansicht nach der Verein keine Parteipolitik betreiben konnte. Nach seiner Vorstellung war das ganze Deutschtum eine Partei und der Volksbund hat dies auch verwirklicht. Sollte das nicht zutreffen, warum konnte er sich dann nicht mit LÁSZLÓ PINTÉR einigen? Ich ersuche Sie, im Zusammenhang mit dieser Frage GUSTAV GRATZ zur Verhandlung vorzuladen und ferner Ministerialrat Dr. LÁSZLÓ OTTLIK zu vernehmen. Zur Frage, ob er [BASCH] den Heil-Hitler-Gruß tatsächlich verbot, ersuche ich Sie, Dr. PÁL BALLA zu vernehmen.

BASCH gibt zu, daß er für die Waffen-SS Abschiedsreden gehalten hat. Es ist unwahrscheinlich, daß ein selbstbewußter Politiker es zugelassen haben soll, daß ihm die deutsche Gesandtschaft vorschreibt, was er zu sagen hat. Zur Gründung des Volksbundes muß erwähnt werden, daß die Deutschen bereits eine Organisation hatten und in Opposition zu dieser der Volksbund gegründet wurde, weil jene für sie nicht radikal genug war. Das werde ich noch beweisen. Unzweifelhaft spielten KARMASIN in der Slowakei und andere deutschen Volksgruppenführer eine unschönere Rolle als BASCH. Doch diese Staaten waren Protektorate etc. und niemals so unabhängig wie Ungarn. Auch der Deutsche Volksbildungsverein schützte die deutsche Kultur und das deutsche Volkstum, doch er diente nicht dem deutschen Imperialismus. Und wenn BASCH nach eigener Aussage nicht den Nationalsozialismus propagierte, so betrieb er auf jeden Fall Kriegshetze.

Für die wichtigsten, in den Akten dokumentierten Tatbestände halte ich die Kontakte zu den Geldinstitutionen und Firmen. Ich bitte Sie, von diesen Akten Kopien zu machen und sie meiner Abteilung herüberzuschicken, da diese für andere Fälle gebraucht werden. Wenn in der Hauptverhandlung der Sachverhalt zufriedenstellend aufgeklärt wird, so kann dies für die Klärung der gesamten deutschen Ungarnpolitik aufschlußreich sein.

Der Prinz-Eugen-Preis, den BASCH von der Universität Wien erhalten hat, war eine wissenschaftliche Auszeichnung, weshalb ich mich damit gar nicht befaßt habe.

BAJCSY-ZSILINSZKY führte 1942 im Parlament wie folgt aus: "Der Herr Finanzminister möge jene 6-8 Millionen, die er auf entsprechende Forderungen von Basch den Schulen des Volksbundes aus den Beiträgen ungarischer Steuerzahler zukommen lassen will, lieber für ungarische Ziele ausgeben ... Der Volksbund solle die Geduld des ungarischen Volkes nicht überfordern. Er solle die Revolte des Deutschen Ordens gegen die Souveränität Ungarns, die ein so unrühmliches Ende fand, nicht wiederholen.[154] Will er in Ungarn eine Schwäbische-Türkei als selbständiges deutsches Nationalitätengebiet? Und darf ihr Herr Führer Franz Basch im ungarischen Staat Verordnungen erlassen?"

Betreffend die wissenschaftliche Zeitschrift *Deutsche Forschungen in Ungarn* beanstandet die [Zeitschrift] *Külügyi Szemle* [Außenpolitische Rundschau], daß diese die ungarischen Ortsnamen in deutscher Schreibweise anführt, wie Tolnau, Schomodei, Kremling, Bonnhard, Jahrmarkt, Manock usw.

Laut *Nemzeti Újság* [Nationalzeitung] vom 21.VII. 1939 veranstaltete BASCH in der Karpato-Ukraine Volksversammlungen, für die er Sprechchöre aus Budapest mitnahm. Die Zeitung beruft sich auf die Meldung der *Kárpáti Híradó* [Karpaten-Nachrichten], der zufolge die BASCH-Gruppe vergeblich versuchte, das Deutschtum der Karpato-Ukraine dem Magyarentum zu entfremden.

Über die Bonyháder Hitler-Feier der deutschen Volksgruppe berichtet die *Magyarság* [Ungarntum] vom 25.IV.1944. Dort hielt BASCH folgende Rede:

"Das deutsche Volk und die mit ihm verbündeten jungen Nationen kämpfen heute nicht allein ums nackte Dasein, sondern auch für den Sinn des Lebens. Ohne Deutschland und Adolf Hitler wäre Europa schon längst den asiatischen Horden zum Opfer gefallen, die danach trachten, die europäische Kultur zu vernichten. Das Schicksal des Deutschen Reiches ist also auch das Schicksal Europas. Deshalb haben die europäischen Völker heute nur noch eine Alternative: Sieg oder Tod. Aus der heutigen Lage kann nur Einer die Völker Europas zum Sieg führen: Adolf Hitler. Hitler kämpft für die Rettung Europas vor dem gemeinsamen Feind."

Danach beteuerte er die unerschütterliche Treue des ungarländischen Deutschtums zum Führer. Voller Freude gedachte er jener Wende, die ein paar Wochen vorher eingetreten war. Mit scharfen Worten wandte er sich gegen jene, die sich an diesem Kampf um Leben und Tod nicht beteiligen wollten. Die allererste Pflicht sei es, alle Kräfte im Dienste des Krieges zu mobilisieren. Ein jeder habe die Pflicht, blind zu gehorchen und treu zu kämpfen.

---

[154] 1211 wurde der Deutsche Ritterorden von König Andreas II. nach Siebenbürgen zum Zweck der Grenzverteidigung und der Kumanenmission berufen. Der Versuch, aus dem vom Ritterorden verwalteten Burzenland (rumän. Ţara Bîrsei] einen souveränen Ordensstaat zu schaffen, endete mit seiner gewaltsamen Vertreibung durch den ungarischen König im Jahre 1225. Der Ritterorden ließ sich daraufhin in Preußen nieder, das er zu seinem Ordensstaat ausbaute.

An der Feier nahmen TASNÁDI NAGY[155], VEESENMAYER, JENŐ RÁTZ[156] usw. teil. All dies ist eine Bestätigung dafür, daß BASCH Beziehungen zum Nationalsozialismus gehabt hat.

1938 wurde von deutscher Seite ein Flugblatt über die "rassenschänderische Beziehung" von BASCH verbreitet. Ein solches Exemplar ist in meinem Besitz. Ebenfalls in meinem Besitz befindet sich der Originaltext des deutsch-ungarischen Minderheitenabkommens von 1940. Das Abkommen wurde ungarischerseits von CSÁKY und TELEKI unterschrieben. Darin ist festgehalten, die Regierung werde den Deutschen die Umsiedlung nach Deutschland ermöglichen.

Auch der Bericht des Außenministeriums über die erwähnte Volkskameradschaft ist in meinem Besitz. Deren Anführer waren HUSS und BASCH. In bezug auf die Rolle von HUSS bitte ich Dr. BÉLA PUKÁNSZKY[157], Universitätsdozenten a. D. für deutsche Sprache und Literatur, zu vernehmen. Die Volkskameradschaft unterhielt mit dem Deutschen Auslandsinstitut und dem Volksbund für das Deutschtum im Ausland enge Beziehungen. Ihre Mitglieder waren Vertrauensleute von Dr. STEINACHER, Dr. CSÁKY[158] und Dr. VOGT, dem Beauftragten des Verbandes der deutschen Volksgruppen in Europa.

Die obengenannten Organisationen schickten ihr großdeutsches Propagandamaterial gratis dem Volksbund zu. Viele dieser Schriften mußten in Ungarn

---

155 TASNÁDI NAGY, ANDRÁS (1882-1956); Dr., Politiker. 1933-1938 Staatssekretär zuerst im Justiz-, dann im Kultusministerium, ab 1938 Stv. Landesvorsitzender der Regierungspartei, von November 1938 bis November 1939 Justizminister. Am 9. November 1939 wurde T. zum Präsidenten des Abgeordnetenhauses gewählt, eine Position, die er auch unter SZÁLASI bis zum März 1945 für sich behauptete. In dieser Zeit verfolgte T. stets einen deutschfreundlichen Kurs. Vom Budapester Volksgericht wurde er wegen Kollaboration zu einer Gefängnisstrafe verurteilt.

156 RÁTZ, JENŐ (1882-1952); Offizier und Politiker. Mitte der 1930er Jahre trat R. mit SZÁLASI in engere Verbindung und warb als Generalstabschef (ab 1936) in Offizierskreisen für die Pfeilkreuzler. 1938 in der IMRÉDY-Regierung Verteidigungsminister und vom 22. März bis zum 19. Juli 1944 stv. Ministerpräsident der SZTÓJAY-Regierung. Am 22. März 1946 vom Budapester Volksgericht als Kriegsverbrecher zum Tode verurteilt, am 19. August vom Staatspräsidenten TILDY zu lebenslänglicher Zwangsarbeit begnadigt.

157 PUKÁNSZKY, BÉLA (1895-1950); Literaturwissenschaftler, Germanist. Nach Abschluß seiner Studien an der Budapester Universität im Jahr 1919 arbeitete P. als Lektor für deutsche Sprache und wurde 1927 Privatdozent, 1936 Professor für deutsche Literaturgeschichte an der Budapester Lehrerbildungsanstalt und 1941 Professor an der Universität von Debrecen. Seine Werke zur Geschichte des Ungarndeutschtums und dessen Literatur haben bis heute ihrem grundlegenden Wert behalten.

158 CSÁKY (CSAKI), RICHARD (1886-1943), Literaturhistoriker und Minderheitenpolitiker siebenbürgisch-sächsischer Herkunft. C. leitete 1920-1930 das von ihm begründete Kulturamt des Verbandes der Deutschen in Großrumänien in Hermannstadt und gab parallel dazu die Zeitschrift *Ostland* heraus. Von 1933 bis 1943 war C. Leiter des Deutschen Auslandsinstituts in Stuttgart.

verboten werden. Ein Propagandamittel war die Veranstaltung von Gruppenreisen von Deutschland nach Ungarn: die Gäste entfalteten hier nämlich großdeutsche Propaganda. Eine starke großdeutsche Bewegung gab es in der Gegend von Fünfkirchen, im Bergbaugebiet der DDSG[159]. Die DDSG gab ein eigenes Dienstblatt heraus, wonach sich jeder Ungarndeutsche die Politik der deutschen Nation zu eigen machen mußte.

In meiner Abteilung kann Einblick in eine Aufstellung genommen werden, aus der hervorgeht, auf welche Weise die deutschen Gelder nach Ungarn gelangten. Darin sind auch die Namen der Geldgeber zu finden. Ich kann auch mit Details über die Wirtschaftsaktivität der Mercur Bank dienen.

Ich besitze außerdem noch einen Bericht des Außenministeriums über die terroristische Haltung des Volksbundes.

BASCHs Rede anläßlich der Einweihung des Deutschen Hauses in der Lendvay-Gasse wurde in [der Zeitung] *Magyarság* vom 20. August 1940 veröffentlicht. Diese Rede ist von gemäßigtem Ton und gegenüber dem ungarischen Staat loyal.

In der Strafsache BASCH ist die *Deutsche Zeitung* das schwerwiegendste Problem. Er war zwar nur deren Herausgeber, doch stand sein Name an vorderster Stelle. Chefredakteur war GOLDSCHMIDT, Hauptmitarbeiter LAFLEUR[160]. Der Polizeibericht charakterisierte diese Zeitung zutreffend, zitierte allerdings nur wenig aus ihr. Zur Ergänzung führe ich einige wenige Beispiele an:
1.III.1944. Schlagzeile: Die sowjetischen Verluste: 15 Millionen Tote. Auf den ersten zwei der insgesamt acht Seiten umfassenden Zeitung gibt es fast ausschließlich deutsche Meldungen. "Der Feuerüberfall" ist eine Kriegsgeschichte über die Heldentaten eines deutschen SS-Soldaten. In der Rubrik Landwirtschaft sind folgende drei Artikel zu lesen: Deutsche landwirtschaftliche Pionierarbeit im Osten. Die Organisation des bulgarischen Bauerntums. Der Erfolg der deutschen Bauernpolitik.
2.III.1944. Wichtigste Artikel: Rede von GOEBBELS. Bericht eines deutschen Kriegsberichterstatters. Artikel eines bulgarischen politischen Journalisten. Ritterkreuz für Kapitän HELLMANN usw.
3.III.1944. Die drei Hauptüberschriften nennen HIMMLER, HITLER und GÖRING. Danach die Rede von GOEBBELS, der Bericht von SARTORIUS.
4.III.1944. Schlagzeile: Zunehmender Antisemitismus in den USA.

---

[159] DDSG = Donaudampfschiffahrtsgesellschaft. Ein Teil der Kohlengruben um Fünfkirchen war in ihrem Besitz.

[160] LAFLEUR, NIKOLAUS (1905-1969); Journalist. Besuchte 1919-1923 das Gymnasium in Hatzfeld (Jimbolia) und war nach seinem Studium der Rechts- und Staatswissenschaft in Wien, Paris und Berlin beim Schwäbisch-Deutschen Kulturbund in Neusatz tätig, 1938-1944 Schriftleiter des *Deutschen Volksblatts*, nach 1941 auch der *Deutschen Zeitung*. L. wanderte nach seiner Flucht 1944 nach Salzburg 1951 in die USA aus und verstarb in Chicago.

5.III.1944. : Zunehmende Schlagkraft der Luftwaffe.
8.III.1944. : Vernichtender Schlag gegen die Feindbomber.
10.III.1944. : Wieder schwere Verluste der Terrorflieger.
11.III.1944. : [Reichsminister Dr.] GOEBBELS Rede.
12.III.1944. : 16 Geleitzerstörer versenkt. [Reichs-]Minister FUNK über den [Wirtschafts]aufbau.
14.III.1944. Rede von Großadmiral DÖNITZ: Deutschland in seiner Einheit unbesiegbar. Führung, Front und Hinterland unseres Volkes verkörpern eine ungeheure Kraft. Leitartikel über die Erfolge der deutschen Verwaltung in Böhmen.

Bis zu diesem Zeitpunkt unterschied sich die *Deutsche Zeitung* allerdings in keiner Weise von den anderen rechtsgerichteten ungarischen Blättern. Nach dem 19. März 1944 veränderte sich ihr Ton natürlich. Der Leitartikel vom 21.III.1944: Denken wir an 1919! (Hetzartikel von BRUNO KLEIN) endet mit: "Die jüdischen und feindlichen Zielen dienende Propaganda der Sozialdemokraten hat sie uns als Feinde des Vaterlandes erkennen lassen. Gegen ihre umstürzlerische Tätigkeit und ihre jüdischen Hintermänner hilft nur festes Durchgreifen."

Unter der Überschrift "Unsere Ausgezeichneten" zwei Fotos: ein SS-Pionier aus Bácsordas und ein SS-Rottenführer aus "Petersdorf".

23.III.1944: Schlagzeile: Nach gegenseitiger Vereinbarung kamen deutsche Truppen nach Ungarn. Mobilisierung aller Kräfte im Dienste des gemeinsamen Kampfes. Im Interesse Europas. [161] Artikel: FORD und die Juden. Um Indiens Freiheit, Artikel von Z. BOSNYÁK.

23.III.1944. "Unsere Ausgezeichneten". Fotos eines SS-Unterscharführers aus "Wallendorf" und eines SS-Pioniers aus Bácsordás.

24.III.1944. Übernimmt von *Magyarság* den Artikel: Kriegsschuld der Juden. Artikel des SS-Kriegsberichterstatters NEUJAHR: Volksdeutscher Aufbruch. [In der Rubrik "Aus der Bewegung":] "Ausrichtung der politischen Leiter der Kreise Magotsch und Bonhard." "Aus dem Gebiet West." "Stimme der Front" – Zuschrift eines SS [-Soldaten].

25.III.1944. An erster Stelle VEESENMAYER, an zweiter SZTÓJAY mit Foto und Lebenslauf. Artikel von BR. STIPSITZ und SLAVI VASSILEV.

28.III.1944. "Neuer Judenterror in Palästina" (Schlagzeile).

29.III.1944. Leitartikel: Das Reich – Europas Schutz- und Ordnungsmacht.

30.III.1944. Schlagzeilen: Der Vaterlandsverrat der Marxisten verhindert. Auflösung der Sozialdemokratischen und der Kleinlandwirte-Partei. Auch der Bauernverband stand im Dienste der verräterischen Umtriebe. Der Vaterlands-

[161] Die Ausgabe der *Deutschen Zeitung* vom 23.III.1944 enthält keine solche Schlagzeile. In der Nummer vom 24.III. 1944 stehen auf der ersten Seite u.a. folgende Schlagzeilen bzw. Untertitel: "Alle Maßnahmen in Ungarn dienen der gemeinsamen Kriegsführung." "Aktive Kräfte am Zuge. Ungarn zur Abwehr aller Gefahren entschlossen."

verrat [Karl] PEYERs und Genossen.
20.IV.1944. Ganzseitiger Leitartikel mit Foto: Unser Führer (HITLER). Auch die zwei folgenden Seiten sind HITLER gewidmet.
25.IV.1944. Schlagzeile: BASCH auf der Landeskundgebung in Bonyhád: "Den Waffenrock des Führers zu tragen, wird künftighin für alle Deutschen des Landes heiligste Pflicht sein." Mit Fotos von BASCH in nationalsozialistischer Uniform und Abzeichen. Zwei Seiten aus der Rede, aus der schon zitiert wurde.
3.XII.1944. Zwei Artikel: BERNHARD SCHNOEPF: Arbeitseinsatz und Arbeitslenkung in Europa. Budapests Verteidiger: SS-Obersturmbannführer JOACHIM RUMOR, Träger des Ritterkreuzes. Hinten zwei Kriegsfotos von SS[-Soldaten].

Als verantwortlicher Herausgeber ist durchgehend BASCH angeführt.
29. November 1945.
MAJOR, Leiter der Presseabteilung

An Herrn Volksanwalt Dr. KÁTAI!
Der Fall FRANZ BASCH
Beilage Nr.1.

Auch im Tagebuch der Pfeilkreuzlerpartei (SZÁLASI) wird BASCH erwähnt. 1940 steht darin folgendes:

"Die Volksgruppenfrage im außenpolitischen Zusammenhang. Die Tatsache, daß Reichsführer HIMMLER FRANZ BASCH empfangen hat und eine Aussage des Führers selbst bekannt geworden ist, die dem Standpunkt der Radikalen widerspricht, läßt darauf schließen, daß die Volksgruppenfrage in ihrer Intensität nachläßt."

Zur Vorlage eines Nationalitätengesetzes von HUBAY und VÁGÓ[162], denen

---

[162] HUBAY, KÁLMÁN (1902-1946); Journalist und Politiker. Diente GÖMBÖS als Chefredakteur der Zeitung *Függetlenség* [Unabhängigkeit], schloß sich 1937 SZÁLASI an und leitete in der Zeit, in der dieser im Gefängnis saß, die Pfeilkreuzlerpartei; ab 1940 fungierte er als Stellvertreter SZÁLASIs. Aus materiellen Gründen trennte er sich 1942 von diesem und trat zur Nationalsozialistischen Partei von FIDÉL PÁLFFY über. In der Zeit der Pfeilkreuzlerherrschaft war er Kultusminister. Vom Budapester Volksgericht wurde er als Kriegsverbrecher zum Tode verurteilt und hingerichtet. – VÁGÓ, PÁL (1889-1982); war bis 1927 als Ingenieur in den Zeiss-Werken in Jena, 1927-1939 im Budapester Elektrizitätswerk und 1942-1944 in den Ungarischen Optik-Werken tätig. 1937 schloß er sich SZÁLASI an, wurde 1939 Abgeordneter und im November 1944 Staatssekretär der SZÁLASI-Regierung. Sein am 4. Juli 1940 gemeinsam mit H. eingebrachter Entwurf für ein Nationalitätengesetz sah die Gewährung von Volksgruppenrechten für die in Ungarn lebenden Minderheiten vor, wie sie der Volksbund für die Ungarndeutschen forderte. Das Abgeordnetenhaus wies die Gesetzesvorlage als "Angriff auf die Grundlagen der ungarischen Staatlichkeit" zurück und entzog beiden Abgeordneten am 22. Juli 1940 ihr Mandat.

deshalb ihre Parlamentsmandate aberkannt wurden, steht im Juni 1944 folgendes: "HALLER (von der deutschen Gesandtschaft) fragte nach, ob es zutrifft, daß der Entwurf von HUBAY stammt. Ich sagte: nein, weil [seine Initiatoren] von VÁGÓ angeführt wurden, insgesamt waren fünf Personen daran beteiligt, davon zwei von der BASCH-Gruppe, und HUBAY übernahm als Parteivorsitzender nur das Endergebnis."

Bis zum 15. Oktober kommt BASCH im Tagebuch meines Wissens nicht vor, oder es gibt nichts Nennenswertes über ihn.

29. November 1945.

MAJOR, Leiter der Presseabteilung [des Volksgerichts Budapest]

D. Anklageschrift in der Sache Dr. Franz Basch

Von der Volksanwaltschaft Budapest an das Volksgericht Budapest

Mit Einreichung nachstehender Anklageschrift übersende ich beiliegend die Akten des Ermittlungsverfahrens.

Ich klage den seit 27. Oktober 1945 in Untersuchungshaft befindlichen Beschuldigten Dr. FRANZ BASCH (geb. am 13. Juli 1901 in Zürich, Vorsitzender des Volksbunds der Deutschen in Ungarn, wohnhaft in Budapest, Jagelló utca 27) an

1. der Begehung von Kriegsverbrechen nach Gesetzesartikel VII/1945 Volksgerichtsbarkeitsverordnung (VGV) § 11, Nummer 6, weil er als Vorsitzender des Volksbunds der Deutschen in Ungarn (im weiteren "Volksbund"), d.h. als "Volksgruppenführer" die Ressourcen und Machtmittel der deutschen Volksgruppe in den Dienst der deutschen Kriegsziele gestellt hat, indem er

a) als verantwortlicher Herausgeber der in Budapest erscheinenden *Deutschen Zeitung*, der dieser Tageszeitung eine den deutschen Interessen entsprechende Ausrichtung gab, die außenpolitische Lage und die Ereignisse an der Front gemäß den Berliner Anweisungen oder den vorgegebenen Richtlinien darstellte, Ungarn als Bundesgenossen der Deutschen zu möglichst umfassender Beteiligung an deren Krieg drängte, die Angehörigen der ungarländischen deutschen Nationalität zum Eintritt in das deutsche Heer bzw. den deutschen Sicherheitsdienst anspornte und auch sonst die deutsche Volksgruppe sowie die gesamte ungarische Regierung zu immer neuen Kraftanstrengungen antrieb. Die *Deutsche Zeitung* brachte in ihrer Ausgabe vom 1.III.1944 den Leitartikel "Sowjetische Verluste: 15 Millionen Tote" und veröffentlichte unter der Überschrift "Der Feuerüberfall" den Kriegsbericht über die Heldentat eines deutschen Waffen-SS-Mannes. In der Landwirtschaftsrubrik derselben Nummer wurden unter dem Titel "Pionierarbeit der deutschen Landwirtschaft im Osten" die Arbeitsmethoden gepriesen, die in den vorübergehend besetzten Gebieten, die dem deutschen Raubzug anheimgefallen waren, angewandt wurden. Die Schlagzeilen der Nummer vom 3.III.1944 nennen HIMMLER, HITLER und GÖRING, dann wird über eine Rede von GOEBBELS berichtet. In der Nummer vom 14.III.1944 bringt das Blatt die Rede von Admiral DÖNITZ: "Deutschland in seiner Einheit unbesiegbar. Führung, Front und Heimat verkörpern die ungeheure Kraft unseres Volkes." In der Ausgabe vom 21.III.1944 ist folgendes zu lesen: "Die jüdischen und feindlichen Zielen dienende Propaganda der Sozialdemokraten hat sie uns allgemein als Feinde des Vaterlandes erkennen lassen. Gegen ihre umstürzlerische Tätigkeit und ihre jüdischen Hintermänner hilft nur festes Durchgreifen." In ihrer Nummer vom 23.III.1944 propagiert die Zeitung die "Mobilisierung aller Kräfte" für den Kampf Europas gegen die gemeinsame Gefahr und schreibt in der Ausgabe vom 25.IV.1944: "Den Waffenrock des Führers zu tragen, wird künftighin für alle Deutschen des Landes heiligste Pflicht sein." Den Forderungen des Blatts gab, wie auch das Blatt selbst fortlaufend betonte, der allgemeine Umstand besonderen Nachdruck, daß hinter den Wünschen und Forderungen der Volksgruppe das Deutsche Reich bzw. das ganze deutsche Volk stand. Die Zeitung übernahm regelmäßig Artikel von GÖBBELS, LICHTERFELD und anderen deutschen Propagandisten aus der Presse oder anderen Druckschriften des Reichs, in ihren Karikaturen verspottete sie die Staatsmänner der alliierten Nationen, und alle ihre Artikel waren darauf ausgerichtet, das Publikum, das die wahren Kräfteverhältnisse zwischen Deutschland und seinen Gegnern nicht kannte, durch gezielte Nachrichtenübermittlung noch mehr irrezuführen. Damit sollten das heimische Deutschtum und einige Elemente nichtdeutscher Abstammung, die geblendet waren von den im Falle des Erfolgs der deutschen Ideale in Aussicht gestellten Möglichkeiten, sich räuberisch zu bereichern, willens gemacht werden, neue Opfer zur Unterstützung des deutschen Krieges auf sich zu nehmen und damit die geringen Siegeschancen des Reichs ein wenig aufzubessern. Ebenso bestimmten die Interessen der imperialistischen deutschen Außenpolitik auch den ungarischen innenpolitischen Kurs der *Deutschen Zeitung*: die deutsche Macht im Rücken, griff sie die ungarische Linke an, die am Sieg der Deutschen zweifelte, und forderte Maßnahmen, um sie zum Schweigen zu bringen. Das Blatt bezog auch die Jugend in seine Propaganda mit ein: "Allen voran müssen wir Jungen unermüdlich daran arbeiten und kein Mittel dafür scheuen, alle übrigen Deutschen dahin zu bringen, daß auch sie ihre äußerste Kraft einsetzen, damit wir die Ziele erreichen, die unser Führer dem deutschen Volk gesetzt hat."

b) Der Volksbund nahm aktiv an der SS-Rekrutierung teil, vermittelte zwischen den deutschen Staatsorganen und den deutschen Massen in Ungarn. Für die einrückenden SS-Soldaten hielt der Beschuldigte, Dr. FRANZ BASCH, im Laufe der Jahre 1943 und 1944 regelmäßige feierliche Abschiedsreden, wie er es auch im Oktober 1942 tat, als er in der Budapester Musikakademie die großen Kriegsleistungen des ungarländischen Deutschtums pries, das der Front bisher 37.000 Freiwillige, davon 10.000 SS-Kämpfer gegeben habe. Den Jahren der Prüfung werde der Sieg folgen, betonte BASCH. Nach dem am 15. April 1944 auf der einen Seite von Verteidigungsminister CSATAY[163], auf der anderen vom deutschen General

[163] CSATAY, LAJOS (1888-1944); Offizier und Verteidigungsminister. 1938-1941 leitete er ein Ausbildungslager für Artillerieoffiziere und war als Befehlshaber des IV. Armee-

WINKELMANN unterzeichneten ungarisch-deutschen Vertrag wurde die gesamte deutsche Volksgruppe in Ungarn zur Disposition des deutschen Heeres gestellt bzw. der SS zur Zwangsrekrutierung freigegeben, im Gegensatz zu den bisherigen Rekrutierungsaktionen für die Waffen-SS, die auf der Basis freiwilliger Meldung durchgeführt worden waren. Auf der Bonyháder Versammlung am 20. April 1944, mit der die SS-Musterungskampagne eröffnet wurde, führte Dr. FRANZ BASCH folgendes aus: "Das deutsche Volk und die mit ihm verbündeten jungen Nationen kämpfen heute nicht mehr bloß ums nackte Dasein, sondern um den Sinn des Lebens überhaupt. Ohne Adolf Hitler wäre Europa schon längst den asiatischen Horden zum Opfer gefallen, die danach trachten, die europäische Kultur zu vernichten. Das Schicksal des Deutschen Reiches ist also auch Europas Schicksal. Darum gibt es für die europäischen Völker nur eine Alternative: Sieg oder Tod. In der gegenwärtigen Lage kann nur Einer die Völker Europas zum Sieg führen: Adolf Hitler. Hitler kämpft dafür, Europa vor dem gemeinsamen Feind zu retten."[164] Im weiteren beteuerte er die unerschütterliche Treue des un-

---

korps 1942 auch Stellvertreter von Generaloberst JÁNY an der Spitze der 2. Armee. Von Juni 1943 bis Oktober 1944 Verteidigungsminister. Nach der Machtergreifung der Pfeilkreuzler wurde er verhaftet. Cs. beging mit seiner Frau Selbstmord.

[164] Der Volksanwalt übernimmt bei diesem Zitat aus der BASCH-Rede wörtlich den Bericht MAJORs, dessen Quelle wiederum nicht die *Deutsche Zeitung*, sondern *Magyarság* ist. Daraus ergeben sich Abweichungen vom Originaltext der Rede laut *Deutscher Zeitung*. Die angeführten Textstellen und Bezüge auf die Rede hier im Wortlaut der *Deutschen Zeitung* vom 25.IV.1944:
"Vom Führer geführt, kämpfen das deutsche Volk und die verbündeten jungen Völker nicht nur um das geschichtliche und nackte Leben, sondern um den Sinn des Lebens überhaupt. [...] Ohne Deutschland und ohne Adolf Hitler wäre Europa den asiatischen Steppenvölkern schon längst zum Opfer gefallen. Des Deutschen Reiches Schicksal ist also Europas Schicksal. Darum gibt es für alle Kulturvölker unseres Festlandes heute nur mehr eine Wahl: Freiheit oder Knechtschaft, Leben oder Tod. [...] In solcher Not, die nicht nur abzuwehren, sondern ein für allemal auch niederzuringen ist, gibt es nur mehr eine Frage: Wer kann uns aus dieser Not erretten? und auf diese Frage gibt es wiederum nur eine einzige Antwort: Der Führer! [...] Der Führer kämpft aber nicht nur um des deutschen Volkes Recht und des Reiches Bestehen, sondern zugleich auch um Europa zu retten ... Wir freuen uns, daß auch unser Heimatland in den letzten Wochen eine gründliche Wandlung durchgemacht hat. [...] Eine jede Tat der neuen Regierung, die unser Land in getreuester Waffenbrüderschaft zu Führer und Reich dem Siege näherbringt, wird in uns Deutschen des Landes einen tiefen Widerhall finden.[...] Wir wollen als Deutsche Volksgruppe in allen unseren Leistungen für Krieg und Sieg ungehindert das höchste Maß erfüllen. [...] Als erste und höchste Pflicht betrachten wir jetzt, dem Kriege zu dienen. Den Waffenrock des Führers zu tragen, wird künftighin für alle Deutschen des Landes, wo sie auch immer beheimatet sein mögen, erstes Gebot und heiligste Pflicht sein. Ein jedes Glied unserer Volksgruppe, ohne jegliche Ausnahme wird sich als Soldat des Führers und des Vaterlandes betrachten müssen: der Ackerbau-

garländischen Deutschtums zum Führer, gedachte mit Freude der Wende[165], die einige Wochen zuvor in Ungarn eingetreten war, wandte sich scharf gegen jene, die sich nicht am Kampf um Leben und Tod beteiligen wollten, und betonte: erste Pflicht sei es, alle Kräfte im Dienste des Krieges zu mobilisieren, ein Jeder sei verpflichtet, blind zu gehorchen und in Treue zu kämpfen.

Mit all diesen Handlungen, mit seinen im Druck veröffentlichten Publikationen bzw. auf Versammlungen vorgetragenen Reden hat er über längere Zeit hinweg eine Tätigkeit entfaltet, die geeignet war, die öffentliche Meinung massiv im Interesse einer verstärkten Fortführung des Krieges zu beeinflussen und in eine dem Lande schädliche Richtung zu steuern.

2. der Begehung von Kriegsverbrechen nach § 13, Nummer 5 VGV, indem er als Führer des Volksbunds mit den Beauftragten des Deutschen Reiches ständig Verbindung hielt, von den Reichsorganen, denen der Volksbund unterstand, Weisungen entgegennahm, ihnen über die Lage der ungarländischen Deutschen und allgemein über die ungarischen Verhältnisse Bericht erstattete, ferner damit, daß der Volksbund ab April 1944 anläßlich der Musterung [der Volksgruppenangehörigen] zur SS auf Weisung des Volksbundführers Dr. FRANZ BASCH seine Mitgliederlisten den deutschen Musterungsstellen übergab und im Zuge solchen Handelns den deutschen Verbänden Daten lieferte, die den Interessen des Ungartums abträglich waren.
3. der Begehung von volksfeindlichen Verbrechen nach § 15, Nummer 4 VGV, indem er

a) als Volksgruppenführer dazu beitrug, daß der deutschen Jugend in den Veröffentlichungen des Volksbunds und in Seminaren, die in offiziellen Räumlichkeiten des Volksbunds stattfanden, eine Erziehung in nationalsozialistischem Geist vermittelt wurde.
b) In der *Deutschen Zeitung* wurde regelmäßig antisemitische Hetze betrieben wie auch die übermäßige wirtschaftliche Bedeutung des Judentums in Ungarn hervorgehoben; damit wollten die Deutschen ihrer Unzufriedenheit Ausdruck verleihen und jene in deutschen Diensten stehenden ungarischen Politiker stärken, die auf eine dem Willen ihrer Hintermänner entsprechende Lösung der sogenannten Judenfrage drängten. Die Schlagzeile der Nummer vom 4.III.1944 z.B. lautet: "Zunehmender Antisemitismus in den USA". Nach dem deutschen Einmarsch fordert ein Artikel von BRUNO KLEIN in der Ausgabe vom 21.III.1944 ein energisches Auftreten gegen die Juden; die

---

er ebenso wie der Arbeiter, der Kaufmann wie der Studierte. Ein jeder wird also sozusagen als Soldat auf seinem Arbeitsposten stehen. Er hat blind zu gehorchen und Höchstes zu leisten."

[165] Das "Unternehmen Margarethe", die Besetzung Ungarns durch deutsche Truppen, wurde bereits 1943 u. a. von EDMUND VEESENMAYER vorbereitet und am 19. März 1944 ausgeführt.

Nummer vom 23. März berichtet über FORDs[166] Antisemitismus, die Schlagzeile vom 22. März[167] ist: "Neuer Judenterror in Palästina". Mit allen seinen Handlungen, Äußerungen in gedruckter Form bzw. Reden, die er vor Versammlungen hielt oder halten ließ, hat er über längere Zeit hinweg eine stetige und kontinuierliche Tätigkeit entfaltet, die geeignet war, faschistische und demokratiefeindliche Tendenzen zu verbreiten und zu stärken, den Rassen- und Konfessionshaß zu wecken bzw. wachzuhalten, die Öffentlichkeit massiv in diesem Sinne zu beeinflussen und damit in eine für das Land schädliche Richtung zu manipulieren.

4. der Begehung von volksfeindlichen Verbrechen nach § 17, Nummer 2 der Volksgerichtsbarkeitsverordnung, indem er, ohne daß hierzu unmittelbarer oder mittelbarer Zwang auf ihn ausgeübt worden wäre, in den - von den Deutschen in Ungarn gegründeten - Volksbund eintrat und dessen Führung übernahm.

Das Anklageverfahren fällt nach § 16 Abs. 1 des Strafgesetzbuches sowie nach §§ 20 und 23 VGV in die sachliche und örtliche Zuständigkeit des Volksgerichtshofs Budapest.

Ich beantrage weitere Aufrechterhaltung der Untersuchungshaft des Angeklagten bis zu dem in der Hauptverhandlung zu fällenden Urteil in der Sache.

Die Liste der Vorzuladenden ist am Ende der Anklageschrift aufgeführt.

BEGRÜNDUNG

Der Beschuldigte Dr. FRANZ BASCH ist bezüglich der in den Anträgen der Anklageschrift aufgezählten Straftatbestände geständig.

Der Volksbund in Ungarn war eine Organisation, wie sie ähnlich die Deutschen in jedem Staat mit einer deutschen Minderheit gegründet haben, um das Deutschtum des betreffenden Landes organisatorisch enger an das Reich zu binden und es so leichter und zentral gelenkt in den Dienst der deutschen Außenpolitik stellen zu können. Verschiedene nationalsozialistische Einrichtungen haben diese Minderheitenorganisationen geistig und finanziell betreut, wie z.B. die "Auslandsorganisation der NSDAP" und das "Außenpolitische Amt der NSDAP"; sie wurden später, im Verlauf des Krieges, unter zentraler Leitung zur "VOMI", der "Volksdeutschen Mittelstelle" als der Institution zusammengefaßt, die die Weisungen der Regierungsorgane des Reichs den deutschen Volksgruppen der einzelnen Länder vermittelte und auch die Verhandlungen mit den zuständigen Regierungen führte. Leiter der VOMI war zuletzt SS-Obergruppenführer LORENZ; vom ihm erhielt auch der ungarische Volksbund seine Weisungen.

In jedem der fraglichen Länder waren die Deutschen bestrebt, außer den Or-

---

[166] Gemeint ist der Autofabrikant HENRY FORD.

[167] Falsche Datumsangabe. Der Artikel ist in der Nummer vom 28.III.1944 erschienen.

ganisationen der Volksgruppen auch für die nichtdeutsche Bevölkerung Organisationen – wie nationalsozialistische Parteien – zu schaffen, die dem Zweck dienten, mit Hilfe des Antisemitismus die Bevölkerung des betreffenden Landes in zwei Lager zu spalten. Die Hetze gegen die Juden war ein wichtiges und unentbehrliches Mittel der deutschen Außenpolitik, konnte man mit ihrer Hilfe doch die Einheit der Gesellschaft untergraben und die Völker, die man sich unterwerfen wollte, innerlich schwächen, indem man sie aufspaltete in einen antideutschen Teil, den man dann Judenknechte schimpfen konnte, und einen anderen, nach dessen Ansicht die deutsche Gefahr nur eine verleumderische Erfindung der Juden war und es in Wirklichkeit nur eine jüdische Gefahr gab, die auszumerzen Deutschland behilflich war. Als Werkzeug im Dienst der deutschen weltpolitischen Konzeption hat auch das Blatt des ungarländischen Volksbunds, die *Deutsche Zeitung*, gegen die Existenz der Juden in Ungarn gewettert, um so mehr, als die Aussicht, die Judenfrage im Sinne des Zeitgeists zu lösen, den Leuten mit verbrecherischen Neigungen die letzten Hemmungen nahm; sie lieferte jenen, die moralisch oder emotional auf primitiverer Stufe standen, die ideologische Untermauerung für die Gewaltsamkeit der unrechtmäßigen Aneignung von Vermögen oder in einfacheren Fällen auch nur für die Schadenfreude am Ruin anderer. Es lag also im Interesse Deutschlands, die Lösung der Judenfrage im Sinne der deutschen Weltanschauung zu forcieren, weil dadurch in den besetzten oder den Vasallenstaaten die Schichten, die Nutznießer einer solchen Lösung werden sollten, in das Abhängigkeitsverhältnis einer Komplizenschaft gebracht werden konnten. Dementsprechend rekrutierten sich in Ungarn die Anhänger der Deutschen aus dem Lumpenproletariat, aus dem Teil der Mittelklasse, der sich von den Wachablösungen, den Handelsvorschriften, der obligatorischen Mitgliedschaft in den berufsständischen Kammern – worin diese in der Bejahung des Geists des numerus clausus erzogenen Halbgebildeten eine logische Fortentwicklung der Moral des numerus clausus zu erkennen glaubten – die endgültige Befreiung vom Konkurrenten erwartete; ferner aus dem Teil der Oberklasse, der nach dem Rezept auch von MIKLÓS KÁLLAY, den Landhunger mit der Aufteilung des Bodens jüdischer Grundbesitzer abzuwenden und so seinen eigenen Grundbesitz zu sichern hoffte. Da sich die deutsche Außenpolitik bewußt war, daß sie sich in allen Ländern nur auf die Verräter oder die moralisch oder geistig minderwertigeren Elemente stützen konnte, versuchte sie, diesen Elementen zum Durchbruch zu verhelfen, weil sie richtig darauf zählte, daß diejenigen, die sich an den von Deutschland inspirierten oder tolerierten Schandtaten oder auch nur Negativgefühlen beteiligten, aus Furcht vor möglicher Vergeltung überall die Vertreter einer bis zum letzten neben Deutschland ausharrenden Bündnistreue abgeben würden, – wie dies ja dann auch wirklich geschehen ist. Die Judenpolitik der *Deutschen Zeitung* war also nichts anderes als deutsche Suggestion zu weiteren Maßnahmen im Sinne des Zeitgeists, wie denn auch der Dienst am deutschen Imperialismus dem Volksbund und seinen Massen unzweifelhaft auf allen Gebieten Richtschnur war. In Anbetracht dessen, daß Dr. FRANZ BASCH Herausgeber und als Volksgruppenführer politischer Leiter der *Deutschen Zeitung* war, ist er auch für jeden Artikel dieser Zeitung verantwortlich [zu machen].

Die Existenz deutscher Minderheiten spielte auch bei der Entstehung der nationalsozialistischen Weltanschauung eine wichtige Rolle, und noch wichtiger war die Rolle, die die nationalsozialistische Bewegung diesen Minderheiten bei der Verwirklichung der Pläne des Reichs zuschrieb. Im deutschen Volk war die Vorstellung vom Deutschtum als Gesamtheit immer lebendig, zu einem maßgeblichen politischen Faktor wurde der Gedanke der deutschen Volksgemeinschaft jedoch erst, als man erkannte, welche Aussichten die Idee des einheitlichen Deutschtums oder sogar der gebietsunabhängigen Rassengemeinschaft eröffnete, wenn man sie in den Dienst der deutschen wirtschaftlichen Expansion stellte. Der Gedanke, Deutschlands Grenzen seien zu eng für das Deutschtum, durchdrang die Deutschen schon seit langem. Am Ende des Ersten Weltkriegs war der sogenannte "Mitteleuropaplan" dazu ausersehen, den Expansionsdrang der deutschen Industrie zu legitimieren, und wäre der Weltkrieg anders ausgegangen, wäre die Österreichisch-Ungarische Monarchie der wirtschaftlichen und somit politischen Einheit mit dem Deutschen Reich ein gutes Stück näher gekommen. Nach dem Weltkrieg zerfiel die Österreichisch-Ungarische Monarchie, und das deutsche Großkapital glaubte, daß dem Wirtschaftssystem Deutschlands aus der Krise helfen könnte, wenn einerseits der in einem geschlossenen Block siedelnde Teil des deutschen Volkes auch einen einheitlichen Staat bildete, andererseits die Gebiete, in denen deutsche Minderheiten lebten, die also deutschen "Kulturboden" darstellten und demnach zum deutschen Lebensraum gehörten, der deutschen Industrie vorbehaltene Märkte wurden. Nachdem Deutschland der einzige Staat war, der starke Minderheiten außerhalb seiner Grenzen hatte, ohne daß ihm seinerseits nach der Abtrennung der französischen, polnischen und dänischen Gebietsteile im Inneren Minderheiten geblieben wären, konnte der Gedanke des gebietsübergreifenden Rassenstaats nur in Deutschland entstehen und bot auch nur Deutschland Vorteile. Nachdem die Nationalsozialisten an die Macht gekommen waren, machten sie sich sofort an die Vorbereitung des großen osteuropäischen Eroberungsplans, den sie zu Lasten des Slawentums und der übrigen kleinen Völker verwirklichen wollten. Dem entsprach, daß sie gleich zu Beginn ihrer Herrschaft damit anfingen, die deutschen Streuminderheiten in Europa entsprechend zu organisieren. ERNST VON HEYDEBRANDT UND DER LASA[168] schreibt in seinem Buch "Deutsche Rechtserneuerung"[169], das 1933, wenige Monate nach der

---

[168] HEYDEBRAND UND DER LASA, ERNST von (1884-1963); nationalsozialistischer Staatsrechtler. Der Sohn des gleichnamigen konservativen Politikers aus der Kaiserzeit war Regierungsvizepräsident in Koblenz und Reichsrichter.

[169] HEYDEBRAND UND DER LASA, ERNST von: Deutsche Rechtserneuerung aus dem Geiste des Nationalsozialismus. 2. Aufl., Berlin: Hobbing Verlag 1933. 166 S.

Machtergreifung, erschien, bereits folgendes: "Wir sehen den lebensvollen Begriff des blutmäßig und kulturell zusammenhängenden 'Volkstums' in immer erhöhter Bedeutung neben die toten verwaltungsmäßigen der 'Staatsangehörigkeit', der 'Bevölkerung' treten. Im modernen Denken begründet dieser Begriff die Auffassung, daß das Volkstum das Erste und Lebendige und der Staat nur dessen äußere Form sei, und es ergibt sich hieraus die Forderung, daß jeder Staat möglichst je nur ein Volkstum, dieses Volkstum dann aber auch möglichst vollständig umfassen sollte. ... Je länger, desto stärker bildet sich die Anschauung heraus, daß der Staat, der den Kern eines Volkstums umfaßt, für die in anderen Staatsverbänden eingeschlossenen, abgesprengten Teile dieses Volkstums eine Art von Vertretungsvollmacht gegenüber der volksfremden Staatsgewalt habe."[170] Der nationalsozialistische Staatsrechtler HEYDEBRAND meldet also sofort nach der Machtübernahme den Anspruch Deutschlands auf das Recht an, in die Geschicke der deutschen Minderheiten einzugreifen. Nach ihm "ist ein Volk ein Personalverband, die Gemeinschaft aller zu einem bestimmten Volkstum gehörenden Menschen." Um "dieser Tatsache auch rechtlich Rechnung zu tragen"[171], schwebte ihm für eine künftige deutsche Verfassung folgender Leitsatz vor: "Das deutsche Volk besteht nicht nur aus der in den Grenzen des Deutschen Reiches lebenden Bevölkerung, sondern aus allen dem deutschen Volkstum blutsmäßig oder kulturell Angehörenden, inner- und außerhalb der Reichsgrenzen."[172] Dieser Gedankengang wurde sukzessive auch in der Praxis verwirklicht, bei uns [in Ungarn] mit dem deutsch-ungarischen Vertrag vom April 1944, der den zur deutschen Armee eingezogenen Ungarndeutschen die doppelte Staatsbürgerschaft gab: die deutsche und die ungarische. Welche Rolle die Nationalsozialisten den osteuropäischen deutschen Minderheiten von vornherein zugedacht hatten, zeigt die nachfolgende Bemerkung des offiziellen deutschen Staatsrechtlers: "Ein gewisses praktisches Bedenken gegen diesen Gedankengang liegt darin, daß man als Folge einer erleichterten bzw. sichergestellten Einbürgerung vielleicht zu erwarten hat, daß sich die Auslandsdeutschen scharenweise aus ihren jetzigen Siedlungen lösen und in das Deutsche Reich einströmen. Dies bedeutet naturgemäß eine Schwächung des deutschen Bevölkerungsanteils in den betreffenden Staaten und kann als außenpolitisch unerwünscht angesehen werden."[173] Die deutschen Minderheiten sollten also auch nach seiner Ansicht dort bleiben, wo sie waren, weil sie so der internationalen Politik des Reichs am besten dienen konnten.[174] Die na-

---

[170] Zitiert nach Originaltext, HEYDEBRAND UND DER LASA, ebenda, S. 9.

[171] Ebenda.

[172] Ebenda, S. 10.

[173] Ebenda, S. 11.

[174] Entgegen dieser Interpretation des Volksanwalts fährt Heydebrand in seinem Buch allerdings - und vom Volksanwalt wohlweislich nicht mehr zitiert - wie folgt fort: "Sollen und müssen wir aber den vielfach unter unerträglichem Druck leidenden Stam-

tionalsozialistische deutsche Staatsauffassung war offensichtlich die ideell-abstrakte Manifestation des Expansionsbedürfnisses der deutschen Industrie, hatten die Deutschen doch die Vorstellung, jedes Land, in dem deutsche Minderheiten lebten, irgendwie dazu zu bringen, in engere Verbindung mit dem Reich zu treten. Das Recht, sich einzuschalten, wenn es darum ging, wie sich die Geschicke der deutschen Minderheiten gestalten sollten, bzw. die Forderung des Reichs, als Vertreter dieser Minderheiten anerkannt zu werden, stellte eine höchst wirksame wirtschaftliche und politische Waffe in der Hand des Reiches dar. Aus deutscher Sicht hätte die Verwirklichung des Plans die Macht des Deutschen Reichs enorm gesteigert und Deutschland möglicherweise zur Weltmacht Nummer Eins gemacht. Dieser Gedanke zeigte zweifellos auch bei den außerhalb Deutschlands und Österreichs lebenden deutschen Minderheiten Wirkung, und das Konzept des deutschen Wirtschaftsimperialismus hat als "Deutsche Idee" die Masse des Deutschtums in aller Welt für sich eingenommen, so auch den überwiegenden Teil des ungarländischen Deutschtums.

Nach der nationalsozialistischen Machübernahme war deren Auswirkung auf das ungarländische Deutschtum sofort zu spüren. Unter der Leitung von JAKOB BLEYER hatte sich bereits der Volksbildungsverein den Zielsetzungen der [neuen] deutschen Außenpolitik weitestgehend angepaßt, dementsprechend eine kraftvolle Aktion begonnen, um die Assimilation, die mancherorts schon eingesetzt hatte, abzubremsen und zurückzuschrauben, und hatte über Studienreisen, Studentenaustausch und ähnliche "kulturelle" Aktivitäten enge Verbindungen zu den zuständigen Stellen im Reich geknüpft. Nach dem Tod BLEYERs wurde Dr. FRANZ BASCH, den seine Gefängnisstrafe wegen einer gegen die Namensmagyarisierung gehaltenen Rede mit einem gewissen Nimbus umgab, der geistige Führer des selbstbewußten deutsch-nationalistischen Teils des ungarländischen Deutschtums, und als im Dezember 1938 der Volksbund gegründet wurde, zu dessen Vorsitzenden gewählt. Bevor der Volksbund genehmigt wurde, hatten BASCH und seine Gesinnungsgenossen in der – wie sie es nannten – "Zeit der Illegalität" bereits eine Organisation errichtet, die – wie später auch der Volksbund – materielle Unterstützung aus dem Reich erhielt. Gleich-

---

mesgenossen jenseits der Grenze das schwere Opfer auferlegen, unter den widrigsten Umständen auszuharren, bis uns vielleicht einmal ihre Angliederung an das Deutsche Reich oder mindestens eine hinreichende Stärkung ihrer Stellung innerhalb ihres Staates gelingt? Gewiß sind wir Deutschen im Deutschen Reich im Verhältnis zu unserer Bevölkerungszahl auf sehr engem Raum zusammengedrängt, aber dieser Umstand wird uns sowieso veranlassen, alle vorhandenen Möglichkeiten auszunutzen, um uns Lebensraum zu schaffen (innere Kolonistation, Arbeitsdienst usw.). Werden in dieser Hinsicht wirkungsvolle Maßnahmen im Großen durchgeführt, so sollte man meinen, daß wir dann auch diesen Rückfluß einiger Hunderttausender noch aufnehmen könnten, deren Kräfte uns alsdann auch in ganz anderer Weise zur Verfügung stehen würden, als wenn sie jenseits der Grenzen geblieben wären." – Ebenda.

zeitig mit dem Zweiten Wiener Schiedsspruch erzwangen die Deutschen von der ungarischen Regierung, daß sie den Volksbund als den Vertreter des gesamten ungarländischen Deutschtums anerkannte. In dem diesbezüglichen Abkommen sprach die ungarische Regierung außerdem dem Reich das Recht zu, die kulturellen Bestrebungen des Volksbunds finanziell zu unterstützen. Von diesem Zeitpunkt an erhielt der Volksbund völlig legal aus dem Reich Überweisungen in wechselnder Höhe; zuletzt, im Jahr 1944, betrug die Summe 800.000 Pengő. Der Volksbund erwarb Immobilien, kaufte eine Bank und eine Sparkasse in der Provinz auf, gründete Genossenschaften und versuchte die deutsche Bevölkerung auch auf diese Weise in den Bann seiner Interessen zu ziehen.

Seine wichtigste und den Interessen des ungarischen Volkes abträglichste Rolle war die Aktivität, die der Volksbund zur Unterstützung des Krieges der Deutschen entfaltete. Da es den Deutschen klar war, daß die Mehrheit des ungarischen Volkes nur gezwungenermaßen auf ihrer, d.h. deutscher Seite am Krieg teilnahm und nicht einmal einen Bruchteil der Anstrengungen machte, derer sie fähig gewesen wäre, war es für die deutsche Regierung günstiger, wenn die ungarländischen Deutschen oder auch dazu bereite Magyaren, statt in der ungarischen Armee zu dienen, deutschen Militärverbänden beitraten. Aus Zweckmäßigkeitsgründen warben sie nicht so sehr für den Eintritt in die deutsche Wehrmacht als vielmehr in die SS, zumal sich mit der SS weltweit die Vorstellung verband, sie sei der bewaffnete Arm des Nationalsozialismus, die Sondereinheit, die mit allen Mitteln den Sieg des Hitlerismus sicherstellte, seine Feinde ausrottete, eine besondere Ausbildung und auch besondere Vorrechte genoß. Die Möglichkeit, ungehindert zu rauben und zu morden, übte in allen Ländern ihre Anziehungskraft auf eine bestimmte Schicht aus. Die Sonderstellung der SS wurde auch dadurch unterstrichen, daß ihre Mitglieder höheren Sold bezogen als die regulären Wehrmachtssoldaten und auch deren Angehörige höhere Unterstützung und Beihilfen erhielten.

Bezüglich der SS schloß die ungarische Regierung drei Abkommen mit Deutschland. Das erste 1942; in diesem bekam Deutschland das Recht zur Werbung für die SS, der Volksbund übermittelte den ungarndeutschen Massen die Rekrutierungsbedingungen und veranstaltete Werbeversammlungen sowie feierliche Verabschiedungen, auf denen erklärt wurde, aus den Freiwilligen von heute werde die Führungsschicht von morgen hervorgehen. Das zweite Abkommen, im wesentlichen gleichen Inhalts, wurde 1943 geschlossen, das dritte schließlich am 15. April 1944. In letzterem stellte die ungarische Regierung dem deutschen Heer alle Wehrfähigen zur Verfügung, die aufgrund ihrer Lebensumstände als Deutsche zu betrachten waren oder sich selbst als Deutsche bekannt hatten. Die Zusammenstellung der Deutschen-Listen erfolgte auf der Grundlage der Mitgliederverzeichnisse des Volksbunds und der Wählerlisten. Hier ging es nicht mehr um Werbung [für die SS], sondern um Zwangsrekrutierung. Eingeleitet wurde die Aktion mit jener in Bonyhád am 20. April [1944] abgehaltenen Versammlung, bei der Dr. FRANZ BASCH, unter einem riesigen Hitlerbild auf hakenkreuzgeschmücktem Podium stehend, in Gegenwart von VEESENMAYER, JENŐ RÁTZ und anderen ungarischen Söldlingen der Deutschen verkündete, der Endkampf für das Deutschtum habe begonnen. Auf den Rekrutierungsvertrag von 1944 waren die Deutschen deshalb angewiesen, weil wegen der deutschen Niederlagen und des offenkundig zu erwartenden deutschen Zusammenbruchs nur noch mit wenigen freiwilligen Meldungen zu rechnen war und andererseits sich langsam auch die Gruppe derer erschöpfte, die die Aussicht, ihren verbrecherischen Neigungen frönen zu können, zur SS zog. Die deutsche Regierung hielt es daher für zielführender, Zwang anzuwenden, schon auch, weil sie informiert war, daß ab 1943 die Mehrheit der Bevölkerung Ungarns, auch die [Volks] Deutschen, nicht mehr an einen deutschen Sieg glaubte, ferner weil es bereits 1943 massenhaft Austritte aus dem Volksbund gab und die Drohung, die Abtrünnigen würden nach dem Krieg ihres Treuebruchs wegen vor ein deutsches Gericht gestellt, nur wenig Wirkung bei den Betroffenen zeigte. Die deutsche Regierung war teils durch deutschfreundliche oder den Pfeilkreuzlern wohlgesinnte Beamte, teils durch die Volksbundmitglieder, die im Verein mit ersteren in jedem Kreis, bei jeder Behörde, bei größeren Privatunternehmen, also an allen wichtigen Stellen präsent waren, ständig über alle Regungen des Lebens in Ungarn informiert. Der Volksbund, und an erster Stelle sein Führer, der Beschuldigte Dr. FRANZ BASCH, stand in ständiger Verbindung mit der deutschen Gesandtschaft in Budapest, empfing seine Weisungen teils von dort, teils direkt aus Deutschland, unter anderem von HIMMLER. Die Identifikation des Volksbunds als "fünfter Kolonne" mit dem Reich ging so weit, daß die Gesandtschaft sogar die Reden von Dr. FRANZ BASCH einer vorherigen Überprüfung unterzog, die *Deutsche Zeitung* anwies, [bestimmte] Artikel zu veröffentlichen und sich generell in die Schriftleitung des Blattes einmengte. Von Deutschland aus wurde auch die Erziehung der Jugend, des Augapfels der Nationalsozialisten, gelenkt; von dort kam das Lehrmaterial, aus dem die nationalsozialistischen Schulungsbriefe zusammengestellt wurden. Hitleristische Erziehung richtete die deutsche Jugend darauf ab, sich mit 17 Jahren als hemmungslose Totschläger irgendeiner SS-Schar anzuschließen, nur weil es das Interesse des deutschen Volkes, das über alles ging und höherwertiger war als alles andere – zumindest ihrem Führer nach –, so verlangte. Die "Mannschaften" des Volksbunds nahmen beim Einmarsch der Deutschen in Südungarn auch an der Entwaffnung der ungarischen Truppen teil.

Wie andere ähnliche deutsche Organisationen in den osteuropäischen Vasallenstaaten spielte auch der Volksbund in Ungarn eine überaus gewichtige Rolle bei der Unterstützung der deutschen Verbrechen und damit beim Ruin des eigenen Heimatlandes. Von den Ungarndeutschen konnte nur rund die Hälfte zu den Volksbundmitgliedern gerechnet werden, und bei der Volkszählung im Jahr 1941 bekannten sich genau zwei Drittel der deutschen Gesamtbevölkerung Rumpfungarns zur deutschen Nationalität[175], aber den Sieg der Deutschen im großen Eroberungskrieg wünschte die ganze deutsche Bevölkerung Ungarns herbei, und Sympathien für die deutschen Bestrebungen hegten selbst solche ihrer Angehörigen, die ansonsten aus Gründen der Vorsicht oder der Überzeugung gegen den Volksbund waren. Auch sie blieben vom Wirken des Volksbunds nicht gänzlich unbeeinflußt, und das große Gewicht des deutschstämmigen Elements in der ungarischen Mittelklasse und dessen Rolle haben in bedeutendem Maße dazu beigetragen, daß Ungarn selbst noch im letzten Moment und in völlig aussichtloser Lage nicht imstande war, das Joch, das es in die Knechtschaft der deutschen Interessen zwang, abzuschütteln – im Gegensatz z.B. zu Rumänien.

Die Verteidigung des Beschuldigten, er habe, obwohl deutsch gesinnt, den Interessen Ungarns niemals geschadet und sei nie im Leben Feind des ungarischen Volkes gewesen, ist nicht stichhaltig. Zweifellos hatte Dr. FRANZ BASCH keinerlei Grund, das ungarische Volk zu hassen, aber auch er war sich im Klaren darüber, und gibt dies auch zu, daß der deutsche Sieg eine engere Bindung Ungarns an Deutschland und – in Anbetracht der Kräfteverhältnisse – ein langsames Dahinschwinden der ungarischen Unabhängigkeit und der ungarischen Staatlichkeit ingesamt bedeutet hätte. Ebenso gibt der Beschuldigte zu, daß die für den Fall eines deutschen Sieges in Aussicht gestellten Vorteile und Privilegien auch das ungarländische Deutschtum in den Bann der deutschen Interessen zogen; es ist also nicht zu bestreiten, daß jemand, der diese Vorhaben unterstützte, ja an leitender Stelle vorantrieb, als Feind Ungarns handelte. Es versteht sich von selbst, daß der Volksbund in Ungarn andere Methoden anwenden mußte als in den übrigen, sich in ähnlicher Lage befindenden Staaten, weil in Ungarn ob der Nähe zu Deutschland und unserer deutsch durchsetzten Mittelklasse wegen das Mißtrauen gegenüber Deutschland größer war. Die Deutschen mußten hier vorsichtiger zu Werke gehen als in Rumänien, Jugoslawien oder der Slowakei und bei den Ungarn stärker Rücksicht auf [nationale] Empfindlichkeiten nehmen als in anderen Ländern. Zur Führung des Volksbunds in Ungarn eignete sich daher besonders der Beschuldigte, Dr. FRANZ BASCH, der die deutsche Bewegung aus der Sicht des Deutschtums sehr diplomatisch lenkte, indem er – vor allem nach der Niederlage von Stalingrad – vor ungarischen Politikern häufig seine Treue zu Ungarn betonte und unter Berufung auf die Notwendigkeit, den Radikalen gegenüber mit Ergebnissen aufwarten zu können, um immer neue Zugeständnisse für den Volksbund nachsuchte. Diese Di-

---

175 In der Volkszählung von 1941 bekannten sich 475.491 Personen zur deutschen Muttersprache und 302.198 zur deutschen Nationalität, bezogen auf das Gebiet von Trianon-Ungarn. – Vgl. dazu: Az 1941. évi népszámlálás [Die Volkszählung von 1941]. Köt. 3a: Anyanyelv, nemzetiség, nyelvismeret [Muttersprache, Nationalität, Sprachkenntnis]. Budapest 1983, S. 14 u. 36.

plomatie kam den Deutschen insofern sehr gelegen, als sie sich im großen und ganzen in die strategisch-theorischen Überlegungen einfügte, die unter dem Motto standen: "den Wind aus den Segeln nehmen" und in Ungarn bereits seit Jahren in Mode waren. Ebenfalls nicht stichhaltig ist die Verteidigung des Beschuldigten, er habe von den Taten der Deutschen, insbesondere denen der SS-Truppen, nichts gewußt, wo es doch hier um Tatsachen geht, die seinerzeit 1941, zumindest aber seit 1942, der ganzen Welt bekannt waren, und er, der über erstrangige Informationen verfügte, an vorderster Stelle und besser als andere darüber Bescheid wissen mußte, welche Rasereien die Deutschen in ihrer ohnmächtigen Wut über den unzweifelhaft bevorstehenden Verlust des Kriegs europaweit vollführten. Damit also, daß er half, die Zahl der hierfür besonders ausgebildeten Schergen des Todes, der SS, zu vermehren, hat er sich selbst mitschuldig gemacht an den in der Geschichte der europäischen Zivilisation einzig dastehenden Untaten der Deutschen und des in anderen Ländern, darunter auch Ungarn, vom Deutschtum zur Macht gebrachten moralischen und geistigen Abschaums, der sogenannten "Nationalsozialisten".

Nachdem die Handlungen von Dr. FRANZ BASCH den Tatbestand der in den Anträgen der Anklageschrift bezeichneten Kriegs- und volksfeindlichen Verbrechen erfüllen, ist die Anklageerhebung begründet.

Ich beantrage weitere Aufrechterhaltung der Untersuchungshaft des Beschuldigten, weil die Gründe, die deren Verhängung notwendig gemacht haben, auch jetzt bestehen.

Budapest, am 5. Dezember 1945

Dr. SÁNDOR RESOFSZKY m.p.	Dr. MIKLÓS KÁTAI m.p.
Stellvertretender Leiter der Volksanwaltschaft	Volksanwalt

Vorzuladende:

Dr. FRANZ BASCH, Beschuldigter (Gefängnis der Volksanwaltschaft)
ALADÁR SZEGEDY-MASZÁK, Budapest VIII., Mária utca 7.
Dr. GUSZTÁV GRATZ, Budapest, Marcibányi tér 12.
Dr. TIBOR PATAKY, Budapest I., Dísz tér 15.
Dr. GÉZA BIRKÁS, Budapest VIII., Eszterházy utca 26.
Dr. DÁNIEL TARTSÁNYI, Budapest, Márvány utca 24/a.
Frau JÓZSEFNÉ BECZKÓY, Budapest, Jagelló utca 26.
KLARA SPIELER, Budapest, Erzsébet körút 17.
Dr. MIKLÓS MESTER, Budapest, Bajcsy-Zsilinszky út 55. I/15.
PÉTER INCZE, Budapest, Karácsonyi út 3., derzeit Mosonyi utca.
Dr. LÁSZLÓ BÁRDOSSY, Budapest (Gefängnis der Volksanwaltschaft)
Dr. LÁSZLÓ ENDRE, Budapest, Andrássy út 60.
OTTO WINKELMANN, Budapest, Andrássy út 60.

E. Berichtigende Einwendungen des Beschuldigten Dr. Franz Basch zur Anklageschrift, bei deren Entgegennahme

Protokoll, aufgenommen in der Volksanwaltschaft Budapest am 9. Januar 1946.
Anwesend sind die Unterfertigten:
Dr. ENDRE ACZÉL, Volksanwalt
ILONA IPOLYVÖLGYI, Protokollführerin

Beschuldigter DR. FRANZ BASCH trägt folgendes vor:

Die Anklageschrift habe ich entgegengenommen, die darin angeführten Sachverhalte entsprechen mit folgender Berichtigung der Wahrheit:

Was § 13 Nummer 5 betrifft, so habe ich über die ungarischen Verhältnisse im Allgemeinen keinem deutschen Beauftragten jemals Bericht erstattet. Ich habe [immer] nur über die Lage des ungarländischen Deutschtums informiert.

In ungefähr 6-7 Fällen habe ich den Zuständigen für die SS-Rekrutierungen die Mitgliederliste des Volksbunds überlassen, meist Fälle, in denen die [Gemeinde-] Notare Volksdeutsche als Magyaren bezeichneten, um zu verhindern, daß diese zur SS eingezogen wurden. In krassen Fällen habe ich, um Konflikte zwischen dem Verteidigungsministerium und den deutschen Rekrutierungsbeauftragten zu eliminieren und Streitigkeiten zu vermeiden – meiner Vereinbarung mit Dr. BALLA entsprechend –, die Volksbundlisten der betreffenden Gemeinden den SS-Beauftragten übergeben.

Die in § 13 Nummer 5 genannten Reichsorgane sind folgende: VOMI (LORENZ), seitens der SS BERGER und HIMMLER selbst.

Reden, deren Inhalt gegen das Gesetz über die Volksgerichtsbarkeit verstoßen hätte, habe ich nie gehalten und von niemandem halten lassen.

Bei meinem Gespräch mit SZÁLASI Anfang 1945 trug ich die Beschwerden vor, die von den Ortsgruppenführern bei uns eingingen, wonach auch in deutschen Gemeinden unsere dortigen Mitglieder nur dann amtliche [Güter-]-Zuteilungen ausgefolgt bekamen, wenn sie – nachweislich – Mitglied bei der Pfeilkreuzlerpartei waren. Ein großer Teil der Volksdeutschen, die dem Volksbund angehörten, ist deswegen aus dem Volksbund ausgetreten und in die Pfeilkreuzlerpartei eingetreten. Um dies künftig zu verhindern, habe ich SZÁLASI vorgeschlagen, endlich von Amts wegen festzustellen, wer als Volksdeutscher zu gelten habe, und zu bestimmen, daß ein solcher nur Mitglied des Volksbunds und nicht irgendeiner politischen Partei sein könne. Damals gab es bereits nur mehr eine einzige Partei, die der Pfeilkreuzler. SZÁLASIs Antwort war, diesbezügliche Vorstellungen befänden sich in Ausarbeitung. Wenn diese abgeschlossen sei, werde er – die Zustimmung der Vertreter der Volksgruppen vorausgesetzt – die Volksgruppenführer ernennen. Einmal habe ich während der SZÁLASI-Ära als Vertreter der deutschen Volksgruppe am Kronrat[176] teilgenommen.

Dr. ACZÉL	ILONA IPOLYVÖLGYI	Dr. FRANZ BASCH
Volksanwalt	Protokollführerin	Beschuldigter

[176] Ausgehend von seiner hungaristischen Ideologie betrachtete SZÁLASI alle Volksgruppen als Mitglieder der ungarischen Nation, die daher im Kronrat vertreten sein sollten. Da mit Ausnahme der deutschen sich die anderen Volksgruppen noch nicht konstitutiert hatten, verfügte er am 14. Januar 1945, BASCH zum Kronrat einzuladen, obwohl SZŐLLŐSI auf die noch ungeklärten starken Meinungsverschiedenheit zwischen der deutschen Volksgruppenführung und dem Pfeilkreuzlerregime hinwies. VEESENMAYER befürwortete BASCHs Mitwirkung mit dem Argument, "da mir dadurch die Möglichkeit einer zuverlässigen Kontrolle über Tätigkeit und Wirkung dieser neuen Einrichtung gegeben ist." – Hier zit. nach SZÖLÖSSI-JANZE, MARGIT: Die Pfeilkreuzlerbewegung in Ungarn. München 1989, S. 416. BASCH hat demnach auf den beiden Kronratsitzungen vom Januar und Februar 1945 teilgenommen.

III. VOLKSGERICHTSHOF BUDAPEST

A. Einwendungen des Angeklagten Dr. Franz Basch zur Anklageerhebung des Volksanwalts und Gesuch die Zeugeneinvernahme betreffend [ohne Datum]

HOHER VOLKSGERICHTSHOF!
Ich, Dr. FRANZ BASCH, angeklagt der Begehung von Kriegs- und volksfeindlichen Verbrechen, unterbreite in der Strafsache 4806/1945 zur Anklageschrift des Volksanwalts meine unterstehenden

EINWENDUNGEN

ad 1. Sowohl die Ministerpräsidenten BÁRDOSSY, KÁLLAY, SZTÓJAY wie der Sektionschef für Nationalitätenbelange beim Ministerpräsidium, PATAKY, bestanden darauf, daß ich beim Volksbund mein Amt als Vorsitzender beibehielt. Ministerpräsident KÁLLAY hat mich zweimal direkt gebeten, nicht von diesem Amt abzudanken, nachdem ich ihm meine Rücktrittsabsichten mitgeteilt hatte.

ad 2. Ich habe nicht erst nach Stalingrad ungarische Gesinnung gezeigt, sondern war auch vorher dem Vaterlande treu und dabei überzeugter Verfechter des Volkstumsgedankens. Dies können nicht nur die Ministerpräsidenten BÁRDOSSY, KÁLLAY und SZTÓJAY bestätigen, sondern auch Ministerialrat Dr. LÁSZLÓ OTTLIK, Ministerialrat Dr. PÁL BALLA, Abgeordneter MÁTYÁS MATOLCSY und Staatssekretär a.D. Dr. MIKLÓS MESTER, die außerdem bestätigen und bezeugen können, daß meine Vorträge, die ich in verschiedenen ungarischen Gesellschaften und Vereinen hielt, stets loyal gesinnt waren und daß ich nie Propagandaäußerungen getan habe, welche die im Nationalitätengesetz und anderen Rechtsregeln festgelegten Grenzen überschritten hätten. Ich hielt solche Vorträge in der Miklós Bartha-Gesellschaft, bei der Christlichen Liga und in der Gesellschaft, die unter der Leitung von Dr. JENŐ PADÁNYI GULYÁS stand.[177]

---

[177] Es handelt sich hier um PADÁNYI-GULYÁS, BÉLA (nicht JENŐ) (1903-1988); Politiker der Kleinlandwirtepartei. Seit seiner Studentenzeit (Studium der Geschichte und Geographie an der Universität Budapest 1921-1926) Mitglied des Magyar Diákkülügyi Bizottság [Auslandskomitee der Ungarischen Studentenschaft], das er selbst gegründet hat. 1935-1940 organisierte er die Kleinlandwirtepartei im Komitat Tolna. Nach dem Einmarsch der Deutschen im März 1944 schloß sich P.-G. dem antideutschen Widerstand an und vertrat vom 4. November 1945 bis 25. Juli 1947 die Kleinlandwirtepartei im Parlament, zu deren Leitungsgremium er von 1947 bis zu seiner Verhaftung im Oktober 1949 gehörte

ad 3. Ministerpräsident KÁLLAY hat mich geradewegs mit einem antideutschen Auftrag betraut, ich besaß das volle Vertrauen des Genannten, wofür ich mich auf Sektionschef Dr. PÁL BALLA als Zeugen berufen kann.

ad 4. Eine antisemitische Verfügung oder Anweisung habe ich nie erlassen. Vertraulich habe ich vielmehr mehrere Volksbundführer direkt davor gewarnt und ihnen verboten, an irgendwelchen antisemitischen Aktionen teilzunehmen. 1944 wies ich die Gebietsführer an, sich an keiner Aktion der Linken, an keiner Anzeigenerstattung gegen Juden, keiner Beschlagnahmung ihrer Geschäfte oder Wohnungen zu beteiligen, und zwar weder als Gebietsführer noch als Privatpersonen. Ich habe nie die Order ausgegeben, nicht in jüdischen Geschäften einzukaufen, ja im Volksbund gab es sogar eine philosemitische Gruppe. Dies können Dr. HEINRICH NEUN, ANDREAS SCHELL[178] und HUGO BINDER bezeugen, die als Kriegsverbrecher ebenfalls aus Österreich nach Budapest überstellt worden sind.

ad 5. Ich habe der *Deutschen Zeitung* nie Anweisungen gegeben, welche Richtung sie vertreten und in welchem Geist sie verfaßt sein sollte, das war eindeutig und allein Sache des verantwortlichen Schriftleiters Dr. GOLDSCHMIDT. Seit 1941 ist in der *Deutschen Zeitung* kein von mir verfaßter oder veranlaßter Artikel erschienen. Das können die Redaktionsmitglieder JOHANN FARKAS-FAUL und SZIKRA-NONNENMACHER[179] bezeugen.

ad 6. Daß ich an die Regierung immer nur mit Wünschen und Bitten herantrat, die im Rahmen des Nationalitätengesetzes zu erfüllen und sehr gemäßigt waren, und daß ich in dieser Hinsicht immer loyal war, können als Zeugen bestätigen: die ehemaligen Minister ISTVÁN ANTAL, ANDOR JAROSS, BÁLINT HÓMAN, Sektionschef im Ministerpräsidium TIBOR PATAKY und der obengenannte frühere Ministerpräsident.

Ich ersuche den hohen Volksgerichtshof, soweit er die Genannten nicht schon im Sinne der Anklageschrift vorgeladen hat, die Ministerpräsidenten BÁRDOSSY, KÁLLAY, SZTÓJAY, Sektionschef TIBOR PATAKY, DIE FRÜHEREN Ministerialräte LÁSZLÓ OTTLIK und DR. PÁL BALLA, beide im Ministerpräsidium, den früheren Abgeordneten MÁTYÁS MATOLCSY, TAMÁS MATOLCSY[180], Staatssekretär a.D. MIKLÓS MESTER, den vormaligen Abgeordneten Dr. JENŐ

[178] ANDREAS SCHELL (geb. 1897) wurde im Oktober 1941 zum Kreisleiter von Sächsisch-Regen ernannt. Ihm unterstanden insgesamt 10 Ortsgruppenführer. Nach dem Krieg floh er nach Oberösterreich, wurde aber von den Amerikanern ausgeliefert und im November 1945 in Budapest wegen Kriegsverbrechen vor Gericht gestellt.

[179] FAUL FARKAS, JOHANN (1885-1945) und LUDWIG SZIKRA-NONNENMACHER gehörten zum Redaktionsstab der *Deutschen Zeitung*.

[180] MATOLCSY, TAMÁS (geb. 1901); Dr., Chirurg, ab 1939 Abgeordneter der Pfeilkreuzler.

PADÁNYI GULYÁS, die gegenwärtig in Haft befindlichen Volksbundmitglieder und Gebietsführer von Budapest Dr. HEINRICH NEUN, ANDREAS SCHELL, HUGO BINDER, die Redakteure JOHANN FARKAS-FAUL und SZIKRA-NONNENMACHER, schließlich die Minister a.D. ISTVÁN ANTAL und BÁLINT HÓMAN als Zeugen für die obengenannten Sachverhalte vorzuladen und zu vernehmen.

Ich möchte anmerken, daß es mir in der Kürze der Zeit nicht möglich war, die Anschriften der Genannten zu ermitteln. Die bereits Vorgeladenen unter ihnen bitte ich als Zeugen auch zu den oben genau bezeichneten Sachverhalten zu vernehmen, bezüglich der noch nicht Vorgeladenen werde ich mich bemühen, deren Anschriften so rechtzeitig in Erfahrung zu bringen und mitzuteilen, daß sie zu der auf den 15. dieses Monats und die folgenden Tage festgesetzten Verhandlung vorgeladen werden können.

Hochachtungsvoll

Dr. FRANZ BASCH

B. Protokolle der öffentlichen Hauptverhandlung (15., 16., 17. und 18. Januar 1946)

1. Verhandlungstag

Protokoll der öffentlichen Hauptverhandlung des Budapester Volksgerichtshofes vom 15. Januar 1946 in der Strafsache gegen Dr. FRANZ BASCH, angeklagt der Begehung von Kriegsverbrechen usw., wie sie in dem durch Gesetzartikel VII/1945 zu Gesetzeskraft erhobenen § 11 Nummer 6 VGV. definiert werden.

Anwesend sind:
Dr. ISTVÁN GÁLFALVI, Vorsitzender Richter,
Dr. FRANZ BASCH, Angeklagter in Untersuchungshaft,
Dr. ÁRPÁD WENCZEL, Pflichtverteidiger,
MENYHÉRT BOLGÁR, von der Unabhängigen Partei der Kleinen Landwirte,[181]
IVÁN KÁDÁR, von der Ungarischen Kommunistischen Partei,[182]
GYÖRGY FALUDI, von der Sozialdemokratischen Partei,[183]
GÉZA LÁSZLÓ, von der Bürgerlich-Demokratischen Partei,
SÁNDOR PÜSPÖKI, von der Nationalen Bauernpartei,[184]
(Frau) Dr. ISTVÁNNÉ NAGY, vom Landesgewerkschaftsrat, Volksrichter,
Dr. LÁSZLÓ FEKETE, Protokollführer,
Dr. ENDRE ACZÉL, Volksanwalt,
Dr. ISTVÁN GYÖNGYÖSI, politischer Anwalt.

Vorsitzender Richter eröffnet die Hauptverhandlung gemäß § 301 StPO [Strafprozeßordnung] mit kurzer Bezeichnung der Sache und macht die Zuhörer auf die Bewahrung von Ruhe und Ordnung und die Folgen der Ruhestörung, die Volksrichter auf die Heiligkeit ihres bereits geleisteten Eides aufmerksam. Er

---

[181] BOLGÁR, MENYHÉRT (geb. 1880); Angestellter der Budapest Székesfővárosi Közlekedési Részvénytársaság (Budapester Verkehrsbetriebe A.G.).
[182] KÁDÁR, IVÁN (geb. 1904); geboren in Nyírbátor, von Beruf Elektriker, seit 1926 aktiv in der Arbeiterbewegung, zur Zeit des Prozesses beruflich in Soroksár tätig.
[183] FALUDI, GYÖRGY (geb. 1921), geboren in Budapest, Absolvent der Handelsschule, von Beruf Polizeidetektiv, seit 1940 Mitglied der Sozialdemokratischen Partei.
[184] PÜSPÖKI, SÁNDOR (geb. 1924). Laut Angaben aufgrund von Akten aus dem Archiv der Kommunistischen Partei war dieser Volksrichter der "problematischste", weil er "den Prototyp des reaktionären Volksrichters darstellte. Er ist ein überheblicher, arroganter und präpotenter Kerl, ein Hohlkopf. Die mildesten Urteile pflegt er vorzuschlagen." – Hier zit. nach TILKOVSZKY, LORÁNT: Vád, védelem, valóság. Basch Ferenc a népbíróság előtt [Anklage, Verteidigung, Wahrheit. Franz Basch vor dem Volksgericht], in: *Századok* 130 (1996), S. 1393-1450, Zitat auf S. 1404.

befragt den Angeklagten über seine persönlichen Verhältnisse.

Der aus dem angegliederten Gefängnis vorgeführte Angeklagte gibt an:
Dr. FRANZ BASCH, Ehefrau: EVA SCHMIDT; geboren am 13. Juli 1901 in Zürich, zuständig und wohnhaft in Budapest, ungarischer Staatsbürger, deutscher Muttersprache, römisch-katholischer Konfession, Mittelschullehrer, unterrichtete ein Jahr im Normalgymnasium, Führer des Volksbundes, kinderlos, war kein Soldat, hat in der Fillér-Straße ein Haus, am Csillebérc ein Grundstück, erwarb das Diplom für Mittelschullehrer, Dr. phil.; Vater: ANTON BASCH, Mutter: KATHARINA AMREIN, 1935 vom Fünfkirchner Gerichtshof wegen Schmähung der Nation zu fünf Monaten Gefängnis verurteilt.
Ein Vermögens- und Führungszeugnis des Angeklagten war nicht zu beschaffen.

Die gemäß § 255 Nummer 1 und 2 StPO verfaßten Teile der Anklageschrift Nr. 4976/1945 VA (Volksanwaltschaft) vom 5. Dezember 1945 werden gemäß § 304 StPO verlesen.

Angeklagter Dr. Franz Basch antwortet auf die gemäß § 304 StPO gestellten Fragen im wesentlichen folgendes:
Ich habe die Anklage verstanden und fühle mich nicht schuldig, weil ich in der Welt, in der ich damals lebte, einen anderen Standpunkt nicht einnehmen konnte. Als ich 1920 das Banat verließ, gehörte ich unter den ungefähr 2000 Studenten, die auf eine ausländische Universität gingen, zu den dreien, die sich an einer ungarischen Universität immatrikulierten. Als ich an die Budapester Universität kam, habe ich meinen ehemaligen Lehrer JAKOB BLEYER näher kennengelernt. BLEYER gab mir 1923 einen Kalender in die Hand und bat mich, mit den Studenten, die sich zu ihrem Volk hingezogen fühlten, in die Dörfer hinauszugehen, damit ich das heimische Schwabentum kennenlerne. So kam ich in die beiden Komitate Tolna und Baranya. Dort legte sich mir eine Last auf die Seele, was es bedeutet, daß die Kinder der dortigen Bevölkerung unsere Muttersprache entweder nicht mehr beherrschten oder nur schlecht sprachen und nicht deutsch beten konnten. Damals überwältigte mich das Gefühl, das später tiefe Spuren in mir hinterließ. Als ich in die Tolna und Baranya kam und die Gemeinden eine nach der anderen bereiste, befaßte ich mich als Intellektueller nur auf wissenschaftlicher und literarischer Grundlage mit der Frage, war doch diese Grundlage für meinen Berufsweg bestimmend, als ich Mittelschullehrer werden wollte. Auf dieser Rundreise ergriff mich zum erstenmal das Gefühl, das mir auch JAKOB BLEYER eingab, daß man unserem Volk unter kulturellem Gesichtspunkt helfen müsse, auch GUSTAV GRATZ sah die Notwendigkeit dessen ein. Das war eine Weltbewegung, waren doch damals in Jugoslawien, Rumänien und der Tschechoslowakei bereits - zum Teil seit längerer Zeit - jene kulturellen Organisationen vorhanden, die die Bewahrung des Volkstums, die Er-

haltung des Volkscharakters, der Sprache, der Volkstracht, der althergebrachten Bräuche sich zum Ziele setzten. Ich wollte praktisch BLEYERs Methode verwirklichen und damit im Zusammenhang jene Richtung, die in der Nationalitätenfrage von den Slawen vertreten wurde, das heißt, die Bewahrung des Volkstums. Was ich vorhatte, kann ich nicht anders veranschaulichen als mit der Feststellung, daß die Bewahrung des Volkstums für mich im wesentlichen bedeutete, zu sehen, daß in der deutschen Familie das Kleinkind auch heute noch den kleinen Unterrock trägt, der vor Jahrhunderten getragen wurde, daß der Schafpelz auch heute noch so ist wie damals, als die Vorfahren seines Trägers hier einwanderten, daß das Gebetbuch das alte ist, daß die Lieder unseres Volkes nichts von ihrer Patina verloren haben, daß die alten bäuerlichen Bilder auch heute noch an den Wänden der Stuben hängen. So verstand ich die Bewahrung des Volkstums, und das war jenes Gefühl, das in mir, dem Intellektuellen, diesen Idealismus weckte. Das ungarländische Deutschtum besaß damals bereits einen Kulturverein, der 1924 von GUSTAV GRATZ und JAKOB BLEYER gegründet worden war. 1920 hatte das heimische Deutschtum noch keinerlei kulturelle Organisation.

Mit GUSTAV GRATZ kam ich Ende 1926, nach dem Erwerb meines Doktordiploms, in Verbindung, nachdem BLEYER mich gebeten hatte, in den Volksbildungsverein einzutreten. Dieser Volksbildungsverein arbeitete nach der Vorstellung von GUSTAV GRATZ, der auch dessen Vorsitzender war. Ich kam als Kultursekretär zum Verein, und das blieb ich, solange BLEYER lebte. Mit Politik beschäftigte ich mich absichtlich nicht. Es entspricht nicht der Wahrheit, daß ich im Verein eine oppositionelle Rolle spielte. Wäre ich ein Oppositioneller oder auch nur der Anführer der radikalen Richtung gewesen, dann wäre ich sicherlich BLEYERs Nachfolger geworden. Der sogenannte radikale Flügel folgte der FAULSTICHschen Richtung, der die gemäßigte Richtung gegenüberstand, zu der auch ich gehörte. Solange ich der Kultursekretär war, hatte GUSTAV GRATZ nichts gegen meine Tätigkeit einzuwenden, bis das Urteil verkündet wurde, das mich zu fünf Monaten verurteilte. Ich wollte aber bis zu einem bestimmten Grad von den Vorstellungen von GUSTAV GRATZ abweichen. Das habe ich GUSTAV GRATZ auch ehrlich gesagt, als ich nach 1935 bereits nicht mehr der Generalsekretär war. Ich sagte ihm nämlich, daß jede Nationalität, sei sie deutsch, slawisch oder rumänisch, überall in der Welt danach strebe, eigene Schulen sowie einige Kindergärten, Druckereien und Zeitungen zu besitzen; doch wir vermochten von 1926 bis 1936 nicht einen einzigen Kindergarten einzurichten und verfügten über keine einzige Mittelschule, auch über keine Bürgerschule, als alle anderen Nationalitäten bereits über solche verfügten. Wir erhielten den ersten Kindergarten 1940 in Ofen (Buda), und erst später sind die erste Bürgerschule und die erste Mittelschule dazugekommen. Das waren die prinzipiellen Gegensätze zwischen uns, die ich offen zugab. Als Kultursekretär fiel mir die Aufgabe zu, mich mit dem Volkstum zu beschäftigen, die Volkslieder, die Volkstracht, die Volkswirtschaft, die Volksmusik, die Volkstänze zu pflegen, zu sammeln, zu beschreiben und zu verbreiten. Ich kam mit 23 Jahren in die Schweiz. Auch dort sah ich die Dinge von dem Gesichtspunkt aus, wie es um das Los des dortigen deutschen Volkstums bestellt war. Ich sah, daß dort drei große Völker beziehungsweise Nationen im Frieden miteinander auskommen können, und auch das vierte Volk, das rhätoromanische, wurde zum neuen Leben erweckt. Die Schweizer Regierung erkennt das Volksrecht jedes einzelnen Volkes, das Recht auf seine eigene Sprache und seine Volksbräuche an. Damals hatte ich das Gefühl, daß die Frage des Deutschtums auch in Ungarn auf der gleichen Grundlage zu lösen wäre. Zu jener Zeit, aus damaliger Sicht, war es meine politische Zielsetzung, daß unser Volk die Nationalitätenrechte erhalten sollte, die Bleyer forderte und die aufgrund des Völkerrechts und der Völkerbundsstatuten in jedem Land anerkannt würden. Ich erkannte in vollem Maße an, daß weder die rechtliche noch die wirtschaftliche Lage des ungarländischen Deutschtums etwas zu wünschen übrig ließ. Jedoch sollte mir erlaubt sein, mit den Worten von ISTVÁN SZÉCHENYI anzumerken: "Wenn ein Volk alles hat, wenn es auch schwimmt im Überfluß an allem Guten, aber seine Sprache nicht kennt, seine Sprache verliert..."

Ich habe mich in keinem einzigen Fall draußen mit dem Reichsgedanken beschäftigt, weil wir dann angezeigt worden wären und ich früher vor Gericht gekommen wäre als 1936. Ich war nämlich 1933, wenige Tage vor BLEYERs Tod, in der Gemeinde Bátaapáti, und da wandte sich bei diesem Anlaß eine Delegation der Gleisarbeiter mit der Bitte an mich, ob es mir gelingen könnte, zu erreichen, daß die von GYULA GÖMBÖS angeordnete Namensmagyarisierung auf sie keine Anwendung finden möge. Sobald ich wieder in Pest war, meldete ich dies BLEYER. BLEYER sagte, daß man nichts dagegen tun könne, die Namensmagyarisierung sei angeordnet. Daraufhin hielt ich in Bátaapáti eine Rede, in der ich die Äußerung machte, daß wenn jemand, ohne dazu gezwungen zu sein, den Namen seiner Vorfahren aufgibt, es auch nicht verdient, ihn zu tragen. Ich sagte, daß ich mir diejenige Vorstellung einer Assimilation zu eigen machte, wonach jemand sich innerlich assimiliere und nicht nur zu einem oberflächlichen Magyaren werde, wenn er mit einem Ungarn in eine blutsmäßige Verbindung trete, eine Ehe einginge, denn dann liege eine Symbiose vor, deren Unvermeidlichkeit ich einsähe. Und wenn die Assimilation nicht bereits frühzeitig, sondern erst später, in der zweiten Generation eintrete, soll dieser folgerichtig einen ungarischen Namen annehmen und seinen Namen magyarisieren, aber wer die Volkstracht trage und die Sprache seines Volkes spreche, den soll niemand zwingen, seinen Namen zu ändern. Daraufhin wurde gegen mich wegen Schmähung der Nation ein Strafverfahren eingeleitet, und die Kurie verurteilte mich 1934 und sogar noch 1936 zu einer Gefängnisstrafe von fünf Monaten.

Der Volksbund wurde 1938 gegründet. KERESZTES-FISCHER genehmigte ihn im Mai 1939. Für die Gründung des Volksbunds hatte es keinerlei Anweisung gegeben. Er kam nach langwierigen Besprechungen zustande, die der Debrecziner Universitätsprofessor RICHARD HUSS 1936 bis 1938 mit GUSTAV GRATZ, dann von Anfang 1938 an ich mit LÁSZLÓ PINTÉR beziehungsweise mit den von mir genannten Personen sowohl in Pest als auch im Rahmen des Stockholmer internationalen Kongresses[185] führten.

Zwei Jahre lang kam es zu keinerlei Einigung. Der Grund dafür war erstens, daß an der Spitze des Volksbunds eine Persönlichkeit zu stehen hatte, dem die Nationalitätenfrage ein Herzensanliegen war. Der zweite Grund bestand darin, daß die neue Führung sich den Wunsch und das sehnsüchtige Verlangen zu eigen machte, wonach die Regierung uns Nationalitätenschulen beziehungsweise -kindergärten geben und uns erlauben sollte, dementsprechend aktiv zu werden, ferner uns wenigstens eine einzige wirtschaftliche Organisation genehmigen sollte, aufgrund des Fünfunddreißigjahresplans, eines Generationenplans, den ich im Gefängnis ausgearbeitet hatte. Die Verhandlungen führten aber nicht zum Erfolg, weil, wie HUSS meinte, GUSTAV GRATZ nicht bereit gewesen sei, von seinem Plan abzulassen, und LÁSZLÓ PINTÉR mich wissen ließ, er sähe es zwar sehr gerne, wenn wir uns einigten, doch vorläufig ...[186] Das hatte zur Folge, daß ich ins Ministerpräsidium ging und anzeigte, daß ich den Volksbund gründen werde. Der Volksbildungsverein blieb unabhängig von uns bestehen mit einem eigenen Generalsekretär, Sekretär usw. Im Mai 1939 erhielten wir die Genehmigung des Innenministeriums, aber wir wurden wegen der dazwischengekommenen Wahlen nicht aktiv. Es entspricht der Wahrheit, daß trotzdem zwei unserer Leute als Abgeordnete ins Parlament gelangten. Es war nämlich ein Grundprinzip des Generationenplans, daß wir in der Politik keine Partei gründen wollten, weil eine Partei nur derjenige gründen könne, der nach der Macht strebe. Wir gründeten keine Partei, weil wir keine Machtbestrebungen hatten. Unsere Abgeordneten nahmen ihre Plätze in den Reihen der jeweiligen Regierungspartei ein.

Bei der Gründung des Volksbunds hatten wir die Vorstellung, wenn wir einen Nationalitätenverein gründeten, sollten an seiner Spitze nur solche Leute stehen, die faktisch nicht von der Regierung, sondern vom Volk beziehungsweise den Vereinsmitgliedern zu seinen Führern zu ernennen seien. Bei der Gründung des Volksbunds hatten wir nur kulturelle Zielvorstellungen. Als ich im Gefängnis saß, habe ich einen Generationenplan ausgearbeitet. Diesen stellte ich - im Beisein von MIKLÓS MESTER - zuerst IMRÉDY vor. Ich ging davon aus, daß die Nationalitätenfrage hierzulande gewisse Ängste wecken und kein Verständnis finden würde. Dieses Gefühl reifte deshalb in mir heran, weil bei jeder

[185] Der XIV. Europäische Nationalitätenkongreß tagte am 25./26.8.1938 in Stockholm.
[186] Laut den bislang unveröffentlichten "Lebenserinnerungen" von GUSTAV GRATZ scheiterte im Sommer 1936 der Versuch, durch einen Kompromiß mit BASCH den Radikalisierungsprozeß aufzufangen, an der "unschlüssigen und zweideutigen Haltung der Regierung". – Hier zit. nach SCHÖDL, GÜNTER: Trianon-Ungarn und deutsche Minderheitenpolitik. Zu den "Lebenserinnerungen" von Gustav Gratz, in: Südostdeutsches Archiv 26/27 (1983/84), S. 148.

Besprechung und jedem Nationalitätentreffen derlei zur Sprache kam. Auf seiten der Deutschen gab es eher eine wirtschaftliche denn eine politische Unzufriedenheit, ich bin sogar der Meinung, daß die kulturellen Bestrebungen Vorrang hatten. Wir wollten selbständige Schulen und Kindergärten, außerdem gesellschaftlich tätig werden, und erst danach dachten wir an die Gründung von Genossenschaften, aufgrund des von mir aufgestellten 35jährigen Generationenplans.

Diesen Fünfunddreißigjahresplan machte ich - nachdem wir uns mit GUSTAV GRATZ und LÁSZLÓ PINTÉR nicht einigen konnten - zur Grundlage der Satzungen des Volksbunds, die ich 1938 der Regierung vortrug, aber die von der Regierung zu drei Viertel gestrichen wurden. Ich machte daraus keine Gravaminalpolitik und bat 1942 den damaligen Ministerpräsidenten erneut um die Genehmigung unserer Satzungen, doch wurde ich auch damals abgewiesen. Die Regierung gestattete uns aber die Gründung eines Gesellschaftsvereins, dessen Statuten sie zwar nicht genehmigte, aber, wie der Sekretär im Ministerpräsidium Dr. GÉZA BIRKÁS erklärte, uns erlaubte, als solcher tätig zu werden.[187] Damit im Zusammenhang habe ich niemanden terrorisiert.

Nach Deutschland kam ich zum erstenmal 1935, nach der Machtergreifung des Nationalsozialismus, als Delegierter des Volksbildungsvereins zur Jahreshauptversammlung [des Volksbunds für das Deutschtum im Ausland]. Ich verhandelte mit Dr. STEINACHER darüber, daß die Führung des Volksbunds für das Deutschtum im Ausland (VDA) es für richtig hielt, wenn wir uns unter Garantien einigten und den von BLEYER eingeschlagenen Weg weiter verfolgten, womit Dr. STEINACHER zweifellos dem Weg der Geduld folgte. Mit den Führern des Reichs beziehungsweise mit HIMMLER habe ich zum erstenmal nach Abschluß des Wiener Vertrags 1940 verhandelt. HIMMLER brachte den Wunsch vor, das ungarländische Deutschtum über den Volksbund mit einem sogenannten Ahnenpaß zu versehen, was bedeutete, daß jeder einzelne Volksgruppenangehörige einen Ahnenpaß bekommen sollte, mit einem Lichtbild, dem Text des

---

[187] Es war die Deutsche Volkshilfe (DV) unter der Leitung von ADAM SCHLITT, deren Gründung am 19. Oktober 1941 auf der Vollversammlung des Volksbundes angekündigt wurde. FRANZ BASCH wollte schon anläßlich der Gründung des Volksbundes 1938 soziale und karitative Organisationen einrichten, was aber von der TELEKI-Regierung verhindert wurde. Laut BASCH sollte nämlich das soziale Engagement des Volksbundes zur Aufhebung der Standesunterschiede innerhalb der Volksgemeinschaft beitragen. Die Genehmigung der DV hing mit der geplanten (Ersten) Waffen-SS-Werbung und dem massiven reichsdeutschen Druck auf die ungarische Regierung zusammen, die diese Einrichtung für die Betreuung der Angehörigen der Waffen-SS-Freiwilligen benötigte. Tatsächlich verwaltete die DV die vom SS-Fürsorgeamt überwiesenen Fürsorgesätze. Darüber hinaus war der DV das Winterhilfswerk (WHW), das Hilfswerk Mutter und Kind sowie die Kinderlandverschickung (KLV) unterstellt. Sie unterhielt Kindertagesstätten, Jugendfürsorge und organisierte die Verschickung von Medikamenten. 1944 wurde diese Einrichtung in Nationalsozialistische Volkswohlfahrt umbenannt.

Wiener Vertrags und seinem Bekenntnis zur deutschen Volksgruppe. Als ich HIMMLER darauf aufmerksam machte, daß die ungarische Regierung dies mißverstehen werde, antwortete er mit dem Satz: "Dann werden wir einen rot-weißgrünen Streifen aufdrucken." Wieder zu Hause angekommen, war mir klar, daß so etwas eine ungünstige Wirkung ausüben würde, und deshalb ging ich zu dem mir wohlgesonnenen ERDMANNSDORFF, der übrigens mit CLODIUS gut befreundet war. Erdmannsdorff informierte den deutschen Außenminister, der es erreichte, daß die Anweisung nicht befolgt werden mußte, so daß die Ahnenpässe - einige hunderttausend Exemplare - nach Jugoslawien gelangten.

Beim Abschluß des Wiener Vertrags hatte der Volksbund kein Wort mitzureden. Wäre es auf die Zustimmung des Volksbunds angekommen, hätte der Wiener Vertrag ganz anders ausgesehen. Dieser Vertrag war so, wie GOLDSCHMIDT erklärte: "Da hast du Deinen Schmarrn!" (Nesze semmi, fogd meg jól!) Auch ich hielt den Wiener Vertrag für ein Flickwerk. Die ungarische Regierung erkannte die deutsche Regierung als Partner an, der ein Einspruchsrecht hatte, aber praktisch bedeutete das gar nichts, weil wir bis Ende 1944 kaum etwas von ihm erhielten.

Um auf die Organisation des Volksbunds zurückzukommen, trage ich vor, daß sie ursprünglich die gleiche war wie die des Volksbildungsvereins, obwohl ich die Statuten mit GOLDSCHMIDT, der sich mit den juristischen Angelegenheiten befaßte, so formulierte, daß [der Volksbund] eigentlich eine vom Volksbildungsverein abweichende Organisation hätte werden sollen, weil er neben den kulturellen Angelegenheiten auch die Genehmigung zu den wirtschaftlichen und sozialen Volksschutzaktivitäten erhalten sollte. Die Regierung genehmigte eine solche aber nicht, beziehungsweise es wurde uns im Innenministerium des öfteren versprochen, daß wir alljährlich etwas von den weggestrichenen Statuten hinzufügen könnten. Das Staatsgebiet wurde in neun Gebiete eingeteilt, jedes Gebiet hatte einen eigenen Führer. Die Bezirksführer waren den Gebietsführern untergeordnet. An der Spitze stand ich als Vorsitzender des Volksbunds. In bezug auf meine Anrede gab ich eine Anweisung heraus, wonach ich Volksgruppenführer oder Präsident[188] genannt werden sollte. Würde ich weiter darauf gedrängt haben, mich nicht Führer, sondern Präsidenten nennen zu lassen, hätte dies dazu geführt, daß die Volksdeutsche Mittelstelle (VOMI) das Ganze mit noch größeren Zweifeln aufgenommen und wahrscheinlich versucht hätte, meine Ablösung zu erzwingen, was sie tatsächlich mehrmals versuchte, was aber deshalb nicht gelang, weil die Ministerpräsidenten mich nicht gehen ließen. Wie der Führer jeder Volksgruppe, war auch der Führer des Vereins Volksgruppenführer, und diese Äußerlichkeiten wurden auch von uns übernommen. Als unser Konflikt mit der Volksdeutschen Mittelstelle bereits sich zu einer Krise zugespitzt hatte, ersuchte ich um Genehmigung meines Rücktritts.

---

[188] Der Ausdruck "Präsident" wird so im ungarischen Text wortwörtlich angeführt. BASCH selbst nannte sich auf seinem Briefpapier jedoch "Vorsitzender".

Zuerst ersuchte ich BÁRDOSSY, dann zweimal KÁLLAY und einmal SZTÓJAY. Die Ministerpräsidenten waren jedoch immer der Meinung, daß im Falle meines Rücktritts die radikaleren Kräfte zum Zug gekommen wären, und sie wußten auch genau, welche Personen als meine Nachfolger in Betracht gekommen wären.

Der Volksbund betrat die politische Bühne nach dem Wiener Schiedsspruch beziehungsweise etwas später, weil man es nicht gleich offensichtlich werden lassen wollte. Die nationalsozialistischen Ideen übernahm eigentlich nur die Jugend, die Älteren nicht. Eines ist sicher: Ich habe mich niemals, weder in Wort, noch in Schrift, als Nationalsozialist bekannt. Bezüglich der Behauptung, daß ich HITLER als meinen Führer anerkannt habe, trage ich vor, daß, als die VOMI ständig mit ihren Forderungen kam, ich nur diejenigen erfüllte, die nichts für uns bedeuteten. Die hiesige deutsche Volksgruppe war die einzige, die nicht das Hakenkreuz, sondern, wie ich es KÁLLAY erklärte, das von mir selbst entdeckte Sonnenrad sich zu eigen gemacht hatte. Davon, daß die VOMI auch einen Spionagedienst gehabt haben soll, ist mir nichts bekannt. Es ist allgemein bekannt, daß die VOMI etwa 14 Mitarbeiter hatte, die in verschiedenen Ressorts tätig waren. Es gab Presseleute, Mitarbeiter für Organisationsangelegenheiten, Wirtschaftsfachleute usw.

Wir übernahmen nach dem Wiener Schiedsspruch nur eine gewisse Nuance der nationalsozialistischen Weltanschauung. Als beispielsweise von mir oft ein Bekenntnis zum Nationalsozialismus gefordert wurde, gelang es mir immer, ein solches abzulehnen, jedenfalls bis zum Wiener Schiedsspruch. Im Ministerpräsidium wurden immer alle Ausdrücke gestrichen, die auch nur ansatzweise an den Nationalsozialismus erinnerten. Es wurden dort auch noch die in den Kalendern erschienenen Artikel zensiert. Beispielsweise auch mein Artikel im Jahrgang 1940.

Im Zusammenhang mit der Tätigkeit der Presse führe ich an, daß unsere erste Zeitung, *Deutscher Volksbote*, die alle fünf Wochen erschien, von RICHARD HUSS gegründet wurde. 1939 genehmigte IMRÉDY, der damalige Ministerpräsident, ein wöchentliches Erscheinen des Blattes. Im Herbst 1940 gründeten wir die täglich erscheinende *Deutsche Zeitung*. In der fünfwöchentlich erscheinenden Zeitung wurden Volkstumsfragen behandelt. Die *Deutsche Zeitung* brachte ich im Spätherbst 1940 heraus, nachdem Ministerpräsident TELEKI, auf Ersuchen KUSSBACHs, das Erscheinen des Blattes genehmigt hatte. Chef- und verantwortlicher Redakteur der Blätter war Dr. GOLDSCHMIDT. Ich mischte mich als Herausgeber niemals in die Redaktion ein, bis auf ein oder zwei Anlässe im Jahr, als der Ministerpräsident mich zu sich hatte rufen lassen, oder wenn GOLDSCHMIDT darüber berichtet hatte, daß einige Redakteure zu weit gegangen waren.

Auf die Aussage von ALADÁR SZEGEDY-MASZÁK, daß ich der Regierung gedroht hätte, wenn sie die Verträge nicht einhalte, trage ich folgendes vor: Wir waren zu einem Mittagessen eingeladen, an dem der damalige Ministerpräsident teilnahm. Anwesend waren der Gesandtschaftsoberrat Dr. WOLFF sowie auch KÖHLER, der ein sehr guter Kenner der deutschen Minderheitenfrage in Ungarn war und einer der radikalsten Leute, denen ich jemals begegnet bin. Wir unterhielten uns über den Wiener Vertrag. Ich hielt den Vertrag auch damals für Flickwerk und mißbilligte ihn. In der Auseinandersetzung schlugen wir einen sehr scharfen Ton an, auf der einen Seite Dr. WOLFF und KÖHLER, auf der anderen ich. Im Hintergrund stand der damalige Gesandte ERDMANNSDORFF. Als wir dort in einer Ecke mit SZEGEDY-MASZÁK standen, standen ein bis zwei Schritte weit von uns diese beiden Personen und beobachteten aufmerksam unsere Unterhaltung. SZEGEDY-MASZÁK kam auf den Wiener Vertrag zu sprechen, der kaum ein bis zwei Tage zuvor geschlossen worden war. Dann soll ich SZEGEDY-MASZÁK aus taktischen Gründen gefragt haben, damit es auch die uns beobachtenden Herren hören sollten: "Stehen auch Sie auf dem Boden des St. Stephansgedankens?" Auf seine bejahende Antwort hin soll ich erklärt haben, daß er den weiteren Ausbau des St. Stephansreiches gefährde, wenn er den Wiener Vertrag völlig ablehne. Ich habe nie in meinem Leben, weder vorher noch nachher, auch nur eine ähnliche Äußerung gemacht. Im Zusammenhang damit erkläre ich, daß die deutsche Volksgruppe bis Ende 1944 nicht einmal den zehnten Teil dessen erhalten, aber auch nicht erbeten hatte, was der Wiener Vertrag für sie als Möglichkeit und Gelegenheit geboten hat.

Der Vorsitzende Richter legt dem Angeklagten die Reden vor, die er am 15. November 1940 in Deutschboly beziehungsweise am 10. November 1940 in Dunaszekcső gehalten hat sowie eine weitere Rede vom 7. November 1940.

Der Angeklagte erwidert darauf folgendes: Wenn ich Reden mit solchen scharfen Ausdrücken gehalten hätte, wäre ich aufs Ministerpräsidium oder selbst zum Herrn Ministerpräsidenten gerufen worden, wie auch in einem Fall geschehen. In Dunaszekcső habe ich aber in meinem ganzen Leben keine einzige Rede gehalten. Ich stellte auch 1941 keine Forderungen, als der Wiener Vertrag dazu die volle Berechtigung gegeben hatte und die ungarische Regierung solche Forderungen vertragsgemäß hätte erfüllen müssen. Wir hatten keine einzige Wirtschaftsorganisation, auch keine einzige Bank, wir erhielten keinen einzigen Notar, keinen einzigen Richter, keinen einzigen Apotheker - weil ich darum nicht gebeten habe.

Bezüglich meiner Rede in Elek trage ich vor, daß die Rede von halbzwölf bis 12 Uhr dauerte, während die Kirchenglocken ständig läuteten, so daß nicht einmal diejenigen die Rede hörten, die 20 Schritte von mir entfernt standen. Auch dazu hatte ich keinen Grund, die jüdischen Vermögen anzugreifen, weil die Agricola[-Genossenschaft] die Geldbeträge, mit denen sie sich einmal zu sanieren versuchte, im selben Jahr von einer jüdischen Bank erhalten hatte.

Wenn ich das Deutschtum ständig gegen die ungarische Staatlichkeit und den ungarischen Staatsgedanken hätte einsetzen wollen, wenn so etwas unsere

Bestrebung gewesen wäre, dann hätte ich mir die Methoden von ANDREAS SCHMIDT oder von KARMASIN zu eigen machen können. Dann wäre ich der NSDAP beigetreten, hätte ich um ein Parteiamt und alles, was damit verbunden war, angesucht. Dann hätte ich jede deutsche Forderung erfüllt. In Wirklichkeit habe ich aber nur aus meinem Gedächtnis in ungefähr 17 Punkten die wichtigsten Forderungen zusammengefaßt, die ich der deutschen Regierung gegenüber zurückgewiesen habe. Ich räume ein, daß die Errichtung des Volksbunds im Gegensatz zum deutschen Volksbildungsverein gestanden hat, es entspricht dagegen nicht der Wahrheit, daß wir den Volksbund deshalb gegründet haben sollen, um der Sache eine politische Richtung zu geben, in Anbetracht dessen, daß der Volksbildungsverein bis dahin unpolitisch gewesen sei. Denn wenn dem so gewesen wäre, hätten wir eine politische Partei gegründet.

Im Zusammenhang mit der Waffen-SS-Musterung trage ich vor, daß kein einziges Mitglied der deutschen Volksgruppe in Ungarn zur SS eingerückt ist, bevor die ungarische und die deutsche Regierung den Vertrag über die SS abgeschlossen haben.[189] Vertragspartner der deutschen Regierung war nicht die deutsche Volksgruppe, sondern die ungarische Regierung. Auch die ungarische Regierung räumte ein, daß wir darüber keine Kenntnis hatten. Es entspricht ebenfalls nicht der Wahrheit, daß wir vor Abschluß des Vertrages in Wort und Schrift dafür geworben hätten, daß möglichst viele ungarländische Deutsche der SS beitreten sollten. Ich betone, daß in diesem Falle mindestens einer von uns beigetreten wäre, waren doch bei den übrigen deutschen Volksgruppen bereits über tausend Leute bei der SS. Ich gebe zu, daß nach dem Abschluß des SS-Vertrags, erst recht nach dem April 1944, der Eintritt in die SS verpflichtend wurde. Von da an hing es nur noch vom Verhalten der Verwaltungsbeamten ab, wer als Deutscher anzusehen war und wer nicht. Laut Vertrag hatte der Verteidigungsminister das letzte Wort, ob er auf den durch die Gemeindenotariate eingesandten Listen die Streichungen zur Kenntnis nahm oder nicht. Der Volksbund hat in sechs Fällen solche Listen herausgegeben. Die ungarische Regierung gestattete nach dem Abschluß des Waffen-SS-Vertrags keine Werbung mehr, sondern löste die Frage schlicht durch Musterung. Nach dem Ver-

[189] BASCH legte hier absichtlich falsche Spuren, um seine Lage nicht weiter zu erschweren. Tatsache ist, daß GOTTLOB BERGER im SS-Hauptamt schon vor 1942 illegale Waffen-SS-Werbungen in den südosteuropäischen Staaten geplant hatte. BERGER zufolge verhinderte allerdings ausgerechnet BASCH eine solche Aktion in Ungarn. 1941 wurde dennoch eine solche Werbungsaktion in Ungarn durchgeführt, über die BASCH natürlich informiert, an der er höchstwahrscheinlich nicht selbst beteiligt war. Ärzte des Volksbundes halfen bei der Musterung junger Ungarndeutschen, die dann unter dem Vorwand einer "Sportausbildung" heimlich ins Reich gebracht wurden. Über diese Musterungen erstatteten die ungarischen Behörden Bericht, so daß auch die Regierung über diese illegale Werbung im Bilde war. Diese Aktion war allerdings weit weniger erfolgreich als in Jugoslawien oder in Rumänien, so daß BERGER ihr "Scheitern" gleichfalls auf mangelnde Unterstützung von BASCH zurückführte.

tragsabschluß hing die Sache also nicht von uns ab, sondern davon, welche Verfügungsgewalt der Notar hatte. Im Zusammenhang mit der Werbung kann ich sehr gut verdeutlichen, wie oft der Volksbund gezwungen war, das zu tun, was er eigentlich nicht wollte. Die Deutschen wurden in jeder anderen Volksgruppe nicht durch ihre Gruppe angeworben, sondern sie rückten mit Filmwagen, Musikwagen und anläßlich großer Festveranstaltungen selbst ein. So geschah es in Rumänien und in der Slowakei. So meldeten sich in Rumänien bei der durch die Waffen-SS-Offiziere und -Mannschaften durchgeführten Werbung von 500.000 Volksdeutschen bei einer einzigen Gelegenheit 51.000 Mann. Bei uns schätze ich die Zahl auf eine Million, unter Berücksichtigung der Batschka, Siebenbürgens und Oberungarns meldeten sich [jedoch] nur 17.000 Mann.[190] Unsere Regierung wollte nicht, daß die Angehörigen der Waffen-SS werben sollten, und übertrug diese Aufgabe dem Volksbund. Die Deutschen sahen das nicht gern, weil sie selbst werben wollten. Der Vertrag schrieb vor, daß der Volksbund zu werben hat, so mußten wir dem vertragsgemäß entsprechen, ohne daß wir gefragt worden wären. Wir wollten das auch nicht, es war auch keine dankbare Rolle, weil wer werben ging, hatte selbst einzurücken, und deshalb ging er auch nicht gern. Darum konnten wir nicht einmal in die Hälfte aller Gemeinden Werber schicken, in der anderen Hälfte aber war streng vorgeschrieben, daß nur der schriftlich fixierte Text mitgeteilt werden dürfe, mit einem Hinweis darauf, was die Hinterbliebenen beziehungsweise die Angehörigen bekämen, und die Leute sollten darauf aufmerksam gemacht werden, daß die Anwerbung den Verlust der Staatsbürgerschaft bedinge. Ich habe einmal im Ministerpräsidium angefragt, warum dieser Vertrag so leicht unterschrieben worden sei, worauf ich die Antwort bekam, daß es sehr schwer gewesen sei. Damit im Zusammenhang erklärte übrigens auch WINKELMANN selbst, daß dem Volksbund jede Mitwirkung an einer SS-Aktion verboten sei. Es entspricht nicht der Wahrheit, daß der Volksbund sämtliche Volksbundangehörige ausgeliefert habe. Das konnten wir auch deshalb nicht tun, weil wir dann eigentlich dem Volksbund zugemutet hätten, daß nur seine Mitglieder Soldaten geworden wären. Die Deutschen waren jedoch nicht auf die Volksbundmitglieder neugierig - deren Elite hatte sich bereits 1942 und 1943 freiwillig gemeldet -, sondern sie beanspruchten damals bereits das ganze Deutschtum und schlossen auch deshalb einen solchen Vertrag. Im Vertrag war auch der Punkt enthalten, daß es dem Volksbund auch nicht mehr gestattet sei, sich an Musterungen oder Konskriptionen zu beteili-

[190] Eine amtliche deutsche Statistik nennt als zahlenmäßiges Ergebnis der bis Ende 1943 vorgenommenen SS-Werbungen unter den Ungarndeutschen 22.000 Mann gegenüber 54.000 aus Rumänien und 17.500 aus Kroatien bzw. 21.000 aus dem Banat. – TILKOVSZKY, LORÁNT: SS-toborzas Magyarországon [Die SS-Rekrutierung in Ungarn]. Budapest 1974, S. 142. Bis September 1944 kamen noch 55.000 hinzu. Die Gesamtzahl der zur Waffen-SS eingezogenen Ungarndeutschen wird auf maximal 120.000 geschätzt. – Ebenda, S. 176.

gen.

Nicht zutreffend ist die Behauptung der Anklageschrift, daß ich die für die SS angeworbenen Männer verabschiedet hätte. Ein ganzes Heer von Zeugen wird bestätigen, daß ich weder 1942, noch 1943, noch 1944 jemals an einer Werbung teilgenommen habe. Das hatte ich den Ministerpräsidenten von mir aus versprochen. Ich gebe zu, daß ich 1943 bei fünf Anlässen an den Verabschiedungen teilgenommen habe, nachdem ich wegen meines Fernbleibens getadelt worden war. Sagt jemand hundertmal nein, muß er fünfmal ja sagen. Wer die Deutschen kennt, der weiß, sobald sie die Soldaten bekamen, kümmerten sich nicht mehr darum, ob sie sie aneifern sollten oder nicht, weil sie nicht durch Aneiferung gute Soldaten machen wollten, sondern durch den Drill, dem sie unsere Jungen unterzogen. Nachdem aber bei jeder Volksgruppe eingeführt worden war, Verabschiedungen abzuhalten, und an diesen ein Vertreter der Regierung, ein Vertreter der Armee und womöglich auch der Gesandte teilnehmen sollten, erklärte JAGOW: "Jetzt müssen auch Sie kommen!" Wenn wir die Ergebnisse vergleichen, meldeten sich aus der Batschka 11.000 Mann, aus Siebenbürgen 1.900 Mann, während das Deutschtum aus Trianon-Ungarn eigentlich den Rest lieferte, weil es nicht einmal die Hälfte dessen bestritt, was allein die Batschka gab, obzwar auch deren Anteil nur einem Fünftel der Gesamtstärke des übrigen Deutschtums entsprochen hatte. Bezüglich der Batschka konnte ich im Ministerpräsidium jeden Monat nur darüber berichten, daß ich außerstande sei, mit den Leuten dort zurechtzukommen. Als ich in Siebenbürgen 1940 die Anweisung gab, daß Hakenkreuzfahnen, Hakenkreuzarmbinden und der "Heil-Hitler-Gruß" zu verbieten sind, wurde dies von den Siebenbürgern respektiert, nicht aber von den Einwohnern der 1941 rückgegliederten Batschka.

Zu meiner Uniform, die der der Deutschen glich, trage ich vor, daß diese Uniform eigentlich eine Entwicklung durchmachte. Zunächst bestand sie aus schwarzen Stiefeln und einer schwarzen, dunkelbraunen oder dunkelblauen Hose und einem Zivilrock. Dann übernahmen wir den in Siebenbürgen üblichen Trachtenmantel, ohne die silbernen Westenknöpfe. Als man der deutschen Jugend das Tragen der Uniform gestattete, wurde eine solche auch von den Alten übernommen.

Die VOMI wurde 1937 gegründet, begann aber ihre Tätigkeit erst 1938. Es ist uns solange nicht gelungen, mit der VOMI in Verbindung zu treten, bis wir vorweisen konnten, daß wir eine von der ungarischen Regierung anerkannte, legale Organisation waren. Das war die Auffassung von LORENZ, dem Leiter der VOMI. Deshalb kamen wir mit der VOMI erst nach dem Mai 1939 in Verbindung. Einen Monat nach den Wahlen fuhr ich zu Verhandlungen nach Berlin. Gegenstand unserer Besprechungen war die Satzung des Volksbunds. Geheime Anweisungen habe ich von der VOMI eigentlich niemals erhalten, auch nach dem Abschluß des Wiener Vertrags nicht, obwohl sie ab diesem Zeitpunkt Versuche in dieser Richtung unternommen hat. Ich erhielt nur die Zusage, daß sie bei der ungarischen Regierung vorstellig werde, damit diese, wenn möglich, unsere in den Statuten niedergelegten Wünsche erfülle.

Touristen und deutsche Studenten kamen auch schon zu BLEYERs Zeiten, bis zum Kriegsausbruch, als die deutsche Regierung keine solchen Ausreisegenehmigungen mehr erteilte.

Nach dem Wiener Vertrag schickte die VOMI drei Sachverständige, mit der erklärten Absicht, daß diese die fachlich mangelhaft ausgebildeten Mitarbeiter im Volksbund so lange ersetzen sollten, bis dieser über eigene Mitarbeiter mit entsprechender Fachausbildung verfügte. Diese sollten die im Wiener Vertrag vorgesehenen selbständigen wirtschaftlichen, industriellen und finanziellen Organisationen errichten. Das war die Vorstellung der VOMI, im Gegensatz zu meiner Auffassung.

Eine Agitatorenschule unterhielten wir nicht, nur die sogenannten Schulungsheime. In dieser Zeit wurde die Führung der ungarländischen deutschen Jugend vorübergehend von MATTHIAS KIRSCH übernommen. Weil es aber nicht viel Arbeit mit der Jugend gab, beschränkte sich die Tätigkeit von MATTHIAS KIRSCH darauf, in den deutschen Gemeinden um sein Heimatdorf das Deutschtum zu organisieren. Ein oder zweimal leitete er die im Gebäude der Volksbundzentrale gehaltenen Jugendlehrgänge, die wir auch amtlich anmeldeten und an denen in beiden Fällen auch Behördenvertreter teilnahmen. Wir führten zwei solche größeren Lehrgänge im Deutschen Haus durch, den ersten 1940, als die Siebenbürger Sachsen zurückkehrten, und den zweiten 1941, als die Batschka wieder ungarisch geworden war. Mein Ziel war es, auf die beanstandeten Aktivitäten der Deutschen in den Gebieten, die an Ungarn angegliedert wurden, mäßigend einzuwirken.

In wirtschaftlicher Hinsicht begannen wir unsere Organisation von innen auszubauen, mit Mitgliedsbeiträgen, dann WHW-Geldern und Beträgen aus verschiedenen Sammlungen. Aus Deutschland kamen in der ganzen Bleyer-Zeit sogenannte Kulturbeihilfen einerseits vom VDA, andererseits vom Martin-Luther-Verein. Von der deutschen Regierung selbst bekamen wir niemals Finanzmittel, nur unter dem Gesandten JAGOW wurden eine Zeitlang von der Gesandtschaft die Internatskosten eines Schülers mit guten Leistungen übernommen.

Die Frage des Erwerbs von Immobilien wurde in den Verhandlungen nach dem Wiener Vertrag angesprochen. Damals nahm die VOMI fortwährend Kontakt zu der ungarischen Regierung auf. Später sorgte CLODIUS dafür, daß die ungarländische deutsche Volksgruppe monatliche Hilfsgelder bekam, mit denen sie das finanziell verwirklichte, wozu sie laut Wiener Vertrag berechtigt oder verpflichtet war. Damit war GOLDSCHMIDT befaßt, und solche Angelegenheiten wurden im Rahmen gegenseitiger Verhandlungen der beiden Regierungen abgewickelt. Wir mußten unsere Wünsche, die von der Regierung oft überprüft wurden, immer vorlegen, weil nur solche Gelder genehmigt wurden, die für schulische und soziale Zwecke bestimmt waren. Diese waren systematisch aufgelistet, für die Errichtung einer Schule soviel, für den Kauf eines Grundstückes soviel usw. Von der ungarischen Regierung haben wir niemals Geld erhalten.

Der Vorsitzende Richter legt dem Angeklagten Quittungen über Geldbeträge vor, die am 30. April 1937, am 28. Mai 1937 und am 8. Juli 1937 vom damaligen Außenminister KÁLMÁN KÁNYA in Empfang genommen wurden.

Der Angeklagte erklärt zu den vorgelegten Quittungen: Weder habe ich diese jemals gesehen, noch hatte ich von solchen Zahlungen Kenntnis. Die ungarische Regierung gab uns niemals Finanzmittel, sondern nur solche Beträge, die mit der deutschen Regierung vereinbart waren. Hätte ich solche Finanzmittel angenommen, würde das bedeuten, daß die ungarische Regierung uns vertraut hätte. Im Sinne des Wiener Schiedsspruchs hätten wir eine Bank bekommen sollen, die ich nach dem Plan von ANTAL CSENGERY[191] als Volksbank einrichten wollte. Eine solche Bank haben wir deshalb gefordert, weil die ungarische Nationalität in der Slowakei, die ungarische Volksgruppe in Rumänien und alle Volksgruppen bereits über eine oder mehrere Banken verfügten. Diese Bank war darum nötig, weil ich bemerkte, daß unsere Darlehen immer dann gekündigt wurden, wenn die Tätigkeit des Volksbunds in gewissen Gebieten nicht erwünscht war. Wir erhielten eine einzige Bank, die Pécsvárader Bank (Pécsváradi Bank). Die Beträge, die von dieser Bank verliehen wurden, waren so gering, daß die Mitglieder des Volksbunds dafür nicht einmal 10 Joch Land erwerben konnten. Land haben wir von ungarischen Landwirten in keinem einzigen Fall gekauft.

Wir hatten auch nur eine einzige Genossenschaft, die sogenannte Milchbearbeitungsgenossenschaft[192], die Dr. MÜHL noch vor dem Wiener Vertrag zu gründen versucht hatte. Das Geld dafür gaben die Gemeindeorganisationen selbst, so brauchte man dazu eigentlich auch kein Geld, sondern nur ein Haus als Milchsammelzentrale.

Mit dem Ankauf von Immobilien begannen wir, mit Ausnahme des Deutschen Hauses, 1941. Für die Kosten haben wir Vorschüsse aufgenommen, die wir später von den Monatsraten der Nationalbank sowie von den im Sinne des deutsch-ungarischen Wirtschaftsabkommens erhaltenen Beträgen nachträglich decken wollten. Den Kauf eines jeden Hauses haben wir in dem jährlich der

---

[191] CSENGERY, ANTAL (1822-1880); führender Reformpolitiker, Publizist und Wirtschaftsfachmann. Cs. begründete 1849 die ungarische Bodenkreditanstalt und entwarf gleichsam als ungarischer RAIFFEISEN die programmatischen Grundlagen des ungarischen Kredit- und Sparkassensystems. Begründer des Sparkassenwesens im engeren Sinn war allerdings ANDRÁS FÁY (1786-1864), der 1840 die erste ungarische Sparkasse (Hazai Első Takarékpénztár) ins Leben rief.

[192] So wortwörtlich der deutsche Begriff im ungarischen Text. Zu verstehen ist darunter eine Molkereigenossenschaft.

ungarischen Regierung vorgelegten Rechenschaftsbericht angegeben. Die Immobilien waren meist Schulen, bis auf ein Jugendheim und ein Mädchenheim. Sonstige Gelder - die wir angeblich aus Deutschland zu Propagandazwecken bekommen haben sollen - wurden nicht benötigt, weil wir immer die uns rechtlich zustehenden Beträge erhielten. Zweck unserer wirtschaftlichen Einrichtungen war ursprünglich nur die kulturelle Förderung des ungarländischen Deutschtums. Für eine intensivierte Kriegführung und die Kriegsziele setzten wir uns deswegen ein, weil wir, ehrlich gesagt, glaubten, daß der deutsche Sieg möglich sei. Hier nahm ich zeitweise einen unterschiedlichen Standpunkt ein. 1939 glaubte ich nicht an den Sieg, 1940, als HITLER Frankreich ritterlich behandelte, glaubte ich an den Sieg, von 1942 an glaubten weder ich noch meine engeren Mitarbeiter mehr an einem solchen. Dagegen glaubten wir an einen Sonderfrieden.

Der Vorsitzende Richter legt dem Angeklagten die in der *Deutschen Zeitung* erschienenen Artikel vor.

Der Angeklagte erklärt: Nicht einmal die Anklageschrift behauptet, daß ich von diesen Artikeln auch nur einen einzigen geschrieben hätte. Im Jahre 1941 habe ich in der *Deutschen Zeitung* keinen einzigen Artikel verfaßt. Die Autoren der wichtigeren Artikel waren VIKTOR LORENZ und BRUNO KLEIN. Ich habe beide abgelöst und in die Batschka geschickt. Von diesem Augenblick an hörte das Erscheinen gewisser Artikel auf.

Auf die Frage eines Volksrichters trägt der Angeklagte vor:

Ich weiß von einem einzigen Fall, daß wir die ungarische Fahne nicht hißten. Damals sang die Jugend jedoch die ungarische Hymne. Die Versammlung schloß mit dem Rákóczi-Marsch. Bei der Versammlung in der Redoute (Vigadó) wehten sechs ungarische Fahnen hinter den sechs Fahnen des Volksbunds. Was die antisemitischen Artikel angeht, bestätigen das ungarländische Deutschtum und die Regierungskreise ohne Ausnahme, daß ich niemals eine antisemitische Rede gehalten und niemals einen antisemitischen Artikel geschrieben habe und deren Veröffentlichung und Verkündung, soweit ich konnte, verhinderte.

Als SZÁLASI seine Bewegung vorstellte, kannte ich SZÁLASI nicht. Ich kam mit ihm erst 1939 in Verbindung, als mich FRANZ ROTHEN zu ihm mitnahm, damit ich SZÁLASIs Programm kennenlernen und mich davon überzeugen sollte, daß sein Hungarismus kein Chauvinismus sei und der deutschen Volksgruppe nicht schade. Ich blieb bei meiner alten Überzeugung, daß uns der Hungarismus am meisten schade. SZÁLASI traf ich im Sommer 1944, vielleicht im August, in der Wohnung GOLDSCHMIDTs, wo SZÁLASI über seine Besprechung mit dem Reichsverweser berichtete und GOLDSCHMIDT anschließend von den deutschen Geheimwaffen sprach. Nach SZÁLASIs Machtergreifung machte ich bei ihm nach seiner Ernennung, wie immer bei einem solchen Anlaß, meine Aufwartung. Diese war bloß ein Höflichkeitsbesuch. Danach traf ich SZÁLASI in Brennberg (Brennbergbánya). Damals berichteten die Bezirksleiter, daß amtliche Schuhsohlen-, Petroleum- und Zuckerzuteilungen nur die Mitglieder der Pfeilkreuzlerpartei bekämen. Nachdem viele Volksbundmitglieder der Pfeilkreuzlerpartei beigetreten waren, erinnerte ich SZÁLASI an den Vorschlag, endlich zu regeln, wer der deutschen Volksgruppe in Ungarn angehören sollte. In diesem Zusammenhang bat ich SZÁLASI noch, anzuordnen, was er bereits 1942 versprochen hatte, daß nämlich allen Ungarndeutschen nicht gestattet werden solle, seiner politischen Partei beizutreten. Seitdem haben wir uns nicht mehr getroffen.

Den ersten Waffen-SS-Vertrag mit der deutschen Regierung schloß Ministerpräsident BÁRDOSSY 1942. Den zweiten Ministerpräsident KÁLLAY 1943 und den dritten Ministerpräsident SZTÓJAY 1944. Alle Verträge wurden von WINKELMANN in die Wege geleitet.

Im Zusammenhang mit der Angelegenheit der von deutschen Touristen angeblich nach Ungarn mitgebrachten Landkarte bat ich GOLDSCHMIDT, diese in unserer fünfwöchentlich erscheinenden Zeitung zu veröffentlichen und jeder Redaktion einen Brief zu schreiben, daß derjenige, der eine solche Landkarte vorzeigen kann, diese auf den Tisch des Hohen Hauses legen soll, damit wir gerichtliche Schritte unternehmen können.

Mit HITLER habe ich niemals gesprochen. In Breslau standen wir anläßlich eines Sportfests etwa 150 Schritte vom Balkon entfernt, auf dem HITLER herauskam und uns zuwinkte. Das war alles.

Um die Genehmigung einer Bank haben wir nicht angesucht, sondern das Deutsche Reich kaufte eine Bank, die Merkur-Bank, und ursprünglich sollten wir diese bekommen. Die Deutschen hätten zu diesem Zweck Verhandlungen mit der ungarischen Regierung aufnehmen müssen, doch sie taten es nicht, die Reichsregierung behielt vielmehr die Bank für sich und übergab diese niemals der deutschen Volksgruppe.

Die deutsche Regierung und die deutsche Führung hatten kein Mitspracherecht, was die Person des Volksbundsvorsitzenden betraf. Ich gründete keine Partei, und so war ich weder Parteiführer noch Mitglied der NSDAP. Ich wußte, warum ich niemals eine Partei gegründet habe, weil der oberste Führer der Partei HITLER war, und wenn er befohlen hätte, "abtreten", dann hätte ich gehen müssen. Aber ich wurde vom Volksbund alle drei Jahre zum Vorsitzenden gewählt und war dadurch von der deutschen Führung unabhängig.

Das Erscheinen gewisser Artikel hätte ich verhindern können, aber diese Frage habe ich einem geborenen Journalisten, meinem besten Freund, Dr. GOLDSCHMIDT anvertraut. Ich erfuhr eigentlich erst am nächsten Morgen, was in der Zeitung stand. Als Herausgeber bin ich für die Artikel verantwortlich, das nehme ich auf mich.

Der Hungarismus gefährdete insofern unsere Vorstellungen, als im Hungarismus die Nation aus Volksfamilien bestand, deren oberster Führer SZÁLASI war, und in diesen Volksfamilien nur geschehen konnte, was er wollte, und an die Spitze der Volksfamilien er diejenigen stellen konnte, die in seinem Sinne waren. In den Volksgruppen geschah nicht, was die Volksgruppe wollte, sondern was dem Hungarismus entsprach. Im übrigen habe ich SZÁLASI niemals unterstützt.

Auf die Frage des Volksanwalts trägt der Angeklagte vor:

Eine Bedrohung durch den deutschen Imperialismus sehe ich auch heute nicht für erwiesen, in Anbetracht dessen, daß HIMMLER die deutsche Volksgruppe aus diesem Land umsiedeln wollte.

Wenn ich vom Deutschen Reich gewußt hätte, daß es Verbrechen gegen die Menschlichkeit begangen hat, dann wäre ich auch in dem Fall nicht auf meinem Posten geblieben, wenn ich gewußt hätte, daß mir das Gefängnis eingebracht hätte. Ich erfuhr erst im April 1945 aus den englischen und amerikanischen Rundfunknachrichten in Österreich, was in den deutschen Konzentrationslagern geschehen war.

Als ich bei HIMMLER war, erklärte sein Sekretär, wenn der Krieg mit dem Sieg Deutschlands ende beziehungsweise wenn es überlegen siege, dann würde ich zwei bis drei Jahre Gefängnis bekommen.

Was meinen Amtsverzicht betrifft, erkläre ich, daß ich jedem Ministerpräsidenten meinen Rücktritt angeboten habe. Ich habe mehrere Male klargestellt, daß ich mein Verbleiben an der Spitze des Volksbunds vom Vertrauen des jeweiligen Ministerpräsidenten abhängig machen wollte.

Eine diktatorische Verfügungsgewalt habe ich niemals besessen, das war jedem einzelnen Mitglied bekannt, und das Informationsblatt, in dem ich als ein mit diktatorischer Gewalt ausgestatteter Vorsitzender ausgewiesen sei, stammt nicht vom Volksbund.

Ich war niemals Nationalsozialist und machte mir niemals die politische Auffassung des Nationalsozialismus zu eigen. Die Jugend stand auf weltanschaulicher Grundlage, das gebe ich zu. Den Ministern und auch im Ministerpräsidium, in dem solche Beamte saßen, die vom heutigen System übernommen wurden, erklärte ich, daß ich die Jugend in ihrer Überzeugung nicht zu beeinflussen vermochte.

Der oberste Dienstherr der VOMI war HIMMLER, aber er wollte mich nicht ablösen, weil er wußte, daß die Organisation der deutschen Volksgruppe sich nach dem Krieg verändern und die Führung auf die Jugend übergehen würde. Im übrigen war ich nur ein geduldeter Mensch.

Ich sah auch ein, daß sich in Ungarn die Forderung ähnlicher nationaler Rechte wie der schweizerischen ganz anders auswirken würde, als dies in der Schweiz der Fall war. Deshalb änderte ich meine Ansicht und erklärte, daß wir in Ungarn keine solche Organisationsform schaffen könnten, die auch für die Schweiz richtig wäre.

Als WINKELMANN nach Ungarn kam, hatte er zwei Aufgabenbereiche: zum einen die Organisation der Waffen-SS und zum anderen die Frage der Umsiedlung. Als ich ihn fragte, was wir zu tun hätten, antwortete er: "Tun Sie, was Sie bisher getan haben, arbeiten Sie im Rahmen des Volksbunds, dann sind Sie auf dem richtigen Weg."

Auf die Frage des politischen Anwalts trägt der Angeklagte vor:

Als bezahlter Angestellter des Volksbildungsvereins habe ich außer meinem normalen Gehalt keine sonstige Vergütung aus dem Reich erhalten. 1937 wurde eine Unterschlagung bemerkt, wir haben die Angelegenheit sorgfältig geprüft, aber es gelang uns nicht, ROTHEN etwas nachzuweisen. ROTHEN war übrigens nur mit der Verwaltung der Studentenbeihilfegelder betraut. Ich gebe zu, daß ich an der Münchener Sitzung des VDA von seiten der ungarländischen Volksgruppe mit MÜHL teilgenommen habe. In dieser Versammlung wurde mitgeteilt, daß den zu unterstützenden Volksgruppen geholfen werden würde. Damals beschloß man die rasche Entsendung von Wirtschaftssachverständigen. Diese trafen einen Monat nach der Münchener Versammlung in Ungarn ein, worüber ich auch TELEKI informierte. Außer der VOMI konnte mir niemand Anweisungen geben, auch die deutsche Gesandtschaft konnte nur Wünsche äußern, die ich aber zurückwies. Es gab Fälle, wo sie mäßigen, und Fälle, wo sie radikalisieren wollte. Für die Rede in Bonyhád übernehme ich die Verantwortung. Die Opposition [im Volksbund] hatte nämlich davon abhängig gemacht, ob sie die gegen mich gesammelten Beschuldigungen dem Gesandten übergäbe oder nicht, in welchem Sinne ich meine Rede halten werde. Ich hielt nur die Hälfte der Rede, und diese wurde in der Deutschen Zeitung veröffentlicht. Ich hielt also die von der deutschen Gesandtschaft vorbereitete Rede, aber nur in verkürzter Form.

Die Deutsche Jugend war eine vom Volksbund völlig unabhängige Organisation, weil sie nach ihren Statuten vom damaligen Kultusminister als ein selbständiger Verein genehmigt worden war. Ich spielte in dieser Organisation keinerlei Rolle.

FRANZ HAMM meldete am 31. März 1944 auf Forderung der VOMI dem Präsidenten des Abgeordnetenhauses die Bildung eines neuen nationalsozialistischen Blocks. Der Ausdruck "Block" bedeutete im ungarischen parlamentarischen Leben immer eine Gruppierung, die sich innerhalb der Regierungspartei betätigen wollte.

In einigen deutschen Ortsgruppen wurde das Hakenkreuz im April 1944 eingeführt, das diese nur drei Monate trugen, weil sie die Genehmigung erhielten, sich eine graue oder grüne Uniform gleich welcher Art machen zu lassen, dafür waren sie nicht verpflichtet, das Hakenkreuz zu tragen. Der in Ungarn tätigen NSDAP durften nur deutsche Staatsangehörigen beitreten. Wir arbeiteten so wenig zusammen, daß ich die Versammlungen dieser Partei niemals besuchte. Etwas anderes hatte ich auch bei der Polizei nicht ausgesagt. Wir hatten keinerlei Verbindung miteinander, außer daß wir zu den Versammlungen der jeweils anderen Organisation Vertretungen schickten.

Dessenungeachtet, daß ich einen ständigen Kampf gegen die Radikalen führte und daß die Radikalsten die Einwohner der Batschka waren, stellte ich in meiner in der *Deutschen Zeitung* publizierten Rede doch die Batschka als nachahmungswürdiges Vorbild hin, weil die Batschka soviel Geld von den Mitgliedsbeiträgen zusammentragen konnte, daß man allein damit die übrigen drei Gebiete zu unterhalten vermochte.

In der Judenfrage hätten wir uns den deutschen offiziellen Standpunkt zu eigen machen sollen. Demgegenüber verzichteten unsere Zeitungen auf die Veröffentlichung antisemitischer Artikel. Außer SPREITZER, gegen den ich nicht vorzugehen wagte, weil er zu meinen radikalsten Gegnern gehörte, wies ich die Gebietsführer unter vier Augen an, niemals rassische oder konfessionelle Fragen anzusprechen, weil dergleichen in Fünfkirchen (Pécs), Ungarisch Altenburg (Mosonmagyaróvár) und Ödenburg (Sopron) eine derartige Haßwelle gegen uns auslösen würde, daß wir dagegen machtlos wären. Die Gebietsführer hielten sich daran, bis auf den einzigen FLORIAN KRÄMER,[193] der von geheimnisvollen Feinden sprach. Ich kam ein einziges Mal, angeblich in Fülek, auf den internationalen jüdischen Liberalismus zu reden, aber das war keine judenfeindliche Äußerung.

Zur Verwendung deutscher Schulbücher in den Volksbund-Schulen trage ich vor, daß wir uns den Druck deutscher Schulbücher wünschten. Als das nicht möglich war, trat der Schulamtsleiter für eine Übergangszeit mit dem Vorschlag hervor, die naturwissenschaftlichen Schulbücher einzuführen. Es wurde vereinbart, daß das Kultusministerium aus den Erdkundebüchern - die vielleicht auch einen politischen Bezug haben könnten - selbst jene Seiten entfernt, die seiner Ansicht nach auch nur geringfügig einen solchen Inhalt haben.

Die Volksbund-Schule betrachtete die Kirchen als Erhalterin. Der Generalinspektor CARL MOLITORIS,[194] Leiter der siebenbürgisch-sächsischen evangelischen Kirche, konnte nur darum schreiben, daß er sich meinen Befehlen unterwerfe, weil er wahrscheinlich davon beeinflußt war, daß ANDREAS SCHMIDT

---

[193] KRÄMER, FLORIAN (1897-1984); Lehrer und Minderheitenpolitiker. K. stammte aus der Gemeinde Weprowatz/Veprovac in der Batschka und besuchte das Jesuitengymnasium in Kalocsa. Nach seinem Lehrerdiplom arbeitete er zunächst als Kantor. Bereits in den 1930er Jahren schloß er sich der Arbeit des Schwäbisch-Deutschen Kulturbundes an und beteiligte sich an der Gründung von Genossenschaften. Nach dem Anschluß der Batschka an Ungarn wurde er zunächst Geschäftsführer des Kulturbundes. Nach der Einberufung von KONRAD MISCHUNG zum ungarischen Militär ernannte BASCH 1942 K. zum Gebietsführer der Schwäbischen Türkei (Süd-Transdanubien). Ende 1944 hatte er zahlreiche Auseinandersetzungen mit der VOMI, die für die Evakuierung zuständig war und diese immer wieder hinauszögerte. 1952 wurde K. zum Landesvorsitzenden der Landsmannschaft der Donauschwaben in Bayern gewählt. Dieses Amt gab er 1979 aus Altersgründen ab.

[194] Nähere Angaben zur Person siehe in Anm. 77.

in Süd-Siebenbürgen sämtliche Konfessionsschulen enteignet hatte. Er befürchtete wohl Ähnliches auch von meiner Person.

Ich erhielt von einigen Ausschreitungen von Volksbundangehörigen Kenntnis; die Führung untersagte nicht nur die ausgesprochenen Terrorhandlungen, sondern auch die Kritzeleien an Wänden und das Zertrümmern von Fensterscheiben, weil wir davon mehr Schaden als diejenigen Nutzen hatten.

Daß die nach Ungarn entsandten Wirtschaftsfachleute der VOMI eigentlich Wirtschaftsspione waren, erfuhr ich erst, als ich mit einem Gymnasialprofessor aus dem Reich auf der Straße ging und er mir erklärte, daß diese Sachverständigen Spione des Reichs seien. Damals waren die Sachverständigen nicht mehr in Ungarn. Ihre Hilfe nahm ich nicht in Anspruch. Die für den Immobilienkauf benötigten Summen bekamen wir nicht von ihnen, sondern aus den Vorschüssen der Merkur-Bank, des Wiener Bankvereins und einer gewissen Versicherungsgesellschaft, die GOLDSCHMIDT aufgetrieben hatte.

Der Volksgerichtshof zog sich zur Beratung zurück und faßte den folgenden Beschluß, den der Vorsitzende Richter verkündete:

"Der Volksgerichtshof unterbricht die heutige Verhandlung und setzt für die Fortsetzung der Verhandlung den 16. Januar 1946, 9 Uhr vormittag fest, für welchen Tag er die heute Erschienenen mündlich vorlädt."

Zur Kenntnis genommen: Dr. ISTVÁN GÁLFALVI, Vorsitzender Richter,
Dr. LÁSZLÓ FEKETE, Protokollführer.

2. Verhandlungstag

Protokoll der fortgesetzten öffentlichen [Haupt-]Verhandlung des Budapester Volksgerichtshofes in der Strafsache gegen den der Begehung von Kriegsverbrechen usw. nach Gesetzartikel VII/1945 zu Gesetzeskraft erhobenen § 11 Nummer 6 VGV angeklagten Dr. FRANZ BASCH in Budapest, den 16. Januar 1946.

Anwesend waren:
Dr. ISTVÁN GÁLFALVI, Vorsitzender Richter,
Dr. FRANZ BASCH, Angeklagter in Untersuchungshaft,
Dr. ARPÁD WENCZEL, Rechtsanwalt, Pflichtverteidiger,
MENYHÉRT BOLGÁR, von der Unabhängigen Partei der Kleinen Landwirte,
IVÁN KÁDÁR, von der Ungarischen Kommunistischen Partei,
GYÖRGY FALUDI, von der Sozialdemokratischen Partei,
GÉZA LÁSZLÓ, von der Bürgerlich-Demokratischen Partei,
SÁNDOR PÜSPÖKI, von der Nationalen Bauernpartei,
(Frau) Dr. ISTVÁNNÉ NAGY, vom Landesgewerkschaftsrat,
delegierte Volksrichter,

Dr. LÁSZLÓ FEKETE, Protokollführer,
Dr. ENDRE ACZÉL, Volksanwalt,
Dr. ISTVÁN GYÖNGYÖSI, politischer Anwalt,

BÁLINT HÓMAN, EDMUND VEESENMAYER, OTTO WINKELMANN, MIKLÓS MESTER, Dr. DÁNIEL TARTSÁNYI, Dr. PÉTER INCZE, Dr. GÉZA BIRKÁS, (Frau) JÓZSEFNÉ BECZKÓY, KLÁRA SPIELER, LÁSZLÓ ENDRE, Dr. ISTVÁN ANTAL, Zeugen,
Dr. ERIK BALASSA, Polizeimajor, vereidigter Dolmetscher der deutschen Sprache.

Der Vorsitzende Richter eröffnet die fortgesetzte Verhandlung und belehrt gebührend die Zuhörer, dann erteilt er in Abwesenheit der vorgeladenen und erschienenen Zeugen gemäß § 301 StPO dem politischen Anwalt das Wort.

Die Frage des politischen Anwalts beantwortet der Angeklagte wie folgt:

An der Sitzung des Landesunterrichtsrats nahmen SCHMIDT und BALTHAZÁR[195] als Beobachter teil. Ihr Wunsch betreffend das Aufsichtsrecht der ungarländischen Schulen deutscher Muttersprache war, daß die Volksbund-Schulen mit den gleichen Rechten ausgestattet werden sollten, welche auch den von den Kirchen erhaltenen Schulen zustanden.

Wir wandten uns an das deutsche Unterrichtsministerium mit der Bitte, unseren Schulen Schulbücher zukommen zu lassen. Meiner Erinnerung nach trafen daraufhin Bücher in einer Menge von etwa drei Waggons ein. Welcher Art diese Bücher waren, weiß ich nicht, aber wir überließen es dem ungarischen Kultusministerium, diejenigen Schulbücher auszuwählen, deren Verwendung es für richtig hielt, weil wir nur solche Schulbücher benützen wollten. Ich kann also entschieden behaupten, daß wir um keine Schulbücher aus dem Reich gebeten und auch keine solche angefordert haben.

Meines Wissens wurde Gewalt mit dem Ziel, Volksbundmitglieder zum Eintritt in die SS zu bewegen, nur in der Batschka angewandt. Zumindest ist mir nur darüber berichtet worden. Von Terrorakten in der Baranya weiß ich nichts.

HUGO BINDER habe ich gekannt, er war der Gebietsführer des Gebiets Mitte, das das Umland von Budapest und einen Teil des Pilisgebirges umfaßte. Ich habe BINDER später abgelöst, dann wurde er Mitarbeiter SCHÖNBORNs. Davon, daß BINDER im April 1944 zum Beauftragten für die totale Kriegführung ernannt worden wäre, ist mir nichts bekannt. Es gab zwar eine Dienststelle, die sich mit der Betreuung der Angehörigen und der Registrierung der Eingerückten hätte befassen sollen, doch deren Leiter war SCHÖNBORN.

Die sogenannte Deutsche Mannschaft war die Männerabteilung der siebenbürgischen Organisation, deren Aufgabe die Aufrechterhaltung der Ordnung in

[195] SCHMIDT, JOSEF (1915-1998), war Landesschulleiter des Volksbundes. In dieser Eigenschaft führte er Verhandlungen mit Kultusminister HÓMAN über den Ausbau der deutschen Schulen. MATTHIAS BALTHAZÁR war Mitarbeiter des Landesschulamtes.

den Versammlungen war. Ich kann sie nicht zu den Sicherheitskräften rechnen, weil ihre Mitglieder keine militärische Ausbildung erhielten. Die Mitglieder der Deutschen Mannschaft genossen nur in der Batschka eine gewisse militärische Ausbildung, wo sie infolge einer mit der Regierung geschlossenen Vereinbarung in Neusatz (Újvidék) an einem Manöver teilnahmen. Das dauerte eine Woche, dann war es auch damit zu Ende. Die anderen erhielten niemals eine Ausbildung, nur die Gendarmerie versorgte sie mit Gewehren, als sie zur Bewachung von Flachs und Hanf oder von Mühlen aufgeboten wurden. Auch im Gebiet Trianon-Ungarns wurde mit der Organisation der Deutschen Mannschaft begonnen. Ich weiß nicht mehr, wann es dazu kam. Auch das weiß ich nicht, ob das ungarische Verteidigungsministerium über diese Organisation informiert war oder nicht. Ich habe aber diese Frage in der Hauptversammlung von 1943 offen behandelt.

Die Deutsche Mannschaft hatte im Durchschnitt je Gemeinde nicht einmal einen Mann. Wir übernahmen diese Organisation in der Batschka bereits in fertigem Zustand und wollten sie in ihrer Bedeutung und Tätigkeit schmälern.

Davon ist mir nichts bekannt, daß die Führung des Gebiets Mitte am 13. Dezember 1943 einen von HUGO BINDER gezeichneten Rundbrief an die Orts- und Bezirksführer gesandt haben soll, in welchem die sofortige Aufstellung und Ausbildung der Deutschen Mannschaft angemahnt worden sei. Ich wiederhole, ich habe die Tätigkeit, die Bedeutung und das Wesen der Deutschen Mannschaft im Ministerpräsidium jedesmal besprochen, was auch in den Hauptversammlungen von 1943, ja sogar von 1944, zum Gegenstand einer aufrichtigen Auseinandersetzung gemacht wurde.

"Hoheitsträger" waren der Gebietsführer, der Bezirksführer und der Ortsgruppenführer. Ich weiß nicht, wie dieses Wort genau ins Ungarische zu übersetzen ist. Das habe ich nicht berücksichtigt, daß dieser Ausdruck einen gewissen, auf Souveränität hinweisenden Charakter hat, weil wenn ich dies berücksichtigt hätte, dann wäre auch ich "Hoheitsträger" gewesen.

Die Deutsche Mannschaft hatte keine politischen Ziele, sondern - wie ich es auch in der Jahreshauptversammlung zur Sprache brachte - sie hatte die einzige Aufgabe, für Ordnung zu sorgen. Für den Fall, daß die ungarische Nation ihre Eingliederung in die Honvédarmee anordnete oder sie zu einem anderen Zweck in Anspruch nehmen wollte, sollte sie dem Staat zur Verfügung stehen. Die Mitglieder der Deutschen Mannschaft haben sich übrigens bereit erklärt, die Sammlungen durchzuführen.

Der Mannschaftsführer OBELS gehörte eine Zeitlang zu den Radikalen, später vertrat er gemäßigtere Ansichten, und erst dann übernahm er die Mannschaft. Eine Zeitlang, in seiner radikalen Periode, verrichtete er bloß Verwaltungsarbeit.

Von einer Äußerung von OBELS, in der er sich mit der Möglichkeit einer Landung der Alliierten befaßt und erklärt habe, daß im Falle der Besetzung Ungarns durch deutsche Truppen die Aufrechterhaltung der Ordnung den Einheiten der Deutschen Mannschaft zufiele, hatte ich keine Kenntnis. Es wundert mich aber, weil OBELS zu denen gehört hatte, die hier in Pest bleiben wollten, und das tat er dann auch.

Ich hielt mich am 19. März 1944, nachts, nicht zu Hause auf, sondern an einem privaten Ort. Anschließend war ich jedoch 10 Tage lang ununterbrochen im Deutschen Haus, weil ich glaubte, daß die Polizeiakten über mein Privatleben meine Festnahme nach sich ziehen würden. Davon habe ich nichts gewußt, daß in der Baranya am 19. März 1944 die Angehörigen der Deutschen Mannschaft die ungarischen Gemeindehäuser angegriffen, die Gemeindesiegel an sich genommen, die Bevölkerung der ungarischen Gemeinden entwaffnet und erklärt haben sollen, nunmehr von sich aus die höhere Gewalt auszuüben. Ich kann es auf entschiedenste zurückweisen, daß diese Leute im voraus über die deutsche Besetzung informiert worden seien und so auf eine höhere Weisung hin gehandelt haben, weil weder ich, noch ein einziger meiner Mitarbeiter davon wußte. Im übrigen gab es in der Baranya nur im sogenannten Baranya-Dreieck (Baranya-háromszög), dem früher zu Jugoslawien gehörigen Gebiet, eine sogenannte Deutsche Mannschaft. Ich bezweifle, daß solche Dinge sich vor der Besetzung durch die deutschen Truppen zugetragen haben könnten. Wären sie danach geschehen, dann wäre ich von seiten des Militärkommandos binnen 24 Stunden darüber informiert worden.

Wenn die Deutsche Mannschaft beim deutschen Einmarsch in der Süd-Baranya und in der Batschka sich unter Gewaltanwendung mit der Entwaffnung einzelner Militär- und Gendarmerie-Einheiten sowie mit der Übernahme der Macht und den damit zusammenhängenden Plänen befaßt hätte, dann wäre es nur zu natürlich gewesen, wenn wir nach dem Einmarsch der deutschen Truppen mit darüber hinausgehenden Forderungen hervorgetreten wären, doch es ist Tatsache, daß der Volksbund nicht ein einziges Mal solche Forderungen geltend gemacht hat.

In meiner Rede in Elek stellte ich dem ungarländischen Deutschtum die Jugend als nachahmenswertes Beispiel vor, dessen ungeachtet, daß sie am radikalsten in ihren Ansichten war. Das habe ich darum getan, weil die Jugend immer von den Älteren die Ideen übernimmt.

Ich war weder Präsidialmitglied noch korrespondierendes Mitglied des Stuttgarter Auslandsinstituts, ich erhielt von diesem lediglich zu meinem 40. Geburtstag eine Plakette. Zu den mir von der Polizei genannten deutschen Instituten hatte ich keinerlei Kontakte.

Vom Tod RICHARD CSAKYs und davon, daß ich als sein Nachfolger zur Sprache gebracht worden wäre, habe ich jetzt zum erstenmal gehört. Um diese Stelle habe ich mich niemals beworben, weil es nicht meine Absicht war, Ungarn zu verlassen.

Einmal erhielt ich von SZÁLASI eine Einladung zum Kronrat, aber es wurde mir zu spät und ich nahm daran nicht teil. Ich wurde auch für einen anderen eingeladen, zu dem ich hinging. Eine dritte Einladung bekam ich nicht mehr.

Der Volksanwalt modifiziert seine Anklage gemäß § 11 Nummer 6 VGV und qualifiziert sie als Begehung von Kriegsverbrechen gemäß § 11 Nummer 1, außerdem sei aufgrund der vorgelegten Beweise diejenige Tätigkeit des Volksbunds erwiesen, daß dieser – bevor die zwischenstaatlichen Verträge diesbezüglich eine Vereinbarung getroffen hätten – einen Druck auf die Mitglieder für ihren Eintritt in die SS ausgeübt habe sowie daß die Deutsche Mannschaft nichts anderes gewesen sei als eine bewaffnete Ordnungskraft, die Ungarns Widerstand gegen die Deutschen habe schwächen wollen - er wolle auch diese Straftaten gemäß § 11 Nummer 1 VGV geltend machen, das heißt auch diese im Tatbestand berücksichtigen.

Die Frage des Verteidigers beantwortet der Angeklagte wie folgt:
Es gab ständig Versuche von außen, wir sollten den Volksbund auf wirtschaftlichem, sozialem und kulturellem Gebiet behalten, aber daneben auch eine politische Partei der ungarländischen Deutschen gründen. Wir hätten die politische Partei um so eher gründen können, als wir nach den ungarischen Gesetzen über das Recht, eine Partei zu gründen, verfügten, doch sowohl die Führung als auch die Radikalen waren der Meinung, daß wir in Ungarn keine Partei gründen sollten, weil das ungarländische Deutschtum keine Macht anstrebe.

Vorsitzender Richter eröffnet das Beweisverfahren gemäß § 306 StPO.

Dr. BÁLINT HÓMAN, 60 Jahre alt, geboren und wohnhaft in Budapest, verheiratet, Minister a.D., unbeteiligter Zeuge, tritt ein und sagt nach richterlicher Belehrung aus:

Dr. FRANZ BASCH war zweimal zur Audienz bei mir als Kultusminister, meiner Erinnerung nach um 1940 in der Angelegenheit des deutschen Volks- und Bürgerschulunterrichts. Im Zusammenhang mit seinen Anliegen trage ich vor, daß zwischen der Auffassung der deutschen Nationalitätenpartei und der der Regierung ein gewisser Gegensatz bestand. Wir bauten den Nationalitätenunterricht nur auf den elterlichen Willen auf, das heißt wir wollten nur diejenigen in die betreffende Nationalitätenschule aufnehmen, deren Eltern sich zu der entsprechenden Nationalität bekannten. Dr. BASCH äußerte den Wunsch, daß die Kinder aller ungarischen Staatsbürger deutscher Nationalität beziehungsweise Muttersprache eine deutsche Schule besuchen sollten. Das war der alte Zustand. Wir mußten im Sinne des Friedensvertrags von Trianon Nationalitätenschulen unterhalten. Die ungarische Regierung schuf drei Schultypen: die sogenannten Typen A, B und C. In die Schule vom Typ A gingen diejenigen, die einen völlig deutschsprachigen Unterricht bekamen und für die die ungarische Sprache nur Unterrichtsfach war. Typ B war die Schule mit gemischtsprachigem Unterricht, und in der Schule vom Typ C war Ungarisch die Unterrichtssprache, aber auch die deutsche Sprache wurde unterrichtet. Später wurden die Schulen vom Typ C abgeschafft. Er war übrigens der ungarischen Regierung gegenüber immer loyal und forderte von uns eigentlich nur, daß wir diejenigen Punkte erfüllen sollten, zu denen die ungarische Regierung im Sinne des Friedensvertrags von Trianon verpflichtet war. In seinem Verhalten habe ich niemals bemerkt, daß es deutscherseits irgendwelche Konsequenzen haben würde, wenn die ungarische Regierung seine Forderungen nicht erfüllte. Im übrigen war seine Hauptkontaktstelle das Ministerpräsidium. Mir gegenüber hat er sich sehr human, sehr konziliant und höflich verhalten. Mir ist nur bekannt, daß der Angeklagte mich ohne jede Drohung gebeten hat, unsererseits irgendein Zugeständnis zu machen, damit er sich behaupten könne, weil radikale Forderungen existierten. Es war niemals davon die Rede, daß im ganzen Land Volksbund-Schulen eingerichtet werden sollten, sondern nur dort, wo der Volksbund bereits gegründet worden war.

Der Angeklagte macht auf die Aussage des Zeugen keine Bemerkung.

Parteien stellen keine Frage an den Zeugen.

Der Volksgerichtshof unterläßt die Vereidigung des Zeugen gemäß § 311 Abs. 2 StPO mangels eines Antrags.

EDMUND VEESENMAYER, 41 Jahre alt, geboren in Bad Kissingen, wohnhaft in Salzburg, Diplomat, unbeteiligter Zeuge, tritt ein und trägt nach richterlicher Belehrung durch Vermittlung des gemäß § 140 StPO bereits vereidigten Dolmetschers Dr. ERIK BALASSA folgendes vor:

Meiner Erinnerung nach war der Angeklagte 1942 oder 1943 in Berlin in der Angelegenheit der deutschen Volksgruppe. Dienstlich hatte ich nichts mit ihm zu tun, er machte bei mir nur einen Höflichkeitsbesuch. Ich habe mich auch später nicht mit Angelegenheiten der deutschen Volksgruppen beschäftigt. Es war mir bekannt, daß dem Angeklagten in Berlin kein besonders großes Vertrauen entgegengebracht wurde. Besonders HIMMLER hatte kein Vertrauen zu ihm. Als im zwischenstaatlichen Abkommen zwischen Ungarn und Deutschland der Eintritt der Volksbundmitglieder in die SS zur Pflicht gemacht wurde, war dies der Wunsch der Reichsregierung. Dr. FRANZ BASCH geriet in diesem Zusammenhang in eine schwierige Lage. Meiner Meinung nach war es einerseits sein Wunsch, daß auch die deutsche Volksgruppe die gemeinsame Kriegführung unterstützen sollte, andererseits wollte er vermeiden, daß die deutsche Volksgruppe dadurch viel zu sehr geschwächt werde. Ich habe den Volksbund zu Beginn und auch noch während des Krieges eine Zeitlang für einen kulturellen Faktor gehalten. Später ist er, dann auf ausgesprochenen Druck HITLERS[196] - und unter teilweisem Widerstand von Dr. BASCH - in gewissem

---

[196] Der Druck aus dem Reich kam nicht von HITLER selbst, sondern von HIMMLER.

Maße politisch geworden. Ich halte es für ausgeschlossen, daß Dr. BASCH im Volksbund eine diktatorische Macht besessen haben soll. Soviel ich weiß, durfte der Angeklagte seine Stellung behalten, weil wahrscheinlich keine bessere und geeignetere Person dafür zur Verfügung stand.

Auf Frage des Volksanwalts erklärt der Zeuge:
Die Deutschen hätten eigentlich die Macht gehabt, Dr. BASCH abzulösen. HIMMLER war sehr verärgert über den Angeklagten. Ich weiß nichts davon, daß man den Volksbund im Deutschen Reich in den Dienst der imperialistischen Zielsetzungen stellen wollte, das glaube ich nicht, weil über die Endziele des Reiches nur sehr wenige unterrichtet waren. Praktisch tauchte die ganze Frage erst während des Krieges auf, und zwar in dem Maße, wie sich die Kriegslage verschlechterte. Ich nehme an, BASCH wußte davon.

Auf Frage des Angeklagten erklärt der Zeuge:
Angeklagter suchte mich selten und mit ganz belanglosen Sachen in der Gesandtschaft auf. Ich hatte den Eindruck, daß er um eine Synthese rang, um es in Einklang zu bringen, daß er einerseits ein Magyare, andererseits ein Deutscher sei. Oft kam ich zu der Überzeugung, daß er sehr darunter gelitten hatte.

Parteien richten keine Fragen an den Zeugen.
Der Volksgerichtshof unterläßt die Vereidigung des Zeugen gemäß § 311 Abs. 2 StPO mangels eines Antrags.

OTTO WINKELMANN, 51 Jahre alt, geboren in Bordesholm, wohnhaft in Berlin, verheiratet, Polizeigeneral, unbeteiligter Zeuge, tritt ein und sagt nach richterlicher Belehrung und durch Vermittlung des gemäß § 140 StPO bereits vereidigten Dolmetschers Dr. ERIK BALASSA aus:

Mit dem Angeklagten kam ich im April 1944 in Verbindung, als ich ihn besuchte, weil ich ihn kennenlernen wollte. Wir behandelten die Angelegenheit der deutschen Nationalität in Ungarn. Ich sagte ihm, ich erwartete, daß er sich der ungarischen Regierung gegenüber so loyal wie möglich verhalte, weil ich gehört habe, daß beispielsweise in Rumänien die Lage anders sei. Es war die Rede von der Musterung der ungarländischen Schwaben in die SS, die damals nur auf freiwilliger Basis durchgeführt wurde, weil das zwischenstaatliche Abkommen über ihren obligatorischen Eintritt erst später geschlossen wurde. Angeklagter mißbilligte das Abkommen. Über den Ausgang des Krieges wurde nicht gesprochen. Ein oder zwei Monate später kam es zur Sprache, daß der

---

Entweder ist hier das Protokoll ungenau (Schreibfehler HITLER statt HIMMLER), oder VEESENMAYER hat sich versprochen.

Angeklagte Staatssekretär für die deutschen Angelegenheiten in Ungarn werden sollte. Meines Wissens war Dr. BASCH kein Mitglied der nationalsozialistischen Partei. Ich hielt ihn für zuverlässig, obwohl ihm die Gesandtschaft nicht sehr vertraute und der Meinung war, daß er eher Ungarn zugeneigt sei. Deshalb sagte ich ihm, wenn er Schwierigkeiten bekomme, dann solle er sich an mich wenden. Eine solche Schwierigkeit war zum Beispiel der obligatorische Eintritt in die SS, weil dieser praktisch den Zerfall der ganzen deutschen Volksgruppe bedeutete. Meiner Meinung nach sollte Ungarn nach dem Krieg ein selbständiger und unabhängiger Staat bleiben, und ich lehnte alles ab, was dem widersprach. Eben darum sagte ich Dr. BASCH, daß er dem ungarischen Staat gegenüber die Loyalität immer bewahren sollte. Befehlshaber der Waffen SS war General KETTELER[197].

Im Zusammenhang mit der Volksbund-Liste trage ich folgendes vor: Es gab eine Vereinbarung, wonach gewisse Organe des Volksbunds eine Liste mit den Namen der Volksbundsmitglieder zusammenzustellen hatten. Die Listen wurden zum Ergänzungskommando der SS geschickt, das sie an das Verteidigungsministerium weiterleitete. Von dort kamen sie zu den Gemeindenotaren, die in der Angelegenheit Stellung bezogen und auf den Listen bestätigten, ob der Betreffende Deutscher oder Magyare war. Soviel ich weiß, bekam der Angeklagte aus Deutschland nur von der VOMI Anweisungen. Sein Verhältnis zu HIMMLER war sehr kühl.

Ich hielt den Volksbund ursprünglich für ein kulturelles Organ, aber gegen Kriegsende kam es bereits zu einer Mischung kultureller und politischer Momente. Dienstlich hatte ich nichts mit dem Volksbund zu tun.

Deutschland erwartete eine bewaffnete Hilfe vom Volksbund. Meiner Meinung nach besaß Dr. BASCH im Volksbund eine diktatorische Macht, doch ich kann nichts Genaues dazu sagen. Die Deutschen waren im allgemeinen vielerorts unzufrieden mit der Tätigkeit des Angeklagten, weil ihnen die Tätigkeit von ANDREAS SCHMIDT in Rumänien vor Augen stand. Ihre Unzufriedenheit erreichte doch nicht das Ausmaß, daß sie ihn seines Postens enthoben hätten, aber HIMMLER persönlich sagte mir, daß man ihn nach dem Krieg austauschen werde. Er blieb während des Krieges auf seinem Platz, weil die Deutschen keinen Wechsel wollten und weil ihnen vielleicht vorläufig auch keine geeignetere Person zur Verfügung stand.

Auf Frage des Volksanwalts erklärt der Zeuge:

Nach dem zwischenstaatlichen Waffen SS-Vertrag war der Volksbund der Werbungsträger in Ungarn.

Auf Frage des politischen Anwalts erklärt der Zeuge:

Meine Aussage vor der Polizei, wonach sich Dr. BASCH wie ein Nationalso-

---

[197] Wahrscheinlich ein Hörfehler, denn Befehlshaber war SS-Gruppenführer WILHELM KEPPLER, der auch als einer der drei Stellvertreter WINKELMANNs fungierte.

zialist verhalten und sich auch als solcher bekannt habe, halte ich aufrecht.

Die Volksbundmitglieder wurden deshalb in die SS und nicht in die Wehrmacht aufgenommen, weil es diesbezüglich zwischen HIMMLER und KEITEL[198] eine Vereinbarung gab. Franz BASCH erfüllte die deutschen Wünsche in dem Maße, wie er sie für richtig hielt. Er klagte mir oft, daß man ihm bei der Gesandtschaft Schwierigkeiten mache; ich stand ihm jedesmal bei.

Auf Frage des Angeklagten fährt der Zeuge fort:

FRANZ BASCH verlangte für den Volksbund weder eine politische Stellung noch eine deutsche Hilfe. Ich erinnere mich auch daran, daß der Angeklagte mich bat, die Wünsche BERGERs abwehren zu helfen.

Mir ist bekannt, daß im Volksbund ein radikaler Flügel dem Angeklagten ständig Schwierigkeiten bereitete. Ich weiß auch, daß der Volksbund von deutschem Gesichtspunkt aus in Ungarn weniger erfolgreich war als in Rumänien oder Jugoslawien, wo man eine selbständige politische Position erreichte. Ich schreibe dies in erster Reihe BASCH zu, der den Standpunkt vertrat, der Volksbund sei in Ungarn und nicht in Deutschland.

Parteien richten keine weitere Frage an den Zeugen.

Der Volksgerichtshof unterläßt die Vereidigung des Zeugen gemäß § 311 Abs. 2 StPO mangels eines Antrags.

MIKLÓS MESTER, 40 Jahre alt, geboren in Rugonfalva, wohnhaft in Budapest, verheiratet, Leiter eines Studenteninternats, unbeteiligt, tritt ein und trägt nach richterlicher Belehrung vor:

Mit dem Angeklagten, den ich seit 15 Jahren kenne, machte mich der zionistische Jude ENDRE MOLNÁR bekannt, in der Wohnung des Angeklagten in der Németvölgyi-Straße. Ich interessierte mich für die Person BASCH und wollte ihn als den Führer der radikalen deutschen Nationalitätenbewegung kennenlernen. Ich nahm auch einige meiner Freunde zu ihm mit, damit die Besten der ungarischen Jugend sich mit der Frage vertraut machen können und versuchen, das Verhältnis zwischen ungarländischem Deutschtum und Magyarentum, den Leidenschaften entrückt, prinzipiell zu klären. Ich wollte die Vorstellungen von BASCH auch einem breiteren Kreis im Magyarentum vermitteln und nahm ihn daher in die Miklós-Bartha-Gesellschaft (Bartha Miklós Társaság) mit, in der er

[198] KEITEL, WILHELM (1882-1946); Artillerieoffizier und General. Nach einer steilen Offizierskarriere wurde K. am 4. April 1938 zum Chef des Oberkommandos der Wehrmacht (OKW) ernannt. Ab 28. April 1945 fungierte er kurzfristig auch als Reichskriegsminister. Im Nürnberger Prozeß wurde er als Kriegsverbrecher zum Tod verurteilt und im Oktober 1946 hingerichtet.

auch einen Vortrag hielt. Auch JÁNOS KODOLÁNYI[199] ergriff in der Diskussion das Wort. Danach nahm ich den Angeklagten in den 38er Verein (38-as kör)[200] mit, wo er ebenfalls einen Vortrag hielt. In der Diskussion meldete sich FERENC NAGY[201] zu Wort, der derzeitige Parlamentspräsident, damals Generalsekretär der Kleinlandwirtepartei. Dann veranstaltete der Landesverband Ungarischer Universitäts- und Hochschulstudenten (Magyar Egyetemi és Főiskolai Hallgatók Országos Szövetsége) eine Enquete, zu der auch FRANZ BASCH erschien. Nach meiner Überzeugung ist es die oberste Zielsetzung jeder Nationalität, ihre Existenz innerhalb eines Landes in dreierlei Hinsicht zu sichern, und zwar in kultureller, wirtschaftlicher und politischer Hinsicht. Weil dies eine neue Bewegung war und weil die erste Forderung der Nationalitäten gewöhnlich kultureller Natur ist, handelte es sich in diesen Vorträgen vorrangig um kulturelle und schulische Forderungen. Leider hatte ich den Eindruck, daß das Magyarentum in der Nationalitätenfrage im allgemeinen nicht informiert war, und statt daß diese Vorträge in einem Konsens ausgeklungen wären, endeten sie in einer heftigen Diskussion, und anstelle daß sie die Leidenschaften besänftigt hätten, erregten sie diese noch mehr. Wissenschaftlich waren diese Fragen in Ungarn nicht geklärt, und im allgemeinen hatte sich in Ungarn kein richtiger, wissenschaftlicher Standpunkt in der Nationalitätenfrage herausgebildet, einer, der von der ganzen öffentlichen Meinung übernommen worden wäre, und dem schreibe ich es zu, daß die Frage zum Beispiel auch im Zusammenhang mit der Judenfrage dermaßen ausgeartet ist. Die Versuche OSZKÁR JÁSZIs[202] in dieser Rich-

---

[199] KODOLÁNYI, JÁNOS (1899-1969); Schriftsteller. Er stammt aus der Region Ormánság im südlichen Teil des Komitates Baranya. Die dort erworbenen Kindheitserlebnisse prägten sein ganzes Oeuvre. Im Kreis der Populisten prangerte er die soziale Benachteiligung und Verarmung der ungarischen Bauern und die Verbreitung des Einkind-Systems an und machte dafür die Nationalitäten, allen voran die Ungarndeutschen verantwortlich. Später bediente er sich des historischen Romans, um die Probleme seiner Zeit zu behandeln. 1943 hielt er auf der Konferenz der Populisten in Balatonszárszó das Einführungsreferat. Nach 1945 durften bis 1957 seine Werke nicht verlegt werden.

[200] Der sog. Kreis der 38er war ein Zirkel junger Intellektueller, der IMRÉDYs Politik unterstützte.

[201] NAGY, FERENC (1903-1979); Politiker, ungarischer Ministerpräsident 1946-1947, als der am 31. Mai 1947 während eines Aufenthalts in der Schweiz zurücktrat, um dann in die USA zu emigrieren. Zusammen mit ZOLTÁN TILDY war er 1930 Begründer der Partei der Kleinlandwirte und deren Generalsekretär bis 1945. 1941-1943 übernahm er auch den Parteivorsitz. Während des Zweiten Weltkrieges schloß er sich der Widerstandsbewegung an, vom April bis November 1944 war er Gefangener der Gestapo.

[202] JÁSZI, OSZKÁR (1875-1957); Politiker, Universitätslehrer und Soziologe, Theoretiker und Symbolfigur der Bürgerlich-Radikalen in der Dualismuszeit. Als Generalsekretär der Társadalomtudományi Társaság [Gesellschaftswissenschaftlichen Vereinigung], Chefredakteur der Zeitschrift *Huszadik Század* [Zwanzigstes Jahrhundert] und Päsident der Országos Polgári Radikális Párt [Bürgerlich-Radikalen Landespartei] suchte er seine Thesen auch politisch umzusetzen. Im Oktober 1918 war J. Mitglied des Nationalrates

tung wie auch die meinigen endeten mit einem Fiasko. Ich wurde 1939 Abgeordneter und fand, daß etwas auf diesem Gebiet unternommen werden müßte, damit nicht nur die deutsche Frage in Ungarn, sondern die gesamte Nationalitätenfrage im allgemeinen der Parteipolitik entzogen werde. Ich verhandelte mit PÁL TELEKI darüber, daß wir im Parlament einen Nationalitätenausschuß gründen sollten, als ein offizielles parlamentarisches Organ, dem alle Parteiführer und diejenigen Parlamentsmitglieder angehören würden, die sich fachmännisch mit der Nationalitätenfrage beschäftigt haben. PÁL TELEKI befaßte sich ernsthaft mit meinem Vorschlag und übergab diesen dem damaligen Außenminister CSÁKY zur Stellungnahme, der leider das Ganze vereitelte.

Ich hatte den Standpunkt, daß das ungarländische Deutschtum und auch die übrigen Nationalitäten das Recht dazu haben sollen, sich auf nationaler Grundlage zu organisieren, wie es auch dem in fremden Staaten lebenden Magyarentum zustand, eine Organisation in kultureller, wirtschaftlicher und politischer Hinsicht vorzunehmen. Ich riet zugleich davon ab, daß das ungarländische Deutschtum sich im Rahmen ungarischer Parteien organisieren sollte, was der Fall wäre, wenn es mehrheitlich in die Pfeilkreuzlerpartei eintreten würde. Ich machte während der Wahlen im Wahlkreis Ráckeve die Erfahrung, daß das Deutschtum sich dort noch nicht auf nationaler Grundlage organisiert hatte, aber daß die Schwaben anläßlich der Wahlen überwiegend für die ungarischen Pfeilkreuzler votierten. Meine Meinung dazu ist, daß das Magyarentum hauptsächlich von Magyaren geführt werden sollte und daß die Deutschen sich nicht als Magyaren aufspielen sollten.

FRANZ ROTHEN war BLEYERs Sekretär, und ich sah ihn plötzlich als führenden Pfeilkreuzler auftauchen. Ich berichtete sofort BASCH darüber, und wir mißbilligten das beide. Wir waren derselben Meinung, daß die ungarländischen Schwaben nichts in der Pfeilkreuzlerpartei verloren hätten. 1938, nach dem Anschluß, erwähnte mir BASCH, daß eine Abordnung aus Ödenburg ihn aufgesucht habe, mit dem Anliegen, daß auch Ödenburg samt Umgebung Deutschland angeschlossen werden sollten. Er habe diese Abordnung tüchtig ausgescholten.

1936 traf ich in der Wohnung des früheren Abgeordneten und Journalisten IMRE NÉMETH den englischen Universitätsprofessor [CARLILE] AYLMER MACARTNEY,[203] der auch heute noch Professor in Oxford und einer der hervor-

---

und übernahm in der Károlyi-Regierung das Nationalitätenministerium. Nach der Ausrufung der Räterepublik floh er 1919 ins Ausland. In Wien prangerte er den sog. Weißen Terror, d.h. die Vergeltungsmaßnahmen nach Beseitigung der Räterepublik an. 1925 ließ er sich in den USA nieder. In der Nationalitätenpolitik plädierte er für eine Umgestaltung Ungarns in eine "östliche Schweiz", in der die Minderheiten politisch gleichberechtigt sein sollten. Zugleich lehnte er eine Zerstückelung Großungarns ab.

[203] MACARTNEY, CARLILE AYLMER (1895-1978); britischer Historiker und Ungarn-Experte. M. amtierte 1921-1925 in Wien als britischer Vizekonsul, danach als Minderheitenexperte am Völkerbund in Genf. Von 1936 bis zu seiner Pensionierung arbeitete

ragendsten Experten der ungarischen und osteuropäischen Frage ist. Bei unserem Gespräch über die Nationalitätenfrage erklärte MACARTNEY, daß er den ganzen Nazismus verurteile, doch in Ungarn die Nationalitätenfrage und auch die deutsche Frage unabhängig vom Nazismus gelöst werden müßten. Er erwähnte, daß er mit FRANZ BASCH gesprochen und dieser einen guten Eindruck auf ihn gemacht habe.

Wir sprachen des öfteren auch von der Judenfrage, doch BASCH hat in meiner Gegenwart niemals über die Juden gelästert. Im Zusammenhang mit der Judenfrage ging er davon aus, daß diese Frage genauso eine Nationalitätenfrage sei wie die anderen. Bezüglich eventueller Forderungen des Volksbundes gegen die ungarischen Regierungsbehörden standen mir keine Angaben zur Verfügung, ich kann mich daher zu dieser Frage nicht äußern. Ich kann nur soviel sagen, daß mir der Angeklagte beim Kriegsausbruch folgendes mitteilte: "Es wird von seiten des Deutschen Reiches beanstandet, daß ich in Ungarn nicht mit solchen radikalen Forderungen auftrete, wie es zum Beispiel die Führer des Deutschtums in der Slowakei, in Rumänien oder Jugoslawien tun."

BASCH erwähnte auch, daß es einen Unterschied zwischen der Lage der Reichsdeutschen und der des ungarländischen Deutschtums gebe. Er habe den Gedanken und die Wirklichkeit der ungarisch-deutschen Schicksalsgemeinschaft tatsächlich ernst genommen.

Während des Krieges erklärte mir BASCH, daß er in Europa der einzige Volksgruppenführer sei, den man nicht in Berlin ernannt habe. Es sei in diesem Zusammenhang erwähnt, daß ich den Eindruck hatte, daß die ungarische Regierung und die Rechte in Fragen der Nationalitätenbewegung den Standpunkt einnahmen, daß man mit dem Deutschen Reich volle Freundschaft pflegen müsse und ihm zu Diensten sein müsse, aber gleichzeitig die deutsche Bewegung in Ungarn zu unterdrücken sei beziehungsweise dieser keinerlei Regung zu gestatten sei. So war FRANZ BASCH für die ungarische Regierung und die Rechte zu radikal, für die Führer des Deutschen Reiches wiederum nicht radikal genug.

FRANZ BASCH erwähnte mir gelegentlich während des Krieges, er verwende beispielsweise in seinen Reden und Äußerungen das Wort "Nationalsozialismus" überhaupt nicht. Ich weiß auch, daß BASCH die Pfeilkreuzler verurteilt hat. Was den Nationalsozialismus in Deutschland anging, nahm er die Bewegung zur Kenntnis, aber davon war niemals die Rede, sie nach Ungarn zu verpflanzen.

---

er als Research Fellow am All Souls College in Oxford, in den Kriegsjahren im Research-Department des britischen Außenministeriums und von 1951 bis 1957 als Professor für Internationale Beziehungen an der Universität Edinburgh. In dieser Zeit vollendete er sein voluminöses zweibändiges Werk zur Geschichte Ungarns und der deutsch-ungarischen Beziehungen im Zeitraum von 1929 bis 1945, das bis heute seinen Rang als einzigartiges Standardwerk behalten hat: October Fifteenth. Band 1 und 2, Edinburgh 1956-1957, 2. Auflage 1961.

Es ist eine Tatsache, daß BASCH sich niemals in die innenpolitischen Verhältnisse Ungarns einmischte und diese ihn auch nicht interessierten, daß er aber die Wünsche der deutschen völkischen Nationalität zweifelsohne energisch vertrat. Es ist aber auch eine Tatsache, daß er das ungarische Volk liebte. Aufgrund der mir zur Verfügung stehenden Angaben und soweit ich FRANZ BASCH gekannt habe, habe ich nichts an seiner Tätigkeit auszusetzen.

Auf Frage des Volksrichters erklärt der Zeuge:

Es unterliegt keinem Zweifel, daß jeder das Recht dazu hat, sich auf völkischer Grundlage zu organisieren. Es unterliegt jedoch auch keinem Zweifel, daß in dieser Hinsicht Übertreibungen vorkamen. Ich selbst hätte beispielsweise den Wiener Vertrag niemals unterschrieben, weil er dem Volksbund ein ausschließliches Organisationsrecht in Ungarn zusicherte. Ich stelle aber die Frage: Wer ist dafür verantwortlich?

Ich hatte den Eindruck, daß man mit FRANZ BASCH auf loyaler Basis zusammenarbeiten konnte. Welche Fehler von seiten des Deutschen Reiches, in Ungarn und auch von anderen begangen wurden, kann der Gegenstand einer viel detaillierteren Untersuchung sein.

Auf Frage des Angeklagten trägt der Zeuge vor:

Es ist Tatsache, daß der Angeklagte, als er 1944, nach der deutschen Besetzung, bei mir in der Frage der deutschen Schulen vorsprach, dies im geduldigsten Ton tat. Es ist auch unbestritten, daß er die Suprematie des ungarischen Volkes allemal a priori anerkannte. BASCH gelobte stets in seinen Vorträgen vor Ungarn, daß die deutsche Volksgruppe in der Staatsführung, der öffentlichen Verwaltung und der Volkswirtschaft niemals eine führende Position für sich verlangen wolle. Ich erinnere mich auch daran, daß Professor MACARTNEY 1940 den Angeklagten in den Räumlichkeiten des damals noch nicht bestehenden Volksbunds aufsuchte.[204]

Der Volksgerichtshof unterläßt die Vereidigung des Zeugen gemäß § 311 Abs. 2 StOP mangels eines Antrags.

Dr. DÁNIEL TARTSÁNYI, 51 Jahre alt, geboren in Tolna, wohnhaft in Budapest, verheiratet, Polizeioberstleutnant, unbeteiligt, tritt ein und trägt nach richterlicher Belehrung vor:

Ich lernte FRANZ BASCH vor drei oder vier Jahren kennen, als ich dienstlich mit einem beeideten Parlamentsstenographen zu einem Lehrgang des Volks-

---

[204] Ein offensichtlicher Irrtum, da es den Volksbund bereits 1940 gegeben hat. Wahrscheinlich hat der Besuch im Jahr 1938 vor seiner Gründung stattgefunden.

bunds im Volksbundhaus geschickt worden war. Wir gingen zu FRANZ BASCH hinein, der uns in den Lehrsaal hinunterführte und uns einen der Lehrer, einen gewissen KIRSCH, vorstellte. Weil ich mich mit ihnen nicht über das Notwendigste hinaus unterhalten wollte, sagte ich ihnen, daß wir im Hof herumlaufen wollten und daß sie uns vor Beginn des Vortrags Bescheid sagen sollten, worauf wir hineingehen würden. Ungefähr nach einer Viertelstunde sahen wir im Saal nach und stellten fest, daß der Vortrag bereits im Gange war. Ich protestierte sofort beim Angeklagten. FRANZ BASCH griff zum Telefon und mahnte KIRSCH zur Einhaltung der polizeilichen Vorschriften an. Ich habe über das alles mit den in die Maschine geschriebenen Aufzeichnungen des Parlamentsstenographen Bericht erstattet, in dem ich unter anderem hervorhob, daß die Referenten größtenteils Reichsbürger waren, obwohl es dazu einer Regierungsgenehmigung bedurft hätte.

In diesem Zusammenhang berichte ich, daß MICHAEL KIRSCH öfter betonte, sie hätten nur einen Führer, HITLER, und daß man ständig mit "Heil Hitler!" und erhobenem Arm gegrüßt hat. Das Volksbund-Haus war voll geschmückt mit Hakenkreuzabzeichen, die zum Schein nach einem Sonnenrad geformt waren. Die Hörer wurden eigens unterwiesen, wie sie sich zu verhalten hätten, wenn ein Vorgesetzter in den Saal trete, und tatsächlich, als ein SS-Feldwebel in den Saal trat, kommandierte MATTHIAS KIRSCH ein schmetterndes "Stillgestanden!" und die Hörer standen stramm still. Ich war neugierig, ob die Hörer beziehungsweise MATTHIAS KIRSCH auch die Angehörigen der ungarischen Behörden als ihre Vorgesetzten ansehen würden, und betrat den Saal anderntags absichtlich später, aber dessenungeachtet, daß ich Uniform und Koppel trug, kümmerte sich MATTHIAS KIRSCH nicht im geringsten um mich, rührten sich auch die Hörer nicht, die zu dieser Zeit letztendlich noch alle ungarische Staatsbürger waren, und als ich dies dem Angeklagten eigens erwähnt hatte, tat er die Sache damit ab, daß MATTHIAS KIRSCH kein intelligenter Mensch sei, er wäre Unteroffizier. Dann sagte ich, wenn keine Ordnung und Zucht herrsche, würde ich es der Abteilung für Staatssicherheit melden und bei ihnen keinen Dienst mehr tun. Ich erstattete tatsächlich Meldung über das Geschehene, und in der folgenden Woche ging bereits ein anderer zu den Versammlungen des Volksbunds.

Bei der Versammlung in der Redoute wurden die Säle und Eingänge mit deutschen und Volksbund-Fahnen geschmückt, ungarische Fahnen gab es keine. Man sang die deutsche Hymne und das Horst-Wessel-Lied, aber nicht die ungarische Hymne. In der Vorstellung saß LÁSZLÓ ENDRE neben mir und hörte sich die Reden mit großer Begeisterung an.

1942 wurde ich in Vertretung des Innenministeriums zur deutsch-ungarischen Musterungskommission abkommandiert, und ich nahm in der Benczúr utca 17 an einer Musterung teil. Ich sah, daß auch solche Personen in die SS ausgehoben wurden, bei denen nur ihre Ururgroßmutter eine Deutsche war, die einen ungarischen Namen hatten und deutsch nur einige Worte sprachen. Ich wurde auch auf solche Fälle aufmerksam, in denen einem solchen Magyaren einige deutsche Wörter beigebracht worden waren, damit er wie ein Deutscher erschien.

Der Angeklagte erklärt zur Aussage des Zeugen:

Ich habe MATTHIAS KIRSCH zwei Wochen nach dem Vorfall entlassen. KIRSCH war übrigens Unterführer der Jugendgruppe. Ich hatte um diese zwei Wochen gebeten, weil der Landesjugendführer HUBER erst in vierzehn Tagen von seiner zweijährigen militärischen Ausbildung zurückkehrte. GÖBEL, der die radikalen Reden über den Rassegedanken gehalten hatte und Führer der studentischen Jugend war, ließ ich sofort ablösen. Beide Personen verloren die Volksbundmitgliedschaft und gingen nach Deutschland. Was die Fahnenfrage betraf, gelang es mit dem Ministerpräsidium zu klären, daß es 12 Fahnen gab, auf der einen Seite sechs Volksbundfahnen, gelb mit Sonnenrad, auf denen auch das Abzeichen gelb beziehungsweise goldfarben war, das - wie wir es auch wenden mögen - kein Hakenkreuz war. Das wurde von seiten der Deutschen auch beanstandet, weil das Volksbund-Abzeichen die Farben der Weimarer Demokratie hatte. Hinter den sechs Fahnen hingen die sechs ungarischen Nationalfahnen. Das habe ich gegenüber Ministerialrat BALLA mit Fotos belegt.

Zur SS-Musterung ist anzumerken, daß es zwischen der SS-Kommission und Verteidigungsminister CSATAY einen ständigen Streit in der Frage gab, ob Magyaren aufgenommen werden könnten oder nicht. Man einigte sich schließlich dahingehend, und es wurden in Budapest auch entsprechende Plakate angeschlagen, daß sich auch Magyaren melden durften.

Der Volksanwalt beantragt die Vereidigung des Zeugen.
Der Verteidiger legt keinen Einspruch ein.
Gegenüberstellung ist ergebnislos.
Der Volksgerichtshof ordnet die Vereidigung des Zeugen an.
Der Zeuge legte nach wiederholter Belehrung gemäß § 217 StPO den Eid gesetzgemäß ab.

Dr. PÉTER INCZE, 50 Jahre alt, geboren in Marosludas, wohnhaft in Budapest, verheiratet, Ministerialrat, unbeteiligt, tritt ein und trägt nach richterlicher Belehrung vor:

Ich habe den Angeklagten dienstlich im Ministerpräsidium kennengelernt, als ich persönlicher Sekretär PÁL TELEKIs oder DARÁNYIs war. Genau kann ich mich nicht mehr daran erinnern, unter welchem Ministerpräsidenten es dazu gekommen ist. Er sprach im Ministerpräsidium in deutschen nationalen Angelegenheiten vor, aber ob es um Beschwerden gegangen sei, weiß ich nicht so genau, weil mit dieser Frage eine besondere Nationalitätenabteilung befaßt war, und wenn sich BASCH unmittelbar bei mir für eine Audienz beim Ministerpräsidenten anmeldete, fragte ich immer bei der Abteilung an, ob ein Empfang durch den Ministerpräsidenten notwendig sei. PÁL TELEKI hatte keine gute Meinung von BASCH. Ich weiß nur soviel, daß er ihn nicht mochte, wie er auch den ganzen Volksbund und die neuartigen Bewegungen der deutschen Nationalität nicht leiden konnte.

Auf Frage des Volksrichters sagt der Zeuge aus:
Das Wiener Protokoll hatte jedenfalls einen Zwangscharakter.

Auf Frage des Angeklagten sagt der Zeuge aus:
Ich kann mich konkret nicht daran erinnern, daß FRANZ BASCH in einem Fall fünf Viertelstunden bei TELEKI gewesen wäre und daß der Angeklagte wiederholt ermahnt werden mußte, daß die Zeit abgelaufen war, aber wie man TELEKI kannte, war das überhaupt nicht ausgeschlossen.

Der Volksgerichtshof unterläßt die Vereidigung des Zeugen gemäß § 311 Abs. 2 StPO mangels eines Antrags.

(Frau) JÓZSEFNÉ BECZKÓY, geb. ÁGNES RÉVÉSZ, 47 Jahre alt, geboren in Biharnagybajom, wohnhaft in Budapest, verheiratet, Kunsthistorikerin, unbeteiligt, tritt ein und sagt nach richterlicher Belehrung aus:

Ich habe den Angeklagten 1930 kennengelernt, als meine Mutter nach Amerika reiste und ihre Wohnung an Dr. FRANZ BASCH vermietete. Dr. FRANZ BASCH, über dessen Tätigkeit ich nur sehr wenig weiß, wohnte bis September 1944, also 14 Jahre lang bei mir. Weil wir gerne in ziemlicher Zurückgezogenheit lebten, bat ich ihn, daß sich unsere Bekanntschaft nach Möglichkeit nur auf die Begrüßungsworte beschränken sollte. Er erwiderte darauf, daß das auch ihm sehr recht sei, weil auch er gerne zurückgezogen lebe. Wir trafen uns während des Krieges mehrere Male im Luftschutzkeller, doch politische Gespräche haben wir niemals miteinander geführt. Sein Heim diente ihm als Ort des Rückzugs, wo er wirklich nur sein Privatleben führte. So gut wie niemals erhielt er Besuch, zumindest nicht aus politischem Anlaß. Er behielt seine Wohnung auch während seiner Haftzeit. Einmal erwähnte er, daß die Detektive ihn ständig beobachteten.

Auf Frage des Angeklagten sagt die Zeugin aus:
Dr. BASCH hatte immer viel Angst, wenn er nach Deutschland fahren mußte, zumindest machte er diesen Eindruck auf mich, und deutete beim Abschied an, daß er vielleicht gar nicht mehr zurückkommen würde. Als er erfuhr, daß er nach Deutschland fahren müsse, war er bereits Wochen davor schlechter Laune,

und er war froh, wenn eine Deutschlandreise ausblieb.

Er hatte in seiner Bibliothek auch noch nach der deutschen Besetzung jüdische Bücher. Unter anderem THOMAS MANN, OTTO ZAREK[205] und andere, die er bis in die jüngsten Zeiten las. Er kann unmöglich Antisemit gewesen sein, denn abgesehen von seinem Verhältnis mit KLÁRA SPIELER war bei mir eine Dame, die Schwester von ADYs LÉDA, BERTA BRÜLL[206], die unter sehr schwierigen materiellen Verhältnissen lebte und die wir mit dem Angeklagten zusammen materiell unterstützten - der Angeklagte steckte ihr auch noch Zigaretten zu, weil er wußte, daß sie sehr gerne rauchte und sich keine kaufen konnte -, obwohl es ihm sehr wohl bekannt war, daß sie Jüdin war. Der Angeklagte erzählte mir auch, daß er nach Möglichkeit aufstehe und wegtrete oder zumindest einen anderen Gesprächsstoff anschneide, wenn in irgendwelcher Versammlung antisemitische Fragen angeschnitten würden.

Auf Frage des Angeklagten sagt die Zeugin aus:

Ich habe davon Kenntnis und bin dessen überzeugt, daß Dr. BASCH gerne zurückgetreten wäre, er versuchte es auch einige Male, doch er unternahm nur deshalb nichts, glaube ich, weil er sich vor den Deutschen fürchtete.

Ich registrierte auch, daß der Angeklagte mehrere Male mit einem gewissen Stolz darüber berichtete, er glaube, das Vertrauen TELEKIs und KÁLLAYs zu besitzen. Die Reichsdeutschen mochte er nicht, und er hoffte bis zum letzten Augenblick auf einen russisch-deutschen Sonderfrieden.

Der Angeklagte besaß keinerlei Ehrgeiz, denn sonst hätte er seine Position dazu genutzt, um sich materielle Vorteile zu verschaffen. Bei uns bewohnte er auch noch 1944 ein einziges Zimmer mit einer Diele und kleinem Waschraum, eigentlich eine Studentenwohnung, und erwähnte öfter, daß man ihm sehr große Wohnungen und mit allem Komfort ausgestattete Villen angeboten habe, die er aber nicht angenommen habe, weil er diese kleine Wohnung lieben würde, und wenn es ihm gestattet wäre, sein Leben in diesem einzigen Zimmer zu verbringen, wenn er sich nur in einem halben Meter Umkreis bewegen könnte, aber sonst seine Ruhe habe, wäre er für sein ganzes Leben zufrieden und wollte nicht in die weite Welt hinaus. Ich habe nie bemerkt, daß der Angeklagte ungarn-

---

[205] ZAREK, OTTO (1898-1958); Schriftsteller und Dramaturg. Als solcher ab 1919 in München, später in Berlin tätig, flüchtete Z.1933 von Deutschland nach Ungarn, wo er sich bis zu seiner Emigration nach England mit ungarischer Geschichte beschäftigte. Zu dieser verfaßte er zwei größere Monographien: 1935 erschien in Zürich: "Kossuth. Die Liebe eines Volkes" und 1938 am gleichen Ort: "Die Geschichte Ungarns", ein Werk mit 559 Seiten. Sein zuletzt erschienenes Werk trägt den programmatischen Titel: German Kultur. The proper perspective. London 1946.

[206] BRÜLL, ADÉL (1872-1934), 1903-1912 Geliebte des Dichters ENDRE ADY (1877-1919). Dieser stammte aus Érmindszent (rumän. Meţenţi) – seit 1972: Ady Endre - und wird als führender Lyriker seiner Zeit angesehen. In seinen Gedichten drehte er den Namen Adél in Léda um.

oder heimatfeindliche Gedanken gehabt oder solche Reden gehalten hätte. Ich glaube, daß BASCH davon überzeugt war, daß die Deutschen ihn umbringen würden, wenn er zurücktreten würde.

Der Volksgerichtshof verzichtet auf die Vereidigung der Zeugin gemäß § 311 Abs. 2 StPO mangels eines Antrags.

Dr. GÉZA BIRKÁS, 36 Jahre alt, geboren und wohnhaft in Budapest, verheiratet, Sektionsrat im Ministerpräsidium, unbeteiligt, tritt ein und sagt nach richterlicher Belehrung aus:

Ich war im Ministerpräsidium Referent für deutsche Minderheitenangelegenheiten und habe Dr. FRANZ BASCH 1938 in dieser Eigenschaft kennengelernt. Später, von 1939 an, hatte ich regelmäßigen Kontakt mit ihm, als er mich teils in Beschwerdeangelegenheiten, teils zu anderen Besprechungen in meinem Büro aufsuchte. Seine Beschwerden waren in erster Linie schulpolitischer Natur, dann ging es während des Krieges darum, daß die Behörden den Schwaben gegenüber einen strengeren Maßstab anlegen würden, als das den Magyaren gegenüber der Fall sei. FRANZ BASCH vertrat den Standpunkt, daß die ungarische Politik der deutschen Minderheit gegenüber die zum Schutze der Minderheiten geschaffenen Rechtsvorschriften und die im Wiener Protokoll zugesicherten Rechte einerseits bewußt sabotiere, andererseits würden aber die ungarischen, namentlich die Budapester Ministerialorgane dulden, daß die niederen Behörden die von oben erhaltenen Anweisungen nicht befolgten. Der deutsche Druck bezüglich der Minderheit machte sich eigentlich nicht oder zumindest in sehr vielen Fällen nicht durch die Person von BASCH geltend. Zur Tätigkeit des Volksbunds kann ich aussagen, daß der Volksbund ein Programm hatte und seine Organe und Positionen von Zeit zu Zeit weiter ausbauen wollte. Die erste Stufe war gewöhnlich die, daß uns mitgeteilt wurde, daß etwas im Anzug war. Die nächste Stufe bestand in der Regel darin, daß in der Presse oder in Volksversammlungen die Forderungen angekündigt wurden. Die dritte Stufe war die, daß Vertreter der reichsdeutschen Presse, das heißt RIEDL[207] und die übrigen deutschen Journalisten, in der Presse tendenziöse Nachrichten verbreiteten, daß

---

[207] RIEDL, FRANZ HIERONYMUS (1906-1994); Dr., Publizist, Journalist und Historiker. Hervorgegangen aus der österreichischen katholischen Jugendbewegung Neuland, leitete er während seines Studiums an der Deutschen Burse in Marburg an der Lahn das Grenz- und Auslandsamt der Deutschen Studentenschaft. Von 1935 bis 1944 war er als Pressekorrespondent verschiedener reichsdeutscher Blätter in Ungarn tätig. Nach dem Zweiten Weltkrieg wirkte er in Innsbruck als Redakteur der Tageszeitung *Dolomiten* bis Ende der 1980er Jahre und von 1962 bis 1986 als leitender Redakteur der Wiener Vierteljahresschrift *Europa ethnica*. Dieses Amt hatte er im Auftrag der Föderalistischen Union Europäischer Volksgruppen inne.

man mit den hiesigen Zuständen unzufrieden sei. Die nächste Stufe sodann war, daß einer der Volksbundführer, sei es Dr. BASCH, sei es GOLDSCHMIDT, uns mitteilte, daß die Lage ziemlich prekär geworden sei und etwas getan werden müsse. Entweder taten wir dann etwas, oder auch nicht. In zahlreichen Fällen teilte uns dann die deutsche Gesandtschaft auf dem Dienstwege mit, daß sie unter Berufung auf das Wiener Abkommen bestimmte Forderungen habe. Vor dem Wiener Abkommen waren die Umstände ganz anders. Nach dem Wiener Schiedsspruch sahen wir die Forderungen mit gewissen Befürchtungen, weil diese Angelegenheiten ständig mit dem Los des Ungartums jenseits der Grenzen in Verbindung gebracht wurden, dessen Lage ohnehin sehr schwierig war. Im Hinblick auf die Informationen der Reichsbehörden über die Angelegenheiten in Ungarn hatte ich das Gefühl, daß hier ein dichtes deutsches Spionagenetz am Werk war, dessen einzelne Organe, besonders einige Leute des deutschen Pressedienstes, noch viel fleißiger als der Volksbund den Fehlern der ungarischen Minderheitenpolitik nachspürten. Außerdem erstellte der Volksbund meines Wissens von Zeit zu Zeit Lageberichte über die hiesigen Zustände, und auch Dr. BASCH informierte den Gesandten über die Lage. Die Deutschen waren bestrebt, die Unterschiede zwischen der Organisation der Reichsbürger und dem Volksbund völlig zu verwischen. Sie wollten, daß der Umstand, daß jemand deutscher Muttersprache ungarischer Staatsbürger war, überhaupt keine Rolle mehr spielen sollte und daß das ganze Deutschtum unter einen Hut gebracht werden und eine Organisation mit einem totalitären Charakter geschaffen werden könne. Dagegen war unser festes Bestreben seit vier Jahren darauf ausgerichtet, eine scharfe Zäsur zwischen den Organisationen der Reichsdeutschen und denen der ungarischen Staatsbürger zu ziehen. Die Reichsregierung hatte also die Vorstellung und den Wunsch, die ungarländischen Deutschen oder im allgemeinen die Deutschen wo auch immer der Oberhoheit der jeweiligen Länder zu entziehen.

Gemäß dem Wiener Protokoll wurde auch der Volksbund unbedingt zu diesem Zweck gegründet.

Im Zusammenhang mit dem SS-Vertrag sagte mir Dr. LÁSZLÓ BÁRDOSSY soviel, ihm sei draußen diese Frage vorgetragen worden, und als er sah, daß man dem nicht ausweichen könne, habe er sich damit einverstanden erklärt. Mehr darüber weiß ich nicht.

Zum loyalen Verhalten von Dr. BASCH kann ich vorbringen, daß er zum Teil eine ungarische Erziehung erhielt, längere Zeit im Eötvös-Kolleg verbrachte und ein aufrichtiger Verehrer und Freund der ungarischen Literatur war. Er besaß eine sehr schöne Bibliothek mit ungarischen und ungarnbezüglichen Werken. Als gebildeter Mensch, der nicht nur die ungarischen, sondern auch die ausländischen Verhältnisse kannte, gab er sich nicht jenen dogmatischen und extremen deutschen Forderungen hin, in deren Zeichen die Entwicklung der Frage der deutschen Minderheiten in den Nachbarstaaten vonstatten ging. Wenn wir also Dr. BASCH mit KARMASIN, ANDREAS SCHMIDT oder ALTGAYER[208] vergleichen, stellt BASCH zweifellos den Typ des viel loyaleren und staatstreueren Deutschen dar.

Soviel ich weiß, nahm BASCH an der Werbungsaktion nicht teil. Unter dem Gesichtspunkt der Zukunft des Deutschtums in Ungarn hielt er die ganze SS-Angelegenheit nicht für glücklich. Dagegen nahm er als Vorsitzender des Volksbunds es auf sich, daß der Volksbund gewissermaßen - zumindest teilweise - die ganze Aktion durchführen sollte. Ich entsinne mich vielleicht einer Rede, die er in Bistritz (Beszterce) hielt, aber ich weiß nicht, ob diese Werbungscharakter hatte oder nicht.

Dr. BASCH betonte mehrere Male, daß er kein Nazi sei, dagegen stand er an der Spitze einer Bewegung, die von ihm - nehmen wir an - unabhängigen, aber allemal wirksamen Faktoren immer mehr in eine Nazibewegung umgeformt wurde.

Auf Frage eines Volksrichters sagt der Zeuge aus:

Dr. BASCH fragte uns zweimal, vielleicht Ende 1940 und Mitte 1941, welcher Meinung wir seien, ob er gehen oder bleiben sollte. Das eine Mal berief er sich auf seinen Gesundheitszustand, das andere Mal gefiel ihm die ganze Situation nicht. Wir sagten ihm zweifellos, er solle auf seinem Platz bleiben, weil wir befürchteten, daß die Führung des Vereins in noch radikalere Hände gerate, da jene Personen, die in Frage gekommen wären, um BASCH abzulösen, vom Gesichtspunkt des Ungartums bedenklicher gewesen wären.

Auf Frage des Volksanwalts, ob BASCH über die Forderungen hinausging, die von einem loyalen Vertreter einer Nationalität erhoben werden konnten, sagt der Zeuge folgendes aus:

So ist die Frage vermutlich zu einfach. In dieser Hinsicht ist entscheidend, unter welchen Umständen diese Frage bei der Anmeldung einer politischen nationalen Forderung gestellt wurde. Als das Ungartum sich in einer solchen außerordentlich kritischen Lage befand und die Krise gerade dem Deutschtum gegenüber am peinlichsten und tiefsten war, dann brachte jene Haltung, die Dr. BASCH besonders 1940-1942 einnahm, die Leiter der hiesigen Minderheitenpolitik zweifellos in eine schwierige Lage. Ich führe nur als Beispiel an, daß im

---

[208] ALTGAYER, BRANIMIR (1897-1945); Minderheitenpolitiker. Der im slawonischen Kutjevo geborene A. war zunächst k.u.k. Offizier. Er zählte zur Gruppe der Erneuerer in der deutschen Volksgruppe in Jugoslawien und gehörte dem Kreis um SEPP JANKO, dem späteren Volksgruppenführer im serbischen Banat, an. Ab 1935 bekleidete er das Amt des Gaujugendführers, danach des Gauobmanns in Kroatien-Slawonien. Nach dem Zerfall Jugoslawiens wurde er zum Volksgruppenführer im Unabhängigen Staat Kroatien im Rang eines Staatsdirektors bzw. Staatssekretärs ernannt. Im Oktober 1943 wurde A. vom HIMMLER zum SS-Sturmbannführer befördert. Nach dem Zweiten Weltkrieg wurde er von den Alliierten an Jugoslawien ausgeliefert und hingerichtet.

Ausland sowieso ganze Bibliotheken über die stiefmütterliche Behandlung der Minderheiten durch das Magyarentum zusammengeschrieben wurden. Als gerade von deutscher Seite ein Feldzug gegen die ungarische Minderheitenpolitik begann, galt es für jedermann als erwiesen, daß die Verfolgung der ungarländischen Minderheiten wahrlich keine Legende sei, sondern gerade auch die Deutschen, ansonsten stets die loyalsten Staatsbürger, unterdrückt und verfolgt würden.

In Rumänien und Jugoslawien standen sich Magyaren und Deutsche in früheren Zeiten näher als Ungarn und Serben beziehungsweise Ungarn und Rumänen. Als dann diese Gebiete unter rumänische und jugoslawische Herrschaft kamen, versuchten die Jugoslawen und die Rumänen alles, um zwischen die Magyaren und die dort ansässigen Deutschen einen Keil zu treiben. Sie ließen deshalb den deutschen Minderheitenbewegungen freien Lauf, so daß nach Wiederangliederung dieser Gebiete an Ungarn das Deutschtum der Batschka und Nord-Siebenbürgens in der Tat viel stärker nationalsozialistisch war als das Deutschtum in Ungarn.

Ab Anfang 1942 erhielten wir mehrere Berichte darüber, daß im Rahmen des Volksbunds die Aufstellung von Ordnungskräften angelaufen war. Wir haben in dieser Richtung Nachforschungen anstellen lassen, doch ein Erfolg war uns nicht beschieden. Die Organisation diente in erster Reihe dem Zweck, dem ungarländischen Deutschtum die Möglichkeit zur Verteidigung zu geben, wenn ihm infolge einer gewaltsamen Aktion oder Bewegung Unrecht geschehen sollte. Man wartete auf die Gelegenheit - wie zum Beispiel am 19. März -, die deutsche Besetzung zu begünstigen beziehungsweise die in sie gesetzten Hoffnungen einzulösen.

Im Zusammenhang mit dem Eintritt in die SS bekannte man sich zum Prinzip, daß ein Volksdeutscher oder ein Volksbundmitglied die selbstverständliche Pflicht habe, freiwillig in die SS einzutreten.

Auf Frage des politischen Anwalts sagt der Zeuge aus:

Meine aus Anlaß der im Innenministerium abgehaltenen Konferenz vom 18. Februar 1942 gemachte Äußerung, daß ich nach dem Gespräch mit BASCH das Gefühl hatte und dessen fast ganz sicher sei, daß der Volksbund eine vertrauliche Spionagetätigkeit ausgeübt habe und seine Leute in allen öffentlichen Ämtern des Landes und sogar in der Polizei säßen, halte ich aufrecht. Wieviel der Angeklagte davon wußte, weiß ich nicht, aber daß im Rahmen des Volksbunds ein solches Netz aufgebaut worden war, ist ganz sicher. Wir haben damals auch einige Dutzend Personen festgenommen. Beweise hatten wir kaum in der Hand. Soviel ich weiß, sind diese Leute interniert worden.

Dazu, daß der Angeklagte ein doppeltes Spiel gespielt haben soll, also daß er sich bei den ungarischen Behörden immer lieb Kind machen wollte, den die Anweisungen aus dem Reich drücken würden, und daß er sich bei den deutschen Behörden gleichfalls lieb Kind hätte machen wollen, bin ich der Meinung, daß der Angeklagte ein mit sich zerfallener Mensch war, aber sich bemühte, seine Stellung mit Anstand auszufüllen. Dieser Zerfallenheit entstammte auch diese Widersprüchlichkeit, denn diese Widersprüchlichkeit bestand zweifellos. Der Angeklagte war Gefangener seiner Lage, wie er in diese Lage kam, das ist hier die eigentliche Frage. Der Angeklagte war klüger als HUSS, der als Hysteriker sich mit niemandem vertragen hat. Dr. BASCH aber hatte ausgezeichnete Manieren und konnte mit Menschen umgehen. Damit erkläre ich, daß gegenüber HUSS, der einer der ausgesprochensten Führerpersönlichkeiten war, doch Dr. BASCH als Vorsitzender des Volksbunds vorgezogen wurde.

Auf Frage des Angeklagten sagt der Zeuge aus:

Es entspricht der Wahrheit, daß Dr. BASCH, wenn er den deutschen Druck [auf Ungarn] ausgenutzt hätte, allein aufgrund des Wiener Vertrags das Fünfzigfache dessen hätte erzielen können, worüber der Volksbund bereits Ende 1940 verfügt hat. Es entspricht der Wahrheit, daß Dr. BASCH niemals verlangt hat, daß deutsche Richter oder deutsche Universitätsprofessoren ernannt werden sollten, er verlangte keine 30 Apotheken, er verlangte vielmehr eine einzige Apotheke 1944, und nicht einmal diese hat er bekommen. 1943 forderte er anstelle von 20 Notärsstellen[209] nur zwei, und er nahm lediglich mit Bedauern zur Kenntnis, als er auch diese nicht bekommen hatte.

Ich habe auch davon Kenntnis, daß der Angeklagte dem jeweils amtierenden Ministerpräsidenten wiederholt erklärte, er werde nur solange an der Spitze des Volksbunds bleiben, solange er das Vertrauen des Ministerpräsidenten genieße. Der Angeklagte proklamierte ständig die Synthese von Vaterlands- und Volkstumsliebe, und er versuchte ehrlich, eine solche in der Tat zu verwirklichen. Ich muß aber auch anmerken, daß er zur gleichen Zeit, als er dies in seinen Reden betonte, sehr energisch protestierte und gewisse Assimilatonsbestrebungen mißbilligte, was oft dazu geeignet war, in den Menschen diese Züge der Vaterlandsliebe und der Achtung vor dem Magyarentum zu lockern. Mir ist auch bekannt, daß in Anwesenheit von BALLA KÁLLAY zu Dr. BASCH folgendes sagte: "Wenn Du den Deutschen gegenüber in einer schwierigen Lage bist, sei lautstark, aber in Deinen Taten bleibe bescheiden und zuverlässig."

Ich habe nie gehört, daß der Angeklagte im Gespräch oder in Verhandlungen antisemitische Äußerungen getan hätte.

Dr. BASCH war zweifellos bemüht, die von unserer Seite ihm mitgeteilten Klagen zu bereinigen, und er entfernte die von uns monierten Personen.

Ich betone, daß ich eine gewisse Loyalität von Dr. BASCH gegenüber dem Magyarentum nicht anzweifle, doch es ist eine Tatsache, daß im [Volks]Bund

---

[209] Der Dorfnotär (ungar. jegyző) verkörperte bis 1949 als Beamter die ungarische Staatsverwaltung auf der untersten Ebene, im Dorf, und vertrat in deren Selbstverwaltung die ungarische Staatsmacht, der er in Gestalt des Oberstuhlrichters als der ihm übergeordneten Verwaltungsinstanz unterstand.

de facto Aktionen im Gange waren, auf deren Bedenklichkeit wir hingewiesen haben. In sehr vielen Fällen erfüllte der Angeklagte unsere Bitten, das steht außer allem Zweifel. Es gab aber Fälle, als der Volksbund zu einem gewissen Grad mobilisiert wurde und Dr. BASCH genauso verzweifelt war wie ich. Die Mobilisierung von 1943 galt für den Fall, daß die einmarschierenden Deutschen sich auf jemand stützen konnten, wenn Ungarn abspringen sollte. Es ist auch möglich, daß zu dieser Zeit die Lenkung der ganzen Frage den Händen der Volksbundführer entglitten war.

Im Zusammenhang mit der Angelegenheit der Mannschaft weiß ich nicht, ob sie vor dem 19. März 1944 mit Waffen ausgerüstet war. Aber es ist mir bekannt, und es ist eine Tatsache, daß am 19. März in der Baranya, in der Batschka und auch an anderen Orten die Gendarmerie und andere von der Mannschaft de facto entwaffnet wurden. Es ist mir auch bekannt, daß FELDINGER, der Führer der Mannschaft, im Zusammenhang mit diesem Vorfall zurücktreten mußte und sofort einrückte.

Ich erinnere mich auch daran, daß der Angeklagte auf meine Bitte beziehungsweise auf die des Ministerpräsidiums hin alle Schritte im Interesse des Banater und burgenländischen Magyarentums unternommen hat. Es entspricht gleichfalls der Wahrheit, daß der Angeklagte 1940 in Siebenbürgen den "Heil-Hitler-Gruß" verbot und die Hakenkreuzfahnen und Hakenkreuzabzeichen entfernen ließ. Er half, mehrere solche Naziauswüchse, die gegen Ansehen und Souveränität des ungarischen Staates verstießen, zu beseitigen. Auch das ist eine Tatsache, daß Dr. BASCH dergleichen in der Batschka nicht gelungen ist, und als die ungarischen Behörden in Zusammenhang damit 5.000 Personen bestraften, machte der Angeklagte keine Einwendungen. Ich erinnere mich auch daran, daß er - um die weltanschauliche Ausrichtung der Jugend zu kompensieren - die ungarische Regierung um die Errichtung einer ungarischen Bibliothek ersuchte, die er auch bekommen hat, und daß er die Jugend dazu verpflichtete, mit Hilfe der Bibliothek in jeden Lehrgang auch entsprechende Programmpunkte aufzunehmen. Das geschah meiner Erinnerung nach 1940 oder 1941.

Die Waffen-SS-Aktion hielten wir für eine negative Selektion und trösteten uns damit, wenn schon die Autorität des ungarischen Staates Schaden dadurch nehme, daß seine eigenen Staatsbürger von einer fremden Armee eingezogen würden, dann sollten wir uns zumindest von den lautesten Elementen des Volksbunds befreien lassen.

Ich erinnere mich auch daran, daß der Angeklagte im ganzen Land Gedenkfeiern anordnete, als TELEKI gestorben war, und daß er im [Deutschen Haus] in Budapest selbst die Rede hielt und die Deutschen darüber ihrer Bestürzung Ausdruck verliehen.

Zur Aussage des Zeugen bemerkt der Angeklagte:

Meine Taktik bestand darin, daß ich 100% forderte, wenn bei Verhandlungen ein Radikaler anwesend war, und nur 1% verlangte, wenn er sich entfernt hatte. Ich wandte diese Taktik an, aber meiner Meinung nach kann sie ungarischerseits nur auf Anerkennung stoßen.

Der Volksanwalt beantragt die Vereidigung des Zeugen.

Der Verteidiger erhebt keinen Einwand gegen die Vereidigung.

Der Volksgerichtshof ordnet die Vereidigung des Zeugen an.

Der Zeuge legte den Eid nach wiederholter Belehrung gemäß § 217 StPO gesetzesgemäß ab.

KLÁRA SPIELER, 40 Jahre alt, geboren und wohnhaft in Budapest, geschieden, Photographin, unbeteiligte Zeugin, tritt ein und sagt nach richterlicher Belehrung gemäß § 208 StPO im Sinne von § 206 StPO aus:

Ich kenne den Angeklagten seit dem 6. September 1928. Unsere Bekanntschaft war eine 15 Jahre andauernde seriöse und von tiefem Gefühl getragene Beziehung. Ich gehöre zu den Verfolgten. Den Angeklagten habe ich als einen ehrlich denkenden Menschen reinen Herzens kennengelernt, der mir 15 Jahre lang treu blieb, dessenungeachtet, daß das für ihn zu der Zeit vielleicht ernste Konsequenzen hätte haben können. In den schweren Tagen leistete er mir Hilfe.

Die Politik hielt er von seinem Heim und von mir nach Möglichkeit fern. Politische Äußerungen sind mir nur in Form von Episoden bekannt, die er mir als Klage oder als Selbstlob mitteilte. Er fühlte sich nicht als Nationalsozialist, dies brachte er mir mehrmals zum Ausdruck. In Zusammenhang mit den Ereignissen vom 19. März 1944 trafen wir eine Sonderabsprache, und wir haben uns oft darüber unterhalten, daß unsere Beziehung eine sehr große Gefahr für uns beide bedeuten würde, wenn die Deutschen - Gott bewahre - das Land besetzen oder SZÁLASI die Regierung übernehmen sollte. Ich fürchtete mich in jener Zeit vor der Gestapo weniger aus dem Grund, Jüdin zu sein, sondern vielmehr deshalb, infolge unserer Beziehung möglicherweise in Unannehmlichkeiten zu geraten. Wir haben uns im Sinne unserer Absprache, die keine politische Grundlage besaß, mehr oder weniger getrennt. Eine solche Möglichkeit konnten wir einkalkulieren, weil in den Nachbarländern bereits Ähnliches vorgekommen war.

Auf Frage des Angeklagten sagt die Zeugin aus:

Der Tag des Kriegsausbruchs, den wir zusammen verbracht hatten, war einer unserer schrecklichsten Tage. Der Angeklagte erklärte damals, daß dieser der Beginn einer Kette von Tragödien darstelle, nicht nur für uns beide, sondern wahrscheinlich für die ganze Welt. Er lehnte den Krieg völlig ab und glaubte an einen deutsch-russischen Sonderfrieden. Er hatte eher literarische Neigungen, war Idealist und sentimental, ein sogenannter Herzensmensch, von Natur aus nicht aktiv und ohne politischen Ehrgeiz. Meiner Meinung nach wußte er gar nichts darüber, was die Deutschen mit den zusammengetriebenen Juden beabsichtigten bzw. was mit diesen geschah. Als ich versucht habe, mit ihm über derlei Dinge zu sprechen, hörte er mir ganz verständnislos und ungläubig zu und schenkte meinen Worten keinen Glauben. Ich weiß, daß er mehrmals zurücktreten wollte, und das teilte er den jeweils amtierenden Ministerpräsidenten auch mit. Für den Fall, daß ihm der Rücktritt gelingen sollte, nahm er sich vor, sich mit seiner Lebensaufgabe, mit der Literatur zu beschäftigen. Er sympathisierte weder mit HITLER, noch mit dem Nazismus. Während unserer 15jährigen Bekanntschaft standen die in Deutschland auf den Index gesetzten Bücher gewisser Schriftsteller bis zuletzt in seiner Bibliothek. In seiner Wohnung gab es niemals ein Hakenkreuzabzeichen oder gar ein Hitler-Bild.

Der Volksgerichtshof unterläßt die Vereidigung der Zeugin gemäß § 311 Abs 2 StPO mangels eines Antrags.

LÁSZLÓ ENDRE, 51 Jahre alt, geboren in Abony, wohnhaft in Budapest, verheiratet, Staatssekretär a. D., unbeteiligt, tritt ein und sagt nach richterlicher Belehrung aus:

Ich habe den Angeklagten als Vizegespan des Komitates Pest in dienstlicher Eigenschaft kennengelernt. Soweit ich mich erinnere, hat er mich zweimal im Komitatshaus aufgesucht. Wir hielten ihn persönlich für staatstreu. Genauso als Volksbundführer. Dagegen gab es Erscheinungen in der Tätigkeit des Volksbunds, die damals als sehr schädlich bewertet wurden. Ich persönlich hatte Bedenken gegen die Tätigkeit des Volksbunds, weil ich auch solche Erscheinungen wahrnahm, die nach der damaligen Auffassung die nationalen Interessen verletzten. Die Versammlung in der Redoute beziehungsweise die Frage, ob es dort außer den Hakenkreuz- [oder] Sonnenradfahnen auch Nationalfahnen gab, ist mir nur insoweit in Erinnerung, als bei der Veranstaltung ungarische Fahnen präsent waren, das Bild des Reichsverwesers an zentraler Stelle hing und die Kapelle auch die [National-]Hymne spielte.

Mit Schwierigkeiten von seiten des Volksbunds wurde ich weniger im Verwaltungsbereich, sondern eher im Unterrichtsbereich konfrontiert. Es kamen Klagen von einzelnen Pfarrern und Lehrern, daß auch in solchen Gemeinden die Errichtung deutscher Schulen gewünscht werde, in denen die Bevölkerung bereits in ihrer Gesinnung und Sprache magyarisiert sei.

Soweit ich mich erinnere, hat FRANZ BASCH im Verwaltungsbereich eine einzige konkrete Bitte vorgetragen, er hätte es nämlich im Zusammenhang mit dem Gemeindenotarsposten in Budaörs gern gesehen, wenn der Obernotar von Csobánka nach Budaörs versetzt worden wäre. Ich erklärte ihm, daß dies aus gewissen Disziplinargründen nicht möglich sei, und das nahm er auch zur Kenntnis.

Mit Wünschen politischer Natur ist er nicht aufgetreten.

Auf Frage des Angeklagten sagt der Zeuge aus:

Ich habe bemerkt, daß der Angeklagte die friedliche Zusammenarbeit mit der ungarischen öffentlichen Verwaltung suchte, indem er den Obergespan und die Vizegespane bat, zum Zweck der Förderung gegenseitiger ungarisch-schwäbischer Kontakte auch Volksbundmitglieder zu den Verwaltungskursen einzuladen. Ich erinnere mich auch daran, daß ich - als wir uns kennenlernten - dem Angeklagten erklärt habe, daß ich ihn bislang für einen Linken gehalten hätte, das heißt, ich war der Meinung, daß an der Spitze des Volksbunds ein Linker stehe. Ich war nämlich dahingehend informiert worden, daß der Angeklagte auf der Liste der Freimaurer stand; es trifft zwar zu, daß ich später darüber informiert wurde, daß dies nicht stimme, aber ich erfuhr bei unseren weiteren Erkundungen, daß er sich nicht mit jenen radikalen Forderungen identifizierte, die in Ungarn vom Volksbund vertreten wurden.

Der Volksgerichtshof unterläßt die Vereidigung des Zeugen gemäß § 311 Abs. 2 StPO mangels eines Antrags.

Dr. ISTVÁN ANTAL, 50 Jahre alt, geboren in Kenderes, wohnhaft in Budapest, verheiratet, Minister a. D., unbeteiligt, tritt ein und sagt nach richterlicher Belehrung aus:

Ich war 1942 Propagandaminister, als der Angeklagte in mein Büro kam, um sich vorzustellen. Wir unterhielten uns länger über die Lage des Volksbunds, des Deutschtums und dessen Verhältnis zur Regierung. Mein Eindruck war, daß der Angeklagte sich nicht ganz mit den Zielen des Volksbunds identifizierte, das heißt, mit den Vorstellungen und Direktiven, die der Volksbund aus dem Reich erhielt. Das begründe ich damit, daß er mir – wenn auch in einer sehr vorsichtigen Form - darüber klagte, wieviel Kämpfe er einerseits mit den aus dem Reich kommenden Direktiven und andererseits mit den zu seinem Lager gehörenden jungen, intransigenten, nazistischen Elementen auszutragen habe. Ich gebe zu, daß es uns eine gewisse Sorge bereitete, daß der Volksbund auch in den ethnisch gemischten Siedlungsgebieten, in denen Ungarn und Deutsche zusammenlebten, eine gewisse Verwirrung verursachte, und zwar dahingehend, daß nunmehr auch die assimilierten Deutschen sich zu organisieren begannen. Über Verwirrungen anderer Art weiß ich nichts.

Meiner Meinung nach zeigte er gegenüber der Regierung ein äußerst loyales Verhalten. Es war sogar die Ansicht unserer Regierung, und nicht nur die der Kállay-Regierung, sondern auch der Regierungen davor, daß es unter dem Gesichtspunkt der ungarischen Interessen und der ungarischen Ziele ein außerordentliches Glück sei, daß er an der Spitze des Volksbunds stehe, weil er gegenüber der ungarischen Sache äußerst konziliant und verständnisvoll sei, ein Mensch von loyaler Haltung, mit dem man stets ernsthaft sprechen könne, der nicht intransigent sei, nicht lärme und in allen Fragen Mäßigung und außerordentliche Konzilianz zeige. Einmal machte ich ihm gegenüber die Äußerung, daß wir ihn nicht loben dürften, weil ihn uns dann die Deutschen sofort wegnehmen würden. Wir gingen von der Annahme aus und besprachen diese untereinander, daß ihm ein Herr namens GOLDSCHMIDT gefolgt wäre, über den wir aber über gegenteilige Informationen verfügten.

Auf Frage des Angeklagten sagt der Zeuge aus:

Nachdem wir uns kennengelernt hatten, war der Angeklagte in konkreten Justiz- und Kultusangelegenheiten zweimal bei mir. Er brachte einen Abgeordneten namens FRANZ HAMM und einen anderen mir unbekannten Abgeordneten mit. Solange diese beiden Abgeordneten anwesend waren, setzte sich FRANZ BASCH für die Erfüllung seiner Wünsche außergewöhnlich ernst, energisch und mit großem Nachdruck ein. Mir fiel das auf, weil er früher niemals in einem solchen Ton mit mir gesprochen hatte. Nachdem die Abgeordneten gegangen waren, sagte er zu mir: "Bitte, Herr Minister, seien Sie mir nicht böse, ich muß vor denen so reden; jetzt, da wir unter vier Augen sind, habe ich nur den Wunsch, daß mir ein klein bißchen angeboten, ein klein bißchen erfüllt werden sollte, damit ich vor den Menschen irgendwie bestehen und ich mich dem Deutschen Reich gegenüber irgendwie rechtfertigen kann."

Der Volksgerichtshof unterläßt die Vereidigung des Zeugen gemäß § 311 Abs. 2 StPO mangels eines Antrags.

Der Volksgerichtshof zog sich zur Beratung zurück und der Vorsitzende Richter verkündete folgenden Beschluß:

Der Volksgerichtshof schließt die heutige Verhandlung und setzt für deren Fortsetzung den 17. Januar 1946, 9 Uhr vormittags fest.

Zur Kenntnis genommen. Dr. ISTVÁN GÁLFALVI, Vorsitzender Richter,
Dr. LÁSZLÓ FEKETE, Protokollführer.

3. Verhandlungstag

Protokoll der fortgesetzten öffentlichen Hauptverhandlung des Budapester Volksgerichtshofes vom 17. Januar 1946 in der Strafsache gegen Dr. FRANZ BASCH, angeklagt der Begehung von Kriegsverbrechen usw., wie sie in dem durch Gesetzartikel VII/1945 zu Gesetzeskraft erhobenen § 11 Nummer 1 VGV definiert werden.

Anwesend waren:
Dr. ISTVÁN GÁLFALVI, Vorsitzender Richter,
Dr. FRANZ BASCH, Angeklagter in Untersuchungshaft,
Dr. ARPÁD WENCZEL, Rechtsanwalt, Pflichtverteidiger,

MENYHÉRT BOLGÁR, von der Unabhängigen Partei der Kleinen Landwirte,
IVÁN KÁDÁR, von der Ungarischen Kommunistischen Partei,
GYÖRGY FALUDI, von der Sozialdemokratischen Partei,
GÉZA LÁSZLÓ, von der Bürgerlich-Demokratischen Partei,
SÁNDOR PÜSPÖKI, von der Nationalen Bauernpartei,
(Frau) ISTVÁNNÉ NAGY, vom Landesgewerkschaftsrat,
Volksrichter,
Dr. LÁSZLÓ FEKETE, Protokollführer,
Dr. ENDRE ACZÉL, Volksanwalt,
Dr. ISTVÁN GYÖNGYÖSI, politischer Anwalt.

Vorsitzender Richter eröffnet die fortgesetzte Hauptverhandlung gemäß § 301 StPO und belehrt die Zuhörer entsprechend.

Er stellt fest, daß die für den heutigen Tag vorgeladenen Zeugen Dr. TIBOR PATAKY, Dr. FRANZ KUSSBACH, Dr. ALADÁR SZEGEDI-MASZÁK, Dr. JOSEF KRUMP, JÓZSEF ZOMBOR und GUSTAV GRATZ nicht erschienen sind. Der Zeuge Dr. LÁSZLÓ BÁRDOSSY ist mittlerweile verstorben.

Vorsitzender Richter verliest gemäß § 313 StPO die Aussagen der am heutigen Tag nicht erschienenen Zeugen, weil die Vorführung der Zeugen auf große Hindernisse gestoßen ist.

Zur vorgelesenen Aussage des Zeugen Dr. TIBOR PATAKY hatte der Angeklagte nichts zu bemerken.

Zur Ermittlungsaussage des Zeugen Dr. FRANZ KUSSBACH erklärt der Angeklagte: Diese Anklagen stufe ich als unqualifiziert ein. Sie sind völlig unwahr. Ich gestatte mir darauf hinzuweisen, daß beim Tode BLEYERs 1933 nur Dr. KUSSBACH und ich in Betracht kamen. KUSSBACH kam deshalb zur Sprache, weil allgemein bekannt war, daß noch zu BLEYERs Lebzeiten er und FRANZ ROTHEN die Verbindung zu den Berliner nationalsozialistischen Kreisen aufgenommen hatten. Den Beweis dafür, weshalb KUSSBACH 1935 oder 1936 gezwungen war, aus dem Volksbildungsverein auszuscheiden, hielt ich selbst in der Hand. Man hatte ihm im Deutschen Reich irgendeine Apanage in Aussicht gestellt, worauf GUSTAV GRATZ ihn bat, aus dem Volksbildungsverein auszutreten. Obwohl Dr. KUSSBACH mich ständig verfolgte, haben wir uns im übrigen gegrüßt.

Zur vorgelesenen Ermittlungsaussage des Zeugen Dr. ALADÁR SZEGEDY-MASZÁK gibt der Angeklagte an: Die Basch-Marke erschien zu einer Zeit, als ich bereits seit drei Monaten im Fünfkirchner Gefängnis saß. Der Gefängnisdirektor ließ mich rufen und zeigte mir eine Marke mit der Frage, ob ich etwas davon wüßte. Ich wußte nichts. Ich bat dann selbst um die Eröffnung eines

Strafverfahrens, um aufklären zu lassen, wer diese Marken gemacht hatte, wo sie gedruckt und von wem sie übermittelt worden war. Nach meiner Freilassung erfuhr ich, daß die Spuren nach Rumänien oder nach Wien führten. Ich hatte nichts mit der Marke zu tun, und sie schadeten meiner Person und der ganzen Minderheit mehr als alles andere.

Beim ungarischen Außenminister Dr. CSÁKY war ich ein einziges Mal, der mich im Zusammenhang mit der betreffenden, in der deutschen Gesandtschaft gemachten Äußerung befragte. Ich führe dazu an, daß wir nach unserem Eintreffen in der deutschen Gesandtschaft uns vor Tisch mit dem Gesandtschaftsrat Dr. WOLFF und mit Dr. KÖHLER, der sich zu BLEYERs Zeiten mit den Minderheitenangelegenheiten befaßt hatte, über den Wiener Vertrag unterhielten sowie darüber, daß der Wiener Vertrag dem ungarländischen Deutschtum eine völlig neue Lebensgrundlage biete und neue Möglichkeiten eröffne, die wir bis zu 100% nützen müßten. Ich wies nach, daß es sich juristisch gesehen um einen der unmöglichsten Verträge handle. Nach heftiger Auseinandersetzung zwischen Dr. WOLFF und KÖHLER einerseits und mir andererseits kam eine ziemlich gereizte Stimmung auf. Wir standen in einer Ecke, als sich Dr. ALADÁR SZEGEDY-MASZÁK hinzugesellte und die Frage stellte, warum die Auslandsdeutschen aus den besetzten Gebieten nicht zum Vaterland zurückkehren wollten. Ich entgegnete, daß sie von Siebenbürgen mit Freuden zurückgekehrt seien und daß man die ungarischen Truppen und Behörden niemals mit einer größeren Begeisterung empfangen habe, als dies in Nordsiebenbürgen geschehen sei. Daraufhin erklärte ALADÁR SZEGEDY-MASZÁK, der Wiener Vertrag sei schlecht und würde einen Staat im Staate schaffen. Unterdessen standen Dr. WOLFF und KÖHLER zwei Meter von mir entfernt, und um das, was ich gerade zuvor den beiden Herren gegenüber betont habe, nicht auch SZEGEDY-MASZÁK gegenüber zu wiederholen, weil mich das ganz unmöglich gemacht hätte, sagte ich, daß der Wiener Vertrag unbedingt einzuhalten sei. Daraufhin fragte der Zeuge, was geschehen würde, wenn wir [die Ungarn] ihn nicht einhielten, worauf ich antwortete: "Dann zerschlagen Sie die sämtlichen Zuwachsmöglichkeiten des ungarischen Staates." [So auch im ungarischen Originaltext der Zeugenaussage!] Das gleiche habe ich auch in meiner Audienz Dr. CSÁKY vorgetragen, der das Schriftstück zerriß, und damit war die Angelegenheit erledigt.

Zur vorgelesenen Ermittlungsaussage des Zeugen Dr. JOSEF KRUMP sagt der Angeklagte aus: Ich bin dem Zeugen zum erstenmal damals begegnet, als im Zusammenhang mit meinem Prozeß wegen Schmähung der Nation im Volksbildungsverein darüber abgestimmt wurde, ob ich dort weiterhin bleiben könne oder zurücktreten müsse. Tatsache ist, daß er mit Dr. GOLDSCHMIDT, der radikaler war als ich, eine gute Freundschaft pflegte. Ende 1942 oder 1943 kam GOLDSCHMIDT damit zu mir, daß es wieder ein bekehrtes Lamm gebe, einen gewissen Lehrer oder Arzt, der seine alten Fehler wieder gutmachen und in den Volksbund eintreten wolle. GOLDSCHMIDT riet mir, ihn aufzunehmen und ihn zum Lehrer zu ernennen, weil solche Lämmer zu den zahmsten gehörten. So kam Dr. KRUMP zum Volksbund.

Auf die vorgelesene Aussage des Zeugen JÓZSEF ZOMBOR erklärt der Angeklagte: Den Zeugen habe ich zweimal in Ödenburg getroffen, wo ich Vorträge gehalten habe. Er war der auf mich angesetzte Geheimpolizist. Er ist Alkoholiker und wollte, daß wir eine Nacht länger in Ödenburg bleiben sollten. Daß ich irgendwelche Agitatorenschulen absolviert hätte, trifft nicht zu. Auch das entspricht nicht der Wahrheit, was er über die Waffen-SS 1941 aussagte, denn damals gab es noch gar keine Waffen-SS. Was die Verabschiedungen betrifft, hielt ich in Budapest nur ein einziges Mal am Kelenfölder Bahnhof (Kelenföldi pályaudvar) eine Verabschiedung ab.

Zur vorgelesenen Ermittlungsaussage des Zeugen Dr. GUSTAV GRATZ trägt der Angeklagte vor: GRATZ gehörte zu den Menschen, die auch als Gegner voll geachtet wurden, und selbst heute kann ich mich vor ihm nur tief verbeugen. Wenn ich von jemand gelernt habe, so habe ich von GRATZ gelernt. Er sagte zu mir, ich hätte zwei Möglichkeiten: emigrieren oder resignieren. Ich sagte, daß es noch einen dritten Weg gebe: "Ich suche den Mittelweg." Darauf erwiderte er, wenn ich mich mäßigen würde, wäre auch ich mit einer radikalen Opposition konfrontiert. Das Schicksal hat mir das auch gezeigt. Im übrigen möchte ich auf einige Irrtümer hinweisen. Die erwähnte Namensliste hat es tatsächlich gegeben. Nicht Angestellte, sondern nur Studenten, die zum ungarländischen Volksbildungsverein gehörten, haben schon unter BLEYER solche Beihilfen erhalten. Diese Geldsummen wurden von ROTHEN verwaltet. Später, nachdem wir aus dem Verein ausgeschieden waren, erwarben wir nicht eine Tageszeitung, sondern eine fünfwöchentlich erscheinende Zeitschrift und ein Studentenheim. Das konnten wir Anfang 1936 über die Agricola Weinverkaufsgenossenschaft (Agrikola Borértékesítő Szövetkezet) finanzieren, die jährlich 38.000 Pengő Reineinnahmen hatte.

GRATZ war zweifellos ein Anhänger des Assimilationskurses. Er schätzte zwar die ungarländischen Deutschen, bekannte sich selbst aber nicht zu ihnen, so daß wir, die wir uns als Deutsche bekannten, auf dieser prinzipiellen Ebene Gegner waren.

In meinem Generationsplan und meinem Symbioseplan wurden die Ideen von GRATZ übernommen, aber wir wollten zugleich unser heimisches Volkstum beschützen.

Zur vorgelesenen Ermittlungszeugenaussage von Dr. LÁSZLÓ BÁRDOSSY trägt der Angeklagte vor: Dr. BÁRDOSSY gehörte zu den Politikern, vor denen ich dermaßen Angst hatte, daß ich sie am liebsten gar nicht aufgesucht hätte, zumindest fühlte ich mich dazu nicht stark genug. Er beanstandete, daß ich den Volkstumskampf propagiere. Ich erklärte ihm, daß dieser Kampf den Kampf ums tägliche Brot bedeute. Dennoch forderte er, damit sofort aufzuhören. Seine

Argumentation in dieser Frage hat mich überzeugt, so daß das heimische Deutschtum seitdem das Wort Volkstumskampf nicht verwendet hat.

Einmal wandte ich mich mit der Bitte an BÁRDOSSY, daß der Volksbund von den 17 Genossenschaften, über die jede andere Volksgruppe verfügte, wenigstens die Genehmigung zur Gründung einer Milchgenossenschaft erhalten sollte. Darauf sagte er sehr spitzfindig: "Sie haben einen Generationsplan für 35 Jahre, ich bin kaum seit einem oder einem dreiviertel Jahr lang Ministerpräsident, Sie müssen also fünf Jahre warten, wenn Sie eine bekommen wollen. Am Ende der 35 Jahre werden Sie von den 17 die Hälfte erhalten haben, damit auch Ihrem Nachfolger etwas zu bitten übrig bleibt." Wir haben die Genehmigung nicht bekommen, aber eine Gravaminalpolitik haben wir trotzdem nicht betrieben.

Auf Frage des Vorsitzenden Richters nach Ergänzung der Beweisführung:

Der Volksanwalt legt die Aussage des Zeugen FERENC SZÁLASI vor und ersucht, diese nach § 313 StPO vorzulesen.

Nachdem sich der Volksgerichtshof zur Beratung zurückgezogen hat, ordnet er die Verlesung der Zeugenaussage FERENC SZÁLASIs an, unter dem Hinweis darauf, daß eine Vorführung des Zeugen auf Schwierigkeiten stößt.

Der Angeklagte erklärt zur vorgelesenen Ermittlungsaussage des Zeugen FERENC SZÁLASI: SZÁLASI versprach, Personen deutscher Abstammung, die auch dem Volksbund angehörten, nicht in seine Partei aufzunehmen. Danach war ich erst Anfang Februar 1945 bei ihm, und nicht, wie er behauptete, im Dezember 1944. Es ging bei unserem Gespräch um Konflikte, die bei der Zuteilung von Petroleum, Zucker usw. an die Gemeinden entstanden waren.

Der Verteidiger stellt keinen Antrag zur Ergänzung der Beweisführung.

Der Vorsitzende Richter erklärt das Beweisverfahren gemäß § 314 StPO für beendet und ruft den Ankläger dazu auf, die Anklage vorzulegen sowie anschließend den Angeklagten und den Verteidiger dazu auf, die Verteidigung vorzutragen.

Der Volksanwalt hält seine modifizierte Anklage in allen Punkten aufrecht und ersucht den Volksgerichtshof, über den Angeklagten die schwerste Strafe zu verhängen.

Der politische Anwalt ersucht den Volksgerichtshof, bei seinem Urteilsspruch mit zu berücksichtigen, was aus dem Land geworden wäre, wenn der deutsche Imperialismus über die demokratischen Mächte der Welt gesiegt und sich all das verwirklicht hätte, was die deutschen imperialistischen Kreise und deren hiesige Mitläufer vom bewaffneten Aufstand bis hin zur Spionage und von Maßnahmen kultureller Einflußnahme bis hin zu Terrorhandlungen völlig skrupellos auszuführen suchten.

Der Verteidiger bemerkt, daß im § 11 Nummer 1 VGV auch § 17 Nummer 2 VGV enthalten ist. Er ersucht den Volksgerichtshof, den Angeklagten unter Aussetzung der Anklage von der ihm zur Last gelegten Anklage und deren Konsequenzen freizusprechen und im Fall, daß dies nicht möglich sei, ihn mit der mildesten Strafe zu belegen.

Der Angeklagte trägt aufgrund seines Rechtes auf das letzte Wort vor:

Als ich 1921 ins Vaterland gekommen war, kam ich nicht als selbstbewußter Deutscher, als ein Student, der sich seiner deutschen Abstammung und Muttersprache bewußt war. In den Jahren 1923 und 1924 erwachte in mir das Nationalitätenbewußtsein, weil in den deutschen Gemeinden die Lage meines Volkes - welche in jedem Menschen, der in irgendeiner Konfession, Volksgemeinschaft, Schicksalsgemeinschaft, Staatsgemeinschaft oder Leidensgemeinschaft lebt, solche Töne erklingen läßt - mein Herz sprechen ließ. Diese Töne rufen im Menschen eine gewisse Veränderung hervor, so auch in mir. Etwa in meinem 23. Lebensjahr erklangen in meinem Innern diese Töne der Liebe zu meinem Volk, als ich im Komitat Tolna und in der Umgebung von Pest jene Schwaben kennenlernte, von denen ich schon so manches gehört hatte. Über die Jahre, solange ich Student war und mich auf zwei Doktorate vorbereitete, empfand ich keinerlei Spannung zwischen meinem ungarischen Patriotismus und meiner Volkstumszugehörigkeit, weil der Patriotismus mich ins Vaterland geführt hatte. Ich gehörte zu den wenigen, die nicht in Deutschland oder Österreich studieren wollten und die nicht ihre Staatsbürgerschaft [deshalb] aufgegeben haben. Dieser Patriotismus brachte mich hierher, das ist nicht zu leugnen. Er stand nicht im Gegensatz zu meiner Volkstumsliebe, er war in voller Harmonie mit ihr, bis ich auf die Bitte von BLEYER und GRATZ einer der Sekretäre des Volksbildungsvereins wurde. Als sein Kultursekretär ging ich in die Gemeinden. Damals begann ich bereits, Vorträge zu halten, über GOETHE, SCHILLER, über den Flug um die Welt, ich nahm Grammophonplatten, alte Volkslieder mit, und damals merkte ich, daß ich mein Volk immer mehr liebte.

Falsche Töne kamen hinzu, als einige Mitglieder der Provinzintelligenz immer lauter sich beschwerten, ich sei ein Agitator, ich störte den Frieden.

Ich wurde 1935 verurteilt, und danach besuchten mich in meiner Wohnung einer der Führer der ungarischen zionistischen Bewegung und je ein Vertreter der nationalen ungarischen Jugendbewegung und der sozialen Bewegung. Damals bekam ich das Gefühl, doch nicht allein zu stehen. Zu dieser Zeit machte MIKLÓS MESTER mir gegenüber die Äußerung: "Wenn Du ins Gefängnis gehst, werde ich mit Dir sein, wenn Du herauskommst und bleibst, wer Du warst, werde ich mit Dir sein, aber das nicht mehr allein."

Die Bewegung, die wir damals zusammen mit BLEYER leiteten, hatte gleichfalls Verbindungen mit dem Weimarer demokratischen Deutschland. GYULA SZEKFű hebt in seinem Werk "Drei Generationen" (Három nemzedék)[210] hervor, daß der Volkstumsgedanke [und] die Volkstumsbewegung die Nationalitäten mit sich gerissen und auch in Ungarn Wurzeln geschlagen haben. Diese Wurzeln stammten damals zweifellos aus dem Weimarer Deutschland. Das Weimarer Deutschland wollte keine imperialistische Politik und konnte keine nationalistische Politik betreiben.

Ich kann getrost mit Nachdruck hervorheben, daß weder ich, noch einer meiner Mitarbeiter uns je in die große Politik eingemischt haben. Es gab keinerlei deutschen politischen Plan, dem ich mich angeschlossen haben soll. Auch darin unterschied ich mich von den Volksgruppenführern der Nachbarstaaten. Unter meinen Leuten gab es keine drei, die in den verschiedenen Berliner Ministerien eine Stellung gefunden hätten, um ihre Beziehungen auszubauen und ihren Interessen zu genügen, wie das aus der Volksgruppe in Rumänien mehr als hundert Intellektuelle getan haben. Die Darstellung, daß ich alles aus Taktik gemacht habe, ist so weit von der Wahrheit entfernt wie Europa von Asien oder Afrika, denn wenn ich alles aus taktischen Gründen gemacht hätte, hätte mich eine solche Taktik spätestens am 19. März 1944 auf jeden Fall demaskiert.

Die Führung der VOMI war stets um eine raschen Verwirklichung des Wiener Vertrags bemüht. Der Führer der VOMI wandte sich im September 1944 an mich mit der Erwartung, einen Volkssturm in der Stärke von 14.000 Mann aufzustellen, was ich gleichfalls ablehnte. Den Aufbau einer Antisemitischen Front habe ich ebensowenig vollzogen. Hier habe ich jedenfalls meinen Kopf in gleicher Weise riskiert wie meine Ehre, und wenn ich zitterte, wenn ich Angst hatte und wenn ich niemals ohne Gift nach Deutschland gefahren bin, hatte das den Grund, daß ich jeden Augenblick befürchten mußte, man besäße bereits die Beweise für meine [philo]semitische Gesinnung. Ich verweigerte die Organisation einer antikommunistischen Ausstellung. Daraufhin vertraute die VOMI in ihrer maßlosen Empörung Plan und Organisation der Ausstellung der Regierung an.

1940 konnte ich die Hakenkreuzfahne und die Hakenkreuzarmbinde, 1941

---

[210] SZEKFű, GYULA (1883-1955); Historiker, Publizist, Universitätsprofessor und Mitglied der Ungarischen Akademie der Wissenschaften. Sz. erhielt 1925 einen Lehrstuhl an der Universität Budapest. Er schloß sich dem politischen Kurs BETHLENs an und redigierte 1927-1938 die Zeitschrift *Magyar Szemle* [Ungarische Rundschau], die er neben seinen berühmten Geschichtswerken ganz in den Dienst des Horthy-Regimes stellte. Sein hier zitiertes Werk mit dem Titel: Három nemzedék és ami utána következik [Drei Generationen und was nach ihnen kommt] erschien 1934 und war eine Aufsehen erregende Interpretation der ungarischen Geschichte von der Reformzeit (1830) bis in die 1920er Jahre, das nach 1945 als ideologische Grundlage des Horthy-Regimes kritisiert wurde. Nach dem Zweiten Weltkrieg wandte Sz. sich politisch der Linken zu und vertrat 1946-1948 als Botschafter Ungarn in Moskau. Ab 1953 gehörte er dem Parlament, ab 1954 dem Präsidialrat an.

den "Heil-Hitler-Gruß" verbieten, aber 1943 mußte ich das Verbot des Grußes zurücknehmen.

Dazu, daß wir mit der Mannschaft Ungarn zu besetzen trachteten, trage ich vor, daß ich dafür nur 150 Mann gehabt hätte, weil es mehr Mannschaft auf dem Territorium von Trianon-Ungarn nicht gegeben hat. Ich räume ein, daß ich mich mitreißen ließ und nicht immer derjenige war, der ich sein wollte.

MAXIM GORKIJ[211] sagte einmal: "Nur diejenigen sind stark, die nur eine Wahrheit sehen und blind für die andere sind." Ich war niemals so stark. Ich habe immer auch die andere Wahrheit gesehen, die des anderen Volkes, die der anderen Konfession und die meines Feindes. Ich vermochte niemand zu hassen und bin auch heute glücklich und stolz darauf, daß es mir gelang, alle diejenigen zu beschützen, die mir und der ganzen Führung des Volksbildungsvereins übel mitgespielt haben.

Als ich hierher gekommen war, habe ich vor meiner Festnahme darüber nachgedacht, was ich denn in der Welt nun sei. Ich bin jetzt ein vom Baum gefallenes Blatt, nichts anderes. Gefallenes Laub unter dem Besen des Schicksals. Ich bin jemand, der nicht einmal weiß, was mit seinem Volk geschehen wird.

Jetzt weiß ich es bereits, aber damals wußte ich es noch nicht. Ich weiß, daß mein kleines Volk, für das ich fast ein Leben lang gekämpft habe, von hier weggebracht wird. Ich habe bis zu den letzten Minuten gehofft, daß man ihm das nicht antun würde, es hier bleiben könnte, um zu büßen, wenn es darauf ankäme. Jetzt werden Hunderttausende und abermals Hunderttausende sich in langen Kolonnen auf den Weg machen in das Land der großen Buße und der großen Sühne, solchen Sühnen und Bußen entgegen, die dieses kleine Volk – wie ich glaube - nicht verdient hat.

Wieviele in der großen Hungersnot, der großen Arbeitslosigkeit am Leben bleiben werden, weiß ich nicht. Sie werden jedenfalls eine Dumpingware für das Reich bedeuten, denn wenn ein Reichsdeutscher draußen für zehn Heller arbeitet, wird es der Schwabe für die Hälfte tun, und wenn derjenige es für fünf tut, dann wird es der Schwabe auch für zwei Heller tun.

Ich schließe mit einem Ausspruch von ILJA EHRENBURG[212], der mir stets bewußt ist, nämlich, daß nach soviel Grausamkeit nichts schwieriger sei, als diejenige menschliche Sprache zu finden, mit der die Menschen wieder einander

---

211 GOR'KIJ, MAXIM (1868-1936); russischer Schriftsteller.

212 ERENBURG, IL'JA GRIGOR'EVIČ (1891-1967); russischer Schriftsteller. E. weilte im November 1945 in Budapest. Ihm zu Ehren wurde am 20.XI.1945 im renommiertesten Klub der Stadt, im Fészek Klub, ein Empfang gegeben, zu dem auch der damalige Ministerpräsident ZOLTÁN TILDY und der Staatsminister MÁTYÁS RÁKOSI erschienen war. Im *Népbírósági Közlöny* [Volksgerichtsbarkeitsanzeiger] vom 5. Januar 1946 (Nr. 1 von Jahrgang 2) erschien ein Beitrag E.s mit dem Titel "A leszámolás órája" [Die Stunde der Abrechnung], in dem er die Legitimität der Kriegsverbrecherprozesse und deren Rechtssprechung unterstrich. Es ist anzunehmen, daß BASCH diesen Beitrag gelesen hatte und mit einer programmatischen Absicht E. deshalb in seiner letzten Rede zitierte.

näherkommen können. Ich glaube trotzdem, daß die kommende Welt, die sich jetzt hier aufbaut, eines Tages die Friedenshand jener anderen Welt ergreifen wird, gleichviel ob sie viel oder wenig gesündigt hat, weil der Friede kommen muß.

Wann das sein wird, weiß ich nicht.

Ich stand ehrlich meinen Mann, trat für die Ehre meines Vaterlandes, für meine eigene Ehre und auch für die Ehre meines Volkes ein. Vielleicht bestand meine Schuld darin, daß es am anderen Tag geheißen hat: für mein Volk, für mein Vaterland und für mich selbst, und am dritten Tag war es vielleicht: meine Ehre, die Ehre meines Vaterlandes und die Ehre meines Volkes. Vielleicht wechselte das manchmal auf diese Weise, das räume ich ein.

Ich stand vor der Aufgabe, Rechenschaft abzulegen, was ich mit Anstand tun wollte, und ich glaube, ich habe dies auch mit Anstand getan.

Der Volksgerichtshof zog sich zur Beratung zurück und faßte den folgenden Beschluß, den der Vorsitzende Richter verkündete:

"Der Volksgerichtshof schließt die heutige Verhandlung und setzt für die Verkündung des Urteils den 18. Januar 1946, 9.30 Uhr vormittags fest."

Dr. ISTVÁN GÁLFALVI, Vorsitzender Richter,
Dr. LÁSZLÓ FEKETE, Protokollführer.

4. Verhandlungstag

Protokoll der fortgesetzten öffentlichen Hauptverhandlung des Budapester Volksgerichtshofes vom 18. Januar 1946 in der Strafsache gegen Dr. FRANZ BASCH, angeklagt der Begehung von Kriegsverbrechen usw., wie sie in dem durch Gesetzartikel VII/1945 zu Gesetzeskraft erhobenen § 11 Nummer 1 VGV definiert werden.

Anwesend waren:
Dr. ISTVÁN GÁLFALVI, Vorsitzender Richter,
Dr. FRANZ BASCH, Angeklagter in Untersuchungshaft,
Dr. ARPÁD WENCZEL, Pflichtverteidiger,
MENYHÉRT BOLGÁR, von der Unabhängigen Partei der Kleinen Landwirte,
IVÁN KÁDÁR, von der Ungarischen Kommunistischen Partei,
GYÖRGY FALUDI, von der Sozialdemokratischen Partei,
GÉZA LÁSZLÓ, von der Bürgerlich-Demokratischen Partei,
SÁNDOR PÜSPÖKI, von der Nationalen Bauernpartei,
(Frau) Dr. ISTVÁNNÉ NAGY, vom Landesgewerkschaftsrat,
delegierte Volksrichter,
Dr. LÁSZLÓ FEKETE, Protokollführer,

Dr. ENDRE ACZÉL, Volksanwalt,
Dr. ISTVÁN GYÖNGYÖSI, politischer Anwalt.

Der Vorsitzende Richter eröffnet die Verhandlung gemäß § 301 StPO mit kurzer Bezeichnung der Sache und stellt fest, daß die für die heutige Verhandlung Vorgeladenen alle erschienen sind.

Danach fällte der Volksgerichtshof in der gemäß § 321 StPO beziehungsweise § 49 der durch Gesetzartikel VII/1945 zu Gesetzeskraft erhobenen VGV festgelegten Weise das auf einem besonderen Bogen konzipierte und beigelegte Urteil, das der Vorsitzende Richter unter Verlesung der Urteilsformel und mit mündlichem Vortrag des wesentlichen Inhalts der Begründung öffentlich verkündete.

Nach der Urteilsverkündung antwortet auf die gemäß § 330 StPO an den Volksanwalt gerichtete Frage: Der Volksanwalt nimmt das Urteil zur Kenntnis.

Der Angeklagte legt Berufung gegen das Urteil ein, um dieses abzumildern.

Der Verteidiger schließt sich der von seinem Mandanten eingelegten Berufung an und legt aufgrund von § 28 Abs. 2 StPO Berufung gegen das Urteil zwecks Milderung, aber auch im Hinblick auf die Schuldfrage ein. Er ersucht das Berufungsgericht um eine mündliche Verhandlung.

Der Volksanwalt beantragt eine Verlängerung der Untersuchungshaft des Angeklagten, bis das Urteil rechtskräftig wird, weil die Verfügungsgründe weiterhin gegeben seien.

Der Volksgerichtshof zog sich zur Beratung zurück und faßte den folgenden Beschluß, den der Vorsitzende Richter verkündete:

"Der Volksgerichtshof nimmt die angemeldeten Berufungen an und ordnet an, die Akten dem Landesrat der Volksgerichte (Népbíróságok Országos Tanácsa) zu unterbreiten. Er verlängert die Untersuchungshaft des Angeklagten aufgrund des § 33 der durch Gesetzartikel VII vom Jahre 1945 zu Gesetzeskraft erhobenen VGV, weil die Gründe der Untersuchungshaft weiterhin gegeben sind."

Diente zur Kenntnis.

Auf die gemäß § 497 Absatz 1 StOP an den zum Tode verurteilten Angeklagten gestellte Frage des Vorsitzenden Richters erklärt der zum Tode verurteilte Angeklagte, daß er um Gnade ansucht.

Der Verteidiger schließt sich dem Ansuchen an.

Der Vorsitzende Richter fordert den Verteidiger des Angeklagten gemäß §

498 Absatz 1 StPO auf, im Interesse des zum Tode Verurteilten binnen drei Tagen ein Gnadengesuch einzureichen.

Der Verteidiger nimmt die Aufforderung zur Kenntnis.

Der Volksgerichtshof hörte sich dann gemäß § 497 Absatz 2 StPO in nichtöffentlicher Sitzung die begründete Stellungnahme des Volksanwalts und des politischen Anwalts an und verfaßte anschließend in geschlossener Beratung in der Frage der Begnadigung die im verschlossenen Umschlag schriftlich festgehaltene und beigelegte Stellungnahme.

Der Vorsitzende Richter schließt die Verhandlung damit, daß die entstandenen und angewiesenen Kosten von 195.000 Pengő im Kostenverzeichnis unter der Posten-Nr. 1 eingetragen wurden.

Dr. ISTVÁN GÁLFALVI, Vorsitzender Richter,
Dr. LÁSZLÓ FEKETE, Protokollführer.

C. Das Urteil

(Beilage zum Protokoll der Hauptverhandlung vom 18. Januar 1946)

Im Namen des Ungarischen Volkes!
Der Budapester Volksgerichtshof fällt nach öffentlicher Verhandlung folgendes Urteil:

"Dr. FRANZ BASCH, Angeklagter in Untersuchungshaft seit dem 27. Oktober 1945, 44 Jahre alt, geboren in Zürich, wohnhaft in Budapest (Jagelló út 27), ungarischer Staatsbürger, verheiratet mit EVA SCHMIDT, kinderlos, Universitätsabsolvent, Dr. phil., leistete keinen Militärdienst, besitzt ein Haus in der Fillér utca und ein Grundstück in Csillebérc, diplomierter Mittelschulprofessor, ist schuldig der Kriegsverbrechen, wie sie in den durch Gesetzartikel VII vom Jahre 1945 zu Gesetzeskraft erhobenen § 11 Nummer 1 Absatz 1 Buchst. b und § 13 Nummer 5 VGV, sowie der volksfeindlichen Verbrechen, wie sie in den § 15 Nummer 4 und § 17 Nummer 2 VGV definiert werden.

Der Volksgerichtshof verurteilt deshalb den Angeklagten Dr. FRANZ BASCH gemäß der durch Gesetzartikel VII vom Jahre 1945 zu Gesetzeskraft erhobenen § 12 Absatz 2 Buchst. a, § 14 Absatz 2 Buchst. a, § 16 Absatz 2 Buchst. a und § 18 VGV, ferner § 3 Absatz 2 Nummer 1, 6 und 8 VGV unter Berufung auf §§ 96 und 99 StGB [Strafgesetzbuch] als Gesamtstrafe zum Tode. Er verurteilt ihn außerdem als Nebenstrafe zur Einziehung seines Vermögens und für den Fall der Nichtvollstreckung der Todesstrafe zur Aberkennung seiner politischen Rechte für die Dauer von 10 Jahren.

Die Aberkennung der politischen Rechte – für den Fall einer Nichtvollstrekkung der Todesstrafe - ist vom Tag der Verbüßung beziehungsweise Verjährung der Freiheitsstrafe an zu rechnen, in die die Todesstrafe umgewandelt wird.

Der Volksgerichtshof verpflichtet den Angeklagten Dr. FRANZ BASCH aufgrund der §§ 479 und 480 StPO, die entstandenen strafgerichtlichen Kosten von 195.000 Pengő binnen 15 Tagen und die später anfallenden strafgerichtlichen Kosten binnen 15 Tagen nach ihrer Entstehung der ungarischen Staatskasse zu ersetzen.

Der Volksgerichtshof teilt das Urteil - nachdem es Rechtskraft erlangt hat - gemäß des durch Gesetzartikel VII vom Jahre 1945 zu Gesetzeskraft erhobenen § 52 VGV der Budapester Volksanwaltschaft, dem Bürgermeister, dem Zentralausschuß, dem Wohnungsamt, dem [betreffenden] Bezirksvorstand der Haupt- und Residenzstadt Budapest, der Bodenverteilungskommission, dem Landesstrafregisteramt, der Abteilung für politische Ordnung der Budapester Oberstadthauptmannschaft der ungarischen Staatspolizei, der Finanzdirektion der Haupt- und Residenzstadt Budapest und gemäß § 108 StPO dem Ungarischen Ministerium für Religion und Unterricht mit."

BEGRÜNDUNG:

Der Volksgerichtshof nimmt den folgenden Tatbestand aufgrund des durchgeführten Beweisverfahrens als festgestellt und bewiesen an:

Der Angeklagte Dr. FRANZ BASCH kam im Laufe des Jahres 1920 nach Ungarn. Hier studierte er an der Universität, zeigte aber neben seinem Studium auch Interesse für die Lage der ungarländischen deutschen Nationalität. Er begann sich besonders mit deren kultureller Lage zu beschäftigen. Dabei zog er die Aufmerksamkeit von JAKOB BLEYER auf sich, der zu dieser Zeit der geschäftsführende stellvertretende Vorsitzende des Deutschen Volksbildungsvereins war. Vereinsvorsitzender war GUSTAV GRATZ. Zu dieser Zeit betätigte sich der Verein noch ganz im Sinne der Vorstellungen der ungarischen Regierung. Bis zum Tode BLEYERs wurden gegen den Angeklagten in keiner Hinsicht Einwendungen erhoben. Nach dem Ableben BLEYERs begann aber der Angeklagte Ideen zu verkünden, die geeignet waren, die Eintracht zwischen dem Ungartum und dem heimischen Deutschtum zu stören. Obwohl GUSTAV GRATZ den Angeklagten stets mahnte, den Ton seiner vor Angehörigen der deutschen Volksgruppe gehaltenen Reden zu mäßigen, da diese einen durchaus aufrührerischen Inhalt annähmen, beherzigte der Angeklagte nicht die Ermahnungen, sondern setzte seine Tätigkeit in der von ihm eingeschlagenen Richtung fort. Diese Tätigkeit führte zu dem Ergebnis, daß ein ungarisches Gericht FRANZ BASCH wegen Aufruhr rechtskräftig zu fünf Monaten Gefängnis verurteilte. Nach Verbüßung der Strafe forderte GUSTAV GRATZ FRANZ BASCH auf, von seiner Stelle als Generalsekretär des Deutschen Volksbildungsvereins zurückzutreten. FRANZ BASCH verweigerte seinen Rücktritt, woraufhin GUSTAV GRATZ ihn seiner Stellung als Generalsekretär enthob. Damals kam es innerhalb des ungarländischen Deutschtums zum Bruch. GUSTAV GRATZ und mit ihm jener Teil des Deutschtums, der seine Vorstellungen mit ihm teilte, verleugnete seine Treue weder zur ungarischen Regierung noch zur ungarischen Staatsidee. Dagegen stand jener Teil, der sich FRANZ BASCH nach dessen Enthebung als Generalsekretär anschloß, auf der Basis der Vorstellungen HITLERS. FRANZ BASCH und seine Anhänger verließen den Verein und setzten sich im Gegensatz zum deutschen Kulturverein, der nur kulturelle Ziele verfolgte, die politische Organisation des Deutschtums zum Ziel. Das geschah bereits auf völlig illegaler Grundlage und es handelte sich um eine völlig illegale Bewegung. Diese Bewegung führte zur Gründung des späteren Volksbunds.

Die Anhänger von FRANZ BASCH setzten nach ihrem Austritt aus dem Kulturverein ihre Tätigkeit ganz im Zeichen des Reichsgedankens und der nationalsozialistischen Weltanschauung fort. Sie gründeten unter dem Namen Kultúra einen Buchvertrieb und unter dem Namen Volksbote eine Wochenschrift, ferner ein Internat. Die für die Erhaltung dieser Institutionen nötigen materiellen Mittel erhielten sie aus Deutschland. Die Tätigkeit der Basch-Gruppe führte unter den Ungarndeutschen zu einem Bruch, so daß sie sich bis Ende 1938 befehdeten. Nach der Spaltung der loyalen Vereinigung unter der Führung von GUSTAV GRATZ einerseits und der Gruppe von FRANZ BASCH andererseits entwickelte sich die politische Lage in Ungarn 1938 in der Weise, daß der damalige Ministerpräsident BÉLA IMRÉDY sich um Unterstützung an die Reichsregierung wandte, die er auch erhielt, aber unter der Bedingung, daß die Organisation der deutschen Minderheit auf rassischer und politischer Grundlage und die Gründung einer volksdeutschen Partei gestattet werden soll. Damals bekamen die Basch-Anhänger von BÉLA IMRÉDY, dem damaligen Ministerpräsidenten, die Genehmigung zur Gründung des Volksbundes.

Der Volksbund wurde ganz nach dem Muster der deutschen nationalsozialistischen Partei organisiert. Das Land wurde in mehrere Gebiete eingeteilt, und zwar in die Gebiete Budapest, Bakony- und Vértesregion, Westungarn, Schwäbische Türkei, Batschka, Sathmarregion und Oberungarn und schließlich Nordsiebenbürgen. An der Spitze dieser Gebiete standen Führer, mit entsprechendem Hilfspersonal. Sie alle waren dem Volksgruppenführer FRANZ BASCH unterstellt. Im Volksbund spielten die kulturellen Fragen nur eine zweitrangige Rolle. Sie verschwanden völlig neben den politischen Zielsetzungen des Volksbunds. Dieser verschaffte sich die materiellen Mittel nicht nur von seinen Mitgliedern, sondern erhielt auch von den nationalsozialistischen Kreisen in Deutschland gewaltige Summen.

Die Tätigkeit des Volksbunds war eine für die Interessen des Landes sehr schädliche. Er war bestrebt, das ungarländische Deutschtum mit einer der ungarischen Mentalität völlig fremden ideologischen Propaganda dem heimischen deutschen Volksbildungsverein abspenstig zu machen, mit dem Ziel, es zu einer Volksgruppe umzugestalten. Er stellte in Wirklichkeit einen Staat im Staate dar. Seine Methoden und sein organisatorischer Aufbau entsprachen ganz dem nationalsozialistischen Muster und dessen Vorschriften. Die Organisation Deutsche Jugend wurde gegründet. Das äußere Erscheinungsbild der Sitzungen, die Gestaltung der Versammlungen, die Einführung und ständige Hervorhebung der Kampf-Parole orientierten sich ganz an dem nationalsozialistischen Vorbild. Die gleichen Phänomene manifestierten sich auch in seiner Presse, die nebenbei die Lage des ungarländischen Deutschtums in solchen Farben malte, als ob dessen Schicksal erbärmlich wäre und die Verhältnisse nur durch Kampf verändert werden könnten. Die Tendenz dieser Berichterstattung konnte unter außenpolitischem Gesichtspunkt nur zu einer schädlichen Beurteilung [Ungarns] führen. Obwohl die Statuten des Volksbunds ganz seinen Zielsetzungen entsprachen, schuf der Volksbund Organisationen, die aufgrund der Statuten nicht vorgesehen waren und die infolge ihrer objektiven Ausrichtung sich etwas ganz anderem als einer kulturellen Tätigkeit widmeten. Es wurden auch solche Institutionen geschaffen, die in den Statuten gleichfalls nicht vorgesehen worden waren, und auch diese Institutionen waren ihrer Ausrichtung zufolge ganz darauf hin angelegt, die staatliche Einheit zu spalten. [Der Volksbund] schuf mißliche Verhältnisse in den bis dahin berühmten schwäbischen Dörfern. Er stiftete Unfrieden zwischen Familien, zwischen Vätern und Söhnen. Darüber hinaus stellte er sich auch in den Dienst der deutschen Kriegsziele. Er förderte vehement die Rekrutierung der deutschen Jugend für die Verbände der SS. Damit stellte er sich direkt in den Dienst der deutschen Kriegsziele.

Der Volksbund verfolgte ferner das Ziel, den in manchen Gegenden in Gang befindlichen Assimilationsprozeß zu stoppen und umzukehren. Aber seine wichtigste und für die Interessen des ungarischen Volkes schädlichste Rolle war die Tätigkeit, die er zur Unterstützung des Krieges der Deutschen entfaltete. Den Deutschen war es klar, daß die Mehrheit des ungarischen Volkes nur gezwungenermaßen auf seiten der Deutschen am Krieg teilnahm und daß es nicht einmal einen Bruchteil der Anstrengungen aufbrachte, die für die deutsche Regierung von Nutzen gewesen wären. Die ungarländischen Deutschen oder auch die gleichgesinnten Magyaren traten nicht in die ungarischen Armee, sondern statt dessen in die deutschen Verbände ein.

Aus Zweckmäßigkeitsgründen warb man nicht so sehr für die deutsche Wehrmacht, sondern für die SS, weil mit dem Begriff der SS sich weltweit die Vorstellung verband, die SS sei die besondere Ordnungsmacht des Nationalsozialismus, die den Sieg des Hitlerschen Systems mit allen Mitteln sichern, dessen Feinde ausrotten sollte und die über eine besondere Ausbildung und besondere Vorrechte verfügte. Die Aussicht, ungestraft morden und rauben zu können, übte in jedem Land in gewissem Maße eine gewisse Anziehungskraft aus. Der Eintritt in die SS wurde dadurch noch besonders gefördert, daß die SS-Mitglieder eine größere Besoldung erhielten als die ordentlichen Mitglieder der Wehrmacht und auch ihre Angehörigen mit einem größeren Betrag bedacht wurden.

Die SS betreffend schloß die Regierung drei Abkommen mit Deutschland.

Das erste 1942, mit dem Deutschland das Recht der Werbung zugesprochen wurde und der Volksbund die Anmeldungsmodalitäten übernahm. Man hielt Werbeversammlungen und feierliche Verabschiedungen ab, in denen die Redner, darunter auch FRANZ BASCH, betonten, daß sich die führende Schicht der Zukunft aus den gerade Angeworbenen rekrutiere. Das zweite Abkommen wurde 1943 geschlossen und stimmte im wesentlichen mit dem ersten Abkommen überein. Der Abschluß des dritten Abkommens erfolgte am 15. April 1944. In diesem Abkommen unterstellte die ungarische Regierung alle diejenigen, die aufgrund ihrer Lebensumstände als Deutsche anzusehen waren oder sich als Deutsche bekannten, der Verfügungsgewalt der deutschen Wehrmacht. Die Zusammenstellung dieser Listen erfolgte aufgrund von Volksbund- und Wählerlisten, als es nicht mehr nur um Werbung, sondern um Zwangsmusterung ging. Diese Aktion wurde am 2O. April 1944 durch die Bonyháder Versammlung eingeleitet, wo unter einem riesigen Hitlerbild auf einem mit SS-Abzeichen geschmückten Podium der Angeklagte FRANZ BASCH in Gegenwart von VEESENMAYER sowie von JENŐ RÁCZ und anderen ungarischen Mitläufern ankündigte, daß nun der Endkampf für das Deutschtum begonnen habe.

Die Deutschen benötigten das Musterungsabkommen von 1944, weil einerseits infolge der deutschen Niederlagen und des offenkundig zu erwartenden deutschen Zusammenbruchs nur noch mit wenigen Freiwilligen zu rechnen war, und andererseits sich langsam auch die Gruppe derer erschöpfte, die die Aussicht, ihren verbrecherischen Neigungen frönen zu können, zur SS zog. Die deutsche Regierung hielt es daher für zielführender, Zwang anzuwenden, weil sie bereits darüber informiert war, daß die Mehrheit der ungarischen Bevölkerung seit 1943 nicht an den Sieg der Deutschen glaubte. Mehrere Schwaben traten deshalb aus dem Volksbund aus, denen aber gedroht wurde, daß sie wegen ihrer Untreue vor ein deutsches Gericht gestellt werden sollten. Die deutsche Regierung war teils durch deutschfreundliche Beamte und solche mit Pfeilkreuzlergesinnung, teils durch die Volksbundmitglieder, die allesamt in jeder öffentlichen Institution, in jeder Behörde, in jedem größeren Privatunternehmen, also an allen wichtigen Positionen präsent waren, ständig über alle Regungen des Lebens in Ungarn informiert. Der Volksbund und vor allem sein Führer, der Angeklagte Dr. FRANZ BASCH, stand in engem Kontakt mit der deutschen Gesandtschaft und erhielt die Anweisungen teils von dort, teils unmittelbar aus Deutschland. Dieses Abhängigkeitsverhältnis, das zwischen dem Volksbund beziehungsweise FRANZ BASCH und der deutschen Regierung bestand, hatte zur Folge, daß die von Dr. FRANZ BASCH redigierte beziehungsweise herausgegebene *Deutsche Zeitung* laufend von reichsdeutscher Seite angeregte Beiträge veröffentlichte. Mit einem Wort, dieses Blatt wurde ganz aus Deutschland gelenkt. Außer der Überwachung des Lebens in Ungarn wurden auch die deutschen Schulen über den Volksbund von Deutschland aus gelenkt und auch die Schulbücher wurden dort hergestellt. In diesen Schulen durften nur solche Schulbücher verwendet werden, die aus Deutschland kamen. Diese

Schulbücher wurden ganz im Geiste der deutschen nationalsozialistischen Weltanschauung abgefaßt und verkündeten die rassische Überlegenheit der Deutschen.

Der Volksbund spielte also in Ungarn, wie auch andere ähnliche Organisationen in den osteuropäischen Vasallenstaaten, eine außerordentlich schwerwiegende Rolle, indem er die Naziverbrechen unterstützte und dadurch auch das eigene Vaterland zugrunde richtete. Nur etwa die Hälfte des ungarländischen Deutschtums konnte als Volksbundmitglied angesehen werden, und bei der Volkszählung von 1941 bekannten sich zwei Drittel der Deutschen Rumpfungarns als Deutsche. Aber der Sieg des Deutschtums im großen Eroberungskrieg wurde vom ganzen ungarländischen Deutschtum herbeigewünscht, und selbst solche Elemente fanden die deutschen Bestrebungen sympathisch, die noch aus Vorsicht oder vielleicht aus Überzeugung dem Volksbund reserviert gegenüberstanden. Auch diese Elemente wurden zum größeren Teil von der Tätigkeit des Volksbunds beeinflußt, und die wichtige Rolle des deutschstämmigen Elements im ungarischen Mittelstand trug dazu in bedeutendem Maße bei, daß Ungarn nicht einmal ganz zuletzt, in einer offenkundig völlig aussichtslosen Lage, die Knechtschaft deutscher Interessen abzuschütteln vermochte.

Eine solche Rolle spielte kurzum der Volksbund in Ungarn. Weil jedoch auf der Anklagebank nicht der Volksbund in Ungarn, sondern sein Führer, der Angeklagte Dr. FRANZ BASCH sitzt, hält der Volksgerichtshof es für notwendig, auch noch gesondert auf das Wirken von FRANZ BASCH im Rahmen des Volksbunds einzugehen. Wie der Volksgerichtshof bereits oben feststellte, daß FRANZ BASCH bereits früher eine Tätigkeit ausgeübt hatte, die der ungarischen Staatsidee und der damals für richtig gehaltenen ungarischen Nationalitätenpolitik zuwiderlief, manifestierte sich eine solche Wirksamkeit in gesteigertem Maße nach der Gründung des Volksbunds. Der Volksgerichtshof verweist auf die Reden von FRANZ BASCH im Volksbund beziehungsweise in den Gründungsversammlungen des Volksbunds, und zwar auf die Reden gehalten in Egyházaskozár am 13. Oktober 1940, in Németbóly am 10. November 1940, in Dunaszekcső am selben Tag, in Nagyszékely am 19. Oktober [1940], in Liptód am 7. November 1940 und in Elek am 20. Oktober 1940, die mit ihren schwerwiegenden Feststellungen ganz dazu geeignet waren, zwischen dem in Ungarn lebenden Deutschtum und Ungartum unüberbrückbare Gegensätze hervorzurufen. Diese Feststellungen waren ganz dazu geeignet, den Reichsgedanken und den Nationalsozialismus auf Ungarn zu übertragen. Aber nicht nur darin erschöpfte sich die Tätigkeit von FRANZ BASCH, sondern er propagierte auch in der Presse ständig den deutschen Reichsgedanken und spornte zur Intensivierung und Fortsetzung des Krieges an. Die Führer des Deutschen Reiches standen vermittels seiner Person mit den ungarländischen Deutschen beziehungsweise mit den Ungarn in Verbindung, die den deutschen Zielen und Interessen dienten, er war der Vermittler jener darauf abzielenden Vorstellungen, über das heimische Deutschtum das ganze Ungartum in den Dienst der Kriegsziele zu stellen. Er war über die Ziele, die sich der deutsche Imperialismus für den Fall eines siegreichen Krieges gesetzt hatte, voll informiert und wußte sehr wohl, daß diese Ziele auf die Vernichtung der ungarischen Staatlichkeit ausgerichtet waren.

Er verkündete ständig, die ungarländischen Deutschen besäßen zwei Vaterländer und stünden unter dem Schutz ADOLF HITLERs, des Führers des deutschen Volkes. Er erstickte antideutsche Äußerungen damit, daß er ständig und täglich damit drohte, das deutsche Volk werde im Falle seines Sieges alles rächen, und er zwang seinen Glauben an den Sieg seinen Volksgenossen auf. Diejenigen, die ihren Eintritt in den Volksbund verweigerten, sah er als Menschen zweiter Klasse an, allgemein bezogen sich alle seine Äußerungen auf die intensive Fortführung des Krieges. Jede Niederlage und jeder Rückschlag im Krieg veranlaßte ihn, deren Bedeutung herunterzuspielen, und mit allen Mitteln war sein Bestreben darauf ausgerichtet, die Kriegsanstrengungen zu verstärken.

FRANZ BASCH war nicht nur im Bereich der Propaganda tätig, sondern bemühte sich unablässig auch auf wirtschaftlicher Ebene um die wirkungsvollste Expansion des Deutschtums. Er gründete Banken, die gleichfalls den deutschen politischen Zielen dienten. Er war bestrebt, über diese Banken den Angehörigen der deutschen Volksgruppe den Erwerb von Grundbesitz zu erleichtern.

Nach der Rückgliederung Nordsiebenbürgens organisierte er den Deutsche Mannschaft genannten bewaffneten Verband, der dazu geeignet war, den Vorstellungen [des Volksbunds] auch mit Waffengewalt Geltung zu verschaffen.

Die Erfahrung der Unterstützung von seiten des Deutschen Reiches ermutigte BASCH dazu, denjenigen Ungarn, die nicht in allem die deutschen Zielvorstellungen teilten, mit verschiedenen Sanktionen zu drohen. Beispielsweise hat FRANZ BASCH im Herbst 1940 in der deutschen Gesandtschaft anläßlich des Besuchs des Stuttgarter Oberbürgermeisters erklärt, daß es für Ungarn sehr schwerwiegende Konsequenzen haben werde, wenn es den am 30. August 1940 zustande gekommenen Minderheitenvertrag nicht einhielte. Nachdem er diese Äußerung mehrmals wiederholt hatte, antwortete er auf die von ungarischer Seite gestellte Frage, was unter einer solchen schwerwiegende Konsequenz zu verstehen sei, wie folgt: "Sie können es erleben, daß Ihr Staat zerschlagen wird" [deutsch im ungar. Originaltext]. Der Volksgerichtshof stellt gleichfalls als Tatsache fest, daß FRANZ BASCH das einzige und ausschließliche Ziel hatte, dem ungarländischen Deutschtum den großdeutschen Gedanken einzupflanzen und dadurch schließlich die nationalsozialistische Weltanschauung auch in Ungarn einzubürgern. Diejenigen Personen deutscher Abstammung, die ihren Namen magyarisierten, haßte er, nannte sie Volksverräter und beschimpfte sie als "Magyaronen". Er weilte auch oft in Deutschland, wo er regelmäßig mit HITLER verhandelte, und nach diesen Verhandlungen trat er immer mit gewissen Forderungen auf.

Wegen der im obigen Tatbestand beschriebenen Handlungen des Angeklagten erhob der Volksanwalt in der Verhandlung in Übereinstimmung mit der

Anklageschrift Nr. 4976/1945 VA Anklage. Der in der Verhandlung vernommene Angeklagte hat seine Schuld nicht anerkannt. Er verteidigte sich im wesentlichen damit, daß er sich der ungarischen Staatsidee und den bestehenden ungarischen Gesetzen nie habe entgegenstellen und das Land keiner einzigen Macht habe ausliefern wollen, sein einziges Ziel vielmehr die kulturelle Hebung des deutschen Volkes gewesen sei. Er leugnete, daß er in Ungarn Propagandist des Reichsgedankens gewesen sei und daß er hier die nationalsozialistische Lebensform habe verwirklichen wollen. Er sagte aus, daß er sich in allem dem historischen Geist der ungarischen Nation und den Rechten des ungarischen staatserhaltenden Volkes habe anpassen wollen und daß er diese stets respektieren wollte. Er sagte, daß er von seiten der ungarischen Öffentlichkeit Mißtrauen gegenüber den kulturellen Aktivitäten der deutschen Minderheit erfahren habe. Dieses Mißtrauen habe sich mit dem Vordringen des Nationalsozialismus in Deutschland verstärkt, und darum dachte er, er könne das Mißtrauen des Magyarentums aufgrund seines Generationsprogramms zerstreuen. Darunter verstand er, daß das ungarische Volk und dessen Führer in ungefähr 30 Jahren sicherlich einsähen, daß sie der heimischen deutschen Nationalität die erbetenen Rechte gewähren könnten, ohne dadurch mit Schäden beziehungsweise Gefahren für die Zukunft der ungarischen Nation rechnen zu müssen. Er habe aufgrund seines Generationsprogramms beschlossen, alle Nationalitätenfragen offen und ehrlich der ungarischen Öffentlichkeit darzulegen und auch vor Regierungskreisen darauf hinzuweisen, daß er die vorhandenen Fragen erst im Laufe einer Generation lösen möchte. Er habe also nicht mit einem Machtwort, nicht mit dem Schutz des Deutschen Reiches und nicht mit dessen Druck und Drohungen Zugeständnisse erzielen wollen. Daß seine Tätigkeit oft den Anschein gehabt habe, als ob er mit Gewalt und Drohungen allerhand Forderungen stellte, das habe taktische Gründe gehabt, weil einzelne besonders infolge des Vordringens und der Verbreitung des Nationalsozialismus von dessen Ideen so berauscht gewesen wären, daß sie ungeduldig auf die Einlösung und Verwirklichung gewisser Forderungen bestanden hätten, wodurch er gegen seine Überzeugung ein Verhalten an den Tag habe legen müssen, das ihn in einem ungünstigen Licht erscheinen lasse. Auch deshalb sei das besonders nötig gewesen, damit er kein Mißtrauen gegen sich von seiten einzelner reichs[deutscher] Kreise erwecke und dadurch an die Spitze des Volksbunds nicht eine viel radikalere, dem deutschen Reichsgedanken restlos ergebene Person gelange. Er betonte, daß er weder der deutschen nationalsozialistischen Partei, noch der Pfeilkreuzlerpartei angehört habe. Daß er bis zu einem gewissen Grad eine politische Tätigkeit ausgeübt habe, sei durch das Bündnisverhältnis und die geschlossenen internationalen Verträge begründet gewesen.

Er gab im Zuge seiner Verteidigung zu, Herausgeber der *Deutschen Zeitung* gewesen zu sein. Er gab zu, daß die im Zusammenhang damit zum Gegenstand der Anklage gemachten Publikationen erschienen sind, aber er habe weder in die Redaktion des Blattes, noch auf die Veröffentlichung der Artikel Einfluß genommen, er habe diese Artikel nicht geschrieben und könne dafür nicht verantwortlich gemacht werden. Er räumte zwar ein, daß die Organisation des Volksbundes den deutschen nationalsozialistischen Organisationen geglichen habe, aber von diesen in vieler Hinsicht abgewichen sei. Im Zusammenhang damit trug er vor, daß sämtliche Volksgruppen über ähnliche Organisationen verfügt hätten, so habe die Organisation der deutschen Volksgruppe in Ungarn auch keine Ausnahme bilden können.

Bezüglich des am 30. August 1940 geschlossenen deutsch-ungarischen Minderheitenvertrags sagte er aus, er sei nicht dessen Initiator gewesen. Dieser sei am Tage vor dem am 30. August 1940 erfolgten Wiener Schiedsspruch den ungarischen Regierungsbeauftragten zur Unterschrift vorgelegt worden, und man sei ihnen gegenüber so aufgetreten, daß sie die Unterschrift nicht hätten verweigern können.

Er sagte ferner im Zuge seiner Verteidigung aus, daß im Gegensatz zu den übrigen deutschen Volksgruppen die deutsche Volksgruppe in Ungarn das Hakenkreuzabzeichen nicht übernommen habe, sondern dafür der Volksbund in Ungarn das Sonnenrad als Abzeichen eingeführt habe, was auf Zustimmung seitens der damaligen Regierungskreise gestoßen sei.

Dazu, daß der Volksbund die nationalsozialistischen Ideen beziehungsweise die nationalsozialistische Lebensform übernommen hat, trug er vor, diese seien nur von der Jugend übernommen worden, die ältere Generation habe sich davon abgewandt.

Er sagte aus, daß sich in Berlin eine Organisation mit den Angelegenheiten der Volksgruppen außerhalb des Reiches beschäftigt habe. Diese Organisation sei die Volksdeutsche Mittelstelle [deutsch im Original] (kurz VOMI) gewesen. Diese sei ständig mit verschiedenen Forderungen aufgetreten, die schwer gegen die Souveränität des ungarischen Staates verstoßen hätten, er jedoch sei nur dazu bereit gewesen, von den Forderungen allein diejenigen zu erfüllen, die weder die Souveränität des ungarischen Staates, noch die nationale Ehre verletzten. Im Zusammenhang damit sagte er noch im Zuge seiner Verteidigung aus, daß die VOMI-Forderungen oft eine Situation geschaffen haben, woraus er nur einen Ausweg habe finden können, nämlich von der Führung des Volksbunds zurückzutreten. Diesen Wunsch habe er dem damaligen Ministerpräsidenten, LÁSZLÓ BÁRDOSSY, vorgetragen, der ihn jedoch gebeten habe, an seinem Platz zu bleiben, weil im Falle seines Rücktritts eine viel radikalere Person an die Spitze des Volksbunds gelangen würde.

Im Zusammenhang damit, daß er in der deutschen Gesandtschaft anläßlich des Besuchs des Stuttgarter Bürgermeisters dem anwesenden Vertreter der ungarischen Regierung drohte, falls die ungarische Regierung ihren Verpflichtungen aus dem oben erwähnten Minderheitenvertrag nicht nachkomme, das Reich gewisse Sanktionen anwenden werde, hat er auf die Frage, wie solche Sanktionen aussähen, eine sehr schwerwiegende Drohung geäußert. Dazu gab er an, daß er diese Äußerung im Verlauf einer sehr heftigen Auseinandersetzung gemacht habe, und zwar deshalb, weil der dort anwesende deutsche Gesandte und noch zwei deutsche Gäste beobachtet hätten, welchen Standpunkt er in dieser Auseinandersetzung einnehme. Diese Äußerung habe er daher nur aus taktischen Gründen gemacht, damit die Anwesenden keinen Verdacht gegen ihn schöpften.

Er wies in diesem Zusammenhang darauf hin, daß er von der ungarischen Regierung im Namen des Volksbunds nicht einmal den zehnten Teil dessen gefordert habe, was er im Sinne des Wiener Vertrags hätte fordern können.

Zu den in der Anklage angeführten Reden, die er an verschiedenen Orten in der Provinz hielt, sagte er aus, daß er niemals Reden in einem solchen Ton gehalten habe. Hätte man solche Reden von ihm gehört, würde das in der ungarischen Presse viel Staub aufgewirbelt haben, und auch mit den Behörden hätte er es zu tun bekommen.

Dazu, daß er anfeuernde Reden für den Eintritt in die SS gehalten oder an Anwerbungen teilgenommen hätte, gab er nur soviel zu, daß er keine anfeuernden Reden gehalten habe, sondern nur Abschiedsreden vor den Einrückenden. Er verwies darauf, daß er derjenige gewesen sei, der die Rekrutierung ungarländischer Deutscher nicht gerne gesehen habe, weil er darin eine Schwächung des ungarländischen Deutschtums erblickte und jene Rekruten unter dem Gesichtspunkt des ungarländischen Deutschtums als verloren betrachtet habe.

Bezüglich der aus Deutschland erhaltenen materiellen Unterstützung trug er zu seiner Verteidigung vor, daß aus Deutschland bis zum Wiener Vertrag Geld nur für kulturelle Zwecke eingelangt sei, danach habe der Volksbund Geld erhalten für die Erfüllung von Verpflichtungen, die aus dem Wiener Vertrag resultierten, mit Wissen und Zustimmung der ungarischen Regierung.

Dazu, warum durch ihn der Volksbund im Interesse der deutschen Kriegsziele beziehungsweise im Interesse der Fortführung des Krieges eine intensive Tätigkeit ausübte, sagte der Angeklagte aus, daß dies darum geschehen sei, weil man an den deutschen Sieg geglaubt habe. Damit im Zusammenhang erklärte er, daß er nur bis 1942 an einen solchen geglaubt habe. Danach hoffte man nur mehr auf einen Verständigungsfrieden.

Im Verlauf seiner Verteidigung sagte er auch aus, daß er niemals eine antisemitische Rede gehalten und vor der Machtergreifung des Hungarismus große Angst gehabt habe, weil dieser seiner Überzeugung nach dem ungarländischen Deutschtum viel geschadet habe.

Er gab zu, FERENC SZÁLASI dreimal getroffen zu haben. Das erstemal habe er ihn im Sommer 1944 besucht, um SZÁLASIs Programm kennenzulernen, das zweite Mal habe er ihn nach der Machtübernahme besucht, ohne ein politisches Ziel zu verfolgen, er habe als Volksgruppenführer SZÁLASI nur einen Höflichkeitsbesuch abgestattet. Die dritte Begegnung habe im Winter 1945 [es geht wohl um den Winter 1944/45] in Brennberg stattgefunden. Er habe SZÁLASI damals darum besucht, damit dieser die Aufnahme Ungarndeutscher in die Pfeilkreuzlerpartei verbieten sollte.

Schließlich betonte der Angeklagte, daß er nicht vorgehabt habe, das ungarländische Deutschtum in den Dienst der Reichsidee zu stellen, auch nicht, die nationalsozialistische Weltanschauung in Ungarn einzubürgern, es sei ihm nur um die kulturelle Förderung der deutschen Nationalität gegangen.

Daß der Volksbund trotzdem auf die Ebene der Politik geschlittert sei und in gewisser Hinsicht sich in den Dienst der deutschen Kriegsziele gestellt habe, das habe nicht an ihm, sondern am unglücklichen Zusammenspiel der Umstände gelegen. Nicht er habe die Ereignisse gelenkt, sondern die Ereignisse hätten ihn mitgerissen. Er betonte wiederholt, daß es ihm immer darum gegangen sei, daß das heimische Deutschtum sein völkisches Leben neben dem Magyarentum, unter unbedingter Loyalität zur ungarischen Staatsidee und unter Bewahrung seiner Traditionen, seiner Sprache und Kultur gestalten könne.

Der Volksgerichtshof akzeptierte die vorhin dargelegte Verteidigung des Angeklagten nicht, weil das in der Verhandlung nachgewiesene Beweismaterial sie in allem widerlegte. Wenn nämlich die vom Angeklagten vorgetragene Verteidigung zutreffend wäre, dann hätte seine Tätigkeit ganz im Gegensatz zu jener Tätigkeit gestanden, die in der Verhandlung nachgewiesen wurde. In erster Linie wäre er als Herausgeber der *Deutschen Zeitung* in der Lage gewesen, das Erscheinen der in der *Deutschen Zeitung* publizierten kriegshetzerischen Artikel zu verhindern. Weil er dies nicht tat, zog er [der Volksgerichtshof] daraus den juristischen Schluß, daß er [BASCH] sich voll mit diesen Artikeln identifiziert hat. Aber der Volksgerichtshof sah auch den Umstand als erwiesen an, daß der Angeklagte auch die in der Anklage angeführten Reden gehalten hat, weil er die Aufzeichnungen und Berichte, die diese Äußerungen enthalten haben, in dieser Hinsicht als ganz und gar zutreffende Beweise erachtete.

Er sieht aber mit den Daten der Verhandlung auch das als bewiesen an, daß der Angeklagte in Verbindung mit den reichsdeutschen Kreisen gestanden hat, den deutschen Beauftragten und denjenigen Reichsorganen, denen der Volksbund unterstand. Von diesen nahm er Weisungen entgegen, berichtete ihnen im allgemeinen über die ungarischen Verhältnisse, womit er gleichsam verhinderte, daß in Ungarn an Stelle der deutschen Kriegsziele die Bestrebungen die Oberhand gewannen, die tatsächlich den wahren Interessen des Ungartums dienten.

Schließlich nahm der Volksgerichtshof auch die Verteidigung nicht an, wonach der Angeklagte deshalb an der Spitze des Volksbunds geblieben war, damit kein Radikalerer seinen Platz einnehmen sollte, denn angesichts seines Bildungsstandes hätte er sehr wohl wahrnehmen müssen, daß die Tätigkeit, die man von ihm verlangte, außerordentlich schwer gegen die Souveränität und die Ehre der ungarischen Nation verstieß; er mußte wissen, daß diese Anforderungen ausschließlich im Interesse der deutschen Kriegsanstrengungen lagen. Wenn er sich also mit diesen Anforderungen nicht identifizierte, wäre es seine Pflicht gewesen, zurückzutreten. Weil demnach als Faktum festzuhalten ist, daß die Taten des Angeklagten zur Gänze den in der Urteilsformel dargelegten und zum Gegenstand der Anklage gemachten Tatbestand der Kriegsverbrechen beziehungsweise der volksfeindlichen Verbrechen erfüllen, mußte er in Ermangelung eines seine Zurechnungsfähigkeit und Strafbarkeit ausschließenden Grundes dieser Verbrechen für schuldig befunden und bestraft werden.

Beim Strafmaß zog der Volksgerichtshof als mildernden Umstand in Betracht, daß der Angeklagte anfangs die Förderung des kulturellen Lebens des heimischen Deutschtums angestrebt und sich erst dann dazu getrieben fühlte, sich auf die politische Ebene zu begeben, nachdem der deutsche Nationalsozialismus immer stärker geworden war; ferner die Mäßigung, die er in einigen Fragen bekundete, und schließlich den Umstand, daß er bis zu einem gewissen Grad von der Übertragung der nationalsozialistischen Lebensform in den Volksbund Abstand genommen und daß er seine Vorstellungen und seine Taten mehr oder weniger unter dem Zwang der Führer des Deutschen Reiches ausgeführt hat.

Demgegenüber betrachtete er als erschwerend: die Häufung der Verbrechen, die Vorstrafe und besonders die über längere Zeit anhaltende Tätigkeit, die zur Folge hatte, daß die aus der nationalsozialistischen Weltanschauung hervorgegangene Lebensanschauung in breiten Schichten des Ungartums auf fruchtbaren Boden und dieses der Überzeugung anheim fiel, daß Ungarn im Dienst der deutschen Kriegsziele zu stehen hatte, was zum Niedergang, beinahe zur Vernichtung Ungarns führte.

Unter Berücksichtigung all dessen fand der Volksgerichtshof, daß der Schuld, dem subjektiven und objektiven Gewicht seiner Tat, die in der Urteilsformel dargelegte schwerste Strafe entspricht.

Die übrigen Verfügungen des Urteils beruhen auf den angeführten Gesetzesbestimmungen.

Budapest, den 18. Januar 1946
Dr. ISTVÁN GÁLFALVI, Vorsitzender Richter,
GÉZA LÁSZLÓ, Volksrichter,
IVÁN KÁDÁR, Volksrichter,
MENYHÉRT BOLGÁR, Volksrichter,
(Frau) Dr. ISTVÁNNÉ NAGY, Volksrichter,
GYÖRGY FALUDI, Volksrichter,
SÁNDOR PÜSPÖKI, Volksrichter.

D. Protokoll der Begnadigungsverhandlung (18. Januar 1946)

Protokoll der nichtöffentlichen Sitzung des Budapester Volksgerichtshofes vom 18. Januar 1946 zum Gegenstand der Begnadigung in der Strafsache gegen den Angeklagten Dr. FRANZ BASCH, zum Tode verurteilt wegen Begehung von Kriegsverbrechen usw., wie sie in dem durch Gesetzartikel VII/1945 zur Gesetzeskraft erhobenen § 11 Nummer 1 VGV definiert werden.

Anwesend sind:
Dr. ISTVÁN GÁLFALVI, Vorsitzender Richter
MENYHÉRT BOLGÁR von der Unabhängigen Kleinen Landwirtepartei
IVÁN KÁDÁR von der Ungarischen Kommunistischen Partei
GYÖRGY FALUDI von der Sozialdemokratischen Partei
GÉZA LÁSZLÓ von der Bürgerlichen Demokratischen Partei
SÁNDOR PÜSPÖKI von der Nationalen Bauernpartei
Frau Dr. ISTVÁNNÉ NAGY vom Landesgewerkschaftsrat
delegierte Volksrichter,
Dr. LÁSZLÓ FEKETE, Protokollführer
Dr. ENDRE ACZÉL, Volksanwalt
Dr. ISTVÁN GYÖNGYÖSI, Politischer Anwalt

Vorsitzender Richter ruft nach Eröffnung der nicht öffentlichen Sitzung gemäß § 497 Abs. 2 StPO den Volksanwalt und den politischen Anwalt auf, ihre begründete Auffassung darüber vorzutragen, ob sie dem zum Tode Verurteilten der Gnade für würdig halten.

Der Volksanwalt und der politische Anwalt halten den zum Tode Verurteilten einstimmig der Gnade für würdig, weil das während seiner ganzen Tätigkeit bezeugte Verhalten des Angeklagten als für die Begnadigung beachtenswerter Grund dient.

Nachdem der Volksanwalt und der politische Anwalt sich entfernt haben, hat der Volksgerichtshof in geschlossener Beratung in der Frage der Begnadigung die nachfolgende Entscheidung gefällt bzw. nach dem Untenstehenden abgestimmt und den untenstehenden Beschluß erlassen:

Volksrichter MENYHÉRT BOLGÁR: empfiehlt den zum Tode Verurteilten zur Begnadigung, weil Zahl und Gewicht der mildernden Umstände sowie die Persönlichkeit des zum Tod Verurteilten ihn der Begnadigung würdig machen. Er empfiehlt lebenslängliche Zwangsarbeit.

Volksrichter GÉZA LÁSZLÓ: empfiehlt den zum Tod Verurteilten zur Begnadigung, weil Zahl und Gewicht der mildernden Umstände sowie die Persönlichkeit des zum Tod Verurteilten ihn der Begnadigung würdig machen. Er empfiehlt lebenslängliche Zwangsarbeit.

Volksrichter Frau Dr. ISTVÁNNÉ NAGY: empfiehlt nicht die Begnadigung des zum Tod Verurteilten, weil seine im Volksbund eingenommene Rolle, die dem Deutschen Reich geleisteten Dienste, die Organisation des ungarnländischen Deutschtums nach deutschem Vorbild allesamt solche Fakten sind, die ihn für die Begnadigung unwürdig machen. Sie empfiehlt die Todesstrafe.

Volksrichter IVÁN KÁDÁR: emfiehlt nicht die Begnadigung des zum Tod Verurteilten, weil seine im Volksbund eingenommene Rolle, die dem Deutschen Reich geleisteten Dienste, die Organisation des ungarländischen Deutschtums nach deutschem Vorbild allesamt solche Fakten sind, die ihn für die Begnadigung unwürdig machen. Er empfiehlt die Todesstrafe.

Volksrichter GYÖRGY FALUDI: empfiehlt den zum Tod Verurteilten zur Begnadigung, weil die mildernden Umstände durch ihre Zahl und ihr Gewicht sowie die Persönlichkeit des zum Tod Verurteilten ihn der Begnadigung würdig machen. Er empfiehlt lebenslängliche Zwangsarbeit.

Volksrichter SÁNDOR PÜSPÖKI: empfiehlt den zum Tod Verurteilten zur Begnadigung, weil die mildernden Umstände durch ihre Zahl und ihr Gewicht sowie die Persönlichkeit des zum Tod Verurteilten ihn der Begnadigung würdig machen. Er empfiehlt lebenslängliche Zwangsarbeit.

Der Volksgerichtshof empfiehlt den zum Tod Verurteilten mit Stimmenmehrheit zur Begnadigung, weil er den zum Tod Verurteilten angesichts seiner Persönlichkeit, seines zweifellos nachgewiesenen gemäßigten Verhaltens im Volksbund sowie der Zahl und des Gewichts der mildernden Umstände wegen der Begnadigung für würdig erachtet.

Der Volksgerichtshof empfiehlt statt der Todesstrafe gemäß § 497 letzter Absatz StPO als Strafe lebenslängliche Zwangsarbeit festzusetzen.

Vorsitzender Richter schließt die geschlossene Beratung.

MENYHÉRT BOLGÁR,
IVÁN KÁDÁR,
GYÖRGY FALUDI,
GÉZA LÁSZLÓ,
SÁNDOR PÜSPÖKI,
Frau Dr. ISTVÁNNÉ NAGY,
Volksrichter;
Dr. LÁSZLÓ FEKETE, Protokollführer.
Dr. ISTVÁN GÁLFALVI, Vorsitzender Richter

E. Berufung des Pflichtverteidigers Dr. Árpád Wenczel 21. Januar 1946

Hoher Volksgerichtshof!

Nachdem in der Strafsache Nr. 4806/1945 gegen meinen Mandanten Dr. FRANZ BASCH mein Mandant wegen Begehung von Kriegs- und volksfeindlichenVerbrechen verurteilt worden ist, lege ich im Folgenden

die Gründe

dar für die von mir gegen den Schuldspruch und zum Zweck der Strafmilderung eingelegten Berufung:

I.

Was mein Mandant zu seiner Verteidigung vorgetragen hat, konnte weder von der Anklagevertretung noch durch andere, während der Verhandlung bekannt gewordene Angaben auch nur in einem Punkt widerlegt werden. Die Strafsache wäre allein und ausschließlich aufgrund der in jeder Hinsicht glaubwürdigen Aussagen bzw. der Verteidigung meines Mandanten zu beurteilen gewesen

Der hohe Volksgerichtshof stellte die Schuldfrage in ein schiefes Licht, als er sich die in der Anklage vertretene Auffassung zu eigen machte, mein Mandant habe seine Versuche, mit seinen Taten und Bestrebungen vor dem Nationalsozialismus und seinem Druck auszuweichen, in taktischer und die Wirklichkeit bewußt verschleiernder Absicht vorgetäuscht, noch dazu zum Schaden der ungarischen Interessen. Diesem Standpunkt, der den Ausgang dieses Strafprozesses determinierte, widersprechen nicht nur die entschiedenen und jeden Zweifel ausschließenden Aussagen des Diplomaten EDMUND VEESENMAYER und des Generals OTTO WINKELMANN, sondern auch die Aussagen der ungarischen Zeugen, besonders die eindeutige Erklärung von MIKLÓS MESTER, daß mein Mandant das ungarische Volk geliebt und die ungarische Suprematie von vornherein gefordert habe. Aber ihm widerspricht auch die treffende Bemerkung des Kronzeugen Sektionsrat GÉZA BIRKÁS, daß mein Mandant an der Spitze einer Bewegung gestanden habe, die andere zu einer Nazi-Bewegung umformten, und daß er [BASCH] wegen dieses Konflikts, den er anständig zu lösen versuchte, aber nicht lösen konnte, mit sich selbst zerfallen sei, weil er zum Gefangenen seiner eigenen Lage geworden sei.

II.

Nicht mein Mandant hat den Volksbund gegründet; dessen Gründung und Organisation war eine Forderung des Deutschen Reichs. Die zwei Wiener bzw. drei internationalen Abkommen, die ungarische Regierungen mit der deutschen Reichsregierung schlossen, kamen nicht auf Vorschlag oder Bitte meines Mandanten zustande. Deren Abschluß hat – sowohl was die SS-Werbung betrifft, mit der trotz Mißbilligung meines Mandanten der Volksbund beauftragt wurde, als auch was die Teilnahme des Volksbundes an der Rekrutierung angeht, die eine Verletzung der ungarischen Souveränität darstellte – mein Mandant im höchsten Maß abgelehnt, ja verabscheut, konnte sich aber diesen internationalen Vertragsbestimmungen nicht widersetzen, sondern er war vielmehr dazu gezwungen, sich ihnen zu unterwerfen, nachdem er seinen mehrmals vorgetragenen Entschluß, zurückzutreten, nicht verwirklichen konnte.

Dieselben hier genannten Zeugen haben diese Umstände ebenfalls bezeugt. EDMUND VEESENMAYER gestand, die Reichsregierung habe die Zwangsrekrutierung verlangt, und General OTTO WINKELMANN hat das Gleiche ausgesagt. MIKLÓS MESTER bezeugte, daß BASCH die radikalen Forderungen zurückgewiesen hat, womit er das Obige bestätigte. Sektionsrat GÉZA BIRKÁS sagte aus, daß Deutschland seinen Druck nicht über den Angeklagten ausgeübt hat. Die SS-Rekrutierung habe BASCH nicht als erfreulich eingestuft, dieser sei auch kein Nationalsozialist gewesen und habe sogar dazu beigetragen, die belastenden Äußerlichkeiten zu beseitigen.

Daraus geht hervor, daß die Feststellung der Urteilsbegründung, mein Mandant hätte das volle Vertrauen der deutschen Reichsregierung bzw. der nationalsozialistischen Führer besessen, unhaltbar ist. In diesem Zusammenhang ist der Standpunkt, daß HIMMLER und Genossen Unaufrichtigkeit und Taktieren auf ihre Kosten nicht geduldet hätten, ein solches Negativum, für das es weder im Material des Ermittlungsverfahrens noch der Hauptverhandlung irgendeinen Beleg oder Anhaltspunkt gibt.

III.

Die Urteilsbegründung – sowie sie mündlich vorgetragen wurde - behauptet, daß die Handlungsweise meines Mandanten dem Straftatbestand des Landesverrats, den auch unser Strafgesetzbuch streng bestraft, nahekam.

Ich kann mich nur erneut auf die Mehrheit der vernommenen Zeugen berufen, die die Treue meines Mandanten zur ungarischen Nation, sein ausgeprägtes Gefühl für das Volkstum, seine schwärmerische Liebe zur deutschen Volksgruppe belegen, aber auch bezeugen, wie verzweifelt er mit sich selbst um die Entscheidung rang, als er unter der Last der auf ihn einstürzenden Schwierigkeiten zusammenbrach. BÁLINT HÓMAN bezeichnete sein Verhalten vom ungarischen Standpunkt aus als loyal, human und konziliant. Nach der Aussage des Diplomaten EDMUND VEESENMAYER quälte er sich um eine Synthese zwischen den ungarischen und deutschen Gegensätzen. Nach General OTTO WINKELMANN war er loyal und galt laut diesem nicht überall als zuverlässig, freilich vom deutschen Standpunkt aus gesehen. Nach MIKLÓS MESTER hat BASCH die Delegation aus Ödenburg, die für den Anschluß [an Deutschland] eingetreten war, abgekanzelt und hinausgeworfen, was ein glänzendes Zeugnis für die Nationstreue meines Mandanten ist. Der Teil seiner Aussage, der sich auf die

Liebe BASCHs zum ungarischen Volk im Zusammenhang mit dessen Ablehnung radikaler Forderungen bezieht, untermauert dessen Treuebekenntnis zur ungarischen Nation und belegt dieses. Auch nach der Zeugenaussage von Ministerialrat PÉTER INCZE hat nicht er die Autonomie des Volksbundes gefordert, sondern wurde eine solche Forderung von deutscher Seite erhoben und zum Gegenstand des Wiener Schiedspruchs gemacht. Der Zeuge Sektionsrat GÉZA BIRKÁS hat die Loyalität meines Mandanten im Gegensatz zu führenden Persönlichkeiten der übrigen Volksbund-Organisationen besonders hervorgehoben. Der Ausspruch von Ministerpräsident MIKLÓS KÁLLAY: "sei in deinen Reden laut, in deinen Taten aber bleibe bescheiden und duldsam", ist eine Vertrauenserklärung meinem Mandanten gegenüber, die ihn geehrt und ausgezeichnet hat. Wenn wir zu all dem die Aussagen von Frau JOSEFNÉ BECZKÓY und KLÁRA SPIELER hinzuziehen, die bezeugen, daß sich mein Mandant selbst im eigenen Heim und im vertrautesten Kreis als nationstreu und als jemand erwies, der sich über das Schicksal seines Vaterlandes und seines Volkes Gedanken und Sorgen machte, auch dann, als er nicht wissen konnte, daß seine Äußerungen oder hingeworfenen Worte im intimen Kreis für sein zukünftiges Los von Belang sein werden, dann müssen wir zu dem Schluß kommen, daß die Beweisführung der Urteilsbegründung, soweit sie sich auf den Vorwurf des Landesverrates bezieht, falsch und nicht stichhaltig ist.

IV.

Der hohe Volksgerichtshof hat bei der Feststellung der Schuld und beim Ermessen ihres kriminellen Grades völlig außer acht gelassen, daß mein Mandant am gegeben Ort, zur gegebenen Zeit und unter den obwaltenden Umständen im wesentlichen nicht selbständig handeln konnte. Was er getan bzw. versäumt hat zu tun, das hat er gerade unter dem Druck des Gewichts historischer Ereignisse getan bzw. versäumt.

Ich habe darauf hingewiesen, daß die imperialistische Richtung, der die nationalsozialistische Regierung in ihrem eigenen Land, aber auch außerhalb ihres eigenen Landes alles unterordnete bzw. unterzuordnen versuchte, mit solch elementarer Gewalt über unser Land, unseren Staat, unsere Regierung, unsere Volkswirtschaft, unser politisches und gesellschaftliches Leben hereinbrach, daß man dafür meinen Mandanten nicht verantwortlich machen kann.

Ich habe darauf verwiesen, daß man, als der deutsche Imperialismus Mittel-Europa und damit auch Ungarn zu seinem Lebensraum erklärte, für das, was geschehen war und noch geschehen sollte, niemandem Verantwortung anlasten kann, am wenigsten aber einer so kleinen Figur, wie mein Mandat im Trubel jener Ereignisse eine war.

Es ist nämlich die prekäre Lage eingetreten, daß die Vertreter der deutschen imperialistischen Richtung das erste und zweite sog. Wiener Abkommen und den darauf folgenden zwischenstaatlichen Vertrag und Zusatzvertrag unserer Regierung und unserem Vaterland aufoktroyierten, und als die Reihe an die

Durchführung, die [SS-]Werbungen, Musterungen und Ähnliches kam, haben sich alle davor gedrückt und die Volksbundführung, seinen Führer, meinen Mandanten, als Sündenbock vorgeschoben.

Wenn wir die Zeugenaussagen der Beamten TIBOR PATAKY und ALADÁR SZEGEDY-MASZÁK aufmerksam lesen, stellt sich unsere Behauptung als bewiesen heraus, denn als die Reihe an die Durchführung der internationalen Verträge und die Einlösung der Verpflichtungen kam, konzentrierte sich der ganze Haß auf den Volksbund und über den Volksbund auf dessen Führer, meinen Mandanten.

V.

Die historische Entwicklung hat eine Stärkung der Nationalitäten bewirkt und die einzelnen Nationen und Staaten mit zunehmender Dynamik belastet; in der Nationalitätenfrage kam der historische Materialismus zur Geltung. Diesen haben zwar MARX und ENGELS theoretisch entwickelt, in der Praxis jedoch hat er in der deutschen wirtschaftlichen Expansion Gestalt angenommen.

Die Anklageschrift des Volksanwalts selbst suchte nicht viel nach der individuellen Schuld meines Mandanten, prüfte nicht deren kriminelles Gewicht und Ausmaß, weil die Anklagebehörde in seiner Person den deutschen Imperialismus, den Nationalsozialismus, das System anklagte und für alle Nachteile, für den wirtschaftlichen, politischen und militärischen Schaden und die moralische Zersetzung, die der deutsche Angriffskrieg verursachte, meinen Mandanten verantwortlich machte als jemanden, der in diesem System eine Funktion übernommen hatte.

Dabei hat doch die mäßigende, zurückhaltende, abwiegelnde, einschränkende, ausweichende und zur rechten Zeit dilatorische Haltung meines Mandanten viel, sehr viel von diesen Schäden und Nachteilen verhindert, verzögert, aufgehalten und neutralisiert.

Wenn wir die meinem Mandanten laut Urteil zur Last gelegten strafbaren Handlungen betrachten, kann mein Mandant ein Kriegsverbrechen nach § 11 Nummer 1 VGV schon darum nicht begangen haben, weil das Gesetz an dieser Stelle unter leitender Stellung offenbar eine leitende politische Stellung verstanden hat und der Gesetzgeber dabei sicher nicht an den Führer des Volksbunds dachte, zumal dieser mit aller Kraft bestrebt war, sich von der Politik fern zu halten und ebenso den unter seiner Führung stehenden Bund sowie alle seine Mitarbeiter. Der Volksbund hat unter der Führung meines Mandanten eine wirtschaftliche, kulturelle und soziale Tätigkeit entfaltet; im Wirken des Volksbunds setzte das Politikum an der Stelle ein, wo die Deutschen nicht mehr [für die SS] warben, sondern musterten, doch hat an der Musterung weder mein Mandant noch der Volksbund teilgenommen.

§ 13 Nummer 5 VGV ist vollständig in § 11 Nummer 1 enthalten, denn wenn es auch als Tatsache hätte festgestellt werden können, daß der Volksbund den deutschen Behörden Listen übergab und diese aufgrund solcher Listen musterten, so ist diese Handlungsweise des Volksbunds als Instrumentalisierung, jedenfalls aber als Idealkonkurrenz[213] zu verstehen und damit als mitinbegriffen in der Begehung der strafbaren Handlung nach §11 Nummer 1.

Die Geltendmachung von § 15 Nummer 4 scheint geradezu im Widerspruch zur Aktenlage zu stehen, wenn in Betracht gezogen wird, daß mein Mandant keinerlei faschistische, demokratiefeindliche oder antisemitistische Erklärungen abgegeben hat und solche in der *Deutschen Zeitung* nicht zum Zuge kommen ließ, wie das eine ganze Reihe von Zeugen, hauptsächlich und besonders aber die Darlegungen der Zeugin KLÁRA SPIELER bestätigen und beweisen.

Wer 15 Jahre lang mit einer Frau von so feiner Gemütsart, solcher Geistes- und Herzensbildung wie mein Mandant eine Beziehung mit KLÁRA SPIELER aufrecht hält, der die Genannte nur darum nicht auch formell und tatsächlich zu seiner Ehegattin machte, weil er damit in der von ihm eingenommenen führenden Stellung unmöglich geworden wäre, den kann man nicht des Antisemitismus anklagen.

Die Berufung auf § 17 Absatz 2 ist ausgesprochen falsch und stellt sich in dem Punkt als fehlerhaft heraus, in dem er der Begehung des schwersten Kriegsverbrechens für schuldig gesprochen wurde mit der Feststellung, ein solches Verbrechen liege in seinem in der Führung des Volksbunds ausgeübten und entfalteten Wirken begründet, kann doch nach der Natur der Sache Führer des Volksbundes nur der sein, der nach § 17 Absatz 2 schon als Mitglied in den Volksbund eingetreten war. Aus all dem ist ersichtlich, daß mein Mandant in vier Anklagepunkten keinesfalls hätte schuldig gesprochen werden dürfen, was bei der Bemessung der Strafe leider die nachteiligsten Folgen nach sich zog.

So hatte das mündlich verkündete Urteil selbst anerkannt, daß viele mildernde Umstände für meinen Mandanten sprechen. Wie ich das weiter oben angedeutet habe, sind dagegen die aufgezählten Strafverschärfungsgründe, die meinem Mandanten angelastet werden, von abstrakter Allgemeinheit, während es doch die konkreten Verhältnisse und situationsbedingten Umstände waren, aus denen die zum Gegenstand der Anklage gemachten Rechtsverletzungen resultierten. Unter diesem Aspekt erscheint die Verhängung der Todesstrafe als zu schwer.

Ich beanstande, daß entgegen der in § 64 VGV enthaltenen Verfügung die in § 388 letzter Absatz des Strafgesetzbuchs geregelte Aushändigung des Urteils nebst abschlägigem Bescheid meines Ansuchens nicht erfolgt ist. Ich behalte meinem Mandanten das Recht vor, daß dieser nach der schriftlichen Vorlage des Urteils noch selbst einige Punkte geltend machen kann, die er seinerseits zur

---

[213] Unter Idealkonkurrenz ist strafrechtlich eine Tateinheit zu verstehen, hervorgerufen durch die Verletzung mehrerer Straftatbestände (ungleichartige I.) oder die mehrfache Verletzung derselben Strafnorm (gleichartige I.). Zur Problematik vgl. BAUER, FRITZ: Ideal- oder Realkonkurrenz bei nationalsozialistischen Verbrechen, in: *Juristenzeitung* 22 (1967), S. 625-628.

Begründung der Berufung für nötig hält.

Ich ersuche den hohen Volksgerichtshof, meine Berufung samt dieser Begründung dem Landesrat der Volksgerichte zu übergeben, den ich ersuche, eine mündliche Verhandlung anzuberaumen, dazu mich sowie meinen Mandanten vorzuladen, ihn von der Anklage und ihren Folgen freizusprechen, im schlimmsten Fall das zu streng erscheinende Urteil zu mildern und ihn mit Freiheitsentzug zu bestrafen.

Hochachtungsvoll

WENCZEL ÁRPÁD, Verteidiger.

F. Ergänzungen von Dr. Franz Basch zu der von seinem Verteidiger eingereichten Berufung, 9. März 1946 [handschriftlich]

Hoher Volksgerichtshof!

Gegen das aufgrund der nach G.A.VII/1945 bzw. § 11 Nummer 6 VGV gegen mich erhobene, in der Hauptverhandlung nach § 11 Nummer 1 VGV umqualifizierten Anklage gefällte Urteil unterbreite ich in Ergänzung zu der von meinem Verteidiger eingereichten Berufung im Folgenden meine Berufung und bitte den hohen Volksgerichtshof hochachtungsvoll, er möge diese meine Berufung unter Beifügung der Akten dem Landesrat der Volksgerichte übergeben, den ich des weiteren bitte, er möge geruhen, - soweit der hohe Landesrat das Beweismaterial in der ersten Instanz für ausreichend ansieht – aufgrund desselben in meiner Sache ein gerechtes Urteil zu fällen.

Zur Begründung meiner Berufung trage ich ergebenst Folgendes vor: Vor allem weise ich darauf hin, daß mich der Volksgerichtshof auf Antrag des Volksanwaltes der Begehung von Kriegsverbrechen nach § 11 Nummer 1 VGV verurteilt hat, obwohl die Zeugenaussagen in der Hauptverhandlung dazu keinen Grund boten, ja nicht einmal das wichtigste Element des Tatbestandes, die Rechtmäßigkeit der aufgrund von § 11 Nummer 6 erhobenen Anklage bewiesen werden konnte. Im Zusammenhang mit dieser Frage erkläre ich noch, daß ich als Vorsitzender des Volksbundes über keinerlei Rechtskompetenz verfügt habe, die andere verpflichtet hätte. Ich besaß also keine Verfügungsgewalt über die sog. deutsche Volksgruppe, und auch die Mitglieder des Volksbundes konnten sich durch ihren Austritt meinen Verfügungen entziehen. Ich habe keinerlei behördliche Hilfe in Anspruch genommen und dazu auch keinen Versuch gemacht.

Es sei mir noch erlaubt, auch darauf hinzuweisen, daß ich gegenüber den gegen mich erhobenen Anklagen meine ganze Verteidigung stets nur mit dem Recht des letzten Wortes mehr als eineinhalb Stunden lang vorgetragen habe und obwohl meine Rede durch die Stenographen festgehalten worden ist, das Protokoll derselben auf knapp zwei Seiten verringert wurde, ungeachtet meiner für meine Angelegenheit so wichtigen Verteidigung.

Ebenso will ich hier mit allem Respekt auch den Umstand erwähnen, daß der Herr Vorsitzende Volksrichter es bei der in meiner Gegenwart erfolgten Urteilsverkündung für nötig hielt, auf die bestehenden "zahlreichen mildernden Umstände" hinzuweisen und eine Meldung mit einem solchen Text auch in den Tageszeitungen am 19. Januar 1946 erschienen ist, dem entgegen weder im Urteil noch im Protokoll die "zahlreichen mildernden Umstände" erwähnt werden. Ich ersuche den verehrten Landesrat ergebenst, er möge geruhen, auch diese Tatsache zu beachten.

Im Folgenden erlaube ich mir, die Begründung meiner Berufung in der Reihenfolge des Urteilstextes vorzutragen:

Mit aller Hochachtung verweise ich darauf, daß GUSTAV GRATZ als Vorsitzender des Ungarländischen Deutschen Volksbildungsvereins mich niemals "gewarnt" hat, daß ich in eine falsche oder radikalere Richtung geraten sei, weil ich mit ihm erst an dem Tag zum ersten Mal ein längeres Gespräch hatte, bevor er mich am Tag danach aufgefordert hat, abzudanken.

Diese Aufforderung erfolgte aber nicht nach Verbüßung meiner fünfmonatigen Gefängnisstrafe, sondern mehr als ein Jahr vor deren Antritt. Weder das Urteil noch das Protokoll hält es der Erwähnung wert, daß Ministerpräsident PÁL TELEKI meine Rehabilitation angeordnet und das zuständige Gericht mich auch rehabilitiert hat.

Nach dem "Bruch" stand ich nicht "auf der Basis Hitlerscher Gedanken", wirkte nicht "im Zeichen des Reichsgedankens und der nationalsozialistischen Weltanschauung" und mein Ziel war auch nicht – obwohl die vaterländischen Gesetze das nicht verboten hätten –, das heimische Deutschtum "politisch" zu organisieren.

Im Jahr des "Bruchs" (1935) bin ich als Abgeordnetenkandidat mit dem Programm der Unabhängigen Kleinlandwirtepartei aufgetreten. Schon diese Tatsache spricht für sich selbst. Zwischen 1936 und 1939 habe ich mehrmals mit TIBOR ECKHARDT ernsthafte und verständnisvolle Gespräche über die Minderheitenfrage geführt, obwohl ECKHARDT damals schon offen gegen das Reich [Deutschland] war. Noch in den Kriegsjahren habe ich mit ENDRE BAJCSY-ZSILINSZKY Gespräche über die Minderheitenfragen geführt und er hat mir gegenüber stets wohlwollendes Verständnis bezeugt. Bis zuletzt bin ich mit aller Kraft dagegen aufgetreten, das heimische Deutschtum in einer politischen Partei zu organisieren. Ich habe mich jedem von Deutschland ausgehenden und in eine solche Richtung weisenden Druck widersetzt. – Als ich im Sommer 1939 das Programm des Volksbundes auf der Gründungsversammlung in Cikó der Öffentlichkeit vorstellte, hat das *Neue Sonntagsblatt*, das dem von GUSTAV GRATZ geführten Verein gehörte, anerkannt, daß das Programm des Volksbundes in nichts von dem abweicht, wozu sie [*Sonntagsblatt* und der Volksbildungsverein unter GRATZ] sich auch bekennen, und es daher eigentlich überflüssig war, den Volksbund zu gründen. Nachdem ich mir die nationalsozialistische Weltanschauung niemals zu eigen gemacht hatte, bin ich niemals "auf der Basis Hitlerscher Gedanken" gestanden, was meiner Meinung nach auch die Zeugenaussagen bestätigt haben. Wenn ich mir den "Reichsgedanken" zu eigen gemacht hätte, wäre ich bereitwillig den Ratschlägen und Forderungen der Reichsorgane, die fortlaufend erhoben wurden, nachgekommen. Demgegenüber ist es eine Tatsache, daß ich mich bis zuletzt geweigert habe, der Vollversammlung des Volksbundes von den Reichsbehörden vorgeschlagene Mitarbeiter zur Wahl zu stellen oder solche fallen zu lassen, die diesen nicht gefielen.

Die sog. Wirtschaftsberater aus dem Reich habe ich aus dem Volksbund verdrängt, sogar noch vor ihrer Ankunft dem Ministerpräsidenten PÁL TELEKI Meldung darüber erstattet und über deren voraussichtlichen Pläne berichtet.

Ich verweigerte die Gründung einer deutschen nationalsozialistischen Partei in unserem Kreis und schob eine solche bis zum Kriegsende hinaus, um so "das heimische Schwabentum mit einer sich auf alles erstreckenden politischen Skala zu organisieren", obwohl die deutschen Minderheiten sich in allen anderen Ländern in einer solchen politischen Partei organisiert haben.

Ich habe mich bis zuletzt der Forderung widersetzt, die deutschstämmige Arbeiterschaft in einer sog. Arbeitsfront zu organisieren, weil ich instinktiv davor zurückschreckte, den Arbeitskampf dadurch noch zu vertiefen.

Nie habe ich ein sog. Rassenamt errichtet, das den Rassegedanken mit allen Mitteln propagieren und erforschen sollte.

Der Schaffung einer Ausleseorganisation habe ich mich bis zuletzt widersetzt, weil es deren offenkundiges Ziel gewesen wäre, die ältere Generation, die sich nur zur Nationalität bekannte, durch die weltanschaulich ausgerichtete Jugend abzulösen.

Ich habe nicht Jahr für Jahr 100 Jugendliche in die Hitler-Schulen ins Reich geschickt, wie es die deutschen Volksgruppen anderer Länder auch schon vor dem Krieg gemacht haben.

Die rasche und erfolgreiche Verwirklichung der im sog. Wiener Zusatzabkommen enthaltenen, von der ungarischen Regierung übernommenen Verpflichtungen (Ernennung von Volksbund-Mitgliedern für Positionen in der Verwaltung, der Justiz und des Unterrichtswesens und Schaffung wirtschaftlicher Organe usw.) habe ich von den ungarischen Regierungen trotz des andauernden Drucks aus Deutschland und auch noch während der deutschen Besetzung nicht angemahnt, und so ist infolge meines Verhaltens das Wiener Zusatzabkommen bis Ende 1944 tatsächlich nur ein Stück Papier geblieben.

Ich habe "zum Zweck der Einschulung" keinen einzigen heimischen Deutschen aus den Reihen der Volksbundmitglieder bei Organen und Ämtern im Reich untergebracht, während deren Zahl bei den anderen Volksgruppen manchmal auf mehrere Hundert angestiegen ist.

Ebenso ist es mir gelungen, die 1944 geforderte Aufstellung eines sog. Volkssturms durch mein dilatorisches Verhalten zu verhindern. Das hat WINKELMANN als Zeuge in der Hauptverhandlung bestätigt.

Ich bin auch der Forderung nicht nachgekommen, eine sog. Antisemitenfront auszubauen, die hauptsächlich in den Schulen und in den Gemeinden gemäß einem im Großen vorgeschriebenen Plan mit mündlicher und schriftlicher Propaganda, mit Flugzetteln und Ausstellungen und mit der Einführung eines Einkaufsboykotts hätte wirksam werden sollen.

Ich habe verboten, die Antikommunistische Ausstellung in Ödenburg, Fünfkirchen sowie in den deutschen Städten der Batschka und Siebenbürgens zu zeigen.

Ich habe den Plan zurückgewiesen, das rußlandfeindliche Buch von FML FARAGHO ins Deutsche zu übersetzen und unter den heimischen Deutschen zu verbreiten.

Ich habe allezeit die Forderung zurückgewiesen, als Mitglied in die NSDAP des Reiches einzutreten.

Gegen allen Widerstand habe ich im Herbst 1940 den Sachsen in Nordsiebenbürgen, das damals nach Ungarn wieder eingegliedert wurde, den Gebrauch von Hakenkreuzfahnen und –armbinden verboten.

Auch habe ich 1940 allen Volksbund-Mitgliedern den "Heil Hitler"-Gruß verboten.

Nach der Unterzeichnung des Wiener Zusatzvertrages habe ich schließlich die Einrichtung eines Landesturnerbundes hintertrieben, weil auch dieser den Rahmen für den Plan einer weltanschaulichen Sektion hätte bilden können.

Es ist mir gelungen, die Verwirklichung von all dem, was die Führer der deutschen Minderheiten in den übrigen Ländern in Anbiederung [an HITLER] durchführten, unter verschiedenen taktischen Schachzügen zu vereiteln. Ich habe daher keinesfalls dem "Reichsgedanken" und der "nationalsozialistischen" Weltanschauung gedient. Der Volksbund war keine "Nazi-Organisation", nur ein Teil der Jugend, der in einem dem Volksbund nicht unterstellten Verein organisiert war und den die ungarische Regierung nach Verhandlungen mit dem deutschen Gesandten genehmigt hatte, teilte die "Nazi"-Weltanschauung.

Dem Urteil zufolge sollen wir die Genehmigung zur Gründung des Volksbundes von IMRÉDY erhalten haben. Das entspricht nicht den Tatsachen, haben wir doch Monate lang mit den Führern des unter Vorsitz von GRATZ stehenden Vereins verhandelt, ob wir uns mit ihnen in einer Gemeinschaft zusammenschließen können. Das habe hauptsächlich ich betrieben, und es lag nicht an mir, daß das nicht gelungen ist. Erst danach haben wir den Volksbund gegründet, dessen Satzungen nicht IMRÉDY, sondern Ministerpräsident TELEKI bewilligte.

In der Presse habe ich keine sog. "Gravamina-Politik" betrieben und deshalb auch nicht unsere Lage als "jämmerlich" dargestellt. Ich habe das schon deshalb nicht getan, weil ich nach meiner offen bekannten, in meinem "Generationsplan" entwickelten Auffassung einzig und allein direkte und geduldig geführte Verhandlungen mit der Regierung für erfolgversprechend hielt, da andernfalls die Öffentlichkeit aufgewiegelt worden wäre, was in unserem Land noch niemals der Minderheit genutzt hat.

Es entspricht nicht der Wahrheit, daß sich aus dem heimischen Deutschtum auch nur ein Mann für die Waffen-SS gemeldet hätte, noch bevor im dritten Kriegsjahr die ungarische Regierung – ohne mit uns darüber verhandelt zu haben – mit der deutschen Regierung den Ersten Waffen-SS-Vertrag abgeschlossen hat. Nicht der Volksbund, sondern die ungarische Regierung hat das heimische Deutschtum 1942, 1943 und endgültig 1944 dem Deutschen Reich ausgeliefert. Diese Waffen-SS-Verträge habe ich, wie es auch die Zeugen bestätigt haben, weder gegenüber den Deutschen noch im Ministerpräsidium befürwortet – im Gegenteil. Die Regierung hat selbst den Volksbund als "Werbeorgan" bestimmt, weil sie auf diese Weise ihre Zustimmung dazu kaschieren konnte, daß die Waffen-SS selbst wirbt, wie sie das auch in anderen Ländern getan und damit ein fünf- bis sechsmal höheres Ergebnis erzielt hat. Die Waffen-SS-[Rekrutierungs-] Kommissionen haben auch kein Geheimnis daraus gemacht, daß die "weltanschauliche Gleichgültigkeit", der "Mangel an Rassebewußtsein" und die "Schwäche der Führung, die an der Grenze zur Sabotage stand", bei den Deutschen Trianon-Ungarns das auffallend schwache Ergebnis der Werbeaktionen verursacht hat. (In Rumänien z.B. haben sich von 490.000 Deutschen bei einer einzigen Werbeaktion 52.000 Freiwillige gemeldet, bei uns von beinahe einer Million nur 17.000.)

Die ungarische Regierung hat meines Wissens auch darum der Aktion zugestimmt, weil sie in ihr eine nützliche Kontraselektion sah, haben doch die SS-Freiwilligen samt ihren Familien ihre ungarische Staatsbürgerschaft verloren.

Ich selbst habe nie an einer Werbeaktion teilgenommen, weil, wie auch die Zeugen bestätigt haben, ich kein Freund der Waffen-SS-Aktionen war. Das habe ich in mehr als einem Fall auch zum Ausdruck gebracht. Erst 1943 nahm ich an einigen Verabschiedungen teil, weil man mich dazu gezwungen hat. Bei dieser Verabschiedung habe ich aber niemals erklärt, daß "aus den Freiwilligen die Führung der Zukunft ausgewählt wird", war mir doch einerseits wohl bewußt, daß die Freiwilligen ihre ungarische Staatsbürgerschaft verloren haben, andererseits es 1943 überhaupt kein Geheimnis mehr war, daß HIMMLER die Absicht hatte, das ganze einheimische Deutschtum nach dem Krieg einem ausgearbeiteten Plan gemäß in den Warthegau umzusiedeln. In Kenntnis davon bin ich ab 1943 der uns gegenüber in Gang gesetzten Aussiedlungs- bzw. Einschüchterungspropaganda in den einzelnen Gebieten auch nicht mehr entgegengetreten. Nur solange ich an einen Ausgleichsfrieden glaubte, vertraute ich darauf, daß die Schwaben in ihrem Vaterland verbleiben könnten. So entspricht die Feststellung, der Volksbund habe vor den Waffen-SS-Verträgen Druck auf das heimische Deutschtum ausgeübt, in keiner Weise der Wahrheit.

Das Urteil hebt hervor, daß die Volksbund-Mitglieder sowohl bei den Behörden wie bei größeren Unternehmen vertreten waren, und zieht daraus Konsequenzen. Tatsache ist dem gegenüber, daß die Mitglieder des Volksbundes mit Ausnahme der Batschka sich aus den ärmeren Schichten des Volkes rekrutierten, die deutschstämmige Intelligenz aber – mit Ausnahme einiger Ärzte und Anwälte – sich den ungarischen nationalsozialistischen Parteien anschloß, weil sie bei ihnen ihre Interessen aufgehoben sah und darauf vertraute, daß diese an die Macht kommen würden, wie das tatsächlich eingetreten ist. Andererseits habe ich auch noch nach der deutschen Besetzung keineswegs die Ernennung von Volksbund-Mitgliedern in Ämter betrieben, habe ich doch den Regierungschefs bei jeder Gelegenheit versprochen, daß ich den sog. Wiener Vertrag nicht ausnützen werde, um solche Rechte durchzusetzen. In der Hauptverhandlung hat selbst Ministerialrat Dr. GÉZA BIRKÁS bezeugt, wenn ich den deutschen Druck [auf Ungarn] ausgenutzt hätte, allein aufgrund des Wiener Vertrags das Fünfzigfache dessen hätte erzielen können von dem, mit dem ich mich zufrieden gab. Das gilt auch für Wirtschaftsfragen. Das geht auch daraus hervor, daß wir bis 1944 nur eine Milchgenossenschaft hatten und weitere wirtschaftliche Rechte gar nicht verlangten. Auch die im Urteil erwähnte (Pécsvárader) Bank war im Eigentum des Reiches. Die Feststellung, daß diese Bank dazu gedient haben soll, Grundstücke anzukaufen, entspricht keinesfalls der Wahrheit, weil sie nur kurzfristig kleine Beträge flüssig machen konnte, um Verschuldeten zu helfen, und der Grundstückkauf - wie allgemein bekannt - von der Genehmigung der Landwirtschaftsämter abhing, schließlich ein Schwabe schon vor dem Krieg kaum Chancen hatte, ein Grundstück zu erwerben.

Während der deutschen Besetzung 1944 habe ich auch jeden Anschein gemieden, als nützte ich die neue Lage für irgendetwas aus. ANDOR JAROSS bat ich nur um Ernennung einer Apothekerin und habe auch das nicht erreicht. SZTÓJAY habe ich vor allem um seine Unterstützung gebeten, daß die Waffen-SS-Kommissionen und die Honvéd nicht auch den allerletzten deutschen Mann aus den Dörfern einziehen sollten. Darum ersuchte ich auch mehrmals Minister CSATAY. - Selbst WINKELMANN sagte in der Hauptverhandlung aus, daß ich den Waffen-SS-Vertrag "nicht für richtig fand", obwohl er mir gegenüber bis zuletzt nur Verachtung übrig hatte.

Das Urteil beruft sich auf Auszüge aus 3-4 Reden, die ich 1940 gehalten habe. Ich berufe mich erneut mit allem Respekt darauf, daß diese Auszüge aufgrund tendenziöser Detektiv-Meldungen entstanden sind. Während der Zeit meiner Internierung haben die Minister auch offen zugegeben, daß derlei Meldungen sozusagen auf Bestellung geschrieben wurden. Ich verweise auch darauf: Wenn ich diese Reden mit einer solchen Ausrichtung tatsächlich gehalten hätte, wäre das Ministerpräsidium wie auch in anderen Fällen sofort tätig geworden und hätte sie mir gegenüber beanstandet, das jedoch ist nicht vorgekommen. Dr. BIRKÁS hat in seiner Zeugenaussage anerkannt, daß ich vorgebrachte Beanstandungen immer gleich erledigt und sogar "die getadelten Personen nach Möglichkeit entfernt" habe. Ich kann mich aber auch darauf berufen, daß auch meine Gegner nicht behauptet haben, daß ich in meinen Reden jemals einen gemeinen oder demagogischen Ton angeschlagen hätte. Auffallend ist auch, daß ich solche Reden 1940 gehalten haben soll, also in demselben Jahr, in dem ich nach Aussage von Dr. BIRKÁS dem Regierungschef mehrmals meinen Rücktritt angeboten habe, setzten doch in diesem Jahr die ersten Versuche einer Einmischung von deutscher Seite in unsere Verhältnisse ein.

Den "Reichsgedanken" habe ich auch in der Presse nicht propagiert, weil ich seit 1941 weder in der *Deutschen Zeitung* noch in anderen Blättern einen Zeitungsartikel geschrieben habe, in einem ausländischen Blatt habe ich jedoch mein Leben lang keinen Artikel publiziert. Daß ich den "Reichsgedanken" propagiert hätte, dafür ist meiner Meinung nach auch in der Hauptverhandlung kein Beweis erbracht worden.

Weder schriftlich noch mündlich habe ich jemals behauptet, daß wir "zwei Vaterländer" haben. Ebensowenig habe ich den Ausdruck Magyarone gebraucht. Diese Bezeichnung war bei uns nie gebräuchlich. Im übrigen habe ich eine Symbiose immer für natürlich gehalten und auch die Assimilation, die sich daraus von selbst ergibt, anerkannt.

Es war allgemein bekannt – und auch diejenigen, die sich mir gegenüber reserviert verhalten haben, erkannten das an –, daß ich das Wort Rache ebensowenig in den Mund genommen, wie auch den Ausdruck Rasse nicht gebraucht habe, weil das im Widerspruch zu meiner Überzeugung und insbesondere zu meinem Privatleben gestanden hätte. Auch das hat eine Reihe von Zeugen bestätigt. Die Dogmen der "Hitlerschen Weltanschauung" habe ich mir niemals angeeignet oder verkündet, schon gar nicht deren wichtigsten Grundsätze: die Rassentheorie und den Antisemitismus. Das hat durch die Zeugen der Hauptverhandlung ebenfalls seine Bestätigung gefunden. Was mir in der "deutschen Weltanschauung" schon aus rein menschlichen Gründen fremd erschien, war außer der Rassentheorie und dem Haß gegen Andersrassige das Bekenntnis zur rohen Gewalt, mit dem ich ständig in Gegensatz geraten war.

Weder mündlich noch schriftlich habe ich mich jemals als Nationalsozialist bezeichnet. Bei den Reichsdeutschen, aber auch bei den Führern der deutschen Minderheiten in anderen Ländern war ich deshalb unbeliebt. Selbst VEESENMAYER und WINKELMANN haben im Lauf der Hauptverhandlung ausgesagt, daß die Deutschen mit mir "nicht zufrieden waren" und daß sie tatsächlich entschieden hatten, mich "nach dem Krieg auszuwechseln". Schließlich hat Dr. GYÖNGYÖSI, der politische Anwalt, auf der Hauptverhandlung einen Brief mit einem mir bisher unbekannten Inhalt vorgelesen, wonach maßgebende Kreise im Reich den Plan gehabt haben sollen, mich mit einem raffinierten taktischen Schachzug von der Spitze des Volksbundes zu entfernen und an die Spitze des Auslandsdeutschen Instituts in Stuttgart wählen zu lassen.

Ich verweise auch darauf, daß ich nicht nur PÁL TELEKI und BÁRDOSSY meinen Rücktritt von der Spitze des Volksbundes angeboten habe, sondern zweimal auch KÁLLAY, und daß ich auch SZTÓJAY bei unserer allerersten Begegnung gebeten habe, meinem Rücktritt zuzustimmen. Eine solche Bitte habe ich deshalb vorgetragen, weil ich durch den Zwang, mich ständig gegen deutsche Forderungen zur Wehr zu setzen, mit meinen Kräften schon völlig am

Ende war, der oppositionelle Flügel des Volksbundes einen unqualifizierten und niederträchtigen Angriff gegen mich startete und ich in dieser Lage mit Recht die diesbezügliche Zustimmung der Regierungschef erwarten konnte. Aber weder TELEKI noch KÁLLAY noch die übrigen haben mich zurücktreten lassen. Wegen seiner Wichtigkeit wiederhole ich das in aller Hochachtung, daß ich TELEKI gegenüber voller ehrlicher Sorge auch darauf hingewiesen habe, daß die damalige Regierung mit ihrer Unterschrift unter das sog. Wiener Zusatzabkommen die deutsche Regierung als Verhandlungspartner auch vertraglich akzeptiert hatte, statt daran festzuhalten, in deutschen Minderheitenangelegenheiten ausschließlich mit den Führern der heimischen Minderheit zu verhandeln. Aufgrund dieses Vertrages hat das Reich damit begonnen, seine Methode einer immer gewaltsamer vorgehenden Einmischung anzuwenden. Diese Methode hat – was mehrere Zeugen bestätigt haben – nicht nur meine Arbeit erschwert, sondern auch mein Leben öfters völlig durcheinander gebracht, weil der Widerstand meine Kräfte mehr und mehr aufgezehrt hat. Ungarische Politiker, auch solche, die heute nicht als Angeklagte vor dem Volksgerichtshof stehen, haben mir gegenüber das immer anerkannt und mit ihrer Anerkennung sehr dazu beigetragen, daß ich vom Weg meiner Überzeugung nicht abgewichen bin und gegenüber dem deutschen Druck weiterhin Widerstand geleistet habe.

Dessen bin ich mir bis heute bewußt und verstehe darum nicht, warum das Urteil mir als Schuld ankreidet, daß meine Wirksamkeit "in weiten Kreisen des Ungartums Wurzeln faßte", war doch meine Wirksamkeit auf die Mitglieder des Volksbundes beschränkt und auf die Kontakte mit den amtlichen Organen.

In der Frage der sog. Mannschaft gebraucht das Urteil die Bezeichnung "Organisation von bewaffneten Ordnungskräften". Von dem, was ich mit dem Recht des letzten Wortes gesagt habe, wiederhole ich achtungsvoll Folgendes – weil im Protokoll auch dieser Teil völlig fehlt.

Die Mannschaft war nie eine Organisation von bewaffneten Ordnungskräften, denn das war nicht ihre Funktion, und sie hat nicht nur über keinerlei Waffen verfügt, sondern auch an keiner entsprechenden Ausbildung teilgenommen. Eine solche Ordnungskraft hätte weder KÁLLAY noch KERESZTES-FISCHER geduldet. Ihr Zweck war nur, auf den Versammlungen die Ordnung zu wahren, Spenden zu sozialen Zwecken und Mitgliedsbeiträge zu sammeln und deren ordnungsgemäße Durchführung zu gewährleisten. Eigentlich bestand sie nur in den Teilen, die zu Jugoslawien gehört hatten, da sie schon in der jugoslawischen Zeit entstanden ist; in den von Deutschen bewohnten Teilen Trianon-Ungarns erreichte ihre Zahl kaum 200, weil sich das hiesige Deutschtum von der mit den Sammlungen verbundenen Mühe, soweit es nur ging, gedrückt hat.

Als ich damit im Zusammenhang in ungarischen Kreisen auch nur den Schatten einer Befürchtung wahrnahm, habe ich den damaligen Innenminister KERESZTES-FISCHER persönlich gebeten, die Mannschaft durch seine Organe ständig zu beaufsichtigen, was auch geschehen ist. Damit hat es in dieser Frage auch keinerlei Befürchtungen mehr gegeben.

Eine Organisation von bewaffneten Ordnungskräften habe ich auch nach der deutschen Besetzung nicht aufgebaut, obwohl ich das – wenn ich einen solchen Plan gehabt hätte – zur großen Freude der Reichsdeutschen in großem Stil hätte tun können, ja mit ihrem schon erwähnten "Volkssturm"-Plan haben die Reichsdeutschen selbst durch uns eine solche Ordnungskraft aufstellen lassen wollen, und ich habe auch das verhindert.

Auch meine Erwiderung auf die schriftliche Zeugenaussage von SZEGEDY-MASZÁK kommt im Protokoll überhaupt nicht vor. Ich wiederhole mit Hochachtung, daß ich seinerzeit folgende Worte an SZEGEDY-MASZÁK gerichtet habe: "Mit Ihrer Auffassung können Sie erleben, daß Sie den weiteren Staatszuwachs zerschlagen." Ich habe ausführlich auch darauf verwiesen, was mich dazu veranlaßt hat, diese Äußerung zu machen. Ich weise mit allem Respekt darauf hin, daß ich während meines ganzen Lebens niemals beschuldigt worden bin, jemals einen nur annähernd ähnlichen Ausdruck gebraucht zu haben, und mein ganzes politisches Verhalten beweist alltäglich das Gegenteil davon.

Als ich 1942 erfahren habe, daß HIMMLER das ungarländische Deutschtum auszusiedeln plante, habe ich von da an in gesteigertem Maße um Verständnis seitens des Ungartums und der Regierung KÁLLAY geworben, um auch dadurch beizutragen, eine Aussiedlung des Ungarndeutschtums zu verhindern. Es war nicht im leisesten Berechnung, die mir dieses Verhalten eingab, sondern die Furcht in meinem tiefsten Inneren, das Vaterland verlassen und sich unter die Rechtshoheit des Reichs begeben zu müssen. Meine Furcht wurde von den reiferen Führern des Volksbundes in vollem Maße geteilt.

Alle anderen deutschen Volksgruppen und deren Führung sind nach der deutschen Besetzung mit voller, ja geradezu hemmungloser Wucht daran gegangen, ihre "großen Pläne" im Rahmen der neuen Situation und mit Hilfe der Deutschen zu verwirklichen und vor allem ihren Anteil an der Macht zu fordern.

Ich habe keinerlei Pläne dieser Art geschmiedet und auch nicht verwirklicht und bin vielmehr noch bescheidener aufgetreten; und obwohl wir alle Möglichkeiten dazu gehabt hätten, haben wir nicht einmal einen kleinen Anteil an der Macht eingefordert.

Ungarischen Kreisen ist damals aufgefallen, und sie haben das auch anerkannt, daß ich die deutsche Besetzung des Landes weder mit einer Rede noch mit einem Artikel, nicht einmal mit einem Telegramm begrüßt und daß ich mich damals ganz aus dem gesellschaftlichen Leben zurückgezogen habe, selbst die deutschen Besatzer haben mich weder zu ihren geselligen Zusammenkünften noch zu ihren Feiern eingeladen oder mir eine Einladung als Repräsentant [der Volksgruppe] zukommen lassen. Während der ganzen Besatzungszeit hielt ich nur eine einzige Rede, meine in der Anklageschrift angeführte Bonyháder Rede, die mir im Hinblick auf HITLERs Geburtstag zum ersten Mal mit einem schon feststehendem Text aufgezwungen wurde. Das war darum möglich, weil der Minderheitenattaché der Gesandtschaft, Dr. MECKEL, sie mir unter Berufung auf die eingeleitete Untersuchung betreffend mein Privatleben und andere gegen mich vorliegende Anzeigen aufzwingen konnte. Von April 1944 bis April 1945 habe ich keine Rede mehr gehalten.

Auch nachdem SZÁLASI FERENC an die Macht gekommen war, blieb die Lage dieselbe wie unter der Regierung SZTÓJAY. Wir haben keinen "kleinen oder großen Plan" verwirklicht und keinerlei Anteil an der Macht gefordert. Selbst die beiden Obergespanstellen, die mir GÁBOR VAJNA [214] angeboten hat, habe ich ausgeschlagen. Es stellt sich die Frage, ob all das so geschehen wäre, wenn ich von vornherein eine andere Mentalität oder "Nazi"-Gefühle gehabt hätte oder im Dienste des "deutschen Imperialismus" oder des "Reichsgedankens" gestanden wäre? Weil ich nicht weltanschaulich eingestellt war, gehörte ich nicht zu denen, die günstige Lagen gleich für sich ausgenützt hätten.

Bis zuletzt habe ich um solche Nationalitätenrechte gekämpft, die die Demokratien immer anerkannt haben und die die ungarische Regierung auch heute anerkennt. Sind doch diese Rechte auch vom Völkerbund anerkannt worden und von allen Nationalitäten der Welt, an deren Kongressen in Genf oder Stockholm ich die ungarndeutsche deutsche Nationalität persönlich vertreten habe.

Hochachtungsvoll,

Dr. FRANZ BASCH

[214] VAJNA, GÁBOR (1891-1946); Offizier und Politiker. 1938-1945 vertrat er im Parlament die Pfeilkreuzlerpartei und galt als enger Mitarbeiter vom Pfeilkreuzlerführer SZÁLASI. Vom 16. Oktober 1944 bis zum 28. März 1945 übernahm er das Amt des Innenministers. Als Kriegsverbrecher zum Tod verurteilt, wurde er am 12. März 1946 hingerichtet.

IV. DER LANDESRAT DER VOLKSGERICHTE

A. Protokoll der öffentlichen Berufungs-Hauptverhandlung (18. März 1946)

Anwesend: I. seitens des Gerichts:
1. Dr. ERNÖ BÉLA BOJTA[215] (SDP) Ratsvorsitzender
2. Dr. PÁL SÖMJÉN (UKP) Referent
3. Dr. GYÖRGY BEREND (UKLP) Abstimmender
4. Dr. MIHÁLY SZABÓ (NBP) Abstimmender
5. Dr. RÓBERT SACHER (BDP)[216] Abstimmender
6. Dr. ANDOR SÁRKÖZY Protokollführer

II. seitens der Parteien:
1. Dr. LÁSZLÓ HORTI Stellvertreter des Volksanwalts
2. Dr. ÁRPÁD WENCZEL Anwalt, Pflichtverteidiger
3. Dr. DÁVID SINGER öffentlicher Verteidiger
4. Dr. FRANZ BASCH Angeklagter

Der Vorsitzende eröffnet die Berufungs-Hauptverhandlung gemäß dem entsprechend § 481 Strafgesetzbuch anzuwendenden § 301 und stellt fest, daß die auf die vorliegende Angelegenheit bezügliche Liste gemäß § 490 Abs. 2 StPO enthaltenen Verfügung auf der Anschlagtafel des Landesrats ausgehängt worden ist und daß die Obengenannten erschienen sind.

Der öffentliche Verteidiger Dr. DÁVID SINGER wird von seinem Amt entbunden und die Verteidigung des Angeklagten übernimmt der Pflichtverteidiger Dr. ÁRPÁD WENCZEL.

Dann ruft der Vorsitzende gemäß § 418 Absatz 2 StPO den Referenten Dr. PÁL SÖMJÉN auf, über den Stand der Angelegenheit zu informieren. Der Refe-

---

[215] BOJTA, ERNŐ BÉLA (1899-1969); Rechtsanwalt. In seiner Heimatstadt Szeged schloß er sich der Sozialdemokratischen Partei an und wurde wegen seiner politischen Einstellung 1942 und 1944 verhaftet. Im Februar 1945 wurde B. zum Ministerialrat im Ministerpräsidium, im Juni 1945 zum administrativen Staatssekretär und Notar im Ministerpräsidium ernannt. Seit Juli 1945 gehörte er als Richter dem Landesrat der Volksgerichte (Népbíróságok Országos Tanácsa) an, 1949 wurde er zum Präsidenten des Obersten Gerichts (Legfelsőbb Bíróság) ernannt, 1950 jedoch aus diesem Amt entlassen. 1958 wurde er in die Kommission zur Überprüfung der Anwälte berufen, 1962-1964 amtierte als Präsident des Landesanwaltsrates (Országos Ügyvédi Tanács).

[216] SDP= Sozialdemokratische Partei; UKP = Ungarische Kommunistische Partei; UKLP = Unabhängige Kleine Landwirtepartei; NBP = Nationale Bauernpartei; BDP = Bürgerlich-Demokratische Partei.

rent trägt den Stand der Angelegenheit und den angefochtenen Teil des Urteils vor und hebt besonders die Gründe hervor, die für die Wiederaufnahme des Prozesses sprechen.

Der Vorsitzende läßt dann gemäß Absatz 3 des genannten § das Urteil der ersten Instanz vorlesen.

Nachdem der Referent seinen Vortrag beendet hatte, fordert der Ratsvorsitzende gemäß Absatz 4 des zitierten § 418 die Mitglieder des Rats und die Parteien auf, sich dazu zu äußern, ob einzelne Punkte und einzelne Akten vorgelesen werden sollen.

Da niemand Aufklärung oder Verlesung von Akten wünscht, fordert der Vorsitzende gemäß § 421 Abs. 4 die Parteien auf, ihre Vorschläge und Vorlagen vorzutragen.

Der Verteidiger trägt seine Vorlage im wesentlichen wie folgt vor:

Er hält seine Berufung aufrecht und begründet diese detailliert. Er trägt weiter vor, daß der Angeklagte sich immer loyal verhalten hat, keine Nazi-Partei gegründet hat und bestrebt war, kulturelle Ziele zu verwirklichen, den deutschen Weisungen nicht nachgekommen ist, die Nationalitätenrechte, die er aufgrund des Wiener Beschlusses hätte einfordern können, bei der ungarischen Regierung nicht erzwungen hat.

Er beruft sich auf die zahlreichen mildernden Umstände, die zugunsten des Angeklagten vorliegen. Er bittet, das Urteil der ersten Instanz abzuändern und die über den Angeklagten verhängte Strafe abzumildern.

Der Stellvertretende Volksanwalt trägt seine Einwände vor und stellt den Antrag, das Urteil der ersten Instanz ohne Berücksichtigung der mildernden Umstände voll und ganz aufrecht zu erhalten.

Der Angeklagte trägt mit dem Recht des letzten Wortes im wesentlichen Folgendes vor:

Der Volksbund war keine politische Organisation. Ihn verbanden enge Beziehungen mit ENDRE BAJCSY-ZSILINSZKY, MIKLÓS KÁLLAY und TIBOR ECKHARDT. Er war kein Gegner der Assimilation, er war kein Nationalsozialist und hat sich die deutsche Rassentheorie nicht zu eigen gemacht. Er war kein Antisemit, lebte über 15 Jahre in enger Freundschaft mit einer jüdischen Person. Die Erziehung der Jugend auf weltanschaulicher Grundlage wurde gegen seinen Willen vom damaligen Kultusminister BÁLINT HÓMAN auf deutschen Druck hin angeordnet. Die im Wiener Vertrag zugesicherten Rechte hat er als Einmischung von deutscher Seite in die Angelegenheiten des ungarländischen Deutschtums angesehen. Nach der deutschen Besetzung ist er den deutschen Wünschen noch weniger nachgekommen. Die Deutschen waren mit ihm auch nicht zufrieden. Mehrmals hat er den ungarischen Regierungen seinen Verzicht auf Führung des Volksbundes angeboten, diese nahmen ihn aber nicht an. Die Werbung für die SS wurde durch eine Verfügung der ungarischen Regierung vorgeschrieben und Volksbundlisten wurden alles in allem in 5-6 Fällen herausgegeben, womit nur im Interesse des heimischen Deutschtums vorgegangen wurde. Er bittet um Milderung der von der ersten Instanz verhängten Strafe.

Nach dem Abschluß der Vorlagen erklärt der Vorsitzende die Verhandlung für geschlossen, gemäß dem entsprechend § 418 StPO anzuwendenden § 321 zieht sich das Gericht zur Beschlußfassung zurück, und nachdem es nach dem letzten Absatz des zitierten § 421 in geschlossener Sitzung beschlossen hatte, verkündet der Ratsvorsitzende gemäß der in § 329 Absatz 1 StPO enthaltenen Verfügung das auf einem besonderen Blatt formulierte

URTEIL

das zur Kenntnis genommen wird.

Dann richtet der Ratsvorsitzende an den Angeklagten und seinen Verteidiger die Frage, ob sie um Gnade ansuchen wollen.

Angeklagter: Ich bitte um Gnade.

Verteidiger: Ich bitte um Gnade für meinen Mandanten.

Dann fordert der Ratsvorsitzende den Stellvertretenden Volksanwalt auf, sich zum Gnadengesuch in nicht öffentlicher Sitzung zu äußern.

Das Protokoll der nicht öffentlichen Sitzung und der darauf folgenden geschlossenen Sitzung ist in einem verschlossenen Umschlag auf einem eigenem Blatt niedergeschrieben.

Der Ratsvorsitzende verkündet öffentlich den untenstehenden

BESCHLUSS

des Landesrats.

Der Landesrat ordnet an, die Stellungnahme zur Begnadigung unter Beifügung sämtlicher Akten über den ungarischen Justizminister dem Präsidenten der Ungarischen Republik zur weiteren Verfügung vorzulegen.

Wird zur Kenntnis genommen.

Die Verhandlung wird geschlossen.

Als Honorar des öffentlichen Verteidigers sind Kosten von 100.000 Pengő, das sind hunderttausend Pengő, aufgelaufen.

BOJTA — Ratsvorsitzender

Dr. SÁRKÖZY ANDOR — Protokollführer

B. Protokoll der Verhandlung über Schuld und Strafmaß des Angeklagten (18. März 1946)

Anwesende:
Dr. Ernő Béla Bojta (SDP), Ratsvorsitzender
Dr. Pál Sömjén (UKP), Referent
Dr. György Berend (UKLP)
Dr. Mihály Szabó (NBP)
Dr. Róbert Sacher (BDP)
Abstimmende
Dr. Andor Sárközy
Protokollführer

Der Ratsvorsitzende ruft den Referenten und die Ratsmitglieder auf, sich zur Frage der Schuld des Angeklagten zu äußern.

Referent Dr. Pál Sömjén: stellt den Antrag, der Landesrat möge den Teil des Urteils der ersten Instanz, in dem es um die Qualifizierung der Taten des Angeklagten geht und in dem es den Angeklagten der Begehung von Kriegsverbrechen nach § 13 Nummer 5 VGV und von volksfeindlichen Verbrechen nach § 17 Nummer 2 (Novelle § 12 Nummer 2) für schuldig erklärt, aufheben und auch diese zum Gegenstand der Anklage gemachte Tätigkeit des Angeklagten als in § 11 Nummer 1 VGV enthalten einstufen. Dementsprechend möge es den Angeklagten der Begehung von Kriegsverbrechen nach § 11 Nummer 1 und von volksfeindlichen Verbrechen nach § 15 Nummer 4 VGV schuldig sprechen.

Ratsvorsitzender Dr. Ernő Béla Bojta, die Abstimmenden Dr. György Berend, Dr. Mihály Szabó und Dr. Róbert Sacher schließen sich dem Antrag des Referenten an.

Der Ratsvorsitzende stellt fest, daß der Landesrat – im Sinne des Vortrags des Referenten – die Schuld des Angeklagten einstimmig als nach § 11 Nummer 1 und § 15 Nummer 4 VGV gegeben ansieht.

Der Ratsvorsitzende ruft den Referenten und die Ratsmitglieder auf, sich zum Strafmaß zu äußern.

Referent Dr. Pál Sömjén stellt den Antrag, die Todesstrafe durch die Kugel zu verhängen.

Ratsvorsitzender Dr. Ernő Béla Bojta, die Abstimmenden Dr. György Berend, Dr. Mihály Szabó und Dr. Róbert Sacher schließen sich dem Antrag des Referenten an.

Der Ratsvorsitzende stellt fest, daß der Landesrat einstimmig in der Frage des Strafmaßes sich für die Todesstrafe durch die Kugel entschlossen hat.
Die Beratung wird geschlossen.

Dr. Ernő Béla Bojta
Ratsvorsitzender

Dr. Sárközy Andor
Protokollführer

C. Protokoll der Beratung über die Begnadigung

angefertigt in der gemäß § 499 StPO und § 3 VGV-Nov. in Budapest gehaltenen nichtöffentlichen Sitzung des Landesrats der Volksgerichte am 18. März 1946 über die Frage der Begnadigung des in der Strafsache gegen Dr. FRANZ BASCH der Begehung von Kriegsverbrechen und volksfeindlichen Verbrechen rechtskräftig zum Tod Verurteilten

Anwesend sind:
Dr. ERNŐ BÉLA BOJTA (SDP)
Ratsvorsitzender
Dr. PÁL SÖMJÉN (UKP)
Referent
Dr. GYÖRGY BEREND (UKLP)
Dr. MIHÁLY SZABÓ (NBP)
Abstimmende
Dr. ANDOR SÁRKÖZY
Protokollführer+

Dr. LÁSZLÓ HORTI
Stv. Volksanwalt

Der Ratsvorsitzende eröffnet die nichtöffentliche Sitzung und ruft den Stellvertretenden Volksanwalt auf, sich zur Frage des Gnadengesuchs zu äußern.

Erklärung des Stv. Volksanwalts Dr. LÁSZLÓ HORTI:

Nach § 497 Abs. 2 StPO gebe ich meine Stellungnahme dahingehend ab, daß ich den Verurteilten Dr. FRANZ BASCH nicht für würdig halte, begnadigt zu werden, weil ich angesichts des objektiven Gewichts und der subjektiven Schuldhaftigkeit seiner Taten die Todesstrafe für angemessen halte.

Dann entfernt sich der Stv. Volksanwalt aus der nichtöffentlichen Sitzung und der Landesrat berät in der Frage der Begnadigung in geschlossener Sitzung.

Stellungnahme des Referenten Dr. PÁL SÖMJÉN:

Den Verurteilten Dr. FRANZ BASCH empfehle ich – angesichts der im Urteil dargelegten Argumente – nicht zur Begnadigung.

Stellungnahme des Abstimmenden Dr. RÓBERT SACHER: Ich schließe mich dem Urteil des Referenten Dr. PÁL SÖMJÉN an und empfehle den Verurteilten nicht zur Begnadigung.

Stellungnahme des Abstimmenden Dr. MIHÁLY SZABÓ: Ich empfehle den Verurteilten zur Begnadigung, weil nicht geklärt ist, daß er sich mit den imperialistischen Zielen HITLER-Deutschlands identifiziert hat, im Kreise der in den kleineren Nachbarstaaten ansässigen Deutschen sog. Fünfte Kolonnen aufzustellen, und daß der Verurteilte den Volksbund in den Dienst dieser Ziele gestellt hätte. Es gibt auch keinen Hinweis darauf, daß der Verurteilte, als er den Volksbund organisierte, nach Weisungen aus dem Reich vorgegangen sei; deshalb bleibt die Möglichkeit bestehen, daß der Verurteilte sich bei seiner Organisationstätigkeit ausschließlich an den kulturellen Interessen der deutschen Minderheit orientiert hat.

Stellungnahme des Abstimmenden Dr. GYÖRGY BEREND: Ich empfehle den Verurteilten zur Begnadigung und schließe mich dem Urteil von Dr. MIHÁLY SZABÓ an, und zwar in dem Punkt, daß nicht festgestellt wurde, daß der Verurteilte mit dem Deutschen Reich gegen den ungarischen Staat zusammengearbeitet habe; Angaben deuten vielmehr darauf hin, daß er bestrebt war, den Volksbund im Einvernehmen mit der ungarischen Regierung zu führen. Dieser Umstand entlastet natürlich den Verurteilten nicht, da auch die ungarische Regierung faschistisch war, ist aber vom Gesichtspunkt der Bewertung des Verhaltens und der Gnadenwürdigkeit des Angeklagten nicht gleichgültig.

Stellungnahme des Ratsvorsitzenden Dr. ERNŐ BÉLA BOJTA: Weil die Rolle des Verurteilten in Anbetracht seiner Nationalität bei der Entscheidung über die Begnadigung unter Beachtung etwaiger politischer Gesichtspunkte beurteilt werden soll, schließe ich mich dem Standpunkt von Dr. MIHÁLY SZABÓ an und empfehle den Verurteilten ausschließlich aus diesem Grunde zur Begnadigung und schlage vor, in seinem Fall lebenslängliche Zwangsarbeit festzusetzen.

Dementsprechend stellt der Ratsvorsitzende fest, daß der Landesrat der Volksgerichte

SEINEN BESCHLUSS

wie folgt erläßt:

Der Landesrat der Volksgerichte hat den zum Tod Verurteilten Dr. FRANZ BASCH mit Stimmenmehrheit für würdig befunden, begnadigt zu werden.

Das Protokoll wird hiermit abgeschlossen.

BOJTA
Ratsvorsitzender

Dr. ANDOR SÁRKÖZY
Protokollführer

D. Das Urteil des Landesrats der Volksgerichte (27. März 1946)

IM NAMEN DER UNGARISCHEN REPUBLIK:

Nachdem der Landesrat die Strafsache des der Begehung von Kriegsverbrechen und volksfeindlichen Verbrechen angeklagten Dr. FRANZ BASCH, in der der Budapester Volksgerichtshof unter dem Aktenzeichen Nb. V. 4806/1945/5 ein Urteil gefällt hat, gegen das der Verteidiger betreffend Schuldausmaß und Milderung Berufung eingelegt hat, in mündlicher Verhandlung am 18. März 1946 überprüft hat, fällt der Landesrat der Volksgerichte am unten angeführten Tag das folgende

URTEIL.

Der Landesrat der Volksgerichte hat den Teil des Urteils in erster Instanz, der sich auf die Bewertung der Taten des Angeklagten bezog und in dem der Volksgerichtshof den Angeklagten der Begehung von Kriegsverbrechen nach § 13 Nummer 5 VGV und von volksfeindlichen Verbrechen nach § 17 VGV (richtig: § 12 Nummer 2 VGV-Novelle) für schuldig gesprochen hat, aufgrund von § 385 Nummer 1 Buchst. b StPO mit der Begründung annulliert, daß er diese zum Gegenstand der Anklage gemachte Tätigkeit des Angeklagten als in § 11 Nummer 1 VGV enthalten ansieht.

Demnach ist der Angeklagte schuldig der Begehung von Kriegsverbrechen nach § 11 Nummer 1 der mit Gesetzesartikel VII/1945 zur Gesetzeskraft erhobenen VGV und der Begehung von volksfeindlichen Verbrechen nach § 15 Nummer 4 VGV. Deswegen verurteilt ihn der Landesrat der Volksgerichte aufgrund von § 7 Buchst. a der Verordnung 1440/1945 M.E. unter Berufung auf §§ 96-99 StPO als Haupt- und Gesamtstrafe zum Tode, welches Urteil durch die Kugel an einem geschlossenen Ort, jedoch ohne Ausschluß der Öffentlichkeit zu vollstrecken ist. Als Nebenstrafe des Angeklagten wird aufgrund von § 1 Nummer 6 und 8 VGV-Novelle die Beschlagnahme seines gesamten Vermögens und die Aberkennung seiner politischen Rechte für 10 Jahre verhängt, letzteres für den Fall, daß die Todesstrafe nicht vollstreckt würde.

Im übrigen behandelt der Landesrat der Volksgerichte den Teil des Urteils der ersten Instanz, gegen den Berufung nicht eingelegt wurde, nicht; den Teil, gegen den Berufung eingelegt wurde, bestätigt er (§ 423 Abs. 3 StPO).

BEGRÜNDUNG

Das Urteil des Volksgerichtshofs hat in seiner Begründung die Tätigkeit des Volksbunds richtig dargestellt und seine Rolle richtig bewertet. Ein entscheidendes Mittel der deutschen nationalsozialistischen Ziele, die darauf ausgerichtet waren, die Nachbarstaaten innerlich auszuhöhlen, damit diese zur freien Beute von Nazizielen würden, war eine Lösung der Frage der deutschen Minderheiten in dem Sinne, daß diese sich von der Oberhoheit der genannten Staaten völlig unabhängig machen, loslösen und mit der großdeutschen Einheit unter HITLER verschmelzen.

Die so eingegliederte deutsche Minderheit war dann in den Nachbarstaaten einer jener Brennpunkte, die zum Tor der deutschen Einmischung wurden und von denen ausgehend die deutsche Expansion ihre aggressive, jeden Widerstand beseitigende Politik betrieben hat.

So entstand u. a. auch in Ungarn in der im Volksbund zusammengeschlossenen deutschen Minderheit die Organisation, die eine der sog. "fünften Kolonnen" war, eine Kraft, auf die man sich von innen stützen konnte, die die Möglichkeit eines ungarischen Widerstands schwächte und eine große Zahl ungarischer Staatsbürger organisiert der deutschen imperialistischen Macht zuführte. Diese Organisation war eine umso furchterregendere Kraft, da die deutsche Minderheit in verschiedenen Gegenden des Landes in territorial kompakter Einheit lebte und deshalb die Möglichkeit, über sie zu verfügen, zugleich die unmittelbare Verfügung über das von ihnen bewohnte Gebiet bedeutete, zumindest aber, daß an diesen Orten die sachliche Voraussetzung für eine unmittelbare deutsche Einmischung schon von vornherein gegeben war.

Die unter den Einfluß HITLERs geratenen deutschen Minderheiten sind in den Jahren unmittelbar vor dem Krieg und während desselben nicht für ihre Nationalitätenziele eingetreten. Diese Minderheiten identifizierten sich bewußt mit den Ideen und Zielen der sog. Nazis. Sie verkündeten die deutsche Einheit in dem Sinne, wie sie das imperialistische Dritte Reich vertrat. Diese Einheit bedeutete in der Praxis, daran mitzuwirken, daß die Deutschen die Welt beherrschten und jeden Widerstand dagegen skrupellos ebenso hinwegfegten, wie Deutschland im Zweiten Weltkrieg genauso skrupellos jeden freiheitsliebenden nationalen Widerstand solange beseitigt hat, bis die dagegen sich verbündenden Vereinten Nationen seine Kriegsmaschinerie zerschlugen. Demnach hat die deutsche Minderheit, die auf der Seite HITLER-Deutschlands stand und sich mit ihm identifizierte, nicht die jeder Nationalität zustehenden Freiheitsrechte organisiert, sondern sich auf die Seite der HITLERschen Macht geschlagen und sich zu deren Teil gemacht. Sie verlangte nicht ihre nationalen Freiheitsrechte, sondern griff die Freiheit und zugleich damit das Leben jedes anderen und so auch des ungarischen Volkes an.

Damit hat der Volksgerichtshof diesen Charakter des Volksbunds richtig erkannt.

Auch aus den Darlegungen des Angeklagten ergibt sich, daß er nach der Auflösung des Deutschen Volksbildungsvereins derjenige war, der die Organisation der deutschen Minderheit im genannten Sinne begonnen hat und sich damit dem früheren Verein, der nicht geneigt war, den deutschen Gedanken ohne Vorbehalt zu huldigen, entgegenstellte. Er war und blieb bis zuletzt der Führer des Volksbunds.

Diese Tätigkeit aber erfüllt den Tatbestand der Begehung von Kriegsverbrechen nach § 11 Nummer 1 der zur Gesetzeskraft erhobenen VGV.

Das Amt des Führers des Volksbunds war eine leitende Stellung. Die an dieser Stelle des Gesetzes als Element des Tatbestands vorausgesetzte leitende Stellung ist nämlich nicht unbedingt eine solche in einem öffentlichen Amt, denn dort, wo das Gesetz den Begriff derart eng fassen möchte, spricht es das ausdrücklich aus (vgl. § 11 Nummer 2 und 3 letzter Satz, § 13 Nummer 3, Satz 2, § 15 Nummer 2 und 3).

Der Angeklagte ist nach § 11 Nummer 1 VGV nicht nur deshalb schuldig, weil er trotz seiner Stellung im öffentlichen Leben sich nicht bemüht hat, das immer stärkere Hineinschlittern Ungarns in den Zweiten Weltkrieg dadurch zu verhindern, daß er keinen Versuch unternommen hat, die unter seiner Führung stehende deutsche Minderheit dem Einfluß HITLERs zu entziehen und damit diesen Einfluß und mit ihm die Kriegsanstrengungen zu schwächen, sondern im positiven Sinne auch deshalb, weil der Volksbund im obigen, schon im Urteil des Volksgerichtshofs beschriebenen Sinn mit seiner Organisation und Führung daran teilhatte, daß der Krieg sich auf Ungarn ausweitete und das Land immer mehr in ihn hineingezogen wurde.

Im Volksbund hat sich eine an Zahl und Kraft bedeutende Minderheit mit den deutschen Zielen, dem deutschen Krieg identifiziert, die diese Ziele auch innerhalb Ungarns als gültig proklamierte und eine solche Macht darstellte, daß sie im Ablauf der Ereignisse zu einem von innen her wirksamen Faktor wurde, auch bei der Stellungnahme Ungarns zu der Frage des Kriegs[beitritts]. Freilich bildete der Volksbund nicht den einzigen Faktor und nicht das einzige innere Werkzeug der sich gegen die Existenz des ungarischen Volkes richtenden deutschen Expansion. Die deutsche Machtpolitik stützte sich auf mehrere solche innere Kräfte und hat diese in ihrem eigenen Interesse planmäßig zum Einsatz gebracht. Aber die Rolle des Volksbunds war doch von entscheidender Bedeutung.

So ist die Rolle der Organisation aufzufassen.

Der Angeklagte kann sich nicht auf die Satzungen des Volksbunds berufen. Der Landesrat beurteilt weder den Volksbund noch den diesen führenden Angeklagten danach, was er in Satzungen über sich selbst aussagte, sondern was für eine Tätigkeit er in den kritischen Jahren der ungarischen Geschichte tatsächlich ausübte; diese aber ist die schon bekannt Geschichte. Der Angeklagte stellt seine Rolle jetzt so dar, als sei er selbst gegen seinen Willen auf einen Weg gedrängt worden, den er ursprünglich nicht einschlagen wollte und auf den ihn Kräfte trieben, die seine Widerstandsfähigkeit überstiegen. Die vor den Landesrat tretenden Kriegsverbrecher verteidigen sich alle in einer sehr ähnlichen Weise. Solche Versuche, sich nachträglich rein zu waschen, sind ohne Bedeutung.

Der Angeklagte hat den Volksbund mitbegründet und angeführt. Seine Manifestationen sind bis zuletzt von einem solchen Geist geprägt worden, und bis zuletzt hat er dem Willen Berlins gedient. Über das ganze Land gab er der Bewegung seinen bekannten Namen und profilierte sich als deren geistiger Lenker. Auch WINKELMANN und VEESENMAYER kannten und behandelten den Angeklagten als verläßlichen Menschen, obwohl HIMMLER ihm gegenüber mißtrauisch war. Das alles hat aber keine Bedeutung, weil die ungarischen Volksgerichte die Frage, wer in welchem Ausmaß dem gesetzlich geschützten Interesse der ungarischen Nation entgegenstand und im Dienst der deutschen Ziele stand, nicht nach der Meinung der deutschen Nazi-Führer noch der ungarischen Hauptkriegsverbrecher beurteilen.

Wenn der Angeklagte etwas anderes wollte und ihm die Kraft dazu fehlte, das durchzuführen, hätte er von seinem Amt zurücktreten sollen. Aber seine im Urteil des Volksgerichtshofs aufgezählten Äußerungen und seine Rolle geben keinen Grund zu einer solchen Annahme.

Der Landesrat betont, daß das Gesetz selbst die Bedeutung des Volksbunds bewertet und in dieser Richtung dem urteilenden Richter den Weg weist. § 12 Nummer 2 der zur Gesetzeskraft erhobenen VGV 1440/1945 M.E. qualifiziert die bloße Tatsache, daß jemand in den Volksbund eingetreten ist, als ein mit bis zu fünfjährigem Gefängnis zu bestrafendes volksfeindliches Verbrechen. Dieselbe Gesetzesstelle qualifiziert den Eintritt in irgendeine andere faschistische Partei nur dann als Verbrechen und bestraft sie in ähnlicher Weise, wenn der Eingetretene darüber hinaus auch ein Amt übernahm oder sich aktiv als Mitglied betätigte. Damit hat der Gesetzgeber den Volksbund mit jeder anderen vaterländischen faschistischen Partei, z.B. den Pfeilkreuzlern, verglichen und zum Ausdruck gebracht, daß seine Bedeutung im ersten Fall schwerer wiegt.

Auch dieser Gedankengang wirft ein grelles Licht auf die Rolle des Angeklagten, der der Gründer und Lenker dieser Organisation war, die unter seinem Namen und seiner Leitung tätig geworden ist.

Der Volksgerichtshof hat sich aber geirrt, als er den Angeklagten der Begehung von Kriegsverbrechen nicht nur nach § 11 Nummer 1 VGV, sondern auch nach § 13 Nummer 5 für schuldig erklärt hat. Aus dem Obigen ergibt sich, daß der Angeklagte zum großen Teil Kriegsverbrechen nach § 11 Nummer 1 begangen hat, indem er sich unmittelbar der Berliner Macht untergeordnet, mit ihr Verbindung aufrechterhalten, von ihr Weisungen entgegengenommen, ihren Zielen gedient und damit naturgemäß auch Informationen geliefert hat. Dieses Verhalten ist also mithin bereits dadurch erfaßt, daß ihn der Volksgerichtshof der Begehung von Kriegsverbrechen nach § 11 Nummer 1 für schuldig befunden hat. Eine wirkliche (sachliche) Häufung besteht nicht.

Dieselbe Lage ist gegeben im Hinblick auf die Begehung volksfeindlicher Verbrechen nach § 17 Nummer 2 VGV, da der Angeklagte eben dadurch zum Kriegsverbrecher wurde, daß er der Führer des Volksbunds war und blieb. Mit diesem Amt ist nämlich seine genannte leitende Stellung verbunden, und das wird dadurch geahndet, daß er als jemand beurteilt wird, der nach § 11 Nummer 1 VGV Kriegsverbrechen begangen hat.

Nachdem die unrichtige Beurteilung zur Beschwerde des Angeklagten geführt und darauf der Landesrat nach § 62 Absatz 2 VGV das mit der Berufung angefochtene Urteil in seinem ganzen Umfang überprüft hatte, mußte er nach § 385 StPO letzter Absatz von Amts wegen die unrichtige Beurteilung berücksichtigen und eine dem Gesetz entsprechende Entscheidung fällen. Zutreffend erklärte aber der Volksgerichtshof den Angeklagten der Begehung von volksfeindlichen Verbrechen nach § 15 Nummer 4 VGV für schuldig. Der Angeklagte war nämlich der verantwortliche Herausgeber der Deutschen Zeitung, und seine im Urteil erster Instanz angeführten Reden sowie die dort aufgezählten Artikel und der Geist der genannten Zeitung, die ganze Richtung des Blattes weisen auf eine solche fortgesetzte Tätigkeit hin, die geeignet war, im Interesse der Verbreitung und Stärkung der faschistischen Richtungen die öffentliche Meinung in bedeutendem Maße zu beeinflussen und in eine für das Land schädliche Richtung zu lenken. Die Reden und die Zeitung artikulierten gleichermaßen den Geist des großdeutschen Gedankens, und es liegt auf der Hand, daß die Bedeutung und Schädlichkeit solcher propagandistischen Äußerungen kaum hoch genug eingeschätzt werden kann, zumal sie eine große Zahl von Hörern und Lesern ansprachen und bekannt war, daß hinter diesen Äußerungen, die an die deutsche Minderheit gerichtet waren, das Deutsche Reich gestanden ist.

Mit grundsätzlicher Schärfe betont der Landesrat, daß die *Deutsche Zeitung* seit der in den Akten befindlichen Nummer vom 13. Juli 1941 an nachweisbar das amtliche Organ der Deutschen Minderheit war, und in ihrer Kopfleiste war das vermerkt; dort stand auch, daß der Angeklagte die Zeitung herausgibt. Der Name des Angeklagten ist daher mit der Zeitung verbunden, und er hat als Führer des Volksbunds in den Kriegsjahren die Zeitung im Geist des Vereins dirigiert. Wer eine solche Tätigkeit ausgeübt hat, kann sich nicht darauf berufen, daß er für die Artikel der über geraume Zeit regelmäßig erscheinenden und verbreiteten Zeitung und damit zugleich für das über die Zeitung erreichte Resultat nicht verantwortlich ist, sondern nur die Verfasser der einzelnen Artikel verantwortlich gemacht werden können. Dem Gesetz nach liegt die Betonung auf einer fortgesetzten Tätigkeit von Dauer, diese manifestiert sich jedoch in erster Linie dahingehend, daß der Herausgeber den inhaltlichen Kurs der Zeitung bestimmt, auf die allgemeinen Stellungnahmen des Blattes Einfluß nimmt und den einzelnen Nachrichten ihren Platz zuweist. Mit der Zielsetzung und der dem Gesetz zugrundeliegenden Auffassung der Volksgerichtsbarkeit ist ein Standpunkt unvereinbar, der den Tatbestand eines volksfeindlichen Verbrechens zwar in einigen Artikeln faschistischen Geistes eines Journalisten als gegeben ansieht, jedoch nicht den Verantwortlichen bestraft, der sämtliche Mitarbeiter der Zeitung dirigiert und über lange Zeit dem Presseprodukt die geistige Ausrichtung gegeben hat.

Was die Schwere der Schuld betrifft:

Der in dieser Sache entscheidende Senat des Landesrats hat schon wiederholt seinen grundsätzlichen Standpunkt zum Ausdruck gebracht, daß bei denen, die Kriegsverbrechen begangen haben, und gerade bei der Beurteilung der Rolle der Hauptkriegsverbrecher, in erster Linie das objektive Gewicht der Handlung maßgebend ist.

In Fällen, in denen es um die Existenz des Volkes als ein vom Recht geschütztes Interesse geht, sind wie im gegebenen Fall, in dem von seiten des Angeklagten die Existenz des Volkes so brutal angegriffen wurde, gewisse innere subjektive Umstände so gut wie völlig belanglos und erweisen sich als solche, die nicht angerechnet werden können.

Das objektive Gewicht ist außerordentlich. Die Eingliederung der deutschen Minderheit auf der Seite von HITLER-Deutschland war schicksalsträchtig.

Bei der Initiativ- und Führungsrolle des Angeklagten ist ferner der Grad der subjektiven Schuld als hoch zu bewerten. Darauf aber, daß das Ergebnis über die Absicht hinausging, kann man sich, wie der Landesrat hiermit zum wiederholten Mal betont, nicht berufen, weil der Angeklagte sich in den deutschen Apparat einfügte, dessen Ziele und die Methoden seines Vorgehens kannte, daher in seinem Bewußtsein mit der Möglichkeit des eingetretenen Ergebnisses rechnen mußte.

Die Verteidigung hat gebeten, die örtlichen und zeitlichen Umstände der Handlungsweise des Angeklagten zu berücksichtigen, und beschwerte sich in der Begründung der Berufung, daß das Gericht der ersten Instanz das außer acht gelassen hat.

Diese Argumentation ist unbegründet. Der Gesetzgeber hat sich schon bei der Festlegung des Tatbestandes des Kriegsverbrechens und des volksfeindlichen Verbrechens und bei den Strafbestimmungen die historischen Vorgänge und Umstände vergegenwärtigt.

Der Landesrat hat bei einem solchen Grad des objektiven Gewichts der Handlungen unter Berücksichtigung des oben Gesagten und in Bewertung der subjektiven Schuld befunden, daß damit die im Teil der Urteilsverhängung ausgesprochene Strafe als angemessen zu erachten ist.

Der Verteidiger hat sich in seiner Berufung betreffend Verfahrensmängel darüber beschwert, daß der Volksgerichtshof der im letzten Absatz von § 388 StPO vorgeschriebenen Regelung nicht entsprochen hat. Die Beschwerde ist unbegründet, da nach § 53 Absatz 5 VGV im Volksgerichtsverfahren diese Regelung nicht anwendbar ist. Im übrigen fußt das ausgesprochene Urteil auf den angeführten gesetzlichen Vorschriften.

Budapest, 27. März 1946.

BOJTA	SÖMJÉN	BEREND	SACHER	SZABÓ
Ratsvorsitzender	Referent	Abstimmende		

E. Protokoll der nicht öffentlichen Verhandlung über die Bekanntgabe des Beschlusses betreffend die Begnadigung (25. April 1946)

Anwesend sind:
Dr. LÁSZLÓ HORVÁTH, Ratsvorsitzender Richter — Dr. FRANZ BASCH, zum Tode Verurteilter
Dr. JENŐ KOVÁCS von der Unabhängigen Kleinlandwirtepartei
GYÖRGY PATYÁN von der Ungarischen Kommunistischen Partei
LAJOS SZILÁGYI von der Sozialdemokratischen Partei
Dr. JÓZSEF BALOGH von der Nationalen Bauernpartei
MIKLÓS KAMENITZKY von der Bürgerlichen Demokratischen Partei
MIKLÓS LEBOVICH vom Gewerkschaftsrat,
Delegierte Volksrichter;
Dr. KÁROLY SÉRA, Protokollführer — Dr. PÁL KÁDÁR, Volksanwalt

Der Ratsvorsitzende Richter stellt fest, daß ein Erlaß des ungarischen Justizministeriums (Az. 24.699/1946), datierend vom 23. dieses Monats, eingegangen ist. Aufgrund desselben gibt der Ratsvorsitzende Richter den höchsten Beschluß des Präsidenten der Ungarischen Republik [ZOLTÁN TILDY[217]] vom 18. April 1946 bekannt, mit dem dieser angeordnet hat, daß gegenüber dem rechtskräftig zum Tode verurteilten Dr. FRANZ BASCH die Vollstreckung des Gesetzes und des Urteils unverzüglich zu vollziehen ist.
Beschluß:
Der Volksgerichtshof erklärt das rechtskräftige Urteil des Landesrats der Volksgerichte Az. I./1748/1946/9 für vollstreckbar.
Der Ratsvorsitzende Richter schließt nach Bekanntgabe des obigen Beschlusses die Sitzung.
HORVÁTH, Ratsvorsitzender Richter — Dr. KÁROLY SÉRA, Protokollführer

---

[217] TILDY, ZOLTÁN (1889-1961); Priester der reformierten Kirche, Politiker, Ministerpräsident, Staatspräsident. 1930 war T. Mitbegründer der Független Kisgazdapárt [Unabhängigen Kleinlandwirtepartei] und deren stv. Vorsitzender, ab 1936 Abgeordneter. 1944 schloß sich T. der Magyar Front und damit dem Widerstand gegen Faschismus, Drittes Reich und Kriegsbeteiligung an. Im Januar 1945 reorganisierte er die Kleinlandwirtepartei, zu deren Parteivorsitzender er am 20. August 1945 gewählt wurde. Aufgrund des am 4. November errungenen Wahlsieges seiner Partei wurde er am 15. November zum Ministerpräsidenten ernannt. Sein Eintreten für die Einführung der Republik als ungarische Staatsform, die mit Gesetz Nr. 1/1946 vollzogen wurde, wurde mit seiner am 1. Februar 1946 erfolgten Wahl zum Staatspräsidenten honoriert. Die Kommunisten zwangen ihn dazu, am 5. August 1948 von diesem Amt zurückzutreten. Am 26. Oktober 1956 trat er als Staatsminister in das Kabinett von Imre Nagy ein, wurde 1957 deshalb verhaftet und zu einer Gefängnisstrafe verurteilt, am 3. April 1959 wegen seines schlechten Gesundheitszustandes jedoch freigelassen.

F. Protokoll über die Urteilsvollstreckung (26. April 1946)

Anwesend sind:

Dr. LÁSZLÓ HORVÁTH Delegierter Richter [N. N.] Volksanwalt	Dr. FRANZ BASCH Verurteilter P. GÁBOR PUSZTA Geistlicher

Dr. KÁROLY SÉRA, Protokollführer
Dr. LÁSZLÓ KEREKES
Dr. GYÖRGY TEMESVÁRI, delegierte Ärzte
SÁNDOR VÁRNAGY, Gefängnisaufseher
SÁNDOR RÉTHÁZY, Konzipist, Vertreter des Bezirksvorstands
MIKLÓS BÁNÓCZY, Polizeileutnant, Vertreter der Polizei und der Sicherheitskräfte

Der Delegierte Richter stellte fest, daß die gemäß § 503 StPO zur Teilnahme Verpflichteten alle anwesend sind.

Der Volksanwalt führt den Verurteilten vor.

Der Delegierte Richter übergibt den Verurteilten zur Urteilsvollstreckung dem Volksanwalt.

Der Volksanwalt übergibt den Verurteilten dem Urteilsvollzugskommando, damit es seine Pflicht tue.

Das Urteilsvollzugskommando hat die Hinrichtung um 8.25 Uhr vorgenommen.

Der Delegierte Richter fordert die Ärzte auf, sich vom Eintritt des Todes zu überzeugen.

Die Ärzte melden, daß das Herz des Verurteilten um 8.32 Uhr zu schlagen aufgehört hat.

Die bei der Urteilsvollstreckung Anwesenden ziehen sich für eine halbe Stunde zurück.

Die Ärzte untersuchen den Verurteilten noch einmal und melden, daß der Verurteilte um 8.32 Uhr gestorben ist.

Der Delegierte Richter erklärt den Vorgang der Urteilsvollstreckung für beendet, indem die bei der Vollstreckung des Urteils entstandenen Kosten von 45.600 Pengő in der dritten Rubrik der Kostenliste eingetragen werden.

Datum w.o.

Dr. LÁSZLÓ HORVÁTH e.h., Ratsvorsitzender Richter
Dr. KÁROLY SÉRA e.h., Protokollführer
Dr. LÁSZLÓ KEREKES, Dr. GYÖRGY TEMESVÁRI, Ärzte
SÁNDOR RÉTHÁZY, Verwaltungsbeamter
[N. N.], Volksanwalt

BASCH FERENC A. NÉPBÍRÓSÁGI PER IRATAI

Tartalom

MAGYAR ÁLLAMRENDŐRSÉG
BUDAPESTI FŐKAPITÁNYSÁGÁNAK
POLITIKAI RENDÉSZETI OSZTÁLYA

A. Dr. Basch Ferenc gyanúsított (háborús bűnös) kihallgatásáról folyamatosan felvett jegyzőkönyv.

1945. október 16.

19231/1945. Gyanúsított kihallgatásáról jegyzőkönyv. Készült Budapesten 1945. évi október hónap 16. napján, BASCH FERENC gyanúsított kihallgatása alkalmával.
Az előállított gyanúsitott személyes viszonyaira nézve megkérdeztetvén, előadja:
Családi neve: Dr. BASCH FERENC ANTAL
Atyjának családi és utóneve: BASCH ANTAL
Anyjának családi és utóneve: AMREIN KATALIN
Születés ideje: 1901. július 13
Születés helye: Zürich
Családi állapota: nős; a feleség neve: SCHMIDT ÉVA
Honossága: magyar
Községi illetősége: Budapest
Lakhelye: Jagelló út 24 és Lepke u. 35
Vallása: r. k.
Kora: 44
Foglalkozása: Magyarországi Németek Szövetségének elnöke
Vagyoni viszonyai: Fillér utca kb. 90-100 közti páros oldalon telek és egy egyszobás ház, Csillebércen egy telek
Katonasági viszonyai: nem szolgáltam soha
Magasabb iskolai képzettsége: főreáliskolai érettségi és tanári oklevél, bölcsészdoktori oklevél
Anyanyelve: német
Előző büntetések: 1936-ban 5 hónap nemzetgyalázásért.

Eljáró rendőrtiszt gyanúsítottat tájékoztatta a 81/1945. M.E. rendeletben foglaltakról; gyanúsított a vádat megértette, nem érzi magát minden pontban bűnösnek; és amely pontokban bűnösnek érzem magam, azokban sem abban a megszövegezésben. A rendeletnek ebben a megszövegezésében megfogalmazott paragrafusai nem vonatkoznak rám. Törvényes figyelmeztetés után gyanúsított kijelenti, hogy vallomást kíván tenni, majd előadja a következőket:

1901-ben születtem Zürichben, ahol magyar állampolgárságú édesapám munkás volt és édesanyámmal megismerkedett. Két éves lehettem, amikor édesapám hazaköltözött Zsombolyára (Bánát), hogy ott önálló egzisztenciát teremtsen családja számára. Elemi iskoláimat Zsombolyán, csak magyar nyelven jártam végig, Temesvárott az ottani állami főreáliskolát látogattam, ahol 1919-ben tettem érettségit. Érettségi után több mint egy évet szüleim házában töltöttem, mert nem akartam, mint a legtöbb zsombolyai egyetemi hallgató, Ausztriába, vagy Németországba menni főiskolára, budapesti egyetemre pedig a jugoszláv hatóságok nem állították ki útlevelet. Magyarországra azért akartam jönni főiskolára, mert műveltségem révén és azon tervem alapján, hogy írónak készültem, legjobban a magyar tanári oklevél felelt volna meg. Végre kaptam egy Svájcba szóló jugoszláv útlevelet, de ezzel Pesten maradtam, ahol felvettek az Eötvös Kollégiumba. Azért vettek fel a kollégiumba, mert tiszta jeles érettségi bizonyítványom volt. Az Eötvös Kollégiumban ismerkedtem meg FÉJA GÉZÁval, MORAVEK ENDRÉvel és másokkal, akik időközben a magyar közéletben tevékenységükkel feltűntek. Amikor én így Pestre kerültem, még magyar nemzetiségűnek vallottam magam, mert Temesvárott így nevelkedtem. Természetes is, hiszen magyar író akartam lenni és most is még birtokomban van egy kéziratos magyar regény, több elbeszélés és költemény, amelyek mind magyar nyelven íródtak. FÉJA GÉZÁval és a többi ún. modern gondolkodású Eötvös-kollégistával én is állandó hallgatója voltam SZABÓ DEZSŐnek, akinek magyar nyelve mindmáig rajongásban tart. SZABÓ DEZSŐ egyik előadásában azonban kitért a nem magyar származású, csak magyarul író írók jellemzésére és ezeket, mint HERCZEG FERENCet, TORMAY CECILt és másokat, kivétel nélkül átlagon alulinak, középszerűeknek minősítette, akik működésükkel legfeljebb arra alkalmasak, hogy az ősi magyar zseni írót szolgálhassák. SZABÓ DEZSŐ ezen gondolatmenete és az utána következő viták főiskolai hallgatókkal döbbentettek engem rá arra, hogy én is csak egy ilyen, legfeljebb középszerű író lehetnék, mert idegen származású vagyok, sorsszerűen is már. Ez lehetett 1921-22 telén. 1922-ben jelentkeztek nálam először egy tüdővérzésnek a tünetei, úgyhogy a nyarat hegyek között kellett orvosi rendeletre töltenem. Jugoszláviába már második nyara nem engedtek vissza a jugoszláv hatóságok. Így jutottam arra a gondolatra, hogy svájci rokonaimnál töltöm az 1922. évi nyarat, hogy a kezdődő tüdőbajomból kigyógyuljak. Későbbi fejlődésemnek egy másik alapélményén estem át itt Svájcban, ahol megismerkedtem az egyik legtősgyökeresebb európai népi demokráciával. Ott láttam, hogy négy különféle nép az élet minden síkján a legzavartalanabbul megfér egymással annak dacára, hogy mindegyik élte a maga népi életét. Főleg két nagy svájci népi találkozón, az ún. Eidgenossenschaftliches Sängerfest-en és az Eidgenossenschaftliches Turnfest-en (az első Luzernban, a második St. Gallenben, ahol rokonaimnál laktam). A nemzetiségi eszmélkedés csíráit már magamban hordva, arra eszméltem rá, hogy a hazai németség is megtarthatná népiségét, ha valami olyanféle helyzetben élhetne, mint pl. a retorománok Svájcban, amelynek népiségi újraélesztését épp akkoriban a svájci központi kormány állami támogatásra méltónak találta. Tehát SZABÓ DEZSŐ előadásai és a svájci élmény ébresztették fel bennem azt a hitet, hogy a hazai németség konstruktív pillére maradhat a hazának, ha népiségét meg tudja őrizni. Így kerültem vissza megint 1922-ben új élményekkel a hazába. Az Eötvös Kollégiumban több ízben tettem elgondolásaimat baráti megbeszélések tárgyává. Akkoriban még úgy véltem, hogy népi német vallomásom mellett még megmaradhatok magyar írónak, és 1923-24-ben íródott meg első magyar nyelvű regényem, amely ma is még birtokomban van. 1924-ben ismerkedtem meg először a BLEYER JAKAB köréhez tartozott hazai főiskolás hallgatókkal. Ezeknek kérésére én látogattam ezeknek főiskolás körét, az ún. Sueviát, ahol a Bánátról és hazánk legnagyobb német nyelvű költőjéről, LENAUról tartottam előadásokat. 1925-ben kért meg engem BLEYER arra, hogy nem volnék-e hajlandó titkárként belépni az Ungarländischer Deutscher Volksbildungsverein-be, a kormánynak, illetőleg a kormány bizalmát képviselő vezetőségi résznek eme meghívásom ellen nem volna kifogása. Én igennel válaszoltam, de BLEYER kötötte magát ahhoz, hogy előbb tegyem le a tanári vizsgát és szerezzek doktori oklevelet. Megfeszített munka útján, az elhanyagolt egyetemi szemeszteremet behoztam és 1926-27 szemeszterében úgy a tanári oklevelet mint a doktorit megszereztem. Azután megkezdtem működésemet mint kultúrtitkár a GRATZ GUSZTÁV és BLEYER JAKAB által vezetett egyesületben. Ekkor egy újabb élmény adott életemnek egy hatalmasabb lökést: vidéki helyi csoportok látogatása alkalmával jöttem rá arra, hogy a hazai német nemzetiség igen sok vidéken már nem beszéli a dialektusát sem tisztán, kultúrérzéke teljesen megcsappant, fogalma sem volt arról, hogy ki GOETHE és épp úgy nem tudta, hogy ki volt ARANY JÁNOS. Felemás embereket ismertem meg, akikért kulturálisan dolgozni, egy nehéz életet magamra vállalni érdemesnek tűnt fel előttem. Ekkor szerettem meg tulajdonképpen szívvel a hazai kis német nemzetiségemet. Tartottam előadásokat nekik a német kultúráról, a magyar német kultúra egy sajátszerű különös vegyülékéről és ezt még vallási tárgyú előadásokkal is iparkodtam elmélyíteni. Egyetlen egy ízben tettem célzást Svájcra, mint esetleges példaképre, ami ellen azonban az akkori miniszterelnöknek, akinek jelentették ezt az esetet, kifogása volt, úgyhogy BLEYER személyesen tiltotta meg nekem a Svájcra való minden további hivatkozást. Ezen időtájt már ismertem az internacionális jogrendelkezéseket, amelyek a kisebbségi kérdés megoldására vonatkoztak. Ezeknek magja a népszövetségi alapfelfogás volt e kérdésről. Akkor tudtam meg, hogy amíg a megszállott területeken (Romániában és Jugoszláviában) az ottani német nemzetiség már lassan szaporodó német iskolák felett rendelkezett, addig hazánkban e kérdés még nem nyert megoldást. Nem tagadom, hogy a múló évek folyamán e kérdést illetően egy türelmetlen álláspontot foglaltam el, mert az akkori kormányok magatartását sehogy sem tudtam megérteni. Több ízben hallottam, hogy BLEYER türelmetlenségét a közismerten demokrata beállítottságú GRATZ GUSZTÁV, az egyesület elnöke, szintén osztotta, csak a türelmetlen beállítottság eredményességét vonta kétségbe. Több ízben GRATZ és BLEYER karöltve próbálták, bizonyos taktikai eljárást sem kerülve meg, e zsákutcába kerülő kérdés megoldásának előbbrevitelét.

BLEYERnek 1933. év végén bekövetkezett hirtelen halála és GÖMBÖS GYULÁnak a magyar politika mezején való előretörése a német nemzetiségi kérdés megoldását még sokkal jobban hátráltatta. BLEYER halála után nekem is felajánlották az egyesület vezetését, én azonban ezt nem fogadtam el és magam is amellett voltam, hogy dr. KUSSBACH FERENC lépjen BLEYER örökébe és magam megelégedtem a főtitkári állás betöltésével. BLEYER halála hónapjában tartottam Bátaapáti községben egy előadást, amelyben arra is rátértem, hogy német nevét, ha valaki németnek vallja magát, ne hagyja el, mert a német névvel, mint azt WEKERLE, ECKHARDT, HÓMAN és mások is bizonyítják, éppolyan jó magyar hazafi tud lenni és egyúttal ezáltal ragaszkodik őseinek nevéhez is. Feljelentés alapján emiatt eljárás indult ellenem, aminek következtében először háromhavi, majd 1936-ban (három évvel később) végső fokon nemzetgyalázás miatt öthónapi fogházra elítéltettem. A pécsi fogházban mint rab írógép kezelő dolgoztam az ügyészségen, ahol közvetlen karácsony előtt kezembe került egy a saját lemásolásom alatt álló hivatalos irat, amelyben az igazságügyi minisztérium felszólítja az ügyészséget, közöltessenek vele mindazon ügyészek nevei, akik a miniszterelnökség (illetőleg miniszterelnök) rendelkezésének, amely szerint mindenki köteles nem magyar hangzású nevét megmagyarosítani, ennek meg nem történte pedig megfelelő megokolással felküldendő, került kezembe egy bizonyíték, amelynek alapján a Bátaapátiban tartott beszédemet időszerűnek kellett hogy tartsam és jogosnak is.

1945. október 17

A pécsi fogházban töltött hónapok alatt érlelődött meg bennem egy terv, amely minden további munkásságomnak a kisebbségi jogvédelem terén ezentúl alapját képezte. Ellentétben az eddigi, bár jogos türelmetlenségemmel, arra a meggyőződésre jutottam, hogy alkalmazkodva a magyar nemzet történelmi szelleméhez és a magyar államfönntartó nép alapjellegéhez, csakis egy türelmességi politika alapján volna lehetséges eredményeket a hazai német kisebbségi mozgalom útján elérni. Miután a magyarság a német nemzetiségi megmozdulással szemben, főleg kormány- és a vidéki intelligencia körében, a kételkedés és bizalmatlanság jelei, a birodalmi nacionalszocialista politika előretörése következtében is, mind szembetűnőbbek lettek, kezdtem úgy látni ezt a kérdést, hogy csak egy generációs program alapján valósítható meg. Kb. 30 év alatt a magyar nép és vezető rétege feltétlen belátnák, hogy a hazai német nemzetiség[nek] a kért jogokat megadhatja, anélkül, hogy ezáltal a nemzet jövőjére vonatkozóan károkkal, illetve veszélyekkel kellene számolnia. E generációs program alapján határoztam el magam arra, hogy az összes nemzetiségi kéréseinket nyíltan és őszintén összefoglalva, a nemzet közvéleménye elé viszem, az illetékes kormánykörök előtt pedig rámutatok arra és ezt nyilvánosan tartott előadásaimban is megteszem, hogy ezen összefoglalt kéréseket kb. egy generáció leforgása alatt gondolnám megvalósíthatónak. Ha bizonyos kérés felvetődésének évében még ellenkezésre találna, akkor mindaddig várnánk, amíg a vezető körök és a közvélemény az évek folyamán e kérés teljesíthetőségének gondolatával megbarátkozik. Arra az elhatározásra jutottam, hogy kikerülvén a börtönből, fokozottabb mértékben fogom keresni magyar barátaim révén a kapcsolatot és annak elmélyítését a magyar közvéleményhez, és pedig akként, hogy minden évben több egyesületben, asztaltársaságoknál, avagy összejöveteleken előadásokat tartok és ezen magyar előadások révén is hitvallást és, hogy úgy mondjam, fogadalmat teszek az ott elmondottak betartására.

Mielőtt áttérnék annak a tárgyalására, hogy én és barátaim miért határoztuk el magunkat arra, hogy esetleg egy új hazai német egyesületet alakítsunk, vissza kell térnem az 1935. évre:

1935-ben GRATZ GUSZTÁV, a Magyarországi Német Népművelődési Egyesület akkori elnöke arra való hivatkozással, hogy a m. kir. törvényszék engem három havi fogházra ítélt, felszólított engem, hogy az egyesületben viselt főtitkári állásomról mondjak le. Az ezt követő szavazás helyt adott GRATZ GUSZTÁV elnök indítványának, s amellett döntött, hogy lemondatásom tervét magáévá tegye. Elismerem, hogy GRATZ GUSZTÁV engem írásban felszólított a lemondásra, amely lemondásnak én nem tettem eleget. Ezután bocsátotta szavazásra a kérdést GRATZ GUSZTÁV és ennek eredményeképpen engem főtitkári állásomból felmentettek.

A börtönből kiszabadulva nem jelentkeztem GRATZ GUSZTÁV egyesületében régi helyemre és az én híveim is kiléptek az egyesületből és otthagyták addig elfoglalt állásukat. Ekkor mi magunk kezdtünk szervezkedni, amit én magam is annak idején illegális mozgalomnak neveztem, közben azonban rájöttem arra, hogy mi mégsem voltunk illegalitásban, mert nem szervezkedtünk kinn semmit és a községekbe nem jártunk ki.

Ebben az időben HUSS RICHÁRD dr. egyetemi tanár vezette ezt a kis társaságot, amely akkoriban állandó tárgyalásokban állott egyrészt GRATZ GUSZTÁV egyesületi elnökkel, hogy egy bizonyos együttműködést megint létrehozzon, másrészt pedig a kormánnyal iparkodott tárgyalásokat folytatni, hogy a hazai németség iskolai ügyének rendezését a HUSS RICHÁRD által szerkesztett és átadott memorandum alapján előresegítse.

Tudomásom van róla, hogy a börtönben eltöltött rabságom emlékére egy emlékbélyeget adtak ki, amely engem mártírnak tüntet fel. A bélyegen az én képmásom látható, képmásom alatt német nyelven a következő szöveg: "Dr.

BASCH FERENC - öt havi börtön." A bélyeg felső peremén feltűnő kék betükkel németül a következő szöveg van: "magyar nemzetiségi politika", a bélyegen köröskörül a következő felirat látható német nyelven: "aki atyái nevét nem becsüli, az őseit nem érdemli". Ezt a bélyeget tudtommal vagy Németországban, vagy Ausztriában adták ki, egyesek szerint Romániában, kiadásukról nekem előzőleg nem volt tudomásom. A bélyeg kiállításával engem mint német nemzeti hőst állít oda a magyar nemzetiségi politikával szemben és a magyar nemzetiségi politika mártírjaként tüntet fel. Tudtommal a bélyegek akkor jelentek meg, mialatt én börtönben voltam. A fogházban eltöltött időben felhívatott egy alkalommal a főügyészhelyettes és megkérdezett engem, vajon az én tudtommal jelentek-e meg ezek a bélyegek. Válaszom az volt, nem, mert hiszen én, mikor szabadon voltam, még nem is tudtam, hogy börtönbüntetésemet ki kell-e töltenem. Azon kérdésére, hogy én sérelmesnek találnám-e, ha a bélyeg előállítói és terjesztői ellen eljárás indulna meg, én azt válaszoltam rá, hogy én saját magam kérem ezen lépés megtételét, mert e bélyeg terjesztésével jobban ártanak úgy a mi ügyünknek, mint az én személyemnek, s e kérdés tisztázódása nekem csak előnyt jelentene. A bélyeg előállítói ellen akkor az eljárás megindult.

HUSS RICHÁRDdal és baráti körünkkel folytatott megbeszélések alapján, miután HUSS RICHÁRDnak tárgyalásai GRATZ GUSZTÁVval nem vezettek eredményre, azt az elhatározást érlelte meg bennünk, hogy egy bizonyos idő elmúltával kísérletet teszünk arra, hogy új közművelődési egyesületet fogunk alakítani. Az újra és újra meginduló tárgyalások azonban mindig újólag felébresztették bennünk azt a hitet, hogy a GRATZ GUSZTÁV vezetése alatt álló egyesülettel a megegyezést mégiscsak sikerülni fog nyélbeütni. Türelmességemnek merem tulajdonítani, hogy baráti körünk majdnem még másfél évig várt, azaz 1938. évi november hó végéig.

Időközben megkezdtem magyar nyelvű előadásaimat, magyar körökben kezdtem először kapcsolatot keresni [a] PATAKY TIBOR vezetése alatt álló miniszterelnökségi ügyosztállyal. Ekkor fogalmaztam meg először azokat az alapfeltételeket, amelyeknek állandó szem előtt tartása mellett tartottam én egyedül célravezetőnek egy új egyesület megalakítását:

1.) Egy generációs program felállítását, amelytől az egyesület megalapítói semmi szín alatt nem távolodhatnak el. Csak egy ilyen hosszú, évtizedekre előrelátó és türelemmel bíró koncepció, amelyet, ha a magyar kormány egyes szakaszaiban fogad is el, vezethet eredményre. Csak ha a magyar kormány és a közvélemény bizalmát sikerül lépésről lépésre elnyernünk, remélhetjük, hogy a kormány e[z] általunk felállított programból további eredményeket fog engedélyezni, illetőleg ezeknek eléréséhez hozzájárulni.

2.) Ha a kormány az egyesület megalapításánál az általunk javasolt alapszabályokból még 10%-ot sem engedélyezne, akkor is el kell fogadnunk, mert ezáltal a kormány, ha mégoly erős kétségek is töltenék el, jóindulatát velünk szemben végül is meg nem tagadhatná.

3.) Miután a tervbevett egyesület a haza összes németségét vallásra, kultúrfokra és telepítési helyre való tekintet nélkül szándékozik felölelni, az egyesületnek működését semmiféle világnézethez kötnie sem akkor, sem később nem szabad.

Pártpolitikát az egyesület nem folytathat és olyan törekvésektől, hogy önálló pártot alapítson, mindenkorra vonatkozóan el kell, hogy álljon. Ha az egyesület előnyét látná abban, hogy kebeléből egyes tagok képviselőként választassanak meg, úgy ezt egy régi nemzetiségi tapasztalat alapján csakis a mindenkori kormánypárton belül próbálhatja megvalósítani.

1938 derekán már én magam is személyesen próbáltam PINTÉR LÁSZLÓ országgyűlési képviselő és [a] Volksbildungsverein ügyvezető elnökével személyes megbeszélést folytatni, hogy nem volna-e lehetséges egy mindkét részt egyformán kielégítő tervnek a megvalósítása a Volksbildungsverein, vagy pedig a megalapítandó Volksbund kebelén belül. Hetekig tartó kísérletezések után, amelyek mindkét rész jóindulatát kétségtelenül bizonyíthatták, a megegyezés eredménye mégis elmaradt. Akkor jelentettem be a miniszterelnökségen, hogy november végén (1938) a Volksbund der Deutschen in Ungarn elnevezés alatt új egyesületet próbálok baráti körömmel együtt megalapítani.

Alapelgondolásaink szellemében munkatársaink olyan egyesületi alapszabályokat dolgoztak ki, amelyek az egyesület keretén belül a nemzetiségi élet minden megnyilvánulását népiségvédelmi alapon felölelték. Alapelgondolásunk szerint természetesen tartózkodtunk minden politikai programtól és világnézeti hitvallástól. Szem előtt tartottuk szigorúan az internacionális nemzetiségi jogrendelkezéseket, amelyek általános elismerésre találtak, és ezeket a magyar jogrendbe építettük bele.

Az egyesület megalapítása után adtuk be alapszabályokkal együtt jóváhagyási kérvényünket a m. kir. belügyminisztériumhoz.

1938. évi karácsony táján az Imrédy-kormány engedélyt adott arra, hogy a "Deutscher Volksbote" c. eddig öthetenként megjelenő lap azontúl hetilap alakjában jelenhessék meg.

Az Imrédy-kormány a Volksbund jóváhagyását nem rendelte el, ezt csak gr. TELEKI PÁL új miniszterelnöktől kaptuk meg 1939. évi május havában. Még az akkor meginduló választások előtt tartottuk meg Cikón a Volksbund megalapításának ünnepélyét. Magával az új miniszterelnökkel még nem sikerült kapcsolatot teremtenem, ellenben KERESZTES-FISCHER belügyminiszter úr azon javaslatomat, mely szerint három Volksbund-tag kormánypárti programmal léphessen fel a választásokon, elfogadta, és így nyert a három közül két Volksbund-tag, mint kormánypárti képviselő mandátumot.

A belügyminiszter úrral kötött ezen megállapodás annak a három határozati pontnak alapján történt, amelye[ke]t fentebb már leszögeztem.

Minden iparkodásom oda irányult, hogy gr. TELEKI PÁL miniszterelnök úrral a Volksbundra vonatkozólag is e három pont szellemében tartsak egy megbeszélést. Amikor sikerült először az akkori magyar miniszterelnökkel e kérdésben beszélni, őszintén és nyíltan rámutattam e három pontra, amelyeket magamra mindenképpen kötelezőnek tartottam. Főleg az egy egész generáció időpontjára elhúzódó pontra hívtam fel a miniszterelnök figyelmét. A miniszterelnök úr ekkor csak azt az egy kérdést tette fel, hogy munkatársaim is hasonlóképp gondolkoznak-e. Én akkor rámutattam arra, hogy erre fogadalmat is tettünk, s a választások alkalmával a belügyminiszter úrral ebben a szellemben sikerült is egyességet kötnünk, biztosítottam továbbá a miniszterelnök urat, hogy a képviselők mindenkoron a legnagyobb lojalitást fogják a kormánnyal szemben tanúsítani és valószínűleg csak igen ritkán, vagy egyáltalán nem fognak a parlamentben szót kérni, vagyis mindenképp iparkodni fognak a helyzetet, az államfenntartó magyar nép és a német nemzetiség viszonyát ezen magatartásukkal is elmélyíteni. A miniszterelnök úr ekkor hirtelen fordulattal azt kérdezte tőlem, mit szóltam, amikor tudomásomra jutott, hogy a belügyminiszter az alapszabályokat nem úgy hagyta jóvá, ahogy mi azt terveztük hanem csak ugyanolyan alapon, mint ahogy annak idején a Magyarországi Német Népművelődési Egyesület alapszabályait az akkori kormány hagyta jóvá. Én kifejtettem a miniszterelnök úr előtt, hogy a törlések által kb. 90%-a a tervbevett működésnek elesik, de mi a 10%-kal is beérjük, s reméljük, hogy a kormány bizalmát megnyerve az évek folyamán sikerülni fog az alapszabályok töröltetett részeit is lassanként és egymásután a kormány jóindulata következtében elismertetni. A miniszterelnök kb. ezekkel a szavakkal zárta be a megbeszélést: egy generáció hosszú idő, bírni fogják-e az urak? Én biztosítottam a miniszterelnököt, hogy ha minden egyes találkozásunk alkalmával csak egy igen kis eredményt tudok tarsolyomban hazavinni, úgy észre se fogjuk venni, hogy az egy generáció évei a fokozódó bizalom jegyében lassan elmúlottak. Újból biztosítottam a miniszterelnököt, hogy a három alapvető elhatározásunkhoz mindenképpen ragaszkodni fogunk.

A választások lezajlása után az újonnan megalakult Volksbund működése helyi csoportok alakításában merült ki. Az új világháború kitöréséig kb. 25 helyi csoportot tudtunk megalapítani. A világháború megindulása a további szervezkedésnek az ország valamennyi egyesületére kiterjeszkedően véget vetett. 1940. év nyaráig a miniszterelnökség II. ügyosztályán működő dr. OTTLIK LÁSZLÓ min. oszt. tanácsos jóindulata folytán kb. 10 különféle községben megtartandó tánc-, illetőleg énektanfolyam megtartását engedélyezte kivételesen a m. kir. belügyminiszter. Mi ezeket népiségvédelmi programunk szellemében tartottuk meg, amelyet minden politikánál és világnézetnél fontosabbnak tartottam.

Már most szeretnék rámutatni arra a tényre, hogy mi a Volksbund eredetileg tervezett alapszabályait 1945. év tavaszáig jóváhagyva nem kaptuk meg, annak dacára ez ügyben csak kétszer jártunk el szorgalmazásban és sérelmet ebből az ügyből nem csináltunk. Itt is a három pontban foglalt alaphatározatokhoz tartottuk magunkat egész működésünk alatt. Ha később a kormány, főleg

KÁLLAY MIKLÓS kormánya, működési terepünk kiszélesítését megengedte, anélkül, hogy ezt alapszabályokban is biztosította volna számunkra, úgy ezt is a fentebb jelzett szellemben viseltük el, mindenkoron abban bízva, hogy későbbi időben a rendes, törvény előírta jóváhagyást írásban is sikerülni fog elérnünk. Amikor egy alkalommal, hogy ezt előrebocsátólag jegyezzem meg, KÁLLAY miniszterelnök úr előtt panaszt tettem, hogy működésünk alapszabályszerűen még mindig igen szűk, és hogy én kénytelen vagyok néha egy-egy gyűlésen hangosabban beszélni, mint azt szeretném, hogy ezáltal engedékenységünket, amely végső fokon azonban inkább türelmesség, palástoljam, KÁLLAY miniszterelnök megjegyezte: inkább legyen a beszéd hangos, s a cselekedet türelmes, mint fordítva. Ez a magyarázata annak, hogy egy-egy hangoskodó beszédem nem a belső türelmetlenség és elégedetlenség jele volt, hanem a mindinkább kinövekvő ifjúságunk előtt való igazolása annak, hogy a valódi helyzettel szemben az idősebb generáció, amely mint mindig, realisztikusabb alapon áll, nem esik vakságba. Ez volt az a politika, amelyet én KÁLLAY miniszterelnök előtt egy ízben "kecske és káposzta is" mondattal igyekeztem jellemezni.

1945. október 18

Nyár kezdetével vidéken újból megindult a helyi csoportok megalakítása, amire a belügyminisztertől engedélyt kaptunk. Augusztus hó utolsó napjaiban a kultuszminisztérium váratlanul arról értesített, hogy a kultuszminiszter egy régebbi kérésünknek azáltal tett eleget, hogy - anélkül, hogy ezt az ügyet a háborúra való tekintettel szorgalmaztuk volna - engedélyt adott arra, hogy Budapesten felállítsunk egy gimnáziumot és Hidas községben pedig egy polgári iskolát. E kérés teljesítése határtalan örömet váltott ki belőlünk, [nemcsak azért] mert ezáltal egy leghőbb vágyunk ment teljesedésbe, hanem azért is, mert e két iskola felállításával a szomszédos államokban élő németek szervezeteinek vezetői kénytelenek voltak azon vádjukat, hogy a hazai németség még egyetlenegy önálló iskola felett sem rendelkezik, végül is elejteni.

Egy reggelen, szeptember havában, a napra már nem emlékszem, újságokból arról értesültünk, hogy a bécsi szerződés megkötése alkalmával úgy a magyar, mint a német kormány részéről a magyarországi németségre vonatkozólag kiegészítő részt iktattak be. Amíg ennek szövege a reggeli lapokban meg nem jelent, a Volksbund egyesületi vezetőségének fogalma sem volt, hogy ilyen szerződés volt készülőben és íratott alá. Én a megjelenés napjának délelőttjén kerestem fel dr. OTTLIK LÁSZLÓ miniszteri osztálytanácsost a miniszterelnökség II. ügyosztályán és közöltem vele, hogy személyes magatartásomban éppúgy, mint gondolkodásomban és a miniszterelnökséghez való viszonyomban ezen ún. pótszerződés dacára sem fog semmiféle változás bekövetkezni. Kifejtettem előtte, hogy ezen szerződés alapján a német kormánynak sikerült magát egy olyan tényezőnek a szerepébe beleöltözködnie, éspedig a magyar kormány tudtával, amelynek segítségével ezentúl, éppen a szerződésre való hivatkozással, állandóan beártatja [beleártja] magát a hazai németség ügyébe. Eddig a Volksbundban még a világnézeti álláspontra hajlamos ifjúság is tartózkodott attól, hogy világnézeti dogmákat tegyen magáévá és kezdjen hirdetni. Ezentúl ezt minden megszűkítés nélkül meg fogják azok tenni, akik erre gondolkodásuknál fogva hajlamosak és a Volksbund fejlődésének ilyen irányt kívánnak közvetlenül vagy közvetve adni. Én magam kerültem e szerződés útján a legkényesebb helyzetbe, és a szellemek kettéválásának félelme őszintén eltölti lelkemet. OTTLIK LÁSZLÓ dr., bár igen tartózkodóan, szintén aggályosnak tartotta a szerződés következtében előállott helyzetet.

Nem csináltam munkatársaim előtt sem titkot abból, hogy én az ún. bécsi szerződést úgy lényegében, mint megfogalmazásában a legszerencsétlenebbnek tartom, és idősebb munkatársaim legnagyobb részt osztották nézeteimet.

Ezen felfogásomnak 1940. évi szeptember vagy október havában egy Berlinben a Volksdeutscher Club-ban tartott, a bécsi szerződéssel foglalkozó előadásomban, amelyen kb. 200 ember vett részt, szintén nyíltan adtam kimerítő alapon kifejezést, amely csak igen kis részben talált ott megértésre, főleg a német külügyminisztérium részéről résztvett idősebb diplomaták személyében.

A bécsi szerződés utáni első hónapokban az általam szorongva elképzelt beavatkozások még elmaradtak. A Volksbund vezetősége a maga részéről az újonnan visszakerült területek németségének átvételével volt elfoglalva, amely eleinte több nehézségbe ütközött. Ez újonnan átkerült németség vezetői Budapestre jövet horogkereszt jelvényekkel és karszalagokkal jelentek meg és a maguk elgondolásait és felfogását iparkodtak meghonosítani és a Volksbundra átterjeszteni. Csak hosszas megbeszélések után értették meg, hogy az újonnan hazakerült németek kötelessége alkalmazkodni a magyarországi viszonyokhoz és a Volksbundhoz és nem pedig fordítva. A legtöbben ezt megértették és október hó elején hozott azon írásbeli intézkedésemet, amely szerint Erdélyben és Szatmár vidékén tilos a horogkereszt, karszalag és zászlók használata, valamint az ilyen formájú jelvényeké is, és karszalagként, valamint jelvényként csak a Volksbund által elismert napkorongos jelvény és karszalag használható. Az erdélyi szászok politikai érzékére vall, hogy ezen intézkedést tudomásul vették és keresztülvitték, míg egy évvel később - hogy ezt előrebocsássam - a bácskai németek ezt megtenni már semmi szín alatt nem voltak hajlandók.

Éppúgy írásbelileg és szóbelileg tiltottam meg 1940 őszén, hogy az időközben néhány helyen bevezetett "Heil Hitler" köszönés tovább használtassék, amely azonban már nagyobb ellenkezést váltott ki eleinte, mint a horogkeresztre vonatkozó rendelkezés. A kedélyek lecsillapodása azonban itt is beállott és ez a köszönési forma elmaradt. 1943-ban azonban már nem sikerült ezt a köszönést tiltó utasítással megszüntetnem, és ezt őszintén közöltem akkortájt dr. BALLA PÁL miniszteri osztálytanácsossal, hogy közölje ezt a miniszterelnök úrral is.

1940. évi november hó elején értesültem arról, hogy német részről - a szlovákiai állapotokat szem előtt tartva - olyan terv megvalósításán dolgoznak, amely szerint a magyarországi német nemzetiség felhasználásával arra törekednek birodalmi német részről, hogy három gazdasági szakértő (mezőgazdasági, ipari és pénzügyi) Magyarországra való küldésével egy bizonyos felügyeletet gyakoroljanak az ország egész gazdasági termelése és a termékek felhasználása terén. TELEKI PÁL miniszterelnöknél való másodszori jelentkezésem alkalmával e tervet vele közöltem. A miniszterelnök rövid válaszában csak azt mondotta, én ezeket az urakat nem fogom fogadni és működésük így nem fogja a kívánt eredményt meghozni. A három gazdasági szakértő ez év utolsó hónapjaiban tényleg meg is érkezett Magyarországra, ahol úgy velem, mint dr. GOLDSCHMIDT-tel csakhamar összekülönböztek, ami a birodalmi illetékes körök állandó beavatkozását vonta maga után. Ettől az időponttól kezdve ezek a beavatkozások napirenden voltak és már nem is szűntek meg. Az összeütközések a Volksbund illetékesei és a három német szakértő között, főleg a gazdaságival és az ipari szakértővel, akik állandóan beavatkoztak belső ügyeinkbe, olyannyira elmérgesedtek, hogy a birodalmi körök is már jónak látták, ezeket az urakat, hogy feladataiknak megfelelhessenek, más budapesti helyen elhelyezni. Így pl. ha a hazai németségnek sikerült a kormány hozzájárulásával egy tejszövetkezetet Tolna megyében létesíteni, ezt a birodalmi szakemberek széltében-hosszában úgy állították be, mintha ez az ő tevékenységük eredményeként jött volna létre. Állandó jellege volt működésüknek az, hogy a Volksbundhoz tartozó és gazdasági kérdésekkel foglalkozó egyének képességeit és munkásságát teljes mértékben lekicsinyeljék és a nemzetiségi németeket mint másodrendűeket és igen sokszor mint degeneráltakat állítsák oda. Csak idővel sikerült a Volksbund vezetőségének magát ezektől a gazdasági szakértőktől függetlenítenie.

Hogy terveik megvalósítása nem sikerült, legfőképpen arra vezethető vissza, hogy a miniszterelnök a tervbevett fogadtatást elutasította, az illetékes szakminisztériumokkal sem sikerült ezeknek az uraknak, amennyiben hazai német ügyekbe akarták magukat beleártani, legalitást szerezniök.

1941. év kezdetén azonban mind sűrűbben jelentkeztek egyéb birodalmi kiküldöttek is, akik, főleg szlovákiai működésükre való hivatkozással, minden eszköz felhasználásával terveik keresztülvitele érdekében kényszert iparkodtak alkalmazni a népcsoport vezetőségével szemben. Így jelentkezett pl. a Reichsarbeitsfront egyik megbízottja, aki a bécsi szerződésre való hivatkozással a Volksbund keretén belül a hazai német munkásságot akarta megszervezni, annak dacára, hogy a munkásság közül már csak kb. öt vagy tíz százalék vallotta magát német anyanyelvűnek és csak ennek is egy töredéke volt a

Volksbund tagja. Ezt igen gyakran vádként használva fel velünk szemben, iparkodtak a maguk tervét presszionálni.

Más alkalommal megjelent a berlini Rassenamtnak egy megbízottja, azzal a követeléssel állva elő, hogy úgy mint Romániában, az ottani népcsoportban, nálunk is megkívánja a Rassenamtnak felállítását a Volksbund kebelén belül. Nem maradt el az ún. Reichsnährstand megbízottja sem, aki megint a saját "illetékes" terveivel jelent meg nálunk. Ez utóbbi főleg az Erbhofok felállítását sürgette. Több ízben, soha meg nem szűnő törtetéssel iparkodtak arra is, hogy rávegyenek bennünket egy nacionalszocialista párt megalakítására, hivatkozva a romániai német szervezetek és a szlovákiai német népcsoport ezirányú működésére és szervezeti fejlettségére.

A népcsoport szűkebb vezetősége átlátott e terveken, felismerte, hogy engedékenysége a hazai németség teljes kiszolgáltatását eredményezné és egy "világnézeti rend" meghonosodását vonná maga után, minden alkalmat és eszközt felhasznált arra, hogy úgy e beavatkozási kísérleteknek, valamint e tervek megvalósításának ellenálljon. Az 1944. év végéig történt efajta kísérleteknek mindvégig ellen is tudtunk állni és sem egy nacionalszocialista pártot, sem egy Rassenamtot, sem egy Erbhof-Dienststellét, sem egy Arbeitsfrontot nem állítottunk fel.

A szociális népiségi tervek megvalósítása ügyében a Volksbund vezetősége felállított egy "Deutsche Volkshilfe" nevű szervezetet, amelynek alapszabályait, amint azt a miniszterelnökségen velem közölték, nem hagyták ugyan jóvá, azonban megengedték, hogy ezen alapszabályok értelmében működést fejtsen ki.

Hazai német népi ifjúsági kérdések és ügyek szervezeti alapon való megoldását a kormány egy "Deutsche Jugend" nevű szervezet alapszabályainak elismerésével tette lehetővé. Az ifjúsági egyesület megalapítása 1941. évi május vagy június havára esett, míg alapszabályainak jóváhagyása csak később történt meg.

Ellenben politikai pártot, sem nacionalszocialista programmal, sem anélkül minden birodalmi német ösztökélés, sőt nyomás dacára sem hívtunk életre.

TELEKI PÁL gróf hirtelen tragikus halála megdöbbentően hatott rám. Érzéssel és gondolkodással egyszerre jöttem arra rá, hogy ezen ismeretlen okok miatt beállt halál mögött olyan történelmi erők működnek, amelyek kétségeimet a német politika helyességében még elmélyítették. Bár a Volksbund vezető emberei legnagyobbrészt németellenesnek tartották TELEKI PÁL gróf politikai vonalvezetését, én halála utáni napon a Volksbund vezetőségének és munkatársainak kötelező részvételével halotti emlékünnepélyt tartottam meg, amely meglehetősen nagy visszatetszést szült.

Amikor BÁRDOSSY LÁSZLÓ kapott miniszterelnöki megbízást, őnála is kértem kihallgatást, amely alkalommal, hasonlóképp mint TELEKI PÁL gróf előtt, kifejtettem az egy generációra vonatkozó munkaprogramomat, és főleg az iskolaügy terén felhozott szerény kérésemet illetően kértem az új miniszterelnök támogatását az őszi időszakkal megkezdődő iskolaévre vonatkozólag.

Egy másik alkalommal előadtam dr. BALLA PÁL miniszteri osztálytanácsos jelenlétében BÁRDOSSYnak, hogy a német beavatkozási kísérletek újra erőre kaptak, és abból kifolyólag, hogy a Volksbund vezetőinek idősebbik rétege szinte falanksszerűen védekezik e beavatkozások ellen, bizonyos német körök főleg a velem szemben tanúsított ellenszenvüknek már nyíltan is kifejezést adnak, és félő - legalábbis én félek attól -, hogy német ügynökök, akik mind nagyobb számmal figyelik útjaimat, talán egy napon le is fognak tartóztatni és elcipelnek. Gondoltam, hogy BÁRDOSSY LÁSZLÓ tanáccsal tud szolgálni, de ő csak azt a választ adta, hogy egy ilyen esetben segítségemre lenni nem tudna.

A feltornyosuló nehézségek még súlyosabbá váltak akkor, amikor a jugoszláv megszállás alatt álló Bácska hazánkhoz visszakerült és ezáltal egy olyan a legutolsó szegletig megszervezett nemzetiségi németség került vissza hozzánk, amely jövőjét állandóan nem a magyar hazának államhatárain belül képzelte el, hanem éveken keresztül egy bizonyos Reichsgauról álmodozott. Megnehezítette a visszatérő németek bekapcsolódását a magyar nemzet életébe már az a körülmény is, hogy a visszatérők fiatal generációja a jugoszláv éra alatt a magyar gondolattól teljesen elidegenedett, sőt legnagyobb része a magyar nyelvet sem bírta. A bácskai németek gazdasági és szervezettségi fölényüket mindvégig öntudatosan éreztették, és így érthető, ha az óhazabeli németek a helytállás érzésétől is vezettetve, iparkodtak a bácskaiak fölényétől megszabadulni. Hogy a bácskai németek szervezettsége és világnézeti egyöntetűsége mily teljes volt, mi sem bizonyítja jobban, mint az a tény, hogy amíg a Waffen-SS-akciók alkalmával az óhazabeli németjeinknél csak 15% önkéntes jelentkező volt, addig a Bácskában számuk a 80%-ot is meghaladta (1942-ben), míg 1943-ban ez a százalékszám még növekedett. A bácskai németek politikai józansága és előrelátóképessége messze mögötte maradt az erdélyi szászokénak, főleg ami a fiatalabb generációt illeti. Az 1941 kora nyarán tartott mágocsi ifjúsági alakuló gyűlésen, amelyen a bácskaiak tömegei is első ízben vettek részt egy nagygyűlésen, az ifjúságuk egy egészen kis csoportja "ein Volk, ein Reich, ein Führer" kiáltást hallatott, amely, ha igen rövid ideig is tartott, igen kényes helyzetbe hozott bennünket. BÁRDOSSY miniszterelnök a rákövetkező napon fel is szólított engem PATAKY államtitkár úr révén magyarázatra és elégtételadásra. Én az azonnali visszalépésemet kínáltam fel elégtétel gyanánt. Akkor meg voltam győződve arról, hogy a már harmadszor bekövetkezett visszalépési javaslatom végre elfogadásra fog találni. BÁRDOSSY miniszterelnök a visszalépésemet nem fogadta el és magát a jóakaratomat, mint elégtételt vette tudomásul.

A bácskaiak már visszatérésük alkalmával viselték a horogkeresztes karszalagot és házaikat hasonló zászlókkal lobogózták fel. Erről lemondani nem akartak és maguk menesztettek deputációkat e már "korábban szerzett joguk" megóvása érdekében a budapesti illetékes hivatalokhoz. Már ekkor szembetűnt a hazai németség e két csoportja közötti mélyreható különbség, amelynek kiküszöbölését én a miniszterelnöknek és az államtitkár úrnak nemcsak megígértem, hanem meg is voltam róla győződve, hogy megfelelő tapintattal és türelemmel ezeket a németeket is a hazai viszonyokba való teljes beleélésbe tudom hazavezetni. Az idők folyamán e hitem mindjobban megrendült, azonban fáradozásaimat az utolsó napig tovább folytattam. Néha úgy látszott, hogy fáradozásomat siker koronázza, de ezek nem bizonyultak állandóknak. Magában a Bácskában is két irány alakult ki, egy, amelyik lassanként megbékült új sorsával és egy másik, amely a budapesti bácskai ellenzéki radikálisoktól, akik titokban készültek egy megfelelő időpontban a Volksbund vezetését átvenni, befolyásolva a Volksbund akkori vezetőségét, szellemben sohasem ismerte el.

A miniszterelnökség II. ügyosztályán számtalan megokolt esetben voltam kénytelen ezirányú vádakat és panaszokat tudomásul venni, úgyhogy gondom a bácskaiak miatt sokkal több volt, mint valamennyi hazai német Volksbund-tag miatt. A bácskaiak pénzbeli teljesítményei a Volksbunddal szemben azonban olyan kivételesen nagyok voltak, úgyhogy valamennyi többi Volksbund-tag az egész országban ezt a teljesítményfokot nem tudta elérni, amely a bácskaiak öntudatosságát még csak növelte. Ezt az évi közgyűléseken száraz tárgyilagossággal kénytelen voltam elismerni. A bácskai képviselők, akik meghívás útján lettek tagjai az Országháznak, azonban engem mindinkább növekvő megértéssel segítettek a saját földijeik türelmességre és szerénységre való nevelésében. Az a körülmény, hogy a bácskai németek a legtöbb népi német iskola, számtalan önálló gazdasági szervezet és a legnagyobb egyéni gazdagság fölött rendelkeztek, nagyban hozzájárult e hozzáidomulási folyamat meglassúbodásához. Meg vagyok azonban arról győződve, hogyha birodalmi német részről a bácskaiakat legidőszerűtlenebbül nem favorizálták volna, a bácskaiak a kornak, illetőleg a kormánynak sokkal kevesebb gondot okoztak volna.

Az 1942. év súlyos következményekkel járó "eseménye" a magyar kormánynak a német kormánnyal kötött szerződése, a magyarországi népi németek körében megejtendő első Waffen-SS-szerződés volt. E szerződést a magyar közvéleménynek majdnem 99 százaléka helytelenítette, s idővel az e szerződés végrehajtásával járó ellenszenvet áthalmozta [áthárította] Volksbundra, amely pszichológiailag ugyan érthető, de mint tény a valóságnak meg nem felelt. A Volksbund vezetőségét a birodalmi kormány e szerződésre vonatkozólag előzőleg egyetlenegy ízben sem kérdezte meg. Semmise szült oly sok rossz vért, mint ez a minden tapintat nélküli követelés, amely a magyar közvélemény hitét, hogy a németek a magyar nemzet és állam szuverenitását tiszteletben fogják tartani, alapjaiban rendítette meg. A népcsoport vezetősége ezt a szerződést sem örömmel, sem lelkesedéssel nem üdvözölte. Jól tudtuk, hogy az önként jelentkezőket nagyobbrészt a Volksbund tagjai közül kell majd szolgáltatni. Miután az önként való jelentkezés a magyar állampolgárságról való lemondással járt együtt, érthető, hogy az önként jelentkezők 80 százaléka az 1939 után hazatért népi németek közül került ki. Így is történt: a trianoni szerződés következtében a magyar haza kebelén belül megmaradt németek közül alig jelentkezett több, mint 12-15%, míg a Bácskában az első hét leforgása után kb. 80% és Észak-Erdélyben kb. 95%-a jelentkezett a szerződésben megjelölt korosztályba tartozó népi németek közül. Miután a német kormány megbízottjai a magyar kormánymegbízottakkal abban egyeztek meg, hogy a Volksbund tagjai, illetőleg munkatársai fogják a toborzás munkáját magukra vállani, ezt a kényes és sokszor hihetetlenül nehezen viselhető következményekkel járó feladatot a Volksbundnak kellett magára vállalnia. Én magam úgy BÁRDOSSY, mint később KÁLLAY miniszterelnöknek saját elhatározásomból megígértem, hogy egyetlenegy toborzáson nem fogok résztvenni. Így csak néhány búcsúztatáson vettem részt, de itt is csak 1943-ban. Már itt jegyzem meg, hogy e búcsúztató rövid beszédeket a német követ akarata szerint a követség állította össze és én csak a helyi viszonyoknak meg nem felelő változtatásokat eszközölhettem azokon. Amikor a második, illetőleg a harmadik SS-akció alkalmával kb. háromszáz plakát is nyomattatott, ezeknek szövege a magyarországi Waffen-SS megbízottja útján készen adatott át a Volksbund vezetőségének.

Amikor KÁLLAY MIKLÓS vette át a magyar kormány vezetését, az új miniszterelnöknek újból előadtam, éspedig több ízben is, nézeteimet és hitvallásomat a hazai németségre és a Volksbundra vonatkozólag. Rámutattam arra, hogy bár az eredeti alapszabályokból a már TELEKI miniszterelnök által töröltetett nagyobbik rész még mindig nem hagyatott jóvá, ezeknek jóváhagyását türelemmel fogom megvárni, ha ez mindjárt évekig el fog tartani. Alapvető felfogásomhoz hűen sem alapelvi kérdésekkel, de még nagyobb horderejű és hosszabb megfontolást kívánó kérésekkel sem fogok a kormány elé járulni, nehogy az amúgy is még mindig bizalmatlan légkör a magyar közvélemény és a Volksbund között még jobban elmérgesedjék. Önszántamból ígéretet tettem, hogy azok a képviselők, akik a Volksbund tagjai a parlamentben, mint a kormánypárt tagjai, fegyelmezettséggel és legnagyobbrészt hallgatagon fognak viselkedni. Ha valamit sérelmesnek tartanók, azt vagy a képviselők fogják az egyes minisztériumokban, vagy pedig én személyesen neki előadni. KÁLLAY miniszterelnököt is arra kértem, könnyítsen amúgy is nehéz helyzetemen azáltal, hogy hébe-korba kéréseink közül egy-kettőt teljesítsen, ha azok, véleménye szerint, a nemzet önérzetét és érzékenységét nem csorbítják. Rámutattam arra, hogy a német nyomás, főleg a birodalmi nacionalszocialista párt részéről meg nem szűnő alakban nyilvánul meg a Volksbunddal szemben, amelynek gyér eredményű működését rendszerint párhuzamba hozzák a mindinkább feltűnő eredményeket elérő romániai, illetőleg szlovákiai német szervezetekkel, úgyhogy ha egynéhány elemi iskola, minden második évben egy polgári iskola, továbbá kisdedóvó megalakításával én is némi eredményt tudok felmutatni, e nyomáson enyhíthetek. Egyébként szigorúan tartom magam azon tapasztalatomhoz, hogy azt, amit a magyar ember önszántából ad, azt soha vissza nem is vonja és amellett nyíltan síkra is száll, ha a közvélemény az első időkben annak helyességét nem is látná be. Mint eddig is, szigorúan tartózkodni fog a Volksbund, hogy pártpolitikai, illetőleg külpolitikai kérdésekkel foglalkozzék, és belpolitikai állásfoglalásoktól is távol kíván maradni. Ha az eredmények egy ilyen türelmi politika következtében természetszerűleg gyérek lesznek, úgy én ezt a tényt úgy kívánom palástolni, hogy néha beszédekben egy-egy hangosabb hangot ütök meg, aminek azonban, erre nagyon kérem a miniszterelnök urat, semmiféle jelentőséget ne tulajdonítson. Hogy az örökös német beleszólásoknak, ha azok már elviselhetetlenekké válnak, legalább bizonyos időszakokra véget vessek, a Volksbund működésének külszínén fogok apró változásokat eszközölni, a régi lényeget, a világnézettől való tartózkodást és az újabb szervezetek létesítésétől való eltekintés gyakorlatát fogom folytatni. Hogy a hazai németség egyik régi misszióját, a magyar kultúrának és szellemiségnek külföldön való ismertetését hatásosan elősegítsem, kérném hozzájárulását ahhoz, hogy egy "Südostdeutsche Rundschau" név alatt havonként megjelenő folyóiratot indítsak, amely minden egyes számában kimerítő módon fog a magyar kultúra ügyével is foglalkozni. E folyóirattal egyúttal ANDREAS SCHMIDT abbeli törekvését, hogy az erdélyi szászokat tegye meg valamennyi délkelet-európai népi német főszószólójává, is iparkodni fogok hatásosan semlegesíteni és a SCHMIDT-féle tervek mögött meglapuló politikai szándékokat, amelyek mögött SS-Obergruppenführer BERGER elgondolása rejtőzik, amennyire csak tőlem függ, meghiúsítani. Arra is ráirányítottam a miniszterelnök figyelmét, hogy a Waffen-SS-üggyel kapcsolatban a közvélemény legnagyobb fájdalmunkra a Volksbundnak tud be olyan felelősséget, amellyel meg nem terhelhető, és kértem a miniszterelnököt, hogy a közvéleménynek, illetőleg a közigazgatási apparátusnak felvilágosításával legyen segítségünkre.

1945. október 19

Időközben, hogy a Volksbund szervezeti formáját hozzáidomítsuk a visszacsatolt és visszafoglalt területek németségének legalább részbeni követelményeihez, amelyeket birodalmi németekkel is állandóan közöltek, a Volksbundban, éspedig a vezetőségben bizonyos osztályokat állítottunk fel. Így volt többek között Kulturamt, Frauenamt, Amt für Rechtsschutz, Gesundheitsamt, Amt für Wissenschaft und Forschung, Kassaamt. Ezek között azonban csak hét volt betöltve és tudott működni. 1943-ban ezeknek számát még össze kellett szűkíteni, azaz ezeket az osztályokat beszüntetni, mert a katonai behívások és önkéntes jelentkezések miatt a férfimunkatársak száma igen erősen megcsappant.

A legfontosabb osztály, az ún. Organisationsamt pl. egyáltalán sohasem működött, mert hiányzott a megfelelő ember és így a Stabsleitung látta el úgy-ahogy a teendőit.

KÁLLAY miniszterelnöknél tett első látogatásom alkalmával arra kértem meg őt, engedje meg, hogy legalább havonként egyszer vehessem rövid időre igénybe figyelmét, amire ígéretet is kaptam. Így KÁLLAY miniszterelnökkel igen gyakran tudtam úgy a hazai németség, mint a Volksbund ügyeit megbeszélni. A következőkben megkísérlem a vele folytatott beszélgetések leglényegesebb pontjait összefoglalni:

Az iskolaügyben a legmérsékletesebb kérésem teljesítését kértem, amit KÁLLAY miniszterelnök megértéssel fogadott, úgyhogy az ő miniszterelnöksége alatt kaptunk engedélyt egy gimnázium, egy kereskedelmi iskola, egy polgári iskola és több elemi iskola felállítására. Az 1944. évre új iskola felállítását nem vettük tervbe. Az iskolai, valamint a szociális kiadások fedezésére a miniszterelnök olyformán tett eleget kérésünknek, hogy megengedte, hogy a szükséges pénzösszeg továbbra is hivatalos, azaz kormányok közötti megállapodások alapján kerüljön a Volksbund kezeihez. Megértést tanúsított KÁLLAY azon törekvésemmel szemben is, hogy amennyire csak lehetséges, ezeket a kiadásokat a Volksbund-tagok között gyűjtések és felemelt tagsági díjak útján teremtsük elő. Ráirányítottam a miniszterelnök figyelmét arra, hogy én az évi közgyűléseken tartandó beszédeimben a még csak papíron létező osztályok és alosztályok működését ugyancsak papiros tényekkel fogom felfokozni, hogy kivonjam a Volksbundot a szomszédos államok ottani német nemzetiségi vezetőségei ama vádja alól, amely szerint világnézeti hanyagság és heterogenizmus következtében marad a Volksbund a teljesítmények gyerekcipőjében. Ekkor mondotta KÁLLAY nekem, hogy "én nem a szavakat mérlegelem nálad, hanem a tetteket". A Bácskából származó munkatársak világnézeti dogmatikus csökönyössége, amely annyi gondot és nehézséget okozott a Volksbundban a régi embereknek, a miniszterelnök előtt nem volt ismeretlen, mert én ezekre állandóan ráirányítottam a figyelmét. Amikor ezek közül egy-kettő önként jelentkezett a Waffen-SS-hez, úgy az ellenzéki nyomás, mint a titkosan ellenem irányuló szervezkedés egy időre megszűnt. Az ellenzék működése következtében én újólag behatóbban kezdtem foglalkozni a nemzetiségileg öntudatos németjeink szimbiózisának kérdésével és KÁLLAY miniszterelnöknek erre vonatkozólag (részben már BÁRDOSSYnak is) megtettem ezeknek a javaslatoknak egy részét: 1. Befogni a magyar nemzet állandó munkájának szekerébe a Volksbundot is, főleg pedig annak vezető embereit, éspedig úgy a fővárosban, mint vidéken is. 2. Hogy a Deutsche Jugend világnézeti egyoldalúsága megszűnjék, szorosabb és mindinkább szoros kapcsolat teremtendő a leventeintézménnyel és egyéb ifjúsági szervezetekkel, bizonyos ideig ez az összeműködés meg is indult és szépen kezdett fejlődni. 3. Legfontosabbnak tartottam azonban a társadalmi kapcsolatok nagyvonalú építését, az államvezető nép intelligenciája és a Volksbund intelligenciája között, mert magamon vettem észre legjobban, hogy mily nagy mértékben segíti elő a magyar kultúrával való átitatódás mellett a magyar családi életben való részvételem, amelyekhez főleg KÁLLAY segített elő. Véleményem szerint a családi kapcsolatok kiépítése a nagy magyar és a kis német tábor között sokkal jobban vezethet eredményre, mint a közösségi célt tervező program, előadás és újságcikk. Az a magyar család, amelyik egy Volksbund-családdal közösen volt kiránduláson, vagy, hogy úgy mondjam, csak egy ízben is együtt volt színházban és utána együtt vacsoráztak, sokkal közelebb kerültek egymáshoz, mint bármi más révén. Ez irányban még igen sok javaslattal éltem, többek között közös magyar és népi német népünnepélyek, autóbusz-kirándulások stb. proponálásával. 4. Az egyes észrevehető ellentétek kiküszöbölésére semmiféle fáradságtól nem szabad visszariadni, mert ezek elmérgesedése a személyes síkról igen könnyen átterelődne az egyének által képviselt kollektívumokra is, kértem a miniszterelnököt, hogy úgy, ahogy mi a Südostdeutsche Rundschau révén iparkodunk teljes szívvel ennek az ügynek szolgálni, teremtessék magyar részről is egy hasonló lehetőség, amely a mi közeledésünket az államvezető nép felé szimpatikussá teszi, vagyis tétessék meg minden lépés, hogy a szimbiózis programjának megvalósítása minél nagyobb eredményeket érhessen el.

Hogy KÁLLAY miniszterelnök 1943-ban már bizalmával is kitüntetett, azt azon beszélgetések tartalma bizonyíthatja legjobban, amelyekre most röviden rámutatni kívánok. E beszélgetések úgyszólván állandóan dr. BALLA PÁL miniszteri tanácsos jelenlétében folytak le. Amikor egy ízben egy igen elkeseredett helyzetben arra kértem a miniszterelnököt, hogy tegye lehetővé, hogy visszalépjek, mert a Volksbundban mindjobban szervezkedő ellenzékemmel szemben a megtámadási és vádolási felületem nagysága miatt erővel a harcot már nem bírom, KÁLLAY miniszterelnök kb. ezeket mondta nekem: "Ezt a szívességet nem tehetem meg neked, nekem is meg kell az ellenzékemmel birkóznom, ami pedig a birodalmi németeket illeti, úgy azok ügynökei is elég sok gondot fordítanak reám is. Tanácsolom neked, hogy függetlenítsd magad még jobban." Én azt válaszoltam, miután világnézetileg nem köt engem semmiféle szál a nacionalszocializmushoz, ezen szellemi és politikai függetlenségemet, amennyire csak tehetem, meg fogom őrizni, mert tudom, hogy a magyar kormánynál ez az egyedüli biztosítéka a velem szemben megnyilvánuló bizalomnak. Rámutattam arra, hogy csak a minap hallottam, hogy KERESZTES-FISCHER belügyminiszter is már nagyobb megértéssel viseltetik személyemmel szemben. Egy másik alkalommal KÁLLAY miniszterelnök beavatott abba, hogy ő előrelátásból hetenként kokettál az angolszász hatalmakkal, mert minden eshetőségre fel kell, hogy készülve legyen. Ezen kijelentésével kapcsolatban rámutatott arra, hogy a béke megkötése előtt még igen könnyen lehetséges lesz, hogy Baranya megyében, talán egész Pécs városáig népszavazás fog dönteni e terület hovatartozandósága felől, és megkérdezte, hogy mi a nézetem az e területen élő svábjaink magatartását illetően. Én biztosítottam a miniszterelnököt, hogy egy ilyen szavazás alkalmával az ottani hazai németség minden kétséget kizáróan a régi haza mellett fog szavazni. Megígértem azonban még azt is, hogy legközelebb több községet meg fogok látogatni, hogy személyesen győződjem meg arról, hogy ezen nézetemet komolyan megismételhetem-e. Két ízben is végigjártam a rákövetkező szombat-vasárnapokon a dél-baranyai német községeket és utána jelenthettem a miniszterelnöknek, hogy meggyőződésemet gyakorlati tapasztalataim, amelyeket útközben nyertem, megerősítették. Egy másik alkalommal arra kértem dr. BALLA és dr. BIRKÁS tanácsára a miniszterelnököt, hogy nem volna-e lehetséges, hogy az ő közbenjárására szüntessék meg a főleg Tolna és Baranya megyékben az ellenem az ún. "zsidónő ügy" miatti hajszát, amelyet csakis a volksbundi ellenzékem fog egy alkalommal ellenem kihasználni. Kénytelen voltam már addig is menni egy ízben, hogy milyen állami védelemre számíthatok, ha német birodalmi részről magatartásom és privát életem miatt bizonyos lépések kerülnének foganatosításra. A miniszterelnök előtt tett eme kérésem alig két nappal később már ismeretes volt a Gestapo előtt, éspedig úgy, hogy egy általam most még meg nem nevezett minisztériumi tisztviselő [által] KORNHUBER birodalmi újságíróval közöltetett (nem állítom, hogy rosszakaratból, de kétségtelenül lelkiismeretlen fecsegésből), úgyhogy a Gestapo megindította ellenem a vizsgálatot. Dr. GOLDSCHMIDT mentett engem ki ebből a kényes helyzetből azáltal, hogy rámutatott arra, hogy a KORNHUBER által továbbított adatok a helyet és időpontot illetően nyilvánvalóan tévesek voltak és továbbá azzal, hogy sikerült könnyűszerrel bebizonyítanom, hogy az illető hírközvetítő tisztviselő, ellentétben állításával, e KÁLLAY miniszterelnökkel folytatott megbeszélésen nem vett részt. Dr. BALLA PÁL miniszteri osztálytanácsossal én a tényt közöltem és az illető úrnak a nevét is megmondtam, rámutatva arra, hogy én ezentúl az illető úrral szemben a legnagyob tartózkodást fogom tanúsítani, nehogy megint egy ilyen komoran [komolyan] aggasztó helyzetbe kerüljek. A miniszterelnök előtt rámutattam egy ízben arra is 1943 év végén, hogy a Deutsche Zeitung megkapta a birodalomból az oda irányított felügyelőt, akinek úgyszólván teljhatalma van a szerkesztői ügyekben. Hiába próbáltuk az illető urat két ízben is más-más ürügy felhasználásával Berlinbe visszaküldeni, a Volksdeutsche Mittelstellének mindkét alkalommal sikerült őt megint a nyakunkba varrni. Bár én egyéb, állandó beavatkozási ügyekből kifolyólag már 1942 óta nem írtam cikket többé a Deutsche Zeitungba, kénytelen voltam most a miniszterelnök figyelmét felhívni arra, hogy ezen újság teljesen kisiklott a rendelkezési akaratom alól. (Ebben ez a felügyelő már diktátori hatalommal rendelkezett az újság felett, úgyhogy a tényleges felelős szerkesztőket egymásután kellett felváltanom, mert ezt az áldatlan állapotot elviselni nem tudták.)

A birodalmi németek aggályait velünk, a régi vezetőkkel szemben az is még fokozta, hogy a Volksbund vezetőségében a régi honbeli német vezetők a birodalmi németeket állandóan "Piefkék"-nek és "Mogsikaner"-eknek (es mag sie keiner) nevezték, és az a tény is, hogy ebédek alkalmával igen gyakran a magyar beszéd járta.

Az ellenzék előretörését az 1944. február havában történt évi közgyűlésen megint azzal próbáltam ellensúlyozni, hogy a teljesítmények beszámolójánál olyan számokkal operáltam, amelyeknek túlzottsága kézenfekvő volt.

Az 1944. év március havában megtörtént eseményekről előzőleg a Volksbund egyetlenegy vezető emberének tudomása nem volt. Én az ezt követő 10 napot az ún. Német Ház-ban töltöttem, az éjjeleket is, hogy kéznél lehessek, ha bárhol a Volksbund tagjai részéről a legkisebb túlkapás jelentése befutna. A német követ három hétig sem szóban, sem írásban nem foglalkozott a Volksbund ügyével. Az első 10 nap elmúlta után én felkerestem dr. BALLA PÁLt és közöltem vele, hogy sikerült kijárnom, hogy régi német nemzetiségi ellenfeleim közül, még ha a legerősebb hadjáratot indították is volt ellenem, senkinek bántódása nem esik. Nem is tartóztattak vagy hallgattak ki ezen férfiak közül egyetlen egyet sem. Amikor később, kb. augusztusban arról értesültem, hogy RIESZ ÁDÁM képviselőt a Gestapo letartóztatta, ez ellen politikai meggyőződésből vétót emeltem és sikerült is azonnali szabadlábra helyezését az illetékes német hatóságnál kijárnom, amennyiben szavatosságot vállaltam. Erről is értesítettem dr. BALLA PÁL miniszteri osztályfőnököt.

SZTÓJAY miniszterelnöknél tett első látogatásom alkalmával kifejtettem, hogy én az előállott kényes helyzetet a legkisebb mértékben sem fogom soha kihasználni, semmiféle újítást nem vezetek be s a kormány elé semmiféle kéréssel, vagy kívánsággal nem fordulok. A miniszterelnök ezt hálásan vette tudomásul. A Waffen-SS-tárgyalásokba, amelyek a két kormány megbízottai között csakhamar megindultak, a Volksbund részéről nem történt beavatkozás. E harmadik megegyezés, amely már az egész hazai népi németségre kiterjesztette a köteles katonai szolgálatot a Waffen-SS keretén belül, sőt ebbe bevonta az alig 17 éves gyermekifjakat is, és felfelé korhatárt már egyáltalán nem ismert, a Volksbund vezetőségének megkérdezése nélkül jött létre. Amikor egy-két hónappal később arról értesültem, hogy egyes vidéki munkatársaim aktívan be akarnak kapcsolódni a Waffen-SS-kérdés lebonyolításába, e bekapcsolódást azonnal megtiltottam, és azon javaslatomat, hogy a Volksbund teljesen kapcsoltassék ki a lebonyolításból, úgy a magyar, mint a német illetékes tényezők magukévá tették. Én magam csak azt kértem, hogy igazságosan hajtsák keresztül, amint ezt nyíltan is kifejtettem, a megegyezést, nehogy a hazai németségnek a Volksbundhoz tartozó - és attól tartózkodó - része között az ellentétek még jobban elmélyüljenek. Tízezreket vittek el néha egy-egy hét alatt községeinkből és olymódon képezték ki őket, amely a lelkiismeretlenség minden bélyegét magán hordta. Ezrével érkeztek hozzánk a panaszok és mentek ezren és ezren panaszaikkal a hivatalos magyar tényezőkhöz, de segítséget nyújtani egyik rész sem tudott.

Ezt a tehetetlen helyzetet használta ki az ellenem már több, mint két év óta szervezkedő volksbundi ellenzék, amely főleg bácskaiakból és egyéb ifjakból állott, hogy ellenem végre nyíltan is fellépjenek, miután adataikat bőségesen összegyűjtötték és a birodalmi német körökkel kapcsolataikat titokban kiépítették. Röviden összefoglalva ez történt. Az ellenzéki főkolomposok közölték a Gestapo egyik emberével, hogy én hovatovább több mint 14 éven keresztül majdnem családi életviszonyban éltem egy "zsidó" hölggyel, bejáratos voltam a családhoz is, hogy ennek a magatartásomnak következményei egyelőre még ismeretlenek; egyetlen egy beszédemben vagy cikkemben magamat nacionalszocialistának nem vallottam; soha egyetlenegy antiszemita kijelentést nem tettem, az ún. Stabsbesprechungokon több ízben defetista kijelentéseket tettem, éspedig azáltal, hogy a Volksbund keretén belül kifejtett vonalvezetésemet és alapelveimet azáltal igyekeztem igazolni, hogy rámutattam arra, hogy nekem esetleg egy olyan háborús befejezésre is kell gondolnom, amely ellenkezik a dogmatikus világnézeti felfogású és nem Magyarországon felnőtt emberek romantikájával. Az ügy végtére is SS-Obergruppenführer WINKELMANN kezéhez jutott, aki ellenem megindította az eljárást. Kihallgatásom során nyíltan és őszintén bevallottam, hogy nevelésem és tapasztalataim alapján birodalmi németeket sem hagytam kétségben aziránt, hogy csak népi német felfogású vagyok és nem nacionalszocialista világnézetű. Felfogásom szerint a nacionalszocialista felfogás és világnézet az ún. népcsoportoknál csak ellentéteket szít, megoldásokra nem vezethet és az államfenntartó nép kétségeit a legnagyobb fokban elmélyítené. Külsőségeket részben magunkévá tettünk, ami azonban szintén hozzájárult a magyar közvélemény ellenünk táplált ellenszenvének felfokozására. Az ún. "zsidó hölggyel" való barátságomat nem vettem tagadásba és kijelentettem, hogy nem kívánok a kielégítő szexualitás mentségével élni, mert e barátság sokkal mélyebb volt és az áldozatok, amelyeket ez a nő értem hozott, sokkal nagyobbak voltak, semminthogy ezt őszintén bevallani kötelességem ne volna. Kijelentettem, hogy vele és családjával szemben ma is csak a tisztelet érzésével viseltetem, és ha valaha egy emberrel szemben hibát követtem el, akkor ővele szemben tettem ezt. Ezen barátság tiltotta meg nekem, hogy még külsőségben is antiszemita legyek, ilyen beszédet soha nem tartottam és nem is volna lelkierőm ilyent tartani. Kivételt képez egyedül egy bonyhádi beszédem, ahol ez a szó fordul elő: "Kampf des Judentums", amelyet a német követség iktatott be, amikor beszédemet felülvizsgálta. A Stabsbesprechungokon nem tettem defetista kijelentést, mert véleményem szerint nem defetizmus az, ha valaki a jövőre vonatkozólag úgy viselkedik, hogy később előrelátás hiányával vádolják. Felfogásom szerint, mint kifejtettem, a megfontoltság, előrelátás és türelem alapfeltételei minden konstruktív kisebbségi magatartásnak, mert állandóan szem előtt tartandó az a felismerés, hogy egy nemzetiségnek örök időkön át együtt és szomszédi jóviszonyban kell élnie az államfenntartó néppel.

WINKELMANN védekezésemet tudomásul vette, kijelentve, hogy ő nem illetékes végső döntésre, és azt, ha már meghozatott, későbbi időpontban velem közölni fogja. Amíg ez meg nem történik, maradjak helyemen, mert most már személyesen is meghallhatta tőlem, hogy belső aggályoktól áthatva, hét ízben kértem visszalépésem lehetővé tételét és a háború befejezése után, ő előtte is kijelentettem, hogy semmi szín alatt nem maradtam volna a Volksbund élén.

1944. augusztus végén közölte velem WINKELMANN, hogy a háború végéig megmaradhatok helyemen, azután kapom csak meg a döntést, ő maga emberileg igyekezni fog engem megérteni. Az előszobában értesültem KRUMMHOLZ őrnagytól, aki WINKELMANN adjutánsa volt, hogy a háború befejezése után egy birodalmi bíróság fog ügyemben ítéletet mondani, de ő maga is azt hiszi - mondotta vigasztalólag -, hogy egy-két évi koncentrációs táborban való üléssel meg fogom úszni.

Hogy milyen lelkiállapotban voltam ezek után és láttam el munkámat, könnyen elképzelhető.

Én magam is többször felvetettem előtte és három-négy barátom előtt, hogy ellenzékemnek miért nem sikerült engem elintéznie. Dr. KEINTZEL felfogását tehettem csak magamévá, aki szerint ez csak azért nem történt meg, mert én a nagypolitikába nem iparkodtam bekapcsolódni, ellentétben a többi ún. népcsoportvezetővel, így vizet nem zavartam, nem sorakoztam fel semmilyen nagy birodalmi vezéralak mögé, akik állandóan egymás ellen irányuló személyi politikát folytattak és egymás rovására igyekeztek befolyásukat minél szélesebb síkon érvényesíteni. Így nem álltam senkinek útjában, és az a tény, hogy hét ízben tettem javaslatot arra, hogy visszaléphessek, közismert volt, és [hogy] visszalépésem bármilyen alkalommal könnyűszerrel elérhető lenne.

A Volksbund működése 1944. évi szeptember havától kezdve úgyszólván már csak abból állott, hogy a Volksdeutsche Mittelstelle emberei által keresztülvitt evakuálás alkalmával előállott állandó panaszokat és sérelmeket, amennyire csekély erővel ezeket még orvosolni tudtam, orvosoljam. A kormányváltozás után LAKATOS miniszterelnöknél is tiszteletemet tettem, aki csak azt az egy kérdést tette fel hozzám, hogy hiszek-e a háború győzelmes befejezésében. Válaszom az volt, hogy legfeljebb egy kiegyezéses békében. LAKATOS miniszterelnök rövid megjegyzése ez volt: tehát reálpolitikát folytatsz, megértelek.

Az 1944. évi októberi események bekövetkezésekor a Bácskában tartózkodtam és ott szereztem azokról a rádió útján tudomást. Amikor SZÁLASI FERENCet november elejém felkerestem, arra kértem, hogy a pártot ne ruházza fel államhatalmi jogokkal, a Volksbund részéről pedig megismételtem azt a kijelentést, amit a többi magyar miniszterelnök előtt is már megtettem: nincsen az akkori körülmények között semmi kívánságunk, mert ezeknek megvalósításához sem megfelelő munkatársunk, sem pénzünk nincs.

Meg kell itt jegyeznem, hogy a nyilaskeresztes párt részéről az októberi események előtt mindössze KOVARCZ EMIL, akit addig nem ismertem, keresett fel, anélkül, hogy jöttét bejelentette volna, a Volksbund vezetőségének házában és GOLDSCHMIDT dr. jelenlétében azt a kérdést tette fel, hogy az akkori kormány ellen hajlandók vagyunk-e ellenzéki sorba állni, és ezen ellenzéki felfogásunknak minden habozás nélkül kifejezést is adni, és a kormánypárt soraiból kilépni. Válaszom ez volt: egy hazai nemzeti kisebbség nem folytathat pártpolitikát, sorsa, hogy a mindenkori kormányok padsoraiban foglaljon helyet, a hatalmi politikától tartsa magát távol és várja meg türelemmel az oly események bekövetkeztét, amelyeken mint kisebbség, úgysem változtathat. KOVARCZ felállva ezt mondotta: ez tehát az urak felfogása még mindig, és anélkül, hogy köszönt, vagy kezet nyújtott volna, elhagyta a Volksbund vezetőségének házát.

December elején hagyta el a Volksbund kevésszámú vezetőembere - a vezetőség többi munkatársa és alkalmazottja már annak előtte ment Sopronba -, Budapestet és szintén Sopronba, a Volksbund ottani területi vezetőségének házába tette át működését. A Volksbundhoz tartozó képviselők a nyilaskeresztes párt azon felszólításának, hogy lépjenek be a nyilaskeresztes pártba, egyikük sem tett eleget. A viszony az új vezető párthoz eleinte hűvösen korrekt volt, majd mindinkább elromlott azáltal, hogy tudomást kellett szereznünk arról, hogy a nyilaskeresztes pártot lassanként államhatalmi jogerővel ruházták fel, amely azon községekben, ahol még népi németek laktak, avagy a Volksbundnak helyi szervezete volt, azokra igen hátrányos hatással volt. Képviselőink ezt több ízben tették szóvá az új kormány előtt, azonban minden eredmény nélkül.

A Volksbund vezetősége március 22 és 29 között hagyta el Sopront, tért át Ausztriába, ahol legnagyobbrészt széjjeltépődött. A legtöbben evakuált családjaikhoz, amennyiben azokat fel tudták deríteni, mentek. 1945. április 22-én a Volksbund öt konzervatív tagja, ahogy az ellenzékiek őket nevezték, memorandumot szerkesztettek és írtak alá, amelyben azzal a kéréssel fordultak a három demokrata nagyhatalomhoz, hogyha a háború befejezése után az új magyar kormánnyal kapcsolatot teremteni nem tudnának, avagy pedig az új magyar kormány az evakuáltak hazatérését nem helyeselné, úgy adjon lehetőséget arra, hogy vagy Amerikában, vagy Dél-Afrikában telepedhessenek le. A memorandumban a Volksbund működését és lényegét az aláírók négy oldalon összefoglalva szintén vázolták. Miután ezt a memorandumot a megszálló hatalmaknál átadni nem tudták, arra kértem meg dr. KEINTZEL EDE volt országgyűlési képviselőt, hogy ezt a memorandumot adja át az Attersee mellett fekvő Kammer nevű községben tartózkodó gróf APPONYI GYÖRGYnek, a hazai demokrata párt egyik vezető férfiának, egyrészt tanácsadás, másrészt továbbítás végett.

1945. évi május hó 17-én tartóztattak le engem az amerikai hatóságok. Ettől az időtől kezdve, egészen addig az időpontig, amíg hazaszállíttattam, különféle ausztriai és bajorországi internálótáborokban, illetőleg börtönben voltam elhelyezve.

Az eddigieket összefoglalva, a lényeget a következőkben tudom összefoglalni:

1. A Volksbundot megalapítottuk, mert ezáltal a hazai népi németségnek olymódon kívántunk használni, hogy az a hazához való hűségében soha meg ne tántorodjék. Mint minden más európai kisebbség, mi is egy szervezet útján iparkodtunk a népszövetség által, tehát egy demokratikus intézmény által is elismert kisebbségi jogokat a hazai németségnek megszerezni és megőrizni. A nemzetiségi kisebbségi érzés vagy öntudat nem csupán a hazai németséget jellemezte, hanem valamennyi európai kisebbséget egyaránt, nem utolsó, hanem elsősorban a megszállott területen lévő magyar kisebbséget is. Ez a nemzetiségi jogérzés és jogvágy a XIX. század kezdete óta egyike az Európát nyíltan és egyenes úton járó eszmeáramlatainak [sic!]. Amikor a Volksbundot megalapítottuk, világnézeti alapelvek sem engem nem töltöttek el, sem az alapszabályokban nem nyertek kifejezést.

2. Hogy a nacionalszocializmus világnézetének előretörésével a fiatalabb generáció e világnézet átvételére hajlamosságot mutatott, nem tagadható. A Volksbund megalapítói, mint az öregebb generáció tagjai, amíg lehetett, mindenáron arra iparkodtak, hogy minden világnézettől menten vigyék előre a megalapított egyesület ügyét. Az út, amelyen járnunk kellett, nehéz volt, mert kételyekkel eltöltött világ vett körül bennünket a hazán belül is, és a hazán kívül is. Az egyik részről náciknak tűnhettünk fel, míg a másik világnak felemás, a fejlődésben megállt "völkischek"-nek. Így kellett szirtek között, a már vázolt három alapelv alapján csónakunkban lassan előreeveznünk. Nem tagadom, hogy az idősebbik generáció, hogy saját művét kezében tarthassa és ez ne radikalizálódhassék, avagy avatatlanok kezébe ne kerüljön, ha már másként nem tudta, bizonyos külsőségek átvételével iparkodott a lábán megállni. Hogy a birodalmi körök mindvégig miért nem tekintették a Volksbund idősebb vezetőit náciknak, a következő tények bizonyítják: míg a többi német nemzetiségi csoport vezető embereit bevették az NSDAP-be, addig közülünk ez senkivel sem történt meg. Ha erre felszólítottak, úgy a belépést magunktól elhárítottuk. Valamennyi többi német nemzetiségi vezető, úgy a romániai, szlovákiai, horvátországi stb. kineveztetett magasabb SS- vagy SA-vezetővé, így KARMASINt, a szlovákiai németek vezetőjét SA-Gruppenführerré, SCHMIDTet, a romániai németek volt vezetőjét SS-Standartenführerré stb., míg engem, vagy munkatársaim közül egyetlen-egyet sem neveztek ki. A többi német népcsoporthoz tartozó vezetőket mind magas katonai kitüntetésekkel tüntették ki (többnyire Kriegsverdienstkreuz-cal), míg engem, vagy munkatársaim közül egyetlenegyet sem részesítettek ilyen kitüntetésben. Valamennyi más német nemzetiségi vezető bekapcsolódott az ún. nagypolitikába, szünet nélkül dolgozott ki különféle javaslatokat nagy politikai kérdések megoldására, míg én még csak belpolitikai kérdésekkel is csak akkor foglalkoztam, ha azt a Volksbund legszorosabb [legfontosabb] belső ügye elkerülhetetlenül megkívánta. Minden más német népcsoportnál nemzetiszocialista pártok létesültek, amelyek révén az ottani nemzetiségi vezető világnézeti pártpolitikáját kifejtette. Én és barátaim alapelvből és a jövőre való tekintettel még akkor is

tartózkodtunk egy ilyen párt megalakításától, amikor az erre irányuló nyomás ezt úgyszólván elkerülhetetlenné tette. Újból a régi módszerhez menekültünk ilyen válságos időkben, azaz külsőségeket tettünk magunkévá, mint pl. a jobbkéz feltartását, karszalag viselését, rendruha felöltését, 1944. április végétől 1944. szeptember elejéig, amikor sok más követelményt elutasítottunk, átmenetileg viseltük a horogkereszt karszalagot is, amíg egy megfelelő módot találva, 1944 szeptemberétől kezdve a karszalagokat egészen levettük. A magasabb vezetőknek meg volt engedve, hogy fegyverviselési engedélyük alapján revolvert is viseljenek, de ezt csak akkor engedtem meg, amikor két vezetőt az evakuálási munkásságukban megtámadtak. E külsőségek bevezetése tulajdonképpen választás volt két rossz között. Választhattunk a lényeg, vagy a külső forma átvétele között. Én a külső formát választottam, amikor a választást már kikerülni vagy elodázni nem tudtam többé. Akik a Volksbund belső fejlődését is ismerik és jóakaratú igazságossággal nézhették, azoknak ez a tény nem is kerülte el a figyelmét.

Nem tagadom, hogy féltünk a Volksbund vezetését világnézetileg átszívódott egyének kezébe átengedni, főleg akkor, amikor észrevettük, hogy a generációs változás lassanként kezdi két táborra választani a Volksbund tagjait. Amikor az elkeseredettség vagy tehetetlenség fájdalma már nem volt fokozható bennem, visszalépésemet kínáltam vagy jelentettem be, ezt nem sikerült elérnem, mert a magyar kormányokhoz - ez az én legmélyebb meggyőződésem - sikerült türelmes, áthidaló és mérsékletes módszereimmel egy jobb viszonyt teremteni, amelyet mindenkoron legelső kötelességemnek tartottam. 1940 óta nem volt olyan kormányelnök, aki előtt abbeli kérésemet, néha könyörögve, ne terjesztettem volna elő, hogy engedjen engem becsületesen és gyorsan a Volksbund éléről eltávozni és könyveim közé megtérni. Nyíltan vallhatom, hogy egyetlen magyar miniszterelnök ezen kérésemet nem támogatta, pedig ez lett volna az egyedüli módja a visszalépésemnek.

3. Meggyőződésből, műveltségemnél és nem utolsó sorban magánéletem következtében sohasem voltam nacionalszocialista, és hiszem is, hogy akik jobban ismertek, magyarok és németek egyaránt, ezt tudták is rólam. Amennyire csak tehettem, a Volksbundban az előbb említett külsőségektől eltekintve, a náci szellem meghonosodását nem engedtem.

4. A 3. pont alatt összefoglalt okok következtében nem voltam antiszemita sem, ily szellemű működést, ahol csak szerét ejthettem, megakadályoztam, sőt több ízben ily tevékenységet kifejteni próbáló munkatársakat felváltattam, avagy 1942 után a Waffen-SS-hez bevonulni kényszerítettem. Pl. REISTER HENRIK országos propagandavezetőt, JANKOVITS személyes titkáromat, JUSTLI volt szatmári területi vezetőt, METZGER FRIGYES országos parasztvezetőt, PILLMAYER GYÖRGY, GERHARD GUTWIRD főosztályvezetőt, KIRSCH MÁTYÁS ifjúsági országos vezetőhelyettest, LOTZ PÁLt, az ifjúság testnevelési országos vezetőjét. Amíg a hazai sajtóban még befolyásom volt, soha nem engedtem

meg, hogy antiszemita hadjáratot indítsanak meg. Ugyanúgy tilos volt az ún. zsidó kereskedőknél való vásárlás tilalmazása stb.

5. Meg voltam arról győződve, hogy taktikám szükséges és a jót szolgálja, hogy lényegében becsületes meggyőződésemhez maradok lényegében hű és ragaszkodó. A látszat ellenem szólt igen gyakran, de meg voltam arról győződve, hogy a felső vezető körök lesznek elhivatva később a végső ítéletet utam és munkám felett kimondani, és ezek nem a látszat, hanem a lényeg után, amelyet szem előtt tartottam, fognak ítéletet mondani. Ebből kifolyólag meg voltam arról győződve, hogy elérkezik számomra az az időpont, ha ugyan megmaradnék a Volksbund élén, amikor a beavatottak fogják az értékítéletet kimondani, azaz elérkezik számomra is az a nemcsak TELEKI PÁL gróf, hanem KÁLLAY által is kilátásba helyezett nap, amikor a magyar közvélemény magyar emberek ajkáról fogja meghallani, mily kényszerhatás alatt voltam kénytelen cselekedni, anélkül, hogy a hazához való hűségemben csak egy pillanatra is megrendültem, avagy örök érdekeit szem elől tévesztettem volna. Hittem ennek a napnak az eljövetelében, és akik a lényeget munkásságomban megismerték, ma sem vehetik tagadásba, hogy egyenes úton igyekeztem mindig járni és kis nemzetiségem ügyét a magyar haza ügyével összhangban tartani és a kettőt együtt előbbrevinni.

1945. október 20

Eljáró rendőrtiszt felhívására az előadottak után visszatérek vallomásom legelejére, amidőn is azt vallottam, hogy nem a népbírósági rendelet paragrafusai szerint érzem magam bűnösnek, hanem más megszövegezésben. Az előadottak után ezt most a következőképpen tudom precizírozni: bűnösnek érzem magam abban, hogy a két nálunk radikálisabb rétegnek a nyomására - értve alatta a náci világnézettől már megfertőzött fiatalokat és a Bácskából és Észak-Erdélyből hazánkhoz visszacsatolt, már náciszellemben nevelődött és megszervezett újabb népcsoport-részeket - engedtem és külszínben kénytelen voltam hogy a régi vezető csoport konzervatív szerepét megtarthassam, olyan külsőségeket bevezetni, amelyek így a magyar közvéleményben egész általánosságban és részben a hazai németek előtt is azt a benyomást kelthették, hogy a náci szellem kezdi mindjobban 1941 óta a Volksbundot eltölteni. 1941-et azért említek, mert a bécsi szerződés függelékének aláírása óta a birodalmi németek a beavatkozást már ún. jogi alapon fejtették ki. Nem ismerem el eljáró rendőrtisztnek azt a feltevését, hogy az általam említett külszín, amely alatt bizonyos náci külsőségeket értek és amelyre mint már elmondottam, kénytelen voltam, éppen úgy fertőzte volna, vagy egyáltalán fertőzte volna a hazai németség egy rétegét, mintha a náci külsőség nem külszín lett volna, hanem amögött valóban ilyen meggyőződés lett volna. Nem pedig a következő okból: a nálunk lényegesen radikálisabb csoportok, rétegek egy-egy ilyen ünnepély vagy beszéd alkalmával a néppel szemben a mienkével azonos külszín mellett komoly követelésekkel léptek fel és áldozatokat követeltek, és így a hazai németség rögtön megérezte, meg kellett éreznie, hogy a külszín mögött ez a követeléseket és áldozatokat kikövetelő nálunk sokkal radikálisabb népréteg áll, vagy pedig mi magunk, akik emögé a külszín mögé bújva a hazai német népréteg népiségét megtartva, a magyarsággal való békés kooperációt akarjuk. Maga ez a világnézetileg már teljesen náci szellemmel átitatott réteg – megkülönböztetésül tőlünk - "weltanschaulich"-nak nevezte magát, míg bennünket vagy "die Völkischen"-nek, vagy pedig , "az öregek"-nek (die Alten) nevezett.

Eljáró rendőrtiszt által a nekem terhemre felróvott búcsúztatási beszédekhez, melyeket a harctérre induló hazai magyar állampolgárságú németség rétegéből kikerülő SS-katonák indulásánál tartottam, a következő magyarázatot adom: én az összes búcsúztatási beszédek közül évenként 40-50 közül öt-hatot tartottam meg, 1943-ban. (1942-ben egyetlen ilyen beszédet nem tartottam, míg a többi Volksbund vezető tartotta meg 1944-ig a búcsúztató beszédeket, amelyek ebben az évben az én szorgalmazásom következtében már megszűntek.) Ha én tartottam egy ilyen beszédet, én csak katonai áldozatokról és a házához való hűségről beszéltem. Ezeket az áldozatokat soha, egyetlenegy esetben sem én, sem az ún. "öregebb" szónokok nem minősítették nacionalszocialista áldozatoknak, amint azt a világnézetiek mondották. Én kifejtettem, hogy én rendületlen hiszek abban, hogy híveink a szerződés dacára, amely az ő magyar állampolgárságuktól való megfosztását mondotta ki, a háború befejezése után a hazai rögre vissza fognak tudni térni, míg a világnézetűeknek erről a kérdésről egészen más felfogásuk volt, ti. az, hogy a győzelem után úgyis egy olyan helyzet fog előállni, amelyben csakis a katonáknak lesz döntő szavuk, azaz egy új világrend fog létesülni. Elismerem, hogy beszédeim ilyenkor buzdítóak voltak, mert frontra indulásnál egyebet nem mondhattam, minthogy buzdítottam, mint ahogy egy halotti beszéd tartalma is csak vigasztalás lehet, és ezért a felelősséget vállalom is.

A Volksbund által kiadott 1943. évi kalendárium 30. oldalán aláírásommal megjelent szövegben, melyet a kalendárium olvasóihoz intéztem, a háborút tényleg eszményképnek állítom oda az olvasók elé és dicsőítem a katonákat, népünk és hazánk hőseit. Mentségemre hivatkoznom kell arra, hogy hasonló szellemű felhívások más népcsoportoknál a népcsoportvezetők részéről uszító formában és szellemben láttak napvilágot. Én szövegemben nem hivatkozom a nemzetiszocializmusra, míg más felhívások hemzsegtek a nemzetiszocialista szólamoktól.

Magának a hazai népi németségnek a német hadseregbe való bevonulására vonatkozó álláspontom mindenkor az volt, hogy egyike a legszerencsétlenebb törekvéseknek katonákat toborozni egy országban egy másik ország hadserege részére, ezeket megfosztani állampolgárságuktól, amely 1944-ig a két Waffen-SS-szerződés alapját és lényegét képezte. A Volksbund vezetőségét még tájékoztató megbeszélésekhez sem hívták meg, amikor ezeket a szerződéseket a két kormány megkötötte. A miniszterelnökök előtt én a szerződéseket magam is szerencsétleneknek minősítettem. Legfeljebb fájdalommal vettem tudomásul, hogy ezeknek szigorúan magyar nemzeti szempontból nézve is van egy előnyük, ez pedig az, hogy az önkéntes jelentkezés útján leginkább azok jelentkeztek, akikbe a világnézeti megalapozottság vagy legalábbis hajlandóság már igen erős mértékben megvolt. A két szerződés alapján a háború befejezése után éppen ezek a világnézetileg már ún. nácik többé nem térhettek volna magyar állampolgárokként a haza földjére vissza. Én, bár fájlaltam ezt, a magyar álláspontot meg tudtam érteni.

A Volksbund által kiadott kalendáriumhoz és annak tartalmához a következőkben foglalok állást: A Volksbund minden évben, amint azt alapszabályai neki megengedték, kiadott egy naptárt, amelybe a vezetők legnagyobb része cikkeket írt. E cikkek ugyanezt a szellemet árulják el, azaz szellembeli különbséget, amelyet már fentebb vázoltam. A kalendárium borítéklapján még 1943-ban is sikerült a tulajdonképpen előírásos fekete napkerék helyett egy vörös napkereket (arany színt nem tudtunk előkeríteni) alkalmazni és így a régi tradíciót 1939 óta megőrizni.

Ahogyan én magamat mérsékeltebbnek tartom a szász vagy bácskai népcsoportokkal szemben, ugyanúgy elismerem, hogy velem szemben viszont mérsékeltebbek voltak elődeim, GRATZ GUSZTÁVék egyesülete, a Magyarországi Német Népművelődési Egyesület, akikkel szemben viszont én voltam radikálisabb. Azt is elismerem, hogy elődeim ugyanakkor, amikor egyesületüket liberálisabb szellemben vezették (nem a szó politikai értelmében) és kevésbé szolgálták a népi németség érdekeit és népiségének fejlesztését, ugyanakkor jobban szolgáltak vele a magyar hazának, mint én, aki velük szemben a német kisebbség népiségét és népi öntudatát fejlesztettem és fokoztam, azt azonban tagadom, hogy tevékenységemmel disszimiláltam volna a német népcsoportot, mert azon kevés számú már elmagyarosodófélben lévő németek, akik csak átmenetileg jöttek a Volksbundhoz és onnan csakhamar megint kiváltak, nem jelentettek komoly veszteséget, még kevésbé veszélyt. Fentiek leszögezése mellett azonban ki kell jelentenem, hogy engem GRATZ GUSZTÁV elnöktől és munkatársaitól a népi német kérdésben nem világnézeti különbségek választottak el, hanem csak az a tény, hogy a fent említett Volksbildungsverein 1935-ig népiségvédelmi szempontból csak igen kevés eredményt tudott elérni, bár ezen eredmények kivívását a szívén viselte és szorgalmazta. Bizonyítja ezt az a tény is, hogy én nem magam akartam kiválni ezen egyesület kötelékéből, hanem engem a kiválásra kényszerítettek. Én még 1938-ban is hajlandóságot mutattam arra, hogy ezen egyesülettel együttműködjek, és ha ez nem sikerült, úgy ez nem világnézeti különbségekre vezethető vissza.

Eljáró rendőrtisztnek arra a kérdésére, hogy GRATZ GUSZTÁVéktól való kiválásom után, amikor csoportommal illegalitásba vonultam, honnan vettük mozgalmunkhoz az anyagi megalapozottságot, HUSS az autót, előadom, hogy ez az autó 1934-ben, amikor még GRATZ GUSZTÁV és KUSSBACH FERENC dr. vezették az egyesületet, németországi ajándékként került az egyesület birtokába, éspedig akként, hogy ezt BLEYER JAKAB legidősebb fiának, Ferencnek a nevére írták. BLEYER FERENC a mi csoportunkhoz csatlakozván, ezt az autót átadta a mi csoportunknak, amely ezt az akkori vezetőnek, HUSS RICHÁRDnak adta át. Ugyancsak nekünk juttatták át 1935-ben azokat a segélypénzeket, amelyeket tulajdonképpen 1935 második felében a Volksbildungsvereinnek kellett volna átvennie, mint ahogy ezeket 1934-ben és 1935 első felében át is vette. A német birodalom ezután már egyáltalán nem juttatott pénzeket kezeinkhez, csak nagyobb számban rendelte a kiadványainkat, amelyeknek márkaértékét mi a magyar pengő értékének kétszeresére emeltük.

1935 és 36 évben SAUERBORN akkori képviselő havi 1000 pengő segélypénzeket utalt ki számunkra. Egyéb gyűjtéseket is eszközöltünk egyes egyéneknél, akiktől itt-ott, némelytől rendszeresen is, kaptunk kisegítő és támogató pénzt. Miután csak öt ember kapott fizetést, ezt a fizetést pedig a létminimumra, hónaponként 100 pengőn aluli összegre szorítottuk vissza, ki tudtuk fizetni ugyancsak a Badacsonyi utcában lévő kétszobás szerény helyiséget. A Deutscher Volksbote című öthetenként megjelenő lap olymértékben tudott előfizetőket szerezni, hogy néhány hónap leforgása alatt kiadásait fedezni tudtuk. Az általunk kiadott naptár pedig, ha nem is nagy, de észrevehető haszonnal is járt. A Kultúra kiadásában megjelenő tudományos folyóiratunk pedig az ez irányban kiadott felszólításunk [nyomán], amely szűkös helyzetünket jellemezte, szintén alig szorult már rá a ráfizetésekre. Miután vidéki látogató utakra nem mehettünk, egyéb propagandát nem fejthettünk ki, kiadásaink egyébként nem voltak.

A kihallgatás során megállapítást nyert, hogy a magyarországi német népcsoport kiadásában megjelenő 1945. évi Évkönyv fedőlapján horogkereszt van. A könyvben HITLER és SZÁLASI egy oldal terjedelmű arcképe társaságában a 33. oldalon dr. BASCH FERENCnek ugyancsak egy oldal terjedelmű egyenruhás arcképe látható. Az Évkönyv 35. oldalán fényképfelvétel van közölve a Volksbund 1944. évi április hó 20-i bonyhádi nagygyűléséről. A gyűlésen részt vevő német népcsoport hátterében HITLER hatalmas arcképe és horogkeresztes zászlók láthatók. A könyv 37. oldalán egy Volksbund-tag egyenruhás mellképe látható, nyakkendőjén a Volksbund napkorongos jelvényével, sapkáján a horogkeresztes jelvénnyel. A könyv 49. oldalán a német népcsoport politikai katonáinak egy csoportja látható, horogkeresztes karszalaggal. A politikai katonákra vonatkozólag a következőket tudom előadni: ezt az elnevezést valószínűleg azok használták magukra vonatkozóan, akiknek a saját felfogásuk szerint katonáknak kellett volna lenniük, azok azonban nem lévén, itthonlétüket nevezték politikai katonának. Ilyen típusú ember volt az Évkönyv szerkesztője is, a szász származású HERBERT FERENC. A kalendárium egészére vonatkozóan pedig a következőket jegyzem meg: e kalendárium oly időben szerkesztetett, amikor énnekem már nem volt semmi alkalmam annak tartalmát a legkisebb mértékben is egy belső cenzúrának alávetni, különben az egészen más külalakban és kétségtelenül más tartalommal is jelent volna meg. Tudtommal ez a kalendárium már nem készült el, és így egyetlenegy példánya nem került kezembe. Fel kívánom hozni még a következőket is: az 1944 nyarán ellenem megindított feljelentés és hajsza következményeképpen köteleztettem arra, hogy a fiatalabb generáció egyes vezető embereivel váltsam fel a régiek egynéhányát. Így került az ún. Stabsleiter helyére egy új ember, és a fent említett HERBERT FERENC, aki szintén szerepet játszott az ellenzéki csoportban, szintén kitágított munkakörrel rendelkezett az ellenem hozott átmeneti ítélet után. HERBERT kihasználta az 1944. év végén beállott helyzetet, és megmutatta végre, hogy mily szellemben működött az a fiatal generáció, amelyet addig sikerült legnagyobbrészt a felelősségteljes működéstől távoltartanunk, illetőleg nagyobb és szigorúbb felügyelet alá szorítanom. Az én kezeimhez a kalendáriumnak még csak kefelevonatai sem kerültek. Én az előszót, ha jól emlékszem, 1944. évi szeptember havában adtam le a kalendárium szerkesztőségébe.

Elismerem, hogy az Évkönyv hátlapján aláírásommal megjelent, 1944. szeptemberéből keltezett szöveg ellentmond vallomásom során előadott összes védekezésemnek, azonban ez csak egy látszólagos ellentmondás, mert szellemben ugyanazt fejezi ki, mint a többi kalendáriumi előszó, és ez is kiemeli a hazai németségnek a honi földön való közösségét és nem egy általános nagy közösségét. Hogy ebben az előszóban éppúgy megjelenik a kitartás buzdító hangja mint a többiében, azt sem tagadni nem akarom, sem annak felelősségét nem akarom magamtól elhárítani. Ha én ebben az időben nem használtam volna némileg oly szavakat, amelyek akkor a németeknél általánosak voltak, úgy egy napig sem tarthattam volna tovább magam, de még ebben a helyzetben is, ezt szeretném kiemelni, egyetlen szóval sem beszélek nacionalszocializmusról, ilyenfajta világnézetről vagy hasonlókról, mint ahogy vallomásom eddigi során következetesen és ismételten tagadtam, hogy én magam személyemben nemzetiszocialista lettem volna. Közbevető kérdésére kijelentem, hogy demokrata sem voltam. Politikai világnézetem, amint eleinte már lefektettem, keresett egy olyan megoldást, amely a hazai németséget népiségileg kielégítse, míg viszont az a kérdés, hogy milyen alapon vezeti és szervezi magát az államvezető nép, engem mélyebb bensőmben csak igen ritkán foglalkoztatott. Ha felelnem kellene, hogy melyik ország formája felelt volna meg nekem legjobban, úgy Svájcnak népi demokráciáját választottam volna, amelyről azonban én tudom, hogy organikusan fejlődött és organizált módon valószínűen nem lett volna átültethető a magyar állam keretein belül.

Kérdésére előadom, hogy ILG ALBERTet 1935 és 37 között ismertem meg, amikor mint olyan jelentkezett SCHNITZER JÁNOS munkatársamnál állandóan, mint aki a mi oldalunkra áll és szükség esetén dr. LEBER LAJOS, a Volksbildungsverein főtitkára és köztünk közvetíteni bármikor hajlandó. Ezidőben, valószínűleg 1937 elején, azzal a tervvel állott elő, hogy hajlandó azt az áldozatot is meghozni miérettünk, hogy házasságot kössön s a házassága révén nekünk ötezer pengőt adjon át, amelyet nekünk csak évek múltán kellene visszafizetni. ILG azután hosszabb ideig eltűnt szemünk elől, mert vásári eladásokkal tartotta fenn magát. Bécsi ismerőseimtől tudtam meg, hogy ILG ALBERT azon állítása, hogy ő a híres bécsi ILG családnak a sarjadéka, megfelel a valóságnak. A Volksbund megalapítása előtt, amikor egyes kísérletek tétettek abban az irányban, hogy a Volksbildungsvereinnel egy megegyezést teremtsünk, ILG állandóan tájékoztatott bennünket a Volksbildungsvereinben uralkodó felfogásról és hangulatról. Ezt tette 1941-ig, amíg a Volksbildungsverein fennállott, illetően legalábbis hivatalos helyiségeiben még munkásságot fejtett ki. Később ILG állandóan tájékoztatta dr. SCHNITZERt és részben engem is, hogy milyen a helyzet a Budapest környéki helyi csoportokban, kik az ottani községbeli ellenfeleink, milyen módszerekkel dolgoznak stb. Néhanapján ismertette előttem vagy SCHNITZER előtt a nyilaskeresztes pártban velünk szemben uralkodó ellenséges magatartás okait és az ott tervbe vett és ellenünk irányuló munkásságot. SCHNITZER dr. javaslatára, aki ILGet nagyon pártfogolta, hozzájárultam, hogy ILG havi keresetét a mi részünkről is, mint kivételt, kiegészítsük. Ez az összeg kb. 200 pengőt tett ki, 1942-ben vagy 1943-ban.

Kérdésére előadom, hogy propagandatanfolyamot nem végeztem a korábbi években, diákéveim alatt, sem később a nemzetiszocialista érában. BLEYER JAKAB kívánságára 1928. év nyarán a Grác melletti Sankt Martinban már mint a Volksbildungsverein titkára vettem részt egy ottani folklorisztikai tanfolyamon, amelyet egy apátplébános és a gráci néprajzi múzeum igazgatója, VIKTOR VON GERAMB vezetett. BLEYER azért küldött engem oda, hogy egyrészt ott megismerjem a katolikus irányzatú népkutatás irányát és hogy ily minőségemben az általa már akkor tervezett tudományos folyóiratnak, amelynek később "Deutsch-Ungarische Heimatblätter" volt a neve, kellő felszereltséggel lehessek szerkesztője.

Kihallgató rendőrtisztnek arra a vádjára, hogy én saját személyemben, vagy a Volksbund, mint olyan, vagy a Volksbund egyes tagjai tudtommal az 1944. évi március hó 19-én bevonuló német csapatoknak, Gestapónak, vagy más biztonsági szolgálatnak megadták volna a német- vagy náciellenes magyar politikusok vagy prominens gazdasági, kultúr- vagy más vezetők névsorát, előadom, hogy német birodalmi részről sem a Volksbund vezetőségétől, sem tőlem ilyen névjegyzéket nem kértek és nem is kaptak. Tény ellenben, hogy a német csapatok bevonulása utáni órákban azok iskoláinknak egy részét, minden előbbi megkérdezés nélkül, szállásként elfoglalták (két helyen) és másnap elözönlötték ebéd és vacsora idején a Német Házat és ott mindaddig megjelentek, amíg ennivalót csak találtak. Itt is engedély nélkül mentek egyes csoportok az éléskamrába és szedték ki az élelmet. Tény továbbá az is, hogy egyes német rendőri tisztviselők a megszállást követő nap reggelén megjelentek a Volksbund-vezetőség egynéhány hivatalában és onnan hat vagy nyolc munkatársat (nem vezetőt) és továbbá ugyanannyi írógépkisasszonyt szólítottak fel, jobb fizetés ígérete mellett, egyrészt a tolmácsi, másrészt az írógépkezelési munkák kisegítésére. METZGER FRIGYES megbízásomra csak az ötödik-hatodik napon tudta elérni, hogy ezen tolmácsok visszatérjenek dolgozóhelyükre, az írógép-kisasszonyok közül csak egy tért vissza, mert a nagyobb fizetés (több mint a kétszeresét kapták) visszatartotta attól őket, hogy munkájukra visszatérjenek. A férfi alkalmazottak közül csak kettő nem tért vissza, akiket az alkalmazotti minőségük alól ez idő letelte után felmentettem.

Kérdésére előadom, hogy véleményem szerint a címeket megtudhatták a) a követségtől, b) az NSDAP budapesti központi vezetőségének hivatalától, amelynek élén HENRY ESP állott, a gazdasági címeket pedig c) azoktól a gazdasági szakértőktől, akiket birodalmi körök 1940-ben a Volksbundban akartak elhelyezni, akiket mi azonban onnan kiszorítottunk és akik már 1942-ben a Magyar-Német Kereskedelmi Kamaránál helyezkedtek el (OTTO GRÖNDAHL), vagy dr. WAGENER, akiről nem tudom, hogy hol helyezkedett el, hogy magyarországi tartózkodási engedélyét ilymódon fenntarthassa.

Kérdésére előadom, hogy Ausztria annektálásával kapcsolatban a Volksbundnak vagy a Volksbund tagjainak nem volt semmiféle szerepe, sőt még nem is volt Volksbund. Nekem magamnak és környezetemnek sem volt ebben szerepünk, mi nem nyomattunk Nyugat-Magyarországon sajtótermékeket, amivel kihallgató rendőrtiszt engem gyanúsít. Nyugat-Magyarországon csak egy olyan nagyobb nyomda van, amely alkalmas lett volna sajtótermékek gyártására, és ez a soproni Romwalter-nyomda, melynek bérlői és egyúttal munkásai is az ottani szociáldemokrata párt tagjai voltak, és ennek folytán ilyen megbízást nem is vállaltak volna. Tudomásom van arról, hogy Ausztria annektálása után, főleg Moson megyében szintén felütötte fejét egy Anschluss-mozgalom, amelyet az akkori kormány kikutatott és büntetőbírái elé állított. Az akkori vizsgálat teljes mértékben igazolja azon állításunkat, amely szerint nekünk ehhez a mozgalomhoz semmi közünk sem volt. Most hallom először, hogy ilyen gyanúsítással illetnek bennünket. Tény ezzel szemben az, hogy én hajlandónak mutattam magam bármikor, hogy e néphangulattal szembeszálljak, és ígéretet tettem, hogy az Anschluss iránti hajlandóságot a Volksbund működése útján szerelem le, amit a gyűléseknek egész sorozatával meg is tettem, és még 1939. évben sikerült is e hangulatnak utolsó maradványait Nyugat-Magyarországon leszerelni. Tudtommal az illetékes kormánykörök ezen érdemünket nem is vonták soha kétségbe.

Kérdésére előadom, hogy több ízben jártam Németországban a VDA (Volksbund für das Deutschtum im Ausland) vezetőségénél, de ez a szervezet nem tartozott Gauleiter BOHLE (Auslandsorganisation) vezetése alá, ez utóbbi a külföldön élő birodalmi német állampolgárok pártszervezetének a központja volt, míg a VDA egy régi, évtizedek óta fennálló egyesület volt, amely a Schulvereinből fejlődött ki és a népi németek kulturális és iskolai támogatását tűzte ki céljául. Ennek élén állott dr. STEINACHER, aki BOHLE legelkeseredettebb ellenfele volt, és akit a párt tulajdonképpen csak évek után tudott a VDA éléről eltávolítani.

A Volksbund a német biztonsági szolgálattal nem állott összeköttetésben.

Tagadom, hogy valaha is olyan beszédet tartottam, melynek során két hazáról beszéltem volna, vagy pedig az alább idézett kitételt használtam volna: "Mi németek vagyunk, akiknek két hazájuk van. Az egyik az atyaország és ez Magyarország, a másik az anyaország, ez a birodalom. Nekünk kétféle kötelességünk van, hűség és törvénytisztelet az atyaországgal kapcsolatban, vérségi, szellemi azonosságunkból folyó kötelességünk az anyaországgal szemben, mert mi németek és nemzetiszocialisták vagyunk, akik HITLER ADOLFnak, a német nép predesztinált vezérének védelme alatt állunk, aki megígérte, hogy minden német sorsával egyformán törődik." Ha én ilyen beszédet tartottam volna, ez nyílt hazaárulás lett volna, amelyért a magyar hatóságok letartóztattak volna. Tiltakozom az ellen, hogy én ilyen hülye beszédet tartottam, ez egy buta beszéd lett volna és ellentétben állott volna minden más elhangzott beszédemmel.

1945. október 23

1940-ben vagy 41-ben, az időpontra pontosan már nem emlékszem, Villányban és még más helyen összesen két vagy három ízben tartottam olyan értelmű beszédet azok ellen, akik a Volksbund kötelékébe tartozó németséget háború utáni kitelepítéssel fenyegették, hogy azok, ha ezek kitelepítésére sor kerül, velük együtt fognak Magyarországról batyujukkal a kezükben kivándorolni, a gazdagok a szegényekkel együtt. Ezen beszédem előzményéhez hozzátartozik, hogy egyre-másra futottak be hozzám panaszok, hogy.a Volksbundhoz nem tartozó svábság a Volksbundhoz tartozókat azzal fenyegeti, hogy a háború után a "Führer" a volksbundistákat Afrikába szándékozik kitelepíttetni. Ekkor hivatkoztam beszédemben arra a körülményre, hogy mindkét kategóriába tartozó svábság együtt jött be az országba és együtt szereztek érdemeket a törökök által feldúlt földek megművelésében.

A németellenes hatósági és magánszemélyeket nem fenyegettem, megfenyegettem azonban a Volksbund-ellenes magánszemélyeket oly esetekben, amikor Volksbund-tagok kirívó üldözéséről hallottam, amilyen eset pl. ha egy tanító azért vert meg egy gyereket, mert a család a Volksbund tagja. Azt nem mondottam, hogy a Volksbundon kívül álló svábság másodrendű ember lesz, hanem azt, hogy a Volksbundba tartozók méltóbbak lesznek a vezetésre, már ti. a Volksbund vezetésére. A névmagyarosítás ellen egy ízben keltem ki, akkor, amikor ezért öthavi börtönt kaptam, azután már többet ilyen értelemben nem mertem beszélni. A börtönben töltött idő egyébként jó volt arra, hogy magamba szálljak, gondolkozzam és megismerjem a magyarság jóindulatát, amely velem szemben a börtönszemélyzet és ügyészek, bírák stb. részéről megnyilvánult. Asszimiláció ellen nem beszéltem, ezt annál is inkább megtehettem, mert

GÖMBÖS GYULA halála után semmiféle névmagyarosítási esettel nem ismerkedtem meg, és gyűléseken is a leghatározottabban kijelentettem, hogy a kormányelnökök biztosítottak engem arról, hogy a GÖMBÖS-féle szellemet nem folytatják, amivel a hallgatóságot, véleményem szerint, állandóan a leghatásosabban tudtam megnyugtatni, és erőszakos asszimilációról többé nem hallottam.

Beszédeimben beszéltem a hazai frontról, az egységről, a termelés szükségességéről, bár ez utóbbit inkább átengedtem a gazdasági vezetőségnek. Hazai frontról beszéltem, de nem programot adva, anélkül, hogy [az] ellenségeket megneveztem volna, olyan szellemben, amint az az évi kalendáriumban lévő beszédeimben is látszik. Zsidóság ellen a már említett okoknál fogva soha nem beszéltem. SS-toborzásokon nem vettem részt, beszédeket a toborzás érdekében nem tartottam, ez egész mentalitásommal ellenkezett volna, csupán búcsúztató beszédeket tartottam a frontra indulóknak. Előkészítő megbeszéléseket a fegyveres SS ügyében nem folytattam Németországban, engem magamat is meglepett egy ilyen komissziónak Magyarországra érkezése. Tagadom, hogy HITLER fogadott volna bármilyen ügyben is, őt soha nem láttam, helyesebben, soha nem beszéltem vele. Minden más népcsoportvezető volt évenként egyszer HITLERnél és volt valami katonai rangja és kitüntetése, én HITLERnél soha nem voltam, katona sem voltam soha, és így rangom és kitüntetésem sem volt. Magyarországból Németországba küldendő szakmunkások kérdése ügyével saját személyemben soha nem foglalkoztam. Tudomásom van róla, hogy a Szudéta-vidékre kértek egy ízben tízezer magyar munkást és ebben az ügyben dr. GOLDSCHMIDT GYÖRGY PATAKY államtitkárral levelezésben állt, de az ügy sohasem került kivitelezésre a mi révünkön. A szakmunkások tudtommal vagy a Német-Magyar Kereskedelmi Kamara által kerültek ki, vagy kiszökdöstek, de a német követség is tárgyalt ez ügyben.

Tagadom, hogy a német vállalatok alkalmazottait a Volksbundba kényszerítették volna, és állítom, hogy ezek, mint a DDSG, IG-Farben, Bosch, Steyr alkalmazottai egyáltalán nem is voltak Volksbund-tagok, legalábbis nem kényszer folytán, de ha önkéntes tagjai voltak is, csak igen kevesen lehettek.

A Volksbundnak ún. "Landesgruppe"-vezetője nem voltam. Az egyesület feje én voltam, elnök címmel. Helyettesem dr. GOLDSCHMIDT GYÖRGY volt, "az elöljáró helyettese". Utána következett a törzsvezető (Stabsführer), SCHÖNBORN JÓZSEF, majd HUBER MÁTYÁS. A főtitkár ALBERT MIKSA volt. Az országos propagandaosztály hivatalvezetője REISTER HENRIK, az országos népjóléti osztály hivatalvezetője dr. SCHLITT ÁDÁM, a földműves oszt. hiv. vez., METZGER FRIGYES, kincstári oszt. hiv.vez. SCHNITZER JÁNOS, a jogügyi oszt.hiv. HAMM FERENC országgyűlési képviselő volt. Dr. SCHAG FERENC egyszerű hivatalnoka volt a Volksbundnak, míg GÜNDISCH GUIDÓ a központi területvezetőség tagja volt. Országgyűlési képviselőink voltak: dr. MÜHL HENRIK, BRANDT JAKAB, dr. KEINTZEL EDE, SCHÖNBORN JÓZSEF, HAMM

FERENC, dr. TRISCHLER JÓZSEF, SPREITZER JÓZSEF, és négy felsőházi tagja volt, ezek SZEGEDI ERICH, RESSELY bácskai nagykereskedő, az erdélyi szászoknak egy pap vezetőembere és még egy bácskai nagybirtokos, neveikre nem emlékszem. Országos ifjúsági szerv[ezeti] vezető HUBER MÁTYÁS, majd KOHLER RÓBERT. KIRSCH MÁTYÁS HUBER megérkeztéig vezette az ifjúsági szervezet ügyeit. Orsz. női szerv[ezeti] vezető SALZERNÉ FORFOTA FRIGGA, majd DORNER BORBÁLA. Orsz. Leányszerv[ezeti] vezető VOGEL GIZELLA. A pénztárban SCHNITZER helyettese SCHILLING JÁNOS volt. A sajtóosztályt dr. GOLDSCHMIDT vezette, helyettese, majd utóda BÖSS FÜLÖP volt.

Dr. OLTVÁNYI OBELS FERENC hungarista volt, majd börtönbe került, onnan kiszabadult, felvettük a Volksbundba. Ennek előzménye az volt, hogy felesége felkeresve engem, közölte, hogy férje a hungarista párttal, illetőleg SZÁLASIval összekülönbözött, tulajdonképpen igen derék és szerény ember, nem fog politizálni többé, és így arra kért engem, hogy valamilyen álláshoz juttassam férjét, aki szintén bánáti. OLTVÁNYI OBELS FERENCet a központi területvezetőségben az adminisztrációs hivatalban helyeztük el. Velem szemben Oberz [OBELS] néhányszor rámutatott arra 1944-ben, hogy MÁLNÁSIval együtt bizonyos kapcsolatai vannak a hazai kommunistákkal. Tudtommal nem is evakuált, hanem ezen beállítottsága miatt családjával együtt visszamaradt.

Egy ízben vettem részt a Palatinus Szállóban közös vacsorán dr. GOLDSCHMIDT kíséretében dr. ULAIN FERENCcel, gróf KÁROLYI GYULÁval és gróf KÁROLYI IMRÉvel. Dr. ULAIN FERENCnek volt egy elképzelése, nevezetesen az, hogy a Volksbund a bécsi szerződés alapján többre hivatott, mint pusztán népiségi ügyekkel foglalkozni, gazdasági szervezeteket kell hogy alapítson, be kell hogy kapcsolódjék az országos politikai és gazdasági vérkeringésbe, hogy a hazai németségnek kijáró helyét elfoglalhassa. ULAIN FERENC előtt én ezzel szemben kifejtettem a magam nézetét, mely szerint a Volksbund továbbra is megmarad annak, ami volt, védője a hazai német népiségnek és istápolója, és az én vezetésem alatt semmiféle nagy országos politikába a saját érdekében nem fog bekapcsolódni. Ettől kezdve ULAIN FERENCcel én magam személyesen nem találkoztam.

Kérdésére előadom, hogy dr. STEINSCH IRMA nálunk a tagok őskutatását végezte. Ö a német tudományos intézetnek volt a tagja, ott kapta fizetését, nálunk félnapokat dolgozott, német állampolgárságú volt. Azért kellett német állampolgárságút alkalmaznunk erre a helyre, mert megfelelő magyar embert nem találtunk.

Kérdésére előadom, hogy HALFART MIKSA német birodalmi állampolgár, aki az NSDAP-nek és az SA szervezetének vezető tagja volt, részt vett néha összejöveteleinken, miután az NSDAP összejövetelein mi képviseltettük magunkat, a miénken pedig ők. Volt eset rá, hogy őket más képviselte. Hogy HALFART milyen összeköttetésben volt a megszálló Gestapóval, arról nem tudok, és hogy a Volksbund segítségével állapította volna meg a zsidó lakásokat, azt tagadom.

Az NSDAP sporttelepére, a Mackensen-sporttelepre jártak ki a Volksbund-vezetőség tagjai sportolni. HALFARTnak annyiban lehetett befolyása a Volksbund-tagok sportolására, amennyiben az NSDAP részéről ő volt a sportpálya intézője. Egy ideig a Volksbund kebelén belül felállított sportalosztály működött, amíg vezetőjét, mint már föntebb említettem, túlzott világnézeti (náci) magatartása miatt arra nem kényszerítettem, hogy máshol érvényesítse szenvedélyességét. Amíg az ő vezetése alatt állott ez a sportalosztály, a Volksbundhoz tartozó ifjabb generáció bizonyos sporteredmények, amelyeknek előírása közismert volt, elérése esetén az illetők, úgy gyermekek, ifjúságiak mint felnőttek, megszerezhették a sportkitüntetésnek három ágazatát. Ilyen kitüntetések megszerzése iránt főleg az ifjúság keretén belül igen nagy volt a becsvágy. Arról nincs tudomásom és nem is hiszem el, hogy ez volt a feltétele annak, hogy valaki az SA-szervezet tagja lehessen, minthogy a hazai németség közül egyetlenegy sem volt az SA-szervezet tagja. Kint Németországban - azt tudom -, hogy ki minél több kitüntetésre hivatkozott, annál gyorsabb volt az előmenetele minden ilyen hivatalos szervnél.

A Fegyveres-SS, mint azt már kifejtettem vallomásom során, nem az én kezdeményezésemre jött létre. Az ügy érdeme a következő: Amikor a két kormány, a magyar és a német, e kérdésben a szerződést már aláírták, anélkül, hogy ez ügyben a mi nézeteinket magukévá tették volna, azaz megkérdeztek volna, és a Waffen-SS magyarországi megbízottai megkezdték működésüket, én a hazai német nemzetiségűek érdekeinek megóvása okából megbíztam SCHÖNBORN JÓZSEFet, hogy ezt a feladatot vállalja magára. SCHÖNBORN JÓZSEFfel tárgyaltak a Waffen-SS-ügy magyarországi megbízottai, néhány esetben velem is, és közismert, hogy e megbízottak agresszív, a mi érdekeinkkel egyáltalán nem törődő, vagy ahogy mi neveztük, "emberszerzési és - szállítási" agresszivitása következtében a viszony mindjárt az első napokban megromlott. Ugyanaz a tarthatatlan viszony uralkodott mindvégig e teljhatalommal rendelkező ügynökök és a Volksbund vidéki szerveinek vezetői közt. Hogy az érdekek itt szemmel láthatóan ellentétesek voltak, közismert volt azok között, akik a helyzetet csak némileg ismerték.

ZIRKELBACHról tudom, hogy tagja volt a Volksbundnak és tagja volt a nyilaspártnak is, amint később kitudódott. Solymáron lakott, ott több ízben, mint a miniszterelnökségen velem közölték, civakodást és egy ízben veszekedést is rendezett a solymári lakosság között. Amint ezekről az eseményekről értesültem, ZIRKELBACHot a Volksbundból kitessékelem, és amennyire tájékozva vagyok, az első Waffen-SS-ügy keretén belül mint önkéntes jelentkező elhagyta hazáját.

PILLMAYER GÁBORral kapcsolatban a következőket tudom: GOLDSCHMIDT Györggyel való ismeretsége révén került a Volksbundhoz, ahol kereskedelmi iskolai szakképzettsége következtében nyert alkalmazást. Radikális természete és alattomossága csak úgy derült ki, hogy főnökei egymás után iparkodtak tőle megválni (dr. SCHLITT, dr. SCHNITZER). Valószínűleg 1943 folyamán csatlakozott a világnézetiek, tehát a nácik csoportjához és mint ilyen, egyik szóvivője volt az ellenem s a többi nem-világnézeti ellen megindított hajszának. METZGER FRIGYES és PILLMAYER GÁBOR voltak a főkolomposai és az adatszállítói az 1944-ben ellenem indított hajszának a Gestapónál. 1944 nyár végén PILLMAYER otthagyta a Volksbundban viselt állását és átment az SS-hez, ahol azonnal hadnagyi rangot kapott, anélkül, hogy előtte kiképzésben részesült volna. Azután mint az SS-nek megbízottja fejtett ki állandóan én és barátaim ellen működést. Legutóbb a birodalomnak a kitelepítéssel megbízott különítményének volt a tagja.

A Winterhilfswerk egy országos gyűjtés volt, amelyet egyesületünk a magyar kormánytól kapott engedélyek alapján hajtott végre a németek által lakott községekben hazánkban. Az így befolyt összeget, ruhaneműeket, élelmiszereket, továbbá fa- és szénadományokat a Deutsche Volkshilfe című országos szervezet az ínségesek között egy bizonyos előre meghatározott szabályzat szerint kiosztotta. Az átvonuló katonák részére, tudtommal, csak az került kiosztásra, amelyet [amit] úgy a fővárosi, mint a vidéki helyi csoportok maguk nem akartak szétosztani és mint feleslegest, a katonák közt szétosztották. Tudtommal a női szervezet az átvonuló katonák számára főleg Budapesten állandóan tartott gyűjtéseket, hogy az állomásokon az átutazóban vagy szabadságra hazatérő és a Waffen-SS, de a honvédség kebelén belül is szolgáló katonák kezéhez eljuttassa. Tervbe volt véve a németországi és ausztriai bombakárosultak, éspedig gyermekek számára, akik mindkét szülőjüket elvesztették, ezek kezeihez is juttassunk adományokat, de ezeknek csak egy kis töredéke jutott el Bécsig, mert a legnagyobbrésze a menekülők között került szétosztásra, illetőleg elszállítási akadályok miatt visszamaradt a helyi csoportokban illetve a gyűjtőhelyeken.

A Volksbund lapjai voltak a Deutscher Volksbote hetilap, Deutsche Jugend havi folyóirat, Deutsche Zeitung napilap, Deutscher Volkskalender évi kalendárium, melyek közül a Volksbote a népcsoportunk katonái számára íródott. Arról tudomásom van, hogy a háború továbbfolytatása érdekében a lapok propagandát fejtettek ki, mely valószínűleg meg is tette a maga hatását.

A német megszálló csapatok bevonulása után a nyomás, amelyet ránk a németek kifejtettek, oly erős volt, hogy a hazai németségnek az érdekeit a legtöbbször egyáltalán nem vették figyelembe. Amikor például sikerült az 1944-ben kötött harmadik Waffen-SS-szerződést oly mértékben csikarni ki a magyar kormánytól, hogy annak értelmében minden hazai német már a 17. életévétől kezdve, magasabb korhatárt egyáltalán el nem ismerve, [köteles] a Waffen-SS-hez bevonulni, irgalmatlanul sorozták férfiainkat és ifjainkat, úgyhogy majdnem százezer embert tudtak így összeterelni. Hiába volt minden védekezésünk. Hiába mutattunk rá arra, hogy egyes községeinkben a halottak száma már ijesztő méreteket öltött amúgy is, hogy egész járások szinte munkaerők nélkül állanak, az otthon maradt nők nem bírják a munkát, éhínség fog fenyegetni, a megbízott katonai csoportok irgalmatlanul kihasználták a nekik kedvező szerződést és igen sok esetben még a betegeket is bevették, pedig jól tudták, hogy a kiképzéshez még fegyvereik sincsenek. Így vitték mészárszékre népünknek nagy tömegeit, akikben pedig akkor már semmi harci kedv nem volt. A Volksbund vezetőségéből úgy a központban, mint vidéken, egyetlenegy napon 720 embert hívtak be, úgyhogy igen számos helyi csoport minden vezető nélkül maradt. Az evakuálásnál is egy ezzel az üggyel megbízott németországi csoport irgalmatlanul elhajtott minden háziállatot, főleg lovat, tehenet, sok esetben akként, hogy az elhajtott állatok után az embert még annyiba sem vették, mint magát az elhajtott állatot. Újságjaink csak akkor jelenhettek meg, ha megfeleltek az ő ízlésüknek. Miután több helyről, sokféle ellenkező célzatossággal, ártották be[le] magukat ügyeinkbe, ezekben a legnagyobb rendetlenség és összevisszaság uralkodott.

1945. október 26

Tudtommal ROTHEN FERENC, aki éveken keresztül a GRATZ és BLEYER vezetése alatt álló Volksbildungsvereinnek volt a titkára, 1936-ban csatlakozott a hungarista mozgalomhoz, ahol csakhamar működést kezdett kifejteni. Egy ízben arra kért fel bennünket, hogy a BLEYER ideje alatt felnőtt fiatal intelligencia főbb képviselőit hozzuk [vele] össze, hogy tájékoztatást adhasson. Ez meg is történt, éspedig vagy 1937 végén, vagy 1938 elején. ROTHEN e társaságban kifejtette, hogy a mi törekvésünk, hogy a GRATZ vezetése alatt álló Volksbildungsvereinnel újra egyesüljünk, vagy pedig ennek megvalósítása hiányában új egyesületet alakítsunk, mindenkoron meddő fog maradni, eredményeket nem fogunk tudni elérni, mert csakis a pártpolitika az az út, amelyen az öntudatos népcsoportoknak járniuk kell. Magyarországon - ez volt ROTHEN nézete - csakis a hungarista párthoz való csatlakozás, SZÁLASI eszméinek elfogadása alapján érhet el a hazai német népcsoport hatásos és kielégítő eredményeket. Hangoztatta, hogy SZÁLASIé a jövő, és ha mi megmaradnánk az egyesületalapítási terv mellett, akkor a hungarista párt maga fogja a német kisebbségi kérdés megoldását a kezébe venni. SZÁLASI elgondolásai ebben az irányban nagyvonalúak és kielégítőek. Mi megmaradtunk azon felfogásunk mellett, hiszen mindvégig ez volt az egyik alapgondolatom, hogy pártpolitikát nem fogunk folytatni és egy párthoz csatlakozni szintén nem fogunk. Hónapokkal később jutott tudomásunkra bizonyítékok alapján, hogy ROTHEN FERENC német nyelven íródott röpcédulák felhasználásával megkezdte a hazai németség megszervezését a hungarista párton belül. Mi, az ebben az akcióban rejlő veszélyeket felismerve, ROTHEN ellen fordultunk, úgyhogy ROTHEN FERENC egy bizonyos idő múltán az ez irányú tevékenységét beszüntette, vagy azért, mert eredményeket elérni nem tudott, vagy a mi támadásunk őt megfélemlítette. Tudomásom szerint ROTHEN mindaddig, amíg az internálótáborból Németországba nem menekült, SZÁLASI

FERENC híve volt. Csak kint Németországban állott be felfogásában és magatartásában változás.

Ha sváb falvakba pénz jutott Németországból, az véleményem szerint úgy juthatott el oda, hogy a családoknak volt Németországban egy munkakereső tagjuk, aki vagy útlevél útján került Németországba, vagy [akinek] sikerült összeköttetései révén enélkül is havi keresetének egy bizonyos részét a Nemzeti Bank útján hazai hozzátartozóihoz eljuttatnia.

Egy másik módja, de ezek már nem birodalmi pénzkiutalások voltak, úgy kerültek az ínségesek kezeihez, hogy a Deutsche Volkshilfe a téli segélyakció keretén belül vagy ruhát, vagy élelmiszert, vagy pénzt juttatott az itt engedélyezett gyűjtésekből ezeknek az ínségeseknek. Egy harmadik módja volt, hogy a Waffen-SS-szerződések alapján a kormány engedelmével itt létesült Waffen-SS-Fürsorge-hivatal, amelyet birodalmi katonák vezettek, havonként utalta ki a havisegélyeket, a sebesülés után járó, elhalálozás után járó, előre megállapított pénzösszegeket postatakarékpénztári, vagy bankkifizetések útján e katonák hozzátartozóinak.

Dr. KÖHLER HENRIK 1935-ben, amikor engem a Volksbildungsvereinből való kiválásra kényszerítettek, még egy ideig közvetített dr. LEBER, aki a Volksbildungsvereinhez tartozott, és köztem, és ugyanabban az évben az 1935. évre szóló járulékokat szétosztotta a Volksbildungsverein és köztünk. 1936 után már egyáltalán nem foglalkozott velünk, hanem az általam előadott szerepet játszotta.

Nem helytálló az a feltevés, mintha a Volksbund a hazai németség Németországba való kitelepítését szorgalmazta [volna], mi mindig elleneztük ennek a tervnek még a gondolatát is. Ekkor már küzdöttünk e gondolatnak illetőleg tervnek a birodalom részéről történt védelmezőivel, valamint hazai hirdetőivel szemben. A birodalomból egy REIMESCH nevezetű erdélyi író, aki Berlinben élt, tette magáévá ezt az elgondolást és küldött 194[?] - ha jól emlékszem - ezerszámra ily értelmű nyomtatott leveleket hazai németek által is lakott községekbe. Itt pedig a Volksbundhoz nem tartozó németségnek egy része használta fel ezt a gondolatot ellenünk. REIMESCH éppen a mi szorgalmazásunkra volt kénytelen további működésétől elállni, úgyhogy a német birodalom részéről csak 1942-ben szegte fel fejét megint ez a terv, amikor is - mint már feltüntettem - HEINRICH HIMMLER jelentette ki, hogy az ő felfogása szerint a háború befejezése után a hazai németeket ki fogja telepíteni Warthegauba. HIMMLERrel szemben kifejtett ellenkezésem folytán a háború végéig már többé a véleményemre nem volt kiváncsi, míg a többi népcsoportok vezetőit félévenként rendelte magához.

Való igaz, hogy a Volksbund-tagok, illetve a nyilvántartott népi németeknek az anyaországba való kényszer-visszavándoroltatásától való félelem erősen megritkította a Volksbund sorait. Mi éppen erre való tekintettel a visszavándorlás ellen voltunk, de meggyőződésből is ellene voltunk.

Az ún. Deutsche Mannschaft a Bácska visszakerülésével, valamint Észak-Erdély visszacsatolása után került a Volksbundhoz. Szerepük az volt, hogy gyűléseken, ünnepségeken biztosítsák a rendet, gyűjtéseknél annak becsületes lefolyását és a gyűjtések anyagának elosztásánál annak higgadt lefolyását. Fegyverrel nem voltak ellátva, csak egyetlenegy esetben láttattak el fegyverrel, amikor is SPREITZER ajánlatára az újvidéki rendőrhatóságok intézkedésére együtt vonultak ki a rendőri karhatalommal, amely megoldás ellen a bácskai főispán intézkedésére a különválás megint azonnal életbelépett. 1944 május-júniusa óta a VOMI vezetősége, főleg LORENZ, mindenképp azon iparkodott, hogy Magyarországon szintén állítsunk fel egy Volkssturmot, éspedig 15.000 ember lélekszámban. Ez a követelés teljesen lehetetlen volt, mert az akkori Waffen-SS-akció keretén belül minden épkézláb embert besoroztak és elvittek, úgyhogy a legtöbb községünk 17. életévtől egészen 50-en felülig teljesen üres volt. Ezeket az embereket azután divíziókba osztották be, ahol gyenge élelem mellett legtöbbször ruhát sem kaptak (innen a Schlapphut-Division elnevezés, mert saját kalapjukban és papucsban képeztettek ki). LORENZ e kívánsága nem volt teljesíthető, úgyhogy a követelt 15.000 ember helyett először Futakon, majd Hidason és végül Sopronban, eleinte 120 fiatalember, 17 éven aluli, majd később megközelítően 280 került kiképzésre, akik kiképzésük percétől kezdve WINKELMANN főcsoportvezető alá tartoztak, mert ezeket is a Waffen-SS ragadta magához, élére Waffen-SS-tiszteket állított kiképzőként, birodalmi felügyelőt rendelt melléjük és megkapták a Waffen-SS-állománybeli katonai fizetéseket is. Az volt eredetileg az ő rendeltetésük, hogy az evakuálásnál segítsenek a menekülteknek, óvják a rendet és őrizzék az állatállományt a rablások elől. A népcsoport evakuálása után a felügyelők intézkedésére a Heimatschutz átvonult Ausztria területére és ott - bár ellenkező irányban próbálták a tiszteket rábeszélni - külön utakon jártak és még WINKELMANNtól is függetlenítették magukat. Akkor már SS-Heimatschutz név alatt szerepeltek.

Az IMRÉDY-kormány megalakulásakor egy cikkünk jelent meg, melyben nagy várakozásokat hoztunk kifejezésre az új kormánnyal szemben. Az IMRÉDY-kormány eleinte a legridegebb elzárkózás magatartását tanúsította velünk szemben. Az általa engedélyezett Magyar Nemzet napirendre tűzte céljainknak megtámadását. A cikk, melyet valószínűleg GOLDSCHMIDT írt, az lehetett a célja egyik alapelgondolásom szerint: türelmesen alkalmazkodni az új kormány politikájához, hogy jóakaratunk és bizalmunk feltüntetésével megértést arassunk. Akkor tettünk a kormánynak ajánlatot arra vonatkozólag is, hogy a Nyugat-Magyarországon fejét felütő csatlakozási mozgalmat egy éven belül leszereljük. IMRÉDY csak 1938 év végén kezdett velünk szemben egy kezdődő jóakaratot tanúsítani, amikor is 1939 elején engedélyt adott egy hetilap megindítására. A Volksbundot, melyet már megalapítottunk, azonban nem engedélyezte. Ez csak TELEKI PÁL miniszterelnöksége alatt következett be 1939 májusában.

1940. október 13-án KIRSCH MÁTYÁS, aki akkor az ifjúsági alcsoportnak volt a helyettes vezetője, az aratási hálaünnepségen oly magatartást tanúsított és olyan kitételeket használt, amelyek éles ellentétben állottak a vezetőség felfogásával. KIRSCH ellen ezen esetből kifolyólag vizsgálat indult meg, amelynek eredménye az volt, hogy HUBER leszerelése [után], HUBER ifjúsági vezető akkor a ceglédi huszároknál teljesített szolgálatot, azonnal elbocsáttatik, ami meg is történt, és bevonul katonának. KIRSCH azonban, mint később hallottam, betegségére való hivatkozással a bécsi Kereskedelmi Akadémiára iratkozott be hallgatónak, és azóta szemeink elől teljesen eltűnt, kapcsolatot a népcsoporttal nem tartott fenn. KIRSCHre vonatkozólag még azt megemlíthetem, hogy az ünnepségen tett kijelentései kimondottan náciszelleműek voltak, amelyeket akkor és előtte kiadott rendelkezéseim szerint, úgy beszédekben, mint írásban el kellett kerülni, hogy a közvéleményben meghonosodott aggályok megszűnjenek.

Tagadom [az] eljáró rendőrtiszt által felolvasott és nekem tulajdonított beszédet, melyet a Volksbund 1940. október 20-án Eleken tartott alakuló gyűlésén mondottam volna el, és amely beszéd szövege a jegyzőkönyvekhez csatolva elfekszik.

Elismerem, hogy 1940. november 10-én Németbólyban a Volksbund helyi csoport alakuló gyűlésén beszédemben a következőket fejeztem ki: a falusi intelligencia most is harcol ellenünk Németbólyban, azt híreszteli, hogy aki belép a Volksbundba, annak innen el kell mennie. Abban egyetértettünk velük, hogy valakinek el kell menni, illetőleg le kell lépni, azonban ezek nem mi leszünk, hanem ők lesznek azok, akik innen mielőbb lelépnek. Kifejezésre juttattam még, hogy a szükséges béke érdekében, ha a mi részünkről történnének hibák vagy izgágaságok, úgy leváltatom a mi hibás embereinket is. Igy váltattam le FAULSTICH EGYEDet a helyi csoport vezetőségében vállalt munkájából, amikor bebizonyosodott, hogy állandóan izgat a németbólyi intelligencia egyes emberei ellen, és helyére türelmes és békülékeny embert állítottunk.

Kérdésére válaszolva előadom, hogy véleményem szerint a Volksbund tagjainak mintegy 40%-a lehetett nemzetiszocialista érzelmű.

Megjegyezni kívánom, hogy az 1945. évi kalendáriumnak, amelyről vallomásom során szó esett és amelyet HERBERT FERENC szerkesztett, egyetlenegy példánya sem került nyilvánosság elé, mert az a teherautó, amely az első ezer darabot el kellett volna, hogy hozza Sopronba, 1944. évi december hó 24-én Piliscsaba-tábor közelében az előnyomuló és Budapest fővárost körülzáró orosz csapatok által elfogatott és csak a sofőr jutott el egymaga Sopronba.

Továbbá meg kívánom jegyezni, hogy a pécsi kir. törvényszék 1934. évben nemzetgyalázás miatt háromhavi fogházra ítélt, ezt a büntetést a kir. kúria 1936. évi augusztus hóban öthónapi fogházra emelte fel, amiből Pécsett négy hónapot ki is töltöttem, egy hónapért amnesztiát kaptam, majd 1940-ben a pécsi kir. törvényszék rehabilitált ebből az ügyből kifolyólag.

Az ügyre vonatkozólag többet előadni nem tudok és nem kívánok, vallomásomat önként, minden kényszer nélkül tettem, az helyesen lett felvéve, felolvasása után helybenhagyólag aláírásommal elláttam.
Felvette:
Dr. TAKÁCS, rendőrfogalmazó FRANZ BASCH, gyanúsított

B. Dr. Basch Ferenc gyanúsított speciálisan gazdasági vonatkozásokban tartott kihallgatásának jegyzőkönyve 1945. október 25.
(megrongálódott állapotban fennmaradt)

[... A Lendvay utcai Deutsches Hausról.] A ház megvételével kapcsolatosan merült fel az a kérdés, hogy azt milyen formában vegyük birtokba és ekkor újból a szlovákiai magyarság gazdasági megoldásait tanulmányoztuk, GOLDSCHMIDT úr eljött ezután, és ennek alapján létesítettük a Deutsches Haus AG-t, melyben a Volksbund vezetői voltak az alapítók, akik mindegyike aláírt egy kötelező nyilatkozatot, mely szerint úgy a maga, mint jogutódai nevében lemond a Volksbund javára a részvények tényleges tulajdonjogáról. Ez a lemondás minden későbbi jogutóddal szemben is érvénnyel bírt.
Voltak-e a magyarországi németség gazdasági szervezetével kapcsolatban már 1941-ben szervezési eredmények?
A bécsi szerződés előtt ilyen eredményekről beszélni nem lehetett, a szerződés megkötése után 1940 novemberében indult meg elméletileg a szervezési munka gazdasági téren. 1945-ig ezen szervezeteknek sikerült egy 30-35 szövetkezetből álló Milchgenossenschaftot és Sopronban egy borértékesítő társaságot megszerveznie. Természetesen 1941-ben Bácska visszatérése után az ottani németség szövetkezetei is csatlakoztak hozzánk.
Ismerte-e a jugó agrár gépforgalmi rt.-t Újvidéken?
Ebbe a társaságba tudomásom szerint SPREITZER helyezte bele saját emberét, miután az előzőek a VOMI utasításait tartották szem előtt és ez a Volksbund elgondolásaival legtöbbször nem egyezett, tehát bizalmi emberekre volt szükség.
Kapott-e ön MAX GLÖCKNERtől pénzt, amely a német követségtől származott?
Magyar-német gazdasági szerződések megállapítottak Volksbund részére folyósítandó havi összegeket. Ha ezek a pénzek nem érkeztek meg idejére a Wiener Bankvereinhez rendszeresen, akkor GLÖCKNERtől hitelt kaptunk. De ilyen hitelt a Bankverein is folyósított. A pénz befolyta után elsősorban ezek az előlegek lettek visszafizetve, illetőleg GLÖCKNER követelése erejéig a befolyó összeget mindig zárolta. Ezt a pénzfelvételi formát mindaddig megtartottuk, amíg rájöttünk arra, hogy egy belső kölcsönnel is meg tudjuk oldani pénzszükségletünk kielégítését. Ezt a Bácskában sikerült létrehozni. Előfordult, hogy milliós összeg is befolyt, bár emlékezetem szerint e fölött nem igen jött

be pénz. De ettől függetlenül az előbb említett hitelt továbbra is igénybe vettük, amikor nagyobb iskolaépítkezések céljából szükségünk volt pénzre.

Milyen megbeszélést folytatott ön 1941. októberben Berlinben népinémet munkások Magyarországból a birodalomba való kiszállítása ügyében?

Én ilyen tárgyaláson nem vettem részt, csak berlini körök figyelmét felhívtam arra, hogy a Bácskából igen sokan illegális úton mennek át, különösen Észak-Bácskából és Tolna megyéből, kik azután nem tudtak pénzt visszautalni és hozzánk fordultak, hogy tegyük ezt részükre lehetővé. A Volksbund ezen illegális határátlépések megakadályozására a miniszter[elnökség]hez jelentést tett. Tudomásom szerint a birodalomnak volt egy hivatalos akciója bizonyos számú munkás évenkénti kiszállítására. Dél-Bácskából a munkások ha ki akartak menni a birodalomba, könnyen útlevelet kaptak és a magyar kormány sem gördített akadályt: aki menni akar, az menjen. Volt egy eset, amikor Csehszlovákiából FRANK birodalmi megbízott [...] kért, melynek ügyében GOLDSCHMIDT PATAKY TIBOR államtitkárral lépett összeköttetésbe, aki érdemleges választ nem adott és az ügy 1944-ig [...] tás formájában állandóban napirenden volt, FRANK és GOLDSCHMIDT [...] eredmény nem jött létre.

Sokszor történt illegális határátlépés?

Észak-Bácskából, ahogy ezt az újságok annak idején nyíltan is [megírták, a] határátlépés nagyobb méreteket is öltött, előfordult, hogy autóbusszal szállították az embereket a csempészek a határra, s emiatt BRANDT [JAKABnak], aki 1939. óta képviselő volt, sok kellemetlensége adódott.

Milyen hivatalos transzferálási lehetőségek voltak?

A már előbb említett német-magyar szerződés engedélyezte bizonyos havi összegek átutalását, melyeken kívül a Volksbund lapkiadványainak előfizetésére a birodalomból is jelentős számban jelentkeztek. Leglényegesebb számban a Südostdeutsche Rundschau, Volksbund-Kalender voltak azok, melyekre az előfizetéseket a Nemzeti Banknál történt bejelentés alapján hivatalosan átutalták.

Volt-e tudomása arról, hogy GLÖCKNER egyenesen a követségtől kapott pénzeket?

Ezekről az összegekről tudomásom nincs, de lehetségesnek tartom, hogy a gazdasági szervezet vezetői részére (tanácsadó) küldték ezeket az összegeket, hiszen ők segédszemélyzetet is foglalkoztattak és ezeknek igen magas fizetésük volt. Nem tudom - miután ezt GOLDSCHMIDT intézte, - hogy a Német Ház vásárlására (Lendvay utca) nem ily módon hozták-e át a pénzt.

Ismerte-e FELBERt, tabi népinémet tojásnagykereskedőt?

Nevezett Tab egyetlen német családja volt, Volksbund tag, aki a birodalomba tojást exportált, melyhez a hitelt GLÖCKNER folyósította véleményem szerint. Hogy kérdéses 1000 pengős büntetése mire vonatkozott és hogy miért térítették neki vissza, nem tudom. Nevezett elég nagy összegekkel támogatta a Volksbundot a téli segélyakciók keretében.

Ismerte-e [...]ner Pétert Apatinból?

Személyesen nem ismerem, de tudok arról, hogy ottani ingatlanát a Volksbund meg akarta vásárolni és nevezett a birodalomban óhajtott volna kötött birtokot venni érte. Emlékezetem szerint a pénzügyminisztérium ennek lehetőségét elutasította. Nem tudok arról, hogy nevezett kb. 400.000 pengős összeget ezzel kapcsolatban belső kölcsönként felajánlott-e a Volksbundnak.

Tudja-e, hogy milyen anyagi alapból fizették a gazdasági tanácsadókat, és a VOMI hogy rendezte ezt a kérdést?

Mint azt vallomásom elején is említettem gyanúmat, hogy ezek a tanácsadók tulajdonképpen egy birodalmi szervezet létesítése végett jöttek Magyarországra, GOLDSCHMIDTtal közöltem. GOLDSCHMIDT, aki a Volksbund gazdasági osztályának vezetője volt, osztotta nézetemet. 1940. év végén, vagy 1941 elején látogatást tettem gr. TELEKI PÁL miniszterelnöknél, akivel ezt az aggályomat és ezeknek az uraknak a tervét, hogy őket TELEKI és a szakminiszterek fogadják és ezáltal legalizálják, közöltem, aki kijelentette, hogy nem fogja fogadni a tanácsadókat és odahat, hogy mások se fogadják. Kétségtelen, hogy ezek az urak állandóan nagy pénzekkel rendelkeztek, több autót (2) tartottak, segédszemélyzetük volt, és gyanúm velük szemben helyesnek is bizonyult. A Volksbunddal, illetőleg velem szemben és a többi vezetőkkel szemben agresszíven léptek fel, kijelentették, hogy nélkülük a Volksbund semmiféle gazdasági szervezetet nem tud létrehozni, és ez a rideg álláspontjuk arra vezetett, hogy 1941 nyarán és őszén összevesztem úgy WAGENERrel, mint GRÖNDAHLlal, s mint megtudtam, WAGENERt azután a követséghez vitték be, GRÖNDAHL pedig a Német-Magyar Kereskedelmi Kamarában telepedett meg, ahol azt akarta kipuhatolni, hogy Magyarország milyen arányban tartja be, illetve nem tartja be gazdasági szerződési kötelezettségeit és a kamarán keresztül akarta a megfelelő kapcsolatokat a birodalom részére kiépíteni. Hogy nevezetteknek nem a Volksbund gazdasági szervezésével kapcsolatban volt egyedüli céljuk, bizonyítja, hogy ettől kezdve be sem jártak a Volksbundba és kívülről építették fel a tényleges céljuknak megfelelő szervezetet. Addig, amíg a hivatalos pénzátutalások a Volksbund részére igen sokszor elmaradtak és késtek, addig a gazdasági tanácsadók állandóan rendelkeztek megfelelő pénzösszegekkel. Igen sokszor előfordult, hogy a Waffen-SS-hez bevonultak hozzátartozói részére sem érkeztek meg a támogatások és én személyesen jártam a követségen, hogy megpróbáljam a kiutalásokat megsürgetni. Valószínűnek tartom, hogy a tanácsadók pénzellátását a követség útján rendezték.

Mit tud a Südosteuropäische Getreidehandelsgesellschaft Wien-ről?

A céget még hallomásból sem ismerem és nem tudom, hogy GOLDSCHMIDT és GRÖNDAHL milyen célra vettek volna fel 550.000 pengőt. Állítom, hogy ha GOLDSCHMIDT tagja volt az NSDAP-nek, - amit határozottan nem hiszek - akkor ez csak az én legerősebb tilalmam ellenére történhetett.

Ismeri-e a Mercur Banknál őrzött azonos összegű, a Hitlerbankra szóló betétkönyvek rendeltetéseit?

Ha 50.000 pengő körüli, vagy ennél nagyobb összegű betétkönyvekről van szó, akkor lehetséges, hogy a belső kölcsön összegeit helyeztük el ily formában felhasználásig a Mercur Banknál, de 10.000 pengőig terjedő összegek elhelyezését ily formában a Volksbund részéről nem tartom valószínűnek, főleg azt nem, hogy más bankra szóló betétkönyvbe történt az elhelyezés.

Hány ingatlana volt Pesten és hány vidéken a Deutsches Haus AG-nek és honnan kapta azok megvásárlására a pénzt?

A nekem ismertetett ingatlanjegyzék - emlékezetem szerint - körülbelül megfelel a tényleges helyzetnek. A vidékiek között igen sok a helyi csoport által létesített otthon, melyeket könnyebbség kedvéért mind a Deutsches Haus AG nevére írtunk, ha a csoport tagjai ebbe a megoldásba belementek. A vásárlásokhoz szükséges összegeket a német-magyar államközi megállapodás szerint - a megállapodásban esetenként megnevezett vásárlásokra - sokszor utólagos felvétel alapján folyósították hivatalos átutalással.

Itt meg kell jegyeznem, hogy a Deutsches Haus AG részvényeit 1941-től kezdve, ahogy a gazdasági tanácsadók megérkeztek, átvették és a Mercur Bankban őrizték mindaddig, amíg a folyósított összegeket a Volksbund vissza nem fizette. Tekintve, hogy ez nem történt meg, a részvények nem is kerültek vissza a Volksbund tulajdonába és afelett soha nem is rendelkeztünk. Ez is oka volt annak, hogy a gazdasági tanácsadókkal szemben, illetőleg terveikkel szemben előítélettel viseltettem, és gyanúm megerősödött.

Milyen működést fejtettek ki a Volksbund különböző hivatalai?

Ezeknek a hivataloknak a fele tulajdonképpen a megindulási működésen kívül más munkát nem végzett, a gazdasági hivatalok is csak elméletben működtek, de a népi-németség felé mezőgazdasági, vagy egyéb téren felvilágosítással szolgáltak. Nem sikerült csupán mint már az előbbiekben említettem a Milagot és a Bortermelő Társaságot létrehozni. A tanácsadók megérkezése előtt már működő Agrária és Agricola vállalatokat sem tudtuk fenntartani.

Mikor szervezték meg a vidéki pénzintézeteket?

Ezeknek megszervezése a Mercur Banknak kizárólagos joga volt és ebbe a Volksbund részéről betekintést senki nem nyerhetett. A Pécsváradi Bank és Takarékpénztár megvásárlása és később az etyeki takarék bevonása szerintem nem váltotta be a hozzáfűzött reményeket, amelyeket a gazdasági tanácsadók ébresztettek. Az életképtelensége ezeknek bizonyítja, hogy önállóan ők sem tudtak komoly eredményt elérni. DORNER AURÉL, a pécsváradi intézet igazgatója tagja volt a Volksbundnak, állásánál fogva, és mint GLÖCKNERtől 1944-ben értesültem, valamilyen okból Drezdába szökött.

A hiteligénylésekkel kapcsolatban milyen rendelkezést adott ki?

Ezt GOLDSCHMIDTtal beszéltem meg és ennek alapján a helyi Volksbund csoportvezetők jóváhagyása volt szükséges az igényléseknél, de tudomásom szerint ezt nem tartották be. Tény az, hogy GLÖCKNER minden egyes igénylést a saját jóváhagyásától tett függővé.

Hogyan akarták Bácska-Bánát és Baranya népinémet termelvényeit a birodalomba szállítani?

A Bácska és a baranyai háromszög visszatérésekor a három terület birodalomba irányuló exportját egyesíteni akarták, azonban ez a magyar kormány ellenállásán, valamint azon, hogy Bánát német katonai megszállás alatt volt, meghiúsult, és az ezeken a területeken lévő cégek önállóan bonyolítottak. Ezzel a kérdéssel a Volksbund nem foglalkozott lényegileg, mert különösen a bánáti és bácskai részen a gazdasági tanácsadók irányították a kivitelt és abba nem engedtek beleszólást. Ha ebben a kérdésben tárgyalások voltak Berlinben, azokon valószínűleg GOLDSCHMIDT vehetett részt. A németek bizalmi embere dr. TRISCHLER volt, akinek a futaki tangazdasággal kapcsolatban külön szerződése volt a birodalommal és aki valószínűleg szintén részt vett ezeken az értekezleteken.

Hogyan képzelték a házassági kölcsönök létrehozását?

LOTHAR HELLER fejében született meg egy 10 millió márkás házassági kölcsönnek a birodalomból Magyarországra való áthozatala, mely összegből 10-15.000 pengőt szándékoztak személyenként adni az összeházasodott feleknek kölcsönképpen azzal, hogy bizonyos számú gyermek születése esetén mindig kevesebb összeget kell visszafizetni. Azonban a birodalom részéről ezt az összeget HELLER megszerezni nem tudta. Ezzel a tervvel HELLER különösen a fiatalokat akarta megnyerni és ez az elképzelés nagy sikert is aratott volna, ha keresztülviszik. A birodalom részéről nekem évi 20.000 pengő volt kiutalva reprezentációs költség címén, amit 1941-től kezdve GLÖCKNER folyósított. Ezt az összeget azonban én soha nem vettem igénybe egyetlen fillér erejéig sem, és az SCHNITZER kincstárnok rendelkezésére állt, aki ebből néhány száz pengő adományokat nyújtott a rászorult népinémet fiatal házas Volksbund alkalmazottaknak.

Milyen tanterv szerint tanítottak a Volksbund magyarországi iskoláiban?

Gondosan ügyeltem arra, hogy az iskolákban a kultuszminisztérium által engedélyezett tanterv szerint tanítsanak, egyedül Pécsett követtem el hibát: TEPFENHARDTot állítottam az iskola élére, aki ettől kezdve igen radikális náci szárnyhoz tartozónak mutatta magát.

Ismeri-e ön a Nikolai Bankház szerepét, és mi volt ez?

A Nikolai Bankház nevével 1945 áprilisában találkoztam, amikor LOTHAR HELLER megjelent Attersee környékén és az ott elhelyezkedett népi-németség vezetői részére utalványokat adott a Berlinből Salzburgba evakuált Nikolai Bankházhoz, hogy annak alapján a vezetők két vagy három havi fizetésüknek megfelelő pengő összeget márkában felvehettek. A pengő összeg - hogy mennyi, nem tudom - SCHNITZERnél volt, és miután ott összeírtuk a megtalálható Volksbund tisztviselők névsorát, valaki beutazott Salzburgba a márka felvételére, illetőleg a pengő összeg beváltására. Tudom azt, hogy az 1944. december hónapra járó kiutalást 1945 márciusában Sopronban az ottani Nemzeti Bank útján fizették ki SCHNITZER kezéhez, mintegy 800.000 pengő értékben. Útközben három-négy állomáson ebből a pénzből SCHNITZER pengőben folyósította egyes alkalmazottaknak a fizetését, vagy egyes csoportok is pengő fizetéseket kaptak. Véleményem szerint SCHNITZERnél csak igen kis összeg lehetett már akkor, amikor engem 1945. május 17-én elfogtak. Tudomásom szerint a Nikolai Bankház volt az, amellyel LOTHAR HELLER a kapcsolatot erősen fenntartotta.

Mit tud ön a nagykárolyi faiskoláról?

Emlékezetem szerint egy alacsonyfokú gazdasági iskolát óhajtottunk itt létesíteni, amelynek megvétele is megtörtént, azonban ehhez a magyar kormány nem járult hozzá - valószínűleg az illetékes minisztérium -, úgyhogy az átírást érvénytelenítették és a vételárat visszakaptuk mintegy két év múlva, de lehet, hogy előbb is, és akkor már ilyen összegért egy ilyen ingatlant vásárolni egyáltalában nem lehetett. Lehetségesnek tartom, ami egész valószínű, hogy a Deutsches Haus AG hitelezte a szükséges összeget.

Ismerte-e ön a Zentraldarlehenskasse újvidéki pénzintézetet?

Ez az intézet már évek óta működött Jugoszláviában, amikor a területi visszatérésekkel Magyarországhoz került és önállóságát ettől kezdve sem volt hajlandó feladni. Nagy segítségére volt ebben LOTHAR HELLER is. Az intézet ennek következtében tulajdonképpen nem támogatta a Volksbundot, hanem a saját útjait járta és a VOMInak egyik legerősebb támasza volt Magyarországon.

Ismerte-e TORMAY BÉLÁt?

Személyesen nem ismerem, GLÖCKNER említette róla, hogy nevezett tulajdonképpen a magyar érdekek őrzője a Mercur Bankban és emiatt sokszor nehézsége is támadt. GLÖCKNER említette nekem azt is, hogy a birodalomból kívánták TORMAYnak a bankban való megmaradását, hogy ezáltal a bank népinémet jellege kifelé eltűnjön és a magyar kormánykörök előtt is biztosítva lássék a magyar érdek.

Ismerte-e MORENTH JÓZSEFet?

Személyesen őt sem ismertem, de ő volt az, akivel kapcsolatosan GLÖCKNER kijelentette, hogy nélküle bezárathatná az intézetet, és az én hozzájárulásomtól tette függővé, hogy őt a bankban zsidószármazású felesége ellenére megtartsa. Én kijelentettem, hogy tartom a hátamat, ha ebből neki kellemetlensége származna.

Tudomása szerint kié a Mercur Bank részvénymajoritása?

Úgy tudom, a Dresdner Bank kezében van a részvénytöbbség. Többször volt szó GLÖCKNERrel arról, hogy ha lesz a Volksbundnak megfelelő szakembere, akkor ő átadja a helyét, és a bankból egy népinémet pénzintézet lesz. Ezt én magyar hivatalos körök előtt is bevallottam, így BIRKÁS és BALLA PÁL miniszterelnökségi osztálytanácsos előtt. A Német Takarék és Bank rt. részvénymajoritása teljes egészében a Mercur Bank kezében volt, s ugyancsak az etyeki takarékpénztár részvényei is. Ezt a két pénzintézetet a Mercur Bank vásárolta meg saját tőkéjéből és ebben a Volksbundnak semmi szava nem volt.

Hogy folytak be a Volksbund tagdíjak?

Tudomásom szerint az összegeket a helyi csoportvezetők gyűjtötték össze és azokból egy rész előre megállapított összeg a csoportnál maradt, egy megállapított részt a területvezetőség kapott, a többi a központhoz került. Az is lehetséges, hogy a központ utalta vissza a megállapított összegeket és a teljes tagdíjakat befizették. Nem ismertem, hogy a befizetések készpénzben, vagy postacsekken történtek-e, de tudom, hogy a Bácskából a területvezetők állandóan nagy összegeket fizettek be SCHNITZERnek, amikor Pesten jártak.

Ismerte-e LISZNYAI BÉLÁt?

1939-ben jelent meg először nálam LISZNYAI, előhozta székely nemesi származását és felajánlotta szolgálatait ingatlanvásárlásokkal kapcsolatosan, mint szakértő. GOLDSCHMIDThez utasítottam és a német házak egy részét tényleg az ő közvetítésével vásároltuk meg. Biztosan tudom, hogy a Lendvay utca 2-4 az ő munkájából született vásárlás.

Mikor lépett be a negyedik tanácsadó és mi volt a feladata?

MÜHL MAUSS belépésével kapcsolatban kijelentette, hogy a Milag felépítésénél tanácsadóra szüksége nincs és inkább MAUSSnak kell két évig tanulni a magyar szövetkezeti rendszert, amíg segítségére lehet. MAUSS inkább szövetkezeti szakértőként működött, bár ő volt az, aki GLÖCKNER mellett a legkevesebb vizet zavarta.

Ismeri-e MISCHUNG KONRÁDot?

Nevezett lett volna a dunántúli népinémet terület délkeleti részének területvezetője. Amikor GLÖCKNER Pestre jött, érdeklődött, hogy hol lehetne vidéken bankot vásárolni és ekkor kapta dr. GUSSMANN ügyvédtől a pécsváradi és dr. MISCHUNGtól a mohácsi bank megvásárlására vonatkozó felhívását. GLÖCKNER maga döntött abban, hogy a pécsváradi intézetet vásárolják meg.

Ismerte-e SERÉNYI (STANGL) JÁNOSt?

Ő volt az, - bár személyesen nem ismerem - akinek közvetítésével a Deutsches Haus AG az egyik pécsi ingatlant vásárolta. Tudom azt, hogy miután az átírás nem ment simán, SERÉNYI volt a vevő és tőle vette meg a Deutsches Haus AG az ingatlant, mert különben meg sem tudtuk volna azt venni, mert németnek vagy német kéznek senki nem akart azon a vidéken ingatlant eladni.

Hol működött az áttelepítési vezetőség?

Ez a szervezet Berlinben a VOMI-nak, Budapesten Obergruppenführer WINKELMANNak volt alárendelve és teljhatalmúlag intézkedett a kitelepítésekre vonatkozólag. Ez a hivatal kizárólag a háborús kitelepítésekkel kapcsolatban működött. Első időkben csak a népinémetek, később a magyarok evakuálását is reá bízta a birodalmi szerv.

A Volksbund által felmerült, vagy előlegezett evakuálási költségekre fizettek a Volksbundnak 800.000 pengőt. Légi úton érkezett pénzekről nem tudok. Előfordult, hogy amikor ez a hivatal mintegy 280 embert hozott a birodalomból, akik Pesten letelepedtek és vidéken is áttelepítési hivatalokat létesítettek, nem volt megfelelő pénzellátásuk, a Volksbundhoz fordultak, ahonnan a készletnek megfelelően vettek fel összegeket. Ezeket a kölcsönöket az áttelepítési hivatal Budapesten mindig készpénzben fizette vissza a Volksbund pénztárába. Hogy ők kik útján és milyen formában jutottak pénzhez, azt nem tudom, tény, hogy a kormánytól állandóan forszírozták az átutalási lehetőség megadását, de a gyors orosz előnyomulás következtében állandóan több és több pénzre volt szükségük és valószínűnek tartom, hogy ezek az összegek bizalmi személyek útján, vagy egyéb más utakon érkeztek.

Hány mezőgazdasági szakiskolája volt a Volksbundnak?

A besztercei és a futaki tangazdaságok voltak a Volksbund kezelésében, Villányon és Nagykárolyban akartunk továbbiakat létesíteni, azonban ez utóbbi kettő létrehozása nem sikerült. Besztercén volt egy Raiffeisen szövetkezet, melyben GOLDSCHMIDT valószínűleg tanácsadóként szerepelt, de a szuverenitása a vállalatnak teljes mértékben fennállott.

Hogy jöttek létre az Agrária, Agricola és Milag szövetkezetek?

Tudomásom szerint az Agrária már 1932-1933-ban létrejött, BLEYER JAKAB idejében a Budapest-környéki őszibarack termelés értékesítésére, azonban eredményesen működni nem tudott, és a gazdasági tanácsadók keltették új [életre,] illetőleg vették meg magánkézből. A Volksbundnak ebben, illetve ennek működésében szerepe nem volt.

Az Agricolát 1936-ban ALBERT MIKSA alapította a Kultúra Könyvkiadó Vállalat köré csoportosult vezetők megbízásából (BASCH, GOLDSCHMIDT, SCHNITZER), hogy a kedvező borkiviteli lehetőségeket kihasználva, ez a csoport megszerezze a kiadásai fedezésére szükséges összegeket. Az Agricola igen jól működött egészen az 1939-ben bekövetkezett bor-krachig és a későbbiek folyamán ugyancsak a gazdasági tanácsadók vezetése alá került, akik hajlandók voltak a már hasznot nem hajtó és passzív vállalatot új életre kelteni. Tudomásom szerint nekik ez sem sikerült.

A Milagot 1940-1941-ben alapítottuk dr. MÜHL HENRIK országgyűlési képviselő vezetésével. Sikerült a dunántúli területen mintegy 30-35 helységben kis szövetkezeteket létesíteni a tej átvételére, és ezek jól működtek. A Milag kizárólag a benne tömörült gazdák tulajdonát képezte, a haszon közöttük nyert szétosztást, és a budapesti központnak az volt a feladata, hogy gépek vásárlásával, modernizálással és újabb szövetkezetek bekapcsolásával fejlessze az egész szövetkezetet. A központ Budapesten tulajdonképpen csak névleg állt, mert ezt Bonyhádról dr. MÜHL kizárólagos joggal kitűnően vezette. Itt nem nézett dr. MÜHL arra, hogy a tagok tagjai-e a Volksbundnak vagy sem, ez a módszer a fejlődés szempontjából kitűnően bevált.

Úgy az Agrária, mint az Agricola és [a] Milag központja Budapesten a Mercur Bank épületében volt. Ezt azért oldottuk meg így, mert főleg a Mercur Bank hitelével dolgoztak ezek a szervek, és így egymás közelében maradva, a kapcsolatot könnyű volt felvenni. Tudomásom szerint az Agricolának bérelt borpincéje volt Budafokon addig, amíg ALBERT vezetése alatt állott.

Hogy jött létre a Kultúra könykiadó?

Amikor engem a Volksbildungsvereinből való kiválásra kényszerítettek,

1935-ben hoztuk létre tízen (GOLDSCHMIDT, SCHNITZER, MÜHL, MISCHUNG, HORNUNG, BASCH stb.) a Kultúra Könyvkiadó Kft.-t, melynek keretén belül kiadni akartuk a Deutsch-ungarische Heimatblättert, az öthetenként megjelenő Volksbotét, továbbá könyvtárakat állíthassunk fel, zeneműveket kölcsönözhessünk a vidéki zenekaroknak. A Kultúra mindvégig működött és keretében több tudományos munka is megjelent. Dr. PÖHM GÉZA a Kultúránál mint könyvszakértő működött.

Ismerte ön BAUER malomtulajdonost Pécsváradról?

[...] nevű úr mellett dolgozott, és feladata lett volna a gazdasági kérdéseket és pénzügyi kérdéseket intézni és később az Agráriában is szerepe volt, de pontosan nem tudom, hogy milyen mértékű. Nevezettet, mint az egyik német revizort, a Volksbundba is bekapcsolni kívántuk, azonban igen nagy fizetési kívánsága volt. Ö a Volksbundnak tagja volt.

Miért volt szüksége a Volksbundnak a ferencvárosi pályaudvar barakkjaira 1942 januárjában?

Emlékezetem szerint ezeket a barakkokat a Wehrmacht létesítette [azért, hogy] a Bukovinából Németországba áttelepülők részére itt [szállást] tudjon nyújtani. Ebben az időben iskolaépítés céljára volt a Volksbundnak ezekre a barakkokra szüksége.

1942 januárjában, amikor a Deutsche Haus AG pénzügy[i helyzete] rossz volt, hogy jutottak pénzhez?

Emlékezetem szerint ekkor merült fel a belső kölcsön [...] gondolata. Valószínűleg ekkor lehetett az, amikor az összeg a [...] is elérte. A kölcsön lejegyzése hónapokig húzódott és azt [...] bácskaiak jegyezték. A nekem bemutatott levélmásolatok kétségkívül eredetiek. Az azokon szereplő WILLI DAMSON a VOMI pénzügyi vezetője [...] elismerem azt, hogy ezeknek a kölcsön-összegeknek a felek részére a háború utánra (egy éven belüli kifizetésre márkában történő [...] a Magyar Nemzeti Bank tudta nélkül történt. A belső kölcsönként általuk jegyzett összegekről általam, valamint Dr. SCHNITZER által személyenként elkészített olyan levelet kaptak, amelyben [kiki] kötelezte magát, hogy a jegyzett összeget a háború után a kamataival együtt pengőben a márkához viszonyított árfolyamával kifizeti. Ha a felek úgy látták volna, hogy [nem kifizetődő], ha a kölcsön összegét márkában kapják meg, [...]tük, hogy a márka kifizetés csak majd a [háború] után történhet, a magyar kormány által elismert [...].

Milyen tárgyalásokat folytatott Berlinben?

1942 elején lehetett, amikor Berlinben [valóban tárgyalásokat] folytattam ebben az ügyben. CLODIUS akkor közölte, hogy az induló új német-magyar tárgyalások előmegbeszélése során akarja ezt rendezni. Az eddigi transzferálási mód [ugyan az volt], hogy a klíringbe befolyó export valutából juttattak a Volksbundnak összegeket, azonban bár ebben az esetben az átszámítási [kulccsal a] Volksbund lényegesen jobban járt, a kiutalás mégis [sokat késett, mert] sok cég állt állandóan a Volksbund előtt követeléssel, [úgy]hogy ezentúl kizárólag erre a célra, tehát a Volksbundnak fognak kiutalást eszközölni, és ezeket az összegeket a Volksbund részletekben fogja megkapni. Amikor a berlini tárgyalások befejeződtek, még hosszabb idő telt el, amikor az első összeg a Volksbund részére megérkezett. KÁLLAY miniszterelnöknél látogatást tettem [megköszönni], hogy a kiutalást lehetővé tette és [kérjek további] kiutalásokat. KÁLLAY akkor nekem a következőket [mondotta:] már tulajdonképpen nem a birodalom, hanem Magyarország [...] tudom, hogy mi ezt már úgysem fogjuk soha megkapni, hogy miképpen lehet ez, valószínűleg német [...] Németország vérrel fizeti vissza [...].

[Az Ahnenpass magyar nemzetiszínű csíkkal] ellátva a bécsi szerződés azon pontját is tartalmazta volna, mely szerint az illető magát németnek vallja, a másik oldalon pedig a Volksbund ezt elismeri. Himmler 1 millió példányban kívánta ezt Magyarországon szétosztatni. Közöltem vele, hogy 140.000-nél többet elfogadtatni nem tudok. A beszélgetés HIMMLERrel oly módon fejeződött be, hogy ő ennek szükségességét hangoztatta és kijelentette, hogy a magyar kormánnyal fogja azt megbeszélni. Amikor hazajöttem, felkerestem ERDMANNSDORFF német követet, közöltem ezt vele és kifejeztem azt a véleményemet, hogy ez külpolitikailag és a magyarországi németség helyzetét illetően nagyon súlyos intézkedés, amire ő azonnal közbelépett, tudomásom szerint, és az akkorra már autón [...] leszállított "Ahnenpass"-okat tovább vitték Jugoszláviába, és átdolgozva ott akarták felhasználni. Tudomásom szerint ezen ügy következménye volt RIBBENTROP és HIMMLER összeveszése és ekkor határolták el élesen kettőjük működési területét. Ettől kezdve HIMMLER a népcsoport ügyeibe csak külügyminiszteri jóváhagyással szólhatott bele.

Másodízben HIMMLERrel 1942-ben, novemberben vagy decemberben találkoztam, aki akkor előadta, hogy a háború után a magyarországi német népcsoportot teljes egészében, mint a bukovinai és besszarábiai németséget, Warthegauba kívánja áttelepíteni, mely terület az akkori német-lengyel határ közelében német részen terült el. Kifejezte azt is, hogy ha szükségesnek mutatkozik, akkor még keletebbre is elhelyezi az áttelepítetteket. Ekkor én közöltem vele, hogy a bácskai és észak-erdélyi németség valószínűleg a nagyobb földterületekhez jutás reményében és az előző 20 éves szervezés hatásaképpen hajlandó lesz áttelepülni nagyobb számban, azonban a magyarországi németségből, amely végig a trianoni határon belül volt, csak azok fognak átmenni, akik a Waffen-SS-be való belépésükkel magyar állampolgárságukat családjukkal együtt elvesztették, ami 10-12%-nál szerintem nem tett ki többet. HIMMLER kereken és indulatosan kijelentette, hogy a teljes kitelepítés végrehajtását meg kell csinálni, és elhatározott szándéka, hogy azt keresztül viszi. Ettől kezdve HIMMLERrel többet nem találkoztam.

Mit tud ön a Deutsches Haus által a Raiffeisen szövetkezet részére nyújtott 100.000 pengős hitelről?

Ezen ügyről közelebbi tudomásom nem volt. Emlékszem arra, amikor egy pangásban lévő kisebb bácskai vállalat feltámasztására a Deutsches Haus AG-nek kellett volna nyíltan szerepet vállalni a VOMI helyett, amely álcázottan kívánt maradni, én GLÖCKNERnek kifejeztem aggályomat, hogy a revíziónál erre rájöhetnek és nem akartam a Deutsches Haus-t ilyen kényes helyzetbe belekeverni. Akkor ez nem is jött létre. Nem hiszem, hogy a Raiffeisennél a Deutsches Haus ebbe az álcázásba belement volna.

Mi volt a kapcsolat a DAF-fal?

A bécsi szerződés után a Magyarországon működő birodalmi szervezetek egész sora jelentkezett a Volksbundnál a kapcsolat kiépítése céljából, azonban ezeket mind elutasítottam és köztük a DAF képviselőit is, és a későbbiek folyamán sem kerültünk vele kapcsolatba.

Ismeri ön dr. MECKELt, a német követség népiségi előadóját, s miért kapott nevezett havi 500 márkának megfelelő pengőt a Volksbundtól?

Nevezettet személyesen is ismertem, mint 100%-osan náci embert, állandóan a radikális nácibarát fiatal németekkel tartott. Hogy ő kapott volna a Volksbundtól havonta 500 márkának megfelelő pengő összeget, nem tudom s nem hiszem, mert Schnitzer ezt okvetlenül közölte volna velem. Dr. MECKEL volt az, aki ellenem a feljelentések adatait továbbította a Birodalom felé.

Ismeri-e ön a Mercur Bank Szabadság-téri házvásárlási szándékát?

Tudomásom van arról, hogy amikor a gazdasági tanácsadók és a Mercur Bank úgy látta, hogy a Volksbunddal kapcsolatban eredményt nem tud elérni, hogy a Mercur Bankból nem lesz népinémet bank, akkor akartak egy birodalmi bankká való átalakulás céljából a Szabadságtéren a szobrok háta mögött ingatlant vásárolni, mely épületben elhelyezkedett volna az összes gazdasági tanácsadók irodája is. Hogy a vétel miért nem jött létre, nem tudom, de valószínűnek tartom, hogy hivatalosan nem engedélyezték.

Milyen szerepe volt dr. HOFFMANN JÁNOSnak a Volksbundban?

Nevezett budaörsi ügyvéd volt, és emlékezetem szerint 1943-tól állt a Volksbund alkalmazásában, mint dr. SCHNITZER munkatársa pénzügyi téren. Később a Volksbund ügyésze is lett.

Mit tud ön 1943-ban több kisebb bácskai pénzintézet felszámolásáról?

LOTHAR HELLERnek volt terve az, hogy a Bácskában működő több kisebb újságot megszüntesse, illetőleg a Nyomda és Kiadó Rt. által, amely a VOMI tulajdonát képezte, Újvidéken megvásároltassa. A kisebb kendereladási vállalkozásokat egy érdekközösségbe akarta összefogni és az ottani kisebb pénzintézeteket is valószínűleg hasonlóan kívánta talpraállítani. SPREITZER mindig ellenezte HELLER elgondolásait, mert a saját bácskai embereivel akarta átépíteni az ottani gazdasági szervezeteket.

Milyen kedvezményben részesültek a Birodalom részéről a Waffen-SS kötelékébe belépett magyarországi népinémetek?

Ezek elsősorban családjaikkal együtt német állampolgárokká váltak. Ezek a Birodalom részéről családtagjaik részére támogatást kaptak és utalhattak át, sebesülés és halál esetén további járulékokat utaltak ki részükre. Ezen kiutalások intézését a Fürsorgeoffizier der Waffen-SS intézte, és a Mercur

Banknak tudomásom szerint sikerült a lebonyolítási munkákat a Wiener Bankvereintől áthozni a Mercur Bankba és emiatt azután nagy viták is voltak a két pénzintézet között. Az állampolgárságra vonatkozó rendelkezést 1944-ben a nyár folyamán hosszas utánjárásokra SZTÓJAY miniszterelnök kormánya odamódosította, hogy ezek, akik elvesztették ily módon magyar állampolgárságukat, a háború után kérhetik visszahonosításukat.

Milyen szerepe volt dr. GÜNDISCH GUIDOnak a Volksbundban?

[Nevezett] tagja volt a Volksbundnak, fiai a Waffen-SS kötelékében szolgáltak, [ő maga] a középterületi vezetőségben mint gazdasági szakértő működött.

[Mit tud ön a] Treuhand revíziós és gazdasági kft.-ről?

GOLDSCHMIDTtól hallottam, hogy a Birodalom részéről szándékoznak [valak]it Magyarországra küldeni, aki itt kézbefogja az összes német [összef]ogható érdekeltségeket, amelyeknél a teljes önállóságuk [megál]lapítható és ezzel a Birodalom részére biztosítanák a leg- [... GOLDSCHMIDT ekkor figyelmeztetett, hogy a Milagot, a [szövetke]zetet, a Kultúra Könyvkiadót, folyóiratainkat] kezünkből, nehogy ezt is elvegyék. Sajnos tudtunk rendelkezni, mert a teljes [...].

Milyen összeget kapott a Volksbund a német követségtől?

Emlékezetem szerint a Lendvay utcai ház megvásárlása után ezen ház vételárához a követség 30-40.000 pengővel járult hozzá. Ezt az összeget csak mintegy 1 1/2 éves huzavona után tudtuk megkapni. Ezenkívül a német követség hozzájárult, hogy a JAKOB BLEYER Gimnáziumban szegénysorsú tanulók tandíjának fedezését elősegítse egy évenkénti összeggel. Hogy ezt meddig és milyen összegben folyósították, nem tudom.

Ismerte-e ön az "Avis" újvidéki céget?

Ez a vállalat a területi visszatérésekkel került Magyarországhoz, Bácska legnépszerűbb gépeladási cége, amely a VOMI érdekkörébe tartozott. A vállalat Mágocson két eladási lerakatot létesített, azonban ez a svábság körében nem prosperált.

Ismeri-e TEUTSCH ALAJOS alezredest?

Nevezett a Sonntagsblatt adminisztrációs vezetője volt még BLEYER JAKAB idejében. Tudomásom szerint ő kezdettől a Volksbund tagja lett és valamilyen vezetőségi szerepe is volt. Tudomásom szerint Németországba evakuált.

Találkozott-e a kitelepülés után GLÖCKNERrel?

Egy alkalommal találkoztam vele 1945 január- vagy februárjában Sopronban. Akkor ő segített SCHNITZERnek az 1944. decemberi járandóságok kifizetésének lebonyolításában, és egy másik alkalommal Wienben találkoztunk, amikor NEUN és HUBER, valamint az én részemre ott szállást [...].

Mikor ismerte meg dr. HERP JÁNOSt?

GOLDSCHMIDT GYÖRGY révén ismertem meg 1937-ben, aki bevonta őt az Agricola megalapításának ügyébe, és az tényleg az ő ügyvédi közreműködésével jött létre. Ezt követőleg a Deutsches Haus AG megalapításában vett részt és annak gyorsabb keresztülvitele szintén az ő ügyvédi segítségének köszönhető.

Milyen szerepet töltött be dr. HERP a Volksbundban?

Tudtommal nem volt a Volksbund tagja, mert ha az lett volna, 1944-ben legkésőbb be kellett volna vonulnia a Waffen-SS-hez.

Milyen szerepet töltött be [dr. HERP] a Milag, Kultúra, Agricola cégeknél?

A Kultúrában szerepe nem volt, a másik kettőnél teljes mértékben felhasználta kijárásokra ügyvédi képességeit. A DAF-nál, melynél mint birodalmi vállalkozásnál a Volksbund nem töltött be szerepet, dr. HERP működött, [de] tudomásom szerint erre az üzletre HERP saját zsebéből ráfizetett. A DAF-fal kapcsolatosan elő kell adnom, hogy GLÖCKNERnek az volt a célja, [hogy ezt] a birodalmi szervet vegye át a Volksbund, és a Volksbundon keresztül szervezzék meg a magyarországi német munkásságot egy nagy könyvkereskedés és könyvtár alapításán keresztül. A DAF részéről állandóan odahatottak, hogy a Volksbunddal ez a szorosabb kapcsolat létrejöjjön, ezt [módomban] áll tanúsítanom. Ennek következtében GLÖCKNER rábeszélte dr. HERPet, [hogy vállaljon] érdekeltséget a DAF ügyvitelében, aki ezt meg is tette. [Tanúsíthatom, hogy] HERP működése alatt a DAF-nál politikai szervezés nem [...] hogyha a Volksbund belekapcsolódik, akkor a Birodalom munkásságot politikai szempontból [...].

Milyen ügyeket intézett dr. HERP a Mercur Bank Rt. részére?

Tudomásom szerint a Mercur Bank ügyvédje volt, vagy esetenkénti közreműködésért kapott honoráriumot.

Kiket ismert dr. HERP köréből?

Ismertem HERP titkárnőjét LLOYDL ICÁt, aki egy ideig menyasszonya is volt. KÁROLYI GYULA zongoraművész is barátságban volt vele, akit személyesen nem ismertem. Tudomásom van arról, hogy HERP igen jó viszonyt tartott fenn VISONTAY KOVÁCS LÁSZLÓ földbirtokossal, akinek birtokára többször lejárt, az Üllői út 19. alatti épület VISONTAY tulajdona volt és dr. HERPnek is abban a házban volt lakása és irodája. Itt volt egy ideig az Agricola irodája is, valamint a Kultúra Könyvkiadó irodája is. Dr. HERP a VISONTAY-féle ház ügyvédje volt. Ezt a házat dr. HERP közreműködésével VISONTAY el akarta adni, egy földbirtok megszerzése fejében, de az eladás nem sikerült. Ezen az üzleten dr. HERP 150.000 pengőt keresett volna.

Honnan ismerte ön dr. WÜSTER ERNőt?

1940-1941-ben felkeresett a Német Házban dr. WÜSTER és azt a kérdést tette fel, nem lenne-e hajlandó a Volksbund a Duna Concordia Biztosítóval egy olyan szerződést létrehozni, mint amilyent már a jugoszláviai német népcsoporttal létrehozott. Közöltem vele, hogy ezt GOLDSCHMIDTtal beszélje meg, mint a gazdasági osztály vezetőjével, és azután ő tegyen nekem javaslatot. GOLDSCHMIDT ajánlotta a szerződésnek a Duna Concordiával való megkötését, mert úgy vélte, hogy a biztosító megbízható embereket fog a mi javaslatunkra alkalmazni a német vidékeken, ezenkívül ezzel kikapcsoljuk a birodalom felől érdeklődő Viktória biztosítót, mely a nagy NSDAP egész súlyával nyomott bennünket. A mi embereink alkalmazása kizárta, hogy a népi-németséget becsapják. Ezenkívül a szerződés megkötésében szerepet játszott az a meggondolás is, hogy ha szükség lesz rá, a Volksbund, illetőleg a Deutsches Haus AG a Duna Biztosítótól hitelt tud igénybe venni. Tény, hogy a megállapodás a Volksbund és a Duna Concordia között létrejött s emlékezetem szerint 1940-ben, amit a VOMI nagy nehezteléssel vett tudomásul, elsősorban a Viktoria kiesése [miatt].

Milyen mértékben állította a Volksbund saját szervezetét a Duna [Concordia] szolgálatába?

Ki volt kötve, hogy a vidéki helyi csoportok hivatalait a biztosító igénybe nem vehette, hanem a Volksbund nevezett meg olyanokat, akiket a biztosító üzletszerzésre kiképzett, s akiket a megfelelő kerületbe üzletszerzőként alkalmazott.

Kapott-e a Volksbund a kötött üzletek után subprovíziót a Dunától?

Tudomásom szerint nem. Dr. GOLDSCHMIDT a szerződés megkötése után nem sokkal a Duna Concordia egyik képviselője lett és ebben a minőségében havonta 400 pengőt kapott a biztosítótól, mely összeget minden esetben befizette a Volksbund pénztárába. Nem volt tudomásom arról, hogy GOLDSCHMIDT távozása után dr. TRISCHLER lépett [volna] a biztosítónál az ő helyébe. Pótlólag még ezzel kapcsolatban közlöm, hogy a megállapodást GOLDSCHMIDT és én írtuk alá.

Milyen volt a viszony dr. HERP és GLÖCKNER között?

Dr. HERP és GLÖCKNER között a legmélyebb baráti kapcsolat állt fenn. Minden szabadidejüket együtt töltötték, általában együtt étkeztek és együtt szórakoztak. Hogy anyagilag milyen volt köztük a kapcsolat, azt én nem tudom. Dr. HERPnek saját autója volt [amelyet] elvettek és evakuálás előtt egy [másikat] vásárolt és azzal [hagyta el] az országot.

Tudomásom van arról, hogy még budapesti tartózkodásuk idején átadott GLÖCKNERnek 440.000 pengőt azzal a céllal, hogy GLÖCKNER megfelelően helyezze el egy ipari vállalatnál. Dr. HERP 1943 óta a honvédelmi minisztériumban teljesített szolgálatot és GLÖCKNER közölte velem 1945. februárjában, amikor Wienben vagy Sopronban találkoztunk, hogy ezt a pénzt nem tudta elhelyezni, mert nem fogadták el, és HERPpel sem tudott találkozni már hónapok óta, hogy azt neki visszaadja. Tőlem kért tanácsot, de én közelebbit mondani neki nem tudtam. Hogy a pénzt ő magánál tartotta-e, vagy másutt elhelyezte, nem tudom. Tény, hogy LLOYDL ICA akkor GLÖCKNERrel együtt volt ott, és mint ápolónő működött.

Hogy történt a Duna Concordiától a jelzálog kölcsön felvétele?

Ezt a kérdést GOLDSCHMIDT tárgyalta és bonyolította le, dr. SCHNITZERrel együtt. Az alapmegbeszélésen én is részt vettem. Tudomásom szerint az összegeket részletekben folyósították. Valószínűnek tartom, hogy akkor iskolaépítés vagy házvétel céljára volt szükség pénzre. Tudomásom volt arról,

hogy a kölcsönt a Deutsches Haus AG budapesti ingatlanaira táblázták be.
Ismerte-e SCHERTZINGER EMILt?

Tudom azt, bár nevezettet személyesen nem ismertem, hogy az ő cégénél vásárolta a Deutsches Haus AG a saját maga, valamint az internátusok és nevelőintézetek számára szükséges fehérneműt. SCHERTZINGER maga tagja volt a Volksbundnak, de pl. amikor a menekülők számára, vagy a Volkshilfe számára adományról volt szó, az elől mereven elzárkózott.

Milyen pénzösszeget vett fel ön, vagy más a Volksbundtól, KÁNYA KÁLMÁNtól?

KÁNYA KÁLMÁNt személyesen soha nem ismertem, tőle pénzt soha nem kaptam. Miután a Volksbund tulajdonképpen 1939-ben alakult, a Volksbundtól tudomásom szerint senki sem vette azokat fel. Lehetségesnek tartom, hogy a GRATZ GUSZTÁV által létesített Volksbildungsverein kapott ily módon állami támogatást.

Nyújtott-e a Volksbund a birodalom felé magyarországi gazdasági tájékoztatókat?

Hivatalos birodalmi szervként ilyen tájékoztatásokat a Birodalom részéről dr. KÖHLER adott, aki 1937-1938-ig működött Magyarországon, mint gazdasági újságoknak munkatársa. Emlékezetem szerint dr. KÖHLER 1942-ben tűnt fel a német követségen, ahol legutóbb mint kultúrattasé működött. Természetesen ezt a gazdasági tájékoztatást GRÖNDAHL és dr. WAGENER és valószínűleg GLÖCKNER is megadták a Birodalomnak.

Milyen célt szolgált a Volksdeutsche Mittelstelle?

A bécsi szerződés létrejötte után a VOMI volt az a szerv, amelyet a Birodalom felhasznált arra, hogy a szerződésben biztosított jogoknál fogva állandó beleszólást iparkodott kifejteni a magyarországi népi németség egyesületi és gazdasági működésében. Tudomásom szerint a Vereinigte Finanzkontore csupán az a pénzügyi szerv volt, amelyet a VOMI abból a célból használt fel, hogy pénzügyi terveit és gazdasági elgondolásait keresztülvigye.

Vallomásom összesítéseképpen tényként kell megállapítanom azt, hogy amikor 1940 végén, vagy 1941 elején a Német Birodalom, illetőleg a VOMI a Volksbund gazdasági szervezetének kiépítésére az általam már említett három gazdasági tanácsadót Budapestre küldötte, ezeknek tulajdonképpeni célja elsősorban nem a magyarországi német népcsoport gazdasági megszervezése és megsegítése volt, hanem az általam csak sejtett birodalmi gazdasági érdekek és célok megszervezése és megvalósítása.

Kétségtelen, hogy ezen birodalmi célok megvalósítása érdekében nevezettek sokkal erőteljesebb működést fejtettek ki, mint a Volksbund érdekében, és ez köztem és közöttük szakadásra is vezetett, melynek következményeképpen ők nem utaztak vissza a Birodalomba, hanem a német követség és a Német-Magyar Kereskedelmi Kamara keretében saját szervezésükkel és munkatársaikkal folytatták tovább Magyarországon a német gazdasági hálózat kiépítését.

Állítom, hogy ezek az urak tulajdonképpen, mint azt egy alkalommal egy birodalmi német tanár, aki Pesten tanított, GRÖNDAHLra megjegyezte, de megjegyzése állt a többiekre is, hogy ezek tulajdonképpen a Német Birodalom gazdasági megfigyelői Magyarországon.

Ezt alátámasztja az a tény is, hogy ezek a gazdasági megbízottak állandóan igen komoly pénzösszegekkel rendelkeztek, állandóan nagyobb utazásokat tettek, akkor, amikor a Volksbund hivatalosan engedélyezett transzferálásait is nehezen vitte keresztül.

Ezeknek az uraknak ilyen irányú működéséről a későbbiek folyamán kétségem nem merült fel.

Az ügyben más előadni valóm nincs, vallomásom helyesen lett felvéve, az az általam elmondottakat tartalmazza, azt önként, minden kényszer nélkül tettem meg és az abban foglaltak az igazságnak mindenben megfelelnek.

K m f.

Nemes Béla	Miklóssy Gáborné	Basch Ferenc
Szaknyomozó	Jegyzőkönyvvezető	gyanúsított

Jelentések Dr. Basch Ferenc kihallgatásáról

1)

Magyar Államrendőrség Budapesti Főkapitányságának Politikai Rendészeti Osztálya. 19231/1945. Tárgy: Dr. BASCH FERENC kihallgatása. Jelentés. Budapest, 1945. október 25.

Jelentem, hogy a Mercur Bank Rt. ügyében kihallgattam dr. BASCH FERENCet. A kihallgatás során a csatolt 15 oldalas jegyzőkönyv tanúsága szerint bebizonyosodást nyert, hogy a bécsi szerződésnek 1940 augusztusában történt megkötése után a Volksdeutsche Mittelstelle három gazdasági tanácsadót küldött Budapestre, hogy mezőgazdasági, ipari és hitelügyi téren a Volksbund megszervezését elősegítsék.

Ezzel szemben ezen gazdasági tanácsadók a Német Birodalomból Magyarországra kiküldött gazdasági kémek voltak, akik Budapesten a Mercur Bankban lévő irodáikból szervezték meg az egész országra kiterjedő hálózatukat és a magyar gazdasági életről állandóan tájékoztatták a birodalmi központot.

Bebizonyosodást nyert, hogy a Magyar Nemzeti Bank megkerülésével a német követség és magánszemélyek közbejöttével állandóan illegális pénzek érkeztek Magyarországra, melyek felhasználása kétségtelenül ezen szervezet céljait szolgálta.

Dr. BASCH beismerte, hogy két ízben tárgyalt HIMMLER SS-vezetővel a magyarországi német népcsoportnak igazolvánnyal való ellátása és másodízben annak teljes kitelepítése ügyében.

Beismerte továbbá, hogy a Volksbund, anyagi eszközeinek fedezésére a népcsoport keretén belül a Volksbund tagjaitól "belső kölcsönt" vett fel, melynek márkaellenértékét a birodalomban a kölcsön folyósítóinak - a Magyar Nemzeti Bank és a kormány tudta és engedélye nélkül – jóváírták, azzal a céllal, hogy részükre azt a későbbiek folyamán márkában fizessék vissza.

Beismerte, hogy a magyarországi német népcsoport termelvényeinek a birodalomba való kiszállítása érdekében a népcsoportot egy kézbe összefogni nem lehetett, de az export magánvállalatokon keresztül folyt a gazdasági tanácsadók irányítása mellett.

Beismerte, hogy a Deutsches Haus AG-nek Budapesten 17-18 ingatlana volt, melyek közül 4-5 bérelt, a többi saját tulajdonként volt telekkönyvileg bejegyezve, vidéken pedig 60-65 ingatlannal rendelkezett, melyek nagy része a helyi csoportok által vásárolt és megalakított Volksbund-otthon céljait szolgálta, egy részét pedig különféle iskolák befogadására használták fel.

Beismerte, hogy dr. GOLDSCHMIDT-tal való megbeszélése alapján adták ki azt a rendelkezést, hogy a Mercur Bank által megvásárolt Pécsváradi Takarékpénztár és Bank (később Német Takarék és Bank) ügyfelei csak akkor kaphattak hitelt, ha a helyi Volksbund-csoportvezető azt jóváhagyta, illetőleg ha MAX GLÖCKNER, a Mercur Bank igazgatója is hozzájárult. Ugyanez volt a helyzet az Eleki Takarékpénztárnál is.

Beismerte, hogy a Volksbund a Duna Concordia Biztosítóval szerződést kötött, melynek alapján a biztosító a Volksbund bizalmi biztosítójává vált, s ezen kapcsolat révén a Deutsches Haus AG a biztosítótól 1.200.000. pengő kölcsönt vett fel a budapesti ingatlanokra való betáblázással.

Vallomásából nyilvánvalóan megállapítható, hogy a Volksbund és a birodalomból kiküldött gazdasági kémek között a kapcsolat szoros volt és a Deutsches Haus AG-t a legkülönfélébb álcázó pénzügyi műveletek céljára használták fel. Kétségtelen továbbá, hogy a Volksbund vezetői és a gazdasági tanácsadók között szintén élénk kapcsolat állt fenn. Kmf.

LICHTIG LÁSZLÓ csop. vez.

NEMES BÉLA szaknyomozó

2.)

19231/1945. Tárgy: Dr. BASCH FERENC kihallgatása. Jelentés. Budapest, 1945. október 26.

Dr. BASCH FERENCet - miként ő előadja - SZABÓ DEZSőnek egy nyilatkozata késztette arra, hogy a magyar állampolgárságú népi németség érdekében fejtsen ki tevékenységet. Kihallgatása során állandóan hangoztatta, hogy ő hű állampolgára volt mindig hazájának, Magyarországnak, de minthogy német származású, hivatva érezte magát arra, hogy az ugyancsak magyarhű német származású kisebbség népiségét és népi öntudatát - miként ő állandóan hangoztatja - kulturális vonalon fejlessze.

Ezen tevékenységét két malomkő között folytatta. Egyik oldalról a német kisebbség követelt magának jogokat, a másik oldalról a mindenkori magyar kormány igyekezett ezeket a jogokat csökkenteni. BASCH a népi németek előtt jogaik harcosa volt, a magyar kormányok felé hű alattvaló. Most kihallgatása során védekezését úgy igyekezett felépíteni, mint hű magyar alattvaló, aki fékezően hatott a németek követeléseire. Kétségtelen, hogy voltak nála radikálisabbak is, de voltak mérsékeltebbek.

A nyomozás során arra nem merült fel adat, hogy BASCH tagja volt akár a magyar, akár a német nemzetiszocialista pártnak, arra sem, hogy a nemzetiszocialista eszmét magáévá tette volna, de megállapítást nyert, hogy külsőségekben megfelelt a nemzetiszocialista Németország nemzetiszocialista követelményeinek.

Habár - mint állandóan hangoztatja - a német győzelemben nem bízott, csak egy esetleges kompromisszumos békében, beszédeiben és írásaiban, mint a német kisebbség vezetője, mégis buzdított a további harcra a győzelemig, és kitartásra buzdította az itthoniakat a győzelem érdekében. Ha ez nem is volt meggyőződése BASCHnak, úgy fellépésének mérgező hatása a német kisebbségre ugyanolyan hatású volt, mintha külsőségekben és beszédeiben valamint írásaiban meggyőződésből cselekedett volna. Tevékenységével és a német kisebbség népi öntudatának ébrentartásával feltétlenül disszimilálta őket.
Dr. TAKÁCS, r. fog.

C. Nyomozati tanúvallomási jegyzőkönyvek

1) Dr. KUSSBACH FERENC, 1945. október 12

Neve: Dr. KUSSBACH FERENC
Születési ideje: 1897. augusztus 16.
Szülőhelye: Sárospatak
Lakóhelye: II., Gyorskocsi u. 42.
Családi állapota: nős
Vallása: r.k.
Foglalkozása: ügyvéd, bírósági tolmács
A terhelthez, valamint az ügyben egyébként érdekeltekhez való viszonya: politikai ellenfél
Nem szenvedett-e kárt az eljárás tárgyául szolgáló bűncselekmény következtében: igen.

Dr. BASCH FERENCcel közelebbről a harmincas évek elején ismerkedtem meg, amikor ő a dr. GRATZ GUSZTÁV és PINTÉR LÁSZLÓ országgyűlési képviselők irányítása mellett a magyar miniszterelnökséggel egyetértően működő Magyarországi Német Népművelődési Egyesületnek tisztviselője volt. Itt az említett tényezőkkel összhangzásban annak idején egyik alelnökként én is tisztséget vállaltam, miután előzőleg kieszközöltem, hogy a magyar szempontok teljes biztosítása végett a sváblakta választókerületek magyar képviselői is benn legyenek ennek az egyesületnek a vezetőségében. Ekkor dr. BASCH ellen még komolyabb kifogás nem merült fel, amint azonban Németországban HITLER került uralomra, dr. BASCH egyszerre radikálissá vált, kiépítette a maga külföldi SS-kapcsolatait és ezek felhasználásával a fiatalság és a radikális követelések szószólójává léptette elő magát. Az egyesület vezetősége velem együtt iparkodott gátat vetni túlzó törekvéseinek, de midőn láttam, hogy ő egyre jobban az említett külföldi kapcsolatainak befolyása alá kerül, az egyesület vezetőségétől függetleníti magát és a hazai németséget hitlerista síkon nemzetiszocialista és zsidóellenes politikai szervezetbe akarja vezetni - minthogy szóbeli tiltakozásaim és figyelmeztetéseim eredménytelenek maradtak -, az általam már akkor előrelátott káros következményekre azzal kívántam felhívni a közfigyelmet, hogy lemondtam az említett egyesületbeli tisztségemről, dr. BASCHsal és környezetével minden kapcsolatot megszakítottam és figyelmeztettem körlevelekben a vidéki szervezeteket, hogy ne kövessék dr. BASCHt, hanem maradjanak a magyar érzésű legális egyesületi vezetőség irányítása alatt.

Ezt követően dr. BASCHék látva, hogy törekvéseiket az említett egyesületen belül nem vihetik előbbre, kikapcsolódtak abból és Kameradschaft elnevezés alatt illegális szervezkedésbe fogtak, engem mindenfelé Volksverräter (népáruló) [gyanánt] bélyegeztek meg és megtiltották híveiknek és a sváb falvak lakosságának is, hogy velem érintkezzenek. Az ily módon ellenem megnyitott bojkott folytán dr. BASCHék ezutáni tevékenységéről közvetlen értesüléseket nem szerezhettem, annál kevésbé, mert ügyvédi hivatásommal kellett foglalkoznom, hogy családommal együtt megélhessek. Dr. BASCHék további működéséről már csak a magyar lapokból és magyar politikai barátaimtól, illetve néha a kezem ügyébe kerülő BASCH-féle sajtótermékekből értesültem. Így tudtam meg, hogy HITLERék bel- és külpolitikai látszólagos sikerével párhuzamosan egyre bátrabban és radikálisabban léptek fel, nagyszabású agitációba kezdtek a Volksgemeinschaft (népközösség) megteremtése érdekében. Hirdették a nemzetiségi, népi jogok totális teljesítésének szükségességét, teljesen német iskolákat, szabad politikai szervezkedést, a svábságnak a magyarságtól való társadalmi elkülönülését követelték, dicsőítették a fajelméletet és megbélyegezték mindazokat, akik, mint én is, ezekkel az őrültségekkel szemben a magyar érzés fenntartását, a magyar állam iránti totális hűséget, a fajelmélet elvetését és a magyarsággal való szoros testvéri együttműködést tartottuk szükségesnek.

A magyar nyilas mozgalom térhódítása dr. BASCHék malmára hajtotta a vizet és a háború kitörése meghozta nagy konjunktúrájukat. Engem a bojkott és a BASCHék részéről történő meggyalázásom valóságos anyagi nyomorúságba döntött, miáltal reám nézve nehézzé vált az ő káros munkájuk ellenőrzése vagy figyelemmel kísérése. Mégis igyekeztem, ahol tehettem, a magyar közvélemény figyelmét a magyar újságokon keresztül (Magyar Nemzet, 8 Órai Újság) ártalmas törekvéseikre felhívni. Soroksáron egy ellengyűlést is tartottam, tiltakoztam több ízben a háború alatt megalakult Volksbund programja ellen, és amennyire lehetett, iparkodtam az embereket lebeszélni a Volksbundba lépésről, utóbb pedig az SS-hez való csatlakozásról. Az események rohama nekik kedvezett, az erdélyi kérdéssel kapcsolatban sikerült kieszközölniük a bécsi egyezményt, amikor a magyar kormány súlyos külpolitikai kényszerhelyzetében hozzájárulni kényszerült a bécsi egyezményben a hazai németség részére kierőszakolt különjogokhoz, melyek folytán a hazai németség a magyar állam testében külön, szinte önálló jogi személyiséggé alakult dr. BASCH vezérsége alatt, aki ebben a minőségében valósággal államfőszerű jogokat gyakorolt, hivatalokat létesített, éspedig országosokat budapesti székhellyel, körzetieket (Gauamt) Nyugat-Magyarországon, Tolna-Baranyában, Pestkörnyék részére, és járási hivatalokat (Kreisamt) a német települések járási székhelyein. Kinevezéseket eszközölt, kitüntetéseket osztott és képviselői mandátumok felett diszponált, majd fokozatosan olyan rendszert honosított meg a német kérdésben, hogy egyre jobban függetlenítette magát az illetékes magyar tényezőktől és a berlini utasításokat tekintette irányadónak. Ő és környezete, nemkülönben vidéki amtsleiterei (hivatalvezetői) ebben a légkörben egyre jobban elmérgesítették a jóviszonyt a magyarság és a hazai németség között, megbontották a magyar állam népességének érzelmi egységét, a magyar hatóságokat fumigálták, HITLER-imádatba, magyar- és zsidógyűlöletbe hajszolták nagy sajtóapparátusukkal a lelkiismeretlenül félrevezetett falusi sváb lakosságot. Sokfelé Német Házakat vásároltak illetve létesítettek, Budapesten nagy létszámmal miniszteriális jellegű központi kormányzást vezettek be. A berlini kívánalmaknak megfelelően propagálták a háborút és abban Magyarország minél nagyobb részvételének szükségességét, magukat és a fiatalságot uniformizálták SS- illetve Hitlerjugend-mintára, és céljaik elérése végett fokozatosan használatba vették a Gestapo részéről Németországban jól bevált terrorisztikus módszereket. Az ifjúság nevelését közvetlenül maguknak vindikálták és fokozatosan minden téren az önállóságra törekedtek. Berlini parancsra megkezdték a hazai sváboknak a német fegyveres SS-alakulatokba való beszervezését, kierőszakolták az ilyen irányú sorozásokat és ezek sikere érdekében a legkülönbözőbb fenyegetőzésekkel és erőszakos eszközökkel éltek, a magyar viszonyokat nem budapesti szemszögből és nem a magyar érdekeknek megfelelően, hanem berlini szemüvegen át és hitlerista szempontok szerint mérlegelték, és ez a magyarázata annak, hogy az általuk beszervezett magyar állampolgárságú SS-katonákat a németek Magyarország elleni ellenséges cseledetre, Magyarország megszállására, a hazafias magyarok és zsidók üldözésére, lefogására és megkínzására is fel tudták használni.

Bérenceik engem és családomat telefonon ismételten megfenyegettek, annál is inkább, mert megtudták rólam, hogy az üldözött zsidósággal baráti kapcsolataim vannak, a Lipótvárosi Társaskör igazgatósági tagja voltam, s több arra érdemes zsidó ismerősöm részére mentesítés és kivételezettség ügyében interveniáltam. 1944-ben a német megszállás alatt és a SZÁLASI-puccs után BASCHék hatalmuk maximumát érték el, úgyhogy BASCH és VEESENMAYER között egészen közvetlen kapcsolat alakulhatott ki. Természetesen sem erre nézve, sem a megszálló német katonai parancsnokságokkal, vagy a nyilas magyar kormányokkal való összeköttetésükről közelebbit már nem tudhattam meg, mert én mint a nyilasok és volksbundisták szemében megbízhatatlannak és ellenségesnek ismert személy nem juthattam megfelelő hírforrásokhoz. Egyébként engem a Gestapo SS-pribékjei 1944. december 5-én HITLER-ellenes és zsidóbarát tevékenységem miatt letartóztattak, a Pestvidéki Ügyészség SS-fogházába zártak, majd kihurcoltak magyar politikusokkal együtt politikai fogolyként a dachaui hírhedt koncentrációs táborba, ahol teljesen kifosztottak, ismételten megkínoztak, megvertek, éheztettek, majd HIMMLER parancsára halálra is ítéltek. Kivégeztetésemet az amerikai felszabadító csapatok akadályozták meg, akik az elindított halálmenetből mentettek meg f. évi április hó végén. Ettől kezdve augusztus hó végéig voltam kint dachaui fogolytársaimmal Németországban, majd hazajöttem. Ez az oka annak, hogy nem tudom, hogy ezen időszak alatt mit csinált dr. BASCH és a Volksbund, mert fogságunk idején magyar viszonyokról híreket nem kaptunk.

Egyéb előadnivalóm nincs, vallomásomat az igazságnak megfelelően saját akaratomból tettem meg és elolvasás után aláírásommal megerősítettem.

GYOPÁR MIKLÓS detektív

Dr. KUSSBACH FERENC tanú

2) INCZE PÉTER, 1945. október 12

Neve: INCZE PÉTER
Kora [Születési ideje]: 1896. december 9.
Szülőhelye: Marosludas (Torda-Aranyos vm.)
Lakóhelye: I., Karácsony u. 3. (jelenleg internálva Mosonyi u.)
Családi állapota: nős
Vallása: r. k.
Foglalkozása: miniszterelnökségi min.tan.
A terhelthez, valamint az ügyben egyébként érdekelthez való viszonya: érdektelen.

Gróf TELEKI PÁL miniszterelnök hivatalbalépésétől, 1939 februárjától haláláig, 1941 áprilisáig teljesítettem mellette személyi titkári szolgálatot.

Gróf TELEKI PÁL miniszterelnök sem a Volksbundot, sem annak vezetőjét, dr. BASCH FERENCet, nem szerette, éspedig azért, mert BASCHt a náci Németország exponensének, a Volksbundot pedig ugyancsak a németek által ránk kényszerített intézménynek tekintette.

Emlékezetem szerint dr. BASCH több alkalommal volt TELEKI miniszterelnöknél kihallgatáson. A kihallgatást a miniszterelnök csak elvi vagy tárcaközi ügyekben engedélyezte, és ebben az esetben is csak akkor, ha a kihallgatást PATAKY államtitkár vagy BALLA PÁL min. tan. javasolta.

A bécsi jegyzőkönyv, amely a Volksbundnak a kormány által való elismertetését tartalmazta, a bécsi döntés előestéjén jött létre Bécsben, oly módon, hogy ERDMANNSDORFF német követ megjelent gr. TELEKI szállóbeli lakosztályán és követelte az egyezmény aláírását.

A személyi titkári teendőket TELEKI miniszterelnök halálát követően a többi miniszterelnököknél is ellátam, egészen SZÖLLŐSIig. Így a későbbiek során sincs tudomásom arról, hogy BASCH és bármelyik magyar miniszterelnök között a viszony melegebb lett volna.

Egyéb előadnivalóm nincs, vallomásomat elolvasás után aláírásommal megerősítettem.

GYOPÁR MIKLÓS
detektív

INCZE PÉTER
tanú

3) SZEGEDY-MASZÁK ALADÁR, 1945. október 13

Neve: SZEGEDY-MASZÁK ALADÁR
Születési ideje: 1903. november 19.
Szülőhelye: Budapest
Lakóhelye: VIII. Mária u. 7.
Családi állapota: nőtlen
Vallása: r. k.
Foglalkozása: követségi tanácsos
A terhelthez, valamint az ügyben egyébként érdekelthez való viszonya: érdektelen
Nem szenvedett-e kárt az eljárás tárgyául szolgáló bűncselekmény következtében: igen, letartóztatás és deportálás.

1932. december 1-én kerültem a berlini magyar követségre mint követségi titkár. Itt teljesítettem szolgálatot 1937 végéig. A nemzetiszocializmus hatalomra jutása után a német politikának egyik fő programpontjává a külföldi németséggel való kapcsolatok felvétele, majd pedig a külföldi németségnek a nemzetiszocialista törekvések szolgálatába való állítása volt. A külföldi németséggel foglalkozó intézmények már a nemzetiszocializmus hatalomra jutása előtt megvoltak és a hatalomátvétel után készséggel és sietve álltak az új rendszer szolgálatába. Magyarországon ebben az időben a hazai németség hivatalos egyesülete a Magyarországi Német Népművelődési Egyesület volt, melynek elnöke előbb BLEYER JAKAB, majd annak halála után GRATZ GUSZTÁV volt. BLEYER parlamenti összeütközései és párbaja BAJCSY-ZSILINSZKY ENDRÉvel a német sajtóban elég nagy port vert fel és a nemzetiszocialista pártban is bizonyos magyarellenes hangulatot váltott ki. Magyarország népi német körökben különben is ellenszenv tárgya volt, mert Magyarországot egy igen gyakran használt frázis szerint a németség nagy temetőjének tartották, ahol az asszimiláció megakadályozta a német nemzeti öntudatú értelmiség kialakulását. GRATZ GUSZTÁV személye iránt liberális párttagsága miatt amúgyis bizalmatlansággal viseltettek, úgyhogy a kimondottan nemzetiszocialista programmal jelentkező BASCH FERENCet már eleve rokonszenvvel fogadták. Amikor BASCH nemzetgyalázási ügye napirendre került, a németség mártírjának állították oda és a Volksbund für das Deutschtum im Ausland BASCH arcképével ellátott propagandabélyegeket bocsátott ki és elítéltetését a sajtóban is német nemzeti sérelemnek tüntette fel. A magyarországi németek kérdése fokozatosan a hivatalos jellegű beszélgetésekben és egyéb megnyilatkozásokban is fokozatosan előtérbe került, mint a magyar-német politikai kapcsolatok alapfeltétele. Néhai MASIREVICH követ 1934-ben még megmondotta HITLERnek személyesen, hogy fontosabb a magyarság egyetemének rokonszenve Németország iránt, mint az, hogy túlbuzgó agitátorok jelenthessék Berlinbe, hogy Krakszhuber Tóbiásban sikerült a német nemzeti érzést felébreszteni. HITLER akkor úgy tett, mintha igazat adna a magyar követnek, gyakorlatilag azonban egyre jobban hivatalos német állásponttá vált a magyarországi németek először kulturális, azután pedig politikai és gazdasági "jogainak" érvényre juttatása. Jellemző módon azonban mindig a legmerevebben elzárkóztak az elől, hogy a szomszéd államokban élő németség már akkor megnyilvánuló magyarellenes magatartását befolyásolják. A magyarországi németség kérdésében még erélyesebbé vált az álláspont 1936 folyamán, amikor német részről egyre követelőzőbben beszéltek arról, hogy az iskolakérdésben és a közigazgatási atrocitások kérdésében magyar részről valamilyen hivatalos deklarációnak kellene megtörténnie. Ezzel szemben hajlandónak mutatkoztak arra, hogy a magyar deklarációval egyidejűleg hivatalos német nyilatkozatban hangsúlyozzák a magyarországi németek lojalitási kötelezettségét a Magyar Állammal szemben. Emlékezetem szerint ez a nyilatkozat hosszas huzavona és szövegezési nehézségek után magyar részről SZÉLL JÓZSEF akkori belügyminiszter szájából, német részről pedig FRICK belügyminiszter részéről hangzott el. A centrális kérdés azonban egyre jobban a BASCH-féle Volksbund engedélyezése és kizárólagos működése lett. Emellett még berlini tartózkodásom alatt sűrűn hangzottak el hivatalos és nemhivatalos panaszok a magyar közigazgatás és főleg a karhatalmi szervek ellen, amelyek német beállítás szerint a legkülönbözőbb módon "terrorizálták" a magyarországi svábokat és a németlakta területeket beutazó birodalmi német "diákokat" és "diáklányokat".

A magyar revíziós igények előtérbe kerülésével HITLER egyre sűrűbben ismételte SZTÓJAY, majd pedig más magyar személyiségek előtt, hogy a szomszéd államokban élő németek "könyörögnek" neki, hogy ne csatolja őket vissza Magyarországhoz, mert az összes jogaiknak elvesztését jelenti. Ily módon német részről most már nyílt junktimot hoztak létre a magyar területi igények kezelése és a magyarországi németség sorsa között. Gyakorlatilag ez abban jutott kifejezésre, hogy a Volksbund előbb megkapta a kizárólagossági jogot, a második bécsi döntés meghozta a magyar-német kisebbségi szerződést, a bácskai területért pedig már gazdasági jogokban is engedményeket kellett tenni. Jellemző volt e tekintetben a kisebbségi szerződés létrejötte: minden előkészítés vagy előzetes bejelentés nélkül tették le Bécsben az aláírandó szöveget, amelyből hosszas erőlködés után csak a népcsoport közjogi jellegére vonatkozó részt sikerült kihagyatni. A német kívánságokat a Volksbund részben közvetlenül az érdekelt magyar hatóságoknál, részben pedig a miniszterelnökség II. ügyosztályában adta elő. A német követség a dolgokkal szintén nagyon intenzíven foglalkozott és a fontosabb kérdéseket közvetlenül a kormány tagjaival beszélte meg. Írásbeli közbenjárás csak aránylag kisebb jelentőségű ügyekben történt, nyilván a Volksbund által adott jelentések alapján. Ilyen ügyek voltak: közigazgatási és rendőri jellegű panaszok, egyes magyar személyek németellenes kijelentései vagy magatartása, végül nagyon ritkán iskola- és közoktatásügyek. Ezeket a panaszokat a miniszterelnökségre és a belügyminisztériumba továbbították a politikai osztályról, amelynek 1937 vége óta német referense voltam. BASCH a külügyminisztériumban személyesen nem járt el, csupán néhányszor járt a külügyminisztereknél. A hivatalos német magatartás a Volksbunddal kapcsolatban olyan messze ment, hogy 1943-44-ben a magyar-német fizetési forgalommal kapcsolatos megállapodásokban kifejezetten is szerepeltek a Volksbund javára Németországból átutalt összegek. Ez a német pártfogás a magyarországi németség magatartásában is éreztette hatását, egyre gyakrabban hangzottak el a panaszok a svábok követelődző és erőszakos fellépése ellen, egyre több helyen fordult elő, hogy a Volksbund terrorizálta az államhű németeket és őket is és a magyarokat [is] egyaránt súlyos szankciókkal fenyegette meg a német győzelem esetére. Ennek a magatartásnak korai és tipikus megnyilatkozása BASCH FERENC egy kijelentése, amelyet 1940 őszén előttem és THIERRY követségi tanácsos kollégám előtt a német követségen a stuttgarti főpolgármester látogatása alkalmával tett. Szóba hozta ugyanis a közelmúltban HIMMLERnél tett látogatását, amelynek folyamán HIMMLER hangsúlyozta előtte, hogy Magyarországra nézve rendkívül súlyos következményekkel járna, ha nem tartaná be a kisebbségi szerződést. A polemikus jellegű beszélgetés folyamán BASCH oly sűrűn ismételte ezt a fenyegetést, hogy megkérdeztük tőle, vajon mi is volna az a súlyos következmény. Erre BASCH azt felelte: "Sie können es erleben, dass ihr Staat zerschlagen wird." BASCHnak erre a kijelentésére azt feleltem, hogy nem látom be, hogy a fenyegetődzés lenne a legcélszerűbb útja a kérdések rendezésének, az ügyet pedig kollégámmal együtt írásban bejelentettük CSÁKY akkori külügyminiszternek, aki azt tudomásul vette, de semmiféle lépést nem tett. BÁRDOSSY külügyminiszteri kinevezése után összefoglaló helyzetképet kellett készítenem a magyar-német viszonyról, amelyben a magyarországi németség agresszív magatartásának jellemzésére felhoztam ezt az esetet. BÁRDOSSY az ügyet szóvá tette a német követ előtt, aki néhány nap múlva közölte vele, hogy BASCH a kijelentést tagadja és azt állítja, hogy a beszélgetésünk folyamán mi támadtuk élesen a magyarországi németséget. Ezzel az ügy lezárult.

A német ügyekkel 1944. március 19-én megszűntem foglalkozni, mert hivatali beosztásomat el kellett hagynom és április 14-én a Gestapo letartóztatott, majd pedig novemberben Dachauba deportált.

Egyéb előadnivalóm nincs, vallomásomat az igazságnak megfelelően saját akaratomból tettem meg és elolvasás után aláírásommal megerősítettem.

GYOPÁR MIKLÓS
detektív

SZEGEDY-MASZÁK ALADÁR
tanú

4) ZOMBOR JÓZSEF, 1945. október 13

Neve: ZOMBOR JÓZSEF
Születési ideje: 1889. augusztus 25.
Szülőhelye: Szilberek
Lakóhelye: VII., Bethlen Gábor tér 3. III. 12.
Családi állapota: nős
Vallása: r.k.
Foglalkozása: rendőrnyomozó alezredes
A terhelthez, valamint az ügyben egyébként érdekeltekhez való viszonya: érdektelen
Nem szenvedett-e kárt az eljárás tárgyául szolgáló bűncselekmény következtében: nem.

Soproni szolgálatom alatt (1924-1932-ig) ismertem meg dr. BASCH személyét, midőn ott egy ízben kultúrelőadást hirdetett és tartott a poncichterek körében. Akkor tudtam róla meg, hogy Németországban pángermán agitátor tanfolyamot végzett, ki is lett képezve és ebben a minőségben kezdte a magyarországi sváb községeket bejárni és a sváb községekben megkezdte bomlasztó munkáját. 1932 óta Budapesten a politikai osztályon teljesítettem szolgálatot és fölötteseimtől állandóan kaptam [a] Volksbund és BASCH megfigyelésével kapcsolatos ügyeket. Megfigyeléseim során észleltem azt, hogy BASCH kulturális előadások címén, bár a német hagyományok, német népi szokások és a német anyanyelv ápolásának szükségességét hangoztatta a gyűléseken és összejöveteleken, a fő súlyt mindig arra fektette, hogy a magyarországi svábságot a nagynémet népi gondolat szolgálatába állítsa. Német mintára ő is a fő súlyt a fiatalságra fektette és azokat kezdte felvillanyozni. Majdnem minden Magyarországon levő sváb községet meglátogatott, gyűléseket rendezett és a községekben megszervezte a Volksbund helyi egyesületeket. Azonkívül minden községben külön bizalmi emberei is voltak és azokat szűkebb megbeszéléseken mindig titkos utasításokkal látta el. Az ilyen gyűlések és titkos megbeszélések után mindig tapasztalható volt az egyes községekben a magyargyűlölet emelkedése és a nagynémet gondolat mellé való állás fokozása.

A sváb fiatalság beszervezése után következett az öregek beszervezése, ami eleinte nem ment simán. Az öregek ugyanis óvatosabbak voltak, különösen a jobbmódú svábok, és nemigen lelkesedtek BASCHért. BASCH azonban itt is megtalálta a módját annak, hogy az öregeket megfélemlítse, mert a fiatalok útján terrorizálta őket. Ezzel a módszerrel elérte azt, hogy azok a rétegek is, melyek a fent említett okok miatt nem álltak nyíltan a Volksbund tagjai közé, anyagilag teljes erejükből támogatták a mozgalmat.

1940 előtt Magyarországon működött egy egyesület, melynek Magyarországi Németek [Szövetsége] volt a címe. Az egyesület elnöke PINTÉR magyaróvári kanonok volt. Ebbe az egyesületbe a jobbmódú, tekintélyes sváb gazdák tartoztak, akik mindig magyar érzésűeknek mutatkoztak. BASCH addig mesterkedett és addig árulkodott kint Németországban ezekre, míg itt az egységet meg nem bontotta. Annyira vitte ezen a téren a dolgot, hogy 1940-ben az úgynevezett bécsi döntés alkalmával a magyar kormánynak köteleznie kellett magát arra, hogy a Magyarországi Németek Szövetségét feloszlatja. Ettől az időtől kezdve a hazai németség vezére egyedül dr. BASCH lett.

Miután 1932 óta, de különösen a későbbi években a személyével, a Volksbunddal és a német kisebbséggel kapcsolatos nyomozási ügyek, bizalmas iratok stb. mind a kezemen mentek keresztül, már annak idején láttam, hogy BASCH egyedüli és kizárólagos célja a magyarországi svábságot beszervezni a nagynémet gondolatba (Deutschland über alles!). Ez a német háború kitörése utáni időkben be is következett. Az előző években folytatott agitációi folytán ugyanis minden gondolkodás nélkül mentek a svábok részint munkára Németországba, majd később mindig több és több ment SS-katonának. 1941-től már olyan nagy hatalma volt Magyarországon, hogy hiába jöttek a jelentések úgy a vidéki hatóságoktól, mint egyéb illetékes helyekről az ő bomlasztó munkájáról, akkor már a magyar kormány is tehetetlen volt vele szemben. BASCH helyi megbízottjai akkoriban már mindenütt hirdették, hogy Magyarország német gyarmattá lesz lesüllyesztve. Az 1941-43-as években mind gyakrabban soroztak Magyarországon SS-katonákat és midőn egy ilyen SS-vonatot útnak indítottak a Ferencvárosi pályaudvarról, BASCH több alkalommal lelkesítő szónoklatokkal bocsátotta útnak az SS-katonákat és biztosította őket, hogy a német győzelem most már biztos és harcolni kell a végletekig. Az ő éveken át folytatott izgató beszédei következtében lett mindig erősebb a zsidógyűlölet, és a baloldali, demokratikus gondolkodású és azokat a józanul gondolkodó magyar embereket, akik az üldözöttekkel szemben emberségesek voltak, beszédeiben támadta és fenyegette. Tele volt gyűlölettel minden iránt, ami magyar, különösen gyűlölte a magyarosított nevűeket, az úgynevezett "magyarónokat". Ezekre kijelentette, hogy népárulók.

1944. március 19-ével megszűnt a politikai osztályon való működésem és a BASCH-üggyel nem foglalkozhattam tovább hivatalosan.

Egyéb előadnivalóm nincs, vallomásomat az igazságnak megfelelően saját akaratomból tettem meg és elolvasás után aláírásommal megerősítettem.

GYOPÁR MIKLÓS, detektív ZOMBOR JÓZSEF, tanú

5) Dr. GRATZ GUSZTÁV, 1945. október 14

Neve: Dr. GRATZ GUSZTÁV
Születési ideje: 1875. március 30.
Születési helye: Gölnicbánya (Szepes m.)
Lakóhelye: II., Marcibányi tér 12.
Családi állapota: nős
Vallása: ág. h. ev.
Foglalkozása: nyug. miniszter
A terhelthez, valmint az ügyben egyébként érdekeltekhez való viszonya: érdektelen.

BASCH FERENCcel a Német Népművelődési Egyesületben ismerkedtem meg, amelynek elnökségét a BETHLEN-kormány rám bízta. Közelebbi személyes kapcsolatba akkor jutottam vele, amikor BLEYER JAKAB ügyvezető alelnök halála után az egyesület ügyvezetését is át kellett vennem. BASCH ellen sok panasz érkezett a vidéki hatóságok részéről részben a belügyminisztériumhoz, részben hozzám, amiatt mert BASCH az egyes vidéki fiókjainak meglátogatása alkalmával olyan elveket hirdetett, amelyek a magyarság és a hazai németség közötti egyetértés megzavarására voltak alkalmasak. Ismételt figyelmeztetés dacára BASCH nem változtatta meg előadásainak hangját, úgyhogy eljárás indult ellene nemzetgyalázás miatt. Ebben az időben véletlenül kezembe került egy jegyzék az Egyesület azon tisztviselőiről, akik rendes havi fizetést húztak a Berlinben székelő Verein der Auslanddeutschen [Verein für das Deutschtum im Ausland] néven működő szervezettől, amelynek célja a külföldi németek érdekeinek ápolása volt. A magam részéről erélyesen követeltem úgy az egyesület tisztviselőitől, mint MACKENSEN német követtől is, hogy ennek az állapotnak véget vessenek. Teljes sikert nem értem el. Az 1935. évi országgyűlési választások után

BASCHnak és híveinek szereplése a bonyhádi kerületben, ahol PEKÁR GYULA ellen MÜHL HENRIK ottani orvos tisztán német kisebbségi programmal lépett fel. BASCH és hívei szintén lent jártak a kerületben és ottani viselkedésük miatt úgy a helyi hatóságok, mint a budapesti hírlapok is sürgettek valami eljárást BASCHék ellen. Ezekkel a támadásokkal összeesett, hogy BASCH másodfokon is fegyházbüntetésre lett ítélve. KÁNYA KÁLMÁN külügyminiszterrel való megbeszélésem után az a vélemény alakult ki, hogy az egyletnek eleinte tervbe vett feloszlatásától el kell tekinteni, mert a kormány attól félt, hogy az túlságos reakciót váltana ki Németországban és keresztezné a kormány külpolitikáját. Ellenben én vállaltam, hogy az egyesületből BASCH FERENCet és a többi radikálisokat el fogom távolítani. BASCH FERENCet levélben felhívtam - tekintettel a pécsi törvényszék ítéletére – [hogy] ügyének befejezéséig vonuljon vissza a főtitkári állástól. BASCH ezt megtagadta, mire én főtitkári állásából felmentettem. BASCH és hívei ettől kezdve nem jártak be az egyesületbe, hanem külön bizottságot alakítottak, amelyben - ellentétben a kulturális célkitűzésű német kultúregyesülettel - a hazai németség politikai megszervezésével is foglalkozott. Ez az illegális mozgalom vezetett a későbbi Volksbund megalapításához. BASCHék "Kultúra" néven könyvterjesztő vállalatot, "Volksbote" néven egy hetilapot, valamint egy internátust alapítottak. [Az] ezek fenntartására szükséges jelentős összegeket minden valószínűség szerint Németországból kapták. Én ezt az akciót a kormány megbízásából figyelemmel kísértem és rendszeres jelentést küldtem megfigyeléseimről a kormánynak, figyelmeztettem arra, "ha ennek a mozgalomnak nem tudjuk útját állani, akkor rövid néhány esztendő múlva a magyarországi németség a német birodalmi politika egyszerű eszközévé fog válni." A hazai németség körében a harc a mérsékeltek és a radikálisok között változatlanul tovább folyt és új stádiumba csak 1938 őszén lépett, amikor az IMRÉDY-kormány egy ízben a képviselőházban kisebbségben maradt és kénytelen volt lemondani. IMRÉDY mindenképpen arra törekedett, hogy újból megbízást kapjon kormányalakításra. Ennek érdekében igyekezett a német kormány támogatását is megnyerni. Úgy tudom, hogy DARÁNYI KÁLMÁNt küldte ki Münchenbe, aki meghozta neki a német kormány támogatását, egyben azonban közölte vele, hogy ezt német részről bizonyos feltételekhez fűzik, melyeknek egyike az volt, hogy IMRÉDY, ha újból kormányt alakít, engedje meg a német kisebbség faji alapon, mint volksdeutsch párt megszervezését. IMRÉDY ehhez hozzájárult. A tőle nyert engedély alapján BASCHék megalapították a Volksbundot, én a magam részéről bejelentettem a kormánynak, hogy a német kisebbség dolgaival ezentúl nem szándékozom foglalkozni.

Egyéb előadnivalóm nincs, vallomásomat az igazságnak megfelelően saját akaratomból tettem meg és elolvasás után aláírásommal megerősítettem.

GYOPÁR MIKLÓS — Dr. GRATZ GUSZTÁV
detektív — tanú

6) Dr. KRUMP JÓZSEF, 1945. október 15

Neve: Dr. KRUMP JÓZSEF
Születési ideje: 1896. január 18.
Szülőhelye: Pöszöny (Vas m.)
Lakóhelye: VII., Damjanich u. 12. Jelenleg: Pestvidéki Ügyészség Fogháza
Családi állapota: nős
Vallása: r. k.
Foglalkozása: keresk isk. tanár, orvos
A terhelthez, valamint az ügyben egyébként érdekeltekhez való viszonya: érdektelen
Nem szenvedett-e kárt az eljárás tárgyául szolgáló bűncselekmény következtében: nem.

Én 1920-ban a Katolikus Népszövetség német titkárságához kerültem. Mint ilyen kerültem szorosabb kapcsolatba BLEYER JAKAB egyetemi tanárral, akkori nemzetiségi miniszterrel. Állásom révén betekintést nyertem a hazai német kisebbségi ügyekbe. Ettől az időtől kezdve foglalkoztam, illetve figyelemmel kísértem a hazai német kisebbségi ügyeket.

A 20-as évek után BLEYER 1923-ig a Keresztény Gazdasági és Szociális Párt keretében ERNSZT SÁNDOR irányítása mellett foglalkozott a hazai német kisebbségi ügyekkel. Működésében semmilyen az országos politikától eltérő irányzatot nem követett. Mindenkor és mindenütt a magyarság és a hazai németség egyetértésének a megteremtésén és elmélyítésén dolgozott.

Tudomásom szerint BASCH FERENC ebben az időben egyetemi hallgató volt, egy hazai német diákszövetség keretébe tartozott és a diákszövetség életében vett részt. 1923-ban BLEYER megvált a Keresztény Gazdasági Párttól és ERNSZT SÁNDORtól, és BETHLEN ISTVÁN pártjához csatlakozott. BETHLENéktől engedélyt nyert a Német Népművelődési Egyesület megalakításához. Ennek az egyesületnek a keretében BASCH FERENC mint titkár, majd később [mint] főtitkár működött. Ez jelentette hivatalosan is a hazai német kisebbségi mozgalom megindulását. A mozgalom fejlődése kezdetben nehézségekbe ütközött, de később rohamos fejlődésnek indult. Céljuk volt a hazai németség megszervezése és tömörítése. Ide tartozott az iskolakérdés rendezése, a német tanítási nyelv bevezetése bizonyos korlátozásokkal. Kultúrtörekvésüket a sajtó, valamint népkönyvtárak, értekezletek útján igyekeztek megvalósítani.

BASCH mint titkár a németlakta vidéket járta és személye a központban is mindinkább előtérbe került. Ez kb. 1924 táján volt. A Német Népművelődési Egyesület belső munkájába nem nyertem betekintést, de mint a Katolikus Népszövetség titkára az országot járva sajnálattal kellett tapasztalnom, hogy az az összhang, amely a magyarság és a hazai németség között eddig fennállott, sok helyen bomladozni kezdett, sőt éles ellentétekbe csapott át. Történt ez leginkább azokon a vidékeken, amelyeket BASCH FERENC és titkár társai agitációjuk során bejártak. BASCHéknak sikerült a Katolikus Népszövetséget mindinkább háttérbe szorítani. Sikerült nekik a hazai németség tekintélyes részét soraikba állítani. BLEYER igyekezett mérsékletet gyakorolni, bár a parlamenti harc hevében néha élesebb hangnemet is megütött. Körülötte és vele szemben azonban lassan kialakult egy különösen fiatalokból álló csoport, amely az ő mérsékletével nem volt megelégedve és igyekezett őt a hazai német kisebbségi ügyek megoldásában mind gyorsabb tempóra ösztökélni. Ehhez a csoporthoz tartozott és néhány év leforgása alatt ennek szellemi vezérévé lett BASCH FERENC.

Az 1935-ös választások alkalmával a soroksári választókerületben mint a Keresztény Gazdasági és Szociális Párt jelöltje BLEYER JAKAB vejével, dr. KUSSBACH ügyvéddel szemben léptem fel. KUSSBACH dr.-t választási küzdelmében a Népművelődési Egyesület előbb említett fiatal gárdája támogatta hathatósan. A kerületben akkor széltében-hosszában beszélték, hogy KUSSBACH választási költségét német pénzből fedezik. BASCH tudomásom szerint ezek között az emberek között mozgott.

BLEYER kb. 1937 táján meghalt. A kormány ebben az időben szükségesnek látta a Volksbildungsverein működésének ellensúlyozását. Ebből a célból az egyesület központi végrehajtó bizottságába többek között engem is beküldtek, mint magyar nemzeti szempontból megbízhatót. A végrehajtó bizottság egyik ülésén, amelyen én is részt vettem, láttam, hogy a végrehajtó bizottság tagjai között, illetve a Volksbildungsverein vezetői között éles ellentétek vannak. Ezen az ülésen GRATZ GUSZTÁV elnökölt és ott volt többek között BASCH FERENC főtitkári minőségben. GRATZ GUSZTÁV felszólította BASCHt, hogy kérje - tekintettel folyamatban lévő nemzetgyalázási perére - önkéntes szabadságolását, perének eldőltéig. Erre kirobbantak az ellentétek, ami azzal végződött, hogy BASCH nem tett eleget GRATZ GUSZTÁV felhívásának, hanem szűkebb körű társaságával elhagyta az üléstermet. Ettől az időponttól kezdve BASCHék útja elvált a Volksbildungsverein útjától. A Volksbildungsverein vezetői dr. KUSSBACH, PINTÉR LÁSZLÓ kanonok és dr. LÉBER LAJOS ügyvéd lettek. KUSSBACH a későbbiek folyamán végképp megvált a Volksbildungsvereintől. Én a végrehajtóbizottsági tagságomról is lemondtam.

BASCH ettől kezdve a maga külön útján haladt, amelyet ő az illegalitás időszakának nevezett. Igyekezett szervezeteket létesíteni. Igyekezett megfelelő sajtóorgánumot szerezni. Hogy ezek anyagi előfeltételeit honan teremtette meg, azt nem tudom megmondani. Így megszerezték a Günser Zeitungot. Segítőtársat talált különösen GOLDSCHMIDT GYÖRGY dr.-ban, aki később helyettese és a sajtó irányítója lett. FITZ ARTHUR dr.-ral közben arra törekedtünk, hogy GOLDSCHMIDT dr. révén a hazai német kisebbség mozgalmára olyan hatást gyakoroljunk, amely a mindjobban szélsőségbe hajló irányzat letörését, illetve hatásos ellensúlyozását idézte volna elő. Eme törekvések során sikerült elérni, hogy TELEKI PÁL gróf miniszterelnök FITZ ARTHURnak a hazai német kisebbségi ügyek terén egy az egész országra szóló megbízatást helyezett biztos kilátásba. FITZ ARTHUR tájékozódó körúton felkereste a németlakta megyék székhelyeit és ezek során felkereste Szombathelyt is. Itt érte őt TELEKI PÁL gróf visszarendelése. Ugyanis úgy látszik, TELEKI valami erős külső nyomásra volt kénytelen eredeti tervét megváltoztatni. Ezekután BASCH egymásután kapta a legkülönfélébb engedményeket, így napilap indítására, a Volksbund létesítésére, az úgynevezett Deutsches Haus (Német Ház) létesítésére, iskolák felállítására, gazdasági intézmények (Mercur Bank) stb. létesítésére.

A háború kitörése után a Volksbund vezetősége felhívta a Volksbund tagjait az SS-be való önkéntes jelentkezésre. Bár tudomásom van róla, hogy BASCH kezdetben ellene volt annak, hogy a hazai németség a német haderő szolgálatába álljon. Később azonban erről az útról letért, sőt 1944-ben belement abba, hogy általában az egész hazai németséget - néha erőszakkal is - a német haderő szolgálatába állítsák.

Egyéb előadnivalóm nincs, vallomásomat az igazságnak megfelelően saját akaratomból tettem meg és elolvasás után aláírásommal megerősítettem.

GYOPÁR MIKLÓS Dr. KRUMP JÓZSEF
detektív tanú

7) Dr. PATAKY TIBOR, 1945. október 17

Neve: Dr. PATAKY TIBOR
Születési ideje: 1888. augusztus 30.
Szülőhelye: Alsóverecke
Lakóhelye: I., Dísz tér 15.
Családi állapota: nős
Vallása: ref.
Foglalkozása: nyug. államtitkár
A terhelthez, valamint az ügyben egyébként érdekeltekhez való viszonya: érdektelen
Nem szenvedett-e kárt az eljárás tárgyául szolgáló bűncselekmény következtében: nem.

A Volksbund és vezérének, BASCH FERENCnek tevékenységéről 1944. október 9-ig bezárólag a következőket adom elő:

A Volksbund működését az ország érdekeire károsnak kell minősítenem. Okok: a magyar lelkiségtől idegen ideológiai propagandával igyekezett a magyarországi németséget kivonni a hazai Német Népművelődési Egyesületből, abból a célból, hogy azt népcsoporttá formálja át. Törekvésük sikere államot jelentett volna az államban. Módszereikben, szervezeteik felépítésében teljesen náci minták és előírások szerint jártak el. Jellemző példa erre a Deutsche Jugend szervezet. Emellett gyűléseiknek a külső képe, a gyűlések lefolytatásának módja, a harc (Kampf) jelszavának bevitele és állandó hangoztatása teljesen náci minta szerint történt. Ugyanezt a szellemet sugározta ki sajtójuk is, amely emellett olyan színben tűntette fel a magyarországi németség helyzetét, mintha a magyarországi németség sorsa siralmas lenne és csak harccal lehetne ezen az állapoton változtatni. Ez feltétlenül káros megítélésre vezethetett külpolitikai szempontból.

A Volksbund szervezeti felépítésében olyan szerveket létesített (Gebiet, Gau), amelyek az alapszabályokban nem voltak engedélyezve, és amelyek tárgyi természetüknél fogva egészen mást jelentettek, mint kulturális működést. A Volksbund nem támaszkodott csupán tagjai anyagi erejére, hanem hatalmas összegeket kapott németországi náci köröktől. Eleinte titokban, később már egészen nyíltan. Erre jellemző, hogy egy ízben CLODIUS német követ, akivel egy hivatali előszobában találkoztam, panaszolva említette meg nekem, hogy a Volksbund még mindig nem kapta meg a Magyar Nemzeti Banktól az oda Németországból átutalt összeget. A Volksbund működését károsnak kell tekinteni továbbmenőleg azon okból is, hogy olyan intézményeket létesített (Schulamt, Soziales Hilfswerk), amelyek alapszabályszerűleg nem voltak engedélyezve és amelyek jellegüknél fogva alkalmasak voltak az állami egységnek a megbontására. A Volksbund működése áldatlan viszonyokat teremtett az eladdig békés sváb falvakban. Családot családdal, apát a fiúval állított szembe. Különösen kirívó volt ez a Volksbund azon ténykedésénél, amikor erősen támogatta a német ifjúságnak az SS-kötelékekbe való erőszakos besorozását.

BASCH velem személyesen nem érintkezett sokat, többször említette, hogy nem tudja Berlinben megértetni, hogy Magyarországon nem lehet azokat a módszereket alkalmaztatni, mint a szomszédos államokban. Említette, hogy ő számos utasítást szabotál. Tudomásom van róla, hogy BASCHnak a Volksbund radikális szárnyával, melynek egyik vezetője SPREITZER bácskai sváb Gebietsführer volt, ellentéte támadt.

Egyéb előadnivalóm nincs, vallomásomat elolvasás után aláírásommal megerősítettem.

GYOPÁR MIKLÓS
detektív

Dr. PATAKY TIBOR
tanú

8) ENDRE LÁSZLÓ, 1945. október 17

Neve: ENDRE LÁSZLÓ
Születési ideje: 1895. január 1.
Szülőhelye: Abony
Lakóhelye: Budapest, Székács u. 4.
Családi állapota: nős
Vallása: r. k.
Foglalkozása: volt államtitkár.

Ismerem a Volksbund szervezetét, amely a magyarországi németségnek egy gyűjtőegyesülete. Volt régebben a Volksbundnak két-három konkurens egyesülete is. Ezen konkurens egyesületek egyike a PINTÉR JÓZSEF katolikus pap vezetése alatt álló Magyarországi Német Népművelődési Egyesület [volt], volt azután dr. KUSSBACH vezetése alatt egy ilyen egyesület. Ezen egyesületek mind kevésbé voltak radikálisak és magyarellenesek, mint a Volksbund, amelyről viszont elmondhatom, hogy működése radikális és magyarellenes, helyesebben nemzetellenes és a magyarországi német kisebbséget disszimilálni igyekezett. Arra nem emlékszem, hogy a Volksbund ülésén részt vettem volna, vármegyém területén folytatott tevékenységére vonatkozólag elmondhatom, hogy a Volksbundot nemzetiszocialista szellem hatotta át és ebben a szellemben vezették. A Volksbund vezetősége megítélésem szerint Berlinből kaphatta a direktívákat, jobban mondva Stuttgartból, és azt is tudom, hogy a Volksbund a magyar kormánnyal kapcsolatot tartott fenn. Én magam igyekeztem a sváb községekben magyar nemzeti érzésű közigazgatási tisztviselőket elhelyezni, de ez a kísérletem megbukott. Budaörsön pl. dr. GHÉCZY ISTVÁNt tettem meg főjegyzőnek, aki mintegy másfél év múlva panaszkodva jött hozzám, hogy nem bírja ki a svábok között, mert a Volksbund olyan mértékben dolgozik ellene, hogy helyzete tarthatatlan. Hasonlóképpen jártam Soroksáron vitéz BORI ARTHURral.

A Volksbund igyekezett befolyásolni engem abban, hogy kiket nevezzek ki, illetőleg hozzak be a község élére. Budaörsre pl. GHÉCZY utódjául egy HAGENTURM nevű főjegyzőt helyeztem el, aki bár német nevű volt, s így nem lehetett szálka a svábok szemében, de német neve dacára magyar érzésű volt.

Némely helyen a katolikus papok panasszal jöttek, hogy a Hitler-Jugend tagjai kevésbé látogatják a templomokat.

Egyebet előadni nem kívánok, vallomásomat az igazságnak megfelelően, minden kényszer nélkül tettem.

Dr. TAKÁCS, r. fog. ENDRE LÁSZLÓ, tanú

9) Dr. TARTSÁNYI DÁNIEL, 1945. október 17

Neve: Dr. TARTSÁNYI DÁNIEL
Születési ideje: 1894.
Szülőhelye: Tolna
Lakóhelye: XII., Márvány u. 24/a.
Családi állapota: nős
Vallása: r. k.
Foglalkozása: r. alezredes

A Volksbund megalakulásának első hónapjaiban a Lendvay utcai székházukba a budapesti főkapitányság államrendészeti osztályának vezetője engem küldött ki hatósági biztosként arra a két hétig tartó német agitátorképző iskolába, amelyet a Volksbund egyes vidéki kiküldöttek számára tartott.

Két detektívvel, rendőrökkel és egy parlamenti gyorsíróval megjelentem az első nap reggelén, ahol BASCH bemutatta a tanfolyamok parancsnokát, valamint KIRSCH MÁTYÁS nevű embert s megmutatták a helyiségeket is. Miután én a szükségeseken kívül velük nem akartam tovább tárgyalni, azt mondottam, hogy az udvaron sétálok s mielőtt megkezdenék az előadást, szóljanak s akkor bemegyünk. Kb. egy negyedóra után benézve a földszinti termekbe, láttuk, hogy az egyik teremben már folyik az előadás, amit én az egyik detektívvel azonnal félbeszakíttattam, a SZÓKA nevű detektívvel pedig felmentem BASCH-hoz, ahol ALBERT MIKSA nevű titkára jelenlétében tiltakoztam az ellen, hogy a hatósági biztos nélkül itt megkezdjenek előadásokat. BASCH ekkor letelefonált KIRSCHnek és utasította, hogy alkalmazkodjanak a rendőri előírásokhoz. Krisch Mihály [=KIRSCH MÁTYÁS] ezután sem akart jelentkezni, illetőleg nem volt hajlandó bemondani a nevét és azt a tárgyat, amiről az órán beszélni fog, s amikor erre erélyesen utasítottam, németül akart jelentkezni, azonban kényszerítettem arra, hogy magyarul jelentkezzék és magyarul közölje velem, mint magyar hatósággal, hogy ki miről fog beszélni.

Ezután minden esetben meg is tudtam, hogy ki és miről beszél, az akkor írt jelentéseimben a parlamenti gyorsíró gépbe átírt jegyzeteivel együtt jelentettem is, hogy a szónokok, illetőleg előadók legnagyobb része német birodalmi állampolgár, vagy pedig olyan volksbundista, aki Németországban végzett agitátoriskolát s onnan küldték Magyarországra, további agitációra.

KIRSCH MÁTYÁS a legerőteljesebb agitációt fejtette ki a hallgatók előtt a nemzetiszocialista állameszme érdekében, többször hangoztatta, hogy nekik csak egy vezérük van, HITLER, állandóan Heil Hitler-köszönés ment és az egész Volksbund-ház tele volt díszítve horogkereszt-jelvényekkel, amelyek látszólag napkorongba voltak formálva, azonban teljesen megvolt a napkorongon belül a horogkereszt-rajzuk. A hallgatókat külön oktatta, hogy hogyan kell nekik viselkedniük, ha bármely feljebbvalójuk a terembe lép, s tényleg, amikor egy SS-őrmester belépett a terembe, KIRSCH MÁTYÁS harsány vigyázz-t vezényelt s a hallgatók mind feszes vigyázzállásba álltak fel. Kiváncsi voltam, hogy a magyar hatóságok tagjait is feljebbvalójuknak tekintik-e ezek a hallgatók, illetőleg KIRSCH MÁTYÁS, akik végeredményben ekkor még mind magyar állampolgárok voltak, s másnap szándékosan később mentem be a terembe, s dacára, hogy egyenruhában voltam derékszíjjal, KIRSCH MÁTYÁS ügyet sem vetett a bejövetelemre, a hallgatók meg sem mozdultak, s amikor ezt BASCHnak külön felemlítettem, azzal intézte el a dolgot, hogy KIRSCH MÁTYÁS nem egy intelligens ember, ő egy altiszt. Amikor mondottam, hogy hogyan lehet az, hogy akkor egy ilyen nem intelligens emberre, egy altisztre bízzák az agitátorképző iskola vezetését, BASCH nem tudott semmit válaszolni. Én ekkor megmondottam, hogy ha nem lesz rend és fegyelem, én az államrendészeti osztálynak bejelentem és többet náluk szolgálatot nem vállalok. Én tényleg meg is jelentettem az itt történteket, s a másik héten már más ment ki a Volksbund gyűléseire.

Még a hét végével, illetőleg vasárnapi napon tartott Volksbund-bált nekem kellett ellátni, mint ügyeletet.

Amikor BASCHnak ismételten a fenti alkalommal elébetártam, hogy KIRSCH MÁTYÁS a magyar hatóságokat semmibe sem véve vezeti az ügyeket, külön tartott egy előadást a hallgatóknak, amelyben látszólag fegyelemre intette őket, azonban hangoztatta, hogy ők nemzetiszocialisták, akiknek azonban ebben az országban nem az a feladatuk, hogy fegyverrel harcoljanak, hanem nekik sokkal fontosabb feladataik lesznek. Hogy mik ezek a feladatok, azt nem mondotta, azonban valószínűleg arra célzott, hogy az ország gazdasági erőit kell nekik kézbe venni és kézben tartani, azon kívül, hogy a politikai hatalmat megszerzik. Ez volt a véleménye az akkor velem volt parlamenti gyorsírónak is, akinek a nevét azonban már nem tudom.

A vigadóbeli gyűlésen a termeket, a bejáratot német és volksbundista zászlókkal díszítették fel, magyar zászló egy sem volt. A német himnuszt, a Horst Wessel-dalt énekelték, sem magyar zászlót nem tettek ki, sem a magyar himnuszt nem énekelték, holott a Volksbund megalakulása előtti sváb összejöveteleken mindig volt magyar zászló és a magyar himnuszt mindig elénekelték. A Vigadó helyiségeiben a rendőröket felsőbb utasításra el kellett helyeznem egy távolabbi helyiségben, a rendet tisztára volksbundisták tartották fenn s a közlekedést is ők irányították, oly módon, ami a magyar közlekedési szabályokkal akkor ellentétben állt. Ugyanis a jobboldali közlekedés Magyarországon akkor még nem volt bevezetve, a Vigadó helyiségeiben, előcsarnok, lépcsőház, szigorúan betartották a jobboldali közlekedést, s még rám is többször rámszóltak, hogy ne a baloldalon menjek. Ezzel is nyilvánvalóan azt akarták kihangsúlyozni, hogy nekik a magyar államrendszerhez semmi közük nincsen.

KIRSCH MÁTYÁS szerintem BASCH egyik legelvetemültebb embere volt.

BASCH titkárával, ALBERT MIKSÁval éveken át egy házban laktam a Horthy Miklós út 88. szám alatt, s dacára, hogy előzőleg semmi foglalkozása nem volt, a legnagyobb költekezést fejtették ki, lakásukra állandóan jártak csoportosan németországi látogatók. Az egyik lakót, aki katonai szolgálatra vonult be, s egyenruhában jött haza, megkérdezte ALBERT, hogy mit viseli ezeket a rongyokat, egyáltalán miért van a magyar hadsereg, kis nemzeteknek semmi létjogosultságuk nincsen.

Visszatérve a fenti vigadóbeli esetre, a megjelentek között ott szorongott ENDRE LÁSZLÓ is, aki azután mellém ült, s amikor annyira lelkesedett az impozáns rendezés felett, s láttam rajta a nagy németimádatot, megmondottam neki, hogy ezzel szemben róla BASCHnak nincs ugyanilyen véleménye. Ugyanis a volksbundista gyűléseken állandóan támadtak minden alispánt és főszolgabírót, mert szerintük mindenütt akadályokat gördítenek a Volksbundnak.

1942-ben a német-magyar katonai sorozóbizottsághoz vezényeltek a belügyminisztérium képviseletében, s a Benczúr utca 17. szám alatt részt is vettem az egyik sorozáson, ahol mindenkit besoroztak az SS-be, akit odacsődítettek, tekintet nélkül arra, hogy ősei között volt-e egyáltalán egy német származású is. Az itt besorozottak 90 százaléka tiszta magyar származású volt. Ennek az erőltetett sorozásnak egyik intézője BINDER HUGÓ nyugdíjas honvédalezredes volt, akinek a fia is úgy jelentkezett előttem sorozásra, hogy ő nem magyar, hanem német, németül is beszélt s magyar kérdésre is csak németül válaszolt. BINDER HUGÓ is egy alkalommal több Volksbund-vezetővel együtt hozzám jött s németül akart valamit kérdezni, előzetesen bemutatkozva, hogy ő "Hugo von Binder, Oberstleutnant außer Dienst". Én azt hittem, hogy német hadseregbeli alezredes, de azért mégis megkérdeztem, hogy milyen hadseregbeli, s amikor megmondta, hogy ő honvédalezredes, megkérdeztem, hogy akkor miért nem beszél magyarul, láthatja, hogy én magyar rendőrtiszt vagyok s tudja, hogy a magyar belügyminisztériumot képviselem. BINDER ekkor magyarul mondta el a kérelmét, amit én nem teljesítettem, sőt határozottan meg is indokoltam, hogy azért nem, mert egy magyar hadseregbeli tiszt, ha szívességet kér egy magyar rendőrtiszttől, azt ne egy idegen nyelven kérje.

Egyéb előadnivalóm nincs. Vallomásom helyesen lett felvéve:

Dr. TAKÁCSM, r. fog. Dr. TARTSÁNYI DÁNIEL, tanú

10) Dr. BIRKÁS GÉZA, 1945. október 17

Neve: Dr. BIRKÁS GÉZA
Születési ideje: 1909. március 15.
Szülőhelye: Budapest
Lakóhelye: VIII., Eszterházy utca 26.
Családi állapota: nős
Vallása: r. k.
Foglalkozása: min. oszt. tanácsos
A terhelthez, valmint az ügyben egyébként érdekeltekhez való viszonya: érdektelen.

1932 óta foglalkozom a hazai német kisebbségi kérdéssel és 1939 augusztusa óta a Miniszterelnökség II. osztályán a német kisebbségi ügyek egyik előadója voltam. E minőségemben dr. BASCHsal számos alkalommal érintkeztem. Személyéről és tevékenységéről a következő képet adhatom:

BASCH FERENC egy magyarosodó bánáti családból származik, akit apja a román megszállott területről a budapesti egyetemre küldött tanulni. Itt professzorai felkarolták őt és az Eötvös-kollégium tagja lett. Ebben az időben sokat járt SZABÓ DEZSŐ író társaságába, magyar nyelven novellákat írt és magyar író akart lenni. SZABÓ DEZSŐ egyszer ráförmedt, hogy aki sváb, az maradjon sváb. BASCH elmaradt ettől a társaságtól és valószínűleg ebben az időben vette fel az érintkezést BLEYER JAKABék akkori szervezkedésével. BASCH rövidesen BLEYER bizalmasa lett, majd titkára, hosszabb tanulmányutakat töltött Németországban és a 30-as évek elején egyike volt azoknak, akik BLEYER irányzatát erélytelennek és túlságosan lojálisnak tartották. Ezekből alakult ki a Kameradschaft, a későbbi Volksbund magva. A német mozgalom középpontjában ebben az időben az iskolakérdés állott. BASCH számos agitációs beszédet tartott. Egy ilyen beszéde alkalmával tette azt a kijelentést, amiért 1936-ban nemzetgyalázás címén elítélték. Büntetésének kitöltése után BASCH egy ideig a nyilvánosság előtt keveset szerepelt, ekkor építették ki a Volksbund illegális kereteit. A Volksbund 1938-ban kapott jóváhagyást és BASCH [lett] a vezére. A Volksbund az első években a taggyűjtésre és szervezkedésre fektette a súlyt, az állammal szemben csak iskolaigényekkel lépett fel. Az agitáció hangja azonban egyre agresszívabb [lett], és a Volksbundba tömörült németség egyre jobban távolodott a magyarságtól. Az első bécsi döntés alkalmával aláírt kisebbségi jegyzőkönyv újabb lendületet adott a Volksbundnak. Ekkor már nyilvánvalóvá vált, hogy a Volksbund nemcsak egy kisebbségi szervezet, hanem a nacionalszocialista Németország eszköze is. BASCH ekkor megtehette volna azt, hogy az új helyzetre való tekintettel másnak adja át a helyét. Ő azonban hagyta magát az események és radikális munkatársai által tovább sodortatni. Beleilleszkedett abba a rendszerbe, amelyet a hitlerista külpolitika a dunai államokban élő német kisebbségeken keresztül kiépített. BASCH nem volt olyan radikális, mint a szlovákiai KARMASIN, vagy a romániai SCHMIDT ANDRÁS. Benyomásom szerint nem is bízott soha vakon a német győzelemben, igyekezett bizonyos kapcsolatot tartani a magyar politikával, azonban nem volt meg benne a bátorság, hogy akár túlzó munkatársaival szemben, akár a Berlinből kapott utasításokkal szemben nyíltan ellenálljon, hanem igyekezett a dolgokat elkenni és halogatni. Kettős szerepet játszott, előttünk állandóan arról panaszkodott, hogy radikális munkatársai és Berlin részéről milyen rettenetes nyomás alatt van, tegyünk neki valamilyen engedményt, mert különben teljesen hitelét veszti, munkatársai és a birodalmi szervek előtt pedig arról panaszkodott, hogy a magyar kormány és közvélemény milyen mereven elutasító minden német kisebbségi kívánsággal szemben, tehát ilyen körülmények között azt az aránylag kevés engedményt is nagy vívmánynak kell tekinteni, amit a magyar kormánynál időközönként el tud érni. Ilyen taktikázó, passzív magatartása nem tudta elejét venni annak, hogy munkatársai a Volksbundban illegális és a magyar állam érdekével szögesen ellenkező akciókat ne kezdjenek, és ha BASCHt ilyesmiért magyar részről felelősségre vonták, a válasz mindig az volt, hogy nincs tudomása róla és nem tudja elhinni. Ez persze valótlanság volt. Azt is többször említette előttem, hogy ő nem nacionalszocialista. Ezzel szemben viszont viselte a Berlinből elrendelt egyenruhát, náci köszöntéssel, horogkeresztes karszalaggal, HITLER képe alatt szónokolt, üdvözölte minden beszéde elején és végén a Führert, tűrte, hogy a Volksbund különböző szervezetei Németországból kapott minták szerint alakuljanak, és végül leplezte néhány munkatársának csúnya áskálódásait a magyar külpolitikai érdekek ellen, és megtűrt maga mellett olyan embereket, akikről tudta, hogy népünk ellenségei. Véleményem szerint az a kérdés, hogy BASCH nemzetiszocialista volt-e vagy nem - a németség belső ügye. A magyarságnak a mozgalom, amelynek az élén állt, egyaránt súlyos ártalmára volt, akár meggyőződésből beszélt a vezére, akár nem. Azt [azzal], hogy BASCH esetleg magatartásával megtévesztette a hazai németség százezreit, akik benne náci mintaképet láttak, ezért a hazai németségnek tartozik felelősséggel.

Egyéb előadnivalóm nincs, vallomásomat elolvasás után aláírásommal megerősítettem.

GYOPÁR MIKLÓS, detektív — Dr. BIRKÁS GÉZA, tanú

11) BECZKÓY JÓZSEFNÉ sz. RÉVÉSZ ÁGNES, 1945. október 17

Neve: BECZKÓY JÓZSEFNÉ sz. RÉVÉSZ ÁGNES
Születési ideje: 1898. július 7.
Szülőhelye: Biharnagybajom (Bihar vm.)
Lakóhelye: Bp. XII., Jagelló út 26.
Családi állapota: férjezett
Vallása: ref.
Foglalkozása: művészettörténész
A terhelthez, valamint az ügyben egyébként érdekeltekhez való viszonya: érdektelen
Nem szenvedett-e kárt az eljárás tárgyául szolgáló bűncselekmény következtében: semmilyent.

BASCH FERENC ANTAL kb. 1930. szeptember hónapban költözött hozzánk. Nekünk három szobás lakásunk volt a házban. Ezenkívül még egy teljesen önálló, külön előszobával és mosdóval ellátott garzonlakás volt a házban, amely édesanyám részére volt fenntartva, de Amerikába való utazása után a lakást kiadtuk. A lakbér is édesanyámé volt. BASCH beköltözésekor egy egészen hétköznapi tanárember benyomását keltette. Akkor még nem tudtuk, hogy politikával foglalkozik, ezt csak akkor tudtuk meg, amikor nemzetgyalázásért lecsukták. Ekkor ő felajánlotta, hogy lemond a lakbérletről, ha kínosnak találjuk azt, hogy ő börtönben ül és továbbra is bérlő marad. Mi a bérletet fenntartottuk, hiszen az volt a fontos, hogy a házbért fizesse. Ez körülbelül 1937-ben volt. A hét hónapi büntetésből kettőt elengedtek neki. Ezt SPIELER KLÁRÁtól tudtam meg, aki ezt nekem elmesélte. Hazajövetele után irodalmi pályára lépett, egy hetilapot szerkesztett, azt hiszem, hogy a "Volksboté"-t.

Emlékszem, hogy egy alkalommal meglátogatta őt HUSS RICHARD és felesége. Nagyobb rokonszenv azonban nem volt közöttük, mert amikor HUSS halálhírét elolvastam az újságban, ezt megemlítettem neki, egyáltalán nem reagált rá.

Arra is emlékszem vele kapcsolatban, ez kb. az 1942-43. években történhetett, hogy azt a kijelentést tette magáról, hogy őt a magyar kormány kedveli, mert ő eléggé védi a magyar érdekeket, szemben erdélyi hasonló állású kollégájával, aki meglehetősen erélyesen lép fel a magyarsággal szemben.

Közvetlen autója kb. 1943 óta volt. Ezt onnan gondolom, hogy az autó minden reggel érte jött és este pedig visszahozta őt. 1943 előtt ritkán jött autón. Különben nagyon szerény életet élt, hiszen számtalan jobb lakást ajánlottak fel neki, de ő visszautasította azzal, hogy neki nagyon is megfelel ez a csendes hely. Eleinte azért utasította vissza a másik helyre való költözést, mert SPIELER KLÁRÁval egyedül akart maradni és megfigyelés nélkül akart élni. Tudomásom szerint, ezt tőle hallottam, nyolc éven keresztül állandóan ugyanaz a szakállas detektív figyelte őt meg. BASCH rendkívül mérges volt erre az emberre, és többször is leszidta, hogy menjen újságot olvasni, vagy ne itt olvasson újságot stb.

Közelebbről csak az óvóhelyen és lakbérfizetés alkalmával találkoztunk vele. Ilyenkor egy pár szót beszélgettünk egymással. Én nem titkoltam érzelmeimet és élesen vitába szálltam vele. Egy alkalommal tréfásan megjegyezte, hogy vigyázzak magamra, mert ha így beszélek, még internálni fognak. Márciusban azonban már szigorúan figyelmeztetett, hogy nagy bajom lesz, ha így beszélek. Ez is barátságos figyelmeztetés volt azonban. Én az óvóhelyen egy ízben megkérdeztem tőle, hogy miért nem néznek doktor urék a térképe? Hogy akarják megnyerni ezt a háborút? Ő a csodában bízott. Körülbelül azt mondotta, hogy annyi minden történhetik még, ami eldönti a háborút. "Történhetnek még csodák", körülbelül így mondta. Ő német-orosz különbékét várt és ebben is bízott. Egy másik alkalommal arról kértem tőle felvilágosítást, mi az értelme a sok milimárit "Herrenvolk"-nak beállítani. Miért állítják be a németeket, mint a magyarnál értékesebb elemet. Ő erre azt válaszolta - ha nem is szó szerint - én nem értek a kisebbségi dolgokhoz, ha látnám Erdélyben mi van, a magyarok is összetartanak ott, ahol kisebbségben vannak.

Szerintem ő teljesen tisztában volt a nemzetiszocializmus fogalmával és azt elfogadta, bár szívesen tette volna azt is, hogy az egész dologból kiugorjon, mert félt. Saját személyét féltette attól, ha az eszmét otthagyná, esetleg megölik. Németországi útjai alkalmával a magánleveleit mindig ránk bízta azzal, hogy ha esetleg nem térne vissza, adjam vissza a leveleket SPIELER KLÁRInak, nehogy a németek vagy mások kezeibe kerüljön.

SPIELER KLÁRIval való viszonya már régóta fennállt, mert amikor hozzánk jött, már régi ismerősök voltak. Első időkben 1930-1943-ig hetenként 2-3 éjjel is ott volt nála. Például szombat este jött és hétfőn vagy kedden ment el. 1943-ban valami szakadás lehetett köztük, de azért még tartott a viszony. 1944-ben már csak ritkán jött el SPIELER KLÁRA. Attól fogva már csak anyagiakban segítette rajtam keresztül, szeptember végéig, amikor BASCH Sopronba ment. Arról, hogy mentességet szerzett-e neki, nem tudok. Akkoriban már viszonya volt a Deutsches Haus egy [SCHMIDT] ÉVA nevű tisztviselőnőjével, akit Sopronban el is vett feleségül. Hogy ez a viszony komoly volt-e, vagy csak látszatviszony volt SPIELER KLÁRA eltakarására, arról nem tudok.

Egyenruhát csak gyűléseken és egyéb hivatalos helyeken való megjelenése alkalmával vett fel. Jelvényt legfeljebb csak a sötét ruháján hordott, ha valahová elment, de pontosan nem emlékszem rá.

1944. március 19-én éjjel nem volt otthon, ez különben is szombat este volt. Azonban szerintem ÉVÁnál volt akkor. Reggel kb. 7 órakor német nyelven keresték a telefonban, ami feltűnő volt, mert általában nem keresték őt telefonon. A telefon különben sem volt az övé, a mi nevünkön volt. Postát sem kapott a lakására, hanem a hivatalába címeztette.

Magaviseletére nézve hirtelen haragú ember volt, de igyekezett magát türtőztetni. Olvasott, művelt ember benyomását keltette. Sokat olvasott, Németországból állandóan kapott könyveket, ill. nem Németországból, hanem azt hiszem, hogy a Belvárosi Kávéház melletti német könyvkereskedésből kapta ezeket a könyveket. Főleg történelmi könyvek érdekelték. Nagyon sok NAPÓLEONról szóló könyve volt.

Szerintem BASCH elhibázta az életét. Politikusnak nem volt elég nagykoncepciójú, tanárnak viszont nagyon jó lett volna. Jó szívű embernek ismertem, SPIELER KLÁRIt sem tudta feladni elveiért. Úgy érzem valahogy, hogy az utolsó időben már szerette volna visszacsinálni ügyeit, de már nem lehetett, és ő haladt tovább a megkezdett útján.

PHILIPP TIBOR BECZKÓY JÓZSEFNÉ

12) Dr. MESTER MIKLÓS, 1945. október 19

Neve: Dr. MESTER MIKLÓS
Születési ideje: 1906. március 8.
Szülőhelye: Rugonfalva (Udvarhely m.)
Lakóhelye: VI., Bajcsy-Zsilinszky út 55. I/15.
Családi állapota: nős
Vallása: ref.
Foglalkozása: Egyet. internátus igazg.
A terhelthez, valamint az ügyben egyébként érdekeltekhez való viszonya: érdektelen.

Dr. BASCH FERENCet több mint 10 éve ismerem. Hozzá MOLNÁR ENDRE kisebbségi statisztikus vitt el, ismeretség végett Németvölgyi úti lakására. A nemzetiségi kérdéssel tudományosan foglalkoztam, érdekelt, hogy mi a magyarországi németség felfogása saját kérdésében. Ebben az időben BASCH FERENC nagyon szerény életkörülmények között élt. Mint nemzetiségi vezető részéről ez a szerény létkörülmény nekem, mint idealista fiatalembernek imponált. Benyomásom azt volt ebben az időben, hogy BASCH FERENCnek a németség szervezése terén nagy mozgási lehetősége nincs, és így beszélgetésünk főként elméleti síkon mozgott. Én kezdettől fogva a nemzetiségi egyenjogúság elvét tettem a magamévá, mert mint erdélyi magyar ember így reméltem, hogy Romániában a magyarság szintén hasonló helyzetbe fog jutni. Ma is vallom, hogy a magyarországi nemzetiségi kérdés megoldásától függ elsősorban a környező államokban maradt magyarság sorsa. A magyarországi német mozgalomban ebben az időben egy nagy társadalmi evolúciót láttam. Részint abban a tudatban voltam, hogy az akkori magyar rendszer urai a magyarországi német népi mozgalom vezetőiben nem annyira a németeket, mint inkább a parasztszülők felemelkedő gyermekeit gyűlölik. Ezek a szempontok határozták meg a magatartásomat a magyarországi német kérdésben. A magyarországi német kérdésben és a többi nemzetiségek kérdésében is az volt az álláspontom, hogy tisztázzuk őszintén és nyíltan a magyarországi németség és magyarság, valamint a többi nemzetiségek viszonyát. Azok, akik németeknek vagy más nemzetiségűeknek vallják magukat, kapják meg a nemzetiségi jogokat, viszont akik a magyarsághoz csatlakoznak, ennek a csatlakozásnak vonják le minden következményét. Ezért a parlamentben később képviselőségem idején nyíltan agitáltam a becsületes névmagyarosítás mellett, ami abban az időben a németországi lapokban visszatetszést keltett.

BASCH FERENC az elmúlt években egy alkalommal megemlítette előttem, hogy beszédeiben a nemzetiszocialista kifejezést nem használja. Bácska elfoglalása után említette, hogy az ottani németség vezetői agresszíven léptek fel a magyarsággal szemben és ő ment le népgyűlésen lecsillapítani az embereket. Említette, hogy az összes német népcsoportok vezetőit mind Berlinből nevezték ki, egyedüli ő, aki nem Berlinből kapta a kinevezést. Bácska elfoglalása után hallottam beszélni, hogy BASCH bukott ember és helyette egy bácskai, vagy bánáti németet hoznak Volksbund-vezetőnek Magyarországra. Ezeket nagy részben BASCHtól magától hallottam, hogy mennyiben felelnek meg a valóságnak, azt ellenőrizni nem volt módomban. Máskülönben a Volksbund belső vezetését egyáltalán nem ismerem.

Egyéb előadnivalóm nincs, vallomásomat elolvasás után aláírásommal megerősítettem.

GYOPÁR MIKLÓS, detektív MESTER MIKLÓS, tanú

13) SPIELER KLÁRA, 1945. október 19

Neve: SPIELER KLÁRA
Születési ideje: 1906. december 1.
Szülőhelye: Budapest
Lakóhelye: VII., Erzsébet krt. 17.
Családi állapota: elvált
Vallása: r. k.
Foglalkozása: fényképész
A terhelthez, valamint az ügyben egyébként érdekeltekhez való viszonya: érdektelen.

1928. augusztus végén a Décsi-moziban egy előadás alkalmával mellettem ült dr. BASCH FERENC. A következő hét ugyanaznapi előadásán ismét egymás mellé kerültünk. Megismétlődött ugyanez a harmadik héten, szeptember 6-án is. Az első két találkozás merő véletlen volt, míg a harmadik találkozás részemről kissé szándékos volt. Ezen a harmadik találkozáson történt megismerkedésünk.

Ettől az időtől kezdve rendszeresen találkoztunk, előre megbeszélve a találkozások terminusát. Kb. 4-5 héttel megismerkedésünk után tudomására hoztam BASCHnak életkörülményeimet. Zsidó származásomat már első beszélgetésünk alkalmával közöltem vele, ugyanis éreztem kiejtésén az idegen akcentust és kérdésemre BASCH kijelentette, hogy a Német Népművelődési Egyesületnek a titkára és többet használja a német nyelvet, és ennek következtében érezhető az idegen kiejtés. Én erre felajánlottam, hogy beszéljünk németül, mert a nyelvet bírom. BASCH kérdésére azután elmondtam, hogy nyelvtudásomra zsidó származásom és tanulásom révén tettem szert.

Ismeretségünk tisztán érzelmi vonatkozású volt, amiből - tekintettel arra a szakadékra, ami az általunk elfoglalt két véglet között volt - igyekeztünk a politikát kiküszöbölni. Politikai vonatkozású eseményekről csak epizódokból és elejtett kijelentésekből szereztem tudomást.

BASCH FERENC állandó rettegésben élt. Állandóan hangoztatta, hogy minden lépése megfigyelés alatt áll. Ennek okául azt jelölte meg, hogy a németek nincsenek vele megelégedve. Kijelentette, hogy a német utasításokat negyedrészben sem teljesíti, mert ellenkeznek a felfogásával. Én igyekeztem őt ilyen kijelentései alkalmával befolyásolni, hogy szakítson politikai szereplésével. Hivatkoztam arra, hogy nem százszázalékos meggyőződéssel áll a helyén, hivatkoztam a velem való kapcsolatára, betegségére. BASCH válaszában hivatkozott arra, hogy a svábokhoz és munkatársaihoz való ragaszkodása miatt nem léphet vissza. Félt a visszalépéstől azért is, mert meggyőződése volt, hogy a németek ebbe simán nem egyeznének bele és ebből kifolyólag reánézve súlyos következmények származnának. BASCH a mozgalommal - véleményem szerint - kulturális és népi célokat kívánt megvalósítani és szolgálni. Céljának megvalósításától a háborús események térítették el és sodorták a szélsőségek felé. A saját személyében tartózkodott a formaságoktól, az egyenruhától, a horogkereszt viselésétől, a náci köszöntési formától, azonban környezetének hatása alól nem vonhatta ki magát. Több alkalommal mesélte, hogy gyűlések alkalmával megjelent náci-német tisztek köszöntését kénytelen volt karlendítéssel viszonozni.

Véleményem szerint BASCH gyáva volt és nem volt meg benne a kellő határozottság, és ez akadályozta meg abban, hogy a politikai szerepléstől visszalépjen. Az általam előadottak BASCHra mint emberre vonatkoztak. Politikai magatartására vonatkozólag őt nem ismertem.

Egyéb előadnivalóm nincs, vallomásomat elolvasás után aláírásommal megerősítettem.

GYOPÁR MIKLÓS, detektív SPIELER KLÁRA, tanú

14) Dr. BÁRDOSSY LÁSZLÓ, 1945. október 22

Neve: dr. BÁRDOSSY LÁSZLÓ
Születési ideje: 1890. december 10.
Szülőhelye: Szombathely
Lakóhelye: Népügyészség Fogháza
Családi állapota: nős
Vallása: r. k.
Foglalkozása: nyug. miniszterelnök
A terhelthez, valamint az ügyben egyébként érdekeltekhez való viszonya: érdektelen.

Dr. BASCH mint miniszterelnökhöz jött el hozzám, PATAKY államtitkár kíséretében. Ezt követőleg emlékezetem szerint még kétszer-háromszor járhatott nálam. Mindig hivatalosan, PATAKY államtitkár, vagy helyettesének társaságában. Emlékezetem szerint panaszokkal hozakodott elő, a hazai németséggel szemben tanúsított bánásmód miatt (csendőri atrocitások). A panaszoknak több esetben volt alapja, és ezért intézkedésre kértem fel a vele megjelenő tisztviselőt. A kapott hivatalos információk (PATAKY, vagy hivatala) alapján az a benyomásom, hogy BASCH iparkodott egyfelől érvényesíteni a hazai németségnek az ún. bécsi egyezményre alapított kívánságait, másfelől arra törekedett, hogy a hazai németség a követelések tekintetében ne menjen túl messzire. BASCH a hivatalos érintkezésnél a megfelelő formát minden alkalommal betartotta.

Miniszterelnökségem alatt benyomásom szerint a Volksbund tagjainak túlnyomó többsége nemzetiszocialista ideológiát vallott és a népi jogok követelése terén többször mutatott türelmetlenséget. Miniszterré történt kinevezésemet megelőzően több mint tíz éven át megszakítás nélkül külföldön tartózkodtam és azért a hazai németség szervezkedéseinek előzményeit, a mozgalom kibontakozását nem ismerhettem. Az ún. bécsi egyezményről tudtam, és tudtam azt, hogy a Volksbund erre az egyezményre alapítja létét és törekvését. A bécsi egyezmény előzményeit illetően úgy gondolom, hogy ezt az egyezményt a német kormány kívánta Magyarországtól és Romániától azért, mert Erdély kérdésében a döntőbíró szerepét hajlandó volt elvállalni. Az kétségtelen, az iniciatíva az egyezményre német részről indult.

Egyéb előadnivalóm nincs, vallomásomat elolvasás után aláírásommal megerősítettem.

GYOPÁR MIKLÓS, detektív BÁRDOSSY LÁSZLÓ, tanú

15) VEESENMAYER EDMUND, 1945. november 12

Neve: VEESENMAYER EDMUND
Születési ideje: 1904. november 12.
Szülőhelye: Bad Kissingen
Lakóhelye: utolsó: Budapest, Úri u. Német követség
Családi állapota: nős
Vallása: r. k.
Foglalkozása: diplomata.

Dr. BASCH FERENCet Berlinben ismertem meg, ha jól emlékszem 1942-ben vagy 43-ban, egy szolgálati ügyből kifolyólag. Mialatt Budapesten német követ voltam, BASCHsal mindössze három-négy ízben volt dolgom. Egyszer jelen voltam Bonyhádon a német kisebbségi ünnepen, ahol BASCH beszédet tartott. Egy másik alkalommal egy német kitüntetést kellett volna átnyújtanom BASCHnak, amelyet a német népi nevelésért kapott, és a kiküntetés átnyújtására az előkészületek meg is történtek, de BASCH nem jelent meg betegségre hivatkozva, majd a következő napon ugyanazt a kitüntetést WINKELMANNtól vette át. Úgy látszik, engem nem tartott illetékesnek annak átnyújtására. A német és magyar kormány SZTÓJAY alatt 1944 áprilisában vagy májusában egy megállapodást kötött egymással a Volksbundhoz tartozó tagoknak a német fegyveres SS-be történő besorozására vonatkozólag. Ebből az ügyből kifolyólag akkor BASCHsal hivatalos összeköttetésben állottam. Ez a kormányközi megállapodás HIMMLERnek egy, a külföldön élő német népcsoportok megerősítése és összetartása érdekében kiadott rendelete keretében történt. Arra a kérdésére, hogy BASCH szívesen hajtotta-e végre HIMMLERnek ezt az utasítását, azt kell felelnem, hogy míg egyrészről a németek felé kétségtelenül engedelmesnek mutatkozott, addig másrészről befelé úgy vettem észre, hogy nem örül ennek az utasításnak, mert ez az utasítás gyengíti a német népcsoportot azáltal, hogy a katonakötelesek kimennek az SS-be, ami által elvesztik magyar állampolgárságukat, így BASCH elveszíti őket, mint tagokat.

Nem hiszem, hogy az NSDAP-nek tagja lett volna, sőt majdnem lehetetlennek tartom, és ahogy én őt megismertem, az volt az érzésem, hogy nem típusa a nemzetiszocialistának sem. Nem volt az az ember, aki a parancsokat vakon hajtja végre, hanem gondolkodott és kritizált. Valószínűnek tartom, hogy a nemzetiszocialista gondolat egyes részeit szorgalmazandóknak tartotta, más vonatkozásaival pedig magyar állampolgárságára és részbeni magyar voltára tekintettel nem tudott megalkudni. Egy intenzív belső életet élő embernek ismertem meg. Német részről majdnem kizárólag WINKELMANNal volt hivatalos dolga.

Vallomásomat német nyelven tettem, azt kihallgató rendőrtiszt magyar nyelvre fordítva diktálta gépbe, s miután a hites tolmács visszafordította német nyelvre, tartalmát nekem megmagyarázta, azt helybenhagyólag aláírom.

Felvette:

dr. TAKÁCS	dr. BALASSA ERIK	VEESENMAYER
r. őrnagy	r. őrnagy, hites tolmács	tanú

16) WINKELMANN OTTÓ, 1945. november 12

Neve: WINKELMANN OTTÓ
Születési ideje: 1894. szeptember 4.
Szülőhelye: Bordesholm
Lakóhelye: Berlin-Charlottenburg
Családi állapota: nős
Vallása: protestáns
Foglalkozása: rendőrtábornok.

BASCH FERENC dr.-t 1944 áprilisában ismertem meg. Én magam figyelmeztettem őt magyar állampolgári kötelességeire. BERGER tábornok, akinek a német kisebbségek vezetői alá voltak rendelve, BASCHsal elégedetlen volt, míg példaképül a román népi német vezetőt, SCHMIDT ANDRÁSt, saját vejét állította oda. Én magam BASCHt a németek szempontjából megbízhatónak ítéltem meg, aki a parancsoknak eleget tett. Ha vonakodott az utasításoknak eleget tenni, úgy ezt annak tudtam be, hogy félti a Volksbund-tagokat, mert az SS-be való bevonulásukkal elveszíti őket és ezáltal saját pozíciója gyengül. Felmerült egy ízben a kérdés, hogy ő a kisebbségek államtitkára legyen, amit ő szeretett volna is, én azonban lebeszéltem, mert nem tartottam erre alkalmasnak. Általában az a véleményem, hogy felvágós ember volt, aki magát nagy vezetőnek szerette kijátszani, bár valójában nem volt az. Arról nem tudok, hogy az NSDAP-nek tagja lett volna, és arra a kérdésére, hogy nemzetiszocialista volt-e, azt felelem, hogy a szívébe nem láttam bele, de fel kell tételeznem, hogy az volt, mert úgy tett és annak vallotta magát.

Azt tagadom, hogy BASCH alám lett volna rendelve, HIMMLERtől kapott ugyan utasításokat, de nem általam, hanem LORENZ tábornok útján.

BASCHra vonatkozólag egyéb lényeges körülményt előadni nem tudok. Vallomásomat német nyelven tettem, azt eljáró rendőrtiszt magyarul gépbe diktálta, a hites tolmács visszafordította német nyelvre. Miután vallomásommal egyezőnek találtam, a jegyzőkönyvet helybenhagyólag aláírtam.

Felvette

dr. TAKÁCS	dr. BALASSA ERIK	WINKELMANN OTTO
r. őrnagy	r. őrnagy, hites tolmács	tanú

17) SZÁLASI FERENC, 1945. november 28

Jegyzőkönyv, felvétetett a Magyar Államrendőrség Budapesti Főkapitányság Politikai Rendészeti Osztályán 1945. november 28-án.

Jelen vannak alulírottak:

Dr. ACZÉL ENDRE népügyész,

IPOLYVÖLGYI ILONA jegyzőkönyvvezető,

SZÁLASI FERENC tanú előadja a következőket:

BASCH FERENC ügyében előadom, hogy nevezett HIMMLER alá volt rendelve tudomásom szerint és nem RIBBENTROPnak. HIMMLER volt a német rendszer gerince, véleményem szerint. Magyarországi megbízottja tudomásom szerint WINKELMANN volt. Hogy WINKELMANN BASCHsal milyen viszonyban volt, azt nem tudom. 1940 októberében BASCH HIMMLER követelésére hivatkozva azt a kérelmet intézte hozzám, hogy írásban adjak neki pártrendelkezést arra vonatkozólag, hogy német ajkú nem lehet a nyilas párt tagja, és egyben ajánljam az illetőknek a Volksbundba való belépést és egyáltalában német ajkúakat ne szervezzek. Én kéréseinek eleget nem tettem, emiatt a viszony elhidegült közöttünk. Csak 1943-ban találkoztunk azután. 1944 végén egy alkalommal BASCH arra akart rávenni, hogy egyezzek bele abba, hogy minden német ajkú önkéntes jelentkezés nélkül automatikusan a Volksbund tagja legyen. Ennek a kérésnek sem tettem eleget. Az az érzésem, hogy BASCH kényszerhelyzetben volt és nem meggyőződésből cselekedett.

1944 nyarán GOLDSCHMIDT akkor érkezett Németországból (nevezett, úgy tudom, helyettese volt BASCHnak) és mondotta, hogy HITLER beszédet tartott német tisztek avatásán. Ekkor azt mondotta, hogy sajnálkozása dacára kénytelen lesz olyan fegyvert alkalmazni, amely 14 nap alatt a háborút befejezi német győzelemmel, és kikerülhetetlen, hogy ártatlan emberek is áldozatul essenek. Ezen összejövetelen hárman voltunk jelen, kívülem BASCH volt ott. Azért jöttünk össze, hogy megvitassuk az általános helyzetet, s a SZTÓJAY-kormány helyzetét. Részletek a naplóban.

Jegyzőkönyv jól van felvéve. Kmf.

Dr. ACZÉL, népügyész	SZÁLASI FERENC, tanú

II. BUDAPESTI NÉPÜGYÉSZSÉG

A. Tanúkihallgatási jegyzőkönyvek

1) NAGYSZÉKELYI-KECK ANTAL (1945. november 7)

Jegyzőkönyv, felvétetett a budapesti népügyészségen, 1945. november hó 7. napján, BASCH FERENC ellen indított háborús bűnügyben.
Jelen vannak: dr. KÁTAI MIKLÓS népügyész,
SZENYÁN RÓZSA jegyzőkönyvvezető.

Dr. NAGYSZÉKELYI-KECK ANTAL, Gyönk, 1906. augusztus 4-én született, nős, ügyvéd, anyja neve: GROSCH KAROLA, budapesti (Vas u. 7. sz. alatti) lakos, érdektelen tanú:

BASCH FERENCcel, illetve a Volksbunddal csak annyi kapcsolatom volt, hogy mohácsi jelöltsége[m] idején volt alkalmam tapasztalni a volksbundisták terrorját a nem közéjük tartozó sváb lakossággal szemben. Megemlítem, hogy 1940-41 telén MÁLNÁSI ÖDÖN összehívta a németnyelvű nyilas képviselőket sürgönyileg. Ott voltunk: JANDL, TAUFFER, EITNER ÁKOS, ZIMMER, KRANCZ RAJMUND, LILL JÁNOS és én. Itt MÁLNÁSI előadta, hogy HITLERhez feliratot szándékozik küldeni, melyben felajánlják az aláírók, hogy szolgálataikat a Führer vezérlete alatt a Duna-medence nemzetiszocialista újrarendezésére, a magyar nép üdvére, a németség dicsőségére fogják kifejteni. A jelenlévők többsége elutasította a tervet, mire MÁLNÁSI összetépte tervezetét és kijelentette, hogy tekintsük tárgytalannak, és közölte velünk, hogy ez az ő egyéni akciója és SZÁLASI nem tud róla. De véleményem szerint ez aligha volt igaz, sőt kizártnak tartom, hogy erről SZÁLASI nem tudott. SZÁLASI FERENC ebben az időben még németbarát érzelmű volt, később 1942-43-ban, amikor a németek vele szemben, illetve a nyilaspárttal szemben, melyet nem tartottak elég komolynak, előnyben részesítették Imrédyéket és a BAKY-PÁLFFY csoportot, lett németellenes, később amikor a németek ráfanyalodtak mégis, csak akkor lett újra szenvedélyes németbarát.

Egyebet előadni nem tudok, vallomásom jól van fölvéve.

Dr. KÁTAI MIKLÓS	NAGYSZÉKELYI-KECK ANTAL
Népügyész	tanú

2) SPIELER KLÁRA (1945. november 21)

Jegyzőkönyv, felvétetett a budapesti népügyészségen, 1945. november hó 21. napján, BASCH FERENC elleni bűnügyben.
Jelen vannak: dr. KÁTAI MIKLÓS népügyész,
SZENYÁN RÓZSA jegyzőkönyvvezető.

Megjelenik: SPIELER KLÁRA, 1906. december 1-én [született] Budapesten, fényképésznő, budapesti, Erzsébet krt. 17. sz. alatti lakos, r.k. vallású, elvált, érdektelen tanú, a törvényes figyelmeztetés után az alábbiakat adja elő:

BASCH FERENCet 1928 szeptembere óta ismerem. Ez a komoly és mély érzelmi kapcsolat 15 esztendeig tartott, és ezen idő alatt BASCH FERENC hűségesen és becsületesen kitartott mellettem, dacára, hogy ez számára az utolsó évek során mindig fokozottabb veszélyt jelentett, tekintettel zsidó származásomra.

Ez alatt a hosszú idő alatt én benne egy jó és érző szívű, becsületesen gondolkozó, nagy idealistát ismertem meg, akit környezete nagyon szeretett, és akire szociális és igazságos gondolkodása miatt minden alkalmazottja rajongással tekintett.

Életmódja a lehető legegyszerűbb volt. Albérleti szobáját 15 éven keresztül megtartotta, otthon könyvei között érezte magát legjobban, és onnan távol tartott minden politikát. Nem volt nagyravágyó, inkább szerény, őszinte és egyáltalában nem politikus természetű. Inkább irodalmi tevékenység felé hajlott, egy nagy regény körvonalai éltek benne, apróbb novellákkal is próbálkozott, ha jól emlékszem a Nyugatnál, de sajnos eredménytelenül.

A népet, és ezalatt nem a németek, hanem a hazai svábjai értendők, imádta. Ez volt a családja és ez pótolta a népes otthont, szülőt, gyermeket nagy magányában. Az úgynevezett nagynémet birodalom iránt nem volt különösebb nagy szimpátiával. A Volksbund élére tudtommal azért került, mert erre ott egy nagyon fontos ok miatt az illetékesek a legalkalmasabbnak találták. Az ok az volt, hogy a börtönbüntetését felhasználva a mártíromság glóriáját tudták feje fölé fonni, másrészt kihasználták népe iránt érzett vak szeretetét és elhitették vele, hogy az élen jobban hasznára lehet, mint a háttérben. Tudták, hogy a nép is szereti és hallgat rá, és az nagyon fontos körülmény volt.

Ettől kezdve élete pokollá változott. Örökös rettegésben és félelemben élt és erre elég oka is volt.

A német kívánságokat elodázta és lehetőleg nem teljesítette, így például nem foglalt állást a zsidókérdésben, pedig erre elég gyakran több oldalról is felszólították.

Németországi utazásait a lehető leghosszabb ideig húzta, halasztotta. Előtte a szó szoros értelmében ápolásra szoruló idegállapotban volt. Tőlem és háziasszonyától mindig úgy búcsúzott, mint aki talán nem jön vissza, többször szóbelileg végrendelkezett. Ismerte a németek elintézési módjait azokkal szemben, akikről kiderült, hogy nem 100%-osak és ez nála még súlyosbítva volt hozzám való kapcsolatával. Rettegése itthon sem szűnt meg, folyton Gestapo-kémektől tartott, akik megbízhatatlansága miatt figyelték. Tőlem a legnagyobb óvatosságot kérte, attól is félt, hogy esetleg engem elhurcolnak.

Többször próbálkozott lemondással, mindig eredménytelenül. Bármire is hivatkozott, nem fogadták el és tovább kényszerítették a neki nem megfelelő szerep betöltésére.

A német győzelembe vetett hite csak csekély volt és egyre csappant. Az olasz partraszállás után pedig egyenesen kijelentette, hogy most már biztosan elvesztették a németek a háborút.

Miért maradt mégis a süllyedő hajón, magam sem értem. Talán nem akarta elhagyni munkatársait és félt attól is, hogy még mindig utóléri a Gestapo keze.

Az utolsó és kritikus évben megszakadtak találkozásaink. Titkárnője, aki 19 esztendős volt, beleszeretett, és ebbe az új érzésbe narkózist keresően vetette bele magát az ekkor 44 éves férfi. Tőlem elzárva egyedül maradt, nem tudom, mi irányította további elhatározásait.

Engem az utolsó pillanatig támogatott, fontos élelmiszercsomagokat juttatott hozzám egész addig, amíg én a körülmények folytán eltűntem és hollétemet senkivel nem közöltem.

Egyebet előadni nem kívánok, vallomásom jól van fölvéve. Kmft.

Dr. KÁTAI MIKLÓS — SPIELER KLÁRA
népügyész — tanú

B. Dr. Basch Ferenc kihallgatási jegyzőkönyve

Jegyzőkönyv. A budapesti népügyészségen felvétetett 1945. november 22. napján.
Jelen vannak: dr. KÁTAI MIKLÓS népügyész,
SZENYÁN RÓZSA jegyzőkönyvvezető,
Dr. BASCH FERENC, szül. 1901 július 13-án Zürichben.

A rendőrségi vallomásomat fenntartom. Pótlólag előadom az alábbiakat:

1943-ban JAGOW német követ kívánsága ellenére megtagadtuk azt, hogy FARAGHO moszkvai katonai attasé Oroszországról szóló könyvét németre lefordítsuk és a Kultúra kiadásában kiadjuk, azért, mert 1943 végén, amikor ez történt, már az volt a véleményem, hogy orosz-német különbéke szükséges, és nem akartunk ennek a lehetőségnek ártani. Másik alkalommal 1944 januárjában a propagandaminisztérium antibolsevista kiállítást akart rendezni a nagyobb magyar városokban. Ezt is elodáztuk, mert a tervezett orosz-német különbéke szempontjából nem tartottuk kívánatosnak. Nem is kaptuk mi meg a propagandaminisztérium anyagát, hanem később a németek bejövetele után a magyar hatóságoknak küldötték el az anyagot és azok rendezték meg a kiállítást. 1939-ben 5000 példányban kiadta a Kultúra NÉMEDI LAJOS "A németség magyar szemmel" című könyvét németül, a könyvet én fordítottam le németre, ugyanezt a könyvet második kiadásban 7000 példányban, 1942-ben. Célom az volt vele, hogy a németországi németeket rávezettem volna arra, hogy melyek a jogos magyar igények, hol sérttettek ezek meg ezer éven keresztül, úgy történelmileg, mint gazdaságilag és szellemileg. Ezzel tehát a magyar szempontok megismertetését akartam szolgálni a németek között.

KÁLLAYval két hosszabb beszélgetésem volt azokon kívül, amelyekről már beszéltem, egyikben a magyar-német szimbiózisra tettem javaslatokat, a másikban KÁLLAY arra kért, hogy a lehetőség szerint még jobban függetlenítsem magam a birodalmi befolyásoktól. Én meg is ígértem neki, de közöltem, hogy ha ezt túlzásba viszem, akkor a németek rá fognak jönni magatartásomra, amire KÁLLAY azt válaszolta, hogy "úgy függetlenítsd magad, hogy rá ne jöjjenek".

Erre, illetve ezekre a dolgokra vonatkozólag tanúként megemlítem: HÓMAN BÁLINTot, ANTAL ISTVÁNt, dr. MESTER MIKLÓSt és MATOLCSY MÁTYÁSt, ezekkel azt akarom igazolni, hogy milyen volt az én viszonyom a magyarsághoz, illetve Magyarországhoz, és hogy milyen taktikával tudtam csak a radikálisabb munkatársakat a krízis idejében megnyugtatni.

A Magyarország és Németország között megkötött négy egyezményről a következőket tudom:

1940-ben a bécsi döntéssel párhuzamosan kötötték meg azt az egyezményt, amelyben a magyar kormány kötelezi magát arra, hogy a Volksbund működését elősegíti, és egyben a magyar kormány hozzájárul ahhoz, hogy a német birodalom hivatalosan kulturális téren szabadon érintkezhessék a népcsoporthoz tartozókkal. A nemzetiszocialista világnézet ezzel létjogosultságot nyert, és ettől kezdve azok, akik hajlamosak voltak rá a Volksbundban, nemzetiszocialistáknak vallották magukat. De nem mindenki. Az idősebb generáció, úgy a vezetőségben, mint a népben, mely óvatosabb volt, vagy mert megvolt a saját világnézete, nem vallotta magát nemzetiszocialistának mindvégig. Én sem, és ezt kifogásolták is nálam, főleg a bácskaiak visszatérése után. A másik egyezményt 1942-ben kötötték, amelyben Németország jogot kapott toborzásra az SS-be. A toborzásban részben szerepe volt a Volksbundnak is, a Volksbund közvetítette a jelentkezési feltételeket. A harmadik egyezmény a második egyezmény meghosszabbítása volt 1943-ban. A negyedik egyezmény 1944 áprilisában, vagy valamivel később köttetett, ebben már nem önkéntes jelentkezés alapján toboroztak, mint az előző megegyezések szerint, hanem a magyar kormány az egész német népcsoportot a német hadsereg rendelkezései alá helyezte. A német hadsereg sorozási szabályai szerint. A kormány, a magyar kormány azonban kikötötte magának, hogy ő jelölje meg a gyakorlatban, hogy kit tekint németnek. Az SS megszerezte a választói névjegyzékeket, a Volksbundtól pedig bekövetelte a tagok listáját, a Volksbund ezt ki is adta. Ezekből és a választói névjegyzékekből az SS kiírta a német nevű személyeket és ezeket felterjesztette a kormányhoz. A kormány a jegyzőségekhez küldötte azokat, és csak a jegyzők által elismert németeket engedte soroztatni. A jegyzők azokat ismerték el, akiket akartak, németeknek, ez függött a jegyző bátorságától, világnézetétől, magyar érzésétől is. Olyan esetek is voltak, amikor a jegyzők egyszerűen németnek minősítettek olyanokat, akik német anyanyelvűek voltak, de nem voltak Volksbund-tagok, akik ezért ezt a tényt ellenállással fogadták. Ennek a sorozásnak a lebonyolításában a Volksbundnak már semmi szerepe nem volt. Ettől kezdve búcsúztatásokat sem tartottunk.

A VOMI egy Berlinben székelő szervezet volt, arra a célra, hogy közvetítsen valamennyi német népcsoport és a birodalmi kormányszervek között, továbbá, hogy bizonyos tárgyalásokat folytasson a népcsoportok illetékes hatalmi kormányaival. Ennek az elnöke LORENZ volt, aki a magyar kormánnyal, illetve annak tagjaival is több ízben tárgyalt. LORENZék, illetve a VOMI készítette elő a tárgyalás anyagát. Mi az utasításokat, amennyiben ilyeneket kaptunk, a VOMI-tól kaptuk. A német követ is többször utasított minket a bécsi szerződés után. Az én beszédeimet is előzetesen a német követnek kellett bemutatni JAGOW óta. A Deutsche Zeitung szerkesztésébe is beleszólt, és bizonyos cikkek megjelentetését előírta.

Az illegalitás idején a németországi támogatást a VDA-tól kaptuk, többnyire könyvek, kották formájában, és zeneművek formájában, melyeket itt eladtunk. A bécsi döntéstől kezdve ezeket nyíltan kaptuk. A VDA akkor összeolvadt a VOMIval, illetve ugyanazt a vezetőt kapta. A pénzsegélyek összegét nem tudom megmondani, ezeket dr. BIRKÁS GÉZA tudná, vagy a pénzügyminisztérium, mely a Nemzeti Bank útján ezeket az átutalásokat engedélyezte. Az összegeket azonban én azért nem tudom, mert a gazdasági ügyek intézője GOLDSCHMIDT volt. Arra emlékszem, hogy az 1944. évben az utolsó hónapokban 800.000 pengőt kaptunk egy hónapban, mert akkor már sok iskolát tartottunk fenn.

A magyarországi németségből a Volksbund tagjai voltak: Dél-Bácskában 80%, Erdélyben 95%, Szatmárban talán 10%, Dunántúlon 25% és a Vértes-hegységben 15-20%, Pest környékén a legkevesebb, Nyugat-Magyarországon kb. 50% lehetett. Pest környékén inkább a nyilaspártban voltak benn a németek. Nagyobb számban voltak közvetlenül a bécsi szerződés után, de amikor az SS-toborzás kezdődött, tömegesen léptek ki, és 1943-ban a harctéri helyzet rosszabbodása után még nagyobb tömegben léptek ki a németek a Volksbundból és azért is, mert a Volksbund nagy anyagi áldozatokat volt kénytelen tagjaitól követelni. Az Erdélyben és Dél-Bácskában kilépett tagok száma igen csekély volt. A Volksbund kiadásait, szervezési költségeket, fizetéseket, azonkívül a sajtókiadásokat a Volksbund-tagdíjakból tudtuk fedezni, sőt a Bácska három területet is el tudott tartani saját hozzájárulásaiból. A németországi támogatás felhasználása szigorúan körül volt írva és meg volt határozva, mégpedig iskolákra, szociális kiadásokra és a házvételekre. Ha a Bácskát hozzászámítjuk, akkor a megnövekedett ország német össznépességének legfeljebb egyharmada lehetett volksbundista. 200.000 Volksbund-tag volt a maximum, ha azonban az összes családtagokat és hozzátartozókat hozzászámítjuk, akkor közvetlen a bécsi döntés után beszélhetünk 300.000 tagról, tehát az össznémet népesség egyharmadáról. A csekély létszám oka az volt, hogy mi nem folytattunk ellenzéki belpolitikát. Az SS-be 1942-ben emlékezetem szerint 17.000 SS[-önkéntes] jelentkezett, ezek közül 12.000 a Bácskából, 1943-ban valamivel kevesebb jelentkezett emlékezetem szerint, ekkor is a bácskaiak nagyobb számban jelentkeztek mint másutt. 1944-ben nem tudom a besorozottak számát, egyesek szerint 50.000 volt, mások szerint 80.000-t is kitett a számuk.

HIMMLER 1942-ben való beszélgetésünk során, ahol előadtam a magyar aggályokat, biztosított engem arról, hogy a háború győzelmes befejezése után sem fogja Németország a magyar szuverenitást megsérteni, és érvként hozta fel azt, hogy ha a németeket kitelepítik innen, akkor a magyarság meg fog nyugodni. Obergruppenführer [BERGER] szerint, aki HIMMLER helyettese volt és a külföldi Waffen-SS megszervezője, terve az volt, hogy a háború után a délkelet-európai németséget vagy Magyarországon, vagy Romániában összetelepítik és a népcsoport élére ANDREAS SCHMIDT romániai népcsoportvezetőt teszik, aki az ő veje volt.

Egy más terv szerint a bánáti és esetleg a bácskai németeket egy különálló Gauba telepítették volna össze; főleg a Bánátban, ahol önkormányzatot nyertek volna. Állítólag NEUBACHER volt bécsi polgármester foglalkozott volna ezzel a tervvel. A Prinz Eugen-Land tervéről sohasem hallottam, nem hiszek benne, hogy ilyen terv volt, de nincs kizárva, hogy ezt a bánát-bácskai tervet így nevezték. WINKELMANN is hangoztatta előttem, hogy a magyaroknak semmi okuk nincs Németországtól félteni állami szabadságukat. De az természetes volt mindnyájunk előtt, hogy Magyarország beilleszkedik Németország európai terveibe, ami szerintem gazdasági és külpolitikai együttműködést jelentett volna a birodalommal.

Hogy a Volksbundban mennyire nem volt kötelező az úgynevezett német világnézet, azaz a nemzetiszocializmus, erre több bizonyíték van, például az is, hogy voltak nálunk a vezetőségben szabadkőművesek is, akik sosem voltak nemzetiszocialisták. Én soha nem engedtem meg, hogy valakinek a világnézetét kutassák, és végül a felekezeti embereket én mindenképpen előtérbe helyeztem. Azonkívül sok olyan intézményt nem honosítottunk meg, amelyet sok más délkelet-európai államokban már az első években az ottani népcsoportok meghonosítottak, így például nemzetiszocialista pártot nem szerveztünk, hanem megmaradtunk a kormánypárton belül. Rassenamtot nem szerveztünk, nem szerveztük meg a munkásságot a Deutsche Arbeitsfrontba. Nem hoztunk semmiféle utasítást az Erbhofrechtre. Nem adtunk ki világnézeti könyveket, mint a többiek, a keleti államokban. Ezt a németek azért tűrték, mert a délkelet-európai államok között Magyarországról tartották azt, hogy a legcsökönyösebben ragaszkodik szuverenitásához, és nem akarták a magyarokat megbántani. És ha én azzal érveltem, hogy a magyar kormány vagy a magyar közvélemény valamit zokon venne és németellenessé válna amiatt, akkor legtöbbször elállottak kívánságuktól.

A Schulungsbriefek valóban nemzetiszocialista nevelést nyújtottak az ifjúságnak, bár nem tartom azokat jelentős és mélyreható dolgoknak, de bizonyos az, hogy az ifjúságnál, amint azt a kormány előtt sem titkoltam, a nemzetiszocialista eszmét nem tudtuk háttérbe szorítani. Az ifjúság kétségen felül világnézetileg a nemzetiszocialista áramlattal sodródott, mint egész Európában a német ifjúság, és általában az ifjúságnak az a része, mely fogékony volt a nemzetiszocialista eszmék által kínálkozó előnyök és kiváltságok iránt.

A Südostdeutsche Rundschau története az, hogy ezzel ellensúlyozni akartuk ANDREAS SCHMIDT politikáját, mert az ő kelet-európai német imperialisztikus terveivel szemben, melyek a német keleti Európa-politika központjává a szászságot akarták tenni, szembe akartuk állítani azt a tényt, hogy Délkelet-Európának központja Magyarország volt. Ezt megbeszéltem a miniszterelnökséggel, és KÁLLAYval személyesen is, úgyhogy ő a Rundschau első számában cikket is tett közzé. Másik célunk ezzel az volt, hogy egyben német nyelven ismertessük a magyar kultúrát.

A nyilasokkal semmi kapcsolatban nem állottam soha, összesen háromszor beszéltem SZÁLASIval, de ezeket a találkozásokat a miniszterelnökség tudtára hoztam. Az első találkozás 1937-ben volt; aztán 1941-ben, azután 1944-ben. Ezeket a beszélgetéseket mindig ő kezdeményezte.

1941-ben azért találkoztunk, hogy megbeszéljük azokat a módokat, amelyekkel a Volksbund és a vidéki nyilas szervezetek közt tomboló harcot megszüntessük, ami azonban nem sikerült. 1944-ben SZÁLASI a német titkos fegyverekbe vetett hitét ecsetelte előttünk, és azt, hogy a kormányzóval találkozott. De arra már nem emlékszem, hogy a kormányzóval miről beszélt.

A Deutsche Zeitung politikáját dr. GOLDSCHMIDT irányította, és amennyire lehetett, igyekezett a követség befolyását csökkenteni. A német megszállás után, amikor a VOMI egy szerkesztőt küldött le Berlinből, aki alatt teljesen birodalmi befolyás alá került, GOLDSCHMIDT és én le akartuk venni nevünket a lapról, de ezt részben nem mertük megtenni, mert tudtuk, hogy a lapengedély a mi nevünkre szól, ha mi távozunk, új lapengedélyt kellett volna kérni, és ennek a következményeit nem mertük vállalni.

Nem felel meg a valóságnak, hogy akár a magyar, akár a német kormány az én hozzájárulásomat kérte volna a Waffen-SS-szerződésekhez, mert erre nem volt szüksége, ezeket a szerződéseket a magyar kormánnyal kötötte.

Liptódon 1940. november 7-én mondottam valóban beszédet, de nem mondottam azt, hogyha valaki ellenünk fordul, annak a torkára ugrok, nem beszéltem a német pénztámogatásról, nem beszéltem arról, hogy el kell menni azoknak onnan, akik nem németül beszéltek. Ugyancsak nem mondottam a

Volksbund eleki gyűlésén, hogy a terrorra terrorral felelünk, nem beszéltem zsidó bankokról, általában sohasem zsidóztam. A bonyhádi 1943. [1944.!] évi beszédem szövegébe a német követség beírta azt a kitételt, hogy "Kampf des Weltjudentums gegen uns", amit azonban én nem mondottam el, illetve nem olvastam le a beszédemben. A Deutsche Zeitungba átküldött szövegben is töröltem ezt a kitételt, csak azt nem tudom, hogy a Deutscher Volksbote című hetilapban is megtörtént-e a törlés, és nem felejtettem-e el annak szövegéből is törölni. Az köztudomású általában, hogy én soha antiszemita beszédet nem mondottam és cikket nem írtam.

A német megszállás után a Volksbund szerepe nem változott meg, én SZTÓJAYnál látogatást tettem, és azt mondottam, hogy nem használom ki ezt az új helyzetet, és nem kértem semmilyen téren több jogot, mint volt az előző kormányban nekünk. A belügyminisztertől csak egyet kértem: egy patikát KRIESZ SZIBILLA Volksbund-tag számára, de JAROSS még ezt a kérésemet sem teljesítette. Nem felel meg a tényeknek az, hogy a Volksbund bármilyen karhatalmat bocsátott volna a német megszállók rendelkezésére. Ha ilyesmi történt esetleg Bácskában, az én tudtomon kívül történt, de kétségbe vonom, hogy ilyes megtörtént volna. A SZTÓJAY-kormány nem is kért ilyen segítséget. A nyilas puccs idején nem volt semmi szerepünk, akkor már alig volt sváb férfi Magyarországon, illetve mind be volt sorozva az SS-be.

SZÁLASIt is mint miniszterelnököt meglátogattam, ez volt a negyedik beszélgetésem vele; vele is közöltem, hogy a nehéz helyzetre tekintettel a Volksbund részére nem kérek semmit. Egyben kifogásoltam nála azt, vagy még egy erre rá következő alkalommal panaszt tettem neki, hogy a pártnak államhatalmi joggal való felruházása hátrányossá teszi a Volksbund-tagok helyzetét a községekben, mert bizonyos közszükségleti cikkeket csak nyilas párttagoknak szolgáltatnak ki a hatóságok.

SZÁLASI megígérte, hogy ezeket a dolgokat orvosolni fogja; ez az utolsó beszélgetés, sorrendben az ötödik találkozásom SZÁLASIval 1937 óta, 1945 februárjában játszódott le Sopronbánfalván, illetve Brennbergben.

Megemlíteni kívánom, hogy SZÁLASI FERENC meggyőződéssel hitt a német titkos fegyverekben, főleg az atomrombolókban, és 1944 nyarán vele folytatott harmadik beszélgetésem alkalmával, mely GOLDSCHMIDT dr. lakásán történt, előadta, hogy mi is észrevehettük már, hogy bizonyos képek lehullanak a falról, ez atomrombolásnak is lehet a jele, mely úgy áll elő, hogy bizonyos embernek a gégéjét olyan hangrezgések hagyhatják el, amelyek nekimenve a képet tartó szögnek, azt szétrombolják. Meggyőződése szerint ilyen alapon folynak a német atomrombolási kísérletek és vezethetnek eredményre. Azt magyarázta, hogy ezek a hangrezgések is olyanok, mint az ultraviola sugár. Ebben ő mint katonatiszt rendületlenül hitt is. Nekünk GOLDSCHMIDTtel az volt a benyomásunk SZÁLASIról, hogy egzaltált embernek kell lenni annak, aki ilyen mértékben tud hinni ilyenszerű titkos fegyverekben.

Egyebet előadni nem tudok, vallomásom jól van fölvéve, azt helybenhagyólag aláírtam. Kmft.

Dr. KÁTAI MIKLÓS	SZENYÁN RÓZSA	dr. BASCH FERENC
Népügyész	jegyzőkönyvvezető	

C. Major leirata

Dr KÁTAI népügyész úrnak!
BASCH FERENC ügye

BASCH vallomása bagatellizálja a Volksbund szerepét. Az iratok közt fekszik a Volksbund szervezési szabályzata, de egyéb bizonyítékok is vannak arra, hogy a Volksbundban igenis kötelező volt a német nemzetiszocialista világnézet; és erre is nevelték tagjaikat és főleg az ifjúságot. Azt állítja, hogy fajhivatalt nem szerveztek, ezzel szemben a hivatalok listájában ez is szerepel. Ha azonban a Volksbund nem is honosított volna meg olyan intézményeket, amelyek más országokban a német nemzetiségűeknek megvoltak, ennek az az oka, hogy azok a németek által megszállott országok voltak, míg Magyarország 1944-ig mégiscsak szuverén ország volt, s különösen a KÁLLAY-kormány és KERESZTES-FISCHER alatt nem is grasszálhattak tetszésük szerint. Ez tehát nem BASCH mérsékletét mutatja.

Hogy az Erbhofrechtet nem valósították meg, ez képtelen érvelés, hiszen annyira nem lehettek állam az államban. A Südostdeutsche Rundschau valóban nem tartozott a leginkább uszító lapok közé. De már címe is mutatja, hogy nem a szuverén magyar államiság alapján állt, hanem egységnek a délkelet-európai németséget tekintette.

Tény az, hogy BASCH sokszor ellentétbe került SZÁLASIval, mint azt közölni fogom. Ez ellentétnek azonban éppen az volt az oka, hogy SZÁLASI nem akarta elfogadni BASCHnak a magyar államiságot túlságosan sértő követeléseit.

Arról nincs tudomásom, hogy BASCH zsidózott volna, viszont a Volksbund lapjai uszító szempontból az első vonalban álltak.

Rendőrségi [...] GRATZ [...]tani. Hogy ő keleti Svájcot szeretett volna itt csinálni, ez nem valószínű, mert HITLERnek nem ilyen ambíciói voltak. Ő nem egyenlő jogokat akart, hanem külön jogokat a németség részére. Egyébként az a gondolat már a totalitás jellegében [jegyében] fogant, hogy az alapítandó szervezetnek minden németet magában kell foglalnia. Ez ellentétben áll a demokratikus nemzetiségi politikával.

Evvel függ össze az is, hogy pártpolitikát az egyesület szerinte nem folytathatott. Az egész németség egy párt volt az ő elképzelései szerint, s a Volksbund ezt meg is valósította. Ha nem így volna, miért nem tudott megegyezni PINTÉR LÁSZLÓval? Kérem e kérdésre nézve GRATZ GUSZTÁVot a tárgyalásra megidézni. Kérem továbbá dr. OTTLIK LÁSZLÓ min. tan. kihallgatását. Hogy eltiltotta-e a "Heil Hitler" köszöntést, erre nézve kérem dr. BALLA PÁL kihallgatását.

Elismeri BASCH, hogy búcsúbeszédeket tartott a Waffen-SS-nél. Igen valószínűtlen, hogy egy önérzetes politikus hagyta volna, hogy a német követségen előírják, mit kell mondania. A Volksbund alapítására vonatkozóan meg kell jegyezni, hogy a németeknek volt már itt általános szervezetük, ezzel szemben alapították a Volksbundot, mert az nem volt nekik elég radikális. Ezt igazolni is fogom. Az kétségtelen, hogy KARMASIN Szlovákiában és mások mint német népcsoportvezetők sokkal csúnyább szerepet játszottak, mint BASCH. Ezek az államok azonban protektorátusok stb. voltak, s annyi önnállóságuk sem volt, mint Magyarországnak. A Deutscher Volksbildungsverein is védte a német kultúrát és népiséget, de nem szolgálta ki a német imperializmust. Ha pedig BASCH, mint mondja, a nemzetiszocializmust nem is hangoztatta, de a háborúra mindenképpen izgatott.

A legfontosabbnak az iratokból a pénzintézetekkel és vállalatokkal való kapcsolatokat tartom. Kérem ezekről másolatot készíttetni és osztályomba küldeni, mert más ügyeknél van rájuk szükség. Ha a főtárgyaláson ezekre vonatkozólag kielégítően tisztázódik a tényállás, ez az egész magyarországi német politika felderítésében segíthet.

A Prinz-Eugen-díj, amelyet a bécsi egyetem ítélt BASCHnak, tudományos érdemek jutalmazására szolgált, ezért ezzel a kérdéssel nem foglalkoztam.

BAJCSY-ZSILINSZKY 1942-ben a következőket mondta a képviselőházban:

"A pénzügyminiszter úr azt a 6-8 milliót, amit BASCHék követelésére a magyar adófizetők pénzéből a Volksbund német iskoláira kíván áldozni, inkább magyar célokra adja... A Volksbund ne feszítse túl a magyar nép türelmét. Ne kíséreljék meg a német lovagrendnek oly csúfosan végződött belső lázadását a magyar szuverenitás ellen. Sváb-Törökországot akarnak Magyarországon, mint önálló német nemzetiségi területet? És FRANZ BASCH Führer úr rendeleteket bocsáthat ki a magyar államban?"

A *Deutsche Forschungen in Ungarn* c. tudományos folyóiratra vonatkozóan a *Külügyi Szemle* kifogásolja, hogy minden magyar helynevet németül is ír, mint Tolnau, Schomodei, Kremling, Bonnhard, Jahrmarkt, Manock stb.

A *Nemzeti Újság* 1939.VII.21-i száma szerint BASCH a Kárpátalján népgyűléseket rendezett, amelyekre szavalókórust vitt magával Budapestről. Hivatkozik a *Kárpáti Híradó*ra, amely szerint BASCHék hiába igyekeznek a kárpátaljai németséget elidegeníteni a magyarságtól.

A bonyhádi német népcsoport HITLER-ünnepéről a *Magyarság* 1944.IV.25-i száma tudósít. Itt BASCH a következő beszédet tartotta:

"A német nép és a vele szövetséges fiatal nemzetek ma már nem csupán puszta létükért harcolnak, hanem az élet értelméért is. Németország és Hitler Adolf nélkül Európa már régen áldozatul esett volna az európai kultúra megsemmisítésére törekvő ázsiai hordáknak. A német birodalom sorsa tehát Európa sorsa is. Éppen ezért az európai népek előtt ma már csak két választás áll: győzelem vagy halál. A jelenlegi helyzetből csak egy ember vezetheti győzelemre Európa népeit: Hitler Adolf. Hitler azért küzd, hogy megmentse Európát a közös ellenségtől."

Ezután a magyarországi németség törhetetlen hűségét hangoztatta a Führer iránt. Örömmel emlékezett meg arról a fordulatról, amely néhány héttel azelőtt következett be. Éles szavakkal fordult azok ellen, akik nem akarnak részt venni az élet-halál küzdelemben. A legelső kötelesség a háború szolgálatába állítani minden erőt. Mindenkinek kötelessége vakon engedelmeskedni és hűséggel harcolni.

Az ünnepélyen résztvett TASNÁDI NAGY, VEESENMAYER, RÁTZ JENŐ stb. Mindez nem igazolja, hogy BASCHnak nem volt köze a nemzetiszocializmushoz.

1938-ban egy röpiratot terjesztettek német részről BASCHnak "fajgyalázó viszonyáról". A röpirat tulajdonomban van. Ugyancsak a birtokomban van a magyar-német kisebbségi egyezmény eredeti szövege 1940-ből. Az egyezményt magyar részről Csáky és TELEKI írták alá. Benne van, hogy a kormány a németeknek biztosítani fogja a Németországba való átköltözés lehetőségét.

Birtokomban van az említett Volkskameradschaftról szóló külügyminiszteri jelentés. Ennek vezetői voltak HUSS és BASCH. HUSS szerepére vonatkozóan kérem kihallgatni dr. PUKÁNSZKY BÉLÁt, a német nyelv és irodalom egy. ny. r. tanárát. A Volkskameradschaft a Deutsches Auslandsinstituttal és a Volksbund für das Deutschtum im Auslanddal állt szoros összeköttetésben. Bizalmasai voltak dr. STEINACHERrel, dr. CSÁKYval és dr. VOGTtal, a Verband der deutschen Volksgruppe in Europa megbízottával.

A fenti szervek díjtalanul küldték nagynémet propagandakiadványaikat a Volksbundnak. Közülük számosat ki kellett tiltani Magyarországról.

A propaganda egyik eszköze volt a társasutazások rendezése Németországból Magyarországra; a vendégek itt nagynémet propagandát fejtettek ki.

Erős nagynémet mozgalom volt a Volksbund egyik fészkében, Pécs környékén, a DDSG bányavidékén. A DDSG külön Dienstblattot adott ki, amely szerint minden magyarországi németnek kötelessége a német nemzet politikáját magáévá tennie.

Hogy milyen módon jöttek a német pénzek Magyarországra, arra vonatkozóan egy összeállítás osztályomon megtekinthető. Itt megvannak a finanszírozók nevei is. Részletes adatokkal szolgálhatok a Mercur Bank üzleti gesztiójáról is.

Ugyancsak nálam van egy külügyminisztériumi jelentés a Volksbund terrorisztikus fellépéséről.

A *Magyarság* 1940. aug. 20-i számában a Lendvay utcai Német Ház felavatásán tartott BASCH-beszéd van leközölve. Ez a beszéd mérsékelt hangú és lojális a magyar államisággal szemben.

A *Deutsche Zeitung* a legsúlyosabb kérdés BASCH bűnügyében. Bár ő csupán a kiadója volt a lapnak, de neve főhelyen szerepelt. A szerkesztő GOLDSCHMIDT volt, a főmunkatársa LAFLEUR. A rendőri jelentés helyesen jellemezte a lapot, de keveset idézett belőle. Csupán néhány példát sorolok fel ennek pótlására.

1944.III.1. Vezércím: A szovjet veszteség 15 millió halott. A 8 oldalas lap első két oldalán csaknem kizárólag német hírek. "Der Feuerüberfall", egy német SS hőstettéről szóló haditárca. A mezőgazdaság rovatban a következő három cikk: Német mezőgazdasági úttörő munka Keleten. A bulgár parasztság szervezése. A német parasztpolitika sikere.

1944.III.2. Fő cikkek: GOEBBELS beszéde. Egy német haditudósító jelentése. Egy bulgár politikai újságíró cikke. HELLMANN kapitány lovagkeresztje stb.

1944.III.3: A három főcím HIMMLERről, HITLERről és GÖRINGről szól. Utána GOEBBELS beszéde, SARTORIUS jelentése.

1944.III.4. Főcím: Növekvő antiszemitizmus az USA-ban.

1944.III.5. Főcím: A Luftwaffe növekvő ütőereje.

1944.III.8. Főcím: Megsemmisitő csapás az ellenséges bombázók ellen.

1944.III.10. Főcím: Ismét nehéz veszteségeket szenvedtek a terrorbombázók.

1944.III.11. Főcím: GOEBBELS beszéde.

1944.III.12. Főcím:16 kísérő rombolót elsüllyesztettek. FUNK miniszter az újjáépítésről.

1944.III.14. Főcím: DÖNITZ admirális beszéde: Az egységes Németország legyőzhetetlen. Népünk vezetősége, frontja és hátországa legyőzhetetlen erőt képviselnek. Vezércikk a csehországi német kormányzat sikereiről.

Idáig azonban a *Deutsche Zeitung* nemigen különbözött más jobboldali, magyarnyelvű lapoktól. 1944.márc.19 után természetesen megváltozott a hangja. Vezércikk 1944.III.21-én: Gondoljunk 1919-re! (KLEIN BRUNO uszító cikke) így végződik: "A szociáldemokrácia zsidó és ellenséges célokat szolgáló propagandájából megismertük, hogy ők a haza ellenségei. Felforgató tevékenységükkel és a hátuk mögött álló zsidókkal szemben csak erélyes fellépés segít." "A mi kitüntetetteink" címmel két fénykép: Egy bácsordási SS-pionier és egy "petersdorfi" SS-rajvezető.

1944.III.23. Főcím: Kölcsönös megegyezés alapján német csapatok jöttek Magyarországra. Minden erő mozgósítása a közös harc érdekében. Európa érdekében. Cikkek: FORD és a zsidók. India szabadságáért, BOSNYÁK Z. cikke.

1944.III.23."Kitüntetetteink." Egy "wallendorfi" SS-Uscha és egy bácsordási SS-Pionier fényképe.

1944.III.24. Átveszi a *Magyarság* cikkét: A zsidók háborús bűnössége. NEUJAHR SS-haditudósító cikke: Népi német feltörés. "Ausrichtung der politischen Leiter der Kreise Magotsch und Bonhard." "Aus dem Gebiet West." "A front szava – Egy SS levele."
1944.III.25 Első helyen VEESENMAYER, második helyen SZTÓJAY arcképe és életrajza. BR. STIPSITZ és SLAVI VASZILEV cikkei.
1944.III.28. "Új zsidóterror Palesztinában." (Főcím)
1944.III.29. Vezércikk: A birodalom Európa védő és rendező hatalma.
1944.III.30. Főcím: A marxisták hazaárulását meghiúsították. A szoc.dem. és a kisgazdapárt feloszlatása. A parasztszövetség is a felforgató üzelmek szolgálatában állt. PEYER és társai hazaárulása.
1944.IV.20. Egészoldalas vezércikk képpel: A mi vezérünk (HITLER). A két következő oldal is HITLERnek szentelve.
1944.IV.25. Vezércím: BASCH a bonyhádi országos gyűlésen: Az ország minden németének legszentebb kötelessége a jövőben a Führer katonazubbonyát hordani. BASCH nemzeti szocialista egyenruhás és jelvényes fényképeivel. Két oldal a beszédből, amelyből már idéztünk.
1944.XII.3. Két cikk: BERNHARD SCHNOEPF: Munkabevetés és munkairányítás Európában. Budapest védője: SS-Ober[sturmbann]führer JOACHIM RUMOR, a lovagkereszt hordozója. Hátul két SS-hadifénykép.

BASCH mindvégig mint felelős kiadó szerepelt itt.

1945. nov. 29. MAJOR, Sajtóosztály vezetője.

Dr. KÁTAI népügyész urnak!

BASCH FERENC ügye

1.sz. melléklet.

A nyilaskeresztes párt [SZÁLASI] naplója is megemlékezik BASCHról. 1940-ben ez áll:

"A népcsoportkérdés külpolitikai vonatkozásban. Azon tény, hogy HIMMLER birodalmi vezető BASCH FERENCet fogadta, és a Führernek magának egy olyan kijelentése vált ismeretessé, amely a túlzók álláspontjával ellenkezik, arra enged következtetni, hogy a német népcsoport kérdése enged hevességéből."

A HUBAY-VÁGÓ-féle nemzetiségi törvényjavaslatról, amely miatt őket a mandátumtól megfosztották, 1944. júniusban ez áll:

"HALLER (a német követségtől) kérdezte, igaz-e, hogy HUBAY csinálta a javaslatot. Mondtam: nem, mert VÁGÓ vezette, öten voltunk benne, BASCHéktól ketten, s HUBAY csak a végeredményt vette át, mint pártelnök."

Október 15-ig tudomásom szerint BASCH nem szerepel a naplóban, vagy pedig említésre méltó nem áll róla.

1945. nov. 29.

MAJOR, Sajtóosztály vezetője

D. Vádirat Dr. Basch Ferenc ügyében
Budapesti Népügyészségtől Budapesti Népbíróságnak.

Budapesti Népügyészségtől. 1945. Nü. 4976/45 sz. 19231/1945. pr. sz. Budapesti Népbíróságnak, Budapest.

A nyomozás adatait idezárva a következő vádirat benyújtásával küldöm meg.

1945. évi október hó 27. napja óta előzetes letartóztatásban lévő dr. BASCH FERENC (szül. 1901. július 13-án Zürichben, a Magyarországi Németek Szövetségének elnöke, budapesti Jagelló utca 27. számú lakos) terheltet vádolom:

1) Az 1945. VII. tc. Nbr. 11. §-ának 6. pontjába ütköző háborús bűntett miatt azért, mert mint a Magyarországi Németek Szövetségének (Volksbund der Deutschen in Ungarn, alábbiakban "Volksbund") elnöke, azaz mint "népcsoportvezető", a magyarországi német népcsoport erőforrásait és hatalmi lehetőségeit a német háborús célkitűzések szolgálatába állította azzal, hogy

a) mint a Budapesten megjelenő *Deutsche Zeitung* felelős kiadója, a napilapot a német hadi érdekeknek megfelelően irányította, a külpolitikai helyzetet és a harctéri eseményeket a berlini utasításoknak, vagy előzetesen megadott irányelveknek megfelelően ismertette, magyarországi vonatkozásban pedig a németség háborújában való legteljesebb szövetségesi részvételt szorgalmazta, a hazai német nemzetiség tagjait pedig a német hadseregbe, illetve a német biztonsági szolgálatba való jelentkezésre buzdította, és általában újabb és újabb erőfeszítésekre ösztökélte a német népcsoportot és az egész magyar kormányzatot. A *Deutsche Zeitung* 1944. évi III. 1-i számában "A szovjet veszteség 15 millió halott" főcímet hozza és "Der Feuerüberfall" cím alatt egy német SS-katona hőstettéről szóló haditárcát közöl. Ugyanannak a lapszámnak mezőgazdasági rovatában "A német mezőgazdaság úttörő munkája keleten" címen a német rablóhadjárat által átmenetileg elfoglalt területeken űzött módszereket dicsőíti. Az 1944. III. 3-i lapszám főcímei HIMMLERről, HITLERről és GÖRINGről szóltak, majd GOEBBELS beszédét ismerteti, a március 14-i lapszámban DÖNITZ admirális beszédét hozza: "Az egységes Németország legyőzhetetlen. Népünk vezetősége, frontja és hátországa legyőzhetetlen erőt képvisel." 1944. március 21-i lapszámban a következő áll: "A szociáldemokrácia zsidó és ellenséges célokat szolgáló propagandájából megismertük, hogy ők a haza ellenségei. Felforgató tevékenységükkel és a hátuk mögött álló zsidókkal szemben csak erélyes fellépés segít." 1944. III. 23-i lapszámban "minden erő mozgósítását" hirdeti a közös harc érdekében Európáért. 1944. IV. 25-i lapszámban a következőket írja: "Az ország minden németének legszentebb kötelessége a jövőben a Führer katonazubbonyát hordani." A lap követeléseinek külön nyomatékot az a köztudomású tény adott, amit a lap maga is hangoztatott állandóan, hogy a német népcsoport követelései mögött a Német Birodalom áll, illetve az egész német nép. A lap rendszeresen hozta GOEBBELS,

LICHTERFELD és más német propagandisták cikkeit a birodalmi sajtóból, vagy az ottani kőnyomatosokból átvéve, karikatúráiban a szövetséges nemzetek államférfiait gúnyolta, és minden cikke azt szolgálta, hogy a Németország és ellenségei közötti valódi erőviszonyokat nem ismerő közönségét célzatos hírszolgáltatásával még jobban félrevezesse, hogy ezáltal hajlamossá tegye a hazai németséget és a német eszmények sikere esetén kilátásban lévő rablási lehetőségektől megszédített egyes nem német származású elemeket is arra, hogy újabb áldozatokat vállaljanak a német háború segítésében és ezáltal a Birodalom gyenge kilátású győzelmi esélyeit valamivel növeljék. Ugyancsak a német imperialista külpolitika érdekei irányították a *Deutsche Zeitung* magyar belpolitikáját is, mely maga mögött a német hatalommal, a németek győzelmében kételkedő magyar baloldalt támadta és annak elhallgattatására intézkedéseket követelt. A lap az ifjúságot is bevonta német propagandájába: "Nekünk ifjaknak mindenki előtt kell fáradhatatlanul azon dolgoznunk és ezért semmilyen eszközt nem kerülnünk, hogy minden más németet is rávegyünk arra, hogy utolsó erejét is latba vesse azért, hogy elérhessük azokat a célokat, melyeket Vezérünk a német nép elé kitűzött."

b) A Volksbund tevékeny részt vett az SS-toborzásban, közvetített a német állami szervek és a magyarországi német tömegek között. A bevonuló SS-katonák számára dr. BASCH FERENC terhelt az 1943. és 1944. évek folyamán rendszeresen ünnepélyes búcsúztató beszédeket mondott, mint 1942 októberében is, amikor a budapesti Zeneakadémián a magyarországi németség nagy háborús teljesítményét dicsőítette, mellyel eddig 37.000 önkéntest adott a frontnak, köztük 10.000 SS-katonát. Hangoztatta, hogy a próbatétel éveit a győzelem fogja követni. Az 1944. április hó 15-én egyrészről CSATAY honvédelmi miniszter, másrészről WINKELMANN német tábornok által aláírt magyar-német megállapodás után, mely az egész magyarországi német népcsoportot a német hadsereg, illetve az SS sorozási rendelkezése alá helyezte az addigi önkéntességen alapuló jelentkezési rendszer helyett, az SS-sorozási kampányt megnyitó, 1944. április 20-án tartott bonyhádi gyűlésen dr. BASCH FERENC többek közt a következőket mondotta: "A német nép és a vele szövetséges fiatal nemzetek ma már nem csupán puszta létükért harcolnak, hanem az élet értelméért is. HITLER ADOLF nélkül Európa már régen áldozatul esett volna az európai kultúra megsemmisítésére törekvő ázsiai hordáknak. A német birodalom sorsa tehát Európa sorsa is. Éppen ezért az európai népek előtt ma már csak két választás áll: győzelem vagy halál. A jelenlegi helyzetben csak egy ember vezetheti győzelemre Európa népeit: HITLER ADOLF. HITLER azért küzd, hogy megmentse Európát a közös ellenségtől." Hangoztatta még a magyarországi németség törhetetlen hűségét a Führer iránt, örömmel emlékezett meg arról a fordulatról, mely néhány héttel azelőtt következett be Magyarországon, támadta azokat, akik nem akarnak részt venni az élethalálküzdelemben és hangoztatta, hogy a legelső kötelezettség a háború szolgálatába állítani minden erőt, mindenkinek kötelessége vakon engedelmeskedni és hűséggel harcolni.

Mindezen cselekményeivel, nyomtatványban, illetve gyülekezetek előtt elmondott beszédekkel huzamosabb időn át olyan tevékenységet fejtett ki, mely alkalmas volt arra, hogy a háború fokozottabb mértékben való folytatása érdekében a közfelfogást jelentős mértékben befolyásolja és az országra káros irányba terelje.

2) Nbr. 13. §-ának 5. pontjába ütköző háborús bűntett miatt, amelyet azáltal követett el, hogy mint a Volksbund vezetője, állandó összeköttetést tartott fenn a magyarországi német megbízottakkal és azokkal a birodalmi szervekkel, melyek alá a Volksbund tartozott, azoktól utasításokat fogadott el, beszámolt nekik a magyarországi németek helyzetéről, általában a magyarországi viszonyokról, továbbá 1944 áprilisától kezdődően az SS-be történő sorozások alkalmával a Volksbund közölte tagjai névsorát dr. BASCH FERENC Volksbund-vezető utasítására a német sorozó hatóságokkal, és e cselekedeteivel német alakulatoknak a magyarság érdekeit sértő adatokat szolgáltatott.

3) Az Nbr. 15. §-ának 4. pontjába ütköző népellenes bűntett miatt, amelyet azáltal követett el, hogy

a) mint népcsoportvezető hozzájárult ahhoz, hogy a német ifjúságot nemzetiszocialista szellemben neveljék a Volksbund kiadványaiban és a Volksbund hivatalos helyiségeiben tartott szemináriumokon.

b) A *Deutsche Zeitung*ban rendszeres zsidóellenes uszításokat folytattak, hangoztatták a magyarországi zsidóság túltengő gazdasági jelentőségét is, amivel a németek elégedetlenségét akarták kifejezni és azokat a német szolgálatban álló magyar politikusokat erősíteni, akik irányítóik akaratának megfelelő megoldását sürgették az ún. zsidókérdésnek. A lap 1944. évi március hó 4-i számában a lap főcíme: "Növekvő antiszemitizmus az USA-ban". A német bevonulás után a lap 1944. évi március hó 21-i számában KLEIN BRUNÓ cikke a zsidókkal szemben való erélyes fellépést követeli, a március hó 23-i lapszám FORD antiszemitizmusát ismerteti, a lap március hó 22-i számának főcíme: "Új zsidóterror Palesztinában." Mindezen cselekedeteivel nyomtatványban, illetve gyülekezet előtt elmondott, vagy elmondatott beszédekkel huzamosabb időn át olyan állandó jellegű és folyamatos tevékenységet fejtett ki, mely alkalmas volt arra, hogy a fasiszta és demokráciaellenes irányzatok elterjesztése és megerősítése végett, és a faji és felekezeti gyűlölet felkeltése, illetőleg ébrentartása céljából a közfelfogást jelentős mértékben befolyásolja és az országra káros irányba terelje.

4) Az Nbr. 17. §-ának 2. pontjába ütköző népellenes bűntett miatt, melyet azáltal követett el, hogy anélkül, hogy evégből vele szemben közvetlenül, vagy közvetve kényszer alkalmaztatott volna, a németek által Magyarországon szervezett Volksbundba belépett és annak vezetését elvállalta.

A vád tekintetében az eljárásra a Bp. 16.§-ának 1. bekezdése, valamint az Nbr. 20. §-a és a Nbr. 23. §-a értelmében a Budapesti Népbíróságnak van hatásköre és illetékessége.

Indítványozom terhelt előzetes letartóztatásának további fenntartását a főtárgyaláson hozandó érdemleges határozatig. A megidézendők jegyzékét vádiratom végén közlöm.

Indokolás:

Dr. BASCH FERENC terhelt a vádirat indítványi részében felsorolt bűncselekményeire vonatkozóan ténybeli beismerésben van.

A magyarországi Volksbund olyan szervezet volt, melyhez hasonlót minden német kisebbséggel rendelkező államban alakítottak a németek abból a célból, hogy az illető ország németségét szervezetileg szorosabban a birodalomhoz fűzzék és így könnyebben és központilag irányíthatóan állíthassák a német külpolitika szolgálatába. Ezeket különböző nemzetiszocialista intézmények táplálták anyagilag és szellemileg, mint például az "Auslandsorganisation der NSDAP" és az "Aussenpolitisches Amt der NSDAP", később központosítva a háború folyamán a "VOMI", Volksdeutsche Mittelstelle (berlini szervezet) volt az az intézmény, mely a Birodalom kormányszerveinek utasításait közvetítette az egyes országok német népcsoportjaihoz, és ez a szervezet folytatta le a tárgyalásokat is az illetékes kormányokkal. A VOMI elnöke utoljára SS-Obergruppenführer LORENZ volt, tőle kapta a magyarországi Volksbund is az utasításait.

A német népcsoportok szervezetei mellett a németek minden országban igyekeztek megszervezni olyan, az illető ország nem német lakossága részére szolgáló szervezeteket is, mint nemzetiszocialista pártokat, melyek azt a célt szolgálták, hogy az illető ország népességét az antiszemitizmus segítségével megosszák. A német külpolitikának fontos és nélkülözhetetlen eszköze volt a zsidóellenes izgatás, mert ennek segítségével minden országban megbonthatták a társadalom egységét, megoszthatták és így belsőleg legyengíthették a leigázni szándékolt népeket egy németellenes részre, melyet így zsidóbérencnek nevezhettek, és egy másikra, mely szerint a német veszedelem csak a zsidók rágalma és valójában csak zsidó veszedelem van, melyet Németország segít megsemmisíteni. Mint a német világpolitikai koncepció segédszerve, a magyarországi Volksbund lapja, a *Deutsche Zeitung* is kifogásolta a magyarországi zsidók létezését, annál is inkább, mert a zsidókérdés korszellemnek megfelelő megoldásának lehetősége felszabadította gátlásaiból a bűnöző hajlamúakat, a jogtalan vagyonszerzésnek, erőszakoskodási lehetőségeknek, vagy egyszerűbb esetekben csak a mások pusztulásán érzett kárörömnek ideológiai alátámasztást adott az erkölcsileg vagy érzelmileg kezdetlegesebb fokon állók számára. Németországnak tehát érdekében állott, hogy a zsidókérdés német világnézetű megoldását erőszakolja, mert így bűntársi viszonyba tudta vonni az általa megszállott, vagy a csatlós államokban azokat a rétegeket, melyek a zsidókérdés ilyen természetű megoldásának haszonélvezői lettek. Ennek pontosan megfelelően Magyarországon a németek hívei lettek a lumpen-proletariátus, a középosztálynak az a része, mely az őrségváltásoktól, kereskedői kijelölésektől, kamarai tagsági monopóliumoktól, - melyeket ez a numerus clausus szellemének helyeslésében nevelkedett másodrendű intelligencia a numerus clausus erkölcsi világnézete logikus továbbfejlesztésének tartott -, a vetélytárstól való végleges mentesítését várta, továbbá a felsőosztálynak az a része, mely a földéhséget KÁLLAY MIKLÓS receptje szerint is a zsidó földbirtokosok földjének felosztásával remélte levezetni és így sajátját biztosítani. Mivel a német külpolitika tudta, hogy minden országban csak az árulókra, vagy az erkölcsileg, vagy szellemileg selejtesebb elemekre támaszkodhatik, igyekezett ezeket az elemeket érvényesüléshez juttatni, helyesen számítva arra, hogy azok, akik a Németország által megengedett vagy sugalmazott gonosz tettekben, vagy a csak gonosz érzelmekben is érdekeltekké válnak, a megtorlástól való félelmükben a Németország mellett való kitartó szövetségi hűség képviselői lesznek mindenütt, mint ahogy az történt is valóban. A Deutsche Zeitung zsidókérdés-politikája tehát nem volt más, mint német szuggesztió további "korszellemes" intézkedésekre, mint ahogy minden téren is kétségtelenül a német imperializmus szolgálata vezette a Volksbundot és tömegeit. Tekintettel arra, hogy a Deutsche Zeitungnak dr. BASCH FERENC volt a kiadója és mint népcsoportvezető politikai irányítója, a lap minden cikkéért ő a felelős.

A német kisebbségek létezésének jelentős szerepe volt a nemzetiszocialista világnézet kialakulásában is, és még jelentősebb az a szerep, melyet a nemzetiszocialista mozgalom ezeknek a kisebbségeknek szánt a Birodalom terveinek megvalósításánál. A német népben mindig élt a németségnek mint összességnek eszméje, de döntő politikai szerepe az össznémetség gondolatának csak akkor lett, amikor belátták, milyen kilátásokat ígér az egységes németség, sőt a területtől is független faji közösség gondolata a német gazdasági terjeszkedés szolgálatában. Az az érzés, hogy a németség számára szűkek Németország keretei, régen áthatja már a németeket. A német ipar terjeszkedési szükségletét volt hivatott szolgálni az úgynevezett "Mitteleuropa"-tervezet az első világháború végén, és ha a világháború más eredménnyel végződik, akkor jelentős mértékben közelebb került volna az Osztrák-Magyar Monarchia a Német Birodalommal való gazdasági, és így politikai egységhez. A világháború után az Osztrák-Magyar Monarchia részeire bomlott, és a német nagytőke úgy látta, hogy a német gazdasági rendszer válságán segítene, ha egyrészt a német nép egységes tömbben élő része egységes államot is alkotna, másrészt a német iparnak fenntartott piacok lennének azok a területek, melyeken német kisebbségek élnek, melyek tehát német "kultúrtalajt" képeznek és így a német élettérhez tartoznak. Mivel Németország az egyetlen állam, melynek jelentős kisebbségei voltak határain kívül anélkül, hogy neki magának a francia, lengyel, dán részek elcsatolása után kisebbségei maradtak volna, ezért a területenkívüli faji állam gondolata csak Németországban keletkezhetett, mert ez csak ránézve volt előnyös. A nemzetiszocializmus uralomra jutása után azonnal hozzálátott a szlávságnak és a többi kisebb népeknek terhére megvalósítandó nagy kelet-európai hódítási terv előkészítéséhez, és ennek megfelelően már a kormányzatuk elején megkezdték az európai német szórványok megfelelő szervezését. ERNST VON HEYDEBRAND UND DER LASA "Deutsche Rechtserneuerung" című könyvében, mely a hatalomátvétel után néhány hónappal jelent meg, 1933-ban már a következőket írja: "... a vérségileg és kulturálisan összetartozó »népiség« életteljes fogalmában mindig nagyobb jelentőséget látunk, szemben a holt és közigazgatás ízű »állampolgárság« és »népesség« fogalmával. A modern gondolkodásban ezt a fogalmat az a felfogás alapozza meg, hogy a nép, »Volkstum« az első és az életteljes, és az állam ennek csak külső formája. Ebből következik az, hogy minden állam lehetőleg csak egy népet foglaljon magában, de ezt aztán lehetőség szerint teljesen. [...] Egyre inkább kialakul az a nézet, hogy annak az államnak, mely egy nemzet zömét magában foglalja, ennek a népiségnek más állami kötelékbe zárt, elszakadt részei javára bizonyos fajta képviseleti hatalommal (Vertretungsvollmacht) kellene rendelkeznie, szemben a nemzetileg idegen (volksfremd) állami hatalommal." HEYDEBRAND, a nemzetiszocialista közjogász, tehát a hatalomátvétel után azonnal bejelenti, hogy Németország beavatkozási jogot igényel más országok német kisebbségeinek sorsába. Szerinte: "egy nép az egyszemélyi egyesülés (Personalverband) minden olyan embernek a közössége, mely ahhoz a néphez tartozik", ennek a ténynek jogi alapját ő a jövő német alkotmányának következő fogalmazásában látta: "A német nép nemcsak a német birodalom határain belül élő népességből áll, hanem mindazokból, akik vérségileg, vagy kulturálisan a német népiséghez tartoznak a birodalmi határokon belül, vagy kívül." Ez a gondolatmenet fokozatosan gyakorlatban is megvalósult, nálunk az 1944. áprilisi német-magyar egyezménnyel, mely a német hadseregbe besorozott magyarországi németeknek kettős állampolgárságot adott: németet és magyart. Hogy mennyire gyakorlati szerepet szántak a nemzetiszocialisták már eleve a kelet-európai német kisebbségeknek, azt mutatja a hivatalos német közjogász folytatólagos megjegyzése: "Ezzel a gondolatmenettel szemben bizonyos praktikus aggodalmak merülnek fel abban a tekintetben, hogy a megkönnyített és biztosított német polgárjog esetén a külföldi németek tömegesen fognak mai telepeikről a német birodalomba vándorolni. Ez természetszerűen a német népesség csökkenését jelentené az illető államokban és így külpolitikailag nemkívánatosnak tekinthető." A német kisebbségek tehát szerinte is csak maradjanak ott, ahol vannak, mert így tudják legjobban szolgálni a birodalom nemzetközi politikáját. A német nemzetiszocialista államfelfogás nyilvánvalóan a német ipar terjeszkedési szükségletének eszmei megjelenési formája volt, mert a németek úgy gondolták, hogy azt az országot, ahol német kisebbségek élnek, valami módon közelebbi kapcsolatokba léptetik a birodalommal és a német kisebbségek sorsának intézésébe való beavatkozási jog, illetve annak követelése, hogy a birodalmat ismerjék el ezeknek a kisebbségeknek is képviselőjéül, hatalmas gazdasági és politikai fegyvert jelent a birodalom számára. Úgy látták, hogy a terv megvalósulása a német birodalom hatalmát rendkívül megnövelné és Németországot talán a világ legelső hatalmasságává tenné. Ez a gondolat kétségtelenül hatott a Németországon és Ausztrián kívül élő német kisebbségekre is, és a német gazdasági imperializmusnak az eszmeköre, mint "Deutsche Idee" határozottan meghódította az egész világ németségének nagy részét, a magyarországi németség túlnyomó részét is.

A nemzetiszocialista hatalomátvétel után azonnal érezhető volt a hatás a magyarországi németségre. A BLEYER JAKAB vezetése alatt álló "Volksbildungsverein" már szorosan alkalmazkodott az [új] német külpolitikai célkitűzésekhez, ennek megfelelően erőteljes akciót indított az egyes helyeken már megindult asszimiláció megállítására és visszafejlesztésére, szoros kapcsolatokat létesített diákutazások, diákcserék és hasonló "kulturális" akciók révén az illetékes birodalmi szervekkel. BLEYER halála után dr. BASCH FERENC, akit a névmagyarosítás ellen tartott beszéde miatti fogházbüntetése bizonyos nimbusszal vett körül, lett a magyarországi németség öntudatos német nacionalista részének szellemi vezére, és amikor 1938 decemberében a Volksbund megalakult, őt választották meg elnökévé. Mielőtt a Volksbundot engedélyezték volna, az általuk "illegalitás korának" nevezett időben is szervezetet tartottak már fenn BASCH és elvbarátai, melyet a Birodalomból anyagilag támogattak, mint később a Volksbundot is. A második bécsi egyezménnyel egyidejűleg a németek kikényszerítették a magyar kormánytól, hogy a Volksbundot a magyarországi németség egyetemének képviselőjéül ismerje el a magyar állam, és az erre vonatkozó egyezményben a magyar kormány elismerte azt is, hogy a Birodalomnak joga van a Volksbund kulturális törekvéseit pénzügyileg támogatni. Ettől az időponttól kezdve tehát a Volksbund legális átutalásokban részesült a Birodalomból, ennek összege változott, utoljára az 1944. évben havi 800.000 pengő volt. A Volksbund házakat, bankot, vidéki takarékpénztárat vásárolt, szövetkezeteket létesített, és ilyen módon is igyekezett érdekkörébe vonni a német lakosságot.

Legfontosabb és a magyar nép érdekeire legkárosabb szerepe az a tevékenysége volt, amit a németek háborújának támogatására kifejtett. Mivel a németek előtt világos volt, [hogy] a magyar nép többsége csak a kényszer hatása alatt vesz részt a németek oldalán a háborúban és nem fejti ki töredékét sem annak az erőfeszítésnek, melyre képes, a német kormányzat számára kedvezőbb volt, ha a magyarországi németek, vagy az erre vállalkozó magyarok is a magyar hadsereg helyett német katonai kötelékekbe lépnek. Célszerűségből nem annyira a német hadseregbe való belépésre toboroztak, hanem az SS-be, mert az SS fogalmával világszerte azok a képzetek kapcsolódtak össze, hogy az SS a nemzetiszocializmus különleges karhatalma, mely minden eszközzel biztosítja a hitlerizmus győzelmét, ellenségeit kiirtja, különleges kiképzésben részesül és különleges előjogai is vannak. A szabadrablás, gyilkolás lehetősége minden országban vonzóerőt gyakorolt bizonyos rétegre. Az SS különlegességét alátámasztotta az is, hogy az SS-tagok nagyobb fizetést kaptak, mint a Wehrmacht rendes tagjai, és hozzátartozóik is nagyobb segélyben részesültek.

A SS-re vonatkozóan három egyezményt kötött a magyar kormányzat Németországgal. Az elsőt 1942-ben, ebben Németország jogot kapott toborzásra az SS-be, a jelentkezési feltételeket a Volksbund közvetítette a német tömegeknek, toborzó gyűléseket tartottak és ünnepélyes búcsúztatókat, melyekben hangoztatták, hogy a most a jelentkezőkből választódik ki a jövő vezetőrétege. A második egyezményt 1943-ban kötötték, lényegileg ugyanilyen tartalmú [és] az előző megismétlése. A harmadik egyezményt 1944. április 15-én kötötték, ebben a magyar kormányzat mindazokat a német hadsereg rendelkezései alá helyezte, akik életkörülményeik alapján németnek voltak tekintendők, vagy magukat németnek vallották. A német listák összeállítása a volksbundista és a választói névjegyzékek alapján történt. Itt már nem volt szó toborzásról, hanem kényszersorozásról. Az akciót az április 20-án tartott bonyhádi gyűlés vezette be, ahol HITLER óriási arcképe alatt, horogkeresztes jelvénnyel feldíszített pódiumon VEESENMAYER, továbbá RÁTZ JENŐ és más magyar németbérencek jelenlétében jelentette be dr. BASCH FERENC, hogy megkezdődik a végső harc a németségért. Az 1944-es sorozási egyezményre azért volt szükségük a németeknek, mert a német vereségek és az akkor már nyilvánvalóan várható német összeomlás lehetősége miatt kevés önkéntes jelentkező lett volna, másrészt lassanként ki is merült az a csoport, melyet az elkövetkező [elkövethető] gazságok reménye az SS-hez vonzott. A német kormányzat tehát célszerűbbnek látta a kényszert alkalmazni inkább, már csak azért is, mert tájékozva volt arról, hogy 1943-tól kezdődően a magyarországi lakosság többsége nem hitt a németek győzelmében, a németek sem, mert 1943-ban már tömeges kilépések voltak a Volksbundból, és amikor a kilépőket azzal fenyegették, hogy majd a háború után hűtlenségükért német törvényszék elé kerülnek, akkor ez a fenyegetés az érdekeltekre csekély hatással volt. A német kormányzat részben a németbarát, nyilas érzelmű tisztviselők révén, részben a Volksbund-tagok révén, akik együttesen minden kerületben, minden hatóságnál, nagyobb magánvállalatban, tehát minden fontos helyen jelen voltak, állandóan tájékozva volt a magyar élet minden rezdüléséről. A Volksbund, és elsősorban annak vezére, dr. BASCH FERENC gyanúsított, állandó érintkezésben állott a budapesti német követséggel, utasításait részben tőlük, részben közvetlenül Németországból kapta, így HIMMLERtől is. Annyira ment a Volksbundnak, mint "ötödik hadoszlopnak" azonosulása a birodalommal, hogy még dr. BASCH FERENC beszédeit is a követségen nézték át előzetesen, cikkek közlésére utasították a *Deutsche Zeitung*ot és általában beleszóltak a lap szerkesztésébe. Németországból irányították a nemzetiszocialisták szemefényének, az ifjúságuknak nevelését is, onnan kapták a tananyagot, melyekből összeállították a nemzetiszocialista "Schulungsbrief"-eket. Hitlerista nevelés készítette elő a német fiatalságot arra, hogy 17 éves korában gátlás nélküli gyilkosként lépjen be valamilyen SS-csapatba csak azért, mert a német nép érdeke, mely mindenek felett való és mindennél értékesebb érdek, ezt - legalábbis vezérük szerint - így kívánja. A volksbundista "Mannschaft"-ok a német betörés alkalmával Dél-Magyarországon részt vettek a magyar csapatok lefegyverzésében is.

A magyarországi Volksbund tehát ugyanúgy, mint más hasonló német szervezetek a kelet-európai csatlós államokban, rendkívül súlyos szerepet játszott a német gonosztettek támogatásában és ezzel saját hazájuk tönkretételében. A magyarországi németségnek csak körülbelül a fele volt tekinthető Volksbund-tagnak, az 1941. évi népszámlálás alkalmával a csonkamagyarországi németségnek pontosan kétharmada vallotta magát német nemzetiségűnek, de a németség győzelmét a nagy hódító háborúban az egész magyarországi német lakosság kívánta, a német törekvéseket rokonszenvesnek találták még olyan elemek is, akik egyébként óvatosságból, vagy akár meggyőződésből is szemben állottak a Volksbunddal. Ezeket az elemeket is részben a Volksbund működése befolyásolta, és a német származású elemek nagy szerepe a magyar középosztályban jelentős mértékben hozzájárult ahhoz, hogy Magyarország még az utolsó pillanatban és nyilvánvalóan teljesen reménytelen helyzetben sem volt képes lerázni nyakáról a német érdekek szolgálatának igáját, szemben például Romániával.

Gyanúsítottnak az a védekezése, hogy bár német érzelmű volt, Magyarország érdekeinek soha sem ártott és a magyar népnek nem volt ellensége, nem helytálló. Kétségtelen az, hogy dr. BASCH FERENCnek semmi oka nem volt a magyar népet gyűlölni, viszont ő is tisztában volt azzal, és ezt el is ismeri, hogy a német győzelem azt jelentette volna, hogy Magyarország szorosabb kapcsolatba kerül Németországgal, ami az erőviszonyokat tekintve a magyar függetlenség és az egész magyar államiság lassú elmúlását jelentette volna. Azt is elismeri terhelt, hogy a magyarországi németséget is a német győzelem esetén kínálkozó előnyök és kiváltságok vonzották a német érdekek szolgálatába, nem vitás tehát az, hogy az, aki ezeket a törekvéseket támogatta, sőt mint vezető előmozdította, az Magyarország ellenségeként viselkedett. Magától értetődő az is, hogy Magyarországon más módszereket kellett a Volksbundnak alkalmaznia, mint a többi hasonló helyzetű államokban, mert Németország közelsége és éppen német átitatottságú középosztályunk miatt Magyarországon nagyobb volt a bizalmatlanság Németország iránt és ezért itt óvatosabban kellett eljárniok a németeknek, mint Romániában, Jugoszláviában vagy Szlovákiában, jobban kellett vigyázni a magyarok érzékenységére, mint más országokban, ezért felelt meg a Volksbund vezetésében különösen dr. BASCH FERENC terhelt, aki a németség szempontjából igen diplomatikusan irányította a német mozgalmat azzal, hogy főleg a sztálingrádi vereség utáni időben gyakran hangoztatta magyar politikusok előtt magyarhűségét és mindig azon a címen kért újabb és újabb engedményeket a Volksbund részére, hogy eredményeket kell felmutatnia a "túlzók" felé. Ez a diplomácia nagyon jól megfelelt a németeknek, mert általánosan beilleszkedett a Magyarországon akkor már évek óta divatozó "szélkifogás" elméletébe. Ugyancsak nem lehet helytálló gyanúsítottnak az a védekezése sem, hogy nem volt tudomása a németek, különösképpen pedig az SS-csapatok tetteiről, amikor olyan tényekről van szó, melyek 1941, de legalábbis 1942 óta köztudomásúak [volták] az egész világon, és neki, aki a legelsőrendű információkkal rendelkezett, elsősorban és másoknál is jobban kellett mindent tudnia arról, milyen őrjöngéseket visznek végbe a németek Európa-szerte a háborúnak előttük is világosan álló elvesztése fölött érzett tehetetlen dühükben. Azzal tehát, hogy a különlegesen kiképzett gyilkosok, az SS számát gyarapítani segített, maga is felelőssé vált a németségnek és a németek által más országban, köztük Magyarországon is hatalomra juttatott erkölcsi és szellemi söpredéknek, az ún. "nemzetiszocialistáknak" az európai civilizáció történetében páratlanul álló gaztetteiben.

Miután dr. BASCH FERENC cselekményei megvalósítják a vádirat indítványi részében megjelölt háborús és népellenes bűntettek tényálladékát, a vádemelés indokolt.

Terhelt előzetes letartóztatásának további fenntartását azért indítványozom, mert annak elrendelését szükségessé tevő okok most is fennállanak.

Budapest, 1945. évi december hó 5. napján.

Dr. RESOFSZKY SÁNDOR sk. Dr. KÁTAI MIKLÓS sk.
vezető népügyész h. népügyész

A kiadmány hit.
shiv. ig

Idézendők:

1) Dr. BASCH FERENC terhelt (kebelbeli fogház)
2) SZEGEDY-MASZÁK ALADÁR, Budapest VIII., Mária u. 7 sz.
3) Dr. GRATZ GUSZTÁV, Budapest, Marcibányi tér 12. sz.
4) Dr. PATAKY TIBOR, Budapest, Dísz tér 15. sz.
5) Dr. BIRKÁS GÉZA, Budapest VIII., Eszterházy u. 26. sz.
6) Dr. TARTSÁNYI DÁNIEL, Budapest, Márvány u. 24. a sz.
7) BECZKÓY JÓZSEFNÉ, Budapest, Jagelló u. 26. sz.
8) SPIELER KLÁRA, Budapest, Erzsébet krt. 17. sz.
9) Dr. MESTER MIKLÓS, Budapest, Bajcsy-Zsilinszky út 55. I/15. sz.
10) INCZE PÉTER, Budapest, Karácsonyi út 3., jelenleg Mosonyi u.
11) Dr. BÁRDOSSY LÁSZLÓ, Budapest (kebelbeli fogház)
12) Dr. ENDRE LÁSZLÓ, Budapest (kebelbeli fogház)
13) VEESENMAYER EDMUND, Budapest, Andrássy út 60. sz.
14.) WINKELMANN OTTÓ, Budapest, Andrássy út 60. sz.

E. Dr. Basch Ferenc terhelt helyesbítő észrevételei a vádirattal kapcsolatban, annak átvételekor.

Jegyzőkönyv. Felvétetett a Budapesti Népügyészségen 1946. január 9-én.
Jelen vannak alulírottak:
Dr. ACZÉL ENDRE népügyész, IPOLYVÖLGYI ILONA jegyzőkönyvvezető.

Dr. BASCH FERENC terhelt előadja a következőket:

A vádiratot átvettem, az abban foglalt tények megfelelnek a valóságnak a következő helyesbítéssel:

A 13. § 5. pontja tekintetében általában a magyarországi viszonyokról semmiféle német megbízottnak be nem számoltam. Csak a magyarországi németség helyzetéről adtam tájékoztatást.

Körülbelül 6-7 esetben adtam ki a Volksbund listáját SS-sorozások alkalmával. Ilyenkor ugyanis a jegyzők népi németeket magyaroknak tüntettek fel, hogy megakadályozzák az SS-be való besorozásukat. Feltűnő esetekben a magyar Honvédelmi Minisztérium és a német ügynökök között való ellentétek eliminálása végett - dr. BALLÁval való megállapodásomnak megfelelően - a viták elkerülése végett az illető helységekre vonatkozó Volksbund-listákat adtam át az SS ügynökeinek.

A 13. § 5. pontjában említett birodalmi szervek a következők: VOMI (LORENZ), az SS részéről BERGER és maga HIMMLER.

Beszédeket, amelyek tartalma a népbírósági törvénybe ütközött volna, helyesen antiszemita beszédeket, soha nem mondtam és senkivel nem mondattam.

SZÁLASIval 1945 elején történt beszélgetésem alkalmával előadtam azokat a panaszokat, amelyek a községi helyi csoportvezetők részéről hozzánk befutottak, melyek szerint a német községekben is az ottani tagjaink csak akkor részesülnek hatósági kiutalásokban, ha igazoltan a nyilaspárt tagjai. Emiatt a volksbundista népi németek egy jó része kilépett a Volksbundból és belépett a nyilaspártba. Ennek megakadályozása végett azt indítványoztam SZÁLASInak, hogy végre állapítsuk meg, kik a népi németek és ezek csak a Volksbund tagjai lehessenek és nem bármely politikai pártnak. Akkor már csak egyetlen párt volt, a nyilaspárt. SZÁLASI válasza az volt, hogy erre vonatkozó elgondolásának kidolgozása folyamatban van. Elkészültük után a népcsoportok képviselőinek hozzájárulása esetében a népcsoportvezetőket ki fogja nevezni. Egy alkalommal a német népcsoport képviseletében koronatanácson vettem részt a SZÁLASI-éra alatt.

Dr. ACZÉL	IPOLYVÖLGYI ILONA	Dr. BASCH FERENC
népügyész	jegyzőkönyvvezető	terhelt

III. BUDAPESTI NÉPBÍRÓSÁG

A. Dr. Basch Ferenc vádlott észrevételei a népügyészi vádindítványra és kérése a perben kihallgatandó tanúkra vonatkozóan (keltezetlen).

Tekintetes Népbíróság!

Háborús és népellenes bűncselekmények miatt vádolt Dr. BASCH FERENC 4806/1945. sz. bűnügyében az előterjesztett népügyészi vádindítványra alábbi észrevételeimet terjesztem elő:

ad 1. Úgy BÁRDOSSY, KÁLLAY, SZTÓJAY miniszterelnökök, valamint PATAKY miniszterelnökségi nemzetiségi osztályfőnök ragaszkodott ahhoz, hogy én tartsam meg a Volksbundnál viselt elnöki tisztségemet. KÁLLAY miniszterelnök két ízben egyenesen felkért, hogy ettől a tisztségtől ne lépjek vissza, miután neki leköszönési szándékomat bejelentettem volt.

ad 2. Én nemcsak Sztálingrád után lettem magyarérzelmű, hanem a hazához hűséges voltam és a népiség gondolatának meggyőződéses terjesztője voltam megelőzőleg is. Ezt igazolhatják nemcsak BÁRDOSSY, KÁLLAY és SZTÓJAY miniszterelnökök, valamint dr. PATAKY miniszterelnökségi osztályfőnök, hanem igazolhatják még dr. OTTLIK LÁSZLÓ miniszterelnökségi tanácsos, dr. BALLA PÁL miniszteri tanácsos, MATOLCSY MÁTYÁS képviselő, MATOLCSY TAMÁS és dr. MESTER MIKLÓS volt államtitkár, akik igazolhatják és tanúsíthatják különböző magyar társaságokban és egyesületekben tartott előadásaim lojalitását és azt, hogy soha a nemzetiségi törvényben és szabályokban meghatározott korláton túlterjedő propagandanyilatkozatokat nem tettem. Ilyen előadásokat tartottam a Bartha Miklós Társaságban, a Keresztény Ligában és a dr. PADÁNYI GULYÁS JENŐ vezetése alatt álló társaságban is.

ad 3. KÁLLAY miniszterelnök engem bizalmasan egyenesen németellenes megbízással látott el, nevezettnek teljes bizalmát bírtam, amely körülményekre tanúként hivatkozom dr. BALLA PÁL miniszterelnökségi osztályfőnökre.

ad 4. Antiszemita rendelkezést vagy utasítást soha nem adtam ki. Bizalmasan több Volksbund-vezetőt egyenesen óvtam és eltiltottam attól, hogy bármilyen zsidóellenes akcióban részt vegyenek. 1944. évben utasítottam a területi vezetőket, hogy ne vegyenek részt baloldali akciókban, zsidók elleni feljelentésekben, üzleteiknek vagy lakásaiknak igénybevételében, sem mint területi vezetők, sem mint magánemberek. Soha nem adtam ki olyan rendelkezést, hogy zsidó üzletekben ne vásároljanak, sőt a Volksbundnak volt egy filoszemita csoportja is. Mindezekre tanúk lehetnek dr. NEUN HENRIK, SCHELL ANDRÁS és BINDER HUGÓ, akik mint háborús bűnösök, ugyancsak Ausztriából Budapestre kerültek.

ad 5. Soha utasítást nem adtam a Deutsche Zeitungnak, hogy milyen irányzattal és milyen szellemben jelenjék meg, az tisztán és egyedül dr. GOLDSCHMIDT felelős szerkesztő dolga volt. 1941 óta a Deutsche Zeitungban semmiféle írott vagy sugalmazott cikkem nem jelent meg. Tanúk lehetnek erre FARKAS FAUL JÁNOS és SZIKRA-NONNENMACHER szerkesztőségi tagok.

ad 6. Arra vonatkozólag, hogy mindig csak a nemzetiségi törvény kereteiben teljesíthető és legmérsékeltebb kívánságokkal és kérésekkel járultam a kormány elé, hogy e tekintetben mindenkor lojális voltam, tanúságot tehetnek ANTAL ISTVÁN, JAROSS ANDOR, HÓMAN BÁLINT volt miniszterek, PATAKY TIBOR miniszterelnökségi osztályfőnök és a fent említett volt miniszterelnök.

Kérem a tekintetes Népbíróságot, hogy amennyiben a vádirat értelmében meg nem idéztette volna nevezetteket, méltóztassék BÁRDOSSY, KÁLLAY, SZTÓJAY miniszterelnököket, PATAKY TIBOR miniszterelnökségi tanácsost, OTTLIK LÁSZLÓ miniszterelnökségi min. tanácsost, dr. BALLA PÁL ugyanottani miniszteri tanácsost, MATOLCSY MÁTYÁS volt képviselőt, MATOLCSY TAMÁSt, dr. MESTER MIKLÓS volt államtitkárt, dr. PADÁNYI GULYÁS JENŐ volt képviselőt, dr. NEUN HENRIK, SCHELL ANDRÁS, BINDER HUGÓ budapesti, jelenleg letartóztatásban levő területi vezetőket és Volksbund-tagokat, FARKAS FAUL JÁNOS és SZIKRA-NONNENMACHER újságszerkesztőket, végül ANTAL ISTVÁN és HÓMAN BÁLINT volt minisztereket tanúképpen fenti körülményekre megidézni és kihallgatni.

Megjegyzem, hogy az idő rövidsége miatt nem állott módomban nevezettek lakcímeit megtudakolni, a közöttük már megidézetteket kérem a fent tüzetesen megjelölt körülményekre is tanúként kihallgatni, a meg nem idézettek tekintetében pedig igyekszem lakcímüket oly időben megtudakolni és bejelenteni, hogy azok f. hó 15-ére és a következő napokra kitűzött tárgyalásra megidézhetők legyenek.

Tisztelettel: Dr. BASCH FERENC

B. A nyilvános főtárgyalás jegyzőkönyvei (1946 január 15., 16., 17., 18.)

1. Nyilvános főtárgyalás

Jegyzőkönyv. Készült az 1945. évi VII. tc. által törvényerőre emelt Nbr. 11. § 6. pontban meghatározott háborús bűntett stb. miatt vádolt dr. BASCH FERENC ellen indított bűnügyben a budapesti népbíróságnál Budapesten, 1946. évi január hó 15. napján megtartott nyilvános főtárgyalásról.

Jelen voltak:

dr. GÁLFALVI ISTVÁN
tanácsvezető bíró
BOLGÁR MENYHÉRT
a Független Kisgazda Párttól,
KÁDÁR IVÁN a Magyar Kommunista Párttól,
FALUDI GYÖRGY a Szociáldemokrata Párttól,
LÁSZLÓ GÉZA a Polgári Demokrata Párttól,
PÜSPÖKI SÁNDOR a Nemzeti Parasztpárttól,
dr. NAGY ISTVÁNNÉ az Országos Szakszervezeti Tanácstól,
népbírák;
dr. FEKETE LÁSZLÓ jegyzőkönyvvezető
dr. ACZÉL ENDRE népügyész
dr. GYÖNGYÖSI ISTVÁN politikai ügyész.

dr. BASCH FERENC
vádlott, előzetes letartóztatásban
dr. WENCZEL ÁRPÁD
kirendelt védő

Tanácsvezető bíró a főtárgyalást a Bp. 301. §-a szerint az ügy rövid megjelölésével megnyitja, a hallgatóságot a csend és rend megtartására és a rendzavarás következményeire, a népbírákat a már letett esküjük szentségére figyelmezteti. A vádlottat személyes viszonyai felől kikérdezi.

A kebelbeli fogházból elővezetett vádlott előadja: Dr. BASCH FERENC, házastársa: SCHMIDT ÉVA. 1901. július hó 13. napján Zürichben született, budapesti illetőségű és lakos, magyar állampolgár, német anyanyelvű, r.k. vallású, középiskolai tanár, egy évig tanított a mintagimnáziumban, a Volksbund vezetője, gyermektelen, katona nem volt, a Fillér utcában háza, a Csillebércen telke van, középiskolai tanári oklevele van, bölcsészdoktor, atyja: BASCH ANTAL, anyja: AMREIN KATALIN, 1935-ben a pécsi törvényszék nemzetgyalázás miatt 5 havi fogházra ítélte.

Vádlott vagyoni és erkölcsi bizonyítványa beszerezhető nem volt.

Felolvassák a Bp. 304. §-a értelmében az 1945. évi december hó 5. napján Nü. 4976/1945. szám alatt kelt vádiratnak a 255. paragrafus 1. és 2. pontjaiban megjelölt részét.

Dr. BASCH FERENC vádlott, a Bp. 304. §-ának alkalmazása mellett feltett kérdésekre, lényegében a következőképpen nyilatkozik:

A vádat megértettem, nem érzem magamat bűnösnek, mert az akkori világban, amelyben akkor éltem, más álláspontot nem tudtam elfoglalni. Amikor

1920-ban elhagytam a Bánátot, körülbelül 2000 olyan egyetemi hallgató közül, akik külföldi egyetemre mentek, ahhoz a háromhoz tartoztam, akik magyar egyetemre iratkoztak be. Amikor felkerültem a budapesti egyetemre, közelebbről megismerkedtem volt tanárommal: BLEYER JAKABbal. BLEYER 1923-ban egy kalendáriumot adott a kezembe és arra kért, hogy azokkal az egyetemi hallgatókkal, akik vonzalmat éreznek népük iránt, menjek ki a falvakba, hogy megismerjem a hazai svábságot. Igy kerültem Tolnába és Baranyába. Ott éreztem át annak súlyát, hogy mit jelent az, hogy az ottani lakosság gyermekei már vagy nem bírják anyanyelvünket, vagy rosszul beszélik azt, hogy nem tudnak imádkozni németül. Ekkor vett rajtam erőt az az érzés, amely később mély nyomokat hagyott bennem. Amikor Tolna és Baranyába kerültem és a községeket végigjártam, mint intellektuális ember csak tudományos és irodalmi alapon foglalkoztam a kérdéssel, hiszen ilyen alapon szereztem magamnak életpályát [diplomát], amikor középiskolai tanárnak készültem. Azon a körúton kapott meg engem először az az érzés, amelyet BLEYER JAKAB is belém sugallt, hogy népünkön kulturális szempontból segíteni kell. GRATZ GUSZTÁV szintén belátta ennek szükségességét. Ez egy világmozgalom volt, hiszen Jugoszláviában, Romániában és Csehszlovákiában akkoriban már megalakultak, részben régóta megvoltak azok a kulturális szervezetek, amelyek a népiség megőrzését, a népi jelleg, a nyelv, a népviselet, az ősi szokások fenntartását tűzték ki céljukul. Én BLEYER módszerét szerettem volna gyakorlatilag megvalósítani és ezzel kapcsolatosan pedig azt az irányt, amelyet nemzetiségi kérdésben a szlávok folytattak, vagyis a népiség megőrzését. Hogy mi volt a célkitűzésem, azt nem tudom másképpen érzékeltetni, mint azzal, ha azt mondom, hogy a népiség megőrzése lényegében azt jelenti, hogy látom, hogy a német családban az a kisgyermek még ma is hordja a piciny alsószoknyát, amelyet évszázadok előtt viseltek, hogy az a suba még ma is olyan, mint akkor volt, amikor viselőjének ősei ide bevándoroltak, hogy az imakönyv a régi, népünk dalai nem vesztettek semmit a maguk patinájából, hogy a régi paraszti képek még ma is ott függnek a szobák falán. Így értem én a népiség megőrzését, és ez volt az az érzés, amely bennem intellektuális emberben ezt az idealizmust felébresztette. Akkoriban a magyarországi németségnek már volt egy kulturális egyesülete, amelyet GRATZ GUSZTÁV és BLEYER JAKAB alapítottak 1924-ben. 1920-ban még nem volt a hazai németségnek semmiféle kulturális szervezete.

GRATZ GUSZTÁVval 1926 vége felé, doktori diplomám megszerzése után kerültem öszeköttetésbe, amikor BLEYER felkért arra, hogy álljak be a Volksbildungsvereinbe. Ennek a népművelődési egyesületnek, amely GRATZ GUSZTÁV elképzelése szerint működött, GRATZ volt az elnöke. Az egyesülethez mint kulturális titkár kerültem és maradtam mindvégig, amíg BLEYER élt. Politikával szándékosan nem foglalkoztam. Nem felel meg a valóságnak, hogy az egyesületben ellenzéki szerepet vállaltam volna. Ha én ellenzéki lettem volna, vagy akár csak a radikális irányzat vezetője, akkor bizonyára én lettem volna BLEYER utóda. Az úgynevezett radikális szárny a FAULSTICH-féle irányzatot követte, amellyel szemben állott a mérsékelt irányzat, amelyhez én [is] tartoztam. Amíg én voltam a kulturális titkár, működésemben GRATZ GUSZTÁV semmi kifogást nem talált mindaddig, amíg nem lett kihirdetve az az ítélet, amellyel engem 5 hónapra elítéltek. Bizonyos mértékben azonban eltérni kívántam GRATZ GUSZTÁV elképzeléseitől. Ezt GRATZ GUSZTÁVnak őszintén meg is mondtam, amikor 1935 után már nem voltam főtitkár. Megmondtam ugyanis, hogy minden nemzetiség, német, szláv, román mindenhol a világon arra törekszik, hogy saját iskolájuk legyen, néhány óvodájuk, könyvnyomdájuk, hírlapjuk, és nekünk 1926-tól 1936-ig nem sikerült egyetlenegy óvodát sem szerezni, egyetlen középiskolával nem rendelkeztünk, polgári iskolával sem, mikor minden más nemzetiség rendelkezett már ilyenekkel. Az első óvodát 1940-ben Budán kaptuk meg, és később az első polgárit és középiskolát. Ezek voltak az elvi ellentéteink, amelyeket nyíltan elismertem. Mint kulturális titkár, feladatom volt a népiséggel foglalkozni, népdalok, népviselet, népgazdaság, népzene, táncok istápolása, felkutatása, leírása és terjesztése. 23 éves koromban kerültem ki Svájcba. Ott is abból a szemszögből néztem a dolgokat, hogy milyen az ottani német népiség sorsa. Azt láttam, hogy ott három fő nép, illetve három nemzet nagyon jó békességben tud egymás mellett élni, a negyediket pedig, a retorománt, szintén életre keltették. A svájci kormány minden egyes nép népi jogát, saját nyelvéhez való jogát és népszokásait elismeri. Akkor úgy éreztem, hogy Magyarországon is meg lehet a hazai németség kérdését ugyanezen az alapon oldani. Abban az időben, akkori szemmel politikailag célkitűzésem volt az, hogy népünk megkapja nemzetiségi jogait, ahogyan azt BLEYER követelte, ahogyan a nemzetközi jog és a népszövetségi statutumok alapján e jogok minden országban elismertek. Én teljes mértékben elismertem, hogy a hazai németségnek sem jogi sem gazdasági helyzete nem hagy hátra semmi kívánnivalót. Viszont bátorkodom megjegyezni SZÉCHENYI ISTVÁN szavaival: "Ha egy népnek mindene megvan, ha dúskál is minden jóban, de nem tud a nyelvén, ha elveszti nyelvét..."

Egyetlen esetben sem foglalkoztam kint a birodalmi gondolattal, mert akkor megkaptuk volna a feljelentést és előbb kerültem volna bíróság elé mint 1936-ban. Ugyanis 1933-ban, amikor BLEYER meghalt, néhány nappal halála előtt Bátaapáti községben jártam és ugyanakkor a pályaudvari munkások küldöttsége azzal a kéréssel fordult hozzám, hogy sikerülne-e elérni, hogy a GÖMBÖS GYULA által elrendelt névmagyarosítás rájuk ne vonatkozzék. Mikor visszakerültem Pestre, jelentettem ezt BLEYERnek. BLEYER azt mondta, hogy nem lehet ez ellen tenni, a névmagyarosítás el van rendelve. Ezután tartottam Bátaapátiban egy beszédet, amelyben azt a kijelentést tettem, hogyha valaki anélkül, hogy kényszerítve volna, elhagyja őseinek a nevét, az nem is érdemli meg, hogy viselje. Azt mondtam, hogy magamévá teszem azt az asszimilációs elképzelést, hogyha valaki lelkileg asszimilálódott, és nem felszínes magyar lett belőle, ha vérségi kapcsolatba lép a magyarsággal, összeházasodik, akkor ez szimbiózis, ennek elkerülhetetlenségét beláttam. Ha nem korán, hanem később, a második generációban következik be [az] asszimiláció, az ilyen vegye fel következetesen a magyar nevet, magyarosítsa meg a nevét, de aki a népi viseletet hordja és a nyelvét beszéli, azt ne kényszerítse senki, hogy nevét megváltoztassa. Ekkor ellenem nemzetgyalázásért bűnvádi eljárást indítottak és 1934-ben, sőt 1936-ban a Kúria 5 hónapi fogházra ítélt.

A Volksbund megalapítása 1938-ban történt. Azt KERESZTES-FISCHER 1939 május havában hagyta jóvá. A Volksbund megalapítására semmiféle utasítás nem volt. A Volksbund hosszas megbeszélés után jött létre, melyet HUSS RICHÁRD debreceni egyetemi tanár 1936-tól 1938-ig GRATZ GUSZTÁVval, majd 1938 elejétől én folytattam PINTÉR LÁSZLÓval, illetve az általam megnevezett emberekkel úgy Pesten, mint a stockholmi nemzetközi kongresszus alkalmával.

Két évig semmiféle megegyezés nem jött létre. Ennek oka először az volt, hogy a Volksbundnak az élén olyan embernek kell állni, aki a nemzetiségi kérdést szívügyének tekinti. A másik oka az, hogy az új vezetőség tegye magáévá azt az óhajt és kérést, hogy a kormány adjon nekünk nemzetiségi iskolát, óvodát és engedjen kifejteni egy bizonyos speciális működést és engedélyezzen legalább egyetlenegy gazdasági szervezetet, a 35 éves terv alapján, amely generációs tervet a fogházban állítottam fel. A tárgyalások azonban nem vezettek eredményre, mert - mint HUSS mondta - GRATZ GUSZTÁV nem hajlandó tervétől elállni, nekem pedig PINTÉR LÁSZLÓ azt üzente, hogy bár nagyon szívesen látná, ha megegyeznénk, de egyelőre... Ennek az eredménye azt volt, hogy felmentem a miniszterelnökségre, és bejelentettem, hogy a Volksbundot meg fogom alapitani. A Volksbildungsverein tőlünk függetlenül megmaradt a maga főtitkárával, titkárával stb. 1939 májusában megjött a belügyminisztériumi jóváhagyás, de a közbejött választások miatt nem fejtettünk ki működést. Megfelel a valóságnak, hogy ennek ellenére két képviselőnk jutott be a parlamentbe. Ugyanis a generációs terv alapján egyik sarkalatos elv volt, hogy a politikában pártot nem alapitunk, mert pártot csak az alapíthat, aki hatalmi törekvéseket táplál. Mi pártot nem alapítottunk, mert hatalmi törekvéseink nem voltak. Képviselőink a mindenkori kormánypárt padjaiban foglaltak helyet.

A Volksbund megalapításakor az volt az elképzelésünk, hogyha nemzetiségi egyesületet alapítunk, annak élére csak oly emberek állhatnak, akiket tényleg nem a kormány nevez meg mint vezetőket, hanem maga a nép, illetve az egyesület tagjai. A Volksbund megalapításakor csak kulturális elképzeléseink voltak. Amikor a fogházban töltöttem büntetésemet, egy generációs tervet állítottam fel. Ezt előadtam először IMRÉDYnek, MESTER MIKLÓS társaságában. Abból indultam ki, hogy a nemzetiségi kérdés hazánkban bizonyos aggodalmat ébreszt, és nem talál megértésre. Ezt az érzést bennem az érlelte meg, hogy ez minden megbeszélésen vagy nemzetiségi találkozáson felvetődött. A németek részéről inkább gazdasági, mint politikai elégedetlenség állt fent, sőt úgy vélem, hogy elsősorban kulturális törekvések voltak, önálló iskolákat akartunk, óvodákat, azonkívül szociális munkát akartunk kifejteni, és csak azután gondoltunk szövetkezetek megalapítására, az általam felállított 35 éves generációs terv alapján. Ezt a 35 éves tervet, miután GRATZ GUSZTÁVval és PINTÉR LÁSZLÓval megegyezni nem tudtunk, tettem a Volksbund alapszabályainak alapjává és ezt felolvasásban 1938-ban közöltem a kormánnyal, de a kormány annak háromnegyed részét törölte. Sérelmi politikát ebből nem csináltam és 1942-ben újból kértem az akkori miniszterelnöktől alapszabályaink jóváhagyását, de akkor is elutasítottak. A kormány azonban megengedte, hogy szociális egyesületet alapítsunk, amelynek alapszabályait ugyan nem hagyta jóvá, de mint dr. BIRKÁS GÉZA miniszterelnökségi titkár kijelentette, megengedik, hogy működjünk. Ezzel kapcsolatban nem terrorizáltam senkit.

Németországba először 1935-ben kerültem ki a nemzetiszocializmus uralomrajutása után, az évi közgyűlésre mint a Volksbildungsverein kiküldöttje. Dr. STEINACHERrel tárgyaltam arról, hogy a VDA (Volksbund für das Deutschtum im Ausland) vezetősége jónak látta, hogy garanciákkal egyezzünk meg, és meg lesz a lehetősége annak, hogy a BLEYER által megindított úton tovább mehessünk, mert dr. STEINACHER kétségtelenül a türelmesség útját követte. A birodalmi vezetőkkel, illetve HIMMLERrel a bécsi szerződés megkötése után 1940-ben tárgyaltam először. HIMMLER azt az óhaját fejezte ki, hogy a magyarországi németséget a Volksbund útján egy úgynevezett Ahnenpass-szal kell ellátni, ami azt jelenti, hogy minden egyes, a népcsoporthoz tartozó egyén kapott volna egy Ahnenpasst, amelyben fénykép[e], [a] bécsi szerződés szövege és a német népcsoporthoz való hitvallása lett volna feltüntetve. Amikor figyelmeztettem, hogy a magyar kormány félre fogja ezt magyarázni, HIMMLER egy mondattal válaszolt: "Akkor egy piros-fehér-zöld csíkot fogunk rányomtatni." Amikor hazaérkeztem, tudtam, hogy ez kedvezőtlen hatást fog kiváltani, és ezért felmentem a velem szemben jóindulattal viseltető ERDMANNSDORFFhoz, aki különben is CLODIUSsal jó barátságban állott. ERDMANNSDORFF közölte ezt a német külügyminiszterrel, aki kijárta, hogy az utasítás ne teljesíttessék, úgyhogy ezek az Ahnenpassok - néhány százezer példány - Jugoszláviába kerültek.

A bécsi szerződés megkötésénél a Volksbundnak semmi szava nem volt. Ha a Volksbund részéről történt volna ez az elismertetés, akkor a bécsi szerződés egészen másképp nézett volna ki. Ez a szerződés olyan volt, mint azt GOLDSCHMIDT kijelentette: "nesze semmi, fogd meg jól". Jómagam is a bécsi szerződést egy fércmunkának tartottam. A magyar kormány elismerte a német kormányt, mint partnert, akinek beleszólási joga van, de praktikusan ez nem jelentett semmit, mert 1944. év végéig alig kaptunk valamit.

Visszatérve a Volksbund szervezetére, előadom, hogy a Volksbund szervezete ugyanolyan volt eredetileg mint a Volksbildungsverein szervezete, bár az alapszabályokat úgy fogalmaztam meg GOLDSCHMIDTtel, aki a jogi ügyeket intézte, hogy tulajdonképpen a Volksbildungsvereintól eltérő szervezet lett volna, mert magában foglalta volna a kulturális ügyek mellett a gazdasági és szociális népvédelmi működésre szóló engedélyezéseket is. A kormány azonban nem engedélyezte, illetve a belügyminisztérium többször megígérte, hogy évről évre hozzákapcsolhatunk valamit a törölt alapszabályokból. Az ország területét kilenc területre osztottuk fel, mindegyik[nek] volt egy külön vezetője. A kerületi vezetők a területi vezetők alá tartoztak. A csúcson, mint a Volksbund elnöke, én állottam. Megszólításomra vonatkozólag egy utasítást adtam, hogy engem vagy Volksgruppenführernek vagy Präsidentnek kell nevezni. Ha én tovább erőszakoltam volna, hogy ne Führernek, hanem Präsidentnek nevezzenek, ez maga után vonta volna azt, hogy a Volksdeutsche Mittelstelle még nagyobb kételyekkel fogadta volna az egészet és valószínűleg egy leváltást próbált volna kierőszakolni, amit több ízben megkísérelt, de ami nem sikerült azért, mert a miniszterelnökök engem nem engedtek el. Mint minden népcsoport, az egyesület vezetője is Volksgruppenführer volt, és ezeket a külsőségeket mi is átvettük. Amikor a Volksdeutsche Mittelstellével való összeütközésünk már krízisszerű volt, kértem, hogy engedjenek visszalépni. Első ízben BÁRDOSSYt kértem meg, majd két ízben KÁLLAYt és egy ízben SZTÓJAYt. A miniszterelnököknek azonban mindig az volt a felfogásuk, hogyha én visszalépek, akkor a radikálisabb rész következik, és a miniszterelnökök is tudták, kik ezek személy szerint, akik utánam jönnének.

A Volksbund politikai síkra a bécsi döntés után lépett, illetve valamivel később, mert ezt nem próbálták mindjárt érvényesíteni. A nemzetiszocialista eszméket tulajdonképpen csak az ifjúság vette át, az idősebb rész nem. Egy bizonyos, soha magam nemzetiszocialistának sem beszédben, sem írásban ki nem jelentettem. Arra vonatkozóan, hogy én HITLERt ismertem volna el vezéremnek, előadom, hogy mikor a VOMI állandóan jött követeléseivel, ezek közül azokat tettem meg, amelyek nem jelentettek számunkra semmit. Az itteni német népcsoport volt az egyedüli, amely nem tette magáévá a horogkeresztet, hanem mint KÁLLAYnak megmagyaráztam, azt a napkorongot vettük, amelyet én fedeztem fel. Arról, hogy a VOMI-nak kémszolgálata is lett volna, nincsen tudomásom. Köztudomású, hogy a VOMI körülbelül 14 emberből állt, akik különböző szakokra felosztva dolgoztak. Voltak sajtóemberek, szervezeti ügyekkel foglalkozó emberek, közgazdasági szakértők és így tovább.

A nemzetiszocialista világnézetnek a bécsi döntés után csupán egy bizonyos árnyalatát vettük át. Például amikor sokszor követelték tőlem, hogy valljam magamat nemzetiszocialistának, ezt mindig sikerült visszautasítanom, a bécsi döntésig. A miniszterelnökség mindig törölte mindazokat a csak árnyalatilag is hasonló kifejezéseket, amelyek a nacionalszocializmusra emlékeztettek volna. A miniszterelnökség még a kalendáriumokban megjelent cikkeket is cenzúrázta. Igy például az én kalendáriumi cikkemet is az 1940-ben megjelent kalendáriumban.

A sajtótevékenységgel kapcsolatban előadom, hogy első lapunkat, a *Deutscher Volksbote* című öthetenként megjelenő lapot HUSS RICHÁRD alapította. 1939-ben IMRÉDY, az akkori miniszterelnök, megengedte, hogy a lap hetenként jelenjen meg. 1940 őszén megalapítottuk a naponként megjelenő *Deutsche Zeitung*ot. Az öthetenként megjelenő lapban a népiség kérdéseit tárgyaltuk. A *Deutsche Zeitung*ot 1940 késő őszén indítottam meg, amikor TELEKI miniszterelnök a lap megjelenését KUSSBACH kérésére engedélyezte. A lapok fő- és felelős szerkesztője dr. GOLDSCHMIDT volt. Én soha a lap szerkesztésébe nem szóltam bele, mint a lap kiadója, csupán évenként egyszer-kétszer, amikor a miniszterelnök magához hivatott, vagy amikor GOLD-SCHMIDT jelentést tett arról, hogy egyes szerkesztők elvetik a sulykot.

SZEGEDY-MASZÁK ALADÁR azon vallomására, hogy én a kormányt megfenyegettem, ha a szerződéseket nem tartja be, a következőket adom elő. Egy ebédre voltunk hivatalosak, amelyre az akkori miniszterelnök meg volt híva. Dr. WOLFF ott volt, követségi főtanácsos, és KÖHLER is, aki nagyon jó ismerője volt a hazai német kisebbségi ügynek, és egyike volt a legradikálisabb embereknek, akikkel valaha találkoztam. A bécsi szerződésről beszélgettünk. Én a szerződést akkor is fércmunkának tartottam és helytelenítettem. E vitatkozásunkban igen éles hangot ütöttünk meg, egyfelől dr. WOLFF és KÖHLER, másfelől én. A háttérben állott ERDMANNSDORFF akkori követ. Amikor ott álltunk egy sarokban SZEGEDY-MASZÁKkal, tőlünk egy-két lépésnyire állt ez a két ember és élesen figyelte társalgásunkat. A bécsi szerződésre, amelyet alig 1-2 nappal azelőtt kötöttek meg, SZEGEDY-MASZÁK terelte a szót. Ekkor taktikából, hogy a minket figyelő urak is hallják, azt kérdeztem SZEGEDY-MASZÁKtól: "Ön is a Szent István-i gondolat alapján áll?" Igenlő válaszára kijelentettem, hogyha teljes mértékben elveti a bécsi szerződést, a Szent István-i állam további kiépítését letaglózza. Én soha életemben, sem azelőtt, sem azóta még csak ehhez hasonló kijelentést sem tettem. Ezzel kapcsolatban kijelentem, hogy 1944 végéig sem [nem] kapta és nem is kérte a német népcsoport tizedrészét sem annak, amit a bécsi szerződés számára mint lehetőséget és alkalmat előírt.

Tanácsvezető bíró elébe tárja vádlottnak a Németorzágban [Németbólyban] 1940. november 15-én megtartott beszédet, valamint a Dunaszekcsőn 1940. november 10-én, továbbá [az] 1940. november 7-én megtartott beszédeit.

Vádlott a következőképpen válaszol: Ha én ilyen erős kitételű beszédeket tartottam volna, a miniszterelnökség vagy maga a miniszterelnök úr felhivatott volna magához, ahogyan ez egy ízben történt. Dunaszekcsőn pedig soha életemben egyetlenegy beszédet sem tartottam. Nem adtam kifejezést követeléseimnek 1941-ben sem, amikor a bécsi szerződés megadta erre a teljes jogcímet és a magyar kormánynak ezeket a követeléseket szerződésszerűleg teljesítenie kellett volna. Egyetlen gazdasági szervezetünk, egyetlen bankunk sem volt, nem kaptunk egyetlen jegyzőt, egyetlen bírót, egyetlen patikust - mert nem kértem.

Az Eleken megtartott beszédemre vonatkozólag előadom, hogy a beszéd 1/2 12-től 12-ig tartott, mely idő alatt a templom harangjai állandóan szóltak, úgy, hogy még azok sem hallották a beszédet, akik 20 lépésre álltak tőlem. Arra sem volt okom, hogy a zsidó vagyonokat megtámadjam, mert ugyanabban az évben az Agrikola egy zsidó banktól kapta azokat a pénzeket, amelyekkel egyszer próbálta magát szanálni.

Ha a németséget állandóan a magyar államiság és a magyar állameszme ellen akartam volna felhasználni, ha ez lett volna a törekvésünk, akkor magamévá tehettem volna akár SCHMIDT ANDRÁS, akár KARMASIN módszerét. Akkor beléptem volna az NSDAP-be, kértem volna rangelhelyezést a pártban, és mindazt, amivel ez járt. Akkor minden német követelést teljesítettem volna. A valóságban viszont csak úgy emlékezetből kb. 17 pontban foglaltam össze azokat a legfontosabb követeléseket, amelyeket a német kormánynak visszautasítottam. Beismerem, hogy a Volksbund felállítása szembehelyezkedés volt a német kultúrszövetséggel, ellenben nem felel meg a valóságnak, hogy azért állítottuk fel a Volksbundot, hogy az ügyet politikai síkra tereljük, tekintettel arra, hogy a kultúrszövetség mindaddig nem politizált. Mert ha ez való lett volna, akkor politikai pártot alapítottunk volna.

A Waffen-SS-sorozással kapcsolatban előadom, hogy a hazai német népcsoportnak addig, amíg a magyar és német kormány az SS-re vonatkozó szerződést meg nem kötötték, egyetlenegy tagja nem vonult be az SS-be. Ezt a szerződést nem a német népcsoport, hanem a magyar kormány kötötte meg a német kormánnyal. A magyar kormány is elismeri, hogy erről nekünk tudomásunk sem volt. Nem felel meg a valóságnak az sem, hogy a szerződés megkötése előtt propagandát fejtettünk volna ki újságban és beszédben a tekintetben, hogy minél több magyarországi német lépjen az SS-alakulatba. Kiemelem, hogy ezen esetben legalább egyetlenegy ember belépett volna közülünk, mint ahogyan a többi német népcsoportból már ezernél többen voltak az SS-ben. Elismerem, hogy az SS-szerződés megkötése után, sőt 1944 áprilisa után, az SS-be való belépés kötelezővé vált. Ekkor már csak a közigazgatási tisztviselők magatartásától függött, hogy ki tekinthető németnek, ki nem. A szerződés szerint a honvédelmi miniszteré volt az utolsó szó a tekintetben, hogy a községi jegyzőségekkel beküldött listán a törléseket tudomásul veszi-e vagy sem. A Volksbund hat esetben adott ki ilyen listát. A magyar kormány a Waffen-SS-szerződés megkötése után a toborzást nem engedte meg, hanem egyenesen sorozással oldotta meg a kérdést. A szerződés után tehát nem tőlünk függött a dolog, hanem attól, hogy a jegyzőnek milyen hatalma van. A toborzással kapcsolatban igen élénk fényt tudok vetni arra, hogy a Volksbund hányszor volt kénytelen azt csinálni, amit tulajdonképpen nem akart. A németek minden más népcsoportban nem a csoport által toboroztattak, hanem maguk vonultak be filmkocsikkal, zenekocsikkal és nagy mulatságokkal. Így történt Romániában és Szlovákiában. Így Romániában a Waffen-SS-tisztek és legénység által véghez vitt toborzáson 500.000 népi német közül 51.000-en jelentkeztek egyetlen alkalommal. Nálunk a számukat egy millióra becsülöm, Bácska, Erdély és Felső-Magyarország hozzávételével csak 17.000-en jelentkeztek. A kormány itt nem akarta, hogy a Waffen-SS emberei toborozzanak, tehát ezt a kötelességet áthárította a Volksbundra. A németek ezt nem szívesen vették, mert ők maguk akartak toborozni. A szerződés előírja, hogy a Volksbund fog toborozni, tehát ezt nekünk teljesítenünk kellett, szerződésszerűen, anélkül, hogy minket megkérdeztek volna. Mi ezt nem is akartuk, ez nem is volt hálás szerep, mert aki toborozni ment, maga is kénytelen volt bevonulni, ezért nem szívesen ment. Ezért nem tudtunk a községeknek a felébe se toborzót küldeni, a másik felében pedig szigorúan elő volt írva, hogy csak az írásban foglalt szöveget szabad közölni azzal, hogy a hátramaradottak, illetve a hozzátartozók mit kapnak, és figyelmeztetni kellett az embereket, hogy az állampolgárság elvesztése járt ezzel együtt. Én egyszer megkérdeztem a minisztertelnökséget, hogy miért írták alá ilyen könnyen ezt a szerződést, mire a válasz az volt, hogy az nagyon nehezen történt meg. Különben az üggyel kapcsolatban WINKELMANN maga is kijelentette, hogy a Volksbundnak tilos minden SS-akcióba belekapcsolódni. Nem felel meg a valóságnak, hogy a Volksbund az összes volksbundistákat kiadta. Ezt már csak azért sem tehettük meg, mert akkor tulajdonképpen a Volksbundot szolgáltattuk volna ki annak, hogy csak az ő tagjai legyenek katonák. Márpedig a németek nem a Volksbund-tagokra voltak kíváncsiak - hiszen ezek színe-java önkéntes jelentkezés formájában 1942-ben és 1943-ban jelentkezett - hanem akkor már az egész németséget igényelték és azért is kötöttek ilyen szerződést. A szerződésben benne volt az a pont is, hogy a Volksbundnak már nem is szabad részt vennie sem a sorozásoknál, sem pedig az összeírásoknál.

Nem áll meg a vádirat azon állítása, hogy az SS-be toborzott embereket búcsúztattam volna. A tanúk egész serege igazolni fogja, hogy sem 1942-ben, sem 1943-ban, sem 1944-ben egyetlenegyszer nem vettem részt a toborzáson. Ezt önszántamból ígértem meg a miniszterelnököknek. Beismerem, hogy 1943-ban öt alkalommal vettem részt a búcsúztatásokon, amikor szemrehányást kaptam távolmaradásom miatt. Amikor az ember százszor mond nemet, ötször kénytelen igent mondani. Aki ismeri a németeket, az tudja, hogy amikor megkapták a katonákat, már nem törődtek azzal, hogy buzdítsák-e őket, vagy sem, mert ők nem a buzdításból akartak jó katonákat csinálni, hanem abból a dresszúrából, amelynek népünk fiát alávetették. Miután azonban minden népcsoportnál bevezették, hogy a búcsúztatások megtartassanak és azon részt vegyen a kormány egy képviselője, a hadseregnek egy képviselője és lehetőleg a követ is, JAGOW kijelentette: "Most önnek is el kell jönnie". Ha összehasonlítjuk az eredményeket, 1942-ben Bácskában 11.000 ember jelentkezett, Erdélyben 1900, míg a trianoni Magyarország németsége tulajdonképpen a maradékot szolgáltatta, mert felét sem adta annak, amit egyedül a Bácska adott, pedig az is csak ötödrészét adta a többi németség arányának. Bácskára vonatkozólag én a miniszterelnökségen minden hónapban csak azt az egyet tudtam kijelenteni, hogy nem bírok velük megbirkózni. Ha Erdélyben kiadtam az utasítást 1940-ben, hogy horogkeresztes zászló, horogkeresztes karszalag és a "Heil Hitler" köszönés tilos, ezt az erdélyiek betartották, az 1941-ben hozzánk visszakerült bácskaiak azonban nem.

Egyenruha-viselésemre vonatkozólag, amely a németekével hasonló volt, előadom, hogy ez a formaruha tulajdonképpen egy fejlődésen ment át. Az első volt egy fekete csizma és egy fekete vagy sötétbarna vagy sötétkék nadrág és egy civil kabát. Azután átvettük az erdélyi részen divatban volt népi kabátot, csak az ezüst mellénygombokat nem tettük fel. Amikor engedélyezték a német ifjúságnak a formaruha-viselést, ezt az öregek szintén átvették.

A VOMI 1937-ben alakult meg, de működését csak 1938-ban kezdte. A VOMI-val nem sikerült addig összeköttetésbe kerülnünk, amíg nem tudtuk felmutatni azt, hogy egy a magyar kormány által elismert, legális szervezettel bírunk. Ez volt LORENZ felfogása, aki a VOMI vezetője volt. Így tehát a VOMI-val csak 1939 májusa után kerültünk összeköttetésbe. A választások után egy hónappal kimentem tárgyalni Berlinbe. Megbeszéléseink tárgya a Volksbund alapszabálya volt. Titkos utasításokat tulajdonképpen sohasem kaptam a VOMI-tól, még a bécsi szerződés megkötése után sem, mely perctől kezdve ez irányban próbákat tett. Mindössze azt az ígéretet kaptam, hogy a magyar kormánynál el fognak járni, hogy az alapszabályokban lefektetett kéréseinket a magyar kormány, ha lehetséges, teljesítse.

Turisták és német diákok már BLEYER idejében is jöttek, egészen a háború kitöréséig, amikor a német kormány már nem adott ilyen kiutazási engedélyt.

A bécsi szerződés után a VOMI három szakértőt küldött azzal, hogy a Volksbundban hiányosan szakképzett embereket fogják helyettesíteni mindaddig, amíg a Volksbund saját ilyen szakképzett emberekkel nem rendelkezik. Ezek fogják a bécsi szerződésben előírt önálló gazdasági szervezeteket, ipari és pénzügyi szervezeteket felállítani. Ez volt a VOMI elképzelése, ellentétben az én felfogásommal.

Agitátoriskolát nem tartottunk fenn, hanem csupán az úgynevezett Schulungsheimeket. Ez időben ideiglenesen a hazai németség ifjúságának vezetését KIRSCH MÁTYÁS vette át. Miután azonban sok munka nem volt az ifjúsággal, KIRSCH MÁTYÁS működése arra szorítkozott, hogy a szülőfaluja környékén levő német községekben szervezte meg a hazai németséget. Egy vagy két ízben ő vezette a Volksbund központi házában tartott ifjúsági tanfolyamot, amelyet hivatalosan be is jelentettünk, amelyben mindkét ügyben részt vettek a hatósági közegek is. Két ilyen nagyobb tanfolyamot tartottunk a Német Házban, az első 1940-ben volt, amikor az erdélyi szászság került vissza, a második 1941-ben, amikor a Bácska került vissza. Célom az volt, hogy az ide visszakerült németség állandóan ellenünk kifogásolt működését enyhítsem.

Gazdasági vonalon a kiépítést belülről kezdtük: tagsági illetmény, azután WHW-pénzek és különböző gyűjtésekből befolyt összegek. Németországból az egész BLEYER-idő alatt, egyrészt a VDA-tól, másrészt a Martin-Luther-Vereintől úgynevezett kulturális segélyek jöttek. Magától a német kormánytól soha semmiféle pénzt nem kaptunk, hanem JAGOW követ alatt a követség egy időn át egy jó előmenetelű tanuló internátusban való ellátását vállalta.

Az ingatlanszerzések terére a tárgyalások a bécsi szerződés után terelődtek. Ekkor vette fel a VOMI az érintkezést a magyar kormányokkal. Később CLODIUS folytatta, hogy a magyarországi német népcsoport számára a bécsi szerződésben előírt jogok, illetve kötelezettségek pénzügyi megvalósítása céljából havi segélypénzek érkezzenek. Ezeket GOLDSCHMIDT intézte és a két kormány kölcsönös tárgyalások útján rendezte. Kéréseinket, amelyeket a kormány mindig kirostált, mindig be kellett mutatnunk, mert csak olyan pénzeket engedélyezett, amelyek iskolai célokra és szociális célra szolgáltak. Ezek fel voltak sorolva, hogy ennek az iskolának felállítására ennyi, egy ilyen telek vásárlására ennyi stb. A magyar kormánytól mi sohasem kaptunk pénzt.

Tanácsvezető bíró elébetárja vádlottnak KÁNYA KÁLMÁN akkori külügyminisztertől 1937. április 30-án, 1937. május 28-án és 1937. július 8-án felvett összegekről szóló nyugtákat.

Vádlott a felmutatott nyugtákra kijelenti:

Ezeket sohasem láttam és soha ilyen pénzről nem is tudtam. A magyar kormány nekünk nem adott semmiféle pénzeket, hanem csak olyan összegeket, amelyek tárgyában a német kormánnyal megegyezett. Ha ilyen pénzeket felvettem volna, számomra ez legalizációként szolgálna, hogy a magyar kormány bennünk megbízott. A bécsi döntés értelmében egy bankot kellett volna kapnunk, amelyet CSENGERY ANTAL terve alapján népbanknak akartam. Erre a bankra azért vártunk, mert a magyar nemzetiség Szlovákiában, a magyar népcsoport Romániában és minden népcsoport már rendelkezett egy vagy több bankkal. Erre a bankra azért volt szükség, mert észrevettem azt, hogy amikor bizonyos időben a Volksbund működését egyes vidékeken nem jó szemmel látták, rögtön felmondták a kölcsönöket. Egyetlen bankot kaptunk, a Pécsváradi Bankot Azok az összegek, amelyeket ez a bank kiadott, olyan csekélyek voltak, hogy a Volksbund tagjai ezáltal maguknak még csak 10 hold földet sem vehettek. Földet a magyar gazdáktól egy esetben sem vettünk.

Szövetkezetünk is mindössze egyetlenegy volt, az úgynevezett Milchbearbeitungsgenossenschaft, amelyet még a bécsi szerződés előtt próbált dr. MÜHL megalapítani. A pénzt erre a községi szervezetek maguk adták, így tulajdonképpen pénzre sem volt szükség, hanem csak egy házra, hogy a házban a tejet összegyűjtsék.

Az ingatlanok vásárlását, a Német Ház kivételével, 1941-ben kezdtük. A költségekre előlegeket vettünk fel, amelyet később a Nemzeti Banktól kapott havi részletekből akartunk utólag kifizetni, továbbá a magyar-német gazdasági megállapodás értelmében kapott összegekből. Minden ilyen ház vásárlását évenként a magyar kormányhoz benyújtott kérésben feltüntettünk. Az ingatlanok többnyire iskolák voltak, kivéve egy ifjúsági otthont és egy leányotthont. Egyéb pénzekre - melyeket állítólag Németországból propagandacélokra kaptunk volna - nem volt szükség, mert mindig megkaptuk a bennünket szabályszerűen megillető összegeket. Gazdasági berendezkedésünk célja eredetileg csupán a hazai németség kulturális felemelése volt. A háború fokozottabb viselése és a háborús célok érdekében azért fejtettünk ki tevékenységet, mert őszintén szólva azt hittük, hogy a német győzelem lehetséges. Itt váltakozó álláspontot foglaltam el. 1939-ben nem hittem a győzelemben, 1940-ben, amikor HITLER lovagiasan bánt el Franciaországgal, hittem a győzelemben, 1942-től kezdve nemcsak én, hanem szűkebb munkatársaim sem hittek már. Ellenben egy különbékében hittünk.

Tanácsvezető bíró elébetárja vádlottnak a *Deutsche Zeitung*ban megjelent cikkeket.

Vádlott kijelenti:

A vádirat sem mondja, hogy ezek közül csak egyetlen cikket is én írtam volna. 1941-ben a Deutsche Zeitungban egyetlen cikket sem írtam. A cikkeknek a főszerzői VIKTOR LORENZ és BRUNO KLEIN volt[ak]. Mindkettőt leváltottam és a Bácskába küldtem. Ettől a perctől kezdve a hasonló cikkek megjelenése megszűnt.

Népbírói kérdésre vádlott előadja: Egyetlen esetről tudok, amikor a magyar zászlót nem tűztük ki. Ekkor is azonban az ifjúság elénekelte a magyar himnuszt. A gyűlést a Rákóczi-indulóval fejeztük be. A vigadóbeli gyűlésen hat magyar zászló állott hat Volksbund zászló mögött. Ami az antiszemita cikkeket illeti, a magyarországi németség és a kormánykörök kivétel nélkül elismerik rólam azt, hogy antiszemita beszédet soha nem tartottam, antiszemita cikket soha nem írtam, és ezeknek közzétélét és hirdetését, amennyire csak tőlem tellett, visszatartottam.

Amikor a SZÁLASI-féle mozgalom megindult, nem ismertem SZÁLASIt. Vele kapcsolatba csak 1939-ben kerültem, amikor ROTHEN FERENC elvitt, hogy megismerjem programját és meggyőződjem arról, hogy a SZÁLASI-féle hungarizmus nem sovinizmus és a német népcsoportnak nem árt. Én régi meggyőződésemet fenntartottam, hogy nekünk a hungarizmus árt a legjobban. SZÁLASIval 1944 nyarán, talán augusztusban, GOLDSCHMIDT lakásán találkoztam. SZÁLASI elmondta a kormányzónál tartott megbeszélését, és ezután GOLDSCHMIDT a német titkos fegyverekről beszélt. Amikor SZÁLASI átvette a hatalmat, mint minden miniszterelnökhöz, kinevezése után elmentem tiszteletemet tenni. Ez csupán udvariassági látogatás volt. Ezután Brennbergbányán találkoztam SZÁLASIval. Ez időben a kerületi vezetők olyan jelentéseket küldtek, hogy hivatali cipőtalp-, petróleum-, cukor-kiutalásokban csak a nyilaskeresztes párt tagjai részesülnek. Miután a Volksbund tagjai közül sokan beléptek a nyilaspártba, felvetettem SZÁLASInak azt az indítványt, hogy rendezzék végre, hogy ki tartozik a hazai német népcsoporthoz. Ezzel kapcsolatban arra is megkértem SZÁLASIt, hogy rendelje el, amit már 1942-ben ígért, hogy hazai német az ő politikai pártjába ne léphessen. Ezután többé nem találkoztunk.

Az első Waffen-SS-szerződést BÁRDOSSY miniszterelnök kötötte meg 1942-ben a német kormánnyal. A másodikat 1943-ban KÁLLAY, a harmadikat pedig 1944-ben SZTÓJAY miniszterelnök. Mindezeket WINKELMANN csinálta.

Az állítólagos német turisták által Magyarországra hozott térkép ügyével kapcsolatban kértem GOLDSCHMIDTet, tegye közzé az öthetenként megjelenő lapban és írjon minden szerkesztőségnek levelet, hogy aki ilyen térképet fel tud mutatni, az tegye le a Ház asztalára, hogy indíthassunk ellene bűnvádi eljárást.

HITLERrel sohasem beszéltem. Breslauban egy sportünnepély alkalmával kb. 150 lépésre állottunk a balkontól, ahová HITLER kijött és felénk intett. Ez volt az egész.

Bankra nem kértünk engedélyt, hanem a német birodalom megvett egy bankot, a Merkur-Bankot, és ezt kellett volna megkapnunk. Tárgyalásokba kellett volna bocsátkoznia ezirant a magyar kormánnyal, de ezt nem tették meg, hanem a birodalmi kormány a bankot megtartotta magának és nem adta át a német népcsoportnak.

A német kormánynak és a német vezetésnek semmi beleszólása nem volt a Volksbund vezetőjének személyére vonatkozóan. Én nem pártot alapítottam és nem voltam így pártvezető, sem az NSDAP tagja. Én tudtam, hogy miért nem alapítok pártot, mert a párt fővezére HITLER volt, és ha azt mondotta volna, hogy "abtreten", akkor nekem mennem kellett volna. De engem a Volksbund hároméventként megválasztott elnökének és ezáltal független voltam a német vezetőségtől.

Bizonyos cikkek megjelenését megakadályozhattam volna, de ezt a kérdést egy született újságíróra, legjobb barátomra, dr. GOLDSCHMIDTre bíztam. Tulajdonképpen én csak másnap reggel tudtam meg, hogy mi van az újságban. Mint kiadó a cikkekért én vagyok felelős, ezt vállalom.

A hungarizmus annyiban veszélyeztette elgondolásunkat, hogy a hungarizmusban a nemzet népcsaládokra oszlott fel, amelyeknek legfőbb vezetője SZÁLASI volt, és ezekben a népcsaládokban [csak] az történhetett, amit ő akart, és a népcsaládok élére olyan embert állíthatott, akit ő akart. A népcsoportban nem az történt, amit a népcsoport akart, hanem amit a hungarizmus. Különben SZÁLASIt sohasem támogattam.

Népügyész kérdésére vádlott előadja: A német imperializmus fenyegetését még ma sem látom bizonyosnak, tekintettel arra, hogy a német népcsoportot HIMMLER ebből az országból ki akarta telepíteni.

Ha a német birodalomról tudtam volna, hogy a humanitás elleni bűntetteket elköveti, akkor abban az esetben sem maradtam volna meg, ha tudtam volna, hogy börtönbe zárnak. 1945 áprilisában tudtam meg az angol és amerikai rádióhírekből Ausztriában, hogy mi történik a német koncentrációs táborokban.

Amikor HIMMLERnél jártam, titkára kijelentette, hogyha a háború Németország győzelmével végződik, illetve ha fölényesen győz, akkor két-három évet fogok kapni.

Félreállásommal kapcsolatban kijelentem, hogy minden egyes miniszterelnöknek felkínáltam lemondásomat. Több esetben kijelentettem, hogy maradásomat a Volksbund élén a mindenkori magyar miniszterelnök bizalmától teszem függővé.

Diktátori hatalommal soha nem rendelkeztem, ezt rólam minden egyes tag tudta, és az ilyen értelmű tájékoztató, amelyben diktátori hatalommal rendelkező elnöknek vagyok feltüntetve, nem a Volksbund kiadása.

Sohasem voltam nemzetiszocialista és sohasem tettem magamévá politikai felfogását. Az ifjúság, beismerem, hogy világnézeti alapon állott. A miniszterek előtt és a miniszterelnökségen is, ahol olyan emberek ültek, akiket a mai rendszer átvett, kijelentettem, hogy az ifjúságot meggyőződésében befolyásolni nem tudom.

A VOMI legnagyobb ura HIMMLER volt, de ő nem akart leváltani, mert tudta, hogy a német népcsoport szervezete a háború után megváltozik, és a vezetést az ifjúság fogja átvenni. Különben is csak megtűrt ember voltam.

Beláttam azt is, hogy Magyarországon a svájcihoz hasonló nemzeti jogok követelése egészen más hatással járna, mint Svájcban. Ezért le is mondtam nézetemről és kijelentettem, hogy Magyarországon nem tudunk organizálás útján olyan formát teremteni, mint amilyen Svájcban helyes.

WINKELMANNak, amikor Magyarországra jött, két feladatköre volt: egyik a Waffen-SS megszervezése, a másik a kitelepítés kérdése. Amikor kérdeztem tőle, hogy mitevők legyünk, azt válaszolta: "Tegyen, amit eddig csinált, dolgozzék a Volksbund keretén belül és akkor helyes úton van".

Politikai ügyész kérdésére vádlott előadja:

Mint a Volksbildungsverein fizetett alkalmazottja a szabályos fizetésen kívül a birodalom részéről semmi támogatást nem kaptam. 1937-ben történt egy sikkasztás, mi az ügyet gondosan felülvizsgáltuk, de nem sikerült ROTHENre bizonyítani semmit. ROTHEN különben csak a diáksegélypénzek kezelésével volt megbízva. Beismerem, hogy a VDA-nak müncheni ülésén a magyarországi népcsoport részéről MÜHLlel megjelentem. Ezen a gyűlésen tették közzé azt, hogy a megsegítendő népcsoportok segítségére fognak sietni. Ekkor határozták el a gazdasági tanácsadók gyors kiküldését. A gazdasági tanácsadók a müncheni gyűlés után egy hónappal érkeztek Magyarországra, ezt közöltem TELEKIvel is. A VOMI-n kívül senki sem adhatott utasítást, még a magyarországi német követség is csak óhajtásokat fejezhetett ki, de azokat megtagadtam. Volt rá eset, amikor mérséklést akartak, és volt eset, amikor radikalizálni akartak. A bonyhádi beszédért vállalom a felelősséget. Ugyanis az ellenzék attól tette függővé, hogy az ellenem gyűjtött vádakat a követnek átadja, vagy sem, hogy milyen értelemben tartom meg beszédemet. Én a beszédnek csak a felét tartottam meg, és ez látott napvilágot a Deutsche Zeitungban. Így tehát a német követség által készített beszédet megtartottam, de csak rövidítve.

A Deutsche Jugend a Volksbundtól teljesen független szervezet volt, mert alapszabályai szerint az akkori kultuszminiszter önálló egyesületnek engedélyezte. A szervezetben semmilyen szerepet nem töltöttem be.

1944. március 31-én HAMM FERENC a képviselőház elnökénél a VOMI követelésére egy új N.Sz.-blokk megalakulását jelentette be. Ez a blokk-kifejezés a magyar parlamenti életben mindig azt jelentette, hogy a kormánypártban kíván működni.

1944 április havában vezették be egyes német helyi csoportokban a horogkeresztet, amelyet csak három hónapig viseltek, mert engedélyt kaptak arra, hogy bármilyen szürke, vagy zöld egyenruhát csináltassanak, ezzel szemben nem kötelesek a horogkeresztet viselni. A Magyarországon működő német nemzetiszocialista pártnak csak német állampolgárok lehettek tagjai. Annyira nem működtünk együtt, hogy ennek a pártnak a gyűléseire sohasem mentem el. Egyebet a rendőrségen sem vallottam. Semmi kapcsolatunk egymással nem volt, azon kívül, hogy a gyűlésekre kölcsönösen egy-egy embert küldtünk egymáshoz.

Annak ellenére, hogy a túlzók ellen állandó harcot folytattam és hogy a bácskaiak a legtúlzóbbak voltak, a Deutsche Zeitungban leközölt beszédemben mégis a Bácskát állítottam követendő példakép gyanánt, [amit] azért tettem, mert a Bácska annyi pénzt tudott összehozni a tagsági illetményekből, hogy ebből a többi három területet egymaga el tudta tartani.

A zsidókérdésben a német hivatalos álláspontot kellett volna magunkévá tenni. Ezzel szemben lapjaink tartózkodtak antiszemita cikkek közlésétől. SPREITZERt kivéve, akivel szemben nem mertem eljárni, mert a legradikálisabb ellenfeleim közé tartozott, négyszemközt utasítottam a területi vezetőket, hogy faji és felekezeti kérdéseket soha ne vessenek fel, mert ez ellenünk olyan gyűlölködést fog szítani Pécsett, Magyaróváron, Sopronban, hogy azt nem fogjuk tudni kivédeni. A területi vezetők ehhez tartották magukat, az egyetlen KRÄMER FLÓRIÁNt kivéve, aki titokzatos ellenségekről beszélt. Egyetlenegyszer, állítólag Füleken tértem ki a nemzetközi zsidó liberalizmusra, de ez nem volt zsidóellenes kijelentés.

A német tankönyveknek a Volksbund-iskolákban történt felhasználására vonatkozóan előadom, hogy német tankönyvek nyomtatását kértük. Amikor ez nem ment, átmeneti időre a Schulungsamt vezetője azzal a javaslattal állott elő, hogy hozzuk be a természettudományi tankönyveket. Megállapodás történt, hogy a kultuszminisztérium a földrajzkönyvekből - amelyek esetleg politikai tartalommal is bírhatnak -, maga tépi ki azokat a lapokat, amelyek saját elképzelése szerint a legkisebb mértékben is politikai tartalmúak.

A Volksbund-iskola fenntartó alanynak az egyházakat tekintette. MOLITORIS KÁROLY vezéresperes, az erdélyi szász evangélikus egyház vezetője, csak azért írhatta, hogy parancsaimnak aláveti magát, mert valószínűleg annak a hatása alatt állott, hogy SCHMIDT ANDRÁS Dél-Erdélyben az összes egyházi iskolákat kisajátította, valószínűleg hasonlótól félt velem kapcsolatban is.

Tudomásom van egyes volksbundista kilengésekről, de a vezetőség nemcsak a kimondott terrorcselekményeket, hanem a falraírásokat és ablakbetöréseket is tilalmazta, mert ebből nekünk több kárunk volt, mint azoknak hasznuk.

Azt, hogy a Magyarországra küldött VOMI gazdasági szakértők tulajdonképpen gazdasági kémek lettek volna, csak akkor tudtam meg, amikor egy birodalmi gimnáziumi tanárral mentem az utcán és kijelentette, hogy ezek a szakértők a birodalom kémei. Ekkor a szakértők már nem voltak Magyarországon. Segítségüket nem vettem igénybe. Az ingatlan vásárlására szükséges összegeket nem tőlük, hanem a Merkur-Bank, a Wiener Bankverein és még valami biztosító társulat, amelyet GOLDSCHMIDT tudott felhajtani, előlegeiből kaptuk.

A népbíróság ezután halk tanácskozásban meghozta és tanácsvezető bíró kihirdette az alábbi végzest:

A népbíróság a mai tárgyalást félbeszakítja és a tárgyalás folytatására 1946. évi január hó 16. napjának de. 9 óráját tűzi ki, mely napra a mai napon megjelenteket szóval megidézi.

Tudomásul szolgál. Kmft. Dr. GÁLFALVI ISTVÁN tanácsvezető bíró, dr. FEKETE LÁSZLÓ jegyzőkönyvvezető.

2. Nyilvános főtárgyalás

Jegyzőkönyv, készült az 1945. évi VII. tc. által törvényerőre emelt Nbr. 11. § 6. pontjában meghatározott háborús bűntett stb. miatt vádolt Dr. BASCH FERENC ellen indított bűnügyben a budapesti népbíróságnál Budapesten, 1946. évi január hó 16. napján megtartott folytatólagos nyilvános tárgyalásról.

Jelen voltak:

dr. GÁLFALVI ISTVÁN
tanácsvezető bíró

BOLGÁR MENYHÉRT
a Független Kisgazda Párttól,
KÁDÁR IVÁN a Magyar Kommunista Párttól,
FALUDI GYÖRGY a Szociáldemokrata Párttól,
LÁSZLÓ GÉZA a Polgári Demokrata Párttól,
PÜSPÖKI SÁNDOR a Nemzeti Parasztpárttól,
dr. NAGY ISTVÁNNÉ
az Országos Szakszervezeti Tanácstól
kiküldött népbírák,

dr. BASCH FERENC
vádlott, előzetes letartóztatásban
dr. WENCZEL ÁRPÁD
ügyvéd, hivatalból kirendelt védő
HÓMAN BÁLINT
EDMUND VEESENMAYER
WINKELMANN OTTÓ
MESTER MIKLÓS
Dr. TARTSÁNYI DÁNIEL
Dr. INCZE PÉTER
Dr. BIRKÁS GÉZA
BECZKÓY JÓZSEFNÉ
SPIELER KLÁRA

Dr. BALASSA ERIK r. őrnagy, feleskettett hites német tolmács
Dr. FEKETE LÁSZLÓ jegyzőkönyvvezető
Dr. ACZÉL ENDRE népügyész
dr. GYÖNGYÖSI ISTVÁN politikai ügyész

ENDRE LÁSZLÓ
Dr. ANTAL ISTVÁN
tanúk

Tanácsvezető bíró a folytatólagos tárgyalást megnyitja és a hallgatóságot megfelelően figyelmezteti, majd megidézett és megjelent tanúknak a Bp. 301. §-a szerinti távollétében a politikai ügyésznek adja meg a szót.

Politikai ügyész kérdésére vádlott előadja:

Az országos közoktatásügyi tanács ülésén, mint megfigyelők, SCHMIDT és BALTHAZÁR vettek részt. Kívánságuk a magyarországi német anyanyelvű iskolák felügyeleti jogának tekintetében az volt, hogy a Volksbund iskoláit ugyanazon jogokkal ruházzák fel, amelyek az egyházak által fenntartott iskolákat is megillették.

A német közoktatásügyi minisztériumhoz fordultunk azzal a kéréssel, hogy iskoláink részére tankönyveket juttassanak. Emlékezetem szerint három vagonra való könyv érkezett. Hogy milyenek voltak ezek a könyvek, azt nem tudom, de a magyar kultuszminisztériumra bíztuk, hogy válogassa ki azokat a tankönyveket, amelyeknek használatát jónak tartja, mert csak ilyen tankönyveket akartunk használni. Igy tehát határozottan állíthatom, hogy nem kértünk és nem követeltünk birodalmi tankönyveket.

Tudtommal bizonyos erőszakoskodások arra vonatkozóan, hogy a Volksbund-tagjai az SS-be lépjenek, csak a Bácskában történtek. Legalábbis nekem csak erről közöltek adatokat. Baranyai terrorakciókról nincsen tudomásom.

BINDER HUGÓt ismertem, ő volt a területi vezetője a közép-területnek, amely Budapest környékét és a Pilis hegységnek egy részét foglalta magában. Később BINDERt leváltottam, akkor SCHÖNBORN mellé került. Arról nincs tudomásom, hogy BINDERt 1944 áprilisában a totális hadviselés megbízottjának nevezték volna ki. Volt egy olyan hivatal ugyan, amely a hozzátartozók gondozását és a bevonulók nyilvántartását végezte volna, ennek azonban a vezetője SCHÖNBORN volt.

Az úgynevezett "Deutsche Mannschaft" az erdélyi szervezetnek a férfi osztálya volt, amelynek a hivatása a rend fenntartása volt a gyűléseken. Ezt nem nevezhetem karhatalmi szervezetnek, mert a tagjai katonai kiképzésben nem részesültek. A Deutsche Mannschaft tagjai csak Bácskában részesültek bizonyos katonai kiképzésben, ahol a kormánnyal való megegyezés folytán Újvidéken voltak gyakorlatozni. Ez egy hétig tartott, azután ez is megszűnt. A többiek sohasem részesültek kiképzésben, csak a csendőrség adott fegyvert nekik, amikor kirendelték őket a len és kender őrzésére, vagy a malmok őrzésére. A trianoni Magyarország területén is megkezdődött a Deutsche

Mannschaft szervezése. Azt már nem tudom, hogy ez mikor történt. Azt sem tudom, hogy erről a szervezetről tudomása volt-e a magyar honvédelmi minisztériumnak. Én azonban az 1943. évi közgyűlésen nyíltan tárgyaltam ezt a kérdést.

A Deutsche Mannschaftnak átlagban véve községenként egy embere sem volt. Mi ezt a szervezetet a Bácskában készen vettük át és jelentőségében, valamint működésében le akartuk szerelni, illetve csökkenteni akartuk jelentőségét.

Arról nincs tudomásom, hogy a közép-területi vezetőség 1943. december 13-án egy körlevelet bocsátott ki HUGÓ BINDER aláírásával a helyi és körzeti vezetőkhöz, a Deutsche Mannschaft azonnali felállítása és kiképzése érdekében. Ismétlem, én a Deutsche Mannschaft működését, jelentőségét és lényegét a miniszterelnökséggel mindenkor megbeszéltem, és azt az 1943-i, sőt 1944-i közgyűlésen is őszinte megnyilvánulás tárgyává tették.

A "Hoheitsträger" a területi vezető, [a] kerületi vezető és a helyi csoport vezetője volt. Azt nem tudom, hogy ennek a szónak mi a megfelelő magyar nyelvű fordítása. Azt nem vettem figyelembe, hogy ennek a kifejezésnek valami szuverenitásra utaló jellege van, mert ha figyelembe vettem volna, akkor én is "Hoheitsträger" lettem volna.

A Deutsche Mannschaftnak politikai céljai nem voltak, hanem amint az évi közgyűlésen is szóvá tettem, egyetlen célja volt a rend fenntartása, és az, hogy ha a magyar nemzet a tagjait be akarja soroztatni a honvédségbe, vagy más célra akarja igénybe venni őket, akkor az államnak rendelkezésére álljanak. Egyébként a Deutsche Mannschaft tagjai vállalták a gyűjtéseket.

A Mannschaft vezetője, Obers [OBELS], egy ideig túlzó ember volt, később alábbhagyott és akkor vette át a Mannschaftot. Egy ideig, amíg túlzó felfogású volt, csak adminisztratív munkát végzett.

OBELSnek arról a nyilatkozatáról, amelyben a szövetséges államok partraszállási lehetőségét tárgyalta és kijelentette, hogy ha a német csapatok megszállnák Magyarországot, akkor a rend fenntartása a Deutsche Mannschaft alakulataira hárul, nem tudtam. De csodálkozom rajta, mert OBELS azok közé tartozott, akik itt akartak maradni Pesten, és itt is maradt.

Én 1944. március 19-én éjszaka nem tartózkodtam odahaza, hanem privát helyen voltam. Ezután azonban tíz napig állandóan a Német Házban voltam, mert azt hittem, hogy azok az iratok, amelyek a rendőrségen vannak privát életemre vonatkozólag, maguk után vonják a letartóztatásomat. Arról nem tudtam, hogy Baranyában 1944. március 19-én a Deutsche Mannschaft emberei megtámadták a magyar községházákat, elvették a községi pecséteket, lefegyverezték a magyar községek lakosságát és kijelentették, hogy most már ők fogják az impériumot gyakorolni. A leghatározottabban elutasíthatom magamtól, hogy ezek az emberek előre értesítést kaptak volna a központtól a német megszállásról és így tehát központi utasításra cselekedtek volna, mert ezt magam sem tudtam, és egyetlen munkatársam sem tudott róla. Egyébként Baranyában csakis a baranyai háromszögben, az egykor Jugoszláviához tartozó területen volt úgynevezett Deutsche Mannschaft. Én kétségbe vonom azt, hogy a német csapatok megszállása előtt történtek volna ilyen dolgok. De ha utána történtek volna, engem a parancsnokság részéről 24 óra leforgása alatt értesítettek volna.

A német bevonulás alkalmával állítólag Dél-Baranyában és Bácskában történt Deutsche Mannschaft erőszakoskodásoknak egyes katonai és csendőri alakulatok lefegyverzéséről [sic!], továbbá a Délvidéken a hatalom átvételével és ezzel kapcsolatban szőtt tervekkel foglalkozott volna, akkor nyilvánvaló, hogy a német csapatok bevonulása után olyan követelésekkel állottunk volna elő, hogy ezeken túltegyünk, azonban tény az, hogy ilyen követeléseket a Volksbund egyetlen alkalommal sem tett.

Az eleki beszédemben a fiatalságot állítottam követendő példakép gyanánt a hazai németség elé, annak ellenére, hogy a fiatalok a legtúlzóbbak voltak. Ezt azért tettem, mert a fiatalság mindig az, amely átveszi az öregebbektől az eszméket.

A stuttgarti Auslandsinstitutnak sem elnökségi, sem levelező tagja nem voltam, csak a 40 éves születésnapomra kaptam egy plakettet tőlük. Azokkal a német intézetekkel, amelyeknek a címét a rendőrségen közölték velem, semmiféle kapcsolatot nem tartottam fenn.

RICHARD CSÁKY haláláról és arról, hogy engem kombináltak utódjának, csak most hallottam először. Erre az állásra sohasem pályáztam, mert Magyarországról nem volt szándékom eltávozni.

Egy esetben kaptam SZÁLASItól meghívót egy koronatanácsra, de arról elkéstem és azon nem vettem részt. Egy másikra is kaptam meghívót, amelyre elmentem, egy harmadik meghívót már nem kaptam.

Népügyész a Nbr. 11. §-ának 6. pontjában foglalt vádját módosítja és a Nbr. 11. § 1. pontjába ütköző háborús bűntetté minősíti, azonkívül az elhangzott bizonyítékok alapján beigazolt a Volksbundnak az a működése, hogy még mielőtt az államközi egyezmények erre vonatkozólag megállapodást tartalmaztak volna, pressziót gyakorolt a Volksbund tagjaira, hogy az SS-be lépjenek, valamint, hogy a Deutsche Mannschaft nem volt más, mint egy karhatalmi alakulat, amely Magyarország ellenállását a németekkel szemben erőtleníteni akarta - ezeket a bűncselekményeket is a Nbr. 11. § l. pontjában kívánja érvényesíteni, vagyis ezeket is a tényállás tárgyává teszi.

Védő kérdésére vádlott előadja:

Állandóan voltak olyan kísérletek kívülről az iránt, hogy tartsuk meg a Volksbundot gazdasági, szociális és kulturális téren, de mellette alakítsuk meg a magyarországi németek politikai pártját is. A politikai pártot annál is inkább megalakíthattuk volna, mert a magyar törvények szerint rendelkeztünk annyi joggal, hogy magunk is megalakíthattuk volna a pártot, azonban úgy a vezetőség, mint a radikálisok is azon a véleményen voltak, hogy a házában ne alapítsunk pártot, mert a hazai németség nem törekedett hatalomra.

Tanácsvezető bíró a Bp. 306. §-a értelmében megnyitja a bizonyítási eljárást.

Belép dr. HÓMAN BÁLINT, 60 éves, budapesti születésű és lakos, nős, nyug. miniszter, érdektelen tanú, aki a törvényes figyelmeztetés után előadja:

Dr. BASCH FERENC kétszer volt nálam kultuszminiszteri kihallgatáson, emlékezetem szerint 1940 körül a német népiskolai oktatás és polgári iskolai oktatás ügyében. Kívánságaival kapcsolatban előadom, hogy a német nemzetiségi párt és a kormány felfogása között bizonyos ellentét volt. Mi tisztán a szülők akaratára építettük fel a nemzetiségi oktatást, vagyis akinek a szülei valamely nemzetiséghez tartozónak tartják magukat, azokat kívántuk csak felvenni a vonatkozó nemzetiségi iskolába. Dr. BASCHnak az volt a kívánsága, hogy a német nemzetiségű, illetve anyanyelvű magyar állampolgárok mindegyikének német iskolába járjon a gyermeke. Ez volt a régi állapot. A trianoni békeszerződés értelmében nemzetiségi iskolákat kellett fenntartanunk. A magyar kormány három típust állapított meg: az úgynevezett A- B- és C-típust. Az első típusú iskolába azok jártak, akik teljesen német nyelvű oktatást kaptak, és a magyar nyelvet csak tanították. A B-típusú volt a vegyes nyelvű iskola, a C-típusban magyar nyelven történt az oktatás, de a német nyelvet is tanították. Később a C-típusú iskolákat megszüntették. Különben a magyar kormányzattal szemben mindenkor lojális volt, tulajdonképpen csak azt követelte, hogy azokat a pontokat teljesítsük, amelyek a magyar kormányt kötelezik a trianoni békeszerződés értelmében. Viselkedésében sohasem vettem észre, hogyha a magyar kormány nem teljesíti követelését, német vonalon valami követelményei [következményei] lennének. Különben fő érintkezési vonala a miniszterelnökség volt. Velem szemben nagyon humánusan, nagyon konciliánsan és udvariasan viselkedett. Csupán arról van tudomásom, hogy minden fenyegetőzés nélkül arra kért a vádlott, hogy valami engedményt tegyünk, hogy meg tudja állani a helyét, mert túlzó követelések vannak. Nem volt szó soha arról, hogy az egész országban Volksbund-iskolák létesüljenek, hanem csak ott, ahol már megalakult a Volksbund.

Vádlott a tanú vallomására észrevételt nem tesz.

Felek tanúhoz kérdést nem intéznek.

A népbíróság a tanú megesketését a Bp. 311. §-ának 2. bek. értelmében indítvány hiányában mellőzi.

Belép EDMUND VEESENMAYER, 41 éves, Bad-Kissingen-i születésű, salzburgi lakos, diplomata, érdektelen tanú, aki a törvényes figyelmeztetés után a Bp. 140. §-a értelmében már megesketett dr. BALASSA ERIK tolmács közvetítésével előadja:

Emlékezetem szerint vádlott 1942-ben vagy 1943-ban járt Berlinben a német népcsoport ügyében. Hivatalosan semmi dolgom nem volt vele. Csak udvariassági látogatáson volt nálam. Én későbben sem foglalkoztam a német nemzetiségek ügyével. Arról tudomásom van, hogy általában a bizalom tekintetében Berlinben a hangulat nem volt kedvező vádlottal szemben. Különösen HIMMLER nem viseltetett bizalommal iránta. Amikor az államközi megállapodás létesült Magyarország és Németország között, amelyben kötelezővé tették, hogy a Volksbund tagjai belépjenek az SS-be, ezek a birodalmi kormány kívánságai voltak. Dr. BASCH FERENC ezzel kapcsolatban súlyos helyzetbe került. Véleményem szerint egyrészt az volt a kívánsága, hogy a német népcsoport szintén segítséget nyújtson a közös hadviselésnek, másrészt el akarta kerülni, hogy a német népcsoport ezáltal túlságosan meggyengüljön. Én a Volksbundot kezdetben és még a háborúban is egy darabig kulturális tényezőnek tartottam. Később azután HITLER kifejezett nyomására - részben dr. BASCH ellenkezése mellett -, bizonyos mértékben politikaivá vált. Kizártnak tartom, hogy dr. BASCHnak a Volksbundban diktátori hatalma lett volna. Úgy tudom, hogy vádlottat azért tartották meg pozíciójában, mert talán nem volt jobb és alkalmasabb személy erre a célra.

Népügyész kérdésére tanú kijelenti:

A németeknek tulajdonképpen hatalmukban állt volna dr. BASCHt leváltani. HIMMLER nagyon haragudott a vádlottra. Nem tudok arról, hogy a Volksbundot a német birodalomban az imperialista célok szolgálatába kívánták állítani, ezt nem hiszem, mert a birodalom végső céljai nagyon kevesek előtt voltak ismeretesek. Gyakorlatilag pedig az egész kérdés csak a háború folyamán merült fel, és pedig olyan mértékben, ahogy a háborús helyzet rosszabbodott. Feltételezem, hogy erről BASCH tudott.

Vádlott kérdésére tanú kijelenti:

Vádlott ritkán és teljesen lényegtelen dolgokkal keresett fel a követségen. Az volt a benyomásom, hogy egy szintézisért küzd, hogy össze tudja egyeztetni azt, hogy egyrészt magyar, másrészt német. Sokszor az volt a meggyőződésem, hogy erősen kínlódott.

Felek tanúhoz kérdést nem intéznek.

A Népbíróság a Bp. 311. §-a 2. bekézdése értelmében tanú megesketését indítvány hiányában mellőzte.

Belép WINKELMANN OTTO 51 éves, bordesholmi születésű, berlini lakos, nős, rendőrtábornok, érdektelen tanú, aki törvényes figyelmeztetés után és a Bp. 140. §-a értelmében már megesketett dr. BALASSA ERIK tolmács közvetítésével az alábbiakat adja elő:

Vádlottal 1944. április havában kerültem összeköttetésbe, mikor is meglátogattam, mert meg akartam vele ismerkedni. A magyarországi német nemzetiségi ügyekről tárgyaltunk. Megmondtam neki, elvárom, hogy a lehető leglojálisabban viselkedjék a magyar kormánnyal szemben, mert úgy hallottam, hogy például Romániában más a helyzet. Szó volt a hazai svábságnak az SS-be való sorozásáról, de ez akkor csak önkéntes alapon történt, mert az államközi megállapodást a kötelező belépésről csak későbben kötötték meg. A megállapodást vádlott nem helyeselte. A háború kimeneteléről nem esett szó. Egy-két hónappal később szóba került, hogy vádlott Magyarországon a német ügyek államtitkára legyen. Tudomásom szerint dr. BASCH nem volt a nemzetiszocialista párt tagja. Megbízhatónak tartottam, bár követségi oldalról nem nagyon bíztak benne és úgy vélték, hogy inkább Magyarország felé húz. Ezért mondottam neki, hogyha nehézségei vannak, jöjjön hozzám. Ilyen nehézség volt például az SS-be való kötelező belépés, mert ez gyakorlatilag az egész német népcsoport szétesését jelentette. A háború után, az volt a véleményem, hogy Magyarországnak önálló és független államnak kell maradnia, és mindent elutasítottam, ami ennek ellentmondott. Éppen ezért mondottam dr. BASCHnak, hogy maradjon mindig lojális a magyar állammal szemben. A Waffen-SS parancsnoka KETTELER tábornok volt.

A Volksbund-listával kapcsolatban a következőket adom elő: Volt egy olyan értelmű megállapodás, hogy a honvédelmi minisztériumban, mely szerint a Volksbund bizonyos szervei egy listát állítanak össze, amely a Volksbund neveit tartalmazza. A listákat a Waffen-SS kiegészítőjéhez küldték, a kiegészítő továbbküldte a honvédelmi minisztériumba, majd onnan a községi jegyzőkhöz kerültek, akik az ügyben állást foglaltak és a listákon igazolták, hogy az illető német-e, vagy magyar. Úgy tudom, hogy Németországból vádlott csak a VOMI-tól kapott utasításokat. HIMMLERrel nagyon hűvös viszonyban voltak.

Én a Volksbundot eredetileg kulturális szervnek tartottam, de a háború vége felé már a kulturális és politikai tényezők keveréke állott elő. Hivatalosan a Volksbunddal semmi dolgom nem volt.

Németország a Volksbundtól fegyveres segítséget várt. Véleményem szerint dr. BASCHnak a Volksbundban diktátori hatalma volt, de precízen ezt megmondani nem tudom. A németek általában vádlott működésével sok helyen nem voltak megelégedve, mert maguk előtt látták SCHMIDT ANDRÁS működését Romániában. Olyan nagy mértékben nem voltak vele elégedetlenek azonban, hogy helyéről elmozdítsák, de HIMMLER személyesen mondta nekem, hogy a háború után kicserélik. A háború alatt azért maradt helyén, mert a németek nem akartak cserét és talán egyelőre nem volt más megfelelőbb egyén.

Népügyész kérdésére tanú kijelenti:

A Waffen-SS államközi szerződés után a Volksbund volt a magyarországi toborzás hordozója.

Politikai ügyész kérdésére tanú kijelenti:

Rendőrségi vallomásomat arra vonatkozóan, hogy dr. BASCH FERENC mint nemzetiszocialista viselkedett és annak is állította magát, fenntartom.

A Volksbund-tagokat azért vették fel az SS-be, és nem a Wehrmachtba, mert erre vonatkozóan HIMMLER és KEITEL között megállapodás volt. BASCH FERENC a német kívánságokat annyiban teljesítette, amennyiben azokat helyeseknek tartotta. Sokszor panaszkodott nekem, hogy a követségen nehézségeket emelnek. Én mindenesetre mögötte állottam.

Vádlott kérdésére tanú folytatja:

BASCH FERENC sohasem kért a Volksbund számára politikai pozíciót, sem német segítséget. Arra is emlékszem, hogy vádlott arra kért, hogy segítsem elhárítani BERGER kívánságait.

Tudomásom van arról, hogy a Volksbundban egy radikális szárny állandóan nehézségeket csinált vádlottnak. Arról is tudok, hogy a Volksbund német szempontból Magyarországon kisebb eredményeket ért el, mint Romániában, vagy Jugoszláviában, mert azok elérték, hogy önálló politikai pozíciójuk legyen. Ezt elsősorban BASCHnak tulajdonítom, aki azt az álláspontot vallotta, hogy a Volksbund Magyarországon van és nem Németországban.

Felek tanúhoz több kérdést nem intéznek.

A Népbíróság tanú megesketését indítvány hiányában a Bp. 311. § 2. bekezdése alapján mellőzte.

Belép MESTER MIKLÓS, 40 éves, rugonfalvi születésű, budapesti lakos, nős, főiskolai otthonigazgató, érdektelen, a törvényes figyelmeztetés után előadja:

Vádlottal, akit 15 éve ismerek, MOLNÁR ENDRE cionista zsidó ismertetett meg, vádlott Németvölgyi úti lakásán. Érdekelt BASCH személye, és mint a radikális német nemzetiségi mozgalom vezetőjét akartam megismerni. Több barátomat is elvittem hozzá, hogy a magyar fiatalság java próbálja ezt a kérdést megismerni, és kiemelve a szenvedélyekből, elvi magaslaton igyekezzék tisztázni a magyarországi németségnek és magyarságnak helyzetét egymás között. Szélesebb körben is próbáltam BASCHnak elgondolását a magyarsággal megismertetni, így elvittem őt a Bartha Miklós Társaságba, ahol előadást is tartott. A vita során KODOLÁNYI JÁNOS is felszólalt. Azután elvittem vádlottat a 38-as körbe, ahol szintén előadást tartott, és a vita során felszólalt NAGY FERENC, ma a képviselőház elnöke, akkor a kisgazdapárt főtitkára. Azután a Magyar Egyetemi és Főiskolai Hallgatók Országos Szövetsége rendezésében is volt egy ankét, amelyen szintén megjelent BASCH FERENC. Meggyőződésem szerint a végső célkitűzése minden nemzetiségnek az, hogy egy ország keretében a maga létét három vonalon biztosítsa, mégpedig: kulturális, gazdasági és politikai vonalon. Mivel ez egy kezdő mozgalom volt, és a nemzetiségeknek első követelése rendszerint kulturális vonatkozású, ezek az előadások elsősorban kulturális és iskolai követelésekre vonatkoztak. Sajnos az volt a benyomásom, hogy általában véve a magyarság tájékozatlan volt a nemzetiségi kérdésben, és ahelyett, hogy megegyezéssel végződtek volna ezek az előadások, parázs vita lett a végük és a szenvedélyek nemhogy elcsitultak volna nyomukban, hanem még jobban kimélyültek. Tudományosan ezek a kérdések Magyarországon nem voltak tisztázva, és általában Magyarországon a nemzetiségi kérdésben egy helyes, tudományos álláspont, olyan, amelyet az egész közvélemény átvett volna, nem alakult ki, és ennek tulajdoníthatom, hogy például a zsidókérdéssel kapcsolatban is annyira elfajult ez a kérdés. JÁSZI OSZKÁR kísérletei ez irányban, akárcsak az én kísérleteim is, kudarccal végződtek. 1939-ben képviselő lettem és úgy láttam, hogy valamit tenni kellene ezen a téren, hogy a pártpolitikából kiemeljük nemcsak a magyarországi német kérdést, hanem általában az egész nemzetiségi kérdést. TELEKI PÁLlal tárgyaltam arról, hogy csináljunk egy parlamenti nemzetiségi bizottságot, mint hivatalos parlamenti szervet, és ebbe vegyünk be minden pártvezetőt és a parlament tagjai közül azokat, akik a nemzetiségi kérdéssel szakszerűen foglalkoztak. TELEKI PÁL komolyan foglalkozott javaslatommal és azt észrevétel végett kiadta CSÁKY akkori külügyminiszternek. Sajnos CSÁKY az egészet elgáncsolta.

Az volt az álláspontom, hogy a magyarországi németségnek és a többi nemzetiségeknek is joguk van nemzetiségi alapon szervezkedni, mint ahogy joga van az idegen államokban levő magyarságnak is kulturális, gazdasági és politikai vonalon megszerveznie magát. Ugyanakkor azt kifogásoltam, hogy a magyarországi németség magyar pártok keretében szervezkedjék, például hogy a magyarországi németség nagy többségben bevonuljon a nyilaspártba. A választások alatt azt tapasztaltam a ráckevei kerületben, hogy ott a németség még nem szervezkedett nemzetiségi alapon, de a választások alkalmával a svábok többsége a magyar nyilasokra szavazott. Véleményem ezzel kapcsolatban az, hogy a magyarságot vezessék elsősorban magyarok és ne játsszák ki magukat a németek magyaroknak.

ROTHEN FERENC BLEYER titkára volt, és azt láttam, hogy egyszercsak mint vezető nyilaspárti bukkant fel. Én ezt jelentettem azonnal BASCHnak, és ezt mindketten helytelenítettük. BASCH is azt vallotta, mint én, hogy a nyilaspártban a magyarországi svábságnak nincsen helye. 1938-ban, amikor az Anschluss megtörtént, BASCH említette nekem, hogy Sopronból küldöttség jött őhozzá azzal, hogy Sopront és környékét is csatolják Németországhoz. Ő ezt a küldöttséget formálisan leszidta.

1936-ban NÉMETH IMRE volt képviselő és újságíró lakásán találkoztam a jelenleg is oxfordi tanár és a magyarországi és kelet-európai kérdés egyik legkiválóbb szakértőjével, MACARTNEY ELEMÉR angol egyetemi tanárral. A nemzetiségi kérdésről beszélgetve, MACARTNEY kijelentette, hogy az egész nácizmust elítéli, de a nácizmustól függetlenül Magyarországon a nemzetiségi kérdést és a német kérdést is rendezni kell. Említette, hogy beszélt BASCH FERENCcel, aki jó benyomást tett rá.

A zsidókérdésről is többször beszélgettünk, de előttem BASCH sohasem zsidózott. A zsidókérdéssel kapcsolatban álláspontja az volt, hogy ez a kérdés is éppen olyan nemzetiségi kérdés, mint a többi. Arra vonatkozóan, hogy a Volksbund a magyar kormányhatóságokkal szemben követelésekkel lépett fel, nem álltak adatok rendelkezésemre, így tehát erről a kérdésről nyilatkozni nem tudok. Csak azt mondhatom el, hogy a háború kitörésekor vádlott a következőket mondotta nekem: "A német birodalom részéről kifogásolják azt, hogy nem lépek fel Magyarországon olyan radikális követelésekkel, mint például a szlovákiai, romániai és jugoszláviai németség vezetői".

Azt is említette BASCH, hogy különbség van a birodalmi németek és a magyarországi németség helyzete között. Ő tényleg komolyan vette a magyar-német sorsközösség gondolatát és valóságát.

A háború alatt kijelentette nekem BASCH, hogy Európában ő az egyetlen népcsoportvezető, akit nem Berlinben neveztek ki. Megemlítem ezzel kapcsolatban, hogy a magyar kormánynak és a jobboldalnak a nemzetiségi kérdésben benyomásom szerint az volt az álláspontja, hogy a német birodalommal teljes barátságban kell lenni és azt ki kell szolgálni, de ugyanakkor a hazai német mozgalmat el kell nyomni, illetve semmiféle megmozdulást nem szabad engedni számukra. Így BASCH FERENC a magyar kormánypárt és a jobboldal szemében túl radikális volt, ugyanakkor a német birodalmi vezetők szerint nem volt eléggé radikális.

BASCH FERENC a háború alatt nekem azt a kijelentést tette egy alkalommal, hogy például a "nacionalszocializmus" szót egyáltalán nem is használja beszédeiben és megnyilatkozásaiban. Azt is tudom, hogy BASCH a nyilasokat elítélte. A németországi nemzetiszocializmusra vonatkozóan a mozgalmat tudomásul vette, de arról soha szó nem volt, hogy azt ide átplántálja.

Tény az, hogy BASCH sohasem avatkozott bele a magyar belpolitikai viszonyokba és ez őt nem is érdekelte, de a német népi nemzetiségi kívánságokat kétségtelen, hogy erélyesen képviselte. Tény azonban az is, hogy a magyar népet szerette. A rendelkezésemre álló adatok alapján, és amennyire én ismertem BASCH FERENCet, működése ellen nem tudok kifogást emelni.

Népbíró kérdésre tanú kijelenti:

Kétségtelen, hogy népi alapon szervezkedni mindenkinek joga van. Kétségtelen azonban az is, hogy e téren túlzások történtek. Én például a bécsi szerződést a magam részéről sohasem írtam volna alá, mert az a Volksbundnak kizárólagos szervezkedési jogot biztosított Magyarországon. De felteszem a kérdést: ki a felelős ezért?

Nekem az volt a benyomásom, hogy BASCH FERENCcel lojális alapon együtt lehetett működni; hogy milyen hibák történtek a német birodalom részéről, milyen hibák történtek Magyarországon is, és milyen hibát követtek el mások is, ez egy sokkal részletesebb kivizsgálásnak lehet a tárgya.

Vádlott kérdésére tanú előadja:

Tény az, hogy amikor vádlott 1944-ben a német megszállás után [a] német iskolakérdésben elém járult, a legtürelmesebb hangnemben beszélt. Kétségtelen az is, hogy a magyar nép szupremáciáját mindenkor a priori elismerte. BASCH a magyar körökben tartott előadásai során mindig fogadalmat tett arra, hogy a német népcsoport az állam vezetésében, a közigazgatásban és a közgazdaságban soha vezető pozíciót a maga számára nem kíván. Arra is emlékszem, hogy 1940-ben MACARTNEY tanár felkereste vádlottat az akkor még nem létező Volksbund helyiségében.

A népbíróság tanú megesketését a Bp. 311. §-a 2. bekezdése értelmében indítvány hiányában mellőzi.

Belép dr. TARTSÁNYI DÁNIEL, 51 éves, tolnai születésű, budapesti lakos, nős, rendőralezredes, érdektelen, a törvényes figyelmeztetés után előadja:

BASCH FERENCet három, vagy négy évvel ezelőtt ismertem meg, amikor engem hivatalosan egy hites parlamenti gyorsíróval a Volksbundnak egy tanfolyamára [küldtek], amelyet a Volksbund-házban tartottak. Bementünk BASCH FERENChez, aki levitt bennünket a tanterembe és bemutatta az egyik oktatót, valami KIRSCH nevezetű egyént. Miután a szükségeseken kívül velük nem akartam tovább tárgyalni, azt mondottam, hogy az udvaron sétálok és mielőtt megkezdenék az előadást, szóljanak és akkor bemegyünk. Körülbelül egy negyedóra után benéztünk a terembe, s láttuk, hogy már folyik az előadás. Azonnal tiltakoztam a vádlottnál. BASCH FERENC ekkor letelefonált KIRSCH-nek, hogy alkalmazkodjanak a rendőri előírásokhoz. Én mindenről a parlamenti gyorsíró gépbe átírt jegyzeteivel jelentést tettem, mely jelentésemben azt is kiemeltem, hogy az előadók legnagyobb része német birodalmi polgár volt, holott kormányengedélyre lett volna szükség.

Ezzel kapcsolatban előadom, hogy KIRSCH Mihály [MÁTYÁS] többször hangoztatta, hogy nekik csak egy vezérük van, HITLER, és állandóan Heil Hitler-rel és karlendítéssel köszöntek. A Volksbund-ház tele volt díszítve horogkeresztes jelvényekkel, amelyek látszólag napkorongba voltak formálva. A hallgatókat külön [kioktatták], hogy hogyan kell viselkedniök, ha bármely feljebbvaló a terembe lép, és tényleg, amikor egy SS-őrmester a terembe lépett, KIRSCH MÁTYÁS harsány vigyázz-t vezényelt, a hallgatók mind feszes vigyázzba álltak fel. Kiváncsi voltam, hogy a magyar hatóságok tagjait is feljebbvalóiknak tekintik-e ezek a hallgatók, illetőleg KIRSCH MÁTYÁS, akik végeredményben ekkor még mind magyar állampolgárok voltak, és másnap szándékosan később mentem be a terembe, de annak ellenére, hogy egyenruhában voltam, derékszíjjal, KIRSCH MÁTYÁS ügyet sem vetett a bejövetelemre, a hallgatók meg sem mozdultak, s amikor ezt vádlottnak külön felemlítettem, azzal intézte el a dolgot, hogy KIRSCH MÁTYÁS nem egy intelligens ember, ő egy altiszt. Ekkor megmondottam, hogyha nem lesz rend és fegyelem, az államrendészeti osztálynak bejelentem, és többet náluk szolgálatot nem vállalok. Tényleg meg is jelentettem az ott történteket, s a másik héten már más ment ki a Volksbund gyűléseire.

A vigadóbeli gyűlésen a termeket és a bejáratokat német és Volksbund-zászlókkal díszítették, magyar zászló egy sem volt. A német himnuszt és a Horst Wessel-dalt énekelték, de a magyar himnuszt nem. Az előadáson mellettem ült ENDRE LÁSZLÓ, és nagy lelkesedéssel hallgatta a beszédeket.

1942-ben a belügyminisztérium képviseletében a német-magyar katonai sorozóbizottsághoz vezényeltek, és a Benczúr u. 17. szám alatt részt is vettem egy sorozáson. Észleltem, hogy olyan egyéneket is besoroznak az SS-be, akiknek csak az ükanyjuk volt német, magyar nevük volt és németül csak egy pár szót tudtak. Azt is észleltem, hogy volt olyan eset, amikor egy-egy ilyen magyar emberrel egy pár német szót betaníttattak, hogy németnek tűnjön.

Vádlott tanú vallomására előadja:

KIRSCH MÁTYÁSt az eset után két héttel elbocsátottam. KIRSCH különben az ifjúsági csoportnak volt alvezetője. Ezt a két hetet azért kértem, mert az országos ifjúsági vezető, HUBER, két hét múlva jött vissza kétéves katonai kiképzéséről. GÖBELt, aki a faji gondolatról a túlzó beszédeket mondotta, és aki az egyetemi ifjúság vezetője volt, rögtön leváltattam. Mindkét ember elvesztette a Volksbund-tagságot és Németországba ment. Ami a zászlóügyet illeti, sikerült a miniszterelnökséggel tisztázni, hogy 12 zászló volt, az egyik oldalon hat Volksbund-zászló, napkorongos sárga, amin a jelvény is sárga volt, illetve arany, ami akárhogyan vesszük, nem volt horogkereszt. Ezt német részről kifogásolták is, mert a Volksbund-jelvény a weimari demokrácia színeivel bírt. A hat zászló mögött vonult fel a 6 magyar nemzeti zászló. Ezt fényképekkel igazoltam BALLA miniszteri tanácsos előtt.

Az SS-sorozásra vonatkozóan megjegyzem, hogy állandó vitatkozás volt az SS-komisszió és CSATAY honvédelmi miniszter között abban a kérdésben, hogy magyarok felvehetők-e, vagy nem. A végén abban egyeztek meg, és plakátokat is tettek közzé Budapesten, hogy magyarok is jelentkezhetnek.

Népügyész tanú megesketését indítványozza.

Védő nem ellenzi.

Szembesítés eredménytelen.

A népbíróság tanú megesketését elrendeli.

A tanú a Bp. 217. § értelmében történt ismételt figyelmeztetés után az esküt törvényszerűen letette.

Belép dr. INCZE PÉTER, 50 éves, marosludasi születésű, budapesti lakos, nős, miniszteri tanácsos, érdektelen, a törvényes figyelmeztetés után előadja:

Vádlottat hivatalosan a miniszterelnökségen ismertem meg, amikor TELEKI PÁL, vagy DARÁNYI személyi titkára voltam. Pontosan már nem emlékszem, hogy ismerkedésünk melyik miniszterelnök idején történt. A miniszterelnökségen német nemzeti ügyekben járt, de hogy ezek sérelmek lettek volna, azt pontosan nem tudom, mert egy külön nemzetiségi ügyosztály foglalkozott ezzel a kérdéssel, és ha BASCH direkt nálam jelentkezett a miniszterelnökhöz, én mindig megkérdeztem az ügyosztályt, szükséges-e, hogy BASCHt a miniszterelnök fogadja. TELEKI PÁLnak nem volt jó véleménye BASCHról. Csak annyit tudok, hogy nem szerette, mint ahogyan nem szerette az egész Volksbundot és az újabb fajta német nemzetiségi mozgalmakat sem.

Népbírói kérdésre tanú kijelenti:

A bécsi jegyzőkönyvnek mindenesetre oktroj-jellege volt.

Vádlott kérdésére tanú kijelenti:

Konkréten nem emlékszem arra, hogy BASCH FERENC egy esetben öt negyedóráig lett volna TELEKInél és hogy többször kellett figyelmeztetni vádlottat, hogy lejárt az idő, de ismervén TELEKIt, ez egyáltalán nincs kizárva.

A népbíróság tanú megesketését a Bp. 311. § 2. bekezdése értelmében indítvány hiányában mellőzi.

Belép BECZKÓY JÓZSEFNÉ született RÉVÉSZ ÁGNES, 47 éves, biharnagybajomi születésű, budapesti lakos, férjezett, műtörténész, érdektelen, a törvényes figyelmeztetés után előadja:

Vádlottat 1930-ban ismertem meg, amikor édesanyám kiutazott Amerikába és lakását dr. BASCH FERENCnek adta ki. Dr. BASCH FERENC, akinek működéséről nagyon keveset tudok, 1944. szeptemberig, tehát 14 évig lakott nálam. Minthogy meglehetősen rezervált életet szerettünk élni, megkértem őt, hogy ismeretségünk lehetőleg csak a köszönésre terjedjen. Erre ő azt mondotta, hogy ez neki nagyon megfelel, mert szeret szintén visszavonultan élni. A háború alatt többször találkoztunk a légoltalmi óvóhelyen, de politikai vonatkozásban sohasem beszélgettünk. Az otthonát arra használta. hogy oda visszavonult, és ott tényleg magánéletét élte. Lakására jóformán, legalábbis politikai szempontból, senki sem jött. Lakását letartóztatása alatt is fenntartotta. Egy esetben mondotta, hogy állandóan figyelik a detektívek.

Vádlott kérdésére tanú kijelenti:

Mindig nagyon félt BASCH dr., ha Németországba kellett kimennie, legalábbis reám azt az impressziót tette, és valahogyan úgy búcsúzott, hogy talán nem is jön vissza. Amikor megtudta, hogy Németországba kell mennie, hetekkel azelőtt már rossz hangulatban volt, és örült, ha egy németországi útja elmaradt.

Könyvtárában még a német megszállás után is voltak zsidó könyvek. Többek között THOMAS MANN, OTTO ZAREK és mások, amelyeket az utolsó időkig olvasott. Vádlottat képtelennek tartom arra, hogy antiszemita lett volna, mert eltekintve SPIELER KLÁRÁval való viszonyától, volt nálam egy hölgy, ADY LÉDÁjának testvére, BRÜLL BERTA, aki igen nehéz anyagi körülmények között élt, és vádlottal együtt segítettük anyagilag, vádlott még cigarettával is, mert tudta, hogy nagyon szeret cigarettázni és képtelen cigarettát venni, holott nagyon jól tudta róla, hogy zsidó. Vádlott azt is kijelentette, hogyha valamely gyűlésen antiszemita kérdések merültek fel, lehetőleg feláll és félreáll, vagy legalábbis másról beszél.

Vádlott kérdésére tanú kijelenti:

Tudomásom van arról, és meg vagyok győződve, hogy BASCH dr. szeretett volna visszalépni, ezt néhányszor megpróbálta, de azt hiszem, ezt csak azért nem tette meg, mert félt a németektől.

Azt is észrevettem, hogy több ízben bizonyos büszkeséggel jelentette a vádlott, hogy úgy hiszi, TELEKI és KÁLLAY bizalmát bírja. A birodalmi németeket nem szerette és az utolsó percig az orosz-német különbékét remélte.

Vádlottat nem fűtötte semmiféle becsvágy, mert ha fűtötte volna, pozícióját kihasználta volna anyagi előnyökre. Nálunk egyszoba-előszobás, kis mosdószobás, úgyszólván diáklakásban lakott még 1944-ben is, és sokszor mondotta, hogy neki felajánlanak igen nagy lakásokat és minden kényelemmel bíró villákat, de nem vállalta, mert szerette ezt a kis lakást és [ha] módja volna ebben az egy szobában leélni életét, hogy csak egy félméteres körzetben mehetne sétálni, de nyugodtan élhetné a maga életét, vállalná egész életén keresztül és nem kívánkozna ki a külvilágba. Sohasem vettem észre, hogy vádlottnak magyarellenes vagy hazaellenes gondolatai lettek volna, vagy ilyen beszédet tartott volna. Azt hiszem, BASCH meg volt győződve arról, hogyha lemond, a németek elteszik láb alól.

A népbíróság a Bp. 311. §-a 2. bekezdése értelmében indítvány hiányában tanú megesketését mellőzi.

Belép dr. BIRKÁS GÉZA, 36 éves, budapesti születésű és lakos, nős, miniszteri osztálytanácsos a miniszterelnökségen, érdektelen, a törvényes figyelmeztetés után előadja:

A miniszterelnökségen a német kisebbségi ügyek referense voltam, és ebben a minőségben ismertem meg dr. BASCH FERENCet 1938-ban, majd később, 1939-től kezdve, rendszeresen érintkeztem vele, mikor is részben panaszok ügyében, részben egyéb megbeszélések végett hivatalomban felkeresett. Panaszai elsősorban iskolapolitikai jellegűek voltak, majd a háború alatt, hogy a svábokkal szemben a hatóságok súlyosabb mértéket alkalmaznak, mint a magyarokkal szemben. BASCH FERENCnek az volt az álláspontja, hogy a magyar politika a német kisebbséggel szemben egyrészt tudatosan szabotálja a kisebbségi jogszabályokat és a bécsi jegyzőkönyvben biztosított jogokat, másodsorban pedig a magyar, mondjuk a budapesti minisztériális szervek tűrik azt, hogy az alsófokú hatóságok a felülről kapott parancsokat ne hajtsák végre. A német nyomás kisebbségi vonalon tulajdonképpen nem, vagy legalább is igen sok esetben nem BASCH személyén keresztül érvényesült. A Volksbund működésére vonatkozóan kijelenthetem, hogy a Volksbundnak volt egy programja, a maguk szerveit és állásait időről időre tovább akarták építeni. Az első etap rendesen az volt, hogy közölték velünk azt, hogy valami készült. A következő etap rendszerint az volt, hogy a sajtójukban vagy a népgyűléseikben bejelentették ezeket a követeléseket. A harmadik etap az volt, hogy a birodalmi német sajtó képviselői, tehát RIEDL és a többi német újságíró sajtóban közöltek tendenciózus híreket, hogy elégedetlenek az itteni állapotokkal. A következő etap az volt, hogy a Volksbundnak valamely vezetője, hol BASCH dr., hol GOLDSCHMIDT közölte velünk, hogy a helyzet meglehetősen kényessé vált, valamit kell csinálni. Mi ekkor hol csináltunk valamit, hol nem. Számos esetben azután a német követség közölte velünk hivatalos úton, hogy bizonyos követelései vannak, a bécsi egyezményre való hivatkozással. A bécsi egyezmény előtt a helyzet lényegesen más volt. A bécsi döntés után fenyegetődzések tekintetében az volt a szituáció, hogy bizonyos aggodalmakkal néztük a követeléseket, mert ezeket az ügyeket állandóan párhuzamba állították a határontúli magyarság ügyével, amelynek pedig úgyis nagyon kényes helyzete volt. Arra vonatkozóan, hogy miután értesültek a birodalmi hatóságok a magyarországi dolgokról, az az érzésem, hogy itt egy szövevényes német kémhálózat működött, amelynek egyes szervei, különösen a német sajtószolgálat néhány embere, még a Volksbundnál is sokkal szorgalmasabban keresték a magyar kisebbségi politika hibáit. Ezenkívül tudomásom szerint a Volksbund időről időre helyzetképet adott az itteni állapotokról, azonkívül BASCH dr. a követet tájékoztatta a helyzetről. A németek törekvése az volt, hogy a különbségek a német birodalmi állampolgárok szervezete és a Volksbund között teljesen elmosódjanak. Arra törekedtek, hogy az a körülmény, hogy valaki németajkú létére magyar állampolgár, semmi szerepet ne játsszék, és egy kalap alá lehessen vonni az egész németséget, és egy totális jellegű szervezetet tudjanak létrehozni. Ezzel szemben, a mi négy év óta állandóan folytatott ellentörekvésünk az volt, hogy éles cezúrát vonjunk a birodalmi németek és a magyar állampolgárok szervezetei között. Tehát a birodalmi kormányzatnak az volt az elképzelése és óhaja, hogy a magyarországi, vagy általában bárhol élő németeket kivonják az illető ország fennhatósága alól.

A bécsi jegyzőkönyv szerint a Volksbundot is feltétlenül ebből a célból alapították.

Az SS-szerződéssel kapcsolatban dr. BÁRDOSSY LÁSZLÓ annyit mondott nekem, hogy neki ezt a kérdést kint előadták, és mivel látta, hogy ez elől kitérni nem lehet, beleegyezett. Erről többet nem tudok.

BASCH dr. lojális magatartásával kapcsolatban megemlíthetem, hogy részben magyar nevelést kapott, több időt töltött az Eötvös-kollégiumban, a magyar irodalomnak őszinte tisztelője és barátja volt. Nagyon szép könyvtára volt, magyar és magyar vonatkozású művekből. Mint művelt és nemcsak a magyar, de a határon túli relációkat is ismerő ember, nem adta magát oda azoknak a dogmatikus és túlzott német követeléseknek, amelyeknek jegyében lezajlott a szomszéd államokban a német kisebbségek kérdésének fejlődése. Ha tehát BASCH dr.-t összehasonlítjuk KARMASINnal, SCHMIDT ANDRÁSsal vagy ALTGAYERrel, kétségtelen, hogy BASCH [a] sokkal lojálisabb, államhűbb német típusát adja.

Úgy tudom, hogy a toborzási akcióban BASCH nem vett részt. A hazai németség jövője szempontjából nem tartotta szerencsésnek ezt az egész SS-ügyet. Viszont, mint a Volksbund elnöke, vállalta azt, hogy a Volksbund legyen quasi - részben legalább - végrehajtója az egész akciónak. Talán egy beszédre emlékszem, amelyet Besztercén tartott, de nem tudom, hogy ez toborzó jellegű volt, vagy sem.

BASCH dr. több alkalommal hangsúlyozta, hogy ő nem náci, viszont egy olyan mozgalom élén állt, amelyet mondjuk rajta kívül eső, de mindenesetre hatékony tényezők mind jobban náci mozgalommá gyúrtak át.

Népbírói kérdésre tanú előadja:

BASCH dr. két alkalommal, talán 1940 végén és 1941 derekán, feltette a kérdést nekünk, hogy mi a véleményünk, távozzon-e, vagy maradjon. Egyik alkalommal egészségügyi helyzetére is hivatkozott, a másik alkalommal az egész helyzet nem tetszett neki. Mi kétségtelenül azt mondtuk, maradjon a helyén, mert attól tartottunk, hogy az egyesület vezetése még radikálisabb kezekbe kerül, mert azok a személyek, akik számba jöttek volna, hogy BASCHt leváltsák, a magyarság szempontjából aggályosabbak lettek volna.

Népügyész azon kérdésére, hogy túlment-e BASCH a követeléseken, amelyekkel a nemzetiségnek egy lojális képviselője előhozakodhatik, tanú az alábbiakat adja elő:

Így e kérdés talán egyszerű. E tekintetben döntő, hogy amikor valaki egy nemzetiségi politikai kérdéssel előhozakodik, milyen körülmények között teszi fel ezt a kérdést. Amikor a magyarság ilyen rendkívül válságos állapotban volt, és a válság éppen a németséggel szemben volt a legkínosabb és mélyebb, akkor kétségtelenül az a magatartás, amelyet BASCH dr. különösen 1940-42-ig vállalt, az itteni kisebbségi politika vezetőit kínos helyzetbe hozta. Példának hozom fel csak azt, hogy a magyarságnak a kisebbségekkel szembeni mostoha bánásmódjáról úgyis könyvtárakat írtak össze külföldön. Amikor éppen német részről egy hadjárat indult meg a magyar kisebbségi politika ellen, ebben mindenki annak bizonyítékát látta, hogy igenis a magyarországi kisebbségek üldözése nem legenda, hanem íme, még a németeket is - akik a leglojálisabb állampolgárok voltak - elnyomják, üldözik.

Romániában és Jugoszláviában még a régebbi időkben a magyarság és a németség közelebb állt egymáshoz, mint a magyarok és a szerbek, vagy a magyarok és a románok. Amikor azután ezek a területek román és jugoszláv impérium alá kerültek, a románok és jugoszlávok mindent elkövettek, hogy a magyarság és az ottani németség közé éket verjenek. Ezért szabad folyást engedtek az ottani német kisebbségi mozgalmaknak, úgyhogy mire ezek a területek visszakerültek Magyarországhoz, a Bácska és az észak-erdélyi németség valóban sokkal nácibb volt, mint a hazai németség.

1942 eleje óta több jelentést kaptunk, hogy a Volksbund keretében karhatalmi szervezkedés folyik. Ez irányban nyomoztattunk is, de eredmény nélkül. Ez a szervezkedés elsősorban arra szolgált, hogy ha a hazai németséget valami erőszakos megmozdulás, vagy mozgalom folytán sérelem, vagy brutalitás éri, akkor megvédjék magukat. Vártak arra, hogy mint például március 19-én, elősegítsék a német megszállást, illetve beváltsák a hozzájuk fűzött reményeket.

Az SS-be való belépéssel kapcsolatban az volt az elv, hogy aki volksdeutsch, [vagy] a Volksbund tagja, annak kutya kötelessége önkéntesen belépni az SS-be.

Politikai ügyész kérdésére tanú kijelenti:

Az 1942. február 18-án megtartott belügyminisztériumi értekezlet alkalmával tett kijelentésemet, hogy BASCHsal folytatott beszélgetésem után az az érzésem, és majdnem bizonyos vagyok benne, hogy a Volksbundnak van egy bizalmi hírszerző tevékenysége, amelynek emberei az összes magyar közhivatalokban, sőt még a rendőrségen is bent ülnek, ma is fenntartom. Azt, hogy a vádlott erről mennyit tudott, nem tudom, de hogy a Volksbund keretében egy ilyen hálózatot kiépítettek, egészen bizonyos. Annak idején el is fogtunk néhány tucat embert. Bizonyíték nemigen volt a kezünkben. Ha jól tudom, ezeket internálták.

Arra vonatkozóan, hogy vádlott egy kettős játékot játszott volna, vagyis, hogy a magyar hatóságok felé mindig jófiúnak állította be magát, akit a birodalmi utasítások nyomnak, és ezzel szemben a német hatóságok felé is ugyancsak a jófiú szerepét játszotta volna meg, az a véleményem, hogy vádlott meghasonlott ember volt, de igyekezett szerepét tisztességesen betölteni. Ebből a meghasonlásból származott ez a kettősség is, mert ez a kettősség kétségkívül fennállt. Vádlott helyzetének foglya volt, hogy hogyan került ebbe a helyzetbe, tulajdonképpen itt a kérdés. Vádlott okosabb volt, mint HUSS, aki hisztérikus alak létére senkivel össze nem fért, BASCH dr. pedig egy príma modorú ember volt, aki tudott bánni az emberekkel. Ennek tulajdonítom, hogy HUSS-szal szemben, aki egyike a legkimondottabb vezető egyéniségeknek, a Volksbund elnöke mégis BASCH dr. lett.

Vádlott kérdésére a tanú előadja:

Megfelel a valóságnak, hogyha BASCH dr. a német nyomást kiaknázta volna, egyedül a bécsi döntés alapján az ötvenszeresét tudta volna kipréselni annak, mint amivel a Volksbund 1940. év végén is rendelkezett. Megfelel a valóságnak, hogy sohasem kérte BASCH dr., hogy német bírákat, hogy német egyetemi tanárokat nevezzenek ki, nem kért harminc patikát, hanem 1944-ben egy patikát kért és azt sem kapta meg. 1943-ban a húsz közjegyzőség helyett csak kettőt kért, és amikor azt sem kapta meg, csupán fájdalommal vette tudomásul.

Arról is tudomásom van, hogy vádlott mindig azt mondta a mindenkori miniszterelnöknek, hogy csak addig marad a Volksbund élén, ameddig a miniszterelnök bizalmát bírja. Vádlott állandóan hirdette a haza- és népszeretet szintézisét és ezt tényleg megpróbálta becsületesen megvalósítani. De meg kell jegyeznem azt, hogy ugyanakkor, amikor ezt hangsúlyozta beszédeiben, igen határozottan tiltakozott és támadta azokat a bizonyos asszimilációs törekvéseket, mely sokszor alkalmas volt arra, hogy az emberekben a hazaszeretetnek és a magyarság iránti tiszteletnek ezt a vonását lazítsa. Tudomásom van arról, hogy KÁLLAY BASCH dr.-nak BALLA társaságában azt a kijelentést tette: "Hogyha nehéz helyzetben vagy a németek felé, akkor hangoskodjál, de a tetteidben maradj szerény és megbízható".

Sohasem hallottam, hogy vádlott beszélgetés, vagy tárgyalás közben antiszemita kijelentést tett volna.

Kétségtelen, hogy a részünkről BASCH dr.-ral közölt panaszainkat ő igyekezett elintézni, és az általunk kifogásolt személyeket eltávolította.

Hangsúlyozom, hogy BASCH dr.-nak a magyarsággal szemben bizonyos fokú lojalitását nem vonom kétségbe, de tény, hogy a Bundban de facto akciók folytak, amelyek aggályos voltára mi rámutattunk. Nagyon sok esetben eleget tett kérésünknek vádlott, ez kétségtelen. Voltak azonban dolgok, amikor bizonyos fokig a Volksbundot mozgósították és BASCH dr. ugyanúgy kétségbe volt esve, mint én. Ez az 1943-as mozgósítás arra az esetre szólt, ha Magyarország kiugrik, legyen kéz, amelyre a bevonuló németség támaszkodni tud. Az is lehet, hogy ebben az időben az egész kérdés irányítása kiszakadt a Volksbund vezetőinek kezéből.

A Mannschaft ügyével kapcsolatban nem tudom, hogy volt-e a kezükben fegyver 1944. március 19-e előtt. De azt tudom, és ez tény, hogy március 19-én de facto Baranyában, Bácskában és még más helyeken is, a Mannschaft fegyverezte le a csendőrséget és másokat. Arról is tudok, hogy ezzel az esettel kapcsolatban FELDINGER, a Mannschaft vezetője, lemondásra kényszerült és azonnal bevonult.

Arra is emlékszem, hogy kérésemre, illetve a miniszterelnökség kérésére vádlott minden lépést megtett a bánáti és a burgenlandi magyarság érdekében. Az is megfelel a valóságnak, hogy vádlott 1940-ben megtiltotta a Heil Hitler-köszöntést és levétette a horogkeresztes zászlókat és jelvényeket Erdélyben; több olyan náci kinövést, amely a magyar állam tekintélyébe, szuverenitásába ütközött, segített kiküszöbölni. Az is tény, hogy a Bácskában nem sikerült ez BASCH dr.-nak, amikor ezzel kapcsolatban 5000 embert a magyar hatóságok megbüntettek, vádlott ez ellen semmi kifogással nem élt. Arra is emlékszem, hogy az ifjúság világnézeti szemléletének kiegyensúlyozására a magyar kormánytól egy magyar könyvtár felállítását kérte és megkapta és kötelezte az ifjúságot, hogy minden egyes tanfolyamon a könyvtár segítségével is vegyenek be programpontokat. Ez emlékezetem szerint 1940 vagy 1941-ben történt.

A Waffen-SS-akciót egy negatív szelekciónak tartottuk és úgy vigasztaltuk magunkat, hogyha már olyan csorba esik a magyar állam tekintélyén, hogy saját állampolgárait idegen hadsereg viszi el, akkor legalább a Volksbundnak túlságosan hangos elemeitől szabaduljunk.

Arra is emlékszem, hogy amikor TELEKI meghalt, emlékünnepélyt rendelt el vádlott az egész országban, és Budapesten bent a [Német] Házban ő maga tartotta a beszédet, és ezzel kapcsolatban a németek megdöbbenésüknek adtak kifejezést.

Tanú vallomására vádlott megjegyzi: Taktikám abból állott, hogy amikor a tárgyalásokon egy túlzó ember volt jelen, 100%-ot követeltem, majd amikor ez elment, 1%-ot kértem csupán. Ezt a taktikát csináltam, de véleményem szerint ez magyar részről csak elismerésre találhat.

Népügyész tanú megesketését indítványozza.

Védő a megesketést nem ellenzi.

A népbíróság tanú megesketését elrendeli.

Tanú a Bp. 217. §-ában foglalt ismételt figyelmeztetés után az esküt törvényszerűen letette.

Belép SPIELER KLÁRA, 40 éves, budapesti születésű és lakos, elvált, fényképésznő, érdektelen tanú, aki a Bp. 208. §-ában foglalt jogára, a Bp. 206. §-a értelmében történt figyelmeztetés után előadja:

Vádlottat 1928. szeptember 6 óta ismerem. Ismeretségünk 15 évig tartó komoly és mély érzelmi kapcsolat volt. Én az üldözöttek közé tartozom. Vádlottat egy becsületesen gondolkodó, tiszta szívű embernek ismertem meg, aki becsületesen kitartott mellettem 15 évig, annak ellenére, hogy ez őrá nézve esetleg súlyos következményekkel járhatott volna abban az időszakban. A nehéz napokban segítségemre volt.

A politikát az otthonától és tőlem lehetőleg távol tartotta. Politikai megnyilatkozásokat csak epizódok formájában tudok, amiket vagy panasz, vagy dicsekvésképpen velem közölt. Nem érezte magát nemzetiszocialistának, ezt előttem többször kifejezésre juttatta. Az 1944. március 19-i eseményekkel kapcsolatban külön megállapodásunk volt, és megelőzően sokszor beszélgettünk arról, hogyha Isten őrizz, az ország német megszállás, vagy SZÁLASI-uralom alá kerül, a kapcsolatunk maximális veszéllyel jár mindkettőnkre nézve. Én abban az időben jobban féltem a Gestapótól, mint zsidó mivoltom miatt, hogy a vele való kapcsolat miatt kellemetlenségeim lehetnek. Megállapodásunk értelmében, amelynek semmi politikai alapja nem volt, kissé elszakadtunk. Erre az eshetőségre azért számíthattunk, mert a körülöttünk levő országokban ilyen eset már előfordult.

Vádlott kérdésére tanú előadja:

A háború kitörésének napja, amelyet együtt töltöttünk, egyike volt a legtragikusabb napjainknak. Vádlott kijelentette, hogy ez a tragédiák kezdete, nemcsak kettőnkre nézve, hanem valószínűleg az egész világra. Abszolút háborúellenes volt, és a német-orosz különbékében hitt. Inkább irodalmi hajlamú, idealista és szentimentális, úgynevezett szívember volt, és nem aktív természetű, politikai becsvágyú. Véleményem szerint nem tudott arról, hogy a németek által összeszedett zsidókkal mi készül, vagy mi történt. Amikor hasonló dolgokról próbáltam beszélni neki, egészen értelmetlenül és hitetlenül hallgatta, és semmi szín alatt nem adott hitelt szavaimnak. Tudomásom van arról, hogy többször vissza akart lépni, ezt közölte is a miniszterelnökökkel. Az volt a terve, hogyha sikerül visszalépnie, életének fő céljával, az irodalommal fog foglalkozni. HITLERrel nem szimpatizált, sem a nácizmussal. 15 évi ismeretségünk alatt a Németországban indexre került íróknak könyvei végig ott voltak könyvtárában. Lakásán sohasem volt horogkeresztes jelvény, vagy akárcsak egy HITLER-kép.

A népbíróság tanú megesketését a Bp. 311. § 3. bekezdése értelmében indítvány hiányában mellőzi.

Belép ENDRE LÁSZLÓ, 51 éves, abonyi születésű, budapesti lakos, családos, volt államtitkár, érdektelen, törvényes figyelmeztetés után előadja:

Pest megyei alispán koromban hivatali minőségemben ismerkedtem meg vádlottal. Úgy emlékszem, két ízben keresett fel a vármegyeházán. Személy szerint államhűnek tekintettük. Ugyanígy, mint Volksbund-vezért. Ellenben a Volksbund működésében voltak olyan jelenségek, amelyeket annak idején teljesen károsnak tekintettek. Nekem saját személyemben a Volksbund működésével szemben aggályaim voltak, mert olyan jelenségeket láttam, amelyek az akkori felfogások szerint a nemzeti érdekeket sértették. A vigadóbeli gyűlésre, illetve, hogy ottan voltak-e nemzeti zászlók a horogkeresztes, napkorongos zászlókon kívül, csak annyiban emlékszem, hogy az ünnepélyen voltak magyar zászlók, és a kormányzó képe a főhelyen ki volt függesztve, és a zenekar a Himnuszt is eljátszotta.

Nehézségeket a Volksbund részéről nem annyira közigazgatási vonalon, hanem inkább közoktatási téren tapasztaltam. Panaszok jöttek egyes plébánosoktól és tanítóktól, hogy olyan községekben is, ahol a lakosság már érzésben és nyelvben elmagyarosodott, német iskolák felállítását kívánják.

Úgy emlékszem, hogy közigazgatási vonalon BASCH FERENC egyetlen konkrét kérést terjesztett elő, ugyanis a budaörsi községi jegyzői állással kapcsolatban szerette volna, hogy a csobánkai főjegyzőt hozzák át Budaörsre. Megmagyaráztam neki, hogy bizonyos fegyelmi okok miatt ez nem lehetséges, ő ezt tudomásul vette.

Politikai természetű kívánalmakkal nem lépett fel.

Vádlott kérdésére tanú előadja:

Észleltem, hogy vádlott kereste a békés együttműködést a magyar közigazgatással oly módon, hogy a főispántól s az alispánoktól kérte, hogy amikor közigazgatási tanfolyamokat tartanak, a kölcsönös magyar és sváb megismerkedés céljából a Volksbundból is hívjanak be embereket a tanfolyamokra. Arra is emlékszem, hogy megismerkedésünkkor kijelentettem vádlottnak, hogy őt addig baloldalinak tartottam, vagyis abban voltam, hogy a Volksbund élén baloldali ember áll. Ugyanis úgy értesültem, hogy vádlott a szabadkőművesek listáján szerepelt, igaz, hogy később megtudtam, hogy ez valótlan, de érdeklődéseink során azt is megtudtam, hogy nem azonosítja magát azokkal a túlzott törekvésekkel, amelyeket Magyarországon a Volksbund képviselt.

A népbíróság tanú megesketését a Bp. 311. § 2. bekezdése értelmében indítvány hiányában mellőzte.

Belép dr. ANTAL ISTVÁN, 50 éves, kenderesi születésű, budapesti lakos, nős, nyug. miniszter, érdektelen, a törvényes figyelmeztetés után előadja:

1942-ben, amikor propagandaminiszter voltam, vádlott hivatalomban bemutatkozó látogatást tett. Hosszabb ideig beszélgettünk egymással a Volksbund, a németség helyzetéről és a kormánnyal való viszonyáról. Benyomásom az volt, hogy vádlott nem azonosítja magát teljesen a Volksbund céljával, vagyis azokkal az elképzelésekkel és utasításokkal, amelyeket a Volksbund a birodalomból kapott. Ezt azzal indokolom, hogy rendkívül óvatos formában ugyan, de panaszkodott nekem, hogy mennyi küzdelmet kell neki folytatnia egyrészt a birodalomból jövő direktívákkal, másrészt pedig az ő táborához tartozó fiatal, intranzigens náci elemekkel. Beismerem, hogy bizonyos gondot okozott nekünk az, hogy a Volksbund azokon a területeken is, ahol magyarok és németek laktak vegyesen, bizonyos zavarokat okozott a tekintetben, hogy a már asszimilálódott németek is kezdtek szervezkedni. Más természetű zavarokról nem tudok.

Felfogásom szerint rendkívül lojális magatartást tanúsított a kormány iránt, sőt az volt a kormányunk nézete, nem csupán a KÁLLAY-kormányé, hanem korábban is, hogy rendkívüli szerencse a magyar érdekek és a magyar célok szempontjából, hogy ő van a Volksbund élén, mert ő rendkívül konciliáns, megértő a magyar ügy iránt, lojális magatartást tanúsító ember, akivel mindig komolyan lehet beszélni, aki nem intranzigens, nem kiabál, és az összes problémák tekintetében mérsékletet és rendkívül nagy konciliánsságot tanúsít. Egy alkalommal azt a kijelentést is tettem neki, hogy nem szabad őt dícsérnünk, mert abban a pillanatban a németek elteszik tőlünk. Úgy hittük és beszéltük egymás között, helyébe egy GOLDSCHMIDT nevű úr következett volna, akiről viszont ellenkező információink voltak.

Vádlott kérdésére tanú előadja:

Ismerkedésünket követően vádlott két alkalommal volt nálam konkrét ügyben igazságügyi és kultuszkérdésben. Vele volt egy HAMM FERENC nevezetű képviselő és egy másik ismeretlen képviselő. Amikor ezek a képviselők ott voltak, BASCH FERENC rendkivül komolyan, energikusan és rendkivül nagy nyomatékkal tárgyalt és tárta fel előttem kívánságait. Nekem ez feltünt, mert korábban nem ilyen hangon beszélt velem. Amikor a képviselők elmentek és ő ott maradt, azt mondta: "Kérem miniszter úr, ne tessék haragudni, nekem ezek előtt így kell beszélnem; most, hogy négyszemközt vagyunk, csak az kérésem, hogy valami keveset nyújtsanak nekem, valami keveset teljesítsenek, hogy valahogyan meg tudjak állni az emberek előtt, és tudjam magam valahogyan legitimálni a német birodalommal szemben."

A népbíróság tanú megesketését a Bp. 311. § 2. bekezdése értelmében indítvány hiányában mellőzi.

A népbíróság ezután halk tanácskozásban meghozta és tanácsvezető bíró kihirdette az alábbi

végzést:

A népbíróság a mai tárgyalást berekeszti és folytatását 1946. január hó 17. napjának de. 9 órájára tűzi ki.

Tudomásul szolgált. Kmft.

Dr. GÁLFALVI ISTVÁN — tanácsvezető bíró

Dr. FEKETE LÁSZLÓ — jegyzőkönyvvezető

3. Nyilvános főtárgyalás

A budapesti népbíróságtól. Nb. V. 4806/1945.

Jegyzőkönyv. Készült az 1945. évi VII. tc. által törvényerőre emelt Nbr. 11. § 1. pontjában meghatározott háborús bűntett stb. miatt vádolt dr. BASCH FERENC ellen indított bűnügyben a budapesti népbíróságnál, Budapesten, 1946. évi január hó 17. napján tartott folytatólagos nyilvános főtárgyalásról.

Jelen voltak:

dr. GÁLFALVI ISTVÁN
tanácsvezető bíró
BOLGÁR MENYHÉRT
a Független Kisgazda Párttól,
KÁDÁR IVÁN a Magyar Kommunista Párttól,
FALUDI GYÖRGY a Szociáldemokrata Párttól,
LÁSZLÓ GÉZA a Polgári Demokrata Párttól,
PÜSPÖKI SÁNDOR a Nemzeti Parasztpárttól,
dr. NAGY ISTVÁNNÉ az Országos Szakszervezeti Tanácstól
népbírák;
Dr. FEKETE LÁSZLÓ jegyzőkönyvvezető
Dr. ACZÉL ENDRE népügyész
dr. GYÖNGYÖSI ISTVÁN politikai ügyész

dr. BASCH FERENC
vádlott, előzetes letartóztatásban
dr. WENCZEL ÁRPÁD
ügyvéd, hivatalból kirendelt védő

Tanácsvezető bíró a folytatólagos főtárgyalást a Bp. 301. §-a értelmében megnyitja, és a hallgatóságot megfelelően figyelmezteti.

Megállapítja, hogy a mai napra megidézett dr. PATAKY TIBOR, dr. KUSSBACH FERENC, dr. SZEGEDY-MASZÁK ALADÁR, dr. KRUMP JÓZSEF, ZOMBOR JÓZSEF és GRATZ GUSZTÁV tanúk nem jelentek meg. Dr. BÁRDOSSY LÁSZLÓ tanú időközben elhalálozott.

Tanácsvezető bíró a Bp. 313. §-a értelmében felolvassa a mai napon meg nem jelent tanúk vallomását, mert a tanúk előállítása nagy akadályokba ütközik.

Dr. PATAKY TIBOR tanú felolvasott vallomására vádlott észrevételt nem tesz.

Dr. KUSSBACH FERENC tanú nyomozati vallomására vádlott kijelenti: Ezeket a vádakat kvalifikálatlanoknak minősítem. Azok teljesen valótlanok. Bátorkodom rámutatni arra, hogy amikor 1933-ban BLEYER meghalt, dr. KUSSBACH vagy én jöttünk számításba. KUSSBACH került szóba, éspedig azért, mert köztudomású volt, hogy még BLEYER életében ő és ROTHEN FERENC vették fel a kapcsolatot a berlini nemzetiszocialista körökkel. Hogy miért volt kénytelen KUSSBACH 1935 vagy 1936-ban a Volksbildungsvereinből kiválni, annak bizonyítékát én magam tartottam kezemben. A német birodalomban valami apanázst helyeztek neki kilátásba, erre GRATZ GUSZTÁV arra kérte, hogy lépjen ki a Volksbildungsvereinből. Különben KUSSBACH dr.-ral annak ellenére, hogy állandóan üldözött, köszönő viszonyban voltunk.

Dr. SZEGEDY-MASZÁK ALADÁR tanú felolvasott nyomozati vallomására vádlott előadja: a BASCH-bélyegek akkor jelentek meg, amikor három hónapja ültem a pécsi fogházban. A fogház igazgatója lehivatott, és megmutatott egy bélyeget, hogy tudok-e róluk. Nem tudtam semmit. Ekkor magam kértem a bűnvádi eljárás megindítását, annak kiderítésére, hogy ki csinálta ezeket a bélyegeket, hol nyomták és ki terjesztette azokat. Mikor kiszabadultam, tudtam meg, hogy a nyomok Romániába, vagy Bécsbe vezetnek. Nekem a bélyegekhez semmi közöm nem volt, és azok többet ártottak személyemnek és az egész kisebbségnek, mint minden más.

A magyar külügyminiszternél, dr. CSÁKYnál egyetlenegy ízben jártam, aki éppen azzal a bizonyos német követségen tett kijelentéssel kapcsolatban hallgatott ki. A kijelentéssel kapcsolatban előadom, hogy amikor felmentünk a német követségre, az ebéd megkezdése előtt dr. WOLFF követségi tanácsossal és dr. KÖHLERrel, aki a kisebbségi ügyeket vezette BLEYER idejében, a bécsi szerződésről beszéltünk, és arról, hogy a bécsi szerződés teljesen új életet és lehetőséget adott a hazai németségnek, amelyet nekünk 100%-ig ki kell használnunk. Bebizonyítottam, hogy jogilag ez a szerződés egyike a leglehetetlenebb szerződéseknek. Parázs vita után dr. WOLFF és KÖHLER, valamint én közöttem igen feszült hangulat keletkezett. Ott álltunk a sarokban, és akkor csatlakozott hozzánk dr. SZEGEDY-MASZÁK ALADÁR és azt kérdezte, hogy miért nem akarnak a külföldi németek a megszállott területről visszajönni a hazához. Én azt mondottam, hogy Erdélyből örömmel jöttek vissza, és soha honvédeket és magyar hatóságokat olyan örömmel nem fogadtak, mint Észak-Erdélyben. Ekkor kijelentette SZEGEDY-MASZÁK ALADÁR, hogy a bécsi szerződés rossz és állam az államban. Ezalatt két méternyire állt tőlem dr. WOLFF és KÖHLER, és hogy előttük ne ugyanazt mondjam SZEGEDY-MASZÁKnak, amit az előbb velük szemben hangoztattam, mert ez engem lehetetlenné tett volna, azt mondottam, hogy a bécsi szerződést feltétlenül be kell tartani. Erre megkérdezte tanú, hogy mi lesz, ha nem tartjuk be, mire azt feleltem: "Dann zerschlagen sie die sämtlichen Zuwachsmöglichkeiten des ungarischen Staates". Kihallgatásom alkalmával ugyanezt adtam elő dr. CSÁKYnak is, aki az iratot eltépte, és azzal az ügy el volt intézve.

Dr KRUMP JÓZSEF tanú felolvasott nyomozati vallomására vádlott előadja: Tanúval először akkor találkoztam, amikor nemzetgyalázási peremmel kapcsolatban szavazásra került a sor a Volksbildungsvereinben, hogy továbbra is megmaradhatok-e, vagy el kell távoznom. Tény az, hogy jó barátságot tartott fenn dr. GOLDSCHMIDTtel, aki nálamnál radikálisabb volt. 1942 végén vagy 1943-ban GOLDSCHMIDT azzal jött hozzám, hogy van megint egy megtért bárány, egy bizonyos tanár vagy orvos, aki jóvá akarja tenni régi hibáit, és be akar lépni a Volksbundba. GOLDSCHMIDT azt tanácsolta, hogy vegyük be, mert az ilyen bárányok a legkezesebbek, és nevezzük ki tanárnak. Igy került dr. KRUMP a Volksbundba.

ZOMBOR JÓZSEF tanú felolvasott vallomására vádlott kijelenti: A tanúval kétszer találkoztam Sopronban, ahol előadásokat tartottam. Ő volt a kirendelt detektív. Alkoholista, és azt akarta, hogy maradjunk Sopronban egy éjszakánál tovább. Hogy agitátoriskolákat végeztem volna, nem felel meg a valóságnak. Az sem felel meg a valóságnak, amit 1941-ben a Waffen SS-ről vallott, mert akkor még nem is volt Waffen-SS. Ami a búcsúztatásokat illeti, Budapesten csak egyetlenegyszer tartottam búcsúztatást a Kelenföldi Pályaudvaron.

Dr. GRATZ GUSZTÁV tanú nyomozati felolvasott vallomására vádlott előadja: GRATZ azok közé az emberek közé tartozott, aki mint ellenfél minden tiszteletet kivívott, és előtte ma is csak mélyen meg tudok hajolni. Ha valakitől tanultam, úgy GRATZtól tanultam. Ő mondta nekem, hogy számomra két lehetőség van: emigrálni vagy rezignálni. Én azt mondtam, hogy van egy harmadik út is: "keresem a középutat". Erre azt mondta, ha én mérsékelt leszek, én is megkapom a radikális ellenzéket. Ezt a sors ki is mutatta nekem. Egyébként egy-két tévedésre akarok rámutatni. Az említett névjegyzék tényleg előfordult. Még BLEYER alatt, a magyarországi közművelődési egyesülethez tartozó egyetemi hallgatók - tehát nem alkalmazottak - kaptak ilyen segélypénzeket. Ezeket az összegeket kezelte ROTHEN. Később, amikor kiváltunk, nem napilapot, hanem öthetenként megjelenő hetilapot kaptunk és egy főiskolai otthont. Ezt 1936 elején, az Agrikola Borértékesítő Szövetkezet révén tudtuk előteremteni, amelynek évenként 38.000 P. tiszta bevétele volt.

Gratz kétségtelenül az asszimiláció híve volt, a hazai németeket tisztelte, magát azonban már nem vallotta németnek, úgyhogy mi, akik magunkat németnek vallottuk, eszmei síkon ellenfelek voltunk.

Generációs tervemben és a szimbiózistervemben GRATZ eszméi virágoztak fel, de egyúttal meg akartuk védeni hazai népiségünket is.

Dr BÁRDOSSY LÁSZLÓ felolvasott nyomozati tanú vallomására vádlott előadja: dr. BÁRDOSSY azok közé a politikusok közé tartozik, akiktől úgy féltem, hogy legszívesebben nem mentem volna hozzájuk, legalább én magamat nem éreztem elég erősnek. Kifogásolta, hogy én Volkstumskampfról írtam. Megmagyaráztam, hogy ez a harc a mindennapi kenyérért való harcot jelenti. Kérte annak azonnali beszüntetését. Oly meggyőző volt az érvelése ebben a kérdésben, hogy a Volkstumskampf szót azóta a hazai németség nem használta.

Egy ízben azzal a kéréssel fordultam BÁRDOSSYhoz, hogy a 17 szövetkezetből, amely felett minden népcsoport rendelkezett, a Volksbund legalább egy tejszövetkezet alapítására kapjon engedélyt. Erre igen rafináltan azt mondta: "Önnek van egy generációs terve 35 évre, én alig vagyok miniszterelnök egy vagy háromnegyed éve, tehát 5 évet kell várni, ha egyet akar. A 35 év végén majd meglesz a 17-ből a fele, úgyhogy utódjának is maradjon mit kérni." Ezt nem kaptuk meg, de azért sérelmi politikát nem folytattunk.

Tanácsvezető bírónak a bizonyítás kiegészítése iránt feltett kérdésére:

Népügyész becsatolja és kéri SZÁLASI FERENC tanú vallomásának a Bp. 313. §-a értelmében való felolvasását.

A népbíróság halk tanácskozás után elrendeli SZÁLASI FERENC tanú vallomásának felolvasását, mert tanú elővezetése nehézségekbe ütközik.

SZÁLASI FERENC tanú felolvasott nyomozati vallomására vádlott kijelenti: SZÁLASI megígérte, hogy olyan német származású egyént, aki a Volksbund tagja, nem vesz fel a pártba. Ezután 1945. február elején mentem fel hozzá, és nem amint ő állítja, 1944. decemberében. Beszédünk tárgyát a községi petróleum-, cukor- stb. kiutalások körüli konfliktusok képezték.

Védő a bizonyítás kiegészítése iránt indítványt nem terjeszt elő.

Tanácsvezető bíró a Bp. 314. § értelmében a bizonyítási eljárást befejezettnek nyilvánítja és felhívja vádlót, utána a vádlottat és védőt a védelemnek szóbeli előterjesztésére.

Népügyész a módosított vádját minden vonatkozásban fenntartja és kéri, hogy a népbíróság vádlottat a legsúlyosabb büntetéssel sújtsa.

Politikai ügyész kéri, hogy a népbíróság ítéletének meghozatalánál mérlegelje azt, mivé lett volna az ország, ha a német imperializmus győz a világ demokratikus hatalmai felett, mivé lett volna az ország, ha mindaz megvalósult volna, amit a német imperialista körök és itteni csatlósaik a fegyveres felkeléstől a kémkedésig és a kulturális eszközök felhasználásától [a] terrorcselekményekig menő minden eszközzel megvalósítani igyekeztek.

Védő megjegyzi, hogy a Nbr. 11. § 1. pontjában a Nbr. 17. §-a 2. pontja bennefoglaltatik. Kéri, hogy a népbíróság vádlottat a vád mellőzésével a terhére rótt vád és következményei terhe alól felmentse, amennyiben ez nem történhetnék meg, a legenyhébb büntetéssel büntesse.

Vádlott az utolsó szó jogán előadja:

Amikor 1921-ben felkerültem a hazába, nem mint öntudatos német, nem mint a német származására és anyanyelvére visszaemlékező egyetemi hallgató kerültem ide. 1923-1924. években felébredt bennem a nemzetiségi öntudat, mert a német községekben megszólaltatta a szívemet népemnek az a helyzete, amely ilyen hangokat szólaltatna meg minden egyes emberben, aki valamilyen felekezetben, népközösségben, sorsközösségben, államközösségben, szenvedési közösségben él. Ezek a hangok bizonyos változást idéznek elő az emberben, így bennem is. Úgyszólván 23. életévemben hangzottak fel először bensőmben a népem iránti szeretetnek ezek a hangjai, amikor megismertem Tolna megyében, Pest környékén azokat a svábokat, akikről hallottam már ezt vagy azt. Éveken keresztül, amíg egyetemi hallgató voltam, amíg két doktorátusra készültem, semmiféle visszásságot a magyar hazaszeretet és a népiségemhez való tartozásom között nem éreztem, mert az első hozott ide a hazához. Azok közé a kevesek közé tartoztam, akik nem Németországba, vagy Ausztriába mentek főiskolára és nem adták fel állampolgárságukat. Ez a hazaszeretet hozott engem ide, azt nem lehet letagadni. Ez nem állott ellentétben a népiségi szeretetemmel, teljes összhangban volt vele mindaddig, amíg be nem léptem BLEYER és GRATZ kérésére a Volksbildungsverein titkárai közé. Mint annak kulturális titkára, elmentem ezekbe a községekbe. Ekkor már előadásokat kezdtem tartani, GOETHEről, SCHILLERről, repülésről a világ körül, gramofonlemezeket, régi népdalokat vittem magammal, és ekkor jöttem rá, hogy még jobban szeretem népemet.

Disszonáns hangok akkor vegyültek bele, amikor a vidéki intelligenciának egynéhány tagja mondogatni kezdte, hogy agitátor vagyok, hogy a békét megzavarom.

Amikor 1935-ben elítéltek, utána eljött a lakásomra a magyar cionista mozgalom egyik vezetője és a magyar ifjúsági nemzeti mozgalomnak és kimondottan a szociális mozgalomnak egyik képviselője. Akkor találkoztam azzal az érzéssel, hogy íme mégsem állok egyedül. Ekkor tette MESTER MIKLÓS azt a kijelentést: "Ha börtönbe mégy, veled leszek, ha kijössz és az maradsz, aki voltál, veled leszek, de már nem egyedül."

Annak a mozgalomnak, amelyet akkor BLEYERrel közösen vezettünk, szintén voltak kapcsolatai a weimari demokrata Németországgal. SZEKFŰ GYULA a "Három nemzedék"-ben kiemeli, hogy a népiség gondolata, ennek áramlata megkapta a nemzetiségeket és gyökeret vert Magyarországon is; akkor ezek a gyökerek kétségtelenül a weimari Németországból származtak. A weimari Németország nem akart imperialista politikát és nem követhetett nacionalista politikát.

Bátran merem hangsúlyozottan kiemelni, hogy sem én, sem egyetlen munkatársam soha nem kapcsolódtunk bele a nagypolitikába. Nem létezett semmiféle német politikai terv, amelyhez csatlakoztam volna. Ebben is különböztem a szomszéd államok népcsoportjainak vezetőitől. Az én embereim közül nem volt három ember sem, aki a különböző berlini minisztériumokban elhelyezkedett volna, hogy kiépítse kapcsolatait és kielégítse érdekeit, mint ahogy ezt a romániai népcsoportnál száznál több intellektuális ember megtette. Az a beállítás, hogy mindent taktikából csináltam, olyan messze esik az igazságtól, mint Európa Ázsiától vagy Afrikától, mert ennek a taktikának az álarca, ha mindent taktikából csináltam volna, 1944. március 19-én feltétlenül lehullott volna.

A bécsi szerződésnek gyors és látható megvalósítását mindig szorgalmazta a VOMI vezetősége. A Volkssturm felállításáért 1944. év szeptemberében fordult hozzám a VOMI vezetője és 14.000 embert várt el, ezt szintén megtagadtam. Nem teljesítettem az antiszemita front kiépítését. Itt mindenesetre éppúgy játszottam a fejemmel, mint a becsületemmel, és ha én reszkettem, ha féltem, és ha soha méreg nélkül nem mentem Németországba, ennek az volt az oka, hogy minden percben félnem kellett attól, hogy szemita felfogásomról a bizonyítékok a kezükben vannak. Megtagadtam az antikommunista kiállítás megrendezését. Erre a VOMI mértéktelen dühében a kiállítás tervét és megrendezését a kormányra bízta.

1940-ben betilthattam a horogkeresztes zászlót és karszalagot, 1941-ben a Heil Hitler-köszöntést, azonban 1943-ban a köszönés megtiltását vissza kellett vonnom.

Arra vonatkozóan, hogy a Mannschafttal meg akartuk szállni Magyarországot, előadom, hogy mindössze erre 150 emberem lett volna, mert a régi trianoni területen több Mannschaft nem volt. Beismerem, hogy sodródtam, nem voltam mindig az, aki lenni akartam.

MAXIM GORKIJ egyszer azt mondta: "Csak azok az erősek, akik látva az egy igazságot, vakok a másik számára." Én sohasem voltam ilyen erős. Én mindig megláttam a másik igazságot is, a másik népét is, a másik hitfelekezetét is, és az ellenségemét is. Én nem tudtam gyűlölni senkit, és ma is boldog és büszke vagyok arra, hogy [azokat,] akik engem meghurcoltak, a Volksbildungsverein egész vezetőségét, sikerült megvédenem.

Amikor ide kerültem, és mielőtt még elfogtak volna, gondolkodtam azon, hogy mi vagyok én a világban. Én most egy lehullott falevél vagyok, semmi egyéb. Avar a sors seprűje alatt. Valaki vagyok, aki még csak azt sem tudja, vajon mi lesz a népével.

Most már tudom, de akkor nem tudtam. Tudom, hogy az én kis népem, amelyért küzdöttem majdnem egy életen át, elkerül innen. Az utolsó percekig reméltem, hogy nem fogják ezt vele megtenni, itt fog maradni, és vezekel, ha kell. Most hosszú oszlopokban el fognak indulni százezrek és százezrek a nagy vezeklések, a nagy bűnhődések országába, oly bűnhődések és vezeklések elé, amilyeneket - azt hiszem - ez a kis nép nem érdemelt meg.

Hogy hányan maradnak életben abban a nagy éhínségben, abban a nagy munkátlanságban, nem tudom. Mindenesetre dömpinget fognak jelenteni a birodalom részére, mert ha 10 fillérért megy dolgozni odakint a birodalmi német, akkor a sváb a feléért el fog menni, és ha az 5-ért megy, akkor a sváb elmegy 2-ért is.

Befejezem ILJA EHRENBURGnak egy mondásával, amelyet állandóan hallok, amikor azt mondja, hogy annyi kegyetlenség után mindennél nehezebb megtalálni azt az emberi nyelvet, amellyel az emberek közel férkőzhetnek egymáshoz. Én mégis azt hiszem, hogy az elkövetkezendő világ, amely most itt felépíti magát, egy napon békekezet fog nyújtani annak a másik világnak, ha nagyot, ha kicsit vétkezett, mert a békének be kell következnie.

Hogy ez mikor lesz, nem tudom.

Én becsületesen álltam a helyemen, kiálltam hazám, a magam és a népem becsületéért is. Talán egy bűnöm volt, hogy másnap az volt a sorrend: népemért, hazámért és magamért, a harmadik napon pedig talán így volt: az én becsületem, a hazám becsülete és [a] népem becsülete. Talán így váltakozott néha, ezt elismerem.

Számadás előtt állottam, a számadást becsülettel akartam megadni, és azt hiszem, becsülettel meg is adtam.

A népbíróság ezután halk tanácskozásban meghozta és a tanácsvezető bíró kihirdette az alábbi

végzést:

A népbíróság a mai tárgyalást berekeszti és az ítélet kihirdetésére 1946. évi január hó 18. napjának de. 9 óra 30 percét jelöli ki.

Dr. GÁLFALVI ISTVÁN tanácsvezető bíró

Dr. FEKETE LÁSZLÓ jegyzőkönyvvezető

4. Nyilvános főtárgyalás

A budapesti népbíróságtól. Nb. V. 4806/1945.

Jegyzőkönyv. Készült az 1945. évi VII. tc. által törvényerőre emelt Nbr. 11. § 1. pontjába ütköző háborús bűntettel stb. vádolt dr. BASCH FERENC ellen indított bűnügyben a budapesti népbíróságnál, Budapesten, 1946. évi január hó 18. napján tartott folytatólagos nyilvános főtárgyalásról.

Jelen voltak:

dr. GÁLFALVI ISTVÁN
tanácsvezető bíró
BOLGÁR MENYHÉRT
a Független Kisgazda Párttól,
KÁDÁR IVÁN a Magyar Kommunista Párttól,
FALUDI GYÖRGY a Szociáldemokrata Párttól,
LÁSZLÓ GÉZA a Polgári Demokrata Párttól,
PÜSPÖKI SÁNDOR a Nemzeti Parasztpárttól,
dr. NAGY ISTVÁNNÉ az Országos Szakszervezeti Tanácstól,
kiküldött népbírák,
dr. FEKETE LÁSZLÓ jegyzőkönyvvezető
dr. ACZÉL ENDRE népügyész
dr. GYÖNGYÖSI ISTVÁN politikai ügyész

dr. BASCH FERENC
vádlott, előzetes letartóztatásban
dr. WENCZEL ÁRPÁD
hivatalból kirendelt védő

Tanácsvezető bíró a Bp. 301. §-a szerint a tárgyalást az ügy rövid megjelölésével megnyitja és megállapítja, hogy a mai tárgyalásra megidézettek mindnyájan megjelentek.

Ezután a népbíróság a Bp. 321. §-a illetve az 1945. évi VII. tc. által törvényerőre emelt Nbr. 49. §-ában meghatározott módon meghozta és tanácsvezető bíró nyilvánosan kihirdette a külön íven szövegezett és csatolt ítéletet a rendelkező rész felolvasásával és az indokolás lényeges tartalmának szóbeli előadásával.

Az ítélet kihirdetése után, a Bp. 330. §-a alapján feltett kérdésre: Népügyész az ítéletet tudomásul veszi.

Vádlott: Fellebbezést jelent be az ítélet ellen, annak enyhítése végett.

Védő csatlakozást jelent be a védence által bejelentett fellebbezéshez, tehát fellebbezést jelent be az ítélet ellen a II. Bp. 28. §-a alapján enyhítés végett, de fellebbezést jelent be a bűnösség kérdésében is. A fellebbviteli bíróságnál szóbeli tárgyalást kér.

A népügyész vádlott előzetes letartóztatásának az ítélet jogerőre emelkedéséig való meghosszabbítását indítványozza, mert az elrendelés okai jelenleg is fennforognak.

A népbíróság ezután halk tanácskozásban meghozza és tanácsvezető bíró kihírdette az alábbi

végzést:

A népbíróság a bejelentett fellebbezéseket elfogadja, és az ügyiratokat a Népbíróságok Országos Tanácsához felterjeszteni rendeli. Vádlott előzetes letartóztatását az 1945. évi VII. tc. által törvényerőre emelt Nbr. 33. §-a alapján az ítélet jogerőre emelkedéséig meghosszabítja, mert az előzetes letartóztatás elrendelésének okai jelenleg is fennforognak.

Tudomásul szolgált.

Tanácsvezető bírónak a Bp. 497. § 1. bekezdése értelmében a halálra ítélt vádlotthoz intézett kérdésére halálra ítélt kijelenti, hogy kegyelemért folyamodik.

Védő csatlakozik a kérelemhez.

Tanácsvezető bíró a Bp. 498. § 1. bek. alapján felszólítja vádlott védőjét, hogy a halálra ítélt érdekében három nap alatt kegyelmi folyamodványt nyújtson be.

Védő a felszólítást tudomásul veszi.

A népbíróság ezután a Bp. 497. § 2. bekezdése értelmében nem nyilvános ülésen a népügyész és politikai ügyész indokolt véleményét meghallgatta, majd pedig zárt tanácskozáson a kegyelem kérdésében a zárt borítékban elfektetett és csatolt véleményt nyilvánítja.

Tanácsvezető bíró a tárgyalást berekeszti azzal, hogy a felmerült és kiutalványozott 195.000 pengő költség, a költségjegyzék 1. tételszám alatt feljegyzést nyert. Kmft.

Dr. GÁLFALVI ISTVÁN
tanácsvezető bíró

Dr. FEKETE LÁSZLÓ
jegyzőkönyvvezető

C. Az Ítélet

(Az 1946. január 18-i főtárgyalási jegyzőkönyvhöz csatolva.)

A budapesti népbíróságtól. Nb. V. 4806/1945.

A Magyar Nép nevében!

A budapesti népbíróság nyilvános tárgyalás után a következő ítéletet hozta:

Az 1945. évi október hó 27. napjától előzetes letartóztatásban lévő dr. BASCH FERENC vádlott, aki 44 éves, zürichi születésű, budapesti (Jagelló út 27) lakos, magyar állampolgár, nős SCHMIDT ÉVÁval, gyermektelen, egyetemet végzett, bölcsész doktorátusa van, katonai szolgálatot nem teljesített, a Fillér utcában háza és a Csillebércen telke van, okleveles középiskolai tanár, bűnös az 1945. évi VII. tc. által törvényerőre emelt Nbr. 11. § 1. bek. b) pontba és 13. § 5. pontba ütköző háborús bűntettekben, továbbá a 15. § 4. pont és 17. § 2. pontba ütköző népellenes bűntettekben.

A népbíróság ezért:

Dr. BASCH FERENC vádlottat, az 1945. évi VII. tc. által törvényerőre emelt Nbr. 12. § 2. bek. a) pontja, a 14. § 2. bek. a) pontja, a 16. § 2. bek. a) pontja, és a 18. §-a, továbbá a 3. § 2. bek. 1), 6) és 8) pontjai alapján a Btk. 96. és 99. §-ainak felhívásával összbüntetésül halálra ítéli. Elítéli továbbá mellékbüntetésül vagyonának elkobzására, és amennyiben a halálbüntetés nem hajtatnék végre, politikai jogai gyakorlatának 10 (tíz) évi felfüggesztésére.

A politikai jogok gyakorlatának felfüggesztését - abban az esetben, ha a halálbüntetés nem hajtatnék végre - azon szabadságvesztés-büntetés kitöltésének, illetőleg elévülésének napjától kell számítani, amelyre a halálbüntetést átváltoztatják.

A népbíróság a Bp. 479-480. §-ai alapján kötelezi dr. BASCH FERENC vádlottat, hogy a felmerült 195.000 pengő bűnügyi költséget 15 nap alatt, az ezután felmerülendő bűnügyi költségeket pedig a felmerülésüktől számított 15 nap alatt a magyar államkincstárnak térítse meg.

A népbíróság az ítéletet - annak jogerőre emelkedése után - az 1945. évi VII. tc. által törvényerőre emelt Nbr. 52. §-a alapján közli a budapesti népügyészséggel, Budapest székesfőváros polgármesterével, központi választmányával, lakáshivatalával, ker. elöljáróságával, Földigénylő Bizottsággal, az Országos Bűnügyi Nyilvántartó Hivatallal, a magyar államrendőrség budapesti főkapitányságának politikai rendészeti osztályával, a székesfővárosi pénzügyigazgatósággal és a Bp. 108. §-a alapján a Magyar Vallás- és Közoktatásügyi Minisztériummal.

INDOKOLÁS:

Népbíróság a lefolytatott bizonyítás alapján megállapítottnak és bizonyítottnak vette a következő tényállást:

Dr. BASCH FERENC vádlott 1920. év folyamán került Magyarországra. Itt egyetemi tanulmányokat folytatott, egyetemi tanulmányai mellett azonban a magyarországi német nemzetiség helyzete iránt is érdeklődést tanúsított. Különösen annak a kulturális helyzetét kezdte tanulmányozni. Ennek során magára vonta BLEYER JAKAB figyelmét, aki abban az időben a Német Népművelődési Egyesület ügyvezető alelnöke lett. Ennek az egyesületnek elnöki tisztét GRATZ GUSZTÁV töltötte be. Ebben az időben még ez az egyesület teljesen a magyar kormány elgondolásainak megfelelően működött. BLEYER haláláig a vádlott ellen semmi tekintetben kifogás nem merült fel. BLEYER halála után azonban a vádlott olyan elveket kezdett hirdetni, melyek alkalmasak voltak a magyarság és a hazai németség közötti egyetértés megváltoztatására. Annak ellenére, hogy GRATZ GUSZTÁV állandóan figyelmeztette a vádlottat, hogy a német népcsoporthoz tartozók előtt tartott beszédeinek hangját változtassa meg, mert azok igen izgató tartalmúak voltak, a vádlott a figyelmeztetésre nem hallgatott, hanem a működését ebben az irányban folytatta. E tevékenységének az lett az eredménye, hogy BASCH FERENCet a magyar bíróság izgatás címén jogerősen 5 hónapi fogházbüntetésre ítélte. A büntetés kitöltése után GRATZ GUSZTÁV felszólította BASCH FERENCet, hogy a Német Népművelődési Egyesületben betöltött főtitkári állásáról mondjon le. BASCH FERENC a lemondást megtagadta, mire GRATZ GUSZTÁV őt a főtitkári állása alól felmentette. Ekkor történt meg a szakadás a magyarországi németség között. GRATZ GUSZTÁV és rajta keresztül a németségnek az a része, amely az ő elgondolásainak alapján állott, úgy a magyar kormányzathoz, mint a magyar állameszméhez való hűségét nem tagadta meg. Ellenben az a rész, amely BASCH FERENChez annak a főtitkári állástól való felmentése után csatlakozott, a hitleri elgondolások alapján állott. BASCH FERENC és hívei az egyesületből kiváltak, és ellentétben a kulturális célkitűzésű német kultúregyesülettel, a németség politikai megszervezését célul tűzték ki. Ez már teljesen illegális alapon történt és teljesen illegális mozgalom volt. Ez a mozgalom vezetett a későbbi Volksbund megalapításához.

BASCHék tevékenysége ettől fogva, hogy a kulturális egyesületből kiléptek, teljesen a birodalmi gondolat és a nemzetiszocialista világnézet jegyében folytatódott. Kultúra néven könyvterjesztő vállalatot alapítottak, Volksbote néven hetilapot, valamint egy internátust létesítettek. Az ezen intézmények fenntartására szükséges anyagi eszközöket Németországból kapták. BASCHék tevékenysége a magyarországi németség körében olyan törést idézett elő, hogy azok 1938 végéig harcban állottak egymással. Egyrészről a GRATZ GUSZTÁV vezetése alatt álló lojális egyesülés, másfelől BASCH FERENC társasága között 1938-ban a magyarországi politikai helyzet úgy alakult, hogy az akkori miniszterelnök, IMRÉDY BÉLA, a birodalmi kormányhoz fordult támogatásért, amely támogatást meg is kapta, ennek azonban az volt a feltétele, hogy engedtessék meg a német kisebbségnek faji és politikai alapon való megszervezése és egy volksdeutsch párt megszervezése. Ekkor BASCHék engedélyt kaptak IMRÉDY BÉLÁtól, az akkori miniszterelnöktől, hogy a Volksbundot megalapítsák.

A Volksbund szervezete teljesen a német nemzetiszocialista párt szervezetének megfelelően történt. Az országot több körzetre osztották be, éspedig budapesti körzet, Bakony és Vértes vidéki terület, nyugat-magyarországi terület, sváb-törökországi terület, bácskai terület, szatmárvidéki és felvidéki terület, végül az észak-erdélyi terület. Ezeknek a területeknek az élén egy-egy vezető állott, megfelelő segédszemélyzettel; az egésznek az élén mint népcsoportvezető BASCH FERENC állott. A Volksbundban a kulturális kérdések csak másodrendű szerepet játszottak. Ezek teljesen eltörpültek a Volksbund politikai célkitűzései mellett. Az anyagi eszközöket nem csupán a tagjaitól szerezte meg, hanem hatalmas összegeket kapott a németországi nemzetiszocialista köröktől.

A Volksbund működése az ország érdekeire igen káros volt. A magyar lelkiségtől teljesen idegen ideológiai propagandával igyekezett a magyarországi németséget kivonni a hazai német népművelődési egyesületből abból a célból, hogy azt német népcsoporttá formálja át. Valósággal államot jelentett az államban. Módszereiben, szervezeti felépítésében teljesen a nemzetiszocialista minták és előírások szerint jártak el. Felállították a Deutsche Jugend szervezetet, üléseik külső képe, a gyűlések lefolytatásának módja, a harc jelszavának a bevitele, állandó hangoztatása teljesen nemzetiszocialista minta szerint történt. Ugyanez jutott kifejezésre a sajtójukban is, amely emellett olyan színben tüntette fel a magyarországi németség helyzetét, mintha a magyarországi németség sorsa siralmas lenne és csak harccal lehetne az állapotokon változtatni. Úgy tüntetve fel ezeket a dolgokat, hogy azok káros megítélésre vezethettek külpolitikai szempontból. Annak ellenére, hogy a Volksbund alapszabályai a Volksbund célkitűzéseinek teljesen megfeleltek, a Volksbund olyan szervezeteket létesített, amelyek az alapszabályokban nem voltak engedélyezve, és amelyek tárgyi természetüknél fogva egészen mást jelentettek, mint kulturális működést. Továbbá olyan intézményeket létesítettek, amelyek szintén nem voltak az alapszabályokban engedélyezve, ezen intézmények is igen alkalmasak voltak jellegüknél fogva az állami egységnek a megbontására. Áldatlan viszonyokat teremtett az addig híres sváb falvakban. Családot családdal, apát fiúval állított szembe. Ezen túlmenőleg a német háborús célkitűzések szolgálatába is szegődött. Erősen támogatta a német ifjúságnak az SS kötelékébe való besorozását, ezzel a német háborús célkitűzések szolgálatába szegődött.

Célkitűzése volt továbbá a Volksbundnak a Magyarország egyes vidékein megindult asszimilációnak megállítása és visszafejlesztése. Azonban a legfontosabb és a magyar nép érdekére legkárosabb szerepe az a tevékenysége volt, amit a németek háborújának támogatására kifejtett. A németek előtt világos volt, hogy a magyar nép többsége csak a kényszer hatása alatt vesz részt a németek oldalán a háborúban, és nem fejti ki töredékét sem annak az erőfeszítésnek, amely a német kormány számára kedvezőbb volt. A magyarországi németek vagy az erre vállalkozó magyarok is a magyar hadsereg helyett német kötelékbe léptek. Célszerűségből nem annyira a német hadseregbe toboroztak, hanem az SS-be, mert az SS fogalmával világszerte azok a képzetek kapcsolódtak össze, hogy az SS a nemzetiszocializmus különleges karhatalma, mely minden eszközzel biztosítja a hitlerizmus győzelmét, ellenségeit kiirtja, különleges kiképzésben részesül, és különleges előjogai is vannak. A szabad rablás, gyilkolás lehetősége minden országban bizonyos erőt gyakorolt bizonyos mértékben. Az SS-be való belépést különösen alátámasztotta az is, hogy az SS-tagok nagyobb fizetést kaptak, mint a hadsereg rendes tagjai, és hozzátartozóik is nagyobb összegben részesültek.

Az SS-re vonatkozóan három egyezményt kötött a kormány Németországgal. Az elsőt 1942-ben, ebben Németország jogot kapott a toborzásra, s a jelentkezési feltételeket a Volksbund közvetítette. Toborzó gyűléseket tartottak és ünnepélyes búcsúztatókat, melyekben hangoztatták a szónokok, köztük BASCH FERENC is, hogy a most jelentkezőkből választódik ki a jövő vezetőrétege. A második egyezményt 1943-ban kötötték meg, amely lényegében megegyezett az előző egyezménnyel. A harmadik egyezmény megkötése 1944. április 15-én történt. Ebben az egyezményben a magyar kormányzat mindazokat a német hadsereg rendelkezései alá helyezte, akik életkörülményeik alapján németnek voltak tekintendők, vagy magukat németnek vallották. Ezeknek a listáknak az összeállítása volksbundista és választói névjegyzékek alapján történt, itt már nem toborzásról volt szó, hanem kényszersorozásról. Ezt az akciót az 1944. április 20-án tartott bonyhádi gyűlés vezette be, ahol HITLER óriási arcképe alatt SS-jelvényekkel feldíszített pódiumon VEESENMAYER, továbbá RÁTZ JENŐ és más magyar németbérencek jelenlétében jelentette be dr. BASCH FERENC vádlott, hogy megkezdődött a végső harc a németségért.

Az 1944-es sorozási egyezményre azért volt szükségük a németeknek, mert [egyrészt] a német vereségek és az akkor már nyilván várható német összeomlás lehetősége miatt kevés önkéntes jelentkező lett volna, másrészt lassanként ki is merült az a csoport, melyet az elkövethető gazságok reménye az SS-hez vonzott. A német kormányzat tehát célszerűbbnek látta a kényszer alkalmazását, már csak azért is, mert tájékozva volt arról, hogy 1943-tól kezdődően a magyarországi lakosság többsége nem hitt a németek győzelmében. Több sváb kilépett a Volksbundból, akiket azonban azzal fenyegettek, hogy hűtlenségük miatt a német törvényszék elé kerülnek. A német kormányzat a németbarát és nyilas érzelmű tisztviselők révén, illetve a Volksbund-tagok révén, akik együttesen minden közületben, minden hatóságnál, nagyobb magánvállalatnál, tehát minden fontos helyen jelen voltak, állandóan tájékozva volt a magyar élet minden megmozdulásáról. A Volksbund és elsősorban annak vezére, dr. BASCH FERENC vádlott, állandó érintkezésben állott a német követséggel, és utasításait részben tőlük, részben közvetlenül Németországból kapta. Ez a függő viszony, ami a Volksbund, illetve BASCH FERENC és a német kormányzat között fennállott, eredményezte azt, hogy a dr. BASCH FERENC szerkesztésében, illetve kiadásában megjelenő Deutsche Zeitung állandóan Németországból sugallt közleményeket jelentetett meg. Szóval ezt a lapot teljesen Németországból irányították. A magyar élet ellenőrzésén kívül, a német iskolákat a Volksbundon keresztül teljesen Németországból irányították, a tankönyveket is ott készítették, és ezekben az iskolákban csak azokat a tankönyveket volt szabad használni, amit Németországból küldöttek. Ezek a tankönyvek teljesen a német nemzetiszocialista világnézet szellemében készültek, és hirdették a német faji felsőbbrendűséget.

A magyarországi Volksbund tehát, ugyanúgy mint más hasonló szervezetek a kelet-európai csatlós államokban, rendkívül súlyos szerepet játszottak a náci gaztettek támogatásában, ezért saját hazájuk tönkretételében. A magyarországi németségnek csak kb. fele volt tekinthető Volksbund-tagnak, az 1941. évi népszámlálás alkalmával a csonka-magyarországi németségnek 2/3-a vallotta magát németnek. De a németség győzelmét a nagy hódító háborúban az egész magyarországi németség kívánta, a német törekvéseket rokonszenvesnek találták még olyan elemek is, akik még óvatosságból vagy talán meggyőződésből szemben állottak a Volksbunddal. Ezeket az elemeket is nagy részben a Volksbund működése befolyásolta, és a német származású elemek nagy szerepe a magyar középosztályban jelentős mértékben hozzájárult ahhoz, hogy Magyarország még az utolsó pillanatban, nyilvánvalóan teljesen reménytelen helyzetben sem tudta lerázni nyakáról a német érdekek szolgálatának igáját.

Röviden ezt a szerepet töltötte be a magyarországi Volksbund. Minthogy a vádlottak padján nem a magyarországi Volksbund, hanem annak vezére, dr. BASCH FERENC vádlott [ül], ezért a népbíróság szükségesnek tartja még külön megállapítani BASCH FERENCnek a Volksbund keretén belül kifejtett tevékenységét. Amint már fentebb megállapította a népbíróság azt, hogy BASCH FERENC már korábban oly tevékenységet fejtett ki, amely a magyar állameszmével, az akkor helyesnek tartott magyar nemzetiségi politikával ellenkezett, ez a működése fokozottabb mértékben jelentkezik a Volksbund felállítása után. Utal a népbíróság BASCH FERENCnek a Volksbundban, illetve a Volksbund alakuló gyűlésein elmondott beszédeire, éspedig Egyházaskozárban 1940. október 13-án, Németbólyban 1940. november 10-én, Dunaszekcsőn ugyanekkor, Nagyszékelyen október 19-én, Liptódon 1940. november 7-én, Eleken 1940. október 20-án tartott beszédeire, amelyek oly súlyos kitételeket tartalmaznak, amelyek igen alkalmasak voltak arra, hogy a Magyarországon élő németség és magyarság között áthidalhatatlan ellentéteket idézzen elő. Ezek a kijelentései teljesen a birodalmi gondolat és a nemzetiszocializmus Magyarországra való átplántálására [voltak] alkalmasak. De nemcsak ebben merült ki a tevékenysége BASCH FERENCnek, hanem a sajtóban is állandóan a német birodalmi gondolatot propagálta, állandóan a háború fokozottabb folytatására buzdított. Az ő személyén keresztül állottak kapcsolatban a német birodalmi vezetők a magyarországi németekkel, illetve a német célok, illetve érdekek szolgálatába álló magyarokkal, ő volt a tolmácsolója azoknak az elgondolásoknak, amelyek arra irányultak, hogy az egész magyarságot a hazai németségen keresztül háborús célok szolgálatába állítsák. Ő igen jól ismerte azokat a célkitűzéseket, amelyeket a német imperializmus győzelmes háború esetére kitűzött, nagyon jól tudta, hogy ezek a célkitűzések a magyar államiság megsemmisítésére irányulnak.

Állandóan hirdette, hogy a magyarországi németeknek két hazájuk van, akik HITLER ADOLFnak, a német nép vezérének a védelme alatt állottak. A németellenes megnyilatkozásokat elfojtotta azáltal, hogy állandóan műsoron tartotta azokat a fenyegetéseket, hogy a német nép mindent meg fog bosszulni győzelem esetén, a győzelembe vetett hitét ráerőszakolta néptársaira. Azok, akik a Volksbundba való belépést megtagadták, azokat másodrendű embereknek tekintette, általában minden megnyilatkozása a háború fokozottabb folytatására irányult. A háború minden eseménye [veresége] és kudarca arra indította, hogy ezeknek a jelentőségét kisebbítse, és minden eszközzel arra törekedett, hogy a háborús erőkifejtést fokozza.

Dr. BASCH FERENCnek a ténykedése nemcsak a propaganda vonalán mozgott, hanem gazdasági vonalon is állandóan arra törekedett, hogy a németség térfoglalása minél erőteljesebb legyen. Bankokat alapított, ezek a bankok is a német politikai célokat szolgálták. Arra törekedett, hogy ezeknek a bankoknak útján a német népcsoporthoz tartozók könnyebben tudjanak földbirtokhoz jutni.

Észak-Erdély visszacsatolása után megszervezte a Deutsche Mannschaft nevű fegyveres alakulatot, amely alkalmas volt arra, hogy elgondolásuknak fegyveres erővel is érvényt tudjanak szerezni.

Az a pártfogás, amit BASCH a német birodalom részéről érzett, bátorította fel őt arra, hogy azokat a magyar embereket, akik nem mindenben osztották a német célkitűzéseket, különböző szankciókkal fenyegesse. Mint BASCH FERENC 1940 őszén a német követségen a stuttgarti főpolgármester látogatása alkalmával azt a kijelentést tette, hogy Magyarországra nagyon súlyos következményekkel járna, ha az 1940. évi augusztus 30-án létrejött kisebbségi szerződést nem tartaná be. Miután ezt a kijelentést több ízben megismételte, magyar részről feladott arra a kérdésre, hogy mi lenne ez a súlyos következmény, BASCH azt felelte: "Sie können es erleben, dass ihr Staat zerschlagen wird." Tényként állapítja meg azt is a népbíróság, hogy BASCH FERENCnek egyedüli és kizárólagos célja a magyarországi németségbe beoltani a nagynémet gondolatot, továbbá, és ezáltal a nemzetiszocialista világnézetet Magyarországon meghonosítani. Azokat a német származású egyéneket, akik nevüket megmagyarosították, gyűlölte, népárulóknak nevezte, és magyarón gúnyszóval illette. Több ízben megfordult Németországban is, ott rendszerint HITLERrel tárgyalt, s ezen tárgyalások után mindig bizonyos követelésekkel lépett fel.

A vádlottnak a fenti tényállásban írt cselekményei miatt a népügyész a tárgyaláson a 4976/1945. Nü. vádiratával egyezően emelt vádat. A tárgyaláson kihallgatott vádlott bűnösségét nem ismerte el. Védekezése lényege az volt, hogy ő a magyar állameszmével, a fennálló magyar törvényekkel sohasem akart szembehelyezkedni, az országot egyetlen hatalomnak sem akarta kiszolgáltatni, neki egyetlen célja a német nép kulturális vonalon való felemelése volt. Tagadta azt, hogy a birodalmi gondolat propagálója lett volna Magyarországon, és hogy itt a nemzetiszocialista életformát kívánta volna megvalósítaní. Előadta, hogy ő mindenben a magyar nemzet történelmi szelleméhez és a magyar államfenntartó nép jogaihoz kívánt alkalmazkodni és azt tiszteletben kívánta tartani. Előadta azt, hogy a magyar közvélemény részéről a német kisebbség kulturális megmozdulásaival szemben bizalmatlanságot tapasztalt. Ez a bizalmatlanság a németországi nemzetiszocializmus előretörekvésével erősödött, s ezért úgy gondolta, hogy a magyarság bizalmatlanságát egy generációs program alapján oszlathatná el. Ez alatt azt értette, hogy kb. 30 év alatt a magyar nép és vezetői feltétlenül belátnák azt, hogy a hazai német nemzetiségnek a kért jogokat megadhatják, anélkül, hogy ezáltal a magyar nemzet jövőjére vonatkozólag károkkal, illetve veszélyekkel kellene számolniok. Egy generációs program alapján határozta el, hogy az összes nemzetiségi kérdéseket nyíltan és őszintén összefoglalva a magyar nemzet közvéleménye elé viszi, és a kormánykörök előtt rámutat arra, hogy a felmerült kérdéseket egy generáció leforgása alatt valósítja meg. Tehát ő nem hatalmi szóval, nem a német birodalom védelme alatt és nem annak pressziójával és fenyegetőzéssel akart engedményeket elérni. Hogy mégis sokszor a tevékenysége úgy tűnt fel, mintha ő erőszakosan, fenyegetően követelődzött volna, annak taktikai oka volt, ugyanis különösen a nemzetiszocializmus előretörése, térhódítása folytán egyesek annak eszméitől megkótyagosodtak, bizonyos dolgok elérését, megvalósítását türelmetlenül sürgették, ilyenkor meggyőződése ellenére olyan magatartást kellett tanúsítania, amely őt kedvezőtlen színben tünteti fel. Különösen szükség volt azért is erre, hogy maga iránt egyes birodalmi körök részéről nehogy bizalmatlanságot támasszon, és nehogy ezáltal egy [a] sokkal radikálisabb német birodalmi gondolatot maradék nélkül kiszolgáló egyén kerüljön a Volksbund élére. Hangsúlyozza, hogy ő sem a német [nemzeti]szocialista pártnak, sem a nyilas pártnak soha tagja nem volt. Hogy bizonyos fokig politikai tevékenységet fejtett ki, annak oka a szövetségi kapcsolat és a megkötött nemzetközi szerződések voltak.

Azt elismerte védekezése során, hogy a Deutsche Zeitung kiadója volt. Elismerte, hogy az ezzel kapcsolatban vád tárgyává tett közlemények megjelentek, de sem a lap szerkesztésébe, sem a cikkek közzétételébe nem folyt bele, azokat a cikkeket nem ő írta, ő ezekért nem vonható felelősségre. Azt elismerte, hogy a Volksbund szervezete ugyan hasonlított a német nemzetiszocialista szervezetekhez, de azoktól sok tekintetben eltért. Ezzel kapcsolatban azt adta elő, hogy a népcsoportok mind hasonló szervezetekkel rendelkeztek, így a magyarországi népcsoport szervezete sem képezhetett kivételt.

Az 1940. évi augusztus 30-án megkötött német-magyar kisebbségi szerződéssel kapcsolatban azt adta elő, hogy annak kezdeményezője nem ő volt. Azt az 1940. évi augusztus 30-i bécsi döntés előtti napon a magyar kormánymegbízottak elé tették aláírás végett, és úgy léptek fel azokkal szemben, hogy annak aláírását nem tagadhatták meg.

Előadta továbbá védekezése során, hogy ellentétben a többi német népcsoporttal, a magyarországi német népcsoport a horogkereszt-jelvényt nem vette át, hanem ahelyett a magyarországi Volksbundnak a napkorong volt a jelvénye, ami az akkori kormánykörök helyeslésével találkozott.

Azzal kapcsolatban, hogy a Volksbund átvette a nemzetiszocialista eszméket, illetve a nemzetiszocialista életformát, azt adta elő, hogy ezt csak az ifjúság vette át, az idősebb korosztály ettől elfordult.

Előadta, hogy Berlinben egy szervezet foglalkozott a birodalmon kívüli népcsoportok ügyeivel. Ez a szervezet a Volksdeutsche Mittelstelle (röviden VOMI) volt. Ez állandóan különböző követelésekkel lépett fel, melyek igen súlyosan sértették a magyar állam szuverenitását, ő azonban ezen követelések közül csak azokat volt hajlandó teljesíteni, melyek sem a magyar állam szuverenitását, sem a nemzeti becsületet nem sértették. Ezzel kapcsolatban előadta védekezése során azt is, hogy sokszor a VOMI-követelések olyan helyzetet teremtettek, melyből csak úgy talált volna kiutat, ha a Volksbund vezetéséről lemond. Ezt az óhaját közölte az akkori miniszterelnökkel, BÁRDOSSY LÁSZLÓval, aki azonban kérte őt, hogy maradjon helyén, mert lemondása esetén egy nála sokkal radikálisabb ember kerülne a Volksbund élére.

Azzal kapcsolatban, hogy ő a német követségen a stuttgarti polgármester budapesti látogatása alkalmával megfenyegette a magyar kormány ott levő képviselőjét azzal, ha a fentebb említett kisebbségi szerződésből folyó kötelezettségének a magyar kormány nem tesz eleget, bizonyos szankciókkal fog a birodalom élni, és ezzel kapcsolatban arra a kérdésre, hogy mik lennének azok a szankciók, amiket alkalmaznának, egy igen súlyos fenyegetést tartalmazó kijelentést tett, ezzel kapcsolatban azt adta elő, hogy ő ezen kijelentést egy igen éles hangú vitatkozás során tette, és pedig azért, mert az ott lévő német követ és még két német kiküldött figyelte, hogy ebben a vitában milyen álláspontot képvisel. Ezt a kijelentést csupán taktikából tette, nehogy a jelenlevők gyanút fogjanak ellene.

Utalt ezzel kapcsolatban, hogy ő a magyar kormánytól a Volksbund nevében még tizedrészét sem követelte annak, amit a bécsi szerződés értelmében követelhetett volna.

A vádbeli beszédekre, melyeket különböző vidéki helyeken tartott, azt adta elő, hogy ő soha ilyen hangú beszédeket nem tartott. Ha ilyen beszédek tőle elhangzottak volna, az igen nagy port vert volna fel a magyar sajtóban, és a hatóságokkal is meggyűlt volna a baja.

Azzal kapcsolatban, hogy ő buzdító beszédeket tartott volna az SS-be való belépésre, vagy a toborzásokon részt vett volna, csupán annyit ismert be, hogy ő nem buzdító beszédet tartott, hanem csupán búcsúztatót a bevonulók előtt. Utalt arra, hogy ő volt az, aki nem nézte jó szemmel a magyarországi németségnek az SS-be való bevonulását, mert ebben a magyarországi németség gyengítését látta, mert azokat a magyarországi németség szempontjából elveszettnek tekintette.

A Németországból jövő anyagi támogatással kapcsolatban azt a védekezést terjesztette elő, hogy a bécsi döntésig csak kulturális célokra jött Németországból pénz, azután pedig a szerződésből folyó kötelezettségek megvalósítására a magyar kormány tudtával és hozzájárulásával kapott a Volksbund pénzt.

Azzal kapcsolatban, hogy a Volksbund a német háborús célok érdekében, illetve a háború továbbfolytatása érdekében rajta keresztül miért fejtett ki intenzív tevékenységet, azt adta elő a vádlott, hogy ez azért történt, mert bíztak a német győzelemben. Ezzel kapcsolatban kijelentette, hogy benne a győzelemben való hit csak 1942. évig volt meg. Ettől kezdve csak egy megegyezéses békében reménykedtek.

Védekezése során azt is előadta, hogy ő antiszemita beszédet soha nem tartott, a hungarizmus uralomrajutásától nagyon félt, mert meggyőződése szerint a hazai németségnek sokat ártott volna.

Azt elismerte, hogy SZÁLASI FERENCcel három ízben találkozott. Először 1944 nyarán azért kereste fel, hogy megismerje SZÁLASI programját, másodszor pedig a hatalom átvétele után kereste fel, de ennek politikai célja nem volt, csupán mint népcsoportvezető udvariassági látogatást tett SZÁLASInál. A harmadik találkozás 1945 telén történt, Brennbergbányán. Ekkor azért kereste fel SZÁLASIt, hogy tiltsa meg a hazai németeknek a nyilaspártba való felvételét.

Végül hangsúlyozta a vádlott, hogy célja a hazai németséggel nem az volt, hogy azt a birodalmi eszme szolgálatába állítsa, sem a nemzetiszocialista világnézetnek Magyarországon való meghonosítása, hanem a német nemzetiségnek kulturális felemelése volt.

Hogy a Volksbund ennek ellenére mégis politikai síkra csúszott és hogy bizonyos vonatkozásban a német háborús célok szolgálatába szegődött, ennek nem ő, hanem a körülmények szerencsétlen összejátszása volt az oka. Nem ő irányította az eseményeket, hanem az események sodorták őt. Ismételten hangsúlyozta, hogy ő mindig arra törekedett, hogy a honi németség a magyarság mellett a magyar állameszme iránti legteljesebb lojalitással élhesse hagyományainak, nyelvének, kulturájának fenntartása mellett a maga népi életét.

A népbíróság a vádlott fenti védekezését nem fogadta el, mert a tárgyaláson lefolytatott bizonyítás anyaga azt mindenben megcáfolja. Ugyanis ha igaz lenne a vádlott által előterjesztett védekezés, akkor az ő működése teljesen ellentétes lett volna azzal a tevékenységgel, ami a tárgyaláson bizonyítást nyert. Elsősorban mint a Deutsche Zeitung kiadójának módjában állott volna a Deutsche Zeitungban megjelent háborúra uszító cikkek megjelenésének a megakadályozása, minthogy ő ezt nem tette, ebből azt a jogi következtetést vonta le, hogy ő mindenben azonosította magát ezekkel a cikkekkel. De bizonyítva látja azt a körülményt is a népbíróság, hogy vádlott a vádbeli beszédeit is elmondotta, mert azokat a feljegyzéseket és jelentéseket, melyek ezeket a beszédeket és megnyilatkozásokat tartalmazzák, e tekintetben teljesen megnyugtató bizonyítéknak tekintette.

De bizonyítva látja azt is a tárgyalás adataival, hogy a vádlott összeköttetést tartott fent a német birodalmi körökkel, a német megbízottakkal és azokkal a birodalmi szervekkel, melyek alá a Volksbund tartozott, azoktól utasításokat fogadott el, beszámolt nekik általában a magyarországi viszonyokról, mintegy megakadályozva ezzel azt, hogy Magyarországon a német háborús célkitűzésekkel szemben a magyarság igazi érdekét szolgáló törekvések hódíthassanak tért.

Végül nem fogadta el azt a védekezést sem a népbíróság, hogy vádlott azért maradt a Volksbund élén, hogy helyette nehogy radikálisabb ember kerüljön oda, mert hiszen neki műveltségénél fogva igen jól kellett látni, hogy az a tevékenység, amit tőle kívánnak, igen súlyosan sérti a magyar nemzet szuverenitását, becsületét, tudnia kellett, hogy ezen kívánalmak kizárólag a német háborús erőfeszítések érdekében vannak, tehát neki, ha nem azonosítja magát ezen kívánalmakkal, félre kellett volna állani. Minthogy ezek szerint tényként állapítható meg, hogy vádlott cselekményei mindenben kimerítik a rendelkező részben írt és vád tárgyává tett háborús, illetve népellenes bűntettek tényálladékát, azért őt ezekben a bűntettekben beszámítást és büntethetőséget kizáró ok hiányában bűnösnek kellett kimondani és meg kellett büntetni.

A büntetés kiszabásánál a népbíróság enyhítő körülményként mérlegelte azt a körülményt, hogy a vádlott eleinte a hazai németség kulturális életének emelésére törekedett és a politikai síkra csak a német nemzetiszocializmus megerősödése után sodródott, továbbá az egyes kérdésekben tanúsított mérsékletet, végül, hogy bizonyos fokig a nemzetiszocialista életformának a Volksbundba való átültetését mellőzte, és hogy elgondolásait és cselekedeteit többé-kevésbé a német birodalmi vezetők kényszere alatt hajtotta végre.

Ezzel szemben súlyosbítónak tekintette a halmazatot, büntetett előéletét, és különösen azt a huzamosan, hosszabb időn át kifejtett tevékenységet, melynek az lett a következménye, hogy a nemzetiszocialista világnézetből fakadó életszemlélet a magyarság széles rétegeiben talajra talált, és abban az a meggyőződés lett úrrá, hogy Magyarországnak a német háborús célkitűzések szolgálatában kell állani, ez pedig Magyarország romlására, csaknem elpusztulására vezetett.

Mindezek figyelembevételével a népbíróság úgy találta, hogy a vádlott bűnösségével, cselekményének alanyi és tárgyi súlyával a rendelkező részben írt legsúlyosabb büntetés áll arányban.

Az ítélet egyéb rendelkezései a felhívott törvényhelyeken alapulnak.

Budapest, 1946. évi január hó 18. napján.

Dr. GÁLFALVI ISTVÁN, tanácsvezető bíró,
LÁSZLÓ GÉZA, népbíró, BOLGÁR MENYHÉRT, népbíró, FALUDI GYÖRGY, népbíró, KÁDÁR IVÁN, népbíró, Dr. NAGY ISTVÁNNÉ, népbíró, PÜSPÖKI SÁNDOR, népbíró.

D. A kegyelmi tanácskozás jegyzőkönyve
(1946. január 18.)

A budapesti népbíróságtól. Nb. V. 4806/1945. Kegyelmi tanácskozási jegyzőkönyv. Készült az 1945. VII. tc. által törvényerőre emelt Nbr. 11. § 1. pontjában meghatározott háborús bűntett stb. miatt halálra ítélt dr. BASCH FERENC vádlott ellen indított bűnügyben a budapesti népbíróságnál Budapesten 1946. évi január 18. napján a kegyelem tárgyában tartott nem nyilvános ülésről.
Jelen vannak:
dr. GÁLFALVI ISTVÁN tanácsvezető bíró,
BOLGÁR MENYHÉRT a Független Kisgazda Párttól,
KÁDÁR IVÁN a Magyar Kommunista Párttól,
FALUDI GYÖRGY a Szociáldemokrata Párttól,
LÁSZLÓ GÉZA a Polgári Demokrata Párttól,
PÜSPÖKI SÁNDOR a Nemzeti Parasztpárttól,
dr. NAGY ISTVÁNNÉ az Országos Szakszervezeti Tanácstól,
kiküldött népbírák
Dr. FEKETE LÁSZLÓ jegyzőkönyvvezető
Dr. ACZÉL ENDRE népügyész
dr. GYÖNGYÖSI ISTVÁN politikai ügyész

Tanácsvezető bíró a nem nyilvános ülés megnyitása után a Bp. 497. §-a 2. bek. értelmében felhívja a népügyészt és politikai ügyészt, hogy adják elő indokolt véleményüket arra vonatkozóan, [hogy] a halálraítéltet kegyelemre méltónak tartják-e.

Népügyész és politikai ügyész egyhangúlag halálra ítéltet kegyelemre méltónak tartják, mert vádlott egész tevékenysége alatt tanúsított magatartása a kegyelmi tény elnyerésére méltó alapul szolgál.

A népügyész és politikai ügyész távozása után a népbíróság zárt tanácskozásban kegyelem kérdésében a következő véleményt nyilvánította, illetve az alábbiak szerint szavazott és az alábbi véleményt nyilvánította:

BOLGÁR MENYHÉRT, népbíró: halálra ítéltet kegyelemre ajánlja, mert az enyhítő körülmények száma és nyomatéka, valamint a halálra ítélt egyénisége a kegyelmi tény elnyerésére méltóvá teszik. Életfogytiglani kényszermunkára javasolja.

LÁSZLÓ GÉZA, népbíró: halálra ítéltet kegyelemre ajánlja, mert enyhítő körülmények száma és nyomatéka, valamint a halálra ítélt egyénisége a kegyelmi tény elnyerésére méltóvá teszik. Életfogytiglani kényszermunkára javasolja.

Dr. NAGY ISTVÁNNÉ, népbíró: halálra ítéltet nem ajánlja kegyelemre, mert halálra ítéltnek a Volksbundban betöltött szerepe, a német birodalom kiszolgálása, a magyarországi németség német mintára való megszervezése mind olyan tények, amelyek a kegyelmi tény elnyerésére méltatlanná teszik. Halálbüntetést javasol.

KÁDÁR IVÁN, népbíró: halálra ítéltet nem ajánlja kegyelemre, mert halálra ítéltnek a Volksbundban betöltött szerepe, a német birodalom kiszolgálása, a magyarországi németség német mintára való megszervezése mind olyan tények, amelyek a kegyelmi tény elnyerésére méltatlanná teszik. Halálbüntetést javasol.

FALUDI GYÖRGY, népbíró: halálra ítéltet kegyelemre ajánlja, mert az enyhítő körülmények számuk és nyomatékuknál fogva, valamint a halálra ítélt egyénisége a kegyelmi tény elnyerésére méltóvá teszik. Életfogytiglani kényszermunkát javasol.

PÜSPÖKI SÁNDOR, népbíró: halálraítéltet kegyelemre ajánlja, mert az enyhítő körülmények számuk és nyomatékuknál fogva, valamint halálraítélt egyénisége halálraítéltet a kegyelmi tény elnyerésére méltóvá teszik. Életfogytiglani kényszermunkára javasolja.

A népbíróság a halálra ítéltet szótöbbséggel kegyelemre ajánlja, mert a halálra ítélt egyénisége, a Volksbundban kétségtelenül beigazolt mérsékelt magatartása, valamint az enyhítő körülmények száma és nyomatékánál fogva halálra ítéltet a kegyelmi tény elnyerésére méltónak tartja.

A népbíróság a halálbüntetés helyett a Bp. 497. § utolsó bekezdése alapján életfogytiglani kényszermunka-büntetés megállapítását javasolja.

Tanácsvezető bíró a zárt tanácskozást berekeszti. Kmft.

BOLGÁR MENYHÉRT, népbíró, KÁDÁR IVÁN, népbíró, FALUDI GYÖRGY népbíró, LÁSZLÓ GÉZA, népbíró, PÜSPÖKI SÁNDOR, népbíró, dr. NAGY ISTVÁNNÉ, népbíró, Dr. GÁLFALVI ISTVÁN, tanácsvezető bíró, Dr. FEKETE LÁSZLÓ, jegyzőkönyvvezető.

E. Dr. Wenczel Árpád kirendelt védőügyvéd fellebbezése
(1946. január 21.)

Tekintetes népbíróság!

Dr. BASCH FERENC védencem elleni 4806/1945. sz. büntető ügyben védencem háborús- és népellenes bűntettekben elítéltetvén, a bűnösség megállapítása miatt és a büntetés enyhítése végett bejelentett fellebbezésem indokait a következőkben terjesztem elő.

I.

Védencem védekezése olyan volt, hogy annak egyetlen állítását sem cáfolta meg sem a vádképviselet, sem a tárgyalás egyéb adatai. A bűnügy egyedül és kizárólag védencem minden tekintetben hitelt érdemlő előadása, illetve védekezése alapján lett volna elbírálandó.

A tekintetes Népbíróság a bűnösség kérdését ferde síkra állította, amikor abból a feltevésből indult ki, és azt a vádbeli felfogást tette magáévá, mintha védencem a nemzetiszocializmus és annak nyomása elől való kitérési igyekezeteit, tényeit és törekvéseit taktikai és a valóságot szándékosan leplező szándékkal, illetve célzattal a magyar érdekek sérelmére mímelte volna. Ennek az álláspontnak, amellyel a bűnper sorsa eldőlt, ellentmond nemcsak VEESENMAYER EDMUND diplomatának és WINKELMANN OTTÓ tábornoknak határozott és minden kétséget kizáró vallomása, de a magyar tanúk közül különlegesen ellentmond MESTER MIKLÓSnak azon határozott kijelentése, hogy védencem a magyar népet szerette és hogy a magyar szupremáciát a priori követelte. De ellentmond ennek BIRKÁS GÉZA osztálytanácsos koronatanúnak azon találó megjegyzése, hogy védencem egy mozgalom élén állt, amelyet mások gyúrtak át náci-mozgalomnak és hogy meghasonlott saját magával azon kettősség miatt, amelyet igyekezett tisztességesen megoldani, de megoldani nem tudott, mert foglya volt saját helyzetének.

II.

A Volksbundot nem védencem alapította; annak alapítása és megszervezése német birodalmi követelmény volt. A két bécsi, illetve három nemzetközi egyezmény, amelyeket a magyar kormányok a német birodalmi kormánnyal kötöttek, nem védencem javaslatára vagy kérelmére jött létre, annak létesítését, úgy a toborzásra vonatkozólag, amellyel védencem ellenzése dacára a Volksbundot bízták meg és amelytől védencem magát tőle telhetőleg távol tartotta, valamint annak részvételét a magyar szuverenitást sértő sorozásra vonatkozólag, védencem a legnagyobb mértékben ellenezte és perhorreszkálta, ezen nemzetközi rendelkezéseknek ellent nem állhatott, azoknak kénytelen volt magát alávetni, miután többszöri visszalépésére vonatkozó elhatározását megvalósítani nem tudta.

Ugyanezen most hivatkozott tanúk ezeket a körülményeket ugyancsak bizonyították. VEESENMAYER EDMUND azt vallotta, hogy a birodalmi kormány követelte a kötelező sorozást, WINKELMANN OTTÓ tábornok hasonlóképpen nyilatkozott. MESTER MIKLÓS azt vallotta, hogy a radikális követeléseket elutasította, amely vallomásával a fentieket megerősítette. BIRKÁS GÉZA osztálytanácsos azt vallotta, hogy a német nyomás nem vádlott útján érkezett. A toborzást nem tartotta szerencsésnek, nem is volt nemzetiszocialista, sőt segített kiküszöbölni a sérelmes külsőségeket.

Látnivaló tehát ezekből, hogy az ítéleti indokolásnak azon megállapítása, mintha védencem a német birodalmi kormány, illetve a nemzetiszocialista vezetők teljes bizalmát élvezte volna, meg nem áll. E tekintetben azon álláspont, hogy HIMMLER és társai nem tűrték volna az őszintétlenséget, illetve taktikázást az ő rovásukra, - egy olyan negatívum, aminek sem a nyomozati, sem a főtárgyalási anyagban nincs semmiféle alapja, vagy támpontja.

III.

Az ítéleti indokolás - amennyiben az szóbelileg elhangzott - azt állítja, hogy védencem eljárása közel állott a hűtlenség bűntettéhez, amelyet pedig büntető törvénykönyvünk is szigorúan büntet.

Újból csak hivatkoznom kell a kihallgatott tanúk többségére, akik védencemnek nemzethűségét, népiség iránti kifejlett érzékét, rajongó szeretetét a német népcsoport iránt, de igazolták kétségbeesett tépelődését is saját magával akkor, amikor a rázúdult nehézségek súlya alatt összeroskadt.

HÓMAN BÁLINT a magyarság szempontjából eljárását lojálisnak, humánusnak és konciliánsnak mondotta. VEESENMAYER EDMUND diplomata tanúvallomása szerint szintézise volt a magyar és német ellentéteknek, amelyek miatt kínlódott. WINKELMANN OTTÓ tábornok szerint lojális volt. Őszerinte volt olyan felfogás, hogy nem megbízható, természetesen német szempontból. MESTER MIKLÓS szerint a soproni Anschlusst szorgalmazó küldöttséget leszidta és elzavarta, ami pedig fényes bizonyítéka védencem nemzethűségének. A magyar nép szeretetére vonatkozó vallomási rész a radikális követelések elutasításával kapcsolatban ugyancsak a nemzethűségnek megnyilatkozását támogatja és bizonyítja. INCZE PÉTER miniszteri tanácsos tanú szerint is nem ő, hanem a németek követelték a Volksbund autonómiáját, és ezek tették azt a bécsi döntés tárgyává. BIRKÁS GÉZA osztálytanácsos tanú védencem lojalitását különösen kiemelte a többi Volksbund-szervezet vezető egyéniségeivel ellentétbe állítva. KÁLLAY MIKLÓS miniszterelnök azon mondása, hogy beszédedben hangoskodj, tetteidben azonban maradj szerény és türelmes, ugyancsak olyan bizalmi jellegű megnyilatkozás, amellyel védencemet egyenesen megtisztelték és kitüntették.

Ha mindezekhez hozzávesszük BECZKÓY JÓZSEFNÉ és SPIELER KLÁRA vallomásait, akik tanúságot tettek arról, hogy védencem még saját otthonában és a legbizalmasabb szellemi és érzelmi körben is nemzethűnek és hazája és népe sorsa felett tépelődő és aggályoskodónak jelentkezett és bizonyult, akkor is, amikor valóban nem gondolhatott arra, hogy a legszűkebb és legbizalmasabb körben tett nyilatkozatai vagy elejtett szavai fontossággal bírnak jövendő sorsára nézve, akkor azt kell mondanunk, hogy az ítéleti indokolásnak a hűtlenségre vonatkozó érvelése téves és nem helytálló.

IV.

A tekintetes Népbíróság a vétkesség, illetve bűnössége megállapításánál és ezek kriminális fokának felmérésénél tejességgel figyelmen kívül hagyta azt, hogy helyben és időben és a kísérő körülmények közepette védencem lényegileg önállóan nem is cselekedhetett, amit tett, illetve tenni elmulasztott, azt egyenesen történelmi fejleményeknek súlya és nyomása alatt tette, illetve mulasztotta el megtenni.

Ráutaltam arra, hogy az imperialista irányzat, amelynek a nemzetiszocialista kormány saját országában, de saját országán kívül is mindent a világon alárendelt, illetve alárendelni törekedett, olyan elemi erővel zúdult országunkra, államunkra, kormányunkra, gazdasági, politikai és társadalmi életünkre, hogy azért védencemet felelőssé tenni nem lehet.

Ráutaltam arra, hogy amikor a német imperializmus Közép-Európát és abban Magyarországot saját életterének deklarálta, hogy akkor a történtekért, történőkért és történendőkért senkit, de legkevésbé egy olyan kis pontot felelősséggel terhelni nem lehet, mint aminő kis pont ebben a forgatagban védencem volt.

Ugyanis az a fonák helyzet állott elő, hogy a német imperialista irányzat képviselői, az ún. első és második bécsi megállapodást és az ezt követő államközi szerződést és pótszerződést reáoktrojálták kormányunkra és hazánkra, és amikor keresztülvitelre, toborzásra, sorozásra és hasonlókra került a sor, akkor mindenki húzódozott ezek elől, homloktérbe szorítva a Volksbund vezetőségét, annak vezetőjét, védencemet, mint bűnbakot.

Ha figyelemmel elolvassuk PATAKY TIBOR és SZEGEDY-MASZÁK ALADÁR miniszterelnökségi tisztviselők tanúvallomását, akkor ezen állításunk bizonyítottnak mutatkozik, mert amikor a nemzetközi szerződéseknek végrehajtására és a kötelezettségek beváltására került a sor, akkor minden ódium ráháramlott a Volksbundra és a Volksbundon keresztül annak vezetőjére, védencemre.

V.

A történelmi fejlődés a nemzetiségek megerősödését eredményezte, dinamikus és gravitációs erővel nehezedett rá az egyes nemzetekre és államokra, érvényre jutott a nemzetiségi kérdésben a történelmi materializmus, amelyet MARX és ENGELS fejtettek ki elméletileg, de amely praktikus módon a német gazdasági terjeszkedésben jegecesedett ki.

Az ügyészi vád maga nem nagyon kereste védencem egyéni vétkességét és bűnösségét, nem vizsgálta annak kriminális súlyát és mértékét, mert rajta keresztül vádolta a vádhatóság a német imperializmust, a nemzetiszocializmust, vádolta a rendszert, és mindazért a hátrányért, gazdasági, politikai, hadászati kártételért és erkölcsi rombolásért, amelyet a német támadó háború okozott, védencemet tette felelőssé, mint olyat, aki ebben a rendszerben szerepet vállalt.

Pediglen védencemnek mérséklő, visszatartó, lefokozó, korlátozó, kitérő és kellő időben késedelmeskedő magatartása sokban, de nagyon sokban hátráltatta, késleltette, sőt elodázta és közömbösítette ezeket a kártételeket és hátrányokat.

Szemügyre véve az ítélettel védencem terhére megállapított büntetendő cselekményeket, a népbírósági rendelet 11. §-ának 1. pontjába ütköző háborús büntettet védencem már azért sem követhette el, mert ezen törvényhely vezető állás alatt nyilván politikai vezető állást értett, és a törvényhozó bizonyára nem gondolt arra, hogy a Volksbundnak vezetője, különösen akkor, amikor minden erejével a politikától távol tartani igyekezett és törekedett úgy a vezetése alatt álló szövetséget, mint azokat, akik munkatársai voltak. A Volksbund védencem vezetése alatt gazdasági, kulturális és szociális működést fejtett ki, a Volksbund működésében a politikum ott kezdődött, amikor a németek már nem toboroztak, hanem soroztak, ámde a sorozásban sem védencem, sem a Volksbund már részt nem vettek.

A rendelet 13. §-ának 5. pontja a maga teljességében benne foglaltatik a 11. § 1. pontjában, mert ha tényként megállapítható volna is az, hogy a Volksbund listákat szolgáltatott ki a németeknek és hogy a németek ezen listák alapján soroztak, akkor is a Volksbundnak ezen cselekvősége, mint eszköz-cselekmény, de mindenesetre mint alaki halmazat, bennelevőnek tekintendő a 11. § 1. pontjában írt büntetendő cselekményben.

A 15. § 4. pontjának felhívása csaknem iratellenesnek tűnik fel akkor, ha figyelembe vesszük, hogy semmiféle fasiszta vagy demokrácia-ellenes, akár antiszemita kijelentést védencem nem hallatott, ilyent a Deutsche Zeitungban érvényre jutni nem engedett, miként azt a tanúk egész sorozata, legfőképpen és különösen pedig SPIELER KLÁRA tanúnak előterjesztései igazolják és bizonyítják.

Aki 15 éven keresztül egy finom lelkületű, szellemileg és érzésileg annyira emelkedett nővel tart fenn kapcsolatot, mint védencem SPIELER KLÁRÁval, és aki nevezettet csak azért nem tette meg formailag és ténylegesen is hitvestársává, mert ezzel az általa betöltött vezető állásban lehetetlenné vált volna, azt antiszemitizmus vádjával illetni nem lehet.

A 17. § 2. bekezdésére való hivatkozás egyenesen téves és hibásnak tűnik fel akkor, amikor a vétkesnek való kimondás a legsúlyosabb háborús bűntettben a Volksbundnak vezérségi állásában elkövetett és kifejtett működésében rejlőnek állapíttatott meg, mert hiszen a Volksbundnak vezetője a dolog természete szerint csak az lehet, aki a 17. § 2. bekezdése szerint a Volksbundba, mint tag, már belépett.

Mindezekből látnivaló, hogy négy bűntettben védencem semmi esetre sem lett volna bűnösnek kimondandó, ami a büntetés kiszabásánál, fájdalom, legsúlyosabban éreztette a maga hátrányait.

Ugyanis a szóbelileg kihirdetett ítélet maga elismerte, hogy sok-sok enyhítő körülmény forog fenn védencem javára. Viszont a felsorakoztatott súlyosbító körülmények abban az általánosságban mozognak, amelyet a fentiekben jeleztem, hogy azokkal védencem van terhelve, holott a viszonyok, a körülmények, a helyzeti adottságok azok, amelyek következtében a vád tárgyává tett sérelmek bekövetkeztek. Ebből a szemszögből nézve a halálbüntetés kiszabása túl szigorúnak jelentkezik.

Sérelmezem, hogy a rendelet 64. §-ában foglalt rendelkezés ellenére a Bp. 388. §-ának utolsó bekezdésében szabályozott ítéletkézbesítés nem történt meg, kérelmem elutasítása mellett. Fenntartom azt a jogot, hogy az ítélet írásbafoglalása után védencem saját maga előterjeszthesse még a saját maga részéről szükségesnek tartandó fellebbezési megokolást.

Kérem a tekintetes Népbíróságot, méltóztassék fellebbezésemet ezen indokok kapcsán a Népbíróságok Országos Tanácsához felterjeszteni, hol is kérem, méltóztassék szóbeli tárgyalást kitűzni, arra engem is, védencemet is megidézni, őt a vád és következményei terhe alól felmenteni, legrosszabb esetben a túl szigorúnak jelentkező ítéletet enyhíteni és őt szabadságvesztés büntetéssel sújtani.

Tisztelettel

WENCZEL ÁRPÁD

védőügyvéd

F. Dr. Basch Ferenc kiegészítései a védőügyvédje által benyújtott fellebbezéshez

(1946. március 9)

Tisztelt népbíróság!

A Nbt. 1945. VII. tc., illetve a Nbr. 11. § 6. pontja alapján ellenem indított, majd a főtárgyaláson 11. § 1. pontjára átminősített vád alapján meghozott ítélet ellen a kirendelt védőm által beadott fellebbezés kiegészítéseként fellebbezésemet a következőkben terjesztem elő s tisztelettel kérem a t. Népbíróságot, hogy jelen fellebbezésemet az iratok kapcsán a Népbíróságok Országos Tanácsához felterjeszteni szíveskedjék, ahol is azt kérem, méltóztassék - amennyiben a nagytekintetű Not. az I. fokú bizonyítási anyagot elegendőnek találja - ennek alapján ügyemben méltányos ítéletet hozni.

Fellebbezésem indokolásául tisztelettel előadom a következőket: Mindenekelőtt rámutatok arra, hogy a népügyész javaslatára a Népbíróság a Nbr. 11. § 1. pontjába ütköző háborús bűntett miatt ítélt el annak dacára, hogy a főtárgyaláson a tanúk vallomásai erre nem szolgáltattak alapot, sőt a Nbr. 11. § 6. pontja alapján emelt vád legfontosabb tényálladéki eleme, a folyamatosság nem nyert bizonyítást. E kérdéssel kapcsolatban előadom még, hogy én, mint a Volksbund elnöke, semmiféle és másokra kötelező joghatósággal nem rendelkeztem. Tehát az ún. német népcsoport felett egyáltalában nem rendelkeztem, míg a Volksbund tagjai is kilépésükkel kitérhettek intézkedéseim elől. Soha, semmiféle hatósági segítséget nem vettem igénybe és ilyenre még csak kísérletet sem tettem.

Szabadjon még arra is rámutatnom, hogy az ellenem felhozott vádakkal szemben én egész védekezésemet folyamatosan csak az utolsó szó jogán mondottam el több mint 1 1/2 óra alatt, s a jegyzőkönyv, annak dacára, hogy beszédem gyorsírók által rögzíttetett, alig 2 oldalon foglalkozik az ügyemben oly lényeges védekezésemmel.

Ugyancsak itt kívánom tisztelettel megemlíteni azt a körülményt is, hogy az ítélet előttem történt kihirdetésekor a Tanácsvezető Népbíró úr szükségesnek tartotta, hogy a fennforgó "számos enyhítő körülmény"-re rámutasson és ugyanilyen szövegű közlemény jelent meg az 1946. évi jan. 19-i napilapokban is, s ennek dacára sem az ítélet, sem a jegyzőkönyv a "számos enyhítő körülmény"-ről nem tesz említést. Tisztelettel kérem a nt. Not-t, hogy ezt a tényt is méltóztasson figyelembe venni.

A továbbiakban fellebbezésem indokolását az ítélet szövegének sorrendjében bátorkodom előadni:

Tisztelettel rámutatok arra, hogy GRATZ GUSZTÁV, mint a Magyarországi Német Népművelődési Egyesület elnöke, engem nem "figyelmeztetett" soha, hogy helytelen, vagy radikálisabb irányba tértem, mert csak azon a napon beszéltem vele először hosszasabban, mely napot követően lemondásra felszólított. Ez a felszólítás pedig nem az 5 hónapos fogházbüntetésem "kitöltése" után történt meg, hanem a megkezdése előtt, több mint 1 évvel. Sem az ítélet, sem a jegyzőkönyv nem tesz említést arról, hogy TELEKI PÁL miniszterelnök elrendelte rehabilitációmat s az illetékes bíróság rehabilitált is.

A "szakadás" után nem állottam "hitleri elgondolás alapján", nem működtem a "birodalmi gondolat és nemzetiszocialista világnézet jegyében" és nem volt célom az sem - bár a hazai törvények ezt nem tiltották volna -, hogy a hazai németséget "politikailag" szervezzem meg.

A "szakadás" évében (1935-ben) én mint képviselőjelölt a Független Kisgazdapárt programjával léptem fel. Már ez az egy tény is önmagáért beszél. Az 1936-39. évek között több alkalommal ECKHARDT TIBORral őszinte és megértő megbeszéléseket folytattam a kisebbségi kérdésről, pedig ECKHARDT akkor már nyíltan Birodalom-ellenes volt, és BAJCSY-ZSILINSZKY ENDRÉvel, még a háború évei alatt is, kisebbségi kérdésekben megbeszéléseket folytattam, s ő velem szemben mindig jóindulatú megértést tanúsított. Mindvégig, minden erőmmel síkra szálltam az ellen, hogy a hazai németséget valamilyen politikai párt alapján szervezzék meg. Minden ilyen irányú német nyomásnak ellentálltam. - Amikor 1939 nyarán a "Volksbund" programját a cikói megnyitó gyűlésen közöltem a nyilvánossággal, a GRATZ GUSZTÁV vezetése alatt álló egyesülethez tartozó Neues Sonntagsblatt elismerte, hogy a Volksbund programja semmiben sem tér el attól, amit ők vallanak, tehát tulajdonképpen felesleges volt a Volksbundot megalapítani. A "hitleri elgondolás alapján", miután a nemzetiszocialista világnézetet sohasem tettem magamévá, és ezt, véleményem szerint, a tanúvallomások is igazolták, sohasem állottam. Ha a "birodalmi gondolatot" magamévá tettem volna, akkor készséggel teljesítettem volna a birodalmi szervek állandó tanácsait és követeléseit. Tény ezzel szemben az, hogy mindvégig megtagadtam, hogy az ő javaslataik alapján terjesszek a Volksbund közgyűlése elé megválasztásra munkatársakat, vagy ejtsek el olyanokat, akik nekik nem tetszettek;

az ún. birodalmi gazdasági tanácsadókat kiszorítottam a Volksbundból, sőt még jöttük előtt jelentést tettem erről és sejthető terveikről TELEKI PÁL miniszterelnöknek;

megtagadtam és a háború végéig elodáztam egy hazai német nemzetiszocialista párt (NSDAP) megalapítását, hogy így "mindenre kiterjedő politikai skálával megszervezzük a hazai svábságot", bár minden más országban lévő német kisebbség egy ilyen politikai pártba szervezkedett;

mindvégig megtagadtam azt a követelést, hogy a német származású munkásságot egy ún. Arbeitsfrontba szervezzem meg, mert ösztönszerűleg iszonyodtam attól, hogy a munkásharcot ezáltal még elmélyítsem;

sohasem állítottam fel a faji gondolatot minden eszközzel propagáló és kutató ún. Rassenamtot; egy kiválasztó szervezet (Ausleseorganisation) létesítésének mindvégig ellenszegültem, mert ennek nyilvánvaló célja az volt, hogy a világnézeti alapon álló fiatalsággal fölváltassék a csak nemzetiségi hitvalláson alló érettebb generáció;

nem küldöttem évente 100 ifjút a birodalmi Hitler-iskolába, amint azt a más országok német népcsoportjai már a háború előtt is megtették;

az ún. bécsi pótszerződésben foglalt, a magyar kormány által vállalt kötelezettségek (közigazgatási, igazságügyi, közoktatásügyi stb. állásokra Volksbund-tagoknak kinevezését és gazdasági szervek létesítését stb., stb.) gyors és eredményes megvalósítását a magyar kormányoktól - a németek állandó nyomása ellenére és a német megszállás alatt sem - nem kértem, és így 1944. év végén a bécsi pótszerződés az én magatartásom következtében tényleg papírszerződés maradt;

nem helyeztem el "betanítás céljából" birodalmi szerveknél és hivatalokban egyetlenegy hazai németet sem a Volksbund tagjai közül, noha a többi német népcsoportoktól ezek száma néha a több száz fölé emelkedett;

az 1944-ben követelt ún. Volkssturm felállítását szintén elodázással sikerült megakadályoznom. Ezt WINKELMANN mint tanú igazolta a főtárgyaláson;

nem teljesítettem azt a követelést sem, hogy egy ún. Antiszemita Frontot kiépítsek, amelynek főleg az iskolákban és a községekben, egy nagyjában előírt terv szerint, szóbeli és írott propagandával, röpcédulák és kiállítások útján, vásárlási tilalmak bevezetésével kellett volna működnie;

megtagadtam az "Antikommunista kiállítás" bemutatását Sopronban, Pécsett, valamint a Bácska és Erdély németlakta városaiban;

visszautasítottam azt a tervet, hogy FARAGHO altábornagy oroszellenes könyvét németre lefordítsuk és a hazai németek között terjesszük;

mindenkor visszautasítottam azt a követelést, hogy tagként lépjek be a birodalmi NSDAP-ba;

minden ellenzés dacára 1940 őszén betiltottam az észak-erdélyi szászoknak, akik akkor kerültek vissza, a horogkeresztes zászló és karszalag használatát;

ugyancsak 1940-ben tiltottam meg valamennyi Volksbund-tagnak a "Heil Hitler" köszöntést;

a bécsi pótszerződés aláírása óta ugyancsak elodáztam egy "Országos Tornász Szervezet" felállítását, mert ez is egy világnézeti szelekciós terv keretét képezhette volna.

Mindezeket a legkülönbözőbb taktikai sakkhúzásokkal sikerült megvalósításukban meghiúsítani, amelyeket a többi ország német kisebbségeinek vezetői szolgai módon megvalósítottak. Tehát semmi esetre sem szolgáltam a "birodalmi gondolatot" és a "nemzetiszocialista" világnézetet. A Volksbund sem volt "náci szervezet", csak az ifjúságnak egy része volt "náci" világnézetű, a Volksbund alá nem tartozó egyesületbe szervezve, amit a német követ tárgyalásai alapján hagyott jóvá a magyar kormány.

Az ítélet szerint IMRÉDYtől kaptunk engedélyt a Volksbund megalakítására. Ez nem felel meg a tényeknek, mert hiszen hónapokon át tárgyaltunk a GRATZ vezetése alatt álló egyesület vezetőivel abban az irányban, hogy egy közösségbe tömörüljünk velük. Ezt főleg én szorgalmaztam, és nem rajtam múlott, hogy ez nem sikerült. Csak ezután alakítottuk meg a Volksbundot, amelynek alapszabályait nem IMRÉDY, hanem TELEKI miniszterelnök hagyta jóvá.

A sajtóban nem folytattam ún. "sérelmi politikát" s így helyzetünket sem festettem soha "siralmasnak". Nem tettem ezt már azért sem, mert nyíltan hirdetett felfogásom szerint - amint ezt már "generációs tervemben" kifejtettem - csak a kormánnyal folytatandó közvetlen, türelmes tárgyalásokat tekintettem egyedül eredményesnek, mivel ellenkező esetben a közvélemény felingerlése következett volna be, ami hazánkban még sohasem vált a kisebbség hasznára.

Nem felel meg a valóságnak, hogy a hazai németség részéről csak egy ember is jelentkezett volna a Waffen-SS-be, még mielőtt a magyar kormány - anélkül, hogy ezt velünk megtárgyalta volna - a háború 3. évében megkötötte a német kormánnyal az első Waffen-SS-szerződést. Nem a Volksbund, hanem a magyar kormány szolgáltatta ki a hazai németséget 1942-ben, 1943-ban és véglegesen 1944-ben a német birodalomnak. Ezeket a Waffen-SS-szerződéseket én, mint a tanúk is igazolták, sem a németeknél, sem a miniszterelnökségen nem szorgalmaztam - éppen ellenkezőleg. A Volksbundot, mint "toborzó" szervet, maga a kormány jelölte ki, mert így el tudta kerülni a hozzájárulást ahhoz, hogy a Waffen-SS maga toborozzon, amint ezt más országokban meg is tette, ami által ötszörös-hatszoros eredménytöbbletet ért el. A Waffen-SS bizottságok nem is csináltak abból titkot, hogy a "trianoni Magyarországban" lévő németség "világnézeti közönyössége", "faji öntudatosságának hiánya" és "a vezetőség gyöngesége, mely a szabotázs határán állt" szülte a toborzások feltűnő gyenge eredményét (Romániában pl. 490.000 német közül egyetlenegy toborzásnál 52.000 önkéntes jelentkezett, nálunk közel 1 millió közül 17.000).

A magyar kormány, tudomásom szerint, azért is járult hozzá ehhez az akcióhoz, mert ebben egy hasznos kontraszelekciót látott, mert hiszen az önként jelentkezők családjaikkal együtt elvesztették magyar állampolgárságukat.

Én magam toborzáson soha nem vettem részt, mert mint a tanúk is igazolták, a Waffen-SS-akcióknak híve nem voltam. Ennek nem egy ízben kifejezést is adtam. Csak 1943-ban vettem részt néhány búcsúztatáson, mert erre már kényszerítettek. Ezen a búcsúztatáson azonban sohasem jelentettem ki, hogy a "jelentkezőkből választódik ki a jövő vezetősége", mert hiszen egyrészt tudtam, hogy az önként jelentkezők magyar állampolgárságukat elvesztették, másrészt 1943-ban már egyáltalában nem volt titok, hogy HIMMLER a háború befejezése után az egész hazai németséget egy kidolgozott terv alapján a Warthegauba szándékozott kitelepíteni; ezt tudva, én 1943 óta az egyes vidékeken a velünk szemben megindított kitelepítési, illetve megfélemlítési propagandával szemben már nem is szállottam síkra. Csak egy kiegyezéses békében való hitem révén bíztam még abban, hogy a svábság megmaradhat a hazában. Semmiképp sem felel meg tehát a valóságnak az a megállapítás, hogy a Volksbund a Waffen-SS-szerződések előtt "pressziót gyakorolt" volna a hazai németségre.

Az ítélet kiemeli, hogy a Volksbund-tagok úgy hatóságoknál, mint nagyobb vállalatoknál képviselve voltak, és ebből következtetéseket von le. Tény ezzel szemben, hogy a Volksbund tagjai, a Bácska kivételével, a nép szegényebb rétegéből tevődtek össze, a német származású intelligencia pedig - néhány orvos és ügyvéd kivételével - a magyar nemzetiszocialista pártokba tömörült, mert ezeknek hatalomrajutásában bízott és ott látta érdekeinek biztosítását, ami be is következett; másrészt én még a német megszállás után sem szorgalmaztam Volksbund-tagoknak hivatali kinevezését, mert a kormányelnököknek minden alkalommal megígértem, hogy az ún. bécsi szerződést nem fogom e jogok elnyerésére felhasználni. Maga dr. BIRKÁS GÉZA jelenlegi min. tanácsos a főtárgyaláson jelentette ki, hogy ha "ki akartam volna a német nyomást aknázni, úgy 50-szeresét tudtam volna kipréselni" annak, amivel megelégedtem. Vonatkozik ez a gazdasági ügyekre is. Ez magyarázza meg azt, hogy 1944-ben is csak egy tejszövetkezetünk volt, újabb gazdasági jogokat nem is követeltem. Az ítéletben megemlített bank (a pécsváradi) a birodalom tulajdonát képezte; az a megállapítás, hogy ez a bank földvásárlás céljait szolgálta, szintén nem felel meg a valóságnak, mert csak rövid lejáratú kis összegeket folyósított az adósok megsegítésére, és egyébként is, mint köztudomású, a földvásárlás a földművelési hatóságok engedélyétől függött, s a svábság úgyszólván alig tudott földet vásárolni már a háború előtt is.

1944-ben, a német megszállás alatt, még a látszatát is elkerültem annak, hogy az új helyzetet bármiben is kiaknázzam. JAROSS ANDORtól csak egy patikusnő kinevezését kértem és ezt sem értem el. SZTÓJAYtól főleg egyet kértem, nyújtson segítséget ahhoz, hogy a Waffen-SS-bizottságok és a honvédség ne az utolsó szál emberig vonultassák be a falusi német férfiakat. Ugyanezt kértem, több ízben is, CSATAY minisztertől. - Maga WINKELMANN is vallotta a főtárgyaláson, pedig velem mindvégig megvetően viselkedett, hogy a Waffen-SS-szerződést "nem helyeseltem".

Az ítélet hivatkozik 3-4 olyan beszédem kivonatára, amelyet 1940-ben tartottam. Újólag tisztelettel hivatkozom arra, hogy ezek tendenciózus detektívjelentések alapján készültek el. Az internálásom ideje alatt a miniszterek nyíltan is elismerték, hogy ilyen jelentések úgyszólván megrendelés alapján íródtak. Rámutatok arra is, hogyha én ezeket a beszédeket olyan hangnemben tartottam volna, akkor a miniszterelnökség a legrövidebb idő alatt, amint ezt minden más esetben is megtette, előttem kifogás tárgyává tette volna, de ezt nem tette. BIRKÁS dr. tanúvallomásában elismerte, hogy a felhozott kifogásokat mindig elintéztem, sőt a "kifogásolt embereket lehetőleg eltávolítottam". Hivatkozhatom azonban arra is, hogy még ellenfeleim sem állították azt, hogy beszédeimben alpári, vagy hordónálló [demagóg] hangot használok. Feltünő az is, hogy ily beszédeket 1940-ben tartottam volna, abban az évben, amelyben dr. BIRKÁS vallomása szerint több ízben felkínáltam lemondásomat a kormányelnöknek, mert hiszen ebben az évben kezdődött meg a német beavatkozás első kísérlete.

A "birodalmi gondolatot" a sajtóban sem propagáltam, mert 1941 óta újságcikket többé nem írtam sem a *Deutsche Zeitung*ba, sem más lapba, külföldi lapba pedig életemben nem helyeztem el cikket. Hogy a "birodalmi gondolatot" propagáltam volna, azt, véleményem szerint, a főtárgyaláson sem támasztotta alá bizonyíték.

Soha azt a kijelentést, hogy "két hazánk van", sem írásban, sem szóban nem tettem. Éppúgy nem használtam a "magyarón" kifejezést. Ez a megnevezés nálunk soha nem volt használatos. Egyébként a szimbiózist mindig természetesnek találtam és az önmagától beálló asszimilációt is elismertem.

Köztudomású volt - még a velem szemben tartózkodóan viselkedők is elismerték -, hogy a bosszú szavát éppúgy nem hallattam soha, mint ahogy nem használtam a faj (Rasse) kifejezést sem, mert felfogásommal, de magánéletemmel is, ellentétben állott volna. Ezt is a tanúk sora igazolta. Sohasem tettem magamévá és nem hirdettem a "hitleri világnézet" dogmáit és fő alapelveit: a fajelméletet és az antiszemitizmust. Ez a tanúk által a főtárgyaláson szintén beigazolást nyert. Ami már tisztán emberileg idegenné tette számomra a német világnézetet, az a fajelméleten és a másfajúak gyűlöletén kívül a nyers erő és erőszak hitvallása volt, amellyel állandóan összeütközésbe is kerültem.

Soha, sem szóban, sem írásban, magamat nemzetiszocialistának nem neveztem. A birodalmi németek, de a más országokban élő német kisebbségek vezetői előtt ezért mindig népszerűtlen voltam. VEESENMAYER és WINKELMANN a főtárgyalás során maguk is kijelentették, hogy a németek velem "nem voltak megelégedve", és hogy elhatározott tény volt, hogy a "háború után ki fognak cserélni". De dr. GYÖNGYÖSI, a politikai ügyész felolvasott a főtárgyaláson egy addig előttem ismeretlen tartalmú levelet, amely szerint mértékadó birodalmi körök egy körmönfont taktikai sakkhúzással a Volksbund éléről eltávolítani és egy stuttgarti német intézet élére megválasztatni terveztek.

Rámutatok arra is, hogy nemcsak TELEKI PÁLnak és BÁRDOSSYnak kínáltam fel teljes visszavonulásomat a Volksbund éléről, hanem KÁLLAY előtt is két ízben, sőt SZTÓJAYtól legelső találkozásom alkalmával is kértem a visszalépésemhez való hozzájárulást. Kértem ezt pedig azért, mert a német követelésekkel szemben való állandó védekezés szükségessége folytán erőim fogytán voltak, a Volksbund ellenzéki szárnya ellenem minősíthetetlen és alattomos támadási akcióba lépett, s ily helyzetben a visszalépéshez való hozzájárulást a kormányelnököktől joggal várhattam el. Nem engedett sem TELEKI, sem KÁLLAY, sem a többiek.

TELEKI előtt - ezt tisztelettel a fontosság miatt megismétlem - az őszinte aggodalom útján mutattam rá arra is, hogy az ún. bécsi pótszerződés aláírásával az akkori kormány - ahelyett, hogy ragaszkodott volna ahhoz, hogy német kisebbségi ügyekben kizárólag a hazai kisebbség vezetőivel tárgyal - szerződésileg is elismerte a német kormányt tárgyaló félként, amivel megindult a birodalom részéről a mindinkább erőszakosabbá váló beavatkozási módszer alkalmazása. Ez a módszer - amit több tanú igazolt -, nemcsak munkámat nehezítette, hanem életemet is több ízben összedúlta, mert az ellenállás erőit állandóan emésztette. Magyar politikusok, olyanok is, akik ma nem állanak vádlottakként a Népbíróság előtt, ezt előttem állandóan elismerték, amely elismerés nagyon hozzájárult ahhoz, hogy meggyőződésem útjáról le ne térjek és a német nyomással szemben ellenállást fejtsek ki.

Ezen tudat jegyében állok ma is, és éppen ezért nem értem, hogy miért rója fel bűnömül az ítélet, hogy működésem a "magyarság széles rétegeiben talajra talált", hiszen működésem csak a Volksbund tagjaira szorítkozott és a hivatalos közegekkel való érintkezésre.

Az ún. Mannschaft kérdésében az ítélet a "karhatalmi szervezet" megjelölést használja. Az utolsó szó jogán elmondottakból - mert a jegyzőkönyvből ez a rész is teljesen hiányzik - tisztelettel a következőket ismétlem meg:

A Mannschaft sohasem volt karhatalmi szervezet, mert nem ez volt a rendeltetése, s nemcsak hogy semmiféle fegyverrel nem rendelkezett, hanem ily irányú kiképzésben sem részesült. Ily karhatalmat sem KÁLLAY, sem KERESZTES-FISCHER nem is tűrt volna meg. Célja csak az volt, hogy a gyűléseken a rendre ügyeljen, a szociális és tagsági gyűjtéseket lebonyolítsa és azok tisztaságát biztosítsa. Tulajdonképpen csak a Jugoszláviához tartozott részeken állott fenn, mert már a jugoszláv éra alatt jött létre, és a trianoni ország németlakta részein számuk alig érte el a 200-at, mert a gyűjtésekkel járó fáradságoktól az itteni németség, amennyire lehetett, tartózkodott.

Amikor az üggyel kapcsolatban magyar körökben az aggálynak csak az árnyékát vettem észre, személyesen kértem meg KERESZTES-FISCHER akkori belügyminisztert, hogy tartsa közegei révén állandó megfigyelés alatt a Mannschaftot, ami meg is történt. Ezután e kérdésben még az észrevételek is megszűntek.

Karhatalmi szervezetet a német megszállás után sem építettem ki, pedig ezt - ha valami tervem lett volna - akkor, a birodalmiak nagy örömére, nagyszabásúan megtehettem volna, sőt a már megemlített "Volkssturm" tervével maguk a birodalmiak akartak általunk egy ilyen karhatalmat felállíttatni, és én ezt is megakadályoztam.

SZEGEDY-MASZÁK írásbeli tanúvallomására adott válaszom sem szerepel egészében a jegyzőkönyvben. Tisztelettel megismétlem, hogy én annak idején SZEGEDY-MASZÁKhoz a következő szavakat intéztem: "Mit Ihrer Auffassung können Sie erleben, dass Sie den weiteren Staatszuwachs zerschlagen". (Ezzel a felfogásával még megéli, hogy a további területgyarapodást szétveri.) Kimerítően rámutattam arra is, hogy mi indított engem arra, hogy ezt a kijelentést megtegyem. Tisztelettel rámutatok arra, hogy egész életemen át soha azzal a váddal nem illetett senki, hogy ehhez még csak távolról is hasonló kitételt használtam volna, és politikai magatartásom gyakorlatban is annak az ellenkezőjét bizonyítja.

Amikor 1942-ben megtudtam, hogy HIMMLER a magyarországi németséget ki kívánja telepíteni, akkor ettől az időponttól kezdve még fokozottabb mértékben kerestem a magyarság és a KÁLLAY-kormány megértését, hogy a hazai németség kitelepítésének megakadályozásához ily módon is hozzájáruljak. Semmiféle számítás nem volt sugalmazója e magatartásomnak, hanem az a mélyen bennem remegő félelem, hogy a hazát esetleg el kellene hagynunk a birodalom jogara alá vonulva. Ezen félelmet a Volksbund érettebb vezetői teljes mértékben osztották velem.

Minden más német népcsoport és annak vezetősége a német megszállás után teljes, sőt nem egy esetben szertelen hévvel vetette magát rá arra, hogy "nagy terveit" az új helyzetben és a németek segítségével megvalósítsa és mindenekelőtt részt kérjen a hatalomból.

Én semmilyen tervet nem dolgoztam ki, tehát nem is valósítottam meg semmit, magatartásomban még szerényebb lettem, és a hatalomból, bár ezt megtehettük volna, nem kértünk még egy kis részt sem.

Magyar köröknek feltűnt akkoriban, s ezt el is ismerték, hogy én a német megszállást sem szóval, sem cikkel, még távirattal sem üdvözöltem, hogy a társadalmi életből éppen akkor teljesen visszavonultam, és a megszálló németek maguk is, sem társas összejöveteleikre, sem ünnepélyeikre még csak reprezentációs meghívásban sem részesítettek. A megszállás egész ideje alatt csak egyetlenegy beszédet tartottam, a vádiratban feltüntetett, Bonyhádon megtartott beszédemet, amelyet HITLER születésnapjára tekintettel első ízben kényszerítettek rám kész szöveggel. Tehették ezt azért, mert magánéletem és egyéb vádak miatt, az elindított vizsgálatra való hivatkozással dr. MECKEL követségi kisebbségi attasé ezt reám kényszeríthette. 1944 áprilisától 1945 áprilisáig többé semmiféle beszédet nem tartottam.

SZÁLASI FERENC hatalomra jutása után is ugyanaz maradt a helyzet, mint a SZTÓJAY-kormány alatt: nem valósítottunk meg semmiféle "kis, vagy nagy tervet", és nem követeltünk semmiféle részt a hatalomból. A VAJNA GÁBOR által felkínált két főispáni állást is elutasítottam.

Vajon mindez így történt volna-e, ha én már eleve is más mentalitású lettem volna, vagyis ha "náci"-érzésű, ha a "német imperializmus", vagy a "birodalmi gondolat" szolgálatában állottam volna?!

Éppen mert nem voltam világnézeti beállítottságú, nem voltam egyúttal az előnyös helyzetek kihasználója sem.

Mindvégig olyan nemzetiségi jogokért küzdöttem, amelyeket a demokráciák mindig elismertek s amelyeket a magyar kormány ma is elismer.

Hiszen ezek a jogok a Népszövetségtől is elismertettek, és elismertettek a világ összes nemzetiségei által, amelyeknek kongresszusain, Genfben vagy Stockholmban én magam személyesen képviseltem a hazai német nemzetiséget.

Tisztelettel:

Dr. BASCH FERENC

IV. NÉPBÍRÓSÁGOK ORSZÁGOS TANÁCSA

A. A nyilvános fellebviteli főtárgyalás jegyzőkönyve
(1946. március 18.)

NOT. I. 1748/1946/9. A felebbviteli főtárgyalási jegyzőkönyv.
Népbíróságok Országos Tanácsa Budapesten 1946 III. hó 18. nap háborús és népellenes bűntettek miatt vádolt Dr. BASCH FERENC elleni bűnügyben megtartott nyilvános felebbviteli főtárgyalásról.
Jelenlevők:

I. bíróság részéről:	II. felek részéről:
1. Dr. BOJTA ERNŐ BÉLA (Sz.d.P.) tanácsvezető	1. Dr. HORTI LÁSZLÓ a népfőügyész helyettese
2. Dr. SÖMJÉN PÁL (M.K.P) előadó	2. Dr. WENCZEL ÁRPÁD kirendelt védő ügyvéd
3. Dr. BEREND GYÖRGY (F.K.P.) szavazó	3. Dr. SINGER DÁVID közvédő
4. Dr. SZABÓ MIHÁLY (N.P.P.) szavazó	4. Dr. BASCH FERENC vádlott
5. Dr. SACHER RÓBERT (P.D.P.) szavazó	
[6.] Dr. SÁRKÖZY ANDOR jegyzőkönyvvezető	

Elnök fellebbviteli főtárgyalást a Bp. 481. §-a szerint megfelelően alkalmazandó 301. §-a értelmében megnyitja s megállapítja, hogy a jelen ügyre vonatkozó jegyzéket a Bp. 490. §-ának 2. bekezdésében foglalt rendelkezés szerint az Országos Tanács hirdetőtábláján kifüggesztették és hogy a fentiek jelentek meg.

Dr. SINGER DÁVID közvédő tiszte alól felmentetik, s vádlott védelmét dr. WENCZEL ÁRPÁD kirendelt védő látja el.

Ezután az elnök a Bp. 418. §-ának 2. bekezdése szerint Dr. SÖMJÉN PÁL előadót az ügy állásának ismertetésére felhívja. Előadó az ügy állását előadja és az ítéletnek megtámadott részét, valamint a perorvoslatot támogató okokat különösen kiemeli.

Elnök ezután az idézett szakasz 3. bekezdése értelmében felolvastatja az elsőbíróság ítéletét.

Az előadó előterjesztésének befejezése után a tanácsvezető az idézett 418. § 4. bekezdésének értelmében felhívja a Tanács tagjait és a feleket, hogy egyes pontoknak felolvasását s egyes iratoknak felolvasását kívánják-e?

Felvilágosítást, vagy iratok felolvasását senki sem kívánja, a tanácsvezető a Bp. 436. §-a 4. bekezdése szerint megfelelően alkalmazandó 421. § 1. bekezdése értelmében felhívja a feleket indítványaik és előterjesztéseik megtételére.

Védő előterjesztését lényegében a következőkben adja elő:

Fellebbezést fenntartja s azt részletesen indokolja. Előadja továbbá, hogy vádlott mindig lojális magatartást tanúsított, náci pártot nem alapított, kulturális célokat igyekezett megvalósítani, a német utasításoknak nem tett eleget, a bécsi döntés alapján követelhető nemzetiségi jogokat a magyar kormánynál nem erőszakolta.

Hivatkozik a vádlott javára fennforgó sok enyhítő körülményre. Kéri az elsőbírói ítélet megváltoztatását s a vádlott ellen kiszabott büntetés enyhítését.

Népfőügyészhelyettes észrevételeit előadja, az enyhítő körülmények figyelmen kívül hagyásával az elsőbírói ítéletnek teljes egészében való helybenhagyását indítványozza.

Vádlott utolsó szó jogán lényegében a következőket adja elő:

A Volksbund nem volt politikai szervezet. BAJCSY-ZSILINSZKY ENDRÉhez, KÁLLAY MIKLÓShoz és ECKHARDT TIBORhoz szoros kapcsolatok fűzték. Az asszimilációnak nem volt ellensége, csak az ún. kikényszerített asszimilációt ellenezte, nem volt nemzetiszocialista, a német fajelméletet nem tette magáévá. Nem volt antiszemita, s 15 éven keresztül szoros barátságban volt egy zsidó személlyel. Az ifjúságnak világnézeti alapon való nevelését akarata ellenére HÓMAN BÁLINT akkori kultuszminiszter rendelte el német nyomásra. A bécsi szerződésben biztosított jogokat a németek részéről a magyarországi németség ügyeibe való beavatkozásnak tekintette. A német megszállás után még kevésbé volt kiszolgálója a német kívánságoknak. A németek nem is voltak vele megelégedve. A Volksbund vezetéséről való lemondását a magyar kormánynak többször felajánlotta, de azt nem fogadták el. Az SS részére való toborzást a magyar kormány rendelkezése írta elő, s a Volksbund-jegyzék kiszolgáltatását mindössze 5-6 esetben tette meg, de ezzel a cselekedetével is a hazai németség érdekét szolgálta.

Kéri az elsőbíróság által kiszabott büntetés enyhítését.

Az előterjesztés végeztével elnök a tárgyalást befejezettnek nyilvánítja. A Bp. 418. §-a szerint megfelelően alkalmazandó 321. § értelmében a bíróság határozathozása céljából visszavonul s az idézett 421. § végbekezdése értelmében zárt ülésben határozván, a tanácsvezető a Bp. 329. §-a 1. bekezdésében foglalt rendelkezés szerint nyilvános ülésben kihirdeti a külön íven szövegezett ítéletet.

Tudomásul vették.

Ezután tanácsvezető kérdést intéz az elítélthez és védőjéhez, hogy kívánnak-e kegyelemért folyamodni.

Vádlott: Kegyelmet kérek.

Védő: Védencem részére kegyelmet kérek.

Ezután tanácsvezető meghívja a népfőügyészhelyettest, hogy a kegyelmi kérés iránt nem nyilvános ülésben nyilatkozzék.

A nem nyilvános ülés és az ezt követő zárt ülés jegyzőkönyve lezárt borítékban külön íven szerkesztve.

Tanácsvezető nyilvánosan kihirdeti az Országos Tanács alábbi végzését:

Az Országos Tanács a kegyelmi véleményt az összes iratok kapcsán a magyar igazságügyminiszter útján a Magyar Köztársaság Elnökéhez további intézkedés végett felterjeszteni rendeli.

Tudomásul vették.

Tárgyalás berekesztve.

Közvédői díj címén 100.000 P. azaz százezer pengő költség merült fel.

K.m.f.t. BOJTA, tanácsvezető, Dr. SÁRKÖZY ANDOR, jegyzőkönyvvezető

B. Jegyzőkönyv a vádlott bűnössége és a büntetés mérve tárgyában folytatott tárgyalásról (1946. március 18.)

A Népbíróságok Országos Tanácsa. NOT. I. 1748/1946/9. Tanácskozási jegyzőkönyv. Készült a Népbíróságok Országos Tanácsánál 1946. évi március 18. napján a háborús és nepellenes bűntett miatt vádolt dr. BASCH FERENC elleni bűnügyben.

Jelenlévők:

Dr. BOJTA ERNő BÉLA (Sz.d.P.) tanácsvezető

Dr. SÖMJÉN PÁL (M.K.P.) előadó

Dr. BEREND GYÖRGY (F.K.P.)

Dr. SZABÓ MIHÁLY (N.P.P.)

Dr. SACHER RÓBERT (P.D.P.)

szavazók

Dr. SÁRKÖZY ANDOR jegyzőkönyvvezető

Tanácsvezető felhívja az előadót és tanácstagokat, hogy a vádlott bűnössége kérdésében nyilatkozzanak:

Dr. SÖMJÉN PÁL előadó: indítványozza, hogy az elsőbíróság ítéletének a vádlott cselekménye minősítésére vonatkozó ama részét, melyben vádlottat a Nbr. 13. §-a 5. pontjába ütköző háborús és az Nbr. 17. §-a (Nbnov. 12. §, 2. p.) 2. pontjába ütköző népellenes bűntettben is bűnösnek mondotta ki a Bp. 385. §-a 1/b) pontja alapján semmisítse meg az Országos Tanács, és a vádlottnak a vád tárgyává tett eme cselekvőségeit is az Nbr. 11. §-a 1. pontjába olvadónak minősítse. Ehhez képest vádlottat bűnösnek mondja ki az Nbr. 11. §-a 1. pontjába ütköző háborús és ugyanezen rendelet 15. §-a 4. pontjába ütköző népellenes bűntettben.

Dr. BOJTA ERNő BÉLA tanácsvezető, dr. BEREND GYÖRGY, dr. SZABÓ MIHÁLY és dr. SACHER RÓBERT szavazók csatlakoznak előadó véleményéhez.

A tanácsvezető megállapítja, hogy az Országos Tanács vádlott bűnösségét - az előadó előterjesztése értelmében - a Nbr. 11. §-a 1. pontjában és a Nbr. 15. §-a 4. pontjában egyhangúlag fennforogni látja.

Tanácsvezető felhívja az előadót és tanácstagokat, hogy a büntetés mérve tekintetében nyilatkozzanak:

Dr. SÖMJÉN PÁL előadó: Golyó általi halálbüntetés kiszabását indítványozza.

Dr. BOJTA ERNŐ BÉLA tanácsvezető, dr. BEREND GYÖRGY, dr. SZABÓ MIHÁLY és dr. SACHER RÓBERT szavazók csatlakoznak előadó véleményéhez.

Tanácsvezető megállapítja, hogy az Országos Tanács a büntetési tétel kérdésében golyóáltali halálbüntetés mellett egyhangúlag határozott.

Tanácskozás berekesztve.

K.m.f.t. BOJTA,tanácsvezető, Dr. SÁRKÖZY ANDOR, jegyzőkönyvvezető

C. Kegyelmi tanácskozási jegyzőkönyv

Készült Budapesten a Népbíróságok Országos Tanácsának háborús és népellenes bűntettek miatt dr. BASCH FERENC ellen indított bűnügyben, a jogerősen halálra ítélt kegyelemben részesítése tárgyában a Bp. 499. §-a és a Nbnov. 3. §-a értelmében megtartott nem nyilvános és zárt ülésében 1946. évi március hó 18. napján.

Jelen vannak:

Dr. BOJTA ERNŐ BÉLA (Sz.d.P.)
tanácsvezető
Dr. SÖMJÉN PÁL (M.K.P.), előadó
Dr. BEREND GYÖRGY (F.K.P.)
Dr. SZABÓ MIHÁLY (N.P.P.)
Dr. SACHER RÓBERT (P.D.P.)
szavazók
Dr. SÁRKÖZY ANDOR, jegyzőkönyvvezető.

Dr. HORTI LÁSZLÓ
népfőügyész h.

Tanácsvezető a nem nyilvános ülést megnyitja és felhívja a népfőügyészhelyettest, hogy a kegyelmi kérés tárgyában nyilatkozzék.

Dr. HORTI LÁSZLÓ népfőügyészhelyettes nyilatkozata:

A Bp. 497. §-a 2. bek. alapján véleményemet akképpen nyilvánítom, hogy dr. BASCH FERENC elítéltet kegyelemre méltónak nem tartom, mert cselekményei tárgyi súlyával és alanyi bűnösségével a halálbüntetést tartom arányban állónak.

Ezután népfőügyészhelyettes a nem nyilvános ülésből eltávozott és az Országos Tanács a kegyelmezés tárgyában zárt ülésben tanácskozott.

Dr. SÖMJÉN PÁL előadó véleménye:

Dr. BASCH FERENC elítéltet - az ítéletben kifejtett indokoknál fogva - kegyelemre nem ajánlom.

Dr. SACHER RÓBERT szavazó véleménye:

Csatlakozom dr. SÖMJÉN PÁL előadó véleményéhez, s elítéltet kegyelemre nem ajánlom.

Dr. SZABÓ MIHÁLY szavazó véleménye:

Elítéltet kegyelemre ajánlom, mert nincs tisztázva, hogy azonosította-e magát a hitleri Németországnak azzal az imperialista célzatával, hogy a környező kis államokban lakó németek körében ún. ötödik hadoszlopokat állítsanak fel, s hogy elítélt ennek a törekvésnek szolgálatába állította volna a Volksbundot. Nincsen nevezetesen adat arra, hogy elítélt a Volksbund szervezésénél a birodalomtól nyert utasítások szerint járt el, így nyitva marad annak lehetősége, hogy elítéltet a szervezésnél kizárólag a német kisebbség kulturális érdekeinek szolgálata vezette.

Dr. BEREND GYÖRGY szavazó véleménye:

Elítéltet kegyelemre ajánlom, csatlakozom dr. SZABÓ MIHÁLY véleményéhez, azzal, hogy nem nyert megállapítást, hogy elítélt a német birodalommal együttműködött volna a magyar állam ellen, sőt arra van adat, hogy a magyar kormánnyal egyetértésben igyekezett a Volksbundot vezetni. Ez a körülmény természetesen nem mentesíti elítéltet, minthogy a magyar kormány is fasiszta volt, de elítélt magatartásának értékelése és kegyelemre méltatása szempontjából nem közömbös.

Dr. BOJTA ERNŐ BÉLA tanácsvezető véleménye:

Annak ellenére, hogy a Volksbundnak a közvélemény előtti szereplése rendkívül nagy súlyú, meggondolandónak tartom, hogy elítélt nemzetiségi szereplésénél fogva esetleg politikai szempontokra figyelemmel ítéltessék meg a kegyelmi döntésnél, ezért dr. SZABÓ MIHÁLY álláspontjához csatlakozom, elítéltet kizárólag ezen okból kegyelemre ajánlom, s vele szemben életfogytiglani kényszermunka kiszabását javasolom.

Ezekhez képest tanácsvezető megállapítja, hogy a Népbíróságok Országos Tanácsa a következőkben terjeszti elő véleményét:

A Népbíróságok Országos Tanácsa· a halálbüntetésre ítélt dr. BASCH FERENCet kegyelem elnyerésére szótöbbséggel méltónak találta.

Jegyzőkönyv lezáratott.

K.m.f.t. BOJTA, tanácsvezető, Dr. SÁRKÖZY ANDOR, jegyzőkönyvvezető

D. A Népbíróságok Országos Tanácsa ítélete. (1946. március 27.)

A Magyar Köztársaság nevében!

Háborús és népellenes bűntettel vádolt dr. BASCH FERENC bűnügyét, amelyben a budapesti népbíróság Nb.V. 4806/1945/5. szám alatt ítélt, az ítélet ellen a védelem részéről bűnösség megállapítása miatt és enyhítésért bejelentett fellebbezés folytán, 1946. évi március 18. napján megtartott szóbeli tárgyaláson felülbírálva, a Népbíróságok Országos Tanácsa lenti napon meghozta a következő

ITÉLETET:

A Népbíróságok Országos Tanácsa az elsőfokú bíróság ítéletének vádlott cselekménye minősítésére vonatkozó ama részét, melyben vádlottat a Nbr. 13. §-a 5. pontjába ütköző háborús és a Nbr. 17. §-a (helyesen: Nbnov. 12. §-a 2. pontja) ütköző népellenes bűntettben is bűnösnek mondotta ki, a Bp. 385. § 1/b. pontja alapján megsemmisíti azzal, hogy vádlott vád tárgyává tett eme cselekvőségeit is a Nbr. 11. §-a 1. pontjába olvadónak minősíti.

Ehhez képest vádlott bűnös az 1945:VII. tc.-vel törvényerőre emelt Nbr. 11. § 1. pontjába ütköző háborús és ugyanezen rendelet 15. §-a 4. pontjába ütköző népellenes bűntettben. Ezért őt a Népbíróságok Országos Tanácsa főbüntetésül az 1440/1945. M.E. rend. 7. §-a a) pontja alapján a Btk. 96-99. §-ai felhívásával összbüntetésképp halálra ítéli, mely ítélet golyó által, zárt helyen, de a nyilvánosság kizárása nélkül hajtandó végre, vádlott mellékbüntetése pedig a Nbnov. 1. §-a 6. és 8. pontja alapján vagyonának teljes elkobzása és politikai jogai gyakorlatának 10 évi felfüggesztése, az utóbbi az esetre, ha halálbüntetés végre nem hajtatnék.

Egyebekben az elsőfokú bíróság ítéletének nem fellebbezett részét nem érinti, fellebbezett részét helybenhagyja (Bp. 423. § 3. bek.)

INDOKOK:

A népbíróság ítélete indokolásában helyesen jellemezte a Volksbund működését és helyesen értékelte annak szerepét.

Annak a német nemzetiszocialista célkitűzésnek, mely a környező államok belső felbomlasztását és azt célozta, hogy ezek az államok szabad prédájává váljanak a náci céloknak, döntő eszköze volt a német kisebbségi kérdésnek oly értelemben megoldása, hogy a német kisebbségek teljesen függetleníttessenek és elszakíttassanak a mondott államok fennhatósága alól és a hitleri nagynémet egységbe olvadjanak.

Az így beszervezett német kisebbség volt azután a környező államokban egyike azoknak a gócoknak, amelyek köré a beavatkozó német terjeszkedés a maga agresszív és minden belső ellenállást leküzdeni szándékozó politikáját kifejlesztette.

Igy alakult ki többek között Magyarországon is a Volksbundba tömörített német kisebbségben az a szervezet, mely egyike volt az úgynevezett "ötödik hadoszlop"-nak, egy erőnek, melyre belülről támaszkodni lehetett, mely gyengítette a magyar ellenállás lehetőségét és a magyar állampolgárok nagy számát szervezetten hozta a német imperialista hatalomnak. Ez a szervezettség annál félelmetesebb erő volt, mert a német kisebbség az ország különböző vidékein területileg zárt egységben élt és így a velük való rendelkezés lehetősége egyet jelentett az általuk lakott terület fölötti közvetlen rendelkezéssel, de legalábbis azzal, hogy ezeken a helyeken a közvetlen német beavatkozás tárgyi előfeltétele már eleve adva volt.

A hitleri irányítás alá került német kisebbségek a háborút közvetlenül előző években és a háború alatt, a német birodalom körüli államokban nem a maguk nemzetiségi céljaiért küzdöttek. Ezek a kisebbségek magukat tudatosan azonosították az úgynevezett náci gondolattal és célkitűzésekkel. Hirdették a német egységet abban az értelemben, ahogy azt az imperialista harmadik német birodalom képviselte. Ez az egység a gyakorlatban azt a törekvést jelentette, hogy a németek uralkodjanak a világon és az uralmuk ellen jelentkező minden erőt, eszköz válogatása nélkül elsöpörnek úgy, ahogy Németország a második világháború során, eszközök válogatása nélkül elsöpört minden szabadságot igénylő népi ellenállást mindaddig, míg a vele szemben felsorakozott Egyesült Nemzetek hadi gépezetét szét nem zúzták.

Ehhez képest az a német kisebbség, mely a hitleri németség mellé állt és magát azzal azonosította, nem a minden nemzetiségnek kijáró szabadságjogokért szervezkedett, hanem felsorakozott a hitleri hatalom mellé és annak részévé alakította magát. Nem a maga nemzetiségi szabadságjogait igényelte, hanem minden más nép és így a magyar nép szabadsága és ezzel együtt élete ellen támadt.

Helyesen ismerte fel tehát a Népbíróság a Volksbund ilyen jellegét.

Magának a vádlottnak előadásából is kitűnik, hogy a Német Népművelődési Egyesület robbantása után ő volt az, aki a német kisebbség mondott értelemben szervezését megindította, szembehelyezkedve a korábbi és a nagynémet gondolatnak fenntartás nélkül behódolni nem hajlandó egyesülettel. Vezére lett és maradt végig a Volksbundnak.

Ez a tevékenység pedig betölti a törvényerőre emelt Nbr. 11. §-a 1. pontjában szabályozott háborús bűntett tényálladékát.

A Volksbund vezéri tiszte vezető állás. Az itt tárgyalt törvényhelyben tényálladéki elemként megkívánt vezető állás ugyanis nem feltétlenül közhivatali állás, mert ahol a törvény így kívánja szűkíteni a fogalmat, ott ezt kifejezetten kimondja (így: 11. § 2. pont, 3. pont utolsó tétel, 13. § 3. pont 2. tétel, 15. § 2. és 3. pont).

Vádlott nemcsak azért bűnös, a Nbr. 11. § 1. pontja szerint, mert közéleti szerepe ellenére nem törekedett megakadályozni Magyarországnak a második világháborúba mind fokozottabb belesodródását azzal, hogy a vezetése alatt állott német kisebbséget a hitleri befolyás alól kivonni és ezzel e befolyást és vele együtt a háborús törekvést gyöngíteni nem törekedett, hanem pozitíve azért is, mert a Volksbund fentiekben, de már a népbíróság ítéletében is megírt értelemben, megszervezése és vezetésével részesévé vált annak, hogy Magyarországra a háború kiterjedt és abba az ország mindinkább be[le]sodródott.

A Volksbundban egy számban és erőben jelentős kisebbség magát azonosította a német törekvéssel, a német háborúval, érvényesnek vallotta e törekvéseket Magyarország oldalán is és olyan hatalmat adott, mely belső ható tényező volt az események alakulásában, közöttük Magyarország állásfoglalásában a háború kérdésében.

Természetes ez nem egyedüli tényező volt és nem egyedüli belső eszköze a magyar nép léte ellen törő német terjeszkedésnek. A német hatalmi politika több ilyen belső erőre támaszkodott és azokat gondosan sorakoztatta a maga érdekében. De a Volksbund szerepe döntő jelentőségű volt.

Igy kell e szervezet szerepét felfogni.

Vádlott nem hivatkozhatik a Volksbund alapszabályaira. Az Országos Tanács sem a Volksbund, sem az azt vezető vádlott szerepét nem aszerint ítéli meg, hogy [az] alapszabályokban mit hirdetett magáról, hanem hogy a magyar történelem válságos éveiben ténylegesen milyen tevékenységet fejtett ki, ez pedig a már ismertetett.

Vádlott szerepét úgy állítja most be, mint ki maga is akarata ellenére sodródott olyan útra, melyet eredetileg nem akart s mely útra őt oly erők vitték, melyek meghaladták ellenálló képességének határait. Az Országos Tanács elé kerülő háborús bűnösök nem egy esetben védekeznek így. Ez az utólagos mentegetődzés azonban súlytalan.

Vádlott kezdeményezte a Volksbund alakítását, élére állt annak. Megnyilvánulásai végig egy szellemben adottak, végig kiszolgálta Berlin akaratát. Szerte az országban ismert nevét adta a mozgalomnak és volt annak szellemi irányítója. WINKELMANN és VEESENMAYER is megbízható emberként ismerték és kezelték vádlottat, noha HIMMLER vele szemben bizalmatlanságot mutatott. Mindennek azonban nincs jelentősége, mert a magyar népbíróságok nem a német náci vezetők, sem a magyar háborús főbűnösök véleménye alapján ítélik meg azt, hogy ki és milyen mértékben állt a magyar nép törvényesen védett érdekével szemben és a német törekvések szolgálatában.

Ha vádlott mást akart, és ennek keresztülvitelére ereje nem volt, hagyta volna ott tisztjét. A népbíróság ítéletében felsorolt megnyilatkozásai azonban és szerepe nem adnak következtetési alapot ilyen föltevésre.

Kiemeli az Országos Tanács, hogy a Volksbund jelentőségét maga a törvény értékeli és ez irányban utat mutat az ítélő bírónak.

A törvényerőre emelt 1440/1945. M.E. rend. 12. § 2. pontja 5 évig terjedhető börtönnel büntetendő népellenes bűntettnek minősíti pusztán azt a tényt, hogy valaki belépett a Volksbundba. Ugyanez a törvényhely bármilyen más fasiszta pártba belépést csak akkor minősíti bűntettnek és bünteti hasonló mérvben, ha a belépő ezen felül tisztséget is vállalt, vagy tagként tevékenyen működött. Ezzel a törvényhozó párhuzamba vette a Volksbundot minden más hazai fasiszta párttal, például a nyilas párttal, és kifejezésre juttatta, hogy értékelése az előbbinél jelentősen súlyosabb.

Ez a meggondolás is éles fényt vet annak a vádlottnak szerepére, aki kezdeményezője és irányítója volt annak a szervezkedésnek, mely az ő neve alatt és az ő irányítása mellett folyt.

Tévedett azonban a népbíróság akkor, mikor vádlottat a Nbr. 11. §-a 1. pontjában meghatározott háborús bűntett mellett a 13. § 5. pontjába ütköző háborús bűntettben is bűnösnek mondotta ki. Fentiekből következik, hogy a vádlott nagyrészben azzal vált a 11. § 1. pontjába ütköző háborús bűntett elkövetőjévé, hogy közvetlenül alárendelte magát a berlini hatalomnak, azzal összeköttetést tartott fönn, annak utasításait elfogadta, céljait kiszolgálta, ezzel természetszerűen velejáróan adatszolgáltató tevékenységet fejtett ki. Ez az eljárása tehát már értékelve van azzal, hogy őt a népbíróság a 11. § 1. pontjába ütköző háborús bűntettben bűnösnek találta. Az adott esetben e vonatkozásban a halmazat ilyképp eszmei, valódi (anyagi) halmazat nem létesült.

Ugyanez a helyzet a Nbr. 17. §-a 2. pontjába ütköző népellenes bűntett tekintetében, mert vádlott épp azzal vált háborús bűnössé, hogy a Volksbund vezére lett és maradt, ez a tisztje ugyancsak beolvad mondott vezető-állásába, és értékelve van akkor, mikor a Nbr. 11. §-a 1. pontjába ütköző háborús bűntett elkövetőjéül minősíttetik.

Miután a helytelen minősítés a vádlott sérelmére szolgált és erre az Országos Tanács a Nbr. 62. § 2. bekezdése szerint a fellebbezéssel megtámadott ítéletet egész terjedelmében bírálta felül, a Bp. 385. § utolsó bekezdése szerint hivatalból figyelembe kellett venni a téves minősítést és a törvénynek megfelelő döntést kellett hozni.

Helyesen mondotta ki azonban a népbíróság a vádlottat bűnösnek a Nbr. 15. § 4. pontjába ütköző népellenes bűntettben. Vádlott ugyanis felelős kiadója volt a Deutsche Zeitung-nak, és az elsőbírói ítéletben felsorolt beszédei, valamint a mondott újságnak ott felhívott közleményei és szelleme, a lap egész iránya olyan folyamatos tevékenységet mutatnak, mely alkalmas volt a fasiszta irányzatok elterjesztése és megerősítése érdekében a közfelfogást jelentős mértékben befolyásolni és az országra káros irányába terelni. A beszédek és az újság egyaránt a nagynémet gondolat jegyében szóltak, és hogy az ilyen propagandisztikus megnyilatkozás, főleg mert a hallgatók és olvasók nagy számához szólt, és tudott volt, hogy e mögött a megnyilatkozás mögött, mely a német kisebbséghez intéztetett, a nagynémet birodalom áll, kézenfekvő, hogy ennek jelentősége és káros volta alig becsülhető túl.

Elvi éllel emeli ki az Országos Tanács, hogy a Deutsche Zeitung az iratoknál elfekvő 1941. július 13-i számból megállapíthatóan is a német kisebbség hivatalos lapja volt, fejlécén ez föl volt tüntetve, ugyanitt egy a horogkereszttel azonos formájú jelvény szerepelt, és ugyanitt fel volt tüntetve, hogy a lapot a vádlott adja ki. A vádlott tehát nevét adta a lapnak, s mint a Volksbund vezetője, az egyesület szellemében irányította a háborús években ezt a lapot.

Aki ilyen tevékenységet fejtett ki, az nem hivatkozhatik arra, hogy a huzamosabb időn át rendszeresen megjelenő és terjesztett lap cikkeiért és ezzel együtt a lap útján elért eredményért nem felel, hanem felelőssé csak az egyes cikkek írói tehetők. A törvény szerint a hangsúly az állandó jellegű és folyamatos tevékenységen van, ez pedig elsősorban annak oldalán mutatkozik, aki irányítja a lap eszmei vonalvezetését, mint kiadó befolyik a lap általános állásfoglalásába és megrendeli az egyes közleményeket. A népbíráskodás céljával és törvényalapul fekvő felfogásával helyezkednék szembe egy olyan álláspont, mely népellenes bűntettet lát ugyan egy újságíró néhány fasiszta szellemű cikkében, de ugyanakkor nem bünteti azt a felelős személyt, aki az újság valamennyi munkatársát irányította és hosszú időn át a sajtótermék szellemi irányát megadta.

Ami a bűnösségi fokot illeti:

Az Országos Tanácsnak ez ügyben döntő tanácsa már ismételten kifejezésre juttatta azt az elvi álláspontját, hogy a háborús bűntettek elkövetőinél, de közöttük is elsősorban a háborús főbűnösök szerepe megítélésénél elsősorban a cselekmény tárgyi súlya az irányadó.

Ahol a jogilag védett érdek egy nép léte, mely ellen oly brutális támadás intéztetett, mint az adott esetben a vádlott részéről, ott csaknem teljesen elenyésznek és arányba nem hozhatónak mutatkoznak bizonyos belső, szubjektív körülmények.

A tárgyi súly rendkívüli. A német kisebbség felsorakoztatása a hitleri Németország mellett sorsdöntő volt.

Emellett az alanyi bűnösség foka is magas, vádlott kezdeményező és elsőszámú vezető szerepénél fogva. Az eredménynek a szándékon túlmenő voltára pedig, amint azt az Országos Tanács ezúttal ismételten kiemeli, hivatkozni nem lehet, mert a vádlott beilleszkedett a német apparátusba, ismerte annak céljait és eljárásának módozatait, tudatának tehát a bekövetkezett eredmény lehetőségét fel kellett fognia.

A védelem kérte a vádlotti cselekvőség hely- és időbeli körülményeinek figyelembe vételét és panaszolta a fellebbezési indokokban, hogy az elsőbíróság ezt nem tette.

Ez az érvelés alaptalan. A törvényhozó a háborús és népellenes bűntettek tényálladékainak megállapításánál és a büntetési tételeknél már figyelemmel volt a történelmi előzményekre és körülményekre.

Az Országos Tanács a cselekmény tárgyi súlyának ilyen foka mellett, az előbbiekre tekintettel, és az alanyi bűnösséget így értékelve úgy találta, hogy azzal a rendelkező részben kiszabott büntetés arányos.

A védő fellebbezésében eljárási szabálytalanságot panaszolt azon a címen, hogy a Népbíróság nem tett eleget a Bp. 388. § utolsó bekezdésében előírt szabálynak. A panasz alaptalan, mert a Nbr. 53. § 5. bekezdése szerint a népbírósági eljárásban ez a törvényhely nem alkalmazható. Az ítélet egyéb rendelkezése a felhívott törvényhelyen alapul.

Budapest, 1946. évi március 27. napján.
BOJTA, tanácsvezető, SÖMJÉN, előadó, BEREND, szavazó, SACHER, szavazó, SZABÓ,szavazó.

E. Kegyelmi elhatározás kihírdetése tárgyában tartott nem nyilvános tárgyalás jegyzőkönyve (1946. április 25.)

Nb. V. 4806/1945-10. Jegyzőkönyv. Készült a háborús bűntett miatt dr. BASCH FERENC ellen indított bűnügyben a budapesti népbíróságnál, Budapest, 1946. évi április hó 25. napján a kegyelmi elhatározás kihirdetése targyában tartott nem nyilvános tárgyalásról.

Jelen vannak:
dr. HORVÁTH LÁSZLÓ tanácsvezető bíró
dr. BASCH FERENC halálra ítélt
dr. KOVÁCS JENŐ a Független Kisgazdapárttól,
PATYÁN GYÖRGY a Magyar Kommunista Párttól,
SZILÁGYI LAJOS a Szociáldemokrata Párttól,
dr. BALOGH JÓZSEF a Nemzeti Parasztpárttól,
KAMENITZKY MIKLÓS a Polgári Demokrata Párttól,
LEBOVICH MIKLÓS a Szakszervezeti Tanácstól kiküldött népbírák,
dr. SÉRA KÁROLY, jegyzőkönyvvezető
dr. KÁDÁR PÁL, népügyész.

Tanácsvezető bíró megállapítja, hogy a Magyar Igazságügyminisztertől 24.699/1946. szám alatt folyó hó 23-i kelettel leirat érkezett. Ennek alapján tanácsvezető bíró kihirdeti a Magyar Köztársaság Elnökének [TILDY ZOLTÁN] 1946. évi április hó 18. napján kelt legfelső elhatározását, amellyel megengedte, hogy a jogerősen halálbüntetésre ítélt dr. BASCH FERENC elítélttel szemben a törvény és igazságszolgáltatás rendes lefolyása akadálytalanul bekövetkezzék.
VÉGZÉS:
A népbíróság a Népbíróságok Országos Tanácsának NOT I./1748/1946/9. sz. jogerős ítéletét végrehajthatónak jelenti ki.
Tanácsvezető bíró a fenti végzés kihirdetése után az ülést berekeszti.
k.m.f. HORVÁTH, tanácsvezető bíró, Dr. SÉRA KÁROLY, jegyzőkönyvvezető

F. Jegyzőkönyv az ítéletvégrehajtásról (1946. április 26.)

Budapesti Népbíróság. V. 4806/1945/11. Jegyzőkönyv. Készült a háborús bűntett miatt dr. Basch Ferenc elleni bűnügyben Budapesten, 1946. évi április 26. napján fenti szám alatt kelt golyó általi halálbüntetést megállapító ítélet végrehajtásáról.

Jelen vannak:

dr. HORVÁTH LÁSZLÓ kiküldött bíró	dr. BASCH FERENC elítélt
[N. N.] népügyész	P. PUSZTA GÁBOR lelkész

dr. SÉRA KÁROLY, jegyzőkönyvvezető
dr. KEREKES LÁSZLÓ, dr. TEMESVÁRI GYÖRGY, kiküldött orvosok
VÁRNAGY SÁNDOR, fogházfelügyelő
RÉTHÁZY SÁNDOR, fogalmazó, elöljáróság részéről
BÁNÓCZY MIKLÓS, r. hadnagy, rendőrhatóság
BÁNÓCZY MIKLÓS, r. hadnagy, karhatalom részéről

A kiküldött bíró megállapítja, hogy a Bp. 503. §-a értelmében megjelenésre kötelezettek valamennyien megjelentek.

Népügyész az elítéltet elővezetteti.

Kiküldött bíró az elítéltet az ítéletvégrehajtás szempontjából a népügyésznek átadja.

Népügyész az elítéltet az ítéletvégrehajtó osztagnak átadja, hogy teljesítse kötelességét.

Az ítéletvégrehajtó osztag a kivégzést 8 óra 25 perckor végrehajtotta.

Kiküldött bíró felhívja az orvosokat, hogy a halál beálltáról győződjenek meg.

Az orvosok jelentik, hogy az elítélt szíve 8 óra 32 perckor megszünt dobogni.

Az ítélet végrehajtásánál jelenlévők félórára visszavonulnak.

Az orvosok az elítéltet újból megvizsgálják és jelentik, hogy az elítélt 8 óra 32 perckor meghalt.

A kiküldött bíró az ítéletvégrehajtási eljárást befejezettnek nyilvánítja azzal, hogy az ítélet végrehajtása során felmerült 45,600.000 pengő költség a költségjegyzék 3. tételszáma alatt feljegyzést nyert.

Kmft. dr. HORVÁTH LÁSZLÓ, tanácsvezető bíró
dr. SÉRA KÁROLY, jegyzőkönyvvezető
dr. KEREKES LÁSZLÓ, dr. TEMESVÁRI GYÖRGY, orvosok
[N. N.], népügyész
RÉTHÁZY SÁNDOR, közigazgatási tisztviselő.

ANHANG

Briefe aus dem Basch-Dossier des Eötvös-Kollegs Budapest in Faksimile.
Archiv des Eötvös-Kollegs, H-1118 Budapest, Ménesi ut 11-13.
(Vgl. dazu das Kapitel der Einleitung auf S. XXXIXf.)

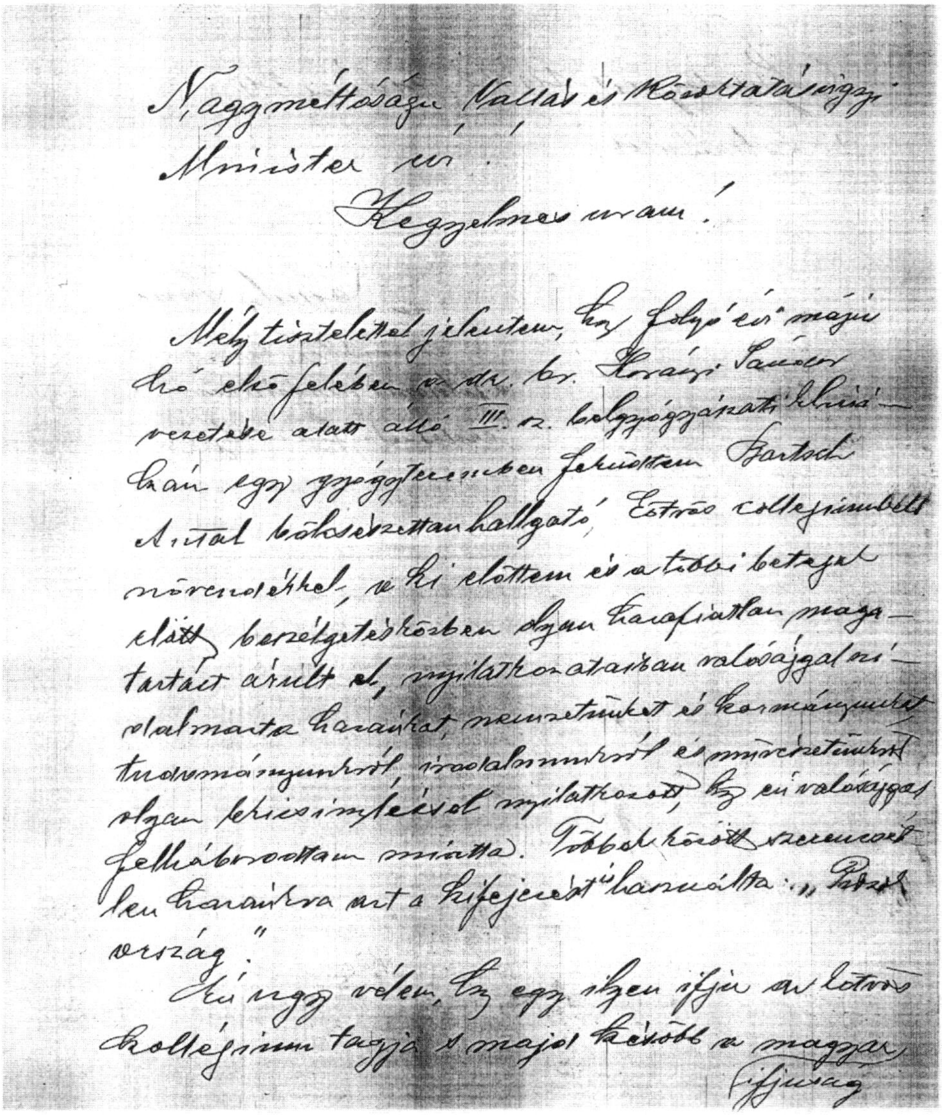
Nagyméltóságú Vallás és Közoktatásügyi
Miniszter úr!
Kegyelmes uram!

Mély tisztelettel jelentem, hogy folyó év május
hó első felében a dr. br. Korányi Sándor
vezetése alatt álló III. sz. belgyógyászati klini-
kán egy gyógyteremben feküdtem. Bartsch
Antal bölcsészettan hallgató, Eötvös collegiumbeli
növendékkel, ki előttem és a többi betegek
előtt beszélgetésekben olyan hazafiatlan maga-
tartást árult el, nyilatkozataiban valósággal szi-
dalmazta hazáinkat, nemzetünket és kormányunkat
tudományunkról, irodalmunkról és művészetünkről
olyan lekicsinyléssel nyilatkozott, hogy én valósággal
felháborodtam miatta. Többek között szerencsét-
len hazánkra azt a kifejezést használta: „[illegible]
ország."
Én úgy vélem, hogy egy ilyen ifjú az Eötvös
kollégium tagja s majd később a magyar
ifjúság

An das Kultusministerium gerichteter Brief des Ministerialrates János Ráduly vom 24.5.1922 mit einer Beschwerde über Franz Basch. Vgl. dazu S. XXXVIIIff.

tanára és nevelője nem lehet, – ezért kötelességemnek érzem ezt az esetet Nagyméltóságú nagybecsű tudomására hozni.

Budapest 1922. május 24.

I. Zoltán u. 16.

Ráczly Jenő

ministeri tanácsos

a földmív. ministerium

erdészeti főosztályában.

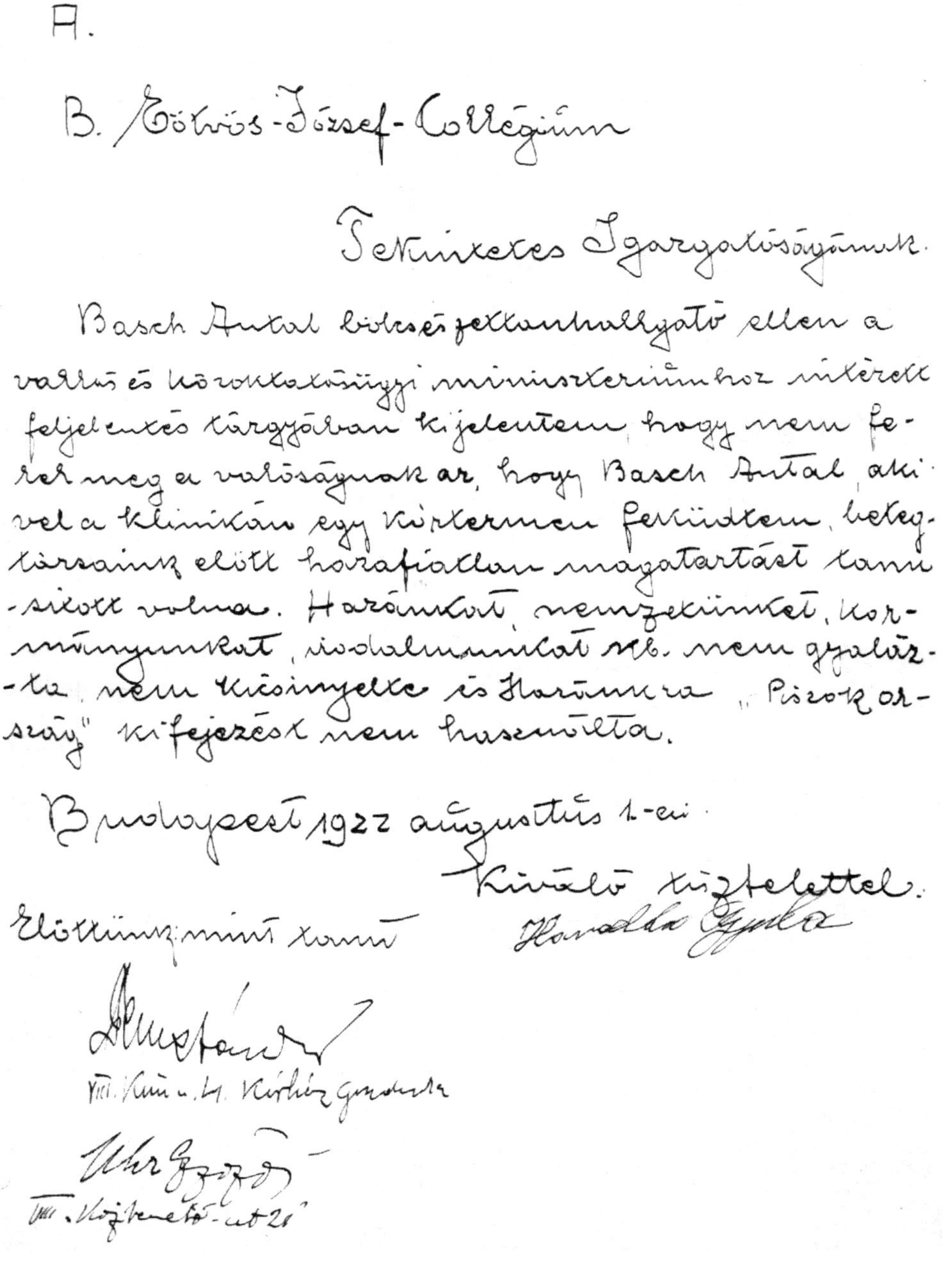

A.

B. Eötvös-József-Collegium

Tekintetes Igazgatóságának.

Basch Antal bölcsészettanhallgató ellen a vallás és közoktatásügyi miniszteriumhoz intézett feljelentés tárgyában kijelentem, hogy nem felel meg a valóságnak az, hogy Basch Antal akivel a klinikán egy kórteremben feküdtem, betegtársaink előtt hazafiatlan magatartást tanusított volna. Hazánkat, nemzetünket, kormányunkat, irodalmunkat stb. nem gyalázta, nem kicsinyelte és hazánkra „Piszok ország" kifejezést nem használta.

Budapest 1922 augusztus 1-én.

Kiváló tisztelettel.
Havalda Gyula

Előttünk mint tanuk

[illegible]
VIII. Kun u. 4. Kórház gondnok

[illegible]
VIII. Közvetető-út 26

Ein Patient, der mit Franz Basch das Krankenzimmer teilte, und zwei weitere Personen bestätigen die Haltlosigkeit der Beschwerde von János Ráduly

133/1922. szám

T. B a s c h A n t a l bölcsészethallgató urnak

St Gallen O.

K e d v e s B a s c h !

A mellékelt feljelentést azzal a felszólítással küldöm meg, hogy a benne foglaltakra lehetőleg kimeritően, a legteljesebb őszinteséggel nyilatkozni sziveskedjék.

Reménylem, hogy egészségének jót tett az alpesi klima és a jó ellátás. Kivánom, hogy teljes egészségesen és a vádakkal szemben igazoltan fogom viszontlátni.

Szivesen üdvözli

Budapest, 1922. VIII. 27.

Der Direktor des Eötvös-Kollegiums, Dr. Géza Bartoniek, ersucht Franz Basch, zu der Beschwerde von János Ráduly Stellung zu nehmen.

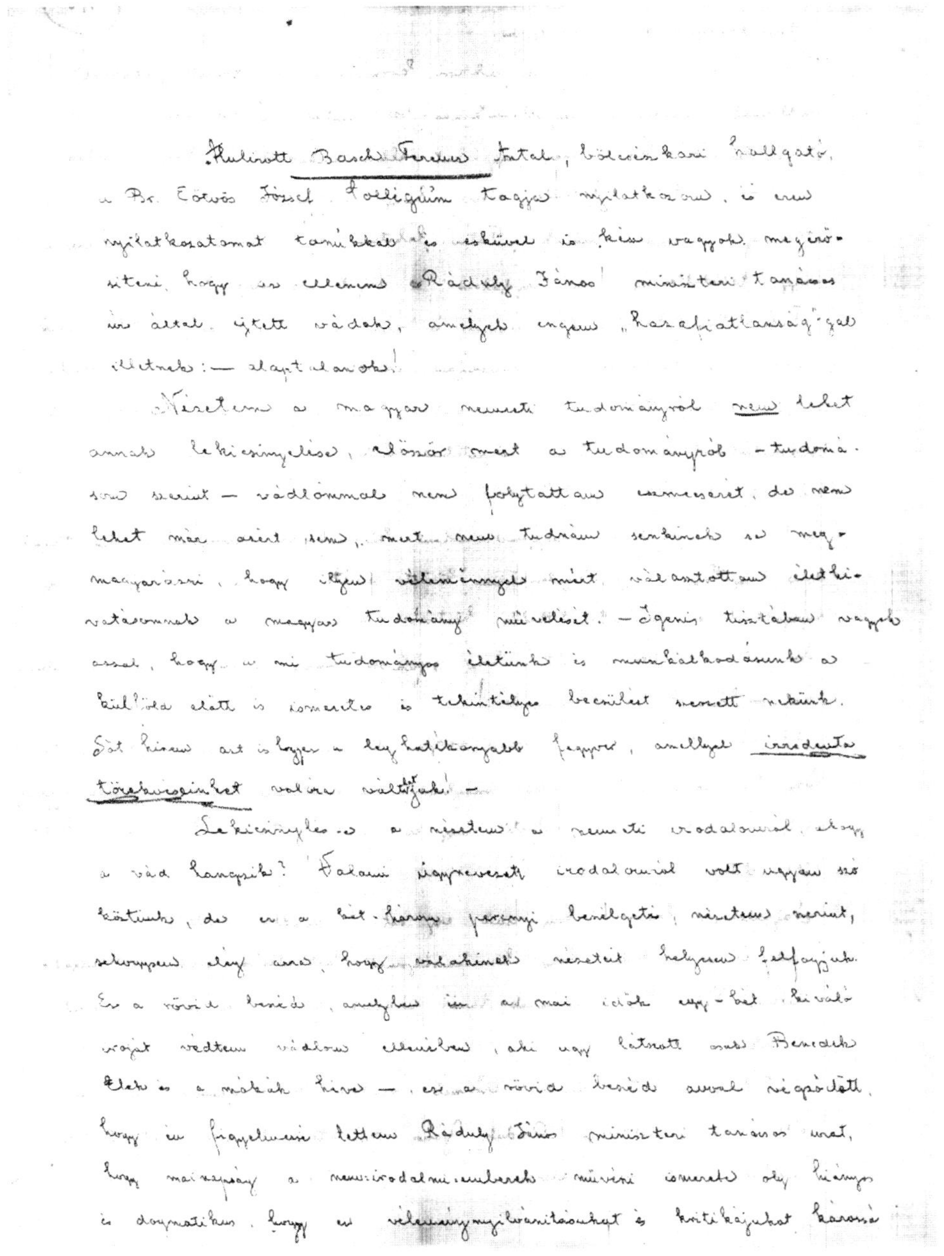

Alulírott Basch Ferenc [illegible], bölcsészkari hallgató, a Br. Eötvös József Kollégium tagja nyilatkozom, és ezen nyilatkozatomat tanúkkal és esküvel is kész vagyok megerősíteni, hogy az ellenem Ráduly János miniszteri tanácsos úr által tett vádak, amelyek engem „hazafiatlanság"-gal illetnek: — alaptalanok!

Nézetem a magyar nemzeti tudományról nem lehet annak lekicsinylése, először mert a tudományról — tudomásom szerint — vádlómmal nem folytattam eszmecserét, de nem lehet már azért sem, mert nem tudnám senkinek se megmagyarázni, hogy ilyen véleménnyel miért választottam élethivatásomnak a magyar tudomány művelését. — Igenis tisztában vagyok azzal, hogy a mi tudományos életünk és munkálkodásunk a külföld előtt is ismerten és tekintélyes becsülést szerzett nekünk. Sőt hiszem azt is hogy a leghatékonyabb fegyver, amellyel irredenta törekvéseinket valóra váltjuk! —

Lekicsinylés-e a nézetem a nemzeti irodalomról, ahogy a vád hangzik? Valami [illegible] irodalomról volt ugyan szó köztünk, de én a két-három [illegible] [illegible] kezdő, nézetem szerint, sehogyan sem [illegible], hogy valakinek nézetét helyesen felfogják. És a rövid beszéd, amelyben én az mai idők egy-két kiváló íróját védtem vádlóm ellenében, aki nagy látnokot [illegible] Benedek Elek és a mások híve — és a rövid beszéd azzal végződött, hogy én figyelmessé tettem Ráduly János miniszteri tanácsos urat, hogy mainapság a nem-irodalmi emberek művészi ismerete oly hiányos és dogmatikus, hogy az véleménynyilvánításaikat és kritikájukat károsá

Offizielle Stellungnahme von Franz Basch zur Beschwerde von János Ráduly tanulmányi szaktantárgyam! –

Hogy akkori nézeteim az akkori kormányzatról és közállapotokról vádlómat „valóságos megbotránkozás"-ba hozta? Ismeri-e vádlóm a nézeteimet. Vagy egy-két elhamarkodott és hosszú betegállapotban tett kijelentés elég, hogy valakit nyomban a hazafiatlanság vádjával illessenek. Talán lehetne ez momentán elkeseredés vagy tehetetlenség vagy fájdalom a saját sors miatt?

Tudom, hogy tájékozatlan voltam is még is ismerem a politikai állásportokat, de hallottam is szomorúan állottak előttem azok a nézetek, amelyet vádlóm tett. Szerinte mintha mindenki bűnös lett országunk földarabolásában és nehéz helyzetében, csak az az egyetlen ember nem, amelyiket t. vádlóm a hazafi[illegible]

Ez talán izgatott és meggondolatlan kijelentésre kényszerített, de tudom hogy ott egy is a kijelentésem között amit most is vállalnék egy nyugodtabb és megválogatottabb környezetben kifejezve.

Ami azt a kijelentést illeti, hogy „piszok ország" névvel tagadtam volna meg a hazámat — ezt tagadom!

Világosan előttem áll; a beszéd végén, teljesen felingerelve azt mondtam, hogy „ha így bánnak egy országban (nem emlékszem talán a nemzetiségekkel) akkor a méltóságos úr kifestheti vagy az pirkosra teheti hazánkat a külföld előtt."

Sajnálom is bánom, hogy csak egy szót is mondtam akkor; de ismerem is tudom, hogy hazafiasságomat kétkedésbe vonni nem engedhetem. Tudom, hogy vádlómnak tanúi nincsenek, de én az összes betegeket tanúskodásra hívhatom.

Ezt a vádat minden erőmmel rántom le magamról, bár nem értem, hogy méltóságos Ráduly János miniszteri tanácsos úrat mi sarkalhatta erre az eljárásra.

Budapest, [illegible]

(Zsombolya, 1922. IX. 5.)

f. IX. 22-é.

Méltóságos Igazgató Úr!

Most vettem az engem súlyos „hazafiatlan-ság"-gal vádoló t. írást, és fájdalmas meg-rendülésemben nem tudom, vajon sikerül-e mindent a szükséges világossággal kifejeznem, hogy a vád úgy essék le rólam, olyan gyorsan, mint ahogy rámsütötték.

Az őszinteség az egyedüli fegyverem, de érzem, hogy az ilyen vádakkal egyszer vádlottaknak nagyon nehéz a védekezésük. Ha egyes nézetek különbözősége az állítólag hivatalostól mind hazafiatlanság, úgy alig tudom, ki marad a hazafias határban? –

Magam előtt tisztán állok s erősen hiszem, hogy azok előtt is, akiket a kollégiumban közelebb-ről megismertem és akik engem is ismernek.

Begleitbrief von Franz Basch zu seiner offiziellen Stellungnahme, Hatzfeld, 5.9.1922

Talán valamikép ők is védőim lehetnének addig, amíg személyesen fogom magam a vád alól tisztázni. –

Nem voltam sohasem hazafiatlan! – Ezt egész szívem melegével mondhatom!

Voltak sokszor nehéz napjaim, amikor súlyosan viseltem egyedülléségemet, hiszen az egész hazában egyetlen egy rokonom sincsen. És talán érthető, hogy ilyen sorssal, hosszas betegség után, egyedül, aggódva és szenvedve egy kórházban, kissé tapintatlanul felingerelve egy érettebb-korú és magasabb társadalmi-rangú férfiú politikai nézeteitől és a nemzetiségeket – véleményem szerint – helytelenül korholó ítéleteitől, a sok fájdalom is utat tör magának; oly szavakkal, amelyek talán meggondolatlanok és hirtelen heves elszólások, de sohasem „<u>szidalmak</u> a haza és a kormány ellen", de még „<u>lekicsinylések</u>" sem az iránt, ami legnagyobb örömöm és életpályám és munkám tere: „a tudomány és irodalmunk"!!! ..

Nem tudom, mit írjak még erről?

Olyan fájdalmas ez nagyon, Méltóságos Igazgató Úr! Mert, őszintén mondhatom, elég nehéz volt a

./.

sorsom Schweizben, ahol minket magyarokat mai hírünkben nem nagyon szívelnek és az ember minden szava: védekezés az alaptalan és ferde vélemények ellen. S vet örömöm a csekély eredménybe is. A itt a megszállott területen az a közismert sors, amellyel minket optáltakat illetnek. – S most egész váratlanul, egy olyan vád, amely minden életkedvemet elrabolja... s arra gondolok, lesz-e aki az én pártomat fogja? –

A betegségem akadályoz, hogy kimeritőbben írjak, de remélem, hogy e hó folyamán visszatérhetek hazámba, mert tüdőbajom teljes kigyógyitása miatt a telet szanatóriumban kell töltenem.

Remegve várom azt a napot, amikor a Méltóságos Igazgató Úr színe előtt személyesen tisztázhatom magam a vád alól. De ha a vád olyan súlyos és hiteltnyerő, hogy a jelenlétem nélkül is igazságszolgáltatást kell hogy nyerjen, úgy meg fogok hajolni a Méltóságos Úr határozata előtt. De végtelenül jól esne, hogyha a magam, mint az édes szüleim megnyugtatására egy-két jóravalót küldene növendékinek és ezt kérem is alázattal.

A Méltóságos Igazgató Ú
alázatos szolgája, Basch Antal.

Abbildungen von Franz Basch

1. Foto von Franz Basch aus dem Jahr 1937 (Sammlung Dr. Norbert Mischung)

2. Die Basch-Briefmarke des VDA, Dezember 1936
Größe der Briefmarke: 46 mal 50 mm
(Foto aus der Sammlung Dr. Norbert Mischung)

3. Die erste Großkundgebung ("Fahnenhiß") des Volksbundes in Cikó
am 30.April 1939,
rechts im Bild Franz Basch auf einem Holzpodest mit erhobener Hand stehend,
die erste Person links von ihm ist Dr. Heinrich Mühl aus Bonyhád
Foto aus dem Bildarchiv des Magyar Nemzeti Múzeum [Ungarisches Nationalmuseum]
in Budapest

4. Franz Basch im Winter 1943 im Garten des Volksbund-Internates in Fünfkirchen, zusammen mit Norbert Mischung.
(Foto aus der Sammlung Dr. Norbert Mischung)

Memorandum von Vertretern des Volksbundes der Deutschen in Ungarn an die Regierungen der Alliierten Mächte vom 23. April 1945, aus dem Nachlaß von Josef Schmidt in Stuttgart (Privatbesitz von Katharina Schmidt, Auf der Gans 10, 70374 Stuttgart); Kopie in der Bibliothek des Südost-Instituts einsehbar.

MEMORANDUM
AN DIE HOHEN REGIERUNGEN DER ALLIIERTEN MÄCHTE

Von Erschütterungen beinahe bis zum Verlust des Lebenssinnes durchwühlt, hat sich ein Teil der führenden Männer der deutschen nationalen Minderheit in Ungarn - vorwiegend Männer der älteren Generation - dazu entschlossen, in deren Namen mit untenstehender Bitte an die Hohen Regierungen der Alliierten Mächte heranzutreten.
Wir wissen, dass der Krieg für das Deutsche Reich verloren ist.

Wir wissen, dass das deutsche Volk, wenn überhaupt, so nur nach einer Planung der Regierungen der Siegermächte irgendwie wird fortbestehen können. Wer wird sich aber jener 40–50.000 Familien der deutschen nationalen Minderheit aus Ungarn annehmen, die seit August 1944 als Flüchtlinge ihre Scholle verlassen mussten und sich zur Zeit als Evakuierte im Deutschen Reich befinden? Jahrhunderte hindurch waren wir nichts anderes, als Mittel zum Zweck für andere, vor allem in den letzten 10 Jahren und als Evakuierte erlitten wir erst recht das Schicksal zweitrangiger Deutscher. Enttäuschungen unsäglichster Art liessen uns seit geraumer Zeit so nüchtern werden, wie noch nie eine Generation es vor uns war.

Unsere Wurzeln sind, wie vor Jahrhunderten, als unsere Ahnen im Südosten Europas als Bauern angesiedelt wurden, aus dem Boden gerissen. Wir haben alles verloren. Es ist uns nur geblieben der alte, zähe Kolonistengeist, und der Wille, ein neues Leben irgendwo in der Welt beginnen zu können.

Aehnlich vielen unserer Brüder und Schwestern, die schon lange vor dem ersten Weltkrieg in Amerika durch Arbeit, Fleiss und Verlässlichkeit eine neue Heimat gesucht und sich verdient hatten,

bitten auch wir, den heimatlosen Flüchtlingen der deutschen nationalen Minderheit aus Ungarn, die in Bälde unter der Besatzungsherrschaft der Alliierten Mächte stehen werden, in einem der U.S.A. oder dem Britischen Imperium gehörenden Raum die Ansiedlung gewähren zu wollen.

Wir bitten dies für den Fall, dass der Rückkehr aller Flüchtlinge der deutschen nationalen Minderheit aus Ungarn in ihre alte Heimat Hindernisse solcher Art entgegenstünden, dass sie oder ein Teil von ihnen, lieber ein beschwerliches, aber ehrenhaftes Kolonistenlos vorziehen würden. Natürlich werden die Unterfertigten, sobald sich für sie die Möglichkeit ergibt, auch mit massgeblichen Männern der kommenden ungarischen Staatsregierung die Fühlung sofort aufnehmen und sie über dieses Memorandum ebenfalls in Kenntnis setzen. Im Falle eines Einverständnisses würden die Unterfertigten die bei den ungarischen Staatsmännern erzielten Ratschläge befolgen.

Die evakuierten Angehörigen der deutschen nationalen Minderheit in Ungarn sind sich im klaren darüber, dass sie kein Recht haben, weder den Raum, noch die Siedlungsart den Alliierten Mächten auch nur vorzuschlagen. Sie sind sich ferner im klaren darüber, dass sie sich das neue Heimatsrecht erst durch ihre Arbeit, Tüchtigkeit und Zuverlässigkeit werden verdienen müssen; weiterhin, dass politische Rechte erst der zweiten Generation, die bereits in der Landschaft der neuen Heimat aufgegangen sein wird, zuerkannt werden können. Sie wissen, dass sie eine harte und strenge Bewährungszeit zu bestehen haben werden, aber sie wissen auch, dass ihnen die Kraft gegeben ist, sie zu bestehen. Eine noch so harte Arbeit und noch so grosse Opfer werden sie nur noch anspornen, wenn ihnen dafür die Möglichkeit geboten wird, eine neue menschliche Heimat erwerben und sie ihren Nachkommen überantworten zu können. Alle Pflichten, die ihnen die neue Heimat auferlegen wird, wollen und werden sie mit allen ihren Kräften erfüllen, um in Ehren zu bestehen.

Die Flüchtlinge, in deren Namen wir sprechen, gehören zur deutschen nationalen Minderheit in Ungarn, die sich durch ihren bäuerlichen Fleiss und ihre Tüchtigkeit weit über die Grenzen ihres Landes hinaus einen guten Namen erworben haben. Zur Zeit sind sie im südlichen Teil Deutschlands und in den westlichen Landschaften Oesterreichs, teils in Lagern gesammelt, teils in Einzelquartieren untergebracht. Die Zahl dieser Evakuierten dürfte auf ungefähr 150.000 Menschen veranschlagt werden. Ein beträchtlicher Teil von ihnen flüchtete aus Landesteilen, die heute bereits zu Jugoslawien oder Rumänien gehören. Wie viele von den Männern, die zu diesen Familien gehörten und Soldaten waren, noch zu ihren Familien zurückkehren werden, entzieht sich unserer Kenntnis.

Es ist unsere Pflicht, hier festzuhalten, dass wir uns seit der Beendigung des ersten Weltkrieges 1918, beziehungsweise in der darauffolgenden Zeit, als nationale Minderheit ("National Minority"-"Minorité national") bekannt haben und für die Nationalitätenrechte eingetreten sind. Über ein Jahrzehnt hindurch war die Rechtsgrundlage aller Nationalitäten, vor allem in den südosteuropäischen Staaten, durch die Minderheitenschutzverträge und die Minderheitenklausel der Pariser Vororte-Verträge bestimmt. Die Sprecher unserer Nationalität, zu denen auch die Unterfertigten gehörten, führten ihre Rechtsansprüche ebenfalls auf diese internationalen Abmachungen zurück, und bedientes sich als Organ ihrer Wünsche und Klagen der auch seitens des Völkerbundes anerkannten Nationalitäten-Kongresse.

Durch den Austritt Deutschlands aus dem Völkerbund und durch den Abschluss von bilateralen Staatsverträgen in der Nationalitätenfrage, die Deutschland nach 1933 mit einzelnen Staaten einging, sahen sich die deutschen nationalen Minderheiten in Europa ihrer bisherigen Instrumente verlustig und mussten z w a n g s l ä u f i g die Entscheidung über ihr Nationalitäten-Schicksal der Staatsführung des deutschen Reiches überlassen. Auf diese Art wurden die deutschen Nationalitäten zum O b j e k t ihres eigenen Schicksals. Sie wurden von nun an über ihre Lebensform und über ihre Auffassungen hierüber weder befragt, noch vermochten sie gegen die sie betreffenden Abmachungen und Verträge Einspruch zu erheben. Als zu allem auch noch Heinrich Himmler zum "Reichskommissar" über alle deutschen nationalen Minderheiten ernannt wurde, hörte der letzte Rest der Eigenständigkeit dieser Nationalitäten vollends auf. Was sich seither im Bereiche der deutschen nationalen Minderheiten vollzog, kann von keinem objektiven Beobachter und Kenner der Geschehnisse als Ausdruck ihres wahren und eigenen Willens bezeichnet werden, sondern ist einzig und allein bestimmt worden, durch den Totalitätsanspruch der nationalsozialistischen Staatsführung Deutschlands auch auf diesem Gebiete.

Wenn selbst Staatsmänner einiger noch unabhängiger Staaten im europäischen Südosten fast bis zum Spätsommer 1944, obzwar entgegen ihrer inneren Überzeugung, nicht anderes handeln konnten, als den von Deutschland vorgeschriebenen Weg, wenigstens im Erscheinungsbild, zu gehen, hatten die Angehörigen der deutschen Nationalität in Ungarn, wenn sie Deutsche bleiben wollten, noch viel weniger eine andere Möglichkeit, als den durch die zweiseitigen Verträge vorgeschriebenen Weg - ebenfalls in der äusseren Erscheinung - zu beschreiten.

Es blieb den stets nüchtern und scharf beobachtenden Staatsmännern Ungarns, wie Ministerpräsidenten Kállay, Staatssekretär Pataky u. a. kein Geheimnis (unter vier Augen gaben sie es Dr. Basch gegenüber wiederholt zu), dass die Führung der deutschen nationalen Minderheit in Ungarn, soweit sie dies nur vermocht hat, ihre eigenen und vom Reich unabhängigen Wege ging und dies mit allen Mitteln stets zu verschleiern versuchte. Nur so vermochte sie mit der suveränen ungarischen Staatsführung im Einklang zu verbleiben.

Im Gegensatz zu den anderen deutschen nationalen Minderheiten in Europa führte die deutsche nationale Minderheit in Ungarn das nominelle Bekenntnis zum Nationalsozialismus erst nach dem Wiener Vertrag im Herbst 1940 ein, als dies vom Deutschen Reich bedingungslos gefordert wurde. Es gelang ihr aber, die Gründung einer eigenen NSDAP, die Einführung des Arbeitsdienstes, und der Arbeitsfront, ferner die Errichtung eine Rasseamtes usw. stets hinauszuschieben. Diese Einrichtungen wurden bei uns auch nie ins Leben gerufen. Dadurch konnten mit Ministerpräsidenten Kállay, der von seiner Vorliebe für die demokratischen Grossmächte kein Hehl machte, bis zuletzt gute Beziehungen aufrechterhalten und vertrauliche Verhandlungen geführt werden.

Wofür insbesondere die gereifteren Führungsmänner von Anfang an eintraten, waren lediglich Nationalitätenrechte, die eine internationale Anerkennung bereits gefunden hatten, und nicht "Weltanschauungsdogmen". Nur zufolge einer solchen politischen Einstellung war es zu erklären, dass in der deutschen nationalen Minderheit in Ungarn und mit ihrer Führung auch konfessionell tief gebundene Männer, ferner Philosemiten, Freimaurer und Kom[m]unisten mitgingen, aber neben dieser ihrer Einstellung [sich] zur deutschen Nationalität bekannten. Die wahre Gesinnung dieser Männer musste natürlich verheimlicht werden; sie war aber dem allerengsten Kreis der Leitung, zufolge des zwischen ihnen bestehenden Vertrauensverhältnisses bekannt. Im Laufe der letzten 5 Jahre erfuhren diese Männer sogar eine Förderung dadurch, dass sie durch den Leiter der deutschen nationalen Minderheit in Ungarn in das engste Führungsgremium herangezogen wurden. Das Misstrauen der zuständigen Reichsstellen kam infolge dieser Sachlage, weil ja Entblössungen nicht zu vermeiden waren, der engsten Führung gegenüber immer wieder zum Ausdruck. Als der Leiter unserer nationalen Minderheit es sogar ablehnte, für sich und seine engsten Mitarbeiter für die Mitgliedschaft in der NSDAP anzusuchen und zu erwerben, wurden ihm und seinen Freunden – wiederum im Gegensatz zu den anderen deutschen nationalen Minderheiten in Europa – auch keine Parteiränge verliehen. Als weitere Folge des Misstrauens wurde auch kein Mitglied dieses engen Kreises in die SS berufen.

Die angeführten Zustände beschworen innere Krisen herauf und zu wiederholten Malen waren diese Männer Anfechtungen ausgesetzt. In ihrem Namen forderte Dr. Basch, um die oft untragbar gewordene Verantwortung ablegen zu können, in Berlin mehreremal das Recht auf ein Zurücktreten von ihren Posten. Diese Ansuchen aber wurden seitens der zuständigen Stellen im Reich stets abgelehnt, weil bei diesen die Erkenntnis nicht fehlte, dass eine andere Garnitur als Führungsspitze der deutschen nationalen Minderheit in Ungarn bei der ungarischen Regierung auf entschiedene Ablehnung gestossen wäre, aber auch unsere Nationalität einem politischen weltanschaulichen Radikalismus gegenüber ihre Abneigung offen bekundet hätten.

Als die Gegensätze im Frühjahr 1944 nicht mehr zu verheimlichen waren, wurde den Männern der älteren Führungsgeneration die Pflicht auferlegt, lediglich bis Kriegsende auf ihrem Posten zu verbleiben, um nachher einer ausgesprochen nationalsozialistisch verankerten Gruppe das Führungsrecht abzutreten. Kundigen Beobachtern, und zu ihnen zählten auch hohe Beamte der Kállay- und Lakatos-Regierung, entging es nicht, dass die gereifteren Führungsmänner infolge der obengezeichneten Entwicklung ihr Desinteressement nicht mehr zu verbergen vermochten. Sie haben ihre Pflichten als Deutsche erfüllt, wie dies Männer eines jeden anderen Volkes mit gefestigten Ehrbegriffen auch getan haben würden. Vergehen, geschweige denn Verbrechen aus "weltanschaulichen" Gründen heraus, können diesen Männern, weil sie sich davon distanzierten, nicht einmal von blinden Gegnern entgegenhalten werden. Auf die Frage, warum sie im Zustand von Gewissenskonflikten, in die sie laufend verstrickt wurden, nicht die Konsequenzen gezogen haben, dürfen sie antworten: weil der Rücktritt ihnen nicht gestattet wurde und ihnen die Gewissenspflicht verbot, insgeheim in eine Emigration zu gehen, da sie durch einen solchen Schritt ihr kleines Volk erst recht "weltanschaulich" Besessenen ausgeliefert hätten.

Worauf es diesen Männern jetzt aber ankommt, ist nicht ihr eigenes, sondern das zukünftige Schicksal des evakuierten Teiles der deutschen nationalen Minderheit in Ungarn, mit denen zusammen sie alles verloren haben: ihr Vermögen, ihre Heimat und selbst ihren Glauben an ihr Deutschtum. Was ihnen allein geblieben ist, das ist der urbäuerliche Lebenswille, ein neues Menschendasein zu beginnen.

Nur nebenbei wollen wir vermerken, dass es zu unseren bittersten Erfahrungen im politischen Leben gehört, dass man unsere deutsche Nationalität, die im Sinne eines Menschenrechts deutsch bleiben wollte, gerade im dritten Reich stets als Deutsche zweiter Ordnung betrachtet und auch so behandelt hat. Die im Reich gebräuchliche Bezeichnung für uns als "Volksdeutsche" besagt allein schon alles.

Aus keiner Rede und aus keinem Aufsatz, die die Unterzeichneten gehalten oder geschrieben haben, kann auch nur eine Aeusserung des Rassenhasses oder der Kirchenfeindlichkeit hervorgeholt werden. Mit Recht müssen sie darum jegliche Gemeinschaft mit den Untaten, die nach dieser Richtung hin durch das nationalsozialistische Regim[e] veranlasst und begangen wurden, nach wie vor mit aller Entschiedenheit ablehnen. Zum Zeichen dessen erklären sie an dieser Stelle, dass sie aus eigenem Willensentschluss bereit sind, sich einem jeden Gericht der Alliierten Mächte zur Verfügung zu stellen, um auch vor der Weltöffentlichkeit ihr Tun und Lassen zu bekräftigen. Was allen Evakuierten der deutschen nationalen Minderheit Ungarns angehörend, seit wenigen Tagen, vor allem in Bezug auf Buchenwald bekannt wurde, hat sie zutiefst erschüttert und ihr bisheriges inneres Verhalten in jeder Hinsicht gerechtfertigt.

Diese Tatsache gibt uns den Mut, als Sprecher der Flüchtlinge der deutschen nationalen Minderheit aus Ungarn, dieses Memorandum zu verfassen und den Alliierten Mächten zu unterbreiten.

Wir möchten aber auch einen britischen Kronzeugen, der über uns sein Urteil sprechen soll, hier anführen: Herrn Professor Aylmer Macartney, den hervorragenden Fachkundigen in Fragen der Nationalitäten im europäischen Südosten, dessen Anschrift wir hier anführen: London, Royal Institute for Foreign Affaires. Mit ihm hat Dr. Basch wiederholt die deutsche Nationalitätenfrage in Ungarn, zuletzt noch 1940 in Budapest, offen besprochen. Auch die ungarischen Staatsmänner: Ministerpräsident Miklós von Kállay, Ministerpräsident Béla Lakatos, Tibor Eckhardt und Staatssekretär Tibor von Pataky werden die von uns dargelegten Tatsachen bestätigen können.

Sollten die Hohen Regierungen der Alliierten Mächte unserer in diesem Memorandum zum Ausdruck gebrachten Bitte Gehör schenken, so ginge unser Wunsch schon jetzt dahin, den wenigen Geschulten unserer Kolonisten eine sofortige Umbildung in englischer Sprache vor allem unseren Lehrern zu gewähren, und uns der englischen und deutschen Sprache kundige Geistliche zuzuführen, damit unser seelisch zutiefst erschüttertes Volk in der neuen Heimat je eher Wurzel fassen könne.

Was wir wollen ist nur eines: Schlichte und verlässliche Träger der Arbeit und der wahren Menschlichkeit zu werden und in einer Welt, in der Arbeit und Menschlichkeit höchste Ideale waren und geblieben sind, aufzugehen.

Weyregg am Attersee, den 23. April 1945.

Im Namen der evakuierten Angehörigen der deutschen nationalen Minderheit aus Ungarn:

/ Dr. Franz Basch /
/ Dr. Georg Goldschmidt/
/ Dr. Eduard Keintzel/
/ Dr. Hans Schnitzer
/ Dr. Adam Schlitt /

Magyar Közlöny [Ungarischer Staatsanzeiger], Nr. 3, Debrecen, 5. Februar 1945

VERORDNUNG 81/1945 M. E. DER PROVISORISCHEN NATIONALREGIERUNG ÜBER DIE VOLKSGERICHTSBARKEIT

Aufgrund der Bevollmächtigung durch die Provisorische Nationalversammlung vom 21./22. Dezember 1944 in Debrecen und geleitet von der Notwendigkeit, daß all jene, die die historische Katastrophe des ungarischen Volkes verursacht bzw. dazu beigetragen haben, möglichst bald ihre Strafe verbüßen, erläßt die Provisorische Nationalregierung bis zur Wiederherstellung der vereidigten Gerichtsbarkeit durch die Legislative folgende Verordnung zur Errichtung der Volksgerichtsbarkeit:

ALLGEMEINE BESTIMMUNGEN

§ 1

Die in dieser Verordnung aufgeführten Straftaten sind auch dann strafbar, wenn die strafbare Handlung bei Inkrafttreten dieser Verordnung bereits vollendet und die Handlung nach den bis zu diesem Zeitpunkt geltenden Rechtsvorschriften nicht mit Strafe bedroht war.

§ 2

Die Zuständigkeit der Volksgerichtsbarkeit erstreckt sich auf Zivilpersonen und Mitglieder von Waffenverbänden, wozu auch Polizei und Gendarmerie zählen, und schließlich – unabhängig von der Staatsangehörigkeit – auf die Personen, die im Staatsgebiet Ungarns gefangengenommen oder die dem ungarischen Staat ausgeliefert wurden.
Die Zuständigkeit der Volksgerichtsbarkeit bleibt bei Personen, die Straftaten im Staatsgebiet Ungarns begangen haben, bei denen jedoch mit einer Auslieferung ins Ausland zu rechnen ist, gleichwohl bestehen, bis die Auslieferung tatsächlich angeordnet wird.
Bei der Anwendung dieser Verordnung gelten als Beamte diejenigen Personen, die unter die Aufzählung in § 3 des Gesetzes XVIII/1940 fallen.

§ 3

Folgende Strafen können vom Volksgericht verhängt werden:
1. Todesstrafe,
2. Zuchthaus,
3. Gefängnis,
4. Kerker,
5. Internierung,
6. Geldstrafe bis hin zur vollständigen Enteignung,

7. Verlust öffentlicher Ämter oder führender Positionen; Verbot, zukünftig öffentliche Ämter zu bekleiden,
8. Aberkennung der politischen Rechte,
9. Disziplinarstrafen, soweit sie in § 19 Absatz 3 Buchstabe a–c der Verordnung 15/1945 M. E. festgelegt sind.

Die hier aufgezählten Strafen können als Hauptstrafen verhängt werden. In allen der Volksgerichtsbarkeit zugewiesenen Fällen können darüber hinaus die unter Nr. 6–8 genannten Strafen als Nebenstrafen verhängt werden; dies gilt selbst dann, wenn der einschlägige Straftatbestand diese Nebenstrafen nicht ausdrücklich als mögliche Folgen der Tat nennt.

Eine Internierungsstrafe kann nur für die Dauer zwischen sechs Monaten und zwei Jahren verhängt werden. Das Gericht legt hierbei im Urteil fest, wie lange die Internierung in jedem Fall zu dauern hat. Nach Ablauf dieser Zeit erfolgt die Entlassung, wenn der Verurteilte sich während der Haft vorbildlich verhalten hat. Andernfalls kann die Aufsichtsbehörde des Internierungslagers die Haftzeit um bis zu sechs Monate verlängern. Die Höchstdauer von zwei Jahren darf indes auch in diesem Fall nicht überschritten werden.

Für die Verhängung, Abänderung und Vollstreckung von Geldstrafen sind die Bestimmungen des Gesetzes X/1928 maßgeblich.

Das Volksgericht kann statt auf eine vollständige Enteignung auch auf eine teilweise Enteignung erkennen.

Zur Vollstreckung des Verlustes öffentlicher Ämter muß das Urteil dem örtlich zuständigen Finanzdirektorium mitgeteilt werden, das gemäß der Verordnung des Finanzministers handelt. Der Verurteilte verliert sein öffentliches Amt und seine Stelle im öffentlichen Dienst. Rentenanwartschaft, Rente und Gnadengehälter gehen nur dann verloren, wenn das Volksgericht dies ausdrücklich im Urteil anordnet. Rentenansprüche unversorgter Familienmitglieder des Verurteilten kann das Volksgericht hierbei aufrechterhalten.

Auch gegenüber solchen privat Beschäftigten, die eine führende Position innehaben, kann ausgesprochen werden, daß sie ihre Position verlieren. Hierdurch wird nicht ausgeschlossen, daß der Verurteilte zukünftig erneut eine führende Position übernimmt.

§ 4

§ 125 (Te.) des Gesetzes [Nr. 34/1930] über die Vereinfachung der Gesetzgebung ist nicht anzuwenden.

§ 5

Bei der Strafmaßbestimmung finden die §§ 91, 92 des Strafgesetzbuchs (StGB) mit der Maßgabe Anwendung, daß über die in § 92 StGB vorgesehenen Milderungen hinaus auch die in § 3 genannten Milderungen angewendet werden können.

§ 6

Ein Strafverfahren kann im Rahmen der Einschränkungen gemäß § 12 Absatz 2 des Gesetzes III/1921 gegen einen Beschuldigten auch dann eröffnet werden, wenn dieser sich auf der Flucht befindet. Hierbei braucht der Beschuldigte nicht geladen zu werden; jedoch ist der Verhandlungsbeginn am Ort seines letzten Wohnsitzes 30 Tage vor der Eröffnung ortsüblich bekanntzumachen.

§ 7

Hat das Volksgericht auf Todesstrafe erkannt, so kann diese Strafe im Wege der Begnadigung umgewandelt werden in lebenslängliche Gefängnisstrafe oder in eine zeitlich festgelegte Gefängnisstrafe zwischen zehn und fünfzehn Jahren.
Das Recht zur Begnadigung steht dem Obersten Nationalrat zu.
Der Oberste Nationalrat fällt seine Entscheidung auf Vorschlag des Justizministers.

§ 8

Der Justizminister kann die Verschiebung des Strafbeginns oder die Unterbrechung einer bereits angetretenen Strafe genehmigen.
Ein Straferlaß fällt dann in die Kompetenz des Obersten Nationalrats, wenn er frühzeitig erfolgt. Dies ist der Fall, wenn noch nicht zwei Drittel der Strafe verbüßt sind.
Sind bereits zwei Drittel der Strafe verbüßt, so fällt der Straferlaß in die Zuständigkeit des Ministerpräsidenten, der seine Entscheidung auf Vorschlag des Justizministers fällt.

§ 9

Im Hinblick auf die Verjährung ist § 106 StGB mit der Maßgabe anzuwenden, daß bei Taten, die zwischen dem 21. Juni 1941 und dem Abschluß des Waffenstillstands begangen wurden, die Verjährung mit dem Tag des Abschlusses des Waffenstillstands (20. Januar 1945) beginnt.
Im Hinblick auf politische Morde aus dem Jahre 1919 und späteren Jahren, deren strafrechtliche Verfolgung vom herrschenden Regime verhindert wurde, ist Verjährungsbeginn der 21. Dezember 1944.

§ 10

Die Vorschriften des Ersten Teils des Gesetzes V/1878 sind entsprechend anzuwenden, soweit sie nicht im Widerspruch zu den Vorschriften dieser Verordnung stehen.

BESONDERE BESTIMMUNGEN

§ 11

Kriegsverbrecher ist,
1. wer das Übergreifen des Krieges von 1939 auf Ungarn oder die zunehmende Verquickung Ungarns in den Krieg durch seine Handlung oder Haltung in

führender Position begünstigt hat oder wer dies zu verhindern unterlassen hat, obwohl er aufgrund seiner Stellung im öffentlichen Dienst, aufgrund seiner politischen, volkswirtschaftlichen Rolle und aufgrund seiner Rolle in der Öffentlichkeit die Möglichkeit dazu gehabt hätte;
2. wer als Mitglied der Regierung, des Parlaments oder als Beamter in führender Position Initiator oder auf andere Weise Beteiligter an denjenigen Entscheidungen gewesen ist, die das ungarische Volk in den 1939 ausgebrochenen Krieg stieß, obwohl er deren Folgen voraussah;
3. wer den Abschluß des Waffenstillstands mit Gewalt oder durch Ausübung seines Einflusses zu verhindern beabsichtigt hat;
4. wer an leitender Stelle in der Pfeilkreuzlerbewegung Hilfe geleistet hat zu deren Revolte mit dem Ziel der Machtergreifung und des Machterhalts oder wer aufgrund einer Beförderung nach der Machtergreifung eine führende Position innerhalb von Pfeilkreuzlerbewegung, Verwaltung oder Landesverteidigung übernommen hat, ohne daß dazu ein Zwang bestand, der das eigene Leben in erhebliche Gefahr gebracht hätte (unter führenden Positionen sind die Posten von Ministern, Staatssekretären, Obergespanen, Oberbürgermeistern, Armeekommandanten, Korpskommandanten und ähnlich bedeutsame Posten zu verstehen);
5. wer hinsichtlich der Behandlung der Bevölkerung der besetzten Gebiete oder der Kriegsgefangenen das internationale Kriegsrecht schwer verletzt hat oder wer an der Bevölkerung der wieder eingegliederten Gebiete Grausamkeiten verübt hat und die ihm anvertraute Macht mißbraucht hat oder wer allgemein Anstifter, Vollstrecker oder in anderer Weise Beteiligter an ungesetzlichen Hinrichtungen und Folterungen gewesen ist.

§ 12

Sofern nicht andere Rechtsvorschriften härtere Strafen vorsehen, ist die vom Volksgericht zu verhängende Höchststrafe :
– Todesstrafe für die in § 11 Nr. 1 Fall 1, Nr. 3–5 aufgezählten Straftaten;
– zehn Jahre Zuchthaus für die Straftaten gem. § 11 Nr. 1 Fall 2;
– fünfzehn Jahre Zuchthaus für die Straftaten gem. § 11 Nr. 2.

§ 13

Kriegsverbrecher ist auch:
1. wer in Druckerzeugnissen (jedwede vervielfältigte Schrift), in einer vor einer Versammlung gehaltenen Rede oder im Rundfunk zu gesteigerter Kriegsführung gehetzt hat;
2. wer Hilfe geleistet hat zu einer gewaltsamen Handlung eines militärischen Verbandes gegen Personen oder gegen Vermögen;
3. wer, ohne in führender Position zu sein, durch sein Handeln der Pfeilkreuzlerbewegung zu deren Machtergreifung oder Machterhalt Hilfe leistete oder wer von dieser Macht befördert worden ist und in Verwaltung oder Landesverteidigung freiwillig ein in § 11 Nr. 4 nicht aufgezähltes sonstiges wichtiges Amt bekleidet hat;

4. wer trotz seiner ungarischen Staatsangehörigkeit der deutschen Wehrmacht oder dem Sicherheitsdienst (SS, Gestapo usw.) beigetreten ist;
5. wer irgendeinem deutschen Verband für das Ungartum schädliche Informationen lieferte oder als Spitzel tätig gewesen ist;
6. wer im Dienste der Kriegspropaganda bedeutsame Tätigkeiten entfaltet hat.

§ 14

Sofern nicht andere Rechtsvorschriften härtere Strafen vorsehen, ist die vom Volksgericht zu verhängende Höchststrafe:
- drei Jahre Gefängnis für die Straftaten gem.§ 13 Nr. 1;
- zwei Jahre Gefängnis für die Straftaten gem. § 13 Nr. 2 und 3;
- fünf Jahre Gefängnis für die Straftaten gem. § 13 Nr. 4;
- drei Jahre Gefängnis für die Straftaten gem. § 13 Nr. 5;
- ein Jahr Gefängnis für die Straftaten gem. § 13 Nr. 6.

In den Fällen des § 13 Nr. 2 erhöht sich die Höchststrafe auf drei Jahre Gefängnis, wenn dem Verletzten durch gewaltsame Handlung ein schwerer, nach zwanzig Tagen heilender körperlicher Schaden zugefügt wurden. Die Höchststrafe ist zehn Jahre Zuchthaus, wenn die gewaltsame Handlung zum Tod führte.
In den Fällen des § 13 Nr. 4 beträgt die Höchststrafe zehn Jahre Zuchthaus, wenn der Täter sich an einer gewaltsamen Handlung gegen ungarische Staatsangehörige beteiligte; die Höchststrafe ist die Todesstrafe, wenn die Handlung den Tod eines ungarischen Staatsangehörigen verursacht hat oder wenn der Täter gegen die ungarische Armee kämpfte oder mit Waffengewalt verhinderte, daß einzelne oder mehrere zur Roten Armee hinüber wechselten.
In den Fällen des § 13 Nr. 5 ist die Höchststrafe fünfzehn Jahre Zuchthaus, wenn der ungarische Staatsbürger aufgrund einer Anzeige getötet oder vermutlich ins Ausland verschleppt wurde; die Höchststrafe ist die Todesstrafe, wenn der Täter regelmäßig oder gegen Entgelt tätig war.

§ 15

Schuldig eines volksfeindlichen Verbrechens ist:
1. wer als Parlamentsmitglied oder als Ministerialbeamter in führender Position Initiator von Rechtsvorschriften, welche die Interessen des Volkes schwer verletzten, gewesen ist oder wer an deren Schaffung bewußt teilgenommen hat;
2. wer nach dem 1. September 1939 im Rahmen seines öffentlichen Amtes bei der Durchführung von Gesetzen und Verordnungen, die gegen einzelne Schichten des Volkes gerichtet waren, innerhalb seiner Befugnisse eine Tätigkeit entfaltet hat, welche die persönliche Freiheit oder die körperliche Unversehrtheit gefährdete oder verletzte oder welche bei mehreren Personen zu Vermögensschäden führte;
3. wer als Beamter mit der Befugnis zur Ausübung rechtsprechender Gewalt betraut war und bewußt eine volksfeindliche, faschistenfreundliche Beamtentätigkeit ausgeübt hat.

§ 16

Sofern andere Rechtsvorschriften keine härtere Strafe vorsehen, beträgt die Höchststrafe

– fünf Jahre Zuchthaus für die Straftaten gem. § 15 Nr. 1;

– drei Jahre Gefängnis für die Straftaten gem. § 15 Nr. 2. Wurde dem Verletzten durch die Handlung ein schwerer, innerhalb von zwanzig Tagen nicht geheilter körperlicher Schaden zugefügt, so beträgt die Strafe im Höchstmaß fünf Jahre Gefängnis. Hat die Verletzungshandlung zu einer Verletzung, wie sie in § 303 StGB beschrieben ist, geführt, ist die Höchststrafe fünf Jahre Zuchthaus;

– zwei Jahre Gefängnis für die Straftaten gem. § 15 Nr. 3.

§ 17

Schuldig eines volksfeindlichen Verbrechens ist auch:

1. wer die in § 15 Nr. 2 beschriebenen Handlungen nicht verhindert hat, obwohl es seinem gesetzlichen Wirkungsbereich nach möglich gewesen wäre;
2. wer in einer faschistischen, demokratiefeindlichen Partei eine weniger bedeutsame, aber immerhin noch leitende Tätigkeit entfaltet hat;
3. wer in Druckerzeugnissen (jedwede vervielfältigte Schrift), vor einer Versammlung, im Rundfunk oder sonstwie öffentlich die Schaffung von volks- oder demokratiefeindlichen Maßnahmen verlangt hat oder die bereits Vollzogenen gelobt hat.
4. wer sich ohne Zwang in den Dienst der volks- oder demokratiefeindlichen Propaganda gestellt hat;
5. wer durch Drohung die Ausbreitung von faschisten-(pfeilkreuzler-, deutsch-, kriegs-) feindlicher Ansichten verhindert hat.

§ 18

Sofern andere Rechtsvorschriften keine härteren Strafen vorsehen, beträgt die vom Volksgericht zu verhängende Strafe im Höchstmaß:

– ein Jahr Kerker für die Straftaten gem. § 17 Nr. 1;

– ein Jahr Internierung für die Straftaten gem. § 17 Nr. 2 und 3;

– ein Jahr Kerker für die Straftaten gem. § 17 Nr. 4 und 5.

§ 19

Die in dieser Verordnung bestimmten Straftaten sind von Amts wegen zu verfolgen.

KOMPETENZ UND ZUSTÄNDIGKEIT

§ 20

Die Aburteilung der in den §§ 11, 13, 15 und 17 dieser Verordnung bestimmten Straftaten fällt in die Zuständigkeit der Volksgerichtsbarkeit.

Die Zuständigkeit der Volksgerichtsbarkeit umfaßt darüber hinaus die Straftaten,

die in den folgenden Vorschriften bestimmt sind:
- §§ 1 - 5 des Gesetzes III/1921,
- §§ 58, 59 des Gesetzes III/1930,
- Kapitel IV des Gesetzes V/1878 und
- § 172 Abs. 1 des Gesetzes V/1878.

§ 21

Für die im letzten Absatz des § 20 ohne den dort gekennzeichneten Zusammenhang genannten Straftaten ist die Volksgerichtsbarkeit nur dann zuständig, wenn die Handlung politischer Art gewesen ist und der Leiter der zuständigen Staatsanwaltschaft dem Leiter der Volksanwaltschaft zustimmt, den Fall der Volksgerichtsbarkeit zu überantworten.

§ 22

Die Volksgerichtsbarkeit kann auch über solche Straftaten entscheiden, deren Täter ein Minderjähriger ist. In diesen Fällen ist neben Artikel IV, Kapitel II des Gesetzes XXXVI/1908 auch § 3 dieser Verordnung anzuwenden, jedoch mit der Maßgabe, daß die Todesstrafe nicht verhängt werden darf und daß eine Gefängnis- oder Zuchthausstrafe erst ab dem fünfzehnten Lebensjahr ausgesprochen werden darf.

§ 23

Im Hinblick auf die Zuständigkeit sind die Bestimmungen des Kapitels II des Gesetzes XXXII/1896 maßgeblich.
Wenn bei einem Verdächtigen der Verdacht besteht, mehrere Straftaten begangen zu haben, so überantwortet der Volksanwalt den Fall unter Nennung von Straftaten und Beweismitteln der Volksanwaltschaft bei dem Volksgericht, welches aufgrund des Wohnsitzes örtlich zuständig ist.

VOLKSANWALTSCHAFT

§ 24

Die Anklage vor dem Volksgericht wird durch den Volksanwalt geführt. Der Justizminister ernennt die Volksanwälte und die Leiter der Volksanwaltschaften aufgrund eines Vorschlags der örtlichen Nationalkommission oder nach deren Anhörung, und zwar aus dem Kreis der Kandidaten, die die Richter- und Anwaltsprüfung abgelegt haben oder aber zumindest über die Urkunde eines Doktors der Rechte verfügen. Die Volksanwälte können durch den Justizminister jederzeit ihres Amtes enthoben werden.
Ein Volksanwalt erhält, sofern er noch nicht zum Staatsanwalt ernannt ist, während seiner Tätigkeit die Bezüge gemäß der vierten Kategorie der Gehaltsgruppe I für Richter und Anwälte.
Andere Berufe darf ein Volksanwalt nicht ausüben.
Die Bestellung zum Volksanwalt ist vorübergehend. Im Falle der Amtsenthebung

erhält der Abberufene als Abfindung drei Monatsgehälter, es sei denn, der Justizminister ernennt ihn zum Anwalt.
Falls der zum Volksanwalt Berufene noch keinen Anwaltseid abgeleistet hat, legt er den Eid gemäß § 2 der Verordnung 17/1945 M.E. vor dem Leiter der Staatsanwaltschaft ab.

§ 25

Für das Aufsichtsrecht des Justizministers gelten § 5 des Gesetzes XXXIII/1871 und die Verordnung 4.600/1899 sowie deren Ergänzungsbestimmungen.

§ 26

Die vom Volksanwalt angefertigten Anklagen und Beschlüsse sind von ihm selbst zu unterzeichnen und vom Leiter der Volksanwaltschaft gegenzuzeichnen. Ohne Gegenzeichnung darf kein Beschluß und keine Anklage den Bereich der Volksanwaltschaft verlassen.
Die Verantwortung für die von ihm unterzeichneten Beschlüsse trägt der Volksanwalt. Im Fall der Gegenzeichnung ist für die Beschlüsse auch der Leiter der Volksanwaltschaft verantwortlich.

§ 27

Das Hilfspersonal der Volksanwaltschaft wird gemeinsam durch den Leiter des Gerichtshofes und den Leiter der Staatsanwaltschaft aus dem Hilfspersonal der Gerichte und der Staatsanwaltschaft ausgewählt.

§ 28

Ebenfalls gemeinsam wählen die Leiter von Gerichtshof und Staatsanwaltschaft die Räume für die Volksanwaltschaft aus; diese sollen sich möglichst nahe beim Volksgericht befinden.

§ 29

Bei der Fahndung sind die §§ 83–86 StGB zu beachten.

§ 30

Die im Kapitel XII des StGB genannten Rechte und Pflichten des Untersuchungsrichters gelten auch für den Volksanwalt.

§ 31

Einer Anzeige darf der Volksanwalt nur dann nachgehen, wenn der Anzeigeerstatter seine genaue Adresse angibt und die Anzeige unterzeichnet. Unvollständige oder unter falschem Namen erstattete, also offensichtlich haltlose Anzeigen sind nicht zu bearbeiten.
Mündlich erstattete Anzeigen nimmt der Volksanwalt zu Protokoll; dieses hat Namen und Adresse des Anzeigeerstatters sowie die der Anzeige zugrunde-

liegenden Vorgänge samt Beweismaterial zu beinhalten. Das Protokoll muß vom Anzeigeerstatter unterzeichnet werden.
Wegen einer Anzeige bei der Volksanwaltschaft darf gegen den Anzeigeerstatter gem. § 20 des Gesetzes XLI/1914 kein Verfahren eröffnet werden. Hingegen bleibt die Anwendung der Vorschriften des Kapitels XIII des Strafgesetzbuchs unberührt.

§ 32

Gem. § 19 Nr. 2 der Verordnung 15/1945 M.E. sind die den Volksgerichten zugewiesenen Fälle auch an den Volksanwalt weiterzuleiten. Dieser verfährt genauso wie in den aufgrund einer Anzeige verfolgten Fällen.

§ 33

In den in § 141 StGB geregelten Fällen ordnet der Volksanwalt Untersuchungshaft an.
Eine Beschwerde gegen die Anordnung der Untersuchungshaft ist nicht statthaft. Hat der Volksanwalt innerhalb von dreißig Tagen weder den Beschuldigten vor das Volksgericht gestellt noch eine Anklageschrift eingereicht, so muß die Untersuchungshaft sofort aufgehoben werden oder aber die Akten müssen unverzüglich dem Volksgericht zugeleitet werden. Über die Aufrechterhaltung der Untersuchungshaft hat das Volksgericht innerhalb von drei Tagen eine Entscheidung zu treffen. Das Volksgericht kann die Untersuchungshaft auf Vorschlag des Volksanwalts um weitere 30 Tage verlängern. Darüber hinaus kann die Untersuchungshaft auch während der Dauer des gerichtlichen Strafverfahrens bis zur Sachentscheidung des Volksgerichts verlängert werden. Insgesamt darf die Untersuchungshaft bis zur Entscheidung des Volksgerichts nicht sechs Monate überschreiten.
Falls jedoch das Volksgericht eine in der Anklage genannte Straftat als erwiesen ansieht, kann es die Untersuchungshaft um weitere sechs Monate verlängern.
Die nach der Verkündung des Volksgerichtsurteils verlängerte Untersuchungshaft dauert bis zum Eintritt der Rechtskraft der Entscheidung fort.

§ 34

Der Volksanwalt reicht entweder eine Anklageschrift ein oder er stellt in Fällen geringer Bedeutung den Beschuldigten unter Anwendung der §§ 107 f. Te. vor das Volksgericht.

§ 35

Eine andere Verfahrensweise ist nicht gestattet.

§ 36

Im Hinblick auf die Verteidigung ist Kapitel V des StGB anzuwenden.

DIE VOLKSGERICHTE

§ 37

Bei jedem Gerichtshof ist ein Volksgericht zu errichten.
Der Justizminister kann innerhalb eines Volksgerichts die Bildung mehrerer Volksgerichtsräte anordnen.

§ 38

Die geeigneten Räume für die Volksgerichtsverhandlung bestimmt der Leiter des Gerichtshofes.

§ 39

Ein Volksgerichtsrat besteht aus fünf Personen.
Innerhalb von acht Tagen nach Inkrafttreten dieser Verordnung schlagen die örtlichen Organisationen der fünf Parteien der Ungarischen Nationalen Unabhängigkeitsfront (Bürgerliche Demokratische Partei, Partei der unabhängigen Kleinlandwirte, Ungarische Kommunistische Partei, Nationale Bauernpartei und Sozialdemokratische Partei) jeweils fünf Personen vor; sie schlagen ein Mehrfaches davon an Personen vor, wenn der Justizminister die Bildung mehrerer Volksgerichtsräte angeordnet hat. Der Obergespan wählt auf Vorschlag der örtlichen Nationalkommission innerhalb von acht Tagen nach Bekanntgabe der Namenslisten je ein ordentliches Mitglied und ein Ersatzmitglied von jeder Liste aus. Aufgrund dessen ist jede der aufgezählten Parteien im Volksgerichtsrat mit je einem ordentlichen und einem Ersatzmitglied vertreten. Falls ein ordentliches Mitglied des Volksgerichtsrats verhindert ist, wird das Ersatzmitglied derjenigen Partei berufen, dessen ordentliches Mitglied verhindert ist.
Zum Volksrichter kann nicht berufen werden, wer wegen einer Straftat, wegen Gewinnsucht oder wegen faschistischer Aktivität verurteilt worden ist. Bei Anwendung dieser Bestimmung gilt derjenige nicht als vorbestraft, der wegen faschistenfeindlicher Straftaten oder wegen Straftaten verurteilt wurde, die in den Judengesetzen bestimmt sind.
Zu der von den Parteien eingereichten Namensliste muß die schriftliche Erklärung der Kandidaten hinzugefügt werden, daß sie nicht in der genannten Weise vorbestraft sind.
Falls am Ort eines zu errichtenden Volksgerichts eine der aufgezählten Parteien nicht tätig ist, bestimmt der Obergespan aus dem Kreis der vorgeschlagenen Personen der anderen demokratischen Parteien das fehlende Mitglied und das Ersatzmitglied, wobei er erneut auf Vorschlag der Nationalkommission tätig wird; sind keine Parteien vorhanden, so werden parteilose, aber politisch zuverlässige Personen ausgewählt.
Der ausgewählte Volksrichter kann seine Wahl nicht ablehnen.
Jedes Mitglieder und Ersatzmitglied des Volksgerichts kann nach dreimonatiger Tätigkeit seine Amtsenthebung beim Obergespan beantragen, welcher dann den

Nachfolger im Einklang mit den Bestimmungen dieses Paragraphes bestimmt.

§ 40

Volksrichter erhalten die vom Justizminister festgelegten Diäten in Abhängigkeit von der Zahl der Verhandlungstage. Die Höhe der Diäten beträgt vorläufig 20 Pengö nach jedem Verhandlungstag. Für Sitzungen außerhalb der Verhandlung gibt es keine Zusatzbezüge.

Die Unkosten, zu denen auch die Kosten für die Einnahme eines richterlichen Augenscheins gehören, schießt das örtlich zuständige Munizipium anstelle der Staatsschatzkammer vor.

§ 41

Wenn sowohl das ordentliche als auch das Ersatzmitglied verhindert sind, wählt der Obergespan das neue ordentliche und das Ersatzmitglied aus dem Kreis der von der betreffenden Partei vorgeschlagenen Personen.

§ 42

Der Justizminister ernennt für den Volksgerichtsrat einen ausgebildeten ratsvorsitzenden Richter (im weiteren: Ratsvorsitzender) und einen stellvertretenden Vorsitzenden.

Verfahren vor dem Volksgericht

§ 43

Die Vorbereitung der Verhandlung (Ladung von Angeklagten und Zeugen, Benachrichtigung der ordentlichen und Ersatzmitglieder des Volksgerichtsrats) obliegt dem Vorsitzenden. Dieser bestimmt auch den Protokollführer aus dem Referendarspersonal des örtlichen Gerichtshofs.

§ 44

Für die Protokollführung gelten die Bestimmungen der §§ 331 f. Strafprozeßordnung (StPO) sowie des § 113 Te.

§ 45

Vor der ersten Verhandlung legen die Volksrichter einen Eid ab. Die Eidesleistung erfolgt vor dem Vorsitzenden. Die zu sprechende Eidesformel ergibt sich aus § 1 der Verordnung 45.010/1945 M.I.

§ 46

Für den Ausschluß des Vorsitzenden, der Volksrichter, des Protokollführers und des Volksanwalts gelten die Vorschriften des Kapitels VI der StPO.

§ 47

Die Verhandlung leitet der Vorsitzende gemäß den Bestimmungen der StPO über die Hauptverhandlung.

Wenn der Vorsitzende seine Fragen beendet hat, können die Volksrichter, die Volksanwälte und der Verteidiger Fragen an den Angeklagten und die Zeugen richten; den Zeugen kann auch der Angeklagte Fragen stellen.

§ 48

Das Volksgericht kann bereits vor dem endgültigen Abschluß der Beweisaufnahme die Schuld des Angeklagten hinsichtlich der als erwiesen anzusehenden Straftaten in einer Zwischenentscheidung feststellen. Eine solche Entscheidung, welche im Strafprozeßverfahren stattfindet, kann das Volksgericht nur in dem Fall fassen, daß der Angeklagte sich in Untersuchungshaft befindet und abzusehen ist, daß bis zum Ende der maximal zulässigen Untersuchungshaftdauer (sechs Monate) die Hauptgerichtsverhandlung nicht bezüglich aller Straftaten durchgeführt werden kann. Die Zwischenentscheidung bedarf der Begründung durch das Volksgericht. Aufgrund der Zwischenentscheidung kann die Untersuchungshaft des Angeklagten nur verlängert werden, wenn anzunehmen ist, daß der Angeklagte mindestens zu einem Jahr Freiheitsentzug verurteilt werden wird.

Gegen eine Zwischenentscheidung ist eine Beschwerde nicht statthaft.

Das endgültige Urteil kann das Volksgericht ohne Bindung an die Zwischenentscheidung fällen.

§ 49

Nach Abschluß der Beweisaufnahme zieht sich der Volksgerichtsrat zur Entscheidungsfindung zurück. Die Beratung ist geheim; außer den Volksrichtern nehmen daran der Vorsitzende und der Protokollführer teil.

Während der Beratung faßt der Vorsitzende die Ergebnisse zusammen, gibt fachliche Aufklärung über die anzuwendenden Gesetze und Verordnungen, über Art und Höhe der Strafen, die verhängt werden können. Der Vorsitzende ist verpflichtet, seine Meinung darüber zu äußern und zu begründen, welche Straftaten aufgrund der Beweisaufnahme als erwiesen anzusehen sind. Als Schiedsrichter ist es ihm aber untersagt, seine Meinung darüber zu äußern, welche Strafe und welches Strafmaß er selbst verhängen würde.

Der Vorsitzende gibt, bevor die Mitglieder des Volksgerichtsrats endgültig abstimmen, sein Votum darüber ab, welche Straftat bzw. welche Straftaten erwiesen sind.

Die Abstimmungsreihenfolge innerhalb der Volksrichter bestimmt sich nach deren Lebensalter, wobei zuerst der älteste und zuletzt der jüngste Volksrichter abstimmt. Der Vorsitzende selbst stimmt nicht mit ab.

Nach der Entscheidung über die Schuldfrage gibt der Vorsitzende den Volksrichtern Aufklärung darüber, welche Strafen wegen der festgestellten Straftaten zu verhängen sind. Über Art und Höhe der Strafe stimmen die Volksrichter in der

selben Weise wie über die Schuldfrage ab. Falls die für eine Entscheidung notwendige Mehrheit von drei Meinungen (Stimmen) nicht zustande kommt, ist der Vorsitzende berechtigt, sich der übereinstimmenden Meinung von zwei Volksrichtern anzuschließen. In allen anderen Fällen hat der Vorsitzende kein Stimmrecht.
Die Abstimmung ist nur dann in das Protokoll aufzunehmen, wenn der Vorsitzende dies für notwendig erachtet.
Die Abfassung des Urteils erfolgt durch den Vorsitzenden gemäß den gültigen gesetzlichen Bestimmungen.

§ 50

Wenn nach der Überzeugung des Vorsitzenden die Volksrichter ihre Entscheidung unter Mißachtung von Gesetzen oder den relevanten Bestimmungen dieser Verordnung gefällt haben und eine Beschwerde gegen die Entscheidung nicht statthaft ist, so kann der Vorsitzende die Angelegenheit mittels einer Eingabe dem Landesrat der Volksgerichte vorlegen; die Eingabe ist zu begründen und in einem verschlossenen Briefumschlag zu versenden. Der Vorsitzende darf sein Vorgehen nicht mitteilen; die Eingabe hat keine aufschiebende Wirkung.

§ 51

Das Volksgericht und der Landesrat der Volksgerichte erlassen ihre Urteile "IM NAMEN DES UNGARISCHEN VOLKES".

§ 52

Außer in den in der Strafprozeßordnung vorgesehenen Fällen muß die Urteilsformel des rechtskräftigen Urteils auch der Volksanwaltschaft, dem Landeskriminalevidenzamt, dem aufgrund des Wohnsitzes des Angeklagten zuständigen Munizipium, dem Zentralausschuß und dem Wohnungsamt mitgeteilt werden.

BERUFUNG

§ 53

Gegen Todesurteile und gegen Urteile, die auf völlige Enteignung, auf Verlust öffentlicher Ämter oder leitender Positionen, auf drei Jahre Freiheitsentzug oder auf Geldstrafe von mehr als 20.000 Pengö lauten, kann der Verurteilte Berufung beim Landesrat der Volksgerichte einlegen.
Jedwedes gegen das Urteil durch den Verurteilten eingelegte Rechtsmittel gilt unabhängig von seiner Form als Berufung.
Dem Verteidiger steht mit Ausnahme des in § 6 geregelten Falles kein Recht zu, Berufung einzulegen.
Der Volksanwalt kann sowohl mit dem Ziel des Freispruchs als auch mit dem Ziel der Strafverschärfung Berufung einlegen. Aufgrund der vom Volksanwalt eingelegten Berufung kann das Urteil auch zugunsten des Verurteilten geändert werden.

Der Volksanwalt kann sich der Berufung des Verurteilten zu dessen Ungunsten anschließen (§ 29 des Gesetzes X/1928).
Im übrigen gilt bezüglich der Berufung § 388 StPO.

Der Obervolksanwalt

§ 54

Vor dem Landesrat der Volksgerichte vertritt der Obervolksanwalt oder sein Stellvertreter die Anklage.
Obervolksanwalt vor dem Landesrat der Volksgerichte oder dessen Stellvertreter können nur solche Personen sein, die die Richter- und Anwaltsprüfung abgelegt haben; sie werden auf Vorschlag des Justizministers von der Regierung ernannt.
Der Obervolksanwalt vor dem Landesrat der Volksgerichte wird nach der Kategorie I der Gruppe III der Richter und Anwälte besoldet und sein Stellvertreter nach der Kategorie I der Gruppe II, sofern ihnen aufgrund sonstiger öffentlicher Ämter keine höheren Bezüge zustehen.
Die §§ 24–26 gelten entsprechend für den Volksanwalt vor dem Landesrat der Volksgerichte und seinen Stellvertreter.

§ 55

Der Obervolksanwalt kann die vom Volksanwalt eingereichte Berufung zurückziehen.
Für den Obervolksanwalt sowie den Volksanwalt gelten die gleichen Rechtsvorschriften wie für die Oberstaatsanwälte und die Staatsanwälte.

§ 56

Die mit Rechtsmittel angegriffenen Urteile der Volksgerichte überprüft der Landesrat der Volksgerichte.
Der Landesrat der Volksgerichte arbeitet in fünfköpfigen Räten, deren Anzahl der Justizminister bestimmt.
Sitz des Landesrates der Volksgerichte ist der jeweilige Sitz der Regierung.

§ 57

Der Landesvorstand jeder der in § 39 aufgezählten Parteien entsendet in die einzurichtenden Räte beim Landesrat der Volksgerichte je ein ständiges Mitglied, das die Richter- und Anwaltsprüfung abgelegt hat und unbescholten ist (§ 39 Abs. 3). Eines der Mitglieder des so gebildeten Rates beauftragt der Justizminister mit dessen Leitung.
Jede politische Partei bestimmt unabhängig von der Anzahl der Räte ein Ersatzmitglied.
Die Parteien können das Mandat der vorgesehenen Mitglieder und Ersatzmitglieder nicht widerrufen.
Die vorgesehenen ratsleitenden Mitglieder und deren Stellvertreter erhalten ihre

Vergütung nach der Stufe I der Gehaltsgruppe III der Richter und Anwälte, falls ihnen als Beamten kein höheres Gehalt zusteht.
Die ordentlichen Mitglieder und die Ersatzmitglieder dürfen keinen anderen Beruf ausüben.
Bei der Eidesleistung der Mitglieder und der Ersatzmitglieder ist § 45 anzuwenden, wobei der Eid vor dem Präsidenten des Landesrates der Volksgerichte abzulegen ist.

§ 58

Der Landesrat der Volksgerichte steht unter der Leitung des Präsidenten, der vom Justizminister ernannt wird. Für sein Gehalt ist § 57 Abs. 4 maßgeblich.
Der Präsident versieht die geschäftsführenden Aufgaben des Landesrates der Volksgerichte (Einberufung von Ersatzmitgliedern, Aufgabenverteilung, Anordnung von Dringlichkeitsfällen usw.).

§ 59

Der Schriftführer des Landesrates der Volksgerichte ist ein vom Justizminister bestellter Richter oder ein richterlicher Referendar.

§ 60

Das Verfahren vor dem Landesrat der Volksgerichte bestimmt sich nach der Strafprozeßordnung und § 33 des Gesetzes X/1928, jedoch mit der Maßgabe, daß auch der Rat die Beweisaufnahme eröffnen, einen seiner Richter mit der Beweisaufnahme beauftragen und jeden Gerichtshof um eine Beweisaufnahme ersuchen kann. Die Vorführung eines in Untersuchungshaft befindlichen Angeklagten während Verhandlung und Beweisaufnahme ist nur dann erforderlich, wenn der Rat dies anordnet. Im übrigen sind der Angeklagte und sein Verteidiger über Verhandlung und Beweisaufnahme zu benachrichtigen; das Versäumnis der Benachrichtigung ist indes kein Grund dafür, die in der Abwesenheit vorgenommenen Verfahrenshandlungen zu wiederholen.

§ 61

Über Eingaben von Vorsitzenden (§ 50) entscheidet der Rat in geheimer Sitzung.
Der Rat kann folgende Beschlüsse fassen:
1. Der Vorlage wird nicht stattgegeben.
2. Eine Beweisaufnahme wird angeordnet und dazu wird:
a) ein Verhandlungstermin bestimmt,
b) ein Richter beauftragt oder
c) ein anderer Gerichtshof ersucht.
3. Das Urteil des Volksgerichtes wird aufgehoben und die Sache zur erneuten Verhandlung an dasselbe oder ein anderes Volksgericht zurückverwiesen.
4. Das Volksgericht kann das Urteil zugunsten des Verurteilten abändern.
Im Falle von Nr. 2 Buchstaben b und c entscheidet der Rat, nachdem er über das

Ergebnis der Beweisaufnahme verhandelt hat.

§ 62

Über die vom Angeklagten eingereichte und vom Volksanwalt unterstützte Berufung entscheidet der Landesrat der Volksgerichte nach Nr.II, Kapitel XX der StPO.

Der Landesrat der Volksgerichte überprüft das infolge der Berufung vorgelegte Urteil im Ganzen.

WIEDERAUFNAHME

§ 63

Die Wiederaufnahme eines durch rechtskräftiges Urteil abgeschlossenen Verfahrens ist möglich.

In diesem Fall sind die Bestimmungen des Kapitels XXI der StPO anzuwenden; die Wiederaufnahme zu Ungunsten des Verurteilten ist nur innerhalb von zwei Jahren nach Eintritt der Rechtskraft des Urteils statthaft.

SCHLUSSBESTIMMUNGEN

§ 64

Soweit in dieser Verordnung nichts anderes vorgesehen ist, findet das Gesetz XXXIII/1896 samt Ergänzungsgesetzen und -verordnungen Anwendung.

§ 65

Das Verfahren bei Enteignungen aufgrund dieser Verordnung regelt der Justizminister durch Verordnung.

§ 66

Das Verfahren bei der Durchführung dieser Verordnung regelt der Justizminister durch Verordnung.

§ 67

Beantragt jemand vor dem örtlichen Wohnungsamt eine Bestätigung darüber, daß gegen ihn kein Volksgerichtsprozeß im Gange ist, so ist der Volksanwalt berechtigt, diese Bestätigung zu auszustellen.

§ 68

Diese Verordnung tritt mit ihrer Bekanntmachung in Kraft.

Debrecen, den 25. Januar 1945
Dálnoki Miklós Béla
Ministerpräsident

Magyar Közlöny [Ungarischer Staatsanzeiger], Nr. 19, Budapest, 1. Mai 1945

VERORDNUNG 1.440/1945 M. E. DER PROVISORISCHEN NATIONALREGIERUNG ZUR ÄNDERUNG UND ERGÄNZUNG DER VERORDNUNG 81/1945 M. E. ÜBER DIE VOLKSGERICHTSBARKEIT

Aufgrund der Bevollmächtigung durch die Provisorische Nationalversammlung vom 22. Dezember 1944 erläßt die Provisorische Nationalregierung folgende Verordnung zur Änderung und Ergänzung der Verordnung 81/1945 M. E.:

§ 1

§ 3 der Verordnung 81/1945 M. E. wird geändert und erhält folgenden Inhalt:
Im Rahmen der Volksgerichtsbarkeit können folgende Strafen verhängt werden:
1. Todesstrafe,
2. Zwangsarbeit,
3. Zuchthaus,
4. Gefängnis,
5. Geldstrafe,
6. Enteignung,
7. Verlust öffentlicher Ämter oder führender Positionen; Berufsverbot,
8. Aberkennung der bürgerlichen Rechte.

Die Strafen gem. Nr. 1–4 des vorstehenden Absatzes sind Hauptstrafen. Die Strafen unter Nr. 5–8 sind Nebenstrafen; diese können auch dann verhängt werden, wenn sie in der einschlägigen Strafvorschrift nicht genannt sind. Die Anwendung der Nebenstrafe gem. Nr. 8 ist stets auszusprechen.

Die Todesstrafe durch Strang oder Kugel muß an einem abgesperrten Ort, jedoch ohne Ausschluß der Öffentlichkeit vollstreckt werden.

Zwangsarbeit kann lebenslänglich oder für unbestimmte Zeit auferlegt werden. Im letzteren Fall sind im Hinblick auf Dauer und Entlassung die Vorschriften über die verschärfte Internierung anzuwenden. Die Zwangsarbeit wird in Arbeitslagern ausgeführt. Die nähere Durchführung bestimmt der Justizminister im Zusammenwirken mit dem Innenminister.

Für die Festlegung, Änderung und Vollstreckung von Geldstrafen sind die Bestimmungen des Gesetzes X/1928 maßgeblich.

Statt vollständiger Enteignung kann das Volksgericht auch die Enteignung eines bestimmten Teils des Eigentums oder von einzelnen Vermögensgegenständen aussprechen.

Das auf Enteignung lautende Urteil ist zwecks Vollstreckung auch dem örtlich zuständigen Finanzdirektorium mitzuteilen, welches gemäß der Weisung des Finanzministers verfährt.

Der zum Verlust eines öffentlichen Amtes Verurteilte verliert seinen Beamtenstatus. Rentenanwartschaft, Rentenanspruch und Gnadengehalt verliert er nur in dem Fall, daß das Volksgericht dies ausdrücklich anordnet. Den Rentenanspruch unversorgter Familienangehöriger der Verurteilten kann das Volksgericht fortbestehen lassen; in diesem Fall ist für die Berechnung des Rentenanspruchs zu unterstellen, der Verurteilte wäre am Tag der Rechtskraft des Urteils gestorben.
Ein Urteil kann auch auf Verlust der führenden Position eines privat Beschäftigten lauten. Ein solcher Ausspruch hindert den Verurteilten nicht, künftig eine nicht führende Position anzunehmen.
Der zum Verlust eines öffentlichen Amtes oder einer führender Position Verurteilte kann als Beamter oder als Privatangestellter – entsprechend den Anordnungen des Volksgerichtes – überhaupt nicht oder für eine bestimmte Zeit nicht eingestellt werden.
Der zum Berufsverbot Verurteilte darf seinen Beruf fünf Jahre lang nicht an den im Urteil des Volksgerichts genannten Orten betreiben.
Der Verlust öffentlicher Ämter und führender Positionen und das Berufsverbot ziehen auch die in § 55 StGB vorgesehenen Folgen nach sich; deren Dauer legt das Volksgericht in seinem Urteil fest.
Befindet sich infolge der Straftat der Verletzte oder dessen Rechtsnachfolger in wirtschaftlicher Not, so kann das Volksgericht in seinem Urteil einen Verurteilten, der über das notwendige Vermögen oder Einkommen verfügt, zum Ersatz des außer Streit stehenden Schadens oder eines Teils hiervon verpflichten; die darüber hinausgehende zivilrechtliche Forderung ist auf dem gewöhnlichen, gesetzlich vorgesehenen Weg geltend zu machen.

§ 2

§ 5 der Verordnung 81/1945 M. E. wird geändert und erhält folgenden Inhalt:
Bei der Verhängung der Strafe sind folgende Vorgaben zu beachten:
Die Todesstrafe ist zu verhängen, wenn die Strafgesetze oder diese Verordnung für die betreffende Straftat die Todesstrafe vorsehen und wenn angesichts der Schwere der Straftat und der Schuld des Angeklagten jede andere Strafe als die Todesstrafe unangemessen wäre. Die Anwendung des § 32 Strafrechtsnovelle (StN) ist im Verfahren vor dem Volksgericht nicht zulässig. In den Fällen, in denen diese Verordnung für eine Straftat mehrere Arten von Freiheitsstrafe vorsieht, ist die maximale Dauer der am stärksten beschränkenden Freiheitsstrafe anzuwenden, wenn die belastenden Umstände in Anzahl und Tragweite überwiegen (§ 90 StGB); die kürzeste Dauer des in dieser Verordnung vorgesehenen mildesten Freiheitsstrafe ist bei solchen Straftaten auszusprechen, bei denen die mildernden Umstände in Anzahl und Tragweite überwiegen (§ 91 StGB).
Wenn die mildernden Umstände so wesentlich und so zahlreich sind, daß selbst die für die Straftat vorgesehene kürzeste Dauer der mildesten Freiheitsstrafe als unverhältnismäßig hart erscheint, so kann die für diese Handlung kürzeste Dauer der im StGB vorgesehenen Strafe ausgesprochen werden. Die Verhängung einer

milderen Strafart unter Berufung auf § 92 StGB ist hingegen nicht zulässig.
Statt Zwangsarbeit kann Gefängnisstrafe nur dann verhängt werden, wenn der Angeklagte aufgrund seines Alters oder seines Gesundheitszustandes zur Zwangsarbeit unfähig ist.

§ 3

§ 7 der Verordnung 81/1945 M. E. wird geändert und erhält folgenden Inhalt:
Die Ausübung des Begnadigungsrechts ist – mit Ausnahme einer Amnestie – nur im Fall von Todesstrafen und nur auf Antrag des Verurteilten oder seines Verteidigers zulässig. Die Todesstrafe kann im Wege der Begnadigung in lebenslängliche Zwangsarbeit oder – im Falle körperlicher Gebrechlichkeit des Verurteilten – in lebenslange Gefängnishaft umgewandelt werden.
Das Begnadigungsrecht steht dem Obersten Nationalrat zu.
Der Oberste Nationalrat fällt seine Entscheidung auf Vorschlag des Justizministers. Dieser unterbreitet seinen Vorschlag in Begnadigungsfragen innerhalb von zwei Tagen nach Eintreffen der Akten; der Oberste Nationalrat entscheidet über den Begnadigungsantrag innerhalb von fünf Tagen nach dessen Eintreffen.
Wenn der Landesrat der Volksgerichte den zum Tode Verurteilten einstimmig für nicht begnadigungswürdig hält, so lehnt dieser den Begnadigungsantrag ohne Weiterleitung in eigener Kompetenz ab.

§ 4

§ 8 der Verordnung 81/1945 M. E. wird geändert und erhält folgenden Inhalt:
Im Hinblick auf die Aufschiebung der Vollstreckung einer Freiheitsstrafe sind §§ 507, 508 Absatz 1 StPO anzuwenden. Die Anwendung der §§ 508 Absatz 2, 509 StPO ist ausgeschlossen. Zuständig für die Entscheidung über die Aufschiebung ist der Justizminister.
Die Unterbrechung der Vollstreckung einer Freiheitsstrafe kann nur im Falle der Wiederaufnahme (§ 453 StPO) und nur durch das Volksgericht angeordnet werden. §§ 468, 513 StPO sind nicht anwendbar.

§ 5

§ 9 Absatz 2 der Verordnung 81/1945 M. E. wird geändert und erhält folgenden Inhalt:
Die Verjährung der im Jahre 1919 und danach verübten politischen Straftaten, denen Menschenleben zum Opfer fielen, sowie die Verjährung mittels Presse verübten Straftaten, deren Tatbestand in dieser Verordnung enthalten ist, beginnt mit dem 21. Dezember 1944, wenn deren Verfolgung von dem ehemals herrschenden Regime verhindert wurde.

§ 6

Anstelle des bisherigen § 11 Nr. 5 der Verordnung 81/1945 M. E. gilt nun, daß Kriegsverbrecher auch derjenige ist,

Nr. 5. wer in bezug auf die Behandlung der Bevölkerung der besetzten Gebiete oder der Kriegsgefangenen das internationale Kriegsrecht grob verletzt hat, wer an der Bevölkerung der wieder eingegliederten Gebiete unter Mißbrauch der ihm anvertrauten Macht Grausamkeiten verübt hat oder wer allgemein im Inland oder im Ausland bei ungesetzlichen Hinrichtungen oder Folterungen Anstifter, Täter oder Gehilfe gewesen ist.

§ 11 der Verordnung 81/1945 M. E. wird um Nr. 6 ergänzt, wonach Kriegsverbrecher auch ist,

Nr. 6 wer in Druckerzeugnissen (jedwede vervielfältigte Schrift), in einer vor einer Versammlung gehaltenen Rede oder im Rundfunk über einen längeren Zeitraum hinweg dauernd und ohne Unterbrechungen eine Tätigkeit entfaltete, die dazu geeignet war, die öffentliche Meinung zugunsten von Kriegseintritt oder gesteigerter Kriegsführung maßgeblich zu beeinflussen und dadurch das Land in eine falsche Richtung zu lenken.

§ 7

§ 12 der Verordnung 81/1945 M. E. wird geändert und erhält folgenden Inhalt:
Für die in § 11 Nr. 1–6 genannten Straftaten können folgende Hauptstrafen verhängt werden:

a) Todesstrafe,

b) lebenslängliche Zwangsarbeit, im Falle körperlicher Gebrechlichkeit lebenslängliches Zuchthaus oder

c) Zwangsarbeit, deren Mindestmaß zehn Jahre nicht unterschreiten darf, im Falle körperlicher Gebrechlichkeit zehn bis fünfzehn Jahre Zuchthaus.

§ 8

§ 13 Nr. 1 der Verordnung 81/1945 M. E. wird insoweit ergänzt, als Kriegsverbrecher auch ist, wer in der dort genannten Form zugunsten des Kriegseintritts agitierte.

§ 13 der Verordnung 81/1945 M. E. wird um folgende Nr. 7 ergänzt, wonach Kriegsverbrecher ist auch,

Nr. 7 wer – in welcher Form auch immer – eine Tätigkeit ausgeübt hat oder ausübt oder begünstigt hat oder begünstigt, welche zur Erschwerung oder Verhinderung des Friedens und der Zusammenarbeit der Völker nach dem Krieg oder zur Herbeiführung von internationalen Krisen geeignet ist.

§ 9

§ 14 der Verordnung 81/1945 M. E. wird geändert und erhält folgenden Inhalt:
Für die im § 13 Nr. 1–7 genannten Straftaten können als Hauptstrafe folgende Strafen verhängt werden:

a) Todesstrafe,

b) lebenslängliche Zwangsarbeit, bei körperlicher Gebrechlichkeit lebenslängliches Zuchthaus,

c) Zwangsarbeit, deren Mindestmaß zehn Jahre beträgt, im Falle körperlicher Gebrechlichkeit zehn bis fünfzehn Jahre Zuchthaus oder
d) fünf bis zehn Jahre Gefängnis.

§ 10

§ 15 der Verordnung 81/1945 M. E. wird um die Punkte 4–6 ergänzt, wonach eines volksfeindlichen Verbrechens auch schuldig ist,
Nr. 4 wer in Druckerzeugnissen (jedwede vervielfältigte Schrift), in einer vor einer Versammlung gehaltenen Rede oder im Rundfunk über einen längeren Zeitraum hinweg dauernd und ohne Unterbrechung eine Tätigkeit entfaltete, die dazu geeignet war, faschistische und demokratiefeindliche Gedanken zu verbreiten und zu verstärken oder die öffentliche Meinung mit dem Ziel von Erregung oder Aufrechterhaltung von Rassen- und Konfessionshaß stark zu beeinflussen und das Land in eine falsche Richtung zu lenken;
Nr. 5 wer als Spitzel eines amtlichen Organs, einer Partei oder einer gesellschaftlichen Vereinigung fungierte, die im Dienste von faschistischen und demokratiefeindlichen oder auf die Verfolgung einzelner Gesellschaftsschichten gerichteten Bestrebungen stand oder Informationen dafür lieferte;
Nr. 6 wer mit den Machtinstrumenten des faschistischen und demokratiefeindlichen Herrschaftssystems für eigennützige Zwecke Straftaten gegen Sitte und menschliche Freiheit beging.

§ 11

§ 16 der Verordnung 81/1945 M. E. wird geändert und erhält folgenden Inhalt:
Sofern nicht andere Rechtsvorschriften härtere Strafen vorsehen, sind für die in § 15 Nr. 1–6 genannten Straftaten als Hauptstrafe folgende Strafen anzuwenden:
a) Zwangsarbeit, deren Mindestmaß zehn Jahre beträgt, im Falle körperlicher Gebrechlichkeit zehn bis fünfzehn Jahre Zuchthaus oder
b) fünf bis zehn Jahre Gefängnis.

§ 12

§ 17 der Verordnung 81/1945 M. E. wird geändert und erhält folgenden Inhalt:
Eines volksfeindlichen Verbrechens schuldig ist auch,
1. wer sich nicht bemüht hat, die in § 15 Nr. 2 bezeichneten Handlungen zu verhindern, obwohl es seinem gesetzlichen Wirkungsbereich nach möglich gewesen wäre;
2. wer ohne gegen ihn gerichteten Zwang in den in Ungarn von den Deutschen organisierten Volksbund beigetreten ist oder ein Amt in einer faschistischen oder demokratiefeindlichen Partei, Organisation oder Verband bekleidete oder als Mitglied eine aktive Tätigkeit ausgeübt hat;
3. wer in anderen als den in § 11 Nr. 6 bzw. § 15 Nr. 4 genannten Fällen in Druckerzeugnissen (jedwede vervielfältigte Schrift), in einer vor einer Versammlung gehaltenen Rede oder im Rundfunk oder in sonstiger Weise auf die Herbeiführung

von offensichtlich volks- oder demokratiefeindlichen Maßnahmen gedrängt oder bereits vollzogene gebilligt hat;
4. wer sich ohne zwingende Notwendigkeit in den Dienst von volks– oder demokratiefeindlichen Bestrebungen gestellt hat;
5. wer durch sein Verhalten die Äußerung von faschisten- (pfeilkreuzler-, deutsch-kriegerisch-)feindlichen Meinungen verhindert hat;
6. wer bei Handlungen, die gem. §§ 11, 13, 15 oder diesem Paragraphen strafbar sind, in der in den §§ 374 f. StGB genannten Weise Beihilfe geleistet hat – ausgenommen im Fall des § 378 StGB;
7. wer Kenntnis davon hat, daß ein anderer in Erfüllung des Straftatbestandes gem. § 11 Nr. 5 Täter oder Mittäter einer Hinrichtung oder Folterung gewesen ist, und dieses Wissen nicht unverzüglich den Behörden meldet.

§ 13

§ 18 der Verordnung 81/1945 M. E. wird geändert und erhält folgenden Inhalt:
Sofern nicht andere Rechtsvorschriften härtere Strafen vorsehen, können für die in § 17 Nr. 1–7 genannten Straftaten als Hauptstrafe zwei bis fünf Jahre Gefängnis verhängt werden.

§ 14

§ 21 der Verordnung 81/1945 M. E. verliert seine Gültigkeit, und statt dessen gelten folgende Bestimmungen:
Für die im letzten Absatz des § 20 genannten Straftaten ohne den dort gekennzeichneten Zusammenhang ist die Volksgerichtsbarkeit nur dann zuständig, wenn die Tat politischen Charakters war.
Ist der politische Charakter einer Straftat zwischen dem aufgrund der Strafgerichtsordnung zuständigen Staatsanwalt und dem Volksanwalt umstritten, so entscheidet der Oberstaatsanwalt.

§ 15

§ 22 der Verordnung 81/1945 M. E. wird geändert und erhält folgenden Inhalt:
Die Volksgerichtsbarkeit kann auch über solche Straftaten entscheiden, deren Täter ein Minderjähriger ist.
Hatte der Minderjährige zur Tatzeit das fünfzehnte Lebensjahr bereits vollendet, so können außer den in Art. IV Absatz 2 der Strafgerichtsordnung festgelegten Maßnahmen auch die in § 3 aufgezählten Strafen verhängt werden. Die Todesstrafe kann indes nur verhängt werden, wenn der Minderjährige zur Tatzeit sein sechzehntes Lebensjahr bereits vollendet hatte.
Die in § 3 Nr. 5–7 aufgezählten Nebenstrafen können auch gegen Minderjährige, die noch nicht ihr fünfzehntes Lebensjahr vollendet haben, verhängt werden.
Im Verfahren vor dem Volksgericht sind Rüge oder Bewährung gegenüber einem Minderjährigen nicht gestattet.

§ 16

Die vorstehenden Paragraphen dieser Verordnung sind rückwirkend anzuwenden, und zwar auch in denjenigen anhängigen Verfahren, die bei Inkrafttreten dieser Verordnung noch nicht abgeschlossen sind.

§ 17

§ 33 der Verordnung 81/1945 M. E. wird dahingehend ergänzt, daß Untersuchungshaft auch durch das Volksgericht angeordnet werden kann und daß die Untersuchungshaft mehrmals verlängert werden kann.

§ 18

In Budapest besteht nur ein einziges Volksgericht; dessen örtliche Zuständigkeit umfaßt den Zuständigkeitsbereich des Budapester Strafgerichtshofs und den des ländlichen Gerichtshofs um Budapest.

§ 19

Die §§ 39 und 41 der Verordnung 81/1945 M. E. werden aufgehoben; statt dessen gelten folgende Bestimmungen:

Der Volksgerichtsrat besteht aus sechs Personen.

Die örtlichen Organisationen der fünf in der Ungarischen Nationalen Unabhängigkeitsfront zusammengeschlossenen politischen Parteien (Partei der unabhängigen Kleinlandwirte, Ungarische Kommunistische Partei, Nationale Bauernpartei, Bürgerliche Demokratische Partei, Sozialdemokratische Partei) und die örtliche Organisation des Landesgewerkschaftsrats benennen nach Inkrafttreten dieser Verordnung für jeden vom Justizminister angeordneten Volksgerichtsrat ein ordentliches Mitglied und zwei Ersatzmitglieder. Der Volksgerichtsrat setzt sich aus den ausgewählten ordentlichen Mitgliedern zusammen. Falls ein Mitglied des Rates verhindert ist, beruft der Vorsitzende das erste Ersatzmitglied jener Partei (oder Gewerkschaft), der das verhinderte Mitglied angehört. Falls auch das Ersatzmitglied verhindert ist, wird das zweite Ersatzmitglied berufen; falls auch dieses verhindert ist, muß ein neues bestimmt werden.

Zum Volksrichter kann nicht berufen werden, wer wegen einer Straftat, wegen eines Vergehens aus Gewinnsucht oder wegen faschistischer Aktivitäten verurteilt worden ist. Bei Anwendung dieser Bestimmung gilt derjenige nicht als vorbestraft, der wegen faschistenfeindlicher Straftaten oder wegen Straftaten verurteilt wurde, die in den Judengesetzen bestimmt sind.

Bei der Benennung für den Volksgerichtsrat muß die schriftliche Erklärung von Mitgliedern und Ersatzmitgliedern vorgelegt werden, in der diese im Bewußtsein ihrer strafrechtlichen Verantwortung bestätigen, daß sie nicht im vorgenannten Sinne vorbestraft sind.

Wenn am Sitz eines Volksgerichts eine der in der Ungarischen Nationalen Unabhängigkeitsfront zusammengeschlossenen politischen Parteien nicht aktiv ist, so bestimmt der Vorsitzende die Besetzung der Stellen des fehlenden ordentlichen

Mitglieds und der fehlenden Ersatzmitglieder durch das Los, und zwar aus dem Kreis der von den aktiven Parteien vorgeschlagenen Kandidaten.
Die Berufung zum ordentlichen Mitglied oder zum Ersatzmitglied kann nicht abgelehnt werden.
Die Berufung von ordentlichen Mitgliedern und Ersatzmitgliedern währt drei Monate, kann jedoch verlängert werden.

§ 20

§ 49 der Verordnung 81/1945 M. E. wird dahingehend geändert, daß der Vorsitzende nur dann seine Meinung zu der Frage, ob die Begehung einer Straftat als erwiesen anzusehen ist, äußert, wenn er dazu von einem Ratsmitglied aufgefordert wird, und weiterhin dahingehend geändert, daß bei Stimmengleichheit auch der Vorsitzende mitstimmt.

§ 21

§ 53 der Verordnung 81/1945 M. E. wird geändert und erhält folgenden Inhalt:
Gegen das Volksgerichtsurteil ist die Berufung des Volksanwaltes zulasten des Angeklagten statthaft. Aufgrund der vom Volksanwalt eingelegten Berufung kann das Urteil auch zugunsten des Angeklagten geändert werden.
Wurde der Verurteilte einer Straftat gem. § 11 Nr. 1–6 für schuldig erachtet, ist gegen das Volksgerichtsurteil eine Berufung nicht statthaft; in sonstigen Fällen ist die Berufung nur gegen Urteile, die auf Todesstrafe oder mehr als fünfjährigen Freiheitsentzug lauten, statthaft. Jedwedes vom Verurteilten eingelegte Rechtsmittel ist als Berufung anzusehen.
Der Verteidiger kann – außer im Falle des § 6 – Berufung nur im Einverständnis mit dem Angeklagten einlegen. Im übrigen kann der Verteidiger mit den gleichen Beschränkungen Berufung einlegen wie der Verurteilte.
Der Volksanwalt kann sich der vom Verurteilten eingelegten Berufung zu dessen Lasten anschließen (§ 29 GA X./1928).
Im Volksgerichtsprozeß ist der letzte Absatz von § 399 StPO nicht anzuwenden.
Im Falle der Berufungseinlegung gegen ein Todesurteil muß das Volksgericht die Akten nach Anfertigung des Urteils innerhalb von acht Tagen an den Landesrat der Volksgerichte weiterleiten. Die mündliche Begründung eines solchen Urteils muß bei der Urteilsverkündung ausführlich erfolgen; das Urteil ist innerhalb von drei Tagen schriftlich zu verfassen. Der Landesrat der Volksgerichte muß nach dem Eintreffen der Akten innerhalb von drei Tagen den Verhandlungstermin bestimmen, der so früh wie möglich zu sein hat, und weiterhin das für die weitere Beweisaufnahme Erforderliche in die Wege leiten.
Ist nach diesem Abschnitt die Berufung gegen das Todesurteil ausgeschlossen und hat das Volksgericht in der Verhandlung gem. § 497 StPO entschieden, daß der Verurteilte einer Begnadigung nicht würdig ist, so muß das Todesurteil innerhalb von zwei Stunden vollstreckt werden.
Im Falle dieses letzten Absatzes muß das Urteil mit kurzer Begründung sofort

schriftlich niedergelegt werden.

§ 22

Gem. §§ 20 f. der Verordnung 81/1945 M. E. ist die Volksgerichtsbarkeit zuständig für die Aburteilung jener absichtlich begangenen Straftaten, für die die Strafgesetze Gefängnisstrafe vorsehen; die zu verhängenden Strafen ändern sich hierdurch nicht.

§ 23

Besteht der begründete Verdacht, daß ein Belasteter, dessen Bestrafung in die Zuständigkeit des Volksgerichts fällt, durch Verkauf oder Verbergen seines Vermögens oder einzelner Vermögensgegenstände eine Konfiszierung verhindern will, so kann die Volksanwaltschaft für die betreffenden Vermögensgegenstände eine strafgerichtliche Sperre oder über bewegliches oder unbewegliches Vermögen einen Arrest verhängen.
Gegen strafgerichtliche Sperre oder Arrest ist eine Beschwerde nicht statthaft.
Im übrigen sind für die Durchführung der strafgerichtlichen Sperre und des Arrestes die Bestimmungen der StPO zu beachten.

§ 24

Die Vorsitzenden der Volksgerichte und die Volksanwälte erhalten eine vom Justizminister festgelegte Zulage.

§ 25

Die Wirksamkeit von Maßnahmen, die Volksgerichte vor dem Inkrafttreten dieser Verordnung vorgenommen haben, entfällt nicht deswegen, weil sie nicht § 39 der Verordnung 81/1945 M. E. entsprochen haben; jedoch ist die Mitgliederzahl der bereits bestehenden Volksgerichtsräte innerhalb von acht Tagen nach Inkrafttreten dieser Verordnung gem. § 19 auf sechs zu erhöhen.

§ 26

Verfahren aus der Zeit vor dem Inkrafttreten der Verordnung 1080/1945 M. E., die samt Entscheidung der Bescheinigungskommission an das Volksgericht übergeleitet worden sind, hat dieses seinerseits an den Vorsitzenden der Bescheinigungskommission zurückzuleiten.
Im Bescheinigungsberufungsprozeß vor dem Budapester Volksgericht sind die Vorschriften über das Verfahren vor den Gerichtshöfen anzuwenden.

§ 27

Diese Verordnung tritt am 1. Mai 1945 in Kraft.
Budapest, den 27. April 1945
gez. Dálnoki Miklós Béla
Ministerpräsident

Magyar Közlöny, 3. szám. Debrecen, 1945. Február 5, hétfő.

AZ IDEIGLENES NEMZETI KORMÁNY 81/1945. M. E. SZÁMU RENDELETE A NÉPBIRÁSKODÁSRÓL:[1]

Az ideiglenes Nemzetgyülés által 1944. évi december hó 21. és 22. napjain a Debrecenben adott felhatalmazás alapján az ideiglenes nemzeti kormány attól a szükségtől vezettetve, hogy mindazok, akik a magyar népet ért történelmi katasztrófa okozói, illetve részesei voltak, mielőbb elnyerjék büntetésüket, - az esküdt biróságnak törvényhozás utján való visszaállitásáig a népbiráskodás megvalósitása tárgyában a következőket rendeli:

ÁLTALÁNOS RENDELKEZÉSEK.

1. §.

A jelen rendeletben körülirt büncselekmények az esetben is büntethetők, ha a cselekmény a rendelet életbeléptekor már befejeztetett s a cselekmény befejezésének időpontjában fennállott törvényes rendelkezések alapján az büntethető nem volt.

2. §.

A népbiróság jogköre kiterjed a polgári egyénekre és a fegyveres erő tagjaira, ideértve a rendőrséget és a csendőrséget is, valamint a magyar állam területén elfogott vagy a magyar államnak kiadott egyénekre, tekintet nélkül azok állampolgárságára.
A magyar állam területén kivül elkövetett büncselekmény tekintetében, valamint a netán kiadatás alá kerülő bármely büntetéssel szemben, a népbiróság jogköre mindaddig fennáll, amig a tettes kiadatása elrendelve nincs.
Jelen rendelet alkalmazásában közalkalmazottnak az 1940. évi XVIII. tc. 3. §-ában felsorolt személy tekintendő.

3. §.

A népbiróság által kiszabható büntetések:
1. halál,
2. fegyház,
3. börtön,
4. fogház,
5. internálás,

[1] Der ungarische Text enthält grammatikalische, stilistische und ortographische Fehler.

6. vagyonelkobzásig terjedhető pénzbüntetés,
7. állásvesztés, vagy foglalkozástól való eltiltás,
8. politikai jogok gyakorlatának felfüggesztése
9. a 15/1945. M. E. számu rendelet 19. § 3. bekezdésének *a), b), c)* pontjaiban meghatározott fegyelmi jellegü büntetések.

A felsorolt büntetések önmagukban főbüntetésként, – a 6.–8. pontban felsorolt büntetések mellékbüntetésként is alkalmazhatók a népbiróság hatáskörébe utalt minden büncselekmény esetében, akkor is, ha a vonatkozó jogszabály a 6.–8. pontban felsorolt büntetéseket mellékbüntetésként alkalmazandóknak nem mondja ki. Egy itéletben több mellékbüntetés is kiszabható.

Az internálás legkisebb tartama hat hó, – leghosszabb tartama kettő év.

Amennyiben a rendelet büntetésként internálás kiszabását rendeli, annak legkisebb tartamát a népbiróság itéletében megszabja.

A megszabott időnek eltelte után azonban az internálótáborba utalt csak abban az esetben bocsátható szabadon, ha internálásának tartama alatt példás magatartást tanusitott. Ellenkező esetben az internálótábor felügyelőhatósága az elitélt fogvatartását további 6 hónapig terjedő idővel meghosszabbithatja. Az internálás leghosszabb tartama ebben az esetben sem haladhatja meg a két (2) évet.

A pénzbüntetés kiszabására, átváltoztatására, behajtására vonatkozóan az 1928: X.

tc. rendelkezései megfelelően alkalmazandók.

A népbiróság teljes vagyonelkobzás helyett a vagyon meghatározott hányadának elkobzását is kimondhatja.

A vagyonelkobzást kimondó itéletet végrehajtás végett közölni kell a területileg illetékes pénzügyigazgatósággal, amely a pénzügyminiszter rendelete szerint jár el.

Az állásvesztésre itélt elveszti közhivatalát és közszolgálati állását. Nyugdijigényét, nyug- és kegydiját csak akkor veszti el" ha ezt a népbiróság itéletében kifejezetten kimondja. Az elitélt ellátatlan családtagjait megillető nyugdijigényt a népbiróság fenntarthatja.

Az állásvesztés vezető állásban levő magánalkalmazottal szemben is kimondható. Ennek kimondása nem akadálya annak, hogy az elitélt nem vezető jellegü állást tölthessen be.

A foglalkozástól eltiltott foglalkozását öt évig nem folytathatja abban a helységben vagy helységekben, amelyekre nézve ezt a népbiróság itéletében kimondja.

4. §.

A Te. [= a "Törvénykezés egyszerüsitéséről" szóló 1930. évi XXXIV. törvénycikk] 125. §-a nem alkalmazható.

5. §.

A büntetés kiszabásánál a Btk. 91. és 92. §-ai alkalmazhatók azzal, hogy a Btk. 92. §-ában foglalt enyhitéseken tulmenően a 3. §-ban felsorolt bármelyik enyhébb büntetés is alkalmazható.

6. §.

Bűnvádi eljárás a szökésben levő terhelt ellen is lefolytatható az 1921 : III. tc. 12. § 2. bekezdésében foglalt korlátok között azzal, hogy a terheltet nem kell hirdetmény utján megidézni, de a tárgyalás kitüzését a terhelt utolsó lakhelyén 30 nappal előbb szokásos módon meg kell hirdetni. Ennek elmulasztása az eljárás megsemmisitésének okául nem szolgálhat.

7. §.

A népbiróság által kiszabott halálbüntetés kegyelmi uton életfogytiglani, vagy 10 – 15 évig terjedő, határozott tartamu fegyházbüntetésre változtatható át.
A kegyelmezés joga a Nemzeti Főtanácsot illeti.
Nemzeti Főtanács határozatát az igazságügyminiszter javaslatára hozza meg.

8. §.

A büntetés megkezdésére halasztást vagy a megkezdett büntetés félbeszakitását az igazságügyminiszter engedélyezheti.
A még ki nem töltött büntetés elengedése a Nemzeti Főtanács hatáskörébe tartozik abban az esetben, ha az elitélt büntetésének kétharmad részét nem töltötte ki.
Ha az elitélt büntetésének kétharmad részét kitöltötte, a még hátralevő büntetés elengedése a miniszterelnök hatáskörébe tartozik, aki az igazságügyminiszter javaslatára határoz.

9. §.

Az elévülés tekintetében a Btk. 106. §-a alkalmazandó azzal, hogy az 1941 junius 21. napja után a fegyverszünet megkötéséig elkövetett cselekményekre az elévülés a fegyverszünet megkötésének napjával (1945. január 20.) veszi kezdetét.

Az 1919. évben és az azután elkövetett ama politikai gyilkosságokra vonatkozólag - amelyek üldözhetését az uralmon volt hatalom megakadályozta, az elévülés csak 1944. évi december hó 21. napján veszi kezdetét.

10. §.

Az 1878 : V. tc. első részében foglalt rendelkezések - amennyiben a jelen rendelettel nem állanak ellentétben - megfelelően alkalmazandók.

11. §.

Háborus bűnös az:

1. aki az 1939. évi háborunak Magyarországra való kiterjedését, vagy Magyarországnak a háboruba mind fokozottabb mértékben történt belesodródását vezető állásban kifejtett tevékenységével vagy magatartásával elősegitette, vagy azt megakadályozni nem törekedett, bár erre vezető közhivatali állásánál, politikai, közgazdasági, közéleti szerepénél fogva módja lett volna,

2. aki, mint a kormány, országgyülés tagja, vagy mint vezető állást betöltő közalkalmazott, kezdeményezője, vagy, bár a következményeket előre láthatta, részese volt olyan határozat hozatalának, amely a magyar népet az 1939. évben kitört világháboruba sodorta,

3. aki a fegyverszünet megkötését erőszakkal vagy befolyásának kihasználásával megakadályozni igyekezett,

4. aki vezető jellegü cselekményével a nyilas mozgalomnak segitséget nyujtott a hatalom megszerzésére irányuló lázadáshoz, a hatalom megtartásához, vagy aki e hatalom megszerzése után kapott kinevezés alapján a nyilas kormányzatban, közigazgatásban vagy honvédelem keretében életét fenyegető kényszerü szükség nélkül vezető állást vállalt (Vezető állás alatt miniszteri, államtitkári, főispáni, főpolgármesteri, hadseregparancsnoki, hadtestparancsnoki vagy hasonló fontosságu állást kell érteni.),

5. aki a megszállott területek lakosságával vagy a hadifoglyokkal való bánás tekintetében a háborura vonatkozó nemzetközi jogszabályokat súlyosan megsértette, vagy a visszacsatolt területek lakosságával, a reábizott hatalommal visszaélve, kegyetlenkedett, vagy aki általában felbujtója, tettese vagy részese volt emberek törvénytelen kivégzésének vagy megkinzásának.

12. §.

Amennyiben más jogszabály a cselekményre sulyosabb büntelést nem rendel, a népbiróság által kiszabható legsulyosabb büntetés:

a 11. § 1. pontjának első bekezdésében és a 3., 4., 5. pontokban meghatározott bűncselekményekre halál,

a 11. § 1. pontjának második bekezdésében meghatározott büncselekmény esetében tiz (10) évi fegyház,

a 11. § 2. pontja esetében tizenöt (15) évi fegyház.

13. §.

Háborus bünös az is:

1. aki nyomtatványban (bármilyen módon sokszorositott iratban), gyülekezet előtt elmondott beszédben vagy rádió utján a háboru fokozottabb mértékben való folytatására izgatott,

2. aki valamilyen katonai jellegü alakulatnak személy vagy vagyontárgy ellen

elkövetett erőszakos cselekményhez segitséget nyujtott.
3. aki nem vezető jellegü cselekményével a nyilas mozgalomnak segitséget nyujtott a hatalom megszerzéséhez vagy megtartásához, vagy aki e hatalom megszerzése után kapott kinevezés alapján a nyilas közigazgatásban vagy honvédelem keretében önként a 11. § 4. bekezdésében fel nem sorolt egyéb fontos állást vállalt,
4. aki magyar állampolgár létére a német hadsereg vagy biztonsági szolgálat (SS, Gestapo stb.) kötelékébe lépett,
5. aki valamilyen német alakulatnak a magyarság érdekeit sértő adatokat szolgáltatott vagy mint besugó müködött,
6. aki a háborus hirverés szolgálatában jelentős szellemi munkát végzett.

14. §.

Amennyiben más jogszabály a cselekményre sulyosabb büntetést nem rendel, a népbiróság által kiszabható legsulyosabb büntetés:
a 13. § 1. pontjában meghatározott cselekményre három (3) évi börtön,
a 2., 3. pontokban meghatározott cselekményekre kettő (2) évi börtön,
a 4. pontban meghatározott cselekményre öt (5) évi börtön,
az 5. pontban meghatározott cselekményre három (3) évi börtön,
a 6. pontban meghatározott cselekményre egy (1) évi börtön.
A 13. § 2. pontja esetében ha az erőszakos cselekmény a sértettnek 20 napon tul gyógyuló sulyos testi sértést okozott, a legsulyosabb büntetés három (3) évi börtön, ha pedig a cselekmény a sértett halálát okozta, a legsulyosabb büntetés tiz (10) évi fegyház.
A 13. § 4. pontja esetében, ha a tettes magyar állampolgárok elleni erőszakos cselekményben részes volt, a kiszabható legsulyosabb büntetés tiz (10) évi fegyház, ha magyar állampolgár halálát okozta, vagy a magyar honvédség ellen harcolt, illetve fegyveres erőszakkal megakadályozta, hogy egyesek vagy csapatok a vörös hadsereghez átálljanak, a legsulyosabb büntetés halál.
A 13. § 5. pontja esetében, ha a feljelentés folytán a feljelentett magyar állampolgárt megölték, vagy feltehetőleg külföldre hurcolták, a legsulyosabb büntetés tizenöt (15) évi fegyház, ha pedig rendszeresen vagy jutalom ellenében működött, a legsulyosabb büntetés halál.

15. §.

Népellenes büntettben bűnös:
1. a minisztériumnak, az országgyülésnek az a tagja vagy az a vezető állást betöltő közalkalmazott, ki a nép érdekeit sulyosan sértő jogszabály kezdeményezője volt, vagy annak meghozatalában tudatosan résztvett.
2. aki az 1939. évi szeptember hó 1. napját követő időben közhivatali ténykedése során a nép egyes rétegei ellen irányuló törvények és rendeletek végrehajtásában a számára előirt ténykedést tulhaladva olyan tevékenységet fejtett ki, amely a személyes szabadságot vagy a testi épséget veszélyeztette, vagy sértette, vagy egyes személyek vagyoni romlását elősegitette,

3. az a joghatósággal biró közalkalmazott, aki következetesen népellenes, fasisztabarát hivatali működést fejtett ki.

16. §.

Amennyiben más jogszabály a cselekményre sulyosabb büntetést nem rendel,
a 15. § 1. pontjában meghatározott cselekmény legsulyosabb büntetése öt (5) évi fegyház,
a 15. § 2. pontjában meghatározott cselekmény legsulyosabb büntetése három (3) évi börtön.
Ha a 2. pontban meghatározott cselekmény a sértettnek 20 napon tul gyógyuló sulyos testi sértést okozott, a legsulyosabb büntetés öt (5) évi börtön,
ha pedig az elkövetett testi sértés következtében sértett a Btk. 303. §-ában irt sérülést szenvedte, a legsulyosabb büntetés öt (5) évi fegyház,
a 15. § 3. pontjában meghatározott cselekmény legsulyosabb büntetése pedig kettő (2) évi börtön.

17. §.

Népellenes vétségben bűnös az,
1. aki a 15. § 2. pontjában irt cselekmények elkövetését megakadályozni nem igyekezett, bár ez törvényes hatáskörben módjában állott volna,
2. aki fasiszta, demokráciaellenes pártban fejtett ki kevésbé jelentős, de még vezető jellegü tevékenységet,
3. aki nyomtatványban (bármilyen módon sokszorositott iratban), gyülekezet előtt, rádió utján vagy egyébként, nyilvánosan népellenes vagy demokráciaellenes intézkedések meghozatalát sürgette, vagy a meghozottakat feldicsérte,
4. aki kényszerü szükség nélkül a nép- vagy demokráciaellenes hirverés szolgálatába szegődött,
5. aki fenyegető magatartásával fasiszta- (nyilas-, német-, háboru-) ellenes vélemény nyilvánitását akadályozta.

18. §.

Amennyiben más jogszabály a cselekményre sulyosabb büntetést nem rendel, a népbiróság által kiszabható legsulyosabb büntetés
a 17. § 1. pontjában meghatározott cselekményre egy (1) évi fogház,
a 17. § 2. és 3. pontjaiban meghatározott cselekményekre egy (1) évi internálás,
a 17. § 4. és 5. pontjaiban meghatározott cselekményekre egy (1) évi fogház.

19. §.

A jelen rendeletben felsorolt bűncselekmények hivatalból üldözendők.

20. §.

A jelen rendelet 11., 13., 15. és 17. §-aiban meghatározott bűncselekmények feletti itélkezés a népbiráskodás elé tartozik.

A népbiróság hatásköre kiterjed továbbá:
az 1921. évi III. tc. 1-5. §-aiban,
az 1930. évi III. tc. 58-59. §-aiban,
az 1878. évi V. tc. IV. fejezetében,
az 1878. évi V. tc. 172. §-ának 1. bekezdésében (1912. évi LXIII. tc. 19. §) meghatározott bűncselekményekre,
valamint a jelen §-ban eddig felsorolt bűncselekményekkel összefüggésben levő más bűncselekményekre, különösen az 1878. évi V. tc. XVIII., XX., XXI., XXII., XXXVI., XXXVII., XXXVIII., és XXXIX. fejezeteiben meghatározott bűncselekményekre.

21. §.

A 20. § utolsó bekezdésében felsorolt bűncselekményekben az ott megjelölt összefüggés nélkül a népbiróság csak abban az esetben bir hatáskörrel, ha a cselekmény politikai jellegü és a Bp. szerint illetékes ügyészség vezetője az ügynek népbiróság elé viteléhez a népügyészség vezetőjének előterjesztésére hozzájárul.

22. §.

A népbiróság a fiatalkoruak ügyében is eljárhat. Fiatalkoruak ügyében az 1908. évi XXXVI. tc. II. fejezetének IV. cikkében meghatározott intézkedéseken kivül a jelen rendelet 3. §-ában megjelölt büntetések alkalmazásának is helye van, mégis azzal az eltéréssel, hogy halálbüntetés nem szabható ki, - börtön- vagy fegyházbüntetés pedig csak a 15-ik életévét betöltött fiatalkoruval szemben alkalmazható.

23. §.

Az illetékességre az 1896. évi XXXIII. tc. II. fejezetében foglaltak irányadók.
Ha a gyanusitott ellen több helyen elkövetett több bűncselekmény gyanuja merül fel, ugy az eljáró népügyész a cselekmények és az esetleges bizonyitékok megjelölésével az ügyet a gyanusitott lakóhelye szerint illetékes népbiróság mellett működő népügyészséghez teszi át további eljárás végett.

NÉPÜGYÉSZSÉG.

24. §.

A népbiróság előtt a vádat a népügyész képviseli. A népügyészeket és azok vezetőit az igazságügyminiszter nevezi ki a birói és ügyvédi vizsgával vagy szükség esetén jogtudori oklevéllel rendelkező egyének közül, a helyi nemzeti bizottság ajánlása, illetve meghallgatása után. Az igazságügyminiszter a népügyészeket bármikor felmentheti.

A népügyész működésének tartama alatt, amennyiben még nem kinevezett ügyész, a birákra és ügyészekre felállitott I. fizetési csoport 4. fokozatának megfelelő fizetést kap.

A népügyész más kereső foglalkozást nem folytathat.

A népügyész alkalmazása ideiglenes. Felmentésekor, amennyiben az igazságügyminiszter ügyésszé ki nem nevezi, háromhavi fizetést kap végkielégitésül.

A népügyész, amennyiben még ügyészi esküt nem tett, a 17/1945. M. E. számu rendelet 2. §-ában irt esküt tesz az ügyészség vezetője előtt.

25. §.

Az igazságügyminiszter felügyeleti joga tekintetében az 1871. évi XXXIII. tc. 5. §-át, illetve a 4.600/1899. I. M. számu rendeletet, valamint az azokat kiegészitő jogszabályokat kell alkalmazni.

26. §.

A népügyész az általa szerkesztett vádiratokat és határozatokat saját maga irja alá, s azokat a népügyészség vezetője láttamozza. Láttamozás nélkül határozat, vádirat ki nem adható.

A népügyész az általa aláirt határozatokért a felelősséget saját személyében viseli.

A láttamozott határozatokért a vezető népügyész is felelős.

27. §.

A törvényszék és az ügyészség vezetője együttesen jelöli ki a népügyészség segédszemélyzetét a biróságok és az ügyészség segédszemélyzetének tagjai közül.

28. §.

Ugyancsak együttesen jelöli ki a törvényszék és az ügyészség vezetője a népügyészség helyiségeit ugy, hogy azok lehetőleg a népbiróság részére kijelölt helyiségek közelében legyenek.

29. §.

A nyomozás tekintetében a Bp. 83--86. §-ai alkalmazandók.

30. §.

A Bp. XII. fejezetében a vizsgálóbiróra megszabott jogok (kötelességek) a népügyészt illetik.

31. §.

A népügyész feljelentést csak abban az esetben vehet figyelembe, ha abban a feljelentő pontos lakcimét feltünteti és azt aláirja. A hiányos vagy hamis név alatt tett, nyilván alaptalan feljelentést figyelembe venni nem szabad.

Szóbeli feljelentésről a népügyész jegyzőkönyvet vesz fel, amely a feljelentő nevét és lakcimét, a feljelentés alapját képező tényeket és a vonatkozó bizonyitékokat tartalmazza. A jegyzőkönyvet a feljelentővel alá kell iratni.

A népügyészség előtt tett feljelentés esetében a feljelentő ellen az 1914. évi XLI. tc. 20. §-ába ütköző cselekmény miatt eljárást inditani nem lehet. Ez a rendelkezés nem érinti a Btk. XIII. fejezetének alkalmazását.

32. §.

A 15/1945. M. E. számu rendelet 19. §-ának 2. pontja alapján a népbiróság elé utalt ügyeket a népügyészhez kell megküldeni. A népügyész az igy áttett ügyekben ugy jár el, mint a feljelentésre megindult ügyekben.

33. §.

Az előzetes letartóztatást a népügyész rendeli el a Bp. 241. §-ában felsorolt esetekben.

Az előzetes letartóztatás elrendelése ellen felfolyamodásnak helye nincs.

Amennyiben a népügyész nem állitotta a terheltet 30 nap alatt ügyének letárgyalása végett a népbiróság elé, vagy ugyanezen idő alatt nem nyujtott be vádiratot a népbirósághoz, az előzetes letartóztatást meg kell szüntetni, vagy az iratokat haladéktalanul a népbiróság elé kell terjeszteni. A népbiróság az előzetes letartóztatás fenntartása tárgyában három nap alatt határozni köteles. A népbiróság az elözetes letartóztatást a népügyész inditványára 30 nappal meghosszabbithatja. Érdemleges tárgyaláson az előzetes letartóztatás a népbiróság érdemi határozatának hozataláig is meghosszabbitható. Az előzetes letartóztatás azonban a népbirósági itélet meghozataláig összesen 6 hónapot nem haladhat meg.

Amennyiben azonban a népbiróság a vád tárgyává tett valamely büncselekmény tekintetében a vádlott bünösségét megindokolt közbenszóló határozattal megállapitja, ugy az előzetes letartóztatás további 6 hónappal hosszabbitható meg.

A népbiróság itéletének kihirdetése után meghosszabbitott előzetes letartóztatás az ügyben hozandó jogerős határozat hozataláig tart.

34. §.

A népügyész vagy vádiratot nyujt be, vagy csekélyebb jelentőségü ügyekben a Te. 107., 108. §-ainak megfelelő alkalmazásával terheltet a népbiróság elé állitja.

35. §.

Közbenső eljárásnak helye nincs.

36. §.

A védelem tekintetében a Bp. V. fejezete alkalmazandó.

A NÉPBIRÓSÁGOK.

37. §.

Minden törvényszéki székhelyen népbiróságot kell felállitani.
Az igazságügyminiszter ugyanazon népbiróság keretén belül több tanács felállitását rendelheti el.

38. §.

A népbirósági tárgyalásra a törvényszék vezetője jelöl ki alkalmas helyiséget.

39. §.

A népbirósági tanács 5 tagból áll.
A jelen rendelet hatálybalépésétől számitott 8 nap alatt a Magyar Nemzeti Függetlenségi Frontba tömörült öt politikai párt (Demokratikus Polgári Párt, Független Kisgazdapárt, Magyar Kommunistapárt, Nemzeti Parasztpárt, Szociáldemokrata Párt) helyi szervezetei annyiszor 5 tagot hoznak javaslatba, ahány tanács felállitását az igazságügyminiszter az illető helyre elrendelte. A főispán a tagnévsorok beterjesztésétől számitott további 8 napon belül egy-egy rendes és egy-egy póttagot jelöl ki mindegyik névsorból a helyi nemzeti bizottság javaslata alapján. Ekkép a népbiróság tanácsában a felsorolt politikai pártok mindegyike egy rendes és egy póttaggal van képviselve. Amennyiben a tanács valamelyik rendes tagja akadályozva van, ugy azon párt póttagja hivandó be, amely pártnak tagja az akadályozott tag.
Nem nevezhető ki népbiróként az, aki bűntett, nyereségvágyból elkövetett vétség, vagy fasiszta jellegü cselekmény miatt elitéltetett. A jelen rendelet alkalmazása szempontjából nem tekintendő büntetett előéletünek az, aki fasisztaellenes cselekmény vagy a zsidótörvényekben meghatározott valamely cselekmény miatt itéltetett el.
A politikai pártok által beterjesztett névsorhoz csatolni kell a jelöltek irásbeli nyilatkozatát, amelyben büntetőjogi felelősségük mellett kijelentik, hogy e rendelkezés értelmében büntetlen előéletüek.
Amennyiben a felállitandó népbiróság székhelyén valamely felsorolt politikai párt

működést nem fejtene ki, a főispán a felsorolásban nem szereplő más demokratikus párt vagy pártok által felajánlott 5 személy közül - ilyen párt hiányában pedig pártonkivüli, de politikailag megbizható személyek közül - jelöli ki a hiányzó tagot és póttagot, ugyancsak a nemzeti bizottság véleményének meghallgatása alapján. A kijelölt népbiró a kijelölést nem utasithatja vissza.
A népbiróság tagja vagy póttagja 3 hónapi működés után felmentését kérheti a főispántól, aki az uj tagot és póttagot e §-ban meghatározott eljárással jelöli ki.

40. §.
A népbiró tárgyalási naponként az igazságügyminiszter által megállapitandó dijat kap. A dijazás összege ez idő szerint tárgyalási naponként 20 P. Tárgyaláson kivüli ülésért dijazás nem jár.
A költségeket ideértve a helyszinre történő esetleges kiszállással felmerülő költségeket - a székhely szerinti törvényhatóság előlegezi az államkincstár helyett.

41. §.
Ha mind a rendes, mind a póttag tartósan akadályozva van, a főispán az illető párt által ajánlott 5 tag közül jelöl ki uj tagot és póttagot.

42. §.
Az igazságügyminiszter minden tanács mellé szakképzett tanácsvezető birót (továbbiakban vezető biró) és helyettes birót jelöl ki.

NÉPBIRÓSÁGI ELJÁRÁS.

43. §.
A tárgyalás előkészitése (a vádlott és a tanuk megidézése, a tanács tagjainak és póttagjainak értesitése) a vezető biró feladata. Ugyancsak a vezető biró jelöli ki a székhelyen lévő biróságok fogalmazói személyzete közül a jegyzőkönyvvezetőt is.

44. §.
A jegyzőkönyv vezetésére a Bp. 331-332., valamint a Te. 113. §-ai irányadók.

46. §.
A vezető biró, népbiró, jegyzőkönyvvezető, népügyész kizárására a Bp. VI. fejezete irányadó.

47. §.

A tárgyalást a vezető biró vezeti a Bp.-nak a főtárgyalásra vonatkozó rendelkezései szerint.

A vádlotthoz, tanuhoz a vezető biró kérdései után a népbirák, a népügyész és a védő, a tanukhoz ezeken felül a vádlott is intézhet kérdéseket.

48. §.

A népbiróság a bizonyitási eljárás teljes lefolytatása előtt a már bebizonyitottnak látszó büncselekmények tekintetében közbenszóló határozattal állapithatja meg a vádlott bünösségét. Ilyen határozatot – amely az itélethozatalra megállapitott eljárással történik –, a népbiróság csak abban az esetben hoz, ha a vádlott letartóztatásban van és előrelátható, hogy a letartóztatás leghosszabb tartamának (6 hónap) lejártáig az összes vád tárgyává tett cselekmények tekintetében a főtárgyalás le nem folytatható. A közbenszóló határozatot a népbiróság indokolni köteles.

Közbenszóló határozat alapján a vádlott előzetes letartóztatása csak abban az esetben hosszabbitható meg, ha feltehető, hogy az ügyben hozandó itélet a vádlottat legalább egy évi szabadságvesztés büntetéssel fogja sujtani.

A közbenszóló határozat ellen fellebezésnek helye nincs.

Az ügyben hozandó itéletet a népbiróság a közbenszóló határozatra tekintet nélkül hozhatja meg.

49. §.

A bizonyitási eljárás befejezése után a tanács határozathozatalra vonul vissza. A tanácskozás zárt s azon a népbirákon kivül a vezető biró és a jegyzőkönyvvezető vesz részt.

A tanácskozáson a vezető biró összefoglalja a tárgyalás eredményét. szakszerü felvilágositást nyujt az alkalmazható törvény-, illetve rendelethelyekről, a kiszabható büntetésnemekről és azok mértékéről. A vezető biró köteles indokolt véleményt nyilvánitani abban a kérdésben is, hogy a tárgyalás bizonyitási anyagához képest milyen bűncselekmények elkövetése látszik bizonyitottnak. Tilos azonban véleményt nyilvánitania a tekintetben, hogy mint itélőbiró, milyen nemű és mérvű büntetést szabna ki.

A tanács előbb abban a kérdésben határoz, hogy milyen büncselekmény, illetve büncselekmények bizonyitása állapitható meg.

A szavazás sorrendjét a népbirák életkora határozza meg akként, hogy legelőször a legidősebb, legutoljára pedig a legfiatalabb népbiró szavaz. A vezető biró nem szavaz.

A bünösség kérdésében való döntés után a vezető biró ujból felvilágositást ad a népbiráknak arra vonatkozólag, hogy a már megállapitott büncselekményekre milyen nemű és mérvű büntetések szabhatók ki. A népbirák a fentirt sorrendben szavaznak a kiszabandó büntetés neméről és mérvéről.

Amennyiben a határozathozatalhoz szükséges három egybehangzó vélemény (szavazat) nem alakulna ki, a vezető biró jogosult két népbiró egybehangzó

szavazatához csatlakozni. Ettől az esettől eltekintve, a vezető birónak szavazati joga nincs.
A szavazásról csak abban az esetben kell jegyzőkönyvet felvenni, ha azt a vezető biró szükségesnek tartja.
Az itéletet a vezető biró szerkeszti a fennálló törvényes rendelkezések szerint.

50. §.

Ha a vezető biró meggyőződése szerint a népbirák határozatukat a törvények, illetve a jelen rendelet lényeges intézkedéseinek megsértésével hozták és a határozat ellen fellebbezésnek helye nincs. -- a vezető biró boritékba zárt, indokolt előterjesztéssel fordulhat a Népbiróságok Országos Tanácsához a vádlott javára. A vezető birónak ezt az elhatározását kinyilvánitania nem szabad s az előterjesztésnek halasztó hatálya nincs.

51. §.

A népbiróság és a Népbiróságok Országos Tanácsa itéletét "A MAGYAR NÉP NEVÉBEN" hozza.

52. §.

A bűnvádi perrendtartásban felsorolt eseteken kivül a jogerőre emelkedett itélet rendelkező része kiadandó a népügyészségnek, az Országos Bünügyi Nyilvántartó Hivatalnak, az etitélt lakhelye szerint illetékes törvényhatósági elöljáróságnak, a központi választmánynak és a lakáshivatalnak.

FELLEBBVITEL.

53.§.

A népbiróságnak halálbüntetést, teljes vagyonelkobzást vagy állásvesztést kimondó, három évi szabadságvesztés büntetést, 20.000 pengő pénzbüntetést meghaladó itélete ellen az elitélt fellebbezéssel élhet a Népbíróságok Országos Tanácsához.
Az itélet ellen az elitélt által bármilyen formában vagy elnevezéssel bejelentett jogorvoslat fellebbezésnek tekintendő.
A védőt önálló fellebbezési jog nem illeti meg, kivéve a jelen rendelet 6. §-ában irt eljárást.
A népügyész felmentés miatt, vagy az itélet sulyosbitása végett minden esetben fellebbezéssel élhet. A népügyész által bejelentett fellebbezés alapján az itélet az elitélt javára is megváltoztatható.
A népügyész az elitélt által bejelentett fellebbezéshez az elitélt terhére csatlakozhatik (1928. évi X. tc. 29. §).
A fellebbezésre egyébként a Bp. 388. §-a alkalmazandó.

NÉPFŐÜGYÉSZ.

54. §.

A Népbiróságok Országos Tanácsa előtt a vádat a népfőügyész vagy helyettese képviseli. Népfőügyész vagy helyettesei csak birói és ügyvédi vizsgát tett egyének lehetnek, akiket az igazságügyminiszter javaslatára a kormány nevez ki.
A népfőügyész a birákra és ügyészekre megállapitott III. fizetési csoport 1. fokozatainak, helyettesei a II. fizetési csoport I. fokozatának megfelelő illetményben részesülnek, amennyiben egyéb közhivatali állásukban magasabb illetményük nincs.
E rendelet 24., 25. és 26. §-ai a népfőügyészre és helyetteseire megfelelően alkalmazandók.

55. §.

A népfőügyész a népügyész által bejelentett fellebbezést vagy csatlakozást visszavonhatja. A népfőügyészre és helyetteseire nézve a főügyészre és helyettesére vonatkozó jogszabályok megfelelően alkalmazandók.

NÉPBIRÓSÁGOK ORSZÁGOS TANÁCSA.

56. §.

A népbiróságok jogorvoslattal megtámadott itéleteit a Népbiróságok Országos Tanácsa birálja felül.
A Népbiróságok Országos Tanácsa öttagu tanácsokban jár el, a tanácsok számát az igazságügyminiszter határozza meg,
A Népbiróságok Országos Tanácsának székhelye a kormány mindenkori székhelye.

57. §.

A rendelet 39. §-ában felsorolt mindegyik politikai párt országos vezetősége a felállitandó minden egyes tanácsba beküld egy-egy birói és ügyvédi vizsgát tett, büntetlen előéletü (39. § 3. bek.) állandó tanácstagot. Az igy megalukult tanács egy tagját az igazságügyminiszter a tanács vezetésével megbizza.
Minden egyes politikai párt a tanácsok számára tekintet nélkül egy póttagot jelöl ki.
A pártok a tanács tagjaiul kijelölt tagok és póttagok megbizatását vissza nem vonhatják.
A kijelölt tanácsvezető tagok és póttagok a Tanács működése alatt a birákra és ügyészekre megállapitott III. fizetési csoport 1. fokozatának megfelelő illetményekben részesülnek, amennyiben mint köztisztviselők részére magasabb illetmény egyébként megállapitva nincs.
A rendes- és póttagok más kereső foglalkozást nem folytathatnak.
A tagok és póttagok eskütételére a 45. § megfelelően alkalmazandó azzal, hogy az

esküt (fogadalmat) a Népbiróságok Országos Tanácsának elnöke előtt kell letenni.

58. §.

A Népbiróságok Országos Tanácsa az elnök vezetése alatt áll, akit az igazságügyminiszter nevez ki. Illetményeire nézve az 57. § negyedik bekezdése irányadó.

Az elnök a Népbiróságok Országos Tanácsának ügyvitelével felmerülő teendőket végzi (póttagok behivása, ügyek szétosztása, sürgősség elrendelése, stb.).

59. §.

A Népbiróságok Országos Tanácsának jegyzője az igazságügyminiszter által berendelt biró vagy birósági fogalmazó.

60. §.

A Népbiróságok Országos Tanácsa előtti eljárásra a Bp. és az 1928. évi X. tc. 33. §-ának rendelkezései megfelelően alkalmazandók azzal, hogy a tanács a bizonyitást maga is felveheti, avégett valamelyik biráját kiküldheti, de a bizonyitás felvétele végett bármelyik biróságot is megkeresheti. A tárgyalásra vagy a bizonyitás felvételére az előzetes letartóztatásban lévő vádlottat csak abban az esetben kell elővezetni, ha ezt a tanács elrendeli. Egyébként a vádlott és védője a tárgyalásról vagy bizonyitásfelvételről értesitendő de az értesités elmaradása az eljárás ismétlésére okul nem szolgálhat.

61. §.

A vezető biró előterjesztése (50. §) tárgyában a tanács zárt ülésben határoz.

A tanács a következő határozatokat hozza:

1. az előterjesztést figyelmen kivül hagyja,

2. bizonyitást rendel el és, annak felvételére

a) tárgyalást tüz ki,

b) saját biráját kiküldi,

c) valamelyik biróságot megkeresi,

3. a népbiróság itéletét feloldja és az ügyet ujabb eljárás végett ugyanazon, vagy az általa kijelölt más népbirósághoz megküldi,

4. a népbiróság itéletét a vádlott javára megváltoztatja.

A 2. pont b) és c) eseteiben a bizonyitás felvétele után a tanács tárgyaláson határoz.

62. §.

A vádlott által bejelentett fellebbezés és a népügyész által bejelentett csatlakozás tárgyában a Népbiróságok Országos Tanácsa a Bp. XX. fejezetének II. cimében foglaltak szerint határoz.

A Népbiróságok Országos Tanácsa a fellebbezés folytán eléje került itéletet egész terjedelmében birálja felül.

UJRAFELVÉTEL.

63. §.

Az itélet jogerőre emelkedése után ujrafelvételnek van helye.

Ujrafelvételre a Bp. XXI. fejezete megfelelően alkalmazandó azzal, hogy az elitélt terhére ujrafelvételnek csak az itéletnek jogerőre emelkedésétől számitott két éven belül van helye.

VEGYES HATÁROZATOK.

64. §.

Amennyiben a jelen rendeletből más nem következik, az 1936. évi XXXIII. tc. és az azt kiegészitő törvények, illetve rendelkezések megfelelően alkalmazandók.

65. §.

E rendeletnek a vagyonelkobzás végrehajtására vonatkozó eljárását a pénzügyminiszter rendeleti uton szabályozza.

66. §.

E rendelet végrehajtása során felmerülő eljárási és szervezeti kérdéseket az igazságügyminiszter rendelettel szabályozza.

67. §.

A népügyész a helyi lakáshivatal előtti felhasználás céljára bizonyitványt állithat ki arról, hogy a kérelmezö ellen népbirósági eljárás nincs folyamatban.

68. §.

Ez a rendelet kihirdetésével lép hatályba.

Debrecen, 1945. évi január hó 25.-én.

Dálnoki Miklós Béla s. k.

miniszterelnök.

Magyar Közlöny, 19. szám. Budapest, 1945. Május l, kedd.

AZ IDEIGLENES NEMZETI KORMÁNY
1.440/1945. M. E. SZÁMU RENDELETE
a népbiráskodásról szóló 81/1945. M. E. számu rendelet módositása és kiegészitése tárgyában.

Az Ideiglenes Nemzetgyülés által az 1944. évi december hó 22. napján adott felhatalmazás alapján a népbiráskodásról szóló 81/1945. M. E. számu rendelet módositása és kiegészitése tárgyában az ideiglenes nemzeti kormány a következőket rendeli:

1. §.

A 81/1945. M. E. számu rendelet 3. §-a hatályát veszti és helyébe az alábbi remlelkezések lépnek.
A népbiráskodás körében a büntetések nemei a következők
1. halál ;
2. kényszermunka ;
3. fegyház ;
4. börtön ;
5. pénzbüntetés ;
6. vagyonelkobzás ;
7. állásvesztés vagy foglalkozástól való eltiltás ;
8. politikai jogok gyakorlatának felfüggesztése.
Az előbbi bekezdés 1-4. pontjában felsorolt büntetési nemek főbüntetések. Az 5-8. pontban felsorolt büntetési nemek mellékbüntetések ; ezek alkalmazásának helye van abban az esetben is, ha alkalmazásukat a büncselekményre vonatkozó jogszabály nem rendeli. A 8. pontban megjelölt mellékbüntetés alkalmazása az elitélés minden esetében kötelező. Ugyanazon elitélttel szemben többféle mellékbüntetést is ki lehet szabni.
A halálbüntetést kötél vagy golyó által zárt helyen, de a nyilvánosság kizárása nélkül kell végrehajtani.
A kényszermunka kiszabható életfogytig vagy határozatlan időre. Ez utóbbi esetben az időtartam és a szabadulás feltételei tekintetében a szigoritott dologházra vonatkozó jogszabályokat kell alkalmazni. A kényszermunka munkatáborokban hajtandó végre. A végrehajtás részletes szabályait az igazságügyminiszter a belügyminiszterrel egyetértve állapitja meg.
A pénzbüntetés kiszabására, átváltoztatására és behajtására vonatkozóan az 1928: X. törvénycikk rendelkezései megfelelően irányadók.
A népbiróság teljes vagyonelkobzás helyett a vagyon meghatározott hányadának vagy egyes vagyontárgyaknak elkobzását is kimondhatja.

A vagyonelkobzást kimondó itéletet végrehajtás végett közölni kell a területileg illetékes pénzügyigazgatósággal, amely a pénzügyminiszter rendelete szerint jár el.
Az állásvesztésre itélt elveszti közszolgálati állását. Nyugdijigényét, nyug- és kegydiját csak akkor veszti el, ha ezt a népbiróság itéletében kifejezetten kimondja.
Az elitélt ellátatlan családtagjait megillető nyugdijigényt a népbiróság fenntarthatja; ebben az esetben a nyugdijigény megállapitásánál az elitéltet ugy kell tekinteni, mintha az itélet jogerőre emelkedésének napján elhalálozott volna. Az állásvesztés vezető állásban levő magánalkalmazottal szemben is kimondható. Ennek kimondása nem akadálya annak, hogy az elitélt a jövőben a magánalkalmazás körében nem vezető jellegü állást tölthessen be.
Azt, akit állásvesztésre itéltek, utóbb – a biróság itéletében kimondandó rendelkezéshez képest – közhivatalra vagy a magánalkalmazás körében vezető állásra egyáltalában nem, illetőleg meghatározott idő tartamára nem lehet alkalmazni.
A foglalkozástól eltiltott foglalkozását öt évig nem folytathatja abban a helységben, vagy helységekben, amelyekre nézve ezt a népbiróság itéletében kimondja.
Az állásvesztésnek vagy a foglalkozástól való eltiltásnak kimondása maga után vonja a Btk. 55. §-ának 3. és 4. pontjában meghatározott következményeket is; ezeknek tartamát a biróság az itéletben határozza meg.
Ha a büncselekmény következtében a sértett vagy jogutódja válságos helyzetbe jutott, a népbiróság itéletében a megfelelő vagyonú vagy jövedelmü elitéltet a nem vitás kárnak vagy hányadának megtéritésére kötelezheti; az ezt meghaladó magánjogi igény a törvény rendes utján érvényesithető.

2. §.

A 81/1945. M. E. számu rendelet 5. §-a hatályát veszti és helyébe a következő rendelkezések lépnek.
A büntetés kiszabása tekintetében az alábbi szabályok irányadók.
Halálbüntetés kiszabásának akkor van helye, ha a cselekményre a büntető törvények vagy a jelen rendelet halálbüntetést állapitanak meg és ha a cselekmény tárgyi sulyával és a vádlott alanyi bünösségének fokával egyedül a halálbüntetés áll arányban. A Bn. [1908: XXXVI.tc., büntető novella] 32. §-a alkalmazásának a népbiróság előtti eljárásban nincs helye.
Ahol valamely cselekményre a jelen rendelet többféle szabadságvesztés büntetési nemet állapit meg, a cselekményre megállapitott legsulyosabb szabadságvesztés büntetési nem legmagasabb tartamát kell alkalmazni vagy megközeliteni, ha a sulyositó körülmények számuk vagy nyomatékuk tekintetében tulnyomóak (Btk. 90. §); a cselekményre megállapitott legenyhébb szabadságvesztés büntetési nemnek a jelen rendeletben megállapitott legkisebb tartamát kell alkalmazni vagy megközeliteni, ha az enyhitő körülmények számuk vagy nyomatékuk tekintetében tulnyomóak (Btk. 91. §).
Ha az enyhitő körülmények annyira nyomatékosak vagy olyan nagy számmal forognak fenn, hogy a cselekményre meghatározott legenyhébb büntetési nemnek

a cselekményre meghatározott legkisebb tartama is aránytalanul sulyos lenne, a cselekményre megállapitott legenyhébb büntetési nemnek a Btk.-ban megállapitott legkisebb tartama alkamazható. Enyhébb büntetési nem alkalmazásának a Btk. 92. §-ának felhivásával sincs helye.
Kényszermunka helyett fegyházbüntetést csak akkor lehet kiszabni, ha a vádlott koránál vagy egészségi állapotánál fogva kényszermunkára alkalmatlan.

3. §.

A 81/1945. M. E. számu rendelet 7. §-a hatályát veszti és helyébe az alábbi rendelkezések lépnek:
Kegyelmezési jog gyakorlásának – a közkegyelem esetét kivéve – csak halálbüntetés esetében és csak az elitéltnek vagy védőjének kérelmére van helye.
A halálbüntetés kegyelem utján életfogytig tartó kényszermunkára vagy testi alkalmatlanság esetében életfogytig tartó fegyházra változtatható át.
A kegyelmezés joga a Nemzeti Főtanácsot illeti.
A Nemzeti Főtanács határozatát az igazságügyminiszter javaslatára hozza meg. Az igazságügyminiszter a kegyelmi ügyben javaslatát az iratoknak hozzá érkezésétől számitott két nap alatt teszi meg; a Nemzeti Főtanács a kegyelmi kérvény felett érkezésétől számitott öt nap alatt határoz.
Ha a Népbiróságok Országos Tanácsa a halálraitéltet egyhangulag nem találja kegyelemre javaslatba hozhatónak, a kegyelmi kérvényt a továbbterjesztés mellőzésével saját hatáskörében maga utasitja el.

4. §.

A 81/1945. M. E. számu rendelet 8. §-a hatályát veszti és helyébe a következő rendelkezések lépnek:
A szabadságvesztésbüntetés végrehajtásának elhalasztása tekintetében a Bp. 507. §-át és 508. §-ának első bekezdését kell alkalmazni. A Bp. 508. §-ának második bekezdése és 509. §-a nem alkalmazható. Az elhalasztás felől az igazságügyminiszter határoz.
A szabadságvesztésbüntetés végrehajtásának félbeszakitását csak ujrafelvétel esetében (Bp. 453. §) és csak a népbiróság rendelheti el. A Bp. 468. és 513. §-át nem lehet alkalmazni.

5. §.

A 81/1945. M. E. számu rendelet 9. §-ának második bekezdése hatályát veszti és helyébe az alábbi rendelkezés lép:
Az 1919. évben és azt követően elkövetett azoknak a politikai büncselekményeknek elévülése, amelyeknek emberélet esett áldozatul, ugyszintén a sajtó utján elkövetett azoknak a büncselekményeknek elévülése, amelyeknek tényálladékát a jelen rendelet határozza meg, – és amelyek üldözhetését az uralmon volt hatalom megakadályozta, az 1944. évi december hó 21. napján veszi kezdetét.

6. §.

A 81/1945. M. E. számu rendelet 11. §-ának b. pontja helyébe az a rendelkezés lép, hogy háborus bünös az is,

5. aki a megszállott területek lakosságával vagy a hadifoglyokkal való bánás tekintetén a háborura vonatkozó nemzetközi jogszabályokat sulyosan megsértette vagy a visszacsatolt területek lakosságával, a reábizott hatalommal visszaélve, kegyetlenkedett vagy aki általában akár belföldön, akár külföldön felbujtója, tettese vagy részese volt emberek törvénytelen kivégzésének vagy megkinzásának.

A 81/1945. M. E. számu rendelet 11. §-a azzal a 6. ponttal egészittetik ki, hogy háborus bünös az is,

6. aki nyomtatványban (bármilyen módon sokszorositott iratban), gyülekezet előtt elmondott beszédben vagy rádió utján huzamosabb időn át olyan állandó jellegü és folyamatos tevékenységet fejtett ki, amely alkalmas volt arra, hogy az ország háboruba lépése, illetőleg a háboru fokozottabb mértékben való folytatása érdekében a közfelfogást jelentős mértékben befolyásolja és az országra káros irányba terelje.

7. §

A 81/1945. M. E. számu rendelet 12. §-a hatályát veszti és helyébe az alábbi rendelkezések lépnek

A 11. § 1–6. pontjaiban felsorolt cselekményekre főbüntetésként a következő büntetéseket lehet alkalmazni:

a) halál vagy

b) életfogytig tartó kényszermunka, testi alkalmatlanság esetében életfogytig tartó fegyház vagy

c) kényszermunka, amelynek legrövidebb tartama tiz évnél kevesebb nem lehet, testi alkalmatlanság esetében tiz évtől tizenöt évig terjedhető fegyház.

8. §.

A 81/1945. M. E. számu rendelet 13 §-ának 1. pontja azzal egészittetik ki, hogy az e pont alá eső háborus bűnös az is, aki az ott meghatározott módon a háboruba lépésre izgatott.

A 81/1945. M. E. számu rendelet 13. §-a azzal a 7. ponttal egészittetik ki, hogy háborus bünös az is,

7. aki bármilyen formában olyan tevékenységet fejtett vagy fejt ki, illetőleg mozditott vagy mozdit elő, amely a népek háboru utáni békéjének vagy együttműködésének megnehezitésére vagy megbontására avagy nemzetközi viszály előidézésére alkalmas.

9. §.

A 81/1945. M. E. számu rendelet 14. §-a hatályát veszti és helyébe az alábbi rendelkezések lépnek:

A 13. § 1-7. pontjaiban felsorolt cselekményekre főbüntetésként a következő

büntetéseket lehet alkalmazni:
a) halál vagy
b) életfogytig tartó kényszermunka, testi alkalmatlanság esetében életfogytig tartó fegyház vagy
c) kényszermunka, amelynek legrövidebb tartama öt évnél kevesebb nem lehet, testi alkalmatlanság esetében öt évtől tizenöt évig terjedhető fegyház vagy
d) öt évtől tiz évig terjedhető börtön.

10. §.

A 81/1945. M. E. számu rendelet 15. §-a azzal a 4., 5. és 6. ponttal egészittetik ki, hogy népellenes büntettben bünös az is,
4. aki nyomtatványban (bármilyen módon sokszorositott iratban), gyülekezet előtt elmondott beszédben vagy rádió utján huzamosabb időn át olyan állandó jellegü és folyamatos tevékenységet fejtett ki, amely alkalmas volt arra, hogy a fasiszta és a demokráciaellenes irányzatok elterjesztése és megerősitése végett vagy a faji és felekezeti gyülölet felkeltése, illetőleg ébrentartása céljára a közfelfogást jelentős mértékben befolyásolja és az országra káros irányba terelje;
5. aki a fasiszta és a demokráciaellenes törekvéseknek vagy a társadalom egyes rétegei üldözésének célját szolgáló hivatalos szerv, párt, vagy társadalmi szervezet besugójaként működött vagy annak számára adatokat szolgáltatott ;
6. aki a fasiszta és a demokráciaellenes uralmi rendszer hatalmi eszközeinek saját céljaira való felhasználásával szemérem, vagy személyes szabadság elleni büncselekményt követett el.

11. §.

A 81/1945. M. E. számu rendelet 16. §-a hatályát veszti és helyébe az alábbi rendelkezések lépnek:
amennyiben más jogszabály a cselekményre sulyosabb büntetést nem rendel, a 15. § 1–6. pontjaiban felsorolt cselekményekre főbüntetésként a következő büntetéseket lehet alkalmazni
a) kényszermunka, amelynek legrövidebb tartama öt évnél kevesebb nem lehet, testi alkalmatlanság esetében öt évtől tiz évig terjedhető fegyház vagy
b) öt évtől tiz évig terjedhető börtön.

12. §.

A 81/1945. M. E. számu rendelet 17. §-a hatályát veszti s helyébe a következő rendelkezések lépnek.
Népellenes büntettben bünös az is:
1. aki a 15. § 2, pontjában meghatározott cselekmények elkövetését megakadályozni nem igyekezett, bár ez törvényes hatáskörében módjában állott volna;
2. aki anélkül, hogy evégből vele szemben közvetlenül vagy közvetve kényszer alkalmaztatott volna, a németek által Magyarországon szervezett Volksbundba tagként belépett vagy fasiszta, illetőleg demokráciaellenes pártban, szervezetben

vagy alakulatban tisztséget vállalt avagy tagként tevékeny működést fejtett ki;
3. aki – a 11. § 6. pontjának, illetőleg a 15. § 4. pontjának esetét ide nem értve – nyomtatványban (bármilyen módon sokszorositott iratban), gyülekezet előtt, rádió utján vagy egyébként nyilvánosan népellenes vagy demokráciaellenes intézkedések meghozatalát sürgette vagy a meghozattakat feldicsérte;
4. aki kényszerü szükség nélkül a nép- vagy demokráciaellenes hirverés szolgálatába szegődött;
5. aki magatartásával fasiszta- (nyilas-, németháboru-)ellenes vélemény nyilvánitását akadályozta;
6. aki a 11., 13., 15. §-ban vagy a jelen §-ban felsorolt cselekmények valamelyikére nézve – Btk. 378 §-ának esetét kivéve – a Btk. 374. vagy 375. §-ában meghatározott bünpártolást követ el;
7. aki tudomással bir arról, hogy valaki a 11. § 5. pontja alá eső cselekménnyel kapcsolatos kivégzésnek vagy kinzásnak tettese vagy részese és ezt a hatóságnak haladéktalanul fel nem jelenti.

13. §.

A 81/1945. M. E. számu rendelet 18. §-a hatályát veszti és helyébe az alábbi rendelkezés lép:
Amennyiben más jogszabály a cselekményre sulyosabb büntetést nem rendel, a 17. § 1-7. pontjaiban felsorolt cselekményekre főbüntetésként két évtől öt évig terjedhető börtönbüntetést lebet kiszabni.

14. §.

A 81/1945. M. E. számu rendelet 21. §-a hatályát veszti és helyébe az alábbi rendelkezések lépnek
A 20. § utolsó bekezdésében felsorolt büncselekményekben az ott megjelölt összefüggés nélkül a népbiróság csak abban az esetben bir hatáskörrel, ha a cselekmény politikai jellegü.
Ha a tekintetben, hogy e cselekmény politikai jellegü-e, a Bp. szerint illetékes ügyészségnek és a népügyészségnek álláspontja eltérő, a főügyész dönt.

15. §.

A 81/1945. M. E. számu rendelet 22. §-a hatályát veszti és helyébe az alábbi rendelkezések lépnek:
A népbiróság a fiatalkoruak bünügyében is eljár.
Ha a fiatalkoru a cselekményt élete tizenötödik évének betöltése után követte el, a Bn. II. fejezetének IV. cikkében meghatározott intézkedéseken felül a 3. §-ban felsorolt büntetések alkalmazásának is helye van. Halálbüntetést mégis csak akkor lehet kiszabni, ha a fiatalkoru a cselekmény elkövetésekor tizenhatodik életévét már betöltötte.
A 3. § 5-7. pontjaiban felsorolt mellékbüntetéseket a tizenötödik életévét még be nem töltött fiatalkoruval szemben is alkalmazni lehet.

A népbiróság előtti eljárásban fiatalkoruval szemben dorgálásnak és próbárabocsátásnak nincs helye.

16. §.

A jelen rendeletnek az előző §-okban foglalt rendelkezéseit visszaható erővel kell alkalmazni, mégpedig a folyamatban levő azokban az ügyekben is, amelyekben az eljárást a jelen rendelet hatálybalépéséig jogerősen nem fejezték be.

17. §.

A 81/1945. M. E. számu rendelet 33. §-a akként egészittetik ki, hogy az előzetes letartóztatást a népbiróság is elrendelheti; továbbá, hogy az előzetes letartóztatás meghosszabbitásának több izben is helye lehet.

18. §.

Budapesten csak egy népbiróság működik, amelynek illetékessége a budapesti büntető és a pestvidéki törvényszék területére terjed ki.

19. §.

A 81/1945. M. E. számu rendelet 39. és 41. §-ai hatályukat vesztik és helyükbe az alábbi rendelkezések lépnek.

A népbírósági tanács hat tagból áll.

A Magyar Nemzeti Függetlenségi Frontba tömörült öt politikai párt (Független Kisgazdapárt, Magyar Kommunistapárt, Nemzeti Parasztpárt, Polgári Demokratapárt, Szociáldemokrata Párt) helyi szervezetei, ugyszintén az Országos Szakszervezeti Tanács helyi szervezete a jelen rendelet hatálybalépésétől számitott nyolc nap alatt annyiszor egy-egy rendes és két-két póttagot jelölnek ki, ahány tanács szervezését az igazságügyminiszter elrendelte. A népbirósági tanács a kijelölt rendes tagokból alakul meg. A tanács valamelyik rendes tagjának akadályoztatása esetében a vezető biró annak a pártnak (szakszervezetnek) az első póttagját hivja be, amely pártnak (szakszervezetnek) tagja az akadályozott személy. A póttag akadályoztatása esetében a második póttag behivására kerül sor; ha pedig ez is akadályozott, uj beküldésnek van helye.

Nem járhat el népbíróként az, akit bűntett, nyereségvágyból elkövetett vétség vagy fasiszta jellegü cselekmény miatt elitéltek. A jelen rendelet alkalmazása szempontjából nem lehet büntetett előéletünek tekinteni azt, akit fasisztaellenes cselekmény vagy az ugynevezett zsidótörvényben meghatározott valamely cselekmény miatt itéltek el.

A beküldés alkalmával be kell mutatni a tagok és póttagok irásbeli nyilatkozatát, amelyben büntetőjogi felelősségük tudatában kijelentik, hogy az előbbi bekezdés értelmében büntetlen előéletüek.

Ha a népbiróság székhelyén a Magyar Nemzeti Függetlenségi Frontba tömörült pártok közül valamelyik működést nem fejt ki, a hiányzó tagot és póttagokat a vezető biró sorsolja ki a működő pártok által ajánlott öt-öt személy közül.

A kijelölt tag és póttag a megbizást nem utasithatja vissza.
A népbiróság tagjainak és póttagjainak megbizása három hónapig tart, a megbizás azonban megismételhető.

20. §.

A 81/1945. M. E. számu rendelet 49. §-a akként módosittatik, hogy a vezető biró a bűncselekmény elkövetésének bizonyitott voltára nézve csak akkor nyilvánit véleményt, ha erre nézve a tanácsnak legalább egy tagja felkéri, továbbá hogy szavazategyenlőség esetében a vezető biró is szavaz.

21. §.

A 81/1945. M. E. számu rendelet 53. §-a hatályát veszti és helyébe az alábbi rendelkezések lépnek.
A népbiróság itélete ellen a népügyész az elitélt terhére fellebbezéssel élhet. A népügyész által bejelentett fellebbezés alapján az itélet az elitélt javára is megváltoztatható.
Az elitélt abban az esetben, ha a 11. § 1–6. pontja alá eső cselekmények valamelyikében mondták ki bűnösnek, a népbiróság itélete ellen egyáltalán nem, egyéb esetekben pedig csak a halált vagy az öt évet meghaladó szabadságvesztésbüntetést kimondó itélet ellen élhet fellebbezéssel. Az elitélt által az itélet ellen bármilyen formában vagy elnevezéssel bejelentett jogorvoslat fellebbezésnek tekintendő.
A védő – a 6. §-ban megjelölt eljárás kivételével – csak az elitélt hozzájárulásával jelenthet be fellebbezést. A védő egyébként ugyanolyan korlátok között élhet fellebbezéssel, mint az elitélt.
A népfőügyész az elitélt által bejelentett fellebbezéshez az elitélt terhére csatlakozhatik (1928 : X. tc. 29.§).
A népbiróság előtti eljárásban a Bp. 388. §-ának utolsó bekezdése nem alkalmazható. Halálbüntetést kiszabó itélet ellen bejelentett fellebbezés esetében a népbiróság az ügyet az itélethozataltól számitott nyolc nap alatt köteles a Népbiróságok Országos Tanácsához felterjeszteni. Az ilyen itélet szóbeli indokait a kihirdetés alkalmával részletesen ki kell fejteni és az itéletet három nap alatt irásba kell foglalni. A Népbiróságok Országos Tanácsa az ügyben az iratoknak hozzá érkezésétől számitott három nap alatt köteles a lehetőség szerint minél közelebbi tárgyalási határnapot kitüzni, illetőleg a bizonyitás kiegészitése tárgyában intézkedni.
Ha a jelen szakasz a halálbüntetést kimondó itélet ellen a fellebbezést kizárja és a népbiróság a Bp. 497. §-ának megfelelő eljárásban akként határozott, hogy az elitélt kegyelemre nem méltó, a halálbüntetést ettől számitott két órán belül végre kell hajtani.
Az előbbi bekezdés esetében az itéletet rövid indokolással együtt azonnal irásba kell foglalni.

22. §

A 81/1945. M. E. számu rendelet 20. és 21. §-a értelmében a népbiróság hatáskörébe vont azoknak a szándékos büncselekményeknek a büntetése, amelyekre a büntető törvények fogházbüntetést állapitanak meg, ugyanolyan tartamu börtön, mint amilyen tartamu a törvényben megszabott fogházbüntetés.

23 §.

Ha alaposan tartani tehet attól, hogy az, akit a népbiróság hatáskörébe tartozó bűntett nyomatékos gyanuja terhel, vagyonának vagy vagyonához tartozó dolognak elidegenitése vagy elrejtése által a vagyonelkobzás foganatositását meghiusitja: a népügyészség ingóságaira bűnügyi zárlatot, illetőleg mind ingó, mind ingatlan vagyonára biztositási végrehajtást rendel el.

A bűnügyi zárlat, illetöleg a biztositási végrehajtás elrendelése ellen felfolyamodásnak helye nincs.

A bűnvádi eljárás meginditása után szerzett jogot nem lehet az államkincstárral szemben érvényesiteni olyan vagyonra, illetőleg olyan vagyontárgyra, melyre a bűnügyi zárlatot vagy a biztositási végrehajtást elrendelték, feltéve. hogy a népbiróság utóbb a vagyont, illetőleg a vagyontárgyat elkobozta.

Egyebekben a bűnügyi zárlat, illetőleg a biztositási végrehajtás tekintetében a Bp. rendelkezéseit megfelelően kell alkalmazni.

24. §.

A népbirósági vezetőbirák és népügyészek az igazságügyminiszter által megállapitandó pótdijban részesülnek.

25. §.

A jelen rendelet hatálybalépése előtt megalakult népbiróságok működésének érvényét nem érinti az a körülmény, hogy megalakitásuk a 81/1945. M. E. számu rendelet 39. §-ának nem felelt meg; a már működő tanácsok tagjainak számát azonban a jelen rendelet hatálybalépésétől számitott nyolc nap alatt a 19. § értelmében hatra ki kell egésziteni.

26. §.

A népbiróság az 1.080/1945. M. E. számu rendelet hatálybalépése előtt az igazolóbizottságnak a népbiróság elé utaló határozatával a népbirósághoz áttett ügyet haladéktalanul visszaküldi az igazolóbizottság elnökének.

A budapesti népbiróság előtti igazolófellebbezési eljárásban a törvényszéki eljárás szabályai irányadók.

27. §.

A jelen rendelet az 1945. évi május hó 1.-én lép hatályba.

Budapest, 1945. évi április hó 27.-én.

Miklós Béla s. k.

miniszterelnök

PERSONENREGISTER